日俄战争

起源和开战

〔日〕和田春树 著

易爱华 张剑 译
张婧 校订

上卷

生活·讀書·新知 三联书店

Simplified Chinese Copyright © 2018 by SDX Joint Publishing Company.
All Rights Reserved.
本作品简体中文版权由生活·读书·新知三联书店所有。
未经许可，不得翻印。

NICHIRO SENSO, KIGEN TO KAISEN
by Haruki Wada
©2009, 2010 by Haruki Wada
First Published 2009, 2010 by Iwanami Shoten, Publishers,Tokyo
This simplified Chinese edition published 2018
by SDX Joint Publishing Co., Ltd., Beijing
by arrangement with the proprietor c/o Iwanami Shoten,Publisbers,Tokyo

图书在版编目（CIP）数据

日俄战争：起源和开战／（日）和田春树著；易爱华，张剑译；张婧校订. —北京：生活·读书·新知三联书店，2018.1 （2024.8 重印）
ISBN 978-7-108-06021-1

Ⅰ.①日⋯　Ⅱ.①和⋯ ②易⋯ ③张⋯ ④张⋯　Ⅲ.①日俄战争-研究
Ⅳ.① K313.43

中国版本图书馆 CIP 数据核字（2017）第 170880 号

阅读日本书系编辑委员会名单

委员长　谢寿光　社会科学文献出版社社长

委　员　常绍民　三联书店（北京）副总编辑
　　　　张凤珠　北京大学出版社副总编辑
　　　　谢　刚　香港和平图书有限公司总裁
　　　　马汝军　新星出版社社长
　　　　章少红　世界知识出版社总编辑
　　　　金鑫荣　南京大学出版社社长兼总编辑
　　　　刘佩英　上海交通大学出版社社长兼总编辑

事务局组成人员
　　　　杨　群　社会科学文献出版社
　　　　胡　亮　社会科学文献出版社
　　　　梁艳玲　社会科学文献出版社
　　　　祝得彬　社会科学文献出版社
　　　　梁力匀　社会科学文献出版社

阅读日本书系选书委员会名单

姓名	单位	专业
高原明生（委员长）	东京大学教授	中国政治、日本关系
苅部直（委员）	东京大学教授	政治思想史
小西砂千夫（委员）	关西学院大学教授	财政学
上田信（委员）	立教大学教授	环境史
田南立也（委员）	日本财团常务理事	国际交流、情报信息
王中忱（委员）	清华大学教授	日本文化、思潮
白智立（委员）	北京大学政府管理学院副教授	行政学
周以量（委员）	首都师范大学副教授	比较文化论
于铁军（委员）	北京大学国际关系学院副教授	国际政治、外交
田雁（委员）	南京大学中日文化研究中心研究员	日本文化

目 录

致中国的读者朋友们　和田春树 …… 1
有关翻译的几点说明　易爱华 …… 1
人物介绍 …… 1
略称一览 …… 1

第一章　日俄战争为什么发生 …… 1
司马辽太郎的看法 …… 1
《小村外交史》与《机密日俄战史》 …… 9
维特《回忆录》及其影响 …… 11
大量的战争体验手记 …… 17
俄军的正式战史和希曼斯基调查书 …… 20
日本的正式战史和秘密战史 …… 23
俄国革命之后的研究 …… 25
欧美和韩国的研究 …… 33
日本的研究 …… 36
我的历程 …… 41

第二章　近代初期的日本与俄罗斯 …… 45

幕府末期维新前夕的日本与俄罗斯 …… 45

明治维新与俄罗斯 …… 49

萨哈林（库页岛）问题 …… 51

日本对朝鲜的关注和俄罗斯 …… 55

暗杀俄罗斯皇帝与朝鲜壬午军乱 …… 59

日本的俄罗斯防范论 …… 63

高宗对俄罗斯的期待 …… 66

日本政府的激烈反应 …… 74

高宗接近俄罗斯的第二幕 …… 78

明治初年的日本与俄罗斯 …… 86

日本制定帝国宪法与俄罗斯 …… 87

维特登场与西伯利亚铁路方案 …… 90

俄罗斯皇太子周游世界 …… 92

帝国议会开会日的恶性事件 …… 93

俄罗斯皇太子抵达日本 …… 99

大津事件 …… 102

西伯利亚铁路开工 …… 109

俄法同盟成立 …… 116

第三章　日清战争与战后日本、朝鲜、俄罗斯的关系 …… 118

驻在武官沃加克与东学农民叛乱 …… 118

日本决定出兵朝鲜 …… 120

日本政府的基本方针 …… 124

俄罗斯尝试阻止战争 …… 125

目录

日军占领汉城 …… 127

对俄罗斯政府照会的反应 …… 130

俄罗斯接受日本政府的回复 …… 131

日本对朝鲜政府的要求 …… 133

7月23日事变——朝鲜战争的开始 …… 136

俄罗斯人的观察 …… 141

从朝鲜战争到日清战争 …… 143

日本的对朝方针 …… 147

开战与俄罗斯 …… 151

沃加克最初的印象和平壤大会战 …… 153

沃加克的日军从军观察报告 …… 156

井上公使的改革指导 …… 159

俄罗斯皇帝之死与新皇帝尼古拉 …… 163

新外交大臣 …… 165

围绕战争终结的动向 …… 167

战争的终结 …… 168

战争终结的条件 …… 170

媾和谈判与俄罗斯 …… 174

为干涉而举行的大臣协商会 …… 179

俄罗斯海军集结芝罘 …… 183

三国干涉 …… 185

朝鲜政府与井上公使 …… 189

驻屯军问题与朝鲜政府的危机 …… 192

韦贝尔和希特罗渥的看法 …… 196

三浦公使登场 …… 199

井上公使返回任职地 …… 202

三浦公使抵达 …… 203

杀害闵妃 …… 207
杀害事件的目击者 …… 209
大院君与新政府的成立 …… 211
俄罗斯公使展开追究 …… 211
日本国内的反应 …… 214
小村调查团处理事件 …… 216
签署《中日辽南条约》与俄清靠近 …… 221
11月28日事件 …… 223
日本和俄罗斯的军备增强计划 …… 225
俄罗斯军部的日清战争研究 …… 226
俄罗斯知识分子和日清战争 …… 229

第四章　俄罗斯占领并租借旅顺（1896—1899）…… 237

高宗的俄馆播迁 …… 237
日本受到打击 …… 241
在俄都及东京的交涉 …… 243
山县的访俄方案 …… 245
签署《小村—韦贝尔备忘录》…… 249
《俄清秘密同盟条约》与《东清铁路协定》…… 252
山县有朋在俄罗斯 …… 256
加冕仪式及其后的交涉 …… 259
签署《山县—洛巴诺夫协定》…… 263
朝鲜使节的交涉 …… 265
派遣俄罗斯军事教官和财政顾问问题 …… 267
海相更迭与外相之死 …… 269
占领博斯普鲁斯海峡问题 …… 270

目 录

高宗返回王宫 …… 274
穆拉维约夫外相登场 …… 275
俄罗斯军事教官的活动 …… 277
新任驻日公使罗森发令 …… 279
增派军事教官与韦贝尔离韩 …… 281
明成皇后的国葬 …… 283
俄罗斯派遣财政顾问 …… 284
德国占领胶州湾和俄罗斯 …… 285
俄罗斯分舰队驶向旅顺 …… 292
俄罗斯舰队驶入旅顺港 …… 294
维特的机会 …… 297
库罗帕特金陆相登场 …… 298
谋求日俄新协定的动向 …… 302
韩国兴起反俄运动 …… 304
罗森意见书 …… 306
俄罗斯迈向租借辽东半岛 …… 307
韩国局势急速变化 …… 312
《西—罗森议定书》…… 314
韩国动摇 …… 317
更换驻韩公使 …… 321
海牙和平会议 …… 322
马山问题 …… 330
"关东州"的开端 …… 334
驻日的陆海军武官们 …… 338
被朝鲜林业利权吸引而来的人们 …… 343
向北部朝鲜派遣调查队 …… 348
别佐勃拉佐夫的东亚公司 …… 349

穆拉维约夫的 20 世纪外交方针 …… 354
库罗帕特金的长篇上奏报告 …… 356
1900 年春海军大学的图上推演 …… 358

第五章　义和团运动与俄清战争 …… 363

义和团运动 …… 363
天津的交战 …… 368
俄清战争开始 …… 370
布拉戈维申斯克（海兰泡）的交战和屠杀 …… 372
库罗帕特金与拉姆斯道夫 …… 379
俄清战争继续 …… 382
镇压营口与占领北京 …… 383
俄罗斯政府的决断 …… 385
俄清战争的最终局面 …… 387
义和团运动和朝鲜、日本 …… 388
俄罗斯看待朝鲜的目光 …… 391
日韩攻防同盟案 …… 395
韩国中立国方案登场 …… 397
国民同盟会与六教授建议书 …… 400
韩国代表的进一步努力 …… 402
俄罗斯政府的方针与小村公使 …… 405
缔结《俄清密约》…… 409
皇帝罹患伤寒 …… 413
签署《英德协定》…… 414
《俄清密约》的影响 …… 415

伊兹沃利斯基推进韩国中立化方案 …… 416

俄清交涉 …… 426

反俄论高涨 …… 430

俄罗斯政府放弃缔结俄清秘密协定 …… 433

对战争的恐惧持续 …… 435

桂内阁成立 …… 439

参谋总长萨哈罗夫造反 …… 440

皇女诞生与菲利普先生 …… 447

别佐勃拉佐夫的身影 …… 449

危机显露的帝国 …… 452

日本方面的俄罗斯观 …… 453

驻俄罗斯公使栗野的人事安排 …… 458

日英展开同盟谈判 …… 461

伊藤博文在圣彼得堡 …… 464

迈向缔结日英同盟 …… 468

拉姆斯道夫制定答复方案 …… 471

签署《日英同盟条约》…… 474

俄法宣言 …… 475

俄罗斯缔结"满洲"撤兵协定 …… 476

伊兹沃利斯基最后的韩国中立化方案 …… 479

栗野的日俄协商方案 …… 481

罗森和巴甫洛夫的意见 …… 485

日本对韩国中立化方案的反应 …… 492

维特视察远东 …… 493

别佐勃拉佐夫被派往远东 …… 498

下卷简目

第六章 新路线登场 …… 501

第七章 日俄交涉 …… 626

第八章 前夜 …… 744

第九章 开战 …… 822

第十章 日俄战争就这样发生了 …… 901

略称一览 …… 955

部分专有名词对照表 …… 957

舰船名称对照表 …… 967

西文人名对照表 …… 971

人名索引 …… 991

译后记 …… 1014

致中国的读者朋友们

日俄战争是世界史上巨大的事件，它不仅给日本和俄罗斯国民，而且给朝鲜和中国国民都带来了深刻的影响。尽管如此，关于这场战争，建立在对日本和俄罗斯资料进行深入调查基础上的研究几近空白，更遑论兼顾到朝鲜和中国资料的研究。我于2004年日俄战争开战100周年之际开始写作本书，并于2010年——日本合并韩国100周年之时将其出版。书中对中国资料的研究虽然仍显薄弱，但大概可以说是首次在全面调查日本、俄罗斯、韩国资料的基础之上所做的研究吧。

日本于1945年战败之后，出现了反省本国战争的想法。但是，唯有日俄战争一直被认为是不令人羞耻的，是堂堂正正的，似乎日本人和俄罗斯人的决战是在没有任何人的大地与海洋中进行的一般。然而，这种想法并不正确。因为其间陆地上的交战是在中国东北——汉族、满族、朝鲜族所居住的地方发生的。

还有人相信，日俄战争是日本和白人帝国之间的战争，日本将白人打败，给了那些被欧美帝国主义国家奴役的亚洲人民以希望。的确，日俄战争时，当时的法国殖民地越南有很多留学生来到日本。然而，当日本获得战争胜利，吞并朝鲜后，亚洲人民才发现，日本是另外一个帝国主义国家。

本书所写下的，是日俄战争为何发生，又是如何开始。我将

中国の読者の皆さんへ

日露戦争は重大な世界史的事件であり、それは日本とロシアの国民だけでなく、朝鮮と中国の国民にも、深刻な影響をおよぼした。にもかかわらず、この戦争について日本の資料とロシアの資料をともに深く調べる研究は存在しなかった。さらに朝鮮と中国の資料を合わせて調べることもなされなかった。私は2004年、日露戦争開戦100周年にこの本を書き始め、2010年日本の韓国併合100周年に出版した。この本は中国の資料の研究がまま、貧弱だが、日本、ロシア、韓国の資料を全面的に調べた貴重な研究だと言えるだろう。

日本では、1945年の敗戦のあと、自国の戦争について反省する気持ちが生まれた。しかし、その中でも日露戦争だけは恥ずかしくない、正々堂々とした戦争であったと考えられてきた。まるで誰もいない陸地と海で日本人とロシア人が決闘をしたかのように思われていた。だが、それは正しくない。陸上の戦闘は、中国東北で、遼陽、旅順、満州族、朝鮮族が生きているところで戦われたのである。

さらに日露戦争で、日本が白人の帝国と戦って、それを打ち負かしたので、欧米帝国主義の支配のもとにあるアジアの人々に希望を与えたということが信じられてきた。たしかにフランスの植民地であった越南から日露戦争当時多くの留学生が日本に来

……三联书店の皆さま、翻訳者の易爱华先生に感謝する。
2017年3月　　　　　　　　　　　　　和田春樹

《致中国的读者朋友们》作者手迹

阐明：战争因日本想统治朝鲜的欲望所引发，然后通过入侵朝鲜而肇始。日俄战争始于朝鲜战争，最终发展为日本与俄罗斯之间在中国东北进行的战争。

1905年梁启超为越南潘佩珠的著作写过如下序言：

  自今以往，世界进化之运，日新月异，其或不许此种披毛戴角之伪文明种，横行噬人于光天化日下，吾观越南人心而信之，吾观越南人才而信之。

正是在日俄战争之时，日本真正成了那样的"伪文明"的国度、帝国主义国家。

本书是我关于日俄战争研究的首次外文翻译。中国朋友们如果能够通过阅读本书，更为深入地认识到日本走上帝国主义道路的历程，我将感到无上喜悦。谨对翻译出版如此长篇著述的生活·读书·新知三联书店相关人士、翻译者易爱华君表示感谢。

和田春树

2017年3月

有关翻译的几点说明

1. 关于"朝鲜"和"韩国"二词的使用。本书在翻译时严格遵照原书的区别。作者和田春树先生应译者要求，对于"朝鲜"和"韩国"二词做了如下界定：

"朝鲜"这个名称始于1392年李成桂建立的李氏朝鲜王朝。在此之前的大约五百年是高丽王朝统治的时代。李氏朝鲜王朝于1876年2月与日本缔结条约，建立邦交。这个条约被称为《日朝修好条规》。1897年10月，朝鲜国王高宗将国号改为"大韩"，即位称皇帝。从这个时候起，朝鲜成为"大韩帝国"。但是到了1904年，日本的陆海军进入韩国，以朝鲜安全危殆为由，向俄罗斯发出了宣战公告。战争以日本取得优势结束，俄罗斯承认日本对韩国拥有"卓绝的利益"，约定不妨碍日本对这个国家进行指导、保护、监理。1905年11月7日，日本威胁高宗和韩国政府，双方缔结了第二次日韩协约——《乙巳条约》，规定日本掌握韩国的外交权，设置统监，管理有关外交事务，也就是日本将韩国作为保护国。1910年8月29日，日本合并了韩国，迫使韩国皇帝退位，并公告称被合并的旧韩国为"朝鲜"。

1919年3月1日的"三一"独立运动之后，朝鲜的民族主义者于 4 月 11 日在上海成立了流亡政府，号称"大韩民国临时政府"，国名拟用"大韩民国"。

1945 年 8 月 15 日，因日本宣布投降，朝鲜从日本的殖民统治中获得解放。1948 年 8 月 15 日，在美国军队的占领下，"大韩民国"于汉城建国。另一方面，9 月 6 日，在苏联军队的占领下，"朝鲜民主主义人民共和国"于平壤建国。南部的国名使用"韩国"，北部的国名使用"朝鲜"。

在日本，一般来讲，"朝鲜"一词作为国名、民族名、语言名来使用。不过，在 1897 年至 1910 年，因国名为"大韩帝国"，正确的称谓应该是"韩国"。1910 年以后则应称为"朝鲜"，1948 年以后，只称南部为"韩国"。

2. 关于"满洲"的用法。清末，中国东北地区遭到日本、俄罗斯等国相继入侵，被日、俄帝国主义者假部族名为地名，称为"满洲"，并有"南满""北满"之称。本书作者为了呈现历史原貌，仍沿用旧有称谓。经与作者商量，中译本中凡与"满洲"相关的用法，如"南满""北满""满韩交换论"等均打上引号，以进一步昭示历史真相。

3. 关于军队编制，本书直接采用日语的用法，在此略作说明。以下资料源于译者对日本相关材料的综合编译，仅供读者参考。

日俄战争时期的步兵部队，按照规模由小到大的顺序为：

分队：相当于"班"。由下士官指挥的 8—12 人的小部队。

小队：相当于"排"。由 3—4 个分队构成。队长由少尉或中尉等担任。人数为 30—60 名。

中队：相当于"连"。由 3—4 个小队构成。队长由大尉或少佐担任。定员平时为 136 人，战时为 200 人左右。在没有便携式无线设备的这个时代，中队是"一名指挥官用自然嗓音能够指挥的最大限度的部队"。

大队：相当于"营"。由3—4个中队构成。队长由少佐或中佐担任。自大队以上，队长开始配有副官。因为自大队起，要求承担某种程度的独立行动，需要减轻队长的负担。人数在600—1000人。

联队[1]：相当于"团"。由3个大队构成。队长由中佐或大佐担任。是单一兵种构成的最大的常设部队。联队的军旗由天皇赐予（仅限步兵和骑兵）。人数约2400人。

旅团：相当于"旅"。由2个以上联队构成。指挥官由准将或少将担任。如果包括特设的话，是单一兵种构成的最大的部队。人数约6000名。

师团：相当于"师"。由2个步兵旅团以及骑兵、炮兵各一个联队、工兵一个大队以及辎重部队构成。是由各兵种混成的复合部队的最小战略单位，人数为15,000—20,000名。指挥官由少将或中将担任。因是战略单位，除副官之外还配有数名参谋。

军团：由2个以上的师团构成，人数在3万以上，指挥官为中将或大将。

有关军队的职衔和等级，列表如下，以供参考：

	军队的职衔和等级
	大元帅　元帅
将　官	上级大将　大将　中将　少将　准将
佐　官	代将　上级大佐　大佐　中佐　少佐
尉　官	上级大尉　大尉　中尉　少尉　准尉
下士官	曹长　军曹　伍长
兵　卒	兵长　上等兵　一等兵　二等兵

---

[1] 日语中也作"连队"，为与中国的"连"区分，本书均译作"联队"。

4. 原书中大量用片假名[2]表示的人名、地名、舰船名、报纸杂志名以及其他专有名词等，为避免错误，特请作者标注了其俄文或拉丁文拼写，敬请参看书后附录的《人名对照表》《部分专有名词对照表》及《舰船名称对照表》。

5. 原书中各政府机构名称及职官称谓，原为日文汉字则一律沿用，如"大藏省"[3]不译为财政部，其负责人则相应直译为"大藏大臣"；其他则译为今日的通行名称。

6. 原书中日、俄等国的职官称谓全称与简称混用，如"大藏大臣"有时简称"藏相"，"财务大臣"简称"财相"，"外交大臣"或"外务大臣"简称"外相"，"海军大臣"简称"海相"，"陆军大臣"简称"陆相"等，今仍其旧。

7. 原书中大量的档案文书及私人信件等均为当时的文言日语，如原文均为汉文者一律沿用；如原文为汉字、假名掺杂者尽量保留其文白相杂的风格。因译者学养有限，难免生涩未化，敬请读者谅解。

8. 清、韩政府的诏书等，径用原始中文文献，不从日文转译。

9. 对读者不甚熟悉的人物、事件、专有名词等，译者择取少量加注，在正文中以小字刊出，以便利读者阅读。

易爱华

2017 年 4 月

---

[2] 日语中的表音文字符号，多用来表述外来语。

[3] 日本一直沿用"大藏省"的名称，直至 2001 年 1 月始根据《中央省厅等改革基本法》拆分成"财务省"和"金融厅"，后者划归内阁府管辖。

人物介绍

朝鲜·大韩帝国

高宗（1852—1919）1863 至 1897 年为国王，1897 至 1907 年为皇帝。被伊藤博文统监逼迫退位。

闵妃（1851—1895）1866 至 1895 年为王妃。被日本公使三浦梧楼杀害。明成皇后。

大院君（1820—1898）高宗之父。1863 至 1873 年摄政。1882 年与 1895 年虽在拥立之下掌握政权，但皆以短时间告终。

赵秉式（1832—1907）1885 年任督办交涉通商事务大臣，镇压独立协会。1900 年出任驻日本公使。

金允植（1835—1922）1885 年任督办交涉通商事务大臣，1895 年任外部大臣，1896 年被处以终身流刑，1907 年获特赦。

金弘集（1842—1896）1894 至 1896 年任总理大臣。高宗俄馆播迁时，在街头被杀害。

高 宗

大院君

金玉均（1851—1894）开化派。主导了甲申政变，后流亡日本，在上海被暗杀。

李范晋（1852—1911）亲俄派。1887年任协办内务府事，1895年任农商工部大臣，因11月28日事件避身俄罗斯公使馆，促成高宗的俄馆播迁。1899年至1905年历任法部大臣，驻美、驻俄公使。后流亡。因抗议日韩合并而自杀。

朴泳孝（1861—1939）开化派。主导了甲申政变，后流亡日本，于1894年回国，任内部大臣。1895年再次流亡日本，1907年归国，任宫内府大臣，后被免职流放。日韩合并后被日本封为侯爵，任贵族院议员。

金玉均

徐载弼（1864—1951）开化派。曾留学日本。参与甲申政变后流亡美国。1895年回国，创刊《独立新闻》。1898年返回美国。1945年解放后，任美国军政顾问。

李容翊（1854—1907）壬午军乱之后辅佐高宗。任内藏院卿，1902年任度支部大臣，抵抗日本的压力。1904年被强行送往日本。抵制《乙巳保护条约》的签署。

闵泳焕

朴齐纯（1858—1916）1898、1900、1903、1905年任外部大臣，签署《乙巳保护条约》，"乙巳五贼"之一。被日本封为子爵。

闵泳焕（1861—1905）闵妃的侄子。1895年被任命为驻美公使，辞职未赴任。1896年参加俄罗斯皇帝即位仪式，1897年任英德法俄意等国驻在公使，1905年任侍从武官长。因反对《乙巳保护条约》而自杀。

李址镕（1870—？）1900年任宫内府协办，1904年任外部大臣署理，签署《日韩议定书》。为1905年"乙巳五贼"之一。日韩合并后被封为伯爵。

明治天皇

日本

伊藤博文

明治天皇（1852—1912）1868至1912年为天皇。

伊藤博文（1841—1909）出生于长州藩。曾留学英国。曾任内务卿，1885至1888年、1892至1896年、1898年、1900至1901年任首相，1905至1909年任韩国统监。被安重根暗杀。

山县有朋（1838—1922）出生于长州藩。军人。曾任陆军卿，1889至1891年、1898至1900年任首相。

山县有朋

井上馨（1835—1915）出生于长州藩。曾留学英国。曾任外务卿，1885至1888年任外相，1894至1895年任驻朝鲜公使。

桂太郎（1847—1913）出生于长州藩。1898年任陆相，1901至1905年、1908至1911年、1912至1913年任首相。

井上馨

外相

青木周藏

青木周藏(1844—1914)出生于长州藩。1889至1991年、1898至1900年任外相。

榎本武扬(1836—1908)幕臣。曾留学荷兰。参与箱馆战争。1874至1875年任驻俄罗斯公使,1891至1892年任外相。

陆奥宗光(1844—1897)出生于和歌山藩。曾游学欧洲。曾任驻美公使,1892至1896年任外相。

陆奥宗光

西德二郎(1874—1912)出生于萨摩藩。曾留学俄罗斯,1896年任驻俄罗斯公使,1897至1898年任外相。

西园寺公望(1849—1940)公家。曾留学法国。1896年任外相代理,1906至1908年、1911至1912年任首相。

加藤高明(1860—1926)出生于尾张。毕业于东京大学。曾任驻英公使,1900至1901年任外相,1924至1926年任首相。

小村寿太郎

小村寿太郎(1855—1911)出生于日向。毕业于东京大学。曾留学美国。1895至1896年任驻朝鲜公使,1898至1900年任驻美公使,1900年任驻俄公使,1901年任驻清国公使。1901至1905年任外相。

公使

林董（1850—1913）幕府御典医养子。曾留学英国。后任榎本军士官、外务次官，1897年任驻清国、俄罗斯公使，1900至1905年任驻英公使。1906至1908年任外相。

林　董

栗野慎一郎（1851—1937）出生于福冈黑田藩。曾留学美国。1901至1904年历任驻墨西哥、美国、意大利、法国、俄罗斯公使，随后任驻法国公使。1932年任枢密顾问官。

栗野慎一郎

大鸟圭介（1833—1911）幕臣。参与榎本军，后供职于明治政府。1889年任驻清国公使，1893至1894年任驻朝鲜公使，后任枢密顾问官。

三浦梧楼（1846—1926）出生于长州藩。军人。1895年任驻朝鲜公使，是杀害闵妃的主谋者。1910年任枢密顾问官。

三浦梧楼

林权助（1860—1939）出生于会津藩。毕业于东京大学。1887年供职于外务省，1896年任驻英国公使馆一等书记官，1899至1908年任驻韩国公使，促成《乙巳保护条约》的缔结。1916年任驻中国公使。

杉村濬（1848—1906）出生于盛冈。1880年进入外务省，1891至1895年为驻朝鲜公使馆一等书记官、代理公使，为杀害闵妃主谋，被解职。1899年于外务省复职，任通商局长。1904年任驻巴西代理公使，于当地病死。

林权助

军人

大山岩

大山岩（1842—1916）出生于萨摩藩。曾留学法国，军人。1885 至 1896 年任陆相。元帅。1899 至 1904 年任参谋总长、"满洲"军总司令官。

川上操六（1848—1899）出生于萨摩藩。1885 年任参谋次长，指挥了日清战争。1898 至 1899 年任参谋总长。

井口省吾（1855—1925）出生于沼津。陆士，毕业于陆军大学。曾留学德国。1900 年任参谋本部炮兵课长，1901 年任军事课长，1902 年任总务部长，历任大本营参谋部第三课课长、陆军大学校长、第十五师团师团长。

山本权兵卫

山本权兵卫（1852—1933）出生于鹿儿岛。戊辰战争后，于开成所、海军兵学寮学习。1898 至 1906 年任海相，1913 至 1914 年、1923 至 1924 年任首相。

东乡平八郎（1847—1934）出生于鹿儿岛。明治维新后担任海军士官。曾留学英国，1894 年任"浪速"舰长、舞鹤镇守府司令长官，1903 年任联合舰队司令长官。

秋山真之

秋山真之（1868—1918）出生于松山。毕业于海军兵学校，后留学美国。美西战争（Spanish-American War）观战武官。任联合舰队作战参谋。

广濑武夫(1868—1904)出生于丰后。毕业于海军兵学校。1888年就职。后留学俄罗斯,1897至1900年为驻俄武官,在旅顺港封锁作战中战死。

广濑武夫

民间人士

近卫笃麿(1863—1904)公家。曾留学奥地利、德国。贵族院议员,1896至1903年任贵族院议长。1898年创建东亚同文会,1900年组成国民同志会,1903年组成对俄同志会。近卫文麿为其子。

近卫笃麿

柴四朗(东海散士)(1852—1922)出生于会津。1885年写作《佳人之奇遇》。1892至1912年任众议院议员。1895年为三浦公使顾问。1903年写作《日俄战争之羽川六郎》。

内田甲(良平)(1874—1937)出生于福冈县。参与天佑侠,在朝鲜展开策划。1901年创立黑龙会,出版《俄罗斯亡国论》。1906年协助伊藤统监,任一进会顾问,展开日朝合并运动。

内田甲(良平)

岛田三郎(1852—1923)出生于江户。就读于沼津兵学校、大学南校。为《横滨每日新闻》社员总代表的养子。后加入该报,参与了立宪改进党的结党。1894年起,任《每日新闻》社社长兼主笔。1890至1923年为众

岛田三郎

议院议员。

池边三山（1864—1912）出生于熊本。曾留学法国。1897年起为《东京朝日新闻》主笔。

池边三山

俄罗斯

亚历山大三世（1845—1894）亚历山大二世之子。1881至1894年为皇帝。

玛丽亚·费奥多罗夫娜（1847—1928）亚历山大二世的妻子。丹麦公主。

尼古拉二世（1868—1918）亚历山大三世之子。1894至1917年为皇帝。因俄罗斯革命被处决。

尼古拉二世

亚历山德拉·费奥多罗夫娜（1872—1918）尼古拉二世的妻子。黑森－达姆施塔特大公之女。

弗拉季米尔大公（1847—1909）亚历山大三世的弟弟。1854年任少尉候补。1868年任少将，后任近卫第一师团长。1884至1905年任圣彼得堡军区司令官。

弗拉季米尔大公

彼得·尼古拉耶维奇大公（1864—1931）亚历山大二世之弟尼古拉之子，亚历山大三世的堂弟。1904至1909年任工兵总监。妻子为黑山公主米利莎，痴迷于神秘学。

亚历山大·米哈伊洛维奇大公（1866—1933）亚历山大二世幼弟之子。与尼古拉二世之妹结婚。初为陆军，后转为

亚历山大·米哈伊洛维奇大公

海军，1885年任少尉，1900年任上校，1903年任海军少将。

财相·内相

维特（1849—1915）毕业于新俄罗斯大学。起先从事铁路经营，1889年任财政部铁路局长，1892至1903年任财相，朴茨茅斯议和谈判全权委员，1905至1906年任首相。

西皮亚金（1853—1902）毕业于圣彼得堡大学。1867年进入内务部，1899至1902年任内相。后被暗杀。

普列韦（1846—1904）毕业于莫斯科帝国大学。1867年任检事，1881年任内务部警保局长，1885年任内务次官，1902至1904年任内相，后被暗杀。

维　特

普列韦

吉尔斯

外相

吉尔斯（1820—1895）毕业于皇村中学。1838年进入外交部，曾任驻波斯公使，1875年任外交部亚洲局长，1878年任外相代理，1882至1895年任外相。

洛巴诺夫-罗斯托夫斯基（1824—1896）侯爵。毕业于亚历山大皇家中学。1844年进入外

洛巴诺夫-罗斯托夫斯基

交部，曾任驻土耳其公使。1867年任外交次官，后任内相代理，1878年任驻土耳其公使，1895至1896年任外相。

穆拉维约夫（1845—1900）伯爵。曾为海德堡大学旁听生。1864年进入外交部，曾任驻丹麦公使，1897至1900年任外相。

拉姆斯道夫（1844—1907）伯爵。曾为圣彼得堡帝国大学旁听生。1866年进入外交部，历任外相秘书官、办公厅主任、审议官，1897年任次官，1898年任外相代理，1900至1906年任外相。

穆拉维约夫

拉姆斯道夫

陆军

瓦诺夫斯基（1822—1904）毕业于莫斯科第一士官武备学校。1840年任少尉，1876年任第十二军团军团长，1881至1898年任陆相，1901至1902年任文部大臣。

库罗帕特金（1848—1925）毕业于士官学校、陆军大学。1866年任少尉，1874年任土耳其斯坦军区参谋，参与俄土战争普列文战役。1890年任外里海州州长，外里海州军司令官，1898至1904年任陆相。1916年任土耳其斯坦总督与军区司令官。

奥布鲁切夫（1830—1904）毕业于士官武备学校。1848年任少尉，1863年任参谋本

库罗帕特金

部参谋。在俄土战争中表现活跃。1879至1898年任参谋总长。

萨哈罗夫（1848—1905）士官学校、陆军大学毕业。1866年任少尉,1875年任圣彼得堡军区参谋,参与普列文战役。1890年任华沙军区司令官助理。1898至1904年任参谋总长,1904至1905年任陆相。

萨哈罗夫

利涅维奇（1838—1908）中学毕业。1858年为少尉候补,1900年任西伯利亚军团军团长,1903年任沿阿穆尔军区司令官,1904年任"满洲"军总司令官代理,第一军司令官,1905年任"满洲"军总司令官。

萨莫伊洛夫 1902至1904年、1906至1916年任驻日武官。

阿列克谢大公

海军

阿列克谢大公（1850—1908）亚历山大二世第四子。1857年任海军少尉,1881至1905年任海军元帅。

特尔托夫（1836—1903）毕业于海军士官学校。1852年就职,1892年任太平洋舰队司令长官,1896至1903年任海相。

阿韦兰（1839—1916）海军士官学校毕业。1855年就职,1896至1903年任军令部长。1903至1905年任海相。

特尔托夫

阿韦兰

马卡洛夫

阿列克塞耶夫

罗热斯特文斯基

斯塔尔克

鲁辛

阿列克塞耶夫（1843—1918）毕业于海军士官学校。1863年就职，1895至1897年任太平洋舰队司令长官，1899至1903年任"关东州"长官，1903至1904年任远东总督。革命发生后流亡在外。

杜巴索夫（1845—1912）毕业于海军士官学校。1897至1898年任太平洋舰队司令长官。

马卡洛夫（1848—1904）1867年就职，1895至1896年任地中海舰队司令长官，1904年任太平洋舰队司令长官。因旗舰触雷而亡。

罗热斯特文斯基（1848—1909）毕业于海军士官学校、炮兵大学。1868年就职，曾参与俄土战争，1890至1894年任驻英武官，1903至1904年任海军军令部长，1904年任第二太平洋舰队司令长官。1906年在军事审判中被判无罪。

斯塔尔克（1846—1928）毕业于海军士官学校。1866年就职，1902至1904年任太平洋舰队司令长官。革命发生后流亡在外。

鲁辛（1861—1956）毕业于海军士官学校。1886年就职，1899至1904年任驻日武官，1913至1917年任海军军令部长。革命发生后流亡在外。

公使

谢维奇 1886 至 1892 年任驻日公使。

希特罗渥（1837—1896）1893 至 1896 年任驻日公使。

罗森（1847—1922）毕业于帝国国立法律学校。1877 至 1882 年为驻日公使馆馆员，1897 至 1899 年、1903 至 1904 年任公使。1898 年任驻清公使。

罗 森

伊兹沃利斯基（1856—1919）毕业于亚历山大皇家中学。1875 年进入外交部，历任驻梵蒂冈公使、驻塞尔维亚公使，1900 至 1902 年任驻日公使，1906 至 1910 年任外相。

伊兹沃利斯基

士贝耶 1896 至 1897 年任驻韩代理公使，1898 年任驻清公使。

韦贝尔（1841—?）1871 至 1873 年任驻箱馆副领事，1874 至 1875 年任驻横滨副领事，1876 至 1884 年任驻天津领事，1885 至 1895 年任驻韩代理公使，1897 至 1900 年任驻墨西哥公使。

巴甫洛夫

马丘宁 1898 年任驻韩代理公使。

巴甫洛夫 1895 至 1898 年为驻清一等书记官，1899 至 1902 年任驻韩代理公使，1903 至 1905 年任公使。

喀希尼 1892 至 1897 年任驻清公使，1898 至 1905 年任驻美公使，1906 至 1910 年任驻西班牙公使。

雷萨尔 1902 至 1905 年任驻清公使。

其他特别职务

沃加克

苏沃林

沃加克（1859—？）毕业于骑兵士官学校。1878 年就职，1889 年进入参谋本部，1892 至 1903 年任驻清武官，1893 至 1896 年任驻日武官。别佐勃拉佐夫的合作者。1905 至 1907 年任驻英武官。

别佐勃拉佐夫（1855—1931）毕业于近侍学校、骑兵士官学校。曾在近卫骑兵联队工作，后任畜牧局局长、伊尔库茨克总督特任官。围绕鸭绿江利权展开策划，为皇帝的非正式辅佐官。1903 至 1904 年为远东委员会委员。革命发生后流亡在外。

阿巴扎（1853—1915）1873 年进入第四海兵团，1884 年任海军元帅副官，1899 年任近卫海兵团司令官，1902 年任中央商船商港管理局次长，1903 年任远东委员会事业局局长，是别佐勃拉佐夫的合作者。

苏沃林（1834—1912）1876 年收购《新时报》，任社长兼主笔，使其发展为大型报社。

人物介绍

清国、欧美

李鸿章（1823—1901）1870年任清国直隶总督、北洋大臣。曾签署《马关条约》《俄清密约》等。

庆亲王（1836—1917）乾隆皇帝曾孙。任总理衙门大臣、首席军机大臣。

穆麟德（1847—1901）德国人。因李鸿章的指示，自1882年起成为朝鲜的参议、协弁，外交顾问。致力于促使俄朝接近，1885年被解任。

艾伦（1858—1932）1884年作为美国传教士来朝，1887年供职于朝鲜政府，其后成为美国驻韩公使馆一等书记官，自1897年起任美国公使，1905年回国。

袁世凯（1859—1916）1882年作为军人来朝，1885年任总理朝鲜交涉通商事宜大臣。1894年回国。其后担任直隶总督、军机大臣，1909年被罢免。辛亥革命后，任中华民国临时大总统。

李鸿章

穆麟德

艾伦

袁世凯

说明：伊藤博文、山县有朋、井上馨、青木周藏、陆奥宗光、小村寿太朗、林董、大山岩、山本权兵卫、秋山真之、广濑武夫等人的画像转载自日本国立图书馆网站。明治天皇画像为高桥由一创作的《明治天皇御肖像画》。

略称一览

机构名称

AVPRI   Arkhiv vneshnei politikiRossiiskoi imperii [俄罗斯帝国对外政策档案馆（莫斯科）]

俄语原文：Архиввнешнейполитики Российскойимперии

AVPR, MID   Arkhiv vneshnei politiki Rossii, Ministerstvo inostrannykh del SSSR [俄罗斯联邦对外政策档案馆，原苏联外交部档案馆（莫斯科）]

俄语原文：Архиввнешнейполитики Российской Федерации (сокр. АВП РФ, бывшийАрхив МИД СССР)

GARF   Gosudarstvennyi arkhiv Rossiiskoi Federatsii [俄罗斯联邦国立档案馆（莫斯科）]

俄语原文：Государственныйархив Российской Федерации

IKMGSh   Istoricheskaia komissiia po opisaniiu deistvii flota v voinu 1904-1905 gg. Pri Morskom General'nom Shtabe [海军总司令部1904—1905年战争海军行动纪事历史委员会]

俄语原文：Историческойкомиссиипоописаниюдействий флота в войну1904-1905гг. приМорскомГенеральномштабе.

OPIGIM   Otdel pis'mennykh istochnikov Gosudarstvennogo istoricheskogo muzeia [国家历史博物馆文书部（莫斯科）]

俄语原文：Отдел письменных источников государственного исторического музея

RGAVMF   Rossiiskii gosudarstvennyi arkhiv voenno-morskogo flota [俄罗斯国立海军档案馆（圣彼得堡）]

1

俄语原文：	Российский государственный архив военно-морского флота	
RGVIA	Rossiiskii gosudarstvennyi voenno-istoricheskii arkhiv [俄罗斯国立军事历史档案馆（莫斯科）]	
俄语原文：	Российский государственный военно-исторический архив	
RGIA	Rossiiskii gosudarstvennyi istoricheskii arkhiv [俄罗斯国立历史档案馆（圣彼得堡）]	
俄语原文：	Российский государственный исторический архив	
TsGIAM	Tsentral'nyi gosudarstvennyi istoricheskii arkhiv Moskvy[中央莫斯科国立历史档案馆]	
俄语原文：	Центральный государственный исторический архив Москвы	
VIK	Voenno-istoricheskaia komissiia po opisaniiu Russko-Iaponskoi voiny General'nogo Shtaba [参谋总部日俄战争纪事战史委员会]	
俄语原文：	Военно-историческая комиссия по описанию русско-японской войны генерального штаба	

书名

DKPIa	Dokumenty kasaiushchiesia peregovorov s Iaponiei v 1903-1904 godakh, khraniashchiesia v kantseliarii Osobogo Komiteta Dal'nego Vostoka, [Sankt-Peterburg], 1905
DMAIaR	Doneseniia morskogo agenta v Iaponii A. I. Rusina (1902-1904 gg.), Russkoe proshloe, 6, 1996
KA	Krasnyi arkhiv
RIaV	Russko-Iaponskaia voina. Iz dnevnikov A. N. Kuropatkina i N. P. Linevicha, Leningrad, 1925
RJWGP	The Russo-Japanese War in Global Perspective: World War Zero
SGTSMA	Sbornik geograficheskikh, topograficheskikh i statisticheskikh materialov po Azii
SMVMV	Domozhilov (ed.), Sbornik materialov po voenno-morskim voprosam. Vol. I. Iaponsko-kitaiskaia voina, Sankt-Peterburg, 1896

第一章
日俄战争为什么发生

司马辽太郎的看法

当前,文学家司马辽太郎的作品《坂上之云》在我国民众对日俄战争的认知过程中扮演了非常重要的角色。这部作品自1968年春开始在《产经新闻》上连载,于1969年春由文艺春秋社出版了单行本。在这部书第一卷的后记中,司马氏这样写道:

> 欧洲意义上的"国家"因明治维新而诞生了。……每个人都成为"国民",尽管还不习惯这一身份,但成为"国民"后的日本人,作为日本历史上最初的体验者,被这种新鲜感所激发,意志昂扬。倘若不理解这种刻骨铭心的昂扬感,就无法理解这一阶段的历史。[1]

作者注:档案馆的未公开文书皆按照以下原则记载。1.作者在档案馆首次发现、使用的,只记述文书内容、档案馆以及其文书编号。2.作者在档案馆阅览、使用了先行研究已经利用过的文书时,在记述文书内容、文书馆、文书编号之后,会说明先行研究的相关处。3.再次引用被先行研究引用过的文书时,首先叙述先行研究的相关之处,再记述文书内容。

文书馆名称全部使用《略称一览表》中所列略称。著作名称的略称也见《略称一览表》,另外,还列举了首次出处。敬请参照书末附录的文献目录。

[1] 司马辽太郎《坂上之云》1,文艺春秋社,1969年,316页;文春文库(新装版),8,1999年,310页。

如果将政府比作一个小家庭，那么出现于其中的陆海军就像谎言一般微不足道。在这个宛如乡镇小作坊的弹丸之国中，身负职责和义务、被配置在各个部分的人们，恰恰因为家庭的微小而竭尽全力地工作，他们唯一的目标就是使自己的组织强大起来，对于这个目标，他们甚至根本不知道怀疑。这个时代的蓬勃朝气，大概就来源于这种乐观主义吧。这部长篇故事就是关于这段日本历史上没有先例的、幸福的乐观主义者们的故事。……乐观主义者们以那个时代人所特有的气质，凝视着远方奋勇直前。尤如在上坡路尽头的蓝天上，有一朵闪耀的白云，他们只全心注视着那朵白云，奋力攀缘而上。[2]

司马氏的这部长篇小说以这样三位乐观主义者为主人公：出身于四国伊予松山的文学家正冈子规、制定了日本海海战战略战术的海军军人秋山真之，以及其兄长、曾与俄罗斯哥萨克骑兵队作战的骑兵将军秋山好古。正冈子规生于1867年，秋山真之生于1868年，正值明治维新元年，堪称明治维新之子。而秋山好古则生于1859年，明治维新当年还不满十岁，同样可以算明治维新之子。这部小说第一卷的结尾写道，在日清战争最后的威海卫海战时，身患结核病的正冈子规作为从军记者离开了东京。小说所塑造的向着与俄国战争这个目标努力奋进的两位军人及他们的文学家朋友的形象，对于"二战"后处于经济高速成长期、同样注视着"坂上之云"而努力奋斗的日本人来讲，可以说恰好是值得学习的前辈榜样，因此这部小说的读者群很快就爆炸式地扩大了。

然而，司马氏虽然以这样的方式开篇描写日俄战争，但在写作过程中，却已经预示了在这场战争中赢得优势的日本在战后开

---

[2]《坂上之云》1, 317—318页；文库版8, 312页。

第一章　日俄战争为什么发生

始走下坡路，以至于最终从高台滚落的结局。这部小说的第二卷写至包括1902年正冈子规之死在内的日俄战争前夕，在后记中，作者似乎颇为急迫地预先做出了严峻的结论：

> 总之，俄罗斯自身有很多失败之处，而日本因其缜密的计划性以及敌人的这种不堪，因势利导，逐步扩大了原本惊险万状的胜利，这就是日俄战争。战后的日本没有努力让国民了解这种冷酷的相对关系，国民也不想知道这些，反而将胜利绝对化，以致逐渐将日本军队的神秘强大演化成一种信仰，在这方面，整个民族都痴呆化了。〔3〕

这是非常严厉的批评。司马氏所写日俄战史的特点是激烈批评乃木在旅顺攻夺战中的指挥。这部作品在日本海海战胜利处戛然而止，其最后的情节是，在联合舰队举行阅兵式之日，秋山真之没有出席，而是独自去为正冈子规扫墓。司马氏丝毫没有提及朴茨茅斯和谈的内容，更没有提及民众因对和谈结果不满而引发日比谷纵火事件，仿佛战争的一切都是痛苦的，他丝毫不愿再触碰。

《坂上之云》于1972年结束了在报纸上的连载，其单行本的第六卷也于当年完结。虽然司马辽太郎原本想写一部"乐观主义者的故事"，但在写作结束时，却呈现出了极其悲观的氛围，寓示出胜利在本质上是虚幻的，随之而来的历史是黑暗的。他就像一位诚实的作家，遵从自己所描写对象的发展逻辑，逐步修正了对作品原来的构想。

司马辽太郎的日俄战争观，特别是对战争结果的评价是极其透彻的。在这个意义上，我认为他的这部作品从国民层面总结了

---

〔3〕《坂上之云》2，1969年，274—275页；文库版8，321—322页。

日本近代史的光荣与悲惨，具有极其重要的意义。

在此基础上，有一个问题需要探讨：日本人认为来势汹汹的与俄罗斯的战争是国民的宿命，因此竭尽全力地备战，这的确是历史事实。但是，这种认识从历史上看是否正确呢？司马辽太郎在这部作品中始终强调，因俄罗斯表现出的侵略欲望，致使日本人强烈地认识到俄罗斯膨胀所带来的威胁。

首先，故事从日俄战争之前的日清战争写起，关于这场战争，司马氏写道：

"原因在于朝鲜，不过话虽如此，却并非韩国或韩国人的罪过，如果说有罪，那么罪过就在于朝鲜半岛所处的地理位置。"

"清国主张对朝鲜的宗主权，这点与对越南的情况相同，……接踵而来的俄罗斯和日本也提出了它们的保护权。俄帝国已经将整个西伯利亚掌控在手中，而且把沿海州、满洲也纳入了自己的势力范围，同时还显示出想要乘机扩张到朝鲜的态势。日本的愿望显得更为迫切，……与其说日本想要占领朝鲜，不如说如果朝鲜被其他强国占有，日本将无法实施防卫。"

司马氏强调，在日清战争中，日本的姿态还是"被动的"。"'承认朝鲜的自主性，使其成为完全的独立国家'，这是日本对清国以及其他相关国家的说辞，这种说辞多来年一直像念佛似的不停地被重述。日本十分害怕朝鲜半岛成为其他大国的属地。"[4]

写至日俄战争前夕，司马氏再次强调了俄罗斯的"野心"：

---

[4]《坂上之云》，文库版2，1999年，48—49页。

以日本纪年来算，俄罗斯帝国开始赤裸裸地表现出侵略远东的野心是在江户中期至后期。……在这一时期，俄罗斯帝国的侵略热情变得异常高涨。俄罗斯是后进的帝国主义国家，正因如此，一旦觉醒，它所采用的侵略方式就如破竹般势不可当。[5]

　　对于俄罗斯的侵略主义者来说，夺取满洲和朝鲜是必须的。因为俄罗斯进军远东的一大着眼点就是南下直抵海洋，他们想要获得不冻港。[6]

　　赖在满洲的俄罗斯将手又伸向了北部朝鲜。这样一来，自然就与日本的国家利益产生了冲突。[7]

　　无论后世的俄罗斯史学家如何辩解，对于远东，俄罗斯都具有过于浓厚的侵略意图。[8]

　　面对俄罗斯的这种侵略热情，日本朝着确保朝鲜的方向迈进也是理所当然的。司马氏如此解说道：

　　"日本在朝鲜问题上如此固执，在没有经历过那个历史阶段的今天的人们看来，无论如何都有点不可思议，甚至有些滑稽。"但是，"从十九世纪到那个时代，世界上的国家和地区只有两条道路可以选择，要么沦为他国殖民地，要么振兴产业、增强军事力量，进入帝国主义国家的行列。"[9]

　　日本选择了通过维新而自立的道路，从那个时候起，即

---

[5]《坂上之云》，文库版2，1999年，353—354页。
[6] 同上书，360页。
[7] 同上书，文库版3，1999年，66页。
[8] 同上书，176页。
[9] 同上书，173页。

便是给他国（朝鲜）造成麻烦，也必须保持本国的自立。日本在那个历史阶段必须对朝鲜如此执着。因为如果放弃了这一点，不仅是朝鲜，恐怕就连日本自身也会被俄罗斯吞并。[10]

司马辽太郎虽然这样写，但他对朝鲜本身却几乎未费笔墨。

> 韩国本身业已无可救药。李王朝维持了五百年，它的秩序已经彻底腐朽，可以说，韩国根本不具备依靠自身的意志和力量开启自己命运的能力。

司马氏对朝鲜的描述基本上仅此而已。接下来，他在提到东学党之乱时，举出了"一名东学的传教师"全琫准的名字，这是整部小说中出现的唯一一个朝鲜人的名字。[11] 其他的，甚至就连从日清战争前夕直至日俄战争时期，这个国家的国王高宗的名字都没有出现，更不用说被杀害的王妃闵妃了。

当然，小说描绘了面对战争时俄罗斯内部的动向。作者首先着重描写了别佐勃拉佐夫这个人物的动态。

> 俄罗斯皇帝的宠臣中，有一位退役的骑兵大尉，名叫别佐勃拉佐夫。……在这几年里，俄罗斯皇帝尼古拉二世对这位在俄罗斯宫廷中雄辩滔滔、极富治国空想能力的男人给予了无比的宠信。[12]

别佐勃拉佐夫用最能迎合尼古拉二世虚荣心的话劝说道："得到朝鲜半岛后，陛下就真正成为横跨欧亚大陆的帝国

---

[10]《坂上之云》，文库版3，1999年，173页。
[11] 同上书，文库版2，50页。
[12] 同上书，401页。

君主了。"……此话正中尼古拉二世下怀。[13]

　　首先,宫廷和军部被侵略远东的热情搞得飘飘然。在宫廷中,……别佐勃拉佐夫越来越得皇帝的欢心,以至于大臣们都畏惧他的权势而来寻求庇护,他像对待学徒一样对他们颐指气使。[14]

还有一位危险人物是"关东州"总督阿列克塞耶夫。对于他就任远东总督这个新设的职位,司马辽太郎写道:"对于远东的事务,他拥有近乎无限的权力。""在俄罗斯的廷臣中,阿列克塞耶夫也属于侵略急先锋中的一人。"[15]

　　俄罗斯皇帝真正地像成吉思汗那样踏上骇人听闻的冒险之旅,就是从由阿列克塞耶夫和别佐勃拉佐夫两人主导的远东体制确立时开始的。[16]

在小说中,与尼古拉二世、别佐勃拉佐夫和阿列克塞耶夫的三人组合相对抗的是财政大臣维特。按照司马氏的解说,维特是"俄罗斯帝国政府中唯一的日俄战争回避论者"[17]。与维特相比,外相拉姆斯道夫属于务实派,但他"不幸沾染上了时代的侵略气氛"。拉姆斯道夫背后的势力是陆军大臣库罗帕特金,而库罗帕特金并不是维特那样的"日俄和平论者"。

至于俄罗斯军方的日本观,司马辽太郎断言:"不可思议的

---

[13] 《坂上之云》,文库版2,402—403页。
[14] 同上书,文库版3,94页。
[15] 同上书,177页。
[16] 同上书,文库版2,405页。
[17] 同上书,文库版3,98页。

是，没有一个俄罗斯军人恰当地评价了日本的实力，甚至连冷静分析一下的人都缺乏。"[18]作为例子，司马氏首先列举了驻日武官瓦诺夫斯基，他曾经断言："日本陆军是婴儿军"，"日本陆军的道德水准要达到欧洲最弱军队的水平，大概需要一百年的时间。"此外，司马氏列举了"阿斯科尔德"号舰长格拉马奇科夫，他曾说："日本海军只是装备整齐而已，但作为海军的精神与我们相差甚远，而且对军舰的操作和运用都很幼稚。"最后司马氏还列举了陆相库罗帕特金，他曾扬言：与日本的战争，"与其说是战争，不如说是一次军事性的散步。"[19]

在这种认识的前提下，日俄交涉自然无法得到认真的对待。日本方面本来想用"满韩交换论"达成协议，但俄罗斯方面不仅想要"满洲"，还想要"朝鲜的北部"。俄罗斯拖延做出具体回复的时间，"并在这期间，以惊人的速度增强了在远东的军事力量。"[20]

司马辽太郎总结开战前的俄罗斯外交道：

> 即使到了后世，事情已经彻底冷却的时候再来回顾，俄罗斯的态度还是没有丝毫可以辩解的地方。俄罗斯是故意将日本逼上绝路的。日本就像穷途末路的老鼠，只能与猫做殊死搏斗了。[21]

无论如何，日俄战争前夕，俄罗斯的外交态度实在太过分了，俄罗斯财相维特的回忆录也承认这一点。[22]

---

[18]《坂上之云》，文库版3，95页。
[19] 同上书，96—97页。
[20] 同上书，176页。
[21] 同上书，178页。
[22] 同上书，180页。

总之，司马辽太郎对日俄战争进行了整体性的归纳：

> 日俄战争无疑是世界史中帝国主义时代的一个现象。在这一现象中，毫无疑问日本是遭受逼迫的一方，是为了生存而竭尽全力展开的防卫战。[23]

司马氏这种俄罗斯观，不仅是后世20世纪60年代的观点，其实也是日俄战争时期日本人的俄罗斯观。并且，他总体性的日俄战争观，也是迄今为止日本人所写的诸多有关日俄战争著作的共通看法。可以说，司马氏的朝鲜观也基本一样，不过对此仍有必要进行进一步说明。

《小村外交史》与《机密日俄战史》

关于日俄战争时期外务大臣小村寿太郎的外交，有《小村外交史》一书。该书作者为外交官出身的外交史学家信夫淳平，他受外务省委托，从1920年起，充分利用外务省的文书资料编成了《侯爵小村寿太郎传》，这部稿本当时印刷了15部；第二次世界大战后，外务省将之增补修订为《小村外交史》，作为1953年外务省编纂的《日本外交文书》附册予以刊行（1966年由原书房重印）。可以说，这是一部从小村外相和外务省立场写的正式的日俄战争开战外交史、终战外交史。司马辽太郎当然认真阅读过这部书。此外，还有陆军大学教官谷寿夫的讲义摘要《机密日俄战史》。该书于1925年以抄写印刷的形式在相关者之间传播，战后

---

[23]《坂上之云》，文库版3，182页。

的 1966 年由原书房刊行。这同样是一部有代表性的书，司马辽太郎也参考了这部著作。

司马辽太郎所写的俄罗斯政府内部的状况以及俄罗斯军部的日本观，几乎照抄了《小村外交史》和《机密日俄战史》两书共通的叙述。[24] 这两部著作十分相似，几乎难以区分到底谁参考了谁。两者共通的地方是：认为维特、拉姆斯道夫毋庸置疑持稳健的意见，库罗帕特金自访问日本前后起也开始持有"比较稳健的意见"，"真正推动俄罗斯宫廷走向开战"的是别佐勃拉佐夫。对于阿列克塞耶夫，则认为他是"骑墙主义者"。

不同于司马辽太郎在小说中没有提及，这两部著作都用很大篇幅描写了原驻日武官沃加克，将他视为主张开战的人物。两书首先写道，旅顺陷落后，接待过斯特塞尔的川上俊彦报告了从斯特塞尔那里听到的话，说阿列克塞耶夫是反对开战的，开战的"罪魁祸首是沃加克少将"。接着写道：

> 此前沃加克少将作为俄国驻日公使馆武官，看到我国的情况，曾私下对人讲日本军队根本不值一提，当时此事广为人知。他同时还兼任北京公使馆武官，参与了与清廷的满洲密约谈判。据说当清廷大吏提出如果这样订约，可能会遭到来自外国的重大干涉时，沃加克当即呵呵冷笑说："外国，哪个外国啊？是日本吧，日本啊，……呵呵……"他没有把日本放在眼里，说他是开战论者大概不会错吧。[25]

至于别佐勃拉佐夫，两部著作都指出："他对掌控俄国政权

---

[24] 各个相应的部分，见外务省编《小村外交史》，再版，原书房，1966 年，315—316、318 页。谷寿夫《机密日俄战史》，原书房，1966 年，31—32、34 页。
[25] 谷，上述书，31 页；《小村外交史》315 页的文章大致相同。

抱有非分之想，他想先吞并满洲以建立功勋，因此排挤维特、拉姆斯道夫等和平派，将阿列克塞耶夫、沃加克收为自己的爪牙，不断地向宫廷内外鼓吹主战论，最终导致误国。"[26]作为俄罗斯海军也轻视日本海军的例子，两书都介绍了格拉马奇科夫的言论。[27]

另外，两部著作中都没有出现瓦诺夫斯基对日本的评价，这是司马氏从俄罗斯参谋本部的正式战史中摘取出来的。日本参谋本部为了编纂日俄战争史，收集了大量资料并进行了翻译，这些资料收录于《日俄战史编纂史料》34卷40册、《日俄战史史料》46卷中。其中，前者的第23卷是俄罗斯参谋本部正式战史第一卷的翻译。这些资料虽然没有公开发行，但司马氏仍然得到并加以阅读，由此知道了瓦诺夫斯基的评价。关于日本陆军是"婴儿军"的说法，也是以这些资料所载的其他俄罗斯将军的言论为基础创作改编而成的。[28]

维特《回忆录》及其影响

无论是司马辽太郎的小说，还是《小村外交史》，都强调了俄罗斯侵略主义背景中维特的和平主义，这种见解的基础是维特著名的《回忆录》。维特1915年死于圣彼得堡的家中。虽然皇帝下令将他的文书封存、没收，但他生前所撰写的《回忆录》已经被送往了国外。这部《回忆录》在俄国革命后的1922至1923年于

---

[26]《小村外交史》316页，谷，《机密日俄战史》，32页有同样的话。
[27]《小村外交史》358页，谷，《机密日俄战史》，34页。
[28]《日俄战史编纂史料》第23卷藏于福岛县立图书馆佐藤文库。

柏林刊行，[29]随即被翻译成世界多国语言，长期以来一直被认为是讲述俄罗斯帝政史真相的最权威著作。

然而，维特的回忆录却是在俄罗斯展开"开战的责任在谁"这场论争时，他怀着一种执拗的信念，拼命主张自己没有责任的情况下写成的。

日俄战争对于俄罗斯人来讲是始料未及之事，由于战争带来的影响极其深刻，因此在战争过程中俄罗斯就已经开始追究谁是开战的责任人了。"谁之罪"是俄罗斯人常问的问题。

自1905年年初起，首都的报纸、符拉迪沃斯托克（海参崴）的报纸开始追究别佐勃拉佐夫的责任。[30]对此，别佐勃拉佐夫的盟友、远东问题特别委员会事业局局长阿巴扎于1905年将《远东特别委员会办公厅保管对日交涉资料》以"手稿的权利"，即作为内部资料印刷发布。其中公开了39种秘密材料，证明他们自己如何努力避免与日本的战争。[31]

---

[29] S. Iu. Vitte, *Vospominaniia*, Vol. 1-3, Berlin, 1922-23. 马上出了苏联版。S. Iu. Vitte, *Vospominaniia*, Vol. 1-3, Petrograd-Moscow, 1923-1924. 英译版反而是最早出版的。*The Memoirs of Count Witte,* Translated from the original Russian manuscript and edited by Abram Yarmolinsky, London, 1921. 日语版为大竹博吉主编《维特伯爵回忆录：日俄战争和俄罗斯革命》上中下，俄罗斯问题研究所，1930年。1960年，苏联出了按时间顺序整理的新版。S. Iu. Vitte, *Vospominaniia*, Vol. 1-3, Moscow, 1960. 在戈尔巴乔夫改革之后，还出了口述笔记版。*Iz arkhiva S. Iu. Vitte. Vospominaniia*, Vol. 1, *Rasskazy v stenograficheskoi zapisi*, Part 1-2, Sankt-Peterburg, 2003; Vol. 2, *Rukopisnye zametki*, Sankt-Peterburg, 2003.

[30] B. V. Anan'ich, R. Sh. Ganelin, *Sergei Iul'evich Vitte i ego vremia*, Sankt-Peterburg, 1999, pp. 355-357.

[31] *Dokumenty kasaiushchiesia peregovorov s Iaponiei v 1903-1904 godakh, khraniashchiesia v kantseliarii Osobogo Komiteta Dal'nego Vostoka*[hereafter DKPIa][Sankt-Peterburg], 1905. 这份资料在散发后被收回，据说，散发出大约60册。P. Simanskii, Dnevnik generala Kuropatkina（Iz moikh vospominanii）, *Na chuzhoistorone*, XI, Praga, 1925, p. 73. 这部书因封面颜色而被称为《红书》（*Malinovaia kniga*）。到了1910年，流亡者布尔采夫以《日俄战争的责任者们》为题，在柏林与拉姆斯道夫的意见书一同编辑出版了这部《红书》。V. I. Burtsev, *Tsar'i vneshneishaia politika: vinovniki Russko-iaponskoi voiny po tainym dokumentam. Zapiski gr. Lamsdorfa i Malinovoi knigi*, Berlin, 1910.

对此，拉姆斯道夫主政的外交部发表了反驳意见书，与之针锋相对。意见书指出，开战前夕，俄罗斯正在协商最后的答复方案之际，阿巴扎擅自与日本公使接触，告知以鸭绿江分水岭为边界的构想，妨碍了外相为删除中立地带条款所做的努力。[32]对此，阿巴扎于1905年12月写下长篇意见书《俄罗斯人在朝鲜的企图》呈交皇帝，为自己做了全面辩护。阿巴扎在意见书中不仅批判了外交大臣拉姆斯道夫，还批判了陆相库罗帕特金、财相维特。[33]不过，令人感到不可思议的是，迄今为止，尚未有学者研究过尼古拉二世文书中的这份阿巴扎意见书。

另外，1906年，拉姆斯道夫的外交部编印了《1895年至1904年关于朝鲜问题的对日交涉概观》，并附有25种附录材料。这部书的公开发行大概受到了限制，它不及阿巴扎编写的《对日交涉资料》传播得广泛。这是外交部自我辩护的"第二弹"。[34]

论争第二回合的主角是库罗帕特金，在日俄开战的同时，他由陆相变为远东军总司令官，在奉天会战后被解职，降为第一军司令官。由于所有人都认为，地面战的失败是他的责任，因此对库罗帕特金来讲，为战争指挥做自我辩护是一个事关生死的问题。因此，他还在"满洲"时就开始进行战史研究，并在参谋本部军官的帮助下，写成了库罗帕特金上奏报告四卷。1906年年初，他从"满洲"撤回后就将这份上奏报告呈交给皇帝。报告的第一卷

---

[32] Ministerstvo Inostrannykh Del, *Zapiska po povodu isdannogo Osobym Komitetom Dal'nego Vostoka Sbornika dokumentov po peregovoram s Iaponiei 1903-1904 gg.* Sankt-Peterburg., 1905. 这篇文章于1907年由杂志转载。L. Slonimskii, Graf Lamsdorf i "Kpasnaia kniga", *Vestnik Evropy*, 1907, No. 4, pp. 816-825.

[33] A. M. Abaza, Russkie predpriiatiia v Koree v sviazi s nashei politikoi na Dal'nem Vostoke 1898-1904. December 1905, GARF, F. 601, Op. 1, D. 529, pp. 1-145.

[34] *Obzor snoshenii s Iaponiei po koreiskim delam s 1895 goda.* Sankt-Peterburg, 1906. GARF, F. 568, Op. 1, D. 211, pp. 1-91.

至第三卷探究了辽阳、沙河、奉天各阶段的作战行动，第四卷是《战争总结》。[35]在第四卷中，库罗帕特金的自我辩护从日俄战争的前史开始写起。他写道，日本胜利"最重要的原因是我们没有能够正确评价日本物质的力量，尤其是精神的力量，无法否认，我们没有十分认真地对待与日本的战斗"[36]。而他自己则自日清战争后，"一直对日本军怀有敬意，并以忐忑不安的心情关注着它的成长。"每次访问日本，"都公正地评价日本的军事力量相当于欧洲的水平"，从而思考无论如何都应该避免战争。然而即使如此，他辩解道，他本人也"完全没有意料到"[37]日本人能够发挥出如此程度的"行动能量，高度的爱国心和勇气"。接着他写道：虽然他一直担心俄罗斯在远东兵力上的劣势，但财政部不同意增加军费，把矛头指向了维特的财政部。[38]在此基础上，他称自己是"坚决反对在亚洲进行积极活动的人"，并列举了以下六条理由：一，由于重视西部战线，因而为避免与日本的战争倾尽了全力。他一直确信与日本划分势力范围是可能的。二，维特推动的东清铁路建设是一个错误，他没有参与其中。三，穆拉维约夫外相推动的占领旅顺不仅是一个错误，而且是致命的，这也是在他就任陆相之前就已经决定好的。四，他一直反对别佐勃拉佐夫一派推进的鸭绿江利权企业。在他去远东访问时，维特在内阁会议上表达了与别佐勃拉佐夫一致的意见，增加了与日本决裂的危险。五，他本人主张尽早从南部、北部"满洲"撤退，认为在义和团事件后，为了保卫铁道，有必要在哈尔滨布置兵力。六，为了防止与日本的战争，

---

[35] A. N. Kuropatkin, *Otchet gen.-ad. Kuropatkina*, Vol. I-IV, Sankt-Peterburg-Warsaw, 1906-1907.

[36] A. N. Kuropatkin, *Russko-iaponskaia voina 1904-1905 gg. Itogi voiny*. Sankt-Peterburg, 2002, p. 177.

[37] Ibid., pp. 190, 192-193.

[38] Ibid., pp. 129-131.

他提出了将旅顺和"关东州"还给清国，出售东清铁道"南满"支线这一决定性的方案。[39] 库罗帕特金写道："尽管如此，我仍然疑虑，为了防止与日本的战争，自己是否做了力所能及的所有事情。无论是我，还是陛下身边的其他大臣，都完全明白陛下坚定地希望避免与日本战争的意愿。然而我们、陛下的近臣们却没能执行陛下的意志。"[40] 这些不过是自我正当化的说辞而已。库罗帕特金对他在开战后的作战指挥也做了自我辩护，文中充满了对部下将军们的批判。

对于这份上奏报告，当时的陆相列季格尔严厉地批评道："这是库罗帕特金对自己的颂诗，却让整个军队、将军、军官和士兵背上了污名。"理所当然地，库罗帕特金的这份报告被禁止出版，当时可能只印刷了数十份或者数百份。[41] 然而，这份报告却流传到国外出版了，并且逆流回国，最终得以在俄罗斯国内出版，正如库罗帕特金所期待的那样。

对库罗帕特金的这份报告反应最强烈的是维特。维特已经于1906年至1907年完成了由打字机写作、原稿长达769页的《日俄战争的起源》。之前，他曾利用自己所掌握的文书资料声讨了别佐勃拉佐夫派的开战责任。[42] 这次遭到库罗帕特金的公然攻击，维特便以这份原稿为基础，首先反驳了库罗帕特金。

维特于1909年自费出版了《维特伯爵被迫对〈侍从将军库罗帕特金对日战争报告〉做出的辩解》。在该书中，维特将俄罗斯与列国诸强的军费进行了比较，指出俄罗斯的军费开支并不少，为

---

[39] Ibid., pp. 174-175. 维特第四项批判补充自其他地方（pp.156-157）。
[40] Ibid., p. 176.
[41] Aleksandr Rediger, *Istoiria moei zhizni. Vospominaiia voennogo ministra*. Vol. 2, Moscow, 1999, p. 19.
[42] S. Iu. Vitte, Vozniknovenie Russko-Iaponskoi voiny, TsGIAM, F. 540, D. 299, 340. S. Iu. Vitte, *Vospominaniia*, Vol. 2, Moscow, 1960, p. 596 (Kommentarii 36).

了这项预算支出他费尽心力，因此不能说他轻视军费。[43]特别是关于避免战争的努力，维特指责库罗帕特金在报告中的主张与他以前上奏皇帝时的意见并不一致。他引用了库罗帕特金 1900 年 3 月 27 日（俄罗斯历 14 日）译者注：除特别指出外，下文括号中的纪年均为与公历对应的俄罗斯历。和 1903 年 8 月 6 日（7 月 24 日）的上奏，其中库罗帕特金主张俄罗斯能够击退日本的进攻、取得战争的胜利。[44]

维特进而写道，库罗帕特金所列举的、导致远东局势紧张的要因的第一条——建设东清铁路，他后来不是也支持了吗。[45]要因的第二条关于租借旅顺，租借交涉是库罗帕特金就任陆相后进行的，他对此没有反对，后来还发表言论称占领是有益的。[46]要因的第三条，"满洲"撤兵问题，提出撤兵条件的不正是库罗帕特金吗。[47]要因的第四条，关于鸭绿江利权公司，维特反驳说，认定财相赞同别佐勃拉佐夫的公司方案是基于 5 月 20 日（7 日）特别协商会议事录的错误记录得出的。[48]维特进而转为攻势，反问道，陆相在 1903 年 6 月的旅顺会议上要求清算别佐勃拉佐夫的公司，主张变为事实上纯经济性质的公司，但遭到别佐勃拉佐夫的反驳，最终不是不了了之吗。[49]

到了 1914 年，维特在《历史杂志》上借用记者格林斯基之名，将过去写的《日俄战争的起源》长篇原稿以《日俄战争的序曲（文书资料）》为题发表。维特去世后，1916 年，格林斯基将其编辑为

---

[43] *Vynuzhdennyia raz'iasneniia grafa Vitte po povodu otcheta gen.-ad'iut. Kuropatkina o voine c Iaponiei.* Sankt-Peterburg., 1909, pp. 9, 11.
[44] Ibid., pp. 36-39.
[45] Ibid., pp. 42-46.
[46] Ibid., pp. 46-47.
[47] Ibid., pp. 47-69.
[48] Ibid., pp.70-77.
[49] Ibid., pp. 77-83.

第一章　日俄战争为什么发生

单行本《日俄战争的序曲——来自维特伯爵的文书资料》出版。[50]

维特一系列反驳和自我辩解的第三弹是全三卷的《回忆录》。他在书中不仅批判了库罗帕特金，还将追究战争责任的矛头指向了皇帝尼古拉二世、普列韦内相、别佐勃拉佐夫派，他认为只有他自己借助外相拉姆斯道夫的帮助，为和平而努力着，然而却无能为力，无法阻止日俄战争。由于维特作为俄罗斯改革派的政治家享有很高的声誉，他的回忆录出版不久就被翻译为各国语言，被人们视为传达了俄罗斯帝国政治内幕真相的书。其中特别有名的是，维特记载了从库罗帕特金处听到的普列韦的一句话："为了压制革命，我们需要一场不费力气就能获胜的战争。"[51]普列韦并没有讲过这句话，然而所有的人都相信这个谎言，至今世界各地出版的俄罗斯历史书基本都引用了这句话。

由此，在有关战争责任的论争中，维特一人获得了胜利，他所讲的故事也被司马辽太郎接受了。

大量的战争体验手记

实际上，除了政治家的论争外，俄罗斯的军人们也拼命进行了总结。对于他们来讲，这是生死攸关的问题。斯特塞尔等防卫

---

[50] B. B. Glinskii, Prolog Russko-iaponskoi voiny（Arhivnye materialy）, *Istoricheskii zhurnal*, 1914, No. 1-12. 单行本 *Prolog Russko-iaponskoi voiny: Materialy iz arkhiva grafa S. Iu. Vitte*. S predisloviem i pod redaktsiei B. B. Glinskogo, Petrograd., 1916. 关于出版的经过，参见 Anan'ich, Ganelin, op. cit., p. 354。

[51] Vitte, *Vospominaniia*, Vol. 2, Moscow, 1960, pp. 291-292. 有无数个引用例子。《普列韦传》的作者 Judge 避免将其直接当作普列韦的话引用，只写道"据闻这样说道（allegedly made his remark）"（Edward H. Judge, *Plehve: Repression and Reform in Imperial Russia 1902-1904*, Syracuse University Press, 1983, p. 172）。1994 年我否定了这一说法，普列韦没有理由这样说话。(《俄罗斯史 2》，山川出版社，1994 年，333 页)

17

旅顺的指挥官们、罗热斯特文斯基等日本海海战的指挥官们都被送上了军事法庭，斯特塞尔被判处死刑，后被皇帝赦免；罗热斯特文斯基则被判无罪。[52]但是，他们的名誉受到了极其严重的损伤。众多在"满洲"战斗过的军官、联队长、参谋以及日本海海战生还的海军士官们纷纷写下了回忆录和体验手记。大家同样都在批判性地思考战败的原因并追究战争责任。

其中反响最大的大概要数埃渥盖尼·马丁诺夫的《令人悲痛的日俄战争经验》（1906年）。埃渥盖尼·马丁诺夫是参谋本部大学教官，在战争中，他作为步兵联队长出征，其后担任过第三西伯利亚军团参谋长。战争结束时，他被晋升为少将，以此军衔写下了这本书。

埃渥盖尼·马丁诺夫在书中盛赞日本人和日本军队的同时，彻底批判了俄罗斯人和俄罗斯军，其批判矛头首先指向了库罗帕特金。俄罗斯军集结兵力需要时间，库罗帕特金作为司令官，对日军采取拖延时间的战略无可非议，他起初回避决战的做法可以理解。然而，在回避决战的过程中，俄军开始在意识上萌生出无法与日军作战的想法。1904年9月，在发出"进攻的时刻到了"这个著名的命令后的沙河会战中，俄军又一次退却，从而使军队丧失了对库罗帕特金的信赖。奉天会战"使得官兵们对他作为司令官的才能的最后幻想也烟消云散了"[53]。

马丁诺夫对波罗的海舰队的回航也很肯定地写道："这是一个

---

[52] 军事法庭于1907年12月10日（11月27日）至1908年2月20日（7日）进行了旅顺要塞归还事件的审判。斯特塞尔的死刑判决被减为10年监禁。记录见 *Delo o sdache kreposti Port-Artur iaponskim voiskam v 1904 g. Otchet*. Sostavil pod.red. V. A. Apushkina, Sankt-Peterburg, 1908. 因日本海海战的关系，这两起事件分别被提交到1906年7月4日（6月21日）和11月的军事法庭。V. Iu. Gribovskii, V. P. Poznakhirev, *Vitse-admiral Z. P. Rozhestvenskii*, Sankt-Peterburg, 1999, pp. 268-271.

[53] E. I. Martynov, *Iz pechal'nogo opyta Russko-Iaponskoi voiny*, Sankt-Peterburg, 1906, p. 14.

丝毫没有成功机会的计划，谁都一目了然。"[54]他认为对马海战（日本海海战）败战迫使政府寻求和谈，然而当时陆军的战势已变得十分有利，没必要急着和谈。马丁诺夫甚至极端地写道，俄罗斯应该暂时在没有海军的情况下继续战斗。接下来，他对陆军也进行了批判。那些成为败战战犯的将军们，他们的任命完全是靠关系决定的。大多数军官没有使命感。留在军中的，除少数例外，都是些"升迁迟缓、无精打采的家伙"[55]。士兵的素质也逊于日本。"日本士兵都识字，能阅读报纸。"[56]在日本，军事训练从进入军队之前就开始了。

马丁诺夫反复追问道："日本到底强在哪里？俄罗斯又弱在哪里呢？"他进行了这样的对比："日本国民从小学到大学一直都受到爱国主义精神的教育"，日本人的梦想是加入被供奉在"招魂社"中的英雄行列。[57]而在俄罗斯，爱国心只是一句空话，人们认为战争是"犯罪或时代错误"，军事是"可耻的工作"。[58]

这种抨击俄军的书自然很受日本军人的喜爱。该书很快于1907年就由偕行社以《令人悲痛的日俄战争经验》之名翻译出版，想来也是理所当然的吧。

构成另一个极端的是亚历山大·斯韦钦。他是第22东西伯利亚狙击兵联队军官，在九连城的战斗中表现出色，后来在第三军参谋部工作。与上层对立的他在返回首都后，从1906年起以每年一本书的频率撰写着回忆录和战争记。他在1910年写了《1904—1905年的日俄战争——根据战史委员会的资料》一书，被评价为个人著作中最优秀的日俄战争史。斯韦钦在该书结尾写道：

---

[54] E. I. Martynov, *Iz pechal'nogo opyta Russko-Iaponskoi voiny*, p. 27.
[55] Ibid., p. 52.
[56] Ibid., p. 64.
[57] Ibid., p. 156.
[58] Ibid., p. 157.

本书并不是要尝试叙述之前战争经验中所有最为重要的东西。笔者只想以全面的概说，为自主的、成熟的工作提供所必需的整体性定位。重要的是，笔者想警告的是过去那种对待战争的轻率态度，仅仅试图将失败归咎于个别指挥官的无能、敌人神一般的战斗素质、俄罗斯人低识字率、国内的骚乱状况等。我们既不需要战犯，也不需要偶像，因为无论是哪一类，都只会妨碍我们探讨错误并合理地纠正错误。[59]

　　作为战史学家，斯韦钦的这项工作让人感受到了成熟的目光。无论是马丁诺夫还是斯韦钦，都在俄国革命后返回国内协助红军。

18　俄军的正式战史和希曼斯基调查书

　　在这种空前的、带有批判性的现场报告大量喷涌而出的背景中，军方当局推出了正式的战史。1906年9月，陆军在参谋本部设立了战史委员会。瓦西里·洛梅克-戈尔科大将担任委员长，八名少将、上校担任委员。委员会于1910年刊行了由9卷16册构成的《1904—1905年日俄战争》。[60]该书也是认真扎实且富有

---

[59] A. Svechin, *Russko-Iaponskaia voina 1904-1905 gg. po dokumental'nym dannym truda Voennoistoricheskoi komissii i drugim istochnikam*, Oranienbaum, 1910, pp. 386-387. 关于本书内容的讨论，可参见 Yokote Shinji, Between Two Japanese-Russian Wars: Strategic Learning Reappraised, *The Russo-Japanese War in Global Perspective* [hereafter RJWGP], Vol. II, Brill, Leiden, 2007, pp. 113-115。

[60] *Russko-Iaponskaia voina 1904-1905 g.g. Rabota Voenno-istoricheskoi komissii po opisaniiu Russko-Iaponskoi voiny General'nogo Shtaba*, Vol. I-IX, Sankt-Peterburg, 1910 [hereafter VIK, *Russko-Iaponskaia voina*].

批判性的日俄战争研究。

这部正式战史的第一卷题为《日俄战争之前的东方诸事件和这场战争的准备》。开头的第一章由希曼斯基少将负责编写。他的研究特别重要。

希曼斯基生于1866年,由普斯科夫的士官武备学校进入士官学校,1891年从尼古拉陆军大学校毕业,在莫斯科军区担任参谋。他发挥出历史学家的才能,潜心于战史研究。1896年成为士官学校教师,同年翻译了德国人冯·缪拉撰写的《日清战争》,并在加上注释和附录后出版了该书。其后,他于1899年出版了斯沃洛夫的传记,于1903年撰写了有关俄土战争时普列文要塞攻夺战的著作。虽然于1902年成为莫斯科第一掷弹兵师团参谋长,但他没有参加日俄战争,自1904年6月起担任莫斯科市内罗斯托夫掷弹兵联队队长。因联队士兵在莫斯科12月的叛乱中拒绝开炮,他被追究责任,于1906年11月在军事法庭受到禁闭八个月的处分,不过后来获得了皇帝的赦免,只关了一个月禁闭。尽管有着这样的经历,但他作为战史学家的非凡才能仍然受到关注,于1907年2月加入了日俄战争史的编写团队。[61] 希曼斯基在这一写作中投入了极其令人震惊的精力,他涉猎了外交部、陆军部、海军部庞大的文书资料,又与相关人员面谈,阅读其个人文书,于1910年完成了三卷本的调查书《日俄战争之前的东方诸事件》。第一卷为19世纪90年代俄日在朝鲜的争斗,第二卷为1900年至1902年俄日在中国的争斗,第三卷为"战争前的最后一年",只写了1903年。他的

---

[61] 希曼斯基的简历,见 Posluzhnyi Spisok P. N. Simanskogo, RGVIA, F. 409, Op. 1, D. 175323。他的著作有:*Iaponsko-kitaiskaia voina 1894-1895*. Per. s nem., Sankt-Peterburg, 1896; *Suvorov. Kratkii ocherk zhizni i deiatel'nosti etogo znamenitogo vozdia russkikh voisk. Lektsii*, Moscow, 1899; *Voina 1877-8 gg.Padenie Plevny*.Sankt-Peterburg, 1903。

这份调查书的印刷总页数达 791 页。[62] 这部作品分析认真全面、令人震撼，作为开战过程的研究，可以说是迄今为止的最高水准。

从内容上来看，无论是希曼斯基的调查书，还是参谋本部的正式战史，都表现出批判库罗帕特金，而赞同别佐勃拉佐夫和沃加克等人增兵远东主张的倾向。这是关键的一点。

由于希曼斯基的调查书使用的机密资料过多，在外相伊兹沃利斯基的抗议下未能出版。为了参考，当时只印制了七部，分别送给了皇帝、陆军部秘密文书科、外交部、东京公使馆、北京公使馆、洛梅克－戈尔科大将和作者。[63] 因此这个调查书的存在完全不为人所知，没能被后世的历史学家很好地利用。

海军方面，海军军令部于 1908 年成立了 1904—1905 年战争海军行动记述历史委员会。自 1912 年至 1917 年陆续刊行了《1904—1905 年的日俄战争》全七卷，这套书还参考了日本方面的战史。[64] 稍早于此，资料汇编集《海军的行动》全九卷已于 1907 年至 1914 年刊行。[65] 内容上当然对海军部和罗热斯特文斯基军令

---

[62] P. N. Simanskii, *Sobytiia na Dal'nem Vostoke, predshestvovavshie Russko-Iaponskoi voine (1891-1903 g.g.)* Part I. Bor'ba Rossii s Iaponiei v Koree, Part II. Bor'ba Rossii s Iaponiei v Kitae, Part III. *Poslednii god,* Sankt-Peterburg, 1910. 关于这部著作的执笔过程，希曼斯基在回忆录中有所记述。P. N. Simanskii, Dnevnik generala Kuropatkina（Iz moikh vospominanii）, *Ha chuzhoi storone,* XI, Praha, 1925, pp. 61-99.

[63] 关于这个经过，见 Simanskii, Dnevnik ..., p. 64. 以及 V. A. Avdeev, "Sekrety" Russko-Iaponskoi voiny(Organizatsiia izucheniia istorii russko-iaponskoi voiny 1904-1905 gg. General'nym shtabom Rossii), *Voenno-istoricheskii zhurnal,* 1993, No. 9, pp. 83-89。

[64] *Russko-Iaponskaia voina 1904-1905 g.g.* Rabota Istoricheskoi komissii po opisaniiu deistvii flota v voinu 1904-1905 gg. pri Morskom General'nom Shtabe, Vol. 1-4, 6-7, Sankt-Peterburg, 1912-1917.[hereafter IKMGSh, *Russko-Iaponskaia voina*]。日译，俄国海军军令部编纂《千九百四五年俄日海战史》，海军军令部，第 1 卷上下，2、3、4、6、7 卷，1915 年。再版，上下，芙蓉书房出版，2004 年。

[65] *Russko-Iaponskaia voina 1904-1905 g.g. Deistviia flota.Dokumenty.*Izdanie Istoricheskoi komissii po opisaniiu deistvii flota v voinu 1904-1905 gg. pri Morskom general'nom Shtabe, Section I-IV, Sankt-Peterburg, 1907-1914.

部长非常严苛。太平洋舰队将旅顺作为根据地的决定是否欠妥？难道不应将符拉迪沃斯托克（海参崴）作为根据地吗？并且第二太平洋舰队的回航难道不应中止吗？书中对这些论点都做了详细探讨。

希曼斯基没有像马丁诺夫、斯韦钦那样留在革命后的俄罗斯。但是，他也和他们一样，希望俄罗斯能够回避没有意义的战争，而一旦战争打响，则能够为了胜利集结一切力量。他们就日俄战争得出的结论是，在尼古拉二世的帝政下，俄罗斯无法赢得20世纪的战争。然而，希曼斯基直到去世也没能在流亡地出版他的三卷本，他的著作最终就那样湮灭在历史的暗幕中。

日本的正式战史和秘密战史

日本也编纂出版了正式的战史，然而，由于战争胜利这样的神话早已形成，因此不得不将能够传达战争真相的战史保密，故而在正式战史的背后，存在着大量秘密的战史。

战后不久，海军军令部和陆军参谋本部即开始主持战争研究。实际上，海军从开战前就着手编纂战史的准备工作了。军令部次长伊集院五郎于1904年1月28日要求海军各部门记录《日志》，定期提交，并解释说这些将来会成为编写日俄战争史的基础。战后的1906年1月，伊集院五郎传达了《明治三十七八年海战史编纂方针》，表明编纂战史的目的在于"以资海军内部参考"，并命令"纪事皆为机密，从事材料搜集及编纂者亦必须严守秘密"。[66]

陆军方面于战后的1906年2月以参谋总长大山岩的名义发布

---

[66] 外山三郎《日俄海战史研究》上，教育出版中心，1985年，98—99页。

了《明治三十七八年日俄战史编纂纲领》。纲领中指出，第一步的目标是将"精确叙述事实真相"的"草稿"做"史稿编纂"，在此基础上，进行全面"修订"，在"对全部事项予以分合增删并删除机密事项"后，考虑"公开刊行"。[67]

大张旗鼓的准备工作随之展开。除收集内部与作战相关的记录外，还大量收集、翻译了俄方的战史、回忆录以及第三国武官的观战记等。参谋本部编制了《日俄战史编纂史料》34卷、《日俄战史史料》46卷。海军军令部则完整翻译了俄罗斯海军军令部的《俄日海战史》全7卷中的6卷。[68]

在整理这些研究成果方面，海军走到了前头。由小笠原长生中将负责整理的海军军令部的《极秘明治三十七八年海战史》全12部150册于1911年完成。这部战史只给必要的部门配发了必要的单册，拥有全书所有册数的只有皇宫和海军省文库，这是一部完全秘密的战史。第二次世界大战后，海军省文库中的这部战史被烧毁，皇宫中的那部被移交到防卫厅战史部[69]（现在的防卫省防卫研究所图书馆）保管。根据这部极秘战史，海军军令部编写了用于公开发表的战史《明治三十七八年海战史》全4卷，由春阳堂于1909—1910年出版。

这套完全保密的《极秘海战史》后来提供给了英国政府，关于这套书的最初研究是杰利安·克尔贝特所写的《日俄战争中的海军作战》。然而其研究也被保密了，阅览只限于英国海军的高级士官，这项研究直到1994年才得以公开出版。在日本，直到20

---

[67]《明治三十七八年日俄战史编纂纲领》藏于福岛县立图书馆佐藤文库。关于这份史料，见井口和起《日俄战争的时代》，吉川弘文馆，1998年，163—166页。
[68] 这些资料也全部藏于福岛县立图书馆佐藤文库。
[69] 外山，《日俄海战史研究》，上，98页。

世纪 80 年代中期，研究者才能够利用《极秘海战史》。[70]

陆军方面，参谋本部《明治三十七八年日俄战史》全 10 卷的草稿本首先完成，然后从中删除了机密事项等，编辑了公刊本，由偕行社于 1912 年起陆续出版，至 1915 年完结。根据横手慎二对草稿本和公刊本的比较研究，公刊本删除了很多重要的事实。[71]在此 10 卷本刊行后，陆军方面又编纂了包含秘密部分的《明治三十七八年秘密日俄战史》。大江志乃夫推测，《明治三十七八年作战经过概要》全 9 卷的手写印刷本即是这项成果。[72]这部战史记述了从开战之前的过程到开战半年后的 1904 年 6 月为止的进程，定稿有 3 卷，于 1977 年公开出版。[73]

正是这种秘密主义创造出了日俄战争的神话，如司马辽太郎指出的，这是"将胜利绝对化，使日本军队的神秘强大演变成一种信仰"，从而导致（国民认知）"痴呆化"的构造。

俄国革命之后的研究

在第一次世界大战中，俄罗斯终于爆发了革命。因日俄战争暴露出致命的体制缺陷的沙俄帝国在世界大战中轰然崩溃，通过十月革命，由列宁领导的布尔什维克国家诞生了。这是一个与俄罗斯帝国领土范围大致相同的强大的统一国家。

---

[70] 相泽淳《是"决意奇袭"还是"威力侦察"？——围绕旅顺口奇袭作战的对立》，军事史学会编《日俄战争（2）》，锦正社，2005 年，71 页。Julian S. Corbett, *Maritime Operations in the Russko-Japanese War; 1904-1905*, 2 Vols, Anapolis, 1994.《极秘明治三十七八年海战史》一书现在可于防卫省防卫研究所图书馆阅览。
[71] Yokote, op.cit., pp. 113-115. 稿本藏于福岛县立图书馆佐藤文库。
[72] 大江志乃夫《作为世界史的日俄战争》，立风书房，2001 年，358—360 页。
[73] 参谋本部编《明治三十七八年秘密日俄战史》全 3 卷，岩南堂书店，1977 年。

革命政权公开了帝政政府隐瞒的内部资料。库罗帕特金在革命后也留在了俄罗斯，在家乡的乡村学校教授经济地理学。1922年，苏维埃政权的史料杂志《红色档案》公开发表了库罗帕特金1902年11月至1904年2月的日记，次年出版了单行本。[74]这是希曼斯基抄写的库罗帕特金的日记，被苏维埃政权没收并公布的。[75]库罗帕特金的日记是为给他人看而写，他设想的最初读者是皇帝。在这部日记中的1903年8月22日（9日），库罗帕特金写了皇帝和他都认为应该将别佐勃拉佐夫从窗户扔出去一事。这是经过巧妙计算后的恣意记述。

另外，1923年，苏联历史学界泰斗波克罗夫斯基公开发表了库罗帕特金的手记《满洲悲剧序曲》，这是与维特以格林斯基之名写就的著作《日俄战争序曲》唱反调的。[76]这份手记的写作时间以及如何进入革命政府之手尚不清楚。波克罗夫斯基撰写的解说文字暗示这份手记是为对抗维特的《回忆录》而写。库罗帕特金于1925年在家乡的村庄被盗贼杀害。

在革命后的苏联，致力于研究日俄战争起源问题的有历史学家鲍里斯·罗曼诺夫。革命前，罗曼诺夫毕业于圣彼得堡帝国大学，是前近代史专家。革命后，他因进入管理公开文书的历史档案馆工作，开始研究起这一问题。他认真研读了财政部文书，理所当然地对维特的远东发展政策、维特的历史形象进行了批判性的再探讨。[77]1928年，他出版了广为人知的著作《俄罗斯在满洲

---

[74] Dnevnik A. N. Kuropatkina, *Krasnyi arkhiv*[hereafter KA], 1922, kn. 2, pp. 3-117.

[75] Simanskii, Dnevnik ..., p. 61.

[76] A. N. Kuropatkin, Prolog manchzhurskoi tragedii. *Russko-Iaponskaia voina. Iz dnevnikov A. N. Kuropatkina i N. P. Linevicha*[hereafter RIaV], Leningrad, 1925, pp. 3-53. 日译本为：库罗帕特金《满洲悲剧序曲》，大竹博吉主编《德帝与俄帝往来书翰》，俄罗斯问题研究所，1929年，287—390页。

[77] 罗曼诺夫的经历，见 V. M. Paneiakh, *Tvorchestvo i sud'ba istorika: Boris Aleksandrovich Romanov*, Sankt-Peterburg, 2000。

（1892—1906）》。这本书是苏联时代写成的唯一的日俄战争开战前史，于1935年被翻译成日语。[78]

罗曼诺夫批判了认定战争责任在皇帝、别佐勃拉佐夫派、库罗帕特金等人的观点，否定了维特无罪的历史形象。他指出，反而是维特的远东政策奠定了俄罗斯远东政策的基础，维特与别佐勃拉佐夫派之间并没有本质上的差别。"正因为维特是这项政策的鼓吹者，所以他生前才尽可能地采用一切办法，死后也凭借《回忆录》制造并最为广泛地普及了他的政策是纯粹'和平'性质的这种神话。"[79]罗曼诺夫的结论是，俄罗斯方面整体都应该负有战争责任。

罗曼诺夫写作这本书时很认真地调查了文书资料，但令人吃惊的是，他并不知道帝政时代最高水准的研究成果——希曼斯基的调查书。因此，他对别佐勃拉佐夫派的评价有不及希曼斯基之处。而且该书文笔晦涩，主旨也不是很明确。后来，在20世纪30年代的苏联社会，这位严厉批判了帝国主义国家俄罗斯的侵略性的学者遭受了苦难。1930年，罗曼诺夫被捕，虽然于1933年获释，但1935年又被视为波克罗夫斯基史学的追随者，被指责为尼古拉二世洗脱罪责。因此1937年，罗曼诺夫不得已回到对基辅罗斯（译者注：最早的俄罗斯国家，以基辅为中心，又称古罗斯、罗斯国。）的研究。

苏联在革命后的内战时期，也没有忘记曾经受到过来自日本最长时期的军事干涉。即使两国于1925年建交之后，它对日本的防范之心也并没有消失。如果说日俄战争失败的记忆是导致该国由帝政国家革命性地转换为苏联国家的根源，那么，对日俄战争

---

[78] B. A. Romanov, *Rossiia v Man'chzhurii (1892-1906)*, Leningrad, 1928. 日译，山下义雄译《俄国于满洲的利权外交史》，鸭右堂书房，1934年。再版，原书房，1973年。原文写得就不清楚，翻译几乎让人难以理解，质量很糟糕。

[79] Romanov, op. cit., pp. IX-X.

的研究就不是为了批判俄罗斯的帝国主义发展，而是为了防备再次和日本发生战争，必须把注意力集中于日本的侵略性，对其进行研究。1931年，日本侵略"满洲"后，苏联预想将会再次与日本作战，紧张气氛骤然高涨。在这种背景下，帝政时代的日俄战争研究专家斯韦钦变得引人注目。斯韦钦在1918年德军入侵俄罗斯后，受托洛茨基之邀，出任了三个月的红军参谋总长，之后成为陆军大学的教官。他在1928年出版了《军事技术的进化》第二卷，书中对日俄战争的分析占了很大篇幅。斯韦钦在1931年也曾遭遇逮捕，但随即获释，之后进入红军情报局工作。[80]他在1932年的调查书《过去和未来的日本军》中，指出了"新型日本创造的产物"——日本军的正面和负面后，做出如下结论：

> 1904—1905年日本的胜利，即使尚未成为日本军的沉重负担，却也加强了极度保守的指挥干部对新风气的抵抗。日本人的骄傲和对不败的确信不可避免地……会导致对敌人的过低评价。[81]

这一结论与司马辽太郎对日俄战争结果的评价一致。

斯韦钦1937年还撰写了《20世纪第一阶段的战略——1904—1905年陆海战的计划与作战》。书中论述了日本"战争的政治性计划"，指出"日本的计划对俄罗斯沙皇体制的不稳定性赋予了很大意义，想极力促进俄罗斯后方政治解体"[82]。这是因为斯韦钦注意到日本支持罗素对俘虏展开革命工作以及明石大佐的革命党工作

---

[80] 他的经历，请参见两份职务履历书。A. A. Svechin, *Predrassudki i boevaia deistvitel'nost'*, Moscow, 2003, pp. 319-326.

[81] Ibid., pp. 247-248.

[82] Ibid., pp. 132-133.

等日本的"革命化政策"。然而,斯韦钦的贡献没能拯救他自己,尽管斯大林是斯韦钦的《军事技术史》(1922—1923年)一书的读者,却于1938年将他作为日本走狗逮捕处死。

1945年5月,苏联在与纳粹德国的殊死战斗中获胜,接着,当年8月,苏军进攻"满洲"的日本军,为日本投降做出了贡献。从日俄战争算起,这是第四次与日本作战,苏联宣告胜利。9月2日,斯大林在对日战争胜利的演讲中这样说道:

> 1904年日俄战争时,俄军的失败在人民心中留下了痛苦的记忆。那是我们国家的污点。我们的人民相信打败日本、抹去污点的日子终将到来,并一直在默默等待。我们的前辈等待了四十年。现在,这一天终于到来了。[83]

这场战争的结果是,苏联占领了北纬38度线以北的朝鲜,将其置于自己的影响之下,并得到了旅顺和大连,收回了东清铁路。在领土方面,收回了南萨哈林(库页岛),获得了整个千岛群岛。苏联不仅收回了在日俄战争中的损失,还额外获得了不少利益。

战后,苏联的日俄战争观受到斯大林言论的主导,日本的侵略性被逐步强调,苏联历史教科书恢复了传统的日俄战争观,同样恢复的还有对日本没有发布宣战公告就发动战争这一"背信弃义"行为的谴责,这一认识也更为深入地镌刻在全体国民的意识中。但是,对于日本动向的历史研究却没有取得进展。

在战后的1947年,罗曼诺夫总算出版了关于日俄战争的第二本著作《日俄战争外交史纲1895—1907》,然而对这本书的增补修订工作直到斯大林死后的1955年才得以进行。在这部新作中,罗

---

[83] *Pravda*, 3 September 1945, p. 1.

曼诺夫写道："沙皇政府准备通过条约，实质性地将朝鲜让给日本。在条约的最终方案中，俄罗斯只提出了日本不能将朝鲜领土用于战略目的这一要求。"[84]

外交史权威纳罗奇尼茨基在1956年、批判斯大林之年出版了900页的鸿篇巨制《资本主义列强在远东的殖民政策1860—1895》。[85]该书虽然在思考方式上有狭隘之处，但对未公开文书和欧美外交文书进行了彻底研究。在这一方面，至今仍没有超越它的研究出现。

批判斯大林之后，苏联一直没有涌现出研究日俄战争前史的学者。俄罗斯人似乎不愿意触及这一政治性问题。好不容易出版的有一定水准的关于日俄战争的著作，只有军事史研究所研究员罗斯托洛夫编的《日俄战争史》（1977年）。[86]这一时期有关战争前史的重要研究全由苏联籍的朝鲜学者完成。伊尔库茨克教育大学教授鲍里斯·朴著有《俄罗斯与朝鲜》（1979年）一书，他详细利用了外交部文书，是梳理19世纪80年代以降俄罗斯对朝鲜政策的重要研究。鲍里斯·朴之后调到莫斯科的东洋学研究所，于2004年出版了这部书的改订版。[87]在此期间，他的女儿贝拉·朴继承了父亲的事业，更为详尽地对外交部文书展开研究，分别于1998年和2004年出版了《俄罗斯外交与朝鲜》第一卷（1860—1888）和第二卷（1888—1897）。[88]她也是东洋学研究所的工作人员。这对

---

[84] B. A. Romanov, *Ocherki diplomaticheskoi istorii Russko-Iaponskoi voiny. 1895-1907*, Moscow-Leningrad, 1955, p. 14.

[85] A. L. Narochnitskii, *Kolonial'naia politika kapitatlisticheskikh derzhav na Dal'nem Vostoke 1860-1895*, Moscow, 1956.

[86] I. I. Rostunov（ed.）, *Istoriia Russko-iaponskoi voiny 1904-1905 gg*. Moscow, 1977. 日译本为，及川朝雄译《从苏联看日俄战争》，原书房，1980年。

[87] Boris D. Pak, *Rossiia i Koreia*, Moscow, 1979; 2nd edition, Moscow, 2004.

[88] Bella B. Pak, *Rossiiskaia diplomatiia i Koreia*, Vol. I. 1860-1888, Moscow, 1998; Vol. II, 1888-1897, Moscow, 2004.

父女的研究都论证了俄罗斯对朝鲜并非一贯侵略的结论。他们在2004年以前也同样不知道希曼斯基的研究。无论如何，作为正式的外交部文书的研究，朴氏父女的研究是这一方面的基础性成果。

另外，在朴氏父女推出改订版、女承父业之前的1997年，朴钟洚在莫斯科出版了《1904—1905年的日俄战争和朝鲜》。[89] 朴钟洚虽然是韩国学者，却在俄罗斯从事研究，这本书也是用俄语写成的。他研究的特点是广泛涉猎保存于档案馆的以希曼斯基为代表的书籍，但他的很多史料都从这些书中转引而来，因此存在一些问题。朴钟洚曾针对鲍里斯·朴的主张，批评其淡化了俄罗斯的侵略性。

苏联解体后，终于出现了能够继承罗曼诺夫事业、研究导致日俄战争的俄罗斯对外政策的俄国学者，他就是圣彼得堡历史研究所研究员伊戈里·卢科亚诺夫。卢科亚诺夫生于1965年，是一位新生代历史学家，他在继承罗曼诺夫传统的基础上，又广泛探寻档案馆，做出了超越罗曼诺夫水准的研究。他最初的研究成果是2003年在北海道大学斯拉夫研究中心举办的研讨会上发表的论文《日俄战争再考》，第二个成果则是收录在纪念日俄战争一百周年国际研讨会论文集中的论文《别佐勃拉佐夫一派》。[90] 不过令人吃惊的是，他也不知道希曼斯基的调查书存在，因此他的这两篇论文并没有反映出希曼斯基的研究成果。他的论文在结论上对罗曼诺夫的结论做了进一步深化：

---

[89] Pak Chon Khio, *Russko-iaponskaia voina 1904-1905 gg. i Koreia*, Moscow, 1997.

[90] I. V. Lukoianov, Bezobrazovtsy: put, Rossii k russko-iaponskoi voine 1904-1905 gg. A Paper presented to the symposium "Russia, East Asia, and Japan at the Dawn of 20th Century: The Russo-Japanese War Reexamined", 29-31 January 2003, Slavic Research Center, Hokkaido University; The Bezobrazovtsy, RJWGP, Vol. I, Brill, Leiden, 2005, pp. 65-86. 后者的日语抄译可见卢科亚诺夫《别佐勃拉佐夫一派——俄罗斯走向日俄战争的道路》，日俄战争研究会编《日俄战争研究的新视点》，成文社，2005年，63—72页。

日俄战争与其说是俄罗斯的侵略性导致的结果，不如说纷争的根源在于专制的远东政策整体，其思想、其得以实现的机制。维特伯爵将俄罗斯政策引上了绝路，别佐勃拉佐夫一派的活动则将俄罗斯政策推向了战争的边缘。[91]

实际上，不幸的是，希曼斯基的调查书曾于1994年被一位名叫佐洛塔廖夫的军人历史学家以一种奇妙的方式翻印过，标题被改作《20世纪黎明期的俄罗斯和日本——本邦军事的东方学的分析资料》，扉页上只写了"本书的基础是1910年……希曼斯基少将编写的分析性著作"[92]。让人感觉这本书像是佐洛塔廖夫在希曼斯基调查书的基础上写作而成。卢科亚诺夫曾经对我说，他感觉此书蹊跷可疑，因此没有阅读过。另外，直到今天，朴氏父女仍然没有直接看过希曼斯基的原著，他们所使用的是佐洛塔廖夫的版本。

实际上，卢科亚诺夫研读希曼斯基原著，并调查新的资料后，写成的最初论文是2006年发表的关于导致开战的日俄交涉的研究。[93]这是第一篇从俄罗斯方面写成的关于日俄交涉的正式论文。2008年年末，卢科亚诺夫将此前撰写的论文编为论文集《勿落后于列强——远东的俄罗斯（19世纪末—20世纪初）》，[94]于圣彼得堡出版。这本论文集所收录的论文有一些曾经发表过，但做了修改，有的未曾发表。我得到卢科亚诺夫惠赠的这本论文集时，本

---

[91] Lukoianov, The Bezobrazovtsy, p. 86.

[92] V. A. Zolotarev(ed.), *Rossiia i Iaponiia na zare XX stoletiia. Analiticheskie materialy otechestvennoi voennoi orientalistiki*, Arbizo, Moscow, 1994.

[93] I. V. Lukoianov, Poslednie russko-iaponskie peregovory pered voinoi 1904-1905 gg. (vzgliad iz Rossii), *Acta Slavica Iaponica*, Tomus XXIII, 2006, pp. 1-36.

[94] I. V. Lukoianov," *Ne otstat' otderzhav…":Rossiia na Dal'nem Vostoke v kontse XIX – nachale XX vv.* Sankt-Peterburg, 2008.

书基本上已经脱稿，因此只能做一些最小限度的修改。

此外，关于远东总督制度的研究，鄂木斯克大学的列姆涅夫做出了优秀的工作，2004年，他出版了《远东俄罗斯——权力的帝国地理学（19世纪—20世纪初）》一书。[95]关于世纪末的俄罗斯对外政策，莫斯科的俄罗斯史研究所学者伊利纳·雷巴切诺克出版过有关海牙和平会议的著作。[96]然而，关于日俄战争前史的正式研究还没有涌现出来。

欧美和韩国的研究

欧美的研究也全部是在不知希曼斯基调查书的情况下，受罗曼诺夫研究影响而做出的。在欧美被视为经典著作的是马洛泽莫夫的《俄罗斯远东政策1881—1904》（1958年）。马洛泽莫夫是俄裔美籍学者，他在加利福尼亚大学伯克利分校卡纳教授的讨论班上崭露头角，可惜英年早逝，这本书成了他的遗著。[97]当然他也不知道希曼斯基，未能调查苏联档案馆中未公开的文书。他彻底分析和归纳了公开的资料，精心查阅了欧美诸国公开的外交文书。马洛泽莫夫注意到库罗帕特金日记在1903年8月22日（9日）记载有皇帝和库罗帕特金一致赞同应该将别佐勃拉佐夫从窗户扔出去。他结合主战派的别佐勃拉佐夫于1903年秋失势的情况，提出了俄罗斯政府整体希望回避战争的主张。[98]

---

[95] A. V. Remnev, *Rossiia Dal'nego Vostoka: Imperskaia geografiia vlasti XIX--nachala XX vekov*. Omsk, 2004.

[96] I. S. Rybachenok, *Rossiia i Pervaia konferentsiia mira 1899 goda v Gaage*. Moscow, 2005.

[97] Andrew Malozemoff, *Russian Far Eastern Policy, 1881-1904: With Special Emphasis on the Causes of the Russo-Japanese War*. Berkeley, 1958. Reprint New York, 1977.

[98] Ibid., pp. 222-223.

威斯康星大学的麦克唐纳于 1992 年发表的研究成果《俄罗斯的统一政府和外交政策 1900—1914》在资料上没有太大进展，也采纳了马洛泽莫夫的主张。[99] 在日本，我最先采纳这一主张，在几部概论性质的书中写到了这点。[100] 这个主张的共通之处在于，在开战前夕，俄罗斯已经没有了主战派，俄罗斯没有战争的打算。这个主张本身是正确的，但对别佐勃拉佐夫的理解以及别佐勃拉佐夫失势说都是错误的。

继马洛泽莫夫之后，出版的著作还包括夏威夷大学外交史教授约翰·怀特的《日俄战争外交》(1964 年)。[101] 而日俄关系史研究巨匠列森虽然没有留下关于日俄战争的研究，但他撰写了《阴谋的平衡——围绕朝鲜、满洲的国际角逐 1884—1899》(1982 年) 和《俄清战争》(1967 年)，还公开发表了与亚洲相关的日俄外交官名录以及各种资料，成绩斐然。[102] 不过，在欧美著述中，应数日英关系史专家、伦敦经济大学教授伊恩·尼什的《日俄战争起源》[103](1985 年) 最为杰出。尼什不仅对美英外交文献做了广泛研究，还通晓日语文献，并且吸收了俄语文献，因而做出了最为平衡的统合性说明。不过，总的来看，他的局限在于，他有对俄罗斯的膨胀主义过于严厉，而对日本的膨胀主义过于宽松的倾向；另外，他对俄罗斯的内部情况因受到英国外交官、记者看法的影响，往往停留于表面，对朝鲜的内部情况则几乎没有关注。

---

[99] David MacLaren McDonald, *United Government and Foreign Policy in Russia 1900-1914*, Harvard University Press, 1992, p. 74.

[100] 《俄罗斯史 2》, 332—333 页，和田春树《对俄罗斯来讲的满洲》，中见立夫等编《满洲是什么？》，藤原书店，2004 年，387 页。

[101] John Albert White, *The Diplomacy of the Russo-Japanese War*, Princeton University Press, 1964.

[102] George A. Lensen, *Balance of Intrigue: International Rivalry in Korea and Manchuria 1884-99*. Vol.1-2, Tallahassee, 1982. *The Russo-Chinese War*, Tallahassee, 1967.

[103] Ian Nish, *The Origins of the Russo-Japanese War*, London, 1985.

荷兰学者 Schimmelpenninck van der Oye 撰写的《面向旭日——俄罗斯帝国的意识形态和通往对日战争之路》是新的研究。作为欧美研究者,他最先在俄罗斯的档案馆认真查阅史料,提出应该关注的视野。[104]这部著作出版于2001年,直至此时,希曼斯基的调查书才得到研究者的参考。然而,该书却完全忽视了别佐勃拉佐夫,没有充分地利用史料调查。此外,美国的俄罗斯军事史研究者布鲁斯·梅宁长年深入研究俄罗斯的陆军部文书,其最新论文《误算敌人的力量——战争前夕的俄罗斯情报机关》[105]是相当出色的研究,对我颇有帮助。

在韩国,早期有汉阳大学教授辛承权的英文著作《俄日围绕韩半岛的斗争1876—1904》(首尔,1981年)。[106]该书慎重地使用了苏联公开的资料和日本外交文书,是优秀的研究。辛承权主张俄罗斯对朝鲜政策一贯消极,日本则一贯积极。而曾以俄语在俄罗斯出版著作的朴钟涍于2002年将其在俄罗斯档案馆调查发现的有关韩国的文书内容概要在首尔出版。[107]书中收录了俄罗斯帝国外交档案馆的文书,其中有与日俄战争相关的史料的介绍。虽然这些都只是一则则史料的简短介绍,但玄光浩系统地利用这些史料,与韩国、日本的史料一同进行分析,写出了《大韩帝国与俄罗斯以及日本》(首尔,2007年)。[108]这本书虽然用功很深,但由于玄光浩完全没有阅读俄罗斯的文献资料,因此算不上很充分的研究。在这点上,长期

---

[104] David Schimmelpenninck van der Oye, *Toward the Rising Sun: Russian Ideologies of Empire and the Path to War with Japan,* Northern Illinois University Press, 2001.

[105] Bruce W. Menning, Miscalculating One's Enemies: Russian Intelligence Prepares for War, RJWGP, Vol. II, pp. 45-80.

[106] S. K. Synn, *The Russo-Japanese Rivalry Over Korea, 1876-1904*, Seoul, 1981.

[107] 朴钟涍编译《俄罗斯国立文书保管所藏韩国关联文书要约集》(韩文),韩国国际交流财团,2002年。

[108] 玄光浩《大韩帝国与俄罗斯以及日本》(韩文),先人社,首尔,2007年。

在俄罗斯从事研究的崔德圭在以俄文写成的博士论文的基础上，用韩文撰写的《帝政俄罗斯的韩半岛政策1891—1907》（2008年）堪称一流成果。[109] 该书基于文献资料，对维特与俄韩银行、鸭绿江利权问题、马山问题、海军增强问题等进行研究，有了新的发现。

日本的研究

在日本，关于从幕府末期到日清战争为止的日本对朝政策，有里程碑式的研究成果，即1904年朝鲜总督府隐去作者姓名出版的《近代日鲜关系研究》上、下二卷，实际上该书作者是田保桥洁。该书不仅关注日本、清国、朝鲜，还将目光投向了俄罗斯的资料，甚至还浏览了欧美外交文书，是非常正规的研究，确立了人们对事实关系的基础认识。书中正面研究了朝鲜国王高宗与俄罗斯接触的情形。这本书于1963—1964年再版，被广泛阅读。[110]

即使在战后的日本，日俄战争的研究也并不受历史学家的喜爱。代表性的历史学家的著述有古屋哲夫的《日俄战争》（中公新书）和山边健太郎的《日韩合并小史》（岩波新书），两者均于1966年出版。这两部著作都强调了日本的侵略性，对很多人来讲，这一点形成了他们的常识。

同期还出版有外交史学家角田顺的《满洲问题和国防方针》（1967年）。该书使用政治家的文书和欧美外交文书，研究了田保桥洁著作之后的问题，即从义和团事件和桂内阁成立到日俄战争为

---

[109] 崔德圭《帝政俄罗斯的韩半岛政策1891—1907》（韩文），景仁文化社，首尔，2008年。俄语的书，见 Choi Dokkiu, *RossiiaiKoreia, 1893-1905*, Sankt-Peterburg, 1997。

[110] 田保桥洁《近代日鲜关系研究》上下，朝鲜总督府，1940年。再版，文化资料调查会，1963—1964年；新版，原书房，1973年。

止的时期,被认为是极为缜密的研究。[111]基本上可以说,角田顺的研究重新论证了日本传统的历史形象,为司马辽太郎的小说提供了学术上的支持。他的观点的前提是,俄罗斯一贯的南下政策对开战负有责任。他提示出了这样一种构图:日本方面为了与之抗衡,桂、小村等少壮派"抑制住元老的对俄绥靖论,主导了开战"。

关于日清战争,1968年出版了中塚明的《日清战争研究》(青木书店),1973年出版了藤村道生的《日清战争》(岩波新书)。这些书都指出了日本的侵略性,大致形成了历史学家的常识。

进入20世纪80年代,佐贺大学的佐佐木扬正式使用《红色档案》中收录的俄方资料,并涉猎英国、中国的外交史料,不断发表了有关日清战争时期俄罗斯外交的基础性研究。[112]其他研究还包括,森山茂德于1987年出版的《近代日韩关系史研究——朝鲜殖民地化和国际关系》,[113]这本书是在他向东京大学提交的博士论文的基础上写成的,使用了新的朝鲜关系的外交资料,将田保桥洁的研究推进了一步,不过书中对俄罗斯的讨论仅依赖于马洛泽莫夫的成果,没有做出更深入的研究。

1995年,京都大学的高桥秀直将《通往日清战争之路》一书付梓。[114]这本书的观点也可见于司马辽太郎的著述,它对日本的近代化和大陆国家化(译者注:地缘政治学上的一个概念,与"海洋国家"相对,指国土的全部或大部分位于大陆,重视陆上的交通、生产,努力维持、扩大领土的国家。)不可分的看法提出了质疑,是一本以修正中塚明、藤村道生的经典研

---

[111] 角田顺《满洲问题和国防方针》,原书房,1967年。
[112] 佐佐木扬《俄罗斯远东政策和日清开战》,《佐贺大学教育学部研究论文集》第30集第1号,1982年;《1880年代俄朝关系——以1885年的"第一次俄朝密约"为中心》,《韩》106号,1987年等,是其代表性成果。
[113] 森山茂德《近代日韩关系史研究——朝鲜殖民地化和国际关系》,东京大学出版会,1987年。
[114] 高桥秀直《通往日清战争之路》,东京创元社,1995年。

究为目标、颇有争议的著作。高桥秀直提出了三个问题：明治国家是否一贯以大陆国家化为目标；对于日本的资本主义进程，大陆国家化是不可欠缺的吗？日本所处的国际环境是否逼迫日本在跻身帝国主义国家或沦为（半）殖民地两种选择中必选其一？[115]高桥秀直对这些问题都给出了否定的回答，他在结论中写道：

> 到日清开战为止，明治国家的外交路线并非以政治上向亚洲膨胀和大陆国家化为目标。其财政路线也并非军扩至上主义，而是立足于重视健全财政原则的"小政府"路线。日清开战不是明治国家既有轨迹的延长，反而断送了它的前程。与之相比，开战最重要的是出于内政上的原因，在开战当时，政府既没有对战争前途的展望，也没有制定出今后的朝鲜政策。[116]

高桥根据资料仔细梳理了决策者认识和判断上的变化，得出了这一结论。然而，当政府内部有主流意见和非主流意见时，他更重视主流意见，没有关注同时支撑两者的共通的认识基础。另外，他也没有关注到主流意见通常有本来的愿望和当前政策上的现实主义这一双重构造。高桥的研究仍需要更为缜密的论证。

几乎同一时期，研究日本政治外交史的千叶功和伊藤之雄挑战了角田顺关于日俄战争的构图，推进了相关研究。千叶功和伊藤之雄在1996年左右集中发表了研究成果。昭和女子大学的千叶功在其研究日俄交涉的论文的结论中，主张尽管日俄两国都"希望满韩交换，却没能将这种想法公然传达给交涉对手国"，因此发生了战争。也就是说，"日俄战争是原本在具体的争执点上有可能

---

[115]《通往日清战争之路》，6页。
[116] 同上书，518页。

妥协，但因双方交流不彻底，致使没能产生相互信任，从而引发的战争。"[117]千叶功发现了《大阪每日新闻》翻译介绍的阿巴扎公开发表的远东委员会秘密文书集，并将其运用于研究中，作为日本史学家，他所做的努力令人敬佩。[118]关于日本方面的内部论争，千叶功主张所谓的"满韩交换论"和"满韩不可分论"并不对立，他以此为核心立论，主张桂、小村等少壮派和元老派的对立不是本质性问题。[119]千叶的学说被井口和起以及原田敬一的岩波新书采纳，影响很大。[120]千叶1996年的两篇论文被收入2008年出版的著作《旧外交的形成——日本外交1900—1919》（劲草书房）中。海野福寿的《韩国合并史研究》（2000年）是阐明日俄战争初期日韩协定书签订过程的重要成果，其中也采纳了千叶的学说。[121]

京都大学伊藤之雄将其研究汇集成《立宪国家与日俄战争》（木铎社）一书，于2000年出版。伊藤之雄肯定伊藤博文、山县有朋等对俄绥靖路线和桂、小村路线的对立性，但认为伊藤、山县等人的路线有充分取得成功的可能性，他主张"桂内阁、藩阀中枢等日本政界要员做了日俄开战的精神准备，没能读出俄方对日态度软化的信息，从而丧失了避免战争的机会；日俄开战的要因在于日俄双方的动向和相互误解"[122]。伊藤之雄与千叶功一样，猛烈批判

---

[117] 千叶功《日俄交涉——日俄开战原因的再探讨》，近代日本研究会编《年报近代日本研究18》，山川出版社，1996年，317页。该文于2008年收入其著作《旧外交的形成——日本外交1900—1919》（劲草书房）时，留下了这里引用过的前半部，删除了后半部（146页）。但文章主旨没有改变。
[118] 《俄国秘密文集书（1）—（9）》，《大阪每日新闻》1907年1月10—18日。
[119] 千叶功《满韩不可分论＝满韩交换论的形成和多角的同盟・协商网的摸索》，《史学杂志》第105编第7号，1996年7月，40—41页，千叶，上述书，64—65页。
[120] 井口，《日俄战争的时代》，67—69页。原田敬一《日清・日俄战争》（岩波新书），2007年。该书208页曾提道："对两国来讲，日俄战争本是可以不打的战争。"
[121] 海野福寿《韩国合并史研究》，岩波书店，2000年，98页。
[122] 伊藤之雄《立宪国家与日俄战争》，木铎社，2000年，204页。

了角田顺的俄罗斯观。

批判角田学说的气氛还扩展到了俄罗斯史学家中,稻叶千晴在数篇论文中指出战争并非不可避免,而是可以回避的,并论述了日本由军人主导,"无疑正是日本积极地踏出了战争这一步。"[123]此外,写过探讨英国外交文书的论文的广野好彦,从小村寿太郎与麦克唐纳驻日公使的谈话出发,主张"小村并不希望与俄罗斯开战,至少可以断言,在俄罗斯的修正案送来之前,他是希望和平地解决日俄纷争的"[124]。

对此,俄罗斯—苏联外交专家、庆应义塾大学的横手慎二在2005年的《日俄战争史》(中公新书)中写道:19世纪末,面对俄罗斯租借辽东半岛和马山港地区的动向,绥靖论者山县有朋的对俄观发生了变化。横手慎二进而强调,"日本的政治领导层曾经追求回避战争的可能性",然而"日俄两国到最后也没能克服围绕韩国在利害上的对立"。对于这种现象,横手以"安全悖论"(security dilemma)这个概念进行了说明。"在对立的两国之间,一方若是增加了自己的安全,就会增加另外一方的不安,很容易产生恶性循环。"日俄两国就陷入了这种悖论中,"日本的实力处于劣势,除了发动战争之外,找不出有效的解决对策。"[125]不用说,横手慎二对千叶功、伊藤之雄的"修正主义"持批判态度。

另外,以日俄战争一百年为契机出版的著作,除横手慎二的作品之外,最新出版的还有山室信一的《日俄战争的世纪——从连锁视点看日本和世界》[126]该书视野广阔,在日俄关系问题上

---

[123] 稻叶千晴《揭露开战的真相——日俄战争》,东洋书店,2002年,63页。
[124] 广野好彦《日俄交涉(1903—1904)再考》,《大阪学院大学国际学论集》第3卷第2号,1992年12月,32页。
[125] 横手慎二《日俄战争史》(中公新书),2005年,22—26、103、112页。
[126] 山室信一《日俄战争的世纪——从连锁视点看日本和世界》(岩波新书),2005年。

也挖掘出了以前不为人知的历史事实。

我的历程

我一直对日俄战争很感兴趣。1973年，我出版的第一本书是日俄战争期间，为向俄罗斯俘虏宣传革命而流亡日本的俄罗斯人尼古拉·苏济洛夫斯基-罗素的传记。[127]在书中，我关注的是日俄战争和俄罗斯国内变革的关系，主要探讨了日俄社会主义者的合作和矛盾，明石·茨里阿克斯为取得战争胜利所做的革命工作以及罗素在日本陆军省认可下，在俘虏收容所内所做的革命工作等。

从那时起，我就一直很关心日俄战争为什么会发生这个问题。我感觉作为一名俄罗斯史学家，对于这个问题没有自己的清晰认识是致命的。自20世纪80年代起，我将研究现代朝鲜也纳入了自己的专业领域，由于我一直对日本和俄罗斯、日本和朝鲜的关系有浓厚的兴趣，因此，非常希望对日本和俄罗斯围绕朝鲜发生战争的这段历史有明确的认识。1984年，我在日苏历史学研讨会上做了《日本人的俄罗斯观——老师·敌人·共患难者》的报告。在报告中我指出，日本人将"俄罗斯作为敌人"的印象，不言而喻是源自日俄战争观。我批判性地探讨了司马辽太郎《坂上之云》中呈现的对俄罗斯的认识和对朝鲜的认识；然后指出，在《坂上之云》出版10年后，司马又写了有关里科尔德和高田屋嘉兵卫交涉的《菜花冲》，"我们从这位文学创作者的脚步中看到了希望"。然而当时，我自己却无法取得更大的进展。[128]

---

[127] 和田春树《尼古拉·罗素——超越国境的民粹主义者》上下，中央公论社，1973年。
[128] 和田春树《日本人的俄罗斯观——老师·敌人·共患难者》，藤原彰编《俄罗斯与日本——日苏历史学研讨会》，彩流社，1985年，11—32页。

我具体着手研究日俄战争的契机却是日俄战争一百周年。2003年1月，北海道大学斯拉夫研究中心为纪念日俄战争一百年，率先召开了重新探讨日俄战争的研讨会。欧美和俄罗斯的重要学者都来参加了这一研讨会，这是一个具有划时代意义的会议。卢科亚诺夫也从圣彼得堡前来参加，并做了《别佐勃拉佐夫一派》的报告，使我深受触动。

　　接下来纪念日俄战争一百年的是2004年3月的山梨学院大学圣彼得堡研讨会。我参会并做了《日本人如何看待日俄战争》的报告。[129]在这个会上，我再次"遇到"了司马辽太郎。2005年有两个研讨会，我参加了横手慎二筹办的庆应义塾大学的会议。面对这次会议，该选择怎样的主题，才能发现新的文书资料，抛出新的论点，是一个让人苦恼的问题。

　　这时，我又一次回到《坂上之云》，注意到司马辽太郎曾断言："不可思议的是，没有一位俄罗斯军人恰当地评价了日本的实力，甚至连冷静分析的人都缺乏。"这种说法正确吗？我感觉有再度探讨的必要，于是，我确定了《研究汝之敌——俄罗斯的驻日武官们》这样一个题目，决定展开研究。虽然《坂上之云》中没有出现康斯坦丁·沃加克这位驻日武官嘲笑日本军的情节，但《小村外交史》《机密日俄战史》都特别记载了此事。于是，我决定从这个人物入手。

　　我首先调查了纳乌卡（ナウカ）（译者注：指日本的ナウカ书店。ナウカ是俄文"科学"之意，该书店专门经营与俄国相关的书籍、资料。）制作的俄罗斯－苏联的日本研究相关资料微缩资料库。纳乌卡是战后将苏联书籍输入日本的业界先驱，虽然该公司于前两年倒闭了，但它在

---

[129] 和田春树《日本人如何看待日俄战争》，《山梨学院创立60周年纪念刊：日俄战争和朴茨茅斯和议》，山梨学院大学，2006年，17—31页。

许多文化事业上成绩斐然，其中这个微缩资料库就是一个值得称道的成果，它收录了俄罗斯／苏联公开发行的所有与日本相关的书籍、论文。其中，我发现了沃加克的日清战争观察报告。阅读之后，我发现沃加克是满怀敬畏之情地讲述了日本军如何被强有力地组织起来。他指出，对于俄罗斯来讲，日本是需要特别警惕的敌人。可见，日本方面对于沃加克的理解是完全错误的。

沃加克属于别佐勃拉佐夫一派的事实早已广为人知，但这里马上就出现了问题。既然沃加克如此了解日本，那么他为什么会成为别佐勃拉佐夫那种冒险主义者的同伙呢？就在困惑之时，我幸运地从纳乌卡的微缩资料库中发现了希曼斯基的调查书，那套传说中的、只印刷了七部的调查书。拜读之后，我对别佐勃拉佐夫集团有了新的发现，认识到沃加克在集团中扮演了重要角色。之后，我于2004年9、11、12月，2005年4月去俄罗斯的档案馆进行调查，获得了沃加克和海军武官鲁辛的资料，在2005年5月庆应义塾大学的研讨会上做了报告。那篇报告其后被译为英文，收录到报告书中。[130]

这次报告使我对整个日俄战争的开战过程有了新的看法。我决定趁此机会，将研究进一步扩展。为此，我又于2005年11月，2006年4月、9月，2007年7月、9月前往俄罗斯的档案馆进行调查。在此期间，我在圣彼得堡调查了俄罗斯国立历史档案馆的财政部办公厅文书、内务部办公厅文书、俄罗斯国立海军档案馆的海军军令部文书、阿列克塞耶夫文书、鲁辛文书，在莫斯科调查了俄罗斯联邦国立档案馆的尼古拉二世文书、皇村宫殿文书、拉姆斯道夫文书、俄罗斯国立陆军历史档案馆的库罗帕特金文书、国立历史博物馆文书部的希曼斯基文书等等。此外，还利用了北海道大学斯拉

---

[130] Wada Haruki, Study Your Enemy: Russian Military and Naval Attaches in Japan, RJWGP, Vol. II, pp. 13-43.

夫研究中心以及东京大学史料编纂所（保田孝一资料）收藏的俄罗斯帝国外交部档案馆文书的影印本。虽然我本人没有去外交部档案馆调查，但我想我大致全部看过了1903年的基本文书。至于1902年以前的文书，则很大程度上受益于希曼斯基、鲍里斯·朴、贝拉·朴的研究，因而只在一定程度上看了外交部文书。即便如此，我认为在调查俄罗斯未公开文书这方面，我的工作能够为希曼斯基、罗曼诺夫、卢科亚诺夫的研究增添新的材料。

可以说，本书针对日俄战争为什么发生这一问题，主要是从俄罗斯一侧增添了新的信息和认识。至于朝鲜方面的信息和认识，则只抽取了从俄罗斯资料中获取的素材，将其与已经可以利用的朝鲜方面的公开文献、日本方面的外交文书结合起来进行讨论。我努力摆脱俄罗斯方面传统的战争责任论争，继承希曼斯基、参谋本部等对客观史料的分析，尽可能详细地阐明俄罗斯走向开战之路的行动。在此基础上，对于日本方面走向开战的行动，我尝试重新阅读公开史料，进行再度解释。我想，我清楚地说明了从开战当时到司马辽太郎为止人们对日俄战争开战过程的理解问题。尽管有关朝鲜方面的见解几乎仅限于对国王高宗的探讨，但我很重视将该见解放在这一时期进行整体探讨。我努力从夹在日俄两国间的朝鲜方面切入，展现日本和俄罗斯走向战争的历史过程。

本书的部分内容曾在俄罗斯史研究会2005年大会上做过报告，在《俄罗斯史研究》上也发表过。[131] 当时加纳格发表了从库罗帕特金档案中发现的重要史料，[132] 并赐教于我，此事很值得庆幸。

---

〔131〕 和田春树《日俄战争——开战前俄罗斯的动向》，《俄罗斯史研究》第78号，2006年。
〔132〕 加纳格《俄罗斯帝国和通往日俄战争之路——以自1903年至开战前夜为中心》，《法政大学文学部纪要》第53号，2006年10月。

第二章
近代初期的日本与俄罗斯

幕府末期维新前夕的日本与俄罗斯

对于普通的俄罗斯人来讲，日本是个遥远的国家。只有少数去过日本的人得以带着各自的强烈印象回国，写下令人印象深刻的游记。其中，尤为著名的有曾在国后岛被松前藩士抓捕、成为囚犯的舰长葛罗宁所著的《日本幽囚记》(1816年)，和随同与日本建交、划定国境的普嘉琴使节团来到日本的作家贡洽罗夫的《日本渡航记》(1858年)。[1]虽然历代俄罗斯人都会饶有兴致地阅读这些书，但他们对日本这个国家并没有特别的关心。

另一方面，日本人从闭关锁国时代起，就意识到了逼近北方的俄罗斯，一直对其保持着警惕。俄罗斯人向东挺进清国领土的北部，抵达堪察加半岛。17世纪末由此南下，沿着阿伊努〔译者注：北海道、萨哈林（库页岛）、千岛群岛以及堪察加半岛南部地域的原住民族〕的千岛群岛，逐渐接近日本。18世纪后半期，日本人从南方进入千岛群

---

[1] [V. M. Golovnin], *Zapiski flota kapitana Golovnina o prikliucheniiakh ego v plenu u iapontsev v 1811, 1812 i 1813 gg.* Part 1-9, Sankt-Peterburg, 1816. 此书于1819、1851、1864、1891年出了新版。日译本为井上满译，《日本幽囚记》(上、中、下)，岩波文库，1943—1946年。I. A. Goncharov, *Fregat Pallada. Ocherki puteshestvii Ivana Goncharova,* Vol. 1-2, Sankt-Peterburg, 1858, 此书于1862、1886、1895年再版5次。井上满译《日本渡航记》，岩波文库，1941年；高野明、岛田阳译，雄松堂书店，1969年。

岛，确切感受到俄罗斯人正在逼近日本。1771年，从堪察加逃走的匈牙利政治犯向长崎的荷兰商行主事呈交了警告俄罗斯有侵略日本意图的文书，引起了日本社会的震动。俄罗斯就此以强势而来的敌人的形象登场。

在这种背景下，知识分子开始利用荷兰的书籍研究俄罗斯，还向那些曾经漂流到俄罗斯后回国的人询问俄罗斯的情况。慢慢地，人们知道了彼得大帝的功绩。当时的日本正值打破幕府体制、寻求变革的时期，开始将俄罗斯看作模范之国、师长之邦。

日本在闭关锁国时代，通过长崎的出岛（译者注：出岛是1634年江户幕府作为锁国政策的一环在长崎修建的人工岛，呈扇形，面积约13,000平方米。日本自1641年至1859年在此进行对荷兰的贸易。）一直与荷兰、葡萄牙有所交往，除此之外，前来要求日本开国通商的国家就是俄罗斯。18世纪末的俄罗斯使节名叫拉克斯曼，自他之后，1804年，列扎诺夫又带着正式国书来到了日本。但是，在他停留日本六个月后，日本方面做出拒绝通商的答复，同时对使节予以驱逐。列扎诺夫命令部下对萨哈林（库页岛）和国后岛的日本人居住地实施攻击，日本方面出于愤怒，于5年后逮捕并监禁了来到国后岛的俄罗斯舰长葛罗宁。这一事件虽然在葛罗宁的副官里科尔德和商人高田屋嘉兵卫的努力下得以解决，但随后两国在很长时间内断绝了交往。

19世纪中期，俄罗斯开始从沿海地区南下，1850年，在阿穆尔河（译者注：中国称黑龙江）流向北海的河口建起一座小城，命名为尼古拉耶夫斯克（庙街），开始向另一个阿伊努的岛屿——萨哈林岛（库页岛）挺进。此时，日本人已经进入了这个岛的南端。

这个时候，美国向日本派去使节佩里，要求开国通商。俄罗斯也不甘落后，派出了使节普嘉琴。佩里令黑船排开，始终摆出一副威吓的姿态，而普嘉琴则显得更为绅士。因此，幕府官吏上自老中（译者注：江户幕府中最高的职位名，直属将军，总理一般政务）、下至长

第二章　近代初期的日本与俄罗斯

崎的通词（译者注：翻译）都对俄罗斯人抱有好感。普嘉琴忍受着旗舰因安政大地震后的海啸而沉没的灾难，坚韧不拔地与日本展开交涉，双方终于在1855年缔结了日俄友好条约，使得俄罗斯继美国、英国之后，与日本建立了邦交。此时，俄罗斯与日本虽然只展开了部分国境划定交涉，但也取得了成功。萨哈林岛（库页岛）没有确定的边界，属于杂居，但在千岛群岛问题上，日本和俄罗斯达成协定，在伊土鲁朴岛（择捉岛）和乌鲁普岛（得抚岛）之间划分国境线。自此以后，长期被视为北方威胁的俄罗斯所具有的敌人意象消失，日本和俄罗斯之间基本和平的时代到来。[2]

然而，随着日俄之间新时代的来临，新的问题也不断涌现出来。1858年，阿穆尔河（黑龙江）中游区域出现了一座名为哈巴罗夫斯克（伯力）的小城。在日本发生樱田门外之变的1860年，俄罗斯在普嘉琴的运作下，通过《北京条约》从清国获得了整个沿海区域。那一年，俄罗斯人在面向太平洋的新领土最南端的海湾建起名为"符拉迪沃斯托克"（征服东方）的据点，在此之前，那里是中国人称作"海参崴"（海参之丘）的小渔村。[3]

俄罗斯人站在符拉迪沃斯托克（海参崴）向南望去，大海的对面再次横亘着日本列岛。穿过日本前往太平洋、东亚有三条通道：萨哈林（库页岛）和北海道之间的拉彼鲁兹海峡（宗谷海

---

[2] 关于这个过程，请参照和田春树《日本人的俄罗斯观——老师·敌人·共患难者》，藤原彰编《俄罗斯和日本——日苏历史学研讨会》，彩流社，1985年；同氏《开国——日俄国境交涉》，日本放送出版协会，1991年，同氏《北方领土问题——历史和未来》，朝日新闻社，1999年。

[3] 原晖之《符拉迪沃斯托克物语》，三省堂，1998年；另外，请参照 Iu Khe Dzhon, Evropeiskii gorod v Azii Vladivostok, *Rossiia i ATR*, No. 1(27), March 2000, pp. 44-57。在1874年这一阶段，据日本的驻俄公使报告，符拉迪沃斯托克（海参崴）的人口为"海军水夫、海兵"2500人，商人4000余人。榎本武扬给寺岛外务卿的信，1874年10月12日，《日本外交文书》第8卷，170页。据原晖之上述书101页，1878年该市人口为8393人。

峡）、北海道和本州之间的桑加尔斯基海峡（津轻海峡）以及朝鲜和对马之间的布劳顿海峡（朝鲜海峡）。确保这些通道的安全立即成为俄罗斯海军关注的焦点。

1860年6月2日（俄历5月21日），清国海域舰队司令利哈乔夫向海军元帅康斯坦丁大公建议，有必要确保这三个地点的中立性，为此，必须让日本同意在对马设立俄罗斯海军设施，允许俄罗斯分舰队停泊于此。康斯坦丁大公与兄长亚历山大二世皇帝以及外务大臣戈尔恰科夫会商，认为可以"在不发展为外交关系的范围内，让海军与当地的日本当局进行交涉"，推进此事。[4]

次年1861年3月13日，比利列夫舰长率领护卫舰"波萨多尼克"号驶入对马的尾崎浦，要求设立军舰修理场，并为之提供木材、食物。4月，利哈乔夫司令乘坐飞剪式帆船（译者注：高速帆船，19世纪中期活跃于远洋航路，船帆瘦长且面积大，船体坚固。）"纳埃兹多尼克"号中途停靠于此。自此之后，比利列夫的要求变得更加强硬，甚至派水兵登陆，占领了岛的一角，气氛愈发紧张。6月，幕府的外国奉行（译者注：武家时代［武家掌握政权的时代，从镰仓时代到江户时代为止约680年］的官职名，指负责处理对外事务的人。）终于到达对马，开始与比利列夫谈判。外国奉行通告比利列夫，日本方面同意修理军舰，但不同意租借修理场。另一方面，英国对俄罗斯的行动也有所不满，8月，英国远东舰队司令霍普率领小舰队来到对马。霍普向日方提出，俄罗斯的行动违反了日俄条约，会使江户人强化对所有外国人的反感，因此希望立即让"波萨多尼克"号离开。他指出，在1855年条约中，日本和俄罗斯不是就开放箱馆、下田、长崎三港达成协议了吗？霍普也给利哈乔夫送去了主旨相同的信函。利哈

---

[4]《大日本古文书·幕末外国关系文书》，第48卷，9—24页。*Dnevnik Velikogo Kniaz'ia Konstantina Nikolaevicha,* Moscow, 1994, p. 259. 伊藤一哉《俄罗斯人看到的幕末日本》，吉川弘文馆，2009年，157—160页。以上研究根据未公开文书所进行。

乔夫认为事情已完全演变成了外交问题，于是命令"波萨多尼克"号撤退。1862年3月，"波萨多尼克"离开了对马。[5]

笔者认为，这一事件的出发点在于俄罗斯方面对确保朝鲜海峡安全的关心，但由于操作时把问题想得太简单，因此实质上的意义很有限，只是一种投石问路的行为。不过对日本而言，这一事件是俄罗斯军舰发起的侵略性行为，幕府对此软弱无力，一举深化了民众对幕府的不信任。此事加深了幕府的政治危机，可以说是明治维新的直接前提。[6]

明治维新与俄罗斯

1868年，以拥戴天皇、建立新型国家为目标的军队进入了旧幕府权力的首都江户，实现了维新革命。成就这场革命的领导者们都通过渡边华山、佐久间象山学习过彼得大帝的政绩。明治维新后不久，自1871年11月起，新政府的要人们就离国1年10个月之久，访问了美国、欧洲诸国。当专聘的外国人提出岩仓使节团（译者注：明治新政府为寻求新的国家建设蓝图，以及为私下交涉修正不平等条约，于明治四年十一月十二日［1871年12月23日］至明治六年九月十三日［1873年9月13日］，向美国、欧洲诸国派遣的规模空前的大型使节团。右大臣岩仓具视任特命全权大使，木户孝允、大久保利通、伊藤博文、山口尚芳任副使，成员为各部门才俊约50人，加上留学生，出发时总人数超过了100人。）的设想后，要人们在接受这项提案时，或许想到了彼得大帝在掌握政权后不久就离开国家6个月以上、遍访欧洲

---

[5] 保田孝一编著《文久元年对俄外交和西博尔德》，吉备洋学资料研究会，1995年，9—23页。麓慎一《关于波萨多尼克号事件》，《东京大学史料编纂所研究纪要》第15号，2005年3月，189—197页。伊藤，上述书，170—199页。

[6] 宫地正人《明治维新的变革性》，《第7回　韩·日历史学家会议报告书》，2007年。

的故事。1872年，俄罗斯革命知识分子列夫·梅契尼科夫与在瑞士留学的大山岩相识，后被邀请到日本从教。他写道：

> 领导日本维新的少数国家级人物——以使节团团长岩仓（具视）、原文部卿木户（孝允）、长期担任外务卿的副岛（种臣）为首的多人，自1872年至1874年遍访了全欧洲、美利坚合众国，时至今日他们仍然是"彼得大帝"热烈的粉丝。[7]

但具有讽刺意味的是，岩仓使节团却使日本对俄罗斯的敬意减退了。遥想当年，江户末期，商人大黑屋光太夫漂流到堪察加，他横穿荒凉的西伯利亚，历尽千辛万苦终于到达了俄罗斯帝国的首都圣彼得堡。在艰难跋涉之后，他看到叶卡捷琳娜女皇辉煌的都城，为之倾倒。然而，岩仓使节团首先登陆美国，然后游历欧洲，再从欧洲进入俄罗斯，在见识过伦敦、巴黎、柏林后，他们已经无法对俄罗斯产生震撼、敬畏之感了。一名随行人员的手记这样写道：欧洲五大国中，如果说"最雄伟"的是英、法，那么"最不开化的则是俄国"。"俄罗斯是个外强内贫的国家"这样一种认识开始形成。将其作为敌人的恐惧感消失了，人们抛弃了"忌惮俄国如虎狼之妄测"，产生了应该与之建立和平关系的想法。[8]

俄罗斯方面很明显开始以新的眼光看待日本的动向。明治维新后不久，向日本宣传东正教的尼古拉主教和军人探险家米哈伊尔·韦纽科夫以及成为东京外国语学校教师的梅契尼科夫等人都

---

[7] 梅契尼科夫（渡边雅司译）《流亡俄罗斯人看到的明治维新》，讲谈社学术文库，1982年，25页。

[8] 久米邦武《米欧回览实记（4）》，岩波文库，1980年，106、109页。

写作、发表了介绍日本的论文和书籍。[9]

萨哈林（库页岛）问题

然而，在日本周边，问题接踵而来。一般而言，俄罗斯开拓新领土的进度很缓慢。1871年，俄罗斯将西伯利亚舰队基地从北方的尼古拉耶夫斯克（庙街）迁到了符拉迪沃斯托克（海参崴）。虽然"符拉迪沃斯托克"这个名字很气派，但移居那里的人口却迟迟不见增长。可是俄罗斯对获得萨哈林（库页岛）却表现得颇为积极。另一方面，日本对桦太（译者注：萨哈林岛日本也称桦太岛。）的经营在明治维新前后变得薄弱起来。1869年，俄罗斯士兵在日本人居住的亚庭湾的函泊建立了哨所，称为科尔萨科夫。如此一来，日本就要直面是否坚持萨哈林即桦太（库页岛）是日本领土的主张这一问题。为此，日本既听取过英国公使巴夏礼的建议，也有过向美国请求斡旋的动向，对于必须镇压幕臣叛乱、掌控北海道的新政府而言，萨哈林（库页岛）问题令人头痛。[10]

1871年1月，在前一年上任的开拓使次官黑田清隆上书，建议放弃萨哈林岛（库页岛）。他在上奏书中写道：维持杂居，最终被迫放弃是下策；努力达成分割协定是中策；对于无用之地，不浪费精力地放弃是上策。这个意见逐渐在政府中得到了支持。[11]

---

［9］ Nikolai ieromonakh, Iaponiia s tochki zreniia khristianskikh missii, *Russkii vestnik*, 1869, No. 9. 日译：尼古拉（中村健之介译）《尼古拉眼中的幕末日本》，讲谈社学术文库，1979年。M. Veniukov, *Ocherk Iaponii*, Sankt-Peterburg. 1869. L. Mechnikov, Era prosveshcheniia Iaponii. (Mei-Dzi), *Delo*, 1876, No. 1-2. 日译：梅契尼科夫（渡边雅司译）《流亡俄罗斯人眼中的明治维新》，讲谈社学术文库，1982年。

［10］ 真锅重忠《日俄关系史 1697—1875》，吉川弘文馆，1978年，312—318页。

［11］ 秋月俊幸《日俄关系和萨哈林岛——幕末明治初年的领土问题》，筑摩书房，1994年，197—198页提及了黑田清隆1870（明治三）年10月的建议，1873（明治六）年2月的《桦太事奏议》可参见加茂仪一《榎本武扬》，中央公论社，1960年，181—183、210页。

1872年，布特佐夫作为俄罗斯驻日本的代理公使到任后，寻求交涉萨哈林（库页岛）问题。俄罗斯希望日本接受俄罗斯拥有萨哈林全岛（库页岛）之事。交涉在布特佐夫和日本外务卿副岛种臣之间展开。副岛既提出过卖出萨哈林岛（库页岛）的方案，也提出过日方购买的方案。[12] 在交涉过程中，1873年，因日本欲出兵朝鲜，副岛还曾经与俄方商量，希望俄方同意日本经由俄领地出兵之事。[13] 而在萨哈林（库页岛）当地，俄罗斯军进驻的函泊冲突不断。1874年7月发生了纵火事件，事态极为严峻。[14] 最终交涉没有结果，这年11月，布特佐夫去了清国。

　　布特佐夫的继任者是斯特鲁韦，他是出生于波罗的海德意志（译者注：指波罗的海东岸爱沙尼亚和拉脱维亚的德意志人居民。从12世纪到20世纪初，波罗的海德意志人控制着这两地的政治、经济、教育和文化，是该地区的实际统治阶层。政治上他们在1710年之前听命于瑞典帝国，在1917年之前听命于俄罗斯帝国。在俄罗斯帝国时期，该地区依旧由讲德语的贵族以及从西边来的德意志公国移民实行自治，涌现出许多在军队以及国民生活中享有崇高地位的人物。）的外交官，也是首位正式公使。此时，日本派驻俄罗斯的首任公使是榎本武扬。[15]

　　背后操纵榎本武扬人事任命的是开拓使长官黑田清隆。黑田清隆大胆将曾在箱馆五棱郭负隅顽抗、与自己部队顽强作战的敌军将领榎本武扬收编到开拓使厅，成为自己的部下。黑田之所以推荐榎本为驻俄罗斯的全权公使，是出于这样一种考虑：日本与俄罗斯在萨哈林（库页岛）的冲突是一种负担，眼下应该放弃对萨哈林（库

---

〔12〕秋月，《日俄关系和萨哈林岛——幕末明治初年的领土问题》，199—203页。
〔13〕Bella B. Pak, *Rossiiskaia diplomatiia i Koreia,* Vol. I, 1860-1888, Moscow, 1998, pp. 40-41.
〔14〕秋月，上述书，206—213页。
〔15〕日俄大使馆馆员姓名、就任时间全部根据 George A. Lensen, R*ussian Representatives in East Asia,* Tokyo, Voyagers' Press, 1968, 以及 George A. Lensen, *Japanese Representatives in Russia,* Tokyo, Voyagers' Press, 1968。

页岛）的关注，集中精力开发经营北海道。[16]榎本也认为，即使达成与俄罗斯在桦太（库页岛）划境分治的目的，但由于这里原本没有成为"经济利益和边防方略"的希望，因此分割而治并非"未来之上策"，与之相比，交换"好的替代物"更为有利。[17]

榎本与俄罗斯外交部亚洲局长经过交涉，于1875年5月7日缔结了《圣彼得堡条约》，俗称《千岛桦太交换条约》。根据条约，日本承认萨哈林全岛（库页岛）是俄罗斯领土，作为交换，日本获得了千岛群岛中乌鲁普岛（得抚岛）以北部分的割让。这个结果，使之和已经成为日本领土的国后、择捉、色丹岛一同，整个千岛群岛都成为日本领土。俄罗斯方面，因奥涅克坦岛（温祢古丹岛）和帕拉姆什尔岛（幌筵岛）之间的安菲利特海峡（第四千岛海峡）是俄罗斯船舶通行必经之处，对割让帕拉姆什尔岛做了一些抵抗，[18]但最后还是让步了。

《圣彼得堡条约》在两国民间引起了部分人士的强烈不满。在日本一方，"幅员辽阔的桦太被俄罗斯夺走，日本只得到了北方的几个无人岛"这样一种意识不仅使日本人反感，同时还留下了俄罗斯扩张主义的印象。有个很有名的说法，后来的二叶亭四迷、长谷川辰之助开始学习俄语的动机，就是受到这一条约的刺激，感受到了俄罗斯的威胁。[19]而在俄罗斯一方，也对通往太平洋的水路全部被日本方面控制深感不安。契诃夫在《萨哈林旅行记》中，就流露出了对俄罗斯慷慨地将整个千岛群岛拱手相让，使它

---

[16] 加茂，《榎本武扬》，211—213页。
[17] 榎本公使给寺岛外务卿的信，1875年1月3、11日。《日本外交文书》第8卷，168、172页。
[18] 榎本给寺岛的信，1875年1月11、15日，《日本外交文书》，175、179页。
[19] 二叶亭四迷《予半生之忏悔》，《二叶亭四迷全集》第10卷，岩波书店，1953年，35页。

成为日本很大收入来源的不满。[20]

1875年7月,俄罗斯年轻的外交官带着批准《千岛桦太交换条约》的文书来到日本。这名外交官就是在日俄战争开战前夕担任驻日公使的罗森男爵。[21] 他与斯特鲁韦公使同样也是波罗的海德意志人,家族世代奉职俄罗斯。罗森出生于1847年,此时还不到30岁。他从帝国法律学校毕业后进入外交部,担任亚洲局日本事务负责人,最初的任务就是千岛桦太交换条约的收尾工作。他是被任命为辅助斯特鲁韦公使的代理公使而来到日本的。罗森在回忆录中写道:"这个条约消除了两国之间可能产生摩擦的唯一原因,使得两国关系达到圆满。"罗森与明治政府要人伊藤博文认识,听过他的宪法研究。[22]

另外,这个时候为交割俄罗斯领有的千岛群岛而来到日本的"理事官马丘宁",就是沿海州国境的全权委员、曾担任驻朝鲜代理公使、后来成为别佐勃拉佐夫集团一员的马丘宁。他和日方负责人一同去了乌鲁普岛(得抚岛)、舒姆舒岛(占守岛)、帕拉姆什尔岛(幌筵岛)。[23]

尽管部分民间人士有所不满,但国境划定后,日俄两国之间的关系终于稳定下来。以冬天结冰的符拉迪沃斯托克(海参崴)为母港的俄罗斯太平洋舰队,在此后很长时间都得到日本允许,将长崎港作为越冬港。1875年,俄罗斯海军以10年合同租借了长崎的1115坪(译者注:1坪约等于3.3平方米)民有地,修建了军人休养所(海军医院、船具修缮所、浴室)。这块土地为稻佐地区的庄屋(译者注:村长)志贺家所有。

---

[20] 契诃夫(原卓也译)《萨哈林岛》,《契诃夫全集》13,中央公论社,1977年,285—286页。
[21] Struve to Terashima, 13/25 July 1875,《日本外交文书》第8卷,243—244页。
[22] Roman Rosen, *Forty Years of Diplomacy,* Vol. 1, London, 1922, pp. 17-28.
[23] Struve to Terashima, 27 August 1875,《日本外交文书》第8卷,266—267页为时任理事官受理千岛的手续书,1875年10月12日,同上,277页。

1886年，这份合同又续签了12年，面积缩小为748坪。此时，志贺家的家主是日本早期活跃的俄语翻译——志贺亲朋浦太郎。稻佐出现了以俄罗斯海军官兵为对象的娱乐街。[24]长崎也驻有俄罗斯领事。

第一位俄罗斯语言留学生是1875年来日的科斯特列夫，他在公使馆待了长达10年，掌握了日语。1885年，他就任长崎总领事，3年后他写成最初的研究成果《日本史概说》，于圣彼得堡出版。这是俄罗斯第一部日本通史，叙述了明治维新为止的日本历史。[25]

日本对朝鲜的关注和俄罗斯

完成明治维新、走上近代化和富国强兵之路的日本，在与俄罗斯划定国境的同时，将冲绳纳入了领土范围，还出兵中国台湾，谋求与清国划定领土。日本希望与朝鲜建立新型的国家关系，但维新之后的交涉迟迟不能取得进展。当日本向朝鲜方面送交告知通过明治维新成立了天皇制国家的文书时，由于其中含有"皇""敕"等文字，朝方表示只承认清国使用这些字眼，因而拒绝接受文书。早在1870年，就有人提出了最初的出兵朝鲜论。1873年，政府决定派遣使节赴朝鲜，这一决定的基础是征韩论：如果朝鲜方面不接受使节，那么就派遣军队。然而，当大久保利通等派遣到欧洲的使节归国后，这一决定被全面收回，随之发生了西乡隆盛、板垣退助等征韩论派下野等大事。其后，政府方面虽然一直有意与朝鲜进行交涉，但朝鲜政府继续不予回应，两国仍然处于绝交状态。[26]

---

[24]《稻佐和俄罗斯人》（长崎县立图书馆藏），以及泽田和彦《志贺亲朋略传》，《共同研究日本和俄罗斯》第1集，1987年，40、48页。
[25] V. Ia. Kostylev, *Ocherk istorii Iaponii*, Sankt-Peterburg., 1888.
[26] 参照田保桥洁《近代日鲜关系研究》上，原书房，1973年，149—182页。

日本与朝鲜的交涉难以取得进展的这一时期，同时也是日本政府为萨哈林（库页岛）问题烦恼的时期，因此，负责与朝鲜交涉的人中有人开始担心俄罗斯是否会向朝鲜出手，或者朝鲜是否会接近俄罗斯。1870年，最初被派遣到朝鲜的调查员佐田白茅一行在调查报告中写道，他们对"朝鲜国醉心于鲁西亚（译者注：俄国）之毒吻，暗中请求保护的传闻"进行了调查，但"未闻请求鲁西亚之事"。[27]同行的森山茂在自己的上书中写道：他认为将出让桦太全岛（库页岛）的所得投入北海道开发为好，并且"若将用于开拓桦太的财力转向朝鲜，并且于此穷尽国力，则数月之间即可得恒久不变之国利"，他甚至主张"岂有弃一岛不保二岛之理哉"。[28]这也就是说，实际上，俄罗斯的阴影并没有覆盖到朝鲜。

1874年，森山茂被独自派往朝鲜，在调查之余，他还主动尝试了交涉。8月28日，他劝说访问釜山草梁公馆的朝鲜方面官吏要警惕俄罗斯，并强调了与日本建交的意义。"贵国徒念防范海边，何以毫不顾后"，"鲁国占据山丹满洲之地，欲沿鸭绿江迫近贵境"，"若今日贵国为鲁人损害，则我邦亦不得安宁"，"故为贵国培养兵力，以确保坚守之实，此盖为我邦之盛意。"[29]日本虽然没有看到俄罗斯直接的威胁，但为了迫使朝鲜与日本建立关系而提出了俄罗斯威胁论。这是后来成为日本对朝鲜政策的基调的理论。

反过来，日本方面与俄罗斯缔结千岛桦太交换条约时，也考虑到了朝鲜。榎本公使1875年1月11日提交给寺岛宗则外务卿

---

[27]《日本外交文书》第3卷，134页。
[28] 同上书，142页。
[29]《日本外交文书》第7卷，391—392页。这点我受到了2009年2月5日第一届斯拉夫－欧亚研究东亚会议上，麓慎一报告（Fumoto Shinichi, Japan's East Asia Policies During the Early Meiji Era: Changes in Relations with Korea）的启发。

第二章　近代初期的日本与俄罗斯

的报告中这样写道：

"鲁国之……重大关注，……在于始自朝鲜境的满洲海岸新领地，我边防要地之咽喉，则在与对马岛相向的朝鲜对岸处。"虽然俄罗斯因财力匮乏，今后十余年尚不致逞威亚洲，但必须及早提防"鲁之南侵"。日本应该抢先"训导"朝鲜，加强友好关系。如果被俄罗斯抢先控制了对马的对岸，那么日本将丧失"我防海之重大目的"。如果朝鲜"愚顽"不化，对日本不够友好，那么日本就应该在军事上控制"对马岛对岸"。[30]

森山因交涉没有进展而深深苦恼，1875年4月，他向外务卿提议以测量的名义向朝鲜近海出动军舰进行威吓。读过榎本公使报告的寺岛外务卿接受了这一提议，在与海军大辅川村纯义商讨后，决定派遣"春日""云扬"等三艘军舰。[31]就这样，在千岛桦太交换条约签署四个月后的1875年9月，井上良馨舰长率领军舰"云扬"号以探查朝鲜西海岸航路的名义，接近了靠近朝鲜首都的入海口。井上良馨是征韩论者。在江华岛附近，井上想让水兵登陆，却遭到了炮击，次日，他发动了针对江华岛炮台的攻击，并将其摧毁。接着，在第三日，井上又攻击并摧毁了永宗岛的炮台，然后登陆，焚毁了村庄。这就是井上良馨的三日作战。井上舰长返回长崎后向伊东少将报告，现在是"好时机"，"希望务必尽早出兵"。[32]

---

[30] 榎本给寺岛的信，1875年1月11日，《日本外交文书》第8卷，173—174页。芝原拓自《对外观和民族主义》指出了这份资料的意义，《对外之观（日本近代思想大系12）》，岩波书店，1988年，475页。

[31] 田保桥，《近代日鲜关系研究》上，393—395页。

[32] 关于这一事件，"云扬"号井上良馨舰长的报告书（1875年10月8日）广为人知。近年，日本史学家铃木淳发现了修改之前的9月29日的报告书并进行了发表。这里依据的是这份报告书和铃木的分析。铃木淳《"云扬"舰长井上良馨明治八年9月29日的江华岛事件报告书》，《史学杂志》第111编第12号，2002年12月，64—67页。关于这份报告书的意义，请参照中塚明《现代日本的历史认识》，高文研，2007年，146—181页。

次年，1876年2月，全权大使黑田清隆与副使井上馨打着追究江华岛事件责任的旗号，一同进入汉城（译者注：今首尔），迫使朝鲜缔结了《日朝修好条规》（译者注：又称《江华条约》）。这一条约与日本被欧美强迫签订的不平等条约性质相同。日本就这样领先世界任何国家，成功迫使朝鲜打开了国门。也就是说，日本在将萨哈林（库页岛）让与俄罗斯后，将手伸向了朝鲜。日本因让出萨哈林（库页岛），防卫线向后移动，故想通过控制朝鲜，谋求在有事时封锁朝鲜海峡的途径。可以说，黑田、榎本这一对北海道开拓使组合的想法主导了日本的对朝政策。

另一方面，俄罗斯通过获取萨哈林（库页岛），调整了与日本的关系，相当满足。虽然俄罗斯知道日本对朝鲜有野心，但大概认为这并不重要。因此，即使日本最终迫使朝鲜打开了国门，俄罗斯政府也没有采取行动，没有改变以往的对朝政策，向着与朝鲜建交的方向努力。1876年5月25日（13日），戈尔恰科夫外相给亚历山大二世呈交了如下报告书：

"至于为对外通商而迫使朝鲜开国之事，我部（外交部）判断，因我国与朝鲜相邻的沿海州贫穷，人口稀少，与该国发展邻国交涉会带来直接性损害。我部认为，对朝鲜坚持观望政策，不与该国政府缔结任何形式的正式关系最符合俄罗斯利益。依我部见解，这种行动模式的前提在于，朝鲜臣民大量移居我国领内，我沿海州的民政发展得到了极大实惠。正是由于没有与朝鲜政府建立正式邦交，这种大规模移居才可能实现。""对于这次日本的条约……也没必要采取任何新的措施，我部认为应该继续坚持以往的观望政策。"[33]

---

[33] Bella Pak, op. cit., Vol. I, pp. 42, 43.

在俄罗斯的新领土沿海州,自 1860 年至 1870 年的 10 年间,只有 4444 名俄罗斯人作为移民从中央部迁移而来。与此形成鲜明对比的是,在 1869 年至次年不足两年的时间内,从饥馑的北部朝鲜逃来的移住民就达到了 6500 人。[34] 来自朝鲜的移民为俄罗斯掌控沿海州提供了必要的农耕民,对俄罗斯来讲,这比进军朝鲜本身更为重要。

暗杀俄罗斯皇帝与朝鲜壬午军乱

1881 年 3 月 13 日(1 日),俄罗斯皇帝亚历山大二世在首都的道路上被恐怖分子用炸弹暗杀身亡。日本国内在前一年迎来了自由民权运动的高潮,这年 1 月 31 日至 2 月 17 日,民权派的报纸《东京曙新闻》连载了题为《俄国烈女薇拉·扎苏里奇审讯记》的报道。该报道最终回的结语为:"烈女起而暴君酷吏惧焉,天降此烈女于俄国,其岂偶然哉?"薇拉·扎苏里奇在日本成为人们狂热追捧的对象,暗杀皇帝的指挥者——另外一名女性革命家索菲亚·佩罗夫斯卡娅的事迹在日本也逐渐为人所知。皇帝被暗杀后,《东京曙新闻》3 月 19 日发表了《暗杀论》,其中写道:"暗杀虽出于人之私见……为祸不可挽救,后果极其严重。"然而,"愿世之掌权者牢记,正是无力之人民才成为彼等所畏惧之惯于暗杀者,若能夙夜戒慎其政道,或可幸而不生暗杀之弊害"。[35]

日本政府因俄罗斯皇帝被暗杀而受到冲击,感到了国内高涨

---

[34] S. Anosov, *Koreitsy v Ussuriiskom krae,* Khabarovsk, 1928, pp. 5-6. 和田春树《俄罗斯领远东的朝鲜人 1863—1937》,《社会科学研究》第 40 卷第 6 号,1989 年 3 月,238—239 页。

[35] 和田春树《自由民权运动和民粹主义者》,《历史公论》1976 年 1 月号,63—67 页。

的民权运动的威胁。参议大隈重信在这个月提交了意见书,建议顺应国民运动设立国会的要求,立即制定以英国式的政党内阁制为内容的宪法,于1882年年末或1883年年初设立国会。6月,参议伊藤博文决意以巩固皇室基础、建立以天皇统治权为中心的国家组织为奋斗目标。伊藤等人利用开拓使出售官有资产时的贪污事件,于10月12日迫使大隈一人背负混乱的责任,罢免了他的参议之职,同时发布了于9年后的1890年设立国会的诏书。

在俄罗斯,皇帝被暗杀后,36岁的皇太子立即继承皇位,是为亚历山大三世。新皇帝于5月11日(4月29日)颁布了由他原来的老师——波别多诺斯采夫起草的拥护专制的诏书。

> 我们沉浸在强烈的悲痛之中,神的声音谕令朕,在统治大业中,依靠神的伟大指示,确信专制权力是强有力的真理。……朕的使命在于,为了国民的幸福,与一切阴谋作斗争,确立、坚守专制权力。

新皇帝废除了洛里斯-梅利柯夫将军等人准备的、即将付诸实施的政治改革方案,驱逐了改革派大臣。此举使得洛里斯-梅利柯夫改革受挫,专制权力没有得到任何修正。[36]也就是说,俄罗斯在既没有内阁制又没有总理大臣和议会的状态下走向了20世纪。

新皇帝的外相是去年接替生病的戈尔恰科夫担任代理外相的吉尔斯,他于1882年4月起正式就任。戈尔恰科夫是亚历山大二世整个统治时期的外相,而吉尔斯则在新皇帝统治期间一直担任外相。吉尔斯是侍奉俄罗斯皇帝的瑞典贵族的后裔,生于1820年,是路德派新教徒,毕业于皇村中学(名门贵族学校),从18

---

[36] 和田春树《恐怖政治和改革——亚历山大二世暗杀前后》,山川出版社,2005年。

第二章 近代初期的日本与俄罗斯

岁起一直在外交部工作。[37]

1882年5月,美国与朝鲜签署了通商条约。6月,英国和德国相继与朝鲜签署了通商条约。如此一来,新外相吉尔斯当然也不得不修改对朝政策。于是,天津领事韦贝尔被派往符拉迪沃斯托克(海参崴),探寻俄朝建立邦交的可能性。这个时候,韦贝尔还见到了南乌苏里地区国境的全权委员马丘宁,得到了各种情报。

卡尔·韦贝尔其后在俄罗斯与朝鲜的关系中扮演了重要角色。他生于1841年,是波罗的海德意志人,毕业于圣彼得堡帝国大学东洋语系,1866年到北京留学,学习中文,在当地被聘用而进入了外交部。70年代前半期,他曾在日本担任函馆、横滨副领事,1876年起就任现职。[38]韦贝尔对这个时候在沿海州旅行时见到的脱北而来的朝鲜移民赞不绝口:

> 朝鲜人与清国人完全相反,具备好移民的所有特质。他们是勤勉的劳动者,优秀的农夫,安善的家庭人,具有柔软的包容心,很容易接纳新的习惯和秩序,学习俄语也很快。[39]

这是韦贝尔开始对朝鲜持有好感的最初机缘。

韦贝尔返回天津后,朝鲜发生了"壬午兵变"这一重大事件,这是1882年7月之事。旧式军的士兵因对国王高宗和王妃闵妃迫于日本压力而推进的开国政策不满,发起叛乱,抬出了10年前被从摄政位子上驱逐下去的国王生父大院君。他们火烧日本公使馆,杀害了新式军的日本教官。被愤怒的矛头所指的闵妃从王宫逃出,

---

[37] 俄罗斯大臣的履历全部依据 D. N. Shilov, *Gosudarstvennye deiateli Possiiskoi Imperii 1802-1917. Biobibliograficheskii spravochnik*, Sankt-Peterburg, 2001, 此处省略个别注释。
[38] Bella Pak, op. cit., Vol. I, pp. 72-73. 在日本的工作经历依据了列森的相关著述。
[39] Ibid., p. 75.

躲藏了起来。此时负责为藏身于长湖院的闵妃和身在王宫的高宗联络的下级官吏就是后来高宗的近臣李容翊。大院君复出后，宣告王妃已经死亡，甚至还举行了国葬。然而，事态是不会这样简单收场的。日本的花房公使最终率领多达一个大队的护卫士兵进入了汉城。而重视事态发展的清国，为了维护宗主国的面子，也派出了更多士兵进入汉城。紧张对峙中，清国一方为收拾事态，强行将大院君送往天津，恢复了高宗的权力，让闵妃也返回了王宫。而花房则迫使朝鲜于8月30日签订了包括支付赔偿和允许日本军驻留的《济物浦条约》。[40]

尽管邻国发生了这样动荡的事态，俄罗斯政府依然继续小心翼翼地推进缔结邦交。外相吉尔斯在1883年10月23日（11日）提交的上奏意见书中主张，不应改变"我们在这个问题上一直采取观望的行动模式"。"只有这样，才能保证我们将来的行动自由。"不过虽说如此，他还是提议俄罗斯也应该向美国学习，与朝鲜建立邦交。[41]

已晋升为驻清国代理公使的韦贝尔，独自与以前在清国认识的朝鲜国王的外交顾问穆麟德联系，推进建交的准备工作。1884年7月，韦贝尔访问朝鲜，与金玉均开展了建交谈判。7月19日（7日），俄罗斯与朝鲜之间签署了通商条约，两国建立了邦交。

韦贝尔从汉城返回天津后，向外交部提交了关于朝鲜的意见书。"朝鲜不是富裕的国家，然而，那里富裕的人虽少，但也没有像在中国见到的那种贫困。""在现国王（给人感觉很好，是能够产生共鸣之人）良好的意愿下，如果推进民间服务的改造和保护

---

[40] 田保桥，《近代日鲜关系研究》上，770—786页。关于李容翊，参见《韩国人名大事典》，新丘文化社，1995年，686页，以及角田房子《闵妃暗杀》，新潮文库，1993年，154—155页。

[41] Bella Pak, op. cit., Vol. I, p. 85.

私有财产不受官吏侵害，那么现在的国民性格大概也会随之发生变化吧。其国民是健全的。"[42]

日本的俄罗斯防范论

然而，这种致使俄罗斯缓慢登场的"观望政策"反而使日本领导者感到不安。一直对朝鲜虎视眈眈的日本，认为俄罗斯理所当然地会将手伸向朝鲜。日本政府内部开始讨论围绕朝鲜的对俄防御策略。

具有代表性的是《朝鲜政略意见书》，它是协助井上馨外务卿处理壬午事件的参事院议官井上毅在山县有朋的授意下，于混乱中的1882年9月17日写就的。井上毅认为，朝鲜为"将来东洋交往政略之一大问题"，他如下写道：

> 若欧洲某国占据朝鲜，安南又仿效印度之例，则我国即如头悬利刃矣。若更为不幸朝鲜被俄国夺占，则东洋大势亦全不可为矣。故为保持东洋均势，支那与我国须极力保护朝鲜之独立，防御俄国之南侵。

然而现实中，"目击朝鲜实况，绝非可与之同盟合力之国，而支那亦不足以谋。故三国同盟之说不过一梦耳。"因而所剩之策为"日清美英德五国相聚，共议朝鲜之事，使朝鲜成为中立国。……五国共同保护之"。[43]

---

[42] Bella Pak, op. cit., Vol. I, p. 104.
[43] 《对外之观（日本近代思想大系12）》, 53页。

不能让俄罗斯夺去朝鲜，对策就是通过除俄罗斯之外的五国的共同保障使朝鲜成为像比利时、瑞士那样的中立国。这也是使朝鲜从与清国的宗属关系中解放出来的策略。

同一时期，外国雇员波索纳德也提出了朝鲜"永久中立"的意见书。其讨论的前提同样在于防范俄罗斯，不过他的方案不触动朝鲜与清国的宗属关系，而是以日本、清国、俄罗斯这些国家为中心来保障朝鲜的中立。井上毅的意见也送交了伊藤博文，但并没有被作为当前的政策采纳，朝鲜中立化方案留在了山县的心中。[44]

一般认为，这个时期山县在政府中很具体地主张积极援助朝鲜内部的独立派。但根据高桥秀直的研究，此时山县的主张受到了压制，井上馨推进的政府方针在于"保全东洋全局之太平"，"保护将来我国之利益"，在此前提下，"给朝鲜提供不致给（日本）国家带来危害的帮助"，属于"消极的干涉"。[45]

但是，这个方针面对新的现实难以为继。日本原本想在俄罗斯介入之前，积极支持朝鲜的改革派，努力将朝鲜变成亲日改革派执政的国家。然而在朝鲜内部，闵妃东山再起，得到清国的庇护，试图强化王权。对此，亲日改革派在日本的援助下开始了行动。1884年12月4日，金玉均、朴泳孝等人得到日本公使竹添进一郎的支持，出动150名日军，果断发起政变。他们抬出大院君，排挤掉掌握政治实权的闵妃一派，杀害了闵台镐、闵泳穆、赵宁夏等人。这就是甲申政变，亲日改革派政权由此诞生。然而，应闵妃的请求，1300名清军攻入王宫，镇压了政变。改革派政权真正以"三日天下"而谢幕。金弘集等亲清派坐上政权宝座，金玉

---

[44] 长谷川直子《壬午军乱后日本朝鲜中立化构想》，《朝鲜史研究会论文集》第32集，1994年10月，143—150、155页。

[45] 高桥秀直《通往日清战争之路》，东京创元社，1995年，65—70页。

均、朴泳孝等改革派失败，逃亡至日本。[46]日本任命井上馨为全权大使，带领两个大队的军队一同进入朝鲜，迫使朝鲜政府接受了对杀害日本侨民、破坏公使馆的赔偿要求。

在日本的民间舆论中，认为日本应该与清国对抗、积极介入朝鲜事态的论调高涨起来。1885年3月16日，《时事新报》发表了福泽谕吉撰写的《脱亚论》。文中写道，"支那"和朝鲜都无法维持独立，"不出数年将致亡国"，日本实无必要"等待邻国开化而共同振兴亚细亚"，"对待支那、朝鲜之法""只可依西洋人对待之方式"，"我心自当谢绝亚细亚东方之恶友"。[47]文章主张日本不必在意清国，应该单独插手朝鲜内政改革，通过此举将朝鲜置于日本的影响之下。如果朝鲜的改革派没有能力，那么日本就应该直接处置朝鲜。

大阪事件是这一方向上的最初行动。1885年2月，自由民权运动领袖大井宪太郎和小林樟雄经过协商，计划渡海至朝鲜，除掉反动政要，驱逐清国势力，使朝鲜成为纯粹的独立国，开辟通往改革的道路。他们还劝诱景山英子一同参与行动。这一计划因背叛和内部分裂，于当年11月告终，相关人员全部被捕。[48]

政府内部虽然也出现了强硬论，但主调仍然是必须回避与清国的正面冲突。[49]1885年4月，伊藤博文作为全权大使前往清国，与榎本公使一同与李鸿章谈判，于4月18日签署了《天津条约》。其内容为：双方于四个月之内完成撤军；两国劝导朝鲜国王训练士兵，令其"选聘其他外国武官一人或数人"；今后中日两国"均勿派员在朝鲜教练"；"若将来朝鲜有重大变乱事件，请求日中两

---

[46] 田保桥，《近代日鲜关系研究》上，946—990页。
[47] 《福泽谕吉选集》第7卷，岩波书店，1981年，223—224页。
[48] 福田英子《妾的半生》，岩波文库，1958年，22—26、42页。
[49] 高桥秀直，《通往日清战争之路》，163—167页。

国或其中一国派兵时，两国应事先相互行文知照。"[50]

双方达成协议，如果将来朝鲜发生重大变乱，日中两国皆可以出兵，但必须以文书的形式告知对方。

高宗对俄罗斯的期待

朝鲜的国王高宗出生于1852年，与明治天皇同年，此时32岁。他12岁即位，父亲大院君作为摄政，长期掌握政治实权。高宗的王妃出自闵氏一族，是一位性格强势的女性。1873年，高宗瞒着父亲宣布亲政，当年他21岁。有人认为这件事情也是他听从闵妃之言的结果。不过，韩国历史学家李泰镇批判了认为高宗性格"暗弱"，完全对闵妃唯命是从的普遍看法，主张应该重新评价高宗。[51]的确，高宗对父亲大院君的政治持批判态度，具有开明性，也很关心百姓生活。

然而，高宗的亲政之路相当坎坷。如前文所述，十年之后，朝鲜接连不断地爆发在政治倾向上完全相反的政变，每次都将大院君抬出来。清国和日本等外部国家公然干涉朝鲜政治，致使国王的权威支离破碎。

就在这个时候，高宗做出了对朝鲜命运具有决定性意义的政治选择。高宗被日本和清国交相撼动，在惶惶不安中，他想出了依赖另外一个强国——俄罗斯，来拯救国家和自身命运的办法。

高宗最早向俄罗斯派遣密使是甲申政变前的1884年5月。高宗派遣其亲信金光训去往南乌苏里地区国境全权委员马丘宁处，

---

[50]《日本外交文书》第18卷，309页。田保桥，上述书，上，1097—1125页。
[51] 李泰镇《高宗时代的再照明》（韩文），太学社，2000年，95—134页。同氏（鸟海丰译）《给东大学生讲韩国史》，明石书店，2006年，61—67页。

表示朝鲜很想尽早与俄罗斯缔结条约，为此，希望马丘宁向俄罗斯政府提议派遣代表前往仁川。当时，密使反复强调"现在清国与朝鲜的关系完全不友好"，流露出对邻国俄罗斯的期待。这是高宗首次表明亲近俄罗斯的意识。[52]

此外，也有人劝导高宗选择这一方向，他就是因清国推荐而成为国王外交顾问的德国人冯·穆麟德。可以推测，1884年7月穆麟德与同为德意志人的老相识、俄罗斯外交官韦贝尔在汉城的会谈使他有了某种确信。穆麟德随同签订完通商条约返回天津的韦贝尔去往清国，将他最初的构想告诉了俄罗斯驻北京武官希涅乌尔：能否由俄罗斯、清国、日本共同保障朝鲜，使其成为像比利时那样的中立国。清国和日本的信赖度不够。而英国驻清国公使正在考虑使朝鲜成为英国的保护国，这是为了防止朝鲜被俄罗斯吞并。听了穆麟德的话后，希涅乌尔回答："如果担心朝鲜被俄罗斯征服，那么与俄罗斯保持友好关系将会成为很可靠的安全保障。俄罗斯只希望在遥远的边境维持有名誉的和平。"希涅乌尔劝说道，多国间的共同保障会制造出阴谋的舞台，最佳的方式是成为俄罗斯的保护国，其例子就是保加利亚。[53]

这年9月，穆麟德又在芝罘告知俄罗斯太平洋舰队司令长官克罗翁少将，英国向朝鲜提议让其做自己的保护国，作为回报，要朝鲜将巨文岛让给英国。这一次，穆麟德提出了由英国、俄罗斯、日本共同"保护"朝鲜的方案。由此可知穆麟德的想法也是摇摆不定的。克罗翁同希涅乌尔一样，答复此事应首先与俄罗斯

---

[52] Bella Pak, op. cit., Vol. I, pp. 95-96. 田保桥，《近代日鲜关系研究》下，6页写道，国王派遣了前营领官权东寿、金镛元等4人。佐佐木扬《1880年代俄朝关系——以1885年的"第一次俄朝密约"为中心》，《韩》第106号，1987年，11页。

[53] Bella Pak, op. cit., Vol. I, pp. 110-112. 史料为Shneur's report, 20 (8) August 1884, RGVIA, 佐佐木，上述论文，13页。

单独商谈。[54]

俄罗斯外交部接到此项报告，当然感到不知所措。穆麟德的话就像天上的云一样不着边际，还会引起猜疑。于是，外交部决定姑且先照会朝鲜政府不可成为英国的保护国，也不应该将巨文岛送与英国。这一指示于10月1日用电报发给了东京的达维多夫公使。[55]

我们无从知晓穆麟德何时开始认为朝鲜更宜成为俄罗斯单独的保护国。不过，可以肯定的是，在1884年12月甲申政变的激烈震荡之后，穆麟德与闷闷不乐的高宗谈论时，认为只能按这个方案走下去。穆麟德通过长崎的俄罗斯领事向东京的俄罗斯公使达维多夫传达了朝鲜希望成为俄罗斯的保护国，希望俄罗斯向仁川派遣舰队、保卫国王的请求。[56]

俄罗斯外相吉尔斯从驻日公使处得到报告后大为烦恼。然而烦恼过后，外相终于决定迈出一步。因为如果英国要介入朝鲜，那么俄罗斯就必须走出"旁观者的角色"了。但对于清国和日本的争斗，俄罗斯则要彻底地保持中立。不过，如果日本想要占领朝鲜的港口，则必须动用海军阻止此事。外相向海相谢斯塔科夫征询意见，海相回答，俄罗斯舰队已经在中国近海做好了准备，无论什么样的命令都能胜任。[57]

---

[54] A. L. Narochnitskii, *Kolonial'naia politika kapitalisticheskikh derzhav na Dal'nem Vostoke 1860-1895*, Moscow, 1956, pp. 370-371. 史料为 Kloun's telegramm, 20(8) September 1884, RGAVMF, 佐佐木，上述论文，13—14页。

[55] Narochnitskii, op. cit., p. 371. 史料为 Girs to Davydov, 19 September/1 October 1884, AVPRI, 佐佐木，上述论文，14页。

[56] Boris D. Pak, *Rossiiai Koreia*, 2nd edition, Moscow, 2004, p. 82. 史料为 Davydov to Girs, 2/14 December 1884, AVPRI. 冈本隆司《属国和自主之间——近代清韩关系和东亚命运》，名古屋大学出版会，2004年，160页关注到了这一记述，指出穆麟德的构想到这时才变成俄罗斯单独"保护"朝鲜。

[57] Boris Pak, *Rossiia i Koreia*, pp. 82-83. 史料为 Girs to Aleksandr III, 16/28 December 1884, AVPRI. Girs to Shestakov, 16/28 December 1884 and Shestakov to Girs, 17/29 December 1884, RGAVMF, 佐佐木，上述论文，15页。

当时俄罗斯驻东京公使馆的阵容为公使达维多夫、一等书记官士贝耶。士贝耶也是波罗的海德意志人。东京公使馆根据外相指示,决定派士贝耶前往朝鲜。1884年12月28日,士贝耶搭乘军舰"拉兹伯尼克"号抵达仁川。穆麟德前来迎接,他递交了文书,其中写道:"只有俄罗斯将朝鲜作为保护国,将之置于与保加利亚侯国同等立场时,朝鲜政府才能彻底安心于本国的未来。如果此请求无法实现,朝鲜将寻求签署使朝鲜中立、成为亚洲的'比利时'的国际条约。"这两条路对于朝鲜来讲是唯一的可能,至于选择哪一条,关键要看俄罗斯的态度。穆麟德还表示,作为回报,朝鲜可以向俄罗斯提供港口,比如翁可夫斯基湾(现在浦项所在的迎日湾),并且会签订秘密条约保证军队可以由陆路移动至那里。[58]

虽然这是一个毅然决然的提案,但用保加利亚侯国为例就时机而言并不合适,因为俄罗斯即将失去这个保护国。俄罗斯在俄土战争中将保加利亚从土耳其解放出来,还荐举了统治者,帮助其制定宪法,施行全面庇护。然而,1885年9月,保加利亚内部发生了革命,宣布与留在土耳其帝国的自治州南保加利亚统一。亚历山大三世对此强烈不满,他召还陆军大臣,命令在保加利亚军中工作的俄罗斯军官全体撤回。结果,俄罗斯失去了保加利亚,保加利亚进入了奥匈帝国的势力范围。[59]

虽然不知穆麟德所言与高宗商量到了何种程度,但1885年1月1日,士贝耶在穆麟德的带领下谒见国王时,高宗略微流露出穆麟德所传达的正是自己的想法。高宗说,虽然朝鲜与美国也缔结了友好关系,但"这与朕所高度评价的和我们强大的邻国之间的友好

---

[58] Bella Pak, op. cit., Vol. I, p. 118. 佐佐木,上述论文,16页。
[59] 和田春树《尼古拉·罗素——越过国境的民粹主义者》上,156—157页。

关系，是无法比较的"[60]。不过，高宗没有明确提出保护的请求。

几乎与士贝耶访朝同一时间，1884年12月30日，井上馨外务卿为甲申政变善后处理，率领军队来到了汉城。不过他完全没有觉察到俄朝接近的动向。[61]至此，俄罗斯、朝鲜的秘密交涉完全是在日本不知情的状态下进行的。

然而，即使接到了士贝耶的报告，俄罗斯外交部也没有轻易地回应穆麟德的请求。吉尔斯外相在1885年1月20日（8日）的上奏报告书中主张，俄罗斯如果要将朝鲜作为保护国，首先必须考虑是否会卷入与清国、日本的冲突中，为此而做的努力、牺牲与将朝鲜放在首位考虑时所获得的"比较小的利益"并不相称，而且还必须斟酌朝鲜拥有多少保护自己的手段，因而我们的负担过重。外相还从另一个角度指出，俄罗斯与朝鲜接壤的太平洋沿岸地区，在经济、军事上的发展都很落后，因此必须注意不可在外国事务中将朝鲜放在优先考虑的位置。报告书的结论是，对于朝鲜政府提出的置于俄罗斯保护下的请求，"继续予以暧昧的回应，从任何意义上都不做积极的约定，但也不要夺去他们对可能会获得我们支持的期待。"皇帝亚历山大三世虽然认可了这一结论，但他在吉尔斯的意见书上写下了这样的批语：

这样完全可以。朕再重复一遍，不能错过这样的机会，要尽全力，不能让朝鲜人从我们的手中溜走。[62]

---

[60] Bella Pak, op. cit., Vol. I, p.121. 佐佐木，《1880年代俄朝关系》，16—17页。
[61] 《日本外交文书》第18卷，351—358页。佐佐木，上述论文，18页。
[62] Bella Pak, op.cit., Vol. I, pp. 125-126. Boris Pak, *Rossiia i Koreia*, 2nd editiion, pp. 149-150. 史料为Girs to Aleksandr III, 8/20 January 1885, AVPRI, 佐佐木，上述论文，18—19页。

第二章　近代初期的日本与俄罗斯

皇帝流露出了对大臣的谨慎感到不太满意的意思，但他也没有命令将自己的意愿化为政策。

2月，高宗通过别的途径向俄罗斯提出希望抑制日本侵略性行动的请求。他向南乌苏里地区国境全权委员别涅夫斯基上校处派去了两名使者。根据沿阿穆尔州总督科尔夫的报告，使者的会谈如下：

"日本和所有的国家都知道俄罗斯的公正。""希望陛下谕令贵国在东方的公使们，让他们阻止日本威胁我们的行为。""朝鲜如果向清国军请求援助，有可能陷入完全的隶属关系中，因此，国王希望只向俄罗斯请求援助，因为我们相信只有这样才能将我们从危险的状态中解救出来。"[63]

穆麟德应该不知道这个事情。穆麟德于次月作为外交使节中的一员访问了东京。他正式与俄罗斯公使达维多夫会面，递交了德语的普通照会。

由朝鲜方面提案有困难。只能由俄罗斯政府表明意向，是缔结确定俄朝关系、与日清对抗、保护朝鲜中立和领土完整的协定呢，还是与日清共同缔结这种协定，或者缔结军事防卫协定，或者确定为一般性的保护国制、保护朝鲜领土完整。无论哪种情况，都对提高俄罗斯在朝鲜的影响力有益。

普通照会中还写道，等日清两军从朝鲜撤兵之后，朝鲜有必要组建军队，招聘欧洲教官，而组建4个大队2000人的军队需要

---

[63] Bella Pak, op. cit., Vol. I, p. 127. 史料为 Korf's telegram, 3/15 February 1885, AVPRI, 佐佐木，《1880年代俄朝关系》，19—20页也有引用，不过这里依据的是 Boris Pak, *Rossiia i Koreia*, Moscow, 1979, p. 86。

4名军官和16名下士官,如果从俄罗斯招聘这些人才,那么今后朝鲜前进的道路就清楚了。[64]

穆麟德还在口头上怂恿俄罗斯占领巨文岛的汉密尔顿港。笔者不清楚这些方案在多大程度上得到了高宗的同意,多大程度是穆麟德自作主张。

穆麟德从日本返回朝鲜后,向督办交涉通商事务大臣金允植和金弘集建议向俄罗斯请求派遣军事教官,然而这些大臣都不赞成。从他们是亲清派的立场来看,这样的反应也算是理所当然吧。尽管如此,穆麟德之后还是向科尔夫总督送去了请求派遣军事教官的信函。[65]

如前所述,1885年4月,伊藤和李鸿章通过会谈缔结了《天津条约》,为甲申政变善后。4月18日,日清两国缔结条约约定撤兵,将来如有必要,须相互行文知照后方可出兵。这是一个完全无视朝鲜的条约。该条约缔结8天后的4月26日,英国舰船占领了巨文岛。朝鲜再一次直面即将被列强分割的危机。这一事态令俄罗斯政府无法沉默。圣彼得堡决定采取威吓方针,如果英国不撤退,那么俄罗斯也要占领朝鲜的某个岛。5月18日,士贝耶被再度派往朝鲜,对他下达的指示是要防止英国的占领成为既成事实。[66]外务大臣吉尔斯向皇帝亚历山大三世建议,可向朝鲜政府表明俄罗斯做好了派遣军事教官的准备。皇帝回答:"已经过去两个多月了,朕提议不要浪费时间,就把这件事交给士贝耶吧。"[67]对于宿敌英国的积极行动,俄罗斯是不惜使用实力的,因此对朝鲜也不得不转变为积极的政策。给

---

[64] Narochnitskii, op. cit., pp. 372-373. 佐佐木,《1880年代俄朝关系》,21页,和冈本,《属国和自主之间》,161页都引用了这条材料,但翻译很混乱。

[65] Bella Pak, op. cit., Vol. I, pp. 129-130.

[66] Ibid., p. 131.

[67] Ibid., p. 131. Girs to Aleksandr III, 10/ 22May 1885, AVPRI.

士贝耶的训令包括约定派遣军事教官、制定教官逗留朝鲜期间的方案等事宜。不过,其中特别指出,制定方案要在朝鲜国王提出正式请求之后才可进行,而且没有赋予士贝耶制定、签署协定的全权。[68]

然而,英国的行动虽然激发了俄罗斯的干劲,却使朝鲜胆怯了。为使英国舰船撤退,朝鲜眼下可以依赖的力量是清国。高宗动摇了。

6月9日士贝耶抵达汉城,接触伊始,情况立即明朗起来。穆麟德告诉士贝耶,李鸿章在清国军队撤退时,曾向朝鲜政府建议聘用德国军事教官,而朝鲜政府回复正在考虑聘用美国教官。对此,士贝耶答道:俄罗斯人和美国人无法合作,俄罗斯政府的想法是单独派遣俄罗斯教官。但是,聘用美国教官的方案得到了李鸿章的支持,与聘用俄罗斯教官的方案形成了对立。6月18日,高宗的翻译向士贝耶传达了国王的秘密旨意:由于受到与美国约定的束缚,无法向俄罗斯提出请求。士贝耶很震惊,要求穆麟德说明情况,穆麟德说自己是受国王旨意进行交涉的。6月20日,高宗派来三名使者向士贝耶传达,希望他在谒见国王时,不要提军事教官的问题,朝鲜打算对美国方面说,不接受俄罗斯政府的提案,但也请他们不要派遣教官来。待士贝耶离朝时,将会交给他国王署名的文书,上面大概会写只接受俄罗斯教官,等俄罗斯教官到达朝鲜后,高宗会谕令政府就此事签署协定。

谒见于6月22日举行。谒见时,士贝耶故意说明了俄罗斯政府的提案。高宗回答,将谕令政府进行交涉。当天傍晚,一名官员访问士贝耶,传达了国王希望他说服朝鲜政府成员的请求。24日,士贝耶与督办交涉通商事务大臣金允植谈判,表示俄罗斯政府已经决定派遣俄罗斯军事教官,只要朝鲜政府积极配合,可以立刻实施。显然在施加压力。很明显,士贝耶的做法违背了训令。最终,

---

[68] Bella Pak, op. cit., Vol. I., pp. 132-133. Instruction to Shpeier, 19/31 May 1885, AVPRI.

7月1日，朝鲜政府内部经过协商，决定拒绝俄罗斯的军事教官。7月13日士贝耶离开汉城，他最终也没有得到高宗署名的文书。[69] 士贝耶访朝以完全失败而告终。尽管如此，穆麟德的把戏也暴露了，李鸿章震怒，在他的命令下，穆麟德被解除了外交顾问一职。

以清国为宗主国并跟随它，当被迫直面日本这个新兴帝国的野心时，软弱无力的朝鲜国王开始向第三国俄罗斯寻求庇护，这是一个选择项，然而也是一条危险的道路。日本如果知道此事，朝鲜与日本的关系将彻底恶化。而且，此举也无法获得政府内部大臣们的支持，只与外国外交顾问联合，瞒着政府秘密推进终究不现实；而试图借助俄罗斯的力量来说服政府同样不值一提。本来一旦决定做某事，就应该坚持到底，但高宗向俄罗斯喊话，得到回应后，自己却要取消，这些举动只给人们留下他缺乏决断力的印象。

此外，朝鲜的年轻官僚中也出现了构想朝鲜中立论的意见。曾于1881年留学日本的俞吉濬，于1885年12月提出了"中立论"。他的方案强调俄罗斯的威胁，多少也表现出对日本的防范之心，欲在承认朝鲜是清国属邦的基础上，通过与清、英、法、日、俄签订条约使之承认朝鲜的中立。[70] 可以说，这个方案反而与井上毅的提案相近，与高宗、穆麟德所倾向的成为俄罗斯保护国的意见正好相反。

日本政府的激烈反应

日本政府一直没有察觉到俄朝的接近。直到1885年6月初，

---

[69] Bella Pak, op. cit., Vol. I., pp. 133-139. 佐佐木，《1880年代俄朝关系》，27—31页也参考了中国方面的资料，大致讲述了同样的过程。

[70] 月脚达彦《朝鲜开化思想和民族主义——近代朝鲜的形成》，东京大学出版会，2009年，37—40页。

第二章　近代初期的日本与俄罗斯

东京才收到近藤真锄代理公使的报告，说穆麟德欲使朝鲜进入俄罗斯的保护之下，正与侍奉国王的内官合谋劝说国王向符拉迪沃斯托克（海参崴）派遣密使。井上外务卿对此非常重视，6月5日，他请来清国公使徐承祖进行会谈。[71]

井上说，"朝鲜国王君臣之间，其政治之体，所为殆有类小儿者"，他正为此"深感忧虑"之时，得到了令人震惊的消息，他向徐承祖讲述了具体内容。然后说，两国"不可耽搁片刻"，须协力"谋划防阻之法，否则依该邦外交之拙，祸及贵我两国即在旦夕"，"故须稍加拘束朝鲜王之临政，使其外交上勿妄为"。而清国公使对"约束"朝鲜王反应消极，"若说约束，则甚是麻烦"，井上进而又讲了朝鲜政治的混乱状况以及自己访问朝鲜的印象：

> 拙者前日于朝鲜得见王颜，亲窥其风采，王今年约三十四五岁。此年龄处事如此，可知纵令荐送贤良之人，谆谆劝谕，亦不能进善去恶。[72]

迄今为止，研究者完全没有关注井上的这种感情。[73]井上对高宗颇为激愤，完全不信任。他无论如何都想压制住试图与俄罗斯结合的朝鲜国王，认为他无法矫正、无法改良。这是决定性的转折点。井上继续阐述了与清国接壤的俄罗斯对清国的威胁，并

---

[71]　会谈记录见《日本外交文书》明治年间增补第1册，1963年，352—356页。佐佐木在《1880年代俄朝关系》49页只略微提及这一史料，高桥在《通往日清战争之路》190—191页才首次正式提出该史料。
[72]　《日本外交文书》明治年间增补第1册，354页。
[73]　田保桥，《近代日鲜关系研究》下，19页，自《光绪中日交涉史料》卷8引用了井上和徐公使的会谈记录，但只写道："陈述了应该改革朝鲜国内政、灭绝将来祸根的意见。"高桥，上述书，191页同样使用《日本外交文书》明治年间增补第1册，只简单说明"近藤出示了上述报告，说明介入朝鲜政治……的必要"，丝毫没有深入探讨井上对高宗的感情。佐佐木，上述论文，49页没有触及面谈的基本内容。

讲解了他所思考的应对方案，即后面的八条梗概。

其后，井上巩固了为对抗俄罗斯、英国，由日本与清国共同介入朝鲜内政改革的方针，6月10日，他命令驻北京的榎本公使与李鸿章就以下八条进行交涉。

第一　对朝鲜之政策，全部以最秘密之手续，恒经李鸿章与本官商议后，由李氏施行。

第二　不许朝鲜国王如现今般于内廷亲执政务，且剥夺内官之权力，断绝其参与政务之途。

第三　选拔举国第一等人物，委以政务，关于此等人之去留问题，国王应得到李鸿章首肯。上述第一等人物诸如金弘集、金允植、鱼允中等人。

第四　委任上述人物之政务，主要为外交、军事、会计三务。

第五　从速斥退穆麟德氏，以妥当之美国人代之。

第六　陈树棠虽笃学之士，然才力不足，应以其他有能力者代之。

第七　由李鸿章任命陈氏之继任者。推荐美国人至朝鲜，应就将来之政策予以其充分之训令，并送其至日本面会本官。

第八　陈氏之继任者应与日本驻朝代理公使结成深厚情谊，诸事协商执行。[74]

不过，之后榎本给李鸿章看这八条时，在第三条的结尾加上

---

[74] 井上外务卿给榎本公使的信，1885年6月10日，《日本外交文书》明治年间增补第1册，356—361页。8条，359—360页。高桥，《通往日清战争之路》，191页首次使用了这份资料。

了"中堂(李鸿章)再与井上伯爵斟酌"之语。[75] 这里提到的陈树棠是清国驻朝鲜的代表、总办朝鲜商务委员。井上要求撤换他。

另外,此时井上说明了,他再次反对榎本一直主张的对朝鲜实行"日清两国共同保护"的方案,因为日本始终要求朝鲜独立,与清国将其视为属国的立场不同,井上指出现在提出的措施是紧急的秘密计划。[76] 可以说,反而是井上的想法开辟了日本单独干涉朝鲜的道路。

榎本接到井上的训令后,自7月2日起与李鸿章进行了会谈。李鸿章说"方案尤为合理",但表示清国只止于"劝告"。而且他还举出不能苟同的地方,第三项末尾关于人事方面需要井上同意的内容,"似使予陷入奉井上君指挥之位置"。榎本由此判断无法与清国达成共识。[77]

这样一来,井上不得不撤回提案。7月15日,井上给榎本去信,指出有必要"撤回(给清国八条)全部提议","在此之上,我亦应改变对朝鲜之政略,除放任旁观、随其自然外,别无良策。"[78] 不过,话虽如此,日本政府并没有舍弃对朝鲜的关注。只是因为眼下不可能实现控制朝鲜国王行动、彻底介入朝鲜内政的方针,从而暂时改为等待时机而已。

---

[75] 榎本给井上的信,《日本外交文书》明治年间增补第1册,380页。
[76] 井上给榎本的信,1885年6月10日,同上书,360页。榎本的想法曾在5月建议时讲述过。这也是德国、英国公使们的意见,为了对抗俄罗斯,有必要共同保护日清,发展至《天津条约》,就导致了这样的结果。如果不共同予以保护使之自立,就不能成为类似瑞士、比利时那样的中立国。榎本给井上的信,1885年5月6日,同上书,349—351页。
[77] 榎本给井上的信,1885年5月6日,同上书,379、381—383页。
[78] 井上给榎本的信,1885年7月15日,《日本外交文书》,384页。高桥,《通往日清战争之路》,194页根据这份资料,提出井上主张"放任政策"。但这并不正确。因为高桥自己也指出,阻止朝鲜接近俄罗斯是日本对朝鲜政策的第一目标。崔硕莞《通往日清战争的道路》,吉川弘文馆,1997年,137页主张,井上的这段话只是在后悔判断清国态度的错误,并不意味着放弃对朝鲜政策,这样的评价更为贴切。

高宗接近俄罗斯的第二幕

然而，已做出决定的俄罗斯，对士贝耶的失败没有气馁，而是继续前行，拉开了第二幕。第二幕的主角是作为首任朝鲜代理公使前往汉城的韦贝尔。在1885年5月7日（4月25日）下达给韦贝尔的训令里，明确写着新方针："我们努力的最终目的，不是获得与其他强国同样的地位，而是确立在这个国家具有优势的影响力。""为了有效对抗那些不允许我们确立影响力的阴谋活动，首先要获得朝鲜政府的完全信赖，必须努力培养（priuchit'）他们将一切关切和提案都坦率地告诉我们。鉴于此，特委托阁下在第一时间向朝鲜国王及其大臣保证，我帝国政府最为热切地关心朝鲜的命运，如果出现威胁该国独立或领土完整的事态，无论在精神上，还是物质上，帝国政府保证一贯都有提供实际援助的准备。"[79] 这是全新的表述。

这个训令进一步指出，清国之所以没有向朝鲜出手，是为了防止汉族人进入"满洲"，如果汉族人蜂拥至"满洲"，清国就可能会转而夺取朝鲜。训令还指出，通过列强集团的保障来维持朝鲜的独立也很困难，"亚洲的'比利时'地位不适用于朝鲜，朝鲜安全的唯一保障是尽可能紧密地接近俄罗斯。"训令具体提到了派遣俄罗斯军事教官一事，指出此事与清日条约的规定不矛盾，语气颇为乐观。至于穆麟德所说的"更为微妙的问题，即我国宣布将朝鲜作为保护国和朝鲜让渡一个港口给我们"一事，需要等待

---

[79] Instruction to Veber, 25 April 1885, *Rossiia i Koreia: Nekotorye stranitsy istorii (konets XIX veka)*, Moscow, 2004, pp. 38-39.

有利的时机,总之,维持和平是前提条件。训令指出,朝鲜国王和穆麟德或许很想知道俄罗斯方面的态度,而我方首先也必须秘密探察朝鲜方面对此提案的认真程度。[80]这一训令丝毫没有表现出对日本的顾虑或防范。我们可以认为,俄罗斯全面展开了出于对抗英国的心理而转换的积极政策。

从清国方面来看,朝鲜与俄罗斯的接近就是"背清引俄政策"。李鸿章对此深感不快,他强迫朝鲜解除了穆麟德的国王外交顾问之职,而且为了牵制高宗,又将软禁在清国的大院君送回了国。高宗和闵妃无奈,只得继续软禁大院君。[81]这是发生在1885年10月的事情。

恰好在这个时候,10月6日,韦贝尔作为俄罗斯首任代理公使去汉城赴任。由于清国对朝鲜的干涉愈发明显,先前的训令相当偏离现实。因此,俄罗斯外交部又发出追加指令,送给了尚在赴任途中的韦贝尔。指令内容为:对于朝鲜方面希望成为保护国、派遣军事教官等请求,"我方不主动进行交涉",如果再度接到请求,则要向本外交部汇报。[82]

高宗无视了清国的反弹。韦贝尔到达汉城后,高宗的使者来访,告知国王担心清国操纵政变,希望俄罗斯派遣数艘军舰常驻仁川港。韦贝尔提出要书面形式的请求,但没有得到。韦贝尔确认了使者确实是国王所派之后,遂将其请求转达给本国,提议派遣两艘军舰。但俄罗斯政府于10月28日(16日)发电报拒绝了

――――――

[80] Instruction to Veber, 25 April 1885, *Rossiia i Koreia: Nekotorye stranitsy istorii,* pp. 40-42.
[81] 虽然穆麟德一直等到了韦贝尔上任,但由于没有得到支持,只好去了天津。Bella Pak, op. cit., Vol. I, p. 161. 后来他担任宁波税关长,似乎还与高宗保有联系,并为之提过建议。《驻韩日本公使馆记录》12,101页。关于大院君回国,参见佐佐木,《1880年代俄朝关系——以1885年的"第一次俄朝密约"为中心》,35—36页。
[82] Bella Pak, op. cit., Vol. I, p. 154. 佐佐木,上述论文,34页。

此事。[83]

  韦贝尔观察朝鲜的局势，于11月2日向圣彼得堡发去了第一份意见书，其内容如下：朝鲜在打开国门时，国内产生了欲向日本学习、导入新秩序的"日本党"（译者注：即开化党）。然而"无论是日本的政策，还是日本的商人们，都没能获得朝鲜人的信任"。甲申政变后，日本失去了威信。从那时起，英国人将俄罗斯打算将朝鲜作为保护国的传闻散布开来，以刺激清国政府，迫使其向英国靠拢。因此，对于英国占领巨文岛一事，清国的反应很小，之后还将大院君送回国。大院君肩负着取代亲俄派的高宗的使命。[84]

  11月，清国派遣袁世凯接替陈树棠担任驻汉城的政府代表，总理朝鲜交涉通商事宜。袁世凯对高宗和朝鲜政府严加约束起来。俄罗斯政府对韦贝尔的意见书很重视，再次展开了一度中断的派遣军舰方案的讨论。海相谢斯塔科夫告知外交部，如有政治需要，海军可以派遣两艘军舰。吉尔斯将讨论结果上奏给皇帝，在得到批准后，于1886年1月28日（16日）给韦贝尔发去了新的训令。由于在朝鲜问题上，清国远比俄罗斯有利，因此必须避免能够发挥这种优势的事态。

  "清国政府如果武力介入朝鲜，说不定会吞并这个国家，这对我们来讲极其不利，很有可能导致我国和清国的冲突。""与大清帝国的一切冲突都需要我们付出巨大的代价，

---

[83] 所据有分歧。Narochnitskii, op. cit., p. 390 依据 Veber to Girs, 21 October/2 November 1885。Bella Pak, op. cit., Vol. I, p. 157 依据 Veber to Girs, 17/24 October 1885。佐佐木，《1880年代俄朝关系》，36页。

[84] Bella Pak, op. cit., Vol. I, pp. 157-158.

这种代价依靠战斗的结果终究无法弥补。"[85]

关于派遣军舰，训令指出不要让朝鲜政府抱有幻想，并没有完全否定。训令还命韦贝尔要用一切办法支持朝鲜政府反对英国占领巨文岛。[86]

高宗无法忍受清国的压力，期待获得俄罗斯的支持。1886年8月5日，他派皇后的族人闵泳翊前往韦贝尔处，控诉袁世凯的"压迫"，请求俄罗斯的援助。闵泳翊说："万国之中，只有俄罗斯能够将朝鲜从没有出路的状态中拯救出来。我王认为，与俄罗斯建立紧密的同盟关系是维持和平与安宁、发展国家的唯一手段。"他请求韦贝尔接受高宗的信。韦贝尔答应了，8月9日，高宗的信被秘密送来。[87] 俄罗斯历史学家贝拉·朴从外交部文书中发现了这封信，是翻译成俄语的文书，内容如下：

> 我国屈服于异国的影响，偏隅一方。虽有独立的君主，却无法避免受辖于其他强国。朕身为国王，对此深感耻辱、痛心。现在朕立志奋发图强，悉改现状，今后绝不再屈服于他国，朕愿为此倾尽全力，无惧危险与憎恶。若我国与贵国的友好合作能够如唇齿相依般得以进一步深化，则朝鲜与他国的关系或可相应地发生变化。朕对此寄予厚望。深切期待贵官禀告贵国政府，给予朕庇护，绝不弃抛朕，保守秘密，全力而为。使朕作为国王，能够与当世君主并驾齐驱，拥有同等之权力和地位。如果我国与他国发生不和，希望贵国为

---

[85] Bella Pak, op. cit., Vol. I, p. 159.
[86] Ibid., pp. 159-160.
[87] Ibid., p. 162.

保障朕一时安全，派遣军舰相护。[88]

这封信与落到袁世凯手中并呈报给李鸿章的信函[89]内容大致相同。送信的不是别人，正是闵泳翊，他以朝鲜有"背清引俄"的动向，将这封信交给了袁世凯。

袁世凯愤怒了，立即向李鸿章报告，同时开始谋划"废除昏君"、扶植他人登上王位。候选人是高宗胞兄李载冕的儿子李埈镕。高宗受到袁世凯质问，否认了此事，声称信是伪造的，引俄之策亦为政府悬而未决之事。于是，责任被推到了四名高官头上，将他们流放了。袁世凯要求收回交给韦贝尔的信，俄罗斯方面否认收到密信，于是李鸿章又给清国驻俄罗斯公使发去电报，让他照会俄罗斯政府声明那封信不是真的。[90]

不清楚日本对这件事的反应。不过考虑到井上对高宗第一次行动的怒不可遏，认为应该"约束"高宗的外交，并向清朝政府寻求采取强硬的措施，那么第二次应该更加增强了日本对高宗的不信任。不过，日本看到清国变得如此强硬，或许又产生了其他的不安。日本保持了沉默。

在这种紧张状况中，打开僵局的是俄清的直接交涉。此时李鸿章意识到，为了扼制俄朝结合的动向，与俄罗斯缔结协定非常重要。自1886年9月，李鸿章开始与俄罗斯公使馆一等书记官、临时公使拉德任斯基在天津展开交涉。交涉中，俄罗斯方面强调

---

[88] Bella Pak, op. cit., Vol. I, p. 163. 这个史料 Veber to Girs, 6/18 August 1886, AVPRI。

[89] "密启者，敝邦偏在一隅，虽独立自主，而终未免受辖他国，我大君主深为耻闷，今欲力加振兴，悉改前制，永不受他国辖制，惟不免有所忧忌，敝邦与贵国，睦谊尤笃，有唇齿之势，与他自别，深望贵大臣，禀告贵政府，协力默允，竭力保护，永远勿违，我大君主与天下各国一律平行，或他国有所未叶，望贵国派兵舰相助……" 田保桥，《近代日鲜关系研究》下，36页。

[90] 《高宗时代史》（韩文）第2卷，国史编纂委员会，1970年，860—862页。

反对清国占领朝鲜，俄罗斯也不会占领朝鲜，而是尊重它的独立。李鸿章说："如果日本表现出侵略朝鲜的动向，清国就与俄罗斯联络，使其不能占领朝鲜。这样一来，日本也会收回侵略之手吧。"他提议缔结清俄两国保证维持朝鲜现状和领土完整的协定。拉德任斯基表示同意，两人对交换备忘录达成一致，然而，由于清国想在文案中写上清国为朝鲜宗主国的内容，致使交换备忘录最终未能实现，10月24日交涉终止。不过，在巨文岛问题上，拉德任斯基强硬地提出反对英国占领巨文岛，如果英国撤走，俄罗斯可以做出口头保证，也不会占领朝鲜任何地方。清国对此进行斡旋后，英国舰船于1887年2月27日离开了巨文岛。[91]

1886年俄罗斯方面再次回归了慎重论，俄罗斯远东当局继续保持消极态度。从1886年10月阿穆尔州总督科尔夫送给亚洲局局长季诺维耶夫的信中，可以窥探出当时远东俄罗斯当局者的态度。科尔夫在信中写道，俄罗斯对朝鲜的政策"不应该追求任何利己的目的，唯一希望的是朝鲜的完整和尽可能的独立"。他还反对在元山获得不冻港的想法。他解释道，如果这样做，俄罗斯领土就必须要在地面上与元山相连，那么不仅是元山，还必须合并整个朝鲜。[92]

元山，俄语称拉扎烈夫港，海相谢斯塔科夫也强烈反对获取此地。1886年12月24日（12日）的大臣协商会得出结论，按照谢斯塔科夫的原方案，不寻求除符拉迪沃斯托克（海参崴）之外的其他港口。[93]

1887年2月7日（1月26日）举行了关于远东局势的特别协

---

〔91〕 佐佐木扬《围绕日清战争前的朝鲜的俄清关系——以1886年的俄清天津交涉为中心》，《佐贺大学教育学部研究论文集》第28卷第1号，1980年。Bella Pak, op. cit., Vol. I, pp. 166-175.

〔92〕 Bella Pak, op. cit., Vol. I, p. 176.

〔93〕 Ibid., pp.177-178.

商会，与会者同样表达了反对向朝鲜扩大领土的意见。不过，也不希望清国或日本获得朝鲜，对此必须反对，但反对方式只限于使用和平的手段。会议决定强化远东兵力，到年末为止要使海军力量扩充一倍，将战斗舰增至12艘。4月29日（17日），吉尔斯向皇帝上奏，列国不关心朝鲜的命运，面对清国强烈的意志，如果俄罗斯陷入冲突将完全无益。[94]

当年8月，冀图从清国独立的高宗，任命朴定阳为驻美公使，沈相学为英、德、俄、意、法公使。这是朝鲜首次向外国派遣公使。然而，因清国的反对，朴定阳一年即被召还，沈相学也未能渡欧。[95] 1887年10月，韦贝尔就此事问询了外相对于支持朝鲜政府策略的构想，吉尔斯的回答相当消极，"只有当在朝鲜拥有利害的其他列国……做出同样的决断时，俄罗斯才会敦促清国承认朝鲜派遣公使的权力。"[96]

1888年5月8日（4月26日），外相吉尔斯、亚洲局局长季诺维耶夫和科尔夫总督举行了关于朝鲜问题的协商会。汇总该会议的意见书如下：

首先，会上讨论了俄罗斯占领朝鲜是否妥当，最后否定了占领论。

"获得朝鲜对我们不仅没有任何好处，还有可能带来极其不利的结果。"朝鲜贫穷，没有作为市场的价值。虽然貌似有些矿产资源，但开发需要投入很多资金。在战略上，它虽然有可能成为对俄罗斯有利的据点，但防卫极度困难。"占领朝鲜会破坏我国同清国，以及同样对该国有企图的日本的关系。考虑到我们的立场是

---

[94] Bella Pak, op. cit., Vol. I, pp. 178-179.
[95] 冈本，《属国和自主之间——近代清韩关系和东亚命运》，170—171页。
[96] Bella Pak, op. cit., Vol. I, p. 183.

要联合清、日,这样做会使方方面面的问题都变得很困难。"〔97〕

接着,会议探讨了危险是否正从朝鲜一侧逼近。"朝鲜因其软弱,如果被某个邻国统治,有可能成为我们敌对性目标的工具。"日本在1884年甲申政变时受到来自清国的抵抗,不得不改变其朝鲜观,通过签署《天津条约》消除了彼此纷争。"从那时起,天皇的政府不仅打消了对朝鲜的一切独自的企图,甚至一度看上去对这个国家未来的命运完全不关心,直至最近才终于重新表现出关注保护这个国家不受清国侵略的手段来。""日本的这种政策方向与我们的见解完全一致,我们应该在这个方向上努力支持东京政府。"〔98〕很明显,俄罗斯对日本的这种认识是错误的。

该意见书认为,清国试图对朝鲜行使更加强大的影响力,就连朝鲜内政也要服从自己的统治,而且它还想随着时间的推移,将朝鲜纳入自己的领土中。出于这种看法,要强烈抵制袁世凯的政策。不过清国由于"担心有可能与俄罗斯公然发生冲突",继续对将"朝鲜隶属化"的政策采取克制的态度。李鸿章在1886年10月的协定中,约定俄清双方尊重"朝鲜的不可侵犯性"。作为俄罗斯是不希望公然与清国对抗的。俄方也不会发起"任何挑衅性行动",俄罗斯要说服清国,它对朝鲜没有意图,对朝鲜的庇护政策,只限于维持传统的清韩关系。不过这是有条件的——有必要告知清国,不要妨碍欧美诸国享受其通过与朝鲜签订的条约获得的恩典。如果清国在朝鲜常驻军队,试图确保其势力的征兆变

---

〔97〕 Zhurnal Osobogo soveshchaniia, 26 April 1888, KA, 1932, kn. 3(52), p. 55. 在公开文本中,"同样对该国有企图的日本"写为"……英国"。文中,英国并不是作为对朝鲜有企图的国家而出现的,故笔者判断公开文本中的"英国"为"日本"的误记。贝拉·朴虽使用了公开文本,但将该处写为"日本"。Bella Pak, op. cit., Vol. I, p. 186. 佐佐木扬没有对公开文本提出质疑,将其解释为重视英国因素。佐佐木扬《从英国·俄罗斯角度看日清战争》,《黑船和日清战争》,未来社,1996年,171页。

〔98〕 KA, 1932, kn. 3, pp.55-57.

得明显起来，那么俄罗斯就不得不向"对清国施加压力"的方向前进，诸如在俄清边境施加压力等。不过，俄罗斯不希望与清国发生战争。"俄罗斯能够使用的政策极限是在清国领海内进行海军示威，……或者占领朝鲜沿岸的某一地点，那时我们会发出声明，如果清国从朝鲜撤兵，我们也会撤离占领地。"[99]

很明显，正如贝拉·朴所指出的，俄罗斯外交部的看法是"朝鲜独立的主要敌人是清国"，而"过低估计了日本入侵的威胁"。[100]

意见书全面否定了朝鲜政府希望的将其作为保护国的尝试。"这样做不能保证我们任何的利益，朝鲜的利害由我们专一保护之事，很可能使我们陷入困难，因此，如果朝鲜政府在对外关系上请求我们给予支持，我们要建议他们向在汉城的所有外交使节请求援助。我国对干涉朝鲜内政要极度慎重，应该严格限定于只应对国内困难和出现内乱的情况。"[101]

明治初年的日本与俄罗斯

这一时期，日本普遍对俄罗斯的警戒心很弱，对俄罗斯的关心程度也很低。俄语教学可以说好不容易刚刚起步。1873年，正教传教士尼古拉主教开始在东京教授俄语。东京外国语学校成立，开始了俄语教学。[102] 在尼古拉的教会学校学习过俄语的人中，有的后来成了俄罗斯驻日武官的翻译。而东京外国语学校则培养出了长谷川辰之助以及二叶亭四迷这样的人物。二叶亭四迷生于明

---

[99] KA, 1932, kn. 3, pp. 57-60.
[100] Bella Pak, op. cit., Vol. I, p. 185.
[101] KA, 1932, kn. 3, pp. 60-61.
[102] 请参照日本俄罗斯文学会编《日本人和俄罗斯语》，纳乌卡，2000年。

治维新的四年前，与正冈子规、秋山真之是同一代人。他1881年入学，于1886年5年级时退学。他受俄国文学的吸引，在翻译俄罗斯文学作品之余，开始写小说。1889年，他进入内阁官报局，负责翻译俄罗斯的新闻记事。虽然今天没有直接了解他曾经翻译过哪些记事的资料，但纵观《官报》上发表的俄罗斯新闻记事，1889年33篇，1890年92篇，1891年127篇，增长迅速，其中与西伯利亚铁路相关的文章，最初两年为每年1篇，而1891年剧增到9篇。[103]

反观俄罗斯方面，18世纪，彼得大帝下令在伊尔库茨克开办了日语学校。圣彼得堡帝国大学自1870年开设了由日本教师教授的日语课。不过，其东洋语学部设置日本语讲座则是1897年之事。同期，符拉迪沃斯托克（海参崴）设立了研究、教授东洋各国语言以及东洋各国国情的东洋学院，开设政令是1899年颁布的。[104]

至于派遣驻在武官之事，日本方面也起步相当早。陆军武官从1879年起派遣了3年，海军武官从1880年起派遣了4年，不过其间一度中断，之后，海军武官、陆军武官分别从1890年、1892年起再次开始派遣。而俄罗斯直至1893年都没有派遣过武官。

日本制定帝国宪法与俄罗斯

这期间，日本于1885年采用了内阁制，伊藤博文成为首任内阁总理大臣。起初总理大臣的权限很大，但1889年的内阁官制削弱了总理大臣的权限，采用了各国务大臣分别辅佐天皇、不负连带责任

---

[103]《官报局时代的工作》，《二叶亭四迷全集》第10卷，岩波书店，1953年，191—222页。
[104] 原晖之，《符拉迪沃斯托克物语》，218—229页。

的单独辅弼责任制。内阁之上还有枢密院，总理大臣由元老会议选出。尽管如此，还是可以说能够与天皇平等对话的元老以及从中轮流选出的总理大臣巩固了政治体制。在伊藤任内起草的大日本帝国宪法于1889年2月颁布，帝国议会选举于1890年7月施行。这一系列措施使得这个在明治维新中诞生的近代国家更上层楼，成为具有总理大臣制、内阁制度和议会制度的国家。

另一方面，俄罗斯依然保持着专制的统治体制。皇帝作为专制君主最终决定一切。每位大臣只对皇帝一人负责，没有统率、指挥大臣们的总理大臣。虽然重要问题皇帝会指示数名大臣协商，但多数决定则是各个大臣上奏皇帝，经批准后即付诸实施。

皇帝既没有秘书，也没有正式的辅佐官。重要大臣可在谒见皇帝时，直接向皇帝上奏汇报、陈述意见，而其他人则全部通过文书形式上奏汇报。上奏报告既有大臣撰写的，也有派遣到外国的公使以及边境总督撰写的。皇帝阅读过这些上奏报告后，再批示发下，这是非常巨大的劳动量。原本辅佐官、顾问是不可或缺的，但专制权力的本质不允许设置这些职位。

成问题的还有皇帝的旅行。亚历山大二世、亚历山大三世每年8月都要离开首都，在与德国皇帝等会晤后，去往克里米亚的利瓦吉亚宫，在那里度过大约两个月，10月再返回首都。皇帝在利瓦吉亚宫时，陆军大臣、外交大臣等通常也要去往克里米亚，以应对皇帝的咨问。

而且，这个国家没有由通过选举选拔出来的国民代表组成的协商机关和议会。虽然有日报、综合杂志，但无论皇帝还是大臣，几乎都不关注新闻的论调。他们恐惧的是以地方自治组织相关者为中心的自由主义运动和反体制的社会主义者的革命运动。

19世纪80年代后半期，俄罗斯的驻日公使是谢维奇。1887年12月4日（11月22日），谢维奇报告了日本政府遭遇召集议会困难的情况。在这份报告的留白处，皇帝亚历山大三世批示道："强迫他们着手召集议会的人是谁——他们恐怕会走向共和国，这一判断几乎不会错。"[105]在日本颁布宪法的一周前，1889年2月4日（1月23日），谢维奇向外交部报告了与黑田清隆首相会谈的内容。黑田夸耀起宪法的制定："因为这部宪法，日本将拥有与国民真实需要和发展程度完全符合的代议制统治形态。"在这份报告的留白处，皇帝亚历山大三世的批示为"不幸的、幼稚的傻子们"[106]。谢维奇自己也报告过日本由于导入立宪制，致使行政权力弱化，出现社会性混乱。[107]他或许揣摩到了皇帝的心意吧。

与1881年驳斥洛里斯－梅利柯夫的改革方案、阻断迈向立宪制的一切前进步伐时一样，皇帝认为议会制度是邪恶的这种想法没有发生丝毫改变。洛里斯－梅利柯夫于1888年去世，生前他曾经对新闻记者讲，将来俄罗斯或许会和日本发生战争。他关注"日本重生后"的力量，慨叹俄罗斯式的"警察国家太过陈旧"。这些广为人知。[108]大约十年前错失改革良机的俄罗斯，在大约十五年后将为此付出惨痛的代价。

即使俄罗斯处于这样的状态，其国内的综合杂志也在一定程度上关注到了日本的变化。自由主义杂志《俄罗斯思想》实际的总编威克特尔·戈利采夫负责每期的国际局势栏目，在1890年4月这期中，他介绍了日本的小学数量、教员人数，写道："日本超越部分欧洲国家并非不可能"，现在日本有了"舆论"，本年"天皇向人民承诺将要召集议会"。[109]在11月这一期，他引用哲学家

---

[105] Narochnitskii, op. cit., p. 552.
[106] *Dnevnik V. N. Lamsdorfa (1886-1890)*, Moscow, 1926, p. 159.
[107] 保田孝一《大津事件和被害者尼古拉》，《作为危机的大津事件》，关西大学法学研究所，1992年，107页。保田的主张基于他对俄罗斯外交部文书的研究。
[108] 和田春树《恐怖政治和改革》，320页。
[109] *Russkaiamysl'*, 1890, IV, pp. 244-245.

索洛维约夫的论文《日本——历史性的性格》，指出日本文明的开放性，对基督教也持完全宽容的态度。[110]

维特登场与西伯利亚铁路方案

俄罗斯远东政策的变化完全产生于其他方向，始于俄罗斯大臣中一位极具个性的人物的登场。

1889年3月，谢尔盖·维特被任命为俄罗斯财政部铁路事业局局长。在此之前，他是西南铁路这一私营铁路公司的总裁，不过他不是一位普通的经营者。维特是来自荷兰、仕奉沙皇的技师的后裔，母亲是俄罗斯名门贵族的千金。他生于1849年，毕业于位于敖德萨的新俄罗斯大学。他的经济学素养深厚，对国家前途也自有一番经纶。1889年，他出版了著作《走近国家主义——国民经济学与弗里德里希·李斯特》。由于这个人物出现在俄罗斯的中央政府中，西伯利亚铁路计划得以实施，俄罗斯的远东政策展现出新的局面来。[111]

早在19世纪50年代，外国企业家就提出了在西伯利亚远东修建铁路的构想，19世纪70年代进行了最初的部分勘查。1884年交通大臣波西耶特制定了从萨马拉至符拉迪沃斯托克（海参崴）的铁路方案。[112] 1886年，西西伯利亚、东西伯利亚总督提起了在托木斯

---

[110] *Russkaia mysl'*, 1890, IV, 1890, VIII, pp. 159-160. 关于索洛维约夫的这篇论文，可参见 Vasilii Molodiakov, *Obraz Iaponi v Evrope i Rossii vtoroi poloviny XIX--nachale XX veka*. Moscow-Tokyo, 1996, pp. 116-117。

[111] 参照以下材料：和田春树《谢尔盖·尤·维特》，《历史学研究》第253号，1961年5月。Theodore H. Von Laue, *Sergei Vitte and the Industrialization of Russia*, Columbia University Press, 1963.（菅原崇光译《谢尔盖·维特和俄罗斯的工业化》，劲草书房，1977年。）B. V. Anan'ich, R. Sh. Ganelin, *Sergei Iul'evich Vitte i ego vremia*.Sankt-Peterburg, 1999.

[112] I. V. Lukoianov, Sibirskaia zheleznaia doroga, *S. Iu. Vitte, Sobranie sochinenii*, Vol. 1, kn. 2, part 1, Moscow, 2004, pp. 123-125.

克-伊尔库茨克、贝加尔-斯列坚斯克间修建铁路在战略上的必要性这个问题。1887年提出要确保建设乌苏里地区铁路的财源。但是,当时的财政大臣维什涅格拉德斯基所领导的财政当局正集中全副精力于重建财政,故对此提议始终很消极。这种消极态度的突然转变发生在1890年9月,清朝政府为了建设"南满"铁路,聘请英国工程师进行勘查。受此影响,交通大臣丘别涅特重新提出了曾于1887年提起过的建设乌苏里铁路的方案,亚历山大三世指示要尽早展开建设。外相吉尔斯也从"俄罗斯在中国的地位"这一角度出发,开始主张建设西伯利亚铁路。大臣们就此事进行了协商,并于1891年2月在大臣委员会中进一步讨论了其结论。会上,大多数人主张从战略角度出发,不仅是乌苏里铁路,还应立着手建设西伯利亚铁路全线。[113]强力推进这项工程的就是财政部铁路事业局局长维特。1891年3月29日(17日),亚历山大三世将颁布建设大西伯利亚铁路方针的敕书发给了正在周游世界的皇太子尼古拉。

> 现在,朕命令着手建设贯通全西伯利亚的铁路,以使自然资源丰富的西伯利亚诸州与内陆的铁路网相连接。朕特委任汝在视察完东洋异域诸国、返回俄罗斯之时,向臣民宣告朕的此种意志。同时,责令汝在符拉迪沃斯托克举行修建大西伯利亚铁路之乌苏里段的奠基仪式,此项工程已被批准动用国库资金,并将在政府的直接命令下进行。
>
> 朕无上关心朕所心系的这一地区,希望帝国其他部分与西伯利亚的交流日趋方便,并希望该地区走向和平的繁荣,汝倾力深度参与朕所策划的这项真正的国民性事业之开端,

---

[113] B. A. Romanov, *Rossiia v Man'chzhurii (1892-1906),* Leningrad, 1928, pp. 51-53.

将会成为表明朕此种深切意志的新证据。[114]

81　　不过这封敕书并没有立即传到日本。然而，西伯利亚铁路的构想早就在日本传开了。西伯利亚铁路最早在日本成为话题是四年前的1887年。伦敦的《泰晤士报》在该年6月24日的报纸上报道了尚是幻影的西伯利亚铁路方案。这一报道很快被《朝野新闻》翻译，于8月2日以《铺设西伯利亚铁路》为题发表，并且于8月12日、13日配发了社论《西伯利亚大铁路与东亚三国的关系》。评论员写道："因该铁路而产生的社会及贸易上的变化原本就无足轻重，俄国主要的着眼点在用兵，对日清韩三国所波及的影响最深之处亦在兵事。"并就此断言，"日本到底该与英、清合纵抵挡俄国乎，或孤立旁观三国抗争乎，抑或与俄国连衡施行自卫之计乎，应于此三者中取一，以定我国是政略。"[115]

日本在西伯利亚铁路建设具体落实很早之前，就出现了防范的动向。

俄罗斯皇太子周游世界

皇帝亚历山大三世颁布建设西伯利亚铁路的敕书时，皇太子尼古拉正乘坐着护卫舰"亚速纪念"号前往他周游世界之旅的最后一站——日本。

这次旅行原本是遵照父皇的旨意安排的。最初的方案是访问东方的邻国印度和清国，返回时可绕道美国，也可横穿西伯利亚，

---

[114] B. B. Glinskii, *Prolog Russko-iaponskoi voiny: Materialy iz arkhiva grafa S. Iu. Vitte* . Petrograd, 1916, XXXV, January 1914, p. 8.
[115] 《对外之观（日本近代思想大系12）》，242—248页。

但起初像这样的长途旅行是否可行本身都存在着争议。不过，在1890年的春夏之季，旅行一事有了进展，最终目的地被确定为日本。当年10月，22岁的尼古拉与小他三岁的弟弟格奥尔基一同，在负责教育的军人达尼洛维奇的陪同下从俄罗斯出发。一行首先去了维也纳，从那里南下希腊，与希腊二王子、爱称为"乔治"的格奥尔基奥斯会合，一起旅行。乔治的父亲希腊国王威廉（格奥尔基奥斯一世）出身于丹麦王室，相当于尼古拉母亲的兄长。尼古拉和乔治这对表兄弟年龄相仿，关系很好。[116]

一行首先进入埃及，从开罗周边起游览了尼罗河上游，接着仔细参观了吉萨的金字塔，然后从苏伊士运河进入印度洋。12月23日（11日）到达印度的孟买，在印度和锡兰（译者注：即今斯里兰卡。）待了两个月。不过，弟弟格奥尔基在逗留印度期间发起高烧，就乘坐护卫舰"科尔尼洛夫"号直接回国了。[117]该舰舰长就是后来的远东总督阿列克塞耶夫。[118]格奥尔基患的是结核，他在8年后28岁时去世。

帝国议会开会日的恶性事件

皇太子尼古拉周游世界的最后一站之所以选择日本，是因为俄罗斯认为与日本的外交交涉是必要的。1890年10月，谢维奇公使推进了交涉，在此过程中，他请求外相青木周藏保证皇太子的

---

〔116〕从日本方面的资料可知，乔治生于1869年，比尼古拉小一岁。《俄国皇太子御遭难之始末》，《大津事件关系史料集》上，山梨学院大学社会科学研究所，1995年，155页。
〔117〕Aleksandr Bokhanov, *Imperator Nikolai II*. Moscow, 1998, pp. 57-58.
〔118〕*Imperator Aleksandr III i Imperatoritsa Mariia Fedorovna.Perepiska*, Moscow, 2001, p. 190.

人身安全。毕竟日本刚刚于1889年发生了文相（文部大臣）森有礼遭遇暗杀、外相大隈重信被恐怖分子炸掉一条腿的事件。当然，原本没有理由担心俄罗斯皇太子会遭遇这类恐怖袭击，起初这应该只是例行的申请。然而，就在此时发生了一件事。

1890年11月29日是日本帝国议会的开会日，天皇驾临贵族院。议事堂是木质建筑，建于日比谷。事件发生在俄罗斯公使馆——今日财务省所在的地方。从樱田门经外务省前大道至俄罗斯公使馆旁这一段路是围观人群最多的地方。公使馆中的一名俄罗斯女医生在日后出版的日本旅居记中，这样描述了当天目击到的情形：

> 我们在公使邸见到了当地的欧美外交官。人们聚在一起所谈论的话题当然是这天发生的主要事件——议会召开和在我国公使馆建筑旁发生的事。……事情是这样的：天皇的马车在从议会返回的途中，应在我国公使馆外的拐角处转弯，这个拐角处的高墙内侧有假山，山上有亭子，公使馆的妇人们为了观看天皇的车队聚在那里。当天皇陛下从亭子下方经过时，看到了公使夫人，天皇摘下帽子，深深地行了一礼。然而，就在陛下拐弯时，外边围观的群众中有人向俄罗斯妇人们的方向投掷了石块。假山上的公使侍从很轻率地同样回掷了石块。于是，外面的石块就像雨点般飞向亭子。妇人们不得不仓皇逃窜，险些丧命。同时，群众试图闯入公使馆的铁门，装备齐全的警官队闻讯赶来，好不容易才恢复了秩序，驱散了疯狂的群众。[119]

这名女医生无法理解为什么会发生这样的事情。她写道，听

---

[119] A. A. Cherevkova, *Ocherki sovremennoi Iaponii*, Sankt-Peterburg, 1898, p. 143. 这个事件可参见山室信一《日俄战争的世纪》，岩波新书，2005年，35—36页。

人说也许与壮士（译者注：明治中期从事自由民权运动的人士。）有关，她不明白为什么会盯上俄罗斯公使馆。后来她阅读英文报纸，看到日本有不能从高处俯视天皇队伍的规矩，才稍微理解一些。[120]

　　日本报纸的报道没有太大的出入。事实上，警察当场逮捕了一名 23 岁的青年和一名芝饭仓的木匠，但没有经过审讯就释放了二人。[121] 谢维奇公使对这种处理方式很抗拒，对日本警察主张的是先从公使馆投掷石块的说法也提出了抗议，他们冗长的交锋过程被记录了下来。[122]

　　重要的是，皇帝亚历山大三世在谢维奇公使对这件事的报告上批示道，"这种反外国人的、带有恶意的行为发生在皇太子将要访问日本之时，令朕稍感不安。"[123] 所以谢维奇再次向日本政府强烈请求确保皇太子来日时在警备、安全问题上万无一失的做法也是理所当然的。

　　当时的外务大臣是青木周藏，他 1844 年出生于长州，于明治维新之年留学德国，成为外交官，在担任德国公使后，1886 年成为外务次官。谢维奇与青木外相曾进行过详细的交涉。后来，在大津事件发生的第二天，谢维奇一见到青木外相就这样讲道：

　　　　考虑到日本的情形有让人不能安心之处，故在皇太子殿下到来之前，曾预先问及能否保证皇太子殿下在贵国旅行的安全。阁下说："在此保证。"……之后，遇到廿九日之事，当时再次要求以上保证，再次得到了保证……[124]

---

[120] A. A. Cherevkova, *Ocherki sovremennoi Iaponii*, pp. 144-146.
[121] 这个事件可参见《东京朝日新闻》1890 年 11 月 30 日。关于释放逮捕者，同上，同年 12 月 2 日。
[122] Narochnitskii, op. cit., p. 553.
[123] V. N. Lamsdorf, *Dnevnik 1891-1892*, Moscow-Leningrad, 1934, p. 7.
[124] 青木外相给冈部外务次官的信，1891 年 5 月 12 日，《日本外交文书》第 24 卷，133 页。Shevich to Aoki, 12 May 1891, 同上主旨相同，131 页也有。

根据保田孝一从俄罗斯外交部文书中发现并复印的资料，[125]谢维奇于1890年12月14日照会青木外相，希望通知俄方审判公使馆事件犯人的结果。[126]1891年年初，谢维奇对日本政府无力取缔"壮士"们的活动感到强烈不安。担心如果一直这样下去，皇太子来日时，是否会出现问题。"尽管我并不怀疑当地政府为无条件地保护高贵旅行者的安全，会周密准备必要的对策，但从阁僚，尤其是外相……应对眼前的事件上，我感受到了一定程度的不关心。"1891年1月8日，谢维奇给青木外相送去秘密信函，希望从提高警戒心的角度出发，取缔日本杂志《天则》刊登的煽动袭击外国人的文章。信中，他再次要求明确保证皇太子的人身安全。[127]

青木外相于12天后的1月20日做出了答复："我皇帝陛下热切盼望贵国皇太子殿下浮海而来"，本大臣也认为"此事能够愈发增进两国间睦谊"。因此"本大臣可按照阁下的希望，保证在目前我帝国情形下外国人的安宁，对此丝毫不必起疑惧之念"。对于《天则》的文章，"会加以相当的钳制，本大臣确信我主管部门将依照合法手续严格管理执行。"[128]

谢维奇似乎对这封信的内容"相当满足"。[129]不过，不久后谢维奇催促通报11月29日事件的处理结果，好像还限定了答复期限。[130]

对此，青木外相于1月31日送去绝密回信，再次确认了日本

---

[125] 以下与大津事件相关的俄罗斯外交部资料由保田孝一发现并获得，他去世后将资料捐赠给了东京大学史料编纂所。
[126] 青木给谢维奇公使的信（公文），1891年2月6日。AVPRI, Missiia v Tokio, Op. 529, 1891 g., D. 397, L. 30. 保田文书。
[127] Shevich to Girs, 9/21 January 1891, AVPRI, Missiia v Tokio, Op. 529, D. 42, L. 13-14.
[128] 青木给谢维奇公使的信（极密），1891年1月20日。Ibid., L. 21-23. 同上。
[129] Shevich to Girs, 9/21 January 1891, Ibid., L. 14ob.
[130] 这个似乎是1891年1月23日（11日）的信。Shevich to Girs, 27 January/8 February 1891, Ibid., L. 14. 同上。

刑法中没有适用于对外国使节施行侮辱暴行的条款。信中还写道，官府对11月29日事件"虽欲探知主要煽动者……然因人数众多，不易探知"，如果处罚投石及擅闯公使馆的所有人员，"难免会引起公众物议"，日本政府的意见是"可不强行探索处罚"，希望俄罗斯政府"满足于此种真实的解释"。青木也明白只是这样有点交代不过去，因此又写道，日本政府为了弥补法律的不完备之处，在向帝国议会提交的刑法改正案中增加了新的条款，并介绍了该条款：

> 第一百五十一条　对外国的君主、皇族、总统以及驻日本国的外国使臣等日本国宾客施加侮辱者，拟依第一百五十六条例处置。

第一百五十六条的内容为：对履行职务时的官吏及议员进行侮辱者，处以十一日以上二年以下监禁。

然后，青木请求俄罗斯政府接受日本政府的公文，不再提出更多的期待。他对公文的内容进行了说明：日本政府对11月29日事件"深表遗憾"，事件结果对日本政府来讲"难以想象地不堪忍受"，颇不满意，希望俄罗斯政府能够将这一说明，"视作日方给予了俄罗斯帝国政府满意的结果，就此终结该事件"。(l'incidenten question serait regardécomme définitivement clos à la satisfaction du Gouvernement Impérial de Russie.)〔131〕

谢维奇次日答复："我认为说明很坦率，日本政府关于新的立法措施的决定很合时宜。"我会将送来的公文转交外交部。希望我外交部慎重研究公文后，同意贵大臣"提出的解决方案

---

〔131〕青木给谢维奇公使的信，1891年1月31日。AVPRI, Missiia v Tokio, Op. 529, 1891 g., D. 397, L. 20-23. 法语翻译 Ibid., L. 16-19, 保田文书。基于这一史料，保田在《大津事件和被害者尼古拉》105页首次明确了青木外相约定在日本刑法中增加侮辱外国贵宾罪一事。

（soliiutsiia），再次证明俄罗斯对日本政府怀有的和睦精神与友好感情"〔132〕。

于是2月6日，青木将包含上述宗旨的公文送给了谢维奇公使。公文的结尾写道："现今事情即将终结，于此再度陈述，对于客岁十一月二十九日发生的偶然事件，帝国政府深表遗憾。"〔133〕

青木被迫反复进行这种信函交涉，加深了对谢维奇的反感。谢维奇方面虽然不得不就此收场，但实际上也无法抑制对日本政府和青木的不信任。他在2月8日的长篇电报中写道："日本政府从最开始就完全没有履行我方要求的意思，而是期待我方最终……不做更多的反驳，接受只要获得精神上的满足即可这种宿命式的必然性。"〔134〕

谢维奇之所以如此固执于公使馆事件，大概与对皇太子访日时日本政府所采取的应对措施感到不安有关吧。然而，眼下在处理公使馆事件的过程中，日本政府却始终在强调刑法改正案的意义。〔135〕而刑法第一百五十一条规定的处罚条例却不过是最高两年的监禁。

俄罗斯民间对这一事件是如何反应的呢？虽然无法查知报纸的报道，但从综合杂志《俄罗斯思想》中看不出任何反应。在1890年12月这一期中，戈利采夫报道了日本最初的议会选举结果，接着写道："为了能够十分正确地认识在欧洲自由思想和欧洲科学的良好影响下，日本国民的国家发展在极短时间内取得了多大程度的成功"，他再次列举了与日本学校教育的发展、教育预算相

---

〔132〕 Shevich to Girs, 27 January/8 February 1891, Ibid., L. 13-13ob. 保田文书。
〔133〕 青木给谢维奇的信，1891年2月6日。Ibid., L. 30-32. 同上。
〔134〕 Shevich to Girs, 27 January/8 February 1891, Ibid., L. 14ob. 同上。
〔135〕 保田，《大津事件和被害者尼古拉》，105页将刑法改正案视为针对尼古拉访日的警戒案，这种认识并不正确。

关的数字,并评论道:"日本的政治生活和国民教育如果像这样急速成长下去,离它扮演重要的世界性角色之日将为期不远了。"〔136〕不用说,这是伪装成自由主义者对俄罗斯政府现状的批判。

俄罗斯皇太子抵达日本

皇太子一行的旅行仍在继续。1891年3月20日,一行中途停靠暹罗(译者注:泰国)的曼谷。在暹罗停留的五天中,皇太子受到了国王拉玛五世的热情款待。国王想通过与俄罗斯的联合,抑制支配着印度支那(译者注:即中南半岛)东部的法国的压迫。25日是皇太子离开暹罗之日,国王一同乘船送行,当时,他表达了将在8月份派遣弟弟达木隆去圣彼得堡的意愿。〔137〕当然,尼古拉并不知道暹罗国王想要做什么。接着,皇太子一行停靠清国,在广东登陆,然后从那里来到了日本。虽然与尼古拉同行的人中有地理学家乌赫托姆斯基公爵,他对俄罗斯在亚洲的使命有独到的见解,〔138〕但这次旅行对尼古拉来讲,只是周游充满异域风情的亚洲而已。在旅行快要结束时,尼古拉来到了日本,他非常喜欢日本。

尼古拉生于1868年,与司马辽太郎作品中的主人公正冈子规、秋山真之大致是同一时代的人。这个时候,秋山真之刚刚离开海军学校,成为少尉候补生,登上"比叡"号。正冈子规则是东京帝国大学的一年级学生。

---

〔136〕 Russkaiamysl', 1890, XII, p.229-230.
〔137〕 Nikolai II's Diary, 8-12 March 1891, GARF, F. 601, Op. 1, D. 225, pp. 92-107.《东南亚洲史1》,山川出版社,1999年,414页。
〔138〕 关于乌赫托姆斯基的亚洲观,见 Schimmelpenninck van der Oye, *Toward the Rising Sun: Russian Ideologies of Empire and the Path to War with Japan,* Northern Illinois University Press, 2001, pp. 42-60。

1891年4月27日（15日），尼古拉的舰队驶入长崎港。尼古拉在当天的日记中写道："早上七点多，我终于在灿烂的阳光中看到了期盼已久的日本高高的海岸。当然，大家都跑到了甲板上。我们经过了帕彭贝格岛（高铧岛），据说那里曾经是日本的天主教徒被扔进大海的地方。向左转，我们进入了美丽而狭窄的水路。在海湾的深处可以看到长崎的街道。这里有军舰'弗拉季米尔·莫诺马赫'号、'纳西莫夫海军上将'号和义勇舰队的新轮船'奥廖尔'号。另外还有三艘日本船停泊在这里。从'奥廖尔'号上传来巨大的俄语'乌拉'的欢迎声，这是前往符拉迪沃斯托克（海参崴）的一千四百名俄国新兵发出的，乘坐此船的还有作为游客的提督佩列列什金，以及为开工建设符拉迪沃斯托克（海参崴）至哈巴罗夫斯克（伯力）之间的铁路而成立的铁路委员会的成员。"[139]

　　当时，长崎是俄罗斯远东舰队的越冬港，在那里看不到以佐世保为母港的日本海军舰艇的踪影。因此，长崎乍一看颇具俄罗斯风情，到达那里的尼古拉没有丝毫的紧张感。这天没有日本人来访，尼古拉也没有上岸，只是去参观了"奥廖尔"号。夜晚，长崎的海军士官们去尼古拉的船舱中拜访了他，大约有八人。

　　他们全是少尉，住在稻佐的俄罗斯村中，都有了当地的妻子。说实话，我也强烈地想仿效他们。但一想到复活节前的受难周马上就要来临了，我感到有点可耻。[140]

　　那感觉宛如来到了梦中的国度。翌日，日方负责接待的人、

---

[139] Nikolai II's Diary, 15 April 1891, GARF, F. 601, Op. 1, D. 225, pp. 160-161. 保田孝一《最后的俄罗斯皇帝尼古拉二世的日记》增补本，朝日新闻社，1990年，20页。
[140] Ibid., p. 162. 保田，上述书，21页。

第二章　近代初期的日本与俄罗斯

有栖川宫威仁亲王来到了尼古拉的舰上，这位亲王曾于1889年访问加特契纳时见过尼古拉。尼古拉在这天下午二时与格奥尔基奥斯等人上岸，乘坐人力车游逛了周边的商店，买了相当多的东西。

> 长崎的街道和人家给人非常舒适的印象，处处都打扫得很干净，非常整洁、利落。走访这里的人家很有趣，实际上，日本的男女态度都很亲切和蔼，与清国人完全不同。让我吃惊的是这里会俄语的人很多。……午饭后，我决定在右手纹一条龙，从夜晚9时直至黎明4时，用了7个小时才纹完。[141]

日本充满了异域风情，尼古拉的感受很舒畅，他完全是一名观光客的心态。

5月4日，尼古拉结束了在长崎的正式活动，于6日（4月24日）访问了鹿儿岛，受到旧藩主岛津忠义的热情接待。翌日，他们离开鹿儿岛，于5月9日（4月27日）在神户上岸。

尼古拉满怀幸福地继续着他的旅行，然而日本人却很紧张。早在尼古拉到达日本之前，就有谣言在一部分人中流传开来，说俄国皇太子尼古拉访问日本的目的是为侵略日本投石问路。怀抱进军大陆志向的日本人认为，日本必然会与俄罗斯这个庞大帝国发生冲突，陷入了心理恐慌。西伯利亚铁路之事也与此纠缠在一起。在这种紧张氛围中出现的传闻之一就是，当年在西南战争中死去的西乡隆盛实际上没有死，而是逃往了西伯利亚，得到了俄罗斯的庇护，这次他随俄国皇太子一起返回了日本。1891年4月1日，《东京朝日新闻》以转载鹿儿岛新闻报道的形式，在头版提到了这个传闻。[142]

---

〔141〕 Nikolai II's Diary, 16 April 1891, Ibid., pp. 163-164. 保田，上述书，23—24页。
〔142〕 山室在《日俄战争的世纪》37—38页中指出了这一点。

由于传闻甚嚣尘上，引起了恐慌，《东京朝日新闻》努力平息舆论。4月1日，该报发文说，关于"俄国皇太子殿下来游"有"各种风闻"，以致出现了"与款待外宾之敬意不相宜的言论"，皇太子访问并没有其他用意，只是"漫游"。4月5日，该报发表社论《何必畏怖》：

> 闻西比利亚铁路工程进展而畏之，……闻皇太子来游而怖之……苟丈夫，缘何一味畏之而不祝之？
> 西比利亚铁路当然关系我国前途，当然关系东洋形势，然而岂可一味畏怖？西比利亚铁路之成，难道不可增进欧亚交通之便吗，难道不可增加欧亚贸易之利吗。

日本社会也存在这种理性的意见，但这些意见没能阻止因恐惧引发的事件。

大津事件

尼古拉从神户上岸后，当天住在了京都。京都的旅馆、艺妓、西阵织的工厂是那么美好。5月11日（4月29日），尼古拉与同行的希腊皇太子格奥尔基奥斯、驻日公使谢维奇等人一同游览了三井寺和琵琶湖，访问了滋贺县厅，然后踏上归途。一行每人乘坐一辆人力车，顺序为尼古拉、希腊皇太子、有栖川威仁亲王。当他们经过大津町的小唐崎时，事件突如其来。一名护卫的警官拔出佩刀，逼近皇太子尼古拉的人力车，猛地砍向了他。尼古拉在日记中冷静地记录下了这个事件：

第二章　近代初期的日本与俄罗斯

我们向左转,进入了一条狭窄的小路,路的两边站满了群众。这个时候,我突然感到头的右侧、耳朵上方挨了重重一击。我转过头去,看到一名巡警凶神恶煞般的表情。他两手挥动着佩刀,想要再次砍向我。我只喊了声"你干什么",就从人力车上飞快地跳到了路上。我看见这个变态的人冲向我,却没有任何人试图阻止他,我一边按着伤口防止流血,一边逃跑。我想躲到群众中去,却没能如愿。因为日本人同样也异常惊慌失措,吓得四散逃开。我奔跑着,回头看了一下,看见格奥尔基奥斯在紧追那个追我的巡警。大约跑了60步,我在街角停下,向后看去。当时我想,完了,万事皆休矣。这时格奥尔基奥斯——我的保护神——用自己的手杖一下子把那个变态的人击倒在地。我走过去,看到我们的人力车夫和几位巡警正拽住这个男人的脚,其中一人用佩刀敲着他的脖颈。[143]

尼古拉应该受到了相当的惊吓,他出了很多血,虽然没有伤到头盖骨,但两处伤口一处有九厘米长、一处七厘米。后来伤好去掉绷带后,尼古拉的额头上方留下了疤痕。[144]

首次将尼古拉日记介绍到日本的保田孝一注意到,尽管发生了这一事件,但尼古拉在日记中对日本的情感并没有发生变化。[145]事件发生两天后,5月13日(1日),尼古拉在日记中写道:"我现在仍然和4月29日(此为俄罗斯历,西历为5月11日)以前一样,喜欢日本的一切,虽然日本人中有一个疯子做出了疯狂的举动,但

---

[143] Nikolai II's Diary, 29 April 1891, GARF, F. 601, Op. 1, D. 225, pp. 190-191. 保田,《最后的俄罗斯皇帝尼古拉二世的日记》,11—12页。
[144] Nikolai II's Diary, 18 May 1891, Ibid., D. 226, p. 3.
[145] 保田,上述书,16页。

对善良的日本人，我一点也没有生气。"[146]笔者一直认为，皇太子日记是写给他人看的，未必会坦率地写出自己的真心来，不过纵观尼古拉的写作方式，此处并不像隐藏了他的情感。

当时尼古拉想不通的是，群众中没有一个人跳出来扑向行凶者，全都四散逃开了。"我不能理解的是，为什么将我和格奥尔基奥斯还有那个疯汉留在道路中央，群众中没有人站出来帮助我，去阻止那个疯汉。"[147]在犯人被制伏后，群众又返回路上，"路上的人民让我感动。大多数人跪着，双手合十，表示遗憾。"[148]尼古拉认为日本人生性老实，完全没有粗野之处。他同情以有栖川亲王为首的脸色苍白的日方随行者，而他自己则一直站着，没有坐下，保持了镇定的风度。

俄罗斯公使谢维奇在事发当日发给本国的电报中这样写道：

> 伤口深达骨头，不过据我方侍医所言，所幸没有危险。陛下很开朗，情绪很好，希望继续旅行。陛下本人的冷静令所有人为之感动。[149]

被制伏的犯人是滋贺县巡警津田三藏，36岁。面对警察的审讯，虽然津田的妻子供述他时而精神异常，但过去12年，津田在滋贺县的工作中从没有发生过这种情况。另一方面，津田的妻兄供述，津田曾经参加过西南战争镇压叛军的作战，获得了七等勋，他对让他保卫传闻中庇护西乡隆盛，并将其带回日本的俄罗斯皇族的命令深感不满，以致行凶。[150]大概西乡隆盛回国之说也是要

---

[146] Nikolai's Diary, 1 May 1891, Ibid., D. 225, p. 195. 保田，上述书，48页。
[147] Ibid., p. 192.
[148] Ibid., p. 193. 保田，上述书，12页。
[149] Shevich to Girs, 29 April 1891, AVPRI, F. 133, Op. 470, 1891 g., D. 94, L. 20.
[150]《大津事件相关史料集》上，301、337—338页。

素之一，弥漫在国民中的对俄紧张感压垮了津田这种人，促使他做出了冲动的袭击之举。

日本政府真心惊愕了。受政府之意，明治天皇于两日后去往京都慰问。尼古拉这样写下见到天皇时的印象："他特别兴奋、恐慌，举止相当奇怪（strashnyiurod）。他身穿大将的军服，神情恍惚。"[151]尼古拉很例外地对这个时候的明治天皇抱有近乎反感的印象。

尼古拉原本计划继滋贺县之后，访问静冈、神奈川两县，然后去东京，之后继续访问东北各县。但俄罗斯皇帝亚历山大三世看了谢维奇5月12日（4月30日）的电报后，批示要搞清楚这次事件是单独犯罪还是有预谋的共同犯罪，在此基础上再决定"儿子能否继续在日本逗留"[152]。两天后，谢维奇呈报，天皇已下令向俄罗斯派遣谢罪特使，但由于对皇太子尼古拉的特别待遇"唤起了爱国主义狂信者的愤怒"，他认为皇太子进一步逗留"并非没有危险"。加之皇太子本人也倾向于几天后去往符拉迪沃斯托克（海参崴），[153]于是俄罗斯皇帝判断，"如果是这种状况，就不宜继续逗留"，他下令尼古拉中断旅行回国。[154]

5月16日，尼古拉通知天皇，他遵照父皇的命令，定于19日回国。[155]在此之前的5月13日，天皇与尼古拉一同乘坐马车去了京都车站，坐火车到达神户，在埠头告别后，目送尼古拉返回了"亚速纪念"号。

---

[151] Nikolai II's Diary, 1 May 1891, GARF, F. 601, Op. 1, D. 225, p. 196. 在保田上述书49页中有这一记载，但所说"由于过于劳心，脸色憔悴，看上去很丑"属于虚构。

[152] Aleksandr III's resolution, Shevich to Girs, 30 April/12 May 1891, AVPRI, F. 133, Op. 470, 1891 g., D. 94, L. 25.Girs to Shevich, 13 May 1891,《日本外交文书》第24卷，145—146页。

[153] Shevich to Girs, 2/14 May 1891, AVPRI, F. 133, Op. 470, 1891 g., D. 94, L. 35–35ob.

[154] Aleksandr III's resolution, Ibid., L. 35.

[155] 皇太子的电报，《日本外交文书》第24卷，144—145页。《大津事件相关史料集》上，202—203页。

回国之日的 5 月 19 日（7 日），尼古拉在"亚速纪念"号上招待明治天皇共进早餐。虽然日本国民中有人担心俄罗斯方面或许会直接强行带走天皇，不过就尼古拉所见，俄罗斯舰上的"天皇心情很好，脚步轻快，腿脚明显比之前灵活"[156]。俄罗斯皇太子最终也没有摆脱认为日本天皇滑稽的印象。此时的尼古拉大概做梦也不会想到，他们二人将在 13 年后颁布宣战诏书、发起战争吧。

就这样尼古拉只游览了长崎、鹿儿岛、神户、京都、大津，没有参观名古屋、横滨、东京就回国了。没有见到东京，使得尼古拉对日本的近代化缺少印象。他在出发当天的日记中再次写道："离开这个从一开始一切都令我很满意、让我很感兴趣的国家，不禁感到有些落寞。甚至就连 4 月 29 日的事件也没有给我留下丝毫的悲伤和不快感。"[157] 直到最后，尼古拉都怡然自得。

另一方面，日本国民仍然处在恐慌中，拼命想消解俄罗斯方面的愤怒。尼古拉一行离开的翌日，5 月 20 日，在京都府厅前，一个女人用剃刀割喉自杀了。这名女子是自千叶县人，25 岁，名叫畠山勇子，她离婚后离开夫家，在东京的鱼店工作，住在店里。她留下了两封遗书，分别写着"致俄国大臣"和"致日本政府"，她的这一行为表明了日本人对津田犯罪的惶恐。遗书上写着："行为鲁，尽为帝国（译者注：我因鲁西亚［俄罗斯］之事而去，这样做完全是为了日本帝国）。"此外，山形县的某个村庄 5 月 13 日制定了村规，规定今后村民不准使用津田这一姓氏和三藏这个名字。[158]

日本政府仍然处于窘境中。政府认为，无论怎样若不判处津田极刑，都无法消除俄罗斯的愤怒。但是，这样一来此案件就必须要适用于刑法第 116 条，即对危害天皇、皇后、皇太子者判处

---

〔156〕 Nikolai Ⅱ's Diary, 7 May 1891, GARF, F. 601, Op. 1, D. 225, p. 205.
〔157〕 Ibid., p. 205. 保田，《最后的俄罗斯皇帝尼古拉二世的日记》，58 页。
〔158〕《大津事件关系史料集》上，128—132 页。

死刑的规定。政府决定此事后，于 5 月 12 日征求大审院院长儿岛惟谦的同意，但儿岛拒绝了这一意见。5 月 18 日，松方首相再次将儿岛召唤到内阁，劝说道，俄罗斯方面通告皇太子将要访问日本后，俄罗斯公使曾向日本政府提出，皇太子逗留日本期间，若日本人"有不敬行为时，因贵国刑法中并无明确的处罚条文，请依敕令设立该条法律"。对此青木外相回复，"没有必要在阁议之上"，依敕令设立新法，万一发生此类事情，可依对我皇室的法律处置。这次发生了这样的事态，由于不能在"国际上食言"，阁议决定由青木外相通知俄罗斯公使，此事件可适用关于皇室的刑法规定。希望儿岛听从内阁的意见。〔159〕

很明显，松方首相为了说服儿岛惟谦，谎称已经应俄方的要求，承诺援用皇室规定。这个谎言大概是基于对谢维奇承诺了要在刑法改正案中，加入对侮辱外国贵宾的惩罚规定吧。青木讨厌谢维奇，因此，当谢维奇提出妄自尊大的要求时他说了谎。〔160〕（译者注：《日本刑法》第 116 条规定，凡加害日本天皇、皇后、皇太子等皇室成员者，不分未遂即遂，一律处以死刑。但该条只适用于保护日本皇室成员人身安全，而非访日的外国皇室成员。因此青木对谢维奇说对外国皇室可援引此条，是说了谎。）

青木外相在自传中说，事件发生后，俄罗斯公使送来希望从重处罚犯人的信函，他一贯对此表示反对。〔161〕这同样是谎言。在 5 月 16 日这个时间点，是青木一方向谢维奇公使口头表示，希望由谢维奇提出要求犯人适用死刑的文书。不过虽然青木提出了这样的要求，但谢维奇公使向本国请示，他打算拒绝由俄方直接要

---

〔159〕《儿岛惟谦大津事件手记》，关西大学出版部，2003 年，30 页。
〔160〕曾任外务次官的林董记述道，青木和谢维奇的感情对立就连彼此的夫人都卷入了进来。"公使与外务大臣相互嫉恶之事，余早已知之。"（林董《忆昔录》，平凡社，1970 年，246 页）青木也留下了叙述谢维奇妄自尊大情形的记述，其中未掩饰对他的反感。《青木周藏自传》，平凡社，1970 年，247 页。
〔161〕《青木周藏自传》，251 页。

求日本政府对津田适用死刑的做法。此事获得了皇帝的批准。[162]

众所周知,儿岛惟谦大审院院长始终从国权与司法权独立的观点出发,拒绝内阁的要求,他指示在大津地区法院开庭的大审院特别法庭按照一般的普通谋杀未遂案审理。此案件于1891年5月27日非公开审理,当日做出了无期徒刑的判决。

俄罗斯方面对津田终究未被判处死刑很是不满。外相吉尔斯为了迎合皇帝的心意,于6月3日(5月22日)指示驻日公使向日本政府表达不快感:"有必要对日本政府表达,对津田巡警审理的全过程和判决结果,证明了日本政府的软弱,政府没有成为自己国家的主人。"[163] 谢维奇向日本外相递交了表达这一宗旨的文书:对于"宣告巡警津田三藏所受的最高刑罚为无期徒刑这一事实",使俄罗斯政府"无奈地看到了日本政府让人感到软弱(la faiblesse du GouvernmentJaponaise)、不能完全掌控局面(ne point être suffisamment maître de la situation)的迹象"。[164] 此时青木外相已经引咎辞职,榎本武扬成为外相。榎本强烈要求俄罗斯不要向日本递交含有如此措辞的文书,因为太过侮辱性的表达方式会刺激日本的舆论。谢维奇看在亲俄派人士榎本提出了这样的意见,遂向上面请示不要递交此种文书。外相、皇帝都表示同意。[165]

对于制伏犯人的两名车夫,日本政府授予了他们八等勋、白色桐叶章;俄罗斯也授予了他们同等规格的小鹫勋章,并奖励每人两千五百美元,还承诺给予每人每年一千日元的终身年金。6

---

[162] Shevich to Enomoto, 5 June 1891,《日本外交文书》第24卷,186页。
[163] Girs to Shevich, 22 May 1891, AVPRI, F. 133, Op. 470, 1891 g., D. 94, L. 55.
[164] Shevich to Enomoto, 5 June 1891,《日本外交文书》第24卷,186—187页。
[165] Shevich to Girs, 25 May/6 June 1891, AVPRI, F. 133, Op. 470, 1891 g., D. 94, L. 62-62ob. 榎本新外相请求从谢维奇递交的文书中删除对日本污辱性的言辞,公使在得到本国许可后照做了,这件事情并没有在日本的外交文书中出现。保田,《大津事件和被害者尼古拉》,111—112页基于俄罗斯史料判明了此事。

月，明治天皇下令募集资金，在大津事件现场修建纪念俄罗斯皇太子奇迹般死里逃生的纪念碑。犯人津田三藏在审判前曾一度绝食，企图自杀，当年9月29日，他在所关押的网走监狱因肺炎而死亡。〔166〕

西伯利亚铁路开工

1891年5月30日（18日），皇太子尼古拉从日本回国的途中，作为西伯利亚铁路委员会委员长在符拉迪沃斯托克（海参崴）参加了西伯利亚铁路的一段——乌苏里铁路的开工仪式。

尼古拉乘坐的军舰5月23日（11日）驶入符拉迪沃斯托克（海参崴）港。29日（17日），尼古拉出席了为纪念获取远东俄罗斯的功臣——内韦尔斯科伊提督而修建的纪念碑的揭幕式。30日（18日），出席了被命名为尼古拉的干船坞的开工仪式，他对以自己的名字命名的船坞似乎有着特别的感情。"这个船坞对我来讲，将会成为联系我和未来的伟大港口——符拉迪沃斯托克的有力纽带吧。"〔167〕不过，尼古拉对西伯利亚铁路没有表现出太大的兴趣，没有将它与俄罗斯促进远东走向文明的使命联系起来考虑。5月31日（19日），尼古拉在乌苏里铁路开工仪式当天的日记中这样写道：

> 今天相当冷，寒风瑟瑟。10点，我去了城外的佩列瓦亚·列奇卡。从那里到符拉迪沃斯托克有2.5俄里（1俄里≈1.0668公里）的路，士兵们和囚犯们用最短的时间开通

---

〔166〕《大津事件相关史料集》上，111—113页。北海道厅长官给榎本外相的信。1891年10月6日，《日本外交文书》第24卷，199页。

〔167〕Nikolai II's Diary, 18 May 1891, GARF, F. 601, Op. 1, D. 226, p. 1.

了铁路。祈祷之后，我用手推车运送了土方。然后乘坐新乌苏里铁路的火车去往符拉迪沃斯托克。所有的工人和中国人都在火车后面跑着、跟随着。到达未来的车站——穆拉维约夫－阿穆尔斯基后，我走下火车，做了短暂祈祷后，在大西伯利亚铁路的终点立下了奠基石（译者注：符拉迪沃斯托克位于穆拉维约夫－阿穆尔斯基半岛南端佐托伊角湾的北坡，其火车站立有"西伯利亚大铁路终点9288纪念碑"）。这是真正重要的事情。我在铁路工程师处吃过早餐后，在大帐篷中读了父亲关于西伯利亚铁路奠基的敕书。此外，科尔夫男爵前来问候，恰到好处。[168]

连接欧陆俄罗斯（译者注：指俄罗斯领土内位于欧洲的部分）和远东俄罗斯的宏伟工程——建设西伯利亚铁路就此昭告天下。堪称这项事业的引擎的是财政部铁路事业局局长谢尔盖·维特，他于1892年2月被任命为代理交通大臣，9月被任命为财政大臣。同年11月18日（6日），维特向皇帝上奏了报告《关于大西伯利亚铁路建设的方法及任命审议这项事业的协商会》。这份篇幅相当长的报告得到了皇帝的批准。为了召集协商会，11月25日（13日），维特又撰写、发布了长篇意见书《关于大西伯利亚铁路建设的方式和方法》。这两份意见书展现了维特的西伯利亚铁路观。我们来看看第二份意见书。

维特称西伯利亚铁路"不仅在我国，即便在全世界，也是本世纪最大且最重要的策划中有权占据头等地位的事业"。"'横断整个西伯利亚'的铁路是广义上的国家事业，对之唯一正确的理解是，如果完成了西伯利亚干线铁路的建设，不仅能够完全印证，而且可以确认它将会成为我国经济、文化、政治上最大的成功，是具有头等意义的课题。"[169]

---

[168] Nikolai II's Diary, 18 May 1891, GARF, F. 601, Op. 1, D. 226, pp. 3-4.
[169] Vitte's report 'O poriadke i sposobakh sooruzheniia Velikogo Sibirskogo zheleznodorozhnogo puti, 13 November 1892, *S. Iu. Vitte, Sobraniesochinenii*, Vol. 1, kn. 2, part 1, Moscow, 2004, pp. 184-185.

第二章　近代初期的日本与俄罗斯

维特写道，西伯利亚铁路将西伯利亚与欧陆俄罗斯连接起来，可取得促进142万平方俄里土地开发的效果，这相当于将德国、奥匈帝国、荷兰、比利时、丹麦加在一起的面积。西伯利亚铁路对西伯利亚的农业发展也有很大的意义，它会促进向西伯利亚移民，进而推动开发西伯利亚丰富的天然资源、矿物资源，特别是推动采金业的发展。此外，西伯利亚铁路"确立了欧洲和太平洋以及亚洲东方之间不间断的铁路联络，这样一来，不仅对俄罗斯的商业，就是对世界商业来讲，也开辟出了新的道路、新的地平面"。因此，俄罗斯"不仅可以享受作为亚洲东方和欧洲西方的产品交换中间人的利益，还可以从亚洲的东方诸国民众那里享受比任何国家位置都近的、作为大生产者、大消费者的利益，事实必将如此"。[170]

维特指出，特别是中国、日本、朝鲜的总人口达到四亿六千万人以上，但在国际商业中所占的交易额仅有五千亿卢布，与欧洲的贸易不够发达。维特还加上了西伯利亚铁路开通将使俄罗斯和中国的通商关系取得飞跃式发展。最后，维特还提到了西伯利亚铁路的战略性意义，他指出三点：通商关系的发展能够增进和平友好关系，可以接近希望建立良好关系的美国，而且能够支持太平洋舰队。[171]

维特阐述了西伯利亚铁路建设划分工区同时动工的方针。第一期为，从西西伯利亚的车里雅宾斯克到鄂毕河之间1328俄里的工程，从鄂毕河到贝加尔湖西岸的伊尔库茨克间1754俄里的工程，以及自1891年开始的从符拉迪沃斯托克（海参崴）到格拉夫斯卡亚378俄里的工程。这些基本上在1893年开工，到

---

[170] *S. Iu. Vitte, Sobranie sochinenii*, Vol. 1, kn. 2, part 1, pp.203-204
[171] Ibid., pp. 207-209.

1900年完成。第二期为，从格拉夫斯卡亚到哈巴罗夫斯克（伯力）的北乌苏里铁路（347俄里）和从外贝加尔的梅索瓦亚到斯列坚斯克的1009俄里。这些于1895年开工，前者于1898年完成，后者于1902年完成。第三期，环贝加尔湖线292俄里和从斯列坚斯克到哈巴罗夫斯克（伯力）的2000俄里，这部分的开工、完工时间未定。[172]

维特测算第一期的总建设费用为一亿五千万卢布。[173]这部分财源靠发行内外债券无法满足，他提出采用增印纸币来筹措资金的非常措施。

大臣们的协商会肯定了维特的报告，也认可了建设费的支出。1892年12月22日（10日），议事录被提交给皇帝，获得了批准。1893年1月26日（14日），宣布设立西伯利亚铁路委员会，任命皇太子尼古拉为主席。其后任命原财政大臣本格为代理主席，库洛姆津为事业局局长。[174]全面建设眼看就要展开了。

在俄罗斯帝国内部，建设西伯利亚铁路一事也激发了人们对俄罗斯在亚洲的使命这个问题的讨论。布里亚特蒙古人扎玛萨拉因·巴德马耶夫的想法广为人知。巴德马耶夫生长在贝加尔湖附近，毕业于圣彼得堡帝国大学东洋语系，就职于俄罗斯外交部。同时，他还用从兄长那里学到的藏医术治疗了很多患者。[175]巴德马耶夫于1893年2月通过维特向亚历山大三世提交了一份关于俄罗斯在东亚政策的意见书。他认为东洋各民族，无论是蒙古族、藏族还是汉族，都想脱离"满洲"王朝的统治，寻求俄罗斯帝国、"白沙皇"的庇

---

[172] S. Iu. Vitte, Sobranie sochinenii, Vol. 1, kn. 2, part 1, p. 214.
[173] Ibid., p.216.
[174] Sibirskie pereseleniia.Vyp.2. Komitet Sibirkoi zheleznoi dorogi kak organizator pereselenii.Sbornik dokumentov. Novosibirsk, 2006, pp. 72-74, 84-86.
[175] 关于巴德马耶夫，可参考 Boris Gusev, Moi ded Zhamsaran Badmaev. Iz semeinogo arkhiva, Novyi Mir, 1989, No. 11, pp. 199-206。

护,以此强调俄罗斯在东方的使命。为了具体实现这个使命,他建议铺设西伯利亚铁路支线直至甘肃。[176]维特在巴德马耶夫的意见书上添加了自己的意见后,上呈给了亚历山大三世。维特虽然没有采纳巴德马耶夫想法的打算,但他认为这是补充西伯利亚铁路意义的一个材料。[177]皇帝对此批示道:"这些想法相当新奇、不同寻常、很有意思,但很难相信会有成功的可能性。"[178]

俄罗斯着手建设西伯利亚线的消息再一次吸引了因大津事件而受到冲击的日本政府和国民的注意。不过,其反应各种各样。

1891年8月,从欧洲归国的政论家稻垣满次郎出版了《西比利亚铁路论》,该书十分畅销,当年即再版。[179]稻垣1891年6月曾出版日译本《东方策》,这本书原是他在英国时用英语写就的,书中将日本的外交课题与英、俄在东方问题上的对立及对东洋的影响相结合进行了探讨。稻垣在这本书中已经指出,"我们日本人非常担心俄国建设西比利亚铁路","若此铁路建设成功,我们日本人与其恐惧,毋宁对其加以利用更胜一筹。"他宣称因这条铁路的开通,将使"日本得以立于全世界的中心,乃至实际上更容易掌握东洋航海等诸项事务的全权"[180]。

而《西比利亚铁路论》是一本分析得相当详细的书,在此基础上,该书论述了日本对此应当采取的政策。稻垣写道:"俄国对东洋的政策只是间接攻击英国的策略。俄国的目标不是日本,不

---

[176] Badmaev's memorandum, 13 February 1893, *Za kulisami tsarizma (Arkhiv tibetskogo vracha Badmaeva)*, Leningrad, 1925, pp. 49-75.
[177] Vitte's memorandum, Ibid., pp. 77-81.
[178] Aleksandr III's resolution, Ibid., p. 81.
[179] 稻垣满次郎《西比利亚铁道论》,哲学书院,1891年8月。《西比利亚铁道论》,再版,1891年12月。
[180] 稻垣满次郎《东方策》第1篇,活世界社,1891年,58、59页。

是支那，而正是英国。故我们日本人不必畏惧西比利亚铁路的成功。"[181] 俄罗斯有着"财政上的困难"等，在策略上除了与日本保持友好关系外没有其他的选择。"彼俄国绝非应该厌恶的国家，亦非应该恐惧的国家，而畏惧如此，不能不说愚昧至极。我国宜利用之，……应该构想抑制英国等的重大策略。故我希望西比利亚铁路尽早取得成功。"[182]

这种观点与上述《东京朝日新闻》4月5日的社论有相通之处。我们不应忘记，这种冷静地将日俄合作论、日俄同盟论与西伯利亚铁路联系在一起的论述赢得了广泛关注。

另一方面，将西伯利亚铁路视为从欧陆俄罗斯向远东运送军队的战略铁路线，对此感到不安的也大有人在。这种防范论的代表就是总理大臣山县有朋于1891年3月起草的《外交政略论》。山县在文中写道：一国有"主权线"和"利益线"，"我邦利益线的焦点实际上在朝鲜"。他这样展开议论：

> 西伯利亚铁路已入中亚，不出数年即将竣工，自俄都出发，十数日即可饮马黑龙江上，吾人不可忘西伯利亚铁路完成之日，即朝鲜多事之时。又不可忘朝鲜多事之时，即东洋产生大变动之机。[183]

这里，山县认为"我邦利害之尤为紧切者，乃朝鲜国之中立"，而"朝鲜之独立，随着西伯利亚铁路告成之日迫近，将如履薄冰"。作为对策，日清两国应该考虑或维持《天津条约》，或

---

[181]《西比利亚铁道论》，189页。
[182] 同上书，197页。山室《日俄战争的世纪》43—45页关注了稻垣对西伯利亚铁道的论述，但未必正确把握住了稻垣的主张。
[183]《山县有朋意见书》，原书房，1966年，197页。

第二章　近代初期的日本与俄罗斯

"更进一步推出联合保护之策，置朝鲜于公法上恒久中立之地位"。由于由日本主导谋求朝鲜中立化颇为困难，可以请英、德二国成为日、清的中间人。此事如果得以实现，间接利益也很大。"日清两国成为朝鲜的共同保护主，遂生东洋之均势，其交谊不期而自亲密……如琉球问题……亦自然消失于无痕。"[184]

1882年井上的朝鲜中立化方案仍然有着生命力，山县有朋从警惕西伯利亚铁路的立场出发，主张俄罗斯的侵略是现实的，他认为作为对抗手段，日本积极介入清国的属国——朝鲜的命运这种姿态很重要。[185]

另一方面，比山县小六岁的山县内阁的外务大臣青木周藏是一名赤裸裸的侵略主义者。当年5月15日，青木在大津事件后不久写下了意见书《东亚细亚列国之权衡》。文中，他将俄罗斯视为敌人，显示出非常露骨的膨胀主义论调。他断定"欧洲各国中最为骛悍，且为恒常危险之根源者即俄国"，认为"西伯利亚"铁路极度危险。青木也说日清"协作联合"，将俄国从"西伯利亚"赶走很重要。如果清国与俄罗斯对抗的话，整个"西伯利亚"就会成为"清帝之版图"；如果日本与清国联合，"待成功之时，日本因承担了过分的负担和责任，自然有权利要求过分的报酬"，这个报酬将"奠定日本试图在亚细亚大陆运动的基础"。[186]具体而言，就是以东经124度分割"西伯利亚"。为了奠定这一基础，首先要"将朝鲜划归日本版图"。[187]东经124度位于贝加尔湖之东，雅库茨克稍西。

---

[184]《山县有朋意见书》，198—199页。
[185] 高桥，《通往日清战争之路》，238页也写道，"外交政略论""也主张干涉朝鲜内政"。其中指出，所谓中立化，是对接近俄罗斯的朝鲜国王施加压力。可以推测，1885年井上对高宗的否定意见也为山县共有。
[186] 青木周藏《东亚细亚列国之权衡》，《日本外交文书》第23卷，539—540页。以往的研究者没有关注到这一意见书。
[187] 同上书，541页。

青木认为，日本与俄罗斯或许会发生战争，但若与清国、德国或者英国结成同盟，就无须担忧。不过，战争是将来的事情，当前的问题在于对朝鲜的政策。青木还写道，对朝鲜"采取强硬手段，施行干涉主义，是为了让朝鲜政府及人民愈发知道联合、依赖日本是有利益之事，最终使之乞求日本的救援"。而且"教彼之园夫学习果木培养的方法，是植我利于朝鲜，施我恩于其人民，待时机成熟，便可平稳地将其收于我掌中"[188]。

青木将这份意见书送给阁僚们，但除却邮政大臣后藤象二郎外，无人赞成。青木进而还送给了陆军参谋次长川上操六、陆军次官桂太郎。青木在自传中写道，他后来从陆军中听到了赞成的声音。[189]青木的后任外相陆奥宗光与青木同岁。

俄法同盟成立

1891年是日本和俄罗斯的关系围绕俄罗斯皇太子访日和西伯利亚铁路开工而出现巨大变化的一年，也是俄罗斯在欧洲决定性的转折之年——俄罗斯与德国最终分道扬镳，反而与法国建立了同盟关系。专制君主制国家俄罗斯和因法国革命而诞生的共和制国家法国结成同盟，这种进展颇令人为之感到意外，但从某种意义上来讲却是必然。法国在普法战争中败北，因而对德国怀有强烈的敌意，从与德国对抗的逻辑来讲，自然而然会希望与俄罗斯结为同盟。曾探索与俄罗斯结盟之路的法国外相弗雷西内于1890

---

[188]　青木周藏《东亚细亚列国之权衡》，543页。
[189]　《青木周藏自传》，109—110页。《东京朝日新闻》主笔池边三山在1903年5月14日的日记中论及"青木子之大陆经略说"。《文学者的日记3 池边三山（3）》，博文馆新社，2003年，145页。

第二章　近代初期的日本与俄罗斯

年成为首相，这一因素起了决定性作用。[190]

俄罗斯与德国长期以来一直是同盟国，无论是皇帝还是外交部，在传统上都是亲德的。外相吉尔斯、外相助理拉姆斯道夫个人也都是亲德派。为了维护专制统治，必须避免战争，为此，与德国结成同盟可谓不可或缺。[191]然而，19世纪80年代保加利亚发生危机，俄罗斯不惜发动战争支持其独立的保加利亚却被纳入了奥地利、德国的势力圈，此事增强了俄罗斯对德国的反感。加之俄罗斯与德国在贸易方面对立。[192]俄罗斯皇帝亚历山大三世虽然保守，但为人沉稳，平衡能力很强，能够很好地听取大臣们的意见。再加上皇后出身于厌恶德国的丹麦王室，他也受到皇后的影响，最终倾向于反对德国。[193]

1890年1月至2月，俄罗斯在巴黎发行了外债。金融上的结合具有决定性的意义。1891年8月3日（7月22日），外相吉尔斯向皇帝提出与法国缔结协定的提案。翌日，皇帝批准了他的上奏报告。[194]吉尔斯遂与法国外相展开交涉，甚至连暑假也没有休息，持续进行。9月8日（8月27日），俄法协定文本确定下来。最终协定规定，采用两国外相互换批准函的形式缔结协定，约定两国就威胁和平的问题进行协商，当和平受到危害时，立即同时采取必要措施。[195]

俄法同盟的建立，对俄罗斯而言，是牵制德国、奥地利，增强西部国境安全保障的措施，在这个意义上，它使俄罗斯在远东、东北亚洲采取某种程度的积极行动成为可能。然而，这一同盟最终导致了俄罗斯与德国、奥地利的战争。

---

〔190〕 A. Z. Manfred, *Obrazovanie Russko-Frantsuzskogo soiuza.* Moscow, 1975, p. 235.
〔191〕 Ibid., pp. 226-227.
〔192〕 Ibid., pp. 228-231.
〔193〕 Ibid., pp. 228, 312-313.
〔194〕 Ibid., p. 324.
〔195〕 Ibid., pp. 329-330.

第三章
日清战争与战后日本、朝鲜、俄罗斯的关系

驻在武官沃加克与东学农民叛乱

这个时期，俄罗斯军方对远东的军事形势也终于重视起来，为了搜集情报，俄罗斯开始向清国派遣驻在武官。最先赴任的是康斯坦丁·沃加克中校。[1]他于1892年4月接到任命书前往清国，驻在天津。翌年3月，他又接到任命，兼任日本驻在武官。

沃加克生于1859年，是年34岁，出身于瑞典的贵族。父亲伊波里托·沃加克是海军中将，曾经担任过波罗的海舰队的代理司令长官。[2]沃加克毕业于尼古拉骑兵士官学校，1878年任职，配属于近卫乌兰斯基联队。3年后进入尼古拉参谋本部大学学习，1884年毕业后在维里诺军区任参谋。他自1889年起担任参谋本部军务局职员，从那里被派遣到了远东。

沃加克常驻天津，一年之中只有两个月待在日本。我们无法确定他最初到日本是1893年的什么时候。沃加克向日本尼古拉主

---

[1] RGVIA, F. 409, Op. 1, D. 183718 中有沃加克的职务履历书 Posluzhnyi spisok。最先发现这一材料，并介绍其经历的是 V. B. Kashirin, "Russkii Mol'tke" smotrit na vostok, *Russko-Iaponskaia voina 1904-1905: vzgliad cherez stoletie*, Moscow, 2004, pp. 152-162，以及 E. V. Dobychina, Russkaia agenturnaia razvetka na Dal'nem Vostoke v 1895-1897 godakh, *Otechestvennaia istoriia*, 2000, No. 4, pp. 161-162。

[2] KA, 1922, kn. 2, p.114.

教所属的俄罗斯正教会请求帮助,为其提供翻译,开始搜集情报。

在当时的俄罗斯,驻在武官的报告都汇集到参谋本部兵站总监部的统计科。沃加克的报告也提交到那里,收录在参谋本部军务局编制的《关于亚细亚的地理、统计资料集》中。[3]由于沃加克在1895年以前是远东唯一的驻在武官,当然,他的观察对象包括清国、日本、朝鲜。他从天津发送的报告中,已经公布的最早报告所标注的日期是1893年5月28日(16日),内容是有关朝鲜叛乱的动向:

> 在当地获得的最初情报是,这场运动主要针对传教士,尤其是美国人。然而根据最新情报,实际情况完全不是这样,现已判明朝鲜的骚乱涉及了非常广泛的领域。在本年年初汉城就出现了骚乱的苗头,据后来明确的情况,骚乱是由以东学党为先锋的若干秘密结社鼓动的。东学党虽然创立仅仅四五十年,但会员已接近20万人,会员中的大多数是狂热的信仰者。它带有宗教色彩,同时还追求政治性目的。这一结社除宣传由佛教、儒教、多神教混合而成的新宗教之外,还要求将朝鲜从一切外国势力中解放出来。[4]

运动从地方发起,为了向中央政府传达要求,东学党向汉城派遣了24名总代表,这24人全部被逮捕了,于是,一万名会员在4月蜂拥到首都。这是沃加克在报告中的说明,但这些信息并不正确,不过1893年3至4月,东学教徒的确发起了运动。沃加克还将目光投向了日本的动向,据他报告,日本在19世纪80年代中

---

[3] *Sbornik geograficheskikh, topograficheskikh i statisticheskikh materialov po Azii* [hereafter SGTSMA].Vyp.LX, LXI, Sankt-Peterburg, 1895.

[4] Vogak's report, 16/28 May 1893, SGTSMA, Vyp.LX, pp.1-2.

期已有吞并朝鲜的征兆，不过由于清国介入，两国缔结了《天津条约》，日本才暂时停止动作。但日本的经济进军并没有就此止步，这方面发生了防谷令事件（译者注：日朝围绕朝鲜禁止谷物出口的对立事件。），因日本方面要求赔偿，日朝之间关系很紧张。在日本，无论是议会的多数派，还是有影响力的报纸都在谴责政府对朝鲜政策软弱，他们要求将清国在朝鲜的影响力一扫而光。至于俄罗斯，则将其视为"从北方麇集而来的，准备吞并朝鲜王国的稻草人、敌人"。

对于骚乱事件的发生，朝鲜政府采取了"高度消极的态度"。由于无力镇压，遂向清国的李鸿章请求援助。沃加克没有从得到的情报中做出任何结论，只写道："所有这些情况如果在本质上恶化到一定程度，有可能导致朝鲜发生问题，更准确地说应该是导致朝鲜再度发生问题。"[5]

日本决定出兵朝鲜

沃加克的分析颇有先见之明。1894年年初，东学农民叛乱正式爆发，朝鲜问题真正成为远东、东北亚的焦点。叛乱部队掌控了朝鲜南部全罗道诸地域，其后北上，于1894年5月31日占领了全罗道首府全州。6月1日，杉村濬代理公使给日本外务省发去电报，报告朝鲜政府请求清国出兵。陆奥宗光外相认为，如果对此事置之不理，朝鲜将"任清国为所欲为，别无他术"。清国如果出兵，日本也必须根据《天津条约》，派遣数量相当的兵力。6月2日，内阁会议邀请了参谋总长和次长出席，会议听取了陆奥外相的提案，决定以保护公使馆和侨民的名义出兵朝鲜。派遣

---

[5] Vogak's report, 16/28 May 1893, SGTSMA, Vyp.LX, p. 10.

兵力为一个混成旅团。[6]（译者注：在步兵一个旅团的基础上，添加炮兵、工兵、骑兵等其他兵种，编制而成的独立部队。）也就是说，会议决定，为了对抗朝鲜政府请求清国出兵的事态，尽管朝鲜政府完全没有向日本提出请求，日本也决定向朝鲜派去军队。[7]

在内阁会议做出决定的前一天晚上，川上操六参谋次长到外务省访问了陆奥大臣。根据作陪的次官林董回忆，当时席间人们说："为了挽回（明治）十五年（壬午军乱）、十七年（甲申政变）的落后，此次务必获得胜利。牙山清兵人数众多，应该有五千人。……如果他们听说我方出兵，必定会来袭击。若期待彼时必胜，我方需六七千兵力。故先派去混成旅团应足矣。""众人商议了如何发起战斗、如何获得胜利。"[8]

林董的这段回忆有值得怀疑之处，因为6月1日清国军队尚未到达牙山。不过，外务省和军部决定出兵细节这一点是有可能的。1882年壬午军乱时，日本向朝鲜派出1个大队500人，1884年甲申政变时，派遣了2个大队1000人，这次日本计划派出1个混成旅团8000人。遥遥领先的兵力，完全是一副准备战争的架势。

沃加克的下一份报告是此年6月4日（5月23日）发出的。这一次，他详细报告了3月朝鲜流亡者金玉均在上海被暗杀事件。金玉均是"1884年革命运动的头目之一"，在举事失败后流亡日本。虽然朝鲜政府要求引渡他，但日本政府把他作

---

[6] 杉村给陆奥的信，1893年6月1日，《日本外交文书》第27卷第2册，152—153页。陆奥宗光《蹇蹇录》，岩波文库，1941年，15—16页。阁议决定的全文引自中塚明《日清战争研究》，青木书店，1968年，115页。

[7] 高桥秀直《通往日清战争之路》（东京创元社，1995年）319页中写道，从阁议决定的字面意思来看，"不是对批出兵，日本是独自先于清国即时先行出兵的"，在30日陆奥的训令中才变为了"对抗出兵方针"，笔者不理解这种分析的意思。

[8] 林董《忆昔录》，平凡社，1970年，75页。中塚，上述书，121页有对林的回忆证言上的价值的考证。笔者支持其判断。

为政治犯，安置在了小笠原诸岛、北海道等地。可以确认的是，后来他去了东京，又被朝鲜政府的爪牙李逸植引诱到了上海，他在上海被李逸植派去伪装成其仆人的洪钟宇杀害。他的尸体由清国政府引渡给朝鲜政府。在汉城，金玉均的尸体被公开肢解四肢，并且将头颅以外的部分扔到了河里，头颅则被送往各地示众，不过不久就被盗走，下落不明。沃加克详细记述下了这件事。

> 这起暗杀事件在日本引起了轩然大波，所有自由主义派报纸杂志、所有自由主义派人士时隔许久，再次对政府产生了敌对情绪，开始一齐猛烈抨击政府对于受日本保护的人物被杀害，即使明知非法，也只会采取软弱的态度。面对这起事件，人们高声谴责朝鲜和清国的行为，指出这些行为让人深感耻辱，令人义愤填膺，责难之声直到现在仍然不绝于耳。[9]

沃加克认为这样的反应很好地显示了日本社会的气氛。他预测金玉均被害会进一步刺激朝鲜内部已经开始的骚乱。

沃加克在报告的后半部分对掌握到的清国出兵朝鲜的情报做了分析。李鸿章应袁世凯的请求，命令做派兵准备。"从清国派遣军队帮助朝鲜恢复平静，到这个王国被清国占领不过是一步之遥。"沃加克指出这样的事态对俄罗斯而言明显是"不理想的"。而日本必定会对此做出反应。"为了更加符合帝国尊严，日本政府不得不向舆论让步，而转向参与朝鲜问题。"日本如果占领了诸如釜山等地，大概俄罗斯"面对朝鲜发生的事态，就不能仅仅停留

---

[9] Vogak's report, 23 May/4 June 1894, SGTSMA, Vyp. LX, pp. 23-24.

在旁观者的角色了"[10]。沃加克认为,朝鲜问题进入了"极其严峻、尖锐的局面",即使这次不发生冲突,迟早"朝鲜问题也必将在关注这个正在逐渐解体的王国命运的列国的参与下,得到最终的解决"。不过,他在结尾写道,如果清国派兵,朝鲜问题的解决"或已不可能拖延"。虽然沃加克不知道日本政府已经着手向朝鲜派兵之事,但他对于事态发展的预测是正确的。[11]

为了镇压东学党势力,6月8日,大约2500名清国兵在汉城之南、忠清道的牙山登陆。与之相对,日本方面决定派出一个混成旅团8000人。6月9日,由一个大队1000人组成的先遣队从日本出发,13日在仁川登陆,然后向汉城进军。紧接着6月10日至11日,主力部队第一批3000人自宇品港出发,16日在仁川登陆,不过他们暂时没有向汉城进军。后续4000人的出发也被阻止了。这是大鸟圭介公使返回任职地汉城后做出的决定。[12]

大鸟圭介生于1833年,学习过洋式兵法,做过幕府的步兵奉行(译者注:相当于陆军少将,旅团指挥。),曾与榎本武扬军会合,在函馆与官军进行过战斗。后来被赦免,进入新政府任职。曾担任驻清国公使,其后自1893年起担任驻朝鲜公使。[13]

沃加克在6月14日(2日)的报告中,汇报了韦贝尔作为正在休假的驻清公使喀希尼的代理,从汉城去往北京与李鸿章会谈时的情形。李鸿章向韦贝尔说明清国是应朝鲜国王请求而派兵的。韦贝尔马上断言,如果朝鲜国王提出了这样的请求,那也完全是因袁世凯的主张而做的。然后他说,"无论是清国、俄罗斯还是

---

[10] Vogak's report, 23 May/4 June 1894, SGTSMA, Vyp. LX, p. 27.
[11] Ibid., p. 28.
[12] 关于兵员数额,参见原田敬一《日清战争》,吉川弘文馆,2008年,24—25页。中塚,《日清战争研究》,127—128页。
[13] 高崎哲郎《大鸟圭介评传——威而不猛》,鹿岛出版会,2008年。杉村濬《明治廿七八年在韩苦心录》,1932年,14页。

日本，都必须同样地尊重朝鲜的不可侵犯性。"清国的朝鲜介入政策，"非为善事"，早晚会招致关心朝鲜的第三国的介入，他要求李鸿章停止派兵。[14] 出兵请求是在袁世凯的强制之下做出的，这点今天已经得到了韩国历史学家的证明。[15]

这个时候，沃加克也从日本驻清武官以及他在东京的情报源那里得知了日本的出兵决定，并向国内做了报告。沃加克断言：尽管日本的驻清武官解释说是为了保护侨民而出兵，但"我的意见不变，日本向朝鲜派兵……源于在朝鲜问题上，日本对清国怀有的羡慕、妒嫉之情"[16]。

日本政府的基本方针

不过，即使在日本政府内部，也有人对陆奥外相的意见感到担忧。此人正是伊藤首相本人。6月13日，伊藤向内阁会议提交了日清协调案，即日清两军共同镇压叛乱，待叛乱镇压后，两国派遣常设委员，共同推进朝鲜内政改革。陆奥外相提请内阁不要在当天做决定。在6月15日的内阁会议上，陆奥在伊藤的提案中加入了两个条件：无论与清国的交涉结果如何，日本在朝鲜内政改革见到成效之前不撤兵；如果清国不同意，日本就单独推进朝

---

[14] Vogak's report, 2/14 June 1894, SGTSMA, Vyp. LX, pp. 35-36. 纳罗奇尼茨基将沃加克、韦贝尔等的意见简单地理解为表现了对清国统治朝鲜的防范心。A. L. Narochnitskii, *Kolonial'naia politika kapitalisticheskikh derzhav na Dal'nem Vostoke 1860-1895*, Moscow, 1956, p. 606. 根据纳罗奇尼茨基，佐佐木扬《俄罗斯远东政策和日清开战》，59页也有相同的记述。

[15] 李泰镇《1894年6月清军出兵过程的真相——批判自进请兵说》(韩文)，收录于《韩国文化》24，1999年12月，《高宗时代的再照明》，首尔，太学社，2000年。

[16] Vogak's report, 2/14 June 1894, SGTSMA, Vyp. LX, p. 37.

鲜的改革。此方案获得通过。[17]这样一来，日清协调案就转变了与清国相对决的统治朝鲜案。这是陆奥的强硬路线压倒伊藤的协调路线的瞬间。

基于这个内阁会议决定，日本首先向清国提议共同要求朝鲜政府进行内政改革。清国政府于6月21日回复，由于叛乱已被镇压，两国皆应撤兵，改革应委任朝鲜政府去推进。对此，陆奥通告清国，朝鲜不具备"独立国家之责守"，由于日本在朝鲜拥有重大的利害，袖手旁观既有违"邻邦之友谊"，也违背"我国自卫之道"，因此不会撤兵。陆奥将此称作给清国的"第一次绝交书"。[18]

日清眼看就要走上决定性的对立之路了。

俄罗斯尝试阻止战争

至此时为止，俄罗斯政府一直在观望着事态的发展。俄罗斯驻东京公使是上年刚刚到任的米哈伊尔·希特罗渥，他原是驻葡萄牙大使，被紧急调到了日本，他对远东局势、日本政治都不是很了解。不过在此事态中，他极力要求拜见陆奥外相。6月7日，希特罗渥首次见到陆奥，听了他的解说。陆奥说，日本是根据《天津条约》出兵的，目的"只在于保护在朝侨民的生命财产以及保卫日本公使馆、领事馆"。不过，由于日本人同情叛乱运动，故而不知能否在叛军和对之进行血腥镇压的清军之间保持中立。"而且，日本人多年以来对清国政府和朝鲜政府怀有的憎恨，最近因朝鲜流亡者金玉均在上海被杀害，以及另一名流亡者朴泳孝在东京被暗杀未遂，再次受到强

---

[17]《日本外交文书》第27卷第2册，206、207页。陆奥，《蹇蹇录》，36—37页。高桥，《通往日清战争之路》，356页指出，这一决定意味着"伊藤内阁确定了对清开战方针"。
[18]《日本外交文书》第27卷第2册，235—237页。陆奥，上述书，42页。

烈刺激。"因此，日清两军之间有可能因一点小事就发生冲突。希特罗渥将陆奥的这番话报告给了俄国政府，没有做任何评论。[19]

6月22日（10日），驻清公使喀希尼从欧洲返回任职地。他在去往北京的途中，在天津会见了李鸿章。李鸿章向喀希尼提出，希望俄罗斯政府沿着敦促日清两军同时撤退这一路线同日本进行交涉。[20]两天后，喀希尼再次见了李鸿章，李鸿章这样说道：

> 日本曾数次向清国提议由两国共同执掌朝鲜内政。从这个提议明显可以看出日本怀有在朝鲜最终确立其势力的顽固企图。由于清国打算忠实遵守1886年对俄罗斯做的口头约定，因此明确对日本说了NO。现在日本宣称，如果清国不接受上述提议，就不会从汉城撤出本国军队。目前事态极其紧张。清国视俄罗斯的决定为维护和平的唯一希望，正以一日三秋之心翘首以待。[21]

此时李鸿章终于理解了派遣清军会引发怎样的纷争了。[22]

外相吉尔斯接到报告，在取得皇帝的支持后，向希特罗渥公使发去训令，命令他按照李鸿章的请求，与日本政府进行斡旋。[23]希特罗渥6月25日会见陆奥，陆奥表示："日本在没有获得任何保证的情况下，不能撤军。""无论在任何场合，只要清国不直接挑衅，日本就不会展开军事行动。"希特罗渥的印象是，"由于日本现内阁过于深入烫手的朝鲜问题，因此，如果没有很好的借口

---

[19] Khitorovo to Girs, 27 May/8 June 1894, KA, 1932, kn. 1-2, p. 12.
[20] Kassini to Girs, 10/22 June 1894, Ibid., p. 16.
[21] Kassini to Girs, 12/24 June 1894, Ibid., p. 17.
[22] Vogak's report, 14/26 June 1894, SGTSMA, Vyp. LX, pp. 41-42, 47-48.
[23] Khitorovo to Girs, 13/25 June 1894, AVPRI, F. 133, Op. 470, 1894 g., D. 96, L. 23-23ob. KA, 1932, kn. 1-2, p. 18.

第三章　日清战争与战后日本、朝鲜、俄罗斯的关系

或者成果（即使是虚假成果），大概无法后退吧。"[24]

6月25日，督办交涉通商事务大臣赵秉稷遵照朝鲜国王的命令向外国使节传达，由于南部叛乱业已平息，外国军队继续驻留可能会引发骚扰，因此希望日清两国依照协议撤兵，并请求各外国使节将此事报告给本国政府。提出这一请求的背景是，6月10日，全州的东学军和政府军之间达成和约，东学军从全州撤退了。俄罗斯政府也收到了关于朝鲜政府的请求的报告。[25] 外相吉尔斯收到报告后向皇帝请示，对于李鸿章请求正式调停一事，他认为相争双方无法达成一致，决定观望，只是通告日本政府，俄罗斯方面支持朝鲜政府的请求。皇帝批准了。[26]

6月30日，希特罗渥按照吉尔斯外相的指示，向陆奥外相递交了敦促日本按照朝鲜政府的请求撤兵的照会。其中写道："朝鲜政府已将该国内乱业已平定之事公然告知驻该国的各国使臣，并就敦促清军及日军撤回之事请求使臣等援助。故我皇帝陛下的政府命令本官劝告日本帝国政府接受朝鲜的请求，并忠告该政府若对与清国政府同时撤回在朝鲜军队之事横加阻碍，则日本应承担由此引发的重大责任。"[27] 这份文书明显含有威胁之意。

日军占领汉城

这个时候，派往朝鲜的日军，继6月23日在仁川的第一批主

---

[24] Khitorovo to Girs, 13/25 June 1894, AVPRI, F. 133, Op. 470, 1894 g., D. 96, L. 29-31. KA, 1932, kn. 1-2, pp. 18-19. 陆奥，《蹇蹇录》，61—62页。
[25] Kerberg to Girs, 13/25 June 1894, KA, 1932, kn. 1-2, p. 19.
[26] Girs to Aleksandr III, 16/28 June 1894, Ibid., pp. 19-20.
[27] 《日本外交文书》第27卷第2册，284—285页。

力部队进入汉城龙山后,27日混成第九旅团的剩余部队在仁川登陆,29日进入龙山。[28]这样一来,占领汉城的日军达到了8000人。以此兵力为背景,日本方面向朝鲜政府亮出了决定性的要求。

陆奥派加藤增雄外务书记官带着给大鸟的训令,与混成第九旅团的剩余部队一同去了朝鲜。该训令命令大鸟与朝鲜政府"严谈",劝告朝鲜实施改革,以避免将来的弊政,[29]但实际上,陆奥还委派加藤口头传达了秘密训令,其内容为"今日之形势,开战不可避免","须采取某种手段,制造开战之口实"。这是陆奥真正的指令。[30]大鸟的意见是,虽然一直在和朝鲜政府交涉改革问题,不过只要不解决朝鲜对清国的宗属问题,改革就无法推进,因此应该将宗属问题摆在前面。[31]

6月27日陆奥做出了行动。在这天的御前会议上,内阁通过了给大鸟公使的训令案:日本重视与朝鲜的"旧交""邻好",率先缔结条约,明确"平等之权利",向世界表明朝鲜为"独立国"。然而,若朝鲜墨守"旧章",不除"宿弊",内乱持续,终将瓦解"自主独立之根基","乃至成为东洋大局之大忧"。因而日本政府向朝鲜政府寻求"落实独立自主、永远维持王室尊荣之长计"。除此之外,劝告该政府改革以下事项:一,矫正地方官吏;二,尊重对外交涉的专业职务;三,确保审判公正;四,严格会计制度;五,改良兵制,导入警察制度;六,改定币政;七,改善交通,铺设铁路、电信线路。[32]当日,大鸟公使接到了机密训令。

---

[28] 原田,《日清战争》,24—25页。
[29] 陆奥给加藤增雄的信,1894年6月23日,以及陆奥给大鸟公使的信,同日,《日本外交文书》第27卷第1册,558—559页。
[30] 杉村,《明治廿七八年在韩苦心录》,24页。
[31] 大鸟给陆奥的信,1894年6月26日,《日本外交文书》第27卷第1册,561—562页。
[32] 同上书,569—570页。陆奥,《蹇蹇录》,52—53页。

第三章　日清战争与战后日本、朝鲜、俄罗斯的关系

　　大鸟公使听了6月27日到达汉城的加藤书记官传达的陆奥的秘密训令，也紧张起来。他制定了两个方案，打算28日向朝鲜政府施压。甲方案是，质问朝鲜政府是否承认6月6日清国政府文书中的"保护属邦"四字，如果得到不是属邦的回答，那么清军就侵害了朝鲜的独立，应该让他们从朝鲜撤退，假如朝鲜无法独力做到，就逼迫朝鲜政府"以我兵力助贵国驱逐之"。勒令清国公使让军队撤退，如果清国公使犹豫不决，"可通知他将以我方兵力驱逐之"。朝鲜政府如果回答是清国的属邦，那么就追究朝鲜欺骗日本之罪责，要求赔偿。乙方案是，向朝鲜国王建议进行内政改革，向政府出示改革方案，确认其实行的意愿。如果朝鲜政府不遵从大鸟公使的改革劝告，"可在合理的范围内使用恐吓手段，促其实行"。[33]

　　大鸟的提案是派专人送往外务省的，送达的时间是7月5日。在得到外务省的回复之前，大鸟根据自己的判断，于6月28日这天就"保护属邦"的问题质问了朝鲜政府，强硬要求翌日即给出回答。由于没有得到回复，30日，杉村濬一等书记官要求面会外务督办，得到了朝鲜政府的回答：朝鲜是"自主之邦"，向中国请求援助是"我国自由之权利"。[34]

　　这时，汉城公使馆收到了陆奥6月28日从日本发来的电报，要求将"属国"一词从正式文书中删除；至于驱逐清军之事，因"违背现下之政略"暂缓，现在先向朝鲜政府抛出改革问题。[35]

　　虽然因为通信状况不佳，外务省和汉城公使馆各自分别行动，但这份电报与其说是陆奥制止大鸟公使，不如说是要求大鸟采取

---

[33]《日本外交文书》第27卷第1册，573—576页。陆奥，《蹇蹇录》，54—55页。
[34] 大鸟给陆奥的信，1894年6月29日，《日本外交文书》第27卷第1册，582—583页。杉村，上述书，27—28页。田保桥洁《近代日鲜关系研究》下，364—365页。
[35] Mutsu to Otori, 28 June 1894,《日本外交文书》第27卷第1册，577—578页。

更加积极的行动。

对俄罗斯政府照会的反应

恰好就在这个时间点,俄罗斯向日本传达了朝鲜政府的请求,照会其如不履行,就要追究日本的责任。陆奥极其紧张。他给大鸟公使发去电报:"在采取暴力措施之前,先等待进一步的训令。"[36]然后他去伊藤总理处说明事态,伊藤干脆地说:"吾人已至今之态势,岂可遵从俄国指教,自朝鲜撤去我军队耶?"陆奥大喜,明言今后由二人共同负责,遂告别伊藤而去。[37]

希特罗渥将与陆奥会谈时的印象报告给吉尔斯:"语言上的劝说没有意义。日本人陶醉在自己的意见之中,将会不可避免地被清国教训,如此才能回归正常状态。日本或许会获得一时的成功,但最后胜利的将是清军。"[38]也就是说,希特罗渥认为如果发生战争,清军将获得胜利。希特罗渥写道,问题只有在汉城才有可能解决,"朝鲜政府可以要求日军撤退,并自己提议在清国、日本、俄罗斯三国委员的监督下进行内政改革"。

7月1日,喀希尼向外相汇报了与李鸿章再次会谈的结果。李鸿章表示,他认识到朝鲜内政改革的必要性,但这个问题可在汉城或天津,由俄罗斯、清国、日本的全权代表通过缔结协约来解决。这项提议对俄罗斯有利,但日本似乎想将俄罗斯排除在外。喀希尼请求对此事做出指示。[39]然而,在该日的第二封电报中,

---

[36] Mutsu to Otori, 30 June 1894,《日本外交文书》第 27 卷第 1 册,583 页。
[37] 陆奥,《蹇蹇录》,62—63 页。
[38] Khitrovo to Girs, 19 June/1 July 1894, KA, 1932, kn. 1-2, pp. 22-23.
[39] Kassini to Girs, 19 June/1 July 1894, Ibid., p. 22.

喀希尼报告他从李鸿章处又听说日本蛮横地给朝鲜国王下了最后通牒,要求他将清国代表驱逐出国,承认成为日本的保护国。"事态逐渐变得几乎没有出路了。"喀希尼也很悲观。[40]

陆奥准备了正式的拒绝俄罗斯政府的回复。[41]汉城的大鸟公使接到陆奥的指令,再一次将重心放在要求改革上。7月3日,他将日本政府先前在内阁会议决定的朝鲜内政改革案交给朝鲜政府,要求其执行。朝鲜政府迟迟未做出回复。[42]

天津的沃加克也一直细心关注着局势的发展。他在7月6日(6月24日)的报告中写道,根据从朝鲜得到的情报,日本公使要求朝鲜国王拒绝清国的保护,接受日本的保护,并勒令袁世凯回国。

> 日本直接向朝鲜要求承认成为日本的保护国。现在日本正在推进战争准备,国内沉浸在强烈的兴奋之中,国民要求政府向全世界展示,在四分之一世纪前刚刚踏上进步之路的日本变成了什么样的国家,因此,日本尤其不能妥协。对于远东的我方代表而言,想使事态达到一个比较好的结果是极度困难的。[43]

沃加克完全看穿了日本政府正在考虑的事情。

俄罗斯接受日本政府的回复

俄罗斯政府内部似乎也有应该让清国做出让步的意见,有人

---

[40] Kassini to Girs, 19 June/1 July 1894, KA, 1932, kn. 1–2, p. 25.
[41] 陆奥,《蹇蹇录》,64—65页。
[42] 大鸟给陆奥的信,1894年7月9日,《日本外交文书》第27卷第1册,586—588页。
[43] Vogak's report, 24 June/6 July 1894, SGTSMA, Vyp.LX, pp. 58, 60.

想起了1888年协商会议事录中的，通过占领朝鲜沿岸某处，向清国施加压力的办法。6月26日（14日），外相给陆相瓦诺夫斯基写信表示他认为没有那种必要。[44] 7月1日（6月19日）陆相答复外相，他知道清国没有危险，不过鉴于驻清国、日本武官的报告（即沃加克的报告），朝鲜局势极其严峻，因此他提议，如果希望陆军进行示威性的作战，那么就开始讨论具体需要调动的兵员数量等事宜吧。[45]

7月6日，日本政府将答复送交希特罗渥，内容如下：日本政府非常慎重地讨论了希特罗渥的照会，认为朝鲜政府的声明过于急促，叛乱的原因还没有得到排除，叛乱本身也没有被完全镇压，如果不采取措施，有可能再度发生叛乱。日军会在确认朝鲜恢复平静后撤退。感谢俄罗斯政府亲切的、友好的建议。希特罗渥将上述内容报告给了外交部，[46] 也传达给了喀希尼。喀希尼认为，"日本虽然看上去殷勤备至，却干脆地拒绝了我们的照会"。日本"想排除俄罗斯和清国的参与，随心所欲地支配朝鲜的命运"。他说，确认日本是否有这种动向的决定性的时刻到来了。他断言：'毫无疑问，对我们而言，日本并不是理想的大陆上的邻居。"他再次请求外交部做出指示。[47]

吉尔斯外相仍然希望日清两国避免冲突。但他不认为俄罗斯加入两国之中，参与朝鲜的改革符合俄方的目的。7月7日、7月10日他都给喀希尼发去了表明这一宗旨的信。[48] 7月9日，吉尔斯给希特罗渥发去指令，让他向日本政府表明：俄方得知日本政

---

[44] KA, 1932, kn. 1-2, p. 25.
[45] Vannovskii to Girs, 19 June/1 July 1894, Ibid., pp. 25-26.
[46] Khitorovo to Girs, 24 June/6 July 1894, Ibid., pp. 28-29.
[47] Kassini to Girs, 25 June/7 July 1894, Ibid., pp. 29-30.
[48] Girs to Kassini, 25 June/7 July 1894, Ibid., p. 29. Girs to Kassini, 28 June/10 July 1894, Ibid., p. 32.

第三章　日清战争与战后日本、朝鲜、俄罗斯的关系

府没有侵略性的目的,并准备迅速撤兵,非常满意。日本应该立即与清国进行交涉。俄罗斯很关心朝鲜事态,衷心希望日清两国消除冲突的可能性。[49]他想回避与日本发生冲突。

7月13日,希特罗渥向陆奥传达了俄罗斯政府的答复。陆奥说:"帝国政府对阁下的声明中展现出的信赖表示深深的感谢,将立即向天皇呈报谈判记录的内容。"[50]大概陆奥原本面对俄罗斯的照会感到颇为紧张,但如此一来觉得就不必在意俄罗斯了。

这时,一直防范着俄罗斯积极介入的英国向法、德、俄、美四国提议联合干涉,敦促日清两国政府进行直接交涉。不过列国对此没有做出反应,英国的提议最终不了了之。[51]

日本对朝鲜政府的要求

到了7月7日,朝鲜政府终于联系大鸟公使,告知任命了三名改革调查委员。大鸟当天再次送去文书督促。[52]7月10日,大鸟起草了送交陆奥的决定性方针的提案。该方案为:如果朝鲜方面没有做出能够满足日本要求的回答,则"全部视为拒绝我之劝告",就由日军控制汉城各城门和王宫各宫门,迫使其通过日本的要求。日本提出的要求为:甲案,由于朝鲜"不整顿内政",会给日本带来"危险",因此要求实施"内政改革";乙案,要求解除

---

[49] Girs to Khitorovo, 27 June/9 July 1894, Ibid., pp. 31-32. 这一宗旨于该日由亚洲局长传达给了西德二郎公使。西德二郎当天给东京发出电报。高桥,上述书,407—408页。
[50] Khitorovo to Girs, 3/15 July 1894, AVPRI, F. 133, Op. 470, 1994 g., D. 96, L. 63ob.《日本外交文书》第27卷第2册,300—302页。
[51] 佐佐木扬《英国远东政策和日清开战》,《佐贺大学教育学部研究论文集》第29集第1号,1981年,31—32页。
[52] 杉村,《明治廿七八年在韩苦心录》,32页。

清朝间的宗属关系，给予清国的权利、特权也要给予日本。大鸟写道，他虽然知道甲乙两案都很难施行，但比较起来，他认为乙案更值得一试。控制王宫的方案大概是公使馆和占领汉城郊外的日本军协商后得出的吧。这封机密信函送到东京需要花费时间。[53]在此期间，自7月10日起，改革调查委员与大鸟公使实现了会谈。

这时，陆奥终于从俄罗斯以及英国的介入中解脱出来，开始催促汉城的行动。陆奥认为"不能无限期地继续此不安定状态"，他感到"此际无论如何促使日清间产生一冲突为上策"。[54]7月11日，陆奥给大鸟发去训令，令他提出总括性的要求，这些要求应该"不仅向朝鲜施加压力，也要成为挑衅清国的手段"[55]。12日，陆奥又联系大鸟，"因英国的调停失败，今有断然实施处置的必要"，"选择某种不致引起世间非难的借口，以此开始实际行动"[56]。同日还发去电报，令其在推进改革要求的同时，还要"不遗余力地确保"建设汉城至釜山铁路、电信以及木浦开港等的"物质权益"。[57]

至7月15日，大鸟与朝鲜的改革调查委员进行了三次会谈。7月16日，他从外务督办和调查委员那里得到了文书形式的答复。前者的内容为：如果日本撤兵，即着手改革；后者的内容为：若日本撤兵、撤回提案，即着手改革。18日，大鸟发出电报，"收到的答复并不令人满意……转为启动第二手段为佳。"[58]

---

[53] 大鸟给陆奥的信，1894年7月10日，《日本外交文书》第27卷第1册，592—593页。这封机密信于7月17日送达外务省。

[54] 陆奥，《蹇蹇录》，57页。

[55] Mutsu to Otori, 11 July 1894,《日本外交文书》第27卷第1册，595页。

[56] Mutsu to Otori, 12 July 1894, 同上书，596页，陆奥，上述书，57页。

[57] Mutsu to Otori, 12 July 1894, 同上书，596—597页。

[58] 大鸟给陆奥的信，1894年7月18日，同上书，606—607页。

第三章 日清战争与战后日本、朝鲜、俄罗斯的关系

19日,大鸟要求朝鲜政府为日军修建兵营,20日,他进一步要求"清国兵以保护属邦为借口,长期驻屯朝鲜国内,侵害朝鲜国之独立,应驱逐之"。并且指定7月22日为答复期限。[59]这就是大鸟所说的第二手段。由于改革要求遭到了拒绝,因此要求朝鲜与清国断交,与清国对抗。不得不说,这的确是强盗逻辑。

东京的陆奥得到大鸟18日的电报,指示道,"阁下可采取自认为正当的手段",并于19日发出电报,"考虑到以我兵固守王宫及汉城非为上策,望不实行之。"[60]控制王宫案是大鸟在7月10日制定后送交陆奥的方案,于17日送达外务省。可以推测,陆奥之所以说不要这样做,是为了营造一种虽然外务大臣提出了反对,当地却根据情况判断采取了行动的局面吧。在大鸟没有其他方案的情况下,让他根据自己的判断去做,就是指推进占领王宫吧。

陆奥在这份电报中还提到了清军追加派遣援军到朝鲜的情报,并补充道,那么清军则是敌对而来,对此"除采取手段外别无他策"。这个事态已演变成了决定性的军事作战。

俄罗斯方面一直在观察着事态的进展。7月15日(3日),沃加克报告了清国和日本的战备情况。"清国人在军事方面完全不知道日本的情况,以及日本陆海军的程度。""无论清国人采取怎样的行动,他们都会在与日本一对一的对抗中失败,我认为这是不变的真理。"(译者:着重号为原文所加,下同)另一方面,日本"被前所未有的兴奋支配着,在所有的县都组建了希望前往朝鲜的志愿兵部队","所有报刊都赞同政府的政策,一部分报刊要求,为了向世界展示日本在远东问题上拥有大声发言的权利,政府应该投入更大的精力。"[61]

---

[59] Otori to Mutsu, 20 July 1894,《日本外交文书》第27卷第1册,615—616页。
[60] 陆奥给大鸟的信,1894年7月19日,同上书,612页。
[61] Vogak's report, 3/15 July 1894, SGTSMA, Vyp.LX, pp. 67-68, 71.

7月18日，韦贝尔代理公使从汉城给俄外交部发去了如下电报："友好的调停没有成功，日本军占领了各城门。戒严状态开始了。物资不足，恐慌，逃亡。国王和民众唯一的希望都押在了俄罗斯的调停上。如果我们再无所作为，大概会威信扫地吧。"[62]

21日，喀希尼从北京报告了李鸿章的话。李鸿章明言，日本好像向英国请求调停了，清国请求俄罗斯进行调停。即使英国直接来调停，他也会给出同样的回答，如果日本不撤兵，战争不可避免。[63]

7月23日事变——朝鲜战争的开始

1894年7月23日，汉城的日军终于开始了作战行动。关于这次行动，陆奥在回忆录中如是写道：

> 大鸟公使……先言明为伸张我权利不惜使用兵力，另一方面，他与大岛旅团长经悉心研究，23日拂晓，令在龙山营的若干兵员紧急入京。行至王宫近旁时，韩兵突然先发炮，我军追击之，遂打开城门，侵入阙内。朝鲜政府之狼狈不可名状。[64]

今天已经完全判明这是虚伪的说明。中塚明查证了参谋本部

---

[62] Veber to Girs, 6/18 July 1894, KA, 1932, kn. 1-2, p. 41.
[63] Kassini to Girs, 9/21 July 1894, Ibid., pp. 43-44.
[64] 陆奥，《蹇蹇录》，58页。

的日清战争史草稿,解明了这一点。[65]

根据《明治二十七八年日清战史第二册决定草案》,这次行动的经过是这样的:7月19日,混成第九旅团长大岛义昌少将接到了来自大本营的秘密指令,是由从东京归任的福岛中佐传达的,内容为"若清国将来增发军兵,可独断处事"。一直将几乎所有注意力都集中于进攻牙山清军的大岛旅团长加快了制订军队南下的计划。然而,到了7月20日午后,公使馆的本野一郎参事官赶来传达大鸟公使之意:

> 顷来朝鲜政府顿趋强硬,前来要求我方撤兵,此举可视为该政府拒绝我方一切要求,故我方将采取断然措施。本日我方向该政府提出了勒令清兵撤回的要求,限其22日回复,若至期未得明确回复,拟先派一个大队步兵入京城威吓,若仍不能满足我意,则开进旅团,包围王宫,然后推出大院君,让渠入阙,扶持渠为政府首领,由此即可使渠嘱托我方击攘牙山清兵。故旅团暂缓出发。[66]

这个联络之后不久,从大本营也发来了电令:

> 我舰队将于23日从佐世保出发,占领朝鲜西海岸的丰岛或安眠岛为根据地,清国若运送增兵至朝鲜,可径自破坏其

---

[65] 中塚明《从〈日清战史〉消失的朝鲜王宫占领事件——发现参谋本部的〈战史草案〉》,《みすず(三铃)》第399号,1994年6月,43—58页发表了在福岛县立图书馆佐藤文库发现的《明治二十七八年日清战史第二册决定草案》的第11章全文。《纠正历史的伪造》(高文研,1997年),以及《现代日本的历史认识》(高文研,2007年)中有相关分析。

[66]《明治二十七八年日清战史第二册决定草案》(福岛县立图书馆佐藤文库藏),14、16—17页。中塚明,上述文,48、49页。

军舰及运送船只。[67]

劝诱大院君出山的工作由杉村一等书记官为核心推进。计划按以下步骤进行：夜晚派冈本柳之助、穗积寅九郎、铃木重元、翻译铃木顺见至大院君居所，荻原警部为护卫，率步兵一个中队，保卫护送大院君前往王宫。然而，冈本劝说大院君的工作很不顺利，直至22日也没有得到他的应允。[68]

大岛旅团长接到大本营的命令后，于7月20日在召集各部队长的秘密会议上将计划的行动命名为"对朝鲜王宫的威吓行动"，并宣布了该计划：以步兵第11联队的3个大队和第21联队的2个大队为主力部队。计划的核心是调动第21联队的第2大队和工兵一小队，"出其不意地侵入王宫，驱逐韩兵，拥国王，并守护之。"据中塚的研究，第三草案中的"拥国王"一语，在原案中为"擒国王"。[69]

7月22日，在回答期限当日的午夜12时，朝鲜政府做出了答复，其主旨如下："正如《朝日条约》所载，我国乃自主之邦，且清国亦素知我国内政外交自主，清国将领之告示条目中有'保护属邦'等文字一事，朝鲜政府不知情。清军因我方请求前来援助，……至今未退，犹如贵兵今尚驻留。我方虽屡次提请清国政府迅速退兵，奈何其对我照会不得要领。"[70]

得到这个变相拒绝的回复后，大鸟公使和杉村一等书记官做出了日军进攻作战的决断。杉村将能够影响大院君的人从监禁中

---

[67]《日清战史第二册决定草案》，17页，中塚明，上述文，49页。
[68] 杉村，《明治廿七八年在韩苦心录》，46—48页。
[69]《日清战史第二册决定草案》，22—29页。中塚明，上述文，51—53页。
[70] 杉村，上述书，49页。

第三章　日清战争与战后日本、朝鲜、俄罗斯的关系

解救出来，带到公使馆，向其询问说服大院君的方法。[71]

7月23日当天的行动是这样展开的：午夜0时30分，大岛旅团长接到公使的联络后，向部队下达了出动命令，他则亲自率领幕僚前往公使馆坐镇。

武田中佐率领步兵第21联队第2大队从西大门方向前往王宫西侧的迎秋门。到达之后，"门扉紧锁，无法入内，……因而决定破坏迎秋门。"工兵欲用炸药爆破，但没有成功，用斧头也没有达到目的，于是打算顺墙架云梯翻入门内，从内侧开门，同样也不顺利，"遂内外相应，以锯截断门楗，以斧破坏门扉，终于于凌晨5时许艰难打开宫门。"

于是，第7、第5中队冲入门内，特别是"第七中队呐喊直冲光化门，驱逐守卫之韩兵，占领之，自内将门打开"。进而前往建春门，亦洞开其门。"此间守备之韩兵无一抵抗者，皆向北方逃走。"

凌晨4时20分，分头行动的第6中队从南大门方向到达王宫东侧的建春门，但"门外有韩兵向其射击，中队乃对射之"，由于5时后，第7中队的士兵从里面打开了门，第6中队遂进入门内，在王宫内部向北进发，行进至王宫东北角的春生门时，遭到北方松林中韩兵的射击，日军回射。在光化门的武田联队长听到激烈的枪声后，命令山口大队长率领第5中队前往增援。"第五中队刚一赴援，方才抵抗第六中队的韩兵即陆续撤出王宫北面的宫墙，逃向白岳（北岳山）方向，双方交火遂渐至平缓。"此时是早上7时半。"已一概驱逐王宫内之韩兵，宫墙四周皆为日本兵占领，现所剩核心任务唯搜索王宫内部，发现国王之所在并拥护之。"

高宗和闵妃在枪声中惴惴不安地躲在王宫深处的咸和堂。山

---

[71]《日清战史第二册决定草案》，50页。

口大队长下令搜索,第5中队长回来报告:"国王在雍和门内,由韩兵护守。"雍和门大概是国王所在的建筑区的郭门吧。山口大队长到达雍和门后,朝鲜方面官吏说现外务督办正去往大鸟公使处谈判,在他回来之前,希望不要让日军进入门内。山口说:"门内可见多名韩兵,若渠等将武器交付于我,即应所求。"他要求韩兵解除武装。朝鲜方面拒绝了。这时候"大队长遂拔剑麾兵,欲叱咤闯入门内,渠等大惊,闭门支撑,请求暂缓,以获得国王的裁决",然后很快就出来了,同意交出武器。王宫的守备兵就这样被完全解除了武装。

山口大队长进入门内,面对国王高宗,说道:"未料今日两国军兵交战,惊扰殿下宸襟,此乃外臣遗憾之处。然贵国兵士业已将武器交付于我,我兵自当保护玉体,绝不使殿下受到伤害。请殿下谅之。"高宗怎样回答的没有留下记录。国王就这样成了日军的俘虏。

日军横扫朝鲜兵,将其解除武装后,在宫殿周围部署了哨兵。就这样,上午9时许,国王和王妃被擒获,王宫景福宫完全被日军控制。〔72〕

通常所称的日清战争就是从这个时候起拉开了序幕。以前的桧山幸夫、最近的原田敬一都将这一攻击王宫的事件称为"日朝战争"或"7月23日战争"。〔73〕我认为这是"以朝鲜为目标的战争""在朝鲜的战争",从这个意义上,我想将其称为"朝鲜战争"的开始。

劝说大院君的工作极其困难。王宫的战斗结束后,杉村亲自去往大院君府邸,反复劝说大院君,日本的行动是为了"朝鲜中

---

〔72〕《日清战史第二册决定草案》,30—34页。中塚明,上述文,54—56页。
〔73〕桧山幸夫《7·23京城事件和日韩外交》,《韩》第115号,1990年6月,81—84页。原田,《日清战争》,36—38页。

兴"，为了"东洋和平"。大院君最后质问杉村："贵国此举若果出于义举，阁下能代表贵国皇帝陛下与我约定，事成后不割我国寸土乎。"杉村代表大鸟公使立下誓约，写下誓约文，署名钤印后交给了大院君。大院君终于同意出山了，但又表示没有王命不行，因此日本又开始做起工作来。[74]

王宫被占领后，高宗要求日本公使进宫谒见，想要进行协商，但大鸟公使推迟了进宫，上午11时左右才到达王宫。此时，大院君已经到了王宫，他指责了高宗政治的问题，高宗表示道歉。大鸟在拜谒高宗之前，大院君出来说道："我受大君主之命，自今日起统辖政务，关于内政改革诸事，将随后与贵公使详细协商。"于是，大鸟公使没有见高宗，直接退下了。[75]在败北的朝鲜，日本实现了期待的大院君执政。

俄罗斯人的观察

沃加克这个时候在朝鲜。他观察了汉城市内的情形，于7月14日（2日）返回仁川。他将汉城的日本士兵的规模、驻扎地等情况告知了常驻仁川的炮舰"高丽人号"的舰长。士兵总数约11,000人，电信铺设部队1200人，壮工约300人。士兵分布在汉江沿岸和汉城周边的三处阵地。市内的士兵则在公使馆院内。[76]沃加克在仁川停留了10天，或许是因为身体欠佳，在那里休养。

---

[74] 杉村，《明治廿七八年在韩苦心录》，51—54页。
[75] 大鸟给陆奥的信，1894年7月23、25日，《日本外交文书》第27卷第1册，618—619、622页。
[76] Domozhilov(ed.), *Sbornik materialov po voenno-morskim voprosam. Vol. 1. Iaponsko-kitaiskaia voina* [hereafter SMVMV], Sankt-Peterburg, 1896, p. 77.

7月23日，日军进攻王宫之日，汉城的韦贝尔代理公使早上5点在持续的枪声中醒来，他急忙穿上衣服，从卧室出来，正好朝鲜国王顾问李仙德的信送来了，上写"日本人正在攻击王宫"。韦贝尔心想："可怜的国王在哪里呢？"他不知道发生了什么。到了9点，高宗发出的希望前来王宫的邀请函送到了美、俄、德、英、法公使处。下午3点，韦贝尔去往王宫，一路上看到城内没有行人，只有负责警备的日本兵的身影。他到达王宫，得到日本兵的许可后，去了国王处。韦贝尔写道：当时现场给我们的印象简直就是"俘虏（而非国王）的客人来了"。"最终我们拜谒了国王。然后还见了大院君。国王脸色非常苍白，很明显，早上的事件使他受到了强烈的打击。他穿着普通的室内便服，不是国王的正式礼服。……他哀求我们，希望各个外国帮助他，将朝鲜从现在没有出路的状态中解救出来。"[77]

这天下午，汉城领事馆书记官克伯尔格将韦贝尔代理公使的口信传达到仁川。"高丽人号"舰长的报告如下：

> 我从克伯尔格那里听说了日本军在汉城攻击王宫的情形。日本公使大鸟……面对其他列国外交代表的质问，表示日本没有想过发起攻击之类的事情，只是为了占领汉城对面的阵地，让军队穿过市区，不料却遭到了朝鲜警备队的枪击，因此不得不转为攻击。日本人否认国王及其家人成了他们的俘虏，允许外国代表谒见国王。但是，国王这时完全是一副悲惨的模样。朝鲜政府在形式上依然存在。但总理大臣发出的文书内容，很明显是遵照日本人口述记录下来的。大鸟公使

---

[77] Bella B. Pak, *Rosiiskaia diplomatiia i Koreia*, Vol. II, Moscow, 2004, p. 83. Veber to Girs, 1/13 August 1894, AVPRI.

的言辞是最无耻的谎言，日本人规定了自己在朝鲜的角色，最终破坏了其他列国代表对日本所做约定的信赖。从日本人的所有行动中可以显而易见地看出，由于在朝鲜没有受到任何人的积极抵抗，他们变得自信过度，因而肆无忌惮地抛下了谦恭有礼、谨慎克制的假面具，施展出了亚洲人不加掩饰的粗暴。[78]

沃加克或许也一起听了这番话，对此很有共鸣吧。7月25日（13日）他带着联络的任务，乘坐法国军舰"里昂"去了芝罘。26日，40名俄国水兵为保卫汉城的公使馆被派遣到了仁川，克伯尔格等5人骑马返回了汉城。[79]

从朝鲜战争到日清战争

日军占领王宫后，高宗和王妃住在王宫内东侧的一个宫殿，大院君住进了相邻的宫殿，那个区域由韩兵警卫，但除此之外的王宫区域则由日军驻守、统管，政府的建筑物也在日军的控制之下。日军从7月23日起开始解除韩国各部队的武装，没收武器，到25日结束，以致"一时间朝鲜政府除王宫卫兵所持之外，无有一武器"[80]。朝鲜就这样完全成为被占领国和战败国。

在大院君和日本公使的指挥下，朝鲜首先进行了政府改造。以最有实力的闵泳骏为代表的众多闵氏家族成员被解除了政府要职，流放到远岛或予以其他处置。大院君想废掉闵妃，但因大鸟、

---

[78] SMVMV, Vol. 1, pp. 87-88.
[79] Ibid., pp. 86、88.
[80] 杉村，《明治廿七八年在韩苦心录》，55—56页。

杉村等日本方面的反对，没能实现。取代闵氏家族进入政权核心的是亲日派、改革派的面孔。首先，金弘集成为领议政（译者注：又称领相，朝鲜李朝最高行政机关——议政府的最高领导人），然后起用了金鹤羽、朴定阳、赵义渊、安骃寿、金宗汉、金允植、鱼允中、金嘉镇、俞吉濬、李允用等人，成立了由他们组成的合议制的行政机关——军国机务所会议。此会议的编外书记是日本公使馆的书记生盐川。[81]

日本逼迫这个新政权摆脱清国独立。7月25日，大鸟公使同大院君和赵秉稷交涉，二人迟迟不能做出决断，但在大鸟强硬要求下，二人最终屈服。当天，朝鲜方面通告清国代表将废除清韩通商三章程。清国代表即日由仁川回国。

接下来做的事情是，逼迫新政权宣布驱逐驻留在朝鲜国内的清军，并委托日本政府执行。赵秉稷最终也没有同意此事。但是大鸟根据自己的判断，认为朝鲜既然已经宣布独立，就可以视为有过这样的委托，于是在7月26日通知大岛旅团长获得了由外务督办署名钤印的委托书。其实并不存在这样署名钤印的文书。[82] 陆奥承认："遂乘七月二十三日之事变，自韩廷强取了将牙山清军驱逐出国外的委托书。"[83]

至此，朝鲜战争开始走向日清战争。二日后的7月25日，军事冲突首先在海上发生。在牙山附近的丰岛冲，日本海军三艘巡洋舰"吉野""秋津洲""浪速"攻击了运送1100名清国增援士兵的英籍承租船以及清国海军的护航战舰"济远"和"广乙"。结果"济远"逃跑，"广乙"触礁投降。日本方面对于这场战斗的正式

---

[81] 杉村，《明治廿七八年在韩苦心录》，56—57、61—65页。
[82] 田保桥，《近代日鲜关系研究》，下，446—449页。
[83] 陆奥，《蹇蹇录》，108页。

第三章 日清战争与战后日本、朝鲜、俄罗斯的关系

说法是：因清国方面率先开炮，日方才应战。但原田敬一论证了这一说法是虚假的。[84]

战斗结束后，司令官命令清兵乘坐的英国船跟随"浪速"航行，但清兵不允许船长这样做。于是，"浪速"在警告后发射水雷，击沉了该船。当时，"浪速"只救起了英籍船长等三人而已。而清兵除却游到附近岛屿得以逃生的大约160人外，其余900多人都消失在了大海中。[85]

陆军方面，汉城第九旅团的两个联队3500人自7月25日南下，7月29日攻击了牙山以北、成欢的2500名清军。清军死亡100人，负伤400人，其余逃往了北边的平壤。[86]在这场战斗中，诞生了即使中枪也军号不离手的军号手的美谈。据报道，这名军号手的名字是白神源次郎，但在10年后的德育教科书中，却变成了《木口小平物语》。[87]这些战斗全部发生在宣战公告发布之前。

日本向清国发出宣战公告是牙山战役3天后的8月1日。这是近代日本国家发布的第一个宣战公告和开战诏敕。[88]其开篇如下：

保全天佑，践万世一系之皇祚，大日本帝国皇帝示汝忠实勇武之有众。朕兹对清国宣战。

据说在内阁会议审议的六个草案中，有两个为"对清国及朝鲜国"，最终，日本只对清国发出了宣战公告。[89]开战诏书的核心内容如下：

---

[84] 原田，《日清战争》，51—60页。
[85] 《日清战史第二册决定草案》，84—88页。
[86] 原田，上述书，81—85页。
[87] 同上书，90—94页。
[88] 《东京朝日新闻》附录，1894年8月3日号。
[89] 桧山，《7·23京城事件和日韩外交》，117—118页。原田，上述书，95页。

145

> 朝鲜乃帝国首先启发使就与列国为伍之独立国，而清国每称朝鲜为属邦，干涉其内政。于其内乱……出兵于朝鲜。
>
> 朕……出兵备变……先告清国，以协同从事，清国……拒绝。帝国于是劝朝鲜以厘革其秕政，……外全独立国之权义，朝鲜虽已允诺，清国始终暗中百计妨碍……更派大兵于韩土，要击我舰于韩海，狂妄已极。……查朝鲜因帝国率先使之与独立国为伍而获得之地位，与为此表示之条约，均置诸不顾，以损害帝国之权利利益，使东洋和平永无保障。就其所为而熟揣之，其计谋所在，实可谓自始即牺牲和平以遂其非望。事既至此，朕……亦不得不公然宣战。赖汝有众之忠实勇武，而期速克和平于永远，以全帝国之光荣。

朝鲜的"独立"，朝鲜是"独立国"等语在这份宣战公告中出现了三次，这份诏书的口吻仿佛是为了保护朝鲜不受清国的压迫而战。日本占领朝鲜的首都，占领王宫，"擒"其国王，解除朝鲜军队的武装。它所发出的诏书真是充满了欺瞒性。

同日，清国也发布了宣战诏书，只是淡淡地描述了事实：

> "朝鲜为我大清藩属二百余年。……近十数年来，该国时多内乱。朝廷字小为怀，叠次派兵前往勘定。……本年四月间，朝鲜又有土匪变乱，该国王请兵援剿，情词迫切。当即谕令李鸿章拨兵赴援。甫抵牙山，匪徒星散。乃倭人无故派兵突入汉城。""日本与朝鲜立约，系属与国，更无以重兵欺压、擅令革政之理。各国公论皆以日本师出无名，不合情理，劝令撤兵，和平商办，乃竟悍然不顾。"而且在我方进一步运兵时，"突有倭船多只，乘我不备，在牙山口外海面开炮轰击，伤我运船。"

第三章　日清战争与战后日本、朝鲜、俄罗斯的关系

这份宣言谴责"该国不遵条约，不守公法，任意鸱张，专行诡计"[90]。"鸱张"出自《三国志·吴志》的"卓不怖罪而鸱张大语"，意为猫头鹰（即鸱。——译者注）张开翅膀摆出威猛的姿势来。

接下来，日本和清国都开始接连不断地向朝鲜领土派兵。日本方面，第五师团派出第九旅团后，剩下的部队从釜山登陆后向北进发，接着，第三师团的别动支队在元山登陆。清军则以在平壤集结为目标。陆奥写道："朝鲜国土被分割为南北两大部，日清两军各据其半。各地因行军准备、征发军需，极度扰乱繁忙，朝鲜全土殆与战场无异。"[91]

朝鲜战争至此已转化成了日清战争。

日本的对朝方针

日清进入战争阶段，日本强迫朝鲜宣布从清国独立之后，就有必要确定对待朝鲜的基本方针了。8月1日，大鸟公使因"日韩两国关系自上月二十三日事变以来局面一变"，认为应迅速缔结临时条约，他向外务省报告，自前一天起已经开始与朝方就以下方案进行交涉。其方案为：实施日本政府的改革劝告，由日本政府建设铁路，保留日本政府建设的电信设施，聘用日本人做政务法律顾问、军务教师，7月23日之事不予追究，以及由两国代表协商决定"关于独立保护的一切事项"等。[92]得到这个报告后，陆奥首先起草了内阁会议决定草案，于8月7日送交伊藤总理："七月廿三日事变以来……收缴朝鲜军队武器，且一定程度上形成钳

---

[90]《日清战争实记》，博文馆，1895年，40页。
[91] 陆奥，《蹇蹇录》，127—128页。
[92]《日本外交文书》第27卷第1册，633—634页。

制其警察权的局面,在事实上有侵犯一国独立权之形迹",对于这点,俄罗斯政府是持批判态度的。如果"朝鲜独立出现变故","俄国决不会默视"。因此,"顾全朝鲜国独立之体面,并取得同盟之实,为眼前急务。"有必要将此宗旨通告朝鲜当地。内阁会议接受了这项提案,决定向朝鲜交还武器。[93]

接下来,8月15日,陆奥又向伊藤总理提交了进一步的内阁会议决定草案:现在"朝鲜国实际上恰如日清两国之战场,或通往战场之道路",日本军必须避免在国际公法上,"招其他强国非难"而难于辩解的情况出现,而且"今日朝鲜国之地位乃我同盟,而非敌国","应尽力避免显著毁损其独立国体面之行动以及实际掠取其疆土之形迹",不能让朝鲜政府因过于不满而向各国公馆控诉。注意事项有以下三点:一,"诸如侵害朝鲜国独立权之行为",即使军事上有所不便,也"应尽力避免";二,对朝鲜政府提出的要求,应"在朝鲜政府独立体面可容忍之限度内",须"充分注意使其无不堪忍受之感";三,对军事上的必要物品给予赔偿,须"深度注意不要有侵掠之形迹"。[94]最终这个方案在内阁会议中通过了,陆奥于8月23日向大鸟发去了训令。[95]

然而,陆奥认为这样还不充分,他第三次起草了内阁会议决定草案,于两日后的8月17日送交伊藤,其中明确提出和探讨了对朝鲜的四种方案。

甲,(即使日本胜利后,朝鲜)仍然是一个独立国,全然放任其自治自主,我方不干涉。

乙,虽名义上公认其为独立国,然帝国永远或长时间地间接、

---

[93]《日本外交文书》第27卷第1册,640—641页。
[94] 同上书,646页。
[95] 陆奥给大鸟的信,1894年8月23日,同上书,650—652页。

第三章 日清战争与战后日本、朝鲜、俄罗斯的关系

直接扶持其独立,承担其防御外侮之劳。

丙,日清两国担保朝鲜领土的安全。

丁,由我国邀约欧美诸国及清国共同担保朝鲜为世界中立国。(使其确立类似比利时、瑞士之地位。)[96]

虽然陆奥对每个方案的优劣都做了分析,但内阁会议仍然没能做出决定。"仅决议……当前先以乙策大意为目的,他日再待庙议决定。"[97]乙案即保护国方案。

在此期间,大鸟公使与朝鲜政府之间就缔结以确定两国关系为目的的临时条约进行了交涉,8月20日,大鸟与外务大臣金允植签订了暂定合同条款。其内容为:一,日本政府希望朝鲜政府实施改革;二,因朝鲜财政窘迫,汉城至釜山之间以及仁川至汉城之间的铁路建设,希望与日本政府或民间企业"订约",尽快开工;三,日本军在汉城至釜山之间以及仁川至汉城之间架设的军用电信设施以后再酌订条约,现予以保留;四,7月23日事件"应彼此共同不予追究";五,日本政府希望成就朝鲜的"独立自主之业",协商"有关将来巩固朝鲜国独立自主之事宜";六,"应酌量时宜,一律撤走护卫大阙之日本兵员。"[98]其中,倒数第二项在8月1日的原案中为"有关将来保护朝鲜国独立之一切事宜",因朝鲜方面厌恶"保护"一词,有所抵触,修改成了目前的方案。最后一项的"大阙"指王宫,也就是说解除占领王宫。这套方案于8月21日得以实施。[99]

关于日本军的地位,双方于8月26日进而签订了《大日本大

---

[96]《日本外交文书》第27卷第1册,646—649页。
[97] 陆奥,《蹇蹇录》,130页。
[98]《日本外交文书》第27卷第1册,653—654页。桧山幸夫将这份暂定合同条款的签订视为"日朝战争"的终结。桧山,《7·23京城事件和日韩外交》,123页。
[99] 大鸟给陆奥的信,1894年8月31日,同上书,657—658页。

朝鲜两国盟约》，规定："日本国承担对清国的攻守战争，朝鲜国尽力为日军进退以及粮食筹备提供便利。"[100]

大鸟公使在促进改革上遇到了困难。军国机务所自7月28日开会伊始，就连日召开会议，一项接一项地制定了打破旧弊的政策，然而尽管日本公使以军事力量相威胁，强硬地提出改革要求，政府的最高层、71岁的大院君首先就不会轻易地对日本言听计从。因此，当跻身政府核心的金弘集等亲日派想大干一场时，就与大院君产生了很多冲突。而且被剥夺了实权的高宗和闵妃也加强了抵抗。此外，保守的老资历官僚也开始消极怠工。最终在10月31日发生了中立派的代理法务大臣金鹤羽被暗杀的事情。[101]

大鸟公使也因在开战前力争暂时回避日清间的冲突，口碑很差，开战后，军人对他的批判更加严厉起来。他被认定为"因循""老耄"。最终，日本政府以大鸟公使无能是导致混乱的原因之一为由，决定撤换他，由内相井上馨继任。[102]

井上馨出生长州，较山县有朋、伊藤博文年长，早年留学英国，回国后，曾参与四国舰队炮击下关事件的善后处理工作。他参加过倒幕运动，明治维新后，在地租改正（译者注：1873年明治政府进行的租税制度改革）、秩禄处分（译者注：明治政府废除了江户时代武士领取的俸禄）等方面大显身手。其后，在第一次伊藤内阁中担任外务大臣。前文已介绍过1885年，井上对高宗接近俄罗斯的举动抱有强烈反感，曾谋划"限制"其外交。井上是元老之一，一直负责对朝鲜的外交，这样的重量级人物在伊藤总理的请求下，前往朝鲜赴任了。井上于10月25日到达仁川。

---

[100] 中塚明《日清战争研究》，177—178页。
[101] 杉村，《明治廿七八年在韩苦心录》，63—74页。
[102] 同上书，86—87页。

第三章　日清战争与战后日本、朝鲜、俄罗斯的关系

开战与俄罗斯

俄罗斯的调停没有成功，战争开始后，俄罗斯政府的考量迅速发生变化，转为防止这场战争伤害俄罗斯利益的方向。

8月7日（7月26日），吉尔斯外相上奏了关于应随着日清开战而修改俄罗斯政策判断的意见书："我们不能允许日本完全攻占朝鲜半岛，因为这样一来就侵占了我们在日本海的出海口。"如果日本胜利了，我们必须在这个问题上与日本缔结协定。随着交战发展为局地战争，必须保护俄罗斯在清国的权益。我们要向日清两国要求，不让军队进入朝鲜北部，不在拥有戈什克维奇湾（造山湾，包含雄基港）和拉扎烈夫港（元山）的咸镜道内进行军事行动。还有必要要求日本不占领朝鲜沿岸靠近俄罗斯国境的海军据点。"我们在日本海最重要的利害是对马与釜山间的布劳顿海峡（朝鲜海峡）的航行自由。"这一海峡堪称"远东的博斯普鲁斯海峡"。我们有必要与日本约定，如无俄罗斯同意，不决定通向太平洋的自由航行问题，为此，"我们承诺"不介入日清两国间的"不和"，也不占领朝鲜的任何部分。[103]皇帝在这份意见书上批示，"很多地方都正确"，表现出赞成之意。

8月21日（9日）举行了特别协商会。与会者为外相吉尔斯、陆相瓦诺夫斯基、海相奇哈乔夫、财相维特，以及外务次官希施

---

[103] Narochnitskii, op. cit., pp. 609-610. 资料为 Girs to Aleksandr III, 26 July/7 August 1894 g., AVPR, MID, kitaiskii stol, Vsepoddanneishie doklady, No. 12, L. 152-155。虽然鲍里斯·朴在其著作的改订版中引用了几乎同一资料，但他认为是8月8日（7月27日）的上奏意见书。Boris D. Pak, *Rossiia i Koreia*, Moscow, 1979; 2nd edition, Moscow, 2004, p. 210, 453. 关于这点，可见佐佐木扬《俄罗斯远东政策和日清开战》66—67、72页。

金和亚洲局长卡普尼斯特。[104] 会议开始，外相吉尔斯说明本次会议的目的在于讨论面对日清这场战争，俄罗斯应该采取怎样的行动方式，如果某一方胜利后做出损害朝鲜领土完整的举动时，俄罗斯应该如何应对。吉尔斯汇报了应李鸿章的请求，驻东京公使向日本政府调停却被日方拒绝的情况。他还讲到李鸿章似乎有意请俄罗斯也参与朝鲜内政，但俄罗斯"认为直接介入朝鲜的改革不合适"，拒绝了李鸿章的这一提案。由于日本没有回应请求，俄罗斯与欧美政府也做了沟通，其中，英国政府赞成尽量回避冲突，提议将日清两国兵力分置于朝鲜南北两方。然而，在此期间，两国却发表宣战公告，开始了战争。俄罗斯不参与这场战争，将呼吁两国迅速停战，缔结和平协定。"协定的基础在于有必要维持朝鲜的 status quo（现状）。""日本如果占领了朝鲜半岛南部，……布劳顿海峡就会被日本掌控。那样的事情，对于我们来讲，即使从维护日本海的通行自由上来考虑，也是难以允许的。然而，在日清两国都……不希望破坏朝鲜领土完整的情况下，我认为维持朝鲜的 status quo 是有可能实现的。"[105]

　　财相维特赞成不介入战争，但他认为如果战争结束，胜利者攫取成果时，英国有可能怀揣利己的目的介入。他主张"不能允许这种介入，因此，当英国露骨地表现出利己性时，我们应该准备反击"。奇哈乔夫海相表示，如果英国介入的话，俄罗斯出于对抗的目的，可以占领朝鲜领内的冈恰罗夫岛（马养岛），但从朝鲜获得领土没有太大的利益，反而会造成巨大的经济上的负担，因此，如果可能的话应该避免这种情况出现。陆相瓦诺夫斯基说："维持朝鲜的 status quo 必须成为现阶段我国在远东政策上的主要

---

[104] Zhurnal Osobogo soveshchaniia, 9 August 1894, KA, 1932, kn. 3, pp. 62-67.
[105] Ibid., p. 64. 佐佐木扬，上述论文 68 页中关于吉尔斯的演说的说明并不正确。

任务。日本征服朝鲜，对我们来讲尤为不利。"另一方面，他主张应该开始增强俄罗斯在远东的兵力。[106]

这次协商会得出的结论是：俄罗斯不介入日清战争，但也不发表中立宣言，争取战争在结果上维持朝鲜的 status quo，陆相和财相进一步协商增强军备之事。[107] 由此可见，俄罗斯的态度是慎重的，甚至可以说是消极的。

沃加克最初的印象和平壤大会战

沃加克从仁川去了芝罘，在那里，他听说了丰岛冲海战的情况，急忙写信给仁川"高丽人号"的舰长，告诉他日本海军击沉了清国商船。[108] 沃加克在天津看到后续的战争情形后，于8月下半月去往东京。此时，俄罗斯海军也紧急派遣了施万克中尉到东京任临时驻在武官。沃加克在东京与施万克相会，告诉了他自己在朝鲜的观察，并介绍了翻译。[109]

尽管沃加克对日本彻底奉行的秘密主义很伤脑筋，不过还是见到川上操六参谋次长，得到资料，进行了分析。沃加克原本希望前去观战，但或许陆军首脑层并不情愿让俄罗斯武官去观看第一线部队的作战，最终他被挽留在了东京。

9月10日（8月29日），沃加克从东京给俄罗斯参谋本部发去第一封信，对派遣到朝鲜的清军兵力进行了分析。"我无法报告所有的部队是否都到达了平壤。清军集结在平壤，我期待他们在

---

[106] Zhurnal Osobogo soveshchaniia, 9 August 1894, KA, 1932, kn. 3, p. 65.
[107] Ibid., p. 66.
[108] Ienish's report, 27 July 1894, SMVMV, Vol. 1, p. 97.
[109] Vogak's report, 2/14 October 1894, SGTSMA, vyp. LX, p. 87.

大同江畔构建起强力的阵地，对日军发起反击。"[110]

另一方面，9月15日（3日），沃加克将对日军的综合判断写信发给了北京的喀希尼，那封信由外务省转呈，皇帝亚历山大三世也过目了。

> 我在想，我们拥有日本这样一个极度危险的邻居。将来，我们无论如何都必须重视这个国家，在某些情况下，这个国家或许会给我国制造出很多麻烦、困难来。迄今为止，我们一直认为有必要强化我国在远东的地位，主要是与清国和英国对抗。现在，以我所见，至少事态看上去有了变化。日本是当地主要的、极其重大的存在（dannaia）。日本这个对今后的远东命运有着巨大影响力的新生力量诞生了。

皇帝阅过沃加克这封信，在最后一句下面画了线，批示"完全正确"。

沃加克接着还写道："日本的参谋本部知道我们在当地的兵力情况。日本在朝鲜问题上表现得似乎一直在无视我们的存在，不正好印证了这点吗？我不谈论政治，只谈论纯粹的军事方面。日本打算在满洲进行作战，即使这样，它也没有担忧要防备俄罗斯方面。日本似乎确信没有谁能够威胁他们的战线。鉴于这种确信既没有立足于与我国缔结的条约之上，我们又没有宣布中立，那就只能以日本熟知我国沿阿穆尔地区的军事状况来解释了。日本今后（与清国）缔结媾和条约的时候继续无视我们，大概也并不令人惊讶吧。"

---

[110] Vogak's report, 29 August/10 September 1894, Ibid., p. 76.

第三章　日清战争与战后日本、朝鲜、俄罗斯的关系

皇帝在整段话下面画了线，批示"极其务实、明确"[111]。沃加克发出这封电报的9月15日，是朝鲜战争规模最大的会战——平壤大会战进行的日子。

平壤位于大同江畔，城市由高耸的城墙守护。清军跨过鸭绿江南下，集结在平壤。从牙山战役中逃走的部队也汇集到了这里。清军的兵力在15,000人之上。他们在平壤城内和周边修建了27座堡垒。战后，沃加克来这里视察时得出结论，如果准备得当，对于日军来讲，平壤有可能成为俄土战争时难以攻克的普列文要塞。但是，清军没有利用好六个星期的犹豫期，未能将平壤变成那样的要塞。[112]

会战当日，日军一方大岛少将率领混成第九旅团从南边的中和进军，野津中将率领第五师团本队紧随其后；在元山登陆的大迫少将率领第三师团的支队从阳德经成川从北边进军；立见少将率领第十旅团由朔宁经遂安从东边进攻，一齐逼近平壤，总人数达16,500人。

战斗在9月15日黎明大岛部队的炮击中开始。接着是立见部队的突击，但遭到了来自清国堡垒猛烈的炮击，不得不撤退。大迫部队从北边进攻，攻下了现在的机场所在地顺安，进而攻打北侧的牡丹台堡垒，最终攻陷了玄武门。这个时候，士兵原田重吉勇敢地攀登城墙、开辟道路的事迹后来被大肆宣扬。清军的北部司令官左宝贵英勇作战，最终战死疆场。大岛部队猛烈进攻平壤南边的简易堡垒，攻陷后，接着进攻大同江东岸船桥里堡垒，该堡垒壁厚达5米，很难攻破。战斗持续了10小时，终于在傍晚5时，清军总司令官叶志超提督投降。清军请求缓期交出武器，在此期间逃走了，

---

[111] Narochnitskii, op. cit., p. 662. Vogak to Kassini, 3/15 September 1894, AVPRI.

[112] Vogak's report, 3/15 November 1894, SGTSMA, vyp. LX, p. 132.

留下了死者2000人，伤者4000人，俘虏700人。日本方面的伤亡为，死亡102人，负伤438人，下落不明33人。[113]

中秋的明月升起在陷落的平壤上空。

> 长夜涉过大同江，前进号角月升起。入山野，披月奋进三万骑。

这是因病而未能从军的《日本》报记者正冈子规想象着平壤战斗的情形写下的俳句。[114]其他作家也写了很多作品。

"我想到战争，想到和平，想到白色硝烟中炸裂的野山。自己也想去，牙山之战，京城、仁川的占领，还有接下来平壤的那场大战。月明之夜，美丽的十五之夜……"[115]

平壤会战的胜利决定了日清战争的胜败，这场会战在日本被称为"平壤大捷"，镌刻在国民的记忆中。原田重吉成为民族英雄。

两天后，日本海军又在黄海会战中取得了胜利。日本舰队遭遇丁汝昌提督率领的北洋舰队主力，击沉清军12艘军舰中的4艘，而日方一艘也没有沉没。

沃加克的日军从军观察报告

在接到日军连胜的消息后，沃加克10月4日（9月22日）

---

[113] I. Rzhevuskii, Iaponsko-kitaiskaia voina 1894-1895 gg., Sankt-Peterburg, 1896, pp. 32-35.

[114] 《日清战争实记》第4编，82页。司马辽太郎《坂上之云》文春文库（新装版），2，1999年，124页也引用了其中的二句。

[115] 田山花袋《东京的三十年》，岩波文库，1981年，58页。原著刊于1917年。

第三章　日清战争与战后日本、朝鲜、俄罗斯的关系

给参谋本部发去了第二封信，详细介绍了日军的战时体制：

> "动员以及军队的铁路、海上运输工作都进展得极其顺畅，毫无疑问这是任何西欧强国都会羡慕的状态。陆军省在召集预备役和地方军时没有遇到任何困难。躲避者的比率远远低于预期。很多志愿者都争先恐后。这就是当前的战争在日本国内唤起的狂热的结果。"
>
> "铁路运行得很完美。""列车以我迄今为止从未见过的完善状态运营。"[116]"军队的海上运输也很顺畅。""总而言之，万事就如同上了润滑油一般，进展顺利，日本的参谋本部确实能够为达成的结果而自豪。"

沃加克在这里又重复了9月写给喀希尼的信中的话："我认为，对我们而言，日本是一个危险的邻居。……日本，对远东命运具有巨大影响力的新生力量诞生了。"[117]

沃加克得出了在当前这场战争中，"日本会成为胜利者"的结论。他认为日本想赶在"西伯利亚铁路完工前，在我们拥有充足的力量之前，成为使我们恐惧的"积极力量。他写道，日本的参谋本部为了掌握俄罗斯的兵力状况，向俄罗斯领内派去了很多"秘密日军特工"，"日本人对于了解敌人及其实力所具有的巨大意义认识得非常透彻。"[118]

不久之后，10月9日（9月27日），沃加克终于得以同参谋本部指派的池田中佐一同从东京出发，去往广岛的大本营。

沃加克在广岛给俄罗斯公使馆发去电报，希望转达参谋总

---

[116] Vogak's report, 22 September/4 October 1894, SGTSMA, Vyp. LX, pp. 80-81.
[117] Ibid., p. 83.
[118] Ibid., pp. 84-85.

长:"我非正式地拜谒了天皇。日本人极其温文尔雅,且有防范心。川上(参谋次长)说,希望俄罗斯相信日本的战斗能力,承认日本是值得关注的,并且承认在远东的自然国境,因为我们共通的敌人是英国。"[119]沃加克在给参谋本部的通信中写道,明治天皇对他说,希望他能够为在中国的土地上的作战方式提出一些建议。[120]

10月15日,第一师团开始在宇品登船,33艘运输船聚集在一起。沃加克观察了整个登船过程,认为"日本人在这方面不比任何欧洲国家的陆军逊色"。登船过程"很安静、有条不紊"[121]。10月20日(8日),沃加克与大山岩的第二军下属的第一师团一同乘坐运输船"姬路丸"从宇品出发。[122]

沃加克在船上度过了五天五夜。日本士兵的安静程度令人惊讶,他们不唱歌,不赌博,不喧哗,很多人都静静地翻阅宣传战况的小册子。[123]到达仁川后,俄罗斯公使馆书记从汉城赶来,向沃加克讲解了朝鲜的情况。日本策划的改革因朝鲜民众的反感和不满难以进展。失败的原因首先在于日本人依靠金弘集等亲日派,无视国王。汉城的情况很严峻。俄罗斯的影响力每天都在丧失。[124]

沃加克乘坐姬路丸直接到了大同江河口。第一师团已经开始在辽东半岛登陆。虽然之前沃加克提出想观看鸭绿江渡河作战,但那次行动已于10月25日(13日)结束了。他听说日军渡河进入了"满洲",清军正退往奉天方向。于是,他决定参观平壤的

---

[119] Khitorovo to Girs, 5/17 October 1894, AVPRI, F. 133, Op. 470, 1894 g., D. 96, L. 164. 纳罗奇尼茨基引用这封信,批评希特罗渥因日本方面的好意而变得得意忘形,这种说法言过其实。Narochnitskii, op. cit., p. 663.

[120] Vogak's report, 2/14 October 1894, SGTSMA, Vyp. LX, p. 90.

[121] Vogak's report, 6/18 October 1894, Ibid., p. 109.

[122] Vogak's report, 14/26 October 1894, Ibid., p. 112.

[123] Ibid., p. 114.

[124] Ibid., p. 116.

第三章　日清战争与战后日本、朝鲜、俄罗斯的关系

战斗遗迹，就此下船。10月29日（17日），沃加克视察了平壤市内，[125]他从各种各样的人那里听取介绍后，对平壤战斗做了评价，于11月15日（3日）写成报告。在报告中，沃加克虽然也写了对野津第五师团长的作战指挥的批评意见，但他对清军却做出了极其否定的评价："很明显，所有的人——从将军到每一位士兵——都只考虑自己，战斗的目的、救援我方士兵等都与他们没有关系。敌人离开时向敌人开炮……然而敌人一接近，最先考虑的却是逃走。"[126]在11月10日（10月29日），沃加克终于到达鸭绿江，去了九连城。[127]

　　战争从此在"满洲"展开，而在朝鲜国内，金琫准领导的东学党打着抗日、反开化的旗号，发起了第二次农民叛乱，对此，日军派南小四郎大佐率领后备步兵独立第19大队与朝鲜军共同镇压叛乱。兵站总监川上操六10月27日下令"要严酷处置东学党，今后应悉行杀戮"。农民军于10月、11月两次纠集数万兵力进攻忠清道的重要城市公州，然而未能攻打下来，最后陷入失败。参与农民军的人全部遭到了日军的杀戮。12月，全琫准因叛徒出卖被捕，被送交给日军。这场作战是朝鲜战争中最为残酷的一页。[128]

井上公使的改革指导

　　于1894年10月26日到达汉城的井上馨公使拥有崇高的声

---

〔125〕　Vogak's report, 30 October/11 November 1894, Ibid., pp. 118-120.
〔126〕　Vogak's report, 3/15 November 1894, Ibid., p.147.
〔127〕　Vogak's report, 30 October/11 November 1894, Ibid., p. 120.
〔128〕　赵景达《异端的民众反乱——东学和甲午农民战争》，岩波书店，1998年，303—317页。

望、地位以及强烈的自负心,他一心想以日本占领军的力量为依托,强力推进朝鲜政府的改造。27日,井上首先会见了外务大臣金允植,表示"日清事件之原因"在于要帮助朝鲜独立,然而"内政改革之举未能收获实效",强调没有达到目的。他提出朝鲜政府应该"协和一致,以赤诚尽国事,不要互树私党,猜疑争斗,贻误国家大业",并请求内谒见高宗。[129] 28日,他入宫请安,得到允许正式谒见高宗。1885年井上馨得知高宗试图接近俄罗斯时相当愤怒,曾决心要限制其行动,此时距离那个时候已经过去了将近10年。现在日本占领了这个国家,高宗也向日本发誓屈服。状况改变了,井上馨此时的心态大概是想以新的思路操纵高宗吧。面对高宗,井上馨从"东洋之大势"讲起,在强调俄罗斯威胁的基础上,又说明了英、德、法的动向。处在这样的环境中,"贵国若不从速改良内政,落实独立,巩固基础",就有可能出现不幸。井上馨在这里强调,内政改革首先要稳固王室,这一点给高宗留下了好感。高宗回答:他对维新元勋井上馨充满期待,希望井上提供基于经验的建议,他自己会"嘉纳井上奏言,今后作为顾问官……多有引见之日"[130]。

10月29日,井上在公使馆会见了大院君。井上以严厉的态度面对大院君,要求他改变态度和想法。而大院君却始终对井上的主张顾左右而言他,使井上怒不可遏。最后,井上威胁道:"若不幸与阁下议不相容,予难以预测今后将出现如何结果。"[131] 11月2日,井上会见了总理金弘集,向他特别强调一定不能让大院君随

---

[129] 井上公使、金允植大臣的谈话报告,1894年10月27日,《日本外交文书》第27卷第2册,7—11页。
[130] 井上公使谒见高宗报告,1894年10月28日,同上书,15—21页。
[131] 井上公使、大院君的谈话报告,1894年10月29日,同上书,25—34页。

意介入政治。[132]

11月4日，终于到了内谒见高宗的时候。内谒见指让大臣们退席，单独谒见高宗和皇太子。井上在内谒见中途请求与闵妃说话，高宗允许了。闵妃对井上说道：阁下是"忠爱"自国之士，我也深知阁下"对我国之衷情"。国王听了阁下的话，表示"无论甘苦，必定厉行如一"，希望阁下能谅解。我自己最关心的是"君权重大之事"。[133] 接着，高宗和闵妃都认为"将朝鲜比喻为重病之人""适合今日之时势"，称赞井上来朝将使"我国如得良医一般"。[134]

内谒见结束后，井上首先着手处理不让大院君参与政治之事。井上掌握了大院君与东学党相通并予以教唆的证据，并且，他还有日军占领平壤时缴获的、大院君送给清国将军的密信，当他将这些东西摆到朝鲜政府面前时，[135] 大院君果然恐慌起来，屈服了。11月12日，大院君面见了井上公使，为信件之事谢罪，表示"一切依赖阁下周全处理"，"予人老智昏……政事上不容置喙，全赖阁下安排。"[136]

接着，井上于11月20日在各大臣列席的情况下，拜谒高宗，提出了改革纲领，首先是以下九条：

第一　政权必须出于一途（即应由高宗"亲裁"）。
第二　大君主有亲裁政务的权力，又有遵守法律的义务。
第三　王室事务与国政相分离。
第四　确定王室之组织。

---

[132] 井上公使、金弘集总理大臣的谈话报告，1894年11月2日，同上书，35—43页。
[133] 井上公使内谒见高宗的报告，1894年11月4日，同上书，46—47页。
[134] 同上书，50页。
[135] 杉村，《明治廿七八年在韩苦心录》，90—95页。
[136] 《日本外交文书》第27卷第2册，77页。

第五　确定议政府（译者注：李氏朝鲜时代的最高行政机构。）并各衙门职务权限。

第六　租税统一归于度支衙门，且向人民所课之租税应有一定税率，此外不得以任何名义方法征收。

第七　计算岁入岁出，以确定财政之基础，预定王室及各衙门之费用。

第八　确定军制。

第九　去百事之虚饰，矫夸大之弊习。[137]

翌日（21日），井上馨进一步提出自"第十　制定刑律"至"第十九　向日本派遣留学生"为止的10条。[138]确实，这些改革措施都是一个国家所必要的。高宗逐条看过井上提出的这些条目，口中不停地说着"确实""太对了，的确应该这样"等，然后回复将采纳所有条目。

这个结果令井上感到满意，他让高宗从大臣中"召集主张相同之人"，任命为协办大臣、次官，11月27日，高宗颁布命令任命了4名协办、次官。这是高宗、王妃独断的结果，大臣们完全不知情。得知此事后，井上拜谒高宗，对他说："我认为大君主已不信任本使"，自己也对"贵国之将来感到无望"，提议中止改革。高宗马上对井上说，这次任命是一场错误，表示今后"必定不许王妃干预政务"，希望他能够帮助改革。不过，这一天井上没有让步。[139]12月8日内谒见时，井上在闵妃也在旁听时说，"王妃参与国政，是政治混乱的原因"，"只要遵守在下所言"，保证王妃和皇太子没有任何危险。于是"王妃断言今后不再干预政治，国王

---

[137]《日本外交文书》第27卷第2册，91—99页。
[138] 同上书，100—107页。
[139] 杉村，《明治廿七八年在韩苦心录》，105—109页。

看上去坚定了实施改革的决心"。双方就这样达成妥协,高宗赦免了朴泳孝、徐光范等参与甲申政变的人。[140]

12月17日,朝鲜进行了内阁改造,调整了人事:总理大臣金弘集、外务大臣金允植、度支大臣鱼允中、学务大臣朴定阳等连任,赵义渊成为军务大臣,被赦免的朴泳孝任内务大臣,徐光范任法务大臣。[141]在这一瞬间,朝鲜在日本军的占领下,由井上公使指挥,终于看上去似乎诞生了改革政府。

俄罗斯皇帝之死与新皇帝尼古拉

俄罗斯发生了重大事件。1894年11月2日(10月21日),皇帝亚历山大三世因肾病猝死。即日,皇太子尼古拉即位,为尼古拉二世,年仅26岁。他的祖父亚历山大二世即位时37岁,父亲三世即位时36岁,与他们相比,很明显他在为人处事上还不够成熟,政治经验也不足。[142]而且,虽然好不容易订下了婚约,但还没有成婚。尼古拉的老师是波别多诺斯采夫,他虽然向老师学习了专制君主应该做的事情,却没有学习专制君主应该如何去做。在军务方面,尼古拉只做过周游世界的观光旅行,而政治上的训练几乎没有。

尼古拉的未婚妻是德国黑森－达姆施塔特大公的女儿阿利克

---

[140] Inoue to Mutsu, 10 December 1894,《日本外交文书》第27卷第2册,119—120页。
[141] 同上书,121—122页。
[142] 关于尼古拉的不成熟和经验不足,见 Andrew M. Verner, The Crisis of Russian Autocracy: Nicholas II and the 1905 Revolution. Princeton University, 1990, pp. 37-38; Dominic Lieven, Nicholas II:Emperor of all the Russias. London, 1993, pp. 39, 42.(小泉摩耶译《尼古拉二世——帝政俄罗斯崩溃的真相》,日本经济新闻社,1993年,73、77页。)

斯,是英国维多利亚女王的孙辈之一。她秉性刚毅,父皇病危时,她在尼古拉的日记中写下了"坚强"(Be firm)。[143]在亚历山大三世去世翌日,她改宗正教,成为亚历山德拉·费奥多罗夫娜,葬礼结束后,举行了亲友间的小型结婚仪式。即便如此,皇后在这一时期也丝毫没有参与政治问题。

尼古拉身边的大公数量之多,前所未有。其中父皇的弟弟们,也就是尼古拉的叔父们很重要:弗拉季米尔大公(1847年生)是陆军大将,为近卫军和圣彼得堡军区司令官;阿列克谢大公(1850年生)为海军元帅;谢尔盖大公(1857年生)为陆军中将、莫斯科总督;保罗大公(1860年生)为陆军少将,近卫骑兵联队长。祖父的兄弟系列有:尼古拉·尼古拉耶维奇大公(1856年生)为陆军中将,近卫第二骑兵师团长;亚历山大·米哈伊洛维奇大公(1866年生)虽然只是海军中尉,但与尼古拉的妹妹克谢尼娅结了婚,与尼古拉的关系特别亲密。

尼古拉原封不动地继承了父亲的大臣们,开始了他执政的时代。陆相瓦诺夫斯基时年72岁,自父皇登基伊始就在其位,至此已14年。他是一位保守的老人,在因财政窘迫、军费被控制在最小限度内的状况中,延续着一条维持兵力现状的路线。另一方面,45岁的财相维特在任三年,他在政府内部已经很有分量。内相伊万·杜尔诺沃在任五年,他原是军人,1870年任州知事,1882年任内务次官。这个时候,俄罗斯国内出现了要求新皇帝转换政策的动向,特别是从压制地方自治局的政策转换到主动将地方自治局代表的意见反映到国政中去。特维尔州议会当年年末通过了洛基契夫起草的请愿书,要求给予自治机关阐述意见的可能性和权利。对此,政府强烈抵触,最终,洛基契夫受到了惩罚。

---

[143] *Dnevniki Imperatora Nikolaia II*. Berlin, 1923. 2ᵉ ed. Paris, 1980, p. 83.

新年伊始，1895年1月29日（17日），尼古拉向贵族团、地方自治局、城市自治体的代表们发表了讲演："朕知道，最近在部分地方自治局州会中，出现了一些热衷于让地方自治局代表参预内政的愚蠢梦想的声音。""朕为了民众的幸福竭尽全力，将与朕无法忘怀的亡父一样，毅然决然地、毫不动摇地维护专制的原则。""愚蠢梦想"这种表达方式令人震惊。有年轻的知识分子写下《给尼古拉二世的公开信》一文，在民众中流传开去。文中指出，尼古拉的这番讲话甚至连人们"最克制的希望"都打碎了。[144]

在忠实于专制权力的原则这点上，尼古拉与其父亚历山大三世相同，思考问题的水平也大致相当。然而，尼古拉在为人处事上不够沉稳坚定，容易受他人影响，很爱改变主意。在这点上他与他的父亲完全不同。

新外交大臣

自1876年起实质上担任外交大臣之职，历经先帝整个治世的吉尔斯仿佛追随先帝似的，于1895年1月26日（14日）去世了，享年75岁。巧合的是，至此为止，俄罗斯一直延续着一朝皇帝一位外相的体制。外相的稳定保证了外交政策的稳定。尼古拉一世的外相是内塞尔罗德，亚历山大二世的外相是戈尔恰科夫，亚历山大三世的外相是吉尔斯。至此为止的大约80年间，俄罗斯只有三人担任过外相，然而，在其后的短短六年间，却相继出现了三位外相。

---

[144] K. N. Uspenskii, *Ocherk tsarstvovaniia Nikolaia II, Nikolai II. Materialy kharakteristiki lichnosti i tsarstvovaniia*. Moscow, 1917, p. 6.

走马灯似的变换的外相中,第一位是洛巴诺夫－罗斯托夫斯基公爵,他于1895年3月10日(2月26日)被任命为外相。阿列克谢·洛巴诺夫－罗斯托夫斯基出身于公爵之家,只受教于家庭教师,没有接受过学校教育。20岁时进入外交部,此后12年间,担任过驻土耳其的临时公使,1866年被调到内务部,翌年被任命为内务次官。10年后,他又返回外交领域,成为驻土耳其公使。此后,他历任驻英国、奥地利、德国公使,最终被任命为外相。他的履历无可挑剔。

维特评价他:"风采堂堂,几乎在所有方面都算是一个人物,但选他为外相,我认为是失败的,因为他不太可能会成为一位脚踏实地的外相。"[145]维特写道,这个外相的人事安排大概是国务会议议长米哈伊尔·尼古拉耶维奇大公推荐了自己心腹波洛夫采夫看中的人的结果。翻看这个波洛夫采夫的日记,我们可以知道,在亚历山大三世即位时,就有人推荐过洛巴诺夫－罗斯托夫斯基担任外相,[146]后来成为外交大臣的吉尔斯本人曾经再三对洛巴诺夫－罗斯托夫斯基说,"可托付后事者惟君"。[147]波洛夫采夫确实与洛巴诺夫－罗斯托夫斯基很亲密,称他为"最重要的老朋友"。[148]二人经常在一起讨论俄罗斯内外政治的"悲惨状况"。[149]洛巴诺夫－罗斯托夫斯基曾给波洛夫采夫写信说,俄罗斯"在欧洲完全被孤立",就连战争都没有对手,谁也不想攻击我国。[150]维特批评洛巴诺夫－罗斯托夫斯基完全不了解亚洲,笔者认为这一点或许是对的,但毫无疑问,他是一个有判断力、可靠的人。

─────────

［145］ S. Iu.Vitte, *Vospominaniia*, Vol. 2, Moscow, 1960, p. 29.
［146］ *Dnevnik gosudastvennogo sekretaria A. A. Polovtsova*, Vol. 2, Moscow, 1966, p. 50.
［147］ Ibid., Vol. 1, p. 187. Vol. 2, p. 441.
［148］ Ibid., Vol. 2, pp. 230、393.
［149］ Ibid., Vol. 1, p. 99.
［150］ Ibid., Vol. 2, p. 53.

问题出在皇帝那里。

这之后的远东局势风云突变，俄罗斯的内政外交出现剧烈震荡。年轻的沙皇缺乏慎重，只寻求安易的变化。

围绕战争终结的动向

早在1894年10月，英国就已经有了向日本提议，以由强国保障朝鲜的独立和由清国向日本赔偿军费两个条件，让日本停止战争的想法。为此，英国与德、法、俄接触的同时，也试探了日本政府的意向。然而，德国拒绝参与，俄罗斯也对英国的提案颇为消极。因为它们首先担心虽说是由强国来保障朝鲜的独立，但此举或许会成为英国正式介入的一个手段。俄罗斯继续采取观望的态度。[151]

日本受到英国的试探后，也探查了列强的反应。驻东京的各国公使都回复没有从本国传来任何训令。陆奥特别提到了希特罗渥的态度：俄罗斯公使"嘲讽英国之提案，其主意颇空洞，日本政府当难应之"[152]。陆奥与伊藤总理协商后，于10月23日向英国做出答复：战争尚在继续，"不得不克制发表关于终结战争条件的意见。"[153]

到了11月12日，日本驻俄罗斯公使西德二郎发来电报，俄罗斯政府担心的只有一点，即"日本是否会永久占领朝鲜"，特别是军人间的反对意见很强烈，希望注意这一点，"不要引起麻烦"。[154]

---

[151] Narochnitskii, op. cit., pp. 646-647.
[152] 陆奥，《蹇蹇录》，168—171页。
[153] Mutsu to Trench, 23 October 1894,《日本外交文书》第27卷第2册，485页。
[154] Nishi to Mutsu, 12 November 1894, 同上书，498页。

进而，西德二郎又在 12 月 1 日的长篇电报中报告，据俄罗斯外交次官私下透露，清国公使前来请求俄罗斯进行战争调停时，遭到了俄方的拒绝，回答说如果没有列国的同意，无法调停。11 月 30 日他去访问外相吉尔斯时，吉尔斯说，"看来日本政府不会只满足于朝鲜独立和获得赔偿金了"，流露出届时日本有必要考虑不损害诸国利益的想法。而对日本怀有好意的数位友人的意见是，获取领土一事因其他列国的干涉，恐怕很困难，不如提前停战，获取尽可能多的赔偿金。"依本使所见，自战争中获取过当成果堪疑，……谋我国之利益时，与清国和谈，若可能，从速趁机在军事赔偿中加入割让台湾为上策。本使以为俄国政府应对割让台湾不持异议。"[155]

这种意见虽然谈不上妥当，但可以说这是作为外交官的适度判断，如此就不会刺激俄罗斯，这种看法也是正确的。

12 月 22 日，陆奥与希特罗渥公使进行了会谈。希特罗渥说，他得到本国外相的电训：关于日本所提要求，"只要不损害朝鲜国独立，不做干涉。"他个人对于占领中国台湾地区不持异议。[156] 陆奥也希望希特罗渥理解，"日本现在已经不满足于只要求朝鲜独立和获得赔偿金了。"会见归来后，希特罗渥悠然地报告道，"没有理由担心朝鲜的自主性会受到侵害。"日本大概会要求割让中国台湾地区吧。[157]

战争的终结

在此期间，日本军于 1894 年 11 月占领了辽东半岛的旅顺和

---

[155] Nishi to Mutsu, 1 December 1894,《日本外交文书》第 27 卷第 2 册，510—512 页。
[156] 陆奥给西公使的信，1894 年 12 月 23 日，同上书，519—520 页。
[157] Khitrovo to Girs, 11/23 December 1894, AVPRI, F. 133, Op. 470, 1894 g., D. 96, L. 209-209ob.

第三章 日清战争与战后日本、朝鲜、俄罗斯的关系

大连。最后的作战为占领威海卫。1895年1月，日本开始进攻山东半岛的海军基地——威海卫。1月19日，陆军部队从大连湾出发，于当天登陆威海卫，截至31日，日军占领了所有的炮台。沃加克参观了这场登陆作战，于2月初从旅顺向东京报告："我看到了登陆作战的完美实施，日本军控制了威海卫北部和东部的所有堡垒。"〔158〕

沃加克对于其间旅顺的交战也做了详细报告，还提到后来演变成严重问题的旅顺屠杀事件。他承认日本军"毫无疑问做了完全无益的、真正的杀戮"。屠杀不仅发生在交战的最后一天，其后两天也在继续进行，这是事实。不过他认为士兵对于凌辱清军俘虏相当兴奋也无可厚非，这是愤怒的士兵陷入了无差别杀戮状态。沃加克写道，他认为新闻报道有所夸张，他也见到了大肆报道这一事件的美国记者克里曼，克里曼承认自己只看到两具女性的尸体。沃加克写道，所有的军队都有可能发生这样的行为，应该受到谴责的是没有制止之后两天继续做同样事情的第二联队司令官，但不能因为一个联队的行动就责难日本军整体。他的结论是，"所谓的'旅顺屠杀'放在任何军队都有可能发生，这不过是令人悲哀的局部事例而已。"〔159〕

在战争迎来终结之时，沃加克于1895年2月28日（16日）的报告中，对日本军力做出了最终的评价：

> 对我而言，我一点也不怀疑日本是我方应该给予十分注意的邻国。……日本军现在已经被完美地组织起来，由受过非常良好的训练、教育的优秀士兵构成。军官们完全献身于

---

〔158〕 Khitrovo to Girs, 22 January/3 February 1895, Ibid., Op. 470, 1895 g., D. 108, L. 6.
〔159〕 Vogak's report, 16/28 March 1895, SGTSMA, Vyp. LXI, 1895, pp. 46-49.

自己的任务，对自己的职务拥有令人嫉妒的爱情和合理的热情，他们的指挥让人印象深刻。军队的责任感、爱国主义令人无话可说。日本人的这种资质是天生的，这是他们的国民特性。我既看到了日本军在冬季极度艰苦的条件下行军的情形，又看到了他们与中国兵作战时冒着猛烈的炮火浴血奋战的样子，我从内心深处由衷地升起了对他们的敬意和完全的赞赏。他们的后方组织、运输服务、作战的事前准备等确实无可挑剔，尤其是考虑到战场艰苦的条件以及与主要基地的距离。他们事先把所有情况都考虑到了，所有事情都准备好了，无一遗漏。如此完美地解决现代作战最为复杂、最为微妙的诸种问题，任何一个欧洲军的参谋本部无疑都会表示敬意吧。他们的医疗队伍也无与伦比，欧洲的任何军队在战场医疗援助、开设医院、转送后方等等方面都没有达到这样的程度。〔160〕

之后，沃加克返回广岛。可以说，战争已经发展到了以日本的胜利而告终的阶段。眼看就要到讨论和谈内容的时候了。

战争终结的条件

要结束战争，即使对日本而言，如何处置朝鲜、与清国的和谈条件也是问题。尽管日本打算将朝鲜作为实质的保护国，但按照国际公法，如果将其作为独立国对待，就不能让军队一直驻留下去，必须撤回。另外，确保已建成的电信线路的权利、铁路铺

---

〔160〕 Vogak's report, 16/28 February 1895, Ibid., pp. 107-108.

第三章　日清战争与战后日本、朝鲜、俄罗斯的关系

设的权利都是问题。

日本政府在这个阶段通过内阁会议决定了日韩新条约案，或称铁路电信条约案，1月17日给井上公使发去了《日韩电线设置条款续约修正案》，要求与朝方交涉。接着，于21日发去了关于铁路的《日韩条约草案》，要求交涉。[161]电信案的内容为，在朝鲜方面"能够恰当地开展业务之前"，由日本政府"代朝鲜政府""管理"所有既设线路和今后建设的线路，"以及开展通信业务"。朝鲜政府建设的电信线应有偿"让渡日本政府"。这是日本完全垄断朝鲜电信事业的方案。铁路案的内容为，釜山至汉城间、汉城至仁川间的铁路由日本政府或日本政府指定的企业修建，所有权属于朝鲜政府，但在偿还完建设费用之前，由日本管理，将一部分利益赠予朝鲜政府。也就是说，日方试图将通过《暂定合同条款》得到的利益变成国家间永久的条约。当井上拿着这些方案与朝鲜的外务大臣交涉时，对于铁路条约，对方没有提出异议，但对于电信条款修正案，对方表示"虽不充分，但我国一直以来也在培养学生，将来也可胜任。……"像这样"毁损朝鲜之独立权"的条约，"得我内阁同意……甚难"。由此井上判断，如果铁路、电信都要获取，会"伤害朝鲜人感情"。2月25日，他提出将电信部分，视财政整顿情况，全部让渡于朝鲜，然后定下秘密条约，在战时必要的情况下"临时派我官员管理"，并附上了修改为这种内容的新条约《朝·日电信条约》。[162]

对此，陆奥在3月1日将自己的看法发电报给井上，"自将来

---

[161] 金文子《杀害朝鲜王妃与日本人》，高文研，2009年，53、91—92页关注了这些条约案。陆奥于1月17日、21日的电报收录于《驻韩日本公使馆记录》5，国史编纂委员会，1990年，413—417页。

[162]《驻韩日本公使馆记录》5，419—420页。虽然原文所标日期为3月1日，但从陆奥后面的回复可知发于2月25日。

171

政略角度考虑,相信此际务必应将电信取入我手",希望"乘今日之好时机,将朝鲜全部电信线置于我之管理下",望按此宗旨进行谈判。[163]但是井上没有遵从陆奥的意见。[164]

井上很关注俄罗斯的主张。陆奥在这点上也一样,他与东京的俄罗斯公使希特罗渥反复进行了这样的对话。3月2日(2月18日),希特罗渥向圣彼得堡如下报告道:

> 陆奥告诉我,日本政府很满意地接受了我传达的信息。日本政府对朝鲜的政策没有任何变化,无论在名义上还是在实质上,都对承认朝鲜独立没有犹豫。[165]

这个时候,井上正在考虑向朝鲜政府提供资金。1895年1月8日,他向陆奥外相提出,由于朝鲜政府已经5个月没有给军人发放军饷,照这样下去无法推进改革,应考虑紧急从日本的军费中提出500万日元借与他们,面对议会,可用事后承诺的方式应对。井上最后在提案的结尾毫不客气地写道:"Answer me simply yes or no. If no, I could not do anything more."大概井上的想法是,日本能够发起战争进入朝鲜,那么像这种程度的事情没有理由做不到吧。[166]但是,陆奥10日回电说要与总理商量,让他等待结论。[167]井上12日又发出电报,说"国债之事如不成,朝鲜政府难度年关,公使自不能居其地位"[168]。终于在2月3日,陆奥发来电报,

---

[163] 陆奥给井上的信,1895年3月1日,《驻韩日本公使馆记录》5,422页。
[164] 井上给陆奥的信,1895年3月24日,同上书,425—427页。
[165] Khitrovo to Shishkin, 18 February/ 2 March 1895, AVPRI, F. 133, Op. 470, 1895 g., D. 108, L. 20.
[166] Inoue to Mutsu, 8 January 1895,《日本外交文书》第28卷第1册,315—316页。
[167] Mutsu to Inoue, 10 January 1895,同上书,316页。
[168] 井上给陆奥的信,1895年1月12日,同上书,317—318页。

朝鲜公债"已无疑可成"。[169]然而此后依然迟迟没有进展。

朝鲜政府内部的混乱仍在持续。1894年12月的政府改造使得以日本势力为后盾跻身于政府的朴泳孝、徐光范等新派得以接近高宗、闵妃,获得了他们的信任,结果导致新派在政府内部的势力显著增强。朴泳孝等新派与政府内部的旧派出现了激烈对立。1895年2月,旧派和新派的较量达到了"势不两立"的程度。在这个过程中,齐藤修一郎内部顾问官和星亨法部顾问官等日本顾问也擅自按照自己的想法行事,"为黑幕,怀抱掌握其政权之希望",他们想要推翻旧派,让新派独占政权。他们采取的战术是,建议朴泳孝等内阁成员全体辞职。而旧派以为这样的做法是受到了井上公使的指示,于是也打算提交辞呈。[170]然而井上公使在2月12日内谒见时,彻底谴责了这个总辞职的动向。他说:"贵国之事,本使至此殆不堪厌恶",如果作为国家主人的大臣都没有征兆就纷纷辞职,那么"本使为客……应如何为之"。井上请求国王不要批准总辞职,命令总理去见他,听取他的意见。[171]从金弘集去见井上时起,这场辞职骚动得以平息,大臣们继续留任。

而朝鲜公债方案进展得也不顺利。2月22日,陆奥告知井上另一方案,从日本银行贷款300万日元来处理此事。这个方案提交议会后获得通过,最终,3月30日,日本与朝鲜政府签订了协定。[172]

4月8日,井上向陆奥提交了《关于在日清和平后确定对朝鲜方针的意义》的意见书。井上写道,以往的方针在于"自根底芟除清国之干涉","保全朝鲜之独立权利"。因此"至将来朝鲜国

---

[169] 陆奥给井上的信,1895年2月3日,《日本外交文书》第28卷第1册,328页。
[170] 杉村,《明治廿七八年在韩苦心录》,120—122页。
[171] 内谒见记录,1895年2月12日,《日本外交文书》第28卷第1册,390—395页。
[172] 陆奥给井上的信,1895年2月22日,同上书,343页。井上给伊藤、陆奥的信,1895年3月31日,同上书,352—353页。

趋于富强、可自守其国为止，我国不可不保护之，此乃我国之义务"。为此，铁路、电信都必须由日本架设管理，守备兵也必须保留，并且由于朝鲜政治腐败，所以让他们多聘用顾问官，"不得不强制干涉"。但这些事情"无疑多少会损伤朝鲜之独立权"，因此日本如果让列国疑心"表面提倡朝鲜之独立，其实怀有以之为属隶之野心"，可能会遭到责难。井上在这里请求，就是否撤去守备兵、是否一定要获得铁路电信条约、是否从内政改革中收手这三点确定政府方针。[173]

媾和谈判与俄罗斯

这个时候，俄罗斯的大臣们于1895年2月1日（1月20日）举行了第二次协商会。[174] 这次会议由海军元帅阿列克谢大公主持。由于吉尔斯外相刚刚于一周前去世，代理外相希施金代为出席。协商会的主要议题是，日清战争已经趋向结束，对俄罗斯而言，在日清双方媾和时，是继续采取与以往一样慎重的态度，还是采取独自的行动。

在协商会上，陆相瓦诺夫斯基表示，如果日清双方的媾和条件损害了俄罗斯的利益，对抗性地占领诸如巨济岛之类的地方符合俄罗斯目的，不过这"只能在非常情况"下实施，因此应该慎重考虑。代理外相希施金反对这样的占领案。而海相奇哈乔夫只表达了一般性的意见，无论旅顺还是威海卫落入日本手中，都会损害俄罗斯在远东的利益，更何况日本占领朝鲜本身就是违背俄

---

〔173〕井上给陆奥的信，1895年4月8日，《日本外交文书》第28卷第1册，396—398页。
〔174〕Zhurnal Osobogo soveshchaniia, 20 January 1895, KA, 52, 1932, kn. 3, pp. 67-74.

罗斯利益的。不过，海军元帅阿列克谢大公表示支持占领巨济岛方案，为此有必要强化陆海军。海相也立即表示赞成占领巨济岛方案，而且最好再占领"满洲"的一部分。对此陆相踩了刹车，参谋总长也反对占领方案。而财相则主张，现在还不清楚日本在媾和谈判时将会向清国提出的要求，讨论这些没有意义，当前俄罗斯应该坚持"不介入"的立场。[175]

对此，亚洲局长卡普尼斯特表示：虽然不知道日本的要求，但如果那些要求触及了我们的"根本利害"，就不能继续"不干涉政策"。不过，由于我国没有足以对日本形成"有威慑作用"的充足兵力，因此，较为理想的是与其他列国，尤其是与英国合作。由列国共同保障朝鲜独立也是可能的。对于这种意见，海军元帅提出了质疑：对英国来讲，日本占领朝鲜是不是没有太大的意义。卡普尼斯特乐观地表示，鉴于日本无数次表明的约定，日本剥夺朝鲜独立的"可能性很低"，即使会暂时占领，俄罗斯也能够与列国一同让它定下期限来。陆相、参谋总长都表示赞成与英国合作，值得注意的是，就连财相维特也赞成卡普尼斯特的意见，说"当前除却与英国协同行动外没有其他办法"。只有海相表现出为难，说即使日本征服了朝鲜，但如果让它发展经济的话，英国大概也不会反对。可是如果由欧洲列国共同保护朝鲜，那么俄罗斯军舰在朝鲜的港口停泊可能就会变得很困难。他顺便介绍了日本政府的新规定，在长崎最多只能同时停泊两艘军舰。卡普尼斯特对这个意见提出反驳，说没有怀疑英国诚意的根据。[176]

这次协商会的结论最后由阿列克谢海军元帅一锤定音，如果

---

〔175〕 Zhurnal Osobogo soveshchaniia, pp. 67-70. 罗曼诺夫写道，外务省提议占领巨济岛，这是错误的。另外，他认为卡普尼斯特赞成维特的英国协作论，事实也与此相反。B. A. Romanov, *Rossia v Man'chzhurii (1892-1906)*, Leningrad, 1928, p. 68.

〔176〕 Zhurnal Osobogo soveshchaniia, pp. 70-73.

外交部能够和英国达成协定，就交由外交部去推进。会议确认了以下三点：一，增强远东海军实力，使其凌驾于日本海军之上。二，日本如果在媾和谈判中提出了有损俄罗斯重要利害的要求，委任外相与英国、法国等协作，准备向日本施加压力。三，当上述努力失败时，届时再召开新的协商会，讨论俄罗斯在远东采取怎样的行动方针。[177]

日本和清国自 3 月 20 日起开始在下关（译者注：会议地为日本山口县赤间关市，即今山口县下关市，"赤间关"也写作"赤马关"，江户时代的汉学家简称其为"马关"，故在此签署的条约被称为《马关条约》，日本现称该条约为《下关条约》。）进行和谈。24 日，清国全权特使李鸿章被暴徒用手枪射伤，此事件震惊了世人。此时，沃加克返回了广岛，他汇报道："无疑，狙击李鸿章事件和旅顺屠杀事件是日本在这场战争中的两大败笔。"[178] 幸运的是，李鸿章的伤势没有大碍，和谈继续进行。双方首先于 3 月 30 日签署了休战协定。接着，媾和谈判开始。4 月 1 日，陆奥外相提出了日方的要求：一，"清国承认朝鲜为完全无缺之独立自主国家"；二，割让包括辽东半岛在内的"南满洲"、台湾全岛以及澎湖列岛；三，支付赔偿金三亿两；四，日清两国缔结新条约；五，三个月后撤兵；六，日本保障占领（译者注：指为了间接地强制对手国履行条约上的一定条件，占领对手国一部分领土之事。一般用于在媾和条约生效，交战国之间达成平常关系后，为了确保对手国履行条约上的义务，例如赔偿义务以及实施其他条约时。）奉天府和威海卫，直至赔偿金支付完成为止。[179] 这实在是太过贪婪的要求。李鸿章立即将这些内容告知了英、俄、法三国公使，批判了日本的要求。日本要求割让的"南满洲"是包括

---

[177] Zhurnal Osobogo soveshchaniia, pp. 73-74. 罗曼诺夫认为是军人反对维特和卡普尼斯特的意见，而不是海军省和陆军省的意见有分歧。Romanov, op. cit., p. 68.
[178] Vogak's report, 21 March/ 2 April 1895, SGTSMA, Vyp. LXI, p. 52.
[179] 《日本外交文书》第 28 卷第 2 册，331—334 页。

凤凰城、岫岩、辽阳、鞍山、牛庄、营口等地在内的广大地域。

对于这些要求,陆奥外相在他的书中写道:海军认为"与其割让辽东半岛,莫如割让台湾全岛更为必要"。而陆军则主张"辽东半岛是我军将士流血捐躯夺取的成果",而且此半岛"抚朝鲜之后背,扼北京之咽喉,为国家将来长久计",务必占有。[180] 内阁面对因战场上的胜利而志得意满的军方强硬地提出的领土要求,不得不屈服。

4月5日,清国方面针对日本的要求立即送来了长篇驳论。清国主张:关于朝鲜独立,要在条约中加入日本也予承认朝鲜独立;关于领土割让,因会引起"清国国民的愤怒",损害日清两国的和平关系,无法割让可危及首都地区的军事基地以及祖先之地;关于赔偿,虽然赔偿要求本来是不当的,不过可以接受"理性的赔偿"条款等。[181]

俄罗斯政府得知日本的要求后,也立即开始探讨研究。4月6日(3月25日),洛巴诺夫-罗斯托夫斯基外相提交了两份上奏书:割让辽东半岛"无论对北京来讲,还是对朝鲜来讲,都会成为不断的威胁"。"从我们的利害角度来看,这是极度不希望出现的事态。"为了让日本打消这个念头,有必要采取"某种强制性措施"。不过,英国、法国、德国都对使用武力颇为消极。因此,当前除却以无限友好的口吻去说服日本之外,别无他法。[182] "我们可以和其他列国,特别是和英国一同表明对日本变得过于强大的担忧。同时,与其他列国不同,我们应该克制对日本做出这样那样的敌对行动。"皇帝尼古拉在这份奏书上批示道:"俄罗斯确实

---

[180] 陆奥,《蹇蹇录》,183—184页。
[181] 《日本外交文书》第28卷第2册,339—341页。
[182] 这是第1份上奏书。Lobanov-Rostovskii to Nikolai II, 25 March 1895, KA, 1932, kn. 3, pp. 74-75.

159 无条件地需要一个终年都能够自由出入的、开放的港口,这个港口必须在大陆(朝鲜东南部),而且必须在陆地上与我国现有的领土连接在一起。"[183]

4月14日(2日),外相再次提交上奏书,汇报了他与法国公使蒙塔佩罗会谈的内容。蒙塔佩罗的意见是:法国对日本获得澎湖列岛不满,赞成与俄罗斯共同向日本施加压力,但又担心这样做会将英国推到日本一方去。因此,如果日本在没有受到抵抗的情况下就获得了和谈条件,法国考虑大家分别去获得某种补偿。[184]

尼古拉赞成这份上奏书中获得补偿的方案,批示道:"我赞成第二种方案,与法国一同,不反对日清和谈条约的实施,但要想尽一切办法以自由港的形式获得我们所希望的补偿。"[185]

在此期间,4月8日,洛巴诺夫-罗斯托夫斯基外相向各国传达了俄罗斯反对日本获得旅顺等地的意见。4月9日,李鸿章在媾和会议上提出了清国方面的对应方案,其主要内容为,一,中日两国承认朝鲜的独立自主;二,割地仅限于奉天省南部的安东、宽甸、凤凰城、岫岩四县厅州和澎湖列岛;三,赔偿金为一亿两。也就是说,清国方面不接受割让辽东半岛和台湾。[186] 日方立即于10日提出了再修正案,内容为,关于朝鲜独立,清国所承认的原案不做修改;关于领土,彻底要求割让台湾,至于奉天省南部,限定于包括从凤凰城到海城、营口的地区为止,彻底要求割让辽东半岛;赔偿金二亿两,保障占领仅要求威海卫。[187]

---

〔183〕 这是第 2 份上奏书。Ibid., pp. 75-76. Nikolai II's comment, Ibid., p. 76.
〔184〕 Lobanov-Rostovskii to Nikolai II, 2 April 1895, Ibid., p. 77.
〔185〕 Nikolai II's comment, Ibid., p. 71.
〔186〕 《日本外交文书》第 28 卷第 2 册,350—352 页。
〔187〕 同上书,355—357 页。

第三章　日清战争与战后日本、朝鲜、俄罗斯的关系

为干涉而举行的大臣协商会

确认了各国反应后，俄罗斯政府在4月11日（3月30日）的特别协商会上，再度讨论了应采取的态度。参谋总长奥布鲁切夫为这次协商会写了意见书。[188]奥布鲁切夫自1879年起任参谋总长，被誉为"俄罗斯的毛奇"（译者注：毛奇，HelmuthKarlBernhardvonMoltke，德国人，普鲁士帝国和德意志帝国总参谋长。），是位很有才干的人。他辅佐年迈的陆相瓦诺夫斯基，自己和他人都认为他对俄罗斯陆军肩负巨大责任。他在意见书中写道，为了使俄罗斯在太平洋岸站稳脚跟，有必要乘着这个机会，实现"占领包括松花江流域在内的北部满洲，和包括图们江流域及谢斯塔科夫港（新浦）在内的北部朝鲜的一部分"。对清国，我们可以说占领"北部满洲"是暂时性的；对日本，可以说你们可以占领"南满洲"，也可以将朝鲜主体作为保护国，俄罗斯承认这些，因此你们也要承认俄罗斯的行动。奥布鲁切夫判断，以俄罗斯能够调动的兵力，不可能将日本从朝鲜、"满洲"驱逐出去，攻打日本本土。即使取得"一时的成功"，"我们也会制造出日本这样一个最为恶劣的敌人"。俄罗斯在欧洲和中亚已经有足够多的敌人。在不能保证西部和高加索战略安全的情况下，在远东发生纷争是极度危险的。因此，"我的结论是，现在我们不应该与日本争斗，妥当的做法是通过与日本签订协定，尽可能满足我们的利益。我们要友好地劝告日本应该从满洲撤退，绝对不能强迫，要做到即使日本拒绝，也不会投入英国的怀抱这

---

〔188〕这份意见书由俄罗斯的年轻历史学家卡西林发现，全文收于Kashirin, op. cit., pp.174-179。

种程度，……同时，应该尝试开始就获得补偿进行交涉。"可以推测，陆相、海相、海军元帅阿列克谢大公都看过这份意见书。

奥布鲁切夫的意见是日本获得"南满洲"和南部朝鲜，俄罗斯获得"北满洲"和北部朝鲜这样一种分割方案。下文将会讲到，奥布鲁切夫写过进攻当时的土耳其、占领博斯普鲁斯海峡的意见书。对他来讲，黑海海峡问题远远更为重要。

在4月11日的协商会上，洛巴诺夫-罗斯托夫斯基外相汇报，已判明英国不参与介入之事，而德国突然转变为积极政策，法国一如既往与俄罗斯同步。主持会议的阿列克谢大公阐述了对日绥靖论：必须要与日本保持良好关系，只有这样才能对抗"我们的敌人英国"。另一方面，他讲了获得不冻港很重要，谢斯塔科夫港（新浦）很合适。这是奥布鲁切夫的意见。陆相瓦诺夫斯基说朝鲜的独立很重要，如果日本占领"南满洲"，就必须要求日本撤出朝鲜。另一方面，他强烈主张"日本占领南满洲是对俄罗斯的直接威胁，因为这个地区能够成为日本对沿阿穆尔地区采取行动的基地"。与其让日本进入"满洲"，还不如将朝鲜南部让给日本，俄罗斯占领朝鲜沿岸某处港口更为有利。如果通过外交手段不能达到这个目的，就应该诉诸武力。也就是说，陆相基本上不赞成参谋总长的意见。阿列克谢大公再次述说了与日本协作论，外相表示反对，他强调"无论什么样的情况下，都无从期待与日本建立友好关系"[189]。

然而，财相维特所陈述的系统性的意见，让人印象深刻：

> 日本策划的战争是我们开始建设西伯利亚铁路的结果。所有的欧洲列强以及日本，很明显都同样地意识到了大概在

---

[189] Zhurnal Osoboi soveshchaniia, 30 March 1895, KA, 1932, kn. 3, pp. 78-83.

第三章　日清战争与战后日本、朝鲜、俄罗斯的关系

不远的将来会分割中国，大家都认为在分割时，西伯利亚铁路会使我们的机会极大化。日本的敌对行动大概主要是针对我们的吧。日本提出占领南满洲对我们来讲是威胁，这可能会导致整个朝鲜被日本吞并。如果日本从清国获得六亿卢布的赔偿金，并在占领的区域扎下根来，大概会与战斗力极强的蒙古人和满族人结成同盟，然后开启新的战争。如果事态照这样发展下去，数年后，日本天皇成为清国皇帝并非不可能。如果现在我们让日本进入满洲，我方有必要派去数十万军队并大幅度增强海军实力，以保卫我们的领土和西伯利亚铁路。因为我们迟早会走到与日本无法避免冲突的那一步。这里问题就出现了。对我们来讲，怎样做更好？是接受日本占领南满洲，待西伯利亚铁路建成后获得某种形式的补偿呢，还是现在迈出积极的一步，阻止占领呢。作为财相，我的意见是，对于我们来讲，现在正是采取积极的行动方针的时候，……我们应该果断地声明，我们不能允许日本占领南满洲，如果不履行我们的要求，我方将采取应有的措施，这样做更为有利。……如果与我们的期待相反，日本不听从我们的外交主张，就应该命令我们的海军，……对日本海军启动敌对行动，炮击日本的港口。〔190〕

162

外相被维特这种条理清晰的强硬论压倒，询问陆相俄罗斯的陆海军兵力能否与日本作战。陆相瓦诺夫斯基回答道，虽然眼下能够调动的陆军不过12,000或15,000人，但"日本的地面军现在对我们来讲是无害的，因为他们没有充分的运输手段，而且也没有骑兵，因此他们一步也无法前进"。陆相过低地、错误地评价了

---

〔190〕 Zhurnal Osoboi soveshchaniia, pp. 80-81.

日本陆军的实力。海相奇哈乔夫也说不能信任日本，他主张"我们的太平洋舰队实力强大，较日本舰队有精神上的优势"。[191]

参谋总长奥布鲁切夫支持阿列克谢大公，极力主张不能和日本发生战争。他认为俄罗斯不能与相距一万俄里、人口四千万、拥有发达工业的文明国家展开战争。在无论是西部还是高加索的安全都没能确保的时候，俄罗斯不能在远东进行战争，因此他主张采取外交手段，与日本协作。陆相瓦诺夫斯基对这一发言进行了反驳，不过只是逞口舌之快。[192]

然而，即使发生了这样的争论，维特仍然没有改变意见。他主张："我们可以同意将台湾、澎湖列岛甚至将旅顺割让给战胜国日本，极端的情况，甚至可以割让朝鲜南部。但是，绝对不可以割让满洲。"他进而又说："如果我们态度坚决，日本大概会主动同意我们的要求。"[193]外相完全被维特的气势压倒，他表示以和平交涉的方式与日本就"满洲"达成协议之事令人质疑，间接地支持了维特。

这次协商会的结论是，要让日本打消占领"满洲"南部的念头，日本如果拒绝，俄罗斯就宣布将确保行动的自由，根据自己的利害采取行动，并将这个意思传达给欧美诸国及清国。[194]维特的意见得到了采纳。

就奥布鲁切夫的意见书来说，他在方案中指出，关于"满洲"，日俄间有可能达成妥协；关于朝鲜，打着朝鲜独立的旗号而发动战争的日本，在占领了北部朝鲜的这个时间点上，如果俄罗斯也向占领部分朝鲜的方向迈进，可能会发生日俄冲突。在这点上，

---

[191] Zhurnal Osoboi soveshchaniia, p. 81.
[192] Ibid., p. 82.
[193] Ibid., pp. 82-83.
[194] Ibid., p. 83.

维特的提案作为当下的要求，具有其现实性，但是，奥布鲁切夫方案的精髓在于防范日英靠拢，主张日俄协作，这才是现实的路线，它对维特路线的危险性做出了充分的警告，但遭到了否决。

4月16日（4日），在尼古拉御前举行了协商会，出席者有阿列克谢海军元帅、外相洛巴诺夫－罗斯托夫斯基、陆相瓦诺夫斯基、海相奇哈乔夫、财相维特五人，参谋总长被排除在外。维特在回忆录中写道："我再次重申了自己的意见，其他人完全没有反驳，即使反驳也非常微弱，最终，陛下同意采纳我的意见。"[195]尼古拉在洛巴诺夫－罗斯托夫斯基的意见书上写过如果日本获取"满洲"南部，俄罗斯就要获取朝鲜某个不冻港作为补偿的想法，但在这里被维特的强硬意见打压了。很明显，皇帝有所不安，他在日记里写道：

> 我方将极力要求日本从满洲南部和旅顺撤退，如果他们不听取这一建议，我们决定以武力强制推行。神啊，请保佑我们不要卷入战争。一个小时的协商会后，我出去散步了。[196]

俄罗斯海军集结芝罘

实际上，在2月协商会结论的基础上，阿列克谢海军元帅经皇帝批准，于当月命令原来的太平洋舰队司令长官特尔托夫中将为司令长官，在芝罘编制联合舰队。地中海舰队在这里与太平

---

〔195〕 Vitte, op. cit., Vol. 2, p. 47.

〔196〕 *Dnevnik Imperatora Nikolaia II,* Moscow, 1991, p. 72. 罗曼诺夫指出，虽然维特在回忆录中认为只有自己提出了意见，但他无视了皇帝获得不冻港作为补偿的观点。Romanov, op. cit., pp. 76-77. 这一点是正确的。

洋舰队会合。停泊于长崎港的巡洋舰"亚速纪念"号悬挂起了特尔托夫提督的旗帜。罗热斯特文斯基为舰长的巡洋舰"弗拉季米尔·莫诺马赫"2月7日从皮雷出发,4月26日(14日)到达芝罘。新任命的太平洋舰队司令长官阿列克塞耶夫也来到了芝罘。他在罗热斯特文斯基舰上悬挂起了自己的旗帜。接着,地中海舰队司令长官马卡洛夫乘坐战列舰"尼古拉一世"于4月18日到达长崎,这是一艘于1889年进水,自1891年起服役,排水量达9594吨的一等战列舰。[197]来自地中海舰队的巡洋舰还有"纳西莫夫海军上将""科尔尼洛夫海军上将""睿恩达""拉兹伯尼克"。太平洋舰队的巡洋舰"扎比亚克"也来了。这些舰艇于4月下半月集结于芝罘,举行了一次大规模演习,给日本留下了深刻的印象。

当时的日本海军没有战列舰,构成联合舰队的自旗舰"松岛"之下,虽然"严岛""桥立""吉野""浪速""高千穗""秋津洲"等全部是巡洋舰,但几乎都是无装甲舰。因此,俄罗斯海军的这次集结给日本留下了压倒性的印象。

另外与此相关的是,1895年4月3日(3月22日)召开了由海军元帅阿列克谢主持的,关于1896年至1900年建舰计划的特别协商会。在1881年的特别协商会中讨论的1883年至1903年的建舰计划,其重心在增强黑海舰队的实力上。这次协商会讨论了转换重心的问题。罗门中将在向协商会提交的意见书中指出,应该增强太平洋舰队的实力,以对抗日本海军,其结论为,"有必要使所有建成和正在建造的战舰都回航太平洋","有必要使太平洋舰队的舰数和战斗能力无条件地凌驾于日本海军"。协商会的结果为,决定由财相和海相上奏,1896年海军预算为5750万卢布,以

---

[197] Gribovskii, op. cit., p. 77, 79-80. S. Gurov, V. Tiul'kin, *Bronenostsy Baltiisikogo flota*, Kaliningrad, 2003, p. 18.

后逐年增加 50 万卢布，直至 1902 年。[198]

三国干涉

对于日本的再修正案，4月12日，李鸿章表示欢迎日本下调赔偿额，但指出其数额仍然强加给清国过重的负担，同时还批判了日本不仅索求日本兵并未踏足的台湾，还强求"南满洲"。[199]不过，最终清国方面的抵抗到此为止，4月17日，两国签署了以日本再修正案为基础的《马关条约》。[200]日本国民沉浸在获得新领土的喜悦之中。

6天后的4月23日，俄罗斯、德国、法国三国公使分别亲手向日本外务次官递交了照会，要求日本放弃获取辽东半岛。[201]这就是所谓的三国干涉。俄罗斯的照会如下：日本掌控辽东半岛"是对清国首都永久性的威胁，同时也使朝鲜的独立成为幻想。此举会成为实现远东永久和平的持续障碍"。因此劝告日本放弃确定性地占有辽东半岛之事，这是俄罗斯帝国政府对日本政府"真诚友谊的新证据"。[202]

日本方面，从日清战争最开始起一直在推动事态发展的外相陆奥宗光这个时候躺在了病床上。他尽管预想到了欧洲强国或许会进行干涉，但当实际遭遇这种干涉时，还是受到了打击。陆奥想到，特别是俄罗斯"自去年以来其军舰陆续集结于东洋，目前

---

[198] Choi Dokkyu, Morskoe ministerstvo i politika na Dal'nem Vostoke(1895-1903), *Angliiskaia naberezhnaia 4. Ezhegodnik RGIA*. Sankt-Peterburg, 1999, pp. 151-152.
[199] 《日本外交文书》第28卷第2册，358—359页。
[200] 同上书，363—366页。
[201] 林次官给陆奥大臣的信，1895年4月23日，同上书，4—15页。
[202] Khitrovo to Mutsu, 23 April 1895, 同上书, 16页。

其强大的海军力量已经不仅仅局限于日本支那的沿海",各种各样的"流言蜚语"层出不穷,特别是"俄国政府已对停泊诸港口的俄国舰队秘密下令,要做好二十四小时随时出航的准备,此传闻颇似如有其实"。进而他又想到,如果做出让步,放弃已缔结条约的一部分,"我陆海军人将会如何激动,我一般国民又将会如何失望呢?""即使外部的祸机因此得以轻减,然而又该如何抑制内部出现的变动呢?"陆奥心中暗自决定,暂且拒绝三国的劝告,探查它们"居心之深浅"以及"我军民之趋倾"。[203]

而伊藤首相则首先征求了陆海军的意见。根据海军省的资料,"陆海军大臣等对伊藤总理大臣的咨议做出回答,其内容为:以目前我陆海军之状态,将新锐而且是当前世界列强中实力相伯仲的此三国转为对立方,对抗力争,决非上策云云。"[204]

于是,伊藤首相决定于4月24日在广岛召开御前会议。陆奥得到通知后发来电报:"我认为此际我方应暂且维持地位,一步不让,观看彼等将来更做何举动,再尽庙议。"[205]在山县陆相、西乡海相出席的御前会议上,伊藤首相提出了三个方案:拒绝三国干涉;将条约提交列国会议请求裁决;接受干涉归还辽东。众人围绕这三个方案进行了讨论,最终对第二方案——请求列国会议裁决——达成一致。25日,伊藤探访了在舞子疗养的陆奥,告诉了他这个决定,陆奥对此表示坚决反对。两人最后一致赞成先进行交涉,看应在多大程度上接受三国的要求。[206]

于是,陆奥指示驻俄罗斯的西德二郎公使进行交涉,在探查

---

[203] 陆奥,《蹇蹇录》,252—253页。
[204] 《山本权兵卫和海军》,原书房,1966年,98页。
[205] 陆奥给佐藤书记官的信,1895年4月24日,《日本外交文书》第28卷第2册,26页。
[206] 陆奥,上述书,253—256页。

到俄罗斯政府态度的基础上，4月30日，他又指示西公使将日本政府的答复交给俄罗斯政府：日本完全放弃奉天半岛（辽东半岛）除金州厅（旅顺、大连）以外的地方，对于放弃的领土欲获取相应的赔偿金额，在清国完成对日本的义务之前，日本维持占领。[207]不久，西公使回电，俄罗斯政府于5月3日告知对此回答无法满意，日本占有旅顺是一障碍。[208]到了这时，陆奥不得不答复三国政府，"日本帝国政府基于俄、德、法三国政府的友好忠告，约定永久性放弃占领奉天半岛。"[209]

5月13日，日本政府同时公布了媾和条约与归还辽东的诏敕。直到这时，日本民众才第一次知道三国干涉之事。各家报社全都用号外报道了诏敕。"朕恒眷眷于和平……至与清国交兵，亦洵以永远巩固东洋之和平为目的。而三国政府以友谊砥砺之所，其意亦存于兹。""滋事端，艰时局，迟滞治平之回复，以酿民生之疾苦，沮国运之伸张，实非朕意。""于今顾大局，以宽宏处事，亦不见于帝国之光荣与威严有所毁损。朕乃容友邦之忠言。朕命政府以其意照覆三国政府。"

5月14日的《东京朝日新闻》这样写道：

> 幕被揭开，秘密终于公之于众。俄、德、法三国对割让辽东半岛持有异见以及向我政府提出忠告之事，过去数日来口耳相传，泄露于世间。所谓重要问题途说纷纭，今以诏敕明示其然，将辽东半岛一带之地归还败余之清国，洵无上之恩惠，泰山何足言，江海亦难比其大。清国官民上下咸应感泣拜谢。

---

[207] 陆奥给西、青木、曾祢公使的信，1895年4月30日，《日本外交文书》第28卷第2册，65—66页。
[208] 西给陆奥的信，1895年5月3日，同上书，79页。
[209] 陆奥给林次官的信，1895年5月5日，同上书，80—81页。

文中基本上没有触及任何日本方面的感情，也没有社论，翌日，报纸也没有刊登社会的反应。但是，国民的感情很激烈，"卧薪尝胆"一词瞬间流传开去。[210]

大杉荣在回忆录中写道，当时他是新潟县新发田高等小学的学生，即使在数名朋友的聚会中，归还辽东也会成为话题。"我原封不动地朗读了《少年世界》投稿栏中的卧薪尝胆论。大家全都流着眼泪，发誓要卧薪尝胆。我向大家提议背诵归还辽东半岛的敕谕。之后，我决定每天早晨一起床就立即高声朗读它。"[211]

中央论坛的意见领袖们更为激烈。《国民新闻》的主笔德富苏峰早早就游览过了他认为已成为日本新领土的辽东半岛，这个报道使他受到打击。"说归还辽东几乎改变了我一生的命运都不过分。自从听说此事以来，我在精神上几乎成了另外一个人。"[212]

虽然日本政府预想到了这种干涉，但仍然逼迫清国接受割让辽东半岛的要求，结果最终还是因为遭到干涉而被迫归还，失去了脸面。5月15日，驻俄罗斯的西公使拜见了洛巴诺夫－罗斯托夫斯基外相，因为他听到传言说俄罗斯政府将要劝告日本政府在朝鲜的行动不要损害朝鲜的独立，所以前去试探其真实意图。外相回答，没有这样的打算。不过他说，据从汉城得到的电报，日本政府"无耻"地介入朝鲜的统治，试图将矿山、铁路的利权收入手中，因此朝鲜全国上下很不满，给国民留下了糟糕的印象。对此，西公使虽然做了反驳，但还是发回电报，"为使此类流言不致成真，希望我们在朝鲜的行动无比慎重。"[213]

---

[210] 关于这个词语的起源及其意义的变化，见朴羊信《陆羯南——政治认识和对外论》，岩波书店，2008年，229页。
[211] 大杉荣《自叙传·日本脱出记》，岩波文库，1971年，56页。
[212] Vinh Sinh（杉原志启译）《德富苏峰评传》，岩波书店，1994年，75页。为《苏峰自传》（1935年）的一节。
[213] Nishi to Mutsu, 15 May 1895,《日本外交文书》第28卷第1册，413—414页。

伊藤总理认为必须敏锐地应对俄罗斯外相的这番话。他向外相指示，有必要直率地向俄罗斯方面传达日本独占矿山以及铁路事业等说法，"没有事实根据"。[214]然而，陆奥回答，铁路事业"欲归日本一手之事……不应掩饰"，因此，如果不确定今后的方针，无法让西公使去说什么。[215]他仍然很强硬。

汉城的井上也知道了西公使传回的俄罗斯外相的话。井上于5月19日给陆奥发电报道："本使很早已知，我方在汉城的一举一动都深深牵动着俄国的情感和神经。""日本被迫声明和平，会让朝鲜人觉察日本不能任意行事，致使任何党派都尝试干涉，如果做责备他们等事，必呼外国公使助之。"因此他认为有必要预先决定干涉的程度，也就是决定对朝鲜的政略大纲。井上发电报，希望回国协商此事。[216]

朝鲜政府与井上公使

朝鲜在一个月之前的4月发生了一件大事，大院君的孙子李埈镕因暗杀金鹤羽而被逮捕。李埈镕在日军攻击王宫后任内务协办，为大院君的亲政而奔忙，他谋划出废除王妃之计，但遭到中立派金鹤羽义正词严的阻挠，十分愤怒。于是，他于1894年10月令人暗杀了金鹤羽。后由于事情败露，朝鲜政府于1895年4月18日逮捕李埈镕，对他进行了审判。虽说井上公使曾经劝告过大院君的亲信要慎重行事，但原本揭发大院君与东学党以及清国将军秘密接触之事的正是井上本人，而实际实施秘密接触的人就是

---

[214] 锅岛给陆奥的信，1895年5月18日，《日本外交文书》第28卷第1册，418页。
[215] 陆奥给锅岛的信，1895年5月18日，同上书，418页。
[216] Inoue to Mutsu, 19 May 1895,《日本外交文书》第28卷第1册，420—422页。

李埈镕，因此，事情就像火车沿着井上铺设的轨道前进一样发展了下去。朴泳孝一派要求判处李埈镕死刑，但因井上反对极刑，5月13日的判决，李埈镕被减刑为流放十年。[217]

在此期间，因4月23日发生的三国干涉和日本最终屈服，朝鲜朝野留下了俄罗斯很强大的印象，日本的权威迅速降低。5月，朴泳孝想掌握军务和警务，策划了罢免军部大臣赵义渊之事，终于5月17日，赵义渊遭到罢免。总理金弘集在这个过程中因反对罢免赵义渊而触怒了高宗，不得已提出了辞呈。鱼允中、金允植也紧随其后。高宗接受了辞呈，没有做任何挽留，在这种形势下，井上虽然想介入，却没能成功。金弘集被解职，朴泳孝临时担任代总理。但5月29日，朴定阳被任命为总理。[218]

井上馨申请临时回日本时，正是这场骚动发展到最高潮的5月19日。陆奥认为，如果政府的方针没有确定，让井上回国并不合适。他向伊藤总理建议，有必要决定朝鲜是由"列国联合担保"还是"我方退出"，要从中选择一种。[219]不清楚伊藤当时做出了怎样的反应，但5月25日陆奥与在东京的内阁同僚聚会时说："朝鲜之永久独立，关系各国一般之利害"，因此，日本不应单独承担责任和义务，会上通过了"与其他诸国协力，改善朝鲜国之状况"的决议。[220]很明显，陆奥也考虑到不得不退让。陆奥将这一决议发给伊藤，提议如果赞成，应该立即向各国宣布。5月26日，伊藤回复待他回京后再做讨论。[221]

----

〔217〕 杉村，《明治廿七八年在韩苦心录》，127—130页。
〔218〕 同上书，131—137页。
〔219〕 陆奥给伊藤首相的信，1895年5月22日，《日本外交文书》第28卷第1册，423—424页。
〔220〕 同上书，434—435页。
〔221〕 陆奥给伊藤的信，1895年5月25日；同上书，435页。陆奥给原的信，1895年5月26日，同上书，436页。

第三章　日清战争与战后日本、朝鲜、俄罗斯的关系

5月31日，外务省终于给井上发去了回国命令。其后，6月4日，内阁会议重新讨论了对韩政策案。会议决定"将来的对韩政略应尽量停止干涉，让朝鲜自立，故决定采取被动的方针"。进而还决定"鉴于以上决议的结果，对于朝鲜铁路电信之事，期待不强制实行"[222]。这是全面的后退。

这时，井上回国了。他于6月11日从仁川出发，20日到达横滨。回国后，井上于7月1日向西园寺代理外相提交了长篇意见书。金文子的新研究指出了这份意见书的存在，并关注了井上对韩政策论的意义。[223]

意见书的第一项是公债问题。井上于6月25日提出一方案，由于朝鲜政府根本无法返还300万日元的贷款，因此或从清国获取的赔偿金中提出大约五百万日元赠予朝鲜政府，或搁置三年，让朝鲜政府从第四年起分20年偿还。井上写道，"以牙山为首，平壤、义州沦为日清之修罗场，釜、仁、元三港为我军登陆地，故八道几乎都成为进军之地"，"立时陷入悲惨之境遇"，因此，他主张日本就算拿出大约五百万日元难道不应该吗。[224]

第二项是铁路问题。井上认为实现条约案有困难，可以让朝鲜政府修建汉城至仁川的路线，资金、材料、技术人员让其全部依赖日本。[225]

第三项，关于电信问题。这一问题所遭遇的异议比铁路更多，井上认为无法按照设想的进行下去。他主张仁川至汉城间、汉城至义州间的电线原本就是朝鲜的，因此应该归还；而汉城至釜山

---

[222]《日本外交文书》第28卷第1册，441页。
[223] 金文子，《杀害朝鲜王妃与日本人》，64—72页。井上的意见书，《伊藤博文文书》第12卷，ゆまに（YUMANI）书房，2007年，384—406页。
[224]《伊藤博文文书》第12卷，385—393页。
[225] 同上书，393—394页。

间的军用电线如果由日本管理,需要"相应的线路保护兵",因此惠赠给朝鲜政府为好。[226]

第四项是汉城守备兵问题。他主张由于目前是后备兵,必须更换为常备兵,但为此需要得到朝鲜政府根据"大君主之命"发出的委托公文。[227]

这份意见书的内容与6月4日的内阁会议决定似乎没有太大的区别,但文中有着对指导朝鲜改革的挫折感,强烈表达出了井上的不应更多伤害朝鲜独立性的心情。与之相对,政府乍看消极的方针背后,仍然潜藏着必须挽回事态的意志。可以想到,从这样的政府立场出发,井上公使的意见书不会被接受。

驻屯军问题与朝鲜政府的危机

2009年,金文子首次揭示出,在井上抵达日本(6月20日)的同时,日本军驻屯问题开始在朝鲜发酵。金文子指出,芳川法相在与井上谈话后,发给山县、陆奥的标注为6月20日的信函中所写"决行之方针"指的是解决日本军驻屯问题,与杀害闵妃计划等无关,[228]这是妥当的解释。而且据她考证,井上谒见天皇,向内阁做了报告后,于6月22日指示汉城的代理公使杉村濬与朴泳孝会商,必须要在"受大君主之命"的基础上,从朝鲜获取关于委托日本军驻屯的公文。26日,杉村告知,他从朴泳孝处听说,

---

[226] 《伊藤博文文书》,394—396页。
[227] 同上书,396—397页。
[228] 金文子,《杀害朝鲜王妃与日本人》,74—76页。芳川的信收藏于国立国会图书馆宪政资料室,被韩国电影导演郑秀雄发现,将其与杀害闵妃计划联系在了一起,《朝日新闻》曾有过报道(2008年6月28日)。但根据金文子的著述,《朝鲜日报》2005年10月6日已经提及此事,这里是再次提及。

第三章 日清战争与战后日本、朝鲜、俄罗斯的关系

内阁会议就此事进行讨论时,因"出现异论……未决定",国王似乎"不喜我兵之驻屯"。然而,29日,杉村却又询问,说已得到朝鲜外部大臣的委托公文,希望在汉城驻屯两个中队,釜山、元山各一个中队,共计驻屯一个大队,是否要将此公文发送东京。金文子指出这份委托书是"在国王完全不知情的情况下发出的"[229]。

然而,这个问题发生在朝鲜政府的危机时分,成为其中的一个要素。朝鲜王宫中的亲卫队有七八百人,由美国教官戴伊等人训练。王宫外的训练队为两个大队,约八百人,由日本士官训练。朴泳孝推进的方案是将训练队送入宫中,将亲卫队调到外面,进一步进行训练。当初朴泳孝探询高宗的心意时,感觉他似乎对此没有异议,于是就在内阁做出了决定。然而,当军部代理大臣李周会上奏执行时,高宗没有批准。由于李周会多次请求批准,国王震怒。6月25日,他传来朴定阳总理。[230]高宗对朴定阳说:"废除护卫王宫之旧兵,本非朕之所好,乃大臣等强行奏上之事,不得朕意。"总理奏称这件事陛下已经同意了,高宗更加愤怒,说自去年6月以来的敕令"皆非朕意,应取消之"。朴总理很惶恐,提出了辞呈。不过这个辞呈没有被受理。[231]

杉村在这时的电报中也写道:"以上全为王妃出于欲恢复闵氏势力之用心,秘密遣人沟通俄罗斯公使以固其根本,而做出此事。"

正是在这场激烈冲突之后,杉村通过朴泳孝得到了驻屯委托书。不用说,如果国王察知了这件事情,是会反对的。6月29日,杉村给井上的电报这样写道:

---

[229] 金文子,上述书,72、76—80页。井上给杉村的信,6月24日收取,《驻韩日本公使馆记录》7,国史编纂委员会,1992年,494页。杉村给井上的信,6月26日,同上书,495页。杉村给井上的信,6月29日(1)(2),同上书,497、499页。
[230] 金文子,上述书,143页。
[231] 杉村给西园寺的信,1895年6月26日,《日本外交文书》第28卷第1册,444页。

虽然朴定阳的辞表暂且被驳回，但其本人辞职的决心已坚定……听说国王欲再次取消批准守备队驻屯的委托，徐光范、朴泳孝两人轮番奏上其不可之理由，方得渐达御闻。如此每每起冲突之趋势，朴泳孝内心亦大为困惑，昨夜私下向浅山诉说，此际欲暂时抽身以窥情形。[232]

浅山显藏是曾担任过朴泳孝秘书的日本人。[233]实际上，在29日当天，韦贝尔和美国公使希尔访问了杉村代理公使，他们是来诉说日本要对朴泳孝负责的。韦贝尔谴责朴泳孝的行动"常常暴恶危险，妨害土地之治安"，最近更加恶化，这样下去会"惹起祸乱"，但由于他因日本"保助"才得以进入权力中枢，革退他也应"属贵国之权力"。韦贝尔还说，报纸上说他和朴泳孝似乎关系很亲近，对此他感到很困扰。杉村含糊其词地说，让朴泳孝回来的是大院君等人。希尔公使表示，无论怎样都希望能劝告他。韦贝尔还批判了朴泳孝企图将新兵调入王宫内取代旧卫兵的做法。对此，杉村反驳道，"以正式训练之兵代替无纪律之旧兵"来护卫王宫难道不是理所当然的吗？韦贝尔说，两者其实没有区别，而且原本就不是一千、二千名士兵守卫得了的，他们只是让"陛下安心的道具"，"陛下对旧兵安心"。于是，杉村答应劝说朴泳孝。[234]

第二天，30日，杉村会见了朴泳孝，告诫他"对王宫采取过激手段，易提前致祸，甚不可为"。也就是说，杉村认为朴泳孝或许会采取将训练队调入王宫内，以实力排除亲卫队的做法。他担心那样的话，高宗一方也许会将"外国水兵"，即俄罗斯水兵调入王宫。[235]

---

〔232〕杉村给井上的信，1895年6月29日，《日本外交文书》第28卷第1册，447页。
〔233〕浅山之名出现在若干处史料中。同上书，428、462、467页。
〔234〕杉村给西园寺的信，1895年7月4日，同上书，452—456页。
〔235〕杉村给西园寺的信，1895年6月30日，同上书，447—448页。

第三章 日清战争与战后日本、朝鲜、俄罗斯的关系

在这种混乱的局面中，杉村将他得到的委托日本军驻屯的公文发给了日本，写道，"国王不同意，勉强得到此批准，恐再生变议"[236]，这是明知不可靠而为之。

东京也怀疑混乱是因为闵妃试图拉拢俄罗斯势力而造成的。西园寺29日给杉村发去电报，"风传王妃正与俄公使密谋恢复闵氏势力之手段甚盛"，指示他向朴泳孝打听情况。[237]朴泳孝回答，"虽未找到把柄……但确定无疑"，这是没有根据的断定。[238]

7月2日，内阁会议决定暂停替换亲卫队一事，[239]紧张稍稍缓和下来。

7月3日，杉村得以内谒见高宗。高宗询问，据内部大臣朴泳孝和度支部大臣鱼允中所言，日本军队最近要撤退，"果有此事乎？"杉村含糊其词地说早晚应该会撤退，不过军队要根据大本营的指挥命令来行动，在命令没有下达时，难以预料。于是，高宗说，"若日本军队如传言将悉行撤回，朕甚为担心，就朕所望，今可暂时以护卫公馆等名义驻留一中队士兵。"[240]也就是说，高宗同意一个中队这种程度的驻屯，但超过这个数量的驻屯则不予认可。杉村已经发出的委托驻留四个中队的公文，确实没有得到国王的批准。仅从此事就可以看出，日本政府可以依赖的只有朴泳孝。

7月4日，杉村将朴泳孝发来的电报转发给了东京。"本官考虑一步不退，正与齐藤、星二氏亲密会商，王妃似与俄公使多少有关系，待探知清楚，将与杉村氏谋划、报告。"[241]

---

[236] 杉村给井上的信，1895年7月1日，《驻韩日本公使馆记录》7，501页。
[237] 西园寺给杉村的信，1895年6月29日，《日本外交文书》第28卷第1册，447页。
[238] 杉村给西园寺的信，1895年7月1日，同上书，448页。
[239] 杉村的日记，《驻韩日本公使馆记录》7，398页。
[240] 杉村给西园寺、井上的信，1895年7月4日，同上书，393—394页。
[241] 杉村给西园寺的信，1895年7月4日，《日本外交文书》第28卷第1册，449—450页。

齐藤、星是指内部顾问官齐藤修一郎、法部顾问官星亨。他们是与朴泳孝相勾结，操作"韩廷黑幕"政治动向的日本顾问。[242]

两天后，一起重大事件发生。7月6日，高宗召集大臣们到王宫，宣布解除朴泳孝之职，因为他有谋反的嫌疑。谋反是指，朴泳孝图谋杀害王妃，国王手中的证据是日本人佐佐木留藏的供述书。7月7日，警务厅下达了逮捕朴泳孝的命令。有人偷偷将此事泄露给了朴泳孝，朴泳孝乔装打扮，骑驴仓皇逃进了日本公使馆。他在杉村的帮助下于当天逃往日本。就这样，朝鲜政府最具实力的人物、日本最为信赖的朴泳孝轻而易举地失势了。[243]

从朴泳孝的角度来讲，他到底遭到了与俄罗斯公使相勾结的闵妃的算计，杉村在7月13日发给日本的报告书中，也略带嘲讽地写道："朴派虽然一心认定宫中与俄馆之间开辟了深厚关系，但迄今未找到证据。"[244]

韦贝尔和希特罗渥的看法

汉城的俄罗斯公使馆确实加强了对日本的批判。韦贝尔代理公使于7月1日（6月19日）向本国外相报告：

> 虽然根据《马关条约》，日本庄重地宣布了朝鲜的独立，然而在现实中，这个声明与日本的行为几乎没有结合起来。……日本违反朝鲜政府及关心当地事态的其他诸国的意志，擅自扮演着推进朝鲜进步的角色，蹂躏了当地国王应有

---

[242] 杉村，《明治廿七八年在韩苦心录》，121、136页。
[243] 杉村，上述书，148—150页。
[244] 杉村给西园寺的信，1895年7月13日，《日本外交文书》第28卷第1册，474页。

第三章 日清战争与战后日本、朝鲜、俄罗斯的关系

的一切主权性权利,任命、罢免大臣,国家的行政几乎都操控于其手中,至少通过指派的日本顾问官和助手掌控着汉城政府机关主要的统治权。……朝鲜的独立实际上是虚构的。

韦贝尔还写道,针对朝鲜外部大臣对日本公使馆表示的日军撤退为时尚早的意见,高宗对我说,这一意见"违背了他的意志和理解",他亲自告知过杉村代理公使"日军进一步驻留无益,不希望继续"。[245]

在朴泳孝失势后的7月10日(6月28日),韦贝尔给外相写道:"国王衷心希望改造国家,但他所处的立场极其困难。……日本人正试图以实施改革的名义再次将统治的缰绳掌握在手中。不能排除他们有努力夺取国王一切权威的可能性。国王希望我们能够友好地唤起日本政府的注意,敦促它想起它反复宣告的尊重朝鲜独立的约定,使其行为模式与约定一致。"尼古拉二世在这封信上批示道:"我们必须要极其认真地关注这个问题。对我们来讲,日本夺取朝鲜比他们占领辽东半岛远为重要。"[246]

另一方面,东京的希特罗渥公使认为朝鲜事态颇为棘手,有意摸索与日本协作的途径。7月11日,希特罗渥会见了西园寺外相,说朝鲜之事"虽与贵我两国大有关系……却无协议","为避免将来贵我两国间发生冲突","事先交换意见"较为有益。值得注意的是,他认为"朝鲜政府之言行毫不足置信"。即使关于日军驻留,也可能今天请求驻留,明天又要求撤退,那样的话"俄国势必不得不赞成朝鲜政府的请求",因此他相信日俄两国"有必要

---

〔245〕 Bella Pak, op. cit., Vol. II, pp. 117-118. Veber to Lobanov-Rostovskii, 19 June 1895. RGVIA.
〔246〕 外相写信将这封信的内容传达给了希特罗渥,该信的底稿,见 Lobanov-Rostovskii to Khitrovo, 8 July 1895, AVPRI. F. 433, Op. 470, 1895 g., D. 108, L. 173-173ob。尼古拉的批示见 Bella Pak, op. cit., Vol. II, p.119。

事先充分交换意见"。[247] 这不是俄罗斯谋划干涉朝鲜的情形。希特罗渥的姿态是寻求与日本协作。

或许是受到皇帝批示的影响，洛巴诺夫－罗斯托夫斯基外相决定按照高宗和韦贝尔的意见照会日本，他给希特罗渥发去了训令。7月31日，希特罗渥拜访了西园寺外相代理，按照外相的指示进行了照会：

> 我方相信，朝鲜国王有实施必要改革的意向，但对臣民而言，国王自身的权威因日本政府的干涉而被削弱了。因此，俄罗斯帝国政府期待日本帝国政府想起自己迄今为止所做出的朝鲜名实均独立的宣言，使自己的行动与自己的宣言一致。

由于照会的口吻颇为严厉，希特罗渥公使再次以个人身份提出希望为避免将来的误解缔结协议。[248] 他在发给本国的报告中这样写道：

> 西园寺公爵答应将我的声明传达给内阁并做出答复。我在同一天与内阁首相谈了很久。伊藤伯爵保证日本政府有绝不侵害朝鲜独立的坚定意图，他反复说无论是朝鲜问题，还是其他的一切问题，都希望与我国达成完全的共识。不过，虽然我倾尽努力想与他真正推心置腹地交谈，却没能成功。[249]

---

[247]《日本外交文书》第28卷第1册，464—465页。
[248] 同上书，480—482页。
[249] Khitrovo to Lobanov-Rostovskii, 20 July/1 August 1895, AVPRI, F. 133, Op. 470, 1895 g., D. 108, L. 100-101.

第三章　日清战争与战后日本、朝鲜、俄罗斯的关系

三浦公使登场

朝鲜政府中亲日派的核心人物——朴泳孝的失势在日本普遍被看作闵妃和俄罗斯势力的胜利。人们感觉现如今日清战争的成果已然化为乌有，俄罗斯的影响力与日俱增，日本方面的相关人士开始恐慌起来。日本国内弥漫着井上公使的政策明显失败了这样一种气氛，更换公使的呼声高涨起来。在这种氛围中，取代井上的新公使——三浦梧楼的名字浮现出来。

三浦梧楼生于1846年，时年49岁。他最早是长州奇兵队士（译者注：奇兵队，指由藩士以外的武士和庶民组成的混成部队，与藩士、武士组成的撰锋队相对。），在明治维新后进入山县主政的兵部省，参加了西南战争。他虽于1881年与谷干城一同参与过四将上奏，不过没有受到追究。但他在1886年又主张过于激进的兵制改革案，最终被编入了预备役。其后曾短期担任过学习院院长，于1889年同谷干城一起参加了反对大隈外相的条约修正案运动，之后投身于政治活动中。[250]

三浦梧楼被选拔为公使的过程是一个谜。推荐三浦为公使的文书，已为人知的只有一份，即1895年7月5日谷干城写给伊藤总理的信。[251]信中写道，"如前所禀"，"愿为日本"任用三浦梧楼。由此可知，谷干城以前曾向伊藤推荐过三浦。至于为何有必要由三浦代替井上出任公使，他指出："今后对朝鲜政策要避免直白的干涉……以情和理，令其意识到依赖强鹫（俄罗斯）为失策……"必须"避免将朝鲜视如我物的举动"。也就是说，应该转

---

[250] 三浦有回忆录，三浦梧楼《观树将军回顾录》，政教社，1925年。
[251] 谷给伊藤的信，1895年7月5日，《谷干城遗稿》下，靖献社，1912年，599—601页。

换井上的过度干涉的政策。三浦梧楼的优点是，对"心理学"颇有心得，"人品高，志操洁"，非常积极向上。信中列举了他与朴泳孝关系亲密，与柴四朗也情同手足，期待他是"做无用之用的人"。

三浦梧楼长期以来与谷干城志同道合。信中提到的柴四朗是谷干城任农商务大臣时期的秘书官，自1887年反对井上馨的条约修正案时起，他们就成了同志。谷干城写这封信的背后，还有意帮助柴四朗去朝鲜，以往的研究忽略了这一点。

柴四朗就是《佳人之奇遇》的作者东海散士。他与金玉均、朴泳孝从19世纪80年代起就是朋友。他在1892年第三届议会中当选福岛县议员。日清战争开始后，一直流亡日本的朴泳孝于1894年8月返回朝鲜。柴四朗似乎在再次当选议员后不久，于当年9月也去了朝鲜，为朴泳孝的复出而奔波。朴泳孝其后担任内部大臣。到了1895年5月，柴四朗听到朴泳孝正在接近俄罗斯的传言，于是与佐佐友房一同再次前往朝鲜。据说这是与谷干城、三浦梧楼等人商量后的结果。柴四朗与朴泳孝进行了深入的交谈，他大概也在公使馆与代理公使杉村濬谈过吧。柴四朗等人于6月下旬返回了日本。然而其后不久，朴泳孝被逐出政权，再度流亡日本。[252]朴泳孝将对高宗、闵妃及其背后的俄罗斯的彻底对立之情传达给了柴四朗。大概柴四朗感觉日本正在逐渐失去朝鲜，因而决心放手一搏吧。他后来写下了《日俄战争之羽川六郎》这部空想小说，阐述了他对朝鲜形势的理解。

> 时因归还辽东，我方失去威力，井伯细密干涉招致朝鲜对其厌恶，我方最终放弃了曩日因攻守同盟获取的铺设京釜、

---

[252] 关于柴四朗，可参考柳田泉《〈佳人之奇遇〉和东海散士》，《政治小说研究》上，春秋社，1967年，431—433页。

京义、京元诸铁路的权利,而俄国势力在宫中隆隆高涨,朴泳孝等为免遭虐杀的阴谋而流亡国外,此乃三浦子继井伯之后成为新公使时情形。[253]

可以推想,当时柴四朗将该书中对于形势的看法灌输给了三浦梧楼,劝说他出马。三浦同意后,他又去做谷干城的工作,让他向伊藤总理推荐三浦。很明显,谷干城推荐的理由与三浦和柴四朗打算在朝鲜做的事情是不同的。也就是说,柴四朗在没有将自己的想法充分向谷干城说明的情况下,就请谷干城推荐了三浦。[254]

三浦接到伊藤的正式任命后,认为日本需要"坚定不移的对韩政策",他向政府提交意见书,希望政府选定以下三项策略中的一项:第一,"认定朝鲜为同盟的独立王国,将来我方独自负担其全国防御及改革责任";第二,"与欧美列国公平者相谋,(使朝鲜)成为共同保护独立国";第三,"果断决意与一强国分割占领高丽半岛"。[255] 在出发前的送别宴上,柴四朗讲了与三浦的三项策略相同的内容,力主应该"确定永久不变的方针"。三浦的意见书或许是由柴四朗写的。[256]

政府无法做出回答,所以没有回复。三浦要辞去公使一职。但山县劝说他:因三大策略需要深思熟虑,政府迟早会决定采取其中某项,现在应"从速渡韩"。因此,三浦"决心临机应变,自由随意而为,除此无他",[257] 接受了公使之职。这一人事任命于8月17日颁布。

---

[253] 东海散士《日俄战争之羽川六郎》,有朋馆,1903年,49页。
[254] 朴羊信在《陆羯南》102页明确指出了谷干城的推荐书和三浦行动之间的错位。
[255] 三浦梧楼意见书,《日本外交文书》第28卷第1册,482—484页。
[256] 柳田,《〈佳人之奇遇〉与东海散士》,435页。
[257] 三浦,《观树将军回顾录》,319—320页。

可以推测，三浦被确定为公使后，在他赴任之前，军部接近了这位退役将军。金文子通过详细的史料发掘，判明了井上因在日军撤退问题、日军铺设电信线的权利问题、铁路建设利权问题等方面提出了军部不能接受的方针，致使川上操六参谋次长等人对他的不满与日俱增，而这些人与三浦有着深厚的交情。[258]

井上公使返回任职地

井上于7月中旬返回了汉城。他试图努力改善日本与朝鲜的关系，向日本政府提出彻底改变以往强制朝鲜改革的姿态，向国王赠予300万日元的方案，然而日本政府最终中止了这个方案的实施。[259]此时，井上已经完全被舍弃了。

7月16日，亲日的宫内府协办金宗汉被解职，与韦贝尔很亲近的美国人李仙德被任命为宫内府顾问。[260]7月17日，朝鲜新设立了警备宫中的侍卫队，国王亲近的洪启薰被任命为训练队联队长。[261]

在此期间，韦贝尔与国王越来越亲近。8月10日（7月29日），韦贝尔给俄罗斯外相的报告中写道："朝鲜国王很清楚地意识到依靠自己的力量无法与日本斗争，他将全部希望都寄托在了俄罗斯决定性的、强有力的支援上。"[262]韦贝尔认为，俄罗斯应该回应这样的期待。他主张应该答应高宗请求的派遣俄罗斯教官、派遣两名开发咸镜道的矿山工程师、派遣俄罗斯医生等，特别是

---

[258] 金文子，《杀害朝鲜王妃与日本人》，107—109页。金文子推测或许是川上要求伊藤更换井上，应其要求，决定由三浦继任井上的。但没有对此进行论证。
[259] 杉村，《明治廿七八年在韩苦心录》，157—160页。
[260] 内田给西园寺的信，1895年7月17日，《日本外交文书》第28卷第1册，479页。
[261] 《高宗时代史》第3卷，920、922页。
[262] Bella Pak, op. cit., Vol. II, p. 121. Veber to Lobanov-Rostovskii, 29 July 1895.

朝鲜政府请求派遣罗斯波波夫做宫内府顾问,更应该积极地回应。

罗斯波波夫是继科斯特列夫之后到东京公使馆的语言留学生,于1891年到日本。后来大概被派遣到汉城,与朝鲜方面有过接触吧。高宗很喜欢他,希望派遣他来。

外相看了韦贝尔的报告,立即慎重起来。8月13日,外相指示韦贝尔,"为了不与朝鲜政府之外的诸国国民的关系尖锐化,要无比慎重地"对待朝鲜国王的请求,"如果这一任命有可能因某种原因被解读为我们直接干涉这个国家的内政,那么较为稳妥的做法是找到好的借口,将其推迟到最恰当的时候。"[263] 后来,由于韦贝尔一直坚持应该回应高宗的期待,俄罗斯政府认为他的活动会带来危险,以至于8月下达命令,将他调为了墨西哥公使。韦贝尔的继任者是士贝耶,他曾经担任东京公使馆一等书记官直至1889年。虽然高宗给俄罗斯皇帝写信希望韦贝尔留任,[264] 但未能改变这个决定。不过,在士贝耶1896年1月到任之前,韦贝尔被允许留在汉城。俄罗斯政府更迭韦贝尔的决定暂时保密。

8月23日,朴定阳辞去总理职务,成为内部大臣,金弘集重新担任总理一职。[265]

三浦公使抵达

1895年9月1日,新公使三浦梧楼到达汉城上任。有研究认

---

〔263〕 Bella Pak, op. cit., Vol. II., p. 123.
〔264〕 Kozhon to Nikolai II, June 1995, *Rossiia i Koreia*, p. 62. 希特罗渥7月23日(11日)的电报传达了高宗再次发出的电报内容。Khitrovo to Lobanov-Rostovskii, 23/11 July 1895, AVPRI, F. 133, Op. 470.1895 g., D. 108, L. 95-95ob.
〔265〕《高宗时代史》第3卷,958页。

为，他的顾问柴四朗于9日离开东京，20日左右到达汉城。[266]我们无从知晓三浦是否在到达汉城之前就有了10月8日行动的设想。或许他是到达汉城后，才与柴四朗一同，和一等书记官杉村濬、驻在武官楠濑幸彦等商量，分析事态、制订计划的吧，这样考虑也许更为自然。

在这个时期屡屡扮演重要角色的一等书记官杉村濬，原是《横滨每日新闻》的记者，他通过当地神奈川县县令野村靖的介绍，与驻朝公使花房义质相识，于1880年访问了朝鲜。其后，他进入外务省，在朝鲜工作了9年。特别是在最近4年朝鲜激烈变动的时期，他一直担任着首席书记官、临时代理公使。[267]他之所以深入参与三浦的计划，大概在他看来，这是日本对朝鲜政策的最后一招吧。武官楠濑幸彦是首任驻俄罗斯武官，于1894年12月从俄罗斯来到朝鲜，他大概是彻底的反俄派。楠濑幸彦在朝鲜负责培训训练队，还是朝鲜政府的军务顾问。他和柴四朗的弟弟柴五郎是陆军士官学校的同年级同学。[268]

三浦到达汉城不久，就和川上操六开始了电报往来。9月6日，川上操六参谋次长给三浦发去电报，告知正在考虑在驻屯4个中队之上，再派遣约250名宪兵守护电信线路，此事大概需要朝鲜政府的批准，想听听公使的意见。这份电报于13日送达。[269]三浦15日回电说，骤然撤兵并不可取，逐步更换或许更好。[270]到19日，三浦突然请求，如果地方上发生叛乱，朝鲜有可能会向俄罗斯请求援助，出于对抗的目的，或许有必要不与大本营联络就直接调兵，因

---

[266] 柳田，《〈佳人之奇遇〉与东海散士》，435页。
[267] 杉村，《明治廿七八年在韩苦心录》，自序，1—2页。
[268] 金文子，《杀害朝鲜王妃与日本人》，205—214页。
[269] 《驻韩日本公使馆记录》7，524页。金文子，上述书，125—126页。
[270] 《驻韩日本公使馆记录》7，524页。金文子，上述书，126页。

此"应事先给兵站司令官训令,听凭本官通知,任何时候都可出兵",希望能经由外务大臣将这个意旨通知给他。[271]

大概三浦在这个时间点上,感觉到为了不久的将来的行动,有必要掌握汉城守备队的指挥权吧。西园寺代理外相得知此事后,于9月24日表达了对三浦的不快。[272]

在此期间,井上于9月17日回国。其后,柴四朗到达汉城,正式开始准备工作。三浦、柴、杉村等人下定决心,要迈出决定性的一步。

之后,在闵妃被杀害的次日午后,三浦从王宫返回公使馆,内田领事要求解释。他这样说明了行动的动机:

> 近来,以王妃为首的闵党之辈与俄国勾结,其势力越发得逞,欲逐步破坏所有内政改革之业;并拟用闵党之策,故意唆使我士官培养的训练队与巡检等惹起争斗,遂以此为口实解散训练队,且悉行捕获其士官并杀戮之;进而擢拔闵泳骏执掌国政,万事依赖俄国而叛离我国。今日眼看将着手先解散训练队,故须当机立断,不可踌躇。[273]

柴四朗也在《日俄战争之羽川六郎》中写道:"突然,这个令人恐惧的阴谋被发现了,俄韩间即将签订秘密条约,因妨碍其签署,将断然解散由日本士官训练的新营军,而后还要暗杀亲日的大臣。"[274]

---

[271]《驻韩日本公使馆记录》7,525页。金文子,上述书,127页。
[272]《驻韩日本公使馆记录》7,526页。金文子,上述书,134页。
[273] 内田定槌领事的报告《明治二十八年十月八日王城事变之颠末》,1895年11月5日,《日本外交文书》第28卷第1册,554页。
[274] 东海散士,《日俄战争之羽川六郎》,49页。

很明显，俄罗斯彻底成为朝鲜王妃的后盾，唆使高宗站在了与日本对抗的道路上这样的判断是错误的。实际情况是，尽管高宗、闵妃希望俄罗斯政府重新考虑调动他们信赖的韦贝尔公使，俄罗斯政府并没有同意。至于解散训练队，是因高宗想让与他亲近的人做训练队的联队长，训练队对此抵触，因此有必要解决这件事情。实际上是否真正存在解散训练队的命令，尚存疑问。

根据内田领事的报告，9月27日，训练队大队长禹范善向教官宫本少尉诉说，训练队将在10日内被解散，士官们将被处以严刑。禹范善28日又拜访石森大尉，说了一些事情，接着在10月3日，与马屋原少佐、石森大尉一同拜访了三浦公使。内田推测，楠濑中佐大概在这三日中也参与到了本事件中。[275]

无论如何，在三浦等人到达朝鲜时，他们的计划是，抬出大院君实行政变，一扫亲俄反日势力，在这个过程中杀害闵妃，最大限度地威胁高宗，使其顺从于日本。他们考虑最好由朝鲜士兵杀害闵妃，如果实在不行，也可以使用在朝鲜的日本志士。

这实在是太过侮辱邻国朝鲜的计划，是日本这个国家深层疾患的表现。国际社会不会允许举公使馆之力来实行这样的行动，必将遭到以俄罗斯为首的各国批判而陷入窘境无法自拔，然而三浦等却好像完全没有考虑到这些因素似的。

执行部队已经开始了动员。三浦公使、杉村和柴首先将日本安插到朝鲜的宫内府顾问官冈本柳之助和《汉城新报》社长安达谦藏拉入了这场阴谋中。安达又拉入了《汉城新报》主笔国友重章，社员平山岩彦、小早川秀雄，《国民新闻》特派员菊池谦让等人。其中，安达、国友、平山、小早川、菊池全都来自熊本县，汉城有熊本县人的同乡会。后来，广岛地方裁判所审判的47

---

〔275〕内田领事的报告，559页。

名事件相关人员中，熊本县人多达 21 人。[276] 动员领事馆员堀口九万一（诗人堀口大学之父）的大概是杉村吧。而楠濑已经做好了守备队和训练队方面的准备。

杀害闵妃

10月5日，三浦派冈本柳之助去大院君处，预先告知大院君将要来临的行动。《暗杀闵妃》的作者角田房子认为，大院君没有明确答复会接受三浦的请求。三浦原计划10月10日行动。10月7日，传来了将于第二日解散训练队的消息。如果训练队被解散，行动就会出现障碍。于是，三浦、柴、杉村决定将预定日期提前，当天就开始行动。他们决定于10月8日凌晨4时闯入皇宫。10月7日傍晚，三浦叫来领事馆员堀口九万一，因为要让大院君入宫，三浦命令堀口与萩原警部一同去龙山见冈本柳之助，希望冈本前往大院君的宅邸护送大院君。二人乘马出发了。[277]

7日晚7时，内田定槌汉城总领事为三浦公使举办了欢迎会。三浦觉得这是掩人耳目的好机会，欣然出席。由于杉村、内田的部下堀口都缺席了，只有三浦和内田夫妇一同进餐。内田什么都不知道。

执行部队的人得到指令，从傍晚起陆续聚集到位于灵山的据点待命，大约有40人。受命去接大院君的冈本柳之助到达这个据点的时间是7日深夜12时左右。安达谦藏、小早川秀雄、堀口

---

[276] 被告人名册，杉村，《明治廿七八年在韩苦心录》，185—194 页。
[277] 关于这一行动的过程，参考了内田领事的报告，552—562 页；广岛地方裁判所预审终结决定书，杉村，上述书，185—198 页；角田房子《暗杀闵妃》，新潮文库，1993 年。

九万一等人迎上去，全体人员从那里出发，前往位于孔德里的大院君宅邸，铃木顺见作为翻译同行。

到达大院君的宅邸后，冈本、堀口与翻译铃木一同进入了大院君的寝室，向大院君说明了行动并劝说他参与。凌晨3时，大院君好不容易下定决心坐上了去往王宫的轿子。冈本在门前训示众人，护卫大院君前往王宫，对闵妃"临机处分"，这是杀害闵妃的指示。

一行人进入市内后，日军守备队140人来到西大门附近迎接。10月8日黎明前后，一行人到达光化门，与在柴四朗的住所待命的国友重章等十多人会合。日本守备队和训练队不顾训练队联队长洪启薰的阻拦，闯入光化门内，洪启薰被斩杀。大院君令轿子停在康宁殿处，他等在那里。一部分人留下来护卫，剩下的人杀入了王宫深处。最终日本人到达了高宗和闵妃居住的乾清宫，惨剧在那里发生了。

据内田领事的报告，日本人侵入闵妃居住的坤宁阁，杀害了身着华服、容貌美丽的三名女性。然而，由于没有人认识王妃，有人用刀指向女官们，威胁着问"王妃在哪儿？"。

然后，壮士们又打算闯入国王的居室长安堂。萩原警部大声制止道："这里是国王陛下的寝殿，不得擅入。""国王及世子身体颤抖，紧抓萩原两腕，频频请求给予保护。"

这期间，根据女官的证言，确认了被杀害的三人中有一人正是闵妃。按照萩原的指示，遗骸被运到乾清宫东边的松树林中焚烧了。日本人从王妃腰间的荷包中发现了高宗和闵妃向俄罗斯皇帝请求韦贝尔留任的信函原稿。[278]

此外，宫内府大臣李耕植在乾清宫的院子中被斩杀。内田在

---

[278] 内田领事的报告，557—558页。

报告中写道,据说杀害王妃的人是日本军人。金文子查证资料,推测那名军人是训练队教官宫本竹太郎少尉。[279]

杀害事件的目击者

一位俄罗斯人在这场风波中目击了惨剧并留下了证言,他就是谢列金·萨巴京。他是1883年从上海来到朝鲜的外国雇员,最后作为建筑师为高宗工作。1888年,他在国王和王妃所居住的乾清宫深处修建了两层的洋楼——观文阁。仁川万国公园中的济物浦俱乐部建筑也与他有关,这一点广为人知。谢列金·萨巴京从朝鲜匿名给符拉迪沃斯托克(海参崴)的报纸《远疆》投稿,[280]写他前一天在王宫内巡视时,在南门附近,看到朝鲜的新军士兵和日军士兵对峙,听到朝鲜士兵在叫嚷着什么。他回到宿舍后,认识的朝鲜人来拜访,警告他明天晚上将会有事情发生,但不知详情。当日午后7时,他巡视王宫内,没有发生任何事情。10月8日,拂晓前的凌晨4时,宫廷警备队、侍卫队的军官李洛允来说王宫被叛乱的士兵包围了。不久,美国军人戴伊赶来,提议一起去大门那边看看。

他们首先去了西边的迎秋门,门前,日军士兵正整齐地列队。随后,他们又去到东边的建春门,那里有300名左右训练队的士兵。他们意识到事态的严重性,折回宫殿(乾清宫),采取了防范措施。然而,由于军官们不在,无法调动士兵。凌晨5时,西侧响起了枪声,训练队士兵架起云梯,翻墙侵入进来。哨兵听到最

---

〔279〕 内田领事的报告,558页。金文子,《杀害朝鲜王妃与日本人》,254—257页。
〔280〕 Bella Pak, op. cit., Vol. II, p. 245. 李泰镇(鸟海丰译)《给东大学生讲韩国史》,明石书店,2006年,96—98页。Tiagai, Galina Davydovna 编《朝鲜旅行记》,平凡社,1992年,340页。

初的枪声就全都开始逃跑,剩下的侍卫队也逃跑了。戴伊想阻止他们,但无能为力。此时,谢列金·萨巴京看到通往乾清宫内国王和王妃居室的门边聚集着人群,其中有几位穿着便服的日本人。他们不停地穿梭,似乎在寻找什么人。

王妃居室的院子内挤满了日本人。大约有20人至25人。他们都穿着便服,带着刀。一部分人的刀是拔出来的。指挥他们的是带着长刀的日本人,大概是他们的队长吧。一部分日本人在仔细地搜寻宫殿的每个角落以及其他的建筑物。另外的人闯入王妃的房间,猛扑向在那里的女官,拽着头发将她从窗户拉倒,在地面上拖行,盘问着什么。

我停留在原地,看着日本人将王妃御殿中所有的东西都翻了出来。两名日本人抓住一名女官,从屋里拽出来,拽到了台阶下面。[281]

可以说,谢列金·萨巴京恰好目击到了王妃遭到袭击时的情形。不久,日本的行动队员抓住了他,将他带到了王妃的建筑前,逼迫他告诉他们王妃在哪儿。他们用英语说:"王妃在哪儿?告诉我们,王妃在哪儿?"然后,指挥官也来了,逼问道:"我们没有找到王妃,你知道她在哪儿吧?告诉我们她藏在哪儿了。"[282]谢列金·萨巴京坚持说自己也没有见过王妃,不知道王妃的位置,最后被放过了。内田在报告中也提到了谢列金·萨巴京和戴伊两人。

---

[281] *Rossiia i Koreia,* pp. 284-289 中有这份证言。原始出处为 AVPRI, Fond Iaponskii stol, Op. 493, God 1895-1896, D. 6, L. 73-75。引用的地方见 pp.287-288。此外,还参考了谢列金·萨巴京刊登在《圣彼得堡报告》1896 年 5 月 4/16 日的报道。这篇报道收录于 *Koreia glazami rossiian.* Moscow, 2008, pp. 14-22。

[282] *Rossiia i Koreia,* p. 288.

第三章　日清战争与战后日本、朝鲜、俄罗斯的关系

大院君与新政府的成立

高宗大概感受到了无以名状的恐惧吧。他应该马上就知道了在旁边的宫殿中王妃被杀害之事，而且可能还痛感到了日本人的憎恨和杀意也指向了他自己。就在这种恐惧和愤怒尚未平息的时候，三浦公使访问了高宗。早上8点多，三浦和杉村来见高宗。在谒见的中途，三浦退出，确认了闵妃的遗骸，并命令萩原将其烧毁。然后，他叫来正在待命的大院君，高宗、大院君、三浦三人进行了会谈。三浦迫使高宗接受了日本方面与大院君之间已经达成的共识：留任金弘集总理、金允植外部大臣，让有实力的亲日派进入内阁，解除军部大臣安駉寿、学部大臣李完用、农商工部大臣李范晋、警务使李允用的职务，任命李载冕为宫内府大臣，金宗汉为宫内府协办，赵义渊为军部大臣，徐光范为学部大臣，郑秉夏为农商工部大臣，俞吉濬为内部协办。而且，三浦还迫使高宗在"干涉国政，淆乱政治，废王后闵氏为庶民"的敕书上签了名。这对高宗而言，应该是终生难忘的耻辱吧。同时决定宣布由驱逐了侍卫队的训练队担负起警护王宫的任务，根据敕令，将侍卫队吸收进训练队。[283]日本所操纵的大院君政变真正实现了。

俄罗斯公使展开追究

惨剧之夜，韦贝尔在公使馆。黎明时分，朝鲜的宫内府协办

---

[283] 角田，《暗杀闵妃》，407、413—414页。《高宗时代史》第3卷，990—991页。

身着仆人服装仓皇赶来，惊慌地诉说道："日本人正在宫中屠杀，大概是想杀害王妃吧。"国王急切地盼望美国和俄罗斯公使马上赶去王宫。不久，谢列金·萨巴京也逃出来，做了汇报。听了他们的诉说，韦贝尔和美国公使馆一等书记官艾伦急忙一同赶往王宫。途中，他们顺便去了日本公使馆，三浦公使不在。他们在王宫里见到了戴伊将军、李仙德、古雷特豪斯、税关长官柏卓安以及大臣们。韦贝尔和艾伦去了高宗的御殿。

> 数名欧洲人进入了国王的寝室，里面一片肃然沉默。这比任何语言都更能表明事情的真相。国王因昨夜的事件受到沉重打击，连说话的力气都没有了，不停地流出眼泪。他顾不上礼仪，走近每个人，紧紧握手，只是恳求不要抛下他一个人。〔284〕

然后两人见了大院君，接着找到日本公使，见了面。"我刚一问起他发生的事情，他就开始啰里啰唆地解说起与这件事情完全无关的，以前发生过的训练队士兵和警察的冲突。我们做出反驳，好不容易他才接受了众人的要求，同意出席下午3点半的聚会。"〔285〕

下午3点半举行的在京外交使节的聚会，所有国家的公使都参加了。韦贝尔接着写道：

> 日本公使完全一副若无其事的样子，没有表现出紧张，他漫无边际地闲聊着，丝毫不提及这个事态。他又开始没完没了地说起训练队士兵和警察的冲突来，就好像王宫内的一

---

〔284〕 Veber to Lobanov-Rostovskii, 30 September 1895, *Rossiia i Koreia*, p. 290.
〔285〕 Veber to Lobanov-Rostovskii, 27 September 1895, *Rossiia i Koreia*, pp. 278-279. 这是韦贝尔发送的关于事件的最初报告书。

第三章 日清战争与战后日本、朝鲜、俄罗斯的关系

切骚动都是因为这件事情引发的一般。我不得已以同僚的名义打断了他的话,指出那些事情与当前的事态没有关系,因为王宫内根本没有警察,可是很不正当地,里面却有日本人,正是他们做出了杀害之事,我提醒他要注意这点。三浦子爵明显变得困惑起来,他肯定地说按照日本的习惯,军队中会有若干马夫,表示这种事情不值得重视,又试图逃避对事态的评判。不得已,我强硬地挑明,问题不在于数名马夫,而是武装整齐的三四十人的日本人集团。这里也有证人,如果需要的话,可以让人画出一部分人的肖像画,还可以当场验证。进而我逼迫三浦子爵说:第一,要弄清楚在王宫内引发骚动、杀人的日本人的姓名;第二,要弄清楚带大院君来的日本军队是否参与了王宫内的事件。三浦子爵不知如何回答为好,只是满口答应一定会调查事件,完全恢复王宫内的平静。……聚会之后,各国外交代表得到的印象是,这一前所未闻的恐怖事件完全是日本人所为。[286]

韦贝尔出离地愤怒,他在报告的最后这样写道:

我们正直面着世界史中从未有过先例的犯罪性事实。在和平时期,外国的国民在该国军队,大概还有公使馆的庇护以及指导下,大肆闯入王宫,杀害王妃,焚烧遗体,做出一连串丑恶的杀戮和暴行之后,却在众目睽睽中恬不知耻地否认自己做过的事。迄今为止,我从没见到过这样的事情。很明显,因为欧洲列国不关注朝鲜,日本人完全不担心会受到

---

[286] Veber to Lobanov-Rostovskii, 27 September 1895, *Rossiia i Koreia*, pp. 279-280. 三浦向东京报告了这次聚会。三浦给西园寺的信,1895 年 10 月 8 日,《日本外交文书》第 28 卷第 1 册,494—495 页。

惩罚，他们早已不认可有必要受到任何法律的约束了。[287]

日本国内的反应

10月9日早晨，日本的报纸以《京城事变》为题做了这样的报道：

"今晨五时许，大院君率领训练队二大队闯入王宫，卫兵无力阻拦。尚不知王妃消息。三浦公使当即进宫谒见。"

"两兵之间至互相发炮，于将酿大事之一刹那，看到我三浦公使遵照大君主陛下御召，引率日本兵若干进宫参见，两兵仅发四五炮即告平定……""大院君进入王城，王妃踪迹不明，是为训练兵所杀，还是遁往何处，午后二时许尚未判明。"[288]

这篇报道与事件发生当天上午11时，三浦公使发给东京的临时代理外务大臣西园寺公望的第一封电报在内容上完全一致。[289]这是三浦传出的对这一事件所做的正式说明。8日下午8时5分，杉村发电报回答东京井上馨的询问，如下：

不见日本兵教唆训练队形迹，顾问官中，冈本难免与大院君有些许关系，……今朝公使因国王紧急请求镇抚而入阙，王妃或许已被杀害。[290]

---

[287] Veber to Lobanov-Rostovskii, 27 September 1895, *Rossiia i Koreia*, pp. 280-281.
[288]《东京朝日新闻》1895年10月9日，一版。
[289] 三浦给西园寺的信，1895年10月8日，《日本外交文书》第28卷第1册，491页。
[290] 杉村给井上的信，1895年10月8日，同上书，492页。

第三章　日清战争与战后日本、朝鲜、俄罗斯的关系

这完全是欺骗东京的虚假报告。

到了10月8日晚10点半,三浦才给外相发去进一步的说明。

> 今朝之事变……表面似朝鲜人之工作,里面多少有日本人参与,而本官实默视之。[291]

8日午夜12时左右,三浦发出的电报好不容易使事件真相明朗起来。电报报告了8日的午后会议,当时俄罗斯公使追究了三浦。三浦虽然没有直接做出肯定的回答,但从俄罗斯公使的追问中,可以判明是日本人杀害了王妃。西园寺代理外相相当震惊,于9日一大早就决定派遣小村政务局长去汉城进行善后。[292]

而在汉城,10月10日颁布了废除王妃的诏敕。日本的报纸也报道了这件事:

> 朕临御三十二年,治化尚未普洽,而王后闵氏,援引其亲党,布置朕之左右。壅蔽朕之聪明,剥割人民;浊乱朕之政令,鬻卖官爵。贪虐遍于地方而盗贼四起,宗社岌岌危殆。朕知其恶之已极而不能斥罚者,诚由朕之不明,亦顾忌其党与也。朕欲遏抑其势,于上年十二月宗庙誓告文有曰:后嫔宗戚勿许干政,以冀其闵氏之改悟。而闵氏犹不悛旧恶,与其党与及群小之辈潜相引进,伺察朕之动静,防遏国务大臣之引接。又矫朕旨,欲解散朕之国兵,激起是乱。及其变出,离朕而避其身,蹈袭壬午往事,访求而不为出现,是不啻不称于壸位之爵德而已,其罪恶贯盈,不可承先王宗庙,朕不

---

[291] 三浦给西园寺的信,1895年10月8日,《日本外交文书》第28卷第1册,493页。
[292] 西园寺给小村的信,1895年10月10日,同上书,499—500页。

得已谨仿朕家故事,废王后闵氏为庶人。[293]

高宗不仅遭遇自己的王妃被杀害,而且还被迫颁布侮辱王妃的诏敕,不难想象他内心必定怀有绝对不能饶恕日本的心情。

小村调查团处理事件

10月15日,以小村寿太郎政务局长为负责人的事件调查团抵达汉城。调查团成员有安藤检事正(译者注:相当于地方检察厅长。)、海军大佐伊集院五郎、陆军中佐田村怡与造,还有在仁川任副领事的山座圆次郎。[294]后来在日俄战争前夕,小村成为外相,山座任外务省政务局长,伊集院为海军军令部长,田村为陆军参谋次长,他们在各个方面主导了日俄开战。

10月17日,日本政府向三浦发出了回国命令,任命小村为继任公使。小村的方针是,日本政府与该事件无关,让有嫌疑的公使馆员、民间志士全部离开朝鲜,回国接受法律处分。首先,为了防止志士们发生骚乱,让他们最先离开。18日,小村命令自冈本柳之助以下二十余人离开朝鲜,22日他们乘船被送往宇品。三浦公使、杉村一等书记官、楠濑中佐等人随之后于当月内被送往宇品。他们在宇品被相继拘留、提起诉讼,共计44人。[295]

10月20日,俄罗斯外相的休假结束,会见了西公使。外相对西公使说,公然让日本军队从朝鲜撤退或许较好,因为"有一

---

[293]《东京朝日新闻》1895年10月12日,俄罗斯外交部档案中有这份诏敕的俄语翻译。Bella Pak, op. cit., Vol. II, p. 144.
[294] 内田领事的报告,561页。角田,《暗杀闵妃》,416页。
[295]《小村外交史》,73—74页。

第三章　日清战争与战后日本、朝鲜、俄罗斯的关系

种说法是，朝鲜人讨厌日本人，这一事件的结果会使朝鲜人更加敌视日本人"[296]。

10月21日，日本政府派原驻朝鲜公使井上馨作为慰问使去往汉城，希望多少挽回一些三浦给朝鲜人留下的印象。10月25日，西园寺代理外相发表了如下声明，通过日本驻各国公使向该国政府传达：

> 日本国军队驻屯朝鲜，乃因眼下日本国占领奉天半岛期间，需经由朝鲜国内……维持交通线路，担保安宁，保护我公使馆、领事馆及臣民之故。……上述军队驻屯之必要，至日本军队奉天撤兵之时始止。……朝鲜国的改革事业已有端绪，正在进步，不久即能达到单独维持秩序，保护外国人之程度。鉴于此，日本国即应召还驻屯朝鲜国之军队。日本国对朝鲜国绝无他意，无永久拖延军队驻屯之意图，相反，解除相关一切责任实乃最为欣喜之处。眼下形势，关于朝鲜国的内政事务，日本国政府的政略为采取不干涉的方针，惟有欣然与其他条约国共同守望将来之意向。[297]

日本做出杀害王妃这样的暴行，军队已经不能再继续驻留了。10月25日，列国公使又一次聚会，聚会地点为美国公使馆。美、俄、英、德、法以及日本的公使会聚一堂。会议开始，美国公使希尔提出了讨论的主题：该如何应对高宗继续感到生命危机这种非常事态。在小村谢绝发言后，韦贝尔指出，异常事态的根源在于，10月8日叛乱的"凶手全都居于权力之位"，

---

[296] 西给西园寺的信，1895年10月20日，《日本外交文书》第28卷第1册，521页。
[297] 西园寺给驻德、法、英、美、意、奥公使的信，1895年10月25日，同上书，525—526页。

他主张有必要解散金弘集内阁并将训练队撤出王宫。对此，小村反驳道，难道让训练队从王宫撤出来，就能保证秩序与稳定了吗。韦贝尔再次主张，城内是稳定的，骚乱发生在王宫中，应该逐步将训练队撤出王宫。美国公使希尔说，"国王被掌控在杀害王妃的人手中"，他指出，如果这些人有杀害王妃的动机，那么也会有企图杀害国王和皇太子的可能性，他向小村施压，要求日本公使馆负起责任。小村回答，日方有准备做可能的事情。韦贝尔提议，为了国王的安全，有必要更换军部大臣赵义渊并解散训练队。但是，英国公使希里阿赞同小村的意见，反对撤去训练队，而美国公使希尔支持韦贝尔。会议最终没有得出一致结论。[298]

小村将这次座谈会的情形简略地报告给了东京。小村写道，由于被逼迫用日本的兵力去执行，他表示要好好考虑一下。[299]

11月5日，内田定槌总领事向西园寺代理外相提交了长篇报告《明治二十八年十月八日王城事变之颠末》，写道："有于意外之处谋划意外之事者，不仅壮士辈……还煽动本领事馆员及守备队，施行历史古今未曾有之罪恶，实为我帝国遗憾至极之事。"金文子指出，这份报告是黑暗中绽放着良知之光的告白书。[300]

同在11月5日这天，日本公使馆举行了各国公使的座谈会，会议由井上主持。6日，井上、小村两人联名提交了这个座谈会的报告，内容与俄罗斯方面的资料没有太大出入。会上，美国公使作为代表，提议为了消除逼近国王身边的危险，应该将军部大臣掌握的王宫护卫兵"以强力……赶出王宫外，且为达目的，刻下

---

[298] Bella Pak, op. cit., Vol.II, pp. 150-152. 贝拉·朴发现了这次座谈会的记录。
[299] 小村给西园寺的信，1895年10月25日，《日本外交文书》第28卷第1册，526—527页。
[300] 内田领事的报告，同上书，562页。

第三章 日清战争与战后日本、朝鲜、俄罗斯的关系

之急务为让日本兵入于王宫"。针对有必要将一部分大臣和王宫护卫兵驱逐出王宫的提案,井上表示"大体同意"美国公使的意见,不过,他担心让日本兵使用强制性手段可能会产生新的纠葛,因此,他主张"各国代表者采取某种协同措施为上策"[301]。

井上在席上说,他回到汉城,得知三浦公使的行动使得朝鲜人、列国公使都"对日本的行动抱有了怀疑",他的说法多少缓和了公使们的情绪。这次会议的结论是,凭借日本军之力,将王宫护卫兵驱逐出王宫,行动时,国王由外国代表陪同,而日本军达成目的后立即撤走。大家对此都表示赞同。公使们遂向本国政府请示训令。[302]

会议之后,韦贝尔和希尔被国王请去。国王说了如下的话:明天6日,朕俞允井上谒见,军部大臣赵义渊请求朕对井上说,10月的事件与日本人无关,是一部分朝鲜人士官的犯罪。如果不这样说,他被威胁生命不保。

于是,两位公使于6日早晨去日本公使馆访问了井上,对他说,谒见时,无论高宗说什么,都不是他的真心话,是被迫那么说的。并请他如果说到10月的事件,就打断,什么都不要让国王说。井上回答,知道了。井上拜谒完高宗后,派自己的儿子前往俄罗斯公馆,告知没有触及那个敏感话题。不过,井上当天会见了金弘集总理,并将会谈记录分发给了各国公使馆。其中,井上只抽象地说到"史无前例的暴力",具体地谴责了废除闵妃的诏敕是"朝鲜史上最为黑暗的污点"。[303]

在此期间,俄罗斯外相对韦贝尔的报告做出了答复,支持

---

[301] 井上、小村给西园寺的信,1895年11月6日,同上书,563—564页。
[302] Bella Pak, op. cit., Vol. II, pp. 153-154. 贝拉·朴发现了11月5日的会议记录。
[303] Ibid., pp. 154-155. 这则对话记录也是贝拉·朴从俄罗斯外务省文书中发现的。

"救出国王的所有对策"[304]。

11月12日，俄罗斯、美国、英国三国公使拜访了小村公使。韦贝尔率先说，他自10年前到这个国家赴任以来，一直践行着"竭力谋求和平、和睦，以及国王及其国家的福祉"这条训令，然而，该国的"和平与和睦在过去15个月内，至少被破坏了四次"。"我本人想吁请大家关注王妃被凭借日本公使馆而获得权力的大臣们废除一事。而某外国臣民带着杀害王妃的明确目的攻击王宫，是比废除王妃更为严重的这个国家历史中的黑暗污点。"韦贝尔如此严厉地批判了日本政府的行为。在此基础上，他指出日本政府对发生的事态负有责任，因此有义务采取行动。他还补充说，俄罗斯政府也赞成这种意见。[305]

而美国公使和英国公使虽然只说了些颇为暧昧的话，但三位公使一致主张，"日本政府应率先采取措施，为巩固国王之安全和自由，暂时以日本兵护卫王宫，恢复秩序。"这是临时对策，直至"国王或外国代表认为没有必要时为止"[306]。

井上馨被逼问得不知该如何作答。日本政府的方针是不采取任何措施，没有更多动兵的打算。[307] 井上于11月13日以"滞留无用，立场艰难"为由，申请回国。[308] 西园寺立即发电报批准。[309] 另一方面，伊藤总理当天看了这段时期的电报，认为"这明显是想让井上大使承认我兵为入王宫之祸首"，告知西园寺代理

---

[304] Bella Pak, op. cit., Vol. II, p. 156.
[305] Ibid., pp. 156-158. 这则会谈记录同样是贝拉·朴从外务省文书中发现的。
[306] 小村给西园寺的信，1895年11月13日，《日本外交文书》第28卷第1册，576—578页。
[307] Saionji to US Minister, 13 November 1895, 同上书，579—582页。
[308] 井上给西园寺的信，1895年11月13日，同上书，578页。
[309] 西园寺给井上的信，1895年11月13日，同上书，579页。

外相命令井上回国。[310]

签署《中日辽南条约》与俄清靠近

11月8日，日清两国签署了《中日辽南条约》。（译者注：此条约亦称《交还奉天省南边地方中日条约》，日本称《辽东还付条约》或《奉天半岛还付条约》。）清国约定向日本支付3000万两库平银（相当于4,935,147英镑，44,907,469日元）作为交还奉天省南部土地的补偿。[311] 在该条约交涉的过程中，日本方面提出在条约案中写入"清国约定，前条中所归还之地绝不让与他国"这一条款，但清国全权代表李鸿章认为，"条约中明载本国领土不让与他国，颇损国威"，最终删除了这一条款。[312]

在签署条约的两天前，西公使会见洛巴诺夫-罗斯托夫斯基外相时，外相对于删除这一条款所说的话颇令人瞩目。

> 以上全属三国提议范围之外，且"各国"云云，观其条件似暗指俄国，多少令余有不快之感。然俄国绝无掠取该半岛之意，无论清国然诺与否，均与我毫无关系。[313]

自三国干涉之后，清国也对俄罗斯产生了好感。实际上，由于清国根据《马关条约》要向日本赔偿2亿两库平银，又因日本

---

[310] 伊藤给西园寺的信，1895年11月13日，《日本外交文书》第28卷第1册，581页。
[311] 同上书，515—517页。
[312] 日方条约案，《日本外交文书》第28卷第2册，480—481页。《奉天半岛归还条约谈判笔记》，同上书，497—498页。
[313] 西给西园寺的信，1895年11月6日，同上书，514页。

交还辽东，不得不再向日本支付 3000 万两库平银，数额如此巨大的赔偿金使得清国除却依靠俄罗斯外，别无他法。因为在为支付赔偿金而募集外债时，需要寻求俄罗斯的担保。

　　清国签署《马关条约》后，立即开始与柏林、伦敦、巴黎的银行界接触。英国、德国政府虽然有所行动，但最后构成国际银行团核心的是巴黎·荷兰银行（Banque de Paris et les pays bas）等，法国的银行居于中心地位，俄罗斯政府提供偿还发债本金、利息的担保。维特在回忆录中写道，反而是他在为清国与法国的银行进行募债方面的交涉，[314]他大概有谋求法国和俄罗斯双方协作的动机吧。总之俄罗斯方面有隐秘的盘算是确实的。洛巴诺夫－罗斯托夫斯基外相曾对外务审议官拉姆斯道夫说："虽然法国人是我们的朋友，但即使对再好的朋友，我们也没有必要急着表露自己最真实的想法。"[315]外相5月23日（11日）给驻法公使莫列恩盖姆写信道："对我们的方案来讲，同样重要的是要使清国在一定程度上从属于我们，不允许英国在他们那里扩大影响力。"[316]

　　最终，1895年7月6日（6月24日），由俄罗斯提供担保，法国和俄罗斯的银行所推进的对清国4亿法郎、1亿金卢布贷款的外债募集协定成立。俄罗斯外相、财相和清国公使签署了该协定。涉及的发债额相当于1582万英镑，约2亿日元，利息为4%，偿还期限36年。[317]

　　接着，维特经俄罗斯国际银行行长罗思坦的中介，响应了参与发债的法国银行的请求，于当年12月22日（10日）成立了俄

---

[314] Vitte, op. cit., Vol. 1, p. 47.
[315] V. N. Lamsdorf, *Dnevnik 1894-1896*, Moscow, 1991, p. 187.
[316] Narochnitskii, op. cit., p. 765. Lobanov-Rostovskii to Morengeim, 11/23 May 1895. AVPRI.
[317]《日本外交文书》第28卷第1册，704—710页。

清银行（译者注：即华俄道胜银行）。该行的核心股东为巴黎·荷兰银行、里昂信贷·霍丁盖尔、国际银行，资本金为 600 万卢布，俄罗斯负担八分之三，法国负担八分之五。银行总部设在圣彼得堡，与维特亲近的乌赫托姆斯基公爵被任命为董事会董事长，但实质上的行长是罗思坦，他是德国籍犹太人。俄清银行天津分行的负责人为波科季洛夫。从此之后，这家银行成为俄罗斯进军中国的主要桥头堡。[318]

11月28日事件

韦贝尔想迫使日本将武器指向现在的朝鲜政府，但最终也没能如愿。藏身于俄罗斯公使馆的原大臣李范晋大概也是同样的心理吧。11月中旬，韦贝尔怂恿高宗起草了致俄罗斯皇帝的信函。高宗在信中说明了王妃被杀害后的情形，提出"希望给贵国公使处发电报，命令他为护卫我行使军事力量"[319]。对此圣彼得堡也没有反应。

11月26日，高宗接见了各国公使，告知已取消废除闵妃的敕令，并命令管事大臣逮捕、处分事件的犯人。军部大臣赵义渊和警务使权泳镇被罢免，李道宰被任命为新的军部大臣。国王给亲卫队、原来的训练队发出敕谕"尔等无罪，犹且忠勤"。[320]

这些是日本公使馆和朝鲜政府为安慰高宗而采取的策略，却

---

[318] Romanov, op. cit., pp. 89-91. 乌赫托姆斯基和罗思坦的关系，可参见 David Schimmelpenninck van der Oye, *Toward the Rising Sun: Russian Ideologies of Empire and the Path to War with Japan*, Northern Illinois University Press, 2001, pp. 52-53, 231。

[319] Bella Pak, op. cit., Vol. II, pp. 163-164.

[320] 小村给西园寺的信，1895 年 11 月 26 日，《日本外交文书》第 28 卷第 1 册，589 页。《东京朝日新闻》1895 年 11 月 28 日。

不可能使高宗和亲俄派满足。李范晋以及藏身于美国大使馆的李完用、李允用等人决定使用武力救出高宗。这个行动，除韦贝尔之外，美国公使馆书记官艾伦以及原亲卫队教官戴伊等似乎都参与了。在举行了两天要求国王掌管现政权的游行示威后，他们发起了行动。自11月27日至28日凌晨1点半左右，200名侍卫队士兵和相当数量的刺客逼近王宫，试图从春生门闯入其中。但情报遭到泄露，亲卫队已经做好准备严阵以待。因此，入侵者被打败，冲在前面的大队长等3名军官、5名士兵以及4名刺客被逮捕，其余的人被赶出了宫墙之外。美国人戴伊和李仙德、传教士元尤杜等6人试图进入王宫，被拦了下来。韦贝尔、艾伦也赶到王宫，却被袭击部队在门附近击退，不得不无功而返。[321]

行动集团的两名使者到日本公使馆预告了行动，希望不要让日本军部队介入，然而小村已经知道了这次行动。他让两名代表中的一人赶赴现场，告知为了镇压这次行动，将会出动日本军，让行动者迅速解散。这次行动以失败告终。

抱有危机感的朝鲜政府和日本公使馆加快了实施措施的步伐。李周会、尹锡禹、朴铣三人作为杀害王妃的犯人被逮捕，在12月29日的审判中被处以死刑。然后，作为积极的改革措施，朝鲜政府按照内部大臣俞吉濬的倡导，于12月30日颁布了断发令，同时还公告国民可穿着外国式样的衣服。[322]然而，这一与彼得大帝的命令异曲同工的欧化措施，在朝鲜却引起了比俄罗斯更加激烈的反弹。这种反弹与因闵妃被害而高涨的仇恨纠缠在一起，发展成了叛乱。

1896年1月，四道掀起了义兵运动。春川的义兵将领李昭应

---

[321] 小村《11月28日王城事变之颠末详细报告》，1895年12月30日，《日本外交文书》第28卷第1册，603—619页。《东京朝日新闻》1895年11月29日。关于俄罗斯方面资料的说明，见Bella Pak, op. cit., Vol. II, pp. 163-164。

[322] 《高宗时代史》第3卷，1047—1048页。

第三章　日清战争与战后日本、朝鲜、俄罗斯的关系

发表檄文《晓告八道列邑》，以倭虏和贼臣弑杀国母、勒令君父断发为由，呼吁民众奋起讨伐。[323]就这样，局势越发不稳定了。

日本和俄罗斯的军备增强计划

　　战争获得胜利，满心以为已经到手的辽东半岛，却因为俄罗斯、德国、法国的干涉而不得不归还。而且，本应确确实实地置于日本势力下的朝鲜现在却倒向了俄罗斯一方。面对这种情形，最为懊恼的就是日本的军部首脑，陆军方面是山县陆相和川上操六参谋次长，海军方面是西乡从道海相和山本权兵卫军务局长。他们在战争结束后，毫不犹豫地推进了大幅度增强军备的计划。

　　海军方面，山本军务局长受西乡海相之命制定了所谓的六·六舰队方案，计划甲铁战舰在12,000吨级"富士""八岛"的基础上再重新建造4艘15,000吨级的，一等巡洋舰全部重新建造，为6艘9000或10,000吨级的，计划用十年时间实现。1895年7月，西乡海相将这一方案提交阁议，获得批准。方案分为二期，第一期方案为当年12月提交议会，基本上获得通过，为建造甲铁战舰1艘，一等巡洋舰2艘，决定从1896年起开始建造。[324]

　　陆军方面，山县陆相撰写了倍增各师团兵力的《军备扩充意见书》，不过，实际实施的增强方案是，保持目前近卫1个师团、步兵6个师团的兵力不变，重新增设6个师团。1896年年初，这个方案经阁议决定后提交给了议会。它虽然引起了很大的争议，但最终还是付诸了实施。[325]

---

[323]《高宗时代史》第4卷，28页。
[324]《山本权兵卫和海军》，原书房，1966年，99—101、346—360页。
[325] 大江志乃夫《日俄战争的军事史的研究》，岩波书店，1976年，9—11页。

而察知了日本海军计划的俄罗斯也加紧了对抗计划的立案步伐。然而，这里面临着巨大的难关。在当时的欧洲，德国的海军力量持续增强，因此俄罗斯存在着一种意见，认为了对抗德国，应该增强波罗的海舰队的实力。海相奇哈乔夫就是重视波罗的海舰队论者，海军元帅阿列克谢大公也尊重海相的意见。财政大臣维特从财政角度出发，对于增强海军实力持消极态度。另一方面，增强远东海军论者的急先锋是亚历山大·米哈伊洛维奇大公，并且皇帝支持这一立场。

1895年11月，亚历山大·米哈伊洛维奇大公取得皇帝的支持，召开了特别协商会。在这次协商会上，亚历山大大公提出了建造6艘战列舰、4艘海防舰、9艘一等巡洋舰的方案。对此，维特表示反对。他认为大陆国家俄罗斯不能追随日本的后尘，对俄罗斯而言，重要的是快速动员陆军的能力，为此，建设西伯利亚铁路是当务之急。而奇哈乔夫海相也有不同的立场，因此可以推测1895年的计划没有达成大幅度增强远东海军实力这一结论。但是，尼古拉二世在协商会的报告上批示道："以朕的想法，比较好的方式是，太平洋舰队的实力不能有一艘弱化，将波罗的海舰队的一部分维持在地中海。"[326]

俄罗斯军部的日清战争研究

可以说，日本在日清战争中的胜利使各国的日本观察者在理解上完全改观。俄罗斯最敏锐地把握到日本实力的人是沃加克。

---

[326] L. G. Beskrovnyi, *Russkaia armia i flot v XIX veke.Voenno-ekonomicheskii potentsial Rossii.*Moscow, 1973, p. 521. V. A. Zolotarev, I. A. Kozlov, *Russko-iaponskaia voina 1904-1905 gg. Bor'ba na more.* Moscow, 1990, pp. 43-44.

第三章　日清战争与战后日本、朝鲜、俄罗斯的关系

陆军参谋总长奥布鲁切夫得到他的报告，产生了应该回避与日本发生军事冲突的想法。

陆军大学也表现出对日清战争的强烈关注。1896年，参谋本部大尉希曼斯基利用德国军官冯·缪拉于1895年出版的三本小册子，再辅以其他资料，写成了《日清战争1894—1895》。[327] 他的结论部分如下：

> "无论日本人有着怎样的缺陷，他们积极的长处是重要的，最终的结论大概可以这样说：我们俄罗斯人有了一个必须要严厉监视的邻居——日本。对于拥有一亿二千万人口的帝国来讲，这个邻居即使不算危险，也有可能令俄罗斯在实施远东计划时变得困难。……在肉体层面，日本士兵年轻、快乐，拥有充分的肉体上的力量，忍耐力强。日本人的特性普遍患有脚气病（译者注：即维生素B1缺乏症。）。在精神层面，日本士兵有很多积极面，他们名誉感强，会为达成的胜利自豪，梦想新的胜利。他们在'团体教育和精神'上尚未成熟，军队纪律尚未稳固，指挥官是接受封建时代教育的一代人，有必要进行革新，派系思想是个问题。"

> "日本表现出二元现象。在军事初步的、技术的、机械的层面（士兵、下士官等素材、军队与后方、运输、医疗组织、技术改良、作战的事前准备）几乎无可挑剔。相反，在军事创造性组合层面（解决战略的最高创造部分的种种问题、设定目标、选择作战线和确保作战线、正确解决军队的最高指

---

[327] Simanskii(sost.), *Iaposko-kitaiskaia voina 1894-1895. Perevod s nemetskogo.* Sankt-Peterburg, 1896.

挥部的问题）还有很多需要改善的地方。日本人作为德国学派的弟子，从老师那里借鉴了很多东西。他们双方都有缺陷，也都有优点。双方都在创造性、灵感、大胆程度上欠缺决定性的、闪亮的组合。"[328]

同为参谋本部中尉的勒热武斯基出版了一本只有 76 页的小册子，是新写成的通史《日清战争》。他也在结论部分如下写道：

"这次战争显示出日本在文化面上取得了值得关注的发展。日本的国家制度、经济状态和军队实力赋予了它进入欧美国家行列的权利。日本在这样短的时间内取得的成就在与中国的战争中得到了证明，俄罗斯尤其不能忽视这一点。对俄罗斯而言，日本现在已然是危险的东方邻国。""面对这片长期被遗忘的土地，对俄罗斯利益的关怀大概会使我国政府将注意力转向这边，而且目前已经转向了这里。在这种关怀的影响下，西伯利亚铁路诞生了，并且还在西伯利亚广大的荒地上殖民，强化军事力量。"[329]

然而，军方上层的将军们并没有共享这种对日本的认识和危机意识。这一点可以从瓦诺夫斯基陆相退任，库罗帕特金继任后，表现出的某种反动、对日本军实力的轻视上得到印证。

海军方面也有认真地对待驻在武官施万克报告的人士。1896年，海军军令部海军研究科出版了《海军问题资料集》第一卷《日清战争》。该书由科长多莫日罗夫海军上校负责编辑，他根据

---

[328] Simanskii(sost.), *Iaposko-kitaiskaia voina 1894-1895. Perevod s nemetskogo*. p. 238.
[329] I. Rzhevuskii, *Iaponsko-kitaiskaia voina 1894-1895 g.g.*, Sankt-Peterburg., 1896, pp. 72-73.

施万克的报告以及太平洋舰队属下的巡洋舰"纳西莫夫海军上将"号、"睿恩达"号、炮舰"高丽人"号舰长、清国方面的外国专家、德国驻在武官的报告，阐明了日清战争全貌，是一部内容翔实、厚达442页的著作。[330]

海军士官学校的教官库拉德出版了《日清战争时期的海上战斗行动》，由海军部印刷局刊行。这本书是1895年12月库拉德在海军士官学校所做的演讲。库拉德指出，虽然日本的胜利沐浴在无上的赞美之中，但由于制造出这种印象的公开资料大部分是日本的资料，我们或许会被印象压倒，以致有可能盲从日本的经验。对于日本来讲，结果就是一切，但是"对于希望从这场战争中吸取有益教训的我们来讲，可以说无论结果是什么都无所谓，我们最重要的是弄清楚这个结果是怎样得到的"[331]。可以说这才是正确的态度吧。

但是，这种对日本海军认真的关注在多大程度上引起了海军首脑层的重视仍然是一个疑问。不过，就海军而言，太平洋舰队的基本任务是执勤，很多士官都有在长崎越冬执勤的经历，因此可以推想他们对日本海军实力的关心程度比陆军要高。

俄罗斯知识分子和日清战争

不同于政府、军部，俄罗斯的知识分子对这场战争表现出的关注并不十分强烈。1894年开战当年几乎没有什么反应。《新时报》

---

[330] *Sbornik materialov po voenno-morskim voprosam.* Vyp. 1. *Iaponsko-kitaiskaia voina,* Sankt-Peterburg, 1896.

[331] N. Klado, *Voennye deistviia na more vo vremia Ipono-kitaiskoi voiny.* Sankt-Peterburg, 1896, p. 3.

主笔苏沃林没有在他著名的专栏中触及日清战争。在这种背景下，有两人例外地显示出了重要的反应。

首先是哲学家弗拉季米尔·索洛维约夫，他是一位试图将科学与哲学、宗教统一，将西欧世界与东方世界统一，进而提升到神人合一这种知识高度的人。

索洛维约夫早在1890年就写作了诗歌《来自东方之光》(*Ex Orientes lux*) 和论文《日本——历史性的性格》。他注意到"日本史变动的、前进的性格"，将其与中国进行对比，认为日本倾向于基督教。索洛维约夫与日本有瓜葛，当时的驻日公使希特罗渥的妻子索菲娅·贝特罗维娜是他终生倾慕的恋人，进而他与公使希特罗渥也成了朋友，公使去世时，他还在杂志上发表了悼念文章。[332]

以日清战争为契机，索洛维约夫开始警惕起日本来。1894年10月1日，他写下诗歌《泛蒙古主义》：

> 从马来海到阿尔泰山，
> 东方之岛的首领们，
> 在逐渐崩坍的清国墙下，
> 悄然聚集起自己的军威。[333]

这首诗指出了日本的威胁性。索洛维约夫是将日本作为反基督的势力来认识的。他于1900年去世，在最后的作品《身边的关于反基督的故事》《关于战争、进步、世界史终结的三个故事》中，他描写了日本模仿蒙古来袭，准备进攻基督教世界的动向："擅长模仿的日本人以惊人的速度，成功地吸纳了欧洲文化的物质

---

[332] Vasilii Molodiakov, *Obraz Iaponii v Evrope i Rossii vtoroi poloviny XIX--nachale XX veke,* Moscow-Tokyo, 1996, pp. 114-115, 117.

[333] Ibid., pp. 117-118.

性形态，而且还将一部分低水平的欧洲思想纳为己有。他们通过报纸、历史教科书，知道了西方有泛希腊主义、泛日耳曼主义、泛斯拉夫主义、泛伊斯兰主义，于是他们宣扬起了泛蒙古主义的思想，也就是宣扬在他们的带领下，以对异种人，也就是欧洲人发起决战为目的，将东亚所有民族团结在一起的思想。"[334]索洛维约夫被认为是黄祸论的肇始人。

与此相对，给民粹主义派综合杂志《俄罗斯财富》投稿的评论家谢尔盖·尤沙柯夫重视日清战争，从另外的角度批判了日本。谢尔盖·尤沙柯夫生于1849年，与维特一样毕业于新俄罗斯大学。有过在学生运动中被捕的经历，后来成为记者，做过《敖德萨通信》的副总编。他于1879年被逮捕，流放到东西伯利亚，于1882年刑期结束后返回了敖德萨。他所写的东西得到了中央的认可，被安排进入《北方通信》杂志编辑部。[335]

其后，1891年至1892年大约一年半的时间里，尤沙柯夫在符拉迪沃斯托克（海参崴）度过。他在往返符拉迪沃斯托克（海参崴）的途中经过长崎，写下了最初的日本游记，以《瞥见日本——来自旅途的印象》为题，发表于《俄罗斯财富》1893年第9期。这篇游记的观点与皇太子尼古拉对日本的看法性质相同。对于这个时期的尤沙柯夫来讲，日本是一个充满异域风情的世界。在他看来，日本最大的问题在于卖春制度。他还很关注长崎俄罗斯士官们的临时妻子。[336]

---

[334] Vasilii Molodiakov, *Obraz Iaponii v Evrope i Rossii vtoroi poloviny XIX–nachale XX veke*, p. 120.
[335] 他的经历可见 *Entsiklopedicheskii slovar'" Brokgaus-Efron"*, Vol. 81, Sankt-Peterburg, 1904, p. 287. *Sovetskii istoricheskii slovar'*, Vol. 16, Moscow, 1976, col. 769-770。关于他的世界认识、日本观，可见 T. H. Von Laue, The Fate of Capitalism in Russia: Narodnik Version, *American Slavic and East European Review*, Vol. XII, No. 1 (February 1954), pp. 25-27。佐佐木照央《自由主义的民粹派的日本观——S. N. 尤沙柯夫的场合》，《埼玉大学纪要》（外国语文学篇），第20卷，1986年11月，55～74页。
[336] S. N. Iuzhakov, Mimokhodom v Iaponii. Iz putevykh vpechatlenii, *Russkoe bogatstvo*, 1893, No. 9, otd. 1, p. 108.

然而，尤沙柯夫对日本的看法因日清战争的发生而彻底改变。他从前一年起为变成了同人杂志的《俄罗斯财富》1895年第1期的专栏写下《1894年——摘自现代日志》。他宣称："过去的一年、1894年大概会成为即将过去的19世纪史上值得纪念的一年，将会被20世纪的历史学家不止一次地在其序文中提到。"[337] 被尤沙柯夫视为问题的是面向"国际经济斗争"的世界史的动向。他将世界分成三个集团进行分析："在经济上处于支配地位的集团"（英国、荷兰、比利时、法国），"处于过渡阶段的集团"（德国、美国、北欧），"经济后进国"（奥地利、意大利、俄罗斯、巴尔干诸国、西班牙、葡萄牙、墨西哥、中南美、亚洲、非洲）。他认为日清战争给这三者之间的关系带来了巨大变化。由于当前的国际经济制度是"处于经济支配地位的国家暗中掠夺处于经济从属地位国家的机制"，对于第三集团的诸国来讲，生存的道路是从如下两条中选择一条：

打倒经济支配国，占领其地位，让其他的后进国在经济上从属自己，将自己的财富建立在其他国家国民的辛勤劳作之上，或者剥夺其他国家国民经济上的独立性，废除将他们区分为主人和仆人的制度本身。……去年，经济后进国做出这种尝试的极其鲜明的例证呈现在了我们眼前。日本对清国的攻击就是鲜明的例证。……如果说采取作为经济政策标准的西欧先进国的经济进化模式，即让经济最弱的邻国在经济上从属于己，在这个从属关系中，寻求解决因自身经济独立性的衰退和对世界市场条件的从属而造成的国内危机这一课题，可以说日本对朝鲜和中国的攻击，是其国内经济状态自

---

[337] S. N. Iuzhakov, 1894 god. Iz sovremennoi khroniki, Ibid., 1895, No.1, otd. 2, p. 186.

第三章　日清战争与战后日本、朝鲜、俄罗斯的关系

然而然的归结。[338]

尤沙柯夫认为，经济后进国为了进入先进国的行列，而支配经济上的弱者的道路——这正是日本的道路。然后，他呼吁同为经济后进国的俄罗斯不应该选择这条道路。俄罗斯无法像意大利、日本那样跳越经济进化的阶段而快速前进。俄罗斯也"正在兴起同样的进化，……但是，进化还没有到达不可能选择其他道路的程度"。因此，俄罗斯应该选择别的道路。"这条道路，既不能是中国的道路，也不能是日本的道路。"尤沙柯夫指责俄罗斯的马克思主义者是"日本型经济政策的拥护者"，他主张"后进国的经济进程必须是农村的、农业的"。尤沙柯夫认为有"第三条真正文化上的、启蒙的道路"，它不以本国人民的牺牲和零落为代价，"为了本国人民的利益和整体的福祉，为了与邻居和平地、团结友好地交流，以扶植文化和进步为目的。"[339] 俄罗斯应该走这样的道路。

然而，尤沙柯夫所宣扬的俄罗斯道路在内容上极其笼统。他在1896年出版的书中，也只写了"俄罗斯依据事物的力量，在国际关系中代表着劳动，是苦于经济的阶层分化，被资本支配的诸国家中的一个"[340]。不管怎么说，对于以彼得大帝为样板推进近代化进程的日本所取得的新成就——日清战争的胜利，俄罗斯知识分子虽然将其视为重大动向，却对此持否定态度，把日本的道路作为反面教材，这一点是颇令人感兴趣的历史脉动。

而俄罗斯帝国内其他族裔的知识分子从日清战争时期起就开始期待日本是一个能够挑战俄罗斯帝国的国家，其代表是芬兰记者科尼·茨利阿克斯。他生于1855年，30岁出头时离开国家去

---

〔338〕 S. N. Iuzhakov, 1894 god. Iz sovremennoi khroniki, Ibid., 1895, No.1, otd. 2, p. 196.
〔339〕 Ibid., pp. 199-200、201.
〔340〕 S. N. Iuzhakov, *Sotsiologicheskie etiudy*, Vol. 2, Sankt-Peterburg, 1896, p.340.

周游世界。他在南美哥斯达黎加的铁路建设工地劳动过，在芝加哥担任记者取得了成功。自那之后，他来到日本，旅居日本两年半，看到了日清战争中的日本。他在回忆录中写道："我亲眼见到了日本对中国所做的战争准备，还有，特别是在和谈之后，感受到了整个日本国内弥漫着的愤激情绪。那种愤怒……指向了俄罗斯。"[341]因此，他认为当日本和俄罗斯发生战争的时候，芬兰人的机会就来了。

不过，俄罗斯的大多数普通知识分子并没有改变对日本的传统看法，也涌现出嘲讽、轻蔑的观点。1895年出版的外交官佩利坎的著作《进步的日本》就是立足于这种观点的日本论。佩利坎曾于1879年至1884年担任横滨总领事，但日清战争时期，他不在远东。

佩利坎在该书中断言，日本兴起的西欧文明化的变革"不是真正的启蒙的成果，只不过是日本人高度成熟的模仿的结果而已"[342]。模仿议会主义的结果，生成的不是"真正地按照人民的意愿统治国家的手段"，只不过是"安全阀门"。天皇也"不过是一个象征"，真正的权力在于Oligarchy。（译者注：意即寡头垄断的统治阶层。）佩利坎谴责Oligarchy将国家带入日清战争这种冒险的行动是犯罪。[343]只不过由于战争对手是清国，才得以轻松获胜。他尖刻地评论道："日清战争没有给出判断日本军绝对的战斗资质的素材，反而表明了指导日本命运的人们欠缺一切政治上的辨别能力和指挥能力。"日本有什么理由认为欧洲会允许它从这场战争中获得实质性的利益呢？作为结论，佩利坎认为这种失败的"答案在于日

---

[341] 和田春树《尼古拉·罗素——超越国境的民粹主义者》上，中央公论社，1973年，243—245页。
[342] A. Pelikan, *Progressiruiushchaia Iaponiia*, Sankt-Peterburg, 1895, p. 5.
[343] Ibid., pp.6-8.

本人极度轻率、过分自信，沉浸于愚蠢的自恋中"[344]。

佩利坎在整部书中始终主张日本的西欧化只表现在国家生活的外在形态的变化上，只有Oligarchy与其相关，而国民整体的家庭生活、社会生活的变化很小，没有真正的文化的成长、知性的开化。"日本的物质进步不能证明其文化的成长，他们的知性开化是幻影，与国民的欲求不吻合。"[345]佩利坎的日本观很明显地展现出对明治维新后日本的变化评价过低的倾向。

尽管如此，报纸杂志的反应也在战争进入第二年的阶段，特别是俄罗斯参与三国干涉的时候开始有了变化。《新时报》主笔苏沃林于1895年2月23日（11日）在他的专栏中写道，他同情败北的清国的立场，清国人实践了托尔斯泰的非暴力主义。"清国人可谓正是那样做的，完全不保护自身。但尽管如此，日本人仍然进攻、残杀，就像厨子杀鸡一般，带着一种特别的满足感斩杀俘虏。"[346]

3月16日（4日），苏沃林呼吁要注意日本。"日本的命运不得不唤起我们的关注。日本是我们的邻居，有可能成为我们的敌人。我们从尼曼河扩展到太平洋沿岸，曾经认为在远东，除了大海之外没有障碍。……然而，实际中出现了日本人这个障碍。这群身材矮小、黄皮肤、几乎不蓄胡须的人们虽然手脚很小，却聪明睿智、勤勉、节俭。""我想，有巨大的工作等待着我们的外交部。他们有必要深度关注、研究问题，还有必要制订出毅然决然的行动计划。"[347]

5月23日（11日），苏沃林写了与日本年轻人的谈话。日本人说，"对日本来讲，朝鲜的独立是sine qua non（不可欠缺）的条

---

[344] A. Pelikan, *Progressiruiushchaia Iaponiia*, pp. 11-12.
[345] Ibid., p. 162.
[346] Aleksei Suvorin, *V ozhidanii veka XX. Malen'kie pis'ma 1889-1903 g. g.* Moscow, 2005, p. 478.
[347] Ibid., p. 486.

件",但是,直至朝鲜能够独立为止,日本考虑占领朝鲜。"我说,那么好吧,……你们占领朝鲜吧,我们占领旅顺。"[348]在这里我们有必要注意的是,这段对话发生在日本因三国干涉,打消了对旅顺的念头之后不久。

综合杂志也开始讨论起日清战争来,但没有涌现出比尤沙柯夫更敏锐的关心的文章。负责稳健自由主义杂志《俄罗斯思想》国际局势专栏的戈利采夫在3月号中从日清战争开始写起,他最后得出结论,即使日本陶醉于胜利,沾染上排外主义,也无须担心。"因为我们祖国和欧洲列国坚决的、理性的政策,不会给日本新生的排外主义广阔的行动空间。"[349]在5月号中,戈利采夫表达了对三国干涉成功的赞赏之意,并相当乐观地写道:"现在俄罗斯有了通过外交交涉在太平洋岸获得不冻港,不与日本陷入敌对关系,就完全可以强化我国政治、军事地位的可能性。"[350]

同样是稳健的自由主义杂志《欧洲通信》在3月号的国际局势专栏中,针对德国《科隆日报》中所写"现在俄罗斯政界将所有注意都投向了朝鲜事态的发展"进行了反驳。他认为虽然现在通过集团干涉限制了日本的胜利果实,但哪个国家会策划出军事占领朝鲜这样的事情来呢。"那样的要求原本就不存在,不可能存在。"他谴责报纸"屡屡在对俄罗斯更为重要的问题"上保持沉默,抗议其"不关心巴尔干诸民族的利害"。[351]

很明显,这些一般性的言论并没有理解事态的严重程度,因为它们没能正确地评价日本的实力。

---

[348] Aleksei Suvorin, *V ozhidanii veka XX. Malen'kie pis'ma 1889-1903 g. g.* p. 508.
[349] *Russkaia mysl'*, 1895, No. 3, p. 212.
[350] Narochnitskii, op. cit., p. 709.
[351] *Vestnik Evropy*, 1895, No. III, June, pp. 860-862.

第四章
俄罗斯占领并租借旅顺（1896—1899）

高宗的俄馆播迁

1896年1月8日，韦贝尔的继任代理公使士贝耶抵达了汉城[1]，韦贝尔仍然留在汉城。1月14日，广岛的第5师团军事法庭对楠濑中佐以下诸人做出了无罪判决。接着，在广岛地方裁判所的预审中，对三浦梧楼以下总计44名被告因证据不足，做出不予起诉的判决。朝鲜方面大概是满腔愤怒地接受了这样的现状吧。韦贝尔等人应该也是同样的心情。

1月27日（15日），士贝耶给东京的俄罗斯公使馆发去电报，希望传达给圣彼得堡："（朝鲜）国王期待我们能够帮助他恢复自己的权力，恢复自由选择大臣的权力。虽然朝鲜人民和善良的人们是他的战友，但他自己完全没有达成此事的手段。日本的压迫受到万人憎恨。……为了将朝鲜从日本扶植的杀人大臣手中解救出来，国王期待俄罗斯发出强有力的声音。韦贝尔和我大胆地揣测，即使我们担心介入会引起纠纷，但根据当地的实际状况，如果我们不希望将朝鲜完全让与日本的话，我们不应该拒绝积极的角色。"士贝耶在电报中请求派遣足以与日军守备队匹敌

---

[1] Bella B. Pak, *Rossiiskaia diplomatiia i Koreia*, Vol. II, Moscow, 2004, p. 166.

的俄军部队。[2]

东京的希特罗渥公使在转达这份电报时，添加上了他向西园寺外相询问情况时，得知小村"以完全不同的方式描述了事态，并断言国王对大臣的信赖与日俱增"。希特罗渥公使写道，原本看看"审判三浦的闹剧"，就可知日本所做的保证"完全不值得信赖"，但是"尽管如此，我还是认为我们有必要尝试事先与日本签订协定的所有手段"。[3]

汉城公使馆和东京公使馆的见解、方针完全不同。圣彼得堡的外相接到电报后拒绝派遣军队。"在现在这个时间点上，刺激纯属朝鲜内政的问题不合时宜。"[4]

然而，汉城的事态有了进展。2月2日，高宗通过藏身俄罗斯公使馆的李范晋，给韦贝尔和士贝耶送去书信，说有人想利用因反对断发令而发生的叛乱，夺取他和皇太子的性命，因此希望到俄罗斯公使馆躲避。[5]一国君主在自己的都城中，却要逃到外国公馆，这样的做法真可谓前所未闻。士贝耶等人虽然担心会有危险，但在李范晋的强烈请求下，答复可以接受。

士贝耶立即将这件事情报告给了本国，贝拉·朴认为此举也得到了圣彼得堡的支持。因为在士贝耶2月2日（1月21日）的电报上，皇帝写道："期待我国派遣一艘大型军舰到仁川。"[6]高宗原本派人来联系，定于2月9日前往俄罗斯公使馆，但后来又因"守卫公使馆的水兵数量不足"而延期，希望士贝耶"调来更多的水兵"。于是，2月10日，韦贝尔和士贝耶从停泊在仁川的巡洋舰

---

[2] Khitrovo to Lobanov-Rostovskii, 15/27 January 1896, AVPRI, F. 133, Op. 470, 1896 g., D. 167, L. 5-5ob. Boris D. Pak, *Rossiia i Koreia*, Moscow, 1979, p. 126.

[3] Khitrovo to Lobanov-Rostovskii, 15/27 January 1896, L. 6-7.

[4] Bella Pak, op. cit., Vol. II, p. 169.

[5] Boris Pak, op. cit., p. 126.

[6] Bella Pak, op. cit., Vol. II, p. 170.

第四章　俄罗斯占领并租借旅顺（1896—1899）

"科尔尼洛夫海军上将"号上抽调了 5 名士官、107 名武装水兵和 1 门大炮到汉城的俄罗斯公使馆。[7] 接着，2 月 11 日，行动开始。朝鲜国王高宗与皇太子一同逃出王宫，转移到俄罗斯公使馆。这一事件被称为"俄馆播迁"。

来自参谋本部的科尔涅耶夫上校这个时候停留在公使馆，他自去年 12 月起前来视察朝鲜南部。根据他的报告书的记载，这天自早晨起，事情是这样进行的[8]：拂晓，一直躲藏在公使馆中的亲俄派巨头李范晋给他送信，言明国王要逃离王宫，前来公使馆。这天公使馆大概充满了紧张的气氛，武装水兵们应该进入了戒严状态。上午 7 时 30 分，有两顶轿子来到公使馆围墙东侧的小便门处，小便门立即打开，轿子进入公使馆的玄关。国王和随从的女官坐在其中一顶轿子中，另一顶轿子中则是皇太子和一名侍奉他的女官。科尔涅耶夫写道："由于对国王的监视极严，因此如果没有女官们和一名军官……的奉献精神，他们无论如何都无法从王宫中逃脱出来。"

后来，日本公使馆的总结是，自去年 11 月的事件之后，规定女官们可以乘轿径直出入王宫，因此，卫兵没有盘查。[9]

俄罗斯公使馆占地面积广阔，中间有巨大的主楼和四栋略小的建筑。主楼的左侧住着前任公使韦贝尔，新上任的公使士贝耶住在右侧。韦贝尔将自己住的主楼左侧的两间房屋提供给了他的亲密朋友——朝鲜国王。

高宗到达俄罗斯公使馆后，立即发出了诏敕，张贴在汉城城

---

[7] 小村给西园寺的信，1896 年 2 月 13 日，《日本外交文书》第 29 卷，683 页。

[8] Poezdka general'nogo shtaba polkovnika Karneeva i poruchika Mikailova po iuzhnoi Koree v 1895-1896 gg. SGTSMA, Vyp. LXXV, 1901, Tiagai G. D. (ed.), Po Koree. Puteshestviia 1885-1896 gg., Moscow, 1958, pp. 184-188. Tiagai, Galina Davydovna 编（井上纮一译）《朝鲜旅行记》，平凡社，1992 年，227—229 页。

[9] 小村给西园寺的信，1896 年 2 月 13 日，《日本外交文书》第 29 卷，684 页。

中。其内容为:"国运不幸,乱臣贼子年年作祸",这次他也是因为得到事变的消息,才逃到了俄罗斯公使馆。他列举了赵义渊、禹范善等六人为逆魁,号召将他们即刻斩首来献;并提出罢免现在的内阁,重新任命金炳始为总理,李载纯为宫内府大臣,朴定阳为内部大臣,赵秉稷为法部大臣,李完用为外部大臣,李允用为军部大臣,尹用求为度支部大臣。[10]其中,李完用和李允用二人均藏身美国公使馆,是亲兄弟。

上午8时30分,士贝耶公使受国王委托,通告所有的外国代表:"朝鲜国王陛下考虑到目前该国政治局势极其严峻,若继续居住在王宫中,对自身的个人安全有重大危险,因此与皇太子殿下一同来我公使馆寻求庇护。"上午11时,以新任外部大臣李完用的名义向美国公使希尔发出请求,希望联系各国公使,国王将于正午俞允公使谒见。[11]

上午9时许,水兵们在俄罗斯公使馆主楼前齐整列队,接受了国王高宗的检阅。高宗对水兵们赞叹不已,遂向士贝耶提出能否由俄罗斯人负责训练朝鲜军队。不久,朝鲜军队来了,他们在主楼前排列为四队,向国王举枪敬礼,聆听国王的训话后,离开了公使馆。

10时,宫内府官员仓皇跑到日本公使馆,告知国王和世子躲避到俄罗斯公使馆之事。小村立即派国分翻译官去往朝鲜内阁。国分离开之后,自总理金弘集以下的大臣们聚在一起商量,内部大臣俞吉濬主张全体辞职。但是,金总理打算先去俄罗斯公使馆劝谏国王。他在去往公使馆的途中被警务厅派出的巡警逮捕,押

---

[10] 诏敕,《日本外交文书》第29卷,687页。
[11] Shpeier to Komura, 11 February 1896,同上书,687—688页。John M. B. Sill to Secretary of State, 11 February 1896, *Korean-American Relations: Documents Pertaining to the Far Eastern Diplomacy of the United States*, Vol. III, University of Hawaii Press, 1989, p. 17.

第四章　俄罗斯占领并租借旅顺（1896—1899）

送走了。农商工部大臣郑秉夏也被逮捕。警官们将两人押到警务厅门前杀害了，然后将他们的尸体摆在汉城钟路示众。除了被杀害的两人外，其他前任大臣——内部大臣俞吉濬、军部大臣赵义渊、法部大臣张博九死一生逃脱了追捕，在日本公使馆的庇护下逃往了日本。

正午，美国公使希尔以及各国公使陆续前来拜谒国王。小村公使也来了，在这种事态中，他应该受到了很大的打击，不过科尔涅耶夫写道，小村表现得相当镇静。根据小村本人提交给日本外务省的报告，他到达俄罗斯公使馆时，各国公使已经退出，他独自拜谒了高宗。高宗以平静的语气说："因眼下阙内危险，故暂入该馆。"小村对士贝耶说了要尽量避免日俄士兵间发生冲突后，就离去了。[12] 2月13日（1日），士贝耶给俄罗斯发去电报："可以认为，在帝国公使馆的精神支持下，朝鲜国王果断实行的和平政变取得了圆满成功。"[13]

日本受到打击

这个事件使日本方面受到很大的打击。小村公使于事发当日向外务大臣做了报告：

> 国王、世子今日拂晓伺官内官吏之隙，潜入俄国公使馆，同时颁布如下之诏敕于市街各所，并更迭内阁之员。……人心稍稍不稳，然无任何变动之兆候。被称为日本党之人过半

---

[12] 小村给西园寺的信，1896年2月13日，《日本外交文书》第29卷，683—687页。
[13] 小村给西园寺的信，1896年2月13日，同上书，684页。

遭逐斥。事已如斯，除尽快动用兵力外，别无手段。然动用兵力必不免与俄国冲突。因相信眼下尚非起此种冲突之时机，故决心至贵大臣发来某种新训令为止，始终以稳和手段应对。〔14〕

高宗与俄罗斯联手反击，狠狠痛打了日本，小村好不容易才抑制住了调兵进行对抗的冲动。5天后，事态稍稍平息，小村发出了第三封信，对形势做了进一步分析。他担忧的事情有三个：第一，日本的壮士们在激昂的情绪下做出报复性举动。第二，朝鲜人对日本人施加暴行。第三，日俄间的纠葛。小村最为重视的是第三点。"日俄关系眼下极为迫切。我认为，对我政府而言，或置朝鲜于各国保护之下，或与俄国达成协议，总而言之，面对俄国，决定朝鲜问题非常紧要，丝毫不可犹豫。"〔15〕

日本不惜发动日清战争，排除掉清国，本应使得朝鲜成为事实上的保护国，然而遭到三国干涉后，朝鲜国王也立即变得不听话了，慌张中，三浦公使带头做出了杀害闵妃的暴行，致使日本完全丧失了立场。小村投身进来，正在思索如何挽回局面的时候，国王又被俄罗斯公使馆夺去了。日本在朝鲜的权益已然如同风中摇曳的灯火，飘忽不定，俄罗斯的力量占据了绝对优势。如此这般，日本就需要与俄罗斯协商，无论如何，也要在这个地方保留下日本势力的抓手，小村这样考虑到。

在日本国内，2月14日，各家报纸纷纷报道了"朝鲜的一大变动"。《东京朝日新闻》在15日的社论中写道："俄国公使馆现已成为朝鲜国王及世子亲临商谈组织新内阁的场所，如此这般，

---

〔14〕 小村给西园寺的信，1896年2月11日，《日本外交文书》第29卷，682页。
〔15〕 小村给西园寺的信，1896年2月16日，同上书，688—689页。

第四章　俄罗斯占领并租借旅顺（1896—1899）

我对韩政策遂以失败告终，不能不使吾人悲哀。"19日，报纸用整版讨论了"今后的对韩策略"，提出在朝鲜国王返回王宫的基础上，应该采取三种对抗俄罗斯的策略。第一策，联合列国公使，表明不承认朝鲜新政府，以牵制俄罗斯；第二策，使朝鲜成为"列国共同保护国"；第三策，放弃与朝鲜的关系，采取"袖手旁观策"，"卧薪尝胆"，以待他日。不过，相反地也提到了还有"与俄国协同，平均维持于朝鲜的势力，以遏止纠纷"的策略。文章指出，虽然第二策较好，但"难保最终会出第三策"，很是悲观。这个时候，民间情绪低落，丧失了胆气。

在俄都及东京的交涉

西园寺临时代理外相令驻俄罗斯的西德二郎公使询问俄罗斯政府的意向。因为汉城的音信被隔断了，连东京的希特罗渥公使也在2月14日（2日）的电报中写道："我完全没有得到汉城的消息，电信联系也从1月24日（2月5日）起中断了。"[16] 2月17日，西德二郎公使报告了与洛巴诺夫-罗斯托夫斯基外相会谈的结果。外相说，汉城公使只发来三封电报，他将电报拿给西公使看，并说"俄国将来的方针，只希望无任何外国干涉，迅速于朝鲜实现稳定安宁"。西公使评论外相"不熟知事件真相"，"此次事件似在俄国政府不知情的情况下发生"。[17]

到2月18日，小村公使看到俄罗斯公使没有动用俄罗斯兵力护卫王宫的迹象，感觉俄罗斯似乎并没有开战的决心，遂提

---

[16] Khitrovo to Lobanov-Rostovskii, 2/14 February 1896, AVPRI, F. 133, Op. 470, 1896 g., D. 167, L. 25-25ob.

[17] 西给西园寺的信，1896年2月17日，《日本外交文书》第29卷，728—729页。

案:"相信我政府在面对俄国,决定朝鲜问题时,尚有一时的犹豫期。""以共同担保朝鲜独立和共同监督朝鲜内政这两个基础与俄国协议,不失为最捷径。"[18]在日清战争之际,1894年8月,陆奥外相曾提出四个对朝鲜政策方案,日本对朝鲜:甲,自由放任;乙,保护国;丙,日清两国共同担保;丁,由列国保障中立。最后,日本决定推进乙案的方针,并且一直在这样做。现在,小村提议退到丙案的变形,即采取日俄两国共同担保的方案。

19日,西园寺与希特罗渥公使会谈,对他说道:"防止误解于未然的最良手段,在于彼我两政府间协商。"希特罗渥也说,相信这次事件"俄国政府并不知情",回答可以接受提案。于是,西园寺提议,今后日本、俄罗斯在向各自的驻朝鲜公使发去训令时,要事先与对方政府沟通。对于这样无理的提案,希特罗渥也表示了赞成。[19]这一提案最终还得到了俄罗斯外相洛巴诺夫－罗斯托夫斯基的赞成。[20]

西园寺因此受到鼓舞,他在5天后送信给希特罗渥,提议让两国驻汉城的公使建议国王返回王宫、组建由公正人士构成的新政府、掌权的朝鲜人不要对政敌施以残酷的惩罚。西园寺写道,朝鲜国王如果对日本军不放心,日本政府准备做出保证,日本军只用于保护日本公使馆和在朝日本人,并在必要时保护国王。[21]

希特罗渥对此表示赞成,给本国发回了电报。洛巴诺夫－罗斯托夫斯基外相研究后,提出了五点新建议,于3月2日由希特罗渥传达给了西园寺。第一点,"若国王判断时机合适时,无论何

---

[18] 小村给西园寺的信,1896年2月18日,《日本外交文书》第29卷,729—730页。
[19] 西园寺给西的信,1896年2月20日,同上书,736—737页。根据希特罗渥所述,是他本人提出相互沟通训令的。Khitrovo to Lobanov-Rostovskii, 7/19 February 1896, Ibid., L. 34-35.
[20] 西园寺给西、小村的信,1896年2月23日,《日本外交文书》第29卷,739—740页。
[21] Saionji to Khitorovo, 24 Feburuary 1896,同上书,740—742页。

第四章　俄罗斯占领并租借旅顺（1896—1899）

时都可以自由地返回王宫。俄罗斯代理公使确实对此不反对。"态度软化起来。第二点，建议使用稳健和怀有慈悲精神的大臣，这点与日方提案的第二点相同。第三点，应该调查是否有必要由外国军队来保护电信线路。第四点，应当就保护两国公使馆、领事馆所应采取的措施达成谅解。第五点，提倡"相互和解的精神"。[22]西园寺将这一共识告知小村，指示他与在汉城的俄罗斯临时公使落实若干点。[23]

汉城的判断完全不同，这一点从士贝耶发给俄外交部的电报中就能很清楚地看出来。他于2月15日（3日）发电报说，国王提出请求，希望在朝鲜任命俄罗斯人的主任顾问官，希望俄罗斯派送军事教官。[24]21日（9日），士贝耶发电报说，国王正在等待回复他所提出的请求，他对日本军的驻留感到危险，说如果没有俄罗斯水兵的警护，他不能返回王宫。"我二人倾向于实行这些请求。"[25]

山县的访俄方案

士贝耶在21日的电报中还写道，"山县元帅被任命为特使一事具有重大意义，可以肯定他是支持与我国签订协定的人。"表达了士贝耶的期待之情。这封电报在第一时间传达了山县有朋访俄的构想。

---

[22]　Khitrovo to Saionji, 2 March 1896, 同上书, 747—748 页。
[23]　西园寺给小村的信, 1896 年 3 月 3 日, 同上书, 751—752 页。
[24]　Khitrovo to Lobanov-Rostovskii, 9/21 February 1896, AVPRI. F. 133, Op. 470, 1896 g., D. 167, L. 42-42ob. 另外，Shpeier to Lobanov-Rostovskii, 14/26 February 1896, *Koreia glazami rossiian*, pp. 29-30.
[25]　Khitrovo to Lobanov-Rostovskii, 14/26 February 1896, Ibid., L. 55-55ob.

俄罗斯宣布将于当年——1896年5月在莫斯科举行尼古拉二世的加冕仪式，日本早已决定由伏见宫代表天皇出席。伊藤总理的想法是，有必要趁出席加冕仪式的机会，派遣全权大使去俄罗斯，就朝鲜问题与俄罗斯达成协议。也许，他在2月汉城危机之前就有了这种想法，自事件发生之后，他更加迫切地感到了必要性。据说，伊藤总理最初的想法是亲自访俄。但是，总理出行肯定会出现异议。于是，伊藤将橄榄枝伸向了内阁之外的元老山县有朋。山县虽然一开始坚决推辞，不过最终还是答应了。2月21日，经阁议决定，山县被任命为访俄全权大使。[26]

山县原本就有一种舍我其谁的强烈意愿。自1882年让井上毅撰写《朝鲜政略意见案》以来，山县一直留意着"保护朝鲜之独立，防御俄国之南侵"。最开始，他想通过日清协作来实现这个目标，但迅速放弃了这一想法，随之，日清战争爆发了。山县作为日清战争的主力军、第一军司令官，于仁川登陆，经义州，渡鸭绿江，到达了九连城。在那里，他于1894年11月7日起草了《朝鲜政策上奏》送往广岛的大本营。文中，他在确认了"朝鲜国土已不再为清兵蹂躏"的基础上，对于朝鲜独立的可能性表现出极其否定的认识来。

"观察现今朝鲜国内之形势，殆有让人不禁气馁者。"看到从仁川到义州所经历的50天、150里的情形，土地既不丰饶，山川也不秀美。"至其人民概皆愚暗，且不力产业。而敦厚、淳朴之风气极稀。""举国之民缺乏进取之气象，有偷安姑息、饱食即眠之风习。助此国实现独立之名实，不可不云实为至难之业。"[27]

山县在这里直率地写道："而况使之独立，以此为保全我国

---

[26] 《公爵山县有朋传》下，1933年，262—264页。
[27] 山县有朋《朝鲜政策上奏》，《山县有朋意见书》，原书房，1966年，223—224页。

第四章 俄罗斯占领并租借旅顺（1896—1899）

于东洋之利益提供方便乎"，承认朝鲜独立是谋求日本利益的"方便"。如果这样有困难，那么目前什么是必要的呢？

"最为急务者，即以下二策：一曰铺设自釜山经汉城至义州铁路，一曰移植我邦之人至平壤以北义州为止的枢要之地。"釜山至义州间的铁路是"通向东亚大陆之大道"，应该能够成为"横断支那直达印度之道路"，如果日本"欲称霸东洋，永远雄视列国之间"，这条道路是必要的。向北部朝鲜移殖日本人，稳固与清国的边界，"渐次掌握其商业农业之权利，同时诱导土人真诚向慕文明之域，以断然杜绝清国之影响。"[28]

这基本上是将朝鲜全境置于日本统治之下的构想。山县在战争中抱有的这种构想，战后随着局势的发展，眼看就要走向溃败了。正因如此，他才执着于要设法与俄罗斯签订协定，保卫日本在朝鲜的地位，哪怕只是一部分。

确定山县访俄后，希特罗渥公使于2月27日（15日）给俄外交部发去电报。"山县元帅代替伊藤公被任命为特命全权大使之事具有特别重大的意义，这证明了在该国的领导层中，认为有必要与我国签订直接、全面协定的意见获得了胜利。"[29]

希特罗渥在山县之前先行出发回国了。在他离开期间，士贝耶被任命为驻东京的代理公使。这使得本来已经被免去代理公使之职的韦贝尔成了汉城的单独负责人。[30] 在出发前的3月5日，希特罗渥与伊藤总理进行了会谈，他提出希望听听山县的使命。伊藤没有直接回答，而是这样说道：

---

[28]《山县有朋意见书》，224—225页。
[29] Khitorovo to Lobanov-Rostovskii, 15 February 1896, AVPRI, F. 133, Op. 470, 1896 g., D. 167, L. 59-59ob.
[30] 自1896年3月14日起，来自东京公使馆的通信皆以士贝耶的名义发出。Shpeier to Lobanov-Rostovskii, 2/14 March 1896, AVPRI, F. 133, Op. 470, 1896 g., D. 167, L. 71.

该大臣与阁下一样,认为朝鲜国非能自立之国,必须他国之扶助,因此,最为期待日本国与俄国达成协议之事。

对此,希特罗渥也说道:

依我个人意见……朝鲜乃不能靠一己之力独立之国,故希望俄国与日本国协商,设定一个足以使朝鲜存立的暂定办法(modus vivendi),又……俄国希望朝鲜不落入其他强国手中,成为对付俄国的一个武器。

伊藤对此表示赞同。

若俄国之真意果如斯,相信两国间能够达成十分圆满之协议,并且……日本国对朝鲜无侵掠之意,此外,日本不欲独握该国全权。[31]

另一方面,西园寺外相代理和山县经过协商,起草了给特使的训令和密训,于3月13日获得通过。训令为:"日俄两国或者互相共同提携,以扶持朝鲜之独立;或者劝诱彼我两国外之关系国,保证朝鲜之独立。无论何策,苟能确实巩固朝鲜建国之基础,帝国政府将欣然与俄国政府筹划经营"。[32] "筹划"在这里是指与俄罗斯政府一同想方设法努力做的意思吧。

密训中列举了日俄应该通力协作的六个项目,为组建政府、改革整顿财政、整备军队、建立警察制度、镇压骚乱、防卫外国

---

[31] Conversation between Ito and Khitrovo, 5 March 1896,《日本外交文书》第29卷,758—767页。
[32] 《日本外交文书》第29卷,809—810页。

侵略。特别是为了镇压骚乱，规定"自日俄两国或其中一国派驻相当之军队，以备不虞"，"为保持朝鲜国内之秩序安宁，若有自日俄两国派遣各自军队的情况，划定其国内一区驻屯，且两兵驻屯之地间应设置相当距离。"[33]这几乎是完全的日俄共同管理朝鲜方案，包含着分割日俄势力领域方案的萌芽。

山县一行于3月15日从横滨出发，都筑馨六作为随行人员加入。此行经由美国绕到欧洲。[34]由于俄罗斯给朝鲜也送去了尼古拉二世加冕仪式的邀请函，高宗想趁此机会派遣使节，请求俄罗斯提供全面援助。很明显，韦贝尔为此事出了力。闵泳焕被任命为特使，尹致昊作为其顾问同行。[35]

签署《小村—韦贝尔备忘录》

到了3月中旬，汉城的小村按照东京的指令开始与俄罗斯公使接触。[36]小村与韦贝尔会谈了一两次之后，将自己构想的协议案送交韦贝尔。协议案有四项内容：第一项，两公使奉劝国王返回王宫，撤走王宫前的日本兵。第二项，两公使劝诫任命温和之人为大臣。第三项，将汉城的日本军缩减为两个中队、400人，与釜山、元山各一个中队一同，驻屯至朝鲜国内恢复稳定。第四项，撤走保护电信线路的部队，替换为宪兵，宪兵总数不超过200人。韦贝尔看后表示"大体无特别异议，尚有一些修正"，就带回去

---

[33]《日本外交文书》，811页。
[34]《公爵山县有朋传》下，266、269页。
[35] Bella Pak, op. cit., Vol. II, p. 187.
[36] 小村给西园寺的信，1896年3月15日，《日本外交文书》第29卷，769—770页。

了。然而，过了一星期都没有回音。[37]

4月5日，韦贝尔终于做出回复。关于第一点，确定国王身边安全后，会劝告其返回王宫。第二点，现在的大臣是"自由进步主义之人"，没有问题。第四点中，替换为200名宪兵虽好，但也应渐次撤走，日本占有独立国朝鲜的电信线路属于"离奇事态"，应该推进将电信线路卖与该国之事。第三点，虽然目前可以在汉城驻屯2个中队，釜山、元山各驻屯1个中队的日本军，但如果不再发生袭击后，亦应撤走，为保护俄罗斯公使馆、领事馆驻扎的守备兵，随俄罗斯之意安排。[38]

小村认为基本可以接受这些内容，他只提出应将日本公使也劝告国王归还王宫之事加入第一点，以及应该删除"将电信线路卖与该国"的表述这种程度的意见。[39]

东京传来指示，认为这样可以接受，不过第四项中的"俄兵驻扎之项，应规定其数不超过我兵之数，且朝鲜事态恢复平稳后，应予撤兵"[40]。小村4月22日向韦贝尔传达了这一宗旨，但没有得到回复。30日，韦贝尔传来答复，说由于日俄政府间已经协定好了第一项、第二项，我们只是执行，而限制俄兵人数之事必须要请示本国政府的训令。小村给东京发电报写道，韦贝尔"原本不仅丝毫没有与我方共同行动的想法，而且非常厌恶这样做"，这样下去，交涉会充满困难。[41]

日本政府似乎也与东京的士贝耶进行了沟通，并向俄罗斯外交部做了工作，寻求向韦贝尔施压，让他接受小村的提案。最终，

---

[37] 小村给西园寺的信，1896年3月22日，《日本外交文书》第29卷，776—777页。
[38] 小村给西园寺的信，1896年4月6日，同上书，778—779页。
[39] 小村给陆奥的信，1896年4月6日，同上书，779—780页。
[40] 陆奥给小村的信，1896年4月20日，同上书，780—781页。
[41] 小村给陆奥的信，1896年4月30日，同上书，781—782页。

第四章　俄罗斯占领并租借旅顺（1896—1899）

5月13日，韦贝尔回复，基本上全盘接受小村提案。[42]

1896年5月14日，小村公使和韦贝尔前代理公使签署了备忘录，其内容如下：

> 一，朝鲜国王陛下返回王宫之事，任由陛下一己之裁断，日俄两国代表对陛下返回王宫之安全抱有疑惧时，可忠告其不返回王宫。此外，日本国代表于兹保证，将采取严密措施取缔日本壮士。
>
> 二，现任内阁大臣皆为陛下独自任命，多为在位超过二年之国务大臣或其他显职者，以宽大温和主义为人所知。日俄两国代表常以劝告陛下任命宽大温和之人物为其阁臣，且以宽仁对其臣民为目的。
>
> 三，关于如下之项，俄国代表完全同意日本国代表意见。即鉴于朝鲜国之现况，为保护釜山至汉城间之日本电信线路，有必要于若干处部署日本国卫兵，尽速撤回现在由三个中队兵丁组成之护卫兵，代之以宪兵，配置如下：大邱五十人，可兴五十人，釜山至汉城之间十处之派出所各十人。……宪兵队总数绝不超过二百人。并且此等宪兵将来在朝鲜政府恢复安宁秩序后，应自各地渐次撤回。
>
> 四，为防止万一朝鲜人发动袭击，保护在汉城及各通商港的日本人居留地，可于汉城驻屯二中队、釜山一中队、元山一中队日本兵，……为保护俄国公使馆及领事馆，俄国政府亦可于以上各地驻屯不超过日本兵人数之卫兵……[43]

---

[42] 小村给陆奥的信，1896年5月13日，《日本外交文书》第29卷，789页。
[43] 日俄备忘录，1896年5月14日，同上书，791—792页。

在签署这个备忘录的过程中,日本政府确认了俄罗斯政府的合作态度。也就是在此期间,日本成功地将与朝鲜国王结下深厚情谊的前任代理公使韦贝尔从圣彼得堡和东京孤立了出去。

小村签署了这个备忘录后,接到回国的命令,于 5 月 31 日离开了汉城。在离开的前一天夜晚,小村向朝鲜外部大臣李完用提出了向一个月以来在朝鲜各地被杀害的 43 名日本人以及 19 名受伤者支付受害损失赔偿金日本银币 14.6 万日元的要求。[44]不过,他对于闵妃的被害没有任何表示。

据说小村回国后,见到了胜海舟。胜询问小村对韩善后方策时,小村回答,"如阁下所处幕府末年之状"。胜表示不解,小村接着说道:"天子被夺,万事皆休。"[45]

小村晋升为外务次官,原敬被任命为朝鲜公使。

《俄清秘密同盟条约》与《东清铁路协定》

就在山县访问俄罗斯之时,俄罗斯和清国之间正在进行着另外的重要交涉,即关于俄清秘密同盟条约和东清铁路协定的交涉。

一直大力推进西伯利亚铁路建设的财相维特十分重视和清国的良好关系,他有所企图。1895 年 2 月,他撰写了关于西伯利亚铁路贝加尔湖以东、阿穆尔部分的意见书。鉴于这个地区的工程是一道难关,他想到从诺沃楚鲁海图伊横穿"满洲"北部,经墨尔根通往布拉戈维申斯克(海兰泡)的线路。然而,三国干涉成

---

[44] 转达韦贝尔的电报的 Shpeier to Lobanov-Rostovskii, 26 May/7 June 1896, AVPRI, F. 133, Op. 470, 1896 g., D. 167, L. 87.《高宗时代史》第 4 卷,国史编纂委员会,1990 年,142—143 页。

[45] 外务省编《小村外交史》复刻,原书房,1966 年,92 页。

第四章 俄罗斯占领并租借旅顺（1896—1899）

功后，维特也开始推进更加大胆的横穿"满洲"铁路方案。从合理性的角度来说，由赤塔横穿"满洲"至符拉迪沃斯托克（海参崴）的铁路最短、最快捷，也有利于"满洲"的开发。10月，维特整理好这个横穿"满洲"铁路方案，上奏给皇帝。财政部制定了这个方案应该向清国政府提议的工程计划。[46]

俄罗斯的方案为，希望清国承认民间公司铺设铁路的权利，俄罗斯承认清国于80年后回购的权利。维特与乌赫托姆斯基共同推进这一方案，交涉在圣彼得堡开始，但仍有必要令北京的喀希尼公使与清国政府进行谈判。按照洛巴诺夫－罗斯托夫斯基的训令，1896年2月，在北京的谈判也正式开始。然而，清国政府以自己要建设铁路为由，拒绝了俄罗斯方面的请求，喀希尼的交涉迟迟没有进展。[47]

这时，维特想到利用欢迎李鸿章作为清国代表出席尼古拉二世加冕仪式的机会，在圣彼得堡进行交涉，得到了皇帝的同意。维特派乌赫托姆斯基去塞得港迎接李鸿章，径直护送他到俄罗斯，带至圣彼得堡。[48] 5月1日（4月19日），乌赫托姆斯基拜谒皇帝，报告李鸿章已经抵达。[49]

与李鸿章进行交涉的不是外相，而是维特。李鸿章带来了用俄罗斯资金建设清国铁路的方案和俄清同盟条约案。交涉颇为艰难。虽然最后决定了在细节上采用俄罗斯式的广轨，名称不用"满洲铁路"，而用东清铁路、中国东方铁路，回购的期限也由80年缩短为36年，然而，双方根本性的对立并没有消除。5月4日

227

---

〔46〕 B. A. Romanov, *Rossiia v Man'chzhuriii(1892-1906)*, Leningrad, 1928, pp. 83-85. I. V. Lukoianov, The First Russo-Chinese Allied Treaty of 1896, *International Journal of Korean History*, Vol. 11, December 2007, pp. 156-159.

〔47〕 Romanov, op. cit., pp. 97-105. Lukoianov, op. cit., pp. 160-161.

〔48〕 Romanov, op. cit., pp. 108-109.

〔49〕 *Dnevniki Imperatora Nikolaia II*, Moscow, 1991, p. 139.

（4月22日），李鸿章谒见了尼古拉。尼古拉在日记中写道："大名鼎鼎的李鸿章谒见了我，他带来大批随员，是一位风采堂堂的老人。"[50]皇帝3天后还接见了李鸿章。"李鸿章谒见，赠送了清国皇帝的礼物以及他自己的礼物。然后我们在办公室进行了长时间的会谈，由他的儿子李公爵做翻译。"[51]尼古拉向李鸿章强调，俄罗斯没有任何领土上的野心，给李鸿章留下了深刻的印象。卢科亚诺夫在俄清交涉的研究中指出，正是听了皇帝的这席话，李鸿章才下定决心接受俄罗斯方面的条件。[52]翌日，维特向皇帝做了上奏。又翌日召开了西伯利亚铁路委员会[53]，会议明确了交涉负责人和相关大臣以及皇帝要紧密协商，合力推进交涉。对于当时的俄罗斯来讲，这是最为重要的交涉。

李鸿章的想法是，清国和俄罗斯缔结同盟条约，在其中写入铁路问题。也就是说，他的逻辑是，双方为了应对日本的侵略而缔结同盟，共同面对问题，因此清国允许修建运送俄罗斯军的铁路。而对维特和洛巴诺夫－罗斯托夫斯基来讲，虽然他们大概并不期待与清国签订以日本为敌的条约，但为了获得铁路特许权，必须接受同盟。双方就同盟保密之事达成了一致。

就这样，围绕在"满洲"建设铁路的交涉，从李鸿章一方的逻辑来看，演变成了内容意想不到的条约交涉。最终双方缔结了被普遍称为"喀希尼密约"的《俄清秘密同盟条约》和与之配套的《东清铁路协定》。1896年6月3日（5月22日），李鸿章和维

---

[50] *Dnevniki Imperatora Nikolaia II*, p. 140.
[51] Ibid., p.140. 英国的外交文书中记载这次谒见发生在5月5日（4月23日），但卢科亚诺夫认为尼古拉在日记中的记述是正确的。
[52] Lukoianov, op. cit., pp. 163-166.
[53] *Dnevniki Imperatora Nikolaia II*, p. 141.

第四章 俄罗斯占领并租借旅顺（1896—1899）

特、洛巴诺夫-罗斯托夫斯基在圣彼得堡签署《俄清秘密同盟条约》，其内容自俄方资料翻译如下：

> 俄国皇帝陛下暨清国皇帝陛下期望为巩固远东幸而恢复的和平，防卫外国再次入侵亚洲大陆，决定缔结防御同盟，兹为此目的，任命……为全权代表。
>
> 第一条，如果日本攻击东亚的俄罗斯领土、清国和朝鲜的领土，无论何种情况，均可视为立即适用本条约的契机。这种情况下，两缔约国在该时点，有义务以各自拥有的一切陆海军兵力进行相互支持，为这些兵力补给各种装备时，尽最大可能相互援助。
>
> 第二条，两缔约国开始共同行动后，任何一方未经他方同意，不得与敌方缔结媾和条约。
>
> 第三条，军事行动之际，清国所有港口在必要时须向俄罗斯舰船开放；清国当局应尽力给予这些舰船必要的支援。
>
> 第四条，为确保俄军能够到达有可能遭受攻击的地点以及军队存在的手段，清国政府同意铺设通过满洲的铁路。届时，关于铁路铺设的所有条件，将于圣彼得堡由清国公使与俄清银行进行交涉，以契约的形式确定。
>
> 第五条，军事行动之际，俄罗斯拥有为输送本国军队和补给而自由利用这条铁路的权利。平时，俄罗斯亦可行使同样权利，但除因转运暂时停留外，其他不得借故停留。条约的效力自上述契约经清国皇帝批准之日起生效，有效期十五年。在该期限结束的六个月前，双方缔结进一步延期的协定。[54]*

---

[54] 这一文本由罗曼诺夫首次于1924年发表。*Bor'ba klassov*, 1924, No. 1-2, pp. 102-104. 另见 Romanov, op. cit., pp. 111-113, 但是其内容已于1910年传出。P. N. Simanskii, *Sobytiia na Dal'nem Vostoke, predshestvovavshie Russko-Iaponskoi voine*, Vol.（转下页）

《东清铁路协定》于 1896 年 9 月 8 日（8 月 27 日），由乌赫托姆斯基、罗思坦与清国驻俄公使在柏林签署。[55]根据这一协定，俄罗斯能够以最短距离铺设连接赤塔至符拉迪沃斯托克（海参崴）的铁路，能够租借其附属地，并在那里部署警察以及警备兵。该协定规定铁路的建设主体不是俄罗斯政府，必须是俄罗斯的民间企业，俄罗斯成立了东清铁路公司。

山县有朋在俄罗斯

山县一行于 5 月中旬从法国出发去往莫斯科。有关俄罗斯方

（接上页）I, Sankt-Peterburg, 1910, p. 82. Lobanov-Rostovskii to Lesner, 25 February 1902. AVPRI. 在俄罗斯之外，《上海中外日报》曾于 1903 年 12 月 31 日和 1904 年 1 月 1 日刊载。最初的日语翻译出现在《小村外交史》106—107 页。

　　*译者注：以上是根据俄罗斯的资料翻译成日语，再由日语翻译成中文的译文。这里附上《中俄密约》中文版原文，以供参考。如下：

　　大清国大皇帝陛下暨大俄国大皇帝陛下，因欲保守东方现在和局，不使日后别国再有侵占亚洲大地之事，决计订立御敌互相援助条约，是以……为全权大臣……

　　第一款　日本国如侵占俄国亚洲东方土地，或中国土地，或朝鲜土地，即牵碍此约，应立即照约办理。

　　如有此事，两国约明，应将所有水、陆各军，届时所能调遣者，尽行派出，互相援助，至军火、粮食，亦尽力互相接济。

　　第二款　中、俄两国既经协力御敌，非由两国公商，一国不能独自与敌议立和约。

　　第三款　当开战时，如遇紧要之事，中国所有口岸，均准俄国兵船驶入，如有所需，地方官应尽力帮助。

　　第四款　今俄国为将来转运俄兵御敌并接济军火、粮食，以期妥速起见，中国国家允于中国黑龙江、吉林地方接造铁路，以达海参崴。惟此项接造铁路之事，不得借端侵占中国土地，亦不得有碍大清国大皇帝应有权利，其事可由中国国家交华俄银行承办经理。至合同条款，由中国驻俄使臣与银行就近商订。

　　第五款　俄国于第一款御敌时，可用第四款所开之铁路运兵、运粮、运军械。平常无事，俄国亦可在此铁路运过境之兵、粮，除因转运暂停外，不得借他故停留。

　　第六款　此约由第四款合同批准举行之日算起照办，以十五年为限，届期六个月以前，由两国再行商办展限。

[55] Romanov, op. cit., p.117.

第四章　俄罗斯占领并租借旅顺（1896—1899）

面迎接山县时的气氛的资料很匮乏，外交部的三号人物——上级审议官拉姆斯道夫日记中的只言片语为我们提供了一些线索。拉姆斯道夫在5月13日（1日）的日记中写道，他被洛巴诺夫－罗斯托夫斯基外相叫去，外相刚结束与李鸿章的长时间会谈，告诉他条约基本上已经谈妥。外相的心情很好，说道："你知道吗，事态顺利的话，这将会成为一项伟大的事业。"拉姆斯道夫接着写道，他向外相汇报，已回国的驻日公使希特罗渥确信与日本签订密切协定的必要性和可能性。"以希特罗渥的意见，这次前来出席加冕仪式的山县元帅是日本杰出的政治家之一，他由衷地相信与俄罗斯达成共识是必要且不可欠缺的。"进而，拉姆斯道夫写道，据驻法国武官报告，日本代表途经巴黎时对俄罗斯优待清国感到非常不安，代表本人以及伏见宫贞爱亲王都在担心他们在俄罗斯会得不到应有的待遇。[56]

很明显，洛巴诺夫－罗斯托夫斯基外相重视与清国的谈判，对与日本的交涉没有任何的准备。拉姆斯道夫虽然对此感到担心，但也没有做任何事情。

5月20日（8日），洛巴诺夫－罗斯托夫斯基外相和山县在莫斯科进行了第一次会面。山县传达了希望交涉的本意，然而，外相却说近一两日没有时间，想在加冕仪式结束后在圣彼得堡进行会谈。[57]加冕仪式将于6天后在莫斯科的克里姆林宫举行。虽然也有像李鸿章那样从圣彼得堡绕道而来的人，但像山县这样直接来到莫斯科的外国宾客也很多。因此，外相的说辞也有一定的道理，不过这种应对方式还是显示出外相很轻视日本、轻视山县。

5月18日（6日），皇帝尼古拉由圣彼得堡抵达莫斯科。19日

---

〔56〕　V. N. Lamsdorf, *Dnevnik 1894-1896*, Moscow, 1991, p. 380.
〔57〕　山县有朋《日俄协商始末》（1897年10月），《山县有朋意见书》，241页。

（7日），伏见宫与巴登－符腾堡公国的王子一同谒见了皇帝。22日（10日），各国使节谒见，"来自法国、美国、西班牙、日本以及朝鲜，全是大人物。"[58]山县也于这时拜谒了皇帝，不过，俄罗斯皇帝没有俞允日本政府代表山县单独谒见的想法。

很快，希特罗渥公使访问了山县下榻的宾馆。他对山县说，外相在加冕仪式之后，似乎打算先到休假地静养一段时间，因此建议山县不要着急，做好慢慢交涉的打算。然而山县没有那样悠闲的心情。在他的反复要求下，5月24日，他与西公使一同与洛巴诺夫－罗斯托夫斯基外相进行了第一次会谈。[59]他怀里揣着有六项内容的协定方案，其中最为重要的是第一条和第五条。

第一条，日俄两国相互担保朝鲜国之独立。

第五条，由于内忧外患，致使朝鲜国内之安宁秩序显著紊乱，或有紊乱之虞时，日俄两国政府基于协商，……认为除已驻屯朝鲜国之军队外，有必要进一步派遣军队以援助该国官宪时，日俄两国为避免两国军队的冲突，须划分各自军队派遣之地，一方派遣其军队至南部之地，一方派遣至北部之地，且出于预防目的，两国军队之间须设相当之距离。[60]

这是在尊重朝鲜独立的前提下，将朝鲜划分为南北两部分，分别作为日俄势力范围的构想。其他条款为：第二条，日俄在朝鲜的财政均衡、外债募集方面进行协作；第三条，日俄在组织维持军队警察方面进行协作；第四条，日本所有的电信线路由日本管理，直至朝鲜收购为止；第六条，将来如果出现问题，日俄通

---

[58] *Dnevnikii Imperatora Nkikolaia II*, pp. 141-142.
[59] 山县有朋《日俄协商始末》，241页。
[60] 西给陆奥的信，1896年5月26日，《日本外交文书》第29卷，812—813页。

过"和衷熟议"来解决,等等。这完全是由日俄两国共同管理朝鲜,分割日俄势力范围的提案。

虽然在山县口头说明了提案之后,洛巴诺夫-罗斯托夫斯基外相说:"若双方所望同一,我感觉大体上无异议。"但他看了文稿后,首先对第一条就做出了反应。他质问山县"担保"(garantie)独立,指的是使朝鲜成为两国的"保护国"吗?山县辩解说,这只不过是放在六条的"开头"部分的措辞而已,没有深刻的含义。看到第五条处,洛巴诺夫-罗斯托夫斯基和山县相视而笑。西公使心想,他大概认为这是"分取南北"的意思吧。外相询问山县,是朝鲜国王提出请求时才派遣军队吗?[61]

山县的提案意义重大,但是,俄罗斯方面完全没有接受的准备。加冕仪式眼看着就要在两天之后举行了。

加冕仪式及其后的交涉

5月26日(14日),克里姆林宫内的乌斯宾斯基教堂举行了尼古拉二世的加冕仪式。尼古拉在日记中写道:

> 这是伟大、庄严的一日,然而,对于阿利克斯、妈妈以及我来讲,是精神上颇为苦闷的一天。早晨八点,队伍已经排列整齐。我们是十点半开始行进的。幸运的是,天气晴朗得令人吃惊。乌斯宾斯基教堂正面的入口金光闪闪。我感觉在这里发生的一切都像在真正的梦中一般。然而,大概我会

---

[61] 西德二郎,《关于朝鲜的意见书》,1896年7月8日,《日本外交文书》第31卷第1册,110—111页。这是关于山县交涉最为重要的记录。与此相比,山县自己撰写的《日俄协商始末》恐怕是刻意作伪的记录。

终生难以忘怀吧。[62]

伏见宫、山县等日本代表与李鸿章、闵泳焕等清国、朝鲜代表一同出现在教堂中。

第二天仍然有活动。晚上,克里姆林宫中的多棱宫设宴招待了所有的外国宾客。第三天有军队的庆典。第四天夜晚,莫斯科大剧院上演了格林卡的歌剧《为沙皇献生》(译者注:原名《伊凡·苏萨宁》),自皇帝以下的所有人都观赏了歌剧。

第五天,5月30日(18日),郊外霍登卡平原举行了由国民参加的庆祝活动,将发放面包和印有新皇帝姓名首字母的杯子。五十万人蜂拥而至,然而不幸的是,很多人掉进了为军队演习而挖的壕沟中,仅正式公布的死亡人数就有1389人,演变成了一大惨剧。本来这件事并不是皇帝的责任,但事发当晚,皇帝、皇后就像什么事情都没有发生似的,出席了由法国公使蒙塔佩罗主办的祝贺舞会,因而遭到了潮水般的猛烈批判。反政府派声讨尼古拉二世为"血帝"。

就在30日当天,山县得知亚洲局长卡普尼斯特和希特罗渥希望在日本的提案中加上承认俄罗斯派遣士官这样一项,或者将这层意思加在协定的附记中,他努力想让他们明白日本方面不会同意这样的条款。同一天,日本也传来电报,说有朝鲜政府向俄罗斯政府请求派遣士官的传闻。[63]

6月2日(5月20日),洛巴诺夫-罗斯托夫斯基外相向皇帝上奏[64],与清国的条约谈判结束,定于翌日签署,此事当然获得了批准。而外相也一定在这个时候顺便汇报了与日本的交涉。

---

[62] *Dnevniki Imperatora Nikolaia II*, pp. 144-145. 保田孝一《最后的俄罗斯皇帝尼古拉二世的日记》增补,朝日新闻社,1990年,102页。

[63] 山县有朋《日俄协商始末》,243页。

[64] *Dnevniki Imperatora Nikolaia II*, p. 146.

第四章 俄罗斯占领并租借旅顺（1896—1899）

6月6日举行了第二次日俄会谈。洛巴诺夫－罗斯托夫斯基外相询问山县，日方提出的协定是打算公开还是保密。山县回答，除有关财政的条款外，"考虑无公开之必要"。于是，外相出示了俄罗斯方面的逆向提案。提案在内容上对第五条做了根本性修改，并追加了承认由俄罗斯士官训练朝鲜国王的护卫兵这项新条款，将第一条的"担保"独立改为"承认"（reconnue）独立，在电信条款中加上俄罗斯也能够建设电信线路的修改内容，删除了第五条中的"南""北"二字。对于最后一点，山县询问其理由，反而被洛巴诺夫-罗斯托夫斯基外相质问，"南北"打算以哪里为分界线。山县回答，按我的设想是"可以彼国中部之大同江为界"[65]。大同江附近指的是平壤附近，北纬三十九度一带。这是欲将平壤纳入俄罗斯势力范围中的设想，不过，不管怎么说，俄罗斯拒绝了日本将朝鲜分为南北、各自占领势力范围的提案。

后来在1903年5月，此时的交涉成为议论的焦点。前驻清国武官沃加克站在批判俄罗斯政府对日政策的立场上，在意见书中抨击道，调节与日本在朝鲜半岛的邻国关系，"最佳的时间点是马关和谈条约的时候，当时日清战争刚结束，日本的力量变弱，较易妥协，然而当时却没有做这件事情。同样，1896年山县元帅为出席加冕仪式访俄，他衷心希望与俄罗斯缔结一定的关于朝鲜的协定，然而我们拒绝就这件事情进行交涉。"[66]拉姆斯道夫外相对此做出了反驳：

"实际上，众所周知，1896年日本的山县元帅为出席加冕仪式来到莫斯科，他心里想的是指出与我国缔结分割朝鲜

---

〔65〕 西德二郎，《关于朝鲜的意见书》，111—112页。日期根据山县《日俄协商始末》确定。
〔66〕 Vogak, Znachenie dogovora 26 marta 1902 goda v razvitii voprosa o Man'chzhurii, 7 May 1903, RGIA, F. 560, Op. 28, D.213, L. 136-136ob.

的协定的可能性。""俄罗斯拒绝在这个方向上交换意见有其他的重大根据。第一,恰好在一年前,俄罗斯宣告了朝鲜完全独立的原则,根据俄罗斯的要求,《马关条约》第一条中包含了这项内容。……第二,如果根据条约将朝鲜半岛的南部让给了日本,那么俄罗斯在形式上,无论是从战略层面,还是从海军相关层面都永久地放弃了朝鲜最重要的部分,这样一来,反而主动束缚了自己未来的行动自由。因此,从所有层面来讲,俄罗斯的直接利害在于支持朝鲜的全一性和独立的原则,直至俄罗斯在太平洋沿岸牢固地扎下根来。"〔67〕

第二点是指制止了对马山问题的非分之想。由于外交部一贯反对获得马山,将此作为论据显示出这种辩解是官僚式的责任回避。

尽管如此,与第一点相关的,恰好在3日之前刚刚签署的《俄清秘密同盟条约》的第一条中,俄罗斯誓约将会对抗日本对朝鲜领土的攻击。在签署这个条约的墨迹未干之时,俄罗斯方面也许觉得马上与日本就分割占领朝鲜之事达成一致并不合适。但不管怎么说,俄罗斯都没有经过深思熟虑,眼睁睁地错过了与日本就朝鲜问题达成共识的重要机会。考虑到前后的形势,这大概是最后的机会。因而,不得不说沃加克的指责是正确的。

6月8日,双方进行了第三次交涉。由于俄罗斯方面对第一条的"担保"独立有所抵触,故将第一条去掉了。由俄罗斯士官训练的问题也是争议最大的地方。日本方面表示从"我国的感情"出发,无法接受,主张由既不是日本人,也不是俄罗斯人的第三国士官来训练,但俄罗斯方面的意见为,问题在于朝鲜国王是否

---

〔67〕 V. N. Lamsdorf, Po povodu zapiski "Znachenie dogovora 26 marta 1902 goda v razvitii voprosa o Man'chzhurii", Ibid., L. 165ob.-166ob. 最先关注这份资料的是 Romanov, op. cit., pp. 142-143。

放心,而且日俄共同谋划朝鲜之事,依赖第三国之人的做法并不妥当,双方对此无法达成一致。最后,俄方做出妥协,提议由俄罗斯士官训练国王的护卫兵,由日本士官训练别的部队。[68]

签署《山县—洛巴诺夫协定》

6月9日(5月28日),洛巴诺夫-罗斯托夫斯基外相拜访了在莫斯科郊外、谢尔盖大公的领地伊利因斯科耶静养的尼古拉,做了紧急上奏。[69]他大概汇报了谈妥的日俄交涉,得到了签署议定书的许可吧。

于是,1896年6月9日(5月28日)当天,山县和洛巴诺夫-罗斯托夫斯基签署了《关于朝鲜问题的莫斯科议定书》,其内容如下:

> 第一条,日俄两国政府出于救济朝鲜国财政困难的目的,应劝告朝鲜政府节省一切冗费,且保持其年度财政收支平衡⋯⋯
> 第二条,日俄两国政府应完全委任朝鲜国在朝鲜财政及经济状况允许的限度内,⋯⋯创设以本国人组成的军队及警察,且维持之。
> 第三条,为方便同朝鲜国的电信联系,日本政府继续管理其现在所占有的电信线路。俄国保留架设从汉城至其国境的电信线路的权利。⋯⋯

---

[68] 西德二郎,《关于朝鲜的意见书》,113 页。
[69] *Dnevniki Imperatora Nikolaia II*, p. 148.

第四条，若出现上述原则尚须进一步精确且详细定义的情况，或今后发生需要商议的其他事项时，应委任两国政府代表友好协商解决。

接下来是秘密条款：

第一条，不问原因之内外，若朝鲜国内的安宁秩序紊乱，或有紊乱之虞，……日俄两帝国政府经协商，认为有必要进一步派遣军队援助该国官宪时，两国政府为预防军队间的一切冲突，须确定各自军队的用兵地域，并在军队之间留出完全不被占领的空地。

第二条，在朝鲜国，至本议定书公开条款第二条所提朝鲜组建本国人军队为止，日俄两国有在朝鲜国驻屯相同数目军队的权利，小村氏与……韦贝尔署名的临时协定仍然有其效力；有关保护朝鲜国大君主的现存状态……亦均应继续。[70]

西德二郎公使在1896年7月回顾这一谈判结果时，明白了以下情况：第一，无论是与日本共同，还是单独，俄罗斯皆"无意"将朝鲜作为保护国。第二，俄罗斯"于现今之状态，无意与日本共同分割朝鲜南北"。虽然第二点加上了"至状态一变，……应不辞之"这个"但书"，不过只是无意义的注脚而已。如果状况发生了变化，政策也许会改变，也许不会改变。总之，日本外交官认识到，无论是将朝鲜作为保护国，还是与日本分割，俄罗斯都没有采取决定性行动的欲望。"俄现今于朝鲜之所望，不过保其现状，未有主动攫之或使其为保护国之计。"西德二郎主张当前应

---

[70]《日本外交文书》第29卷，815—818页。

维持与俄罗斯的协作,基于"两国协和之精神",回避危险。并且"勿忘彼性好冲突",不会简单地做出让步;在另一方面,应加紧扩张海军,积蓄对抗俄法舰队的实力。然后,"尽早至于我无惧,于俄亦不欲冲突之地步,待时局一变,主客易位,冲突自避,如何处置朝鲜亦得近我所望。"〔71〕

西德二郎推导出来的决定性结论是,由于俄罗斯对朝鲜没有特别的欲望,因此,如果日本实力壮大起来,就能够使朝鲜成为日本的保护国。在这个意义上,可以说山县访俄,所提方案遭到俄罗斯拒绝的这一时间点成为日、俄、朝三国关系决定性的分歧点。

俄罗斯政府希望议定书的非秘密条款部分同样不要公布。7月8日,希特罗渥向西园寺代理外相传达了不公布莫斯科议定书的"强烈愿望",日本政府无奈,于翌日答复已知悉。〔72〕然而,日本政府在8月又希望公布《小村—韦贝尔备忘录》《山县—洛巴诺夫协定》,再度与俄罗斯进行了交涉〔73〕,但是俄罗斯方面表示拒绝。西园寺于8月7日还请求士贝耶调解,如果继续保密下去,日本会被置于非常困难的立场。〔74〕这一经过明白显示出俄罗斯低看日本的态度。

朝鲜使节的交涉

朝鲜使节闵泳焕一行也于5月20日抵达了莫斯科,大致与山

---

〔71〕 西德二郎,《关于朝鲜的意见书》,114—115页。
〔72〕 Shpeier to Saionji, 8 July 1896, and Saionji to Shpeier, 9 July 1896,《日本外交文书》第29卷,826—827页。
〔73〕 西园寺给驻俄代理公使大前的信,1896年8月1日,同上书,827页。西给西园寺的信,1896年8月3、5日,同上书,806—807页。
〔74〕 Shpeier to Lobanov-Rostovskii, 26 July/7 August 1896, AVPRI, F. 133, Op. 470, 1896 g., D. 167, L. 96ob.

县同时。[75]参加完加冕仪式后，一行于6月5日前往圣彼得堡。闵泳焕在那里向俄罗斯政府递交了请愿书，列举了五项请求：一，请求俄罗斯军保卫国王的安全，直至朝鲜军能够胜任为止；二，请求派遣足够数量的军事教官；三，请求派遣三名顾问（宫内、内阁、产业铁道领域）；四，请求提供三百万日元的贷款；五，铺设朝鲜至俄罗斯间的电信线路。而且，闵泳焕这时似乎还提出了希望韦贝尔留在朝鲜的请求。在山县与洛巴诺夫－罗斯托夫斯基外相签署议定书的4天之后，6月13日，闵泳焕与洛巴诺夫－罗斯托夫斯基外相进行了会谈。[76]

闵泳焕询问洛巴诺夫－罗斯托夫斯基外相日俄签署协定的传闻是否属实。"俄日两国所有的共同行动或许对两国有利，但对朝鲜则是最为严重的灾难。朝鲜政府请求俄罗斯将朝鲜置于独占的保护之下，或者直率地拒绝共同行动。"洛巴诺夫－罗斯托夫斯基回答，不会拒绝对朝鲜的援助，但也不想与日本发生纠纷。[77]

最终，俄罗斯根据朝鲜的五项请求，做出了五项回答。罗曼诺夫发现并公布了这份材料。

一，国王在俄罗斯公使馆停留期间，将由俄罗斯兵保卫，只要国王认为有必要，尽可在俄罗斯公使馆停留。国王返回王宫时，俄罗斯公使对于其安全负有道义上的责任。

二，关于军事教官问题，近期将会派遣一名高级军官，委任他组织国王的警备队。关于财政问题，俄罗斯也同样将派出专家。

---

[75]《高宗时代史》第4卷，135页。
[76] Bella Pak, op. cit., Vol. II, pp. 189-191. 韦贝尔之事，参见本野驻俄代理公使给大隈外相的信，1896年4月13日，《日本外交文书》第30卷，1144页。
[77] Bella Pak,op,cit,Vol.II,p. 194.

第四章　俄罗斯占领并租借旅顺（1896—1899）

三，关于派遣顾问，第二项已写明。
四，待判明国家的经济状况后，再着手缔结贷款合同。
五，努力建设电信线路。[78]

闵泳焕对此感到不满。他提出缔结俄罗斯与朝鲜的同盟条约，然而洛巴诺夫－罗斯托夫斯基对此没有做出回应。闵泳焕一行在俄罗斯逗留了3个月，直到8月下旬。但在此期间，除了上述的5项回复之外，他们没有得到其他任何回应。[79]不过，皇帝表现出了对朝鲜的关心。尼古拉在7月14日（2日）的日记中这样写道："朝鲜使节又一次谒见了我，他们终于要回国了。"[80]

派遣俄罗斯军事教官和财政顾问问题

高宗将日本军事教官辞掉后，在很长一段时间内不停地请求俄罗斯派遣军事教官。应此请求，逗留汉城的参谋本部上校科尔涅耶夫制定了创设3个步兵大队、1个炮兵中队、半个骑兵中队，由俄罗斯派遣12名军官、63名下士进行为期5年指导的方案。预计派遣费用为215,000卢布。[81]

俄罗斯陆军部对这一方案颇为慎重。1896年4月17日（5日），陆军部召开了由奥布鲁切夫参谋总长主持的讨论会。会上计算得出，如果将国王的警备队定为1个大队、千人规模的话，那

---

[78] Romanov, op. cit., pp. 144-145.
[79] 《高宗时代史》第4卷，135页。
[80] *Dnevniki Imperatora Nikolaia II*, p. 154.
[81] Korneev's memorandum, *Rossiia i Koreia*, Moscow, 2004, pp. 124-131. Simanskii, op. cit., Vol. 1, p. 213.

么派遣6名军官、14名下士官即可满足,费用每年38,000卢布足矣。对于俄罗斯陆军部的这个方案,高宗请求先依照这个标准执行,但希望不久之后扩大为训练4000名朝鲜军。为了将方案具体化,俄罗斯参谋本部的亚洲科长助理、曾担任驻清国武官达六年之久的普佳塔上校被派往了汉城。[82]

与此同时,俄罗斯政府认为,如果要向朝鲜提供贷款援助,有必要知道其还款能力。于是于1896年夏季,从北京派遣了财政部专员波科季洛夫去进行派遣财政顾问的准备工作。[83]

但是,真正有所进展的是派遣军事教官、培养朝鲜军队这方面。1896年10月21日(9日),普佳塔上校和2名军官、10名士兵乘坐炮舰"古雷米亚西奇"到达朝鲜。他们立即开始训练800名将来的警备队员。普佳塔召集朝鲜的高官、大臣,成立了解析军事问题的小型委员会。这个小型委员会工作的成果是12月2日的普佳塔意见书。普佳塔认为,朝鲜有必要建立6000人规模的军队,为此,必须由俄罗斯派遣29名军官、131名士兵,再加上48名翻译,费用为每年92,640韩元,聘期为5年。同时,还有必要设立士官武备学校、士官学校、下士官学校等。普佳塔在方案中写道,教官只从俄罗斯聘请。高宗完全同意这一方案。韦贝尔也向圣彼得堡送去了支持这个方案的意见书。[84]

而财政顾问方面则迟迟没有进展。朝鲜政府为了偿还上一年从日本借入的300万日元,请求从俄罗斯贷款。这是高宗的意向,希望在财政上不从属于日本。此事由俄罗斯财政部负责。7月7日(6

---

[82] Simanskii, op. cit., Vol. I, p. 214. Bella Pak, op. cit., Vol. II, pp. 205-206. 关于普佳塔的为人和思想,见金荣洙《俄罗斯军事教官团长普佳塔和朝鲜军队》(韩文),《军史》,韩国国防部军事编纂研究所,61号(2006年12号),95—99页。

[83] Simanskii, op. cit., Vol.I, p. 214.

[84] Ibid., pp. 214-216. Bella Pak, op. cit., Vol. II, pp. 205-208. 金荣洙,上述论文,106—109页。

第四章　俄罗斯占领并租借旅顺（1896—1899）

月25日），次官罗曼诺夫答复，这一问题"只有在弄清楚朝鲜的财政来源后，才有可能"。朝鲜方面说明可以用关税收入作为贷款的担保，并且正在出售利权。后来演变成一大问题的出售给商人布里涅尔的鸭绿江森林利权就是在这个时候（9月10日）卖出的。虽然波科季洛夫强烈建议提供300万墨西哥元的贷款，但是维特对此很冷淡，他表示在11月之前什么也不能做。年末，高宗同意将这一问题延期6个月。韦贝尔也在不断地催促尽快贷款。[85]

海相更迭与外相之死

这一时期，俄罗斯政府内部发生了重大的人事变动，即海相和外相的更迭。

1896年上半年，一篇奇怪的文章在圣彼得堡市内散布开来。其作者匿名批判了海军元帅阿列克谢·亚历山大罗维奇大公和海相奇哈乔夫。奇哈乔夫立即提出辞职。据说，他当时这样说道："我有和任何人做斗争的觉悟，但是，如果连累到大公，使他被置于针对我的阴谋的中心，我将辞职。"这次攻击的主谋是亚历山大·米哈伊洛维奇大公。亚历山大大公在海军部主导权问题上，一直与年长16岁的从兄阿列克谢大公明争暗斗。可以推测，增强太平洋舰队实力的问题也是他们争斗的一环。[86]

奇哈乔夫的辞职于1896年7月25日（13日）获得批准，特尔托夫被任命为继任的海相。特尔托夫曾于1890年临时担任代理军令部长，1892年被任命为太平洋舰队司令长官。他从1893年起

---

[85] Simanskii, op. cit., Vol.I, pp. 223-226.
[86] D. G. fon Nidermiller, *Ot Sevastopolia do Tsusimy. Vospominaiia*, Riga, 1930, pp. 80-81.

任建舰补给总局长，1895年被任命为太平洋联合舰队司令长官。可以推测他是一位日本通。

外相的更迭则是由于死亡。外相洛巴诺夫-罗斯托夫斯基之死发生在皇帝旅行的过程中。1896年8月27日（15日），尼古拉二世抵达维也纳，受到了奥地利皇帝弗朗茨·约瑟夫一世的欢迎。他是作为结束了加冕仪式的年轻俄罗斯皇帝，去问候66岁的老皇帝的。三天两夜的维也纳之旅结束后，皇帝和皇后返回了基辅。8月30日（18日），在皇帝一行就要到达基辅，车行驶至罗夫诺附近时，同行的外相洛巴诺夫-罗斯托夫斯基因心脏麻痹而死亡。[87]

皇帝于翌日到达基辅后，接连数日出席了基辅等地各式各样的活动。9月5日（8月24日），他再度到达德国的布雷斯劳，在那里参观了德军的阅兵式，并与威廉二世进行了会谈。[88]此后，尼古拉于9月9日（8月28日）去往哥本哈根，访问了丹麦国王。这里是他的母亲、皇太后的故乡。尼古拉在这里停留了12天。俄罗斯驻丹麦公使是穆拉维约夫伯爵，他们应该有很多机会接触，尼古拉对穆拉维约夫有好感是确实的。

之后，皇帝拜访了英国维多利亚女王，访问了巴黎，最后去了皇后的出生地——达姆施塔特，并在那里停留了很长时间。一行于10月31日（19日）返回俄罗斯。[89]

占领博斯普鲁斯海峡问题

这一时期，欧洲方面围绕土耳其局势，正以亚美尼亚问题和

---

[87] *Dnevniki Imperatora NIkolaia II*, p. 163. S. Iu. Vitte, *Vospominaniia*, Vol. I, Moscow, 1960, p. 79.
[88] *Dnevniki Imperatora NIkolaia II*, pp. 164-165. Vitte, op. cit., Vol. I, p. 80.
[89] *Dnevniki Imperatora NIkolaia II*, p. 175.

第四章　俄罗斯占领并租借旅顺（1896—1899）

克里特岛问题为焦点，日益紧张。首先，自1895年起，土耳其东部发生了对亚美尼亚人的屠杀，致使大量亚美尼亚人逃往俄罗斯境内。这场屠杀一直持续到1896年。另一方面，在克里特岛，1895年，伊斯兰教徒（而非基督教徒）的总督上任后，基督教居民开始向着争取自治、加入希腊的目标行动。1896年5月发生了屠杀基督教徒事件，希腊士兵奔赴克里特岛，还派遣了舰队。为此，欧洲列强介入，试图迫使土耳其承认克里特自治，但遭到土耳其拒绝。[90]

俄罗斯国内开始出现利用土耳其国际地位动摇的现状，实现在俄土战争中没能实现的夙愿，为确保博斯普鲁斯海峡而展开军事行动的想法。其核心人物是参谋总长奥布鲁切夫。

前文曾谈及，参谋总长奥布鲁切夫在日清战争结束时，提出了力争回避与日本发生军事冲突的意见书，其背后就有奥布鲁切夫对俄罗斯国策的认识和潜藏的军事行动提案。

1895年7月7日（6月25日），召开了以奥布鲁切夫所写意见书《我国在黑海的军事力》为主题的大臣协商会。奥布鲁切夫在会上表示，1881年9月通过大臣协商而制定的增强黑海地区陆海军的方针得到了出色的实施。如今，为了占领博斯普鲁斯海峡，只要一声令下，在12小时内就能够派去35,000名士兵、5艘战舰、多艘运输船。由于罗马尼亚已经建国，俄罗斯与保加利亚关系恶化，与奥匈帝国处于持续的敌对关系中，因此，无法从陆上运送兵力。而从海上进攻土耳其首都的必要性，在俄土战争后，得到了当时的皇帝——亚历山大二世的认可，在皇帝亚历山大三世统治时被确定为现实的方针。俄罗斯如果占领了博斯普鲁斯海峡，

---

[90] *Istoriia vneshnei politiki Rossii (konets XV veka-nachalo XX veka)*.Moscow, 1997, pp.101-106, 108-110.

就能够通过外交交涉获得达达尼尔海峡的通行权等。"通过确保博斯普鲁斯海峡的通行，俄罗斯就可以实现其自身最伟大的历史课题——扼制英国，成为巴尔干半岛完全的主人。那样一来，无论是黑海沿岸还是高加索，都不用再担心了。"就能够将拥有的兵力全部分派到国境，守卫无论德、奥国境，还是远东。[91]

这场协商会没有邀请外相参与。拉姆斯道夫对这份意见书的评价是，充斥着奥布鲁切夫特有的"政治幻想色彩"。尼古拉二世对这份意见书表示了赞许之意，指示于秋季举行协商会，由索利斯基主持，邀财相、外相参加。[92]不过，秋季最终并没有举行这个协商会，因为为了应对远东局势，俄罗斯政府已经无暇顾及其他事情了。

进入1896年，驻土耳其公使涅利多夫非常固执地提议采取强硬行动以获取博斯普鲁斯海峡。皇帝尼古拉二世依从了他的意见。代理外相希施金对此深感痛心。11月15日（3日），拉姆斯道夫在日记里记录下了希施金的话："年青的君主以令人恐惧的速度改变了意见。"[93]他在16日（4日）的日记中进一步写道：

> 希施金向陛下上奏，将在他之后拜谒陛下的我公使（涅利多夫）主张俄罗斯的独立行动，他打算向陛下请求在感觉时机合适之时，允许他直接将黑海舰队调往博斯普鲁斯海峡。陛下以前曾反对过这样的想法，……但今天陛下却说，"是吗，怎么样，也可以批准。"然后说："我就好好听听你的说法吧。"希施金讲起了利弊。他说现在我们的立场无可非议，

---

[91] O. R. Airapetov. *Zabytaia kar'era "Russkogo Mol'tke": Nikolai Nikolaevich Obruchev (1830-1904)*. Sankt-Peterburg, 1998, pp. 274-275.
[92] Lamsdorf, *Dnevnik 1894-1896*, pp. 295-296.
[93] Ibid., p. 401.

第四章　俄罗斯占领并租借旅顺（1896—1899）

反对我们的只有英国，但是，如果我们有一丁点儿失误，就可能陷入与我们1854年在东方相同的状况。陛下反驳道："也没有谁硬要反对吧"，然后加了一句，"那样的话就放手干吧。"对于这样的指示，希施金无法反驳。[94]

希施金还提到了与陆军大臣瓦诺夫斯基一同乘坐火车去皇村时聊起的话。"陆相对陛下的评价是'战斗型的、自信过剩'的人。希施金说：'不过重要的是，陛下缺乏意见上的稳定性。'陆相加上了一句：'是啊，陛下和谁都商量，叔父、叔母、母后以及其他各式各样的人。陛下年轻（iun），总是受最后发表意见的人的观点影响。'"[95]

这个时候，财相维特从正面提出了意见。他于11月24日（12日）向皇帝提交了意见书，讲述了他对土耳其帝国的看法，提出应该保持和平政策，克制使用武力。然而，12月3日，涅利多夫公使提交了意见书。涅利多夫正式提出，应该抓住土耳其不稳定的状况，乘机占领博斯普鲁斯海峡地带。[96]1896年12月5日（11月23日），根据涅利多夫的提案，就海峡问题举行了协商会。除皇帝外，陆相瓦诺夫斯基、参谋总长奥布鲁切夫、代理外相希施金、海相特尔托夫、财相维特以及驻土耳其公使涅利多夫出席。[97]据维特记载，在这个协商会上，涅利多夫提议，为使俄军占领海峡成为可能，有必要挑起某种事端。参谋总长和陆军大臣对此表示赞成。代理外相希施金"几乎沉默，只说了一些模棱两可的话"。海相特尔托夫对陆军的意见"没有明确地表达特别的赞

---

[94] Lamsdorf, *Dnevnik 1894-1896*, p. 404.
[95] Ibid., pp. 404-405.
[96] Vitte, op. cit., vol. 2, p. 100.
[97] *Dnevniki Imperatora Nikolaia II*, p. 181.

意",只是说海军在实行时有条件给予配合。"因此,只有一人非常执拗、坚决地对这种企图唱反调。"就是维特。维特反对道,如果这样做的话,"最后会演变成欧洲战争,会动摇先帝遗留下来的卓越的政治上的、财政上的地位。"皇帝没有发表任何意见,只询问了若干问题,不过最后说同意涅利多夫公使的意见。[98]

就这样,对博斯普鲁斯海峡的登陆作战被确定下来,准备工作开始了。行动的日期由涅利多夫的判断和信号决定。然而维特没有放弃,他向皇帝的叔父弗拉季米尔大公和皇帝原来的老师波别多诺斯采夫倾诉。尽管他们什么也没有说,但波别多诺斯采夫读过协商会的议事录后,给维特写信:"Jacta est alea(骰子已经掷出),(译者注:恺撒名言,意为孤注一掷。)神啊,怜悯我们吧。"不过,不知是大公,还是波别多诺斯采夫,或者其他人劝说的缘故,皇帝打消了博斯普鲁斯作战的想法。[99]

最后关头打消这一想法拯救了俄国。因皇帝的一念之差,俄罗斯差一点就陷入在远东与日本纠缠的同时,又在西方与土耳其作战的窘况之中。

高宗返回王宫

1896年年初,当年领导甲申政变的开化派核心人物徐载弼从流亡地美国回到了朝鲜。他已经取得了美国国籍。为启蒙民众,他于4月创刊了《独立新闻》。在这份报纸的支持者不断壮大的过程中,7月,朝鲜捣毁了昭示与清国关系的迎恩门,打算在其原址

---

[98] Vitte, op. cit., vol. 2, pp. 100-102.
[99] Ibid., pp. 102-103. Airapetov, op. cit., p. 288. N. S. Kiniapina, *Balkany i Prolivy vo vneshnei politike Rossii v kontse XIX veka*. Moscow, 1994, p. 187.

第四章　俄罗斯占领并租借旅顺（1896—1899）

修建独立门，以此为契机，成立了以爱国启蒙为目的的独立协会。由于是国家事业，因此，安駉寿任协会会长，外部大臣李完用为委员长，很多高级官僚名列其中，徐载弼任顾问。独立门于1897年11月完工，直到现在还矗立在首尔市内。同时，慕华馆也被改建成了独立馆。1897年，李完用等人被逐出独立协会，而从上海归来的尹致昊加入其中。该协会汇集了很多中坚阶层的官僚、知识分子，演变成政治讨论俱乐部。[100]

进入1897年，社会各阶层的人们逐渐认为国王以类似流亡的状态停留在俄罗斯公使馆是一种屈辱，纷纷上疏请求高宗还宫，并到俄罗斯公使馆门前静站。独立协会一开始认为，如果和播迁当时的状况相比没有变化，就算国王返回王宫，也没有保护他的办法，对国王还宫的主张持批判态度。但是，政府行动了。

1897年2月18日，议政府的高官、大臣们召开秘密会议，派代表去普佳塔处，希望他保证高宗安全还宫。普佳塔表示会竭尽全力，高官们认为如此足矣，于是请求高宗返回王宫。2月20日，高宗终于结束了在俄罗斯公使馆长达375日的停留，与世子一同返回了庆云宫（德寿宫）。警备扈从国王还宫的是由俄罗斯军事教官训练的一个朝鲜军大队。[101]

穆拉维约夫外相登场

1897年1月，丹麦公使米哈伊尔·尼古拉耶维奇·穆拉维约夫伯爵就任因洛巴诺夫-罗斯托夫斯基外相猝死而空缺出来的外

---

[100] 姜在彦《近代朝鲜思想》，纪伊国屋新书，1971年，156—160页。月脚达彦《朝鲜开化思想和民族主义——近代朝鲜的形成》，东京大学出版会，2009年，178—185页。
[101] Bella Pak, op. cit., Vol. II, pp. 214-215. 月脚，上述书，218页。

相职位。穆拉维约夫的父亲是罗夫诺州的伯爵,担任过科夫诺州和梁赞州州长。穆拉维约夫中学毕业后,曾在海德堡大学作为旁听生学习。他19岁进入外务省,先后在驻德国、瑞典、荷兰等公使馆工作,1884年晋升为柏林公使馆参事官,1893年成为驻丹麦哥本哈根公使。丹麦是皇太后玛丽亚·费奥多罗夫娜的祖国,俄罗斯皇族经常访问这里。因此,驻丹麦公使与皇太后、皇帝、皇后有很多亲密接触的机会。

维特断言,穆拉维约夫之所以在四年后被提拔为外相,就是因为他担任丹麦公使的缘故。这个判断是正确的。维特刻薄地评价穆拉维约夫智商低,嗜酒,厌恶工作,是个"不务正业的人"[102]。然而,前任外相的朋友波洛夫采夫则评价穆拉维约夫"过度考虑自己的虚荣心、自恋,为此不惜采取任何手段"[103],并不认为他缺乏能力。可以推想,新外相是一个想利用皇帝的信任,千方百计建立某种功绩的野心家。

穆拉维约夫外相对朝鲜和日本采取了慎重的态度。就任伊始,他就对普佳塔意见书表示反对。1897年3月6日(2月22日),穆拉维约夫给陆相送去意见,他认为在日本反对俄罗斯军事教官的情况下,"必须说,在现在的政治节点上,即刻派遣我军官去往汉城完全不合时宜。""至少延缓一段时间较为稳妥。"由于现在高宗刚返回王宫不久,应该先观察一下情况,俄罗斯有必要遵守与日本方才签订的《山县—洛巴诺夫协定》。穆拉维约夫提议,待罗森到东京上任、士贝耶返回汉城时再深入研究此事。进而具体到普佳塔方案的内容,穆拉维约夫认为从朝鲜的财政角度来讲,6000人规模并不现实,3000人比较妥当。而且,为了不刺激日本,

---

[102] Vitte, op. cit., Vol. II, pp. 111-112. 另见 Vol. 1, pp. 3234-325。
[103] Dnevnik A. A. Polovtseva, KA, 1923, kn. 3, p. 82.

第四章　俄罗斯占领并租借旅顺（1896—1899）

他主张废除只聘请俄罗斯军事教官的规定。[104]

陆相瓦诺夫斯基明确反对穆拉维约夫的意见。在获悉其意后，穆拉维约夫做出若干修正。他于3月30日（18日）和4月8日（3月27日）给汉城的韦贝尔发去训令，指示他从高宗处取得将军事改革全面委托俄罗斯实施的确切约定。[105]

俄罗斯军事教官的活动

韦贝尔就聘请军事教官问题与朝鲜政府进行了交涉。1897年4月，朝鲜大臣就原则上接受普佳塔方案达成一致。但是，日本执拗的工作使大臣们动摇了。接替小村公使的加藤增雄代理公使强硬地向朝鲜政府进行反俄罗斯的宣传以及反对军事教官协定的工作。

然而，国王高宗强力指示要推进普佳塔方案。4月30日（18日），以普佳塔方案为基础的协定案被提交给议政院讨论。虽然多数与会者赞成协定案，只有少数反对，但由于来自日本方面的威胁增强，当场并没有做出结论。但是，高宗已经向前推进了。5月4日（4月22日），圣彼得堡给韦贝尔下达指令，在后续指示到来之前，中断交涉。然而，在这份电报送达汉城之前，5月5日（4月23日），高宗已经在普佳塔创建6000人部队的方案和聘请俄罗斯军事教官、军官13人、其他8人的文书上签字了。[106]

但是，日本反弹强烈。士贝耶5月1日从东京给俄外交部发

---

[104] Simanskii, op. cit., Vol.I, pp. 216-217. Bella Pak, op. cit., Vol. II, pp. 208-209. 史料 Murav'ev to Vannovskii, 22 February. 1897.

[105] Simanskii, op. cit., Vol.I, p. 218.

[106] Ibid., pp. 219-220.

去电报：

> 因我们在汉城进行关于军事教官的交涉，在日本当地引发了激奋。随着从圣彼得堡传来报道，说我政府认为实施朝鲜的请求有悖于莫斯科协定精神，故不愿答应，这种氛围趋于沉静。[107]

穆拉维约夫继续坚持不能再进一步交涉的态度。他于5月26日（14日）给陆相写了如下的信：

> 仔细追踪发生在这个偏远地方的政治事件的进展，就会发现，我国在朝鲜的一切举动都必然会招来日本的猜疑心，结果导致日本着手加强军备。如果我方继续这样的行动模式，或许在不远的将来，会不可避免地引发与日本的军事冲突。另一方面，现在我们还不应该探讨在与日本斗争的问题上，我们准备到了何种程度，因为从我们的政治利害来讲，有更加紧迫的其他问题尚待解决，俄罗斯的关切和力量不能够倾注到远东。对于我们来讲，理想的做法是，不做不必要的、会激怒日本的事情，维护远东的和平，保持我们的观望状态。[108]

然而，普佳塔等人已经开始了行动。他们组建了千人规模的警备队进行训练。5月11日（4月29日），韦贝尔发回电报："阿列克塞耶夫提督和我都赞同，我国教官在训练国王警备队士兵上

---

[107] Shpeier to Murav'ev, 19 April/1 May 1897, AVPRI, F. 133, Op. 470, 1897 g., D. 112, L. 10.
[108] Simanskii, op. cit., Vol.I, p. 221. Murav'ev to Vannovskii, 14 May 1897.

第四章　俄罗斯占领并租借旅顺（1896—1899）

取得了极大成功。"6月9日（5月28日），国王、大臣、外国使臣、驻在武官以及其他众多宾客出席了首次警备队的阅兵式。"在所有方面取得的训练成果给全体参观者留下了深刻的印象。"[109]

新任驻日公使罗森发令

在新外相的领导下，罗森被早早地由塞尔维亚公使调任为日本公使。此时的状况与他1883年离开日本时相比，已经发生了根本性的变化。现在，日本和俄罗斯的关系正处于远东紧张对立局势的正中心。罗森从贝尔格莱德返回圣彼得堡，拜见外相，调查了远东局势，写成长篇意见书。罗森感到普佳塔上校推进的朝鲜军编制案有很大的问题。[110]他于1897年4月25日（13日）提交意见书，内容如下：

> 作为世界帝国的俄罗斯在远东的现实意义是以其海军力量为基础的。其自然的对立国……应该是英国，事实上也是如此，将来也会如此吧。为了在太平洋上成功地与英国的优势相抗衡，我们……与清国联盟尚且不能找到充分的支持，更何况人口五百万的赤贫国朝鲜，……即使使其成为保护国，也不足为恃。为了这一斗争，有必要与别的海军国家结成同盟。对我们来讲，有可能成为这种同盟国的只有日本。在我国与英国发生战争之际，与日本的同盟关系可以保障我太平洋边境的安全，使我国在这个边境的文化工作得以平稳地继

---

[109] Simanskii, op. cit., Vol.I, p. 218. Veber to Murav'ev, 29 April and 28 May 1897.
[110] Rosen, op. cit., Vol.I, pp. 121-123.

续……保证为我国陆海军力创造出坚实的基础。……最后，恢复我国与日本曾经有过的友好关系，至少对于我们在远东保持海军强国的政策具有第一等重要的意义。……如果这样……这个至高的国家利害……不能因为实施组建朝鲜军方案而被牺牲。[111]

很明显，这是不了解自19世纪80年代末到日清战争为止的局势变化的、旧时代负责与日本外交的人的言论。此时如此乐观地考虑与日本的同盟已经不可能了。不过，在指出俄罗斯对朝鲜政策的错误这一点上，这份意见书值得倾听。罗森如下主张：俄罗斯想把日本势力从朝鲜驱逐出去，然而，为实现这一目标使用的方法是军事教官和财政顾问这种"瞬间"（efemernyiu）的力量。另一方面，日本拥有经受过日清战争洗礼的八万士兵，海军力量是俄罗斯的一倍，有数万日本人居住在朝鲜，还有英国的支持。[112] 这是正确的评论。

最终，5月26日（14日），穆拉维约夫外相在给罗森的训令中这样写道：俄罗斯"不想合并朝鲜"，只希望在"与俄罗斯接壤"的"朝鲜确立政治影响力"。这样做的目的是"如果朝鲜陷入其他某个强国的影响下，对我们来讲即使不算危险，无论如何，也不要使其成为在政治纷争时代必须要提防的邻居"。我们不反对日本在朝鲜拥有商业方面的支配权。"一般来讲，我们希望在朝鲜问题上，我们的行动模式尽量回避一切有可能使得对日关系进一步尖锐化的口实。"罗森"恢复与日本曾经有过的友好关系"的构想也被采纳了。这是折中的指令，虽然"将朝鲜的军事掌握在我

---

[111] Simanskii, op. cit., Vol. I, pp. 237-238. Rosen, op. cit., Vol. I, pp. 142-146 中也对这份意见书进行了详细解说，不过与希曼斯基的解说有微妙的区别。

[112] Simanskii, op. cit., Vol. I, p. 238.

第四章 俄罗斯占领并租借旅顺(1896—1899)

们手中在本质上是重要的",但不希望恶化与日本的关系。因此,不与朝鲜政府做进一步强化关系的交涉,也不再增派军事教官,由已经派遣的军事教官负责 3000 名士兵的训练。[113]

增派军事教官与韦贝尔离韩

然而实际上,俄罗斯还是向汉城增派了军事教官,韦贝尔的施压是使之得以继续的力量。韦贝尔于 5 月 22 日(10 日)就俄罗斯政府停止增派军事教官的新闻报道给圣彼得堡去信。"这样的报道会在当地制造出强烈的印象,军事教官问题和我方的地位紧密相关。让步会对我方的影响力、期待我方支持的国王的立场造成毁灭性的打击。"7 月 3 日(6 月 21 日),俄政府决定派遣第二批军事教官——3 名军官、10 名兵士。他们从符拉迪沃斯托克(海参崴)出发,于 7 月 28 日(16 日)到达仁川。不过,这些人没有被允许参与军事教练。"这是朝鲜大臣们惯用的阴谋。"[114]从一开始日本的反对就很重要。韦贝尔在 8 月 14 日(2 日)电报中写道:"由于新军事教官的到达,日本人又启动了胁迫朝鲜人的体系。军事教官尚无法着手军队训练。"[115]

在这个时候,罗森终于到东京上任了。大隈外相对罗森上任感到很高兴,立即照会他:据来自汉城的情报反映,韦贝尔竭力想在士贝耶抵达汉城前促使朝鲜政府签订军事教官的合同。这是违反俄罗斯外交部训令的行为。现在日俄间希望签订新的协定,但如果俄罗斯签了那种合同,会成为两国间协定的障碍。"大

---

[113] Simanskii, op. cit., Vol. I, p. 239. Murav'ev to Rozen, 14 May 1897.
[114] Ibid., p. 221.
[115] Shpeier to Murav'ev, 2/14 August 1897, AVPRI, F. 133, Op. 470, 1897 g., D. 112, L. 12.

隈请求我将他的愿望——让韦贝尔停止对朝鲜政府的要求——传达给大臣。"大隈还附加上了将在9月初提出的新的朝鲜问题协定案。[116]

罗森在接下来会见大隈时，似乎向他解释了，为了朝鲜的安定，国王需要有能够依赖的军事力量，俄罗斯是应国王的请求而派遣军事教官的，日俄关于朝鲜问题的友好协定要在尊重彼此利害的基础上才有可能实现，从与朝鲜接壤的邻国俄罗斯的利害来说，将组织这个国家的军事力量委托给俄罗斯是必要的。但是，罗森也警告俄外交部，在协定交涉开始前夕派出第二批军事教官这样的举动，会使日本人认为这是俄方轻蔑态度的标志，只会增强对俄的不信任感。[117]

罗森到任的同时，士贝耶离开东京，返回了他本来的任职地汉城。[118]对韦贝尔来说，他最后的时刻到了。虽然他被命令去墨西哥，但他始终希望继续留在汉城，从春季起，他就开始为此活动。在闵泳焕访俄时，他曾让闵泳焕代为向俄罗斯政府申请，当然并没有奏效。韦贝尔似乎也曾经考虑过从外交部辞职，作为朝鲜国王的宫内府顾问留下。但日本公使馆觉察到了这件事，遂与日外务省联系，展开了阻碍工作。最终，韦贝尔打消了留在朝鲜的念头，于1897年9月15日离开了汉城。[119]

俄罗斯首任驻朝鲜公使韦贝尔就这样结束了在朝鲜10年的逗留。他的工作与其说是维护俄罗斯的国家利益，不如说更倾向于支持朝鲜国王高宗。韦贝尔去往了新任职地墨西哥，一直在当地

---

[116] Rozen to Murav'ev, 14 August 1897, Ibid., L. 20-20ob.
[117] Simanskii, op. cit., Vol.I, pp. 240-241. Rozen to Murav'ev, 15/27 August 1897.
[118] 士贝耶最后从东京发出电报是1897年8月13日，罗森的电报是8月25日。Shpeier to Murav'ev, 1/13 August 1897, AVPRI, F. 133, Op. 470, 1897 g., D. 112, L. 12; Rosen to Murav'ev, 13 August 1897, AVPRI, F. 133, Op. 470, 1897 g., D. 112, L. 19ob.
[119] 《日本外交文书》第30卷，1145—1152页。

第四章 俄罗斯占领并租借旅顺（1896—1899）

担任公使至 1900 年。[120]

然而，虽然韦贝尔离开了，军事教官的工作却仍在继续。第二批教官于 9 月末开始训练第二组警备队 1000 人。11 月 23 日（11 日），士贝耶向外交部报告：

> 全面接手训练朝鲜军队，导致我们毫无疑问地因为此事招来了日本的重大不满，与规模无关。对于我们来讲，在这个生死攸关的问题上，现在一方面不能考虑做任何原则性的让步；另一方面，也不可能让日本自发地承认我们的这种权利，这样的话，是全面地接受还是缩小普佳塔的项目这个问题，只能根据我们的财政考量或朝鲜现实的请求来决定。[121]

明成皇后的国葬

在此期间，在朝鲜，高宗为了提高国家的权威举行了一系列国事活动。首先，他在 1897 年 8 月 14 日将年号改为光武。[122] 10 月，高宗将国号定为大韩帝国，自己采用皇帝的称号。10 月 12 日，他在园丘坛举行了登基仪式。翌日，高宗颁布诏颂文，其中有"创独立之基础，行自主之权利"之语。[123]

最后，是为被追封为"明成皇后"的闵妃举行国葬，葬礼定于 11 月 21、22 日举行。11 月 21 日，各国公使从早上 5 时半列席。日本公使加藤、美国公使艾伦、俄罗斯公使士贝耶等于上午 7 时

---

[120] Simanskii, op. cit., Vol.I, p. 221.
[121] Shpeier to Murav'ev, 11 November 1897, AVPRI, F. 133, Op. 470, 1897 g., D. 112, L. 26ob.
[122] 《高宗时代史》第 4 卷，402 页。
[123] 同上书，424—427 页。

目送由 200 人抬行、安放着棺材的大舆从庆运宫出发。大舆两侧排列着"俄国式"的仪仗兵。高宗的圣驾四隅各有四名俄罗斯下士官护卫。送葬队伍绵延持续了一小时。随后，高宗在仁化门外临时设置的便殿接见了各国公使。日本公使加藤表达了哀悼之意，并献上日本皇室赠送的香炉。高宗对加藤说："今日葬仪，自日本皇室获赠精美香炉，朕殊感谢，望卿速转奏朕意于贵国皇室。"午后 2 时，在清凉里的洪陵举行了埋葬仪式。午后 4 时半，棺材被移到陵内的丁字阁，高宗率众人烧香。22 日凌晨 3 时半起，各国使节烧香。4 时半，棺材被移入陵中，高宗莅临下葬仪式。上午 9 时 20 分，高宗在洪陵的便殿会见了各国使节，感谢他们的列席。他说："以天候凌寒之时，于斯不完备之临时房屋坚守一夜，缘朕始终不堪轸念之意。"加藤代表公使们致辞。午后 1 时，高宗与摆放牌位的神辇一同返回王宫。[124]

俄罗斯派遣财政顾问

关于派遣财政顾问问题，根据财政部派遣员波科季洛夫的报告，财政部经研究，于 5 月决定先派遣 K. 阿列克塞耶夫为财政顾问去往汉城。阿列克塞耶夫于 9 月 25 日（13 日）抵达汉城。他曾任俄罗斯财政部关税局办公厅主任。[125] 在拜谒高宗时，他指出了担任朝鲜海关总长的英国人柏卓安的失败。高宗震怒，要求罢

---

[124]《高宗时代史》第 4 卷，447 页。加藤给西的信，1897 年 11 月 27 日，《驻韩日本公使馆记录》12，国史编纂委员会，1995 年，168—170 页。

[125] 关于财政部冗长的讨论，见 Romanov, op. cit., pp. 157-158. Romanov to Vitte, 8 March 1897. 关于阿列克塞耶夫，见 Simanskii, op. cit., Vol.I, p. 228。他以前的职务可见 Vitte, op. cit., Vol. 2, p. 145。

第四章 俄罗斯占领并租借旅顺（1896—1899）

免柏卓安，向外部大臣指示委任阿列克塞耶夫全面管理财政。然而大臣害怕英国，进行了抵抗。而柏卓安请求英国政府给予支援，不肯辞职。[126]

11月5日（10月24日），士贝耶公使与朝鲜外部大臣签订了关于阿列克塞耶夫的合同，阿列克塞耶夫正式成为财政顾问。

之后，维特再三要求外相与朝鲜方面进行交涉，争取罢免柏卓安。但12月8日（11月26日），穆拉维约夫讲述了他的意见：海关现在只留下了柏卓安一人，我方不应该再提出更多的要求。"我们不要固执于要求朝鲜国王和大臣们委任阿列克塞耶夫为朝鲜海关总负责人，可以满足于当前取得的成果了。"[127] 11月23日（11日），大臣委员会讨论了俄韩银行章程，12月17日（5日），尼古拉批准了该章程。[128]

就在事态缓慢推进之时，1897年12月15日，发生了一个彻底改变局势的事件。

德国占领胶州湾和俄罗斯

1897年7月28日（16日），德国皇帝威廉二世和皇后一同访问了俄罗斯。皇帝、皇后在彼得戈夫宫停留了大约两周时间。[129] 此时威廉二世38岁，尼古拉二世29岁，两人年龄相差较大。威廉的母亲是维多利亚女王的长女，尼古拉的皇后亚历山德拉的母亲是女王的次女，姻亲关系将这两位皇帝联系在了一起。虽然俄

---

[126] Simanskii, op. cit., Vol. I, pp. 231-232.
[127] Ibid., p. 233. Murav'ev to Shpeier, 26 November 1897.
[128] Romanov, op. cit., p. 186. Simanskii, op. cit., Vol. I, p. 229.
[129] Vitte, op. cit., Vol. I, p. 118.

罗斯和法国成了同盟国，与德国的关系很微妙，但威廉对尼古拉表现出了亲爱之情。

在彼得戈夫停留期间，威廉询问尼古拉，俄罗斯是否对山东半岛的胶州湾有意图。尼古拉回答，对于确保在这个海湾入港之事很关心，不过那是在确保能够自由使用更靠北的平壤之后的事情。平壤云云是在打马虎眼，但俄罗斯与胶州湾有关系却是事实。[130]

首先，自1895年以来，德国一直在考虑为膨胀中的远东海军获取基地。1896年6月，李鸿章在访俄参加完尼古拉加冕仪式的归途中，顺便去了德国，当时德国外相进行试探，提到了胶州湾的话题。到了1897年春，德国确定胶州湾是最为合适的目标。[131]

而俄罗斯方面的情况是，在三国干涉后，日俄关系紧张的时候，俄罗斯舰队不得不寻找长崎以外的越冬港。太平洋联合舰队司令长官特尔托夫把目光投向了未对外国舰船开放的胶州湾。他请求北京的俄罗斯公使馆进行交涉，得到了允许1895年冬季停靠的回信。然而，由于清国方面并不情愿做出这个决定，因此，只有一艘俄罗斯舰船在这里停靠了数日，1896年至1897年的冬季，俄罗斯舰船得到长崎越冬的许可后，就没有再在胶州湾停靠，而是继续利用长崎。[132]对于俄罗斯来讲，与胶州湾的关系仅仅停留

---

[130] Bülow's Memorandum, 11, 17 August 1897, *Die Grosse Politik der europäeischen Kabinetten*, Band 14, S. 59. Romanov, op. cit., p. 181. Andrew Malozemoff, *Russian Far Eastern Policy 1881-1904*, New York, 1977, p. 97的理解并不充分。

[131] Marschall's Memorandum, 19 June 1896, *Die Grosse Politik*, B. 14, S. 31. Romanov, op. cit., p. 180. Malozemoff, op. cit., pp. 95-96. 有一种说法是，1896年9月俄、德皇帝在布雷斯劳会晤之际，威廉二世表明了占领胶州湾的想法，寻求支持，尼古拉对此予以了认可。这是1897年1月2日穆拉维约夫外相对库罗帕特金说的话，库罗帕特金记在了日记中。Kuropatkin's Diary, 21 December 1897, RGVIA, F. 165, Op. 1, D. 1871, L. 6. 从经过来看，这种说明恐怕是错误的。即使话题中提到了这样的想法，也只是模糊试探的程度。

[132] Simanskii, op. cit. vol. I, pp. 86-88. Malozemoff, op. cit., pp. 96-97.

第四章 俄罗斯占领并租借旅顺(1896—1899)

在这种程度。

因此,当德国皇帝询问,因德国海军缺乏停靠港,想在必要的情况下,经俄罗斯海军同意后在胶州湾抛锚可有问题时,尼古拉回答没有问题。当时穆拉维约夫外相表示,俄罗斯没有获取胶州湾的意图,希望与德国共同利用这里直至确保其他港口为止。如果要让出,不反对德国拥有。[133]

1897年11月1日,位于山东半岛张家庄的德国天主教会遭到中国人袭击,两名传教士被杀害。山东有1159个大小教会,有德国传教士66人,这是以德国政府为后盾的特别宗教活动。[134]但这引起了中国人的反感。德国政府立即利用这次事件作为向胶州湾派遣舰队并占领胶州湾的借口。11月6日,威廉二世命令舰队出动,并给尼古拉二世发去密码电报。他写道:"根据我们在彼得戈夫的私下交涉,我向胶州湾派去了我国舰队,期待你会认可我们从那里发起的针对掠夺者的行动。"[135]他还写道,膺惩是必要的,这有益于所有的基督教徒。尼古拉于11月7日(10月26日)收到这封电报,当天就做出了回复。尼古拉写道:"对德国的行动既说不上赞成也说不上不赞成,因为我直到最近才得知,这个海湾在1895年至1896年间曾暂时掌握在俄罗斯手中。"[136]

穆拉维约夫外相11月8日和9日通告德国政府,如果德国舰船进入胶州湾,俄罗斯也会派舰船过去,因为俄罗斯自1895年以来拥有在该港抛锚的优先权。此举被视为俄罗斯表明了不认可其

---

[133] Bülow's Memorandum, 11, 17 August 1897, *Die Grosse Politik*, B. 14, S. 58-60. Malozemoff, op. cit., p.97.

[134] 佐藤公彦《义和团的起源及其运动——中国民众民族主义的诞生》,研文出版,1999年,179—181、210页。

[135] 同上书,211页。Wilhelm II to Nikolai II, *Perepiska Vil'gel'ma II s Nikolaem II 1894-1917*, Moscow, 2007, pp. 283-284.

[136] Nikolai II to Wilhelm II, 26 October 1897, Ibid., p.284.

他国家抢夺胶州湾的态度。[137]俄德之间展开了艰难的交涉。德国方面也有过动摇，但最终还是坚持了自己的立场，其舰队于11月13日入港胶州湾，并且登陆占领了这里。[138]俄罗斯仍然拒绝承认这一事态，命令俄罗斯舰队也驶向胶州湾。最终，尼古拉和穆拉维约夫外相在11月20日取消了这个命令，也就意味着默认了德国舰队占领胶州湾。[139]

不过，这个时候的俄罗斯太平洋舰队对胶州湾没有兴趣，它的关注点在朝鲜的港口。新任太平洋舰队司令长官杜巴索夫为勘察能否在朝鲜获得海军基地而出航了。他于11月10日从符拉迪沃斯托克（海参崴）出发，首站停靠釜山，11月20日（8日）停靠马山。他得出的结论是，如果占领了马山和巨济岛，就能一举解决俄罗斯海军的烦恼。杜巴索夫顺便访问了汉城，与士贝耶代理公使商谈，得到了他的支持。[140]确实，马山是具有战略决定性的地点。正因如此，如果俄罗斯占领了那里，必然会导致与日本的彻底对立。

胶州湾被占领之后，清国方面首先想到的是根据《俄清秘密同盟条约》，凭借俄罗斯之力抑制德国。据说李鸿章对此事很是伤了一番脑筋。[141]无论是以怎样的形式，清国方面的确提出了保护请求，这点从下面穆拉维约夫意见书的记述中也可以看出来。

这时穆拉维约夫外相主动向前迈进了，他提议俄罗斯应该为对抗德国占领胶州湾而有所行动。1897年11月23日（11日），穆拉维约夫向皇帝提交了意见书。[142]在意见书中，穆拉维约夫主

---

[137] Von Rotenhan to Wilhelm II, 10 November 1897, *Die Grosse Politik*, B. 14, S. 73-74.
[138] 佐藤，《义和团的起源及其运动——中国民众民族主义的诞生》，212页。
[139] Romanov, op. cit., pp.183-186. Malozemoff, op. cit., p. 98.
[140] Choi Dokkiu, Morskoe ministerstvo i politika Rossii na Dal'nem Vostoke (1895-1903), *Angliiskaia naberezhnaia, 4.Ezhegodnik RGIA*, Sankt-Peterburg, 1999, pp.160-161.
[141] Romanov, op. cit., p. 190.
[142] Murav'ev to Nikolai II, 11 November 1897, KA, 1932, kn. 3, pp. 103-108.

第四章　俄罗斯占领并租借旅顺（1896—1899）

张，只要海军部认为胶州湾并非必要，那么与德国争夺就没有意义。但从三国干涉之后的状况来看，为了预防不测事态，越来越有必要确保舰队的越冬基地。接着，他列举了朝鲜沿岸的港口釜山，由于这里是日本关心的焦点，而且又与俄罗斯完全隔离，因此无法将这里作为太平洋舰队的基地。既然如此，作为俄罗斯舰队必要的不冻港，他提议谋取辽东半岛的大连湾（Talien-ban）。

> 如果我们在辽东半岛拥有港口，即使日本采取敌对行动，我舰队的舰船也可以通过黄海，确保完全自由的出口。同时，我们还必须注意到，鉴于通过特别的铁路支线，能够将大连湾与奉天、吉林连接到我西伯利亚铁路上，因此与朝鲜的诸港湾相比，大连湾更接近主要干线这个情况。[143]

接着，穆拉维约夫引用了北京公使馆一等书记官巴甫洛夫的电报。"清国政府很明显被德国在胶州湾的行动搞得很狼狈，正在寻求我们的支持和庇护。因此，我们能够很容易地向北京解释，占领大连湾是为了防备在太平洋发生对清国更加不利的事态，所以希望我们的舰队拥有强有力的支点。"[144]

在提出这种冒险的行动方案之时，这名外交官阐释了这样的哲学："历史经验告诉我们，东洋诸国国民无比尊重力量和权势。向这些国家的当权者煞费苦心地提出任何建议、忠告都无法达成目的。最近清国的事情比什么都明白地再次确认了这一历史指示。……当我们因在总理衙门建议、友好地劝说而浪费时间的时候，其他所有的欧洲列国都在致力于仿效德国政府所用的成功的方法——在山东

---

[143] Murav'ev to Nikolai II, p. 106.
[144] Ibid., p. 107.

半岛南部获得适合于本国舰船的港口,来达成自己的目标。"[145]

明知清国的意向是请求保护,俄罗斯却继德国之后,也想占领清国领土,不得不说这是赤裸裸的帝国主义的表现。穆拉维约夫突然提出这样的意见书,很明显是体察到了与德国皇帝较量的皇帝尼古拉的心意。

尼古拉得到意见书后,即日就做了批示,完全同意结论部分,命令不要浪费时间,在三天后的11月26日(11月14日),外相与陆相、海相、财相四人举行协商会,并指示将意见书送交其他三大臣。"朕一贯的意见是,未来我们开辟的港口必须在辽东半岛或朝鲜湾东北角的某处。"[146]

在26日召开的四大臣协商会上,穆拉维约夫外相首先说明了自己的提案:俄罗斯长久以来都希望在太平洋岸拥有海军基地,虽然他自己没有权限来判断哪里的港口比较好,但在德国占领了胶州湾的现在,这是"我们能够占领大连湾和旅顺"的绝佳机会。"今后可能都不会再有这样的机会,不能错过。"

对于这个意见,维特表示强烈反对,他提到了《俄清秘密同盟条约》,当日本侵略朝鲜和清国时,俄清要共同对抗。在缔结了这一条约的情况下,俄罗斯不能侵略清国的领土。如果德国的行为对俄罗斯造成了损害,俄罗斯可以向胶州湾派去舰队,要求德国舰队离开,而俄罗斯自身也对清国采取同样的行动作为补偿完全与条约精神不一致。对于维特的正确言论,穆拉维约夫诡辩道,俄清条约是反对日本侵略的条约,并没有反对欧洲诸国的行为,不妨碍俄罗斯占领旅顺,不能反对德国的行动。维特对此进一步反驳:俄罗斯做出的榜样,有导致其他列强采取同样行动的危险

---

[145] Murav'ev to Nikolai II, pp. 107-108.
[146] Nikolai II to Murav'ev, 11/23 November 1897, Ibid., p. 102.

第四章　俄罗斯占领并租借旅顺（1896—1899）

性，特别是日本。无论如何，占领旅顺都伴有巨大的风险。俄罗斯正在建设东清铁路，这样一来还必须要引一条支线将旅顺与干线连接，这需要莫大的费用和时间。在此期间，旅顺是与俄罗斯分开的。对此，外相反击道，就算占领旅顺也不会引起纷争，反而如果俄罗斯不占领，有可能会被英国占领。

陆相瓦诺夫斯基说，为海军在太平洋岸建立基地是必要的，他认为旅顺是很合适的基地，赞成外相的提案。然而，特尔托夫海相却表示反对。他怀疑旅顺能否满足海军部的要求，并指出"朝鲜沿岸的港口能够更好地适应海军部的需求"，海相还表示财相的论据很重要。

维特指出，虽然无论是为了西伯利亚铁路，还是为了俄罗斯，都希望拥有通往太平洋的出海口，但这需要时间，获得不冻港不能依靠暴力，必须依靠友好的协定。在谋划新的事情之前，应该先完成刚刚着手的横穿"满洲"的铁路建设。待这项工程完成之后，在经济基础上，也可以找到通向太平洋的出海口。"欧洲诸国是外来者，而我们在某种程度上是清国的邻居。我们不应该采取欧洲人的做法。"

维特的这番言论正确合理，加上海军大臣并不认可旅顺的价值，也起了不利的作用。因此，外相不得不沉默了。皇帝不得已打消了占领旅顺和大连的想法。[147]当天，尼古拉在日记中写道："今天在我处召开了四大臣会议，讨论了与德国人夺取胶州湾相关的清国问题。

---

[147] 希曼斯基根据维特1900年所写的报告书记述了这次协商会的内容。Simanskii, op. cit., Vol. I, pp. 97-99. 古林斯基使用了同样的资料。B. B. Glinskii, *Prolog Russko-iaponskoi voiny: Materialy iz arkhiva grafa S. Iu. Vitte*, Petrograd, 1916, pp. 43-46 基本根据以上资料写就。格尔希科夫等人编的资料集自外交部档案馆的 F. 143. Kitaiskii stol. Op. 491, D. 1126 中引用了维特的资料。V. V. Glushkov, K. E. Cherevko, *Russko-Iaponskaia voina 1904-1905 gg. v dokumentakh vneshne- politicheskogo vedomstva Rossii. Fakty i kommentarii*, Moscow, 2006, p. 19. 维特最后的话引自这里。另外，李鸿章听说德国舰队入港胶州湾的消息后，于11月15日前往俄罗斯公使馆，请求俄罗斯海军介入。Romanov, op. cit., p. 190.

会议很晚才结束,我出去散步时天已经黑了。"[148]皇帝颇为不满。

俄罗斯分舰队驶向旅顺

根据维特在回忆录中的记述:"自那个会议之后过去数天",他在向尼古拉皇帝做上奏报告时,尼古拉说:"朕决定获取旅顺和大连,已经派遣陆军兵力和我们的舰队一同去往那里了。"他解释做这个决定的原因是,外相说英国舰队在旅顺和大连附近,"如果我们不去夺取,英国人就会去夺取吧。"[149]这个解释虽然看似有理,但仅在数日之内就完全颠覆了原来的结论,这样的做法明显是不对的。

据穆拉维约夫对在次年初成为候补陆相的库罗帕特金所讲,他"在之后那次上奏时询问陛下,'如果由中国人自己请求我们占领旅顺怎么样?'陛下同意了"[150]。穆拉维约夫从这里找到了突破口,但实际上这是两件事影响的结果。

俄罗斯外交部与清国方面交涉,希望清国同意俄罗斯舰船在未开放的港湾停靠。12月5日(11月23日),巴甫洛夫代理公使传来了清国已同意的消息。"中国人认识到了自己的无力,最终放弃了武力抵抗德国的想法。……现在大臣们表明会无条件同意将所有没有对其他外国人开放的港口全部对我国舰船开放,无一例外。"这件事被用来做文章了。还有一点在于英国的动向。受到德国举动的刺激,英国舰船也进入了芝罘,有传闻说,英国舰船

---

[148] Nikolai II's Diary, 14 November 1897, GARF, F. 601, Op. 1, D. 238, p. 41.
[149] Vitte, op. cit., Vol. 2, pp. 135-136.
[150] Kuropatkin's Diary, 21 December 1897, RGVIA, F. 165, Op. 1, D. 1871, L. 6ob.-7. 根据皇帝的日记,皇帝于30日(18日)接受了穆拉维约夫伯爵的上奏。Nikolai II's Diary, 18 November 1897, GARF, F. 601, Op. 1, D. 238, p. 44.

第四章　俄罗斯占领并租借旅顺（1896—1899）

或许会从那里驶向旅顺。12月7日（11月25日），巴甫洛夫代理公使发回电报说明了这一情况。两天后，芝罘领事也发回了电报。这件事也被穆拉维约夫利用了。[151]

穆拉维约夫于12月8日（11月26日）向皇帝报告，清国政府不仅同意俄方在以往不能停靠的港口停靠，也同意使用仓库、武器库。他再次呈交意见书，指出对于俄罗斯占领某个港口之事，可以解释为这是为了防止发生不利于清国的事件而做的准备。[152]

或许就是在这个时候，皇帝发出了前进的指令。俄罗斯可以采取经清国同意而向旅顺、大连派遣舰船的形式。当然，皇帝的本意在于占领，但因为变了形，故而大臣协商会上的反对声音也就可以无视了。推测由于英国已有所行动，一直认为巨济岛重要的海相特尔托夫、海军元帅阿列克谢大公也不得不改变他们的想法。海军元帅对海相的意见书回应道："如果传闻正确，我们当然必须要向旅顺派出强有力的舰队。"于是，12月10日（11月28日），海军元帅向皇帝申请允许派遣舰队至旅顺。[153]翌日，皇帝批准派遣舰队。穆拉维约夫给北京的巴甫洛夫代理公使发去电报："列乌诺夫少将将率领我国小舰队立即向旅顺出击，要铭记我们已经获得了同意。必须发出指令，友好地迎接这支小舰队。"[154]

太平洋舰队司令长官杜巴索夫则在考虑完全不同的事情。12月9日（11月27日），他给圣彼得堡的海军大臣发电报，提议占领朝

---

[151] Simanskii, op. cit., Vol. I, pp. 99-100. Pavlov to Murav'ev, 23 November 1897, Glushkov, Cherevko, op. cit., pp.20-21.
[152] Murav'ev to Nikolai II, 26 November 1897, Glushkov, Cherevko, op. cit., p.20.
[153] Simanskii, op. cit., Vol. 1, p. 100.
[154] V. Ia. Avarin, Imperialism i Manchzhuriia, Vol. 1, Moscow, 1931, p. 32. Murav'ev to Pavlov, 29 November 1897. Malozemoff, op. cit., p. 101中对这份通告的理解是因清国方面的邀请，俄罗斯舰艇才去了旅顺，这是错误的理解。以马洛泽莫夫的研究为依据的Ian Nish, The Origins of the Russo-Japanese War, London, 1985, p. 40的说明也是错误的。

鲜的马山港和巨济岛。杜巴索夫主张，虽然北京的巴甫洛夫告诉了他英国舰队驶向旅顺的动向，但他认为此事是"解放了我们双手的事情"。只有"占领马山港和巨济群岛"才能一举解决我们的战略课题。他亲自实地考察过这些地方，而且得到了士贝耶、驻在武官等人的支持，只待命令。[155]这个方案比占领旅顺更为冒险。

杜巴索夫的电报于12月12日（11月30日）傍晚送达圣彼得堡。然而，11日（29日）深夜3时，长崎的杜巴索夫就收到了海军大臣下达的向旅顺出动的命令。结果杜巴索夫的提案还没有经过讨论就无疾而终。因为命令一旦发出，就没有办法更改。杜巴索夫下达了出动命令，12月13日（1日），列乌诺夫少将率领小舰队从长崎出发，前往旅顺。[156]

12月14日（2日），穆拉维约夫外相给驻柏林公使奥斯登-萨肯发去电报。"针对德国占领胶州湾一事，我皇帝陛下在得到清国政府的许可后，向太平洋舰队的一个分队发出命令，令在旅顺抛锚，暂时停靠在那里，直至接到新的命令。陛下确信俄罗斯和德国应该携手向远东挺进，并且能够做到这点，委托阁下将此事预先告知威廉皇帝陛下。"[157]

俄罗斯舰队驶入旅顺港

1897年12月15日（3日），杜巴索夫提督派遣的俄罗斯小舰

---

[155] Dubasov to Tyrtov, 26 November 1897, *Port-Artur*, Vol. 1, Moscow, 2008, p. 34. Simanskii, op. cit., Vol. I, p. 101. Choi Dokkiu, op. cit., p. 161.
[156] Simanskii, op. cit., Vol. I, p. 101.
[157] Murav'ev to Osten-Saken, 2/14 December 1897, *Die Grosse Politik*. B. 14, S. 121. Malozemoff, op. cit., 101.

第四章　俄罗斯占领并租借旅顺（1896—1899）

队驶入了旅顺港。英国舰队连影子都没有。当天，杜巴索夫追加了入港大连的命令。12月20日（8日），巡洋舰"德米特里·顿斯科伊"驶进了大连港。

12月19日（7日），尼古拉在日记中写道："这几天是在紧张中度过的。现在东方正在逐步完成重要的大事。我太平洋舰队占领了旅顺，应该还会进入大连。迫使我们如此行动的原因在于德国人夺取了胶州湾，令人难以宽恕。"[158]这篇文章洋溢着兴奋，传达出俄罗斯皇帝为与德国较量，也要采取积极行动的高扬精神来。这个时期，这样的行文多次出现在皇帝的日记中，可谓例外。由此可见，旅顺作战显然是皇帝自身推进的决定。

很明显，作为俄罗斯皇帝的尼古拉二世是打算占领、夺取旅顺和大连的，但他发出的命令却说是经清国政府许可，俄罗斯舰船才予停靠。对外也是如此解释。在日本，11月大隈外相辞职，继任者为卸任驻俄公使而归国的西德二郎。12月17日，罗森公使通知西外相："鉴于德国舰队占领胶州，陛下认为我太平洋舰队一分队为临时停靠有必要驶向旅顺。此事已获得清国政府同意。"[159]清国政府也于19日回答日本驻清公使的询问，表示此事不是割让旅顺这样的问题，只不过因为与俄罗斯的关系友好，认可俄罗斯有利用旅顺的权利而已。[160]

日本政府于20日答复俄罗斯公使："完全相信如阁下所通知，此乃一时之事，谨此收下通知。"[161]对于这次会见，罗森写道，西外相说："日本政府很重视与俄罗斯的友好关系，信任俄罗斯政府的意图，打算努力抑制舆论的躁动。"罗森指出，由

---

[158]　Nikolai II's Diary, 7 December 1897, pp. 58-59.
[159]　Rozen to Nishi, 17 December 1897,《日本外交文书》第30卷，404页。
[160]　矢野驻清公使给西的信，1897年12月19日，同上书，405页。
[161]　Nishi to Yano, 20 December 1897,同上书，406页。

于日本政府"尚未很好地理解这件事真正的意义,因此当前大概会维持观望的立场吧"。但是"无法预测将来会做出什么样的决定"[162]。

然而,日本的报纸却做出了远为清晰的预测。自12月20日起,报纸相继以《俄舰解缆》《重大外交问题》《清国分割第二步》为题进行了报道。"从俄国泰然若有所恃的态度推测,今日之事无疑表露其以旅顺口为海军基地的意图,当然支那政府……也迫不得已承认此事。"[163]

另一方面,1898年1月12日,牛庄的日本领事报告了他从旅顺来的英国人那里听到的情报:旅顺港内停有4艘俄罗斯舰,港外有4艘,"八艘俄国军舰平静停泊于该港内外,陆上炮台等尚属清国宋提督掌管。"[164]

大约同一时期,俄罗斯方面还将手伸向了釜山港外的绝影岛,也刺激了日本。1897年8月,日本驻韩公使向东京报告,俄罗斯驻韩公使向朝鲜政府申请租借岛上的土地用于煤炭仓库,朝鲜政府只得应允。日本政府虽然表面上无法反对此事,但立即向驻韩公使发去指示,"秘密采取相当之手段",尽量设法让朝鲜政府拒绝。俄罗斯派人去当地选定了要借用的土地,但就在这个阶段,不知是否是日方工作成功的缘故,釜山港的负责人不同意租借,双方僵持不下。[165] 1898年1月21日,俄罗斯军舰"海狮号"入港,水兵立即登上绝影岛,带着松杉树苗,表现出要在俄罗斯希

---

[162] Rozen to Murav'ev, 8/20 December 1897, AVPRI, F. 133, Op. 470, 1897 g., D. 112, L. 35-36ob.
[163] 《东京朝日新闻》1897年12月20日。
[164] 田边领事给小村次官的信,1898年1月12日,《日本外交文书》第31卷第1册,228—229页。
[165] 《日本外交文书》第30卷,389—401页。

第四章　俄罗斯占领并租借旅顺（1896—1899）

望租用的地方种植的样子。[166]此事被韩国国内知晓后，掀起了非常激烈的议论。

维特的机会

就在12月15日俄罗斯舰船进入旅顺的前一天，李鸿章向维特请求提供一亿两贷款的担保，因为如果没有担保，就无法贷款。维特接到这一请求，立即于12月16日给波科季洛夫发去电报，让他向李鸿章提出三个条件：第一，给予俄罗斯在"满洲"和蒙古所有省份铁路、产业上垄断性的特权；第二，给予东清铁路公司铺设至黄海某港（自营口以东的）铁路支线的特权；第三，承认俄罗斯所有舰船出入、停靠该港口的权利。罗曼诺夫推测，此时维特大概已经知道占领旅顺成了既定方针。[167]

1898年1月4日（1897年12月23日），穆拉维约夫进一步启动了与清国的谈判。当天，他指示北京的巴甫洛夫向总理衙门传达以下事项：第一，我们的目标不在于获得领土，如果状况允许，将会从旅顺和大连撤退；第二，鉴于俄清间的友好关系，希望在直隶湾、朝鲜湾提供可取代长崎的停靠地。罗曼诺夫推测，穆拉维约夫大概不知道维特交涉之事。清国方面回复，清国考虑建设通往黄海的铁路线。李鸿章向维特传达了清国将在鸭绿江河口铺设铁路的想法。[168]

---

[166]　中村领事代理给西的信，1898年1月25日，《日本外交文书》第31卷第1册，185—188页。
[167]　Romanov, op. cit., pp. 191-192. Simanskii, op.cit., Vol. I, p. 107.
[168]　Romanov, op. cit., pp. 196-197. Simanskii, op.cit., Vol. I, pp. 106-107.

库罗帕特金陆相登场

恰在此时,陆军大臣瓦诺夫斯基的辞呈被受理,他马上就要离职了。这位76岁的老人已经担任了17年陆相,确实气力衰减,到了该退休的时候。瓦诺夫斯基推荐的继任者首先是参谋总长奥布鲁切夫,不过他说明奥布鲁切夫从未指挥过部队,更应该算是军事学者、军事顾问这样的人物。他提名的第二人是陆军部办公厅厅长罗普科,但指出他也没有指挥部队的经历。最后提名的是外里海州长官兼军司令官库罗帕特金。瓦诺夫斯基的意见是,由于库罗帕特金是一名年轻的将军,可以先让奥布鲁切夫或者罗普科担任一段时间陆相,然后再让库罗帕特金接任。参谋总长奥布鲁切夫一直等待着晋升为陆相,他对自己的实力很有信心。[169]然而,皇帝却对这位68岁的顽固老人敬而远之。皇帝选择的是50岁、年富力强的库罗帕特金。政府中枢已经明白了皇帝的意思。

我们可以从库罗帕特金的日记中很好地窥探出俄罗斯政府中枢在这个时候的气氛。瓦诺夫斯基于12月23日(11日)给身在克拉斯诺伏斯克的库罗帕特金发去电报,让他来首都,说为了预防英国在俄罗斯入港旅顺后采取对抗措施,俄罗斯应该在整个亚洲地区给英国施加压力,想就开启阿富汗方面的作战是否可行听听库罗帕特金的意见。库罗帕特金1898年1月1日(1897年12月20日)到达圣彼得堡,他径直去了陆相处,然而陆相却不在。于是,他访问了参谋总长奥布鲁切夫。此时库罗帕特金还不知道

---

[169] Airapetov, op. cit., pp.288-289.

第四章　俄罗斯占领并租借旅顺（1896—1899）

自己为什么被召来。

奥布鲁切夫说明了情况："我们潜入了旅顺。英国和日本可能会为了回击我们，占领朝鲜。必须阻止英国人。瓦诺夫斯基向陛下提出在亚洲对他们进行威吓的方案，陛下同意了。"[170]

其后，库罗帕特金访问了维特财相。维特讲述了他自己是如何负责与清国交涉，在前外相洛巴诺夫－罗斯托夫斯基的协助下，取得了实际成果。他还说道，关于这次占领旅顺，虽然在最初的大臣会议上得出了不占领的结论，然而两天之后就改变为决定占领，之所以如此，是因为穆拉维约夫外相"欺骗了陛下，他劝说陛下，说清国方面请求我们占领旅顺"。现在我们正在考虑威吓英国，为何要如此？并没有任何根据，反而德国会是个问题。如果发生战争，大概会是和德国吧。我们和清国的关系还恶化了。应该停止占领。

维特对这位新陆相明确讲了自己的看法："陛下没有坚定的意志，而且也没有做好准备。没有很好地考虑（s plecha）就做决定。他还没有明白在做这样那样的决定时，准备工作很重要。陛下容易受各种各样的影响。在这件事情上有点冲动。现在，他不希望退却。"维特说，之所以将库罗帕特金从阿什哈巴德叫来，是想得到他的支持吧。维特对德国的恺撒（译者注：德国的君主。）感到很气愤。还说如果有人反对陛下的意见，通常陛下会有一段时间对他抱有恶感。维特对外相的评价非常糟糕，说他"没有实质内容，只是能说会道"，是"社交界的男人"，不是做事情的人。[171]

维特想将库罗帕特金拉入自己的阵营，给了他各种各样的秘

---

[170] Kuropatkin's Diary, 20 December 1897, RGVIA, F. 165, Op. 1, D. 1871, L. 1-1ob.
[171] Ibid., L. 5ob.-6ob.

密文件。其中也包括穆拉维约夫11月23日（11日）的意见书。

1898年1月2日（1897年12月21日），这次库罗帕特金拜访了外相。穆拉维约夫讲了尼古拉皇帝在布雷斯劳承诺德国皇帝，允许德国占领胶州湾。他强调在大臣会议之后，他以清国方面希望俄罗斯占领旅顺为由说服了皇帝。外相的意见是，旅顺不会成为战争的根源。如果发生战争，那就必须让步。穆拉维约夫更加担心朝鲜的事态，财政顾问一事太过性急，士贝耶"变得太无耻，精力太过旺盛，必须压制"[172]。

库罗帕特金还拜见了特尔托夫海相。特尔托夫对旅顺和大连大为不满，因为旅顺港"太过狭窄、开放"。海相"认为不会因为占领这两个港口而引发战争。这两个港只是比没有稍强一点而已"[173]。

库罗帕特金终于见到了瓦诺夫斯基陆相，陆相对他说，"我们很久以来一直想要占领港口"。海军部虽然有这样那样的意见，不过"如果错过了现在的机会，就没法挽回了。维特使人混乱。陛下与威廉就港口做过约定。至于日本，我们沿海军区四万五千人的军队是能够支持我们自己的要求的"。将要辞职的陆相告诫库罗帕特金："作为俄罗斯人，要将已占领的港口守卫到底。"[174]

接着，库罗帕特金于1月5日（12月24日）在皇村拜谒了皇帝和皇后。库罗帕特金恭敬地说，由于现在还无法确保兵力的集结，应该避免决裂。尼古拉说："当前万事顺利，我希望不会发生任何纠纷。"然后他说，已决定接受瓦诺夫斯基的辞职申请，选择了库罗帕特金作为继任者。库罗帕特金站起来，感谢了对他的信任，又补充道，觉得自己或许不胜任这个职务。随后，皇帝说了有

---

[172] Kuropatkin's Diary, L. 6ob.-7.
[173] Ibid., L. 7-7ob.
[174] Ibid., L. 7ob.

第四章　俄罗斯占领并租借旅顺（1896—1899）

关参谋总长的人选问题，说有人提名萨哈罗夫。库罗帕特金说："萨哈罗夫有很好的头脑和心胸，无论在哪里都受到人们的喜爱、尊敬。与阴谋无缘，只不过有时候外表看起来有点粗鲁。"皇帝说，"总比阴谋家要好"。于是决定任命萨哈罗夫为参谋总长。[175]

1月13日（1日），库罗帕特金被任命为陆军大臣事务代理，7月正式成为陆相。参谋总长改为萨哈罗夫中将，办公厅厅长也于8月改为了列季格尔。[176]

姑且说说这里登场的陆相库罗帕特金。他生于1848年，是职业军人之子，父亲的军衔是大尉，为世袭贵族身份。他从士官武备学校毕业后，于1866年进入士官学校，在那里待了不足一年，同年10月被分配到土耳其斯坦的狙击兵大队。在之后的30年间，除了俄土战争时期外，他一直在中亚地区工作。1871年至1874年，他被派遣到尼古拉军事大学学习，毕业后考察了德国、法国、阿尔及利亚。俄土战争期间，他在斯克别列夫将军麾下作战，还参加了普列文要塞包围战。战后，他担任了一年多参谋本部亚洲部长，1879年被任命为土耳其斯坦旅团长后，在中亚待了大约4年，1883年以后从参谋本部派遣到西部、西南部、南部指导工作。1890年晋升为中将，就任外里海州长官，同州军司令官。

新任参谋总长萨哈罗夫与库罗帕特金同岁，但因于1866年从士官学校毕业，反而相当于库罗帕特金的学长。而从尼古拉军事大学毕业则比库罗帕特金晚一年。他一直在华沙、敖德萨军区等西南部方面活动。

库罗帕特金陆相遵从皇帝与前任陆相，支持对旅顺、大连采取积极政策。

---

[175] Kuropatkin's Diary., L. 8-8ob.
[176] Aleksandr Rediger, *Istoriia moei zhizni. Vospominaniia voennogo ministra*, Vol. 1, Moscow,1999, p. 269.

谋求日俄新协定的动向

虽然日本舆论对俄罗斯舰船入港旅顺表现出了反弹，但政府很冷静。当然也没有相信此事就像俄罗斯说明的那样，是"临时停泊"。不过，无论是西德二郎外相，还是去年11月接替西德二郎成为驻俄公使的林董都是能够进行冷静计算的人。他们考虑的是，接受俄罗斯获取辽东半岛之事，从朝鲜获得其补偿，与俄罗斯缔结一直悬而未决的新协定，在此过程中进一步扩大日本的权益。

1898年1月，林董公使给东京发电报，报告了他与穆拉维约夫外相会谈的情形。外相一开场就说这是秘密谈话，并转达了皇帝的话：俄日持续在韩国发生摩擦对两国无益。如果认识到日本比俄罗斯在韩国有更大的利害这一事实，为避免将来的纷争是否可以达成一致呢。穆拉维约夫外相说，有皇帝的这番话作为前提，日本宣布尊重韩国独立是一件好事，双方如果在这点上一致，后面的事情都好解决，他打算做进一步研究，提出方案来。这里，林董回答说，赞成制定促使两国关系顺畅的协定。林董向西外相传达了如下的展望：如果俄罗斯政府为了实行在辽东的计划，以承认日本在韩国的行动自由来安抚日本，我们不做反对（free from opposition）。日本不仅可以主张在韩国的影响力，还可以争取"理性且更加切实的补偿"（reasonable, but more solid compensation）。林董认为试图扼制俄罗斯进军辽东是"不必要且不明智的"。他请求西外相指示，如果赞成这个意见，那么应该在韩国获取什么，作为对辽东的补偿又应该获取什么。[177]

---

[177] Hayashi to Nishi, 7 January 1898,《日本外交文书》第31卷第1册，109—110页。

第四章　俄罗斯占领并租借旅顺（1896—1899）

　　1月15日，罗森访问西外相，提到了有关日俄可能签订的协定的话题。当时，罗森似乎说俄罗斯准备承认日本在韩国拥有工商业方面的利害。而西外相则主张，如果俄罗斯在军事教官和财政顾问这两件事情上不改变立场，双方不可能达成共识。[178]

　　之后，到了1月26日，西外相给林公使发去指示，放弃军事教官和财务管理是"为交换意见"而提出的，不是条件，反而希望日俄分享这两项，让林董按这条路线进行交涉。[179]

　　对此，林董于27日回复了以下这份很值得关注的提案：俄罗斯政府的态度显示出其"即使达不到与我们和解、增加朋友的程度，至少也想减少敌人的愿望"。因此，我们可以率直地让他们理解，"较为理想的是，俄方在韩国做出相当的让步，以缓和日本民众和军部的焦躁。""在这个基础上进行交涉的话，我们最好努力获取能够获取的东西。但是，我们不能主张将俄罗斯完全从韩国政府排除出去，因为我们既没有提出那种要求的权利，也没有强制力。因此，我们必须在心中拿定主意，满足于我们能够获取的东西。可能有一部分人会从纯粹感性的角度反对这点。……但是，我们在韩国因感情用事的政策而导致的失败很多，现在是放弃感情色彩、严密限定我们关切的利害的时候了。"[180]可以说，这个回复展示出了作为外交官的非常精彩的姿态。

　　其后，林公使和西外相之间还进行了多次电报往来，最终，林公使于2月16日（4日）向穆拉维约夫外相递交了日方的议定书梗概，其内容为：一，日俄维持韩国的独立。二，军事教官委任俄罗斯政府。三，财政顾问委任日本政府。四，关于在工商业方面的利益，为了避免误解，在采取新措施之际，要事先进行调

---

[178] Nishi to Hayashi, 18 January 1898,《日本外交文书》第31卷第1册，117页。
[179] 西给林的信，1898年1月26日，同上书，120页。
[180] Hayashi to Nishi, 27 January 1898,同上书，120—121页。

整。[181]从日本来讲，这一提案相当克制。

韩国兴起反俄运动

这个时候，韩国国内形势骤变。1898年2月22日，一直对韩国政治发挥着巨大影响力的大人物——大院君去世了。就在宣布服丧4日的当天，独立协会举行集会，通过了给高宗的上疏文。上疏文开篇为："国之为国者有二焉：曰自立而不依赖于他国也；曰自修而行政法于一国也。""财政焉不宜让人而让之于人；兵权焉宜自操而操之在人"，这是对聘请俄罗斯财政顾问和军事教官的公然批判。"既无其典章法度，则是非国也，国既非国，则人心自然依赖于他国；他国亦不期而干预于内政也。"上疏文吁请高宗"确执圣衷，以三千里一千五百万赤子之心为心，……内以实践定章，外以毋依他国，自立我皇上之权，自立我一国之权"[182]。这的确是抓住了广大国民之心的有力文章。

当初以慎重的态度对待俄罗斯和日本的独立协会，到了1897年，逐渐对政府过度倾向俄罗斯开始有所批判了。[183]继俄罗斯军事教官之后，财政顾问接踵而来，终于，对之的批判正面表现了出来。不过，这里不得不说他们没有充分理解夹在日俄之间的自己国家自立的艰难。划时代的国民运动眼看就要开始了，但其出发点却是太过朴素的反俄罗斯感情。

以独立协会会长安骃寿为首，一百三十余人在上疏文上签了名。当晚，原俄罗斯公使馆翻译金鸿陆在俄罗斯公使馆前被人袭击。金

---

[181] Hayashi to Nishi, 16 February 1898,《日本外交文书》第31卷第1册，138页。
[182] 《高宗时代史》第4卷，501—503页。
[183] 月脚，上述书，226页认为士贝耶1897年9月成为公使是契机之一，这是不恰当的。

第四章　俄罗斯占领并租借旅顺（1896—1899）

鸿陆虽然是俄罗斯籍，却担任着汉城府尹，他买卖官职，逢迎者众多，以至"门庭若市"。士贝耶公使对金鸿陆被袭击一事非常愤怒，23日，他要求韩国政府逮捕并处罚谋杀金鸿陆未遂事件的犯人。[184]

士贝耶一直将独立协会看作美国籍徐载弼创建的协会。他认为由于当前俄罗斯成为韩国的决定性力量，因此独立协会成为反俄罗斯运动的中心。当然，他还怀疑现在的独立协会背后有日本公使馆。[185] 被愤怒驱使的士贝耶忘我地向圣彼得堡提案"放弃韩国独立的原则，果断以我军占领其北部诸道"。不用说，外相穆拉维约夫断然拒绝了这一提案。"在皇帝陛下的计划中，没有考虑由我军占领北部朝鲜。这样做明显违背了我们再三宣布的维护这个国家独立的原则。只有维护其独立才是需要我们不断考虑的事情。"[186]

另一方面，日本代理公使加藤增雄向本国报告，"金鸿陆一案及独立协会等与日本人毫无关系，尽可放心"，"俄国愈用压迫手段，韩国愈倾激昂。"[187] 加藤起初怀疑独立协会是批判日本的团体[188]，目睹这样的发展，他无法掩饰喜悦之情。

独立协会还将目光投向了俄罗斯正在绝影岛上推进的煤炭库建设计划，将此事当作声讨的靶子。3月1日俄韩银行的开业也引起极大动荡。[189] 这一系列事态发展成了抵抗俄罗斯支配、寻求自立的运动。

---

〔184〕《高宗时代史》第4卷，501页。
〔185〕 Boris Pak, *Rossiia i Koreia*, 2 ed., Moscow, 2004, pp. 297-298. Shpeier to Murav'ev, 26 February/10 March 1898, AVPRI. 玄光浩《大韩帝国与俄罗斯以及日本》（韩文），先人社，2007年，37页。
〔186〕 Boris Pak, op. cit., p. 299. Murav'ev to Shpeier, 18/30 February 1898, AVPRI.
〔187〕 加藤给西的信，1898年3月3日，《日本外交文书》第31卷第1册，140页。
〔188〕 加藤给青木的信，1899年5月17日，《驻韩日本公使馆记录》13，国史编纂委员会，1996年，276页。玄光浩，上述书，65—66页。
〔189〕《高宗时代史》第4卷，504—510页。绝影岛一事因反俄热情高涨而中断。日本方面以俄罗斯想要借用的土地中有日本人所有的土地为由，阻碍了俄罗斯的企图，用陆军的资金购买了该日本人拥有的土地。这次收购于6月初完成。伊集院领事给西的信，1898年6月6日，《日本外交文书》第31卷第1册，194—195页。

273 罗森意见书

日本国内的气氛也在这个月恶化了。罗森公使于 1898 年 2 月 26 日（14 日）向外相提交了关于展望因俄罗斯舰队占领旅顺而发生变化的日俄关系的长篇意见书。[190]

上个月（1 月），日本政府和舆论的对俄观"显著地沉静下来"，"虽然可能是暂时的，但无疑得到了改善。"日本愤激的高涨是以俄罗斯舰船入港旅顺为契机的。日本政府将俄罗斯此举视为"可能发生危机的前兆"。"不过，日本政府主要关注的始终是……朝鲜问题。"[191]

罗森在意见书中写道，凡是严肃认真的日本政治家几乎没有人不明白征服朝鲜的野心是虚幻的，并且，其中很多人认为接近俄罗斯、与之缔结协定是最佳之道。然而尽管如此，让他们支持日本政府缔结放弃日本对朝鲜的要求、承认俄罗斯将朝鲜当作保护国这样的协定也是不可能的。尽一切力量抵抗俄罗斯的志向是日本政府不变的方针，看看 1897 年 1 月日本制订了提升两倍以上的军备增强计划就可以明白这一点。那个计划与我方对朝鲜采取的措施相关。如果日本逐渐明白没有与俄罗斯缔结协定的可能性，那么在它完成准备工作时，大概就会选择时机，以军事手段解决问题了。[192]

俄罗斯舰船入港旅顺有可能成为那样的时机。"我舰队的出现，与其说是日本开始军事行动准备的借口，不如说是信号，它在 12 月就大张旗鼓地开始了准备工作。"罗森认为根据欧洲政府

---

[190] Rosen to Murav'ev, 14 February 1898, GARF, F. 568, Op. 1, D. 174, L. 1-8ob.
[191] Ibid., L.1-2
[192] Ibid., L. 2ob.-4.

第四章　俄罗斯占领并租借旅顺（1896—1899）

间意见交换的进展情况，有可能发生日本军登陆朝鲜的事态。[193]

罗森还将注意力投向了另外一个方面。日本有可能认为，如果俄罗斯获得了旅顺，由于得到了不冻港，俄罗斯对朝鲜的态度会有所"变化"（peremen）。"面对俄罗斯声明有准备与日本缔结完全的最终协定，日本以无法掩饰的真正的喜悦表示欢迎"，这是有理由的。但是，缔结这样的协定"不是轻而易举就能达成的课题"[194]。

罗森个人的观点是："先就这件事情与清国政府进行交涉，将与日本的交涉推迟到最终明确我们在辽东半岛的地位之后，……必要时，维持由日本承认我们在那里的地位，引导出我们在朝鲜问题上的某种让步的可能性不无益处。"[195]

也就是说，罗森考虑的方法接近于俄罗斯获取辽东半岛、日本获取朝鲜这样一种解决方案，这或许是可以"完全消除俄日两国间不可避免的斗争"的途径。他写道："通过与日本确立全然友好的关系，确保我国腹地完全平稳，是我国远东政策最为重要的课题。"他预言："我们在满洲实施这样的课题，日本将会以无可辩驳的道理严阵以待，我们必须持续多年竭尽全力并集中一切注意力在此课题上。"[196]也就是说，罗森认为如果俄罗斯要获取旅顺，不在别的地方做出让步，就会陷入极其严峻的对立状态中。

俄罗斯迈向租借辽东半岛

德国占领胶州湾后，因俄罗斯占领旅顺而变得强硬起来。

---

[193] Rosen to Murav'ev, 14 February 1898, GARF, F. 568, Op. 1, D. 174, L. 4ob.
[194] Ibid., L. 5.-7.
[195] Ibid., L. 7ob.
[196] Ibid., L. 8ob.

1897年12月24日，德国向清国提出租借胶州湾。1898年1月，清国原则上认可了德国的要求，最终在3月6日，德国与清国之间签署了租借胶州湾的条约。

俄罗斯也一直关注着德国的动向。就在这时候，清国方面为了支付对日赔款而请求俄罗斯给予担保，与维特开始交涉，此事具有重要的意义。李鸿章对维特关于东清铁路南部支线的条件很抵触，遂将俄罗斯的条件告知了英国，试探英国的态度。然而，英国有英国的算盘，它要求更加巨大的权益作为贷款担保的回报，其中也包括开放大连。李鸿章在困窘之中再次联系俄罗斯。1898年1月11日（1897年12月30日），穆拉维约夫外相再次给北京负责交涉的巴甫洛夫发去了关于条件的指令，所提出的关于东清铁路南部支线的要求与维特的基本上没有变化。[197]清国方面曾想促使俄罗斯和英国对立，以达成其目的，但最终于2月1日、2日（1月20、21日）打消了向俄罗斯和英国寻求贷款担保的念头。接着，清国打算在国内发行债券，但此举没有成功。于是，清国于3月2日与英、德的银行集团签订协定，在没有大国担保的情况下募集外债。[198]

俄罗斯在这时候不顾一切地挣开束缚，冲到了前面。俄罗斯政府上下现在就要求达成了一致，即在铺设东清铁路南部支线之外，再加上租借旅顺、大连。3月3日（2月19日），巴甫洛夫代理公使对清国政府出示了俄罗斯政府关于租借旅顺、大连和东清铁路南部支线的要求。回答日期定于3月8日，最终签署协定的目标日期定为3月27日（15日）。[199]

---

[197] Simanskii, op. cit., Vol.I, pp.107-109. Murav'ev's instruction to Pavlov(draft), 25 February 1898, *Port-Artur*, Vol. 1, pp. 39-40.

[198] Simanskii, op. cit., Vol. I, pp. 113-114.

[199] Ibid., p. 115.

第四章 俄罗斯占领并租借旅顺（1896—1899）

与此同时，俄罗斯政府推进了强化太平洋舰队的举措。3月7日（2月23日），在皇帝御前举行了促进太平洋舰队建舰的协商会，阿列克谢大公、特尔托夫海相、维特财相出席了会议。会上通过了海军部建造5艘战列舰、16艘巡洋舰、36艘驱逐舰的计划。由于目前太平洋舰队的阵容是：战列舰为零，巡洋舰8艘（"弗拉季米尔·莫诺马赫""纳西莫夫海军上将""德米特里·顿斯科伊""科尔尼洛夫海军上将""留里克""拉兹伯尼克""扎比亚克"等），炮舰2艘，驱逐舰10艘，因此可以说，这是相当具有野心的扩张计划。如果这一计划得以完成，战列舰将一举变为5艘，巡洋舰增加2倍，为24艘，驱逐舰增加到将近5倍，为46艘，这与拥有8艘战列舰、12艘巡洋舰、7艘驱逐舰的日本海军相比，具有压倒性的优势。[200]皇帝在这一天的日记中写道：

> 我认为今天是我国海军史上重要的日子，值得特书一笔，在数年之内，海军就会有成倍的增强。会后一整天，我都处于兴奋状态中，在室外走动。[201]

海军部将1895年的一般海军建舰计划和1898年的远东建舰计划合二为一，决定到1905年完成。

3月8日（2月24日）接着召开了辽东问题的特别协商会。会议由海军元帅阿列克谢大公主持，财相、外相、海相特尔托夫、军令部长阿韦兰、陆相库罗帕特金、参谋总长萨哈罗夫出席。会上通过决议，如有必要以军事力量支援与清国的交涉，将从符拉

---

[200] V. A. Zolotarev, I. A. Kozlov, *Russko-Iaponskaia voina 1904-1905 gg. Bor'ba na more*, Moscow, 1990, p. 45.

[201] Nikolai II's Diary, 23 February 1898, GARF, F.601, Op. 1, D. 238, p. 119.

迪沃斯托克（海参崴）向旅顺派遣1个步兵大队、4门炮、1个骑兵小队。[202]

在北京，巴甫洛夫反复进行着交涉。清国方面一直在抵抗，虽然接受租借大连，但不同意租借旅顺。俄罗斯在所有方面都对清国施加了压力，决定性的瞬间逼近了。

日本舆论已经察觉到了这个事态。《东京朝日新闻》3月12日用整版刊登了归还辽东诏敕的全文，指出如果当初俄罗斯以"不利于东洋和平"为由反对日本占有辽东，那么今天"俄国占有辽东也同样不利于东洋和平"。"然而俄国却仿佛忘记了四年前的事情，突然提出此强制性要求，我日本宜以曾经从俄国那里听到的友好忠告，反过去忠告俄国。"评论员指出，决定归还辽东时的首相和现在的首相都是伊藤，应追究伊藤的责任。然后，这篇文章在结尾表以决心：

> 以吾人所知，兵力之用与不用，实亦不可不由义理决定。虽我日本之兵力与归还辽东时相比，无以加其强，又我日本经济与当时相比，无以加其富，独我日本国民之忠勇义烈、同仇敌忾之心比当时聊有提高。若夫接出师之发令，赴汤蹈火，在所不辞。

清国最终在俄罗斯的要求前屈服了。3月23日（11日），太平洋舰队司令长官杜巴索夫接到命令，让陆战队在旅顺登陆，当日，北京政府回复全面接受俄罗斯的条件。[203]尼古拉得知这一消息后，非常高兴，他在3月25日（13日）的日记中这样写道：

---

[202] Simanskii, op. cit., Vol.I, p. 118.
[203] Ibid., p. 119.

第四章 俄罗斯占领并租借旅顺（1896—1899）

> 从清国得到的消息，我们和清国进行的关于割让旅顺和大连给俄罗斯的交涉，其进展和早期达成的妥协使我高兴、让我安心。恰好，今天阳光明媚，我的心情愉快，精神饱满。[204]

1898年3月27日（15日），俄罗斯和清国缔结了关于租借辽东半岛的条约。清国同意俄罗斯租借旅顺、大连以及附近的海面25年作为海军基地，同意从东清铁路干线铺设支线到大连湾。[205] 皇帝在翌日的日记中写道：

> 昨天，期盼已久的事情达成了，俄罗斯在太平洋岸获得了不冻港旅顺和西伯利亚铁路的自然出口。最让我安心的是，整个过程没有发生任何混乱，重要的是没有流一滴俄罗斯人珍贵的鲜血，事情就达成了。这是主的指引吧。[206]

尼古拉的兴奋达到了顶点。他考虑这些事情的时候，是出于与德国较劲的打算，他的眼里没有日本。他完全不明白这样的行为有多么致命。

3月28日（16日），杜巴索夫司令长官率领俄罗斯舰队进入旅顺和大连，海军陆战队登陆。沃加克在这时被暂时任命为"关东军"参谋长。[207]

---

[204] Nikolai II's Diary, 13 March 1898, GARF, F. 601, Op. 1, D. 238, p.133.
[205] 《日本外交文书》第31卷第1册，307—308页。俄语全文见 Port-Artur, Vol. 1, pp. 50-52。
[206] Nikolai II's Diary, 16 March 1898, p.135.
[207] Kashirin, "Russkie Mol'tke" smotrit na vostok, p.158.

韩国局势急速变化

在汉城，独立协会的反俄罗斯运动改变了韩国局势。士贝耶公使彻底胆怯起来。3月3日，他向圣彼得堡询问，俄罗斯是否有必要援助韩国政府。[208] 3月4日，他访问了加藤代理公使，说韩国对俄罗斯的态度"甚为险恶，若不多少用些过激手段，恐难以救治"。他认为"韩国终究不能独立"，有必要"日俄两国分割保护之"。[209] 自闵妃被杀事件以来，士贝耶与韦伯尔一道，一直都自认为是在为对抗日本、帮助韩国独立而奋斗。无论是军事教官，还是财政顾问，不都是应高宗的请求努力的结果吗？现在弥漫在汉城街头的反俄热潮让士贝耶感到被背叛了。直到这时，士贝耶口中才说出"日俄分割保护"。

高宗方面似乎没有改变依靠俄罗斯的意思。这个时候，他对士贝耶说，自己被反俄派逼迫与俄罗斯断绝关系，面临生命危险。士贝耶建议他再次到俄罗斯公使馆躲避。不过这一建议并没有得到俄外交部的批准。[210] 俄罗斯似乎赞成让韩国政府表明态度。最终，士贝耶于3月7日造访韩国外部大臣，对他说，批判俄罗斯的无赖之徒行动粗鲁无理，我们是受到请求才派遣军事教官和财政顾问的，现在我受俄罗斯皇帝陛下之命，想询问"贵国大皇帝陛下和贵政府有没有接受俄罗斯援助之意"。士贝耶要求在24小时以内答复。[211] 这是俄韩关系决定性的转折点。

---

[208] Boris Pak, *Rossiia i Koreia*, 2nd ed., pp. 299-300. Shpeier to Murav'ev, 19 February/3 March 1898.
[209] 加藤给西的信，1898年3月5日，《日本外交文书》第31卷第1册，141页。
[210] Boris Pak, op. cit.,p. 301. Shpeier to Murav'ev, 21 February/5 March 1898.
[211] 加藤给西的信，1898年3月8日，《日本外交文书》第31卷第1册，143页。汉文信函，同上书，155—156页。Boris Pak, op. cit., p. 301.

第四章　俄罗斯占领并租借旅顺（1896—1899）

高宗很为难，他最初回复"没有必要回答这个问题"，无论是俄罗斯政府还是公使都应该明白他的心意，不过随后他还是要求给予3天的考虑时间。[212]

3月10日，独立协会在汉城的钟路举行了街头演讲会——"万民共同会"，8000人聚集于此。演讲者痛斥委托外国人做军事教官和财政顾问是两千万同胞的耻辱，是应该愤怒的对象，集会决定向外部大臣传达他们的决意。[213]

韩国政府试图逃避。3月12日，经内阁会议讨论后，终于给俄罗斯公使送去了答复。"两年间，我国在俄罗斯的盛情帮助下，主要在兵制和财务上取得了多项进步"，"对于今后的兵制和财务，我国决定按照贵国曾经的指导、教诲，主要由我国人掌管担任，大体上一律不使用外国士官、顾问。这是元老大臣以及政府的愿望之所在。"这一答复实质上表明了希望俄罗斯撤去军事教官和财政顾问的意思。[214]

俄罗斯政府命令财政顾问阿列克塞耶夫回国，不过考虑到汉城情况并不稳定，指示军事教官暂时停留一段时间。3月18日，俄罗斯《官报》刊登了公报："正因为期待经俄罗斯援助而得以强化的年轻国家朝鲜能够独自维护完全独立以及国内秩序等，俄罗斯今后将会克制对朝鲜的一切活动的参与。"[215]

3月16日，俄罗斯外相穆拉维约夫会见了林公使，向他表明俄罗斯要员从朝鲜撤走之后，俄罗斯政府不允许韩国政府雇用其他外国人，日、俄站在同样的基础上。林公使说在韩日本人众多，

---

[212] Boris Pak, op. cit., p. 301.
[213] 《高宗时代史》第4卷，515—516页。
[214] 加藤给西的信，1898年3月13日，《日本外交文书》第31卷第1册，147页，汉文的回复，156—157页。另外《旧韩国外交文书》第17卷（俄案1），高丽大学亚细亚问题研究所，1969年，525—526页。
[215] Boris Pak, op.cit., pp. 301-302.

有必要给予保护。穆拉维约夫说俄罗斯在这点上一样,他表示期待今后日俄在朝鲜缔结和平的关系。[216]

俄罗斯虽然中止了与韩国政府的特别援助关系,但丝毫没有想过将朝鲜拱手让给日本,它打算以和日本相同的立场对待朝鲜。

《西—罗森议定书》

另一方面,日本政府打算抓住这个机会。3月19日,西外相当面交给罗森公使普通照会,提出日本有准备与俄罗斯共同约定确认韩国的主权和独立、不干涉朝鲜内政等。但"韩国需要外国的建议及援助时",如去依赖第三国,对两国的利益有损,并且考虑到"国土邻近及现有利益","认为将对朝鲜建议及援助的义务一任日本"为上。进而还补充道,如果俄罗斯认可此事,日本"考虑将满洲及其沿岸全然置于日本利益及关系范围之外"[217]。这是"满韩交换论"。大概是与伊藤首相商量后做出的提案吧。

西外相向林公使说明了这个提案的意义。如果清国东部的状况没有变化,日本会满足于与俄罗斯平等分享在韩国的权益。但是,现在俄罗斯的活动扩展至了"满洲"及其港口,日本不能不关心。如果与俄罗斯在韩国分享影响力,会不断发生误解和摩擦。如果俄罗斯达成了在"满洲"的目的,那么它对韩国的关心就会与以前不同吧。对日本来讲,韩国无论在商业上,还是在历史上,以及国民感情方面,其意义都是其他国家无法比拟的。因此,日本政府

---

[216] Nishi to Hayashi,《日本外交文书》第31卷第1册,151页。
[217] Nishi to Rozen, 19 March 1898,同上书,153—154页。

第四章　俄罗斯占领并租借旅顺（1896—1899）

的愿望是希望俄罗斯同意将韩国完全置于日本的影响之下。[218]

3月末，俄罗斯的军事教官们离开了朝鲜。[219]穆拉维约夫3月末给罗森公使发去训令，命令他与日本政府进行协定的交涉。3月29日，罗森向西外相递交了文书，其梗概为：一，俄日两国承认朝鲜的主权和完全独立，不干涉朝鲜内政。二，朝鲜需要援助和建议时，可以选择向俄、日两国任何一方提出请求。三，为避免误解，两国在军事、财政、工商业领域采取措施时，要事先缔结协定。至于先前日本方面提出的议定书的第二点、第三点，由于俄罗斯已经召回了军事教官和财政顾问，认为这两条已不再有意义。[220]很明显，俄罗斯还想保留对朝鲜的发言权，这与日本的立场不一致。

然而，穆拉维约夫也颇为不安。他向新陆相库罗帕特金征求意见，俄罗斯该如何对待日本对朝鲜的意图。库罗帕特金4月15日（3日）回答："在我们没有修通到旅顺港的铁路时，在朝鲜展开军事行动对我们来讲是沉重的、牺牲巨大的课题。"因为军队必须要从欧洲增援，为了占领北部朝鲜，大概还必须占领一部分"满洲"。"因此，在确保莫斯科议定书所规定的行动自由的同时，较为理想的是考虑回避必须将我军送往朝鲜的策略。"先确保旅顺，待铁路修通后，再明确地说出俄罗斯的意图，"如有必要，就能够以武器的力量予以支持了。"[221]

日本政府对俄罗斯方面的提案很失望。不过，日本轻易地撤回了"满韩交换论"。4月8日，西外相将日本方面的议定书方案送交罗森公使。其内容为三项：第一项不变；第二项采纳了俄方

---

[218] Nishi to Hayashi, 21 March 1898,《日本外交文书》第31卷第1册，158—159页。
[219] Boris Pak, op. cit., p. 302.
[220] Rozen to Nishi, 29 March 1898,《日本外交文书》第31卷第1册，163—164页。
[221] Kuropatkin to Murav'ev, 3 April 1898, GARF, F. 568, Op. 1, D. 145, L. 28.

的第三项；第三项是日方的新提案，俄罗斯承认日本在朝鲜工商业方面拥有压倒性权益，支持日本振兴这些权益。[222]

对此，俄罗斯方面送来逆向提案，欲将第三项改为：鉴于日本在朝鲜工商业方面的发展，"俄罗斯政府完全明确表明将尽最大可能不妨碍日本和朝鲜之间发展通商关系的意愿。"[223]

日本接受了俄方的修正。最终，双方于1898年4月25日（13日）在东京签署了第三个协定——《西—罗森议定书》。其正文全文如下：

> 第一条，日俄两帝国政府确认韩国之主权及完全独立，且互相约定不直接干涉该国一切内政。
>
> 第二条，为避免将来的误解，日俄两帝国政府约定，韩国向日本国或俄国请求援助和建议时，在练兵教官或财务顾问官的任命问题上，未经事先相互协商，不采取任何措施。
>
> 第三条，俄罗斯帝国政府承认日本在韩国的工商企业的显著发展，有大量日本国臣民居住该国，不妨害日韩两国间发展商业及工业上的关系。[224]

虽然再次确认韩国的独立有其意义，然而这个协定真正的意义所在是第二条，确认俄罗斯停止向韩国派送军事教官和财政顾问这一现实。但是，这份议定书对于将来没有达成任何共识。驻日武官扬茹尔写道："我们暂时将朝鲜交付于其自身的命运，这并不意味着我们已经完全打消了对这个国家提出要求的念头。"[225]可

---

[222] Nishi to Rozen, 7 April 1898,《日本外交文书》第31卷第1册，178—179页。
[223] Rozen to Nishi, 12 April 1898, 同上书，180页。
[224] 同上书，182—185页。
[225] Simanskii, op. cit., Vol. I, pp. 266-267. Ianzhul to Murav'ev, 2 June 1898.

以说，这份议定书并没有满足日本的欲望。

其后不久，士贝耶公使被任命为北京公使，从某种意义来讲，这可以算得上是荣迁吧。这是俄罗斯政府摆出的高姿态。士贝耶一定是怀着苦涩的思绪离开韩国的。他的继任者马丘宁于1898年4月4日正式上任。[226] 马丘宁长期在远东俄罗斯领地工作，曾做过交付乌鲁普岛（得抚岛）以北千岛群岛的见证人，于80年代接待过寻求接近俄罗斯的高宗的使者。这个时候，他刚刚在圣彼得堡将购买鸭绿江森林利权之事介绍给学友翁利亚尔利亚尔斯基和他的朋友别佐勃拉佐夫。

韩国动摇

俄罗斯势力退出后，韩国政治动荡依然。新公使马丘宁发现韩国事态严峻。在军事教官离开汉城之日，马丘宁经由东京给俄罗斯外相发去电报，请求留下公使馆的警备兵。"韩国政府正日益失去脚下的基盘。国库已见底，虽然勉强凑够了4月份的官员俸禄，但已经发出告示大概5月无法全额发放。警备大队退回到旧的体制，完全不能信赖。春旱加之去年大米歉收使得饥馑的威胁挥之不去，再加上严重的骚乱，令人担忧甚至有可能出现完全的无政府状态。"[227]

高宗也在半年之后为让俄罗斯军事教官回国感到后悔。他悄悄地告诉了马丘宁。马丘宁7月9日（6月27日）经由东京给俄外相发去电报。"昨晚皇帝派陆军次官前来告诉我，他意识到自己

---

[226]《高宗时代史》第4卷，539、541页。
[227] Rozen to Murav'ev, 10/22 May 1898, AVPRI, F. 133, Op. 470, 1898 g., D. 107, L. 124-125.

在俄罗斯的事情上做错了。他悄悄告知我独立协会的阴谋败露，他下令逮捕犯人。他没有告诉日本公使，因为是日本在暗中煽动。这位使者很肯定地说，不出3个月，韩国就会为了对抗将其引向毁灭的日本，不得不寻求俄罗斯的援助。"[228]

9月11日，韩国宫廷内发生了高宗和皇太子饮用的咖啡被投毒事件。由于皇帝喝了一口就吐了出来，得以无事，而皇太子因喝下了一整杯咖啡，虽然保住了性命，但留下了严重的后遗症。当局逮捕了宫廷大膳头和厨师，接着，认定主谋是2月在俄罗斯公使馆前被袭击的金鸿陆。[229]金鸿陆在袭击事件后返回公使馆做翻译，于这年8月遭到逮捕，被判处终身流放黑山岛。[230]俄罗斯公使从外部大臣朴齐纯处得到的回答是，金鸿陆的罪状是他身为翻译，在为皇帝翻译时犯了错误。[231]金鸿陆被认定为密谋毒杀皇帝和皇太子的主犯，被从黑山岛押送至汉城。尽管金鸿陆的供述极有可能是在严刑逼供下做出的，但他和3名厨师一同于10月10日被处死。[232]事情的真相成谜，金鸿陆很可能是被冤枉的。这一事件导致韩国的反俄情绪更加高涨，独立协会就此事追究了政府的责任。

到了10月，独立协会提案改革中枢院，增加民选议员，使中枢院接近于国会。围绕此事，出现了很大的政治波动。独立协会10月15日将这个方案提交给政府，29日在汉城市内召开了有数千人参加的官民共同会，朴定阳总理也参加了这次集会。当天表决通过了6项国政改革方案。政府回应这些提案，颁布了实施改

---

[228] Rozen to Murav'ev, 27 June/9 July 1898, AVPRI, F. 133, Op. 470, 1898 g., D. 107, L. 159-159ob.
[229] 木村干《高宗・闵妃》，ミネルヴァ书房，2007年，285—287页。
[230] 《高宗时代史》第4卷，527、542、650—651页。
[231] 朴钟涍《俄罗斯国立文书保管所所藏韩国关连文书要约集》（韩文），韩国国际交流财团，2002年，379—380页。
[232] 同上书，380页；《高宗时代史》第4卷，656、676页。

第四章　俄罗斯占领并租借旅顺（1896—1899）

革的诏敕。保守派赵秉式等人在皇帝的授意下，组织褓负商（译者注：指巡回于朝鲜各地市场的行商，是褓商和负商的总称。褓商主要经营纺织物、衣服、笔墨、金属器具等价格稍高的手工业品，将其包裹在包袱中。负商则主要经营谷物、干鱼、较廉价的日用杂货等，将其装在背篓中。一般认为褓负商出现于新罗统一前后，在朝鲜李王朝时代得到政府正式承认，成立了行会，在严格的规章之下展开活跃的商业活动。）成立了皇国协会，策划让其代表也进入中枢院。

进入11月，赵秉式等人声称独立协会是以废除王政为目的的共和主义社团，高宗下令解散独立协会、逮捕全部相关人员。朴定阳被从总理的位子上驱赶下来，赵秉式成为总理。但是，独立协会及其支持者并没有屈服，他们展开激烈的抗议运动。为此，政府不得不对逮捕者施以鞭刑后将其释放，赵秉式内阁垮台。11月26日，高宗在庆云宫敏礼门前接见了300名独立协会的代表，要求他们解散协会。但协会没有答应。29日，政府制定中枢院官制，任命了50名中枢院议官。12月20日，中枢院通过选举选出了候补大臣，但由于当选者中有流亡日本的朴泳孝和返回美国的徐载弼，酿成了问题。保守派以此为由攻击了独立协会。[233]

11月，各国公使也同样担忧起事态来。马丘宁11月25日经东京发电报说："现在，外国公使们每天都聚会。前天日本代表还说，东京询问韩国能否依靠自己的力量克服现在的危机，他提议大家考虑一下这个问题。我们的意见是否定的，不过我们回避了无条件地给出否定性的回答。今天，日置请求拜谒，他以本国政府的名义向皇帝进言要制止骚乱。"[234]

日置是在加藤公使回国期间，担任代理公使的日置益。即使对马丘宁而言，这种变动也只能视为混乱吧。在这场激烈变动中，

---

[233]　姜在彦，《近代朝鲜思想》，163—168页。
[234]　Rozen to Murav'ev, 13/25 November 1898, AVPRI, F. 133, Op. 470, 1898 g., D. 107, L. 191.

高宗是相当努力的，实际上，他比其他人加倍认为应该尽早镇压这样的混乱局面。俄罗斯的专制政治终究是最为理想的模式。高宗向马丘宁派去使者。12月21日（9日），马丘宁给圣彼得堡发去了电报：

> 自11月30日（12月12日）起，大臣们躲在王宫中，官吏们不再为人民工作了。然而皇帝（高宗）在褓负商们的帮助下，没有放弃暗地里收拾精神上得到美国人支持和物质上得到日本人支持的独立协会的努力。国库和皇帝的金库是空的。今天陛下（高宗）送来了给我皇帝陛下（尼古拉二世）的信，信的要旨如下"自1894年朕之最高权力遭到决定性动摇时起，在整个灾祸深重的时期，朕一直信赖陛下友好的情谊，感谢之情无以言表。召还顾问和教官并非朕之所愿。如果我们的友情将要遭到破坏，其根源在于阴险的人们。朕无限期待陛下的雅量和宽容。……现在统治的实权弱化，到处充斥着无秩序状态。只有俄罗斯比任何国家都尊重至高的权力。朕希望再次强化两国的关系。朕慎重地考虑了使未来安宁的手段，在尚未为时已晚之时告诉陛下。"高宗陛下正期待着能够让他安心的、表明没有失去我皇帝陛下好意的电报。[235]

日本公使加藤自9月起临时回国，于12月15日左右归任，他向高宗提出了应对事态的方案。即使对加藤而言，本应欢迎的独立协会的活动也变得扭曲起来，他认为"极其胆怯、极深猜疑、嫉妒自负、轻薄残虐，为君主甚不合格"的高宗对此负有责任，

---

［235］ Matiunin to Murav'ev, 9/21 December 1898, AVPRI, F. 133, Op. 470, 1898 g., D. 107, L. 210-211.

第四章　俄罗斯占领并租借旅顺（1896—1899）

是高宗动员了褓负商等暴力分子。因此，加藤建议首先解散褓负商，"组成信任巩固之政府"，改革弊政，刷新宫廷，"以文明政纲为则"。他建议将民会中深孚众望的人士吸纳进政府，向民会保证不随意镇压他们，劝说民会与其盲目扰乱国情，不如退一步监视政府的改革。加藤还建议政府方面派闵泳绮，民会方面派高永根为代表进行对话，收购《独立新闻》，使之变为拥护政府的声音。皇帝接受了这些提案，他似乎对日本的支持很高兴。"皇帝大有所悟"，加藤报告道。[236] 现在就连加藤也意识到了以批判的目光看待将利权卖与外国的独立协会、万民共同会的危险性。[237]

高宗在 12 月 25 日的敕谕中弹劾了万民共同会的罪行，令其解散。独立协会的干部被逮捕。朴定阳进入政府。动摇韩国的巨大风波就这样无疾而终。

更换驻韩公使

1899 年，俄罗斯和日本都更换了驻韩公使。首先，俄罗斯的马丘宁公使于 1 月 18 日离职，北京的巴甫洛夫赴任公使。

巴甫洛夫生于 1860 年，出身于贫困的贵族家庭，他进入海军兵学校后，于 1882 年以优秀的成绩毕业。就任后曾赴远洋航海，1886 年辞职，进入外交部，四年后被任命为驻清国公使馆三等书记官。在喀希尼任公使时，巴甫洛夫是其秘书官，1895 年成为一等书记官。[238] 大约同一时期在巴甫洛夫手下工作的二等书记官

---

[236] 加藤给青木的信，1899 年 5 月 17 日，《驻韩日本公使馆记录》13，278—279 页。
[237] 玄光浩，《大韩帝国与俄罗斯以及日本》，68—69 页指出了这一点。
[238] 关于巴甫洛夫见 D. Pavlov, *Russko-Iaponskaia voina 1904-1905 gg. Sekretnye operatsii na sushe i na more*, Moscow, 2004, p. 263。

索洛维约夫，是大改革时代开明改革派官僚之子，他认为巴甫洛夫是个一心想往上爬的野心家。[239]如前文所述，在获取旅顺的过程中，巴甫洛夫有过诱导穆拉维约夫外相的情节。英国研究者伊恩·尼什也评价巴甫洛夫"即使以这个帝国主义时代的标准来看，他也是秉性刚强不屈之人，不好退让，擅长玩弄权谋术策"[240]。当时的日本公使加藤很关注他，"由北京以来之名声，让人自然生出其要做出一番事的感想"，但1899年5月，加藤在报告中写道，现在"未见何等显著行动"。[241]

另一方面，1899年6月，日本公使加藤增雄离任，由林权助接任公使。林权助是会津藩士之子，生于1860年，毕业于东京帝国大学，1887年进入外务省，担任了大约四年仁川领事，日清战争时，他被调为伦敦领事。1897年，他成为北京的首席事务官和代理公使，自1898年起，任外务省通商局长。他由这一职务被调任为驻汉城公使。他在自传《讲述我的七十年》中写道：在上任前夕，陆军的干部骨干田村怡与造大佐、福岛安正、长冈外史中佐拜访他，他们殷切希望他阻止俄罗斯在镇海湾获取海军基地。[242]

海牙和平会议

继1898年占领旅顺、大连之后，俄罗斯翌年再一次令国际社会为之震惊。俄罗斯倡议于1899年5月18日（6日）在海牙召开国际和平会议。这也是由穆拉维约夫外相构想、皇帝尼古拉二世

---

[239] Iu. Ia. Solov'ev, *Vospominaniia diplomata 1893-1922*, Moscow, 1959, pp. 52-53.
[240] Nish, op. cit., p. 60.
[241] 加藤给青木的信，1899年5月17日，《驻韩日本公使馆记录》13，280—281页。
[242] 林权助《讲述我的七十年》，第一书房，1935年，119—120页。

第四章　俄罗斯占领并租借旅顺（1896—1899）

实施的策划。

事情的起因是刚刚上任的陆相库罗帕特金就引进当时的最新兵器——速射炮的问题提起的讨论。1898年3月12日（2月28日），库罗帕特金向皇帝上奏，俄罗斯引进速射炮需要1.3亿卢布，奥地利也需要大约1亿卢布，为了避免如此庞大的支出，他提出能否与奥地利缔结协约，约定今后10年不引进速射炮。尼古拉回复："如果你认为朕会斥责你的想法，那就是你还不太了解朕。朕有同感。朕长期以来一直反对我军引进最新兵器。"库罗帕特金听了这席话很感动。他说，此举会成为迈向全面军缩的第一步，至少能够暂时扼制困扰整个欧洲的军费增加问题，如果陛下采纳了这一伟大创举，陛下的名字一定会铭刻在世界子孙后代的记忆里。尼古拉非常高兴，说希望他尽早与穆拉维约夫外相商量。

库罗帕特金退出皇宫后直接去了外相处。外相听了此事后也很高兴。他表露了内心想法：由于俄罗斯在远东采取了"果断举措"，"让人们在欧洲看到我们爱好和平的事实上的证据很重要。"[243]

库罗帕特金于翌日将他的军缩协约案整理成文书，送给穆拉维约夫。穆拉维约夫称赞他写得好，但说范围应该更大一些，应该号召所有欧洲国家停止增强军备10年。对此库罗帕特金不由自主地说，那恐怕很难办到吧。[244]

然而，穆拉维约夫强行推进了此事。4月5日（3月24日），他丝毫没提受库罗帕特金构想启发之事，向皇帝呈交了全面军缩提案。提案叙述了在过去四分之一世纪的和平时期中，军扩竞争如何压迫着国民福祉，他提出："应趁为时未晚之际，制止这种在现在已经相当严重，在将来会更具毁灭性的状态。"现在德国

---

[243]　Kuropatkin's Diary, 28 February 1898, KA, 1932, Vol. 5-6, pp. 55-56.
[244]　Ibid., 29 February 1898, Ibid., p. 56.

正计划更新火炮，这为倡导全面军缩提供了绝好的机会。"俄罗斯爱好和平，并且具有军事上、财政上的实力，为世人所公认，应该发起这项神圣的事业。"1894年，英国曾经提出过举行削减军事费用的国际会议，但当时时机并不成熟，而现在正是缔结削减军事费用协定的大好时机。当然，缩减兵员数也应该同时进行，而且还应该构想设立仲裁法庭，以解决有可能引发战争的国际纷争。

穆拉维约夫说如果得到陛下的赞同，他会派驻各国的公使打探该国政府的意向。[245] 大概外相身边有人一直持有这种想法，外相整个吸纳了其方案吧。

继陆相之后，皇帝尼古拉又得到来自外相的提案。他虽然还沉浸在上个月决定大幅增强远东海军实力的兴奋之中，却对这次和平与军缩提案非常上心。可以推测，他确实受到了这个月某位来访人物的影响。

此人就是《未来战争》的作者伊万·布利奥赫（布罗霍）。他是俄罗斯无人不知无人不晓的犹太铁路王、银行家。他1836年生于华沙，从铁路业的小承包商起家，筑就了财富，然后去德国读大学，回俄罗斯后，在莫斯科与一位医生的女儿结婚时改信了新教。推测他是在这个时候，将犹太人的姓氏布罗霍改为了波兰式的布利奥赫。他创办了华沙商业银行、华沙火灾保险公司，1878年合并了俄罗斯南部的铁路公司，创办了西南铁路公司。维特就曾在这个公司就职，并在此崭露头角。[246]

《未来战争》最初于1893年在杂志《俄罗斯通信》上连载，

---

[245] Murav'ev to Nikolai II, 5 April (24 March) 1898, KA, 1932, Vol. 1-2, pp. 72-77.
[246] 关于他的经历，可见 *Otechestvennaia istoriia s drevneishikh vremen do 1917 goda. Entsiklopediia*, Vol. 1, Moscow, 1994, pp. 242-243. S. Iu. Vitte, op. cit., Vol. 1, pp. 117-118.

第四章 俄罗斯占领并租借旅顺（1896—1899）

当时的标题是《未来战争——其经济上的原因和结果》。[247]其后文字被全面改写，1898年集结为全六卷，以《在技术、经济、政治层面的未来战争》为题出版发行。[248]1898年的版本后来被翻译到欧洲，引起了很大的轰动。在欧洲，该书出版时以作者本来的姓氏布罗霍署名。

我们来看看在1893年版中布利奥赫的主张吧。首先，"战争的预感"出现在现代欧洲的社会生活、个人生活中。过去数十年间，在军事技术上发生了堪称革命的重大变化。战争成为全体国民的事业，随着枪炮的改良，战争变得"更加恐怖"。"未来，诸国民的冲突将会变得极其血腥。"现代政治不安定的最大原因在于欧洲列国增强军备的志向。今后的战争将会成为全体国民参与的事情。自普法战争之后，人类命运逆转为过去的野蛮世纪。这点会在未来的海战原理中表现出来。战争要动员众多兵员和大量物资，破坏人民生活。火器威力的增大决定性地改变了战争的性质。布利奥赫是最先将20世纪的战争和工业技术的发展相结合，分析将会呈现出总体战样态的人。因此，他主张应该避免这样的战争。[249]

布利奥赫通过老朋友维特的引见，得以谒见皇帝，献上了这部书。据国际法学家马滕斯所讲，皇帝"对布利奥赫的疯狂想法

---

[247] I. S. Bliokh, Budushchaia voina, ee ekonomicheskie prichiny i posledstviia. *Russkii vestnik*, 1893, February, pp. 1-39, 186-217; March, pp. 208-291; April, pp. 261-320; May, pp. 214-305; June, pp. 223-314; August. pp. 241-343.

[248] I. S. Bliokh, *Budushchaia voina v tekhnicheskom, ekonomicheskom i poliiticheskom otnosheniiakh*, Vol. 1-6, Sankt-Peterburg, 1898.

[249] Bliokh, Budushchaia voina, *Russkii vestnik*, 1893, February, pp.3,8,12,33; March, pp. 208, 275; May, p. 304. 关于布利奥赫的主张，参照等松春夫《日俄战争和"总体战"概念——以布罗霍〈未来战争〉为线索》，军事史学会编《日俄战争（2）——战争的诸相和遗产》，锦正社，2005年。

很感兴趣",和他会谈过两次。[250]

根据尼古拉的决定,1898年6月末,召开外相、财相、陆相等人参与的协商会,与会者均赞成举办和平军缩会议。外交部负责这项筹备工作的是拉姆斯道夫。8月28日(16日)倡议举办这次会议的外相将最初的通函送交了驻圣彼得堡的各国公使。通函中宣称:"维持全面和平,最大限度地缩小压迫所有国家国民的极端军备……应该是所有国家政府努力的目标。"探寻设定军备扩张的界限、防止战争的方略是"所有国家的责任和义务",我皇帝陛下满怀这样的心情,为讨论这一重大问题而召集会议。[251]

各国得到这个提案后,各有各的想法。即使对俄罗斯而言,会议原本也是从俄罗斯的利害出发而发起的。10月4日(9月23日),库罗帕特金就会议之事上奏皇帝,尼古拉的意见与其一致。库罗帕特金说明了这个会议对俄罗斯所具有的意义。"俄罗斯在技术上落后,……五年后会变成什么样呢?恐怕会更加落后吧。……也就是说,停止增强军备,从军事角度来讲是有利于俄罗斯的。"从政治角度来说,"俄罗斯还没有完全实施为将来发展和伟大前程所必要的事情。"远东的课题没有终结,黑海的特殊课题仍然没有实施。[252]

1899年1月11日(1898年12月30日),穆拉维约夫外相发出了新的通函,告知调整后的议题等事项。议题如下:一,在一定期限内冻结军备、军费。二,禁止使用新火器、炸药、火药。三,限制使用大威力的炸药,禁止从热气球上投下炸弹。四,禁止在海战中使用潜水舰。五,1864年日内瓦协约适用于海战。六,承

---

[250] I. S. Rybachenok, *Rossiia i Pervaia konferentsiia mira 1899 goda v Gaage*, Moscow, 2005, p. 31.
[251] Ibid., pp. 288-289.
[252] Kuropatkin's Diary, 23 September 1898, KA, 1932, Vol. 5-6, pp. 58, 60.

认海战时救助遇难者的船只的中立性。七，承认1874年布鲁塞尔会议制定的陆战法规。八，为防止武力冲突，采用仲裁审判原则。[253]

经过9个月的筹备，由俄罗斯皇帝倡导的海牙和平会议于1899年5月18日在海牙的森林之家宫殿召开。有来自25国的110位代表参加会议。除英、美、法、俄、德、奥地利、意大利、荷兰等欧美强国外，来自非欧美的国家有日本、清国、暹罗、土耳其、波斯、墨西哥。德国代表是外交官孟士达伯爵，法国代表是莱奥·布尔治，美国代表是驻德大使安德鲁·怀特，奥地利代表是外交官维尔赛尔斯哈伊姆，英国代表是外务次官鲍斯福司，而俄罗斯代表是原驻英国公使斯塔利男爵和国际法学家马滕斯等人。日本代表是驻俄罗斯公使林董。[254]

值得关注的是，韩国没有参加这次会议，暹罗参加了。暹罗王国位于法国殖民地印度支那（中南半岛）和英国从印度分割出来的殖民地缅甸之间，为了维持独立，拼命做着外交工作。暹罗国王朱拉隆功五世于1897年访欧之际，将最初的访问国定为了俄罗斯。他想请求俄罗斯劝说法国。早在俄罗斯皇帝尼古拉二世作为皇太子环游世界、访问暹罗时，就已经与国王会过面。后来，在俄罗斯政府的斡旋下，法国政府接受了暹罗国王的访问，暹罗与法国也开始了交涉。根据国王访问俄罗斯之际的协商成果，俄罗斯和暹罗国建立了国交，1898年5月14日，俄罗斯在曼谷设立了公使馆。[255]出于这种关系，暹罗响应尼古拉二世的号召，参加了海牙和平会议。在

---

[253] Rybachenok, op. cit., pp. 300-302.
[254] Ibid., pp. 119-125.
[255] *Politika kapitalisticheskikh derzhav i natsional'no-osvoboditel'noe dvizhenie v Iugo-Vostochnoi Azii (1871-1917).Dokumenty i materialy*, Vol. II. Moscow, 1967, pp.131, 132-133.《东南亚洲史》1，山川出版社，1999年，414—415页。

这一点上，韩国没有参加会议显示出它在外交感觉上的不成熟。

日本在参加会议之际，"认为该会议乃单纯以考究为目的之会合"，"虽无不承认会议决议之意向……却难以全然承认停止目前实行中的陆海军计划，或致使结果发生某种变更的提案。"[256]陆海军极度慎重。山本海相在给出席会议的海军士官下达的训令中指示："诸如下濑火药，应努力置之于问题范围外。"[257]日本对被俄罗斯抑制兵器的质量很警惕。

会议持续了两个月，至1899年7月29日（17日）闭幕。最终会议通过了三个公约（《和平解决国际争端公约》《陆战法规与惯例公约》《1864年日内瓦公约诸原则适用于海战的公约》）和三项宣言（《禁止从气球上投掷爆炸物宣言》《禁止使用窒息气体、有毒气体宣言》《禁止使用特殊子弹宣言》）。在会议结束时，比利时、丹麦、西班牙、墨西哥、法国、希腊、黑山、荷兰、波斯、葡萄牙、罗马尼亚、俄罗斯、暹罗、瑞典、挪威、保加利亚16国签署了所有文书，德国、奥地利、清国、英国、意大利、日本、卢森堡、塞尔维亚、瑞士所有文书未均签署，美国只签署了一份文书，土耳其签署了三份。[258]

日本的全权代表林董在7月31日请示下达即时签署的训令，认为文书的内容"关乎巩固保持列国和平及博爱主义，乃世界渴望之所在"。其后，日本于12月20日签署了全部文书。[259]

俄罗斯政府就会议所取得的成果，于8月3日发布通告文[260]："在着手召集和平会议之际，帝国政府没有将构想的课题

---

[256] 青木给林的信，1899年4月12日，《日本外交文书》第32卷，2—3页。
[257] 《对和平会议的解释及意见》，同上书，11页。
[258] 《列国和平会议纪事》，同上书，37—60页。这份报告中的署名国为15国，但根据Rybachenok的研究，加上挪威，为16国。Rybachenok, op. cit., p. 164.
[259] 《日本外交文书》第32卷，60—61页。
[260] Rybachenok, op. cit., pp. 365-367.

第四章　俄罗斯占领并租借旅顺（1896—1899）

即时付诸实施的夸张期待，没有这种天真的想法。……帝国政府没有任何利己的目的，也不追求隐秘的政治目的，在筹备会议的过程中，做好了将会遇到各种各样巨大困难的精神准备。但是，同时帝国政府并没有失去信心，相信以我皇帝陛下充满人性爱的意愿为基础的两份通函，会得到与会国政府的恰当评价，……这些政府无法拒绝为实现这项伟大、神圣的事业，做出各自相应的努力。"

"会议的结果完全印证了我们的期待。……虽然会议判定彻底解决停止增强军备这一难题有必要延期到各个政府完全地、全面地探讨结束，但通过严肃的决议，已经全场一致通过了减轻今日的军备负担，是为所有国家国民的幸福而高度期待的事情。另一方面，会议讨论的事项，毫无疑问会对谋求战争的适度化、消除无目的地增大交战国痛苦的一切残虐行为产生影响。海牙会议制定了关于海战的日内瓦协定原则案，通过了关于陆战法规的协定案。通过会议上的各个宣言，主张禁止使用特殊子弹（译者注：指在人体内易于膨胀或变形的子弹。）和窒息性毒气，禁止从气球投下炸弹。最重要的成果在于，通过了关于和平解决国际纷争的方法的协定案。这次会议不仅仅将现有的国际条约规定归纳、总结到一起，还提出了能够巩固和平的新手段。这些手段正与俄罗斯为会议提交的提案相一致。……会议宣布，第三者的调停是解决国际纷争的最佳手段。……将来大概会在海牙设立拥有常设事务机构的国际仲裁法院吧。……这些都是在海牙会议上，部分全场一致通过，部分被大多数国家代表通过的基本决定。"

通告文最后再次颂扬了"皇帝陛下高远的创意"，表示期待将来一定会找到手段来实现会议上得到确认的原理。

海牙和平会议虽然是根据尼古拉二世、穆拉维约夫外相、库罗帕特金陆相这些有问题的人的提案而召开的，但它提出了限制战争这个重要的问题，是人类历史上的一次重要策划。但在当时，对于随着新世纪一同到来的世界大战时代而言，这次会议的决定苍白无力。

马山问题

俄罗斯获得旅顺，使它终于在太平洋岸得到了不冻港。与此同时，俄罗斯也相当于放弃了朝鲜。从战略上来看，这是最糟糕的领土获得方式。这个位于中国领土"满洲"南端的港口，只能依靠"南满洲"铁路和东清铁路勉强与俄罗斯联系在一起。它与俄罗斯领有的太平洋岸港口符拉迪沃斯托克（海参崴）之间，需要迂回朝鲜半岛，有遥远的上千海里的距离。如果俄罗斯的影响能使北部朝鲜安定，旅顺的安全会得到相当程度的改善。然而，如果俄罗斯从朝鲜收手，日本势力覆盖了朝鲜，就很难确保旅顺的安全了。而且最关键的是，将不冻港旅顺作为俄罗斯海军太平洋舰队基地非常不合适。旅顺港内狭窄，无法容纳多艘舰船。如果舰队在港外寻找停泊地，有遭到敌军水雷攻击而全军覆没的风险。但如果进入港内，由于港的出入口极度狭窄，若敌人进行封锁作战，湾内的舰队就成了瓮中之鳖。原本俄罗斯海军一次也没有提出过想要旅顺。

因此，太平洋舰队司令长官杜巴索夫在获得旅顺以后也没有改变他的想法。1898年1月8日（1897年12月27日），他向海相特尔托夫再次提交了有必要将注意力投向朝鲜东南岸的意见书。他再度表达了马山浦条件理想的看法。[261] 3月14日（2日），他系统地论述了旅顺的问题。[262] 而后，他又于6月18日（6日）提交意见

---

[261] Choi Dokkiu, op. cit., p. 162.
[262] Simanskii, op. cit., Vol.I, pp. 287-288.

第四章 俄罗斯占领并租借旅顺（1896—1899）

书，说明旅顺是有缺陷的军港，应该在朝鲜的东南部进一步获取军港。因为海相也有同样的想法，这次，他将杜巴索夫的意见书也拿给了外相穆拉维约夫看。然而，外相理所当然担心这样的行动会引起日本激烈的反弹。如果做出这样的事情，"有可能引发各种不测事态，包括与日本发生军事冲突。"[263]

从俄罗斯海军的便利来讲，在马山港拥有海军基地是最佳选项。但是，这样做很明显就会陷入与日本的彻底对立。其实只要想想因租借旅顺、大连而激愤起来的日本舆论，就会明白俄罗斯从朝鲜撤走军事教官和财政顾问之后，海军又盯上马山愚蠢至极。当时还讨论过元山，也许考虑过获取元山这条路，但是，因元山冬季有可能结冰[264]，最终仍然执着于马山，这是颇为愚蠢的判断。

恰在1899年5月1日，韩国政府宣布开放马山浦港。该港规划了各国公共租界，敦促在那里开设公馆。俄罗斯驻韩代理公使巴甫洛夫在确保租界内俄罗斯领事馆用地的同时，受杜巴索夫之托开始着手在马山港租界外获取土地。5月2日，他向韩国政府申请，俄罗斯打算在马山浦租界外获得土地，希望得到援助。接着，他在3天后乘坐军舰"满洲里"号去往马山。大约同一时间，太平洋舰队司令长官杜巴索夫也于5月3日率领巡洋舰"俄罗斯"和"德米特里·顿斯科伊"从长崎出航去往马山浦。二人打算在会合后，共同商定在马山购买的土地。[265]

二人将目光投向了滋福浦地区一万坪（一坪约等于3.3平方米）土地，尝试购买这块土地的交涉。他们名义上的说法是想获得轮船公司的用地。但是交涉没有成功。尽管如此，巴甫洛夫等

---

[263] Murav'ev to Tyrtov, 10 June 1898, RGAVMF, F. 417, Op. 1, D. 174, L. 259ob.-260. Choi Dokkiu, op. cit., pp. 162-163.
[264] Simanskii, op. cit., Vol.I, p. 289.
[265] Ibid., p. 291. Choi Dokkiu, op. cit., p. 166.

人还是在看中的土地上打下了500根桩子,挂上"俄国地界"的牌子,离开了马山。这种旁若无人的举动引起了马山地区居民的强烈反感。[266]

釜山的日本代理领事中村巍迅速察觉到了这一动向。5月12日,他给青木外相发去电报,推测俄罗斯方面在谋划确保"俄国煤炭库用地"。外相13日回电,"俄国军舰欲于马山浦购买之土地,我方当火速着手买入。"[267]指示日本要先下手,控制住俄罗斯看中的土地。

虽然中村开始在当地努力展开行动,但收购并不容易。然而这时候,一名日本商人——五百井商店釜山支店长迫间房太郎被推到了前面,据说推出他的是陆军。迫间房太郎于5月下旬进入马山,积极着手收购这片问题土地。他得知有一位朝鲜地主拥有这片土地中的3500坪后,就去劝说他不能卖给俄罗斯人,最终迫间房太郎的收购成功了。这是发生在6月初的事情。[268]

俄罗斯方面,5月19日(7日),代理公使德米特里耶夫斯基向韩国外部大臣要求,因将派遣外交官收购土地,希望他命令马山地区的官吏发出允许将租界地附近的土地卖给外国人的公示,并将此命令的抄本送到俄罗斯公使馆。[269]

朴齐纯外部大臣进行了抵抗,但再度接到要求后,不得不顺从了。

俄罗斯公使馆员施泰因在拿到韩国政府训令的抄本后,于7

---

[266] 金义焕《围绕朝鲜的近代俄日关系研究》(韩文),首尔,通文馆,1972年,34—35页。
[267] 中村釜山领事代理给青木的信,1899年5月12日,《日本外交文书》第32卷,247—248页。青木给中村的信,1899年5月13日,同上书,248页。
[268] 金义焕,上述书,35—39页。
[269] Dmitrievskii to Pak Je Sun, 7 May 1899,《旧韩国外交文书》第18卷(俄案2),高丽大学亚细亚问题研究所,1969年,117页。

第四章　俄罗斯占领并租借旅顺（1896—1899）

月2日乘坐军舰"高丽人"去了马山。[270]施泰因在那里得知了日本人迫间房太郎的工作成果，俄方计划购买的土地中的核心部分已经被售出了。德米特里耶夫斯基接到报告后，于7月11日再次向外部大臣要求，让他进行斡旋，命令当地官员认定这笔交易非法，将该地块出售给俄罗斯。[271]

俄罗斯欲向韩国政府施压，从而获得土地这一战术，因日本商人抢先下手、迅速收购而完全失败了。俄罗斯公使馆最终来到日本公使馆，控诉不当竞争，要求日本公使介入，但只从林权助公使处得到回复："此乃日本人正当购买，只要该人自己不愿放手，非常遗憾，本官亦无可奈何。"[272]

俄罗斯方面对日本方面说：巴甫洛夫公使曾经召集地主，得到了出售土地的口头约定，故希望交出日本人购买土地的证书，俄方将会支付代价，这会成为"两国真正友好关系的证明"。[273]然而，一切已不可挽回。虽然之后俄罗斯在马山建立海军据点的努力仍在继续，但终究无可奈何。

俄罗斯虽然获得了旅顺，却仍然在朝鲜南端寻求据点之事，让日本政府感到很焦虑。这从山县总理大臣1899年10月11日撰写的《对韩政策意见书》中可以窥探出来。山县认为，尽管日本在日清战争后缔结了日俄协约，一直在其框架内推进对韩政策，然而俄罗斯在占领大连、旅顺后，又做出了在朝鲜南部寻求军舰停泊所的举动，这种情况下，日本必须制定"将来之方略"。由于朝鲜"自地形上而言"，"在我利益线范围内"，因此"不可不维

---

[270] 金义焕，《围绕朝鲜的近代俄日关系研究》，46—50页。
[271] Dmitrievskii to Pak Je Sun, 29 June 1899,《旧韩国外交文书》第18卷（俄案2），138—139页。
[272] 林给青木的信，1899年7月18日，《日本外交文书》第32卷，252页。
[273] Dmitrievskii to Masuo Kato, 29 July 1899, 同上书，147—148页。

持、扩充帝国之利益",但是,军备扩张不是万能的,存在财政上的困难。所以,当俄罗斯再度试图在马山浦等处建造军舰停泊所时,"我方应对俄国谆谆细论我国与朝鲜间之利害关系及……历史关系,且始终力求依照日俄协商条规圆满解决","必须尽力忠告,以达我之目的"。如果俄罗斯拒绝这种劝说,就"必须决定是否采取放弃我方在朝鲜利益的政策"。这是重要问题,届时必须请求召开御前会议,慎重决定政策。[274]

如果决定不允许俄罗斯确保马山,那就要不惜发动战争,因此需要召开御前会议。山县在这份意见书的注中加写道,由于他与伊藤等人的对俄政策相对立,"最终,是和是战的决定只能让诸御前会议,并以其决定付诸阁议。"[275]

即便如此,山县仍然采取了极其慎重的态度。

"关东州"的开端

1899年8月,俄罗斯确定了对旅顺和大连的管理体制。命名所获得的包括旅顺、大连在内的区域为"关东州",任命阿列克塞耶夫为其军司令官兼太平洋舰队司令长官。至此为止的太平洋舰队司令长官杜巴索夫是实施了占领旅顺计划的人,然而如前所述,他并不满意将旅顺作为海军基地。因此大概即使要求他,他也不愿意担任这个地方的负责人吧。杜巴索夫被调任喀琅施塔得镇守府司令官,杜巴索夫的前任,担任黑海舰队代理司令官的阿列克塞耶夫被重新派到了这里。

---

[274]《山县有朋意见书》,254—255页。
[275] 同上书,255页。

第四章　俄罗斯占领并租借旅顺（1896—1899）

阿列克塞耶夫生于1843年，1863年从海军士官学校毕业后就职。1872年，他被任命为爱琴海舰队司令官阿列克谢大公的助理（flag ofitser），从此他的幸运之门开启了。自1875年至1877年，阿列克谢大公乘坐他任舰长的护卫舰"斯维特兰娜"参加了两次耗时6个月的大西洋航海。[276]据说这期间，因某事件的缘故，阿列克塞耶夫与大公形成了特别的亲密关系。在马赛的某娼家，阿列克谢大公做了粗暴的事情，险些就要被追究刑事责任。然而翌日，阿列克塞耶夫却代替大公到警局自首，交了罚金后被释放出来。[277]

海军元帅阿列克谢大公是亚历山大二世的第四个儿子，他与皇后的女官、诗人茹科夫斯卡娅的女儿亚历山德拉恋爱，近乎私奔一般于1871年在意大利结婚，当时阿列克谢19岁，亚历山德拉27岁。但是，这桩婚事没有得到认可，二人被拆散了。皇帝命令阿列克谢踏上访问北美之旅。1871年秋，他作为俄罗斯皇族，首次对美国进行了友好访问。其后，1881年亚历山大二世被暗杀，阿列克谢受兄长、新皇帝之命，取代叔父康斯坦丁大公就任海军元帅，自那之后，他已经在这个位子做了18年[278]，但很难说他具备海军元帅所应有的器量。因为先前的事件，他对阿列克塞耶夫很感恩，对其大力提拔也在情理之中。

实际上，关于阿列克塞耶夫的晋升还有一种传言，说他是亚历山大二世的私生子。这个传言是从何时何地流传开来的已不可考。1961年出版的《苏联历史百科事典》中，阿列克塞耶夫的条目下就清楚记载着这一点。[279]不过笔者在研究洛里斯-梅

---

[276] 根据阿列克塞耶夫的职务履历，见 Polnyi posluzhnyi spisok Vitse-admirala Evgeniia Alekseeva, RGAVMF, F. 32, Op. 1, D. 1。
[277] Vitte, op. cit., Vol. 2, p. 292.
[278] 关于阿列克谢大公，见 Zoia Beliakova, *Velikii kniaz' Aleksei Aleksandrovich za i protiv*, Sankt-Peterburg, 2004.
[279] *Sovetskaia istoricheskaia entsiklopediia*, Vol. 1, Moscow, 1961, p. 379.

利科夫改革的时候，很注意地进行了调查，并没有找到与之相关的资料。笔者曾询问过研究俄罗斯亚历山大二世时代历史的最高权威扎哈·罗娃女史，她也说从来没有听说过。阿列克塞耶夫的职务履历书中没有父亲的名字，但在费多尔琴科编的《侍从将军辞典》中，写明阿列克塞耶夫生于塞瓦斯托波尔，是海军中尉伊万·M·阿列克塞耶夫之子。[280]

亚历山大二世在1841年23岁时，与17岁的女子结婚，翌年女儿亚历山德拉出生，第三年，1843年9月皇太子尼古拉出生。很难想象他会在这个时期为未来制造麻烦，与情人搞出私生子。俄罗斯历史学家中有人指出阿列克塞耶夫死后留下了巨额遗产，按照他正常的工作收入无论如何也无法获得如此巨额的资产，基于此，只能认为他与皇帝有特殊的关系。但是，根据革命后担任罗曼诺夫家族管理人的海军士官格拉夫的回忆，阿列克塞耶夫其实并没有那么巨大的资产。阿列克塞耶夫一生独身，在临死前才与法国女佣结婚。格拉夫在回忆录中写道，有人说这个女人曾联系过弗拉季米尔·安德列耶维奇大公，想将丈夫的遗产捐赠给罗曼诺夫家族，但这是无稽之谈。[281]

关于阿列克塞耶夫的母亲，科罗斯托维茨有证言说她是亚美尼亚人，据说这点也影响到了他的容貌。[282]这大概是正确的。阿列克塞耶夫晋升的秘密在于与海军元帅阿列克谢大公关系密切，这样理解较为妥当。

阿列克塞耶夫的特点是没有实战经验。虽然阿列克谢大公在俄土战争开始后，担任多瑙河舰队司令官，但阿列克塞耶夫仅乘

---

[280] V. I. Fedorchenko, *Svita Rossiiskikh Imperatorov*, Vol. 1, Krasnoiarsk, 2005, p. 33.
[281] G. K. Graf, *Na sluzhbe Imperatorskomu Domu Rossii 1917-1941. Vospoiminaniia*, Sankt-Peterburg, 2004, pp. 507-508.
[282] I. Ia. Korostovets, *Rossiia na Dal'nem Vostoke*. Pekin, 1922, p. 6.

第四章　俄罗斯占领并租借旅顺（1896—1899）

坐小型护卫舰"博加特里"在大西洋方面活动。战后的1878年10月，阿列克塞耶夫被任命为巡洋舰"阿芙利卡"舰长，1882年，他因在接收从美国购买的巡洋舰的航海中担任代理舰长，在日本获得了旭日三等勋章。

阿列克塞耶夫决定性地踏上晋升之途是1883年被派遣为驻法国海军武官时。3年后，他被任命为巡洋舰"科尔尼洛夫海军上将"号舰长。接着在1892年晋升为海军少将，被任命为海军军令部长助理。军令部长奥斯卡·克莱默尔不在时，阿列克塞耶夫屡屡担任代理军令部长。1895年，他被任命为太平洋舰队司令长官。

曾担任阿列克塞耶夫的外交助理的科罗斯托维茨这样评价他：

> 阿列克塞耶夫当时大约55岁。他身材矮小，体型较胖，头很大，鹰钩鼻，黑色的眼睛中露出犀利的目光。他蓄着小络腮胡子，头发开始变白了。他性格活泼，坐不住，要求部下也这样。他待人接物总是彬彬有礼。……他务实、头脑灵活，不太像常见的俄罗斯人做些形而上学式的总括或妄想。他主要的缺点，就我所见，是不够果断，对逢迎谄媚很受用，对他人的意见不够宽容。他获得了宫廷的眷宠，在王室拥有以皇帝为首的强有力的庇护者。从教育和知识视野的广度来看，他比我国很多大官僚要卓越。阿列克塞耶夫对陆海军问题，尤其是后者很感兴趣。他或许能够成为很优秀的海军大臣。[283]

"关东州"有旅顺港和大连湾。清国在旅顺港的陆地修建有要塞。阿列克塞耶夫将这里作为了"关东州"的根据地。1899年5

---

[283] I. Ia. Korostovets, *Rossiia na Dal'nem Vostoke*. p. 6.

月3日（4月21日），在他出发去"关东州"前夕，根据库罗帕特金陆相的上奏报告，俄罗斯决定将从清国得到的旧旅顺要塞改建为正式要塞，这一决定是基于上一年被派遣到当地的科诺诺维奇·戈尔巴茨基中将的报告而做出的。[284] 1899年中，俄罗斯派出维列奇科工兵上校指挥要塞的改建。10月，维列奇科提交的新要塞设计图得到了皇帝的批准。维列奇科预计要塞的建设费用为750万卢布，同时还需要装备同等金额的大炮等设施。[285]

阿列克塞耶夫虽然掌管以旅顺的要塞和港口为核心的"关东州"，但并不是掌管"关东州"整个地区。商业港和铁路终点城市达里尼（大连）由财相维特掌控的东清铁路公司管辖。达里尼市是以巴黎为模型建设的欧式城市，以此为起点，经过"满洲"的大城市奉天、长春，直达哈尔滨的"南满洲"铁路也开始建设。这些全部由直属财政部的东清铁路公司管理，负责警备的军队也听命于财政部。公司的负责人、总工程师尤戈维奇常驻哈尔滨，掌握着全权。[286] 就这样，财政部以哈尔滨和大连为双核心的"满洲"铁路王国正式具备了雏形。

驻日的陆海军武官们

这里，我们来看看俄罗斯派遣到日本的陆海军武官们。

陆军武官继第一代沃加克之后，1896年下半年，第十三步兵师团参谋长扬茹尔到任，他是第一位专门负责日本的驻在武官。扬茹尔对日本军的评价与沃加克相同。他在参观了日本军当年的

---

[284] A. fon-Shvarts, Iu. Romanovskii, *Oborona Port-Artura*, Part I, Sankt-Peterburg, 1910, p. 28.
[285] Ibid., p. 55.
[286] Korostovets, op. cit., p. 4.

第四章　俄罗斯占领并租借旅顺（1896—1899）

大型演习后，发送了这样的报告："虽然仅凭三四日的观察，很难对军队的素质做出判断，但我不得不说，第五、第六师团的步兵部队给我留下了最好的印象。在训练（个人、中队、大队层面）、装弹、移动方面，我敢说这些部队不逊色于任何欧洲军队。"[287]

1898年6月，扬茹尔撰写的关于进攻日本时的登陆地点、攻略目标的意见书落入了日本方面，甚至被呈交给明治天皇。[288]这份意见书的开头写道："自拜命视察日本军情以来，根据前任者之调查文件（指'沃加里'的调查）及日本有志者之密报文件（'日本有志者'指诸如尼古拉牧师及浅野惣一郎等常为俄国谋利之人），视察实况。"前任者"沃加里"即沃加克。另外，他列举了正教尼古拉教堂的相关人士作为日本方面的协助者。浅野大概指的是浅野财阀的创始人浅野总一郎吧，可以看出，他通过与俄罗斯的交易获得了利益。

意见书分析研究了日本的军备情况和地理条件，提出以中部地区的清水港作为登陆地点，在此登陆，控制静冈全市，再进军名古屋，即所谓的征服日本中心的战略案。虽然无法确认这个方案的真实性，但或许扬茹尔曾被要求思考与日本战争的可能性，从而提交的意见吧。

1898年至1899年，在扬茹尔临时回国时，库罗帕特金陆相将前任陆相的侄子格列布·瓦诺夫斯基中校派到日本担任临时代理。[289]扬茹尔一度返回任职地，但又于1900年4月末被调离，他的后任是已成为上校的瓦诺夫斯基。瓦诺夫斯基从侍童学校毕业

---

[287] VIK, *Russko-Iaponskaia voina*, Vol. I, p. 427.
[288] 原刚《"扬茹尔意见书"》,《军事史学》112号（第28卷第4号），1993年3月，47—57页。
[289] Bruce Menning, Miscalculating One's Enemies: Russian Intelligence Prepares For War, RJWGP, Vol. II, Leiden, 2007, p. 55.

后，成为骑兵队军官，自 1891 年起一直在参谋本部工作。[290]他在赴任前写下了最初的关于日本军的意见书。

"根据与其国民文化性质全然不同的原则组建成的军队，必然要经历内部的不适应状态，日本军还没有完全摆脱这种状态。日本军队只是出于纯粹日本式的盲目正确，在形式上将这些原则当作了自己的东西，但完全没有抓住原则的本质。同样的现象在现代日本生活的其他所有方面都可以得到确认。"

"正因为如此，一方面，日本军已经不再是古老的亚洲式军团，而是按照西欧的模式认真地、学究气十足地组建起来的，在一定程度上武装得很好的军队；另一方面，又完全不是根据自己的文化所形成的原则而创建起来的真正的欧洲军队。"

"日本军队要想将所有决定了欧洲军队存在模式的精神原则内化为自己的东西，大概还需要数十年、数百年吧。"[291]

这种意见虽然是基于临时派遣时的观察得出的，但也与佩利坎《进步的日本》（1895 年）等保守外交官的日本论述相通，认为日本人在模仿西欧，没有形成真正的自己的力量，否定了迄今为止对在日清战争中展示出实力的日本军印象深刻的沃加克等驻在武官们的看法。

库罗帕特金很喜欢这种保守的意见。他在瓦诺夫斯基的意见书上批写道："已阅，见解清醒，已经不像以前的驻日武官们那样热衷于日本军了。"[292]这明显是一股逆流。

---

[290] 瓦诺夫斯基的职务履历，见 Poslushnyi spisok G. M. Vannovskogo, RGVIA, F. 403, D. 150-504-108, L. 267ob.-268ob。

[291] VIK, *Russko-Iaponskaia voina*, Vol. I, pp. 430-431.

[292] Ibid., p. 431.

第四章　俄罗斯占领并租借旅顺（1896—1899）

海军武官方面，海军军令部士官布季洛夫斯基作为施万克的后任，于1895年上任。他是曾经出现在有关日本海军宣传手册中的专家，他在横滨设立了武官室，雇用高桥门三九做翻译。[293]可以说，他奠定了海军武官室的基础。

第三代是恰金，于1896年上任。恰金也是位有能力的军官，对日本海军做过深入研究。1898年，他在《海军论集》上发表了有关日本海军的历史和现状的论文。[294]1899年10月24日（12日），在回国前夕，他还给军令部发去了对日本海军现有势力的分析。他在结论中这样写道：

> 所有这些再次为我们引导出以下的结论：在日本领海内和日本作战是非常、非常困难的，甚至是不可能的。为了那样的战争，进攻方必须拥有强大的海军和陆军，然而，在当前的东洋，没有一个国家拥有那样的力量。[295]

从这个结论来说，与日本的战争是不可能的，也就是说，恰金认为扬茹尔提出的清水登陆方案等并不现实。

恰金回国后担任了巡洋舰"俄罗斯"的副舰长。在1902年冬海军大学举行的日俄战争图上推演中，他担任日本方面的海军军令部长。日俄战争中，他作为巡洋舰"阿尔玛兹"的舰长参加了日本海海战，艰难地抵达了符拉迪沃斯托克（海参崴）。战后，他被选拔为皇帝的游艇"斯丹达特"号的舰长，但于1912年自杀。据说，是因

---

[293] V. Petrov, Russkie voenno-morskie agenty v Iaponii (1858-1917)[hereafter RVMAIa], *Poznakom'tes'—Iaponiia*, 19, 1998, p. 54. 宣传册，I. Budzilovskii, *Iaponskii flot*.Sankt-Peterburg, 1890, 76 pp.

[294] Petrov, RVMAIa, p. 55. 他的论文是 I. I. Chagin, Ocherk razvitiia iaponskogo flota. *Morskoisbornik*, 1898, No. 7, pp. 45-66。

[295] Chagin, Voennyi flot, RGAVMF, F. 417, Op. 1, D. 2128, L. 97a.

为查明他的情人是社会革命党的恐怖分子，他为此承担了责任。[296]

接替恰金于 1899 年 12 月上任的是亚历山大·鲁辛中校，他后来担任了俄罗斯帝国最后的海军军令部长，是一位卓越的人才。他直到日俄开战之时一直在日本工作。鲁辛生于 1861 年，此时 38 岁。他出身于圣职者家庭，并不是贵族。他于 1881 年从海军士官学校毕业，1888 年结束尼古拉海军大学的学习，作为巡洋舰"俄罗斯"的士官工作了四年，得到了舰长多莫日罗夫的赏识。[297]

鲁辛继续任用了从恰金前任布季洛夫斯基时代起就一直为俄罗斯武官机构工作的翻译高桥门三九。高桥是福岛藩士之子，1880 年举家接受洗礼。随后，姐姐高桥五子进入正教会女子学校学习，弟弟高桥门三九也进入正教会神学校学习。据说他的俄语尤其好。他的姐姐毕业后担任了母校的教师，而门三九则在九州做传教士。据说也许有放荡的原因，他的未婚妻被从俄罗斯归来的神学校校长抢走了，导致他与教会断绝关系，成为俄罗斯驻在武官的翻译。[298]高桥门三九不仅翻译新闻记事、海军资料，还为武官们寻找情报搜集员，进而还参与了情报搜集的相关工作。鲁辛从英文报纸获取资料，还不断地视察横须贺、吴港、佐世保等地。尽管可以从外部观察海军停泊在湾内的舰船，但鲁辛还申请视察海军工厂等军事设施，很是尽责。

与前任恰金同样，鲁辛的行动受到日本警察的严密监视。日本外务省保存的监视鲁辛的报告中，最早的是明治三十三年、1900 年 3 月 23 日神奈川知事的报告。"俄国新任武官鲁辛……到

---

[296] A. P. Chagodaev-Sakonskii, *Na "Almaze" (Ot Libavy cherez Tsusimu — vo Vladivostok)*, Sankt-Peterburg, 2004, pp. 122-123. 情人之事，见 A. A. Mosolov, *Pridvore poslednego Imperatora. Zapiski nachal'nika kantseliarii ministra dvora*, Sankt-Peterburg, 1992 (Riga, 1937), p.235.
[297] Petrov, RVMAIa, p. 52. 海军档案馆没有保存鲁辛的职务履历。
[298] 中村健之介·中村悦子《尼古拉教堂的女性们》，教文馆，2003 年，373—374、378—380、408—409 页。这是京都正教女校校长高桥五子的传记。

第四章　俄罗斯占领并租借旅顺（1896—1899）

任以来尚未能获得对本国有益之报告材料。与前任者恰金就职当时相比，报告之数甚少，有关当局评价颇低。其为之煞费苦心，起先亲自去侦察各军港，未料却惹起他人注视，甚感不便，故让前任者恰金所雇高桥门三九代为视察。本日午前11时10分高桥乘横滨发火车，先向横须贺军港出发。"[299]

鲁辛的报告书送到圣彼得堡的军令部长处需要一个月的时间。电报经由旅顺的参谋长维特格夫特被送往海军部，仅用数日即可到达圣彼得堡。

另一方面，日本驻俄罗斯的海军武官中，有自1896年起驻俄2年的八代六郎。为人所知的有自1897年起留学俄国的广濑武夫，他后来成为军令部谍报员，还有留学生加藤宽治等。岛田谨二有关于广濑武夫的研究，辨明了广濑与俄罗斯海军少将科瓦列夫斯基之女的恋爱。广濑一直在俄罗斯，直至1900年。[300]这些人搜集的情报是关于俄罗斯陆海军的，但他们提交了什么样的报告则不得而知。

陆军武官有田中义一，1899年，村田惇上任，驻留了4年。[301]

被朝鲜林业利权吸引而来的人们

在俄罗斯方面，这个时期出现的另一个动向是想利用朝鲜森林利权做文章的那些人的活动。事情起源于1896年9月，符拉迪沃斯托克（海参崴）的商人尤·伊·布里涅尔以15,000卢布购

---

[299] 神奈川县知事浅田德则给青木外相的信，1900年3月23日，外务省记录《本邦人身份并举动调查杂件（军事侦探嫌疑者之部）》，外务省外交史料馆，5-1-10-11。
[300] 岛田谨二《在俄罗斯的广濑武夫》，朝日新闻社，1970年，118、131—132、165页。
[301] 同上书，114、126页。

得北部朝鲜的林业利权。该利权的开工期限为5年，有效期为20年。这是高宗受俄罗斯公使馆保护时发生的事情。推测其中有韦贝尔、士贝耶的中介。布里涅尔是德意志系的瑞士人，很早就在符拉迪沃斯托克（海参崴）取得了事业的成功，跻身名流。他的妻子是蒙古王公的女儿，美国明星尤尔·伯连纳是他的孙子。布里涅尔获得的利权包括从图们江到鸭绿江沿岸以及扩展至郁陵岛的广阔地区。由于开工期限为5年，因此必须在1901年9月前着手开发。1897年，布里涅尔考虑将利权转卖，遂去往首都。[302]

在对布里涅尔的利权感兴趣的人中，有即将作为代理公使去汉城赴任的马丘宁。马丘宁把利权一事告诉了皇村中学的同级同学、退役上校翁利亚尔利亚尔斯基。[303]

翁利亚尔利亚尔斯基生于1852年，从皇村中学毕业后，进入近卫骑兵联队，担任尼古拉·尼古拉耶维奇大公的高级副官。锦绣前程似乎在向他招手，但当他要与去世的兄长之妻结婚时，不得不放弃作为近卫军官的职业生涯。其后，他开始经营妻子在圣彼得堡拥有的棉业工厂，活跃于圣彼得堡的工厂主协会。1896年，他涉足乌拉尔的金矿经营，并探索在远东开展事业的可能性。他从马丘宁处听说了朝鲜的林业利权之事，很感兴趣，两人经过商量，制定了作为国策公司，成立东亚洲公司的方案，并向穆拉维约夫外相陈情。[304]

翁利亚尔利亚尔斯基把这件事情告诉了近卫骑兵联队时代的同事别佐勃拉佐夫。日俄战争前夕最大的话题人物亚历山大·米

---

[302] Simanskii, op. cit., Vol. II, pp. 215-216. 关于布里涅尔，见 John A. White, *The Diplomacy of the Russo-Japanese War*. Princeton University Press, 1964, p. 32。

[303] V. Vonliarliarskii, *Moi vospominaniia 1852–1939 gg.*, Berlin, [n.d.], p. 127.

[304] Ibid., pp. 126-127. 翁利亚尔利亚尔斯基在这里极力主张他们的构想有回避与日本发生战争的目的，原本向穆拉维约夫外相陈情一事本身就值得怀疑。

哈伊洛维奇·别佐勃拉佐夫出身名门贵族，生于1855年。父亲米哈伊尔做过侍从，后来担任圣彼得堡郡贵族团长。[305]因此儿子亚历山大得以进入近侍学校，其后升入尼古拉骑兵士官学校，然后进入近卫骑兵联队，与翁利亚尔利亚尔斯基成为同事和亲密的朋友。[306]别佐勃拉佐夫与第2近卫师团长沃龙佐夫-达什科夫伯爵关系亲近，是他的心腹。1881年，别佐勃拉佐夫作为秘密组织"神圣亲卫队"的创始成员，在打击针对皇帝的恐怖行动的作战中大显身手。[307]

神圣亲卫队解散后，别佐勃拉佐夫以上校身份退役，在沃龙佐夫-达什科夫担任长官的畜牧局担任了一段时间的官吏，他的庇护者沃龙佐夫-达什科夫伯爵任内务大臣后，他仍然在这里工作，不过在1887年至1889年，原近卫骑兵联队长阿列克谢·伊格纳季耶夫升任伊尔库茨克总督后，他被招去担任特任官。伊格纳季耶夫离开远东后，他也随之离去。从90年代初起，别佐勃拉佐夫以经营妻子位于坦波夫州的领地为生[308]，持续了将近十年，那时的他郁郁不得志。顺便说一下，1900年，比他小两岁的弟弟弗拉季米尔成为陆军少将、近卫骑兵联队长。[309]

别佐勃拉佐夫听了翁利亚尔利亚尔斯基的话后，立即扑向了林业利权。他马上将此事告诉了刚刚辞去内务大臣职务的沃龙佐夫-达什科夫伯爵。翁利亚尔利亚尔斯基在他的报告书中写道，

---

[305] P. N. Petrov, *Istoriia rodov russkogo dvorianstva*, kn II, Moscow, 1991, p. 203.

[306] Vonliarliarskii, op. cit., p. 105.

[307] V. N. Smel'skii, Sviashchennaia druzhina (iz dnevnika ee chlena), *Golos minuvshego*, 1916, No. 2, pp.233,236-243,247-249.

[308] I. V. Lukoianov, Bezobrazovtsy: put'Rossii k russko-iaponskoi voine 1904-1905 gg. A Paper presented to the symposium, 29-31 January 2003, Slavic Research Center, Hokkaido University, p. 2.

[309] Fedorchenko, op. cit., Vol. 1, p. 94.

别佐勃拉佐夫于 1898 年 3 月 14 日（2 日）呈交了上奏意见书，内容为强调鸭绿江和图们江作为防卫线的意义，提议成立国策公司，请求向北部朝鲜派遣调查队。还写道，皇帝批准成立公司，并同意派遣调查队。阿巴扎在 1906 年的手记中也写了大致相同的主张。希曼斯基根据翁利亚尔利亚尔斯基的报告书，对其过程进行了说明。[310]

但是，进入苏联时代，研究者罗曼诺夫最终并没有在档案馆找到这份 3 月 14 日的意见书。取而代之的是，他发现了一份日期标注为 3 月 10 日（2 月 26 日）的上奏意见书。卢科亚诺夫也一样，笔者也确认过了。[311] 推测 3 月 14 日的意见书，恐怕是翁利亚尔利亚尔斯基想要说明 1903 年的观点很早就有而杜撰出来的吧。

现在我们来看一看 1898 年 3 月 10 日（2 月 26 日）的上奏意见书，这份意见书是由别佐勃拉佐夫起草、沃龙佐夫－达什科夫提交给皇帝[312]，宣称是关于"收购将不容置疑的俄罗斯关注培植到朝鲜的肇始人——商人布里涅尔的森林利权"的。开篇写道，"最近一连串历史性事件的结果将极其重要的朝鲜问题推到了前面"，在朝鲜内部，"民族派、亲日派、亲俄派、亲美派"正在斗争，各个国家的人怀揣着一攫千金的梦想来到这里。接着写道，俄罗斯人获得的利权只有布里涅尔一个，如果这样下去的话，朝鲜将会成为"最厚颜无耻的掠夺对象"。文章预言，精力旺盛的人们会从贸易入手，最终可能会掌握该国的指导权。这份意见书连文章都写得不是很像样。"难道俄罗斯现在不应该睁开眼睛；趁着

---

[310] Simanskii, op. cit., Vol. II, pp. 216-217. A. M. Abaza, Russkie predpriiatiia v Koree v sviazi s nashei politikoi na Dal'nem Vostoke 1898-1904, GARF, F. 601, Op. 1, D. 529, pp. 18-20.

[311] Romanov, op. cit., p. 387. I. V. Lukoianov, The Bezobrazovtsy, RJWGP, Vol. I, Brill, Leiden, 2005, p. 70.

[312] Vorontsov-Dashkov's memorandum, 26 February 1898, RGIA, F. 560, Op. 28, D. 100, L. 2-5ob. Lukoianov, The Bezobrazovtsy, p. 70.

第四章　俄罗斯占领并租借旅顺（1896—1899）

为时未晚之际，麻痹我们狡猾的敌人，开始在朝鲜为我们的'纯粹俄罗斯的'利害而斗争吗？"

别佐勃拉佐夫认为，朝鲜的条件对俄罗斯人很有利，它与俄罗斯接壤，朝鲜国王信赖俄罗斯，请求其庇护，因此，他主张俄罗斯政府应该帮助想要进军朝鲜的人们。应该在俄罗斯内部成立开发朝鲜和东亚天然资源的东亚公司。他列举的公司业务包括：建设连接朝鲜城市和符拉迪沃斯托克（海参崴）的街道、建设公司的仓库网、调查此地区的地理条件，在港湾寻找合适的地方，推进仓库、驿舍的建设等。他主张，"公司的基本任务是和平地征服朝鲜"，"公司的代表人不久应该在朝鲜的国家统治中占据相应的地位，一切对朝鲜整体事态运行所具有的影响力都应该集中在公司手中。"

这是过于不切实际的空想，只能说方案起草人对俄罗斯在朝鲜与日本激烈对立、现在已经不得已从那里撤出的情况一无所知。为了获得对布里涅尔林业利权的支持，意见书宣称此举将成为向朝鲜经济进军、政治进军的突破口，给人的印象是为了套取皇帝的下赐金而大做文章。

但问题在于，不得已选择从朝鲜撤退的皇帝尼古拉二世对这份意见书做出了反应，他认可了购买布里涅尔的利权。这大概是出于一种对从朝鲜完全收手感到遗憾，想通过这个方案去尝试一下可能性的判断吧，这种判断是不负责任的。皇帝决定购买之事，从别佐勃拉佐夫说服亚历山大·米哈伊洛维奇大公向皇帝提交的日期标注为5月12日（4月30日）的新意见书中也可以窥探出来。这份意见书以"现在，皇帝陛下已命令从商人布里涅尔处取得朝鲜林业在法律上的垄断权利，该利权已是陛下的所有物"为由，提议派遣调查队，并且对于利权的效用展开了如下幻想式的计划：[309]

除此之外，在这个纯商业性企业的旗号下，可以自由地开展与勘查地区、联络路线、调配组织粮食、建设支援据点等相关的一切军事活动。可以让我们的先遣战斗部队伪装成林业工人、警备员、一般职员，在面积达五千平方俄里以上的林业事务所前进。考虑到利权规定的巡查义务，职员的人数能够自由地增加到两万以上。这个力量可以伸展到整个北部朝鲜的任何方面。[313]

5月23日（11日），布里涅尔的代理人和宫廷事务处官员涅波罗日涅夫签订了转让森林特许权的草约。[314]

向北部朝鲜派遣调查队

皇帝下令实行别佐勃拉佐夫提案中的派遣北部朝鲜调查队一项。别佐勃拉佐夫和翁利亚尔利亚尔斯基被任命为负责人，宫廷事务处官员涅波罗日涅夫也为处理利权加入了探险队。[315]

5月到6月做出决定后，先后向北部朝鲜派遣了第一支和第二支调查队。第一支调查队以近卫骑兵联队中尉兹韦金采夫为队长，记者瑟罗米亚特尼科夫等人也加入其中，而且还邀请了计划环游世界的工程师、作家加林－米哈伊洛夫斯基（译者注：俄国作家。原名尼古拉·格奥尔基耶维奇·米哈伊洛夫斯基，1899年出版《朝鲜、满洲和辽东半岛游记》。）同行。这一队于7月21日（9日）从莫斯科出发，经符拉迪沃斯托克（海参崴），于9月22日（10日）从新基辅卡到达俄

---

[313] Bezobrazov's memorandum, 30 April 1898, RGIA, F. 560, Op. 28, D. 100, L. 6ob. Lukoianov, The Bezobrazovtsy, p. 70.
[314] Abaza, op. cit., p. 21. Simanskii, op. cit., Vol. II, p.218.
[315] Ibid., p. 218. Romanov, op. cit., p. 386.

韩边境，从那里进入韩国领内，挺进图们江，经茂山，上白头山，下鸭绿江，于10月29日（17日）到达义州。加林-米哈伊洛夫斯基翌日离开了队伍[316]，其他队员继续进行调查。第二支队伍由大尉科尔夫男爵担任队长，调查一直持续至1898年年末，于1899年提交了报告书。[317]后来，两位队长的著作《从军事视角概观北部朝鲜》[318]在日俄开战后不久出版。

别佐勃拉佐夫的东亚公司

　　事业的推动者们试图通过鼓吹这项事业在国策上的意义，巩固皇帝的支持。1899年3月18日（6日），亚历山大·米哈伊洛维奇大公向皇帝呈递了关于朝鲜的意见书。[319]他根据1898年北部朝鲜调查队的报告，指出俄罗斯在此地"魅力极强"，认为俄罗斯占领该地理所当然的气氛既存在于庶民中，也存在于官僚中。在汉城，我们的影响力比较弱，那是因为我们放弃了积极政策，并且停止支持以前的亲俄派的缘故。"在北部朝鲜，越来越有必要保住我们的影响力，不允许敌人将这一地区置于自己的影响力之下。"如果就这样下去而不采取措施的话，大概在不久的将来，就连北部朝鲜也会进入日本、美国的商业利益圈。现在下手为时未

---

[316] 加林-米哈伊洛夫斯基留下了日记体的旅行记。Garin-Mikhailov-skii, Po Koree, Man'chzhurii i Liadunskomu poluostrovu, *Sobranie sochinenii*, Vol. 5, Moscow, 1958.

[317] 科尔夫男爵《1898年秋北部朝鲜派遣队一员主要的结论》主张鸭绿江特许权的意义，但库罗帕特金在1903年8月6日（7月24日）的意见书中批判了这一点。Kuropatkin's Memorandum, 24 July 1903, GARF, F. 543, Op. 1, D. 183, L. 100-100ob.

[318] N. A. Korf, A. I. Zvegintsev, *Voennyi obzor Severnoi Korei*, Sankt-Peterburg, 1904.

[319] Grand Duke Aleksandr Mikhailovich to Nikolai II, 6 March 1899, GARF, F. 601, Op. 1, D. 720, L. 1-5.

晚。如果成立东亚公司，就可以控制北部朝鲜。为了顺利地运作此事，俄罗斯有必要与日本缔结分割朝鲜的协定，将南部朝鲜让给日本，而北部朝鲜由俄罗斯掌控。但是，这不能成为"事实上的分割"，也就是说，两国不能导入统治机构和军队，只是经济活动区域、利权的分割。两国必须要支持韩国皇帝的权力，防止美国人的反帝政阴谋。必须使首都汉城和仁川港保持中立。俄罗斯和日本必须合作。[320]

这份意见书提议的是日俄结盟以对抗英、美。为此，向日本暗示占领中国台湾和胶州湾之间港口较好。"如果现在对朝鲜的事态放任不管，毫无疑问，不远的将来我们将会与日本发生战争。那个战争是我们极度不希望发生的，这不仅出于财政上的考量，还因为日本无论是在陆上还是在海上，都比我们更早地做好了战争准备。"[321]

可以说，这与山县 1896 年在沙皇加冕仪式时提出的方案非常接近。但是，此时日俄已经失去了缔结这种协定的条件。日本再次向着掌控朝鲜全土的方向前进了。

然而，别佐勃拉佐夫似乎并不赞成这样的提案。根据卢科亚诺夫的研究，4 月中，别佐勃拉佐夫写信给沃龙佐夫－达什科夫，主张不能让日本接近朝鲜，而且应该立即占领鸭绿江和图们江流域。这真是无知粗暴的言论。[322]别佐勃拉佐夫这个时候的想法荒唐至极。

理所当然地，财相维特开始警惕起鸭绿江木材事业及其推进者，他主张此事应该以纯粹民间企业的方式去做，因此反对国家

---

[320] Grand Duke Aleksandr Mikhailovich to Nikolai II, L. 1-2ob.
[321] Ibid., L. 3ob.
[322] Lukoianov, The Bezobrazovtsy, p. 72. 根据是 Bezobrazov to Vorontsov-Dashkov, 15 April 1899, RGIA, F. 919, Op. 2, D. 603, L. 1-8, 我没能查阅到这份文件资料。

第四章　俄罗斯占领并租借旅顺（1896—1899）

援助这项事业。没有了支持，亚历山大·米哈伊洛维奇大公失去了干劲。6月24日（12日），他写信给别佐勃拉佐夫："我们的事业整体瓦解了。不幸的是，我们的结合可以说没有产生出任何结果。现在，所有的事业收缩到获得森林利权的民间公司了。"[323]

另一方面，北部朝鲜调查队的报告出来了。随着调研的深入，布里涅尔利权的价格下降了相当大的幅度。1899年5月20日（8日），以涅波罗日涅夫的名义与布里涅尔的代理人涅拉托夫签订了以65,000卢布收购利权的正式合同。[324] 8月25日，马丘宁和阿利贝尔特取代了涅波罗日涅夫。[325] 此时，马丘宁刚刚结束驻韩公使的任期回国，大概是想与友人翁利亚尔利亚尔斯基合作吧。阿利贝尔特曾是布奇洛夫工厂（译者注：俄罗斯代表性的重型机械工厂，20世纪初曾是俄罗斯最大的工厂。）的高层管理者，他大概是翁利亚尔利亚尔斯基在首都工厂主协会认识的吧。[326] 涅波罗日涅夫以为政府想通过交涉在朝鲜获得更多利权。他向圣彼得堡通报，有获得利权的可能性，但圣彼得堡反对的意见很大。[327]

1899年11月8日（10月27日），马丘宁给维特写信，请求道：这个利权"给予了我们与大韩帝国密切交流、恢复我国主导性影响力的可能性，不仅在汉城，而且包括在政治上对我国怀抱热忱的诸道"。由于朝鲜资源极其丰富，从企业业绩、股价方面，都可以促进国内资本对朝鲜的投资。请务必理解并期待赐教。[328] 11月

---

[323] Simanskii, op. cit., Vol. II, p. 221.
[324] Abaza, op. cit., p. 21. Simanskii, op. cit., Vol. II, p. 220.
[325] Simanskii, op. cit., Vol. II, p. 221.
[326] Vitte, op. cit., Vol. 2, p. 240.
[327] Simanskii, op. cit., Vol. II, pp. 220-221.
[328] Matiunin to Vitte, 27 October 1899, RGIA, F. 560, Op. 28, D. 282, L. 5-5ob. Lukoianov, The Bezobrazovtsy, p. 74.

13日（1日），他也写了同一宗旨的意见书。[329]

对此，财政部坚持从朝鲜撤退的方针，对获得在朝鲜的利权持消极态度，自始至终都很冷淡。维特11月17日（5日）给皇帝送去了一封信，反对向北部朝鲜的矿山利权投入国库资金。皇帝表示同意，下令拒绝向马丘宁陈情的事业投入国库资金。[330]

1900年年初，别佐勃拉佐夫回国，他谋划着翻盘。当年春天，他使事情重新回到了导入皇帝的资金成立公司的轨道上。尼古拉二世在他的劝说下，同意成立新公司，命他与财政部重新交涉。[331]

别佐勃拉佐夫在日期标注为5月12日（4月30日）的给财相的意见书中，讲述了公司的目的：一，将"满洲"与海洋隔离开，将朝鲜与大陆隔离开，制造出俄罗斯的势力圈。二，与日本发生冲突时，既有可能帮助我们，又有可能伤害我们的这个地域唯一的战斗要员——马贼，我们可以对其进行军事上、文化上的拉拢。很难想象这是一个认真的构想，却匆忙地连公司章程都准备好了。[332]

6月1日（5月20日），由45人、170份股权构成的股东名簿制成。发起人为沃龙佐夫－达什科夫、翁利亚尔利亚尔斯基、尤苏波夫公爵、根德里科夫伯爵、谢列布里亚科夫上校以及阿巴扎海军上校6人。分配给皇帝办公厅150股。总计400股，每股5000卢布，总资本金为200万卢布。[333]

从这个时候起，别佐勃拉佐夫的盟友阿巴扎登场了。阿列克谢·米哈伊洛维奇·阿巴扎生于1853年，父亲是摩尔达维亚出身

---

［329］　Matiunin to Vitte, 1 November 1899, RGIA, F. 560, Op. 28, D. 282, L. 10-10ob. Lukoianov, The Bezobrazovtsy, p. 74.

［330］　Vitte to Nikolai II, 5 November 1899, RGIA, F. 560, Op. 28, D. 282, L. 14-17. Nikolai's order, L. 14. Lukoianov, The Bezobrazovtsy, p. 74.

［331］　Simanskii, op. cit., Vol. II, p. 221.

［332］　Abaza, op. cit., p. 28. Simanskii, op. cit., Vol. II, pp. 221-222.

［333］　Abaza, op. cit., pp. 27-28. Simanskii, op. cit., Vol. II, pp. 221-222. 发起人名簿见 Vonliarliarskii, Koreiskie dela, Part II, p. 246.

第四章　俄罗斯占领并租借旅顺（1896—1899）

的贵族米哈伊尔·阿巴扎，亚历山大二世末期时任财相的亚历山大·阿巴扎的弟弟。阿列克谢·阿巴扎没有受过军事教育，1873年作为海军容克（译者注："容克"俄语作 юнкер，源于德语音译，原指以普鲁士为代表的德意志东部地区的贵族地主，此处泛指贵族子弟。）进入第四海兵团。1879年成为太平洋分舰队司令官阿斯兰别格夫的副官，从日本获得了旭日五等勋章。1882年任巡洋舰"阿芙利卡"的士官，但不久就被调到西伯利亚海兵团。阿巴扎没有特别引人注目的经历，不过值得一提的是他于1884年11月被任命为海军元帅阿列克谢大公的副官。1887年，他成为阿列克谢大公的舰载短艇"普里鲍依"和"斯维特兰娜"的管理者。从这之后，他顺利地迅速升迁，1892年成为巡洋舰"亚细亚"舰长，1895年晋升为海军上校，被任命为一等巡洋舰"斯维特兰娜"舰长，接着，最终于1899年成为近卫海兵团司令官。[334]可以肯定地说，阿巴扎是从成为阿列克谢大公的副官，获得他的信任后，得以平步青云的。

可以推测，与军务才能相比，阿巴扎更擅长于皇族周边的政治。由于别佐勃拉佐夫属于与阿列克谢大公水火不容的亚历山大·米哈伊洛维奇大公系列，阿巴扎和别佐勃拉佐夫成为合作者大概是想视情况进退吧。

有一种解释阿巴扎和别佐勃拉佐夫合作的说法是，他是别佐勃拉佐夫的从兄弟。由于两人的父亲不是兄弟，那么只可能母亲是姐妹了。但是，别佐勃拉佐夫的母亲是奥尔加·诺斯奇茨，而阿巴扎的母亲是亚历山德拉·佐罗塔列娃，因此他们不可能是严格意义上的从兄弟，也许是比从兄弟关系更远的亲戚吧。[335]

6月16日（4日），沃龙佐夫-达什科夫给皇帝写信请求，由

314

---

[334] 阿巴扎的职务履历见 Posluzhnyi spisok A. M. Abazy, RGAVMF, F. 406, Op. 9, D. 3, L. 1-6ob。另请参见 Fedorchenko, op. cit., Vol. 1, p. 16。

[335] Fedorchenko, op. cit., Vol. 1, pp. 16, 94.

353

于股东们是"为了侍奉陛下和俄罗斯,在观念上参与这项事业的",如果"自己的旗帜"——皇帝不参与的话,那么"大多数人大概会放弃这项事业","因此,为了使这项事业无论在观念上还是在实务上扎扎实实地进行下去,陛下以那样的股数……参与是极其必要的。"[336]

由于皇帝的心血来潮,这样一个莫名其妙的国策公司成立了。这就是义和团事件爆发前夕俄罗斯的状况。

穆拉维约夫的 20 世纪外交方针

1900 年 1 月意味着 19 世纪最后一年的开始。外交大臣和陆军大臣分别写下了关于世纪转换时期的重要方针的意见书。首先,1900 年 1 月,外交大臣穆拉维约夫向皇帝提交了外交方针的长篇意见书,并给大臣们传阅。

这份意见书[337]首先从布尔战争的爆发写起,批判了英国的殖民政策,对布尔人表示同情,但俄罗斯没有趁着这场战争,在任何地区谋求扩大自己权益的想法。俄罗斯"虽然不止一次对有着相同信仰的被压迫民族拔刀相助,但这些不是在'机会主义'理论的指导下做出的,我们从来没有为获取那些并非燃眉之急的物质利益拿起过武器"。他指出,俄罗斯肩负着在博斯普鲁斯沿岸获得地位的历史性使命,为了实现这一使命,有必要进行军事方面的准备,以及让德国承认俄罗斯的这项权利,进而有必要在波斯和阿富汗与英国对抗,扩大势力。

---

[336] Vorontsov-Dashkov to NIkoalai II, 4 June 1900, RGIA, F. 560, Op. 28, D. 100, L. 25. Lukoianov, The Bezobrazovtsy, p. 75.

[337] Vsepodanneishii doklad ministra vneshnei politiki, KA, 1926, kn. 5, pp. 4-15.

第四章　俄罗斯占领并租借旅顺（1896—1899）

最后是远东。

实际上，近年俄罗斯的一切志向都指向在远东获得合适的不冻港。这一志向因1898年与清国政府缔结协定而得以顺利实现。……在这片新获得的领土上，强化军港，加深、扩大海湾，用新造舰来强化我们的太平洋舰队等一系列更为艰巨的课题正在等待着我们。自不待言，只有在事态和平发展，我们完全克制有可能引发某种政治纷争的决定性行动的情况下才有可能实现这些课题。因此，在战略意义上，俄罗斯应该从军事政策纲领中去掉以优于旅顺这种理由而占领巨济岛的危险企图。因为即使专注于非洲战争的大英帝国政府没有余暇阻碍我们实施计划，而赋予巨济岛同样战略意义的日本从一切可能性来讲，都不会坐视我们征服朝鲜诸岛的企图。

根据1898年协定，我们让日本背负上了承认朝鲜完整和不可侵犯的义务，考虑到现在我们在太平洋岸的立场并不稳固，有可能会轻易失去为强化这个立场所做的牺牲和努力的果实，我们必须自问能否与日本陷入纷争。对于这个问题，陆军部已经有了明确的回答。以现有的条件，在朝鲜的一切军事行动，对俄罗斯来讲都是严重的、牺牲巨大的、几乎一无所得的课题。

通过牢牢稳固我们在旅顺的立足点，用铁路将其与俄罗斯连接，可以坚决展示出我们在远东问题上的意志，如果有必要，可以利用武力来支持。[338]

皇帝尼古拉于2月6日（1月25日）对这份意见书做出了同

---

[338] Vsepodanneishii doklad ministra vneshnei politiki, pp. 15-16.

意的答复。[339]然而，海相特尔托夫仍然主张在远东建立海军据点应该选在朝鲜南部。[340]而陆相认为，20世纪俄罗斯最重要的课题是军事占领博斯普鲁斯海峡，至于波斯、阿富汗、远东，则赞成外相的意见书。[341]财相维特表示"完全赞成意见书中的一般性见解"。不过对于增强远东海军实力、强化旅顺兵力，他持否定态度，反问道："待新一批两万陆军集结关东州，沿阿穆尔军区的军队实力也得以增强之后，还需要进一步发展我军在太平洋沿岸的战斗力吗？"[342]

库罗帕特金的长篇上奏报告

库罗帕特金陆相在性格上更接近于学者、评论家。他确实是一个热爱学习的人，头脑也很聪明。他热衷于写文章。1900年3月27日（14日）他提交了上奏报告，这是近138页的鸿篇大作。在世纪之交，他总结了18至19世纪俄军的成果，论述了20世纪的军队课题。[343]

库罗帕特金的观点是，经过18至19世纪的努力，俄罗斯确保了安定的国土，没有必要在此基础上进一步扩大领土。如果这样，"在20世纪，不从我方发起新的攻击性战争的可能性较高。"

---

[339] Vsepodanneishii doklad ministra vneshnei politiki, p. 4.
[340] Ibid., pp. 18-21.
[341] Ibid., pp. 21-22.
[342] Ibid., pp. 22-25.
[343] Vsepodanneishii doklad voennogo ministra za 1900 g., GARF, F. 601, Op. 1, D. 445, pp. 1-138. 68页之前为活版印刷，以下用打字机打出。最后有1900年3月14日（27日）的日期和署名。由于GARF所藏的资料捐赠于1923年，上面有维特阅读时用红铅笔写的批语。

第四章　俄罗斯占领并租借旅顺（1896—1899）

但是，存在着过去曾被我们夺去领土的邻国，它们有可能打出夺回领土的旗号。"因此，对于我们来讲，战争的危险仍然没有消失。不过，这些战争大概是防卫性质的。"而且，俄罗斯帝国有四千万非俄罗斯裔人，期待在20世纪他们可以与俄罗斯原住民进一步融合。〔344〕

库罗帕特金顺便讲述了俄罗斯国境军事战略方面的概况。他认为无论对德国、奥地利，还是对俄罗斯来讲，"很明显，为了修正现有的国境而发动战争不是上策。"〔345〕

他认为即使在远东，也应该将"满洲"作为清国的一部分，力争最大限度地在经济上支配它。"虽然我们放弃合并满洲，但我们应该尽一切可能为完全支配这个地区的经济而努力。"〔346〕

关于朝鲜，虽然没有必要合并，但他主张不能允许日本在此确立势力。"对我们来说，在我们的保护国制度下的弱小、独立的朝鲜是最佳状态。"但是，现在我们不能扮演积极的角色。"就控制朝鲜市场的欲望（即使只是经济、政治上的）而言，我们不可避免地会直面来自日本方面的能量十足的反击。与这个强国之间，如果不适时回避这个问题，恐怕我们会在20世纪初与它陷入军事上的冲突。"〔347〕

由此可见，库罗帕特金在这个时点上冷静地捕捉到了与日本发生冲突的危险性。不过，他也写了"防止在远东流血斗争的唯一手段，是剥夺日本拥有海军的权利"这种充满幻想色彩的见解，他的想法是说服英、德，以欧洲联合舰队的力量迫使日本废除海

---

〔344〕 Vsepodanneishii doklad voennogo ministra za 1900 g, pp. 25-26.
〔345〕 Ibid., p.38, 42.
〔346〕 Ibid., p.59.
〔347〕 Ibid., p. 60.

军，这一点显示出了他本质上的缺陷。[348]

库罗帕特金的结论是，俄军肩负着占领博斯普鲁斯海峡、确保通向地中海的出海口、获取经波斯通向印度洋的出海口这些历史性课题，但为了实现目标，将会与英、德、美、日等联合势力发生冲突，为了与之对抗，俄罗斯必须发展与法国以及巴尔干诸国的同盟关系。然而俄军尚未做好准备，还需要五六年的时间。但是，"世界迄今为止未曾有过的流血战争或许不用五六年就会发生。"如果那样，对俄军来讲，战争的开始阶段将会面临严峻的形势。"俄罗斯的君主必须具有钢铁般坚强的性格，即使在最初的战役中败北，无论战争初期的状况——饥饿、疾病、诸事停滞以及大量的死伤者——如何严峻，也不听从各方面的建议，去承认俄罗斯的失败而媾和。"[349]

这份长篇报告书的结论相当现实，很有预见性。

1900年春海军大学的图上推演

俄罗斯海军军令部的军人们认真对待着战争的危机。1900年年初，1月至2月，海军大学首次举行了与日本作战的图上推演。俄军总司令官为亚历山大·米哈伊洛维奇大公，日本军总司令官为军令部军事部长维列尼乌斯上校。演习总指挥官最初由海军少将罗热斯特文斯基担任，但后半程改为由海军少将斯克雷多洛夫担任。参与讲评意见的人有斯捷岑科海军大将、比利列夫、费尔克扎姆两位海军中将、格拉马奇科夫中校、库拉德中尉、驻清国

---

[348] Vsepodanneishii doklad voennogo ministra za 1900 g, p. 61.
[349] Ibid., pp. 66-68, 136-138.

第四章 俄罗斯占领并租借旅顺（1896—1899）

陆军武官戴西诺和驻日本陆军武官瓦诺夫斯基。[350]

　　战争开始前的兵力对比，日本方面占有绝对优势。日本海军有一等舰 20 艘，二等舰 15 艘，陆军若完全动员有 20 万人，如果留下四分之一作为战略预备队，能够投入多达 150,000 人积极作战，最初 8 天能够出动 77,000 人。与之相比，俄罗斯海军有一等舰 9 艘（战列舰"彼得罗巴甫洛夫斯克""纳瓦林""西索伊·维利基"，一等巡洋舰"俄罗斯""留里克""弗拉季米尔·莫诺马赫""德米特里·顿斯科伊"等），二等舰 9 艘（二等巡洋舰"科尔尼洛夫海军上将""扎比亚克"等），陆军两周内能够出动 26,000 人，6 周后 40,000 人，10 周后 56,000 人，好不容易到第 14 周将近 100 天时，只能出动 86,000 人。[351]

　　战争爆发于俄罗斯要求韩国政府将俄罗斯在马山一度指定好却被卖给日本的土地再次转让给俄罗斯，韩国政府同意了这项要求之时。俄罗斯 2 月末向马山派遣了巡洋舰"弗拉季米尔·莫诺马赫"和"扎比亚克"，而日本派遣了 5 艘巡洋舰。3 月 1 日，日本要求在 10 天内将有争议的土地交还日本。从这一瞬间起，日俄两国开始进入准备战斗阶段。韩国政府 3 月 9 日宣布以往的合同全部取消，争议土地为政府所有。其后，日本登陆釜山，发出通告：在马山的土地没有交还日本领有期间，将继续占领釜山。[352]

　　俄罗斯方面考虑到海军处于劣势，采取了回避直接交战、等待增援舰队到来的方针。为了尽早会合，决定开战前只在符拉迪沃斯托克（海参崴）、旅顺、大连留下水雷艇，主力南下，在海上

---

〔350〕 Voina na Dal'nem Vostoke. Ocherk strategicheskikh zaniatii 1900 g. na kurse Voenno-morskikh nauk. *Izvestiia po minnomu delu*.Vyp.37，Sankt-Peterburg, 1900, pp. 2-3.
〔351〕 Ibid., p. 79.
〔352〕 Ibid., pp. 34-35. 演习日期为原来的俄罗斯历。

迎接增援舰队。[353]

从3月1日起，俄方增援舰船开始回航远东。远东的主力舰队于3月4日从旅顺出航。其中，"俄罗斯"和"留里克"穿过津轻海峡，13日进入符拉迪沃斯托克（海参崴）。三艘战舰南下，驶向荷兰领印度诸岛之一的布顿岛，于15日抵达。

驶向符拉迪沃斯托克（海参崴）的二舰于3月21日出港，再度穿过宗谷海峡南下，于4月4日到达布顿岛。俄罗斯陆军开始动员，派遣监视部队得到推进。

日本方面从3月1日起开始准备，用海军力量护援陆军登陆作战。3月8日，第12师团在釜山登陆，3月12日，确认没有俄罗斯舰队后，60艘运输船出发，15日在靠近平壤的海岸进行登陆作战。

以3月12日为期，双方进入交战状态，日本于3月14日发出了宣战通告。日本封锁旅顺的军舰中，巡洋舰"桥立"遭到水雷攻击而损伤。

3月23日，日本第二批船队的85艘船驶向平壤，于26日抵达，开始登陆作战。第一批、第二批加在一起，共有70,000人登陆。

俄罗斯海军来自欧洲的增援舰艇在红海遭遇到了驶向日本的新造舰，4月2日、4日先后攻击了这些军舰，战列舰"朝日"和巡洋舰"出云"受损，而俄罗斯方面也有2艘驱逐舰沉没。日本第三批船队由100艘组成，于4月6日到达黄海，在"关东州"登陆。从4月10日开始进攻旅顺，4月18日进行了第二次进攻，但没有攻下要塞。

来自欧洲的支援舰艇于4月9日、14日到达南部海域，4月

---

[353] *Izvestiia po minnomu delu*, pp. 90-91.

第四章　俄罗斯占领并租借旅顺（1896—1899）

25日会合成联合舰队，北上驶向黄海。5月1日，俄罗斯联合舰队在大连湾抛锚。日军预料到了这支舰队的到达，解除了旅顺的包围，转移到鸭绿江河口，于5月2、3日进攻大连的俄罗斯联合舰队。战列舰"塞瓦斯托波尔"严重受损，但剩余舰船对水雷攻击有所准备，得以无事。5月4日，日本的舰队再次驶向大连。俄罗斯陆军还没有调整好状态。图上推演至此结束。[354]

这次图上推演令人饶有兴味之处在于，日军在发布宣战公告前，就登陆朝鲜，开始战斗。还预想到了日军的矛头将会指向朝鲜和"关东州"，在早期就开始进攻旅顺。尽管俄罗斯方面的应对方式完全不同，但如果仅看日本方面的作战，这次图上推演完全预想到了后来日俄战争的情形。

评论员肯定了演习参加者共同认为日军兵力占优势的观点，批评陆军中的一位代表严重低估了日军的战斗能力，欠缺慎重。这是针对瓦诺夫斯基的批判。

虽然评论员认为日本方面在没有掌握俄罗斯舰队位置的情况下就实施大规模的登陆作战是一种冒险的行为，但也注意到日本方面无论如何要赶在俄军集结之前占领大陆战略要地。而且还认为海军方面，在与俄罗斯舰队决战前采用水雷攻击、企图弱化敌人的作战方式也是合理的。

评论员指出，俄罗斯方面没有采取有效的对策阻止日军在平壤附近登陆，没有支援向元山运输军需物资的体制，这些都是问题。关于陆军，评论员的观点是，只有当来自西伯利亚、欧陆俄罗斯的增援军到达之后，陆军才有可能在朝鲜或中国做出决定性行动，因此，在这三四个月间，日本大概会占领朝鲜，并在此扎根。为了避免出现这种情况，必须不断地配备充足的陆军力量。

---

[354] *Izvestiia po minnomu delu*, pp. 5-10.

这方面比配备海军力量省钱，能够尽早实现。[355]

1900年的图上推演，海军军令部的意见中指出了远东海军基地所存在的问题：

> 我国舰队在符拉迪沃斯托克依旧只能确保不充分的安全，在旅顺更是如此。……在现阶段，舰队主力以符拉迪沃斯托克为根据地较为有利，巡洋舰队以旅顺为根据地较好。[356]

陆军方面的结论则指出："关东州现在对我们来讲不具备积极层面的战略性意义。但是，否定性的意义相当重要。因为日本如果获得了这里，就能确保自己在朝鲜的地位，不能允许这样的事态发生。""无论如何，旅顺的陷落会有巨大的政治上、精神上的意义。"[357]

无论从海军还是从陆军来讲，旅顺作为港口和要塞的战略性意义都很低，以此为依托，与日本的战争可能无法顺利打下去。这是阴郁的预言。

---

[355] *Izvestiia po minnomu delu*, pp. 11-18.
[356] Ibid., p. 26.
[357] Ibid., pp. 167, 168.

第五章
义和团运动与俄清战争

义和团运动

19世纪末,法国、日本、德国、俄罗斯、英国相继侵略中国的领土,清朝皇帝统治的古老帝国可谓正直面着亡国的危机。这个时候,1900年,清国国内爆发了激烈的反抗运动,即敌视西洋人的宗教、文明的义和团起义。它的旗号是"扶清灭洋",起义的核心是名为"义和拳"的武术团体。

对教会的袭击,从1897年就已发生过杀害德国传教士的山东省蔓延至北京周边,逐渐频繁起来。然而,1899年最后一天发生的杀害英国牧师卜克斯一事再次给了人们新的打击。英国公使向清朝政府强烈抗议,要求惩处犯人。清朝政府于1月4日发出上谕(敕令),表达了对事件的遗憾之意,告诫不得排斥外国人。但是,一周之后,在清朝政府发出的第二道敕令中,因指示地方官要"一视同仁","只问其为匪与否,肇衅与否,不论其会不会,教不教也",被解读为政府反而站在了为义和团提供保护的立场上。外交使团对此深感不满。[1]

---

[1] 佐藤公彦《义和团的起源及其运动——中国民众民族主义的诞生》,研文出版,1999年,656页。

"关东州"外交负责人科罗斯托维茨的回忆录《俄国在远东》清楚地描述了义和团运动发生时俄罗斯方面的状况。1900年3月（2月末），科罗斯托维茨受阿列克塞耶夫司令官之命，为联络驻清公使吉尔斯去了北京。大刀会、义和团的动向已然成为北京的话题。不过，以吉尔斯公使为首，俄罗斯公使馆的高层都认为这是经常发生的事情，并没有给予重视。[2]科罗斯托维茨在返回的路上，于天津会见了驻在武官沃加克。驻在武官"与公使不同，认为整体形势颇为严峻，预计将会在直隶省爆发排斥欧洲人的运动"。沃加克建议各国公使与清朝政府交涉时，必须表现出更加坚决的态度，却被吉尔斯公使批评"言行不稳重，不沉着"。然而，就在科罗斯托维茨尚在天津的4月份，义和团也开始在天津向中国基督教徒的家中纵火了。[3]

沃加克于3月10日（2月26日）给参谋本部发去警告电报："山东省的形势仍旧让人担忧。秘密会社活动极其活跃。不知新任巡抚袁世凯是还没有下决心公然取缔，还是不愿这样做。德国人不得不中止了各处的铁路建设工程。"[4]

与俄罗斯公使的慎重不同，英、美、法、德、意五国公使于3月10日联合照会清朝政府，要求迅速镇压骚乱，若不如此，将会采取必要措施保护侨民。当月，各国派出军舰前往直隶湾。（译者注：即今渤海湾。）[5]俄罗斯公使没有附和。

---

[2] I. Ia. Korostovets, *Rossiia na Dal' nem Vostoke*, Pekin, 1922, pp. 9-10. 据马洛泽莫夫研究，吉尔斯在外交使节中采取了独自行动，即使外交使节要求清朝政府镇压义和团，他也没有参与。Andrew Malozemoff, *Russian Far Eastern Policy 1881-1904*, New York, 1977, pp. 124-125.

[3] Korostovets, op. cit., p. 12.

[4] Vogak to General Staff, 26 February 1900, GARF, F. 601, Op. 1, D. 717, L. 5.

[5] 佐藤，《义和团的起源及其运动》，657—658页。齐藤圣二《北清事变和日本军》，芙蓉书房出版，2006年，17页。

第五章　义和团运动与俄清战争

进入4月，事态急速恶化。俄罗斯公使馆终于也开始商讨调遣部队到北京之事。沃加克对此相当慎重，他建议说，清朝政府"斗志极其昂扬"，在直隶这个有50,000清国兵的地方，俄罗斯单独出兵是否有效是个疑问，反而是，如果想向清朝政府施加压力，向"满洲"派去陆军，在直隶湾进行海军示威更好。[6]

进入5月中旬（初），天津、北京地区的义和团骚乱正式拉开帷幕。5月下旬（中期），吉尔斯公使忍无可忍，请求向旅顺派遣100名士兵。5月29日（16日），韦谢拉格海军少将率领士兵乘战列舰"伟大的西索伊"等6舰驶入大沽。前去迎接部队的是沃加克。[7]

理所当然地，列国都已经开始行动。陆战队接连不断地从各国的舰艇登陆，5月31日，美、英、法、日、俄、意军的22名士官、334名士兵组成第一派遣队，从天津乘火车出发前往北京，翌日，部队进入北京。[8]这只不过是象征性的兵力。

进入6月，列国认为有必要正式派遣兵力了。基于北京公使和阿列克塞耶夫的电报，穆拉维约夫外相于6月7日（5月25日）上奏："为保护帝国公使馆职员和北京基督教徒的生命财产"，并且"为避免以保卫为借口招来日本以及其他外国军队的危险"，从旅顺派去4000名俄罗斯陆战队士兵"完全合乎时宜"。[9]这是打算俄罗斯单独出兵。

最后，6月9日（5月27日），吉尔斯的电报送达旅顺，是SOS。"我确信，在北京，公使们的任务结束了，事情不得不转交给提督们。只有强有力的部队快速到达，才能拯救在北京的外国人。"[10]

---

[6]　Vogak to General Staff, 28 March 1900, GARF, F. 601, Op. 1, D. 717, L. 7, 8ob.-9.
[7]　Korostovets, op. cit., p. 15. V. G. Datsyshen, *Bokserskaia voina. Voennaia kampaniia russkoi armii i flota v Kitae v 1900-1901 gg.*, Krasnoiarsk, 2001, p. 63.
[8]　佐藤，上述书，660页。齐藤，上述书，20—21页。
[9]　Murav'ev to Nikolai II, 25 May 1900, KA, 1926, kn. 1, p. 13.
[10]　Girs to Alekseev, 27 May 1900, Ibid., p. 14.

于是，阿列克塞耶夫决定派遣由阿尼－西莫夫上校率领的第12东西伯利亚联队。联队立即从旅顺出发。[11]

6月9日，列国军队代表会议在大沽口的军舰上召开。会上决定组建多国联军，西摩尔将军任司令官。翌日，应天津领事会议请求，多国联军登陆，总人数达2055人。部队经天津向北京进发。面对这种大部队的进军，清朝政府虽然同意使用铁路，但很明显带有强烈的抵触。然而，西摩尔部队因义和团的阻碍，进路被阻断，在北京附近的廊坊陷入进退维谷的状态。[12]于是，6月16日（3日），多国联军决定占领大沽炮台，以联军指挥官联名的形式向清国守军下达了最后通牒，要求让出这一片区域。清国的炮台司令官拒不接受此要求，开始发炮，联军也开始进行攻击，于17日（4日）占领了大沽炮台。[13]

在此期间，阿列克塞耶夫于6月18日（5日）从旅顺增派了哥萨克中队和斯特塞尔少将率领的第9东西伯利亚联队，这样，俄罗斯派遣军达到了4000人。[14]日本也不甘落后。山县内阁于6月23日决定派遣3400人的步兵部队，海军则由东乡平八郎中将率领18艘军舰进发。青木外相于当天通告各国公使，日本能够再增派4000人，部队正在广岛待命。可以推测，日本大概暗中持有"经列国委任而特地采取积极军事行动的想法"。[15]

这个时候，谁任联军总司令官的问题再次被提起。俄罗斯外交部的考量是俄方不宜出任联军总司令官。6月17日（4日），外相穆拉维约夫就此事向皇帝呈交上奏报告：俄罗斯与清国有长达

---

[11] Korostovets, op. cit., pp. 16-17.
[12] 佐藤，《义和团的起源及其运动》，662—663页。Datsyshen, op. cit., pp. 65-66.
[13] 佐藤，上述书，668、709页。齐藤，《北清事变和日本军》，50—51页。
[14] Korostovets, op. cit., pp. 19-20.
[15] 齐藤，上述书，76页。Izvol'skii to Murav'ev, 10 June 1900, AVPRI, F. 133, Op. 470, 1900 g., D. 102, L. 129-129ob.

8000俄里的国境相接壤，"满洲"铁路雇用了60,000清国人，在双方维持了200多年友好关系的基础上，对清国采取敌对行动的军队指挥官，不应该由俄罗斯人担任。"我部认为我军部队没有丝毫损害和其他欧洲诸国部队一致的行动，没有超出陛下规定的任务——保护公使馆的安全，保护居住在清国北部的俄罗斯臣民的生命、财产，支持与革命集团斗争的合法政权这个范畴。"[16]

然而，就在这个上奏后的第三天，6月20日（7日），穆拉维约夫外相猝死了。头天晚上，他久违地拜访了维特的宅邸，一人喝了近一瓶香槟后回去了。第二天早晨，他没有起来，因脑溢血去世了。于是，外交次官弗拉季米尔·拉姆斯道夫被紧急提拔为外交大臣事务代理。[17]

大臣虽然变了，但穆拉维约夫的应该维持对清国友好态度的主张被原封不动地继承了下来。6月24日，《官报》发表了说明俄罗斯出兵目的和占领大沽理由的宣告书，强调俄罗斯对清国没有任何要求，除救援公使馆和侨民之外，没有任何其他目的。[18]

然而，就在这时，北京的俄罗斯公使馆、东正教宣教会却遭到了袭击。宣教会的建筑被焚烧，6月17日，一名中国正教徒被杀害，之后据说陆续被杀害的正教徒达到了90人。[19]

反过来，中国人对外国人的反抗愈加强烈，义和团得到了越来越多的支持。接着，根据西太后出席的御前会议的结论，清国政府最终于6月21日发出了"宣战上谕"。愤怒的出发点是多国联军向大沽炮台发去的要求投降的最后通牒。"彼自称教化之国，

---

[16] Murav'ev to Nikolai II, 4 June 1900, KA, 1926, kn. 1, pp. 14-15.
[17] S. Iu. Vitte, *Vospominaniia*, Vol. 2, Moscow, 1960, pp. 175-176. 英国公使斯科特向本国报告，有传闻说穆拉维约夫因前夜被维特严厉批评了他对中国的政策而自杀，此说不可信。Ian Nish, *The Origins of the Russo-Japanese War*, London, 1985, p. 73.
[18] 小村给青木的信，1900年10月19日，《日本外交文书》第33卷别卷2，358页。
[19] Datsyshen, op. cit., pp. 80-81.

乃无礼横行。专肆兵坚器利，自取决裂如此乎。""朕今涕泪以告先庙，慷慨以誓师徒，与其苟且图存，贻羞万古，孰若大张挞伐，一决雌雄。""彼凭悍力，我恃人心。无论我国忠信甲胄、礼仪干橹，人人敢死；即土地广有二十余省，人民多至四百余兆，何难剪彼凶焰，张国之威。"[20]

在俄罗斯方面的资料中也有标为 6 月 25 日的清国皇帝的敕书。这份敕书宣告"朕开始与外国列强战争"，号召义和团团员、国民和清军团结一致，夺取一系列对外国之敌的胜利。[21]

清国对列强发出宣战公告，对于远隔大洋的列国来讲并没有太大的意义。但是，对唯一与清国国境相连的大国俄罗斯来讲，宣战公告意味着事态严重。俄清发生战争的可能性随之而生。

到这个时候为止，陆相库罗帕特金一直在休假。自 5 月 22 日（9 日）起将近一个月的时间，他去了顿河地区。大臣不在期间，萨哈罗夫参谋总长担任代理大臣。办公厅厅长列季格尔回忆，义和团运动的第一份报告"真是名副其实的晴天霹雳"。代理大臣萨哈罗夫认为也许有必要占领北京，从最初就做了大规模出兵的准备。6 月 23 日（10 日），他首先向阿穆尔军区发出了动员令。[22]

天津的交战

占领大沽炮台后，联军在天津开始了与清军的交战。6 月 18 日，俄罗斯进行了最初的正式战斗。交战断断续续持续了将近一

---

[20]《义和团档案史料》上卷，北京，中华书局，1979 年，162—163 页。佐藤，《义和团的起源及其运动》，742—744 页。

[21] KA, 1926, kn. 1, p. 15.

[22] Aleksandr Rediger, *Istoriia moei zhizni*, Vol. 1, Moscow, 1999, p. 316.

个月。这个时期，以俄罗斯为首，联军也出现了很多损伤。7月7日（6月24日），阿列克塞耶夫乘坐"彼得罗巴甫洛夫斯克"号军舰抵达大沽，指挥俄军。[23]在天津，沃加克作为联军的联络员很活跃。[24]自7月9日起，日本军冲到了前面，交战激烈进行着。7月14日，天津城陷落。死者达800人，不过损失最严重的是日本军。俄军的损失大约是150人。美军中，巴特勒将军战死。[25]

阿列克塞耶夫提议设置军务部长一职作为被占领的天津的行政管理者，他推举沃加克担任此职，但遭到日军和英军反对。于是，阿列克塞耶夫提出由日、英、俄三国派出委员共同治理，这一方案被接受了。沃加克被指定为俄罗斯方面的代表。这一体制是由阿列克塞耶夫及其手下科罗斯托维茨以及沃加克推动的，于7月23日（10日）正式确立。不过，后来因沃加克罹患痢疾，去东京疗养，由别的军人代替了他。[26]

攻占天津后，进攻北京的问题摆在了眼前。不过这个时候，阿列克塞耶夫返回了旅顺。他将指挥俄军之事委托给了利涅维奇将军。关于阿列克塞耶夫当时的心境，科罗斯托维茨记述了他如下的话："我们的利害在满洲，那里有我们的政治中心。我们的一切努力都应该指向确保我们在这个国家的地位。虽然我们根据需要来到了直隶地区，但越早从这里离开越好。虽然公使们很可怜，然而不也是自作自受吗？现在俄罗斯承担的牺牲难道不是因他们的短视而造成的吗？"[27]

阿列克塞耶夫理所当然会有这样的想法，因为"满洲"现在

---

[23] Korostovets, op. cit., p. 23.
[24] Ibid., p. 26.
[25] Ibid., p. 39. Datsyshen, op. cit., pp. 85-93. 齐藤，《北清事变和日本军》，96—97 页。
[26] Korostovets, op. cit., p. 46. 齐藤，上述书，97—98、107、144 页。
[27] Ibid., p. 48.

眼看就要成为火海了。

俄清战争开始

俄罗斯没有料到义和团的骚乱会波及"满洲"的铁路地带，当初的想法太乐观了。然而，5月中，俄罗斯的铁路警备队在三个地方遭到了马贼的袭击。义和团成员5月在营口发起了"灭洋"的示威运动。到了6月，这个运动扩展到了吉林以及其他城市。[28]尽管如此，哈尔滨本部的东清铁路总工程师尤戈维奇即使到了7月4日（6月21日）还在送交给沿阿穆尔州总督格罗杰科夫将军的报告中写道，铁路的施工现场很平静，和东三省三位将军的关系也很良好。然而两天后，他向维特财相通告危机出现，奉天有3000名清国兵发起叛乱，杀害了天主教的神父等人，火烧驿舍，破坏铁路。7月6日（6月23日），尤戈维奇向沿阿穆尔州总督格罗杰科夫发去电报，请求出动军队。7月8日（6月25日），维特向皇帝请求派遣军队保卫东清铁路。翌日，皇帝下达命令，从哈巴罗夫斯克（伯力）、乌苏里斯克（双城子）、"关东州"三个方面向"满洲"派去军队。[29]维特这个时候相当紧张，他似乎提出过要尽可能多地向"满洲"派兵。[30]

根据1896年6月3日签署的《俄清秘密同盟条约》，俄罗斯有义务保护清国不受日本侵略，为此，清国允许它使用东清铁路向必要的地方运送军队。根据《东清铁路协定》，清朝政府有义

---

[28] Datsyshen, op. cit., pp. 106-107.
[29] Simanskii, op. cit., Vol. II, pp. 102-104.
[30] 1909年9月，库罗帕特金对波洛夫采夫所说。"维特对我说，有必要无条件、尽可能多地派遣军队。" Dnevnik A. A. Polovtseva, KA, 1923, kn. 3, p. 104.

务保护这条铁路免遭袭击。[31]因此，在道理上，只要清军处于不能防止袭击铁路的状态，俄罗斯就可以派自己的军队去保护铁路。但是，清朝政府已于6月21日对列国发出了宣战公告。这样一来，如果俄军进入"满洲"，就自动进入了与清军的战争状态。这就是"满洲战争"、俄清战争的开端。

自休假归来后，就进入这种军事作战氛围中的库罗帕特金陆相显得格外斗志昂扬。[32]7月12日（6月29日），库罗帕特金向皇帝奏陈，应该由俄罗斯人担任联军总司令官一职，应该任命阿列克塞耶夫，以及应该进攻北京。对此，穆拉维约夫外相去世后的代理外相拉姆斯道夫于7月13日（6月30日）提交了完全相反的上奏报告，他主张库罗帕特金的意见与前外相提出的、得到陛下许可的判断"完全不一致"。[33]维特也反对库罗帕特金的意见。

虽然库罗帕特金提出意见很轻松，但真正向整个"满洲"地区派去军队并不容易，出兵准备迟迟没有进展。我们看看7月20日（7日），维特写给正在养病的西皮亚金内相的信，就能清楚地了解其困难。

> 清国的事态，万事……依旧处于黑暗中。无论如何，毫无疑问会损失很多金钱和生命。主要的原因在于我们没有准备。西伯利亚铁路尚未完工，满洲铁路也完全没有修好，而且我国没有商船队。因此虽然我们的力量无比强大，但我们在那边的执行力很弱。我一直建议为了防备不测事态，要集中更多的军队。与失去权威相比，失去金钱稍微

---

[31] 东清铁道公司章程，《日本外交文书》第29卷，963页。
[32] Rediger, op. cit., Vol. I, p. 317.
[33] Lamsdorf to Nikolai II, 30 June 1900, KA, 1926, kn. 1, pp. 17-19.

好一些。现在除阿穆尔军区外，还在动员西伯利亚军区的一部分。要从俄罗斯派去大约 25,000 人。然而，运输是个难题。斯列坚斯克的石勒喀河那里就像狭窄的咽喉，只能一点一点通过。而如果用海路输送 25,000 人，大概需要到 10 月初才能全部运送完吧。因此，就会变成一小队、一小队的行动。[34]

333　　从 7 月中旬到月末，俄军好不容易从六个方向一齐侵入了"满洲"。最初侵入的是来自东边的萨哈罗夫少将率领的部队，他们从哈巴罗夫斯克（伯力）出发，7 月 15 日（2 日）沿松花江逆流而上，前往哈尔滨。接着，奇恰戈夫少将率领部队从乌苏里斯克（双城子）出发，7 月 18 日沿东清铁路趋往哈尔滨。从西边，奥尔洛夫少将率领外贝加尔军区的部队于 7 月 26 日离开满洲里，在阿巴盖图伊越过国境，沿着东清铁路奔赴齐齐哈尔。在东南方，艾库斯托夫少将率领的部队 7 月 30 日从新基辅卡越过国境，进军珲春要塞。最后，在辽东半岛有霍鲁仁科夫上校率领部队从旅顺出发，东布罗夫斯基上校率领部队从大石桥出发，两支部队北上趋往奉天。[35]剩下从布拉戈维申斯克（海兰泡）越过阿穆尔河（黑龙江）的，是外贝加尔军区的部队。

布拉戈维申斯克（海兰泡）的交战和屠杀

最初的激烈战斗发生在布拉戈维申斯克（海兰泡）。位于划分

---

[34] Vitte to Sipiagin, 7 July 1900, KA, 1926, kn, 5, pp. 32-33.
[35] Simanskii, op. cit., Vol. II, pp. 104-105. Datsyshen, op. cit., pp. 145, 150, 156.

国境的河流——阿穆尔河（黑龙江）畔的布拉戈维申斯克（海兰泡）是阿穆尔州的首府。1892年时这里的人口约为两万人，有数千中国人居住在此。河的对岸是清国的黑河市，稍往下游是瑷珲市。根据1858年缔结的《瑷珲条约》，承认在成为俄罗斯领地的阿穆尔河（黑龙江）左岸残存着清国的飞地。那里即是"江东六十四屯"（Zazeiskii man'chzhurskii raion）。[36]据说19世纪末大约有35,000名中国人居住在位于布拉戈维申斯克（海兰泡）东部的这一地区。因此，当俄罗斯与清国开战时，这里成了最为水深火热之地。

"满洲"方面的地方长官是黑龙江将军寿山。他精力旺盛、主动性强，对外国势力、俄罗斯怀有很强的敌意。寿山打算忠实地执行清国皇帝6月21日的"宣战上谕"。他掌握了6月29日沿阿穆尔军区发布动员令的情况。寿山考虑到俄军马上就要入侵，做好了与俄罗斯交战的准备。[37]

身在哈巴罗夫斯克（伯力）的沿阿穆尔州总督格罗杰科夫于7月4日（6月21日）已经向陆相汇报了黑龙江将军寿山要求阿穆尔州军务部长格里布斯基禁止军队进入"满洲"的消息。[38]

根据列森发现的追究屠杀惨案责任的预审资料汇编，自6月末起，布拉戈维申斯克（海兰泡）市内就流传着不安定的传言，导致出现受到蛊惑的士兵对中国人施以暴行的现象。据说，当时士兵们叫喊着："畜生，就是因为你们，我们不得不去送死。"[39]

---

[36] 刘孝锺《利用和排除的构图——19世纪末，远东俄罗斯的"黄色人种问题"的展开》，原田胜正编《"国民"形成的统合和隔离》，日本经济评论社，2002年，239页。
[37] Simanskii, op. cit., Vol. II, p. 91.
[38] 《义和团档案史料》上卷，264—265页。Datsyshen, op. cit., p. 132.
[39] V. Blagoveshchenskaia "utopia", *Vestnik Evropy*, Vol. XLV, No. 7, July 1910, p. 231. 这篇文章汇总了有关对格里布斯基军务长官事件责任的预审资料，作者匿名。另外参见 Lev Deich, *16 let v Sibiri*, Moscow, 1924, p. 302. 马洛泽莫夫最先使用了这些资料，但对预审资料的使用也比较谨慎，他认为杰伊奇是犹太人，这一观点也值得怀疑。Malozemoff, op. cit., pp. 140, 291.

7月14日（1日），从哈巴罗夫斯克（伯力）去往布拉戈维申斯克（海兰泡）的轮船"米哈伊尔"号牵引着五艘艀（译者注：装载重物航行的平底船。），沿阿穆尔河（黑龙江）逆流而上，艀中满载着为守备队准备的军需物资。上午10时，轮船驶到瑷珲附近时，清国方面向该船开了炮。接着到了中午时分，任阿穆尔州国境全权委员的中校乘坐轮船"色楞格"号去往布拉戈维申斯克（海兰泡）途中，再次遭到来自清国方面的枪击，与中校同行的四名哥萨克人受了伤。于是到了傍晚，阿穆尔州军务部长格里布斯基率领两艘轮船的俄罗斯兵，向瑷珲方面出动了讨伐队。[40]

恰好就在军务部长和部队出动之后，翌日7月15日（2日）傍晚，从清国一侧岸上开始了对布拉戈维申斯克（海兰泡）的猛烈炮击，据说炮击持续了三个小时。这大概是遵照黑龙江将军寿山的命令开始的战斗行为吧。清军这次炮击点燃了"满洲战争"、俄清战争的导火索。

布拉戈维申斯克（海兰泡）市内流传起清军将要渡河攻打过来的谣言，恐惧笼罩着这里。另一方面，居住在城内的中国人自然而然地出现逃往河对岸的动向。据说，在中国人居住区张贴着写有"灭洋"口号的传单。[41]

惨案发生当时，有数名结束刑期的原民粹派政治犯住在布拉戈维申斯克（海兰泡）。其中一人名叫列夫·杰伊奇，他在革命后撰写的

---

[40] Datsyshen, op. cit., p. 132. George A. Lensen, *The Russo-Chinese War*, Tallahasse, 1967, pp. 75-76. *Times*, 18 July 1900, p. 7 也有7月14日清国方面攻击两艘俄罗斯船"米哈伊尔""色楞格"的报道。石光真清时任在布拉戈维申斯克（海兰泡）的日本军谍报员，他也在手记中写着，清国方面命令轮船"米哈伊尔"号停船是事情的开端。石光真清《旷野的花》，龙星阁，1958年，25页。

[41] Datsyshen, op. cit., pp. 132-133, 209. Lensen, op. cit., pp. 80-84. *Times*, 18 July 1900, p. 7 报道炮击发生于7月16日（3日）上午6时和傍晚。中国方面的报告中出现了7月19日的越江攻击，但没有出现布拉戈维申斯克（海兰泡）炮击。《义和团档案史料》上卷，381页。

第五章　义和团运动与俄清战争

回忆录《西伯利亚的十六年》中，这样描写了炮击时城内的状况：

> 难以言说的恐慌在城内蔓延开来。当时，到处都是宛如受惊的野兽般奔走的人们，他们对为寻求安全的避难场所而东奔西走的和平的中国人施以了残酷的暴行。我也是生平第一次目击一向和平的居民，突然间完全丧失了人的情感，做出类似野兽般的行为。[42]

地方当局也被这场恐慌控制，驶向了暴行。根据前面引用的预审资料汇编中的记述，屠杀是这样发生的：

> "7月3日（16日），布拉戈维申斯克的警察署长B向军务部长格里布斯基报告，有必要立即将所有的中国人从城内和州内驱逐到阿穆尔河对岸。军务部长立即下达了这个命令。……当天，城内的中国人被集中起来，收容到结雅河畔的莫尔津的制材所院内。为了以迅猛的气势将他们集中起来，不仅是警官，就连当地的居民志愿者也参与了进来。他们从店铺、地下室拽出中国人，用随手抓到的东西抽打他们，然后将他们交给警察。周边地区（50俄里以内）的中国人全部被这样抓捕、带走了。被抓捕的人没有做任何抵抗，全都按照说的去做。……翌日，7月4日（17日），第一批人被押送去了位于布拉戈维申斯克到阿穆尔河上游的上布拉戈维申斯克村。预审没能确定其人数。据某位证人说，大约有800人，但据另外的证人说，大约为4000人。由于推测中国人数目最大限度为五六千人，因此这批人有3000到3500人应该是

---

[42] Deich, op. cit., p. 303.

比较正确的数字吧。后来又有320人加入这批人中。军事当局让80名新兵押送这些'叛乱者'。这些新兵没有枪，是用斧头武装的。……从市内到上布拉戈维申斯克的距离大约为7俄里。""但是，很多人因酷暑和疲劳晕倒，或是严重落后。对这些人采取了残暴的措施。巡查长SH下令'用斧头砍杀'所有落后的人……惨案发生10个月后，预审法官在检验这条'悲惨的'道路时，发现路上以及路边还散落着很多中国人夏季、冬季的衣服……鞋子以及其他物品。"

"一批中国人被强行送到上布拉戈维申斯克村后，村里的村长N说'为了帮助中国人渡到阿穆尔河对岸'，找来了数名持枪的哥萨克。另外，别的村的村民也赶来围观。渡河地点选在了村子尽头的上游、水面最狭窄的地方。话虽如此，这里的河面宽度也超过了二百米，水深达四米半，水流湍急，而且当时还刮着相当大的风。场所选好后，决定就直接渡河，没有任何渡河准备，就开始将中国人直接赶入水里，命令他们游过去。前头的一部分人进入水中，有人游了起来，但马上就溺水了，剩下的人迟迟下不了入水的决心。于是哥萨克开始用他们的鞭子驱赶，随后，持枪的人开枪了。哥萨克、村民、老人、少年都参与到其中。射击持续了大约30分钟，结束后，岸边出现了很多中国人的尸体，堆积如山。开枪之后，队长拔出了佩刀，命令新兵们砍杀，用斧头砍杀'不听话的'中国人。一部分新兵下不了这样的决心，很犹豫。于是，哥萨克威胁道，'你们会被当作叛徒砍头的'。中国人哭泣着，有人'画着十字'，哀求不要杀他，但无论说什么都没有用。""第一批渡河的中国人中，大多数都死了。有人是溺死的，有人是被砍杀死的。游到对岸得以逃生的仅有一百人左右。正式报告中写道，'从渡河目击者的证言整体来看，可以确切地说这不是让中国人渡河,而是残杀、强制溺死'。"[43]

这是发生在1900年7月17日的事情。这一天,第二批被押送来的84人也承受了同样的命运。两天和四天后,又有170人和66人成为同样暴行的施暴对象。[44]

民粹派原政治犯杰伊奇夜晚在河岸看到了漂流来的尸体。"我亲眼看到了令人恐怖的场景。广阔如镜面般的阿穆尔河(黑龙江)面上漂浮着无数的人的尸体。他们密密麻麻地挤满了宽阔的河流表面,因此就连大概的数字都无法估计。"[45]他还写道:"数日内连续强制溺死之事,是遵照那个前不久还向中国人保证他们绝对安全的格里布斯基将军的命令去做的。一部分人试图为这个终究无法被原谅的命令辩解,他们列举出一些例外原因,诸如军队全部出城了,城中有数量庞大的敌对居民,俄罗斯人被恐慌控制了等等,想通过这些将此事正当化,或者说留下酌情原谅的余地。但是,这种辩解几乎经不起推敲,因为中国人没有武器,没有反抗能力,不具有任何危险性。"[46]

这就是广为人知的"阿穆尔流血"屠杀(江东六十四屯惨案)的真相。人们因清军将要炮击、渡河攻打过来之类的谣言,以及"灭洋"的传单而变得恐慌,因而对外国人施行了野蛮暴行。杰伊奇将这一暴行写给了德国社民党的机关报《新时代》(*Neue Zeit*)

---

[43] Blagoveshchenskaia "utopia", pp. 231-234. 石光真清的手记中收录了被鼓动参与暴行的俄罗斯人的证言,与本书的记述没有矛盾之处。但是,大概是手记的编辑者添加了如下总结,给人以错误的印象。"在这短短的时间内,被驱赶到支那街的3000名清国人被押送到黑龙江畔,悲惨地被虐杀了,……被残杀的尸体就像筏子一样被黑龙江的浊流冲走了。"(石光,《旷野的花》,31页。)

[44] Blagoveshchenskaia "utopia", pp. 234-235.Lensen, op. cit., p. 91. 将7月17日作为虐杀之日。Datsyshen 并没有明确这一点。

[45] Deich, op. cit., p. 304.

[46] Ibid., p. 305.

和俄罗斯社民党的机关杂志《曙光》，整个欧洲都知道了发生在远东的这起暴行。同年，阿穆尔河（黑龙江）屠杀一事也在日本逐渐传开，作为彰显俄罗斯残暴的事件，引起了人们的反感。《阿穆尔河的流血啊》等歌曲被创作出来就是其表征。[47]

格里布斯基 7 月 22 日（9 日）以听说"一部分市民向居住在我们领地内的和平的满洲族人及其他中国人施加了种种暴力行为"为由，发出要严惩罪犯的告示。[48]他辩称自己只是下令让中国人渡河，没有命令强制溺死他们。但这只不过是做做样子。

同类的作战仍在继续。格里布斯基果断地进行了肃清江东六十四屯的军事作战。清军也渡河前来保护这个地区的中国人。7 月 17 日、19 日，俄罗斯与越境而来的清国部队交战，清国部队被击退，至 7 月 23 日（10 日），江东六十四屯的中国人被一扫而空。[49]接下来的军事作战转为跨过阿穆尔河（黑龙江），进攻对岸的瑷珲和萨哈林村。8 月 3 日（7 月 21 日），对瑷珲的决定性战斗打响了，清军最终撤退。瑷珲的街巷除了留下的兵营外，遭到完全破坏。格里布斯基后来在 8 月发出的给"满洲"居民的布告中这样写道：

> 一个月前，诸君做出攻击布拉戈维申斯克和俄罗斯居民的暴举，简直是丧心病狂。诸君大概忘记了伟大的俄罗斯皇帝陛下……是多么令人恐惧、多么强大了吧。因为这些行为，诸君受到了可怕的惩罚。攻击过俄罗斯人的瑷珲的街巷和阿穆尔沿岸的村庄遭到焚烧，诸君的军队毁灭了。阿穆尔河被大量中国人的尸体污染。满洲的居民大概没有勇气返回阿穆尔沿岸的村

---

〔47〕 关于日本的反应，参见山室信一《日俄战争世纪》，岩波新书，2005 年，89—92 页。
〔48〕 Datsyshen, op. cit., p. 213. 清国方面的报告，有《海兰泡佣工华民数千人驱投诸江》《焚溺华民之事》等。《义和团档案史料》上卷，381 页。
〔49〕 Ibid., pp. 134-136.

第五章　义和团运动与俄清战争

庄了吧。不过，没有将武器指向我们俄罗斯人的城镇和村庄的居民不用恐惧。听着，俄军马上就要前往你们所有的城镇和村庄了。但是，我在这里保证，如果你们不攻击我们，不对我们的军队和建设铁路的和平的劳动者加以伤害的话，我们也不会动你们一根手指。你们完全可以像以前那样，在你们的田野中和平地生活。但是，如果在某个村庄出现了某人袭击或刺杀俄罗斯人的暴行，灾难就会降临。那样的村庄和街巷会被大火烧成废墟，任何一个人都不会逃生。[50]

这之后，伦南坎普夫少将率领外贝加尔军区的部队到达布拉戈维申斯克（海兰泡），接管了以后的作战。[51]

库罗帕特金与拉姆斯道夫

在此期间，俄罗斯政府内部的对立并没有缓和。俄罗斯军队的活跃达到了无以复加的程度，库罗帕特金陆相强势起来，他和认为应该采取慎重姿态的维特财相、拉姆斯道夫外相的争斗变得越发激烈。

维特7月27日（14日）给内相写信，抱怨库罗帕特金陆相目空一切。库罗帕特金自己开始与外交官交涉，动员了多达15万人的兵力，"他想要解除清军武装，排除日军，获取北京，还打算

---

[50] *Novoe vremia*, 11 September 1900, p. 2. 英译见 Lensen, op cit., pp. 124-125. 石光，《旷野的花》，40—41页也收录了日语翻译全文，但翻译有问题。

[51] Datsyshen, op. cit., pp. 140-141. 维特在获知布拉戈维申斯克炮击第一报后，给内相的信中追记道："布拉戈维申斯克遭遇炮击不是什么大不了的事情，至少我们有了为警示而毁灭瑷珲的机会了。" Vitte to Sipiagin, 7 July 1900, KA, 1926, No. 5, p. 33.

趁着混乱一鼓作气进入朝鲜。"拉姆斯道夫对此很不赞成，做了抵抗，但没有效果。占领天津后，是否去北京成了一个问题，赞成去的陆相和不赞成去的代理外相争执不下。维特记下了自己对库罗帕特金说过的话：

> 你是陆军大臣，既不是外相，也不是财相。所以，或者你让我们辞职，任命将军来取代我们，或者你就不要越出自己的职务范围，你应该在这二者中选择一种。

维特对库罗帕特金感到极不痛快。"他的这种狂热会将俄罗斯引向新的灾难。在中国这件事上会花费很多的金钱，付出很多的牺牲，暂且不论这些，最重要的是，我们如果不尽快从这件事情中脱身出来，就会削弱俄罗斯的力量。欧洲无疑会利用这一点，给我们最为意想不到的打击。"[52]

代理外相拉姆斯道夫遭到了库罗帕特金的无视，体会到了艰难。库罗帕特金曾正面碰撞过拉姆斯道夫的慎重论，他强烈反对拉姆斯道夫就任外相。维特对此非常重视，给皇帝做了工作。皇帝最终没有听取库罗帕特金的意见，于8月7日（7月25日）正式任命拉姆斯道夫为外相。

拉姆斯道夫的祖父是祖籍威斯特法伦的德意志人，曾在叶卡捷琳娜女王时代作为将军侍奉俄罗斯，担任过库尔兰州的首任州长。他在亚历山大一世时代被授予伯爵爵位，改姓拉姆斯道夫，最后成为皇太子时代的尼古拉一世的守卫者。[53] 拉姆斯道夫父亲的履历较为朴素，但也担任过国有财产部的局长。他们家族大概

---

[52] Vitte to Sipiagin, 14 July 1900, KA, 1926, No. 5, pp. 33-34.
[53] Predislovie F. A. Rotshteina, *Dnevnik V. N. Lamsdorfa (1886-1890)*, Moscow-Leningrad, 1926, p. III.

从祖父那代起成为正教徒。拉姆斯道夫生于1844年,幼年被选为宫廷侍童,从1852年起在侍童学校学习,1862年出来,四年后进入外交部,其后在这里工作了34年。他的特点在于,不仅没有公使的工作经验,而且也没有在其他地方工作过,一直待在外交部本部。他自1878年起作为大臣秘书官为戈尔恰科夫外相服务,1882年起担任吉尔斯外相的办公厅厅长,1886年晋升为审议官,1897年被任命为新外相米哈伊尔·穆拉维约夫的次官。后来,驻日本公使罗森在回忆录中这样描写拉姆斯道夫:

> 他生平的关心都集中在其负责的部门上,对外部世界只限于简单地了解情况,从根本上就是一个官僚。他腼腆到几乎歇斯底里的程度,无论何时都是一个人,他在外交部的住所和他负责的部门都被文件包围着,就像苦行僧一样生活。他确实是一个有能力、勤奋、忍耐力强的下属。……但是,他缺乏智慧,心胸狭窄,对于外部世界的人和事,只具备通过书本得来的知识,因此,他担负不起在国家的历史性危机时刻必须要尽的职责。皇帝自然会选择他。陛下知道他对君主绝对忠实,富有献身精神,是彻彻底底的绅士。……他认为自己不过是君主意志的道具。陛下对他这种谦恭的态度很是满意。〔54〕

罗森另一方面强调,拉姆斯道夫还是被维特捏在手中的"谦恭的道具"。

维特在回忆录中写的出任外务次官时的拉姆斯道夫,内容上没有什么太大的不同。"拉姆斯道夫伯爵什么时候都在工作。因

---

〔54〕 Rosen, op. cit., Vol. 1, pp. 174-175.

此，他一进入外交部，就成为几代大臣最亲近的助手之一。……拉姆斯道夫伯爵是知晓外交部所有极秘事项的活字典。作为外务次官，这些是不可估量的财富。因此，穆拉维约夫伯爵……任用拉姆斯道夫伯爵为次官是理所当然的。"[55]维特也在暗示，这个人物具有做次官的能力，但并不适合做大臣。而敏锐的观察家波洛夫采夫说得更加辛辣："他具有无可挑剔的诚实，克勤克俭、一心一意，然而却是一个光辉而无能、平庸的人。"[56]

这样的一个人成为了日俄战争时期俄罗斯的外相。

俄清战争继续

俄军进入"满洲"后继续进攻，清军在各地应战。从满洲里进入清国的奥尔洛夫军队于8月2日（7月20日）接近海拉尔，在长时间作战后，于8月3日（7月21日）占领了这里。一部分清军撤向了齐齐哈尔方面，剩下的撤往了哈拉哈河方向。8月14日（1日），清国的保全将军在牙克石驿集结了2000士兵挑战俄军。但清军大败，保全将军战死。

奥尔洛夫将军接着进行了突击兴安岭的作战。8月24日（11日），战斗打响。清军前夜发起进攻，但遭到了很大的打击。当天早晨，俄军展开攻势后，清军无力支撑而后退。8月28日（15日），扎兰屯驿被占领。黑龙江将军寿山请求停战，但奥尔洛夫要求其投降。[57]齐齐哈尔攻略战由从瑷珲来的伦南坎普夫军承担，交战从8月28日（15日）开始，29日（16日），省都齐齐哈尔陷

---

[55] Vitte, op. cit., Vol. 2, pp. 112-113.
[56] Dnevnik A. A. Polovtseva, KA, 1923, kn. 3, p. 82.
[57] Datsyshen, op. cit., pp. 150-151.

落，整个黑龙江省落入俄军手中。[58]黑龙江将军寿山投降，给部下留下遗书之后服毒自尽。[59]

镇压营口与占领北京

这期间，俄军开始在辽东湾方面独自行动。辽东湾深处的港口营口位于辽河河口，是贸易、交通的要冲，于1858年开港，外国人在这里建立了租界，驻有各国领事。俄罗斯方面，由米西琴科将军率领的哥萨克部队驻屯于此。这里也可见义和团的渗透，城内的墙上张贴着奉天将军号召打败外国人的告示。7月下旬，俄罗斯开始攻击这里，双方一度陷入胶着，自8月4日（7月22日）起，俄罗斯军舰开始炮击。清军在城内筑起路障，同样向对方开炮。翌日，俄军轻易制服了清军。阿列克塞耶夫登陆，在海关的建筑物上升起了俄罗斯国旗。阿列克塞耶夫任命领事奥斯特罗韦尔霍夫为营口市长官。俄罗斯开始了占领统治。[60]

此举引起了其他列国的强烈不满。日、英、美三国领事立即照会俄方，认为俄军的措施是"根据军事方面的必要而采取的临时措施"，牛庄"属于列国，是由民政官管理的城市与条约港"。[61]

这时正是多国联军进攻北京的前夕，俄罗斯陆相库罗帕特金希望俄罗斯率先进攻，但阿列克塞耶夫则希望与清朝政府交涉，认为俄罗斯不应该参与北京进攻战。这还关系到由谁来担任联军

---

[58] Datsyshen, op. cit, pp. 151-154.
[59] Ibid., p. 312.《义和团档案史料》上卷，547页。
[60] Korostovets, op. cit., pp. 53-59. 齐藤，《北清事变和日本军》，197—199页。
[61] 牛庄领事给青木的信，1900年8月6日，《日本外交文书》第33卷别册2，314—316页。

总司令官这个问题。库罗帕特金要求阿列克塞耶夫设法获得这个职位,但就像前文曾谈及的,不仅外交部对此反对,当地军队也不赞成。不过,最终俄军还是参加了北京攻击战,但没有担任总司令官一职。[62]

德国皇帝8月6日给尼古拉写信,推荐本国的瓦德西将军,尼古拉表示他个人并不反对,由此,瓦德西成为总司令官。[63]不过,这位将军是在北京攻击战之后才抵达当地的,实际指挥作战的是俄军的利涅维奇将军。[64]

8月6日(7月24日),联军开始进攻北京。总兵力13,500人中,有日军6500人,俄军4500人,英军1500人,美军1000人。[65]

8月19日(6日),联军最终控制了北京。西太后与皇室一同逃往西安。联军进入北京后,极尽所能地掠夺了一番,这一点广为人知。俄军也有很多可被谴责之处。三天后,阿列克塞耶夫进入北京视察。[66]

虽然对联军来讲,征服北京是最终目标,但俄罗斯现在正处于"满洲战争"、俄清战争的高潮,就要直面如何收拾这一局面的问题。俄罗斯有必要与清朝单独交涉。由于清朝政府离开北京后,任命两广总督李鸿章为山东和直隶总督,因此,俄罗斯强化了通过与亲俄派的李鸿章交涉来收拾局面的想法。在这一点上,阿列克塞耶夫与外交部的方针似乎是一致的。

---

[62] Datsyshen, op. cit., p. 94.
[63] Wilhelm II to Nikolai II, 6 August 1900, KA, 1926, No. 1, p. 22.
[64] Datsyshen, op. cit., p. 96. Simanskii, op. cit., Vol. II, p. 29.
[65] Dmitrii Ianchevetskii, *1900. Russkie shturmuiut Pekin*. Moscow, 2008, p. 423. 原著为 *U stene nedvizhnogo Kitaia. Dnevnik korrespondenta "Novogo Kraia" na teatre voennykh deistvii v Kitae v 1900 godu*. Sankt-Peterburg, 1903。
[66] Korostovets, op. cit., pp. 68, 87.

第五章　义和团运动与俄清战争

俄罗斯政府的决断

但是，在俄罗斯政府内部，库罗帕特金和拉姆斯道夫的对立依然没有得以克服。8月23日（10日），维特又一次毫不隐讳地给西皮亚金写信道：

> 这边所有事情都不顺利。……尽管我们公开且正式地保证过我们只要求恢复秩序，但突然之间格罗杰科夫就宣称阿穆尔河右岸是我们的。陛下竟然很感谢，宣布了此事。然后我们占领了极其重要的营口港，升起了俄罗斯国旗，设立了管理机关。还在哈尔滨做了同样的事情。所有这些都会挑起中国人对我们的愤怒和不信任、欧洲的嫉妒和看热闹的心态，还有日本的不安。库罗帕特金每天都将外国的驻在武官叫到自己那里，他恐怕会对他们说，我们要战斗，我们打算占据整个北方，我们不能容忍日本进入朝鲜，大概会和日本作战吧。最终，英国人开始就牛庄之事展开抗议，日本也说，你们取得了满洲，那么我们就要朝鲜。对此，陛下的裁决就是"那样的话就向朝鲜前进"。出于这样的原因，昨天我决心再次给陛下写信，诉说库罗帕特金会将陛下引向灾难，"陛下不能一边对外交大臣这么说，一边做着别的事情。我们也不能追求任何利己性的目的。我们只要在我们的区域中建立起秩序，然后就退出。如果用剑与火将清国粉碎，我们就会在那里树立下永远的敌人。"最后我恳求陛下，希望能够命令陆军部不要带有功名心的企图，要坦诚地实施陛下的计划、最初设定的计划，不要让我们所有人都卷入巨大纷争中。……我

前天傍晚发出了信。恐怕因为我的信，陛下当晚会命令拉姆斯道夫第二天早晨去他那里。拉姆斯道夫伯爵也会讲述同样的对库罗帕特金的不满。……然后，库罗帕特金会就所有的中国问题写出长篇的关于原因和结果的意见书提交给陛下，其中会讲有必要占领北满洲。意见书一气呵成，如行云流水，读起来会很顺畅，但以我的意见，这正显示了他完全不了解事态。我写了回应，打算明天交给陛下。如你所知，没有一件事情让人舒心。[67]

维特于8月24日（11日）向皇帝提交了与这封信主旨大致相同的意见书。[68]由于维特和拉姆斯道夫一致表示反对库罗帕特金，皇帝似乎驳斥了库罗帕特金的主张。8月25日（12日），在尼古拉御前举行了三位大臣的协商会，会议决意贯彻"完全无私、重建秩序、迅速撤兵、不屈服于任何诱惑"的既定路线。库罗帕特金听从了皇帝的意见，在所有问题上都做了让步，但维特对西皮亚金说，"我非常不信任他"。[69]

8月25日（12日），拉姆斯道夫给驻列国的公使发去电报，告知将落实这一决定，表明首先，俄罗斯政府的目的在于以下两点：一，确保驻北京公使馆和俄罗斯侨民的安全；二，援助北京政府镇压叛乱，恢复合法秩序。关于派遣多国联军，有四点主张：一，列国达成共识；二，维持清朝政府；三，避免分割清国；四，恢复北京合法政府。俄罗斯政府不会追求除此之外的目标，只是由于营口叛乱分子的攻击，以及"在国境发生敌对行动，比如没有任何理由就发生了布拉戈维申斯克的炮击"，俄军才占领营口，进军"满

---

[67] Vitte to Sipiagin, 10 August 1900, KA, 1926, No. 5, pp. 39-41.
[68] B.B.Glinskii, *Prolog Russko-iaponskoi voiny*, Petrograd, 1916, pp. 119-120.
[69] Vitte to Sipiagin, 13 August 1900, KA, 1926, No. 5, p. 41.

洲",这不过是临时的紧急应对措施。如果"满洲"的秩序得以恢复,通过与清朝政府达成协定得以确保铁路安全时,"必定会让俄军从邻国领土撤退",并且列国在营口以及铁路上的权利是有保障的。

在此基础上,还表明了如下方针:虽然通过占领北京,解救了外国人,但由于清朝政府离开了北京,作为俄罗斯,没有理由将公使馆留在北京,因此将令公使和公使馆员撤往天津,并让已经失去目标的军队随同撤退。这份电报于9月1日(8月19日)在《官报》上发表。[70]

俄罗斯的这项方针于8月末得到落实,吉尔斯撤到了天津。利涅维奇起初似乎不愿遵从这个命令,不过后来他的军队还是离开了北京。[71]

俄清战争的最终局面

然而,俄军在"满洲"的攻势仍在继续。库罗帕特金陆相按照9月3日(8月21日)上奏报告的精神,给格罗杰科夫和阿列克塞耶夫发去了重要电报。"俄罗斯在满洲的主要任务是继续和完成现在我们正在建设的铁路。阁下和阁下率领的官员应该努力使这项工程顺利再次启动,之后应该转向警护已实施的工程。俄罗斯不应该在占领地实施行政。不要在满洲留下任何战斗武器和部队,如果清朝当局恢复了行政,为了警察活动,有必要授予他们拥有骑马警备

---

[70] Lamsdorf to Ambassadors, 12 / 25 August 1900, KA, 1926, No. 1, pp. 28-29. "Pravitel'stvennoe soobshchenie" 19 August 1900, *Obzor snoshenii s Iaponiei po koreiskim delam s 1895 goda*, Sankt-Peterburg, 1906, pp. 47-49. GARF, F. 568, Op. 1, D.211. 其译文见《日本外交文书》第33卷别册2,338—341页。
[71] Korostovets, op. cit., p. 93.

队和普通警备队的权利。"[72]这个方针与拉姆斯道夫的电报相矛盾，可以推测，陆相虽然在一般性方针上表现出了屈服，但想在"满洲"推行自己的想法。不过，当前这个方针还没有成为现实。

9月，俄清战争进入了完成阶段。在吉林省，将军长顺试图通过交涉使俄军不去占领省府吉林，但格罗杰科夫要求全面投降，交涉破裂。9月23日（10日），伦南坎普夫军到达吉林，经过交战占领了这里。由此，俄军占领了整个"北满洲"，将清军和义和团军从所有的干线道路和东清铁路上一扫而空。[73]

伦南坎普夫军接着向奉天进军。但清军的抵抗也很激烈。苏鲍季奇将军的部队从南边的辽东半岛进攻而上，逼近奉天。在这个阶段，由于北京方面的交战已经结束，李鸿章9月20日（7日）向阿列克塞耶夫请求打消占领清朝圣地奉天的想法。但是，阿列克塞耶夫回答，我们要占领，不过只要遵从我们的要求，就不会使用武力。其实，阿列克塞耶夫本人并不想占领奉天。对奉天的攻击开始于9月23日（10日）。9月28日（15日），辽阳陷落。10月1日（9月18日），苏鲍季奇中将率领的部队终于占领了奉天。奉天将军增祺逃亡。[74]

就这样，现在"满洲"全境都进入了173,000名俄军的控制之下。

义和团运动和朝鲜、日本

义和团运动爆发后，高宗警惕起清国的事态会波及韩国，因

---

[72] Simanskii, op. cit., Vol. II, p. 110. Kuropatkin's letter, 2 September 1900.
[73] Korostovets, op. cit., pp. 158-159. Simanskii, op. cit., Vol. II, pp. 105-106.
[74] Simanskii, op. cit., Vol. II, p. 106. Lensen, op. cit., p. 232. Datsyshen, op. cit., pp. 166-168.

为他担心列国可能会以此事为契机向韩国提出要求。受日本公使馆员示意，1900年6月25日，高宗在王宫赐见驻汉城的各国公使。高宗对外国人在清国被杀害、各国公使馆陷入危机表示同情，"痛心清国政府无镇压之力"，并且就今日的事态征求了公使们的意见。根据日本公使林权助的报告，林首先发言，多国联军正从天津向北京进军，他强调"列国皆采取共同一致之行动"，说韩国应该考虑的是国内的治安。[75]然而，根据俄罗斯公使巴甫洛夫的报告，林公使讲了在清国的统一行动后，接着说道："无疑，列国在韩国也会采取同样的共同行动吧。"林公使的这番话使韩国皇帝和高官们"郁郁不乐"。[76]由于林公使没有必要专门说这种威吓式的话，我们不能原封不动地相信巴甫洛夫的报告，但不管怎么说，二人的报告明显着不一致。在此之后，韩国政府向靠近清国国境的北部诸道派遣了部队。[77]

林公使在7月5日给青木外相的提案中明确表达了他的意见。他断言"分割清国近在眼前"，"长城以北满洲之地，名实同归俄国，此事殆不容置疑"。因而，他主张日本应该获得的"分配"是朝鲜半岛。他提出有限制地获得朝鲜半岛方案，"可根据情况，以平壤、元山以北不驻屯兵士为条件，向俄国提议。"具体的方案是：在仁川常驻数艘军舰作为"兵站根据地"，"汉城以南自然归我势域"。[78]控制南部朝鲜，不在北部朝鲜部署军队，但要让俄罗斯承认这里是日本的势力范围。

自5月起，担任驻俄罗斯公使的原外务次官小村寿太郎在观察了俄军进入"满洲"的趋势后，7月2日向青木外相提交了重要

---

〔75〕 林给青木的信，1900年6月26日，《日本外交文书》第33卷别册2，376—377页。
〔76〕 Boris Pak, *Rossia i Koreia*, 2nd ed., p. 326. Pavlov to Lamsdorf, 30 June 1900, AVPRI.
〔77〕 Ibid., p. 327. 林给青木的信，1900年6月18日，《日本外交文书》第33卷别册2，375页。
〔78〕 林给青木的信，1900年7月5日，同上书，379—380页。

的意见书。他认为俄罗斯对日本采取合作的态度是有原因的。因为俄罗斯在远东的立场较弱，从而要采取姿态，消除与日本冲突的根源。因此，"朝鲜问题有可能在日俄间解决"。另一方面，俄罗斯占领"满洲"，"不管怎么说，是既成事实"，如果这样发展下去，会妨碍日本在朝鲜的经济活动。"可追求的最佳途径是提议划定势力范围。也就是说，日本和俄罗斯各自在朝鲜和满洲拥有自由裁量权（free hand），在各自的势力范围保证相互的商业自由。"[79]

角田顺将这一方案称为"满韩势力范围协定论"，千叶功认为"这相当于满韩交换论"。[80]这是俄军占领"满洲"后，日本出现的新主张。

《东京朝日新闻》于7月26日发表了社论《我日本与朝鲜半岛》，社论宣称，朝鲜半岛"举七道（译者注：朝鲜当时行政区共分十三道，此指南部七道。）为事实上的势力范围，不容他争"。"以三十一年（1898年）《西—罗森议定书》第三条，吾人相信俄国承认此事实。"显得很乐观。对于俄罗斯轻易撤出马山浦也很满意，写道："此次续订日俄协约一事，别无困难之处。"

面对俄罗斯因义和团运动向"满洲"出兵之事，日本起初的反应很乐观，认为可以因此让俄罗斯承认日本对朝鲜的控制。

然而在舆论界，有人既反对敌视俄罗斯论，也反对"满韩交换论"。他就是《每日新闻》社社长岛田三郎。岛田三郎加入了大隈重信的立宪改进党，从第一届议会起一直担任议员，自1894年起，任《每日新闻》社的社长兼主笔，作为信仰基督教的自由主义者而闻名。他以去年——1899年4月一篇题为《促国民沉思》

---

[79] Komura to Aoki, 22 July 1900,《日本外交文书》第33卷别册2，699页（原文英语，和田译）。

[80] 角田顺《满洲问题和国防方针——明治后期国防环境的变动》，原书房，1967年，33页。千叶功《旧外交的形成——日本外交1900—1919》，劲草书房，2008年，72—74页。千叶认为，小村的合作者山座圆次郎也表现出了同样的主张。

的文章为开篇,将为《每日新闻》撰写的 10 篇左右的文章以及本年 6 月以后写的《日俄二国互去误解》等 5 篇文章汇集起来,于 9 月出版了《日本与俄罗斯》一书。岛田在书中写道:

> "吾人断言,日本若煽起中世以上之蛮风,掠朝鲜,取支那,以树旭旗于大陆中央为我国民理想,日俄之利害势必将于东洋海陆起冲突。然与此情形相伴,不仅俄国以我为敌,欧之诸国皆以我为敌,反对日本。吾人确信,无论如何未脱野蛮遗风,明治三十二年我国民亦当不为此狂躁非计之事。"
>
> "我日本患恐俄病,妄自畏怖俄国,自有冷静头脑者见之,殆不可不评价为常识以外之判断。"〔81〕
>
> "而俄人远观之,疑日本有绝大之野心,为之增西比利亚戍兵,患无用之恐日病,亦不可不谓应悯者。""吾人断言,俄于东洋求不冻港乃自然之情。""我国人恐俄人经略西比利亚,怖其铺设铁路,竟何事哉。患俄人渡海袭日本乎?抑或日本欲经略大陆,而愤俄人妨之乎?发出如此严肃之问,彼恐俄病夫不能与一认真回答。"〔82〕

这是理性的声音。这本书于 10 月增补后再版,翌年 1901 年出了第三版。

俄罗斯看待朝鲜的目光

俄罗斯方面也感觉到了日本迫切的目光。自 6 月 20 日(7

---

〔81〕 岛田三郎《日本与俄罗斯》增补再版,警醒社,1900 年,29—30 页。
〔82〕 同上书,70—71、74—75 页。

日）起，伊兹沃利斯基取代罗森任俄罗斯驻东京公使。新公使生于1856年，以金奖从皇村中学毕业，1875年进入外交部。在担任美国公使馆一等书记官之后，自19世纪90年代初任宫中侍从，其后历任梵蒂冈公使、塞尔维亚公使、巴伐利亚公使，之后于1899年11月被任命为日本公使。但不知为什么，他推迟了上任，至1900年6月19日才来到东京。日本外务省得到消息说，俄罗斯皇帝希望伊兹沃利斯基担任外相，但俄外交部的气氛不允许他这样做。[83]这种说法令人难以置信。

7月14日（1日），尚为代理外相的拉姆斯道夫发电报告知东京的新公使伊兹沃利斯基，伦敦有传闻说日本想在朝鲜谋取利益，以此作为出兵镇压义和团的补偿。要求伊兹沃利斯基严密监视此事，不能允许日本在清国获取领土上的补偿，"更"（pache）不能允许在朝鲜获得补偿。电报中还附上了1898年协定，其中规定俄罗斯、日本共同出兵。[84]但仅过了一天，外相的想法就发生了变化。翌日，7月15日（2日），拉姆斯道夫给驻日公使发去电报，以"为确保毗连俄罗斯的朝鲜北部的治安，在必要的情况下，考虑向半岛领域内派遣俄军是我们无条件必要的事情"，指示他与日本政府交涉，为"在各自一定的区域，设定完全分开、相互独立的行动圈达成一致"。[85]可以推测，该日拉姆斯道夫大概给汉城的巴甫洛夫公使也发去了同样旨趣的电报。[86]

7月19日，日本驻韩国公使林权助向青木外相报告，俄罗斯

---

[83]《小村外交史》，149页。
[84] Lamsdorf to Izvol'skii, 1(14) July 1900, AVPRI, F. 133, Op. 470, 1900 g., D. 102, L. 10.
[85] Lamsdorf to Izvol'skii, 2(15) July 1900, Ibid., L. 12. 石和静《俄罗斯的韩国中立化政策——与维特的对满洲政策的关联》，《斯拉夫研究》第46号，36页。
[86] Boris Pak, op. cit., p. 327引用了Lamsdorf to Pavlov, 2 July 1900, AVPRI，总结道："指令向韩国皇帝提起，有必要制定为维持秩序所应采取的对策"，这些总结从后述林权助的报告来看并不正确。

第五章　义和团运动与俄清战争

公使巴甫洛夫受本国政府的"咨问",前来密谈。巴甫洛夫的意见是,如果韩国骚乱蔓延,"日俄两国划分范围,各自承担责任保全其范围内秩序。"巴甫洛夫还说,可以在东京签订协定。[87]

伊兹沃利斯基公使立即拜见青木外相,慎重地试探了一下。青木回答说,如果有必要向朝鲜出兵,会根据现行协定立即与俄罗斯协商,"一定会提出划分俄罗斯部队和日本部队行动地区的提案。"伊兹沃利斯基7月21日(8日)报告了此事,还附言看不出日本想在朝鲜获得领土的征兆。[88]青木外相其后给林权助发去电报,告知伊兹沃利斯基就这一问题前来商谈,但"关于此事因见地有异,未到缔结某种协议之地步"[89]。

然而,在此之后,日本军舰"常磐"和"高砂"进入仁川,随舰而来的东乡平八郎中将拜谒了高宗,此事让俄罗斯的公使们不安起来。伊兹沃利斯基担心日本有可能在朝鲜采取"决定性的行动",就此事询问了青木外相。青木表明日本政府丝毫没有那样的想法,会"严格遵守"与俄罗斯签订的关于朝鲜的协定。伊兹沃利斯基8月12日(7月30日)向俄罗斯外交部报告,因俄罗斯在"满洲"所采取的行动,当地(日本)的舆论愈发兴奋,他担忧舆论会要求在朝鲜采取积极政策,给政府施加"强大的压力"[90]。他在同一天将这一担忧也传达给了汉城的巴甫洛夫。巴甫洛夫在这一点上更加担心,他于翌日发电报给旅顺的阿列克塞耶夫,称如果要实现"大多数日本人隐秘的梦想"——统治并军事占领朝鲜的话,"大概很难再期待比现在更为有利的时机了。"因此,即使日本在不久的将来着手军事占领半岛,也并不令人惊讶。

---

[87] 林给青木的信,1900年7月19日,《日本外交文书》第33卷别册2,386页。
[88] Izvol'skii to Lamsdorf, 8 July 1900, Ibid., L. 164.
[89] 青木给林的信,1900年7月25日,《日本外交文书》第33卷别册2,393页。
[90] Izvol'skii to Lamsdorf, 30 July 1900, AVPRI, F. 133, Op. 470, 1900 g., D. 102, L. 190-191.

而且虽然没有考虑到如何对抗此举，但从俄罗斯的"利害"来看，无论如何都有必要获得巨济岛和马山港及其周边。巴甫洛夫这样写道。他追问阿列克塞耶夫怎么想，希望他支持自己的立场。[91] 由此可知，伊兹沃利斯基和巴甫洛夫有着很大的不同。

其后，在8月15日，驻俄罗斯的小村公使发回电报说，从拉姆斯道夫外相处听说青木外相回复了伊兹沃利斯基，希望告诉他是如何答复的。青木外相回复道，在回答遵守现行协定的基础上，"非正式地，秘密地"指出日本比俄罗斯在朝鲜拥有"远为更重要的利害"，日本将半岛作为势力范围有"绝对的正当性"。[92]

不过，日本方面也有意见对俄罗斯的方案怀有好感。反俄阵营中流传着伊兹沃利斯基公使拜见伊藤博文和山县首相时，二人对其方案表明了"赞同的意向"之类的传闻。[93] 不过，仅看伊兹沃利斯基的报告，此时他们还没有进行这样的接触。但山县首相在这时候，写下了日期标为8月20日、题为《北清事变善后策》的意见书。其中有如下段落：

"世上论北方经营者，欲以此次北清事变为契机，举朝鲜全部移入我之势力区域，或欲与俄约定，以不碍俄之满洲经营，诺我之朝鲜经营。是北方经营之策，实舍此无他。"

"彼之良机，亦我处置朝鲜之良机。纵令一时不能占朝鲜全土，亦可西以大同江为限，东以元山港为界，依山河划定

---

[91] Pavlov to Alekseev, 31 July 1900, RGAVMF, F. 32, Op. 1, D. 57, L. 47-50ob. 东京大学史料编纂所藏俄罗斯海军档案馆寄赠文书。

[92] 小村给青木的信，1900年8月15日。青木给小村的信，1900年8月17日。《日本外交文书》第33卷别册2，700—701页。

[93] 《近卫笃麿日记》第3卷，近卫笃麿日记刊行会，1968年，247页。森山茂德《近代日韩关系史研究——朝鲜殖民地化和国际关系》，东京大学出版会，1987年，119—120页。

区域，永避日俄之争，得以保全北方经营之目的。"[94]

但是，眼下俄罗斯很"狡猾"，"公开宣言不分割"，却派去大军，其后显示出"欲独占大利之野心"，由于"满洲"之事还没有解决，与俄罗斯的交涉很困难。因此，山县的结论是，应先推进"南方经营"，将福建和浙江纳入势力圈。[95]由此可见，伊兹沃利斯基的话与山县的构想恰好是一致的，所以听到此话后，山县首相也许动了心。不过，山县与俄罗斯公使没有交涉。伊兹沃利斯基在 7 月 26 日（13 日）的电报中，只报告日本的报纸和舆论要求对朝鲜采取行动以对抗俄罗斯进入"满洲"，而内阁表现得很克制。[96]

日韩攻防同盟案

实际上这个时候，侍从玄映运受高宗之命，以考察宫内省制度的名义来到了东京。他对东亚同文会的干部国友重章说，皇帝认为为维持独立，只能依靠日、俄两国中的某一方，自己是为"观望势力"而来的。国友是参与过暗杀闵妃的人。理所当然地，他劝说玄映运依靠日本。7 月 19 日，国友告诉东亚同文会会长近卫笃麿玄映运来日一事。国友建议，为了让韩国皇帝安心，将流亡日本的人送到美国去，再将韩国皇帝厌恶的林权助公使召回，

---

[94]《山县有朋意见书》，262—263 页。森山，上述书，120 页。横手慎二《日俄战争史》（中公新书），2005 年，20—21 页以这部分为例，认为山县的俄罗斯认识发生了决定性的变化，出现了认为"俄罗斯'狡猾'，不能信任"的看法，这并不恰当。
[95]《山县有朋意见书》，261、263 页。
[96] Izvol'skii to Lamsdorf, 13 July 1900, RGAVMF, F. 32, Op. 1, D. 57, L. 174-175.

在此基础上，从日本派去一个旅团的兵，这样一来"韩国既如在掌中矣"〔97〕。两天之后，国友又告诉近卫，伊兹沃利斯基提出了韩国出兵分割论，伊藤和山县很有兴趣。而无论是近卫还是国友对此都强烈抵触。近卫考虑"应该发起运动，促使内阁成员中有影响力的人物倾向于拒绝论"，于是主动出击了。〔98〕

近卫笃麿出身于五摄家（译者注：镰仓时代出自藤原氏嫡系的五个家族，为近卫家、九条家、二条家、一条家、鹰司家。）之一、出自公家（译者注：日本侍奉朝廷的贵族、高级官员的总称。），1896年成为贵族院议长。他提倡东洋门罗主义，推进了日清同盟论。近卫在1898年37岁时成立了东亚同文会。近卫文麿是他的儿子。在义和团运动中，他的思想也发生了变化。7月25日，近卫与同文会干部、退役军人根津一就"对俄政策"进行了对话。两人一致认为"此际应制造出让俄国以外诸国承认对俄开战乃不得已之事的理由"〔99〕。

为此，他们想到利用玄映运的活动。他们向玄映运鼓吹日韩攻防同盟的构想，让他将这套方案带给外务省的杉村濬。杉村濬是闵妃暗杀事件的核心人物，这个时候，他成为外务省的通商局长。玄映运向杉村提出，"若日本承诺处置亡命者"，韩国将与日本缔结攻防同盟，当韩国发生内乱时，允许"日本派兵镇定之"；当日本与他国战争时，"允许于韩国内作战，或让军队采取行动。"然而杉村却说："虽然确实希望如此……然而此事终究无实现之望"，没有表示出兴趣。接着，三天后，玄映运再次拜访杉村时，又被浇了一头冷水。杉村说："阁下之使命全系严贵人（妃）一派所谋划，为庶出皇子据未来之皇位，欲使妨害其事之亡命者，特别是义和君、李埈镕二人远离。"玄映运说这是误解，杉村斩钉截

---

〔97〕《近卫笃麿日记》第3卷，243页。
〔98〕 同上书，247页。
〔99〕 同上书，251页。朴羊信《陆羯南》，岩波书店，2008年，178页。

铁地说如果是那样，你就应该尽早归国，巩固政府的议论。[100]杉村果真看穿了他们的计谋。

在汉城，巴甫洛夫7月23日谒见了皇帝高宗。他以俄罗斯皇帝的名义奉告：因"满洲"骚乱之故，俄军有可能进入韩国领土，当清国暴徒或士兵越境入侵时，俄韩两国兵将予以镇压，"俄国会派遣与日本国同数之兵员至京城"。高宗回答，对俄罗斯士兵越境一事"无异议"，不过将会以韩国的力量镇压清国暴徒，而对俄罗斯向京城派送与日本同数兵员之事，"不认为有派遣之必要"。[101]

结果，因为高宗的这一意见，分割进驻方案消失了。俄罗斯方面遭到韩国皇帝如此干脆的拒绝，也就无法进一步推进方案了。

日本方面，7月27日，近卫召开了朝鲜事件同志者的聚会，就迫使内阁接受日韩攻防同盟案达成一致，决定"若内阁无决心，我等当断然施行，让玄归国，经林公使进一步提出要求"[102]。

韩国中立国方案登场

在这样的状况中，高宗更为忧虑了，为了维护韩国独立，他想出以"列强共同保障下的韩国中立化"为目标的方案。当时，韩国内务部、宫内府雇用的外国矿山工程师中有一位法国人托列姆列（Tremoulet）。[103]希曼斯基指出，启发皇帝中立国方案的是

---

[100]　《本年七月下旬玄映运访问杉村通商局长之际对话要领》，《韩国宫内府侍从玄映运来朝一件》，外务省外交史料馆，6-4-4-24。海野福寿《韩国合并史研究》，岩波书店，2000年，102页和千叶，《旧外交的形成》，75页忽略了这次交锋。
[101]　林给青木的信，1900年7月24日，《日本外交文书》第33卷别册2，391页。
[102]　《近卫笃麿日记》第3卷，253页。
[103]　1902年5月编制的韩国政府雇用外国专家名册中有此人，《驻韩日本公使馆记录》24，国史编纂委员会，1992年，151页。

"法国的冒险主义者托列姆列"[104]。无从知晓托列姆列的动机是什么。高宗1896年拒绝了日本的干涉，1898年又让俄罗斯顾问、教官撤回，一直在维持自立，因此，他或许认为应该巩固中立国的地位吧。无论如何，高宗将新任公使赵秉式派往了日本，命令他向日本政府试探中立国的方案。

8月25日，赵秉式到达日本，四天后，他拜访了青木外相，试探中立国案。青木并没有认真理会。9月14日，林公使询问青木外相是否有过"以韩国为列国保障下的中立国"的交涉，青木回答，曾经有过那种旨趣的事情，但"本大臣根本不重视这一提案"。[105]其实作为一直窥伺韩国的青木，应该大幅地加强了警惕，哪里会不重视呢。

同一天，8月25日，赵秉式也会见了正在运作成立国民同盟会的近卫笃麿。他向近卫说明，希望"由日本向列国提议将朝鲜作为中立国"。近卫说，如果要成为中立国，必须具备"自卫的能力"，而且，如果周边国家侵犯中立，其他国家必须以实力遏制。然而，朝鲜的情况是，利害关系国只有俄罗斯和日本，即使日本知道俄罗斯有野心，如果有中立国的约定，也无法出手，这样无论对朝鲜还是对日本都没有好处。赵秉式询问，"那该如何是

---

[104] Simanskii, op. cit., Vol. I, p. 274. 朴钟溰编译《俄罗斯国立文书保管所所藏韩国关联文书要约集》（韩文），韩国国际交流财团，2002年，270页概括的文书中，也写到因托列姆列的想法而产生中立化方案。

[105] 林给青木的信，以及青木给林的信，1900年9月14日。《日本外交文书》第34卷，523—524页。角田引用这份电报写道，赵公使"试图强化与日本合作，包含高宗密旨在内，但受到伊兹沃利斯基的威胁，以至于反而提出由日本向列国提议韩国中立化"。（角田，《满洲问题和国防方针》，38页）这种说法令人吃惊。木村干《高宗·闵妃》，ミネルヴァ书房，2007年，314页也没有列举证据就写道，中立化方案遭到俄罗斯的拒绝。森山，《近代日韩关系史研究》，125页虽然探讨了赵秉式提议中立化方案，但认为"因俄罗斯驻外机构反对朝鲜中立化"，只强调了巴甫洛夫反对。玄光浩《大韩帝国与俄罗斯以及日本》（韩文），先人社，首尔，2007年，108—109页也同样基本上只重视巴甫洛夫的反对。

好？"近卫说，可以仍然维持独立国，但与日本秘密缔结攻守同盟。赵说，"明白你的意思"，但他是受皇帝之命为试探中立国方案而来，"难以独自决断"，从而避开了这一话题。[106]

实际上，8月初，近卫笃麿的秘书大内畅三带着使命去了韩国。他到达之后才知道菊池谦让已经在策划。菊池在《国民新闻》担任记者的时候，参与了杀害闵妃一事，后来，他又担任了《汉城新报》的记者，居住在韩国。不清楚大内和菊池究竟在多大程度上进行了深入交谈。据说，大内在外部大臣的引荐下见到了皇帝，他敦促皇帝派遣新的公使。高宗表示将派遣赵秉式，大内表示欢迎。然后，大内与新公使同船返回了日本。[107] 近卫等人了解这些情况后，原本打算让赵秉式向日本政府提出日韩攻防同盟案，而当赵秉式说出中立国方案的时候，他们大概也吃了一惊吧。

伊兹沃利斯基汇报赵秉式的动向是进入9月之后，他于9月14日（1日）向俄罗斯外交部报告：

> 日本政府正切实地努力与韩国新任公使赵秉式进行重要交涉。日本政府不断地威胁他，想尽力说服他：朝鲜问题与清国现在的情况有所关联，不可避免地会被提起。向他鼓吹由于俄罗斯最终将在满洲扎根，其结果将无法避免日本军事干涉韩国，在那里确立日本的保护国。这一切都和伊藤侯爵的计划紧密相关，……目的在于，让韩国自发地、迅速地寻求日本的保护。韩国政府很明显受到了日本人的严重威胁，因而委任公使询问在日俄冲突之际，在列国共同保障基础上实施韩国中立化是否可行。据赵秉式所言，日本政府现在正

---

[106]《近卫笃麿日记》第3卷，289—290页。
[107] 同上书，284—285页。

设法使汉城的朝鲜人对这一计划采取否定的态度。我努力劝说赵秉式不要屈服于日本的怀柔,要对韩国目前危机的结果安心。"[108]

伊兹沃利斯基就赵秉式的提案试探了青木外相的意见。9月17日(4日),他在给本部的报告中写道,"已确认,青木对韩国公使请求协助韩国中立的计划做了暧昧的回答。"[109]

接着,伊兹沃利斯基报告了赵公使其后的动向。9月27日(14日),赵公使对法国公使说,"为了达到让韩国寻求成为日本保护国的目的,当地向他施加了极大的压力。"伊兹沃利斯基告诉本部,"赵秉式顽强地抵抗着这个执拗的主张,正在考虑离开东京数日。"[110] 10月1日,赵公使就中立化问题向美国公使请求援助。美国公使拒绝介入此事,回答如果有必要,希望在华盛顿与政府交涉。[111]

国民同盟会与六教授建议书

俄军占领了奉天,现在整个"满洲"都被俄罗斯占领了,这一情况极度刺激了日本舆论。俄罗斯支配了整个"满洲",下一步会不会试图合并"满洲"的猜测盛行起来,激昂状态异常高涨。1900(明治三十三)年9月11日,近卫笃麿、犬养毅、头山满、

---

[108] Izvol'skii to Lamsdorf, 1 September 1900, AVPRI, F. 133, Op. 470, 1900 g., D. 102, L. 229ob., 228ob., 227ob.
[109] Izvol'skii to Lamsdorf, 4 September 1900, Ibid., L. 230.
[110] Izvol'skii to Lamsdorf, 14 September 1900, Ibid., L. 243.
[111] Allen to State Department, 2, 11 October 1900, *Korean-American Relations*, Vol. III, pp. 69, 71.

第五章 义和团运动与俄清战争

神鞭知常、陆羯南、黑岩周六（泪香）、根津一、国友重章、柴四朗等人出于对俄罗斯出兵"满洲"的排斥，结成了国民同盟会，并发表宣言："保全支那、拥护朝鲜不独为自卫我国权国利，吾人既已自觉保东亚和平、助宇内文运乃我日本国民之天职，故于此立开国之宏谟，定进取之大计。"[112]

整个9月，近卫等人数次邀请户水宽人等大学教授聚会，讨论并达成一致意见，陆羯南将这些意见汇总为六教授建议书。9月28日，四位教授拿着建议书拜访了首相山县有朋。[113]六位教授分别是东京帝国大学法学部教授户水宽人、富井政章、寺尾亨、金井延、松崎藏之助，学习院大学教授中村进午。建议书列举"俄国于满洲之举动"，与德国派遣大军一样，都属于不安定因素，面对"支那分割论""欲割取支那大陆领土之国"的动向，日本有必要"断然抗拒之"。也就是说，有必要采取对抗俄罗斯的行动。然后，建议书指出关心的焦点"占领满洲及辽东""非帝国所能同意"，"加之，不可不从速解决东洋祸乱之动机——朝鲜问题"。由于日本"派遣军队最多，所立战功最大"，其主张应会受到重视，故"不可错失此良机。开启帝国雄飞之端洵在今日"。结论是，希望"谦让之德"过多的外交当局者能够"与帝国利害一致之国相互支持，锐意从事"。[114]

"利害一致之国"指的是英国。这份意见书主张日英结为同盟，与俄罗斯对决，只不过用了暧昧的表达方式。由于这是大学教授们最开始表达的意见，故而看上去相当谨慎，从中也可以看出原案起草者陆羯南的稳健之处。

山县接到建议书，直截了当地说："日俄战争终不可避，然

---

[112]　《近卫笃麿日记》第3卷，309—310页。
[113]　户水宽人《回顾录》（非卖品），1904年，2—4页。
[114]　同上书，6—8页。

余今不能决行。他日日本必有决行之良机。况且目下内阁将更迭，余会告知后继者贵意之所在。"进而，六人中的一人询问日英同盟论是否可行，山县回答"日英同盟乃日本之所望，然疑英国果应日本之所望乎"[115]，让人感觉在含糊其词地应付大学教授们。之后，9月末，山县内阁总辞职，10月，伊藤博文成为总理。11月25日户水拜访新外相加藤高明，递交了建议书。这两次拜访以及提交建议书都是隐秘进行的。[116]

可以推测，教授们在提交建议书的同时，还表达了各自的意见。10月，他们刊发了非卖品《诸大家对外意见笔记》，是速记员记录下的每个人的谈话。

韩国代表的进一步努力

千叶功认为，这个时候，玄映运在近卫笃麿的鼓动下回国后，以日韩攻守同盟案劝说了高宗及政府相关人员。玄映运的工作使得韩国政府于9月17日决定缔结日韩攻守同盟，作为处置流亡者的交换。海野福寿基本接受千叶的观点，并补充赵公使在这件事上没有与日本政府进行交涉的形迹。[117]

千叶的根据是林权助给伊藤博文标注日期为9月17日的信函，其中有："此度韩国皇帝向驻日公使赵秉式下达密训，'对日廷提议亡命措置之事因得确成后交邻亲睦防御同盟约从以议定事。'外部大臣朴齐纯密奏，将此密旨授于本邦人……菊池谦让，

---

[115] 户水宽人《回顾录》，9页。
[116] 同上书，10页。
[117] 千叶，《旧外交的形成》，78页。海野，《韩国合并史研究》，103页。

委托其赴东京传达赵公使。"[118]这段话非常值得怀疑。

在8月25日这个阶段，林权助向青木外相报告了玄映运回国后从他那里听到的话，当时玄映运介绍说："尔来屡屡入谒皇帝陛下，复命滞留日本期间目击之情况……主要建议鉴于东洋现下形势，日韩协作乃属韩国生存上必要之旨，皇帝虽未不同意，但亦无立即实行之决心。"[119]也就是皇帝不赞成。然而，在9月17日给青木的电报中，话锋就完全变了。"玄映运自日本归来……怀抱日韩防御密约论，……致使韩帝表示同意，最终韩帝向外部大臣朴齐纯下达内密谕旨，有意命日韩间尝试交涉。"这个报告完全是根据"与朴齐纯关系亲密"的菊池谦让"私下泄露"。关于皇帝的"密训"，菊池说"外相趁机密奏，与韩国官吏相比，机密之事宁可托付菊池"[120]。可以推测林公使被菊池欺骗了。

菊池9月末来到日本。9月27日、10月1日拜访了近卫。近卫的日记中完全没有提到当时二人谈了些什么。[121]10月5日，菊池向近卫如下汇报：当天，他拜见了青木外相，给外相看了"携来之朝鲜王亲笔信"。青木说，亲笔信中的"放逐亡命者，日韩国防同盟之事"要让赵公使提出请求来。于是，菊池之后径直去见了赵公使。首先劝说他向日本政府提出日韩国防同盟一事，赵公使表示拒绝。"其时，菊池出示韩王之亲笔信，赵语塞，回答既如此，应向外务省提议。"[122]然而，阅读近卫后来的日记就可以明白，赵秉式既没有相信亲笔信，也没有向外务省提议的意思。

---

[118]《伊藤博文相关文书》6，塙书房，1978年，404页。千叶还援引了《近卫笃麿日记》9月17日的一段记述（第3卷，316页），但这不过是听到外务省杉村局长说从林公使处传来了同宗旨的电报。
[119] 林给青木的信，1900年8月25日，《驻韩日本公使馆记录》14，374页。
[120] 林给青木的信，1900年9月17日，同上书，378—379页。
[121]《近卫笃麿日记》第3卷，330、337页。
[122] 同上书，342页。

10月9日，近卫招待了赵秉式公使，"诘问韩王密敕一事，何故迄今不向我政府提议。"赵秉式回答"此乃大事，非一度归国熟议，难以提议"。近卫说，在回国前，总有时间先做"大体之提议"吧，"不是与菊池约定立即提议了吗？"得到诏敕却什么也不做，"违敕之罪难免"，如不完成使命就回国，"君归国后必失地位"，使劲威胁了一番。然而，赵秉式很顽固，不肯改变态度。近卫心想，"此老狐狸难以一般手段对付"，于是摆出酒肴，闲谈了一阵。之后，再次回到了原来的话题，近卫逼迫说，韩国地位很危险，"内地之改良""国之防备"是必要的，只靠贵国自身的力量恐怕不能整备防卫吧。因此，"贵皇帝"不也下达了"密敕"吗？近卫这样表述后，赵秉式承认，"不可不借贵国之力"，但说由于回国迫在眼前，无法向日本政府提出方案。可笑的是，面对近卫反复追问为什么着急回国，赵秉式干脆地回答日本冬天寒冷，"韩国屋中有火炕，日本屋中没有。"所以必须赶在冬天前回国。对此近卫颇为气愤，以致说出"日本也有老人，防寒之具齐备"。"国之元勋，在国外公干，却因寒暑懈息重要公务，若在我国，人皆谓之国贼。"

　　赵秉式如果屈服于近卫的这种威胁，大概就真的成为"国贼"了吧。赵秉式镇静地听着近卫的话，不以为意，坚持说要回国与皇帝、外部大臣以及菊池商量。最后，近卫不得不放弃，询问他："君尚不废中立国之论乎？"赵直言："余虽不好议论，然仍希望中立国。"近卫最后的感想是"终难成事"。[123]

　　菊池携来的高宗寻求日韩国防同盟的密敕大概是菊池与某些人捏造出来的伪敕之类吧。如果玄映运与严妃有干系，无疑在宫廷和政府内部都会有支持、推进他们这条线的人，但是高宗不可

---

［123］《近卫笃麿日记》第3卷，348—349页。

能做出这样的决定。[124]

不过无论怎样，很明显，赵公使的使命——使韩国成为中立国的目标以失败而告终。暂且不说近卫等民间人士的举动，此时日本政府、外务省的立场已经变成了"满韩势域协定论"，不再接受日俄围绕韩国划分影响力的协定了。赵秉式大概是满怀失望回国的吧。

另外，9月24日，林公使向外务省报告，俄罗斯驻韩公使巴甫洛夫拜谒高宗时说，赵秉式关于"韩国中立问题"的交涉"恐属徒劳"，"如此，反而不如尽早撤回问题。"[125]这个事情也出现在了美国公使艾伦的报告中。艾伦在报告中叙述了巴甫洛夫从伊兹沃利斯基处得知赵秉式的活动后，向本国外交部汇报，得到训令，让他向韩国政府传达沙皇的话：这种事项应该首先与俄罗斯商量，韩国真正的朋友只有俄罗斯，无论日本还是美国，都没有为韩国考虑。[126]但这一报告意在强调俄罗斯反对中立化方案，不能相信。从这些日本和美国的史料来推断俄罗斯公使的态度是危险的。[127]

俄罗斯政府的方针与小村公使

1900年秋，义和团起义被外国军队镇压，事态趋于平静。10月1日（9月18日），维特在给西皮亚金的信中写道："中国问题

---

[124] 千叶，《旧外交的形成》，78—79页的记述并不恰当。
[125] 林给青木的信，1900年9月26日，《驻韩日本公使馆记录》14，381页。森山，《近代日韩关系史研究》，126页也引用了这个史料。
[126] Allen to Secretary of State, 20 October 1900, *Korean-American Relations*, Vol. III, p. 72.
[127] 从日本方面和美国方面的史料推导出巴甫洛夫提出反对论的是玄光浩，《大韩帝国与俄罗斯以及日本》，108—109页。

如报纸的报道，进展顺利，至少尖锐激烈的时期结束了。"但还有令人担忧的事情。"有问题点留下来，就是日本。我担心这个国家会入侵朝鲜。虽然陛下说即使出现那种情况，俄罗斯也要按兵不动，但无论如何，还是会不愉快吧。……我建议提出韩国中立化的方案。"[128]

虽说维特写下了这些言辞，但从前文的叙述中可以清楚地知道，他并非"韩国中立化"方案的首创者。[129]可以推测维特是从拉姆斯道夫处听说韩国希望采取中立国的方案，从而表示了赞成。

维特此时身在克里米亚半岛的利瓦吉亚。由于皇帝从秋日伊始就来到了这里的离宫，所以重要的大臣也都聚集到了这里。库罗帕特金陆相也于9月27日（14日）到达，一直停留到当年年底。[130]

10月2日，维特与到访的日本公使小村寿太郎进行了会谈。[131]小村讲述了他主张的"满韩势力范围分割论"：

日俄关于清韩之关系，有种种错综复杂的历史。确定今后之关系，不可不顾及历史。……眼下日本于韩国有最大之利益，负有充分保护之义务。俄国近来于满洲亦设定非常大之利益，同有保护之必要。然此两地政治基础皆非巩固，不免时时发生骚乱，而两地统治者皆不能以自力平定之，故日

---

[128] Vitte to Sipiagin, before 18 September 1900, KA, 1926, No. 5, pp. 41-42.
[129] 石和静，上述论文，36、51页认为，该方案由维特"首创主导"，并不恰当。这篇论文使用俄罗斯的史料，首次辩明伊兹沃利斯基曾为韩国的中立化进行过努力。
[130] Rediger, op. cit., Vol. 1, pp. 317-318.
[131] 这次会谈记录有两个版本。第一个版本被1917年写成的朝鲜总督府调查书《朝鲜的保护及合并》（《日韩外交资料集成》8，岩南堂书店，1964年，405—408页）引用。角田，《满洲问题和国防方针》，34—35页最先注意到这次会谈记录，并加以引用。第二个版本收录于《驻韩日本公使馆记录》16，372—376页，注有"明治三十三年12月下旬小村公使归朝之际提交"。本书引用了第二个版本。虽然语言上有若干差别，但文意大致相同。

第五章 义和团运动与俄清战争

俄两国应谋划缔结以彼此为保护各自重大利益,能够自由行动为基础的协约,以取代以往之协议。

对此说法,维特非常反对:

予之所见在于应始终维持韩国之独立及领土完整,相互避免一切有伤害倾向之事。凡带有妨碍韩国独立及领土完整性质之协约,俄国概难同意。

小村连忙辩解道:

予私意所在绝非妨碍韩国独立,只在于现在为保护两国于韩国及满洲现有重大利益,可自由行动之意。

维特再次强调:

虽云自由行动,未必需要单独进行。若韩国有内乱,政府力量不能镇抚,恰如此次清国事件之实行办法,两国各自出兵尽力协同镇抚足矣。予之私意在于放任韩国为独立国。不害此意,则俄国丝毫不欲妨碍日本扩张发达实业上之利益,反欲优遇。俄国商业经营不幸不及日本,予坦白承认之。……

关于满洲,俄国不得已派遣大军,……现约二十万之兵。故俄国若欲占领满洲,何时不可,取或不取全凭吾国意欲。本来为保护东清铁路铺设的安全不得已而发兵,此际虽无占领该地之意,但若形势所迫,发生合并满洲入俄国之事,日本亦不应相对提出占领韩国。相信此道理立得住。若满洲成为俄国领土,则俄国较日本地缘更接近于韩国,其关系亦更为重大，故日本若有妨害韩国独立之事，俄国不能同意。

小村被维特有条不紊的议论压倒了。辩解道："取或不取土地等议论，非此场合之论点。因阁下有言要进一步巩固现有之协约，明确两国之关系，予方才仅对此陈述私见。"于是，维特表示在现有协约以外，也"决非没有应协议之事"：

试述应重新协议的要领：第一，日俄两国约定维持清国及韩国的独立及领土完整；第二，日俄两国避免伤害清国及韩国的独立及领土完整，如有派兵等情况，应事先互相交涉，协同进行等，应重新规定这些事项。

小村对此做了回击：

果如阁下所言，两国协约若有连清国都欲涉及之意，亦是一有趣之见解。阁下所谓清国领土完整（integrity）之语，予认为应解释为清国整体领土之完整，即包含满洲在内，敢请说明。

维特沉思了一会儿后，稍微放低了声音，答道：

当然是包含满洲之意。维持清韩两国的独立和领土完整，是俄国希望之要点，望日本亦同此希望。总之，两国意见同一，互相巩固配合，始终同一行动，则东洋长久和平可期，其他列国之行动不足深虑。此为我意见之大旨。不过上述意见完全与我的职务无关，仅是作为个人之"维特"坦露心声，……公开之交涉，阁下之对手为拉姆斯道夫伯爵。

会谈到此结束。

对于小村的"满韩势力范围分割论",维特始终强调应该尊重韩国的独立。后来日俄争执的核心就在这里。不管怎么说,这个时候的小村和维特没有达成共识。日俄战争爆发后,在战后的媾和会议上,二人将作为日俄两国的全权代表再次相会。

缔结《俄清密约》

俄罗斯全面占领了"满洲",随之而来的问题是如何进行管理。直面这个难题的是当地的指挥官。清朝的奉天将军和阿列克塞耶夫开始了接触。

奉天的盛京将军增祺是一个想努力维持与俄罗斯友好关系的人物。9月中,他还曾联系营口的俄罗斯领事,希望结束与俄军的交战状态。他以在北京已经开始交涉为由,向阿列克塞耶夫请求停战。然而,俄罗斯皇帝在阿列克塞耶夫汇报此事的电报上批示:"我们不能中途停止,我军必须要从北到南穿过满洲。想想过去发生的所有事情,清国人的保证不足为凭。"[132] 由此,俄军没有停下来,最终于10月1日(9月18日),苏鲍季奇的军队占领了奉天。

10月18日(5日),阿列克塞耶夫和格罗杰科夫得到指令,命他们与地方当局交涉,将行政权交还清国。[133] 指令的前提是9月初库罗帕特金在电报中的指示。

逃出奉天的增祺返回了新民镇,向阿列克塞耶夫请求交涉。

---

[132] Alekseev to Lamsdorf, 1/14 September 1900, and Lamsdorf to Alekseev, n.d., KA, 1926, No. 1, p. 34.

[133] Glinskii, op. cit., p. 138. Malozemoff, op. cit., p. 152.

阿列克塞耶夫也认为应该在占领地区留下清国人的行政组织。虽然军人们提出了实行俄罗斯军政或实施类似突厥斯坦、布哈拉那样的合并方案，但阿列克塞耶夫认为那样做很危险。他的立场是，这是临时占领，俄罗斯不应该考虑合并清国领土。不过他也有首尾不一致的地方。他一边屡屡说应以英国统治印度为范本，一边又说自己这里缺少能够这样操作的文化。

11月3日（10月21日），增祺的3名代表来到旅顺，与科罗斯托维茨以及蒂德曼（译者注：东清铁路公司和财政部代表。）开始交涉。这次交涉俄方以强硬的态度逼迫清国方面原封不动地接受库罗帕特金电报中提出的苛刻条件。蒂德曼对俄方的要求"缺乏道义性"感到愤怒，对清国方面拒绝接受有所同情。科罗斯托维茨也部分赞成蒂德曼的意见，但因"不想引起大的不愉快"，他们遵从了阿列克塞耶夫的指示。[134]

俄罗斯政府得到报告，已不得不制定出明确的方针来。11月13日（10月31日），财相、外相、陆相三人在雅尔塔进行协商，制定了《俄国政府监理满洲原则》。原案由库罗帕特金起草。20日，该文件获得了皇帝的批准。11月24日，库罗帕特金下达给了格罗杰科夫和阿列克塞耶夫。[135]其内容如下：

> 满洲仍为清国的领土，应该按照清国的行政秩序统治；但为了使清国政府完全履行维护治安、尽到对东清铁路建设的协作义务，一部分俄军要继续临时占领。清国政府不在满洲部署军队，将军和副都统只承担行政责任。为维持铁路沿线以外的秩序，在将军和副都统之下可组建武装警备队。其人数，齐齐

---

〔134〕 Korostovets, op. cit., pp. 128-129.
〔135〕 Simanskii, op. cit., vol. II, p. 111.

哈尔省和吉林省由沿阿穆尔军区司令官决定，奉天省由关东州军司令官决定。奉天省将军和副都统的活动须接受关东州长官监理，其他省须接受沿阿穆尔州总督监理。由监理负责人任命的军事全权委员和外交代表指导各将军工作。满洲的将军和副都统的任命由清国政府和俄罗斯公使协商决定。满洲的将军没有直接与俄罗斯当局就政治问题进行交涉的权限。[136]

尽管众所周知，拉姆斯道夫对在"满洲"排除清国军队这条路线表示出了犹豫，但实际上阿列克塞耶夫已经预先与奉天当局缔结了基本包含这些内容的协定。

11月9日（10月27日），科罗斯托维茨和清国道台周冕分别代表阿列克塞耶夫和增祺，草签了秘密协定。（译者注：指《奉天交地暂且章程》。）其内容如下：

一，盛京将军归任后，负有维持省内秩序和稳定，以及保证东清铁路建设工程顺利进行及铁路安全的责任。

二，为确保在建铁路的安全和盛京省、奉天及其他据点的秩序，俄罗斯军将驻留。将军府必须对俄罗斯军表示完全的敬意，在宿营和采买粮料等方面给予必要的支援。

三，留在满洲各省的清军，凡参与了叛乱和破坏铁路，应由将军亲自解除其武装，予以解散，对不抵抗即履行此命令者，不追究任何责任。尚未被俄罗斯军接收的军械库，所存各枪炮、武器、一切军用仓库、备战物资等，统交俄罗斯军当局管理。

四，在没有俄罗斯守备队的地点，各种防御用具（炮台、要塞及其他）应该在俄罗斯军当局代表人列席的情况下，由清

---

[136] Simanskii, p. 112.

国当局下令破坏。俄罗斯军当局不用的弹药库应该同样破坏。

五，在施行俄罗斯军政的营口等城市，与清国当局的交接需等到省内秩序真正恢复后，根据俄罗斯帝国政府的判断进行。

六，为直接监视省内各城市的秩序，将军拥有设立骑兵、步兵警备队的权利。……

七，为便于与关东州长官交涉，在将军治下设置俄罗斯全权委员，所有事态和将军的命令必须告知该全权委员。

八，当将军组建的警察不足于用时，无论是为保持海陆的国境安全，还是为维持国内秩序，将军需通过上述全权委员向俄罗斯帝国军司令官提出申请。[137]*

不让清军进入"满洲"意味着俄罗斯军将继续驻留。这个协定一旦为外部世界所知，会立即成为一颗炸弹。

---

[137] 协定文本见 Korostovets, op. cit., pp. 129-130, 概要见 Simanskii, op. cit., Vol. II, p. 114. 小村给加藤的信，1901年1月8日，《日本外交文书》第34卷，100—101页。
　　　*译者注：以上是译文。下面附上中文版原文，以供参考。
　　　第一条　增将军回任后，应任包围地方安静，务使兴修铁路，毫无拦阻损坏。
　　　第二条　奉天省城等处，现留俄军驻防，一为保护铁路，二为安堵地方。将军及地方官等，应与俄官以礼相待，并随时尽力帮同，譬如住宿处所及采买粮料等事。
　　　第三条　奉省军队联络叛逆、拆毁铁路，应由奉天将军将所有军队一律撤散，收缴军械，如不抗缴，前罪免究。至俄队未得之军器库所存各军装、枪炮，统行转交俄武官经理。
　　　第四条　奉天各处，俄军未经驻扎炮台、营垒，由华员偕俄官前往当面一并拆毁，若俄员不用火药库，亦照前法办理。
　　　第五条　营口等处，俄官暂为经理，俟俄廷查得奉省确实太平，再许调换华员。
　　　第六条　奉天通省城镇，应听将军设立巡捕马、步各队，保护商民，其余屯堡，亦一律照办，统归将军主政。人数多寡，携带枪械，另行酌定。
　　　第七条　沈阳应设俄总管一员，以便办理奉天将军、辽东总理大臣往来交涉事件。凡将军所办要件，该总管应当明晰。
　　　第八条　将来将军设立奉天各处巡捕马、步各队，倘遇地方有事，不足于用，无论水陆、边界腹地，可由将军就近知会俄总管，转请俄带兵官，尽力帮同办理。

第五章　义和团运动与俄清战争

皇帝罹患伤寒

11月14日，在雅尔塔离宫，皇帝因流感而卧病在床。当天他被诊断患上了伤寒，气氛顿时紧张起来。内相西皮亚金召集宫内大臣弗雷德里克斯、维特、拉姆斯道夫、国家议会主席米哈伊尔·尼古拉耶维奇大公等人就皇帝发生不测事态时，皇位继承的问题交换了意见。这个时候，陆相已经返回了首都。

1899年7月，尼古拉的大弟弟格奥尔基去世时，皇位继承者被指定为他下面的弟弟米哈伊尔。维特的意见是，由已经指定的米哈伊尔继承即可。

然而，这个时候皇后正在妊娠中，有可能生产皇子，这就成了问题。皇后亚历山德拉·费奥多罗夫娜自1894年结婚后，以隔一年产一子的频率接连生产。1895年生长女奥丽加，1897年生次女塔季扬娜，1899年生三女玛丽亚，全是女儿。她想生下皇太子的愿望越来越强烈。1900年，她第四次怀孕。

虽然有人提到了这个问题，但维特不以为然。他认为在当下这个时间点上，不要有其他的想法，就这样，大家达成了一致意见。由于维特是米哈伊尔的老师，与他的联系一目了然，宫廷内产生了抵触维特意见的动向。特别是皇后，她似乎认为维特的理论是形式上的。

不过值得庆幸的是，到12月11日（11月28日），尼古拉的伤寒痊愈了。[138]

---

[138]　Vitte, op. cit., Vol. 2, pp. 191-193.

签署《英德协定》

在义和团事件的混乱之中,德国与英国接触了,英国内部也出现了与德国结盟在战略上有利的观点,最终,两国在1900年10月12日签署了《英德协定》。其内容为:第一,将清国的河流和沿海诸港置于对所有国家的经济活动自由开放的状态。第二,不以获得清国版图内任何领土为目标。第三,第三国表现出想要获得清国内领土的动向时,两国就采取何种措施进行协商。第四,将此协定内容告知奥匈、法、意、日、俄、美各国,劝说他们承认本协定的精神。[139]

日本政府于10月结束了山县内阁,成立了伊藤博文第四次内阁,加藤高明取代青木担任外相。新外相加藤得知《英德协定》的内容后,询问英、德政府日本能否加入该协定,接着,日本于10月29日迅速发出了加盟的通牒。很明显,日本政府认为这一协定具有牵制俄罗斯的意义,因此表示强烈欢迎。

德国方面对此有些在意,比洛(译者注:德国首相。)在签约前,对俄罗斯公使奥斯登-萨肯进行了辩解。第一项与中国北方无关。第二项只是再次确认迄今为止两国所表明的立场。第三项的意义在于英德两国相互束缚行动。第四项,希望俄罗斯也加入。对此,俄罗斯政府于10月15日对英德公使做出答复。第一项俄罗斯也有同感。第二项与俄罗斯已表明的方针一致。第三项,俄罗斯也会针对这样的事态改变态度吧。对第四项不予置评。[140]

《英德协定》并没有像日本所期待的那样成为反俄协定。

---

[139]《日本外交文书》第33卷,59页。
[140] Simanskii, op. cit., Vol. II, p. 56.

第五章　义和团运动与俄清战争

《俄清密约》的影响

新民屯的将军增祺也对阿列克塞耶夫和周冕草签的协约进行了抵抗，但旅顺的阿列克塞耶夫采取的态度是，如果不接受这份协约，就不允许将军回到奉天。为此，将军只得接受，于11月26日（13日）签名。但是，当协约的内容传到北京后，将军被作为叛国者召回，予以免职。李鸿章也强烈反对。[141]

北京的官员将签订协约的消息透露给了驻北京的英国记者莫里森。1901年1月3日，《泰晤士报》将此事作为重大特讯爆出。该报对条文的介绍有所夸张。第三项写为"必须解除清军武装，予以解散"。第七项写为"拥有一般管理权限的俄罗斯政治性resident驻在奉天。将军必须将所有有关重要措施的信息提供给他"，很明显进行了歪曲。resident是指印度式的驻留官。莫里森还写道："给予俄罗斯resident的权限，与俄罗斯在布哈拉的resident或英国在印度定居州的resident的权限相同。继此协定之后，必定会紧跟着关于其他二省的同样协定吧。到那时，满洲将在事实上成为俄罗斯的保护领。"恰恰揭露了俄罗斯欲将"满洲"变成保护领或者殖民地的企图。[142]通过这篇报道，全世界知道了《俄清密约》，对俄罗斯的责难之声也随之高涨起来。

正在北京与清朝政府交涉义和团运动善后事宜的联军各国将这一密约作为俄罗斯开始单独交涉的明确证据，表示强烈反对。

---

[141] Simanskii, p. 113. Korostovets, op. cit., pp. 130-135.
[142] Lansdowne to Scott, 3 January 1901, Inclosure No. 3, *Correspondence respecting the Russian Occupation of Manchuria and Newchwang*, London, 1904, p. 3. 横手，上述书，61—62页也指出了莫里森的歪曲。

而日本政府则把事态理解得更加严重。1900年12月30日，驻北京公使将《俄清密约》报告给了加藤外相。[143] 1901年1月7日，加藤外相会见清国公使，追问其真伪，并强硬地提出，若果真如报道所说的那样，"与将满洲让渡俄国无异"，不签订这样的协约，"维持原样不可乎"。[144]

1901年1月11日左右，《俄清密约》一事开始出现在日本的报端。《东京朝日新闻》该日在头版头条以大号铅字写道："《俄清密约》中包括东三省民政由清俄二国官吏联合设施，以及……募集满洲壮丁，由俄国士官训练，以完成该地防务这两条。"16日，《俄清之间的奉天密约》这篇记事中提到了莫里森的报道。17日，该报发表了第一篇社论《满洲的一片怪云》，文中写道："我国不能对此密约付之不问。随着此密约的实行，满洲有可能立即成为俄罗斯的版图。"

伊兹沃利斯基推进韩国中立化方案

在此期间，伊兹沃利斯基尝试就朝鲜问题与日本方面接触对话。1900年11月1日，他与新外相加藤进行了会谈。伊兹沃利斯基首先会见了前任外相青木，向他询问日俄协约中诸如向韩国出兵须为两国协同出兵是否现在还有效，得到了肯定的回答；又在会见加藤外相时询问他的意见是否相同。加藤说，希望届时以书面形式提出问题，以便对照给出回答。伊兹沃利斯基于是提出了文书，之后于11月15日再次进行会谈。加藤回答说，他与青木

---

〔143〕 西给加藤的信，1900年12月30日，《日本外交文书》第33卷别册2，371—374页。
〔144〕 《日本外交文书》第34卷，94—95页。

也商谈过，"可明言于此的是，协约所有条款日本政府皆遵守，恰如俄国政府同样遵守。"[145]

伊兹沃利斯基慎重探索着日本方面的气氛，大概在此期间形成过报告吧。拉姆斯道夫12月1日（11月18日）回复伊兹沃利斯基的第二次报告，其内容为：要全面探讨韩国中立化问题，根据当地的状况得出结论，但是不能进入交涉。[146]拉姆斯道夫在同一天也给汉城的巴甫洛夫发去了电报，说想听听"从当地的观点来看，最切实的关于保全朝鲜领土的防卫手段的结论"。拉姆斯道夫被伊兹沃利斯基说服了。针对俄罗斯占领"满洲"，日本要求进行补偿，因此有必要寻求"保护朝鲜免遭日本夺取的政治组合拳"，认为"朝鲜皇帝首先向邻国俄罗斯，其次向其他列国公然提出朝鲜成为中立国的请愿"可以起到那样的作用。希望巴甫洛夫向朝鲜皇帝及其亲信做工作，向那个方向引导。[147]

巴甫洛夫于12月5日（11月22日）答复外相，向那个方向引导并不困难。他自己为了让皇帝的亲信示意能否由俄罗斯首先倡导韩国中立化，经常慎重地和他们交换意见。"我一直努力让他们理解，帝国政府本身很关心这件事，但事先必须要打好基础，不然只是提起问题就有可能给韩国带来危险。对此事进行全面研究后，我确信要利落地解决中立化问题，进行若干内政改革，在财政和军事问题上确立某种形式的外国管控是必要的。"如果没有这些条件，就无法让日本加入中立化协定。在这里，巴甫洛夫解释了管控方案是日俄分担各个行政部门，共同进行管控。管控是

---

[145]《日本外交文书》，第33卷别册2，431—432页。
[146] Lamsdorf to Izvol'skii, 18 November 1900, AVPRI, F. 133, Op. 470, 1900 g., D. 102, L. 19. 以及 Lamsdorf to Izvol'skii, 26 November 1900, Ibid., L. 22.
[147] Lamsdorf to Pavlov, 18 November 1900, RGAVMF, F. 32, Op. 1, D.57, L. 86-87. 东京大学史料编纂所藏俄罗斯海军档案馆寄赠文书。

在列国认定韩国没有外国干涉，也能够独立存续下去之前的临时措施。这个"临时的日俄共同管控"可以是包括列国在内的大协定，也可以是日俄两国之间的协定。[148]

伊兹沃利斯基12月8日（11月25日）再次向拉姆斯道夫报告。从日方对赵秉式所做答复来看，日本对韩国中立化"不太感兴趣"。如果韩国向列国公然提出请求，由于列国中也许会有对韩国内政持批判态度的国家，日本大概会立即跳出来表示赞同。因此"趁着我们在韩国的邻国占据强力的、战略上有利的军事形势期间，我们直接和东京内阁之间进行预备性的友好交涉"可能会是解决问题的办法。为此，必须在推进过程中严守秘密。我想回应伊藤首相的立场，但需要得到训令。[149]

12月9日（11月26日），拉姆斯道夫对这份电报做出了答复，再次说明了12月1日电报的本意：

只有从阁下和巴甫洛夫处得到所有必要的资料后，才有可能决定交涉问题。可以想见，最初恐怕不是与日本那种利害相关国，而是和与俄罗斯同样重视维持远东和平与安宁的一部分大国，或美国等进行交涉。[150]

12月14日（1日），伊兹沃利斯基在电报中写下了关于韩国中立化方案的交涉方式。列国共同保障朝鲜中立化的计划很难使日本同意，反而是日俄直接缔结协定，有可能实现"日俄二重管控制度"，可以用这种方式推进预备的交涉。在列国中，美国可

---

[148] Pavlov to Lamsdorf, 22 November 1900. RGAVMF, F. 32, Op. 1, D.57, L. 88-89ob. 同上。

[149] Izvol'skii to Lamsdorf, 25 November 1900, AVPRI, F. 133, Op. 470, 1900 g., D. 102, L. 292ob., 291ob., 290ob.

[150] Lamsdorf to Izvol'skii , 26 November 1900, Ibid., L. 22.

以扮演中间人的角色。[151]之所以判断日俄有直接交涉的可能性，是因为感觉伊藤总理"可能倾向于在一定条件下，赞成韩国中立化计划"。不过并不明确"一定条件"是什么，而伊兹沃利斯基推测大概是"韩国国内形势的合理化和确保日本通商上的利益"。

由于伊兹沃利斯基已经获知了巴甫洛夫的意见，因此他在12月28日（15日）的电报中指出，如果日俄缔结协定的话，赞成巴甫洛夫的意见，"日俄分别临时管控一定的、被严格区分的韩国行政部门。"届时，此举就是积极地发展了《西—罗森协定》的第二条，"现在，我们在朝鲜的邻国占有强有力的军事立场，可谓恰逢其时"，希望迅速与日本展开交涉。[152]

在此期间，12月20日，伊兹沃利斯基与加藤外相进行了会谈。这一天日本方面正面抛出了主张。加藤说："日本臣民或疑俄国对韩国有异图。"伊兹沃利斯基辩解说："俄国对韩国没有野心，前几年按自己意愿主动从韩国退出即为明证。"加藤在这里直率地说出了日本想说的话：

> 虽曰按自己意愿退出，实因当时俄国欲得旅顺及大连而已。从前日清战役之际，辽东之地将为日本领有，俄国等以有害东洋和平而反对之。言犹在耳，俄国已占取旅顺、大连，欺日本太甚，故施以 butter morsel（黄油块）。俄国实只以此为补偿，一时从韩国收手罢了，即 consideration（补偿），决非任意。

关于伊兹沃利斯基的反应，日方的记录员写道：

---

[151] Izvol'skii to Lamsdorf, 1 December 1900, Ibid., L. 298ob., 297ob.
[152] Izvol'skii to Lamsdorf, 15 December 1900, Ibid., L. 302-302ob. 石和静，上述论文，39页。

俄公使遂辞屈，虽承认其事实，亦辩解非一时之退却，而为永久。

加藤接着列举了"满洲"问题，逼迫道："部分日本人担心，若俄国领有满洲，则韩国之独立亦将陷于危殆。"伊兹沃利斯基反击说："俄国本应如屡次宣告那样撤兵。但因有铁路，须与清国商议保护方法。有关满洲问题，若导致担忧韩国之独立，则衷心希望将韩国问题置于大家更加满意的基础之上。"他接着说，俄罗斯政府内部有一种意见，为了帮助指导韩国政府，俄罗斯与日本划定部门分管，询问加藤如何看待这个构想。

加藤质问，日俄两国监督是在考虑dual control（双重管控）吗。伊兹沃利斯基回答是的，于是，加藤直接以"史无成功之例"表示反对。伊兹沃利斯基用平静的语气说"历史未必重复"。加藤质问"俄国之提案意在此乎"，伊兹沃利斯基答"虽不敢言定案，亦其中一案"。

伊兹沃利斯基询问怎么看待前任韩国公使提出的韩国中立化方案，加藤回答："不知韩人果知中立而为此议乎？尚未研究本问题。"伊兹沃利斯基反驳说："纵令韩人不知之，阁下与本使共知之。故不得以之为案乎？"加藤总结说："贵国有案，又阁下有案，政府之意亦存其中，今闻之，当慎重审议。"〔153〕

这番问答很清楚地显示出日俄外交当局者的见解是相当对立的，不过，伊兹沃利斯基并没有放弃希望。

另一方面，拉姆斯道夫正逐渐被伊兹沃利斯基和巴甫洛夫说服。12月16日（3日）外相给伊兹沃利斯基写道，如果说日本政

---

〔153〕《关于满韩问题的日俄交涉》，《日韩外交资料集成》8，409—411页。

府要人的志向在于广泛的政治性计划,那么就"证明朝鲜问题有调整的必要"。日本希望与俄罗斯就朝鲜问题"直接协定",如果"预备交涉"能够达成目的,请说明应该采取什么样的"协定形式"、何时开始预备交涉为好。[154]

最终,外相拉姆斯道夫得到皇帝批准,以韩国中立化方案与日本交涉。12月30日(17日),拉姆斯道夫给东京的伊兹沃利斯基发去了电报。

> 我想阁下12月15日(28日)电报中所讲述的判断是有根据的。经陛下批准,委任阁下慎重着手与伊藤公爵交涉有关韩国中立化的条件。现在,俄罗斯政治、军事的立场为达成期待的目标提供了很大的便利。[155]

伊兹沃利斯基想打探伊藤博文总理的意见,他首先通过波克列夫斯基-克塞尔一等书记官去打探都筑馨六和井上馨的意见,得到了积极的支持。[156]于是,1901年1月7日(1900年12月25日),伊兹沃利斯基访问加藤高明外相,出示了提案。日本外务省的记录中这样记载着公使的提案:

> 俄国政府认为,提议在列国共同保证下使韩国中立的计划是上策。然而关于此事项,在采取某种做法之前,并且鉴于日本在韩国的利害关系及日俄两国间现存的协约,于兹提

---

[154] Lamsdorf to Izvol'skii, 3 December 1900, AVPRI, F. 133, Op. 470, 1900 g., D. 102, L. 24-24ob. 尼什认为伊兹沃利斯基的中立化方案是他的个人方案,没有得到俄罗斯外务省充分的支持,因而弱化了他的交涉能力。很明显这并不正确。Nish, op. cit., p.99.
[155] 角田,《满洲问题和国防方针——明治后期国防环境的变动》,40—43页。
[156] Izvol'skii to Lamsdorf, 17 December 1900, AVPRI, F. 133, Op. 470, 1900 g., D. 102, L. 26. *Obzor snoshenii s Iaponiei po Koreiskim delam s 1895 goda*, p. 15.

出秘密且友好地与日本政府协商实行上述计划的条件。[157]

1月9日（12月27日），伊兹沃利斯基给圣彼得堡发电报：韩国中立化问题的交涉以"慎重的形式"开始了，但由于伊藤因病离开东京，大概"只能极其缓慢地"推进。由于《俄清密约》的消息给日本民众留下了深刻的印象，舆论反应强烈，可能会对这方面的交涉产生不好的影响。[158]

日本政府方面强烈抵触这样的提案。加藤外相将此提案告知了驻外的公使们。北京的小村寿太郎公使1月11日返回了明确的意见。小村写道，这个提案"会产生重大障碍"，他列举了两点理由：一，"日本国现在在韩国的位置多少可抑制俄国在满洲的行动，此提案会导致失去这一位置"；二，一般认为"欲于韩国保持政治上以及商业上的最大利益"是日本的"决心及能力之所在"，如果放弃，将会影响"日本国之威信"。接着，小村从"如不与满洲问题相关联，韩国问题无法满意解决"的观点出发，主张只要俄罗斯不同意将"满洲"作为中立地区，日本"于任何场合"都不要赞成俄罗斯的提案，"若于斯不能"，他建议只能分割势力圈，韩国纳入日本，"满洲"纳入俄罗斯。[159]

小村的主张与前年7月相比，明显发生了变化，表现为他对"满洲"的关心，参与"满洲"问题的欲望增强；对韩国，则采取严厉拒绝俄罗斯介入的态度。"若"之后的文言，意思应该是如果对"满洲"问题的积极介入进展不顺利的情况吧。这不是简单的

---

[157]《日本外交文书》第34卷，521页。

[158] Izvol'skii to Lamsdorf, 27 December 1900, AVPRI, F. 133, Op. 470, 1900 g., D. 102, L. 311ob., 310ob.

[159] 小村给加藤的信，1901年1月11日，《日本外交文书》第34卷，524页。千叶，《旧外交的形成——日本外交1900—1919》，64页认为这一意见是"满韩交换论"。

"满韩不可分论"或"满韩交换论",应该是"满洲问题重视论"。

加藤高明外相于 1 月 17 日将日本政府答复的普通照会送给了圣彼得堡的珍田舍巳公使。这份普通照会于 23 日递交给了外相拉姆斯道夫。加藤外相在其中指出,"俄国现下于满洲之态度","让他国起不安之念",日俄间 1898 年 4 月 25 日的议定书(《西—罗森协定》)"今尚有效","适应现下事宜",因此,"帝国政府相信,与其宣行中立……不若恢复从前之状态……延期本项商议至可自由遂行交涉为止较好。"〔160〕

同一天,加藤外相请来伊兹沃利斯基公使,对普通照会做了说明。伊兹沃利斯基说,俄罗斯政府本着"充分友谊之精神"提出了方案,得到的回答却甚至牵扯到"满洲问题",他感到很遗憾。加藤回击说,由于俄罗斯宣布了"满洲"撤兵,"相信不久即能实行,故思考韩国中立之事,待贵国施行有关满洲的宣告之后,再议不迟。"加藤还说,"相信不能分开看待""满洲"问题和韩国中立论。〔161〕伊兹沃利斯基没有回答,因为他没有触及"满洲"事务的权力。

拉姆斯道夫方面得到普通照会,经过研究后,1 月 24 日对日本公使表示对此答复满意,俄罗斯也满意《西—罗森协定》。只是由于日本看上去似乎不满,才提议交换意见的。中立论并不是作为俄罗斯的希望提出的,只是作为俄罗斯给予的让步提出而已。无论如何,如果日本希望交涉,俄罗斯任何时候都会响应。〔162〕不得不说,外相的态度是官僚主义式、得过且过的。这样一来等于否定了伊兹沃利斯基的交涉。

---

〔160〕 加藤给珍田的信,1901 年 1 月 17 日,《日本外交文书》第 34 卷,527—528 页。
〔161〕 俄国公使与加藤外相会谈笔记,1901 年 1 月 17 日,同上书,528—529 页。
〔162〕 珍田给加藤的信,1901 年 1 月 25 日,同上书,531 页。千叶认为,内阁、元老此后共有的印象是伊兹沃利斯基的提议是他的个人游戏。千叶,上述书,83 页。

1月28日，珍田公使回顾在此期间的交锋，向本省送去了长篇分析："北清事件以来，尽管俄国在东洋地位有非常之变动，然而其对韩之策依旧不失从来之方针。将满韩问题分别独立，力避其关联，先于满洲完成各种经营，然后徐徐寻求朝鲜问题之解决，盖俄国此间处理之大体方针。"

珍田认为俄罗斯这次的举动也许是试探在"满洲"做某种动作的"伏笔"，也许是因其在"满洲"的行动使日本舆论愈发强硬，"惊感回避与日本冲突之必要"。他接着写道，作为俄罗斯，"或给予日本于朝鲜行动之自由乎，或容列国之干涉，维持朝鲜之中立乎"，当直面此二者选一的情况时，"俄国断然……有选择后者之决心，由此次之举措可充分断定之。"虽说是选择后者，并不是说俄罗斯"抛弃了对朝鲜的欲望"。珍田在这里分析了俄罗斯的内部状况：

> 据所闻，兼并朝鲜乃俄国军人社会一般之舆论，不少人毫不怀疑其必成。此外，以现政府实力派著称者，如现任财政大臣，亦对朝鲜问题抱有颇为强硬之意见，曾言满洲若逐渐归入俄国版图，则俄韩二国成为直接接壤之邻邦，朝鲜问题对俄国将具更加重要之意味。若武功文治两派意见如斯，可极易推知，俄国对朝鲜之野心绝非一朝一夕可以撼动。……俄国所谓朝鲜中立论不过为一时敷衍之策。总而言之可以认为俄国此举目的在于保留实现其宿望之余地。[163]

伊兹沃利斯基方面于2月22日（9日）给外相发去了他试探失败的总结。伊兹沃利斯基首先提请注意日本迅速加入英德同盟

---

[163] 珍田给加藤的信，1901年1月28日，《日本外交文书》第34卷，536—538页。

一事。他认为此举是日本谋求在解决远东危机时，避免处于不利立场的保证。但是，无论是英国还是德国，都没有为了对抗俄罗斯在清国占据地位而投入地展开行动。日本"恐怕要直面俄罗斯势力圈显著扩大的既成事实"。于是，日本政府奋起，"想预先准备好在某处获得相应补偿的途径"。这"只能在朝鲜获得"。日本政府虽声称遵守关于朝鲜的现行协定，但"这只不过证明了他们认为在这个问题上，通过新的交易来束缚自己不仅不合时宜，而且对自己无益"。日本想要对俄罗斯制造出日清战争后三国干涉时那种国际性的"结合"。但如果不能得逞，就会依靠自己的力量行动吧。

伊兹沃利斯基写道："日本政府在其自身内部发现了充分的勇气向第二条道路前进，我无法预言他们在与俄罗斯发生冲突的危险面前会不会停下来。"他接着写道，既有财政状况的原因，也因为政府上层的贤明，无法想象他们会有意朝这个方向迈进。但是，"有必要铭记，舆论有突然爆发的可能性"。他指出伊藤和加藤等少壮派大臣之间的不一致正变得日益显著。如果因意想不到的契机出现煽动，政府被逼上采取决定性行动的道路，"危机有可能以异常迅猛的速度到来"。"无论从日本的地理位置来说，还是特别从其陆海军兵力的组织来说，它在任何时候都有可能做到在没有显著的事前准备的情况下，以迅猛的速度向身边的朝鲜沿岸运送相当数量的军队。"

这封信连篇都是阴郁的观察和警告，结尾处，伊兹沃利斯基写道，"请理解，我所讲述的一切都是出自沉重地压在我身上的责任感。我认为，毫不隐瞒在当地观察到的不安征兆是我道德上的义务。"〔164〕

---

〔164〕 Izvol'skii to Lamsdorf, 9 February 1901, KA, 1934, kn. 2, pp. 13-16.

俄清交涉

从年初起，日本国内谴责《俄清密约》的声音就一直很猛烈，不久，俄罗斯和清国在圣彼得堡开始正式交涉的消息传入，国内舆论变得更加愤激。

1901年1月4日（1900年12月22日），交涉在清国公使杨儒和拉姆斯道夫外相之间展开。对俄罗斯来讲，交涉的立场是去年11月决定的《俄国政府监理满洲之原则》。[165]经过数次大臣协商，2月10日（1月28日），俄罗斯拟定了方案：第一条，"满洲"是清国领土，决定恢复清国行政。第二条，由于铁路警备队不能保证东清铁路的建设安全，俄罗斯政府赞成军队在一定期间内留在"满洲"。第三条，如有必要，俄军将在维持秩序方面向清国当局提供援助。第四条，在东清铁路完成建设、实现全面运行之前，清国有义务不让军队进入"满洲"。第五条，清朝政府更迭将军等高级行政官员时要向俄罗斯政府呈报。第六条，约定不为北部的陆海军聘请外国教官。第七条，废止金州的自治权。第八条，清朝政府约定，在没有征得俄罗斯政府同意的情况下，不将毗邻俄罗斯的地区，即"满洲"、蒙古、新疆地区的利权给予外国人。第九条，支付对这次战争的赔偿。第十条，支付对东清铁路所蒙受损害的赔偿。第十一条，由清国和铁路公司商定铁路及铁路人员的损失、误工补贴，清国以他项利益作抵。第十二条，给予东清铁路建设通往北京方向直至万里长城的铁路线的利权。2月16日

---

[165] Simanskii, op. cit., Vol. II, pp. 116-117.

（3日），拉姆斯道夫外相将这份方案交付给了清国公使。[166]

这些内容传到了诸国。英国驻北京公使萨道义于2月27日给兰斯敦外相送去了俄罗斯方案12项条款的要旨。日本的小村公使于3月1日向加藤外相报告了俄罗斯方案。[167]虽然英国、德国都对俄罗斯的行动持批判态度，但没有做出抑制它的举动，只有日本怒不可遏。[168]加藤外相于3月2日给上海的小田切万寿之助总领事代理发去了电报，3月4日，加藤将电文内容也直接传达给了清国驻日本公使。加藤威胁清国公使："俄国的要求是暗中占领满洲，清国若拒绝……至少有可使俄国背负侵略者之名的利处"，"而清国若允许，必导致其他列国对满洲以外之地提出同样的要求，清国将陷于不堪之境。"[169]

驻俄罗斯的杨儒公使得到清朝政府的训令后，于3月6日（2月21日）向拉姆斯道夫递交了特别备忘录。其中提出，清朝政府不能接受第六条、第十二条、第七条，希望将第四条修改为清军不进入靠近东清铁路的地区。第八条也因列国不满，有必要进行修改。[170]俄罗斯政府迅速行动。5天后，外相与财相、陆相协商拟定的新方案得到了尼古拉二世的批准。第四条修改为清国可以在"满洲"部署军队，但其规模要与俄罗斯商量。保留第五条。删除第六条。删除第七条中的"金州"。第八条，对给予外国人利权的限制只限于"满洲"。第十二条，从"通往北京方向的铁路线"这

---

[166] Simanskii, op. cit., Vol. II, pp. 117-118.
[167] Satow to Lansdowne, 27 February 1901, *Correspondence respecting the Russian Occupation of Manchuria and Newchwang*, p. 7. 小村给加藤的信，1901年3月1日，《日本外交文书》第34卷，170—172页。
[168] 角田，《满洲问题和国防方针——明治后期国防环境的变动》，61—64页。
[169] 加藤给小田切的信，1901年3月2日，《日本外交文书》第34卷，174页。清国公使与加藤外相会谈笔记，1901年3月4日，同上书，182—183页。
[170] Simanskii, op. cit., Vol. II, pp. 119-120.

种表达方式中去掉"北京",改为"至满洲和直隶交界处的长城为止的铁路线"。俄罗斯政府感觉做出了相当大的让步,试图以这个方案定局,指定对新方案的回答期限为两周。3月14日(1日),这个新方案送达清国方面。李鸿章、庆亲王都认为可以接受这个方案。[171]

但是,3月17日这份修正案由小村公使报告给加藤外相后,加藤将这份方案通报给了英、德政府,并请英、德政府共同劝告清朝政府不要签署该方案,促使俄罗斯撤回。[172]然后,他让上海的小田切总领事代理将日本彻底反对签署这一协定的宗旨传达给了清朝政府内部的反对派刘坤一和张之洞。[173]

经加藤外相提议,日本政府在3月12日的内阁会议中讨论了日本可采取的策略,加藤认为有三策:

第一,尝试向俄国公然抗议,若不达目的,直接以干戈决胜败。……因俄国于满洲之立脚地已相当巩固,欲奏扫荡之功甚为困难,且当下不仅需要莫大的费用,还须有占领该地永久结怨于俄国的精神准备。

第二,向俄国宣告,我帝国将从平衡与自卫的立场出发采取适宜手段,关于韩国,俄国不要做出无视日俄协约之行为。韩国早晚会丧失其独立的命运。若俄国占据该半岛,很明显我帝国安全将恒常处于其胁迫之下。尤其无论从实利上还是从国民感情上来看,帝国皆不能放弃韩国。故于此际,或占领该国,或使其为保护国,或以其他适宜方式置该国于

---

[171] Simanskii, pp. 120-122.
[172] 加藤给林的信,1901年3月18日,《日本外交文书》第34卷,234—235页。加藤给井上的信,1901年3月18日,同上书,235—236页。
[173] 加藤给小田切的信,1901年3月18日,同上书,236—237页。

我势力之下。此为第二策。

第三，对俄国之行为姑且止于保留抗议等权利，俟日后根据情况临机处置。[174]

内阁会议经过长时间的讨论，最终决定采取第三策。日本加强了对清朝政府的压力。也许是这种压力的缘故，清朝政府内部又提出了若干修正意见。3月20日（7日），杨儒公使将这些意见递交给了拉姆斯道夫外相。但是外相拒绝了再修正的要求，他要求清国方面原封不动地接受14日的方案。[175]

清国驻日公使3月23日上午拜访了加藤外相，请求各国代替清国向俄罗斯提出延期签约。加藤说延期签约没有任何好处，应该拒绝签约，让俄罗斯撤回。他拒绝了公使的请求。23日晚，清国公使再次请求会面，质问加藤道，如果清国与俄罗斯决裂，发生战争时，各国是否会以兵相助。加藤威胁道，俄罗斯即使愤怒，大概也不会动用武力，无论如何，清国如果答应了俄罗斯的要求，各国或许都会提出同样的要求来。[176]

同一天，小村公使拜见李鸿章，传达了日本的警告。李鸿章说，修正案"不存在任何可非议条款"，由于俄罗斯的态度是最后通牒式的，如果不签约，恐怕会发生战争，"无论列国有无声援，当前尚无脱离危险之途"。[177]可见驻日公使的意见就是李鸿章的意见。

加藤最终于24日向珍田公使下达训令，因清朝政府请求"友好的调停"，令他向俄罗斯政府照会，将此事提交给北京的列国代

---

[174] 加藤给伊藤的信，1901年3月12日，《日本外交文书》第34卷，206—207页。
[175] 角田，上述书，66页。Simanskii, op. cit., Vol. II, p. 122.
[176] 清国公使与加藤外相会谈笔记，1901年3月23日，《日本外交文书》第34卷，261—263页。
[177] 小村给加藤的信，1901年3月23日，同上书，264—265页。

表会议协商。[178]也就是说，清朝政府并没有提出调停请求，这是杜撰的。

3月25日，珍田与拉姆斯道夫会面，遵照加藤外相的训令提出了照会。拉姆斯道夫表示，对于俄清交涉过程中的问题，"不得不拒绝""公然接受"此类通牒，但为了日俄两国政府疏通意见，他这样讲道：

> 只要不为其他列国阻碍，俄国自满洲撤退之决心至今尚未有丝毫减少。而俄清缔结约定，俄国唯一目的在于寻求实行满洲撤退之手段。而且该约定属暂时性质，丝毫不存在侵蚀清国主权或侵害其他列国权利及利益之条款。
>
> 满洲问题全然为俄国专属案件，将其交付北京会议的提议与俄国从来遵循的一般原则不相容。[179]

加藤对这样的回答很不满意，认为"难以就此默止"，他向伊藤首相提出希望公开表明"总体上不满意"的意见。但伊藤以"与俄国争战很难办"为由，没有同意。据说，在4月1日的聚会上，山本权兵卫海相支持伊藤，而儿玉源太郎陆相则是中立的。之后，伊藤和加藤之间的争论仍在继续。[180]

反俄论高涨

《俄清密约》曝光后的数月间，是日本国内反俄罗斯热潮急剧

---

[178] 加藤给珍田的信，1901年3月24日，同上书，270—271页。
[179] 珍田给加藤的信，1901年3月26日，同上书，286页。
[180] 角田，《满洲问题和国防方针——明治后期国防环境的变动》，68—69页。

高涨的时期。

事情的开端为 2 月 1 日大隈重信告诉近卫笃麿俄罗斯政府做出了答复，为如下三项："满洲对西比利亚经营而言属必要之地"，"俄清秘密条约是否存在并不仅限于回答"，"朝鲜应该作为列国的共同保护国"。[181] 在 2 月 4 日国民同盟会的同志座谈会上，国友重章面向两百名听众含糊其词地讲了这三条。翌日，《二六新报》刊登了这三条内容。[182]

国民同盟会由此展开了声势浩大的宣传活动。2 月 24 日，在佐世保的旭座召开了国民同盟大会，有千余人参加。25 日，在长崎召开了座谈会。[183] 其后转向游说中国地区。（译者注：中国地区为日本明治后期划分的八个地区之一，位于本州西部，由鸟取、岛根、冈山、广岛、山口五县构成。）3 月 4 日，在岩国召开大会，聚集了 1500 名听众。[184]

在东日本的茨城县举办了巡回讲演，3 月 1 日，在古河町公会堂举行了大型演讲会，有 1500 人参加。2 日，在下馆町小嶋座举行了与青年国民党的联合政谈演讲大会，有 3000 人参加。3 日，在太田町二木楼举行了大型座谈会。4 日，在水户市剧场举行了大型演讲会。[185]

3 月 10 日，国民同盟会第三次政谈演讲会在神田东京座召开，有四千二三百人参加。九名演讲者慷慨陈词，最后，安倍井磐根朗读了总结词，其第二项为："若俄国不听警告，亦不理忠告，断然实行满洲条约时，要做好下最后决心的精神准备。"第三项为："我国必须有彻底的、即使单独行动亦要贯彻此目的之决

---

[181] 《近卫笃麿日记》第 4 卷，1968 年，36 页。
[182] 同上书，38—40 页。
[183] 同上书，65 页。
[184] 同上书，79 页。
[185] 同上书，74—75、78、80 页。

心。"每读完一项,听众就热烈鼓掌,内部报告如此记载:"地动山摇,群情激昂,可见人心逐渐倾注到满洲问题上。"[186]

同一天,长野市国民同盟大会在千岁座召开,会议聚集了三千余人。五人从本部赶来参加演讲,其中一人是中江笃介(兆民)。报告写道:"各位热心述说保全支那之必要。……满堂鼓掌,中有感激浮泪者"。[187]

接着,东京方面于3月13日在锦辉馆也召开了国民同盟会在京成员大会,神鞭知常、武市库太、根津一做了讲演。根津详细对比分析了日俄兵力后,说道:"且不论海军优势,即使陆军亦有五个师团之优势,可期必胜。""于俄国的满洲经营成就之际",将其逆转,"我国遂能无所不至"。在这个会上通过了决议:

> 夫满洲将归俄国之手乎,保全支那的方针于兹遭破坏,维护朝鲜复无望,东洋和平永被扰乱,我帝国的利益及国防将陷于危险之地,此非吾国人民旁观坐视之秋也。
>
> 独我国利害关系至重至大,宜率先挺进,成为列国协同之主动力,毋宁诉诸最后之手段,亦必贯彻此决心。[188]

至此,"如果要与俄罗斯争战,就在此时"这种论调被公然明言。

在山口县,3月9日,田布施的同盟大会聚集了500人,13日,在高森的演讲会有1000人参加,14日,柳井津町的演讲会有两千

---

[186] 《近卫笃麿日记》第4卷,100—101页。
[187] 同上书,94页。
[188] 同上书,98页。

余人。[189]无论在何处,国民同盟会的集会都聚集了众多人。

在2月,黑龙会也成立了。干事为佃信夫、内田甲(良平)、葛生玄晫(能久)三人。成立宗旨书中写道:"西比利亚及满洲、朝鲜百年来与我有紧密之关系不待复论",我等"皆多年黑龙江畔露宿,长白山下风餐","视察风俗人情","重点在展示其观察结果,促世人警醒",表达得比较克制。[190]然而其后这个团体也迅速展现出了攻击性的论调。

俄罗斯政府放弃缔结俄清秘密协定

俄清交涉的报道在日本掀起的愤激令俄罗斯公使和驻在武官感到恐惧。伊兹沃利斯基于3月14日(1日)在发给外相的电报中敲响了最初的警钟:

> 所有这些再次成为一个契机,唤起一系列议会中的质询、充满火药味的社论和集会等等。所谓国民同盟会再次开始了斗志昂扬的宣传。这次不仅是东京,地方诸城市也纷纷跟进,几乎每天都有关于集会、决议、游行等等的电报传来。

伊兹沃利斯基断言,"日本海军完全做好了战斗准备,毫无疑问,在和可能成为军事作战战场的关系上,他们处于最有利的地位。"在此基础上,伊兹沃利斯基指出,日本政府的最高层中,只要伊藤博文在位,"可以期待他不会屈服于极端分子的煽风点火",

---

[189] 《近卫笃麿日记》第4卷,101—102页。
[190] 同上书,88页。

但是，他的影响力正在下降，如果他离开，"远远不够稳健的分子可能会接近权力。"状况与日清战争前夕颇为相似，不同的是，伊藤当时是与众议院冲突，而现在是与"贵族院远为有势力的分子"冲突。[191]

结果，在日本国内这种反俄意识高涨的背景下，因日本政府对清国的推动，迫使俄罗斯方面打消了缔结协定的念头。3月31日（18日），清国政府给驻东京和伦敦的清国公使发去训令，令他们通知日本和英国政府，清国决定不与俄罗斯签署协定。俄罗斯政府不得不接受了此事。4月3日（3月21日），俄罗斯政府给在外公使馆发去通知电报，表明放弃与清国缔结两国间协定的想法，"静待今后事态进展"。[192] 5天后，伊兹沃利斯基拜访加藤外相，口头传达了这个宗旨并且递交了通牒，上面写道，"鉴于目前情势……缔结协定，不能成为彰显俄国在清国利害上拥有的友好意志的手段，却难免使邻邦蒙受各种困难"，对中止交涉的原因进行了说明。[193]

日本方面在此期间，内阁会议、元帅会议等讨论了对于先前拉姆斯道夫的发言该做何种表态，到了4月5日，终于决定保留发表意见，只在口头上回复对拉姆斯道夫的意见"虽感遗憾，但能同意"。因为担心像加藤外相主张的那样从正面表态反对会导致开战。[194]

4月6日，珍田公使将这一决定传达给了拉姆斯道夫外相。据说，拉姆斯道夫说，作为个人意见，以往一直提议承认俄罗斯

---

[191] Izvol'skii to Lamsdorf, 1 March 1901, KA, 1934, kn. 2, pp. 16-18.
[192] Simanskii, op. cit., Vol. II, p. 133. "Pravitel'stvennoe soobshchenie", 23 March 1901, *Obzor snoshenii s Iaponiei po koreiskim delam*, pp. 50-59.
[193] 加藤外相与俄国公使会谈笔记，1901年4月8日，《日本外交文书》第34卷，340—341页。
[194] 角田，《满洲问题和国防方针——明治后期国防环境的变动》，69页。

第五章　义和团运动与俄清战争

在"满洲"行动自由的宗旨的日本,"意外地极其重视满洲问题,令人不得不为之惊讶。"[195] 4月8日,清国公使李盛铎与加藤外相会谈,席上,加藤提出"若将来再生难局,希望无保留地与日英两国协商"。10日后,盛宣怀送来感谢状,上写"以后倘俄有他议,自当彼此关照,互相维持,以保东方大局"[196]。

俄罗斯与清国发生战争之后,原本应该缔结媾和条约,但是,可以说日本彻底妨碍了此事。这也许可以算日本对三国干涉的报复吧。结果在这一时间点,俄清间就俄军的撤退没有达成任何谅解。

对战争的恐惧持续

日本国内,俄清交涉受挫的消息报道后,国民同盟会运动的势头迅速缓和。与此相对,俄罗斯人感受到的战争威胁却依然极大。4月6日(3月24日),驻日本海军武官鲁辛给海军省发去了重大的警告通讯。日本国内盛传着有关俄罗斯在"满洲"计划的谣言,极端反俄的、战斗性的气氛从年初起一直都很高昂。如果俄罗斯放弃与清国签订密约的消息晚来一步,日本或许会公然采取对俄罗斯的军事行动。这股反俄热潮由强有力的反俄党支持,在日本国内的影响力日益增长。因此,稍有一点契机,日本就有可能开始军事行动。[197]

---

[195] 加藤给珍田的信,1901年4月5日,《日本外交文书》第34卷,332页。珍田给加藤的信,同年4月7日,同上书,339页。
[196] 清国公使与加藤外相会谈笔记,1901年4月8日,同上书,343页。盛宣怀给清国公使李盛铎的信,1901年4月10日,同上书,344页。
[197] Lamsdorf to Kuropatkin and Vitte, 22 May 1901, GARF, F. 568, Op. 1, D. 175, L. 2. 尼什认为这个时候驻在武官们的意见是不可能发生战争,这种认识不正确。Nish, op. cit., p. 105.

驻日陆军武官瓦诺夫斯基也在 4 月 10 日（3 月 28 日）的报告中写道："舆论因满洲问题兴奋不已，带有好战性。""对我们很敌视的陆军省始终很沉着，继续保持着理性的态度。"但是，"海军省的气氛通过大量收购无烟煤表现了出来"。[198]

公使伊兹沃利斯基也于 4 月 5 日（3 月 23 日）给外相发去电报：因俄清密约的报道，不仅众多有"排外主义"倾向的小报，重要报刊，包括代言政府立场的报刊在内都加入了煽动的行列，甚至众多如大隈重信那样的大政治家都用"最具战斗式的口吻进行公众演讲"。加藤外相"属于年轻、有野心的大臣集团"，将"一直沉着、稳健的伊藤侯爵"推到后面做背景。这里伊兹沃利斯基说"最危险、最激情的阁僚"是山本海相，这是非常严重的错误认识。元帅府的人、小松公爵、山县元帅、西乡提督以及伊藤是理性的，这样说比较妥当。俄清密约事件"给了日本展示它是受到俄罗斯在满洲企图威胁的清国的朋友及拥护者的口实"[199]。

这些电报首先送到了旅顺的阿列克塞耶夫处，他做出了反应。4 月 10 日（3 月 28 日），阿列克塞耶夫发电报给陆军大臣库罗帕特金，呼吁增强兵力。"根据公使的通报，日本国内对我们不怀好意的气氛正在强化，整体状况颇为严峻。考虑到日本的陆军和海军一直在做充分的战争准备，因此如果日本展开积极行动，不需要大张旗鼓的准备措施。日本的积极行动有很大可能是突然袭击。基于这种情况，虽然我并不了解国内一般的政治情况，但我认为为了防卫，有必要采取若干巩固旅顺防备的措施。为此为使炮兵队具有最为快速的行动能力，需要改变现在的作业方式。恳请阁

---

[198] Vannovskii to General Staff, 28 March 1901, RGVIA, F. 400, Op. 4, D. 481, L. 75.
[199] Izvol'skii to Lamsdorf, 23 March 1901, KA, 1934, kn. 2, pp. 24-27.

下为此类因改变作业方式而产生的追加费用做出指示。"[200]

对此，参谋总长萨哈罗夫于4月13日（3月31日）向阿列克塞耶夫传达了陆相的回复："由于远东的政治形势整体相当不稳定，不知何时会发生何种冲突事态，因此陆军大臣希望保持无限慎重的态度，不要因我们的行动强化日本的兴奋，……不要采取为时尚早的决定性措施。"[201]

库罗帕特金只想到了已经决定好的将第三狙击兵旅团集中到旅顺以强化旅顺的对策，以及加紧向旅顺运送必要补给物资等措施。

然而，这个时候看上去紧张的气氛似乎稍微缓和了。4月15日（2日），伊兹沃利斯基报告了俄罗斯政府放弃俄清协定一事公布后日本方面的态度变化。加藤外相表示满意俄罗斯政府的决定，报纸的论调也"从极度好战，变得稳健、理性了"。伊藤最近在《东京日日新闻》上发表文章，"对俄罗斯政府的贤明和热爱和平之心"深有共鸣。但是，伊藤等人的权威受到很大打击，"时代的英雄是加藤氏，排外主义立场的报纸都在异口同声地赞扬他"，同时"少壮派集团"的力量随之壮大。接着，伊兹沃利斯基指出："可以得出这样的结论，我们一点都不用怀疑，不仅是海军，陆军也在初秋做好了即时行动的准备。"他警告道，"可以想象，不论因为何事，如果满洲问题再次被提起，事态会再度尖锐起来，好战派会再次尝试与俄罗斯决裂。"面对这种危险，我们有必要事先做好准备。[202]

结论是，防范是必要的。基于这种情况，6月4日（5月22

---

[200] VIK, *Russko-Iaponskaia voina*, Vol. I, p. 317. Nish, op. cit., p. 106 从 Lensen, op. cit., pp. 253-254 引用了阿列克塞耶夫于3月16日给陆相的主张无限期驻留"满洲"的书信，论述了防止日本方面采取积极措施的可能性，以及缔结在朝鲜的协定，确保在"满洲"的行动自由，但难以令人相信这是处于战争威胁中的认识。列森没有列举根据。

[201] VIK, *Russko-Iaponskaia voina*, Vol. I, p. 318.

[202] Izvol'skii to Lamsdorf, 2 April 1901, RGVIA, F. 400, Op. 4, D. 481, L. 96-100.

日），外相拉姆斯道夫破例引用鲁辛的警告，给陆相送去了质询书。由于此事得到了皇帝的批准，可以想见皇帝大概也担心了吧。质询书的抄写本还送给了财相、海相，核心内容如下：

> 即使不谈日本主导性的气氛，只是为了努力实现我们在远东根据新的、大胆的计划而制定的任务，我想我们也有必要为此静静地做准备。阁下认为现在俄罗斯的陆海军兵力做好充分准备了吗？[203]

库罗帕特金陆相对这份质询书回复道，"陆军部从来没有追求过向清国挺进这种目标。"占领旅顺也是为了建立海军基地。虽然现在暂时占领了"满洲"，但负担过于沉重。因为如果用欧洲的军队增强远东的兵力，不仅运输困难，而且还会分散西方的兵力。因此，摆脱这种状态较为理想。库罗帕特金写道，外相似乎在追求"新的、大胆的计划"，但由于不知道究竟是什么，所以即使被质问兵力是否充足也没有办法回答。"但是，我想可以非常明确地说的是，作为陆军，由于我方在远东的兵力较少，必须让军队移动，我们没有做好与日本战斗的准备。特别是如果在朝鲜领土内战斗，更是如此。"[204]

库罗帕特金直言不讳地承认在现在的情况下，俄罗斯兵力处于劣势，而且无法采取进一步增强兵力的措施。当然，言外之意就是不要刺激日本。

维特于6月6日（5月24日）和10日（5月28日）回复了拉姆斯道夫。占领"满洲"会引起或促使与日本的决裂，其结果需要花费"莫大的费用"，"将会成为俄罗斯国民沉重的负担"。因

---

[203] Lamsdorf to Kuropatkin and Vitte, 22 May 1901, GARF, F. 568, Op. 1, D. 175, L. 2ob.
[204] Kuropatkin to Lamsdorf, 25 May 1901, RGVIA, F. 400, Op. 4, D. 481, L.83-84.

此，在中断与清朝政府交涉的现在，"为了弥补损失，应该竭力维护我们在物资方面的利害。"现在唯一的课题是"排除与日本的战争"。当然，不能采纳"满洲放弃论"，"无论是东清铁路的南部支线，还是旅顺、大连，我们都不能放弃，也不应该放弃，不过也不应该在此基础上前进。"防止战争"最佳的方法是将东清铁路作为民间公司的事业，限定俄罗斯在满洲的任务只是保护该企业"，"废除我们的军政"，打消"政治上征服满洲"的念头。

以上是维特第一封信的内容。在第二封信中，维特写道，如果日本要求获得朝鲜，就将朝鲜独立的问题拿到国际场合；如果即使那样日本还要占领朝鲜，他主张也不要将此视为 casus belli（开战的理由）。[205]

总之，无论陆相还是财相都处于束手无策的状态，没能给出让拉姆斯道夫满意的答案。

桂内阁成立

另一方面，在日本，事态有了决定性的进展。1901年6月2日，伊藤博文终于辞去首相之后，桂太郎成为继任的总理大臣。桂与伊藤、山县同样，是长州人，生于1847年，比伊藤年轻六岁。他只是作为一名士官勉强赶上了戊辰战争。（译者注：自1868戊辰年开始的、维新政府和旧幕府之间的内战，历时16个多月。）他比陆奥宗光、青木周藏也年轻三岁。在明治政府确立后不久，他自费留学德国，回国后进入陆军，任驻德国武官。之后历任参谋本部局长、陆军省总务局长、次官。日清战争时他作为第3师团长参战，战后担任

---

[205] Vitte to Lamsdorf, 24 May and 28 May 1901, Romanov, *Rossiia v Man'chzhurii*, pp. 312-313.

台湾总督，于 1898 年成为伊藤内阁的陆军大臣，直至 1900 年，最终就任总理大臣。起初桂太郎坚决推辞了很久，但在井上、山县、松方、伊藤的一致推举下接受了总理一职。随着这任内阁的上台，明治维新的元勋们全部退出了政治第一线。

桂太郎希望驻清公使小村寿太郎担任外务大臣，但由于小村需要处理义和团运动的善后事宜，无法立即归国，外务大臣暂时由曾祢荒助藏相兼任。到了 9 月 9 日，小村终于离开北京，在视察韩国南岸后回到了东京，就任外相。在桂、小村这对"少壮"派首相、外相组合的领导下，日本朝着与俄罗斯开战的方向前进了。

小村寿太郎出身于宫崎的小藩，1855 年生，是维新后的第一代，曾留学于哈佛大学的高才生。日清战争后不久，他作为驻朝鲜公使处理了暗杀闵妃的善后工作。之后，返回外务省担任次官，1898 年任驻美国公使，1900 年成为驻俄罗斯公使。义和团运动爆发后，他于 11 月被任命为驻清国公使。在东北亚局势激烈动荡的这个时期，历任了所有相关国家的驻在公使后成为外务大臣，这是没有先例的。在这个意义上，可以说近代日本外交史上的王牌出场了。

小村成为大臣的同时，原驻俄罗斯公使珍田舍巳担任了相当于次官的总务长官，山座圆次郎担任政务局长。电信科长为石井菊次郎，秘书官为本多熊太郎，这些全都是忠实地按照小村方针行动的部下。[206]

参谋总长萨哈罗夫造反

俄罗斯可能原本并没有立即明白桂内阁的诞生意味着什么，

---

[206]《伯爵珍田舍巳传》，ゆまに书房，2002 年，91 页。

但是也感觉到了事态重大,因而迸发出了对库罗帕特金方针新的不满和不安。不是别人,正是参谋总长萨哈罗夫推进了此事。无论是东京还是旅顺都对库罗帕特金毫无根据的乐观和无为而治的做法感到不满,当地的军官们也持批判的态度。

6月26日(13日),在库罗帕特金外出期间,参谋总长萨哈罗夫以代理陆相的名义,将因义和团运动出兵归来的参谋本部阿加佩耶夫上校的意见书送交外相,同时还附上长信阐述如下主张:俄罗斯与日本的关系"在不远的将来,不可避免决裂和武力冲突"。因此,他认为有必要告知外相日本拥有什么程度的兵力,我方拥有什么程度的兵力。萨哈罗夫写道,日本在开战一个月后,能够在平壤或辽东半岛集结72个大队,而俄罗斯却没有增援部队,必须以"满洲"的24个大队应战。他得出如下结论:

> 像这样从整体状况出发进行交战条件的比较后,我想阁下应该已经明白,如果军事行动开启,我方只以现在阿穆尔军区的部队应战,将处于极度困难的状况。考虑到明显的困难和运送增援部队所需的时间,我们有必要得到阁下的判断,与日本决裂的担忧有多么严重,或者有多大可能决裂,以及陆军部是否应该采取强化阿穆尔军区现状的措施。[207]

这是没有先例的提问。同时送交的阿加佩耶夫的报告书也是没有先例的。阿加佩耶夫在东京与公使伊兹沃利斯基会谈后,公使希望他将自己的意见传达给圣彼得堡。公使说:日本视俄罗斯放弃俄清协定为日本的胜利,狂热的"年轻、不辞战争的激情人士的政党"因此占据优势,而稳健的长老派则退至后台。虽然现

---

[207] Sakharov to Lamsdorf, 13 June 1901, GARF, F. 568, Op. 1, D. 176, L. 6-6ob., 9.

在舆论稍微冷静了一些,但不久大概又会提出俄军应该从"满洲"撤退这种新要求来,"战争不可避免。如果与日本发生战争,我们无法给予日本重大打击。岛国这种自然条件和强有力的海军,使得日本在某种程度上是难以攻破的。另一方面,日本则可以通过登陆满洲、孤立和包围旅顺、破坏东清铁路,对我们施以相当沉重的打击。"

"现在朝鲜对我们而言还不是必要的,我们的燃眉之急是在满洲扎下根,将旅顺与俄罗斯的领土连接起来。为了这项最重要的利益,可以暂时牺牲朝鲜。""最终'必须毁灭迦太基'。迟早必须摧毁构成日本力量的要因——陆海军。""虽然日本现在还没有完成军事准备,但大概今年秋季就将完成装备更新。整个陆海军实行的改革大概到1902年年末就会结束。因此,我们必须到那个时候进入完全的战斗状态,必须创造出比现在更为有利的战斗条件,对敌人强有力的反击做好准备。"[208]

虽然外相自己都曾质询过陆相的看法,但对参谋总长这封信以及阿加佩耶夫的意见书,他却认为呈报的都是不合理的意见,以官僚的方式应付了。外相于7月1日(6月18日)答复萨哈罗夫,不知阿加佩耶夫的意见书"在多大程度上准确"传达了伊兹沃利斯基公使的意见,字里行间夹杂着不愉快。外相再次啰里啰唆地论述了外交部的立场。当前,外交部没有期待与清国缔结"满洲"问题协定。较好的方式是待混乱结束后,在"满洲"获得

---

[208] Agapeev's Report, 7 June 1901, GARF, F. 568, Op. 1, D. 176, L. 1-5ob. 关于阿加佩耶夫,见 Korostovets, op. cit., p. 99。

第五章　义和团运动与俄清战争

战略上必要的特殊待遇和特权。……《俄清密约》的报道已经在日本引起了轩然大波，在这种情况下，俄罗斯不得不打消单独对清交涉的念头，"维持现状"。如果日俄关系因此变得令人满意，作为外交部不担心日俄的友好关系遭到破坏。

394

拉姆斯道夫在进行如上论述后写道，如果远东俄军的兵力比日本薄弱，"虽然让阿穆尔军区的军队徐徐地、慎重地采取进入战斗准备态势的措施完全符合目的，但是不要忘记，届时采取强化我们立场的一切对策都不可避免地会促使日本采取相应的对策增强陆海军实力，或者成为促使它立即做出公然的敌对行动的契机。"可以将这段话看作拉姆斯道夫领会了库罗帕特金的观点并加以重复。外相得出结论，"摆脱现在困境的最佳方法，或许是尽可能迅速地着手准备履行陛下的从满洲完全撤退的意志吧。"[209]

拉姆斯道夫虽然如此驳斥了萨哈罗夫提出的问题，但在 7 月，他自己再一次主动向公使和大臣们咨询了根本问题。首先，7 月 30 日（17 日），他给东京和北京的公使发去电报，其中写道，俄罗斯迄今为止一直在表明"如果没有列国和清国自身的妨害行动，待清国恢复正常秩序后就会立即从满洲撤兵的意图"，因此，如果条件不具备，也有可能不撤退。无论如何，在做出最终决定前，他想知道如果俄罗斯表明合并"满洲"的意图，会有什么样的后果。[210]

接着，拉姆斯道夫于 8 月 1 日（7 月 19 日）给维特和库罗帕特金送去了内容相同的信。现在我们面临着这样一个问题，"我们需要做出最终的，且不可逆转的决定，从俄罗斯的国家利益出发，是继续全面掌控我军占领的满洲部分较为理想，还是只掌控其中一省较为理想。"虽然合并现在的占领地很有诱惑力，但必须要考

---

[209] Lamsdorf to Sakharov, 18 June 1901, GARF, F. 568, Op. 1, D. 176, L 11-13ob., KA, 1934, kn. 2, pp. 29-31.

[210] Lamsdorf to Izvol'skii and M. N. Girs, 17 July 1901, Ibid., p. 32.

443

虑"在现有的政治状况下，这是否可能"。撕毁俄罗斯迄今为止一直向列国保证的不合并清国领土这个公约的做法并不妥当。日本正处于"极度好战性的反俄气氛"中，如果俄罗斯侵犯了清国的领土完整，日本甚至会不惜以武力相见。如果那样，一切就可归结为如下的问题："俄罗斯以现有的兵力条件，能够没有一切风险地迎接日本的挑战吗？获得满洲所具有的军事、战略、财政上的重要利益足以抵消为此所冒的危险吗？"

"唯一有能力"回答这个问题的"陆军部和财政部"如果做出YES的回答，那么连"南满洲"铁路也不应该归还。如果是NO，则应该在归还这条铁路后，立即着手逐步撤出整个"满洲"。外相请求就这件事情听取"阁下最终的结论"[211]。

对于外相的咨询，北京的吉尔斯公使于8月4日（7月22日）率先做了回答。他写道，虽然清国有很多人接受"满洲"成为俄罗斯领土的想法，但"南方正在进行轰轰烈烈的、得到日本支持的反俄运动"。李鸿章将这一动向联系起来，试图将列国引入"满洲"问题的讨论中。因此，作为俄罗斯，"在从满洲撤兵之前，有必要切实地得到清国承认我国在满洲完全例外的地位和尽可能在一切领域的影响力的正式文书。如果不这样做，我们的退场将会在当地制造出对我们最为不利的印象，我们在这个国家整体，特别是在该势力圈的地位会遭到毁灭性的打击。"[212]

东京的公使于8月7日（7月25日）做出回答。如果发表合并"满洲"的正式声明，将会引起日本"强烈的舆论骚动"，"好战派"会要求对俄断交吧。只有稳健派会用"在朝鲜积极行动"的对抗方式来忍耐。虽然不知道哪一方会获胜，但日本绝不会停

---

[211] Lamsdorf to Kuropatkin and Vitte, 19 June 1901, Ibid., pp. 32-35.
[212] Girs to Lamsdorf, 22 July 1901, Ibid., pp. 35-36.

第五章　义和团运动与俄清战争

留于做一名"俄罗斯正式合并满洲的安静的看客"。伊兹沃利斯基在这里提出次优的行动方案："我国继续占领满洲，不基于任何正式文书，这样反而可以期待日本会一点点地妥协于既成事实。"当然，这样做不时会迸发出带有好战气息的火花，日本政府大概会努力组织国际性抗议吧。但也许只能采取这种办法。至此，伊兹沃利斯基已束手无策。他在文章最后对小村从北京返回东京担任外相后会做什么进行了透彻分析。[213]

那么，陆相和财相是怎样回答拉姆斯道夫提出的问题的呢？维特财相认为有必要从"满洲"逐步地、全面地撤退。俄罗斯占领了因三国干涉而迫使日本放弃的辽东半岛南部，现在如果更要合并"满洲"，会被视为对日本的直接挑衅。虽说现在俄罗斯对重大军事冲突的准备比过去任何时候都要充分，但与日本的决裂大概还是会带来毁灭性的后果。相反，即使不占领"满洲"，保护东清铁路也是可能的。维特没有直接回答外相提出的问题。[214]

另一方面，库罗帕特金在8月12日（7月30日）的回复中，阐述了他对"满洲"令人震惊的提案。库罗帕特金写道："尽管我衷心希望将满洲归还清国，但我们同时不能放弃确保俄罗斯通过满洲将符拉迪沃斯托克（海参崴）以及旅顺等地紧密联系起来的念头。"在"满洲"南部一直维持兵力会很困难。虽然"关东州"作为陆军阵地颇有实力，但旅顺作为海军基地并不充分。"我们在远东创造的地位要求牺牲巨额的资金，这会弱化我国在西方主战场的地位。为创建强有力的太平洋舰队而向海军投入的巨额资金，是以停止众多强化我陆军的必要策略为前提的。"

---

〔213〕　Izvol'skii to Lamsdorf, 25 July 1901, Ibid., pp. 36-37.
〔214〕　维特的回答概要收于 Glinskii, op. cit., p.174。但是，没有写到是什么时候的信。关于外相所提问题的信的概要是这封信的前提（Ibid., pp. 173-174），但与信的原件相比，这些概要不正确。维特的信也可以理解为大致是这样的内容。

在这种状况下，库罗帕特金既驳斥了放弃"满洲"的方案，也驳斥了合并"满洲"的方案。他提出唯一的出路是"以某种形式将北部满洲并入俄罗斯"，以使东清铁路掌握在俄罗斯手中。可将北部"满洲"作为像布哈拉汗国那样的、处于俄罗斯影响力之下的从属地域。另一方面，在与日本发生战争时，在"关东州"部署陆海军不仅不会强化俄罗斯的地位，反而会弱化。"我想表达的意见是，对于我们来讲，与其继续拥有关东半岛的阵地，不如将它让出。"他构想的方案是，当年从奉天省西南部撤退，并交还山海关至新民镇的铁路。1902年完全撤出奉天省，1903年撤出吉林省南部。[215]

放弃"关东州"、合并北部"满洲"这样的提案完全是不负责任的主意。库罗帕特金虽然提出了这样的建议，但8月25日（12日），他又写信给外相："虽然我们不会挑起对日本的战争，但因日本自身的行动，或许会不得不打这样一战。""只要日本与我们发生武力斗争的危险存在，为了保护俄罗斯一亿三千万人民的神圣利益，确保阿穆尔州和整个俄罗斯的联系，我们必须要在满洲维持能够容易地支援关东州军队的前进阵地。"[216] 本来身为陆相应该回答外相的问题是，现在的兵力是否够用，但陆相这次也没有做出回答。

不得不说，对于拉姆斯道夫提出的问题，公使们、大臣们最终都没有给出明确的回答。

但是，陆军部必须要制定新的对日作战方针。8月27日（14日），参谋本部在与阿穆尔军区、"关东州"军参谋部协商并达成一致的基础上，制定了对日作战方针《关于对日行动的一般原则》[217]，设想了两种对日作战的情况。第一，日本占领朝鲜，不攻击俄罗斯

---

[215] Kuropatkin to Lamsdorf, 30 July 1901, RGIA, F. 1282, Op. 1, D. 759, L. 36-43ob. 这封信的概要收于Glinskii, op. cit., pp. 175-176，这里基本是正确的。

[216] Kuropatkin to Lamsdorf, 12 August 1901, RGIA, F. 1282, Op. 1, D. 759, L. 44-45.

[217] VIK, *Russko-Iaponskaia voina*, Vol. 1, pp. 192-196.

的情况。第二，占领朝鲜，攻击俄罗斯的情况，可以从"满洲"、旅顺、符拉迪沃斯托克（海参崴）三个方向考虑。在第二种情况下，由于日本陆海军兵力占有优势，动员运输迅速，因而俄方在敌对行动开始时会被迫打防卫战，应指示俄军集结到奉天、辽阳、海城一线，徐徐地向哈尔滨方向撤退。开战伊始，阿穆尔军区和"关东州"有 64,000 人的兵力，从沿阿穆尔军区和西伯利亚军区前去增援的 71,000 人抵达后，总兵力将达到 135,000 人。但是增援部队抵达需要时间，三个月之后将达到 91,000 人，其中辽阳至海城有 26,500 人左右。然而，在这方面，日本大概会派去十万人。剩下的增援部队需要四个月以上才能到达，最终大概需要六个半月吧。海军方面只能将全部舰船集结在旅顺作战，这样一来，日军不可能从辽东半岛登陆。大概会有六个师团在朝鲜登陆，然后进入"满洲"吧。日军主力可能不会进攻符拉迪沃斯托克（海参崴），而是向"南满洲"进军。新方针不过是再度确认了萨哈罗夫参谋总长送交外相的意见书中所述的现状而已。[398]

另外，1901 年 9 月 7 日，清朝代表庆亲王和 11 国代表在北京签署了收拾义和团运动的和约。列国获得四亿五千万两白银的赔偿金，并且为确保北京公使馆区域、开放港口的安全，还获得了驻留军队的权利。然而，俄清战争在没有终结协定的状况下，俄军继续驻留在"满洲"。

皇女诞生与菲利普先生

就在俄罗斯政府内部围绕"满洲"和远东局势展开严肃讨论的时候，皇帝的关注点却在另外的世界，就好像生活在完全不同的星球上似的。

皇后亚历山德拉·费奥多罗夫娜于 1901 年 6 月 18 日（5 日）生下了第四个孩子，依然是女儿，取名为阿那斯塔西娅。没能生下儿子，皇后的绝望是深刻的。因为按照俄罗斯的皇位继承法，只有男性才可以继承皇位。

皇后和黑山公主、彼得·尼古拉耶维奇大公之妃米利莎以及她的妹妹阿纳斯塔西娅建立了亲密的关系。痴迷于世纪末神秘学的这对姊妹于 1900 年遇到了法国人菲利普，对他很是崇拜。关于菲利普这个人，虽然驻巴黎的秘密警察代表报告他曾数次进监狱，是一个江湖骗子，不过也有人认为他是神秘学的大家。[218] 菲利普受邀于 1901 年年初来到俄罗斯。他一度返回了法国，不过不清楚他后来有没有再来俄罗斯。菲利普被介绍给了连续生产了四位女儿、正处于消沉中的皇后。

尼古拉在 1901 年 7 月 23 日（10 日）的日记中写道：

> 夜晚是在列涅尔列度过的。我们与菲利普畅谈，他教导了我们。这是一段多么神奇的时光啊！！！[219]

从第二天起，连续十天，每一天菲利普都以"我们的朋友"这个称呼出现在皇帝的日记中。7 月 24 日，菲利普坐在皇后的房间聊天。皇后向他介绍了女儿们，他们一同在寝宫祈祷。25 日，皇帝独自去往圣彼得堡的彼得大公邸（兹纳缅卡），与菲利普两人一直待到下午 5 点。26 日，皇帝、皇后与菲利普一起在彼得大公邸的庭院直至傍晚。27 日，菲利普一同出席了皇族的祈祷会。28 日，皇帝和皇后去夜剧场观看完第二幕后离去，拜访了菲利普的

---

[218] 中山裕史《"菲利普先生"和"帕普斯"——20 世纪初期罗曼诺夫宫廷和两名法国人》,《桐朋学园大学短期大学部纪要》第 15 号，1997 年，122—126 页。

[219] Nikolai II's Diary, GARF, F. 601, Op. 1, D. 243, p. 50.

住所，直到凌晨 2 点半。29 日也拜访了菲利普，度过了很长一段时间。30 日，皇帝检阅军队。菲利普也到了检阅的地方，之后从那里去往彼得大公邸，与皇帝和皇后一直待在一起，直到深夜。31 日晚，皇帝和皇后又去彼得大公邸和"我们的朋友"做了"重要谈话"。8 月 1 日，午餐后去彼得大公邸，虽然米利莎王妃生病了，但直到深夜，皇帝和皇后一直在听菲利普谈话。8 月 2 日是最后一天，皇帝在日记中这样写道：

"奇迹般的一天。……阿利克斯来到我所在的费尔马。不久兹纳缅卡的人和'我们的朋友'一同到了那里。我们饮茶，在公园散步。6 点 30 分返回宫殿。洗过海水浴，吃完饭后，去了兹纳缅卡，与'我们的朋友'度过了最后一晚。我们总是在一起祈祷。"[220]

8 月 3 日是战列舰"亚历山大三世"号举行入水仪式的日子。仪式结束后，皇帝前往菲利普处。"与他的离别很令人伤感。5 时，他出发去往里昂。"[221]

毫无疑问，菲利普向皇帝和皇后建议了如何才能生皇子。除此之外，也许还讲了自己对政治各方面的看法以及对未来的预言。就这样，在大臣们为与日本的战争而苦恼的时候，皇帝与预言家一同度过了一段无比幸福的时光。

别佐勃拉佐夫的身影

就在皇帝兴致勃勃地倾听着偶遇的外国预言家的建议时，大

---

[220] Nikolai II's Diary , GARF, F. 601, Op. 1, D. 243, pp. 51-57.
[221] Ibid., pp. 58-59.

臣们却在疑惑他是不是在倾听别的建议者的声音。到了1901年年中,别佐勃拉佐夫的身影逐渐变得高大起来。

义和团运动爆发后,别佐勃拉佐夫等人似乎也不知所措。1900年7月7日(6月24日),别佐勃拉佐夫给皇帝写信,请求支持他的新公司,但没有得到回应。[222]7月28日(15日)他给亚历山大·米哈伊洛维奇大公写信:"我遵从殿下的命令,正顽强地忍耐着现状,默默地继续等待着。"信中,别佐勃拉佐夫批判人们的注意力全都投向了占领"满洲"和修复被破坏的铁路,却遗忘了导致俄罗斯在远东遭遇困难的原因在于维特政策的失败。在结尾处,他感叹自己"没有权力,也没有地位,身边无法聚集起有干劲的人们——在战场上,一个人无法成为战士"。他的结论是,"大概不久将不得不退出这项事业吧",很是悲观。[223]

在一个月后的8月5日(7月23日)的备忘录中,别佐勃拉佐夫显得稍微有了些精神,他为俄军在"满洲"和华北的成功感到高兴,畅想俄罗斯要"趁热打铁",单独行使在"满洲"和华北的影响力,同时还论述了俄罗斯应该缔结只排除英国的"欧洲大陆协定",顺便还应该争取与日本、美国单独缔结协定。这一切不过是即兴发言而已。[224]三天后的8月8日(7月26日),别佐勃拉佐夫颇为焦虑地向皇帝提出,是选择为计划中的公司组建政府组织,还是清算整个事业?他断言,"如果长期拖延成立公司,那么改为清算此项事业较为理想。"[225]很明显,1900年财政部完全压制了别佐勃拉佐夫即兴想到的事业方案。

---

[222] Bezobrazov to Nikolai II, 24 June 1900, RGIA, F. 560, Op. 28, D. 100, L. 34-35.
[223] Bezobrazov to Grand Duke Aleksandr Mikhailovich, 15 July 1900, Ibid., L. 26-28.
[224] Bezobrazov's Memorandum, 23 July 1900, Ibid., pp. 30-31.
[225] Abaza, Russkie predpriiatiia v Koree v sviazi s nashei politikoi na Dal'nem Vostoke 1898-1904, GARF, F. 601, Op. 1, D. 529, pp.35-37. Simanskii, op. cit., Vol. II, p. 222.

第五章　义和团运动与俄清战争

然而到了1901年，大臣们的口吻变了。维特在7月20日（7日）给西皮亚金的信中写道："我们这里全都在谈论别佐勃拉佐夫的事。"[226] 5天后，他又写道："我们这里诸事平静，只是别佐勃拉佐夫想要搅起什么事情来。"别佐勃拉佐夫每周谒见皇帝两次以上，每次几个小时，"他给皇帝讲述所有荒谬的事情，所有不着边际的计划"，维特对此很警惕。[227] 然而皇帝的日记中没有这样的记述，他在为菲利普而热狂。

别佐勃拉佐夫所做的筹划依然不过是镜花水月。这一年年初，他向皇帝呈交了强调北部朝鲜意义的意见书，指出北部朝鲜"是我们的战略性前哨所在地"。他主张"满洲"的困难可以"通过迂回的，进入北部朝鲜的方式消除"，"让俄罗斯的影响像圆环一样包围满洲，通过这种方式，即使不直接占领这里，也可以在事实上使其顺从。"[228] 4月8日（3月26日），别佐勃拉佐夫给维特也送去了强调北部朝鲜意义的意见书，写道，如果从"满洲"撤退，那么旅顺也应该还给清国，作为做出这种让步的回报，即使不合并领土，也有必要获得管理"满洲"的特别条件。这种情况下，如果在北部朝鲜没有势力是很危险的。[229] 接着，他于7月19日（6日）提交了意见书《形势评估》，其中陈述了向北部朝鲜派遣5000名骑兵和山炮队、展开游击战的构想。[230]

以卖弄这种不负责任的言论的人物为核心成立的公司，因朝鲜特许权注明的开发期限1901年9月近在眼前，皇帝介入，压制住了维特，7月12日（6月29日），东亚产业公司章程获得大臣

---

[226] Vitte to Sipiagin, 7 July 1901, KA, 1926, t. 5, p. 44.
[227] Vitte to Sipiagin, 12 July 1901, Ibid., p. 45.
[228] Abaza, Russkie predpiiatiia v Koree, pp. 39-40. Simanskii, op. cit., Vol. II, p. 223.
[229] Abaza, op. cit., p. 41.
[230] Kuropatkin's Memorandum, 24 July 1903, GARF, F. 543, Op. 1, D. 183, L. 98ob.-100.

委员会的批准。发起人为纯粹的民间人士冯·克鲁泽和阿利贝尔特二人,股东由 45 人增加到 90 人。[231] 由于在开发期限内无法开工,经过交涉,期限延长至 1904 年 1 月 14 日(1 日)。[232]

危机显露的帝国

19 世纪的最后一年,1900 年,俄罗斯长期以来由维特财相政策带动的经济高速增长停滞了。在经济萧条中,社会各阶层的不满高涨,运动频发。近代俄罗斯社会的矛盾仿佛一举暴露了出来。

走在最前头的是学生。学生们厌倦了专制权力的束缚。1899 年 3 月,圣彼得堡帝国大学发生学生示威,前来管制的警官队对学生施以暴行。学生在愤怒之下从 3 月 7 日(2 月 23 日)起开始罢课,翌日罢课规模扩大到首都 17 所高校,进而波及全国。对此,政府于 8 月 10 日(7 月 29 日)制订临时规章,对参加学生运动而被开除学籍的学生进行惩罚性征兵。这项惩罚规章适用于 1900 年年末基辅帝国大学的抗议运动,1901 年 1 月 24 日(11 日),该校惩罚性征兵的 183 名学生名单公布。圣彼得堡和哈尔科夫的学生奋起反抗,全国性的罢课运动随之爆发。在此期间的 2 月 27 日(14 日)发生了文部大臣博戈列波夫被狙击致死的事件。这是从德国留学归国的学生所为,是自 1880 年以来不曾间断的政治性恐怖主义的复苏。尼古拉任命原陆军大臣瓦诺夫斯基担任继任文相。

学生运动是所谓不问政治的人的运动。政治党派的活动反而落在后面,最初行动的是社会民主主义者。1898 年,俄罗斯社会

---

[231] Abaza, op. cit., pp. 41-42. Simanskii, op. cit., Vol. 1, p. 223. 以及 Bezobrazov to Nikolai II, 17 June 1901, RGIA, F. 560, Op. 28, D. 100, L 33-33ob。

[232] Simanskii, op. cit., Vol. II, pp. 222-223.

民主劳动党宣布召开成立大会，却只留下了由"合法马克思主义"者司徒卢威起草的著名宣言，相关人士全部遭到逮捕。到了1901年年初，普列汉诺夫、列宁、马尔托夫等流亡者终于开始刊发非法报纸《火星报》，潜送国内。民粹主义派于1901年年末成立了俄国社会革命党，开始刊行机关报《革命俄罗斯》。该党的特征在于承认恐怖主义，追求农民社会主义。然而，成为党干部的阿泽夫是保安部的特工。自由主义者更加落后，1902年6月，司徒卢威等人在德国的斯图加特创办杂志《解放》，举起了激进自由主义的旗帜。

1901年，运动进一步发展。2月24日（11日），正教院宣布开除托尔斯泰教籍，翌日，数千名学生在莫斯科举行抗议游行，群众对外出的托尔斯泰高呼"祝贺"。最终，3月17日（4日），在首都涅瓦大街的喀山教堂前爆发了学生、知识分子抗议审判文相狙击犯的示威游行。哥萨克部队出动，驱散了游行队伍。4人被杀，上千人被捕。冲击颇大。

继学生之后，芬兰人奋起反抗自治权受到侵害。1901年7月12日（6月29日）制定了由博布里科夫总督推行的新兵役法，芬兰人认为这项法规违反了承认芬兰自治的芬兰大公国宪法，于是起而抗争。9月30日，芬兰人递交了要求撤回兵役法的请愿书，上面有473,363人签名，相当于芬兰总人口的五分之一。

俄罗斯帝国的危机确实在不断地显露。

日本方面的俄罗斯观

这个时代的日本对俄罗斯国情有着怎样的认知呢？1901年，日本出版了数种关于俄罗斯的书。

首先，东京专门学校（自1902年起更名为早稻田大学）出版部于 2 月推出了由博文馆刊行的历史丛书第一部——《俄罗斯史》，由山本利喜雄著。山本可能是东京专门学校的教授。这本书主要参考法国历史学家阿尔弗列道·兰保的 A Popular History of Russia 而写就。该书于 1901 年用法语出版，被翻译成多国语言。在《俄罗斯史》的序言中，山本写道："东洋风云逐日告急"，"俄罗斯对东亚关系，例如俄清关系"等"志士最应研究"，但他认为这些部分适合另外编纂一书，因此只简单地一带而过。该书的着力点始终放在解说俄罗斯的历史进程。[233]

全书从俄罗斯的地理、人种写起，叙述了自留里克建国以来的历史。作者用了三章的笔墨写彼得大帝改革，对其进行了详细说明。尼古拉一世时代占三章篇幅，亚历山大二世时代占四章篇幅。书中对亚历山大二世遭暗杀的记述尤为详细，仅引用实施暗杀的"虚无党"的声明就有一页以上。[234] 该书给人的印象是俄罗斯历史孕育着革命，作者对此寄予了同情。

全书的最后部分是关于西伯利亚铁路的记述，其中并没有俄罗斯威胁论的影子：

> 此诸线路不仅对俄国策划经营远东之天地有至大的便利，对全世界产业亦有莫大的影响，其抵达太平洋之日，……与欧洲诸国的贸易必将有一大变动，对支那、朝鲜、日本而言，犹如苏伊士运河及巴拿马运河开凿对全世界人类波及的影响。[235]

接着，东京专门学校出版部又在 6 月推出了安纳多尔·勒华-

---

[233] 山本利喜雄《俄罗斯史》，博文馆，1901 年，1—5 页。
[234] 同上书，421—422 页。
[235] 同上书，436 页。

第五章 义和团运动与俄清战争

博立约（Leroy-Beaulieu, Anatole）的《俄罗斯帝国》，由博文馆发售，林毅陆翻译。这是早稻田丛书中的一本，有贺长雄名列编委会中。林毅陆是庆应义塾的教授。该书是编委之一镰田荣吉到俄罗斯，从日本公使馆介绍的数本书中挑选出他认为最重要的几本，由林毅陆抄译而成。镰田荣吉撰写了序言：

> 虽当今国人注目北邻国状者不少，然其所见颇为粗糙，一方有侮蔑不以为然者，另一方又有恐怖战栗不知所措者。二者皆不得其正鹄，如此皆终究不审其国状之故。尤其仅以比较彼我军舰、兵勇之多寡，即妄说强弱，喜之忧之，诚不过皮相之浅见。有林君此抄译，聊养国人之见识，促其反省，其庶几乎。[236]

值得关注的是，本书的另一篇序言由驻英公使林董撰写。林董于1900年去英国赴任前写下了这篇序文，文中写道："俄罗斯乃世界一大强国，与我日本帝国有紧密关系，虽甚有必要了解其国情，然其真相未明于我国人之间，反有一种误解比比皆然，故而给国际交往带来很大障碍，此乃予最感遗憾之处。"林董认为，作为了解俄罗斯"公平正确之良书"，他比较认可瓦列斯的书和博立约的书，特别是后者，"忠实解剖描写俄罗斯社会国家及人民，殆无余蕴"，"予谈及俄罗斯亦必常以此书为荐"。[237]

勒华-博立约的俄罗斯论的核心在于将俄罗斯看作"两面神雅努斯（Janus）"。该书第一卷《俄罗斯之国及民》的第三章有如下一节：

---

[236] 安纳多尔·勒华-博立约（林毅陆译）《俄罗斯帝国》，博文馆，1901年，5页。原著为 Anatole Leroy-Beaulieu, *L'empire des tsars et les russes*, Tome I-III, Paris, 1897。
[237] 同上书，1、3页。

> 俄罗斯犹如二面女神,一面向西一面对东,一面为衰余老人形容枯槁,一面为红颜少年稚气未脱。此矛盾、对立足以说明其政治上之制度并国民之性情,为吾人最应注意之处。盖此二面乃覆盖俄罗斯万事之大特色的矛盾及悖论之源,古来各种事情皆养成助长此特色。或云介于欧亚间地理上的位置,或云异民族的杂居,或云……其立于东西二侧面的竞争间,其所烦恼的过去历史,皆是生成此结果的原因。〔238〕

这是说,如果俄罗斯国民性具有两面性、二元性,那么单纯认为俄罗斯是侵略性国家就是只看到了其外表。这部书分量厚重,出版人的意图大概在于希望人们思考这一点吧。

1902年出版的烟山专太郎的《近世无政府主义》,是烟山阅读外国书籍后写就的书。这本书也是由东京专门学校出版部出版。〔239〕烟山是东京帝国大学哲学系的学生。该书虽是学生写的书,但得到了国际法学者有贺长雄的高度评价而出版。书的前半部概括性地论述了俄罗斯革命性的民粹主义运动。也就是说,该书在认识上受到俄罗斯孕育革命这种观点的引导。幸德秋水等明治时期的社会主义者都熟读过此书。不过,烟山后来成为早稻田大学的外交史教授,他的关注点在于分析俄罗斯帝国的国内政治。

1901年出版的另外一本重要的书是内田良平的《俄罗斯亡国论》。日清战争后,在因三国干涉,卧薪尝胆的标语高悬,俄罗斯被意识到是日本正面之敌的时候,满怀志士豪情的青年过着白天在习武馆练习柔道、锻炼身体,夜晚在语言学校学习俄语的生活。内田良平是那些青年效仿的榜样。他会俄语,日清战争前夕加入

---

〔238〕《俄罗斯帝国》,17页。
〔239〕 烟山专太郎《近世无政府主义》,东京专门学校出版部,1902年。明治文献于1965年再版。

第五章　义和团运动与俄清战争

天佑侠。(译者注：1894年东学党之乱时，以支援东学党的名义，由侨居釜山的日本人结成的壮士集团。)在朝鲜工作的内田于1897年去到俄罗斯，横穿西伯利亚，一直抵达了圣彼得堡。[240]前文已经讲过，内田良平于1901年结成了黑龙会。

《俄罗斯亡国论》在9月的出版当日就被禁止销售。于是内田对该书做了修改，更名为《俄罗斯论》，在当年11月由黑龙会本部出版。内田在书中强调了俄罗斯的侵略主义，通过分析俄罗斯的陆海军，认为日本在与俄罗斯的战争中能够获胜。不仅如此，他还在第三章《俄罗斯帝国的命运》中断言："虚荣浮夸如彼，徒为虚荣，精力今已殆尽"，"故彼之亡国与彼之革命，无论其以何等手段方法达成此命运，吾人不可不举大杯共为天下祝之也。"[241]就俄罗斯内部动向而言，他在学生运动中看到了活力。他认为俄罗斯有必要进行革命，日本应该在这一点上帮助俄罗斯。他将西伯利亚铁路作为运输日本援军的工具来认识：

> "西比利亚铁路即斯拉夫出迎君子民族援兵之物"，"吾人于此文明国中，为博首屈一指之名，同时为成全强国之实，乃不得不担当开导俄罗斯之至难大业。""吾人为达开导俄罗斯之目的，有时亦不得不诉诸战争。""不得不堂堂正正以人道行大陆一带之大扫除也。"[242]

由此可见，此时身处俄罗斯占领"满洲"、日本因欲与俄罗斯

---

[240] 内田的经历见黑龙俱乐部《国士内田良平传》，原书房，1967年。
[241] 禁售的内田良平《俄罗斯亡国论》的第3章附录在《国士内田良平传》一书中。本书引用的地方，同上书，736—753页。内田甲《俄罗斯论》，黑龙会本部，1901年，136、142页。
[242] 《国士内田良平传》，753页。内田甲《俄罗斯论》，156、157、159、162页。

开战而舆论沸腾状态下的日本精英，他们对俄罗斯并没有感到恐惧和受威胁，反而认为俄罗斯濒临革命、俄罗斯已经落伍而感到一种优越。

驻俄罗斯公使栗野的人事安排

由于驻俄公使珍田舍巳被提拔为外务次官，他的继任者成为一个问题。这时，橄榄枝抛向了原驻美公使栗野慎一郎。栗野自1897年起任驻法公使，1900年年末起赐假归朝。他出身于黑田藩，生于1851年，比小村大臣还年长四岁，比成为次官的珍田年长七岁。与小村同样，他也曾经在哈佛大学留学，但比小村晚一年。不过，与回国后暂时进入司法省的小村不同，栗野早两年就进入了外务省。栗野是英国防范论、俄罗斯协作论的主要倡导者。他与伊藤、井上深厚的关系也广为人知。1900年7月17日，栗野从巴黎给伊藤写私信，认为英国"称扬煽动"日本行动的"真意""不过在于利用本邦为其爪牙"，对日英接近提出了质疑。[243] 从这个意义上讲，相对于小村的反俄路线，栗野是外务省内明确的亲俄路线的代表。

在小村上任前，桂首相曾要求栗野回法国就任。对此，栗野要求改变对法政策，并未答应。小村就任外相后，于翌日向栗野提出，希望他作为珍田的继任者担任俄罗斯公使。无从得知小村到底是想将亲俄派放逐出东京本部，还是想利用亲俄派与俄罗斯进行严厉的交涉，但无论如何，都可以推想这是一次有意的人事安排。虽然不清楚栗野在多大程度上觉察到了小村的意图，但

---

[243] 平塚笃编《子爵栗野慎一郎传》，兴文社，1942年，1、34、58、177、216、249页。

他见到井上,受到鼓励,10月16日,他向桂和小村提交了长篇意见书,表明自己的立场,表示如果赞成这些意见,他就去俄罗斯。[244]意见书的主要内容是主张必须回避日俄战争,应该致力于日俄协商。

栗野认为日俄间的"猜疑嫉恶"很大程度上由"误解"而产生。他指出,虽然世人一说到俄罗斯的政策,就"单纯认定彼为进略主义、膨胀主义",但"此未免为皮相之见"。俄罗斯拥有"广大无边之土地",但偏于北方,"被坚冰和他国封锁",不能发达,"故不得已采取膨胀之策,以获得适当的不冻海口,图谋发展其通商,是全为本国繁荣之目的,此意甚明。"如果要获得不冻港,虽然可以考虑地中海或希腊湾,但由于与英、德关系复杂,没有可能性。于是,辽东半岛作为"抵抗力较少"的地点浮现出来。"俄欲经满洲获不冻港,自彼之地位而言,毋宁为不得已之希望,不可单云启动膨胀政策。"

栗野认为日俄两国应该积极缔结条约,协调双方的利益,主张日俄进行协商。他认为日本以韩国、俄罗斯以"满洲"为保护国的路线,即"满韩交换论",违反了日本一直宣布的"帝国之政策",也无法获得俄罗斯的同意,因而不能采取此路线。日俄两国应各自分别以韩国、"满洲"为"势力范围",在不损害其独立的限度内,"承认有自由行动的权利",两国只能以这种方式进行协商。日本将韩国作为"势力范围"是完全可能的。若俄罗斯执意想在韩国南端获得军港,此事虽然不能协商,但日本可以约定不在韩国沿岸建立军港,不妨害朝鲜海峡的自由航行;如果俄仍执前念,则"以不施炮台及其他防御工事为条件,承诺与俄一军港,或尚优于不协商乎"。栗野在结尾写道,"若有幸如余之所见进行

---

[244]《子爵栗野慎一郎传》,254页。

抉择，余亦可奋而赴任。"[245]

栗野在其他文章中写道，在数次交谈的基础上，他与小村取得了一致意见，"（小村）告余，桂首相与余等二人意见亦相同。"[246] 他们的意见不可能相同。很明显，桂和小村欺骗了栗野。或许他们的布局是，想借此向国内外显示，尽管有栗野这种亲俄派公使的努力，但还是发展到了战争的局面。这是了不起的政治上的深谋远虑。

俄罗斯方面理所当然欢迎栗野公使。东京的伊兹沃利斯基公使写信给外相说，他认为栗野属于支持"日俄紧密接近"的"伊藤、井上等慎重外交政策支持者派别"的人，他被选为俄罗斯公使，"显示日本政府希望在圣彼得堡安排对我们完全怀有好意的代表。"[247]

1901年秋末，栗野出发前往俄罗斯。他打算先顺路到以前的任职地巴黎，再进入俄罗斯。比栗野提前很多，在初秋的9月18日，伊藤博文因被耶鲁大学授予名誉博士称号去往美国。在井上馨的强烈建议下，伊藤决定也去一趟俄罗斯，会见政府当局，试探日俄协商的可能性。伊藤与井上的心腹都筑馨六同行。这完全是私人旅行，伊藤没有被委派任何任务。伊藤从美国抵达法国，11月14日，与卢贝总统和德尔卡塞外相进行了会谈。德尔卡塞支持伊藤去俄罗斯缔结新协定的想法。[248]

然而翌日，驻英公使林董从伦敦赶来，向伊藤传达了令人震

---

[245]《子爵栗野慎一郎传》，254—260页。角田，《满洲问题和国防方针——明治后期国防环境的变动》，105—106页认为，栗野的主张"在性质上立于满韩交换论"，但不能说是"单纯的满韩交换论"，是"韩国势力范围协定论"，这并不明确。Nish, op. cit., p. 129 认为栗野的意见书是重要的"满韩交换论"主张，也不正确。

[246]《子爵栗野慎一郎传》，267—268页。

[247] Izvol'skii to Lamsdorf, 6 November 1901, AVPRI, F. 150, Op. 493, D. 906(1901 g.), L. 121-122.

[248]《伊藤博文传》下卷，原书房，1970年（原本1940年），523—532页。

惊的消息。

日英展开同盟谈判

恰好在这个时候,日英开始了同盟谈判。推进此事的林董公使是来向伊藤说明情况的。

寻求日英同盟的意向一方面产生于英国本身。在东亚,因三国干涉,迫使取得战争胜利的日本放弃了战利品,在这个过程中,英国没有扮演任何角色,它对此做了深刻的反省。尽管英国表现出了接近多年的敌对国俄罗斯的想法,但马上打消了这个念头,选择了接近日本的方向。可以说这是理所当然的趋势。1901年6月19日,兰斯敦在给内阁会议传阅的文件中提及,"在远东与日本保持良好关系极度重要"[249]。之后,英国开始向日本靠近。

另一方面,在日本,明治维新之后的一代人中,最先于1900年成为外务大臣的加藤高明(1860年生)为了对抗俄罗斯,很早就提倡日英同盟,此事广为人知。对此,经验丰富的外交官林董(1850年生)虽然认为日俄协定很重要,但他同时也认为日英接近符合日本的国家利益。继加藤之后成为外务大臣的小村寿太郎(1855年生)虽然一直参与了与俄罗斯订立协定之事,但可以推测,他在这一时间点向加藤式的日英同盟论倾斜了。[250]

7月15日,赐假归国的驻日公使麦克唐纳拜访了驻英公使林董。他直率地表示,英国希望日英结为同盟。这是一种攻守同盟的提案。林董认为应该抓住这个机会,当天,他就向本国提出了建

---

[249] 角田,《满洲问题和国防方针——明治后期国防环境的变动》,81—82页。
[250] 同上书,89—90页。

议。[251] 17日，曾祢外相下达了进一步认真确认英国想法的训令。[252] 林董在进一步和麦克唐纳会谈的基础上，于7月31日面见了兰斯敦外相。林董针对外相的问题回答说，日本在"满洲"只拥有间接的利益，但如果俄罗斯夺去了"满洲"，也许进而还会吞并朝鲜。日本想要防止这样的局面出现，因此希望英国"第一，尽可能地阻止俄国进入满洲；第二，在不得已与俄国开战的时候，阻止第三国帮助俄国"。对此，兰斯敦说，英国不希望朝鲜落入俄罗斯之手，由于日英的目的一致，他认为应该讲求相互防卫之策。接着，他又追问道，虽然俄罗斯曾经提议过韩国中立化，但日本拒绝了吧。林董说："中立保障在朝鲜是无效的。朝鲜人是不知道治理自己国家的国民。"林董慎重地将这次会谈的内容报告给了本国。[253]

虽然当时小村外相还没有上任，但桂太郎向伊藤、山县等元老告知了此事，得到了推进交涉的许可，8月8日，推进交涉的训令发出。[254] 这一训令指示要以如下宗旨进行谈判："不让韩国蒙受他邦蚕食政略的后果是日本一贯的根本主张，此主张是日本政府必排除万难极力固守之处。""若俄国在满洲超越现存约定的范围，扩张其统治权，将危及韩国之独立，此为日本不安之因。"[255]

谈判就这样开始了。英国巧妙地采取了不喜日俄开战的态度，打算回避承认日本对朝鲜权益的主张。11月6日，英国拿出了自己的提案，其内容为，维持"东亚现状"与"全局和平"，维持"韩国不被任何外国吞并""清国之独立及领土完整"以及享受在

---

[251] 林给曾祢的信，1901年7月15日，《日本外交文书》第34卷，16页。林董《忆昔录》，平凡社，1970年，333页。

[252] Sone to Hayashi, 17 July 1901,《日本外交文书》第34卷，22页。

[253] 林，《忆昔录》，335—336页。林给曾祢的信，1901年8月1日，《日本外交文书》第34卷，25—26页。

[254] 《小村外交史》，257—259页。

[255] 曾祢给林的信，1901年8月8日，《日本外交文书》第34卷，26—28页。

第五章　义和团运动与俄清战争

清国工商业上"各国均等之企业权"。当日英两国中的一方为"保护上述利益"与别国发生战争时，另一方"严守中立"，防止他国加入战争；当他国参与战争时，则动员其他同盟国参战。另外，还明文规定了海军在平时的协作。[256]

对于这个方案，林公使认为有必要要求明确"英国承认日本在韩国的卓越利益，且日本为保护其利益，采取适宜的措施，英国全部允诺之"[257]。

恰在此时，伊藤抵达了巴黎。已就任外相的小村要求林董去巴黎向伊藤汇报，听取他的意见。[258]林董立即于14日奔赴巴黎，与伊藤商量。伊藤对局势与自己从日本出发时相比大为不同感到困惑，表示"余自此将立即去往俄都……关于本问题将从俄都……通信，希望给英国政府的最终回答延展至彼时"。林董立即将此事发电报告诉了东京。[259]林董和伊藤会谈了整整四天。林董劝说伊藤，英国甚至已经拿出了同盟条约方案，在这种情况下，日本政府已"不能收手"。进而，在林董"反复论辩"之后，伊藤似乎终于接受了"大体同意日英结为同盟一事"。虽然伊藤仍然希望等他同俄罗斯联络之后，再回答英国，但他已经在很大程度上开始放弃了。[260]

然而，同行的都筑却始终希望与俄罗斯签订协定，反对日英同盟。他说，栗野就任俄罗斯公使时，提出的条件是以实现与俄罗斯的协定为目标。林董说，若果真如此，那他与英国正在进行交涉就变成了欺骗英国，他在汇报与伊藤的谈话的时候，向小村

---

[256] 林给小村的信，1901年11月7日，《日本外交文书》第34卷，39—40页。
[257] 林给小村的信，1901年11月7日，同上书，42页。
[258] 小村给林的信，1901年11月13日，同上书，47页。
[259] 林给小村的信，1901年11月15日，同上书，47—48页。
[260] 林，《忆昔录》，342—347页。

询问了栗野就任的条件。[261]

此后，林董返回伦敦，伊藤和都筑一同去了圣彼得堡。小村对伦敦的林董做了虚假的解释，说栗野的"任命没有条件"[262]。在此基础上，小村给林董发电报，表示让日英交涉先行，待"与英国缔结同盟之后"再考虑与俄罗斯的协定。[263]接着，小村给俄罗斯的代理公使发去电报，伊藤与俄罗斯交涉"未带允可之任"，"全……以个人责任为之"。[264]进而，桂首相也给伊藤发电报，因日英谈判"不能迁延之情势"，希望与俄罗斯的事情"止于谈话上的意见交换"。[265]对于伊藤、井上来讲，桂、小村的做法几乎接近政变，但伊藤也不得不采取顺从的态度。28日，他给一直宣称应先与俄罗斯交涉的井上馨发去电报。"情势如此，鄙人虽知来此地之目的已与当初全然相反，但除适从政府之意外，别无他策。"[266]

伊藤博文在圣彼得堡

伊藤经由柏林，于11月25日（12日）抵达圣彼得堡。[267]他首先于11月28日拜谒了皇帝尼古拉。二人曾于大津事件之后在京都见过面，伊藤侍奉着尚是皇太子的尼古拉一直到达神户。尼古拉说，访问日本"唯有愉快之纪念"，俄日"两国之协作"并

---

[261] Hayashi to Komura, 18 November 1901,《日本外交文书》第34卷，48—49页。
[262] 小村给林的信，1901年11月20日，同上书，50页。
[263] 小村给林的信，1901年11月22日，同上书，53页。
[264] 小村给驻俄杉村代理公使的信，1901年11月24日，同上书，53—54页。
[265] 桂给伊藤的信，1901年11月27日，同上书，54—55页。
[266] 伊藤给井上的信，1901年11月28日，同上书，55—56页。
[267] 角田，上述书，103—104、108页。

第五章　义和团运动与俄清战争

非不可能，他强调"两国互相协作……不仅为两国最上策"，"亦可维持东洋之和平"。伊藤说天皇也有同样的想法。尼古拉的话给伊藤留下了很好的印象，不过尼古拉在日记中只写道，"接见了日本有名的政治家伊藤"〔268〕。

12月2日（11月19日），伊藤和拉姆斯道夫进行了会谈。伊藤一开场就表明他完全不是受正式委任而来，但他满富热情讲述了意见。两国间不和的唯一根源在于朝鲜问题，日本人形成了一种观念，即俄罗斯想要占有朝鲜半岛。如果事实如此，就会威胁日本的独立。这种担忧也是日清战争爆发的原因。俄罗斯如果能在这个方面令日本安心，就没有妨碍两国确立紧密友好关系的障碍了。本着这一宗旨，有必要修改现行的协定。

拉姆斯道夫指出，现行协定的基础就是尊重朝鲜独立这个原则，因此，没有必要那样担忧，近年，俄罗斯方面提出了朝鲜中立化方案，但日本方面不是表示追加协定不必要，对此持否定态度吗。伊藤说，只要"满洲"危机持续，东京政府就会对这个问题持否定态度，现在可以说将来也会是这样。虽然对日本来讲，朝鲜独立比什么都重要，但朝鲜实在太过孱弱，无法独立，日本希望与俄罗斯事先约定，日本可向汉城政府提供建议、援助，排除别的大国的影响力波及朝鲜。

拉姆斯道夫说，以这样的条件，不可能保持朝鲜独立。伊藤回答说，如果朝鲜向两边的大国都寻求援助，日本和俄罗斯之间有可能因为这件事引起冲突，因此，较为理想的是永久消除引发这种冲突的可能性。

拉姆斯道夫进而说，尽管我不想否定朝鲜对日本的意义，但

---

〔268〕　伊藤博文《谒见露西亚皇帝尼古拉二世陛下记》，《日本外交文书》第35卷，106—107页。Nikolai II's Diary, GARF, F.601,Op. 1, D.243, p.167.

俄罗斯也不能完全放弃对邻国的关心。现在，俄罗斯可以驻留与日本同等数量的军队。如果日本要求排他性的军事干涉权利，事态就变了，日本有可能会建立战略性阵地。俄罗斯不能允许这样的事态。因为这样一来，符拉迪沃斯托克（海参崴）和南部港湾的联络就暴露在危险之中。

对此，伊藤干脆地说，日本可以立下神圣的誓言，不在南部朝鲜的港口建造堡垒，也不威胁海上联络。

拉姆斯道夫说，俄罗斯什么也不怕，只是想与日本建立对两国都有利的友好关系。伊藤说，他在担任首相的时候，接受三国的建议，放弃了因日清战争而获得的土地，为此遭到了国民的愤恨。而俄罗斯却从那场战争中获得利益，修建了东清铁路。拉姆斯道夫说，铁路大概对日本也有益吧。伊藤也同意这种说法。

在会谈结束的时候，拉姆斯道夫提出，由于想准确理解这次谈话的宗旨，能否写成文书送给他。[269]

伊藤翌日与维特进行了会谈。这些内容都引自都筑的记录。维特说，虽然俄罗斯没有必要占领朝鲜，但不能旁观贵国占领。他认为有必要消除两国都担心对方是否会占领的疑虑。维特的意见是，尊重现行协定能够出动同等数量军队这个公平的基础，再达成详细的协定较好。当伊藤提出，尊重独立、不用于战略上的目的、不修建沿岸军事设施三个条件后，维特说，那样没有问题，"处置得颇为周全"[270]。

伊藤应拉姆斯道夫的请求，于12月4日在举行回国前的第二

---

[269] Lamsdorf to Izvol'skii, 5 December 1900, KA, 1934, kn. 2, pp. 47-48. 伊藤方面的记录见《与俄国外相拉姆斯道夫伯爵会见记其一》，《日本外交文书》第35卷，108—111页。内容多少有些差别。特别是日方记录中为拉姆斯道夫质问："俄国于朝鲜南岸任取一小地方，其他之朝鲜全部由贵国做主之事，有困难吧。"

[270] 《与俄国财相维特氏会见记》，《日本外交文书》第35卷，111—112页。

次会谈时，以文书形式递交了他所构想的协定案：

一，相互保证朝鲜的独立。

二，相互负有不以敌对的战略目的使用朝鲜领土任何部分的义务。

三，相互负有不在朝鲜沿岸设置一切军事设施，避免使朝鲜海峡的自由航行暴露于危险中的义务。

四，俄罗斯承认日本在朝鲜拥有政治、工商业方面的行动自由，拥有为使朝鲜政府履行真正政府的一切义务，提供建议和援助的排他性权利。包括为镇压叛乱以及可能破坏日韩和平关系的其他一切骚扰提供必要限度的军事援助。

五，本协定取代以往一切协定。[271]

拉姆斯道夫看了这个内容后指出："这不是共识的基础，这只不过是日本为了自身的利益，希望获得更广泛特权的清单而已。"伊藤辩解说，促使日本舆论沉静对两国利益有很大好处。他解释说，由于两国之间没有确定性的协定，日本国民因怀疑俄罗斯对朝鲜是否怀有"隐秘的计划"而不断处于激动状态中。拉姆斯道夫说，伊藤氏所提议的协定虽然可使日本舆论趋于平静，但在俄罗斯却会带来完全相反的效果。"因为这个方案相当于没有任何对等的代价，就将朝鲜完全置于日本的指挥之下，独立实际上是一句空话。鉴于俄罗斯毗邻朝鲜半岛，我帝国政府不能同意这种提议。"

根据至此为止的协定，俄罗斯可以和日本一样向朝鲜提供建

---

[271] Predlozheniia Ito, KA, 1934, kn. 2. p. 46. 日方的记录见《伊藤侯爵给俄国外相的信函》，《日本外交文书》第35卷，121页。内容完全一致。"排他性给予建议和援助的权利"在日本方面的记录中为"建议及援助朝鲜之专权"。

议和援助。但是,这里却要求俄罗斯放弃一切发言权。虽然伊藤没有提及"满洲",但这的确是伊藤考量的"满韩交换论"。只不过伊藤从日本完全统治朝鲜退了一步,保留了不用于军事目的和不在沿岸设置军事设施这两个条件。也就是说,这是希望俄罗斯承认日本有条件地统治朝鲜的方案。但是,拉姆斯道夫认为那样等于承认日本对朝鲜的完全统治权,故表示反对。

伊藤提出,既然如此,希望俄罗斯提出自己的方案。拉姆斯道夫一度拒绝了这个请求,他说,考虑到会谈是私人性质的,如果提出文书,就必须要向皇帝上奏。伊藤说,自己虽然没有任何位置,但与天皇有信件往来,东京想知道有关他这次旅行的成果。由于他暂时会在柏林待一段时间,希望俄方将提案送到那里。

拉姆斯道夫最终答应给出俄罗斯方面的提案。[272]伊藤当天离开了圣彼得堡。

迈向缔结日英同盟

11月28日,日本内阁会议确定了日本对英国方案的修正案,不过只修改了很小一部分,在前文提到的与韩国关联的文言"维持韩国不被任何外国吞并"处,加入"防止占领其领土的一部分",这样做是为了能够将俄罗斯的举动视为企图入侵、占领韩国,使对俄开战成为可能。至于让英国承认日本在此之上的权益则暂且作罢。在此基础上,决定于12月7日召集元老会议,争取使这份修正案获得承认。[273]伊藤的动向一直被加以提防。

---

[272] Lamsdorf to Nikolai II, 22 November 1900, KA, 1934, kn. 2, pp. 44-46. 日方的记录见《会见俄国外相拉姆斯道夫伯爵记其二》,同上书,118—121页。内容多少有所差别。
[273] 阁议决定,1901年11月28日,《日本外交文书》第34卷,57—58页。

第五章 义和团运动与俄清战争

伊藤在12月6日的电报中，汇报了与俄罗斯皇帝、拉姆斯道夫外相以及维特财相谈话的结果：

> 感觉对方衷心希望与日本达成某种协定，我敦促对方承诺：彼我双方相互保障韩国的独立；且相互均不将韩国领土任何一部分用于战略目的；相互约定不在韩国海岸筑构炮台等，不做危害该国海峡航行自由之事。对方承认日本在韩国工业、商业、政治及军事上之事项（不过军事性行动限于镇压叛乱及类似骚乱）独占的自由行动的权利。

伊藤写道："我相信与在韩国唯一有利益的国家——俄国达成协定，今日是最好的机会"，"我认为将缔结日英同盟一事延迟至确认能否与俄国达成协定之后较为妥当"。伊藤虽然写下了这一决定性的意见[274]，但这封电报送达东京的时间是12月8日，元老会议已于一天前结束了。

12月7日，小村外相在桂邸的元老会议中提交了著名的意见书，拥护日英同盟。

> 俄在满洲地位日益稳固，纵令此次撤兵，彼尚有铁路，在护卫名义下，有驻兵之权。故若任时势推移，满洲终将在事实上归俄占领，此事不容置疑。满洲既为俄有，韩国亦难自全。故我邦于今速求处置之途当属极其紧要。
>
> 欲使俄如我所望答应解决韩国问题，已非纯然外交谈判之所能。为之方法唯二。即一，为贯彻我国所望，示以不辞交战之决心；二，与第三国结盟，依其结果，使俄不得已容

---

[274] 伊藤给桂的信，1901年12月6日，《日本外交文书》第34卷，63—64页。

忍我国之所望。然与俄国交战，不仅要极力避免，而且彼关于满洲之要求，从大局稳定和平原则出发，亦无显示最后决心之正当口实。

因此，小村认为采取第二种方法是上策。

小村列举出与俄罗斯协定的四点问题：一，维持东洋之和平仅止一时；二，经济上利益少；三，伤害清国人之感情，导致损我诸多利益；四，产生与英海军力量保持平衡之必要。其中，关于第一点，他写道："俄之侵略主义终究不满足于此，期进一步置支那全国于其势力下，故与俄国之协约原本不足以保证永久维持和局。"

相对于此，小村列举了与英国结盟的有利之处：一，可比较恒久地维持东洋之和平；二，无须担心遭受列国非难，且与帝国之主义相贯通；三，增进我邦在清国之势力；四，有利于韩国问题之解决；五，可得财政上之方便利益；六，通商方面有诸多利益；七，可保持与俄国海军力量之平衡。〔275〕

由于井上也顺从了多数意见，元老会议认可了小村的意见，决定迈向日英同盟。〔276〕

恰好，栗野在此时抵达了巴黎。伊藤离开俄罗斯，去过伦敦后，又再次来到了巴黎。栗野从伊藤那里听说签署日英同盟条约迫在眼前。他在震惊的同时，感到颇为气愤。"搞这样的伎俩，现在我到俄国赴任，什么事也做不了。我期待的特别任务全部被废弃了，我决心不去俄国，直接从巴黎返回日本。"他明白受到了小村的欺骗。栗野给本省发电报，表示希望回国，对伊藤也坦言了

---

〔275〕 提交给元老会议的小村意见书，1901 年 12 月 7 日，同上书，66—69 页。
〔276〕 井上给伊藤的信，1901 年 12 月 7 日，同上书，69 页。

这种想法。但是,伊藤劝慰道:

> 君携有陛下之亲任状,就此持归颇为不妥。姑且,先一度赴任,万事在此之上再论如何。若愈欲归朝,吾辈亦当尽力。

伊藤自身也是桂和小村的手下败将。由此,栗野默默地去往圣彼得堡。栗野晚年回忆自己的心境,"当时胸中实沸反盈天"〔277〕。

林董公使在报告书中写道,小村外相以伊藤、井上这些"最有势力之人"为对手,"不顾井上,不恐伊藤,视两人如等闲,断行己之所见而不动摇,乃最应感佩之人物。"的确,小村在极限之处制服了伊藤、井上,贯彻了自己的路线。不过,林董对栗野充满了同情,虽然他想要实行自己相信的事情,采取了"正当之手段",却变成了这样的结果,"只能说可悯"。〔278〕小村承认欺骗了栗野。

12月6日,日本向英国政府出示了自己的方案。

拉姆斯道夫制定答复方案

从结果上来讲,由于伊藤的访问,俄罗斯政府或许反而对日本方面的态度放下了心,做梦也没有想到日本政府会做出迈向缔结日英同盟的决断,拉姆斯道夫加紧了制定针对伊藤案的方案。12月5日(11月22日),外相将制定好的方案呈交皇帝。方案如下:

---

〔277〕《子爵栗野慎一郎传》,265页。
〔278〕 林董《日英同盟协约缔结始末》,《日本外交文书》第35卷,54页。

一，相互保证朝鲜的独立；

二，相互负有义务，不以战略目的使用朝鲜领土任何部分（或者日本的义务）；

三，相互负有不在朝鲜沿岸讲求任何有可能使朝鲜海峡的自由航行暴露于危险的军事措施的义务（或日本的义务）；

四，俄罗斯承认日本在朝鲜拥有工商业方面的行动自由，在与俄罗斯进行事先协定的基础上，拥有为使朝鲜政府履行真正政府的义务，提供援助、建议的优越权利。包括为镇压叛乱以及有可能破坏日韩和平关系的其他一切骚扰，提供必要限度的军事援助。

五，在前项所提及的场合中，日本负有只向朝鲜派遣严格的必要数量的军队，且在履行任务后立即召回的义务。届时，其条件为在俄罗斯国境附近严格划定的地区无论发生任何事情，日本军都不得入内。

六，日本方面承认在清帝国毗邻俄罗斯诸州的一切事务，俄罗斯拥有优越权利，日本负有决不妨害俄罗斯在这些州的行动自由的义务。

七，本协定取代一切先行协定。[279]

尼古拉在拉姆斯道夫12月5日（11月22日）呈交的信件上批示："赞成。俄罗斯无论如何也不应该放弃在朝鲜保持与日本同等数量军队的权利。"[280]这条批示的前后句相互矛盾。

拉姆斯道夫方案的前三项与伊藤方案一致。伊藤方案的第四项是"排他性权利"，拉姆斯道夫方案改为了"优越权利"，没有

---

[279] Proekt Lamsdorfa, KA, 1932, kn. 2, p. 48.
[280] Ibid., p. 44.

完全否定俄罗斯的介入权,所以说尼古拉的主张也是置若罔闻了。加上了日本军不能进入国境地区这样的主张,进一步限制了日本的统治权。然后,要求日本承认俄罗斯在"满洲"的优越权。

经皇帝批准,拉姆斯道夫方案与伊藤方案一同送交财政、陆、海军三大臣阅看。财政大臣维特认为与日本的协定具有第一级的意义,强烈赞成。"通过放弃朝鲜,我们消除了与日本不断发生纷争的根源,将日本从永远有进攻担忧的敌国,转变为时刻担心辛苦获得的领土是否会再度失去,因而即使并非同盟国,也要努力与我们维持睦邻关系的邻居。"[281]

库罗帕特金提出了自己的修正案。库罗帕特金认为,日本没有与俄罗斯战争的口实,与俄罗斯战争会给日本带来危险,没有好处。就算让北部"满洲"在一定程度上从属俄罗斯,也可以避免与日本的冲突。"因此,我们不应支付过高的代价去换取与日本的新协定。放弃朝鲜和将其让给日本确实是过高的代价。"库罗帕特金认为,如果日本军进入朝鲜,应该阻止其"常驻",且日本军不得进入北部朝鲜。还有一个海峡问题,不能让日本在南部海岸修建要塞设施。另外,有必要保护俄罗斯在"满洲"的行动自由。库罗帕特金从这种观点出发考虑了修正案,不过只在第二项强调了日本不能以军事目的利用朝鲜来针对俄罗斯,除此之外,他大致接受了拉姆斯道夫方案。[282]

在海军大臣还没有做出回复时,拉姆斯道夫就以要将方案送交伊藤为由,得到了皇帝的批准。然而,在拉姆斯道夫还未及发出给伊藤的信时,海军大臣特尔托夫就送来了原则上反对的意见。"俄罗斯在朝鲜南部获得港口必须是这个协定的主要条件之一。"12

---

[281] Simanskii, op. cit., Vol. II, pp. 162-163. Vitte to Lamsdorf, 28 November 1903.
[282] Kuropatkin to Lamsdorf, 27 November 1901, KA, 1934, kn. 2, pp. 49-51.

月 14 日，拉姆斯道夫将此事报告给皇帝，皇帝于当日做出指示，"以朕批准过的形式送出"〔283〕。无视了海相的反对。

伊藤收到拉姆斯道夫的信后，于 12 月 23 日（10 日）从布鲁塞尔寄去回信，他写道，"虽然我充分相信贵国掌握权柄之士的合作意愿，但这个方案本身距离两国间容易达成实际的、永久的共识仍然有着遥远的路程。"伊藤首先批判了第六项，俄罗斯在清国诸州拥有优越的权利这一规定太过暧昧，不过，他关注的核心说到底还是第四项："我认为在朝鲜排他性的自由行动权（exclusive free hand of Japan in Korea）是唯一能够真正理解的基础。"对拉姆斯道夫方案去掉"排他性权利"这一规定表示反对。他还提及了第五项限制日本行动范围的规定。〔284〕即使在伊藤看来，日本也不会接受这个方案。伊藤也无力阻止奔向日英同盟的历史洪流了。

签署《日英同盟条约》

过完年，日英继续进行交涉。1902 年 1 月 14 日，英国提出了对应方案，18 日，日本提出第二次方案，接着，24 日英国也提出第二次方案，交涉有条不紊地展开着。终于，在 1 月 28 日，双方对最终案达成了一致。〔285〕问题最大的关于韩国条款的表述为："鉴于日本国……在韩国政治上并商业上具有特别程度之利益……承认当因他国之侵略行动……我之利益受到侵迫时，可为维护利益

---

〔283〕 Lamsdorf to Nikolai II, 1 December 1901, KA, 1934, kn. 2, pp. 52-53.

〔284〕 Ito to Lamsdorf, 23 (10) December 1901, *Obzor snoshenii s Iaponiei po koreiskim delam*, pp. 74-75. 另外参见 Lamsdorf to Ito, 1(14) December 1901, Ibid., pp. 72-73.

〔285〕 林给小村的信，1902 年 1 月 15 日，《日本外交文书》第 35 卷，1—3 页。小村给林的信，同年 1 月 17 日，同上书，3—4 页。林给小村的信，同年 1 月 24 日，同上书，9—10 页。

采取必要的措施。"对英国来说，保护其在清国利益的措施得到了承认。

为了保护上述利益，当条约缔结国的一方与他国发生战争时，其余的条约缔结国要保持中立，并行使影响力，使别的国家不对同盟国采取敌对行为。如果别国加入敌对行为时，条约缔结国要去支援同盟国，并肩作战。1902年1月30日，日英两国签署了这个《日英同盟条约》。[286]也就是说，当日本与俄罗斯围绕在朝鲜的权益发生战争时，英国要保持中立，但如果第三国，比如说法国、德国加入俄方战斗时，英国要站在日本一方作战。

俄法宣言

栗野公使将《日英同盟条约》的正文递交给了俄罗斯外相。栗野说，他对缔结这种"不太合乎目的"的协定感到震惊，热切希望不要中止因伊藤的访问而开启的日俄协定的交涉。[287]但是，公使的话没能宽慰拉姆斯道夫外相，他因日英结为同盟而受到了沉重打击。很明显，日英同盟针对的是俄罗斯。作为俄罗斯，有必要找寻中和日英同盟影响的对策。

2月24日（11日），拉姆斯道夫质问栗野，日本政府真心希望日俄两国在远东拥有和平的关系、友好的协作吗？不抵触日英条约的第四条，与俄罗斯缔结另外的条约可能吗？小村外相得到栗野的报告后，于3月12日发去指示，日方就韩国问题一直在寻求日俄协作，但开始协定交涉需要时机，现在由于俄罗斯政府内

---

[286]《日英同盟条约》，1902年1月30日，《日本外交文书》第35卷，19—20页。
[287] Simanskii, op. cit., Vol. II, pp. 179-180. Lamsdorf to Izvol'skii, 31 January 1902.

部有对立，日方正在关注事态的发展。[288]这是当然的反应。

此时，拉姆斯道夫外相采取了果断举措。3月19日（6日），俄罗斯与同盟国法国一同发表了关于日英同盟的宣言。宣言称，日英同盟再次确认了维持远东现状和全面和平、清韩两国独立和领土完整、对列国工商业活动开放等原则是构成两国政策的基础，俄法两政府对此感到满意。这些原则也是俄法两国的原则。"俄法两政府鉴于被迫要留意其他列国的敌对行动、清国可能再度发生骚乱等事项，因而不得不考虑在发生这样的情况时，为保护相关利益采取应有的措施。"

俄罗斯政府同时还单独发表了声明。俄罗斯政府的原则相较义和团运动发生时没有变化。俄罗斯寻求"友好国清国和韩国的独立与领土完整"，希望维持远东的现状与和平。西伯利亚铁路建设将对世界工商业向这个地区扩展做出贡献。尽管有一部分政治圈的谣言、报纸评论，但俄罗斯对英日两国表明的原则"只是由衷地感到共鸣"。[289]

或许有人认为这样做巧妙地避开了寻踪而至的争吵，有君子之风，然而，只在语言上表现出高姿态，无助于化解现实中的紧张和危机，可以说这是糊涂的做法。俄罗斯实际感受到的冲击并不会因为这项策略而消解。

俄罗斯缔结"满洲"撤兵协定

实质性行动在"满洲"问题上表现出来了。1901年夏秋时期，

---

[288] 《小村外交史》，297—298页。
[289] 宣言和声明见 "Pravitel'stvennoe soobshchenie", 7(20) March 1902, *Obzor snoshenii s Iaponiei po koreiskim delam*, pp. 76-77.

俄罗斯和清国双方都萌发了再次展开交涉的愿望,俄罗斯方面提出了关于撤兵的条约方案。据该年10月日本掌握的信息,方案如下:

一,关于满洲问题,废止从前一切提议,在新方案基础上协商本问题。

二,俄国将东三省整体(包括营口港)归还清国,且于本年中(清历)归还山海关、营口之间的铁路。

三,俄国于本年中(清历)自盛京省悉数撤退其军队。

四,自本问题协定之日起,俄国军队于二年内渐次从黑龙江地方及吉林省撤退。

五,关于新编清国军队之事,在与俄国军事官商谈基础上,由盛京将军决定。但以禁止清国军队使用大炮为条件。[290]

对此,日本反复提出修改要求,如果行不通,则要求俄清推迟交涉。[291] 11月7日,清国方面积极推动与俄罗斯签署协定的李鸿章去世。也有这个原因[292],交涉推迟。12月,交涉再开,清国方面照会希望将撤退期限从3年缩短为1年。俄罗斯方面不同意,无论维特还是库罗帕特金都表示反对。[293]

然而,日英同盟的缔结给俄罗斯外务省、俄罗斯政府带来了冲击。恰在这个时候,清朝政府向俄罗斯政府提出了关于"满洲"撤兵协定的新方案。1902年2月25日,庆亲王送信给雷萨尔公使,希望俄方原封不动地接受去年12月递交的修正提案。9天后,清

---

〔290〕 日置给小村的信,1901年10月7日,《日本外交文书》第34卷,403页。
〔291〕 小村给日置的信,1901年10月21日、30日,同上书,409—410、413—414页。
〔292〕 日置给小村的信,1901年11月7日,同上书,426页。
〔293〕 Simanskii, op. cit., Vol. II, p. 147.

方提出新的妥协方案,将撤退时间由 1 年改为 18 个月。拉姆斯道夫认为应该接受,因为"满洲问题的解决可以给迄今为止的不确定状态画上终止符,使帝国政府今后的行动模式不再遭受任何非难"[294]。财相维特和陆相库罗帕特金也都认为可以接受[295],这大概还是与受到日英同盟的打击有关吧。

1902 年 4 月 8 日(3 月 26 日),俄罗斯和清国终于签订了"满洲"撤兵协定。其第二条约定俄罗斯在六个月内撤走盛京省西南部辽河地区的军队,将铁路归还清国,在接下来的六个月内,撤走盛京省的剩余部队以及吉林省的军队,然后再用六个月撤退在黑龙江省的军队。[296]

日英同盟的成立和俄清撤兵条约的签订让日本的反俄论者感觉获得了胜利。4 月 25 日,国民同盟会召开解散大会,近卫笃麿做了如下演讲:"前些时候,吾人再度促使第二次俄清条约废弃,进而又缔结日英协约,明确约定保全清韩两国的独立,即现在终于见到满洲问题的完全解决。虽然吾人亦不敢安心以为俄国会照此条约,永久抛弃其从来之政策,不再入兵,然而作为为世界舆论倡导保全支那者……相信于此暂且告一段落最为适当。"大会宣言的开头如下:

> 日英同盟兹已成立,满洲问题既已解决,今吾人基于当初向天下公众誓言之约款,解散同志会盟之时已然到来。[297]

---

[294] Simanskii, p. 185.
[295] Ibid., pp. 185-186.
[296] "Pravitel'stvennoe soobshchenie", 30 March 1902, Obzor snoshenii s Iaponiei po koreiskim delam, pp. 60-65.《日本外交文书》第 35 卷,229—230 页。
[297] 《近卫笃麿日记》第 5 卷,1969 年,84—91 页。朴羊信,上述书,188 页。

第五章　义和团运动与俄清战争

伊兹沃利斯基最后的韩国中立化方案

日英同盟成立的冲击在别的地方也表现了出来。1902年8月2日（7月20日），驻日公使伊兹沃利斯基重新向外相提交了关于韩国中立化构想的意见书。[298]

"朝鲜问题是远东政治局势最为不安定的要素，在此基础上，我国和日本之间有可能发生危险的纷争。"为此，以往俄罗斯和日本签订了数次协定，努力防范危机。但是，现在协定的缺陷暴露了出来。由于协定规定了种种不能做的事情，带有"否定的性质"，两国不能分别向朝鲜派遣军队。然而，"由于韩国国内统治完全解体，缺少有能力和公心的政府，这个国家如果没有外国援助，绝对不能合理地处理自己的国事。""由于限制了给韩国政府提供应有的援助，俄罗斯和日本有可能一方面促进了危机的发展；另一方面又为只以榨取韩国为目的而来的国际实业家们打开了这个国家的门户。"[299]

这种状况对日本是有利的，但对俄罗斯就不同了。"日本将在经济面成为韩国完全的主人，反过来这又为日本提供了加强在政治上对该国进行要求的基础……"日本"将会不断制造阴谋，威胁性格软弱的韩国皇帝，让他放弃努力，甘心成为日本的保护国"。日英同盟缔结后，日本外交高调起来，阴谋会进一步加强。如果任其发展，"数年后，我们大概就会面临这样一种两难处境：是承认日本在韩国政治上、经济上的影响力完全得以确立这种既

---

[298] Izvol'skii's Memorandum, Tokio, 20 July 1902. GARF, F. 568, Op. 1, D. 179, L. 5-11.
[299] Ibid., L. 5-6ob.

成事实，还是因这个国家的事情而与日本发生武力冲突。"伊兹沃利斯基因而得出结论："现行的俄日协定在朝鲜问题上无法成为将来俄日关系的坚实基础。"[300]

那么，还有别的道路吗？日本政府将1898年协定视为俄罗斯占领"关东州"的结果。因此，日本认为如果俄罗斯再进入"满洲"，就应该认可日本进一步进入朝鲜。因1900年的事态，日本舆论沸腾。当俄罗斯方面提出韩国中立化构想后，虽然伊藤首相表示赞成，但加藤外相很抵触。即使去年的拉姆斯道夫—伊藤会谈也显示了1898年西外相的主张。[301]即便如此，到日英同盟签署为止，俄罗斯能够与日本就朝鲜问题缔结协定这种议论仍然成立。对俄罗斯来说，1900年的事态是预想之外的。"满洲"迟早会进入俄罗斯的影响下，但用军队占领遭到了日本的强烈反对。日本有做出行动的可能性，但"鉴于西伯利亚铁路尚未完工，我国的太平洋海军力量还处于过渡期这种状况，眼下不是与日本冲突的有利时期。能够推迟这一时期，解决最为燃眉之急的满洲问题的组合拳无论是什么样的都值得期待"。因此，在朝鲜问题上向日本让步的主张被提了出来。让步是暂时的，最终胜利的将是俄罗斯的朝鲜政策。如果日本获取了朝鲜，反而会在财政上、力量上变得很艰难，会被反日运动折磨。日本会出现"危险的国内危机"，丧失军事力的优势，最终从朝鲜收手。所以说，当时缔结日俄协定是可能的。[302]

然而，日英同盟成立了，因此"想要与日本直接协定的判断已经变得苍白无力"。因为日俄的一切交涉都会受到英国的牵制，无法成为"强有力的'modus vivendi'（妥协）"。所以我们最终必须舍弃与日本缔结两国间协定的想法。如果这样，我们的目标应

---

［300］ Izvol'skii's Memorandum, L. 6ob.-6aob.
［301］ Ibid., L. 7-7ob.
［302］ Ibid., L. 8-9.

该是保障俄罗斯利益和远东和平的"新组合拳",即通过加入美国的三国协定来实现"韩国中立化"。虽然美国传统上一直采取不介入政策,但如果它看到日英同盟使得日本政策变得活跃,增加了这个地区的不安定性,有可能从传统的政策中走出来。[303]

伊兹沃利斯基的方案思考得比较透彻,也考虑到了韩国皇帝的性格。

栗野的日俄协商方案

栗野公使到俄罗斯赴任后没有事情可做。库罗帕特金在日记里记下了栗野带着驻在武官村田惇拜访他时的情形:

> 栗野公使单刀直入地将话题切入到令人烦恼的主题上。他说他在法国时认识了德尔卡塞,谈了话。他确信法国希望与日本保持和平关系,对此他感到高兴。他说德尔卡塞数次指出,对日本来讲,与俄罗斯和平共处是必要的。他自己对这个意见深有同感。他知道没有理由来妨碍实现日俄和平共处。他认为日本商业活动的扩展无论对俄罗斯,还是对其他国民,都不会造成不安。基于他的这种说法,我插话道,日本应该不是所有人都这么看的吧。公使回答,报纸和一部分狂热的人确实对俄罗斯有敌对情绪,但政府和拥有健全判断力的人全都理解与俄罗斯保持和平关系的必要性。驻在武官也附和说,对日本来讲,与俄罗斯发生战争是不幸的。我说,虽然这方面的事情归拉姆斯道夫负

---

[303] Izvol'skii's Memorandum, L. 9-11.

责，但我作为一名战士，战争对我们来讲也是灾难，这一点我和驻在武官阁下的意见相同。不过，由于我国比日本强大，如果发生战争，固然要不断付出牺牲，但最终我们将会获得胜利吧。我对日本新任驻俄公使理解日本真正的立场感到很欣喜，但我认为你们应该考虑到日本快速的成功和成长造就了其他诸国不信任的局面。列强都对日本的力量表示担忧，会为削弱这种力量而高兴。而俄罗斯的成长则使得这些列强更加不安，认为俄罗斯力量更为危险。对这些列强而言，如果俄罗斯的力量耗尽，令其担忧的根源减小，他们会更加高兴吧。我这样表达后，公使主动说，那些列强指的是英国和美国吧。[304]

两人通过这番对话，确认了如果日俄对立、发生战争而互相消耗，英国将会获利这种令人不愉快的观点。栗野听了库罗帕特金的话，大概强化了仍然应该追求日俄协作路线的想法吧。库罗帕特金拍着胸脯说如果发生战争，俄罗斯将会胜利，这虽然有点滑稽，但或许是受到了1901年年末日本军演习观察报告的影响。

1901年年末，驻日武官瓦诺夫斯基参观了在仙台近郊举行的日本军大型演习后，发回了报告。"步兵的战术训练较弱，这三年几乎没有任何进步。""炮兵的组织本身不充分。随处可见不会使用炮，特别是不会使用速射炮的情形。"其结论是，"以这样的军队为对手，只要让强悍而带炮的骑兵部队展开稍微急速的、猛烈的游击行动，就会取得决定性的胜利。"[305]同去参观的第一西伯

---

[304] Kuropatkin's Diary, 2 February 1902, RGVIA, F. 165, Op. 1, D. 1871, L. 67.

[305] VIK *Russko-Iaponskaia voina*, Vol. 1, pp. 431, 434. Report to General Staff, 1/14 June 1902, RGVIA.

利亚军团参谋长伊万诺夫少将尖刻地评论道:"与中国作战所取得的胜利没有教给他们任何东西,他们的军事技术观一步也没有前进。"日军的司令官们"从欧洲的观点来看,必须归于不胜任的一类"。日本军只是纸上的数字,只存在于新闻广告中,应该称为"婴儿军"(armii mladentsev)。[306]如果这样妄自尊大的评价对陆相产生了影响,是很严重的问题。

另一方面,俄罗斯国内的危机正在逐渐深化。1902年3月,在南俄罗斯的哈尔科夫、波尔塔瓦两州,农民打破了持续40年的沉默,爆发了攻击地主领地的骚乱。皇帝将要分发土地的谣言又一次复苏。遭到袭击的地主领地多达80个,1092位农民受到审判,其中836人被判有罪。接着,4月15日(2日),西皮亚金内相在办公室被伪装成军人的学生射杀。翌日,社会革命党战斗团宣称对此事负责。数日后,普列韦被任命为继任者。维特失去了政权内的朋友,得到了敌人。之后,在维特财相和普列韦内相争夺主导权的斗争中,改革方案的审议也停滞了。

在这时,1902年7月7日,小村外相给栗野公使发去训令,命令他"担负起公使本身的责任,绝对秘密地"打探,发表俄法宣言后,俄罗斯是否改变了对日俄协商的想法,协商的条件是否有变等。[307]俄罗斯人都认为栗野属于日俄协商派,或许小村觉得这一点最有助于搜集情报吧。7月23日,栗野与拉姆斯道夫进行了会谈,拉姆斯道夫回答说,俄罗斯方面的态度是积极的,去年伊藤的意见以及他的答复方案有成为"协商的基础"的可能性。栗野欣喜之下开始了行动。8月4日,栗野没有请示外务省的指令,就根据自己

---

〔306〕 VIK *Russko-Iaponskaia voina*, p. 437. General Ivanov's report on the Maneuver at the end of 1901, RGVIA. 司马在《坂上之云》中误将伊万诺夫的这段话当作了瓦诺夫斯基的话。司马辽太郎《坂上之云》,文春文库(新装版),3,1999年,96页。

〔307〕《小村外交史》,298页。

的判断向俄方提出了日俄协商案。其内容如下[308]：

一，相互保证清韩两帝国的独立并领土完整。

二，相互保证不将韩国领土的任何部分用于战略或军事目的。

三，俄国承认日本国在韩国的优越利益，保证不干涉韩国事务以及日本国在该国与和平利益相关的行动，承认日本国在韩帝国有以下权利：

甲，为增强商业及工业上的利益的行动自由；

乙，为使韩国完全履行善良政府的义务，给予其建议及援助；

丙，当出现叛乱或其他国内纷扰，侵迫韩国对日本国的和平关系时，可根据需要派遣兵员，但该兵员完成任务后，应立即撤退；

丁，为守备队和保护电信线路及铁路，维持既有的警察队；

四，日本国承认一八九八年俄国向日本政府通告的租借旅顺口及大连湾，且承认俄国在满洲为保护俄国权利及利益的行动自由。

五，日俄两国间现存关于韩国一切约定于兹终止，失去效力。

将这个提案与拉姆斯道夫对伊藤提案做的答复案相比较，最初两项相同。对于将日本给予韩国建议和援助的权利称为"优越"

---

[308] Draft of an agreement, proposed by Kurino to Lamsdorf, 22 July(4 August) 1902, *Obzor snoshenii s Iaponiei po koreiskim delam*, p. 78. S. K. Synn, *The Russo-Japanese Rivalry Over Korea, 1876-1904*, Seoul, 1981, p. 319. 原文为英语。译文根据《小村外交史》，299页。这里说是9月左右提出，但俄罗斯方面史料中的日期才是正确的。

也相同。这份方案虽然没有禁止日本军进入国境地带的条款，但承认俄罗斯在"满洲"的利益、行动权。俄罗斯外交部的调查书《1895年以来与日本就朝鲜问题交涉概观》（1906年）评价栗野的这份提案，"对伊藤侯爵的提案做了若干实质性的发展"。拉姆斯道夫大概认为，它虽然比伊藤提案稍好，但还是不能接受吧。[309]

不能否认，这份提案作为在日英缔结同盟之后赴任的日本公使所作，有些不合时宜。栗野的意见不是和东京本省、政府协商的结果，这一点也立即被俄罗斯方面看穿了。没有找到拉姆斯道夫的答复，或许他没有答复。

罗森和巴甫洛夫的意见

实际上，伊兹沃利斯基因家庭原因请求调整任职地，此时已经确定在秋季将他调任为丹麦公使。日本公使的橄榄枝伸向了1899年离开东京，担任塞尔维亚公使的罗森。于是，俄罗斯方面将伊兹沃利斯基的意见书、栗野的提案都转给罗森，征求他的意见。罗森于1902年9月25日（12日）写成了长篇意见书。根据希曼斯基的概括，其内容如下：

罗森首先指出，这次日本方面的要求比1898年的要求更进了一步。"现在栗野的提案超过了1898年3月日本人在我的斡旋下所提出的最初方案中想要获取的东西，如果接受栗野的提案意味着我方在让步的道路上又前进了一步，这恐怕不是理想的事情吧。那个时候，我们刚刚占领旅顺，而且只用了很有限的兵力，如果

---

[309] *Obzor snoshenii s Iaponiei po koreiskim delam*, p. 18. 希曼斯基写道，这个方案经过了缜密的审议，但"我国通晓远东问题的相关者谁也没有想过将韩国让于日本手中。" Simanskii, op. cit., Vol. II, p. 208.

当时英、日舰队示威，仅凭此举，我们就不得不退却。"罗森想说的是，现在俄罗斯已经占领了"满洲"。

日本增加部署在朝鲜的军队，而俄罗斯则失去根据以往的协定可以部署军队的权利，这违反了俄罗斯的利益。反过来，俄罗斯所得到的，只是日本承认俄罗斯根据与清国的协定获得的租借辽东半岛，这并没有必要。而且，无论是1898年，还是伊藤访俄的1901年，日本都是"潜在的友邦"，有成为友邦的可能性，而现在它缔结了日英同盟，成为敌对的协约加盟国。并且，日本不在"满洲"采取反对俄罗斯的行动也构不成有价值的"回报"。

现在，日本作为英国的同盟国，对它来说，"满洲"变得必要起来。因此，在考虑对日本做进一步让步的时候，我们有必要先搞清楚"作为日英同盟盟主的英国打算在多大程度上支持自己的同盟国对朝鲜的欲望，又打算在多大程度上反对我们对满洲的意图"。

罗森的看法是，与日本达成共识已没有可能性。即使与日本缔结了协定，战争的危险也不会消失。因为日本绝不会放弃征服朝鲜半岛的欲望。让日本停止用战争的危险来威胁俄罗斯，只有俄罗斯毁灭日本，或保证远东的陆海军兵力可以压倒日本。在这样有必要凭借军事力量压倒日本的情况下，俄罗斯不能从"满洲"撤兵。〔310〕

此时的罗森否定了探寻与日本达成协定的途径。

这个时期的驻韩国公使巴甫洛夫的意见也广为人知。在日本，人们普遍认为1902年的韩国中立化方案是伊兹沃利斯基和巴甫洛夫共同提出的，实际上，巴甫洛夫没有参与此事，他是反对的。这一年的9月，巴甫洛夫在返回本国休假的途中，顺道去东京，

---

〔310〕 Simanskii, op. cit., Vol. II, pp. 209-210. Rozen's Memorandum on neutralization of Korea, 12 September 1902.

与伊兹沃利斯基进行了会谈。当时，他询问了由日、俄、美共同保障韩国中立化的构想。其后，巴甫洛夫去法国，与曾经的上司、原驻清国公使、现任法国公使喀希尼相见后，返回了俄罗斯。巴甫洛夫返回俄罗斯后，于9月23日（10日）写下以反对伊兹沃利斯基意见为主旨的意见书呈交皇帝。[311]

巴甫洛夫开篇说明，他无意探讨美国是否会对这个方案表示赞同，日本对这个方案会感到多大程度的魅力，他想要探讨的是，韩国中立化方案"从我国在远东的利害这一角度来看具有什么样的意义"[312]。

首先，只要这个方案不能令日本满足，日本就会认为这是"外交上的失败"，结果会导致"满洲"问题重新尖锐起来。如果日本提出"满洲"中立化的要求，一旦英、美表示赞同，俄罗斯就会处于离开"满洲"的压力之下。"尽管在积极的意义上，韩国中立化问题获得了解决，但毫无悬念，我们会置身于愈发尖锐的关系和武力冲突的威胁中。"

值得关注的是巴甫洛夫对与日本发生战争的威胁的见解。"原本，我个人即使在日本反俄舆论最为激烈、高涨的时候，也完全不认为与日本发生武力冲突的危险就像日本以及外国的报纸杂志所渲染的那样，仿佛近在眼前。而且，我有充分的信心说，无论多么有过激倾向的日本政治家，在最后的瞬间，相较于做出让日本投入与俄罗斯武力交战的决断，更有做出面向一切妥协和让步的准备。然而尽管如此，我们还是应该设想发生战争的可能性。"[313]

---

〔311〕 Pavlov's memorandum, Sankt-Peterburg, 10 September 1902, GARF, F. 568, Op. 1, D. 179, L. 12-16.
〔312〕 Ibid., L. 12-13ob.
〔313〕 Ibid., L. 15.

如果朝鲜出现问题，俄罗斯只对日本向朝鲜出兵提出抗议，观望情形是可能的。但是，如果缔结了韩国中立化的国际协定，与日本发生战争是不利的。因为在和谈的时候，我们不能从朝鲜获得任何好处。巴甫洛夫的结论是，"实现韩国中立化方案本来就伴随着极其严重的实际困难，从任何方面对我们来说都是不理想的。"[314]

皇帝在意见书上批道："我反而倾向于赞成巴甫洛夫的意见。"[315]

进而，巴甫洛夫于两天后针对远东形势写下了更加全面的意见书。在这份意见书中，巴甫洛夫写道，俄罗斯向太平洋地区进军的最终目的在于在朝鲜半岛完全确立俄罗斯的地位，其前提是统治"满洲"。他认为，为了统治"满洲"，有必要设法从决定撤兵的春季条约中解放出来，还有必要针对日本进行安全保障。日本不会轻易顺从俄罗斯的想法。英国等国大概也会支持日本。因此，有必要与日本缔结协定。由于日本的任何一位领导人都不敢贸然做出与俄罗斯交战或武力征服朝鲜的决断，因此缔结协定是可能的。这份协定应该是以往协定的补充。

在这一点上，我们在丝毫不损害我国实质性的国家利益，不妨害朝鲜问题最终解决的前提下，可以承认日本政府极其广泛的自由，允许日本参与朝鲜内政所有部门的组织和管理，包括财政和军事部门，允许日本确保在铁路、邮政、电信的设置和利用上专一的特权。

作为回报，必须要日本秘密约定完全不介入我们在"满洲"

---

[314] Pavlov's memorandum, L. 15ob.
[315] Ibid., L. 12.

的事业，要承担两国在朝鲜的相互关系上的明确的义务。这个义务必须足以将俄罗斯的让步合法化。与日本订立的协定，是俄罗斯实现在"满洲"的课题期间暂时性的产物。[316]

巴甫洛夫的主张是，由于日本统治朝鲜不会长久，当前先以"满韩交换论"与日本缔结协定，俄罗斯先将注意力集中于"满洲"。不过，要对日本的朝鲜统治权加以限制。将来，等到日本统治朝鲜碰壁之时，俄罗斯可再统治朝鲜。

巴甫洛夫虽然反对韩国中立化方案，但赞成以日俄协定作为目标。伊兹沃利斯基认为日俄协定没有意义，由此提出加入第三国的中立化方案。而罗森既反对中立化方案，也认为日俄协定没有意义。可谓三人三种意见。

可以推想，巴甫洛夫对韩国政权安定性的认识是形成其想法的基础。他与美国公使艾伦经常交换意见。艾伦在当年 5 月 31 日送交美国外交部的报告中写道[317]，高宗起初对日英同盟和俄法宣言抱有强烈的恐惧之心，但不久冷静下来后，注意到韩国与清国一同受到极大的关注，慢慢开始认为现在有可能实现韩国中立化了。"巴甫洛夫公使也对我说，俄法同盟的声明在这样一个时点强化了皇帝错误的安全保障观，是有问题的。"[318]

艾伦报告了韩国国内极其糟糕的形势。"事实上，汉城没有政府。无论是大臣还是局长，如果没有皇帝的命令，任何人什么事都做不了。外务大臣因在俄罗斯国境架设电信线路之事，与俄罗斯公使发生对立，最近辞职了。虽然任命了其他人为代理大臣，但那个人也马上'因病休假'了，尽管他还担任着宫中的职务。一个迄今为止一直担任翻译的年轻人被任命为临时代理大臣，他

---

[316] Simanskii, op. cit., Vol. II, pp. 210-211. Pavlov's memorandum, 25 September 1902.
[317] Allen to Secretary of State, 31 May 1902, *Korean-American Relations*, Vol. III, pp. 171-172.
[318] 玄光浩，《大韩帝国与俄罗斯以及日本》，183 页，只关注了艾伦报告的这一部分。

甚至没有像样的能力……现在无法直接与外务部共事。就算皇帝有能力和意愿，也不可能参与国事所有的细节。"

"最近我从美国回到这里后，对现状彻底失望了。……因去年粮食歉收，引发了饥馑，数千人挣扎在饥饿线上，然而，虽然已经有数百人死亡，皇帝却依旧奢靡，把钱浪费在没有效益的地方。同时，他在所有方面都在谋划着获得外国的贷款。为庆祝本年10月皇帝即位将满40周年，……为了招待外国使节，正在紧临我公使馆的地方修建两栋大型西式建筑。……为了这个即将到来的庆祝会，还在修建一个特别宽敞的会议场地。……王宫常年雇用的专职舞伎多达80人。""民众处于眼看就要爆发叛乱的临界状态。地方的动乱时有发生。不过尚没有引导叛乱爆发的协作行动。但是，欠缺的只是领导人的登场而已。""官职买卖成为诅咒，仍然能见到一些令人震惊的买卖，价格确实在上涨。……皇帝一人对所有这一切都负有责任。"

随后，艾伦表达了他的韩国对外关系认识，极度悲观，语带讽刺。1894年时，日本迫使韩国皇帝发誓进行改革。"现在这个誓言完全被无视。""在韩国，日本和俄罗斯看上去似乎正在分享影响力。皇帝一直扮演着让两者争斗的角色。"1898年春，俄罗斯完全退出后，日俄协定抑制了双方中的任何一方介入韩国。于是，韩国尝试进行自我治理（self government）。然而，5年的经验表明，这个国家完全没有做好这种准备。

现在的混沌状态迟早会因外部的介入而终结吧。那时大概会给予韩国非常必要的指导。

第五章　义和团运动与俄清战争

这就是不折不扣的大国美国的看法。那么，美国打算怎么做呢？艾伦写道："美国的利益由巨大的金山所代表。"美国没有参与韩国事务的想法，没有加入中立保障、帮助这个国家的愿望，当前的关注只集中在获取资源上。

艾伦就韩国国内危机报告了与巴甫洛夫大致相同的意见。巴甫洛夫在6月20日的报告中写下展望："预计粮食收成将有所改善，因此这个国家现在的状态大概能够再维持一年。到那个时候，政府卖官鬻爵的贪欲会吓跑潜在的买家，即使仍有买卖，也会变少。那样的话，宫廷的权贵们就会失去收入，而被过度征税的民众到那时大概就不得不掀起叛乱来吧。"[319]

最后介入这场朝鲜政策论争的人是维特。维特从远东视察归来后，于1903年1月10日（1902年12月28日）提交了长篇意见书，对巴甫洛夫和罗森的意见书做出了回应。维特赞成罗森的与日本发生冲突不可避免的意见，不过他反对采取积极的对日政策，"无论从俄罗斯国内还是从国际关系的角度来说，以现在一般的状态"，有必要至少将冲突推迟十年左右。而关于与日本订立协定之事，维特赞同巴甫洛夫的意见，留下最终解决问题的可能性，当前先谋求妥协。[320]也就是说，维特认为战争能够推迟十年左右，因此，当前进行交涉、协定是可能的。

结果，外交部给前往日本赴任的罗森公使下达训令，指示他就朝鲜问题再度进行交涉，要尽一切努力回避与日本的所有冲突，并提示交涉的原则是：必须以朝鲜独立和领土完整为基础；虽然向日本做出了让步，但日方不应该"预先决定朝鲜问题"；不允许介入"满洲"问题。[321]

---

[319] Allen to Secretary of State, 20 June 1902, *Korean-American Relations*, Vol. III, p. 66.
[320] Simanskii, op. cit., Vol. II, pp. 211-212. Vitte to Lamsdorf, 28 December 1902.
[321] *Obzor snoshenii s Iaponiei po koreiskim delam*, p. 18.

日本对韩国中立化方案的反应

然而，以纸上谈兵告终的伊兹沃利斯基的韩国中立化方案却使日本政府动摇了。伊兹沃利斯基曾对美国驻日公使巴克说过，巴甫洛夫访问日本的时候，自己与他协商过韩国中立化方案。伊兹沃利斯基大概是为了打探美国的意向而这么说的吧，但巴克公使误认为这个方案是巴甫洛夫提出的，他将事情想象为巴甫洛夫和伊兹沃利斯基达成了一致意见，他们将在与巴黎的喀希尼公使商谈后，作为三公使的共同意见进行提案。美国公使将这件事传达给了小村外相，外相于9月19日给圣彼得堡的栗野公使发去电报，令他探查事态。[322]翌日，外相又将这份电报转发给了驻法国和驻美国公使。驻韩国的林权助公使于9月22日得知了这件事[323]，恰在这个时候，韦贝尔正访问韩国，林权助更加担心起来。

> 上述韦贝尔之来韩或与此问题相关亦未可知，若然，因曩日曾有由韩国首先向我提出永久中立之议，韩廷部分人员今尚处梦想中，韦贝尔之来韩，难测不使本问题复燃。[324]

然而，也有巴甫洛夫休假离开了汉城的缘故，韦贝尔不过是为了参加庆祝高宗即位40周年的纪念活动，从圣彼得堡赶来而已。[325]

---

[322] 小村给栗野的信，1902年9月19日，《日本外交文书》第35卷，393—394页。巴克8月15日将这件事告诉了本国，当时似乎说明是伊兹沃利斯基的方案。S. K. Synn, op.cit., p. 353. Buck to Hay, 15 August 1902, Diplomatic Despatches, Japan.
[323] 小村给林的信，1902年9月22日，《日本外交文书》第35卷，395页。
[324] 同上。
[325] 栗野给小村的信，1902年9月16日，同上书，393页。

第五章　义和团运动与俄清战争

　　那个时候，伊兹沃利斯基方案其实已经在俄罗斯政府内部遭到了驳斥。然而，日本政府直到这年秋天的 11 月末，一直被韩国中立化方案的阴影困扰着。[326]

　　对此，小村外相于 11 月 1 日将答复案送给了栗野，可以推测内容是如下的对俄交涉五原则：一，维持清韩两国的独立、领土完整。二，日俄两国互相承认在"满"、韩拥有的利益。三，承认为保护利益的出兵权。四，俄国承认日本拥有对韩国内政改革进行建议及援助（包括军事援助）的专权。五，俄罗斯不妨害韩国铁路和东清铁路的连接。[327] 答复案粗暴地抛弃了甚至就连栗野私案都提到的不将韩国领土用于战略目的的限制，而针对俄罗斯的韩国中立化方案，悍然提出了要求日本统治韩国的"专权"，这就是小村的决心。

　　另外，1902 年 8 月，俄罗斯驻在武官瓦诺夫斯基离开了日本，取而代之的是弗拉季米尔·萨莫伊洛夫。他与瓦诺夫斯基不同，能够正当地评价日本军的实力。[328]

维特视察远东

　　这个时候，财政大臣维特做了一趟远东旅行。这年 9 月皇帝

---

[326]　在研究史上，这一点也作为三位公使《由日俄美三国保障的韩国中立化》方案而为人所知。Synn, op. cit., pp. 332-333. 石和静，上述论文，47 页都认为这个方案因美日的反对而不再被提及。石和静主张这个方案应视为"维特政策的延续"。尼什虽然谨慎地写到曾有这样的传闻，但大致意思一样。Nish, op. cit., pp. 135-136. 根据俄罗斯原资料，明显可知这样的观点不成立。

[327]　《小村外交史》，298—299 页。

[328]　瓦诺夫斯基的职务履历书，RGVIA, F. 409, Op. 1, D. 183718, 150-504 (108), L. 269ob。萨莫伊洛夫在日本和一名日本女性结成了临时夫妻。他通晓日语之事广为人知，但不清楚他是在日本所学，还是在去日本之前所学。关于瓦诺夫斯基，见 P. E. Podalko, *Iaponiia v sud'bakh rossiian. Ocherki istorii tsarskoi diplomaii i rossiiskoi diaspory v Iaponii*, Moscow, 2004, pp. 81-84。

去往利瓦吉亚后，维特就出发了。维特访问了旅顺、大连、符拉迪沃斯托克（海参崴）。日本政府得知他的远东之行后，想让他访问东京，做了一些工作，外相拉姆斯道夫也推进了此事，但不知为什么，访日许可没有适时送达，维特直接返回了。[329] 10月，维特赴利瓦吉亚向皇帝做了汇报，之后提交了长篇报告书。

格林斯基几乎全文发表了维特的报告书。[330] 维特在开头再次写道，西伯利亚铁路是连接欧洲和亚洲的动脉，掌握这条铁路的俄罗斯能够享受作为两个世界的"中间人"的利益。然后他对西伯利亚移民的状况做了长篇论述。但是，报告的重点当然放在了"满洲"问题和日本问题上。

维特指出，政府各部门派驻当地的代表对于俄罗斯的"满洲"撤退问题，与清国、日本的关系等问题缺乏根本上的一致性，这是很严重的问题。陆军担忧中国人发起新的暴动，海军担忧与日本发生战争。铁路技师们的关注点全都集中在铁路上。见解上的不一致导致"行动模式欠缺统一"。[331] 客观而言，因俄罗斯占领旅顺、铺设"南满洲铁路"，"南满洲"局势变得动荡不安，为此不断担忧在远东发生突发事件的可能性。到了这时候，维特也不得不承认自己所推动的大连和"南满洲铁路"建设变成了危险的存在。由点和线构成的"南满洲铁路"王国——维特领导下的财政部绘制的蓝图现在正飘摇于风雨中。

正因为如此，维特主张，俄罗斯必须遵守春季签订的条约，从"满洲"撤军。维特指出，由于缔结了这份条约，俄军能够行使的权力受到了限制，有些军官不能理解这一点。虽然现在俄罗斯军的暴力行为得到抑制，但毕竟过去曾经有很多，当地居民的

---

[329] Glinskii, op. cit., pp. 189-190.
[330] Ibid., pp. 190-242.
[331] Ibid., p. 204.

不满仍然留存。俄军征发物资也是导致不满的原因。根据春季的条约，俄罗斯负有解除军政的义务，但部分军队指导部门仍在介入清朝的行政。清朝行政也有问题。但是，俄罗斯应该根据协定尽到义务，姑且先撤兵，这样才能在与清国的关系中恢复俄罗斯正确的政治性位置。[332]

"对日本来说，它想在满洲和朝鲜占有优势，至少想在朝鲜占有优势，这一点最近成为了至关重要的问题之一。""它似乎无论如何也要维持在这里的优势，并且做好了诉诸任何极端手段的精神准备。""但是，由于俄罗斯也关心在朝鲜的利害"，一直进行着各种努力，因此对立就加深了。"只要我们不暂时明确地放弃对朝鲜半岛的要求，日本从自我保护的情感出发，大概会坚决反对我们不仅在朝鲜，而且在整个远东一切的企图吧。"[333]

维特写道，很多人认为俄罗斯在朝鲜问题上不应该让步，因为与日本的战争不可避免，最好由俄罗斯发出宣战公告，但我不赞成这一点。如果向前走，东清铁路在工商业方面将会推进俄日协作，而且，即使不能如此，以目前的状况也是将对立暂时拖延下去为好。

维特强调，"在近期与日本发生军事斗争对我们来讲将是巨大的灾难"。虽然俄罗斯无疑会胜利，但会付出过于巨大的牺牲，如果要开战，就必须做好准备，到战争发生为止，至少应该完成东清铁路的建设。[334]"或者与日本发生武力冲突，或者将朝鲜完全让给日本，在这两害之中，对于近期的俄罗斯来讲，害处较小的是后者。"日本也许会因较小的让步就感到满足，"但搞不好的话，我们甚至有可能暂时将朝鲜完全让出去。"在这里维特做出结论，

---

[332] Glinskii, pp. 213-214.
[333] Ibid., pp. 214-215.
[334] Ibid., pp. 215-216.

通过交涉消除朝鲜问题的对立是"俄罗斯远东政策第一等的最重要任务之一"[335]。

维特对铁路守备队也做了探讨。已派遣的阿穆尔军区的士兵大致上足够了，不过如果将俄罗斯人迁入铁路地带的话，安全将会更加有保障。接着，维特汇报了财政部所掌控的哈尔滨和大连的发展情形。哈尔滨人口已经达到20,000人，"正在逐步成为位于满洲心脏地带的俄罗斯大都市"。大连将在一年后完成基础设施建设，为了使它成为"富有活力的国际贸易中心"，有必要促进商人的移居，还应该允许外国商人取得不动产、推进城市自治体的组织建设。对于大连会损害符拉迪沃斯托克（海参崴）的商业利益这种议论，维特是维护大连的。[336]

由于这篇报告面面俱到，触及了各个方面，因而没有明确的结论。这样一来，维特的远东视察及其长篇报告并没有成为重新审视俄罗斯远东政策的报告而受到重视。

维特从远东返回后，大臣们议论的热点是汉族人向"满洲"和蒙古移民的动向。迁移至"满洲"的移民集中在东清铁路沿线地区。[337]库罗帕特金在11月3日（10月21日）的上奏中写道："汉族人移居蒙古……是对蒙古自治原则的直接性侵害。汉族人的这个新措施将来无疑也会指向俄罗斯。"移至东清铁路沿线的移民，"根据阿穆尔军区司令官的意见，这是汉族人威胁铁路的新步伐，是为了妨碍铁路周边地带的扩大和俄罗斯人的移住，图谋将铁路限制在狭窄的框架中"，库罗帕特金对此非常抵触。皇帝于11月5日（10月23日）在陆相的上奏书中批示道："有必要积极地

---

[335] Glinskii, pp. 216-217.
[336] Ibid., pp. 224-236.
[337] Simanskii, op. cit., Vol. III, pp. 19-20.

解决俄罗斯人移居铁路地带的问题。"[338]

虽然外交部和北京公使反对将汉族人移居问题视为危险并采取对策，但皇帝指示要向清朝政府提出抗议，因此驻北京公使进行了抗议。财政部感到这样的移民政策有问题。[339]

11月9日（10月27日）在雅尔塔举行了四相会议，大臣之间进行沟通协商。出席会议的是财相、陆相、外相、内相。陆相继续表明反对之意，认为如果汉族人移居铁路沿线，铁路的防卫就会变得很困难。对此财相维特表示，移民多的铁路地区与移民少的铁路地区相比，虽然防卫困难，但移民少的地区铁路收入也少，会增加俄罗斯人的负担。然后他指出，虽然"南满洲"支线与旅顺的连接具有重要意义，但这条线路原本就是经过众多中国人居住的地区，因此，有必要与当地居民建立良好的关系。总之，维特的意见是模棱两可的。与会者全都赞同，如果想使俄罗斯人迁往铁路地带，必须使得这片地区或者成为俄罗斯的领土，或者至少从属于俄罗斯，否则是行不通的。因此最后得出的结论是，如此，将来或者将"满洲"并入俄罗斯，或者使其完全从属于俄罗斯。然而这种事情是不可能实现的。维特尽最大努力，也只能有所保留地说，这个过程"不可急，要顺其自然"[340]。

继马洛泽莫夫之后，卢科亚诺夫也注意到了这场会议。他对维特这番话的解读是，维特主张就连在"满洲"，俄罗斯也不要表现出任何的积极性。维特变成了完全的消极论者。"完全放弃在中国的庞大的经济扩张计划，对尼古拉二世而言是沉重的打击。"[341]

---

[338] Simanskii, op. cit., Vol. III, p. 22.
[339] Ibid., pp. 23-25.
[340] Ibid., p. 26. 另外参见 *Vynuzhdennyia raz'iasneniia grafa Vitte*, Sankt-Peterburg,1909, p.61。
[341] I. V. Lukoianov, The Bezobrazovtsy, RJWGP, Vol, I, Brill, Leiden, 2005, p.77. Malozemoff, op. cit., pp. 201-202.

皇帝得到这次协商会的报告后，裁断赞成陆相的意见，"必须阻止汉族人向满洲移民"，然而实现这个目标的现实性对策并不存在。

别佐勃拉佐夫被派往远东

就在维特视察远东期间，政府内定将商船部门从财政部的管辖中剥离出去，成立新的中央商船商港管理局，局长由亚历山大·米哈伊洛维奇大公担任，海军少将阿列克谢·米哈伊洛维奇·阿巴扎被任命为其助理。维特回到首都后，11月20日（7日）、23日（10日），命令颁布了。[342] 由于阿巴扎是别佐勃拉佐夫最为亲密的合作者，这项人事安排显示出别佐勃拉佐夫对皇帝的影响力在增强。

面对远东政策陷入的僵局，皇帝想到了别佐勃拉佐夫。别佐勃拉佐夫被召唤到利瓦吉亚宫，皇帝决定派他去远东。12月14日（1日），返回首都后的别佐勃拉佐夫开始了行动。库罗帕特金在当天的日记中记录了与别佐勃拉佐夫会面时的情形，这似乎是二人第一次会面。

今天，远东问题的一名编外顾问、四等文官别佐勃拉佐夫来拜访我。他是从利瓦吉亚直接赶来的，说遵照陛下指示找我有事，要求面见。他过分亲昵得令人吃惊。在他那屡屡暧昧的说明中，不时迸出"我和陛下"这个表述。"我的名字（库罗帕特金）、维特、拉姆斯道夫"等词语都是在指责这些

---

[342] Posluzhnyi spisok A. M. Abaza, RGAVMF, F. 406, Op. 9, D. 3, L. 4ob.

大臣们的活动时使用。大家都在混乱之中，什么都不懂，只有他自己、别佐勃拉佐夫能够拯救俄罗斯的事业。按别佐勃拉佐夫所说，现在陛下派遣他到旅顺，要让他从那里指导朝鲜和满洲的利权。他还说，他将给阿列克塞耶夫带去特别委任状，令他在南满洲以违反我们约定的秘密方式开展行动。

库罗帕特金询问这个"秘密方式"是什么，别佐勃拉佐夫说是将"南满洲"开放给外国资本，然后利用马贼让外国企业破产。库罗帕特金说，如果做出那样的事会成为俄罗斯的耻辱。他还指出，不太应该让俄罗斯人在朝鲜定居，如果俄罗斯人被杀害，要求出兵，说不定会与日本发生战争。[343]

库罗帕特金描述的别佐勃拉佐夫被极度戏剧化了。实际上，别佐勃拉佐夫从皇帝那里得到了什么样的委任并不明确。此外，库罗帕特金还和阿巴扎谈过话。这点从12月30日（17日）库罗帕特金的上奏中可知。库罗帕特金对皇帝说，他与别佐勃拉佐夫和阿巴扎就俄罗斯在朝鲜的事业谈过话，并讲述了对此的意见。库罗帕特金说，别佐勃拉佐夫为了莫名其妙的事业，向他请求派遣参谋本部的马德里托夫中校，但马德里托夫中校不能听命于别佐勃拉佐夫，他打算派马德里托夫中校去做阿列克塞耶夫的部下。库罗帕特金还说，他对别佐勃拉佐夫说了如下的话：那种试图以在朝鲜的利权为基础，为划分俄日势力圈而在清韩国境处修建无人地带的想法，在他看来就是勉为其难。他认为眼下重要的是尽量不制造与日本发生冲突的契机。皇帝批准了对马德里托夫这件事的处理办法，对于别佐勃拉佐夫的事业也说："这项事业绝对不

---

[343] Dnevnik A. N. Kuropatkina, Nizhporfiz, 1923, p. 12.

能给我们制造麻烦。"[344]从这番对话的情形来看,此时别佐勃拉佐夫似乎尚未出发。据希曼斯基的研究,别佐勃拉佐夫是年末从首都出发的。[345]

进军远东的负责人维特视察远东归来后,也没能确定任何一个明确的远东政策。这个时候,问题人物别佐勃拉佐夫又被皇帝派遣去了远东。在明显稳固了阵势的日本面前,俄罗斯仍然摇摆不定。

---

[344] Dnevnik A. N. Kuropatkina, Nizhporfiz, 1923, p.15.
[345] Simanskii, op. cit., Vol. II, p. 232.

日俄战争

起源和开战

下卷

〔日〕和田春树 著
易爱华 张剑 译
张婧 校订

生活·讀書·新知 三联书店

Simplified Chinese Copyright © 2018 by SDX Joint Publishing Company.
All Rights Reserved.

本作品简体中文版权由生活·读书·新知三联书店所有。
未经许可，不得翻印。

NICHIRO SENSO, KIGEN TO KAISEN
by Haruki Wada
©2009, 2010 by Haruki Wada
First Published 2009, 2010 by Iwanami Shoten, Publishers,Tokyo
This simplified Chinese edition published 2018
by SDX Joint Publishing Co., Ltd., Beijing
by arrangement with the proprietor c/o Iwanami Shoten,Publisbers,Tokyo

图书在版编目（CIP）数据

日俄战争：起源和开战／（日）和田春树著；易爱华，张剑译；张婧校订. —北京：生活·读书·新知三联书店，2018.1（2024.8 重印）
ISBN 978-7-108-06021-1

Ⅰ.①日… Ⅱ.①和… ②易… ③张… ④张… Ⅲ.①日俄战争-研究 Ⅳ.① K313.43

中国版本图书馆 CIP 数据核字（2017）第 170880 号

责任编辑	冯金红
装帧设计	蔡立国
责任校对	张国荣　张　睿
责任印制	董　欢
出版发行	生活·讀書·新知 三联书店
	（北京市东城区美术馆东街 22 号 100010）
网　址	www.sdxjpc.com
图　字	01-2014-7183
经　销	新华书店
排　版	北京金舵手世纪图文设计有限公司
印　刷	河北松源印刷有限公司
版　次	2018 年 1 月北京第 1 版
	2024 年 8 月北京第 4 次印刷
开　本	635 毫米×965 毫米　1/16　印张 66.25
字　数	804 千字
印　数	24,001-26,000 套
定　价	148.00 元

（印装查询：01064002715；邮购查询：01084010542）

目 录

第六章　新路线登场 …… 501

新年伊始 …… 501

海军大学第二次图上推演 …… 504

新海相和新军令部长 …… 510

"满洲"撤兵期限迫近 …… 514

在远东的别佐勃拉佐夫 …… 517

别佐勃拉佐夫和沃加克 …… 519

远东政策的新构想 …… 523

派遣警备队问题 …… 525

召唤沃加克到首都与中央的反应 …… 528

4月8日（3月26日）协商会 …… 530

无邻庵会议 …… 535

俄清交涉破裂 …… 539

责难俄罗斯之声高涨 …… 541

日本参谋本部的开战论 …… 545

库罗帕特金出发与沃加克意见书 …… 548

别佐勃拉佐夫的上奏报告和皇帝的指示 …… 552

5月20日（7日）协商会 …… 557

5月协商会之后 …… 562
别佐勃拉佐夫去往远东 …… 567
日本要求开放义州 …… 568
库罗帕特金陆相访问日本 …… 571
朝鲜的反应 …… 573
参谋本部和七博士 …… 575
库罗帕特金在日本 …… 580
日本确定对俄方针 …… 585
尼古拉和阿巴扎的新方针 …… 589
库罗帕特金离开日本 …… 591
旅顺会议 …… 593
日本的反应 …… 606
开战论在日本高涨 …… 609
沙皇访问萨洛夫修道院 …… 612
别佐勃拉佐夫和库罗帕特金的论争 …… 614
施行远东总督制 …… 623

第七章 日俄交涉 …… 626

交涉开始 …… 626
日方的第一次提案 …… 629
俄方的情况 …… 631
三大臣更迭的危机 …… 634
库罗帕特金随侍皇帝 …… 638
俄清交涉中止 …… 639
俄方准备答复 …… 640
别佐勃拉佐夫的动向 …… 647
韩国政府谋求中立 …… 649

驻日武官的警告 …… 653
俄方的第一次答复 …… 657
秋季的危机 …… 660
日俄海军力量比较 …… 665
俄罗斯政府的应对 …… 667
日方的第二次提案 …… 673
《东京朝日新闻》要求交涉决裂 …… 679
阿列克塞耶夫占领奉天 …… 680
日俄军人们的意见 …… 681
设置远东特别委员会和林业公司问题 …… 685
被殴打的水兵和被猎杀的动物 …… 692
俄方的第二次答复 …… 695
日本舆论要求开战 …… 701
空想小说《日俄战争之羽川六郎》…… 705
日方的第三次提案 …… 710
关于日本军出兵朝鲜的情报 …… 715
俄罗斯12月的特别协商会 …… 719
日本确定对俄作战计划 …… 728
对韩国方针 …… 731
日俄的相互认识 …… 734
驻日武官的警告电报 …… 738
俄方的第三次答复 …… 739

第八章 前夜 …… 744

旅顺紧张 …… 744
皇帝和陆相逡巡不决 …… 747
旧年，新年 …… 750

购入意大利军舰 …… 752

栗野公使和别佐勃拉佐夫 …… 752

别佐勃拉佐夫的俄日同盟方案 …… 759

日本政府确定包含开战在内的最终答复方案 …… 769

驻在武官的报告和增援舰队 …… 772

大韩帝国宣告中立 …… 775

俄罗斯政府的讨论 …… 779

寻求仲裁调停 …… 784

日本严密管控韩国 …… 786

最后的大臣协商会 …… 789

日本方面的开战准备 …… 794

协商会之后的拉姆斯道夫 …… 796

日本内阁会议决定断绝邦交 …… 805

俄罗斯外相最后的举措 …… 809

狼狈的阿列克塞耶夫 …… 815

日本通告断交 …… 817

日本军迈向开战 …… 818

"俄罗斯不希望战争" …… 820

第九章　开战 …… 822

1904年（明治三十七年）2月6日（1月24日），星期六 …… 822

2月7日（1月25日），星期日 …… 830

2月8日（1月26日），星期一 …… 839

2月9日（1月27日），星期二 …… 854

2月10日（1月28日），星期三 …… 861

2月11日（1月29日），星期四 …… 868

目 录

2月12日（1月30日），星期五 …… 870
2月13日（1月31日），星期六 …… 872
2月14日（1日），星期日 …… 875
2月15日（2日），星期一 …… 877
2月16日（3日），星期二 …… 878
2月17日（4日），星期三 …… 879
2月18日（5日），星期四 …… 880
2月19日（6日），星期五 …… 881
2月20日（7日），星期六 …… 882
2月21日（8日），星期日 …… 883
2月22日（9日），星期一 …… 884
2月23日（10日），星期二 …… 886
2月24日（11日），星期三 …… 888
2月25日（12日），星期四 …… 891
2月26日（13日），星期五 …… 892
2月27日（14日），星期六 …… 893
2月28日（15日），星期日 …… 894
2月29日（16日），星期一 …… 896
3月1日（2月17日），星期二 …… 899
3月2日（2月18日），星期三 …… 900

第十章　日俄战争就这样发生了 …… 901

日本的目的 …… 901
朝鲜与俄罗斯 …… 903
日清战争及其影响 …… 905
俄罗斯进入"满洲" …… 908
桂－小村内阁的成立 …… 910

日俄交涉 …… 911

　　俄罗斯的新路线 …… 912

　　最后的瞬间 …… 914

　　民心被引向战争 …… 915

　　战争扩大 …… 917

　　战争之后 …… 917

后记 …… 923

文献目录 …… 925

　　未刊档案 …… 925

　　未刊手稿 …… 926

　　已刊资料·资料集 …… 927

　　百科全书·目录·影集 …… 930

　　报纸 …… 931

　　日记 …… 931

　　回忆录 …… 932

　　著作·论文 …… 934

略称一览 …… 955

部分专有名词对照表 …… 957

舰船名称对照表 …… 967

西文人名对照表 …… 971

人名索引 …… 991

译后记 …… 1014

上卷简目

致中国的读者朋友们　和田春树 …… 1
有关翻译的几点说明　易爱华 …… 1
人物介绍 …… 1
略称一览 …… 1

第一章　日俄战争为什么发生 …… 1
第二章　近代初期的日本与俄罗斯 …… 45
第三章　日清战争与战后日本、朝鲜、俄罗斯的关系 …… 118
第四章　俄罗斯占领并租借旅顺（1896—1899）…… 237
第五章　义和团运动与俄清战争 …… 363

第六章
新路线登场

新年伊始

公历1903年1月14日,恰是俄历1903年元旦。皇帝尼古拉二世34岁,迎来了他当政的第十个年头。这天,皇帝在日记中写道:

> 由于睡得很好,参加出拜仪式时感觉精神饱满。但家族里不少人因为罕见的天气变化,染上了流感而没有参加。礼拜之后,我尽快应付了外交官们,在孔雀石厅用了早餐。妈妈和阿利克斯(皇后)……中途不得已而先离开了。[1]

出拜仪式(vykhod)指的是在正教的节日举行的宫廷仪式,是由皇帝、皇后、皇太子率领皇族、宫廷侍从、女官、国家议会议员、最高法院法官、大臣、侍从将军等,从冬宫居所出发去往宫内教堂,再沿原路返回的游行。[2]当时已70岁的国家议会议员波洛夫采夫也在参加元旦例行的出拜仪式的人群中。这位永远的

---

[1] Nikolai II's Diary, GARF, F. 601, Op. 1, D. 245, p. 83.
[2] N. E. Volkov, *Dvor russkikh imperatorov v ego proshlom i nastoiashchem*, Moscow, 2001, p. 130.

观察者将当时人们的表情记录在了日记中。皇帝是满脸"疲惫、憔悴"。财政大臣维特在就任十年之际得到待遇优渥的诏书，心情很好。维特对波洛夫采夫讲了在"满洲"旅行的情况。"维特说，为了避免降临到我们身边的灾难，无论如何都应尽早从满洲撤退。他也说到了西伯利亚铁路，说V（铁路专家）认为托木斯克和伊尔库茨克之间的780俄里区间有必要全面重建，甚至乘那条线上的火车都伴有重大的危险。"〔3〕

　　四天后，波洛夫采夫拜访了被视作维特政敌的普列韦内相。当他问及现在的情况时，普列韦回答说："在俄罗斯，除了那些拿着高俸禄、有机会得到陛下微笑的少数人外，全国人民无论谁都对政府不满，这是不可忽视的事实。虽然我们应该直视这个状况，改变事态，但遗憾的是，大臣们没有任何一致的手段实现那样的变化。"波洛夫采夫试探性地说："最近几个月，俄罗斯的情形几乎与洛里斯－梅利柯夫上任之初时一模一样。因脑子有问题的西皮亚金制造出的紧张状况已经在一定程度上得到了缓和。"〔4〕西皮亚金是普列韦的前任，维特的朋友，在办公室被革命党的恐怖袭击射杀了。这里波洛夫采夫赞美普列韦，将他比作1880年被起用的改革派内务大臣洛里斯－梅利柯夫。除此之外，两人的谈话并没有进一步深入。波洛夫采夫之所以会想起洛里斯－梅利柯夫，是感觉事态与当年一样严重的缘故吧。起用洛里斯－梅利柯夫，是恐怖分子企图暗杀皇帝，甚至做出爆破冬宫的事情之后。波洛夫采夫感到现在国家和社会同样陷入了僵局。而对于普列韦来讲，洛里斯－梅利柯夫的名字也是和难以忘怀的记忆联系在一起的。

---

〔3〕 Dnevnik Polovtsova, KA, 1923, kn. 3, p. 168.
〔4〕 Ibid., pp. 168-169.

第六章 新路线登场

翌日，波洛夫采夫拜见了宗务院总监波别多诺斯采夫。令人意外的是，波别多诺斯采夫曾经是洛里斯－梅利柯夫最大的政敌。这位专制制度的空想家此时已经76岁了，20年来一直稳坐现在的位置。波别多诺斯采夫正因修道僧谢拉菲姆封圣的事而气愤。在皇后的推荐下，皇帝决定将葬于萨洛夫修道院的修道僧谢拉菲姆封为圣者，为举行典礼已经投入了15万卢布。波洛夫采夫问波别多诺斯采夫，如果有人提议由他担任大臣委员会议长，他是否会接受。波别多诺斯采夫回答说没有那种打算，理由之一是他不想从宗务院总监的住所搬出去。那里曾经是大贵族纳雷什金金碧辉煌的旧邸。波洛夫采夫想起了杰尔查文的诗句"昔时酒宴欢语处，今日僧侣苦修所"。[5] 波别多诺斯采夫已是失去活力、等待退休的老人了。

1月16日（3日），陆军大臣库罗帕特金作为当值的侍从将军，在冬宫值班，他在那里与访问俄罗斯的德国皇太子弗里德里希·威廉做了长谈。皇太子称赞了俄罗斯士兵，说士兵们大多出身于农村，很值得庆幸。"因为农村的社会主义分子很少。"库罗帕特金回答，德国的工业发达，人口的一半都是城市居民吧，那是社会主义的母体，俄罗斯也正在步德国的后尘。他觉得皇太子没有机会看看俄罗斯农村，很是遗憾。"如果他去了那里的话，就会对培养出我们这些无与伦比的士兵——对祖国和皇帝陛下充满献身精神，勇敢坚韧却要求极少——的强力源泉做出正确评价吧。"[6]

翌日，陆相向皇帝做了年初上奏。这是陆相在职五年的报告。"欧洲政治局势在这五年间变得更加不安定。欧洲发生战争的可能性变得更大。我们必须加紧因发展远东事业而被遗忘的向西方回

---

[5] Dnevnik Polovtsova, KA, 1923, kn. 3, p. 170.
[6] *Dnevnik A. N. Kuropatkina*, Nizhpoligraf, 1923, pp. 21-22.

归。"（着重号为原文，下同。）他也提到了俄罗斯国内的不安。如果不能结束这种状况的话，就证明了俄罗斯国内的脆弱，是在告知敌人"是进攻的好时机"。陆相总结道："我们有必要将主要的注意力从远东转向西方。"皇帝批复："注视东方的同时，要将主要的注意力投向西方。"[7]

2月4日（1月22日），冬宫举行了宫中舞会。亚历山大·米哈伊洛维奇大公在回忆录中写道："整个'圣彼得堡'都在冬宫跳舞。这天我记得很清楚，因为这是帝国历史上最后的宫中大舞会。"[8]

6 海军大学第二次图上推演

与陆相不同，海军军人们一直都关注着在远东的战争——与日本的战争。俄历1902年至1903年的那个冬季，即公历1903年1月到3月，按照海军大臣特尔托夫的命令，尼古拉海军大学举行了第二次日俄战争图上推演。亚历山大·米哈伊洛维奇大公任总指挥，评论员由来自海军的丘赫宁、罗热斯特文斯基、尼德尔米列尔中将，来自太平洋舰队的莫拉斯上校，来自陆军的米赫涅维奇少将和旅顺要塞的设计者维列奇科少将、亚基莫维奇上校担任。事务局长由海军大学的克拉多海军中校担任。俄罗斯方面的海军司令官为多布罗特沃尔斯基上校，军令部长为干练的布鲁西洛夫，日本方面的海军司令长官为德里仁科上校，军令部长为原驻日本海军武官恰金。[9]

---

[7] *Dnevnik A. N. Kuropatkina*, pp. 22-23.
[8] *Velikii kniaz' Aleksandr Mikhailovich, Kniga vospominanii*, 1933, Paris, Lev, 1980, p. 211.
[9] *Voina Rossii s Iaponiei v 1905 godu. Otchet o prakticheskikh zaniatiakh po strategii v Nikolaevskoi Morskoi Akademii v prodolzhenii zimy 1902-1903 goda*. Sankt-Peterburg, 1904, pp. 1-2.

第六章 新路线登场

演习假定于俄罗斯完成建舰计划的 1905 年开战。俄罗斯军队一度从"满洲"撤退,因为受到马贼极其猖獗的攻击,再度占领了"满洲"。对此,日本决意发动对俄战争。"为了尽可能地使宣战公告收到突然袭击的效果",日本对俄罗斯再度占领"满洲"一直没有提出抗议,直到 1905 年 5 月 1 日(俄历,西历为 14 日,演习中的日期均为俄历)突然宣布动员陆海军。"预计日本会尽可能以突然袭击的方式进攻俄罗斯。"[10] 俄方预见到日本的进攻方式,也于同日,即 5 月 1 日发布了动员令。宣战公告由日本率先发出,俄罗斯紧随其后。

俄方司令长官多布罗特沃尔斯基在提交的报告中写道,这场战争中决定性的要素在于日本运送的兵员是否被俄罗斯海军阻拦,因此日本必须逐个击破分布在旅顺和符拉迪沃斯托克(海参崴)的俄罗斯海军,所以"日方最佳的做法是事前不发布宣战公告,而进行突然袭击"。"以我海军现在的状况,舰队若在驻泊时遭到袭击将会全部覆灭。由于我舰队通常停泊在旅顺的外部埠头或毫无防备的大连湾,一旦遭到日本水雷艇的突然袭击,大概在几分钟之内,我们的舰艇就会不复存在。"[11] 看看日俄战争实际开战的过程,这个分析简直可以说带有预言的意味。

评论员的报告中也指出:宣战公告不可能由俄方率先发出。因为能够预想到的战争原因只有一个:日本怀抱的占领朝鲜的企图。因此,如果出现俄罗斯从"满洲"撤退晚了,或者俄军再度占领"满洲",进而对日本统治朝鲜造成重大妨碍,或者俄罗斯占领阿列克塞耶夫投锚地(镇海湾)等等情况,可以想象日本将会决意对俄战争。日本方面最初的行动将会是向朝鲜大量输送军队,在完全控制朝鲜后进攻"满洲"。俄罗斯即使最初经历败北,但随

---

[10] *Voina Rossii s Iaponiei v 1905 godu.Otchet o prakticheskikh zaniatiakh po strategii v Nikolaevskoi Morskoi Akademii v prodolzhenii zimy 1902-1903 goda.* pp. 3-4.

[11] Ibid., p. 133

着时间推移，在大军集结后将会进行反攻。因此"日本占领朝鲜，防卫朝鲜不受俄军攻击就可以了。日军占领朝鲜，不会特别损害我们的威信，是可以接受的"。但是，日本因国内强硬论的影响等，"大概会投入冒险"。[12]

那样的话，俄罗斯就要动员大军进入"满洲"。将日本军从"满洲"驱逐出去，迫使他们撤退到朝鲜，如此俄罗斯就能够"最终地合并""满洲"了。此事无论是对日本，还是对我们而言，姑且都可以算是一个好的结局。[13]

但是，"如果不允许日本占领朝鲜的话，使日本的狂热冷却下来的最佳手段就是不让日本军进入朝鲜，也就是俄罗斯军无条件地掌握制海权。"而且即使日本占领朝鲜，海军的任务也不会改变。因为运输向"满洲"进攻的兵力时，制海权也是必要的。[14]"俄罗斯海军的意义和任务，无论日本是否占领朝鲜，都完全没有变化。"[15]

"快速行动和迅速歼灭敌人在对日战争中尤其重要。"[16]然而，日本能够在开战第28—30日，迅速在平壤集结16万士兵，而俄罗斯在奉天只有4万士兵。到第58—60日时，日本能够以13.5万士兵进攻奉天，其兵力约为俄罗斯的1.3倍。[17]

相反，如果俄罗斯掌握了制海权，俄军就可以在大同江河口登陆，占领平壤，控制北部朝鲜。

参加图上推演的陆军代表点评道："宣战公告后的最初一个月

---

[12] *Voina Rossii s Iaponiei v 1905 godu. Otchet o prakticheskikh zaniatiakh po strategii v Nikolaevskoi Morskoi Akademii v prodolzhenii zimy 1902-1903 goda.* pp. 6-9.

[13] Ibid., p. 13.

[14] Ibid., p. 11.

[15] Ibid., p. 12.

[16] Ibid., p. 13.

[17] Ibid., pp. 14-15.

第六章　新路线登场

内，海军至关重要。"[18]即使假设在序战时俄罗斯海军遭到打击，但等到两个月后增援舰队到达，俄罗斯也能够夺回制海权。那样的话，开战三个月后，俄军就能够进攻朝鲜了。[19]

"从以上情况看，我们不能等待从波罗的海赶来的增援，在远东完善能够断然凌驾于日本海军的俄国海军力量是必要的。到1905年，我舰队应已具备一定程度的优势。"[20]

开战前，预计双方兵力状况为：日本海军有战列舰6艘（"三笠""初濑""朝日""敷岛""富士""八岛"）、巡洋舰19艘、炮舰2艘、驱逐舰19艘。与之相对，俄罗斯太平洋舰队有战列舰10艘（"亚历山大三世""博罗季诺""奥廖尔""苏沃洛夫公爵""斯拉瓦""切萨列维奇""列特维赞""胜利""佩列斯维特""奥斯利雅比亚"）、巡洋舰17艘、炮舰7艘、驱逐舰33艘。较推演时的1903年初，日本海军增加了6艘巡洋舰，俄罗斯海军增加了6艘战列舰、10艘巡洋舰。"我们认为最终结果是，在1905年，我们与日本的海军力量势均力敌。"[21]

评论员的报告也谈到海军基地，其中指出：旅顺港口仅有一处，而且空间狭窄，日本如果发起封锁作战，对我方是极其不利的。而大连也不理想，符拉迪沃斯托克（海参崴）"相比之下，是较好的舰队停泊地"，但在冬天会结冰，这是个难点。朝鲜南部马山浦（镇海湾）的各个停泊地最为理想，如果开战，我们必须迅速赶去控制那里。绝不能晚于日本海军36小时出到外洋，驶向马山浦，但在到达前恐怕会遭遇日本海军。"无论如何，平时就在马山浦部属驱逐舰队百无一

---

[18] Voina Rossii s Iaponiei v 1905 godu.Otchet o prakticheskikh zaniatiakh po strategii v Nikolaevskoi Morskoi Akademii v prodolzhenii zimy 1902-1903 goda. p. 16.
[19] Ibid., p. 17.
[20] Ibid., p. 18.
[21] Ibid., p. 19.

害,宣战后,立即将驱逐舰派往那里也将有所助益。"[22]

宣战后的军事行动是这样展开的:首先,日方对停泊在长崎的巡洋舰"扎比亚克"采取了行动。该舰投降。评论员表示,不是投降,而是自沉。俄方得知这个消息后,俘获了符拉迪沃斯托克(海参崴)和旅顺的日本商船。[23]

开战第二天,俄罗斯太平洋舰队的主力集结在大连港的防波堤内。这里能够防备水雷攻击。在厦门的巡洋舰和另外一舰打消了返回旅顺的念头,委托法国管理。5月3日,俄罗斯侦察舰队遭遇日本海军主力,但日方错失了进攻的机会。俄罗斯侦察舰队返回旅顺,报告日本舰队正在接近。在警告刚在俄罗斯方面传开之时,日本舰队已于3日深夜12时前后抵达旅顺港外。外锚地没有俄罗斯舰队,日本驱逐舰发动的夜间水雷攻击以失败而告终。[24]4日正午,日本舰队在大连港发现俄罗斯舰队主力,穿过没有铺设鱼雷的水路,开始攻击俄罗斯舰队。两个半小时后,战斗结束,日本战舰有三分之二受到损伤,而俄罗斯战舰仅有一半受损。当夜,大连的2艘巡洋舰和10艘驱逐舰寻找日本舰队,企图发起进攻,旅顺的4艘巡洋舰和12艘驱逐舰也紧随其后。这些部队加入进攻日本舰队的后续战斗中,击沉了巡洋舰"千早""明石",战列舰"朝日"。俄罗斯的侦察舰队也会合到这场战斗中,击沉了战舰"出云"。[25]

5月7日,在济州岛附近展开正式海战。俄方有9艘战列舰、13艘巡洋舰参战,日方有5艘战列舰、13艘巡洋舰参战。日本舰队本已处于劣势,经过两个半小时的战斗,所有舰艇都失去了战

---

[22] *Voina Rossii s Iaponiei v 1905 godu.Otchet o prakticheskikh zaniatiakh po strategii v Nikolaevskoi Morskoi Akademii v prodolzhenii zimy 1902-1903 goda.* pp. 20-22.
[23] Ibid., p. 34.
[24] Ibid., pp. 35-38.
[25] Ibid., pp. 39-45.

斗能力，俄罗斯舰队中，战列舰"切萨列维奇""佩列斯维特""胜利"和巡洋舰"戴安娜""帕拉达""阿斯科尔德"被击沉。[26]

这场海战存留下来的俄罗斯舰艇中，战列舰"亚历山大三世"和"奥廖尔"、3艘巡洋舰、4艘驱逐舰将前往符拉迪沃斯托克（海参崴）修理，另外4艘战列舰和3艘巡洋舰返回旅顺。5月8日，俄罗斯舰艇经朝鲜海峡北上，日本舰队在这时发起了进攻，经过两小时的战斗，日本舰队舰艇全部被歼灭，只剩1艘巡洋舰。[27]

之后，日本陆军向朝鲜、"满洲"的运输行动需要排除剩余的俄罗斯舰队的干扰才能进行。由于俄方只剩下4艘巡洋舰，虽然能够干扰日本向平壤的运输，但对向釜山、元山的运输无能为力。到了6月，完成修理的5艘战列舰、2艘巡洋舰重新投入战斗。虽然预期将从欧洲派遣7艘战列舰来增援，但到达这一区域需要3个月以上的时间，而且途中在中立港加煤时可能会出现其他的情况。[28]

推演至此结束。战争刚开始时，双方在海战中互有胜负，最后都受到了毁灭性的打击，但日本依靠海军的预备力量，确保了海上运输，陆兵被运送到朝鲜。

评论员在报告中总结归纳了以下八点：

一，俄罗斯海军必须保持明显的优势，这是确保制海权，让日本明白不能单独占领朝鲜的"最佳手段"。如果日本掌握了制海权，除征服朝鲜外，还可能会进攻"满洲"，攻击符拉迪沃斯托克（海参崴）、旅顺等地。

二，即使让日本进入了朝鲜，为使其更加脆弱，进而将其驱逐出去，也必须确保海军力量的优势。

---

[26] *Voina Rossii s Iaponiei v 1905 godu.Otchet o prakticheskikh zaniatiakh po strategii v Nikolaevskoi Morskoi Akademii v prodolzhenii zimy 1902-1903 goda.* pp. 47-49.

[27] Ibid., pp. 50-52.

[28] Ibid., pp. 59-60.

三，即使朝鲜归属了我们，如果没有制海权，也无法确保朝鲜。

四，为了确保对日本海军无可争议的优势地位，应该拥有相当于日本实力 1.5 倍的舰队。

五，为了以最佳方式发挥海军力量，军港的设备绝不可逊色于日本。

六，由于旅顺和符拉迪沃斯托克（海参崴）离得很远，而且后者冬季结冰，因此应该确保朝鲜南端的基地。

七，我方舰队的主要目的是消灭日本海军，获得制海权。一味停留在港内是愚蠢的策略。

八，从欧洲来的增援舰队很重要，因此不应将波罗的海舰队部署在芬兰湾，须部署在地中海东部，以便向远东派遣。

这份意见上写着"军令部的军官完全同意"。[29]

新海相和新军令部长

这次推演的评论员会议于 1903 年 3 月举行。评论员之一的罗热斯特文斯基在同月被任命为海军军令部长。3 月 17 日（4 日），海军大臣特尔托夫去世，军令部长阿韦兰晋升为海军大臣，罗热斯特文斯基中将被任命为继任的军令部长。罗热斯特文斯基本应该将这次图上推演的结论汇报给新海相阿韦兰，然而他却没有这样做。他被任命为海军军令部长后，增加了很多新的工作，大概忘记了图上推演的事情。

齐诺维·彼得罗维奇·罗热斯特文斯基对于俄罗斯海军来讲

---

[29] *Voina Rossii s Iaponiei v 1905 godu.Otchet o prakticheskikh zaniatiakh po strategii v Nikolaevskoi Morskoi Akademii v prodolzhenii zimy 1902-1903 goda.* pp. 23-26.

第六章　新路线登场

是一位致命性的人物，他生于 1848 年，1870 年从海军士官学校毕业，1873 年从陆军的米哈伊尔炮兵大学毕业，这种学习经历可谓异数。在俄土战争中，他负责为商船装备大炮，加入了商船"维斯塔"乘务组，在舰长负伤后，他作为代理指挥官，奋战击退了土耳其的战舰。在这个意义上，他是少数具有战斗经验的海军军人。之后，他在 80 年代中期担任保加利亚大公国的海军司令官，前后算起来大约做了三年。90 年代前半期，他担任了五年的驻英国武官。1894 年，他成为巡洋舰"弗拉季米尔·莫诺马赫"号的舰长，1895 年 2 月参加了联合舰队的芝罘集结。那个时候他与阿列克塞耶夫有过交往。1896 年，他返回喀琅施塔得，成为第 16 海兵团长兼炮术训练团长。1898 年晋升为中将。[30]

1902 年，在德国皇帝访问烈韦里（译者注：今爱沙尼亚首都塔林。）时，俄罗斯海军举行了炮术演习，这是罗热斯特文斯基给尼古拉和威廉留下深刻印象的机会。自此之后，他随同尼古拉视察黑海舰队，获得了皇帝的青睐。这些经历大概与他被提拔为海军军令部长有关吧。俄罗斯海军有 23 名中将，而罗热斯特文斯基的任命让人觉得颇为意外。[31]

罗热斯特文斯基不是战略家，而是官僚式的勤奋工作者。据辅佐过他的施滕格尔回忆，作为军令部长，罗热斯特文斯基每日的安排如下：早晨 7 点起床，8 点开始在办公室处理文件。他不是简单地应付这些文件，而是会在每一份上写下详细意见。然后接待上访者、访问者直至 10 点。10 点至中午 1 点受理来自军令部各部门的报告。这期间，会持续不断地接到其他部打来的电话。中午 1 点简单吃些午餐。2 点起会探访他人或出席会议。4 点返回办

---

[30] 见传记。V. Iu. Gribovskii, V. P. Poznakhirev, *Vitse-admiral Z. P. Rozhestvenskii*, Sankt-Peterburg, 1999.

[31] Ibid., pp. 112-115.

公室，接待来访者——一般是工厂主、外国人、军人，一直持续至下午 7 点。之后，用正式的晚餐。8 点助理施滕格尔会送来最新的文件、电报。助理 11 点回家，而罗热斯特文斯基则要继续工作至凌晨 2 点。[32]

这样的工作情形只能处理日常的业务，却无法制订战略构想并开展以其为基础的新事业。

新任海相阿韦兰是芬兰系路德派的新教徒。1857 年从海军士官学校毕业后就任官职，在俄土战争时，他参加了北美航海，没有参与战争。1891 年成为海军少将，任喀琅施塔得港军令部长。之后，他在 1893—1894 年担任地中海舰队司令长官，1895 年为海军军令部次长，翌年升任军令部长。他手下的军令部次长尼德尔米列尔写道，阿韦兰多次访问日本，他对与日本战争时，俄罗斯没有好的军港忧心忡忡。[33]

军令部长要受理驻外武官的报告。然而，罗热斯特文斯基在多大程度上关注了这些报告呢？

1903 年 1 月，驻日本海军武官鲁辛给旅顺的阿列克塞耶夫写信，陈述了日本有可能采取的四种军事行动计划：

一，向北部朝鲜出兵，在鸭绿江和平壤附近登陆。

二，在釜山登陆，向汉城进攻。

三，在旅顺附近登陆，向"满洲"进攻。

四，占领朝鲜，等待俄军进攻。[34]

1 月 15 日（2 日）鲁辛给阿列克塞耶夫送去对日本海军首脑层人物的评价。他附上了说明，这是他综合个人观察、与日本及

---

[32] V. A. Shtenger, Podgotovka II eskadry k plavaniiu, *S eskadroi admirala Rozhestvenskogo. Sbornik statei*, Sankt-Peterburg, 1994 (Praha, 1930), pp. 30-31.

[33] A.G. fon Nidermiller, *Ot Sevastopolia do Tsusimy. Vospominaniia*. Riga, 1910, p.88

[34] IKMGSh, *Russko-iaponskaia voina*, Vol. 1, p. 123.

各国军官谈话得到的情报，在法国驻外海军武官布阿西埃尔的情报基础上总结而成的。[35]

首先对于日本海军军令部长伊东祐亨，他是这样看的：虽然伊东在日清战争时是联合舰队司令长官，但如果军令部长桦山资纪不乘坐西京丸督战，大概黄海海战也无法展开。伊东没有能力制订海战的作战计划，他只会发出保持速度这样的命令。甚至在战斗结束时，他还一度以为战败了。因此，他虽然被任命为军令部长，"但由于对战术、战略的认识不足，恐怕不堪其任。"然而，日清战争胜利带来的荣光和人气应该可以让他继续维持下去。不过，伊东能够听取合理的建议，选择有能力的助手。海相山本比伊东年轻很多，由于言辞、举止都不够克制，与伊东的关系很紧张。但是，伊东"在严肃、重大的问题上，颇能接受山本中将强大的影响，他的理性是值得肯定的"。伊东"为人勇敢、善良、性格开朗"。[36]

关于舞鹤镇守府司令长官东乡平八郎，鲁辛写了义和团事件时，东乡不愿意在大沽与外国军人会合，因为他不会说外语；写了他所率领的舰队，不能顺利地改变舰队部署；还写了"东乡提督个人勇敢、精力旺盛，不客气地说，他冷酷、严峻"，日清战争的丰岛海战时，东乡身为"浪速舰长"，击沉了英国客船"高升"号，并下令枪击落海的清兵。[37]鲁辛对东乡并没有太多好感。

与东乡不同，关于海军大臣山本权兵卫，鲁辛虽然在开头写道："他不喜欢外国人，特别是俄罗斯人。很明显，他对英国有更多的共鸣。这点从日本海军的军舰几乎全部是英国建造，就可以说明。"但鲁辛对山本的评价颇高：

---

[35] Rusin's report, 2/15 January 1903, RGAVMF, F. 32, Op. 1, D. 168, L. 1-1ob.
[36] Ibid., L. 3-4ob.
[37] Ibid., L. 8-8ob.

在侯爵西乡（从道）大将担任海相时，男爵山本中将任第一局长，当时他实际上已经在统率海军省了。他是现代日本海军真正的建设者。在他的直接参与和指导下，制定了造舰计划，也确定了舰船的设计。他的这些计划付诸实施后，日本海军以井然有序、深思熟虑的形式实现了扩张，令人叹为观止。因此不得不承认山本中将有很强的行政、组织才能。由于这个缘故，他成了日本海军和海军省极其务实的、有力的、唯一的、完全的主人，一直担任着大臣。[38]

鲁辛还注意到，山本虽然是萨摩人，但并不只将萨摩系的人聚集在自己身边。他还指出山本作为桂内阁的大臣，向议会做工作也很有手腕。

罗热斯特文斯基是怎样看待这群日本海军首脑形象的呢？

"满洲"撤兵期限迫近

这个时候，俄罗斯的大臣们对远东局势感到颇为头疼。进入1903年，同清国约定的第二次从"满洲"撤兵的期限——4月8日眼看就要来临了。而日本对朝鲜虎视眈眈，对此的应对也很窘迫。大臣们反复商讨着应对措施。

首先，1月24日（11日）召开了预备会议。以外相拉姆斯道夫、陆相库罗帕特金为中心，出席者包括外交次官奥博连斯基-涅列金斯基-梅列茨基，第一局长加尔特维格以及驻韩国、清国的巴甫洛夫、雷萨尔两公使，已内定接替将要离任的伊兹沃利斯

---

[38] Rusin's report, 2/15 January 1903, RGAVMF, F. 32, Op. 1, D. 168. L. 9ob.-10.

基任驻日公使的罗森等人。暂且得到的结论如下：

一，遵守撤兵约定，但要从清国获得补偿。

二，为维持与日本的友好关系，要就朝鲜问题进行对话，但仅止于补足以往规定。保全朝鲜是俄罗斯政策的基础。

三，虽然愿意与日本维持友好关系，但不能将"满洲"问题与朝鲜问题同等对待，不承认日本干涉俄清关系。不考虑将朝鲜让给日本作为保有"满洲"的报酬。[39]

也就是说不采取"满韩交换论"；对朝鲜，贯彻以往的尊重其独立的方针。

2月7日（1月25日）举行了正式的协商会。由外相主持，除却财相、陆相、外交次官、三公使之外，海相特尔托夫也出席了会议。外相拉姆斯道夫说，日本"暗示了，如果我们向它提供新的在朝鲜的优越权，那么日方有停止干涉我们在关东州、满洲活动的打算"。然而，由于日本提出的要求太过分，俄罗斯政府不能同意。因为"对于俄罗斯未来的国家利益来讲，朝鲜不可避免地具有极其重大的意义"。另一方面，由于在"关东州""满洲"的地位对俄罗斯很重要，因此有必要与日本进行协商。[40]这个发言提出了问题点。

财相维特表示，去年栗野公使的提案虽然难以接受，但是如果相互做出让步，还是有可能与日本达成协定的，届时的重要条款是朝鲜海峡的中立化。库罗帕特金陆相说，如果设想会与日本发生冲突，那么必须有极大量"国库的物质性牺牲"，朝鲜海峡中立化已经得到确保，日本表明了有相互明确约定不将朝鲜领土用做军事、战略目的的打算。不知道库罗帕特金是根据什么来论述日本的

---

[39] P. N. Simanskii, *Sobytiia na Dal'nem Vostoke, predshestvovavshie Russko-Iaponskoi voine* (*1891-1903 g.g.*), Vol. III, Sankt-Peterburg, 1910, p. 42. 库罗帕特金只在日记中记下了巴甫洛夫、雷萨尔的意见。*Dnevnik A. N. Kuropatkina*, pp. 33-34.

[40] KA, 1932, kn. 3, p. 111.

态度的。海相特尔托夫主张，不能通过协定承认日本在朝鲜的优越地位。[41]很明显，大家全都反对承认朝鲜是日本的囊中之物。

驻日大使罗森指出，"多年来大家都一致认同回避一切与日本武力冲突风险的必要性"，然而今日"因朝鲜问题，与日本发生武力冲突的风险实际存在"。不过罗森认为，只有当俄罗斯在欧洲进入军事行动，或俄罗斯占领朝鲜整体或一部分的情况下，日本才会占领朝鲜整体或者其中一部分，他的结论是"回避这个风险，还是冒犯这个风险，完全取决于我们自身"。[42]这番话只是为了迎合这个场合的气氛，没有什么意义。罗森指出了自1896年以来俄罗斯政策的失败，同时提出，当前必要的是确立"我们在朝鲜的坚定的政策进程表"，谋求"完全统一所有部门及其地域代表、专员的行动模式"。这是个空洞没有内容的提案。罗森所持的是观望的态度。

关于"满洲"撤兵之际，应向清国提出的补偿要求，维特财相认为，推进俄罗斯人迁入铁路地带是不现实的，因为可以容纳8000万人的西伯利亚还空着，他主张在推进"满洲"移民之前，应该先推进西伯利亚移民。[43]驻清国公使雷萨尔也认为无法抑制汉族人迁入"满洲"。对此，库罗帕特金再次重申必须制止汉族人迁入"满洲"，并阐述了实现这个目标的办法是合并"北满洲"。[44]

关于撤兵问题，库罗帕特金说，到4月8日（3月26日）为止，从整个奉天省撤退，接着从吉林省南部撤退，撤退部队争取在夏季抵达阿穆尔军区。视南部的撤退情形，再决定吉林省北部

---

［41］KA, 1932, kn. 3, pp. 112-113. Ian Nish, *The Origins of the Russo-Japanese War.* London, 1985, pp. 145-146. 陆相和海相明显都接受维特的希望与日本协定的提案，但海相的意见有所不同。

［42］KA, 1932, kn. 3, p. 113.

［43］Ibid., p. 115.

［44］Ibid., pp. 118-119.

和齐齐哈尔省的方案。库罗帕特金的意见是，完全撤出"满洲"后，有必要在铁路沿线留下士兵，在阿穆尔河（黑龙江）和松花江沿岸保留小规模的哨所。具体而言，他提议取消到 4 月 8 日为止撤兵这个条款，从黑龙江省和吉林省北部撤兵，要以在铁路沿线和河流沿岸保留一定数量的驻留军队为条件。[45]

对于陆相合并"北满洲"的意见，财相、外相、北京公使都表示反对，但在撤兵问题上，都认可了陆相的补偿方案。[46]

基于大臣协商的结论，在北京，代理公使普兰松（译者注：旧译柏兰苏、柏郎逊。）不待雷萨尔返回清国，从 3 月 2 日（2 月 17 日）起就开始与清国方面协商了。[47]

在远东的别佐勃拉佐夫

当首都在召开这种协商会的时候，别佐勃拉佐夫去了远东。希曼斯基记述了他的出现给远东的人们留下的印象，应该是准确的。"基于他当时的地位，等待中央政府批准的若干事业都由他一个人的判断得以解决，对于战略、战术、海军兵器、铁路业、银行业、商工业等方方面面的问题，他都像权威一样给予指示，他向圣彼得堡的呈报不断获得成功，以及他的呈报获批的速度——所有这一切，都给太平洋地区的地方当局留下了强烈的印象。"[48]

据说，维特对别佐勃拉佐夫的远东之行抱有极强的防范心，采取了万全对策。远东基本上是财政部掌控的王国，而且数月前

---

[45] KA, 1932, kn. 3, pp. 119-120.
[46] Ibid., pp. 120-123.
[47] Simanskii, op. cit., Vol. III, p. 48.
[48] Ibid., p. 54.

维特刚刚访问过这里，提交了长篇报告书。维特此时忐忑不安的心情，大概就像地方官员等待从首都派来的检察官一般吧。维特给财政部在当地的代表发去电报，指示要热情接待别佐勃拉佐夫，不要让他和军人们接触。[49]

根据卢科亚诺夫的研究，别佐勃拉佐夫到达旅顺是1903年1月12日（1902年12月30日）。[50]他交给了阿列克塞耶夫由皇帝写的希望援助他获得鸭绿江岸木材利权的委托信。阿列克塞耶夫热情接待了别佐勃拉佐夫，建议他与奉天省都督，进而与清朝政府交涉，以便获得鸭绿江的清国岸一侧的利权。[51]1月末2月初（1月12日或19日），皇帝命令维特给别佐勃拉佐夫汇款200万卢布，要求把这笔国库资金一次性汇至俄清银行旅顺分行别佐勃拉佐夫的账户上。[52]维特此时已经不再抵抗，随即汇出了款项。

财政部当地代表发回了关于别佐勃拉佐夫印象的报告。驻大连的派遣员普罗塔西耶夫报告：“不久前，四等官别佐勃拉佐夫为获得满洲的矿山利权从圣彼得堡来到了这里。他为人十分浮夸，但大概后台比较硬，因为当地人都对他百般奉承。他只要一有机会，就肆无忌惮地贬低财政部的政策。”[53]

1月末，别佐勃拉佐夫奔赴奉天。据财政部驻奉天代表德米

---

[49] Simanskii, op. cit., Vol. III, pp. 66-67.

[50] I. V. Lukoianov, The Bezobrazovtsy, RJWGP, Vol. I, Brill, Leiden, 2005, p. 78. 这是根据阿列克塞耶夫日记提出的想法。

[51] Alekseev to Nikolai II, March 15, 1903, RGAVMF, F. 32, Op. 1, D. 173, L. 1.

[52] B. A. Romanov, *Rossiia v Man'chzhurii (1892-1906)*, Leningrad, 1928, p. 404. David Schimmelpenninck van der Oye, *Toward the Rising Sun: Russian Ideologies of Empire and the Path to War with Japan,* Northern Illinois University Press, 2001, p. 188. Romanov 认为是1月19日，Schimmelpenninck 认为是1月12日。其中一位是错误的。

[53] B. A. Romanov, Vitte nakanune russko-iaponskoi voiny. *Rossiia i zapad. Istoricheskii sbornik* pod red. A. I. Zaionchkovskogo, I, Sankt-Peterburg, 1923, p. 146. Protas'ev to Vitte, 30 January 1900.

特里耶夫－马莫洛夫的报告，别佐勃拉佐夫"以200万卢布的光芒为背景，带着引人注目的随从来到这里"，他接连不断地出席晚宴，不论清国人、俄罗斯人，他都十分慷慨地挥洒捐款。[54]别佐勃拉佐夫在奉天停留了两周，他原本计划从那里绕道北京，但不知何故突然取消了。

驻北京的俄清银行分行长波科季洛夫2月12日（1月30日）发电报，别佐勃拉佐夫"本日从奉天去了旅顺"。在这份电报中，波科季洛夫写道，别佐勃拉佐夫说想和他商谈，请求援助，波科季洛夫向维特请示该怎样应对为好。[55]

别佐勃拉佐夫在奉天时，与从北京来的波科季洛夫等人见了面，也就是说，他2月12日返回了旅顺。实际上这个时候，别佐勃拉佐夫在奉天还和从北京来的另外一位重要人物会了面，这才是决定性的。这个人就是对远东问题最敏锐的分析家、驻清国武官沃加克。

别佐勃拉佐夫和沃加克

众所周知，沃加克是别佐勃拉佐夫派中的一员。但迄今为止，没有人研究过他是如何加入别佐勃拉佐夫派的。罗曼诺夫、卢科亚诺夫都不关心这个问题，就连十分关注沃加克的希曼斯基也丝毫没有触及这点。我通过研究，得出了两人是在别佐勃拉佐夫最初的奉天之行时相识的结论。别佐勃拉佐夫肯定从沃加克那里听取了关于远东局势的分析，对他的判断很佩服，吸收了他的新见解。这或许就是别佐勃拉佐夫突然改变计划，早早返回旅顺的原因。也就是

---

[54] Schimmelpenninck, op. cit., p. 188. Dmitriev-Mamonov to Pokotilov, 24 January 1900, RGIA.
[55] Romanov, Vitte nakanune, pp. 146-147.

说，由此可以推出，别佐勃拉佐夫之后推进的新路线是发源于沃加克的判断的。这个事情迄今为止没有被阐明过。[56]

2月26日（13日）至次日，波科季洛夫得到维特的指示，拜访了返回旅顺的别佐勃拉佐夫。两人谈了很长时间，当时别佐勃拉佐夫表明已经邀请到沃加克少将作为他公司在清国的全权代表。[57] 这个时候，别佐勃拉佐夫向波科季洛夫讲述了自己的鸭绿江和图们江森林事业方案的意义：

> 这一线，相当于中央，连接我们在旅顺的右翼和在符拉迪沃斯托克的左翼。我们必须保护这条线，使其不受有可能来自朝鲜和日本的攻击，……必须将凤凰城作为我们阵地的中心，将战备军需物资仓库集中在那里。如果不采取这样的防范措施，一旦日军从邻接朝鲜的森林地带入侵，我们就会受到威胁。[58]

别佐勃拉佐夫与波科季洛夫一共谈了两天，总计多达12个小时。大概别佐勃拉佐夫通过与沃加克谈话，重新明确了鸭绿江事业的意义，正热衷于此。波科季洛夫反驳别佐勃拉佐夫道，虽然不知道日本是否有某种侵略企图，但如果我们不遵守从"南满洲"撤兵的约定，或采取你计划的那种带有挑衅性的策略，反而有可能招致日本方面的敌对行动。别佐勃拉佐夫虽然做出一副洗耳恭听的样子，但他表明已经制订了派遣队伍前往鸭绿江的计划，马

---

[56] 并未找到直接说明两人于何处、如何认识的文书。但从以下相关资料的记述中，能够切实地做出这样的推测来。

[57] Pokotilov to Vitte, 15 February 1903 g. RGVIA, F. 165, Op. 1, D. 5312, L. 9.

[58] Ibid., L. 7.

第六章　新路线登场

德里托夫中校任队长。[59] 别佐勃拉佐夫提到了沃加克，同时希望波科季洛夫也加入他的公司。

旅顺的统治者阿列克塞耶夫已经对别佐勃拉佐夫的构想给予了支持。在2月25日（13日）的电报中，阿列克塞耶夫向皇帝请求，在奉天撤兵期限迫近之时，有必要加强旅顺的兵力。特别是强化地面兵力、守备队，追加防卫工事预算的补贴，增强太平洋舰队，提高港湾的修理机能等。同时，阿列克塞耶夫还为别佐勃拉佐夫代言，在电报中写道，鸭绿江的俄罗斯木材企业有必要配备强有力的警护队，为此必须在凤凰城安排骑兵部队驻屯。[60]

皇帝把这份电报给库罗帕特金看了。库罗帕特金的反应非常不以为然，完全是一副拒绝阿列克塞耶夫要求的态度。"由于我们承认了日本在朝鲜的行动自由，已经不会与日本决裂了。我们有强力的海军，并且还正在进一步强化它，因此旅顺受到的威胁也在减小。最后如果有必要，我们还可以派去增援部队。在关东州留下别的部队既要增加费用，也会徒添烦恼。"也就是说，库罗帕特金认为阿列克塞耶夫提出的增强旅顺兵力方案没有必要，更不用说鸭绿江行动计划了，他对此仿佛完全没有印象。皇帝反驳说，如果在守备队兵力不足的情况下，日本紧急行动，切断与阿穆尔州的联络将会出现什么局面？库罗帕特金听后立即表示皇帝的反驳很有道理，赞成向关东军补充一个东西伯利亚步兵联队、一个赤塔·哥萨克联队、一个骑兵炮兵中队，将旅顺的两个炮兵中队扩编为四个大队。皇帝听到库罗帕特金的话，回应说他认为远东局势充满危机，但那不是因为日本，而是因为陆军和财政部对立，

21

---

[59] Pokotilov to Vitte, 15 February 1903 g. RGVIA, F. 165, Op. 1, D. 5312, L. 7ob.
[60] Alekseev to Nikolai II, 12 Feb. 1903, RGAVMF, F. 32, Op. 1, D. 170, L. 1-2. Schimmelpenninck 的书中写道，阿列克塞耶夫从最初起对别佐勃拉佐夫就是否定的（Schinmelpenninck op. cit., p. 189），此说不正确。

521

还说他支持军方。[61] 皇帝的这番话大概是嘲讽原本因害怕财政部而对增强军备不积极的库罗帕特金态度突然一百八十度大转弯而说的吧。

另一方面，别佐勃拉佐夫没有忘记给维特发去请他安心的电报。2月26日（13日）发给维特的电报中写道：

> 虽然我目前只了解了南支线（南满洲铁路），但根据从那里得到的印象、与工程师基尔希曼谈话以及他给我做的说明，不得不说这里所做的一切，无论从量上还是从质上，非但不应受到责难，而且值得高度评价。我自己还没有去过大连，由于听到的评价极度分化，还没办法得出最终的意见，但我认为原则上，在已经开始的方向上施以巨大改变是不可能的。因为很多事情已经在做了。

别佐勃拉佐夫进而对铁路守备队、增强"关东州"兵力、强化大连防卫、克服意见对立等问题也提出了建设性的意见。[62] 与波科季洛夫谈话之后，别佐勃拉佐夫也给维特发去电报，认为为了确保煤炭，最好获得抚顺煤田的利权。他还想让波科季洛夫加入自己公司的经营队伍，希望维特做出指示。[63]

维特也给别佐勃拉佐夫发去了充满善意的回信，语气不痛不痒，他对认为煤炭是最重要的想法表示赞成，至于给波科季洛夫做指示之事，维特说由于还想深入了解公司的情况，等你回京后再谈。然而，维特对波科季洛夫传达回来的别佐勃拉佐夫的鸭绿

---

[61] *Dnevnik A. N. Kuropatkina*, p. 35.
[62] Bezobrazov to Vitte, 13 February 1903, RGIA, F. 560, Op. 28, D. 275, L. 29-30.
[63] Bezobrazov to Vitte, n.d. Ibid., L.45-45ob.

江构想，保持了沉默。[64] 维特大概没有将其视为认真的提案吧。

远东政策的新构想

别佐勃拉佐夫在3月3日（2月18日）就给皇帝发去上奏电报，说明了他增强远东兵力的新构想：在鸭绿江边，以木材公司的形式建立据点。

> 只要不发生某种不测事态，我们可以期待在六个月后，以和平的方式、立于合法的基础上，在鸭绿江流域牢牢地站稳脚跟。之后，这个体制将会逐步强大，可以通过图们江流域将乌苏里地方和阿穆尔军区连接起来。这对于我们在满洲的整体立场来说，意味着从朝鲜一方打造出强固的最前线。
> 我想就我们的太平洋岸国境阐述如下看法：左翼的符拉迪沃斯托克没有显著危险，也无法要求它立即扮演特别积极的角色，它得到特别关注只是因为古老的记忆。
> 右翼的旅顺，我们是为了威慑而占领的，但目前它变成了对我们自身的威胁。因为旅顺无论守备队、舰队，还是要塞防备、港湾设施都不是十分强力。再加上后方有大连港，这里对于敌人的登陆部队来讲，能够成为设施非常完备的基地。所有这些情况日本人都知道，他们正在卑劣地蠢蠢欲动。
> 两翼之间的空间是开阔的土地，敌人如果占领了这里，从此地的地形学来看，他们能够牢固地占领，并且能够对我们的满洲作战基地和联络线进行突破攻击。

---

[64] Vitte to Bezobrazov, 18 February. 1903, RGIA, F. 560, Op. 28, D. 275, L. 52.

我个人确信，如果日本平时能够在鸭绿江流域扎根的话，那么在战时，他们越境破坏我们的满洲铁路将会是确实的。我们无法防止此事。[65]

　　别佐勃拉佐夫在这份奏电中写道，俄罗斯远东的军事态势"极弱"，这种状况有可能诱使日本攻击，有必要在"南满洲"增强陆军兵力。"为了能够与日本人顺利地开展对双方的立场都有益的意见交换，一切全都在于尽早地完成准备，使我们变得十分强力。没有这个基础，即使对话也没有意义。"[66]

　　推测别佐勃拉佐夫基于这种考量，向皇帝提出了三点请求：派遣队问题和在凤凰城驻留部队；召沃加克回圣彼得堡谒见皇帝；于3月召开特别协商会，对鸭绿江问题做出政府层面的决定。虽然没有发现与此有关的文书，但从前后的情形可以做出这样的推测。

　　皇帝似乎立即对鸭绿江构想给予了支持。旅顺的铁路工程师基尔希曼将和别佐勃拉佐夫的谈话逐一报告给了财政部次官罗曼诺夫。根据基尔希曼3月4日（2月19日）的电报，别佐勃拉佐夫似乎说了为增强"满洲"的兵力，已经制定了由袁世凯方面提出保护请求的方针。还说了他将信送给皇帝后，得到了如下回复：同意铁路守备队服从于阿列克塞耶夫，在"南满洲"补充两个旅团，大幅增强"关东州"兵力，向鸭绿江派遣远征队。[67]

　　确实，皇帝命令陆军大臣与外相到3月6日（2月2日）为止，商讨为保卫鸭绿江沿岸的俄罗斯企业，在"南满洲"留下小部队的方案。[68]

---

[65] A. M. Abaza. Russkie predpriiatiia v Koree.GARF, F. 601, Op. 1, D. 529, L. 27-27ob.
[66] VIK, *Russko-Iaponskaiia voina*, Vol. I, Sankt-Peterburg, 1910, p. 323.
[67] Girshman to Romanov, 19 February 1903, RGIA, F. 560, Op. 28, D. 275, L. 64-64ob.
[68] Lamsdorf to Kuropatkin, 3 March 1903. RGVIA, F. 165, Op. 1, D. 5312, L. 23.

第六章　新路线登场

派遣警备队问题

别佐勃拉佐夫开始朝着往鸭绿江派遣警备队的方向行动了。不过，随着他的构想趋于具体，无论在当地还是在中央都出现了反对的意见。

首先，外交大臣对维持凤凰城的驻留部队一事表示了反对。3月16日（3日）外交大臣给陆军大臣去信道，皇帝的新命令违反了从"满洲"撤兵的条约以及2月7日协商会的决定，会招致清朝政府的不信任，给北京的交涉造成恶劣影响。如果为了鸭绿江企业的警备，那派遣士兵小队不就可以么。[69]

当初对别佐勃拉佐夫表示支持的阿列克塞耶夫，到了3月13日（2月28日），也对普罗塔西耶夫说他对别佐勃拉佐夫的行动变得有所怀疑。别佐勃拉佐夫表现得好像他的公司已经得到了认可，只把清朝政府的承认视为第二次手续。另外，别佐勃拉佐夫认为"满洲"的俄罗斯企业只能依靠刀枪的力量来进行保护，而阿列克塞耶夫认为那种观点是错误的，已经多次劝告别佐勃拉佐夫那种做法不合法。"我很担心向鸭绿江派远征队，是不是会和在朝鲜国境附近过于恣意的经营活动联系起来，引起危险的纷争。"[70]

接着，3月16日（3日）阿列克塞耶夫给外相发去电报，告知别佐勃拉佐夫领导的木材公司打算在旅顺组建由退役士兵组成的警备队，并把他们送往鸭绿江河口的利权地，预定在3月23日（10日）左右由德国轮船"阿莫依"和小型蒸汽帆船运送警备队。阿列克塞耶夫写道："审视现在鸭绿江的政治局势以及我国与朝鲜、日

---

[69] Lamsdorf to Kuropatkin, 3 March 1903. RGVIA, F. 165, Op. 1, D. 5312, L. 23-23ob.
[70] Protas'ev to Romanov, 28 February 1903, RGIA, F. 560, Op. 28, D. 275, L. 105-105ob.

本的关系，就会明白，这样的派遣即使只是为了追求产业目的，也可能予人口实，导致不希望出现的误解。"由于他自己不懂整体的政治局势，因此"无法判断在现在这个时点，这次派遣在多大程度上与我们的利益相一致"，所以将这些情况呈报阁下。[71]

另外，这天在首都，阿巴扎被皇帝派去和库罗帕特金商量此事。阿巴扎给出了具体方案：在由 300 名士兵组成的"劳动组"的基础上，再增加 600 名士兵，让他们穿着中国式服装，把枪支隐藏在（牛、马拉的）大车上，不携带武器，在森林中采伐，在必要时进行战斗。库罗帕特金说，他连 300 人的事都不知道，他反对组建这样的劳动组，因为这说不定会引起与朝鲜、日本的纷争。不过，库罗帕特金最后给出了妥协方案：不用现役士兵而改用退役士兵并让他们携带枪支，将凤凰城的哥萨克部队或巡逻队送到鸭绿江边巡逻。[72]这样一来，别佐勃拉佐夫就等于在瞒着阿列克塞耶夫推进准备工作。

库罗帕特金将这一意见上奏给皇帝。皇帝也指示录用退役兵。库罗帕特金将此"皇帝的方针"于 3 月 18 日传达给了阿列克塞耶夫，要求如果已经派遣现役士兵，要将其召回。[73]

拉姆斯道夫在 3 月 20 日（7 日）给阿列克塞耶夫发电报，敦促阿列克塞耶夫介入，称北京、汉城的公使都在担忧，由于这个公司的活动发生在你直接监视的地区，因此，对于设置警备队是否可行，别佐勃拉佐夫策划的派遣是否会引起纷争，"非常需要你的权威意见"。[74]

---

[71] Alekseev to Lamsdorf, 3 March 1903, RGAVMF, F. 32, Op. 1, D. 172, L. 8-8ob. RGIA, F. 560, Op. 28, D. 275, L. 115-115ob.

[72] Dnevnik A. N. Kuropatkina, pp. 38-39.

[73] Kuropatkin to Lamsdorf, March 5 1903, RGVIA, F. 165, Op. 1, D. 5312, L. 28.

[74] Lamsdorf to Alekseev, 7 Mar 1903, RGAVMF, F. 32, Op. 1, D. 172, L. 7.

第六章 新路线登场

3月22日（9日），别佐勃拉佐夫与哈尔滨铁路公司负责人尤戈维奇会谈约4个小时，当时他说，要送去多达1500人的警备队，"修建可靠的、能够防止日本人通过朝鲜入侵满洲的堡垒。"[75]

根据库罗帕特金3月29日（16日）的日记，阿列克塞耶夫发来电报，说他决定不能将300名现役士兵交给"劳动组"，只能出40人。因此，别佐勃拉佐夫跟阿巴扎说的已经确保了300名现役士兵、正进一步要求增加300人是在吹牛。而前天阿巴扎来说别佐勃拉佐夫已经不在乎现役士兵了，他打算雇用马贼。[76]

确实，根据4月5日（3月23日）德米特里耶夫－马莫洛夫给财相的电报，除却退役士兵，别佐勃拉佐夫又雇用了中国的马贼，推测警备队的总人数将达到1500名。参谋本部的马德里托夫中校被委任为警备队长。[77]这份报告虽然有些夸张，但也可以看出的确雇用了马贼。4月8日（3月26日），马德里托夫向阿列克塞耶夫请求，希望他同意允许送100名马贼在不携带武器的情况下进入朝鲜，做警备工作。剩下的400名马贼留在"满洲"，负责车站马车的工作，这个请求被批准了。[78]不过，阿列克塞耶夫于5月5日（4月22日）下令中止雇用马贼，已被雇用的人也不能送到朝鲜。[79]但这时已经雇用了600人。[80]

马德里托夫似乎说服了马贼头目，得到了为俄罗斯做事的约定。这个消息传到日本方面，令其颇为担忧。[81]

---

[75] Iugovich to Vitte, 9March 1903, RGVIA, F. 105, Op. 1, D. 5312, L. 39-39ob., 40ob.
[76] *Dnevnik A. N. Kuropatkina*, pp. 43-44.
[77] Simanskii, op. cit., Vol. III, p. 70.
[78] Madritov to Alekseev, 26 Mar 1903, RGAVMF, F. 32, Op. 1, D. 178, L. 2.
[79] Flug to Madritov, 22 April 1903, Ibid., L. 5. Lukoianov, The Bezobrazovtsy, p. 79.
[80] Flug to Alekseev, 29 April 1903,Ibid., L.1. Lukoianov, op. cit., p. 79.
[81] 《日本外交文书》第36卷第1册，456页。

27 召唤沃加克到首都与中央的反应

另一方面，别佐勃拉佐夫开始运作将沃加克召到中央，做他们的顾问之事。他大概向皇帝和阿巴扎提出了将沃加克召到中央的请求吧。3月中旬，皇帝做出了决定。3月15日（2日），阿巴扎受皇帝旨意，向库罗帕特金陆相传达希望将沃加克召到圣彼得堡[82]，告知将让沃加克负责鸭绿江林业事业，这大概是一种掩饰吧。3月17日（4日），库罗帕特金向皇帝呈交了他对别佐勃拉佐夫在"满洲"活动的质疑，但皇帝没有回应此事，而是命令召唤沃加克。[83]最终，陆相库罗帕特金向驻清国武官沃加克发出了归国命令。陆相在这时完全没有想到此事会与怎样的事态联系在一起。

别佐勃拉佐夫在旅顺的活动引起了中央强烈的反应。普罗塔西耶夫在3月13日（2月28日）的电报中说，阿列克塞耶夫已经转向批判别佐勃拉佐夫了，这让维特很高兴。接着，基尔希曼3月15日（2日）的电报传达了阿列克塞耶夫的话："迄今为止，我一直期待别佐勃拉佐夫能够找回理性，但却没能实现。"[84]这天阿列克塞耶夫给外相的电报，大概也由拉姆斯道夫告知了维特吧。维特将别佐勃拉佐夫、波科季洛夫、基尔希曼的电报逐一给皇帝看了。

不知是不是别佐勃拉佐夫察觉到了这种微妙的气氛，他还没有看到派遣马德里托夫远征队，就向皇帝提出由于生病希望返回首都。3月22日（9日），皇帝要求维特，鉴于别佐勃拉佐夫因病请

---

[82] *Dnevnik A. N. Kuropatkina*, p. 38.
[83] Ibid., pp. 39-40.
[84] Girshman to Romanov, 28 February 1903, RGIA, F. 560, Op. 28, D. 275, L. 108-108ob.

求归京，令为其提供到伊尔库茨克的快车。[85]皇帝当天在发给基尔希曼的电报上批示，希望财政部在当地的代表协助鸭绿江木材利权事业，由此可见，皇帝召还别佐勃拉佐夫并非出于不信任。[86]

在这样的情形中，维特于3月25日（12日）给阿列克塞耶夫发去电报："就我从各方听说的，以及我本人都认为阁下应该在给陛下的上奏信函中毫不迟疑，也毫不隐瞒地详细表明阁下对发生的所有事情的意见。"凭借陛下对阁下的信任，这种毫不隐瞒的意见"只会对阁下和整体的事业有益"。[87]维特想鼓动阿列克塞耶夫给皇帝发去批判别佐勃拉佐夫的信函。

阿列克塞耶夫按维特的要求写了信的草稿，这份手写草稿保存了下来，上边的日期标注为3月28日（15日）。[88]信中，阿列克塞耶夫写了反对别佐勃拉佐夫的利权和利用马贼作为警备队的想法。然而，他最终没有将信发出去。

结果，维特没能给别佐勃拉佐夫致命一击，皇帝对他的信任依旧。3月29日（16日），库罗帕特金在日记中写道："以别佐勃拉佐夫为核心的别佐勃拉佐夫政治，在这个时候达到了顶峰。"皇帝将别佐勃拉佐夫以前写的意见书《形势评估》交给库罗帕特金，征求他的意见。这份意见书是别佐勃拉佐夫于1901年7月提交的，谋划在远东增强35,000人：为了预备对日作战，应在"关东州"部署25,000人，在朝鲜国境部署5000骑兵。这是已经成为过去时的意见

---

[85] Romanov, Vitte nakanune, p. 157. 卢科亚诺夫写道，3月时，在陆相、财相、外相三人的努力下，产生了明显的结果，别佐勃拉佐夫被召回［Lukoianov, Poslednie russko-iaponskie peregovory pered voinoi 1904-1905 gg.（vzgliad iz Rossii）, *Acta Slavica Iaponica*, Tomus XXIII, 2006, p. 8.］。此说不正确。

[86] 对于这点，罗曼诺夫有些混乱。Romanov, Vitte nakanune, p. 158. 也许是迷惑于库罗帕特金的日记中写着"reshil otzvat' ego"和"prikazal vyzvat' Vogaka"。*Dnevnik A. N. Kuropatkina*, p. 39-40.

[87] Romanov, Vitte nakanune, p. 159.

[88] Alekseev to Nikolai II(manuscript), 15 March 1903, RGAVMF, F. 32, Op. 1, D. 173, L. 1-5.

书。库罗帕特金写道,远东政策因为有皇帝的和别佐勃拉佐夫的两种政策,日本变得不安,中国人也在准备抗议。[89] 对库罗帕特金来讲,与"20世纪的赫列斯达可夫"别佐勃拉佐夫相比,果戈里《钦差大臣》中的主人公赫列斯达可夫看上去就像"黄口小儿"。[90]

别佐勃拉佐夫动身回京比当初预定的3月23日(10日)晚了大约10日。这也是理所当然的吧。4月3日(3月21日)波科季洛夫向维特报告:

> 别佐勃拉佐夫前天从旅顺出发了,途中计划经过哈尔滨。沃加克少将与他同行。别佐勃拉佐夫提出请他主管企业的军事部门,并提供2,4000卢布的年俸。沃加克少将刚刚结束休假返回清国,然而,因3月初皇帝陛下下达的特别命令,他又被召回圣彼得堡了。这个命令是在别佐勃拉佐夫与他交涉上述的提案之后发出的。[91]

这是个令人震惊的消息。维特马上将电报转给了库罗帕特金。[92] 4月9日(3月27日),哈尔滨的工程师尤戈维奇和伊格纳齐乌斯的电报,向维特报告沃加克与别佐勃拉佐夫一同去首都了。[93]

4月8日(3月26日)协商会

4月8日(3月26日),首都召开了关于远东问题的特别协商

---

[89] *Dnevnik A. N. Kuropatkina*, pp. 43-44.
[90] Ibid., p. 39.
[91] Pokotilov to Vitte, 21 March. 1903, RGIA, F. 560, Op. 28, D. 275, L. 193.
[92] Ibid., L. 199.
[93] Iugovich and Ignatsius to Vitte, 27 Mar 1903, Ibid., L. 205.

第六章　新路线登场

会，皇帝亲临参加。虽然至此为止，没有对召开这场协商会的原委加以说明，但可以推测是应别佐勃拉佐夫的请求召开的。3月26日（13日），阿巴扎将写成的意见书上奏给了皇帝。[94] 笔者推测，别佐勃拉佐夫与沃加克相会后有了新的想法，将其告诉了阿巴扎，阿巴扎又将这些新想法反映到了这份意见书中。之后，阿巴扎还于4月2日（3月20日）谒见了皇帝。[95] 召开协商会的决定是在这个时候做出的。因此，可以推想这个协商会是在别佐勃拉佐夫等人的提议下，为了确立他们的立场而召开的。4月3日（3月21日），皇帝在阿巴扎的意见书上批示"朕计划于星期三的3时召开协商会讨论此事"，并将意见书传给了外相、财相、陆相。[96]

阿巴扎的意见书内容如下[97]：自1898年俄罗斯从朝鲜撤走军事教官和财政顾问后，朝鲜不幸落到了日本手中，因此以民间商业活动的形式介入朝鲜事务被寄予了厚望。为此我提出获取布里涅尔的木材利权、派遣调查队，仿效英国的东印度公司成立民间公司的方案。这个公司"有可能成为我们与在朝鲜南部扎下根的日本人之间的屏障（zaslon）"。然而，这个公司的成立并没有得到中央政府的支持，错失了机会。但是，皇帝陛下指示"在鸭绿江流域构筑屏障与占领旅顺和建设满洲铁路南支线一样，越来越具有战略性、政治性的意义"。而日本也正在将占领鸭绿江流域当作目标。1902年12月，陛下为调查情况并确保利权，派出了别佐勃拉佐夫。现在他已获得鸭绿江右岸的木材采伐权，那里有300万立方英尺的木材。为了保护这项事业和资源，凤凰城驻有一个哥萨克联队。

---

[94] Nikolai II' Diary, GARF, F. 601, Op. 1, D. 245, p. 135.
[95] Ibid., p. 140.
[96] GARF, F. 568, Op. 1, D. 179, L. 20.
[97] Zapiska Abazy, 15 March 1903, RGIA, F. 560, Op .28, D. 213, L. 31-33ob.

现在有必要成立公司，金茨布尔格和马丘宁已经在与美国资本家汉特接洽。陛下经过考量，赞成必须着手成立公司的时机到了。希望特别协商会审议以下对策：

一，由外交部获取在"满洲"和朝鲜的利权许可。

二，由财政部制订公司章程，并在经济及财政上向公司提供有利条件。

三，由陆军部构思对在"满洲"和朝鲜的俄罗斯企业进行保护的对策。关于这点，我们应该想起根据罗森·伊藤条约（指西·罗森议定书），俄罗斯在朝鲜有权维持与日本同等数量的军队。

四，有必要终止远东各部门代表之间的争斗，将国家权力的所有机能统一起来。

现在既有数千日本人出现在鸭绿江左岸的消息，又有清国财团与汉城的日本公使馆联合，入手鸭绿江的木材利权这样的传闻。如果我们不能保护我们自己的合法权利，那么日本妄自尊大的行动就会更进一步。"日本的这种不正当行为，不仅给了我们声明根据罗森·伊藤条约，向我们在朝鲜的利权地派去同等数量军队的权利，而且因日本、清国在我们利权地的不正当行为，还给了我们声明因这种不正当行为，我们有必要中止从满洲撤兵的权利。"如果做出这种声明，大概清朝政府在承认"满洲"的利权时也会变得比较合作，"日本也不得不让日本人从鸭绿江畔撤走吧"。

这里面，别佐勃拉佐夫和沃加克在远东谈话得出的新提案，和以往别佐勃拉佐夫派粗暴的对朝政策混杂在了一起。

4月8日（3月26日）的特别协商会由皇帝主持，阿列克谢大公、内相、财相、陆相、外相以及阿巴扎出席了会议。[98]笔者

---

[98] Zhurnal Osobogo Soveshchaniia v VYSOCHAISHEM PRISUTSTVII 26-go marta 1903 goda, RGIA, F. 560, Op. 28, D. 213, L. 98-103.

推测阿巴扎的意见书已预先发给了各位出席者。

会议一开始,皇帝说:"成立开发鸭绿江流域两岸木材资源的公司,是因为我们需要在朝鲜树立起对抗日本影响力的盾牌。日本的影响力正在不断提高,不仅将这条江流的朝鲜沿岸纳入自己的范围,还可能扩大到满洲沿岸,从那里再逐步渗透到满洲西南部。"他提示出了协商对象。

海军元帅阿列克谢大公赞成成立公司,但是认为必须是纯粹的民间公司。财相维特陈述道:虽然我们因获得"关东州"和建设"南满洲铁路",进入了黄海和黄种人生活的中心,随之产生很多问题,但我们必须完成东清铁路的建设,谋划强化旅顺,推进俄罗斯人的移民。为此,我们必须和清国、日本维特"平稳、恰当的关系"。具有侵略目的的公司,会给俄罗斯带来毁灭性的结果。"俄罗斯以出人意料的速度推进到了黄海岸边,这种急速前进之后,在迈出新的前进步伐之前,有必要先稳固已经占领的阵地。另外,我们应该铭记,我们在远东的行动并不完全自由。不仅是清国和日本,就连美国和欧洲列强也都在以怀疑的目光关注着我们在太平洋沿岸的政策。"

维特主张,如果在鸭绿江成立木材公司的话,应该设为纯粹的商业性公司。外相拉姆斯道夫表示,虽然无论在朝鲜还是在清国,都应该鼓励俄罗斯企业的活动,但在手段的选择上有必要极度地慎重,马丘宁之前就一直在请求支援木材利权一事,但我认为"严格地讲,既没有利权,也没有利权保有者","没有准确的关于企业家对鸭绿江利权权利的资料"。拉姆斯道夫说,据调查,无论是清国还是日本都对认定别佐勃拉佐夫利权之事提出了强烈抗议。他接着表示,如果采取阿巴扎意见书中中止"满洲"撤兵的措施,只会产生完全相反的效果。对此,阿巴扎只反驳说鸭绿江的木材利权是被确定了的。

陆相表示,这个利权具有"政治意义",因此,"必须与我们在朝鲜、日本的课题相互照应起来行事。我们不希望与日本战争，即使日本向朝鲜出兵，陛下也说不打算向日本发出宣战公告，在此基础上，我认为就鸭绿江利权来说，我们的行动绝对不能恶化我们与日本的关系。"库罗帕特金谴责了别佐勃拉佐夫派遣调查队的做法，强烈批判了阿巴扎意见书中主张的向朝鲜派遣军队、中止"满洲"撤兵等主张。他不满地说，别佐勃拉佐夫想做的事情，需要花费过多的金钱，这会导致西部国境上战略防卫工事的资金周转出现问题。库罗帕特金最后总结道，如果和日本开战，在一年半的时间中，将会产生七八亿卢布的战争费用并出现三万到五万的死伤者，虽然即使这样俄罗斯也能取得胜利，但牺牲过于巨大。库罗帕特金说阿巴扎的意见书中提出要向朝鲜派遣军队，中止"满洲"撤兵，这是歪曲事实的。

阿列克谢大公再次强调鸭绿江利权公司应该是纯商业性的公司。而内相普列韦的态度则比较具有妥协性，他虽然赞成三位大臣的意见，但表示阿巴扎的若干提案或许可以实现，比如说为利用清国和朝鲜的利权而成立公司，统一政府在远东的行动等。对此陆相指出，像那样的统一，是阿列克塞耶夫的工作。

如此一来，皇帝和阿巴扎也不得不做出退让。皇帝最后总结道："我们极其不希望与日本战争，必须致力于平静地在满洲扎根。因此，为开发鸭绿江木材而成立的公司必须基于纯商业原则。"根据皇帝的指示，会议决定了以下几点：

一，由外相调查利权。

二，由外相、财相采取获得"满洲"沿岸利权的对策。

三，成立经营利权事业的股份公司。

四，准许外国资本家参与。

五，准许国库参与，但不允许巨额支出。

六，公司只经营鸭绿江的利权。

七，将公司纳入"关东州"长官的管理范围。

皇帝于4月18日（5日）批准了这份议事录，只有第六项待议。[99]

结果，在这场协商会中，虽然财相、陆相、外相表现出了强烈的消极态度，但皇帝和阿巴扎还是成功地使公司成立得到了认可，并且也认可了国库的参与。

俄罗斯在第二次"满洲"撤兵期限截止日4月8日当天召开的这个协商会，却没有相应地讨论"满洲"撤兵问题，也是过于漫不经心了。

无邻庵会议

是年1月至3月，在日本，"满洲"问题几乎没有成为报纸的话题。然而，到了4月8日，人们想起了这天是个什么日子。当天，《东京朝日新闻》发表了社论《满洲撤兵问题》，写道："根据去年4月缔结的归还满洲条约，本月本日是俄国从盛京省其余各段及吉林省全境撤兵的最后一天。"然后强调"俄国……没有为护卫铁路，在其沿线驻留军队的权利"。也就是说，除了辽东半岛外，俄罗斯要完全撤退。这天，在上野公园内的梅川楼召开了"对外强硬同志大会"。说是大会，不过是议会内的年轻议员以及去年解散的国民同盟会成员等140人左右的集会，东京帝国大学教授户水宽人也来做了演讲。他抗议直到现在俄罗斯还没有解除占领"满洲"，为会议点燃了气氛。这次集会通过了如下较为平和的决议："望日英两国政府尽快促使清国恢复满洲当时之实权，且

---

[99] Zhurnal Osobogo Soveshchaniia v VYSOCHAISHEM PRISUTSTVII 26-go marta 1903 goda, RGIA, F. 560, Op. 28, D. 213, L. 98. Simanskii, op. cit., Vol. III, p. 85.

使满洲开放,以保障东亚永远之和平。"[100]

但是,对于第二次"满洲"撤兵期限不以为意的俄罗斯,没有撤离军队的迹象。4月14日,北京的内田康哉全权公使给日本外务省发回情报,俄罗斯外相告知清国驻俄公使,撤兵要等签订新的协定后再实施。4月19日,内田再次发电报,称尽管他一直对清朝政府说,对于撤兵一事,不能向俄罗斯"许诺任何特权",但没有效果,如果不向清朝政府施加"强大的压力",大概它会向俄罗斯屈服。4月20日,小村指示内田公使向清朝政府发出警告,相信清国政府在"没有充分告知日本帝国政府,又未经其同意"的情况下,不会向俄罗斯做出新的让步。[101]

就在这个时候,日本召开了一个确定对俄政策基本方针的重要会议,即桂首相、小村外相和元老伊藤、山县四人的首脑会谈。由于这个会议是在山县在京都的别邸——无邻庵举行的,因此被称为"无邻庵会议"。扈从天皇参加第五届国内博览会开幕仪式而前往大阪的桂首相和小村外相,敦促伊藤于4月21日前往无邻庵拜访山县,四人展开了会谈。桂首相和小村外相之所以会在此阶段召开这个寻求承认他们方针的会议,大概是因为看到俄罗斯不从"满洲"撤兵,感觉到必须要做出决断了。

这个会议没有留下文书资料。角田顺根据伊藤和山县的传记,推测会议达成了四项共识,大致决定了以"满韩交换论"同俄罗斯交涉,但他认为这些共识的"满韩交换论的外貌"是"为取得伊藤之谅解",桂和小村"内心已有对俄一战之精神准备"。[102]千叶功和伊藤之雄对角田顺持批判态度,他们更重视桂的传记。千

---

[100] 《东京朝日新闻》1903年4月9日。
[101] 《日本外交文书》第36卷第1册,60—62页。
[102] 角田顺《满洲问题与国防方针》,原书房,1967年,154—156页。《伊藤博文传》下卷,原书房,1970年,584页。《公爵山县有朋传》下,1933年,541页。

叶认为，共识的内容是以"满韩交换论"开始对俄交涉，而伊藤之雄认为虽然桂的传记也有夸张之处，但大体达成了"原则上以韩国为势力范围这种程度的共识"。[103]

根据桂的传记，桂和小村事先就以下方针达成了共识。"我方要求在韩国之充分权利，作为交换，可在满洲彼经营就绪之范围，做较大让步，一举解决多年之难题。……若此要求不能满足，战争到底不可避免。"[104]

不能单纯地认为这种立场是"满韩交换论"。因为他们已经决心，先进行交涉，如果不能满足要求的话，就要发动战争。实际上，桂的传记接下来就写道，桂、小村都不认为俄罗斯会轻易接受日本的要求。为什么呢？因为日本"要求获得整个韩国，即至鸭绿江为止"。这会使俄罗斯在"辽东半岛之经营陷入危机"，只依靠一条铁路，连"旅顺、大连的设计"都不可能做到。从军事上讲，相当于日本占据了俄罗斯"侧面的阵地"。[105]

千叶引用共识的后半部分，对日本有战争准备的说法予以驳斥，认为很值得怀疑。但是，像这样的"满韩一体论"，在山县那里也可以见到。翌月14日，《东京朝日新闻》主笔池边三山在日记中记下了山县所说的想法：

> 据此日山县所言："假设自己站在俄国立场上，从军事上看，已经着手经营满洲达到那样一种程度，到底不能就此抛弃朝鲜，致使陆军可被日本直击胸腹，海军的左右手旅顺和浦盐（符拉迪沃斯托克）也可被日本从对马海峡分击，这的

---

[103] 千叶功《旧外交的形成——日本外交1900—1919》，劲草书房，2008年，113页。
伊藤之雄《立宪国家和日俄战争》，木铎社，2000年，172—173页。
[104] 《公爵桂太郎传》坤卷，1917年，121页。
[105] 同上书，121—122页。

确不可忍受。若从俄国人的角度来考虑，满洲逐渐成为我物后，再度向朝鲜伸手，到底是不可抑止的想法。故日本为了朝鲜，不能不在满洲和俄国相争。"此日又罕见地听闻归还辽东的切齿之声，复见满洲移民有望说。山县老人到底还是接受了青木子的大陆经略说。[106]

"青木子的大陆经略说"指的是青木外相1891年5月的意见书（上卷115页）。山县的想法不是"满韩交换论"，而是统治朝鲜者，必须要统治"南满洲"，统治"南满洲"者，最终亦会以统治朝鲜为目标。桂和山县的想法在根本上是相通的。不同的是战术问题。确实，也许只有伊藤仍然在寻求日俄达成共识。

会议上四人之间有过什么样的讨论，并没有记录。根据桂的传记，伊藤和山县两元老也"承认事不得已"，会议"决议于此基础上，开始与俄国谈判"。[107]《小村外交史》也写道："为支持我国之地位，对此点达成一致：当排除百难，无论遭遇何种困难，断不能放开朝鲜。特别是小村和桂，此时更坚定了对时局前途确乎不拔之决心。"[108]

应该可以认为，桂和小村从最初就有如果与俄罗斯交涉不能解决问题，就要战争这种想法。

小村的心境，可以从角田引用的英国公使麦克唐纳4月27日的报告中窥探出来。麦克唐纳在报告中写道：对于俄罗斯向清国提出的七项要求，小村认为俄罗斯政府内部的"和平派"（the peace party）被"战争派"（the military party）所压制。清国如果拒绝这些要求，俄罗斯大概会留在"满洲"。"俄罗斯永久占领满洲意味着该

---

[106]《文学者的日记3 池边三山（3）》，博文馆新社，2003年，145页。
[107]《公爵桂太郎传》坤卷，122页。
[108] 外务省编《小村外交史》，原书房，1966年，306页。

国将以适当的方式（in due course）永久占领韩国，那大概会威胁到日本的存在本身吧。……如果日本现在保持沉默，允许俄罗斯一直占领满洲，也许不会再有第二次发言的机会了。"麦克唐纳写道，小村"用从来没有过的认真语调说道。然后在临走的时候，他又说他认为事态极其严重"。他还评论道，小村虽然反复说这是他个人的意见，政府还没有做出任何决定，但这可以说是日本政府和国民的共同意见，"从我掌握的所有情报来看，可以确定的是，如果俄罗斯不执行撤兵约定的话，将会产生最为严重的后果。"[109]

俄清交涉破裂

恰在这个时候，北京的俄清交涉有了很大的进展。1月至2月间俄国大臣协商制订的补偿方案在得到皇帝批准后，立即传达给了留守北京的负责人、代理公使普兰松。普兰松从2月17日起，开始与清国的庆亲王交涉。起初，双方遵循了秘密交涉的原则，清国的态度是合作的。

4月18日（5日），普兰松终于向庆亲王出示了俄罗斯由于撤兵想要获取的补偿的条款。[110]大约一周后，日本政府掌握了其内容的全貌，根据日本政府翻译的文本，如下：

> 第一条，由俄国归还清国政府疆土的任何部分，特别是营口和辽河水域一带，不论何种情况，都不得让与或租借给他国。……

---

[109] MacDonald to Lansdowne, 27 April 1903, *British Documents on the Origins of the War 1898-1914*, Vol. II, London, 1927, pp. 199-200. 角田，《满洲问题与国防方针》，156—157页。

[110] Simanskii, op. cit., Vol. III, pp. 48-51.

第二条，不得改变蒙古整体目前的政治组织。……

第三条，清国政府未经知照俄国政府，不得自作主张，在满洲开设新港口及城市，且不得允许外国领事驻于上述城市与港口。

第四条，清国无论因为何等行政事务而聘用外国人，其权力不得涉及北部地方事务。……

第五条，俄国于营口及旅顺口，并……拥有通过盛京省的电信线，而在营口与北京间的清国电线杆上架设与俄国电线通联之电信线一事至关紧要。……亦应维持营口与北京间电线。

第六条，营口海关所收税金在该地归还清国地方官后，也应如现在一样存入俄清银行。

第七条，铁路列车运送旅客及货物时，为防止流行病随之在北部地方蔓延，归还营口后，有必要于该地设立检疫局。……税关长与税关医生应采用俄人，由总税务司监督。[111]

如果清国答应这些要求，俄军会立即从奉天省和吉林省撤退，将营口的民政权交还给清国方面。

日本驻清国公使内田早就一直警惕俄罗斯的动向，在俄国提出七条要求的翌日——19日，他就将这一事实报告给了东京。[112]小村立即发出训令，命令警告庆亲王"确信清国在没有充分告知日本帝国政府，又无其同意的情况下……不会做出让步"。[113]

---

[111] 这是内田公使4月25日向外务省报告的。《日本外交文书》第36卷第1册，79—80页。林董公使4月27日将这份文本送交给了英国外相。*British Documents*, Vol. II, pp. 201-202.

[112] Uchida to Komura, 19 April 1903,《日本外交文书》第36卷第1册，61页。

[113] 小村给内田的信，1903年4月20日，同上书，62页。

第六章　新路线登场

责难俄罗斯之声高涨

这个时候，谴责俄罗斯的声音立即在美国、日本、英国高涨起来。在英国，特别是《泰晤士报》，摆出了强硬谴责俄罗斯的阵势。在日本，俄罗斯将会扩大侵略这种含有虚构成分、煽动人心的报道也甚嚣尘上。

俄国海军武官鲁辛在4月25日（12日）给海军部发去了日本有关报刊的剪报。根据《国民新闻》汉城特派员的通讯，俄罗斯正在将武器弹药运向鸭绿江下游。《二六新报》北京特派记者则在通讯中写道，庆亲王对俄罗斯人说，英日的压力很大，俄罗斯为保护权益应该下手。《中央新闻》援引圣彼得堡电文，报道尽管俄军的撤退迫在眉睫，但俄方正打算以准备工作不充分的借口拖延时间。部分杂志写道，俄罗斯在鸭绿江沿线很活跃。素来稳健的《东京日日新闻》写道，俄罗斯前线的军队独自做出判断而展开的行动能否纳入和平的范畴，很值得怀疑。《读卖新闻》则以激烈的论调写道，在这种状况之下，如果缔结新的日俄协定，日本做出让步，后果不堪设想。〔114〕

报刊一边探索着政府的动向，一边试图对其施加影响，决定其论调。根据池边三山的日记，4月23日池边见到桂首相。"听了其对满洲的决心，我颇赞成；我认为俄不撤兵且对清国有新的要求，是对日本的侵略举动，并讲了我们反而可以乘机猛进的理由，桂似乎大致持同样论调。但在妥协的具体做法上，批评了我。"池边4月26日还见了伊藤博文。"对俄之侵略，尽管伊侯与我皆有同一观点，但他仍回避我国对此决心的回答。"28日，池边看到《时事新报》根据北京电文发出的号外，

---

〔114〕 Rusin to Rozhestvenskii, 12 April 1903, RGAVMF, F. 417, Op. 1, D. 2486, L. 114a.

写道:"号外给人战争时机到来之感。有必要考虑是否要做战斗准备了。"[115]

由池边担任主笔的《东京朝日新闻》,首先于4月24日不加评论地报道了《俄清密约方案》,于25日刊登了社论《俄国不撤兵》,文中写道,"可以肯定俄罗斯不会将重点放在新要求上","它最重要的目的是继续占领满洲",作者要求日本政府采取强硬的政策:

> 劝告清国政府敦促俄国政府实行归还条约的第二条,……更质问其破坏东洋和局均衡之责任;向清国政府要求提供足以防御因破坏造成的我方损害的措施,是大日本帝国政府当然的责任。吾人确信,时机已至。

《东京朝日新闻》的报端同时将责难的矛头指向了鸭绿江问题。4月24日首次报道了《俄国关于森林采伐的附带要求》《俄人采伐森林》的纪事,刊登了社论《朝鲜的山林经营》,4月30日又在头版头条援引朝鲜特电报道了《俄兵进入义州》,是30名俄罗斯士兵到达义州的消息。5月1日的社论《俄国兵进入朝鲜》就以这则新闻为基础写道,以"保护林业公司"这种目的拟定的行动,既违反了1896年的备忘录,也违反了1898年协定。"帝国政府宜向俄国政府问责义州俄兵违反日俄协商条款之事,同时要求其撤退。此事一日不可缓。根据俄国应对方式,我方亦可做相应处置。"到了5月4日,第二版整版刊登了《俄清交涉的经过》《撤兵期限后的俄军》《营口现状》《俄国太平洋舰队的势力》等报道。5月8日,头版刊登了《朝鲜受到压迫》,

---

[115]《文学者的日记3 池边三山(3)》,142—143页。

谈道"数日中有2000名俄兵进入义州的消息"已被送至当地官员。然后发表社论《俄国的朝鲜侵略》:"昨日吾人闻听报道,更具有重大性质。……以吾人判断,俄国使日俄协商破裂,向朝鲜做出侵略性行径。我日本不得不与同盟国英国政府商议,紧急采取相应措施。"

5月10日,头版头条以《俄国似在战备》为题,登载了尚在确认消息真伪的北京电文:"1.4万名俄兵、16门大炮突如其来,分布于辽河两岸。"第二版的社论《国民的自信》写道:"满洲撤兵问题现在尚未落实,不久又听闻俄兵横渡鸭绿江的消息。帝国为远东和平所应采取之手段自然而明。若此时帝国采取姑息苟且之策,恐怕要有留下他日之悔的准备。"

俄罗斯财政部在横滨的代表罗斯波波夫将日本的舆论攻势通报给了财政部。4月9日抵达神户、12日刚刚上任的罗森公使也于4月29日(16日)向外交部报告了日本过热的报道。[116]俄罗斯的政治家们有些惊慌失措。维特以"相当困惑的模样"跑到外相办公室,对外相咆哮道,向鸭绿江进军、再次占领营口到底是怎么回事。拉姆斯道夫什么都不知道,无从回答。他认为这些虚假报道是从横滨发出的。[117]

清国同样感受到了这种舆论攻势的压力。4月14日,庆亲王一边向普兰松强调清俄多年以来的友好关系,一边对俄罗斯提出的新条件表示震惊,将希望立即撤兵的备忘录交给普兰松。普兰松虽然做了反驳,但已无法改变庆亲王的态度。于是他决定等待雷萨尔公使归任时再说。在圣彼得堡,外相与陆相、财相再次举行了非正式的协商会,就弱化补偿要求达成了共识。4月28日(15

---

[116] Simanskii, op. cit., Vol. III, p. 73. 罗森的到达,见《东京朝日新闻》1903年4月10日,1版。

[117] Scott to Lansdowne, 14 May 1903, *British Documents*, Vol. II, p. 203-204.

日），雷萨尔带着新的训令，出发去往北京。[118]

驻日本的罗森公使5月10日（4月27日）再次发回详细的电报。日本流传着在鸭绿江的朝鲜方沿岸同时出现了俄罗斯木材从业者和中国警备队身影的传闻，现在日本的报纸也在报道，一行人乘坐挪威轮船到达那里，警备队不是中国人而是俄罗斯人，报道推测他们是伪装的士兵或是退役军人。还有报道说，安东县知事曾警告朝鲜义州郡守，有2000人的警备队到来。罗森写道，小村外相与他谈话时努力不去触及此事，但"我个人确信日本政府已经下定决心，将会对我们在鸭绿江的计划予以毅然决然的反击"。"让日本人怀疑我们的视线再次投向朝鲜，是所有后果中最为有害的一种。无论现在我们对满洲有什么计划，很明显都希望日本能够安静。"[119]

这个时候，有关俄罗斯进入鸭绿江的现场调查报告送达了日本政府。5月6日，汉城的野津镇武少佐将亲眼见过当地情形的日野强大尉的报告传达给参谋总长："看到60名俄国人、80名韩国人、40名清国人于韩国龙岩里……开始建筑工事。"5月15日，驻韩公使林权助将日野大尉的报告传给外相。"疑俄国人为便服军人，而清国人明显为马贼。"俄罗斯"活动之主旨，似为对日防御行动，又似欲防止日本利权扩张至鸭绿江"。[120] 这个推断基本正确。在5月19日的后续报告中，林公使传达了"俄人头领为俄国退职军官马德里托夫"[121]，就连马德里托夫的信息都掌握了。这个情报也是正确的。

---

[118] Simanskii, op. cit., Vol. III, pp. 51-52.
[119] Rozen to Lamsdorf, 27 April 1903, RGIA, F. 560, Op. 28, D. 213, L. 131-131ob.
[120] 《日本外交文书》第36卷第1册，454—455页。
[121] 同上书，456页。

第六章　新路线登场

日本参谋本部的开战论

在参谋本部,总务部长井口省吾少将、第一部长松川敏胤大佐、第二部长福岛安正少将等经常聚会交流意见,他们鼓动参谋次长田村怡与造少将向政府陈述他们的意见,其中井口和松川尤为积极。井口是静冈县沼津近郊的农民的儿子,出生于1855年,是陆军士官学校的二期生,之后进入陆军大学,留学德国。回国后被分配到参谋本部,此后一直在这里工作。在日清战争时,他担任第二军参谋,此时48岁。[122]松川出身于宫城县,比井口年轻四岁。自陆军士官学校、陆军大学毕业后进入参谋本部,从1899年起担任德国公使馆附属武官,1902年与井口一同就任部长之职,时年44岁。[123]

龙岩浦事件发生后,参谋次长田村"鉴于事态重大",召集各部长,下令调查应该紧急准备的事项。[124]5月10日,井口和松川等人用了整整一天时间,起草出《关于俄国自满洲撤兵事件上奏书》,11日提交给田村次长。5月12日,大山岩参谋总长将此作为《关于充实帝国军备上奏书》的附属文书,提交给天皇和政府。[125]这个文书作为"关于俄国行动的判断"[126],极其详细。其结论如下:

　　俄国……自3月下旬至4月五六日,虽有所撤兵,但至

---

[122] 齐藤圣二《解题井口省吾小传》,《日俄战争和井口省吾》,原书房,1994年,2—3页。
[123] 波多野胜编《井口省吾传》,现代史料出版,2002年,102页。
[124] 参谋本部编《明治三十七八年秘密日俄战史》(以下略作《秘密日俄战史》),第1卷,岩南堂书店,1977年,25页。
[125] 井口省吾日记,《日俄战争和井口省吾》,228页。
[126] 全文收于《日本外交文书》第36卷第1册,879—883页。另见《秘密日俄战史》第1卷,25—26页。

4月6日时不仅突然中止撤兵，反而在某地有增兵迹象。虽无法确切知晓其国内情况，但从俄国历来文治、武功两派内部倾轧之消长变化看，此举无疑是对远东政策的又一次变化。"沃加克"少将急遽返都，即是其表征之一。[127]

天津的俄罗斯陆军少将沃加克去往圣彼得堡，日方由此判断"武功派之势越发高涨"，这个情报也由清国驻屯军司令官秋山好古传达给了参谋本部。[128] 井口、松川等在文书中继续写道："当此时，俄国政府向清国政府提出七项要求。俄国自身并无预见此要求会被拒绝"，"又，关于巴尔干半岛之变乱，依俄国从来之政策，必先于他国采取干涉占利之手段；然今事实反之，其极力希望和平无事，亦为以全力倾注满洲方面之征候。"

这里提及的巴尔干之事，指的是在柏林会议中，被留在奥斯曼帝国领域的南斯拉夫的马其顿出现了反土耳其组织，不稳定的气氛高涨。

俄国对满洲之目的，恐在永远占领东三省，其今后之行动，判断有如下二项。其一，依俄国惯用手段，先予威胁恐吓，窥对手国（日本帝国）之所为，从其态度之软硬，决定最终占据多少利益。其二，不惜诉诸兵力，一赌胜败以达最终目的。俄国今后之行为，虽不确知二者中将选何者，但无非诉诸外交谈判与诉诸兵力。

察日俄两国形势，……现今俄军队输送之有效里程，未达充分之域。然自今后经历年月，越发增进完备之事甚明。

---

[127]《日本外交文书》第36卷第1册，882—883页。
[128] 同上书，880—881页。

而比较彼我海军之兵力，彼之舰队比我之舰队，目下虽不过四对二三，……今后不出数年，反至凌驾我海军。……压制俄国贪婪无饱之欲望，以保全清韩二国之独立，维持我帝国之利权，进而实现帝国伟大目的之机会，自今日以后，愈滞年月，得之愈难。[129]

文书中反映出这样的心情：不能错失"实现帝国伟大目的之机会"，机会会随着时间的流逝而消失。

5月25日，参谋本部和海军军令部在红叶馆举行了军官联谊会，笔者认为此时井口等人与海军方面交换了意见。28日，井口在偕行社的晚餐会上做了"一场关于满洲未撤兵的讲演"。接着，29日，陆海军和外务省的"当局者"聚在一起召开了重要会议。井口在日记中写道："俄未从满洲撤兵，当下之形势，须为帝国前途不寒而栗。"在乌丸的高级日本料理店"湖月"聚会的，共有16人，有来自陆军的井口、松川等，来自海军的富冈定恭军令部第一局长、曾为驻俄罗斯武官的八代六郎、开战时很活跃的山下源太郎，以及日本海海战的参谋秋山真之。来自外务省的，有政务局长山座圆次郎，电信课长石井菊次郎，大臣秘书官本多熊太郎、落合谦太郎等。落合是小村的学生，小村任驻俄公使时，他是三等书记官。[130]可以说来自外务省的出席者全都是小村的嫡系部下。最终，陆海军和外务省达成了一致意见。井口写道：

今日终下一大决心，赌以战斗，若不抑制俄国之横暴，

---

[129]《日本外交文书》第36卷第1册，883页。
[130] 吉村昭《朴茨茅斯的旗帜——外相·小村寿太郎》，新潮社，1979年，52页。

帝国前途堪忧。而失今日之时，将来绝难遇此恢复国运之机。此意见满场一致。[131]

45　这里的心情同样是"若错失今日之时机……"

库罗帕特金出发与沃加克意见书

这年春天，俄罗斯国内形势相当不安，不过日本没有怎么报道。1903年4月，比萨拉比亚的基希讷乌发生了迫害犹太人事件。在4月6日的复活节，犹太人的家、商店遭到袭击，两天内，1500栋建筑遭到破坏，49人被杀害。事件发生之前，社会上流传起沙皇允许袭击犹太人的谣言。舆论认为，事件背后有当局者的影子。发生一连串骚扰事件后，大规模工人运动来临了。1903年夏，罢工浪潮自巴库（译者注：今阿塞拜疆首都。）开始，席卷了俄罗斯南部各城市。

俄罗斯政府在工人政策方面做了少许尝试，由莫斯科治安部部长祖巴托夫构想、获得警察认可的帝政派工人团体的组织付诸实施，开始在各地试点（译者注：1901年5月，在莫斯科建立机械工人互助协会。同年夏季，在明斯克和维尔诺建立了犹太独立工人党。1901—1903年间，彼得堡、基辅、哈尔科夫、叶卡捷琳诺斯拉夫、尼古拉耶夫、彼尔姆、敖德萨等地都建立了类似组织。当时报刊称祖巴托夫政策为"警察社会主义"。）。但是，潮流中的一个分支——犹太独立工人党（结成于1901年）却在敖德萨成立组织，鼓吹展开经济斗争。这个组织直接促进了1903年南俄罗斯罢工

---

[131] 井口省吾日记，《日俄战争和井口省吾》，230页。关于这次在"湖月"的聚会，见角田，《满洲问题与国防方针》，158—159页。横手慎二《日俄战争史》，中公新书，2006年，83页。

第六章　新路线登场

浪潮的扩大。于是，该党被解散，祖巴托夫也下台了。内务部于1903年6月制定了劳动者灾害补偿法和总代表法。然而，由于经营者方面的抵制，工厂导入总代表制度只好交由各个企业家自行斟酌决定，没能很好地实施。

就是在这种状况下，俄罗斯政府想要再度审视远东局势。4月20日过后，别佐勃拉佐夫和沃加克到达了首都。但是，他们没有立即谒见皇帝。

沃加克见到了库罗帕特金，陆相出示了4月初特别协商会的报告书，对沃加克说，如果他要为鸭绿江公司工作的话，就要辞去驻清国武官之职。[132]此时，库罗帕特金即将踏上视察远东、访问日本的旅途。

4月23日（10日），库罗帕特金与皇帝有过一次谈话。库罗帕特金写道，皇帝问及，别佐勃拉佐夫来了吗？库罗帕特金回答还没来。皇帝说："必须将鸭绿江的木材事业作为私营事业，在阿列克塞耶夫海军大将的全面监督下推进。"[133]皇帝在说到日本天皇时，"脸部表现出轻蔑的神情，抽搐了一下。"尼古拉仍然记着在大津事件之后见到明治天皇时留下的坏印象。皇帝吩咐库罗帕特金，让他对阿列克塞耶夫说，可以让凤凰城的哥萨克联队撤退，还可以召还马德里托夫。[134]4月26日（13日），库罗帕特金向皇帝道别时，皇帝拥抱、亲吻了他。[135]4月28日（15日），库罗帕特金从圣彼得堡出发了。

库罗帕特金出发后，皇帝和别佐勃拉佐夫等人正式行动起来。沃加克在阿巴扎的建议下，写成了意见书《1902年3月26日条约

---

[132]　RGAVMF, f. 32, Op. 1, D. 179, I. 2.
[133]　*Dnevnik A. N. Kuropatkina*, p. 48.
[134]　Ibid., p. 49.
[135]　Ibid., p. 50.

在满洲问题发展中的意义》。[136] 5月8日（4月25日），皇帝召见沃加克并让他朗读了意见书。[137]

沃加克意见书的要旨如下：首先，沃加克讲到日清战争开辟了远东的"新时代"，并指出其结果：第一，清国处于军事破产状态趋于明朗。第二，日本在远东问题上，加入了与列强平起平坐的行列。第三，朝鲜从清国的主权中解放了出来。在这样的状况下，俄罗斯首先为了保护在清国的利益，进行了三国干涉，这理所当然地获得了清国的感谢与日本的不满。俄罗斯应该利用清国的感谢，而面对强有力的日本，则应该采取对策以确保自身安全。前者以建设东清铁路的形式得以实现，但对于后者"几乎没有做任何事情。既没有承认日本在军事上的成功已被充分证明，也没有在远东问题上给与天皇之帝国应有的地位"。俄罗斯这种暧昧的态度，虽然没有使日本成为公然的敌人，但也没有成为朋友，日本与英国结成了同盟，尽管俄罗斯曾经有与日本达成一致的基础。俄罗斯应该在朝鲜半岛与日本调整邻里关系。虽然1896年山县访俄时曾有签署协定的机会，但两国只达成了没有实际意义的简单协约。俄罗斯没有经过深思熟虑，就将财政顾问和军事教官派往朝鲜，结果一出现问题就被迫全部放弃，致使日本在朝鲜占了优势。虽然我们为防范日本，增强了陆海军的兵力，但这却被视为俄罗斯企图统治"满洲"的表现。当然，我们希望拥有出海口，想强化在"满洲"的立场。1900年，俄罗斯受到清国攻击，本来有宣战的权利，却没有那样做。结果致使清国方面表现出对俄罗斯的轻视，由此结成1902年4

---

[136] K. Vogak, Znachenie dogovora 26 marta 1902 goda v razvitii man'chzhurnogo voprosa, RGIA, F. 560, Op. 28, D. 213, L. 135-141. Simanskii, op. cit., Vol. III, pp. 92-93 认为在5月协商会上朗读了这份意见书，介绍了内容。Glinskii, op. cit., p.285 虽然言及在5月协商会上朗读了沃加克的这份意见书，但几乎没有介绍内容。罗曼诺夫及卢科亚诺夫在2005年前都丝毫没有触及沃加克的这份意见书。

[137] Nicholai II's Diary, 25 April 1903, GARF, F. 601, Op. 1, D. 245, p.174.

第六章　新路线登场

月8日（3月26日）的条约。俄罗斯的让步被理解为俄罗斯软弱，囿于国内局势、财政状况等方面原因，不堪在远东作战。如果俄罗斯从"满洲"撤兵，清国将会向"满洲"移民，列强也会进入"满洲"，俄罗斯排他性的影响力就会化为乌有。虽然俄罗斯有可能会被拖入战争，但在"满洲"开战是不利的。可能的对手——日本拥有的条件更加有利。然而，我们从"满洲"撤兵后，旅顺就会陷入孤立。失去旅顺，是对俄罗斯威信的巨大打击。总而言之，由于迄今为止政策上的失败，远东形势变得危机四伏。

沃加克是这样看待问题的，他直言"防止在远东发生战争是第一等的国家大事"。那么该如何做才能达到这个目标呢，他的主张如下：

> 必须承认，达到这个目标的首要手段是停止让步政策。因为让步政策的危险之处在于，我们有可能在最不希望的时候被卷入战争之中。我们必须要让清国和列强明白，虽然我们会按照1902年3月26日条约从满洲撤兵，但俄罗斯不仅没有向任何人让出自己地盘的打算，而且还有拿起武器来捍卫这个意图的精神准备。这种准备必须有实际的内容，我们必须倾尽全力尽快确立这种准备。此时不可避免地做出的巨大牺牲，将来会以好的结果来回报。其最重要的结果，一定是回避不希望发生的战争的可能性。如果所有人都看清楚了俄罗斯在远东所做的战斗准备，大概就没有人会决意发动战争了吧。[138]

沃加克的提案是，停止让步政策，明确宣布自己的主张，巩

---

[138]　Vogak, op. cit., L. 140ob.-141.

固在远东的战斗准备，以此防止战争。

据沃加克所说，在读完这份意见书后，皇帝用了大约一个半小时询问他远东的事情。皇帝对远东事态细节的了解程度超出了他的意料，令他颇为震惊。[139]

根据皇帝的日记，5月10日（4月27日），皇帝召见了阿巴扎。翌日，皇帝又召来了别佐勃拉佐夫。[140]也就是说，皇帝接受了沃加克的分析，并在此基础上接受了成为沃加克派的别佐勃拉佐夫。

别佐勃拉佐夫的上奏报告和皇帝的指示

实际上，别佐勃拉佐夫也于4月29日（16日）向皇帝呈交了上奏报告。据希曼斯基的研究，该报告再次论述了他在3月3日的上奏电报中讲述过的构想。[141]

俄罗斯在远东的军事态势极度薄弱，这有可能会使日本产生攻击的想法。因此，我们需要谋划增强"南满洲"方面、旅顺的兵力，提高西伯利亚铁路的运输能力，通过这些对策让日本信服，发动他们构想的对俄战争要冒极大的风险。在远东做出这样的努力后，我们就能够在北部朝鲜以及"满洲"安心地开展经济活动了。在此之前，我们有必要将在北部朝鲜的利权限定在较为克制的规模，并让日本不进入"俄罗斯的屏障"。"我们应该尽早做好准备，只有力量明显变得强大起来，才能与日本人顺利地进行对双方立场

---

[139] Vogak to Alekseev, 21 May 1903, RGAVMF, F. 32, Op. 1, D. 179, L. 2. Lukoianov, op. cit., p. 80.

[140] Nikolai II's Diary, 27, 28 April 1903, GARF, F. 601, Op. 1, D. 245, pp. 176-177.

[141] Simanskii, op. cit., Vol. III, pp. 86-89. 笔者未能看到这份意见书的原文。卢科亚诺夫看到了这份意见书，但只提及了其中1、2行的内容。Lukoianov, The Bezobrazovtsy, p. 78.

都有益的意见交流。若没有这个前提，对话是没有意义的。"

别佐勃拉佐夫再次强调了符拉迪沃斯托克（海参崴）—鸭绿江—旅顺这一俄罗斯的战略前沿。"左翼的符拉迪沃斯托克虽然没有任何明显需要担心的地方，但也无法直接扮演特别积极的角色，它只是凭借古老的记忆，才得到特别的关注。""右翼的旅顺是为了威慑而占领的，但目前它对我们来讲反而是个威胁。旅顺的守备队、舰队、要塞、港湾的防备都不充分，虽然它背后有大连，但这里对敌人的登陆部队来讲反而能够成为非常便利的、绝佳的基地。""两翼之间的空间是开阔的土地，敌人一旦占领了这里，由于地形的缘故，就会变成一种很牢固的占领，能够对我们的满洲作战基地和联络线发起突然袭击。"

"我个人确信，如果日本在平时成功确立了在鸭绿江的势力，就相当于具有了在战时切断、破坏我们的满洲铁路的能力。而且，我们大概还无法阻止这个。"这样一来，现在鸭绿江利权的意义就完全变了。也就是说，它不是作为进入北部朝鲜，进而挺进整个朝鲜的据点，而是阻止日本进入"满洲"的防卫线的一角。

别佐勃拉佐夫谴责了财相的行动。说他不懂中国和中国人，相信约定，这是徒劳的。财政部应该从远东收手。总体来讲，远东政策缺乏统一性，各部门各自为政。"每个人都在考虑为自己的部门，而不是为国家服务。"别佐勃拉佐夫认为，俄罗斯在远东的状态是极不理想的，虽然投入20亿卢布，在"满洲"取得了一些胜利，但却失去了权威和自信，自认软弱，反复让步，以至于现在在经济上、军事上濒临失败。

别佐勃拉佐夫指出，导致出现这种状况的自然原因有：距离遥远，俄罗斯人口较少，以及极度的中央集权化；人为原因则是：错误的情报及评估、缺乏根据的计划、政府部门间的争斗、个人的利益追求及恣意妄为、部门联手掩饰错误等。

别佐勃拉佐夫的上奏报告，是与沃加克讨论，融入沃加克的认识后写成的，完全隐藏了阿巴扎意见书中粗暴的冒险主义论调。皇帝在确认别佐勃拉佐夫与沃加克的意见相同后，召来别佐勃拉佐夫。

这天，皇帝送给别佐勃拉佐夫一张自己的肖像照，上面写着"给亚历山大·米哈伊洛维奇·别佐勃拉佐夫，心怀谢意的尼古拉"。[142] 5月12日（4月29日），别佐勃拉佐夫和阿巴扎再度拜谒皇帝。皇帝在日记中写道："召见别佐勃拉佐夫和阿巴扎很长时间，谈了统一远东管理、给诸事确定方向等问题。"[143] 皇帝、别佐勃拉佐夫、阿巴扎在以沃加克的认识为前提的基础上，就导入远东总督制达成了共识，这成为了新路线的基础。笔者推测，远东总督制是别佐勃拉佐夫、沃加克、阿巴扎三人的提案。皇帝采纳了这三人的意见，决定独自裁决此事，他将相关内容通告了事实上的远东总督候选人阿列克塞耶夫。

5月15日（2日），皇帝给阿列克塞耶夫发去电报，要求阿列克塞耶夫"鉴于在朕的直接指导之下，远东所有官厅的最高管理责任都将集中于你，你要为此做好准备，大致描绘出你的新地位所应采取的形式"。交给阿列克塞耶夫的任务是在执行1902年4月8日（3月26日）条约的前提下，立即构思对策防止外国的影响渗透到"满洲"。为此，皇帝指示：第一，要"不惜必要的经费，在最短的时间内将我国在远东的战备水平提高到与我国的政治、经济目标完全吻合的程度"。第二，要大力促进在"满洲"的俄罗斯企业家的发展。关于第一点，皇帝指示与陆军大臣一同"判明远东国防的真实状况，制订必要的军事对策"。关于第二点，

---

[142] Vogak to Alekseev, 21 May 1903, RGAVMF, F. 32, Op. 1, D. 179, L. 2.
[143] Nikolai II's Diary, 29 April 1903, GARF, F. 601, Op. 1, D. 245, p. 178.

第六章　新路线登场

指示与别佐勃拉佐夫一同制订计划。[144]

这天，皇帝给在远东旅行的库罗帕特金陆相也发去了电报，将给阿列克塞耶夫电报的内容传达给了他，并告知将派遣沃加克中将前往说明情况，令他找个适当的借口，停留在沿海州，等待沃加克。此外，为协商补充4月8日（3月26日）会议的决定，将派别佐勃拉佐夫去旅顺，令库罗帕特金与之商量。还有因皇帝对陆军部相关措施也做了指示，库罗帕特金有必要尽早进宫谒见。[145]

库罗帕特金一直到达了乌苏里斯克（双城子），在那里他接到了这封电报。数日后，皇帝又发来电报，希望他视察尼古拉耶夫斯克（庙街），说为了打发时间，不妨到那里舒展一下腿脚。库罗帕特金虽然不愉快，但还是按照皇帝所说去了这座位于北边尽头的小城。[146]

阿列克塞耶夫收到皇帝的电报后非常高兴，两天后，就迅速制订了增强旅顺兵力的方案。首先，考虑到日本的动员速度，平时就有必要在与日本军有可能发生冲突的地区配备5万人以上的军队，因此，他请求创设2个新的军团。一个军团作为新设的国境警备军的第二军团（24个大队），另一个军团从阿穆尔军区调来12个大队，由"关东州"兵力编制而成。此外，将旅顺守备队的兵力从4个大队增强到12个大队。在东西伯利亚所有的狙击兵联队成立骑兵部队，在旅顺编制若干炮兵队和工兵队。这样一下子就增强了44个步兵大队。[147]

同时，5月30日（17日），阿列克塞耶夫拟好给皇帝的电报草稿，其中写道："以现在的状况，按约定履行1902年3月26日

---

[144] Nikolai II to Alekseev, 2 May 1903, RGIA, F. 560, Op. 28, D. 213, L. 132-132ob.
[145] Nikolai II to Kuropatkin, 2 May 1903, Ibid., L. 133.
[146] Iaponskie dnevniki A. N. Kuropatkina, *Rossiiskii arkhiv*, VI, Moscow,1955, pp. 394, 396.
[147] VIK, *Russko-Iaponskaia voina*, Vol. I, pp. 323-324.

协定，不可避免地会弱化我们的军事，从清国的角度看，大概我们的威信会崩溃吧。"阿列克塞耶夫认为："只有恢复了与清国的正常关系，才能够允许履行协定。"正常关系指的是对俄罗斯的工商业活动给予特权庇护。对阿列克塞耶夫来说，"满洲"问题很重要，他认为日本虽然会不断地反对俄罗斯占领"满洲"，但大概会向占领朝鲜南部的方向迈进。俄罗斯只要对此提出抗议即可。日本统治朝鲜"应该可视为是暂时性的。如果我们在东方的军事力量增强了，日本大概就无法一直保持自己在朝鲜的地位了"。[148] 阿列克塞耶夫希望在增强军备的基础上，继续占领"满洲"。不过，这封电报没有发出去。

海军方面的实力也得到了一定程度的增强。虽然在1902年，战列舰"西索伊""纳瓦林"分别于1月、7月离开了旅顺，但两舰都是1890年前半期下水的旧型舰。取代这些旧型舰的，首先是4月到达旅顺的新锐战列舰"佩列斯维特"（1899年下水）。5月，美国费城克兰普公司建造的巡洋舰"瓦良格"（1899年下水）抵达旅顺。接着，1903年5月到6月间，斯塔克尔贝格少将率领由2艘战列舰、6艘巡洋舰、8艘水雷艇组成的分舰队抵达旅顺。其中，战列舰是1900年下水的克兰普公司造的"列特维赞"号和同年下水的由首都"波罗的海造船厂"制造的"胜利"号。这样一来，在1900年抵达的"彼得罗巴甫洛夫斯克"（1894年下水）、1901年抵达的"塞瓦斯托波尔"（1895年下水）和"波尔塔瓦"（1894年下水）的基础上，战列舰增加了3艘新造舰，变成了6艘。[149]

---

[148] Alekseev to NikolaiII(manuscript), 17/30 May 1903, RGAVMF, F. 32, Op. 1, D. 123, L. 53-57.

[149] S. Gurov and V. Tiul'kin, *Bronenostsy Baltiiskogo flota*. Kaliningrad, 2003, pp. 26-43,53-63.
IKMGSh, *Russko-Iaponskaia voina*, Vol. 1, p. 63.*Variag.Stoletie podviga 1904-2004*. Moscow, 2004, p. 43.

第六章　新路线登场

日本海军也有6艘战列舰，因此在数量上算是势均力敌，但日本方面的战列舰中2艘于1896年下水，1艘于1897年下水，2艘于1899年下水，还有1艘是1900年下水的"三笠"，日本方面是清一色的新锐战列舰，处于上风。

由于斯塔克尔贝格分舰队中拥有8英寸炮的装甲巡洋舰一艘也没有，因此，由1892年下水的"留里克"、1896年下水的"俄罗斯"、1899年下水的"格罗姆鲍伊"组成的三艘装甲巡洋舰的阵容没有改变，与6艘全部是新锐装甲巡洋舰的日本相比，俄国有很大劣势。排水量7000吨以下，炮也停留在6英寸的轻巡洋舰，有1899年下水的"帕拉达"和"戴安娜"，1900年下水的"阿斯科尔德"和"诺维克"，1901年下水的"博加特里"和"包亚林"，加上先前来的"瓦良格"，共计7艘。[150]但是，日本这个级别的军舰加上旧的共有12艘，因此这方面俄国也处于相当的劣势。

5月20日（7日）协商会

5月19日（6日），别佐勃拉佐夫获得了"枢密参赞"（Stats sekretar'）、沃加克获得了"幕僚将军"（Svita Ego Imperatorskogo Velichestva）的称号。[151]枢密参赞是文官的最高职位，可以向皇帝上奏。1900年，共有27人获此殊荣，多是得到皇帝特别信任的大臣。[152]别佐勃拉佐夫获得这个称号意味着他得到了与维特、拉姆斯道夫、库

---

[150] *Voennye floty i morskaia spravochnaia knizhka na 1904 g.*, Sankt-Peterburg, 1904, pp. 236-239、244-247. 浦潮贸易事务馆事务代理铃木给小村的信，1903年5月20日，《日本外交文书》第36卷第1册，809页。

[151] Simanskii, op. cit., Vol. III, p. 90.

[152] L. E. Shepelev, *Chinovnyi mir Rossii XVIII-nachala XIX v.*, Sankt-Peterburg, 1999, p. 189.

罗帕特金同等的地位。在此基础上，5月20日（7日）召开了特别协商会[153]，由皇帝主持，阿列克谢大公、外相、财相、内相、海相出席。由于长期患病的特尔托夫于3月17日（4日）去世了，军令部长阿韦兰晋升为海相。而萨哈罗夫参谋总长代表身在远东的陆相，出席了会议。此外，别佐勃拉佐夫、沃加克、阿巴扎出席了会议。

在会议开始，别佐勃拉佐夫经皇帝允许，做了关于鸭绿江企业的进展报告，大致如下：事情的出发点是1898年的北部朝鲜调查。通过该调查，我们判明了这个地方居民稀少，我国有占据这一区域的可能。因此陛下认可了在这里扎根的必要性。这个决定促使我们获取了布里涅尔的森林利权，但当时并没有采取积极行动。直到数月前，陛下认为有必要积极行动了，派遣我着手森林采伐的工作。这个命令得到了落实，现在在我们还打开了将利权扩大到鸭绿江右岸（"满洲"方面）的可能性。我们在军事上没有做太多，只组建了由俄罗斯人和当地人组成的警备队。这样报告后，别佐勃拉佐夫指出，在他不在的期间，4月8日（3月26日）的协商会决议虽然制定了一定的形式，但存在着某种"缺陷"。别佐勃拉佐夫讲完后，尼古拉二世说，上次的会议决定有必要进行"补充"，他命令别佐勃拉佐夫朗读补充方案。于是别佐勃拉佐夫朗读了7项补充方案。[154]

这个方案几乎原封不动地成为了这次协商会的决议，大概与议事录所记载的内容没有什么不同吧。

一、取消让外交部验证朝鲜利权效果和意义的决定。

---

[153] 记录即别佐勃拉佐夫写成的报告：Otchet ob Osobom Soveshchanii 7-go maia 1903 goda v Vysochaishem Ego Imperatorskogo Velichestva prisutstvii, RGIA, F. 560, Op. 28, D. 213, L. 150-158. 以及5位大臣署名的正式议事录见 Zhurnal Osobogo Soveshchaniia v Vysochaishem prisutstvii 7-go maia 1903 goda. RGAVMF, F. 32, Op. 1, D. 180, L. 1-5ob。

[154] Otchet... L.150-151.

二，外交部和财政部虽然没有必要与清朝政府交涉以获得鸭绿江右岸的森林利权，但外交部要做相应的协助工作，尽可能防止不拥有优先权的人取得这一利权。

三，将鸭绿江森林资源开发公司的全面成立延期至利权最终获得承认时，目前仅限定于采取准备措施。

四，吸引外国资本也相应延期。

五，国库资金参与该股份公司的额度，根据实际的国家利益和远东的要求决定。

六，公司的活动不只限于开发鸭绿江利权，可根据公司的实力、信用，以及通过与财政部的协定而明确的符合国家利益的条件，广泛开展活动。

七，公司活动要遵从"关东州"长官阿列克塞耶夫的监督。[155]

如希曼斯基所指出，这个方案"不是对4月协商会决议的补足，而是根本性的修正"。[156]与会者围绕这个方案阐述了意见。大家对第一项没有异议。外相说利权得到了确认。对于第二项，认为防止别人获得利权之事很困难。别佐勃拉佐夫主张只要我们提出申请，就应该有优先权。皇帝赞同这个意见。外相也承认当然会提供协助。

接着财相维特说，有消息说清朝政府正准备成立清国人的公司开发鸭绿江森林。尼古拉表示，已经知道这件事。维特大概是被抢了先机，只表达了妥协性的意见："听了别佐勃拉佐夫的说明，我与他的意见在本质上没有不一致。"在此基础上，他指出这一利权"不是一个民间公司的问题"，它具有政治目的，掩饰是没有意义的。"清国与日本已经知道了这个企业的真正面目"，此事

---

[155] Zhurnal... L. 5-5ob.
[156] Simanskii, op. cit., Vol. III, p. 91.

伴有风险。问题是能否平安无事地度过这个风险。维特举了两个虽然伴有风险，但无疾而终的例子：日清战争时的三国干涉和占领租借旅顺、大连。他说"只有皇帝陛下的意志才能够决定"我们在鸭绿江的计划。"如果陛下认为尽管有风险，但这项事业很重要的话，那么可以完全废弃 3 月 26 日的议事录，在这点上我没有异议。如果陛下认为风险很大，那么就要保持议事录的效力。"关于第三项，维特认为如果没有利权，就没有公司，这么做是理所当然的。关于第五项，他说国库尽可能少地参与为好。对于最后两项他表示没有意见。最后，维特再次重申，补充方案和自己的意见之间没有不一致，只是他认为有必要考虑已存在的协定，而且只有皇帝才能做有风险的决定。

别佐勃拉佐夫说，他对维特和自己意见一致感到很高兴，这个事情确实有风险，但它并不具有"决定性的意义"。建设东清铁路的意义虽然很明确，但伴随着安全保障上的问题，只要不制服鸭绿江地区，这个问题就会一直持续下去。而我们在鸭绿江沿岸采伐木材的行动是"无条件的合法"行为。无论何时，新事物的出现都会引起骚乱，但如果什么都不做的话，将会有更大的骚乱。

维特到底忍无可忍了，反驳道："风险隐藏在日本会对这件事采取什么样的态度上。日本现在没有钱，所以很安静，但它的态度是有可能改变的。而且还有来自清国方面的风险。我们不知道清国政府会对中止撤兵采取什么样的态度。"

尼古拉插嘴说，中止撤兵之说不过是由驻牛庄的美国领事错误的报告而引发的误解。维特说如果撤兵，清军会变得更大胆，有可能发生冲突，到时如果只有民间企业参与，不会演变成大的问题，但即使这样，日本大概也有发出最后通牒的可能。维特刚说到"如果马德里托夫或者谁在冲突中被杀了"，尼古拉马上接话说，1828 年格利博耶多夫在德黑兰被杀害了，但也没有引发什么

第六章　新路线登场

问题。别佐勃拉佐夫说，财相担心远东的心情可以理解，但"我们一旦从鸭绿江退出，风险马上就会随之而来"。维特反驳道，只有根据协定展开行动才能理直气壮。

皇帝这时以"让步会招来更大的让步"为由，命令沃加克朗读他的意见书。[157] 沃加克读完后，维特说这个意见书的提案部分不能实现，"远东事态并不像这个意见书写的那么危险"。拉姆斯道夫以沃加克没有看过重要文书为由，想要提交对其进行反驳的意见书。皇帝回应说，可以提交简单的东西出来。别佐勃拉佐夫表示："尽管这个意见书带有悲观的性格，但它却像照片一样真实，或许可能令人不快，但现实就是这样。我通过在当地看到的事实和听取消息灵通人士以及权威们的意见，可以确信这点。"代表库罗帕特金出席会议的萨哈罗夫参谋总长指出，他注意到意见书中的结论是不希望战争，但不得不承认依靠现在的力量，我们在远东的状况是很严峻的，甚至有可能失去旅顺，所以，即使最终我们会取得胜利，也有必要避开所有与日本冲突的口实。"因此，鸭绿江利权不能成为追加的与日本冲突的口实。"萨哈罗夫说，鸭绿江的战略意义无疑很重要，日本如果在朝鲜建立了基地，将会谋划进攻"满洲"，因此，如果公司的经营层能够笼络住当地居民，就可以延缓日军的进攻，为我们争取时间。萨哈罗夫还说，尽管如此，为了不刺激日本，也有必要谋求公司的国际化。

对此，别佐勃拉佐夫强调没有必要去寻求外国人的援助，细部的事情只要委托给阿列克塞耶夫即可。他进而说，我们让步的态度会起到相反的作用，他指出必须搞清楚"我们在远东是否拥有充分的兵力"这个问题。

之后，大家又返回去讨论补充决议。最后，内务大臣普列韦

---

[157] Otchet... L. 151ob.-154.

说，根据沃加克的意见书，俄罗斯在远东的根基很薄弱，因此即使成立公司，也有必要"克制地、不引起骚动地活动"。内相再次指出政治性企业的风险是无法避免的，当俄罗斯陆军在远东的力量还不是十分强大的时候，推进此事必须慎重。

皇帝总结说，这次的补充决定，是废除先前的妨害有前途的事业发展的决定。内相评论说，这是通过别佐勃拉佐夫的报告和沃加克的意见书首次明确的事情。维特勉强发言说，等库罗帕特金回来后，事态会最终明确吧。最后，皇帝让别佐勃拉佐夫朗读了5月15日（2日）发给阿列克塞耶夫和库罗帕特金的电报。[158]

根据会议的议事录，该会议确认了关于鸭绿江公司的七项决定，然而，最为重要的部分——确认对沃加克意见书的认识，以及两封电报中所表述的统合政府在远东的统治方针——却没有被当作讨论的对象，仅仅是告知了与会者。

5月协商会之后

别佐勃拉佐夫这个时候终于攀登到了他能力的最高峰。[159]他是皇帝的远东政策顾问和辅佐官。在给妻子的信中，他表达了这时的心境。这封信是从内务部"民间私信秘密阅读部"的文档中发现的：

我被任命为枢密参赞之事引起了难以名状的大骚动。甚至有人陷入了某种恐慌、茫然自失的状态。恐怕如果我不出

---

[158] Otchet... L. 154-157ob.
[159] 虽然卢科亚诺夫认为5月协商会中别佐勃拉佐夫派的胜利是"不完全的"，但他的观点只关注到了木材利权公司，也是不恰当的。I.V.Lukoianov, Poslednie russko-iaponskie peregovory, p. 9.

第六章 新路线登场

现什么纰漏的话，这种感情还会继续高涨吧，一直到人们明白我不希望任何人不好，也不会威胁任何人的地位，只是在尽自己的职责为止。我现在作为主人（皇帝）的私人秘书工作。我没有朋友，迄今为止一直如此。因为我太独特，无法与任何人处理好关系，而且太过自由不羁，对于服从、被服从都很厌恶。我自己也很清楚这些，我完全承认，不应该要求别人理解本真的我，更不要说与我搞好关系。在这个世上，我唯一必须要重视其意见的人就是我的陛下。何况陛下对我怀有无上的好意。我爱陛下，无论将来如何变化，我都可以说我有为陛下粉身碎骨的觉悟。这是我的职责。以上是我独自做着沸沸扬扬的事情时，最真实的内心世界。我孤独地站立着，旧秩序的捍卫者们全都反对我，窃窃私语，等待着将我大卸八块的日子。我有计划和进程安排。我有决心将我的国家和社会从泥沼派的手中夺回。但是，我还不知道这件事能否得到上面的承认。我目前正在舌战群英，虽然暂时抵挡住了，但敌人真的很多，我时常不由自主地感到怀疑。[160]

会议之后，别佐勃拉佐夫屡屡和拉姆斯道夫外相谈话。5月24日（11日），别佐勃拉佐夫向皇帝报告，他和阿巴扎一同探访拉姆斯道夫两次，总共会谈达七个小时。拉姆斯道夫的抵触指向了沃加克"让步政策"的言论。总之，他对外交失败的评价很是气愤。别佐勃拉佐夫在即将谴责外相"不作为和不可理喻"之处时，停了下来。"我个人通过这些谈话清楚地意识到了在我国，这个部门整体上没有直面现实以及由此不断高涨的困难的准备，心

---

[160] Obzor rezul'tatov perliustratsii pisem po vazhneishim sobytiiam i iavleniiam gosudarstvennoi i obshchestvennoi zhizni Rossii v 1903 godu, *Byloe*, 1918, No. 2, p. 213. 迄今为止，这一资料完全被忽略了。

情变得极为沉重。"[161]

终于，就连拉姆斯道夫也对别佐勃拉佐夫等人的介入抱有了极度的危机意识。他为了扭转事态，制订了外交部对日接触的方案，于5月29日（16日）上奏给皇帝。外相首先承认"在鸭绿江边牢固地扎下根来，在朝鲜国境处建立起能够随时对抗日本压力的强有力堡垒的构想"是很好的，接着他指出，虽然通过"成立正当合法的商业企业"来谋求实现这个构想是很好的办法，但最近事态呈现出了异常。"鸭绿江木材企业的政治性＝战略性面目完全暴露了出来"，俄罗斯政府遭到了始料不及的"企图伪装自己行动的本意"这样的责难。他将外国报纸剪报附在了意见书内。外相认为，在这种情况下，"为了避免一切与俄罗斯尊严极度不相容的危险的动摇"，在最终确定该如何行动时，"我认为有必要先解明东京和北京的政治状况"。他请求允许罗森公使去探察"与日本缔结协定的基础准备到了怎样的程度"。

皇帝立即接受了这个建议，他在上奏书上批示："完全同意外相的彻底解明就朝鲜一事与日本缔结全面协定的可能性的想法。"[162]

拉姆斯道夫翌日马上给罗森发电报下达了训令，命他打探是否有与日本缔结"务实协定"的可能性。然而，我们从外相的这份电报中，可以窥探出他是何等地脱离现实，他认为应该对日本提出"我们完全明确的、正当的要求"，还举出例子：与日方约定，不妨害俄罗斯获得汉城—仁川的铁路和电信的利权。[163]

虽然不清楚罗森对此是如何反应的，但可以推测他并不赞成拉姆斯道夫这个脱离现实的意见，他没有尝试与日本方面接触。

---

[161] *Russko-Iaponskaia voina.Iz dnevnikov A. N. Kuropatkina i N. P. Linevicha* [hereafter RIaV], Leningrad, 1925, pp. 137-138.

[162] Lamsdorf to Nikolai II, 16 May 1903, GARF, F. 568, Op. 1, D. 179, L. 35-36ob.

[163] Lamsdorf to Rozen, 17 May 1903, Ibid., L. 40-40ob.

拉姆斯道夫陷入了窘境。[164]

外相还准备了长篇意见书，以反驳5月协商会上沃加克的意见书，并于5月30日（17日）将之送给了维特。意见书中写道，俄罗斯对清国、日本、朝鲜的政策在日清战争之前就已经确定了，日本推进日清战争的政策意图是"踏足大陆，占领朝鲜"，这是"违背俄罗斯的第一等国家利益"的目标，因此进行了三国干涉。其结果，俄罗斯与清国缔结了秘密军事协定。不用说拉姆斯道夫只是将过去的政策正当化而已。对于山县访俄时提出的分割朝鲜方案，他认为，如果"俄罗斯与日本之间以那种条件缔结协定，大概会遭到其他关心远东问题的列强抗议"，以此驳斥了沃加克的批评。因为在缔结马关条约时，俄罗斯要求日本尊重朝鲜的独立，如果按沃加克所言行事，就违反了俄罗斯所提的要求。而且如果将朝鲜分割为南北，俄罗斯就不能再向有价值的南部朝鲜伸手了。所以说山县－洛巴诺夫协定是有意义的。这个辩解多么无力。拉姆斯道夫进而写道，即使在1898年俄罗斯占领旅顺后，日本也没有尝试用对朝鲜的行动进行对抗，而是寻求与俄罗斯交涉，而俄罗斯一直拒绝日本的要求，没有做任何让步。因此，沃加克所说的让步政策是错误的。军事教官和财政顾问是应朝鲜请求派遣的，只不过因朝鲜国内局势发生变化，才将其召回。这辩解未免太过厚颜无耻。外相意见书只是在自卖自夸以往的政策，无视沃加克指出的由于日俄间没有真正关于朝鲜问题的协定，关系变得很危险。

拉姆斯道夫的结论是，不应该对日本采取挑战性态度，"时间是俄罗斯唯一的盟友、忠实的助手"，他指出"一切不慎重、不合时宜的尝试"都会使俄罗斯政府站到俄罗斯尊严所不能容忍的退

---

[164] Lukoianov, op. cit., p. 17. 将这次交锋与自8月起的日俄交涉结合在一起，很混乱。

却者的立场上。[165] 这份意见书很好地表现出拉姆斯道夫不求有功、但求无过的消极主义以及官僚式的观望主义的态度。

在军事问题上，参谋总长萨哈罗夫马上对沃加克的意见书做了回应。萨哈罗夫在5月29日（16日）向皇帝提交了意见书，认为远东军备不足，这点与库罗帕特金事实上是对立的。当然，由于陆相不在，他提出的意见比较克制。但是，萨哈罗夫在意见书开头从赞成沃加克意见书开始写起。他同意沃加克指出的以往的政策错误，修正一边倒的让步政策的提案。在正文部分，尽管萨哈罗夫认为应该遵守自"满洲"撤兵的约定，但他同时讨论了为准备与日本开战，在哪里配备兵力合适，他认为将兵力集结到"满洲"北部、等待援军的战略较好。[166] 不过，就在鸭绿江方面配备兵力，萨哈罗夫并没有提出占领凤凰城，而是提议占领珲春。别佐勃拉佐夫看了这些内容后，满怀好意地评价道："不管怎么说，萨哈罗夫侍从将军的意见书，对于解明我们迫在眉睫的问题是个重大贡献，他的主张可以概括为，我们在军事方面极度需要配备更好的装备。"[167]

别佐勃拉佐夫和阿巴扎6月5日（5月23日）、10日（5月28日）都谒见了皇帝。别佐勃拉佐夫还将和维特会谈的结果写下来，送交给皇帝。别佐勃拉佐夫对皇帝说，他已和维特就五年追加军事预算2.1亿卢布进行了交涉，并提出希望中止西部国境纳雷夫的铁路计划，将那部分资金2200万卢布调到远东。[168] 他完全进入了远东问题特别辅佐官的角色。

---

[165] Lamsdorf to Vitte, 17 May 1903, RGIA, F. 560, Op. 28, D. 213, L. 163, 164-175ob.

[166] 这份意见书在 V. V. Gluzhkov and K. E. Cherevko, *Russko-iaponskaia voina 1904-1905 gg. v dokumentakh vneshnepoliticheskogo vedomstva Rossii. Fakty i kommentarii.* Moscow, 2006, pp. 53-56 中有记载，但日期错了。请参考167。

[167] Bezobrazov to Nikolai II, 23 May 1903, RIaV, pp. 139-141. 别佐勃拉佐夫将萨哈罗夫的意见书日期当作了5月16日（俄历）。

[168] Ibid., p. 139.

第六章 新路线登场

别佐勃拉佐夫也直接找萨哈罗夫参谋总长谈过纳雷夫之事。他主张为了增强远东兵力,有必要将原定于西部的预算调向远东,东普鲁士和波兰国境地带的纳雷夫铁路线的铺设、纳雷夫要塞的建设并不是迫切需要,可以延期。对此,萨哈罗夫反驳道,这是由陆相提案、经陛下批准的项目,必须实施。萨哈罗夫向库罗帕特金汇报,说他严正拒绝了别佐勃拉佐夫。[169]

纳雷夫铁路,是指沿纳雷夫河岸的铁路线,铺设这条线路的方案由陆相提起,在1902年10月至12月间召开数次协商会后,得到了批准。

别佐勃拉佐夫去往远东

外相对别佐勃拉佐夫等人的活动感到很气愤,终于在6月10日(5月28日)向皇帝递交了辞呈。辞职的理由是两点,即远东的政治问题脱离了外交部管辖,这"证明皇帝不认可"他过去三年的努力,以及现在远东问题的"主要指导权委派给了关东州长官"。[170]

皇帝将这封辞职信给别佐勃拉佐夫看了。不知是别佐勃拉佐夫觉得拉姆斯道夫容易对付,还是觉察到皇帝不想让拉姆斯道夫辞职,别佐勃拉佐夫向皇帝进言"不可受理"。[171] 翌日,皇帝写信给外相。"昨日你的信让朕非常震惊,并且非常气愤。"朕对外相不信任是"连影子也没有"的事。朕之所以将阿列克塞耶夫置于"俄罗斯在遥远边境上的利害总代言人"的位置,是因为"无论是你还是朕,即使经常从数万俄里远的地方得到矛盾的、断片

---

[169] Sakharov to Kuropatkin, 12 June 1903, *Dnevnik A. N. Kuropatkina*, pp. 73-74.
[170] Lamsdorf to Nikolai II, 28 May 1903, *Istochnik*, 1999, No. 2, pp. 38-39.
[171] Bezobrazov to Nikolai II, 29 May 1903, RIAV, p. 141.

式的信息，也无法理解每天发生在那里的事情"。期待你"以从前的热情继续发挥力量辅佐朕"。[172]

别佐勃拉佐夫还向皇帝建议了擢用阿巴扎的问题。[173]别佐勃拉佐夫与皇帝的这种关系一直持续至他出发去远东。就在出发前一日，别佐勃拉佐夫还将与各大臣谈话的结论报告给了皇帝。[174]

6月16日（3日），别佐勃拉佐夫出发去往远东。阿巴扎将当时的情景写给了妻子：

> 别佐勃拉佐夫乘坐豪华的特别列车出发了，完全是皇帝专列的模样。之所以这样，是陛下有必要向人们展示，他对这项事业赋予了重大意义。这趟列车的出发，不仅标志着俄罗斯的政治、对东方的外交政策，还标志着国内政治的巨大转换。这是在长期的动摇和犹豫不决之后到来的，迈向坚定且明确的道路的转换。以往，人们一直期待以官僚与大臣的专制打破沙皇的专制。神啊，请你指引沙皇在这个新方向上显示出毅然决然的态度来吧。那样的话，俄罗斯将再次得以占据相应的地位，并屹立在那里。[175]

日本要求开放义州

雷萨尔公使回到任职地北京，于6月11日（5月29日）开始与庆亲王交涉。雷萨尔摆出了高压态势。"如果你们认为我们提

---

[172] Nikolai II to Lamsdorf, 29 May 1903, *Istochnik*, 1999, No. 2, p. 39.
[173] Bezobrazov to Nikolai II, 29 May 1903, RIaV, p. 141.
[174] Bezobrazov to Nikolai II, 2 June 1903, Ibid., pp. 143-144.
[175] 摘自内务省的民间人私信秘密阅读部的文档。*Byloe*, 1918, No. 2, p. 214.

第六章 新路线登场

出的要求太过严厉或者不能实行,那么你们应该悉心讨论,明确告知为何不能实行并提出替代性的方案。不能不讨论我们的要求就直接退回。我不接受那样的通告。"对此,庆亲王重复了上次的拒绝回复。雷萨尔再次讲道:

> 我们征服了满洲,我们有足够的力量维持它。无论是清国还是外国人都不能妨碍此事。皇帝陛下过去希望将征服的诸州返还给清国,现在也是如此。但是,这只是陛下的一片好意,除此无他。
>
> 清国对俄罗斯缺乏信任和好意,最明白的表现就是,清国不断将所有实质上只是俄罗斯与清国之间的问题告诉外国人,将普兰松备忘录中所有可能使我们为难的点告知英、日、美的公使。……这样的做法违反了一切国际法惯例。因为谈判还在进行,还没有得出最终的结论。让我震惊的是清国的短视,清国不能区分俄罗斯的友好行动和其他列强的利己政策。[176]

庆亲王在冗长的交锋之后研读了普兰松备忘录各条内容,同意提出清国方面的对应方案。雷萨尔决定在他提出方案之前中断交涉。

另一方面,国际舆论因鸭绿江问题、龙岩浦事件沸腾起来。英、日驻韩国的公使们为了对抗俄罗斯在鸭绿江的朝鲜一侧沿岸推进的林业开发,考虑迫使韩国开放义州为外国贸易区,他们从5月末开始活动。英国的乔丹公使5月25日向伦敦报告他已向高宗建议开放义州。兰斯敦外相立即回电表示支持。[177] 林权助公使5

---

[176] Simanskii, op. cit., Vol. III, pp. 52-53.
[177] Jordan to Lansdowne, 25 May 1903; Lansdowne to Jordan, 26 May 1903, *Further Correspondence respecting the Affairs of Corea. January to June 1903*. London, April 1904, Microfilm 405/137, p. 15.

月22日向东京建议促使韩国"开放义州方面"为"上策"。[178]小村外相在5月28日的电报中下令按此方针行事。[179]

6月8日，林公使向小村提出了重要建议。俄罗斯在鸭绿江的木材事业有韩帝的特许为基础，由于那是"俄国势力全盛"时代的"唯一遗物"，很难对此做什么。这件事情如果是"认真的营利性事业"，就没有必要防范。但问题是"满洲"撤兵还没有实施，现在京釜铁路工程也开工了。如果铁路开通，韩帝会产生将南部一带委托给日本的想法。那样的话，西北区域就成了问题。

"韩帝之政略即在日本不断经营南部期间，由俄国经营西北部，若南方受到逼迫，则于北方求活路，若北方逼迫，则于南方求活路。自韩帝之性格，颇能窥知其打算。尤其若不实施自满洲撤兵，韩帝可能更专意于此。""韩帝此政策，依靠出入宫中之宠臣，能否轻率容易地实行，本使实为之担忧。"

"能否改变韩帝之意，能否使俄国于森林问题上放弃政略意义"，解决"满洲"问题显得尤为重要。

进而，假设不能让俄罗斯从龙岩浦撤退，"我自应有均沾之理由，有要求韩廷给予某种报酬之权利。"林列举了"开放内地"和"京义铁路"作为日本的要求。"开放内地"欲以"与韩国一纸通知，自行实施之方针"推行，"京义铁路"则"无论成否，虽难以预见，然打算在过去采取的间接手段之外，公然提出要求"。[180]

6月15日，林在8日建议的基础上，给东京发去电报，报告一名叫阿部准辅的人成立了日清合资企业，询问是否允许这一企业在没有韩国政府的许可下直接开展在鸭绿江的木材事业，还是要向韩国政府要求获得与俄罗斯同样的权利，请求指示应该采取哪种办

---

[178]《日本外交文书》第36卷第1册，457页。
[179] 同上书，458页。
[180] 同上书，465—467页。

第六章　新路线登场

法。[181] 17 日，因韩国政府没有开放义州的意愿，林再次提议向韩国政府声明两点："将沿京釜、京仁铁路之要地视为开放，可让吾国商民自由居住"和"将龙岩浦、义州及图们江之庆兴视为开港区域"。[182]

虽然小村非常理解林的提案动机，但还是认为像这样的直接行动有些过分。6 月 18 日，他给林回电"理解汝所示意见，但因其他原因，暂且搁置本事"。[183] 因为小村打算与俄罗斯政府之间进行决定性的交涉了。

库罗帕特金陆相访问日本

5 月 20 日（7 日）会议后，沃加克去了远东。6 月 3 日（5 月 21 日）沃加克到达外贝加尔边疆区时，给阿列克塞耶夫发去电报，大致说明了自己将要向他传达的圣彼得堡的情况。关于 5 月 15 日（2 日）皇帝电报的意思，沃加克写道："现已判明由中央进行事务管理是行不通的，认识到有必要将更广泛的责任权限授与当地长官，因此将在远东（关东州、沿阿穆尔州，当然还有满洲）创设总督制。"远东总督直属于皇帝，在中央成立由皇帝主宰的特别委员会。由此可见，此时这种构想已大致成形了。电报详细地说明道：5 月 20 日（7 日）召开了特别协商会，撤销了 4 月 8 日（3 月 26 日）协商会的决定，普列韦内相是新路线的支持者，拉姆斯道夫外相是最强烈的批评者。沃加克写道，他的使命是说服库罗帕特金，希望阿列克塞耶夫在与库罗帕特金见面前，先和他本人相见。[184]

---

〔181〕《日本外交文书》第 36 卷第 1 册，481 页。
〔182〕同上书，482 页。
〔183〕同上书，483 页。
〔184〕Vogak to Alekseev, 21 May 1903, RGAVMF, F. 32, Op. 1, D. 179, L. 1-5.

沃加克于5日后的6月8日（5月26日）到达旅顺，他将5月20日协商会的资料交给了正在那里等待他的库罗帕特金。根据库罗帕特金访问日本的日记，他与沃加克"一直保持着信赖和共鸣"，从他所写的内容来看，他们的会谈似乎很和谐，但那是写在公开日记上的外交辞令。即使这样，库罗帕特金认为沃加克意见书，"对事态的判断大部分是正确的"，但最后一页却写道："建议治疗疾病的方法不正确。"基本上持反对态度。[185]

说到底，库罗帕特金的反对意见源于危机在欧洲这种观点，所以不能为强化远东军备而消耗军费。

就在这时，库罗帕特金收到了指导他在日本行动的训令。笔者推测，这是由沃加克起草、别佐勃拉佐夫和阿巴扎加工的。训令的正文部分写道：是时候停止让步政策了，在远东，重要的是使我们的关切和我们的力量保持均衡。为此要谋求强化远东的军事力量。为使所有政府部门行动统一，倡议在陛下的指导下，将最高统治权集中到唯一的人物手中。此番陆相访问日本，"要探明日本真实的想法，尽可能地按照以下的方式对这一帝国的政治家进行说明"。[186]

一，承认日本在包括军事在内的所有领域都取得了巨大的成功。

二，承认日本在远东诸国中，被保证了一定的发展前途。不过，与俄罗斯拥有正确的关系（没有说协定）是其条件。

三，指出日本的外交政策、其与英国的同盟，以及不断使用武力威胁、对俄罗斯哪怕最合法的行动也不断地抗议、新闻失控等等，大概都会带来完全相反的结果。

四，促使日本想起俄罗斯在远东付出的巨大牺牲，这些牺牲也是为了其他国家的国民。因此即使俄罗斯不收回投入的资金，

---

〔185〕 Iaponskie dnevniki A. N. Kuropatkina, pp. 398-400.
〔186〕 Bezobrazov and others' memorandum, 26 May 1903, RGVIA, F.165, Op. 1, D. 872, L, 1-2.

也有确保相应利息的正当权利。

五，展示签署 1902 年 3 月 26 日条约所表现的状态的合法经过。促使其想起 1900 年俄罗斯对清国做出宣战公告，拥有无条件实现一切结果的权利［布拉戈维申斯克（海兰泡）攻击］。

六，如果没有其他列强妨碍，我们会再度确认履行这一条约。

七，促使其明白，包括日本在内的一部分列强对俄罗斯现在的行动采取完全非正当的、感情用事的态度，有可能会延缓条约的履行。因为俄罗斯不能容忍原本按照自己的意愿开始的从"满洲"的撤退，看上去好像是因第三者的压力而被迫做出的行为。

八，指出由于日本对俄罗斯的行动在没有任何重大根据的基础上就采取感情用事的态度，妨碍了俄罗斯对日本的重大利害问题采取应有的态度。在指出此点时，要明言俄罗斯既没有否定日本重大利害问题的打算，也没有无视的打算。（但是，要避免讨论朝鲜问题。）

九，表明相信日本会竭尽全力与俄罗斯维持正当的、善良的邻里关系。[187]

这是对日本寻求采取平等立场、尊重相互利害的方针。关于朝鲜问题，不让库罗帕特金交涉也是理所当然的吧。

6 月 10 日（5 月 28 日），库罗帕特金与沃加克同行，去往日本。[188]

朝鲜的反应

这期间，在朝鲜，对俄罗斯进入龙岩浦之事涌现了强烈的反对意见。《皇城新闻》5 月 25 日刊登了题为《西北森林及龙岩浦事

---

[187] Iaponskie dnevniki A. N. Kuropatkina, pp. 401-402.
[188] Ibid., p. 410.

件》的社论，27、28、29、30 日做了连载。"现今俄人于满洲树立其势力，影响广大，已波及我国，为世人尽知。"[189]

6 月 3 日，报纸报道了库罗帕特金访问日本，认为"日俄有颇多来往上的有利条件"。也就是说，对俄罗斯是否会围绕朝鲜向日本提出交易很警惕。6 月 5 日，外报栏刊登了"俄国的强硬论"，据俄人的有力说法，"俄罗斯就算将一部分韩国割让给日本，也永远不会放弃满洲。"

接着，6 月 8 日报纸发表了题为《公告全国人民》的社论，说韩国现在"危如累卵"，"最应寒心"。具体而言，"日本人经略三南地区，于京釜铁路线横贯三南要地，不断大量购入、占有土地、房屋。俄罗斯人经略西北关防，号称租借图们、鸭绿两江沿岸要害之地的所有森林，眼下，义州、龙川等地有近百名俄罗斯士兵渡来驻屯，带领清国匪贼，随意采伐国禁封山，购买田土，建筑房屋，毁损数百人墓，驱逐上千韩人。"

虽然这里列举了日本和俄罗斯两者，但在结论处说："历观前史，自三国高丽以来，我国之患常起自西北，终至全国之祸"，更为重视俄罗斯侵略的危险性，"俄罗斯认为，即使将韩国的一部分割与日本，也不宜开放满洲，将韩国视为自家囊中之物，欲对其任意分割。"[190]

社论呼吁"我等同胞须知，父母之邦将转落为异贼之域"，"呜呼，全国同胞！呜呼，全国同胞！"。

6 月 30 日的社论是《辩日俄密约成立说》，指出有传闻说库罗帕特金访日时，以"满韩交换"与日本达成了密约，呼吁国人

---

[189]《皇城新闻》1903 年 5 月 3 日。本书使用的《皇城新闻》全部是韩国 1976 年出版的复刻本。

[190] 梶村秀树率先分析了《皇城新闻》的论调，但他的解读却认为其基调是对日批判，没有注意到对俄罗斯的批判更加强烈。梶村秀树《从朝鲜看日俄战争》，《梶村秀树著作集》第 2 卷，明石书店，1993 年，257—258 页。

第六章 新路线登场

警惕。这里也提及了"现今东洋中三国"的"辅车唇齿之势",劝说国人,日本"保护韩清,即保护自国之和平"。但是,日本"无力防遏"俄罗斯的强力。即使一时"满韩交换,待到俄国势力于满洲稳固下来,也必定会伸臂扼南。俄罗斯如何能容忍日本独享利益呢?到时候恐怕日本也会变得无法独立吧"。

这种状况也令高宗很担忧。他派侍从访问旅顺的阿列克塞耶夫,以私人会谈的形式进行了试探。阿列克塞耶夫在7月6日(6月23日)的电报中,向外相传达了此事,他向该侍从断言"陆军大臣访问日本,不会与日本讨论就朝鲜问题缔结某种协定"。[191] 7月29日(16日),阿列克塞耶夫再次电告,这次连侍从的姓名——金仁洙(译者注:音译。)都写明了,皇帝派他询问:有传闻说俄罗斯与日本缔结了协定,给予日本"按自身裁量,指挥朝鲜的权利",这是否准确。还询问:"俄罗斯是否会因某种原因舍弃朝鲜,将其转交给日本之手?"阿列克塞耶夫非常明确地表示了否定,说没有缔结那样的协定。[192] 这大概是他再一次的强调、说明。

参谋本部和七博士

恰在这个时候,日本参谋本部打算确定对俄方针。6月8日,大山岩参谋总长召集参谋本部各部长会议,讨论对俄问题。总务部长井口省吾少将为这次会议准备了长篇的备忘录,并以此为基础做了发言。这份备忘录《关于帝国对俄国在满洲行动可采取的措施的意见》保存了下来。[193]

---

[191] Alekseev to Lamsdorf, 23 June 1903, RGAVMF, F. 32, Op. 1, D. 134, L. 12.
[192] Ibid., 16 July 1903, Ibid., L. 14.
[193]《秘密日俄战史》第1卷,27—45页。

井口指出，俄罗斯不执行"满洲"撤兵，"于朝鲜国境增加兵力，且无视日俄协约，借口伐木，让便服军人越过满韩国境，侵入朝鲜国内。"他评价这一动向是"即使对帝国将来无危害，帝国亦不能糜费国力一赌存亡、默然视之的重大事件"。

这种见解的基础是"俄国国策自彼得大帝以来，即着眼于全世界之统一"。且一贯推进"东方经略"，相继获得中央亚洲、东西西伯利亚、"满洲"北部、桦太岛（库页岛），"遂至旅顺、大连及其他辽东半岛之地域，以租借名义占夺"，如此还不"满足"，"遂借租借旅顺、大连，以预备侵略满韩地方。""贪婪无厌，殆不知所止。"

因此"若让俄国于满洲维持现状"，"将朝鲜委以彼之毒手……日本帝国蛰伏扶桑一孤岛，无伸展手脚之地……如对马及北海道等帝国主要属岛……亦不保遭遇被其占领之厄运。"发言颇具雄辩和夸张，述说俄罗斯在控制了"满洲"之后，甚至还有占领北海道的可能，宣扬了俄罗斯威胁论。

那么该如何对抗这样的俄罗斯，从而解决"满洲"问题呢？

故此，将俄人驱逐至满洲以外，开放满洲为各国之相互市场，……让满洲成为任何国家都不能伸其毒手的中立地。并落实韩国之占领，阻俄人南下，迫其返还租借之旅顺、大连，如有可能，更占有浦盐港（译者注：指符拉迪沃斯托克。），以阻塞俄人进入太平洋之门户，为最确实之策。

为了达成使"满洲"中立，并占领韩国，将符拉迪沃斯托克（海参崴）纳为日本领域的构想，"怀抱不惜最后赌以战争的决心，尝试强硬外交谈判，彼从我命则可，不从则唯有试以一大决战。"

关于日俄两国的兵力关系，战时，俄罗斯能在东亚投入的陆军兵力为23万余，其中西伯利亚、阿穆尔两军区和"关东州"共计 16 万余，其余 7 万要从莫斯科军区动员，但以现在西伯利亚铁路的状况，到达辽阳附近需要 120 天。与之相比，日本的陆军兵力为 13 个师团，其中有 4 个师团在开战时即可投入战场。因此"今日之境况于我帝国最为有利，于俄国则最为不利"。随着俄罗斯铁路能力增强，兵力集中速度加快，状况大概就会变成"于俄国有利"了。海军也同样，"帝国舰队之势力，俄国于我为三对四之比率，我方明显比俄国占有优势，虽有十分胜算，但随着俄国海军扩张计划逐次完成，明年六七月时，两国海军之实力殆相匹敌，其后俄国实力将逐年增强……我方终究不及俄国之势。"因此，"帝国惩治俄国之横暴，……绝其危害日清韩三国独立之野心，若失此时，不可复求。"

井口做了结论性的总结："一，俄国未自满洲撤兵，会使帝国将来生寒心之结果，不可措之不问。二，……帝国与英美两国共同向俄国公然要求撤兵，且须得远东永远和平之确实保障。……帝国即使单独与之谈判，亦不可不公然行之。三，万一谈判决裂，……俄国不应我之要求，帝国不可不诉诸兵力以贯彻目的，依彼我兵力之关系、西伯利亚铁路未完成、日英同盟成立、清国国民之敌忾心等，以今日为最好时机，若今日失此好时机，决不可再得。"

他提出了四原则：最重视"满洲"问题；最好与英美共同进行交涉，倘若不可行，则单独进行交涉；如果谈判决裂，就发动战争；若发动战争，今日是最好的时机。

根据大岛健一第四部长的回忆，除井口之外，松川、大岛也发表了意见。"三部长所见一致之点，若徒然迁延现况，俄国将于东亚渐次占据有利地位，与之相反，我国则招致不利之情势，可谓今日绝不可失此日俄开战之好时机。"福岛安正因故缺席，第三、第五部长大泽界雄、落合丰三郎没有发表任何意见。田村次长也一言未发，但在大山总长刚讲到"因俄国是大国"时就退席了。[194] 井口日记中写道，"总长……流露出反对之意"，他"愤慨总长不温不火的态度"，得到了松川、大岛的劝解。[195] 很明显，参谋总长、次长和下面部长们之间出现了分歧，但这不是本质性的对立。

这个时候，民间也出现了重要动向。6月1日，东京帝国大学教授户水宽人、寺尾亨、金井延、中村进午、富井政章、小野塚喜平次、高桥作卫七位博士访问桂首相并提了建议。他们在归途中也向小村外相请求会面，但遭到了拒绝。翌日，他们又请求会见山县，同样遭到回绝。于是他们改成提交建议书，由高桥作卫起草，于6月10日整理成形。在这一阶段，七博士并没有考虑过将建议书的内容公之于众。然而，6月21日，《东京日日新闻》发出批评这份建议书的评论。于是，户水等人决定迈出公布建议书全文这一步。6月24日，建议书全文在《东京朝日新闻》等数家报刊发表了。[196]

> 现已过第二次撤兵之期，而俄国尚不举其实，当此时，若空历岁月，对条约之不履行付之不问，逸此千载之良机，窃恐其责终归诸公。噫！我邦已于归还辽东问题一度逸失良机，复于胶州湾事件逸之，又三度于北清事件逸之。岂可更蹈此覆辙，一再失策乎。既往者不可追，然不可不讲求失之东隅，收之桑榆之策。尤须注意远东之形势渐迫危急……再无逸失机会之余裕。若逸今日之机，日、清、韩恐再无抬头之日。

---

[194]《秘密日俄战史》第1卷，46页。
[195] 井口省吾日记，《日俄战争和井口省吾》，232页。
[196] 户水宽人《回顾录》，非卖品，1904年，276—280页。

> 今俄国渐次于满洲扶植势力，依靠贯通铁路、建筑城壁炮台，逐渐坚固其基础，尤于海上大集舰队势力，增其海陆强势，以威压我国，此为最近报告所证明。故迁延一日，即增一日之危急。然独喜目前我军力较彼尚稍有胜算。……当此之时，若等闲失机，实可谓遗患千秋。
>
> 夫俄国今日无与我抗衡之成算。然观其所为，或无视条约，或煽动马贼，或入兵朝鲜，或于半岛之要地寻租借地，旁若无人。……彼若于满洲站稳地位，次将临朝鲜如睹火明，朝鲜既服其势力，次所欲临之地，不问自明。故曰，今日不解决满洲问题，则空谈朝鲜，若空谈朝鲜，则日本之防御无望矣。
>
> 欲乞注意，置外交争议之中心于满洲，与置之朝鲜，其间大相径庭。……争议之中心置于朝鲜时，满洲当然属俄国势力之内，俄国有解释之便宜。故远东现时之问题，必得满洲之保全，于此不可不决之。若以朝鲜为争点，其争议退让一步，则一举并失朝鲜与满洲矣。
>
> 纵令俄国政治家以甘言诱我，我亦不能取满韩交换或类似姑息之策，根本之解决仍在满洲归还之问题，需以最后之决心，谋永久保持远东和平之大计。[197]

这份建议书反映了当时民间主战论的代表性意见，因此在日本国内引起了巨大反响。然而值得注意的是，这份建议书的主张在韩国也唤起了特别的关切。《皇城新闻》这份拥有四个版面的日报分三天连载了建议书的全文，可谓史无前例。[198] 对于这份在

---

[197] 户水宽人《回顾录》，282—288页。
[198]《皇城新闻》1903年7月7、8、9日。

前言中就表达了对"满韩交换"论的反感、批判了俄罗斯的侵略性、批判了"满韩交换"姑息政策的意见书,《皇城新闻》似乎颇有好感。不过,第四天刊登的评论中写道,日俄战争是趋势,还提出问题:"我韩国位于两者之间,面对危急切迫之状,该如何做呢?""暗中担忧恐如俎上之肉,无论如何皆不能避免被吞噬之患。"文章最后以"竟何言,呜呼悲之"结尾。[199]

然而,《皇城新闻》在7月22日和23日的外报栏介绍了户水的新文。这是户水在七博士意见书发表后不久,于7月8日所做的口述文章,其后收入了七博士的《日俄开战论纂》中。该文露骨地写道,日本由于人口膨胀,有必要"践行帝国主义",对象是亚洲大陆,其中"朝鲜、满洲是最适合移住之地……必须思考于此二地区发展日本国力的道路"。《皇城新闻》在"帝国主义"之后,加上了"于外国发展自己国力之主义"这样的说明,弱化了论旨。户水在该文中还露骨地写道,"由于朝鲜人是趋炎附势的国民,即使日本吞并朝鲜,如果不一度让俄罗斯屈服的话,朝鲜人必定会考虑寻求俄罗斯的保护","日本仅以朝鲜为殖民地,其实并不够"。[200] 不过《皇城新闻》没有介绍这些段落。即便如此,《皇城新闻》仍然对户水文章抱以好意,这究竟是什么心理呢?

库罗帕特金在日本

在这样的背景下,俄罗斯陆军大臣一行访问了日本。他们在下关登陆,于6月12日抵达东京。随行者中排第一位的是索洛古布

---

[199]《写于日博士建议书后》(韩文),《皇城新闻》,7月10日。
[200]《日俄开战论纂》,旭商会,1903年,1—18页。

中将，其次是沃加克少将。日本的报纸认出了曾任公使馆武官的沃加克。《东京朝日新闻》写道："大佐在日本时，适逢日清战争，飞耳长目，忽支那，忽东京，机敏大胆，捷若车轮之动，观察深刻，示人非凡伎俩。日本归还辽东前后，其名声忽扩于世上。"[201]

库罗帕特金翌日谒见了明治天皇。他在日记中写道："最初的印象并不是很好。……但是，在更近的地方仔细注视这位在日本历史上占有杰出位置、值得关注之人的眼睛，就会感受到，这位统治者有着宏大的器量、高度的理性、大胆以及对掌控巨大权力习以为常。"[202]

在谒见时，库罗帕特金与桂太郎首相做了短暂的交谈，其后又见过一次，但没有深入交流。库罗帕特金按照给他的指示说了该说的话。"桂是怀有好意的，他说日本有必要与俄罗斯缔结一定的关系。他知道对很多列强来讲，让俄罗斯和日本争斗是有利的。桂说，无论是天皇还是日本的统治层，都和报纸以及某些头脑发热的家伙们的看法不同。军队不希望与俄罗斯作战，国民也不希望发生战争，因为国家疲弊。我最后说，我们在满洲做出很大牺牲，因此有权利要求在那里占据优势角色。"[203]库罗帕特金认为桂"很明显对俄罗斯怀有好意"。"他指出，大家不知道俄罗斯期望什么，将要做什么，很是苦恼。不可这样下去。他支持与俄罗斯签订协定。"[204]

桂在自传中这样写道，库罗帕特金"谈到日俄间存在的问题，表示非常想在两国间做些什么，以谋求妥善的解决……唯请求将已有的西伯利亚铁路与东清铁路等问题置于考虑之外。

---

[201]《东京朝日新闻》1903年6月13日，1版。
[202] Iaponskie dnevniki A. N. Kuropatkina, p. 411.
[203] Ibid., p. 412.
[204] Ibid., p. 420.

而我则以万事探知彼意为主要方针,……对两国间始终在远东问题上相互反目,不时出现开启祸端之形势,表示十分遗憾;此外……必须指出,诸如要求日本承认铺设东清铁路等事,是过分的利己主义"。〔205〕

很明显,库罗帕特金一方想要看到日本方面的善意,因此误解了桂的本心。库罗帕特金与元老山县有朋、参谋总长大山岩的谈话不太投机,最让他满意的是和寺内正毅陆相的会谈。"我们确信寺内是和平的支持者。"库罗帕特金写道,"他同意我的意见,认为即使日本胜利,也会完全丧失力量。他坦率地承认日本没有进行大型战争的财力。"库罗帕特金完全被欺骗了。他得意忘形地说,日军的缺点在于骑兵太弱,如果发动战争,俄军会摧毁日军的骑兵,那样一来,日本的步兵失去骑兵的掩护,恐怕会变得很艰难吧。这是瓦诺夫斯基的意见。〔206〕

库罗帕特金在参观了东京守备队的演习之后写道:"承认日本的军事力量在真正价值上与欧洲的军事力量对等并不为过。在防御上,我国的一个大队能够和日本的两个大队对抗,但在进攻上,我们也必须用两倍的兵力。日军不逊于土耳其军,在个别场合,或许有可能再现杜布尼亚克、普列文(均为俄土战争的激战地)的情形。那个时候,由无能的指挥官率领的五六名俄罗斯士兵,都无法打倒一名在不起眼战壕中的土耳其士兵。"

库罗帕特金认为与日军作战的最佳方法是利用骑兵的优势,通过夜间袭击,在精神上消耗他们。"日军都是南方人。他们对攻击热血沸腾,在昼间的防御战中会很拼命。然而,疲惫和反复失败很容易使他们在夜间行动中陷入恐慌。"〔207〕这种分析没有任何根据。

---

〔205〕《公爵桂太郎传》坤卷,124—125页。
〔206〕 Iaponskie dnevniki A. N. Kuropatkina, p. 414.
〔207〕 Ibid., p. 418.

第六章　新路线登场

　　库罗帕特金在访问将要结束时，特别注意到了日本人欠缺宗教心，他在日记中写道："这是日军极大的弱点。""没有宗教，没有对神的事业的信仰，而要忍受战争的严酷考验……个别人或许可能，但大众是不可能的。在日本的学校，取代宗教，教授的是对最高道德、祖国、天皇的爱，对家族的敬意。"[208]

　　从本质上讲，库罗帕特金对日军的评价是轻视日军力量的。不得不说，他保留了瓦诺夫斯基的看法，却忽略了沃加克直视的问题。

　　6月14日（1日），库罗帕特金与小村外相进行了会谈。刚一交谈，库罗帕特金就感受到了日本对朝鲜强烈的执着。"在朝鲜所发生的一切都最切实地，甚至可以说近乎病态地反映到了日本。小村的眼睛和整个面部都充满了光彩。他说，因为日本在朝鲜的利益巨大，为了保护这些利益，日本可以做出任何牺牲，不惜直面战争。"对此，库罗帕特金反驳说，根据以往缔结的协定，俄罗斯可以派遣与日本同等数量的军队进入朝鲜，但我们没有那么做，尽管如此，日本却要求我们履行1902年3月26日的条约，这是奇怪的，对于大国俄罗斯来讲是屈辱的。库罗帕特金写道，小村说"对于该怎么回答这个问题，我也很困惑"。但他仍然固执地反复说，日本为了保护它在朝鲜的利益，可以做出任何牺牲。不过，小村在即将告别时也说："相信有办法解决目前的事态，只要找到就好了。"[209]

　　即使在这里，库罗帕特金仍然认为妥协是可能的。他在俄罗斯公使馆会见了伊藤博文。伊藤确实是支持与俄罗斯签协定的人。罗森公使有一个方案是，宣布"满洲"具有与波斯尼亚和黑塞哥

---

[208] Iaponskie dnevniki A. N. Kuropatkina, pp. 436-437.
[209] Ibid., p. 420.

维那（波黑）同样的地位，但条件是"我们也要停止在朝鲜的任何积极行动"，因为"如果不那样做的话，与日本的决裂将不可避免"。罗森在数年前曾提过以平壤—元山一线将朝鲜分割为南北势力圈的方案，现在他也认为以达成这个协定为目标进行交涉为好，如果不可行，可以放弃整个朝鲜。库罗帕特金则陈述了他一贯的主张，如果俄罗斯取得整个"满洲"，日本取得整个朝鲜，俄罗斯就必须在远东部属大量兵力，而如果俄罗斯只控制"北满洲"，或许可与日本达成协定，不让日本军队进入朝鲜。"罗森男爵很明显同意这一论据的重要性。"〔210〕

6月17日（4日），库罗帕特金从京都给皇帝尼古拉二世发去电报，汇报了自己通过与日本各路要人谈话得出的结论：

> 现在位于政府顶层的人承认，确实有必要从困扰人的、俄罗斯在远东表现出的不确定的立场中摆脱出来。这些人，包括伊藤侯爵在内，都认为对日本来讲，与俄罗斯决裂是危险的，他们是满怀关注和敬意对待俄罗斯在满洲的利害的。遗憾的是，舆论被强力的、有影响力的党派操纵，对俄罗斯怀有不信任和敌意。这个党派的代表一直高调地宣称，即使俄罗斯放弃了朝鲜，也不能允许它在满洲表现出主人的面孔。
> 关于满洲问题，我们不用担心会与日本发生冲突。但条件是，尽管我们在朝鲜拥有无可争议的权利，但要克制积极地行使这些权利。〔211〕

库罗帕特金完全被日本方面的态度迷惑了。

---

〔210〕 Iaponskie dnevniki A. N. Kuropatkina, p. 423.
〔211〕 Ibid., pp. 421-422.

第六章　新路线登场

日本确定对俄方针

　　库罗帕特金结束了在东京的行程，去往京都方向后，日本政府仿佛一直在等待似的，迈出了与参谋本部共同商定对俄政策的一步。6月23日召开了御前会议。虽然这个御前会议的经过不是很清楚[212]，但在会议的前一天，6月22日，参谋总长大山岩向天皇和政府提交了《关于解决朝鲜问题的意见书》。这份意见书是田村怡与造次长基于参谋本部内高涨的日俄开战论，为向政府呈报意见而写就的。大山参谋总长对其做了若干修正后，给伊东祐亨军令部长过目，想要联合署名提交，但伊东虽然同意这份意见书的内容，却没能共同提交。海军军令部内也是自次长以下意见全都一致，只有山本权兵卫海军大臣持有诸如"韩国失去亦可，防卫帝国固有领土足矣"的意见，反对提交意见书。

　　大山意见书以"我日本帝国以朝鲜半岛为我独立之保障地，乃开国以来一定之国策"开篇，断言："俄国势力突然东渐，……掌握满洲实权，其膨胀之迅速实为预想之外。帝国若旁观之，放任其为，不出三四年朝鲜半岛必归彼领有。""彼果真取之，我失唯一保障。西海之门户将被破坏。仅隔一衣带水，直接虎狼强大之国。……我帝国臣民之寒心忧虑，岂有过之哉。"接着是对现状的认识和提案：

> 我帝国宜于今与俄国交涉，从速解决朝鲜问题。若于今日交涉之，或未必诉诸兵力，容易得以解决。若不幸至开战，彼之军备今日尚有欠缺之处。……彼我之兵力未失均衡，尚

---

[212] 伊藤，《立宪国家和日俄战争》205页虽然认为是由明治天皇发起，但大概只采用了形式吧。

足抗衡。故为国家百年之长计，解决朝鲜问题唯在此时。或因循逸此良机，彼今日欠缺之处，不仅三四年内尽可消除，更占有强固之根据地，以威力压迫，纵令我军备更充实扩张，终究不能追及与彼相等之程度。……遂唯有饮恨受辱。[213]

日俄战争良机论是参谋本部一致的意见。不过这份意见书论述的是解决朝鲜问题，寻求为此开展交涉，如果无法解决，再诉诸战争。而在参谋本部，井口等人一直主张的是为解决"满洲"问题而谈判和战争，他们的主张被做了大幅修改，《秘密日俄战史》写道："参考了田村次长之意见书（满洲经营委于俄国，韩国收归于我）。"[214]角田顺认为大山意见书是"首尾一贯的满韩交换论"[215]，或许与此相关。但是，大山意见书没有触及对"满洲"的政策，虽然在交涉过程中，也容许"满韩交换论"，但不惜发动战争，而且认为现在正是发动战争的良机，既然要在"满洲"开战，其实已经预想到了进入"满洲"问题。反而可以说，这是为了将参谋本部的"满洲"问题解决方案作为实际的国家方针，才将解决朝鲜问题方案当作具有现实可行性的国家政策。考虑到与欧美列国的关系，以日本的处境，因"满洲"问题而发动战争是不可想象的。可以推测，如果大山、田村想以陆海两军的名义提出这份意见书，他们势必与桂首相、小村外相做过相应调整。大山意见书与小村为御前会议准备的意见书在内容上大体是一致的。

6月23日，伊藤、山县、大山、松方、井上等元老，桂首相、寺内陆相、山本海相、小村外相出席了御前会议，小村外相

---

[213]《秘密日俄战史》第1卷，47—50页。沼田多稼藏《日俄陆战新史》，岩波新书，1940年，4—6页。

[214]《秘密日俄战史》第1卷，47页。

[215] 角田，《满洲问题与国际方针》，161页。

提交了意见书。该意见书以"顾念东亚时局,虑其将来,思帝国所应执政策"开篇,从"帝国之防卫与经济活动"这两大政纲出发,列举朝鲜和中国福建作为着眼大陆的要点。

意见书首先论述:"韩国恰如利刃,自大陆指向帝国之首要部位,其突出半岛之尖端,与对马相距仅一衣带水。若至其他强国奄有该半岛,则帝国之安全常处其威胁之中,到底难保无事。""随时预防,可谓帝国向来之政策。"接着论及福建,不过由于这方面的问题"并非燃眉之急",只是一带而过。然后写道:

> 而韩国事情大与之异,俄国已……不仅租借旅顺、大连,还事实上继续占领满洲,进而又向韩国边境试行诸般设施。若就此旁观,不仅俄国于满洲地位绝难撼动,且其余波将殃及韩半岛,汉城之官廷及政府迫于其威压,至唯命是从……终至危殆帝国之存立,乃不容置疑。[81]

这里论述了因俄罗斯统治"满洲",从而威胁到对日本而言生死攸关的、重大的统治韩国问题,这点与大山意见书相同。

文中写道:"为帝国计,于今对俄国试行直接交涉,以图事局之解决,极为紧要,今日时机既熟,若空错过,将来或再难逢同一机会。大局既去,乃至贻憾万世。"交涉的背后考虑到了战争,之所以说现在是解决问题的良机,其真实的含义就是如果双方交战,现在是好时机。在这一点上,小村意见书和大山意见书完全重合。

小村认为与俄罗斯交涉,具体应该争取以下四点:

一,维持清韩两国独立、领土完整及工商业上机会均等之主义。

二,日俄两国互相承认当前在韩国及"满洲"保有的正当利益,并可采取必要的保护措施。

三，日俄两国为保护上述利益……承认有出兵权。

四，日本有为韩国内政改革提供建议和援助的专权。[216]

此交涉内容为：相互承认日本在韩国的权益，俄罗斯在"满洲"的权益，并主张日本在韩国的权益为"专权"。虽然以朝鲜问题为主，但在这个程度上，也有必要涉及"满洲"问题。俄罗斯没有拒绝过就朝鲜问题进行交涉。而且日本就朝鲜问题与俄罗斯交涉时，也能够得到日英同盟的另一方——英国，乃至美国的支持。但如果是"满洲"问题的话，俄罗斯采取的态度是这是俄清之间，或者说是清国与列强之间的问题，并非俄罗斯应该与日本协商的问题。而且，"满洲"问题也是英国和美国关心的事，因此他们不会赞成日本随意交涉。但如果就朝鲜问题交涉时附带着"满洲"问题，或许可以接受。从日本方面来讲，这样做就可以在日俄交涉时，获得英美的关注、支持了。

另外一点是，日本国内有以元老为中心的对俄绥靖论，如果不加以抑制，就无法迈向战争。小村所提议的日俄交涉在形式上得到了包括对俄绥靖派在内的一致赞成，倘若交涉破裂，迈向战争就成了唯一的办法。

《东京朝日新闻》的主笔池边三山为了采访御前会议，于24日会见了很多人。他的结论如下：御前会议的"备忘录因解释者之心不同，其见解自异。而对俄之照会亦近于协议，山座领会为'ultimatum'，清浦等人领会为'agreement'"。山座是政务局长，是小村的心腹。"ultimatum"的意思是"最后通牒"。清浦指清浦奎吾，为阁僚中的司法相。御前会议的备忘录一方面可以看作是"最后通牒"，另一方面也可以看作是呼吁"协定"（agreement），

---

[216] 小村《关于对俄交涉之事》，1903年6月23日，《日本外交文书》第36卷第1册，1—3页。

这样的推进方式真是用心良苦。池边还见到了被北京的内田公使派遣到东京来的公使馆员岛川毅三郎。内田被视为主战论者，他是出于焦虑派来岛川的。池边记下了岛川的话："小村对岛川说，与外交相比，内交更难，内田虽独自焦虑，亦无济于事，此事内田应知，何必无情催促，反生败事之由。"〔217〕

日俄围绕朝鲜曾签订 1896 年的山县—洛巴诺夫协定、1898 年的西—罗森议定书。虽然这些协定因俄罗斯与韩国的关系发生变化，已经形同一纸空文了，但由于协定本身并没有作废，因而日本要求俄罗斯承认，将过去的这些协定全部废除，日本可以对韩国独占地进行政治指导、军事援助、推进经济活动等事项。总之，就是要求俄罗斯承认将韩国作为日本的保护国。若不承认，就意味着俄罗斯将来想要向朝鲜伸手。因此，如果通过外交交涉，俄罗斯不肯承认此事的话，就要诉诸战争迫使其承认，而且如果要发生战争，错过现在就没有好时机了。

在御前会议上，外相的提案没有任何异议地获得通过。其后，在阁议中这一提案也得到承认，因而作为政府方针被确定下来。〔218〕虽然俄罗斯的陆军大臣就在眼前，还和他交谈过，但日本政府没有赋予此事任何意义。

尼古拉和阿巴扎的新方针

恰好在这个节点，尼古拉二世在前一天——6 月 22 日（9 日）

---

〔217〕《文学者的日记 3 池边三山（3）》，150 页。
〔218〕《公爵桂太郎传》坤卷，128—129 页。伊藤之雄和尼什写道，由于伊藤（博文）和井上主张更稳健的方案，通过的是妥协的决议（伊藤，《立宪国家和日俄战争》，206 页。Nish, op.cit., p. 159）。此说有误。决议并不是妥协性的。

召见了负责留守的阿巴扎[219]，他们谈及远东局势时，尼古拉突然说承认日本领有朝鲜。这距他上次在协商会上说要修正单纯的一边倒的让步政策算起，还不足一个月的时间。而且他的两名辅佐官还去了远东不在身边。像这样根据自己心情而摇摆不定，是尼古拉致命的弱点。6月24日（11日），阿巴扎给别佐勃拉佐夫发去了电报：

> 皇帝陛下命令告知你，他最终做出了一个决定：许可日本完全领有（zavladevanie）朝鲜——大致北边边境到我们在图们江的利权地，西边边境到我们在鸭绿江的利权地。确定更准确的日本领有朝鲜的边境是将来的问题，必须要按照俄罗斯的想法去做。可等俄罗斯派遣的军队到达外贝加尔边疆区之后，将这一许可通告日本，不要让他们感觉是在让步。陛下大概想通过在朝鲜问题上的让步，消除我们与日本发生冲突的风险吧。陛下委托你把整个这件事传达给侍从将军阿列克塞耶夫，这个新的提议对他来讲就是指令。阿列克塞耶夫可以将此事传达给雷萨尔、罗森、巴甫洛夫，但要严守秘密。阿列克塞耶夫必须斟酌整体状况和公使们的意见，选择适当时机来报告向日本宣告此事的时间。[220]

别佐勃拉佐夫、阿巴扎的想法是，俄罗斯该确保图们江、鸭绿江，把它们作为屏障。此决定的新鲜之处在于，俄罗斯承认直至屏障边缘的区域归日本领有。这个方案获得皇帝的支持，可算是阿巴扎用力过猛的结果。阿巴扎将方案告诉了海军元帅阿列克谢大公，大公指出，如此一来，"关东州"和旅顺就会被封锁，与符拉迪沃斯

---

[219] Nikolai II's Diary, GARF, F. 601, Op. 1, D. 246, p. 16.
[220] *Dokumenty kasaiushchiesia peregovorov s Iaponiei v 1903-1904 godakh, khraniashchiesia v kantseliarii Osobogo Komiteta Dal'nego Vostoka*, [hereafter DKPIa][Sankt-Peterburg], 1905, No. 1, pp. 13-14.

第六章　新路线登场

托克（海参崴）的联络也有被切断的可能性。对此，阿巴扎回答，日本得到朝鲜后，无论是北边、西边、南边都被我们包围了，因此它会努力保持与俄罗斯的友好关系吧。大公说那样的话，条件就是，朝鲜沿岸不能要塞化，也就是说要保障俄罗斯舰船的航行自由。

阿巴扎将此事报告了皇帝，并起草了文书《将来日本与我国关系的基础》附于报告内。这是先前给库罗帕特金的对日方针的前六项，又加上了皇帝的新决定。文中的表述为，承认"日本在朝鲜无条件地确立势力"，以图们江和鸭绿江流域的分水岭为境。还有一项是，朝鲜沿岸的要塞只能设在面向日本和俄罗斯共同敌人的地方。文中进而展望，俄罗斯在"满洲"经济上的稳固，与日本在朝鲜的稳固互相结合起来，将会创造出"工商业的共同关切"，有助于两国确立睦邻友好关系。[221]

对比日本的内阁决议和俄罗斯皇帝的决断，我们在其中能够看到妥协的可能性吗？日本统治朝鲜的要求既不允许俄罗斯控制鸭绿江，而且也和俄罗斯继续领有旅顺、大连相矛盾。另一方面，从俄罗斯皇帝的角度来讲，虽然承认日本统治朝鲜，但还想控制鸭绿江，扼制日本北上，想通过这种方式获得包括旅顺、大连在内的安全保障。也就是说，他想让日本立下誓约，获得朝鲜后，就不要再有其他野心了。可见两者的立场不可调和。具有讽刺意味的是，恰好在这个时候，通往战争的道路开启了。

库罗帕特金离开日本

库罗帕特金对当时的状况一无所知，十分悠然。他在日本视

---

[221] Abaza to Nikolai II, 14 June 1903, RIaV, pp. 144-146.

察士官学校、参观大阪博览会后，又逗留了很长一段时间，然后于6月29日（16日）离开日本，前往旅顺。[222] 在日记中，他这样记述访问日本得出的结论：

一，俄罗斯在远东的利害关心顺序，第一是沿阿穆尔地区，接着是"满洲"，然后是朝鲜。

二，以俄罗斯的力量无法做到占领整个朝鲜，此举也不会带来利益。

三，将朝鲜分割为南北会增强俄罗斯的地位，但需要付出巨大的牺牲。

四，但是，日本占领整个朝鲜对俄罗斯是不利的，因此不能承认。

五，无论日本还是俄罗斯都能够占领朝鲜，但会有相当的消耗。

六，因此"无论对我们来讲，还是对日本人来讲，朝鲜不被其中任何一个国家占领是有利的"。

七，但是，日本大概会为朝鲜向我们宣战，英德将从中获利。

八，"俄国与日本的战争在最初阶段即使得不出任何结果，也不会因此而结束。相反，这场战争大概会开启绵延数次的日俄战争之路。"

九，我们不能被敌人牵着走。从欧洲战线和国内问题来看，在远东我们必须要慎重。

十，因此，"与日本维持和平必须是近年在远东行动的基础。这比一切朝鲜的利害都重要。"关于"满洲"，要确保"北满洲"，在"南满洲"给与列强一定的行动自由，可以再度提出由列国保障朝鲜中立的方案。[223]

---

[222] Iaponskie dnevniki A. N. Kuropatkina, p. 440.
[223] Ibid., pp. 438-439.

第六章　新路线登场

结果，库罗帕特金访日只给他自己留下了有可能与日本缔结协定的幻想。日本舆论对库罗帕特金表现出的友好姿态没有做出特别的反应。在库罗帕特金到达日本时，《东京朝日新闻》写道："尽管吾人一贯反对俄国之远东政策，亦挡不住衷心欢迎将军之情也。"[224] 在归国之际，《东京朝日新闻》的记者采访了库罗帕特金，询问他对日本的感想[225]，但没有更深入的东西。不知道陆军大臣到底为何访日，这样的情形，似乎反而加强了民众莫名的反感。俄罗斯财政部在东京的代表罗斯波波夫6月20日（7日）以分条书写的形式向维特发去报告：

一，俄罗斯陆相的到访，为"满洲"问题和朝鲜问题……增添了特别的紧张。访问没有使舆论沉静，反而火上浇油。

二，无论从库罗帕特金将军与上述问题相关的角度来说，还是从"众所周知，他讨厌日本"这个角度来说，他的为人使他远远不能在日本引起共鸣。

三，日本的氛围是严格确定的，绝不允许任何对民族利益或尊严的侵害，为了维护这一点，不惜采取任何极端的手段。

四，俄罗斯陆相应该特别将这种气氛铭记在心，不能因为一部分大臣或元老和蔼可亲或温文尔雅的态度而产生误解。他应该在圣彼得堡明确地说明，为了回避战争，此时必须对满足"日本在满洲和朝鲜的合法主张"施以影响。[226]

87

旅顺会议

别佐勃拉佐夫到达旅顺后，与阿列克塞耶夫进行了会谈。此

---

[224]《东京朝日新闻》1903年6月12日。
[225]《与俄国陆相对话》，同上，1903年6月28日。
[226] Rospopov to Vitte, 7 June 1903, OPIGIM, F. 444, D. 103, L. 71-71ob.

时的他，已不再是年初来的时候那个来历不明的人物了。他既有枢密参赞的头衔，又携带着由皇帝主持的协商会的决定。二人就增强远东兵力方案达成了一致。6月30日（17日），库罗帕特金一行返回了旅顺。别佐勃拉佐夫大概先与沃加克碰头商谈过了，话题的中心是阿巴扎传达的皇帝决定的电报。二人商谈的结论是，反对皇帝的这个方针。其后，别佐勃拉佐夫在7月4日（6月21日）给皇帝发去了对日本和朝鲜的考察结论，他对日本的看法颇为严厉：

> 现在大约有三万日本人在朝鲜，大多数为"社会渣滓"，他们遭到了朝鲜人的"憎恶"。由于日本人"蔑视"朝鲜人，一直对征服的地域施以"传统式的残酷"，因此有可能引起朝鲜人的大规模叛乱。日本的"最终目的"是"使该国零落，利用人民叛乱实现无人化，然后让本国国民迁入朝鲜"，即"先掠夺，后抹杀"。"虽然眼下难以判断应用这种帖木儿时代的政治伦理能在多大程度上顺利地进行下去，但无论政府再怎么软弱，国民再怎么无力，想将这个国家的民众从他们的土地上简单地抹杀掉，其可能性很值得怀疑。"
>
> 日本人在朝鲜做军事准备的目的不仅在于占领该国，而且还要在大陆建立切实发起反俄行动的跳板。日本人在其民族自我意识中，无法抑制随着时间推移，将我们从满洲驱逐出去，成为黄色人种盟主的想法。因此，即使他们占领了一部分或全部朝鲜，也无法期待他们会就此满足，变得安静起来。

接着别佐勃拉佐夫强调了北部朝鲜、鸭绿江流域的战略意义。如果日本控制这里，它会进一步进攻俄罗斯方面；而如果俄罗斯控制这里，则会对俄罗斯有利。他虽然不清楚日本在多大程度上理解这点，但认为日本军部"比我们理解得更透彻吧"。

别佐勃拉佐夫写道，为了对抗日本在朝鲜影响力增大的局面，俄罗斯"应该超越单独在北部维持支配性地位的思维，不是往前走，而是用心构建与其他国家民间商业的协调关系"。他认为在获得朝鲜矿物资源的利权、开展实业时，有必要引入美国资本，现在沃加克正在和美国实业家汉特接触，如果成功的话，"会让陶醉于自己帝国主义愿景的日本人返回正常状态。"[227]

别佐勃拉佐夫等人认为，通过承认日本获得直到鸭绿江边的朝鲜这种方式，不能解决问题。他无视皇帝的决断，没有遵从皇帝的命令，向阿列克塞耶夫传达放弃朝鲜的决定，这点是确实的。[228]

很快，自7月1日（6月18日）起，库罗帕特金、阿列克塞耶夫、别佐勃拉佐夫三人召开了协商会。不知为何，沃加克没有参加首日的会议，从次日的第二次会议起才出席。

首日，与会的三人一致认为，主要从清朝政府的态度、部分从列强的行动方式来看，严格按照字面意思履行1902年3月26日条约是不可能的。随后，三人又对为了捍卫俄罗斯尊严，确保俄罗斯在"满洲"有着与它的付出相称的优越地位，有必要强化"关东州"和东清铁路沿线的军备这点达成一致。为此他们编制了3000万卢布的特别预算，之后每年还需要600万卢布的支出。增强"关东州"驻屯军队的办法是，从"满洲"的部队调配两个狙击兵联队、两个炮兵中队、一个工兵大队。还要移动第二西伯利

---

[227] Bezobrazov to Nikolai II, 21 June 1903, RIaV, pp. 148-150. 末尾写着圣彼得堡，大概有误。
[228] A. N. Kuropatkin, Prolog manchzhurskoi tragedii, RIaV, Leningrad, 1925, p. 29. Andrew Malozemoff, *Russian Far Eastern Policy, 1881-1904:With Special Emphasis on the Causes of the Russo-Japanese War.* New York, 1977, p. 220. 石和静《俄罗斯的韩国中立化政策——与维特的对满洲政策的关联》，《斯拉夫研究》第46期，1999年，50页。

亚军团司令部。要立即强化要塞防备，为被调动的部队预备物资、粮食。为了给这些部队再加上六个狙击兵联队修建临时宿舍，需要国库紧急给阿列克塞耶夫汇款250万卢布。

三人就这样首先就强化军备对策达成了一致，不过这可能是阿列克塞耶夫和别佐勃拉佐夫事先已达成一致，库罗帕特金也不得不赞成的吧。笔者推测，当时库罗帕特金没有特别反对，而是接受了这个方案。其实这个时候，别佐勃拉佐夫已准备好了批判库罗帕特金军政的意见书《为阐明远东战略形势的军事力量计算》。但是，由于这天看到大家的意见一致，就没有将意见书交给库罗帕特金。

在一般政策层面，三人确认了有必要审议为彻底解决"满洲"问题，是否应该将在"满洲"的利害和在朝鲜的利害分开，即"满韩分离论"。[229]

7月2日（6月19日）的第二次会议，沃加克和驻韩公使巴甫洛夫也参加了，会上讨论了"满韩分离论"。按照库罗帕特金和阿列克塞耶夫的意见，提出了优先在"满洲"获取必要的成果，"稍稍推迟我们在朝鲜的活动"这个方案。俄罗斯不论占领整个朝鲜还是只占领北部都不是上策，因此不应该这样做。同样，日本不论是占领整个朝鲜还是南部，对俄罗斯来讲也不是上策。但是，日本可能会借鉴俄罗斯在"满洲"的行动，占领南部朝鲜，因此必须为此做准备。不过到那时候，俄罗斯可以采取只提出抗议，而不占领北部朝鲜等的对策。至此为止，别佐勃拉佐夫都予以赞成。

随后"确认了俄罗斯为争取时间，应该向该帝国（日本）政府发表声明：俄罗斯在满洲的行动与朝鲜没有任何关系，对于朝鲜，俄罗斯衷心希望遵守现行的条约协定，且没有任何侵略的意

---

[229] Zakliuchenie Soveshchaniia po voprosu o Man'chzhurii. No. 1, 18 June 1903, RGIA, F. 560, Op. 28, D. 213, L. 196-196ob.

图,将会与以往一样努力支持朝鲜的独立"。另外,为了不使日本方面将鸭绿江林业公司看作带有军事政治色彩的企业,确认了要赋予该企业在鸭绿江的活动"纯商业的性质",有必要立即采取措施不让现役军人参与,不将林业事业委派给预备役军官或公务员。这是阿列克塞耶夫的意见。别佐勃拉佐夫对这二点是反对的。[230]

这天还举行了第三次、第四次会议,主题是"满洲"撤兵问题。参会人员在上述五人的基础上,又加上了驻清公使雷萨尔。首先,雷萨尔公使在第三次会议上做了报告。公使于6月11日(5月29日)再度与清国展开了交涉。雷萨尔说,尽管清国的庆亲王起先给了他清国将要接受俄罗斯要求的预期,但庆亲王与列强协商后,又摆出了只要俄罗斯不撤兵,就不同意交涉的态度。他已经准备好了相应的资料,证明由于清国没有履行1902年条约中规定的义务,俄罗斯也不能履行条约,这样一来,俄罗斯与清国即便不是永久,也会在一定时期内无法维持友好关系了。

别佐勃拉佐夫对此发言,他主张无法维持友好关系虽然对政府来讲是损失,但清国国民却因俄罗斯的庇护,有可能从现在的"行政混乱"中解脱出来。他认为这是好事,而且清国政府如果明白了无法将俄罗斯从"满洲"驱逐出去的话,也可能会顺从,主动来寻求俄罗斯的支持。他的发言很是乐观。

库罗帕特金讲述了他一贯主张的重视"北满洲"论。如果仅是北部,就不涉及除中国人以外列强的利害,但是,"南满洲"不仅有清朝的圣地奉天,同时也会让日本不安,因此将这里合并不是上策。所以应该将"满洲"分为南北,将北部合并或置于俄罗斯的完全支配下,南部则停留在允许外国人开发这种程度。

对此,阿列克塞耶夫说不论是夺取"满洲"整体,还是夺取

---

[230] Zakliuchenie Soveshchaniia po voprosu o Man'chzhurii. No. 2, 19 June 1903, Ibid., L. 196ob.-197.

其中一部分，都一样影响到了和清国的关系。雷萨尔和巴甫洛夫也提出了质疑，占领"北满洲"会刺激清国，使俄罗斯在南部变得非常艰难。会议的结论是，将"满洲"并入俄罗斯需要巨大的付出，因此无论是全部还是仅限于北部，合并在原则上来讲都是不理想的。库罗帕特金也不得不接受这个结论。

接着，根据阿列克塞耶夫的提议讨论了只要清国不付出相应的补偿，就不履行1902年条约的办法是否可行。最后决定确认这一补偿的内容。〔231〕

暂时休会后，第四次会议在同一天——7月2日（6月19日）召开，与会者相同。库罗帕特金提出了应该要求的补偿项目，为以下17点：

一，接受已经提出的条款。

二，清国不得在"满洲"部属军队。

三，清国不得让外国教官进入"满洲"。

四，为了铁路的安全，俄罗斯能够在租借地带拥有必要的军队。

五，为确保军队需要的土地，清国应帮助扩大租借地带。

六，承认军队在"北满洲"租借地之外的临时驻留，直至租借地带的兵营建成为止。

七，为保障松花江的航行和电信联络，允许俄罗斯在数个地方拥有哨所。

八，为便于铁路和布拉戈维申斯克（海兰泡）之间的交通，允许俄罗斯在齐齐哈尔－布拉戈维申斯克（海兰泡）之间的道路上拥有数个哨所。

九，为保障阿穆尔河（黑龙江）的航行，允许俄罗斯在阿穆尔河（黑龙江）右岸（清国方面）拥有十处哨所并部署守备队。

十，撤兵后，全权委员仍驻留于长春。

---

〔231〕 Zakliuchenie Soveshchaniia po voprosu o Man'chzhurii. No. 3, 19 June 1903, Ibid., L. 197-198ob.

十一，清国当局若无能为力，俄罗斯军可进行必要的协助，以维持"满洲"其他地域的治安。

十二，根据与清朝政府的协议，为防备马贼，俄罗斯军可在铁路外的诸个地点驻屯。

十三，只要俄罗斯军认为有必要，就可驻屯于珲春。

十四，中国人移民至铁路干线和俄罗斯国境之间的地域，要得到俄罗斯当局的许可。

十五，在与俄罗斯达成共识的基础上，可以在"满洲"各地设置外国领事馆。

十六，除营口之外，"满洲"的任何港口都不得作为协定港。

十七，为避免纠纷，在租借地、俄罗斯军占领的地点，只有在与俄罗斯达成一致的基础上，才能个别地允许外国人定居。

雷萨尔说，大概清国政府不会接受这里的大多数条款吧。与会者逐项进行了讨论，特别是第十五项，库罗帕特金、阿列克塞耶夫、雷萨尔、巴甫洛夫都赞成，别佐勃拉佐夫说要提出特别的意见书，没能全员一致通过。

库罗帕特金提议如果清朝政府拒绝这些要求，就声明不能履行 1902 年条约，与会者对此达成一致。关于"满洲"的将来，与会者认为"满洲"无论是全部并入还是部分并入俄罗斯都不理想，对此"达成了一致的结论"。就这样，这次会议确认不废弃 1902 年条约，但有必要用威胁合并"满洲"的办法，继续占领三年。阿列克塞耶夫提出，有必要正确解决在"满洲"的外国人地位问题。另外，根据别佐勃拉佐夫的提案，确认了可以提出恢复符拉迪沃斯托克（海参崴）为自由港的问题。[232]

---

[232] Zakliuchenie Soveshchaniia po voprosu o Man'chzhurii. No. 4, 19 June 1903, Ibid., L. 198ob.-201.

该日，别佐勃拉佐夫向库罗帕特金递交了意见书《为阐明远东战略形势的军事力量计算》。[233]

休息了3天后，7月6日（6月23日）召开了第五次会议。会上讨论了在俄清交涉时，如何排除外国列强介入。讨论的结果，一致决定给外交大臣发电报，与清国就补偿问题进行交涉时，有必要将问题只限定在与清国的关系上，注意不去触及外国人的商业利害。"俄罗斯应该采取的方针是，不妨碍清国将满洲的一部分城市向外国商业开放，但是不承认其作为外国人的居留地。"

雷萨尔问道，如果清国接受了所有的补偿要求，下一步该怎么做。对此，会议确认这种情况下就有必要履行3月26日条约。不过，库罗帕特金主张从"南满洲"撤出部队，只留下租借地，而在"北满洲"有必要特别留下俄罗斯的势力。别佐勃拉佐夫对此进行了反驳，他说，如果从凤凰城撤兵，鸭绿江就无法得到防守，木材公司也就完了，因此不能赞成会议提出的意见。于是会议决定此事日后再议。[234]

在7月7日（6月24日）的第六次会议上，再次讨论了鸭绿江公司问题。公司方面的巴拉舍夫和马德里托夫出席了。实际上，这年5月31日，以阿巴扎、翁利亚尔利亚尔斯基、马丘宁3人，再加上原伊尔库茨克总督阿列克谢·伊格纳季耶夫、宫廷警备司令官格塞、侍从长根德里科夫伯爵、近卫骑兵大佐谢列布里亚科夫4人，共7人为核心的俄罗斯远东木材公司新近成立。阿巴扎、翁利亚尔利亚尔斯基任董事，巴拉舍夫在特定期限内任总经理。公司的经营对象包括"满洲"、朝鲜、沿海州的木材业、矿物资

---

[233] Zapiska Kuropatkina, 24 July 1903, GARF, F. 543, Op.1, D. 183, L. 109.

[234] Zakliuchenie Soveshchaniia po voprosu o Man'chzhurii, No. 5, 23 June 1903, Ibid., L. 201-202ob.

源、渔业、毛皮业、水运业、商业。[235]

巴拉舍夫在这次会议上汇报，现在公司在法律上已经完全没有问题了。虽然起初韩国方面曾经有过阻碍，但现在已经得到了解决。目前公司有9名经理（其中除马德里托夫外，还有一名军官），97或98名退役士兵，200名中国人，900名朝鲜短工。目前正在将伐倒的原木组成筏子，运送到河口的制材工厂。至今已经送出了200个筏子，到8月底将会送出3100个筏子。假设1个筏子有45根圆木，就可以出产5万根长木、1.2万至1.3万根短木。另一方面，从汉城来的巴甫洛夫公使传达了一个坏消息：韩国政府认为木材公司是带有军事、政治性质的企业。会议"承认，虽然木材公司在现实中是商业性企业，但由于有现役军官参与，他们的工作带有军事的特性，因而赋予了企业军事、政治性质"。别佐勃拉佐夫不赞成后半段的定义。他质问巴拉舍夫，如果政府拒绝支持企业，企业能否继续经营下去，还是不得已要停止业务。巴拉舍夫说，正是因为有政府支持，才能拯救这项事业，政府理所当然应该保护具有如此巨大的政治、经济利益，获得巨额投资的企业，因此希望至少在凤凰城、沙河镇留下军队。陆军大臣说，有必要再次确认7月2日（6月19日）的结论，这个提议得到了认可。由于别佐勃拉佐夫不同意，库罗帕特金谋求妥协，提议请皇帝来裁决这个问题，他进而还表示可以向皇帝请求给予公司一些援助，允许退役士兵参与经营，允许他们携带武器，以及允许进入公司的军官退职后恢复原职等等。尽管巴拉舍夫直到最后还是请求不要让凤凰城、沙河镇的部队撤退，但与会者向他说明按目前的方针不能采纳他的提议。[236]

---

[235] 公司设立总会议事录，RGAVMF, F. 417, Op. 1, D. 2865, L. 2.
[236] Zakliuchenie Soveshchaniia po voprosu o Man'chzhurii, No. 6, 24 June 1903, Ibid., L.203-205.

7月8日（6月25日）第七次会议完全重新讨论了撤兵之际的补偿问题，并做出决定。最终归纳为以下十项：

第一项，"满洲"的任何部分，无论采取让步、租借、居住地利权或其他任何形式，都不能让与其他列强。

第二项，为了松花江的航行和电信联络，允许俄罗斯拥有必要数量的埠头。

第三项，为确保现在的铁路和布拉戈维申斯克（海兰泡）的交通联系，允许俄罗斯修建数处车站。

第四项，在俄罗斯军驻留期间，连接旅顺和奉天、营口、辽阳、沙河镇的电信线由俄罗斯经营。

第五项，清朝政府赔偿俄罗斯修复和设置"满洲"电信线的费用。

第六项，清朝聘用外国人管理行政部门时，不可安排在清国北部。

第七项，俄罗斯当局在营口开展的卫生监督，交还清国方面后也要维持原状，聘用俄罗斯医师。

第八项，虽然"满洲"所有的俄罗斯企业都受清朝政府保护，但不得禁止其拥有俄罗斯警备员。

第九项，为保护东清铁路，清朝政府不对运输货物征收特别税，征收税率不得高于陆上、水上运输。

第十项，鉴于俄罗斯在三年占领期支出了特别费用，要优待俄罗斯人的营业活动。〔237〕

可以说要求变得非常克制了。

在上述的主会议之外，7月7、8日（6月24、25日）另外举行了由库罗帕特金主持的远东军首脑会议。别佐勃拉佐夫、沃加克没有

---

〔237〕 Zakliuchenie Soveshchaniia po voprosu o Man'chzhurii, No. 7, 25 June 1903, Ibid., L. 205-206ob.

第六章 新路线登场

参加这个会议。与会者为，国境警备军外阿穆尔管区司令官奇恰戈夫中将，以及从旅顺和"关东州"来的阿列克塞耶夫、副官沃尔科夫中将、第三东西伯利亚狙击兵旅团长斯特塞尔中将、州工兵部长巴济列夫斯基少将、州主计官卢卡绍夫少将、州参谋长弗鲁格上校。会议讨论了阿列克塞耶夫的意见书，决定首先在"关东州"将第三、第四东西伯利亚狙击兵师团（各有 12 个大队）和一个骑兵旅团重组为一个军团。进而编制新的第七狙击兵旅团，由 8 个大队组成。在旅顺和符拉迪沃斯托克（海参崴），将普通步兵联队升级为狙击兵联队，分别重组为第八狙击兵旅团、第九狙击兵旅团。在阿穆尔军区，以当地居民组建国民兵部队，使第一东西伯利亚军团能够移动集结到"南满洲"。为旅顺编制一个要塞炮兵大队。为了能尽快向"南满洲"集结，要提高东清铁路的运输能力，达到一昼夜可来往哈尔滨—旅顺间 10 趟，哈尔滨—外贝加尔、乌苏里斯克（双城子）间 7 趟。在东清铁路沿线部署第二西伯利亚军团，将司令部设于哈尔滨。一个旅团在哈尔滨设置司令部，另一个旅团在奉天设置司令部。这样一来，东清铁路沿线的兵力就有 5 万人。这个军团的一个骑兵旅团部署在辽阳。[238] 此外，还讨论了重组外阿穆尔管区的国境警备军兵力，由 2 个狙击兵旅团（16 个大队）、3 个骑兵旅团组成一个军团，在此之上再加上新编制的铁路兵旅团，但奇恰戈夫司令官提出异议，因此虽然确定了组织变更，但增员方案没有获得通过。[239] 会议的结果是，尽管阿列克塞耶夫在意见书中请求净增 44 个大队，但只通过了增加符拉迪沃斯托克（海参崴）和旅顺两要塞的 14 个大队，以及新狙击兵旅团的 8 个大队，共计 22 个大队。最终，库罗帕特金使阿列克塞耶夫的方案减半。[240]

---

〔238〕 VIK *Russko-Iaponskaia voina*, Vol. 1, pp. 324-325.
〔239〕 Zhurnal Soveshchaniia po voprosu ob usilenii voennogo polozheniia na Dal'nem Vostoke 25 iiunia 1903 goda, RGIA, F. 560, Op. 28, D. 213, L. 211-213.
〔240〕 VIK *Russko-Iaponskaia voina*, Vol. 1, p. 326.

此外，东清铁路建设得以急速推进，义和团事件之际遭到破坏的路段也于1901年完成了修复。1903年7月，全线与南部线一同开通。[241]这是巨大的变化。

7月9日（6月26日）的第八次会议讨论并确定了给外相的电报方案。会议决定，雷萨尔公使提出的关于"满洲"问题的电报案中没有必要明言要延长占领三年。另外，库罗帕特金承认与日本发生战争时，由于北部朝鲜没有道路，是连绵不断的荒野，因此有必要将兵力集中到"南满洲"。此外，巴甫洛夫公使提出，日本已向韩国政府施压，要求开放鸭绿江河口的港口义州，但俄罗斯不能承认此事，有必要采取对抗措施。会议讨论的结果是，因此事而采取与日本有战争风险的措施，并不理想，与会者就对日本的行动进行抗议，确保俄罗斯的行动自由达成一致。[242]

在7月10日（6月27日）的第九次会议也讨论了开放鸭绿江河口的问题。别佐勃拉佐夫提议在电报案中写入，俄罗斯认为现在承认开港之事不合时宜，待将来"满洲"稳定了，可以由俄罗斯提出将鸭绿江向外国人开放之事，此项提议获得了认可。驻清公使雷萨尔提议在电报案中写入，虽然认可专家的无法阻碍开港的意见，但如果真的开港了，敌人会将此视为让步，日后的对清交涉等工作将会变得极其困难。库罗帕特金提出希望补充"陆相表示鉴于与日本比较，我方战争准备尚不充分，故俄罗斯在此问题上不应对日本、朝鲜采取攻击性的行动模式"，得到了其他与会者的支持。别佐勃拉佐夫主张，继续让步政策会招致严重后果，搞不好甚至有可能失去阿穆尔，"只有以实力为后盾的，不做任何

---

[241] N. E. Ablova, *KVZhD i rossiiskaia emigratsiia v Kitae: Mezhdunarodnye i politicheskie aspekty istorii (pervaia polovina XX veka)*, Moscow, 2005, pp. 54-56.

[242] Zakliuchenie Soveshchaniia po voprosu o Man'chzhurii, No. 8, 26 June 1903, Ibid.,L. 206ob.-207ob.

让步、毅然决然的决心"，才会让敌人停止攻击性的行动模式。接着他说，只要"我们保卫满洲稳定的权利不可侵犯"这个要求不被日本等国尊重，就只能向"满洲"派去新的兵力进行对抗。他提议应该在电报中加上这样一句话，"如果日本继续攻击性的行动模式，为了维持和平，恐怕我方将不断被置于继续义务让步的立场。"阿列克塞耶夫说，不赞成将有关义州开港的决定视为让步的观点。最后，阿列克塞耶夫对与日本的战争这样讲道："从日本得到的一切情报和从那里来的人给我的印象，导致我确信我们正在逼近与日本发生战争的边缘。因此，我们必须极度慎重地对待有可能促进战争爆发的一切行动，必须要细心地注意回避类似的口实。"这个意见得到了其他与会者的支持。别佐勃拉佐夫发言道："为了避免人们认为我们恐惧、对日本的侵略性要求做出让步，维持必要的心理状态很重要。如果失去了这种精气神，只剩下执行者机械的技术操作，那么将来战争会变得不可避免。"〔243〕

最后一天——7月11日（6月28日）的第十次会议讨论通过了给皇帝的电报中有关政治和军事问题的部分。别佐勃拉佐夫提出了关于经济问题的结论案，是极度悲观的观察："可以认为，由于安全保障上的问题，财政部所做的、构成我们在满洲经济地位骨架的策划"已经部分失败了。财政部投入巨资想要获得利益，然而却只热衷于工商业方面，没有考虑到国家的目标。这个目标只有与陆海军的力量相互作用才能够达成。如果军队撤退，大概一切都完了。笔者推测会议对此虽然进行了讨论，但没有得出结论就不了了之了。〔244〕

希曼斯基得出的结论是，旅顺会议的决定充满了反别佐勃拉

---

〔243〕 Zakliuchenie Soveshchaniia po voprosu o Man'chzhurii, No. 9, 27 June 1903, Ibid., L. 2070b.- 209.

〔244〕 Ibid., No. 10, 28 June 1903, Ibid., L. 209-210.

佐夫派的精神，别佐勃拉佐夫是不满的。[245]但是，这算是库罗帕特金的胜利吗？否定5月协商会，复活3月协商会的路线这样的事情是不可能的。实际上，对阿列克塞耶夫和别佐勃拉佐夫来讲，在增强远东兵力一事上，得到库罗帕特金的同意至关重要。关于"满洲"，库罗帕特金的主张被压制，合并论被否定，确认的是为撤兵获取补偿，为此确定了十项补偿。虽然俄罗斯要求特权，但承认了外国人的商业活动。关于朝鲜，如果日本占领南部的话，不采取对抗措施。但是，不承认日本将整个朝鲜纳为己有。与日本的战争始终要回避。鸭绿江木材利权公司作为纯商业性的机构维持，当前继续占领凤凰城。会议对这些事项达成了一致。

日本的反应

日本很关注旅顺会议。确实，在陆军大臣访日后，别佐勃拉佐夫以皇帝代理人的身份来到这里，远东的公使们也聚集到一起召开的这个会议，理所当然地会被揣测其中包含了些什么。但是，牛庄、芝罘的日本领事们只捕捉到了与会者的面孔这种程度的信息[246]，终究没有搞清楚会议的内容。他们做出了判断有误的报告，认为别佐勃拉佐夫等文官代言宫廷的意见，提倡主战论，而库罗帕特金、阿列克塞耶夫等军人提倡战争回避论。[247]

实际上，在此前的7月1日，桂首相与伊藤政友会总裁之间因新税问题产生了意见上的对立，导致桂首相以这样下去，无法制订

---

[245] Simanskii, op. cit., Vol. III, p. 170.
[246] Segawa to Komura, 3 July 1903.《日本外交文书》第36卷第1册，813—814页。
[247] Mizuno to Komura, 18 July 1903, Segawa to Komura, 20 July 1903. 从俄罗斯方面来看，这份报告未必是错误的。

下年度预算为由,坚定了内阁总辞职的决心,他将内心想法上奏的同时,推荐伊藤为继任首相的首选。这是桂面对伊藤实力做的奋不顾身的挑战。山县、松方被立即传唤来谋划如何进行调整,结果伊藤被压制住了。元老全都就任公职来辅助桂,希望他继续干下去。具体而言,对俄融和论的代表人物伊藤博文于7月13日辞去政友会总裁一职,取代西园寺就任枢密院议长,山县、松方也成为枢密院顾问官。这样一来,伊藤等人的行动被大幅封锁起来。新内阁不同寻常的地方是,儿玉源太郎大将兼任内务大臣和文部大臣。[248]

在这期间,日本政府开始着手向英国政府说明将要与俄罗斯交涉的方针。7月1日,小村给伦敦的林董公使送去说明书,令其向英国政府说明。这篇文章的特征在于,日本对俄交涉的动机是彻头彻尾的"满洲"问题。[249]因为如果只说一般性的原则,英国政府不会信服,7月13日,林公使对正在考虑的协定内容进行了说明。这是与以往截然不同的朝鲜问题的交涉方案。林公使说明"我帝国政府打算让俄罗斯承认日本在朝鲜拥有特殊权益"。他隐瞒了要求"专权"之事。[250]

7月16日,英国外相兰斯敦将承认日俄交涉的文书送交林公使,上面写道:"我陛下的政府欢迎俄罗斯承认日本在朝鲜的特殊权益。"[251]小村也把将要和俄罗斯展开交涉之事告知了美国,并送去了大致相同的协定内容。[252]

海军武官鲁辛7月16日(3日)发送了关于桂首相辞职的长

---

[248] 伊藤,《立宪国家与日俄战争》,178—184页。
[249] 《日本外交文书》第37卷第1册,6页。Lansdowne to MacDonald, 3 July 1903, *British Documents*, Vol. II, pp. 206-207.
[250] Lansdowne to MacDonald, 13 July 1903, Ibid., pp. 208-209.
[251] Memorandum of Lansdowne to Hayashi, 16 July 1903, Ibid., pp. 209-210.
[252] Payson J. Treat, *Diplomatic Relations between the United States and Japan 1895-1905*, Stanford University Press, 1938, p. 176. 格里斯科姆公使7月20日向本国报告了日本的计划。

篇报告。虽然关于桂的辞职众说纷纭,但鲁辛认为这是厌恶元老干涉的桂内阁在意愿上的胜利。他正确地看出了伊藤的影响力将要减退。进而,关于7月15日儿玉源太郎就任内务大臣一事,鲁辛认为由于儿玉是"极其务实、理智、能给人好感的人",将会强化桂内阁。鲁辛在这份报告的最后谈及日本正在研究各种措施,使平时的军事力量能够迅速转移到战时状态。[253]他在结论中写道:"日本的海军和陆军在平时就处于尽可能的准备状态。从技术层面来讲,1到2周内向大陆派遣2个师团(约3万人)没有任何困难。全部陆军可以在2周内做好动员和准备。如果有3个月的时间,在鸭绿江河口集结15万的军队是可能的。"[254]

对此,阿列克塞耶夫于7月20日(7日)给鲁辛发去电报,他很担心"如果与日本决裂,会在多大程度上遭到突然袭击,事先没有外交上的交涉,发生冲突的可能性有多大这类问题",希望鲁辛能明确地说明日本的状况。[255]持续性的紧张局面已经出现在远东的最前线了。

阿列克塞耶夫在这之前的7月19日(6日)给海军大臣发去电报,鉴于日本的紧迫气氛,在还没有决定加强"关东州"陆军兵力时,"我认为现在有必要从波罗的海将准备好的舰艇全部调到太平洋来,以加强我海军力量。"[256]海军大臣阿韦兰将这份电报送给了陆军参谋总长萨哈罗夫,询问他的感想。[257]鲁辛的报告也被送到了圣彼得堡。由于刚刚将斯塔克尔贝格分舰队从波罗的海派

---

[253] Rusin to Virenius, 3/16 July 1903, RGAVMF, F. 417, Op. 1, D. 2486, L. 142-144.
[254] Ibid., p. 146ob.
[255] Alekseev to Rusin, 7 July 1903, Iz predystorii Russko-Iaponskoi voiny.Doneseniia morskogo agenta v Iaponii A. I. Rusina(1902-1904 gg.)[hereafter DMAIaR], *Russkoe proshloe*, 6, 1996, pp. 70-71.
[256] Alekseev to Avelan, 6 July 1903, RGVIA, F. 400, Op. 4, D. 481, L. 431.
[257] Avelan to Sakharov, 8 July 1903, Ibid., L. 430.

往远东，阿韦兰大概对此有些不知所措吧。

7月23日（10日），"关东州"军参谋长弗鲁格将驻日武官萨莫伊洛夫的报告传达给了参谋本部。萨莫伊洛夫也报告称，桂从伊藤、山县那里解放出来，变得强硬起来，"对于我们的利害而言，应该说现下的状态比从前更为恶劣。"日本正在做准备，无论是陆军省还是参谋本部都在反复开会。陆军和海军的准备达到了前所未有的高水准。[258] 24日（11日），驻芝罘武官戴西诺的报告也送到了参谋本部："根据我获得的可靠情报，日本有影响力的中产阶级对我们极度兴奋，期待战争的发生。虽然政府和上层阶级在抑制，但也许会屈服。"情况与日清战争前夕相同，鸭绿江的木材公司是其兴奋的原因。[259] 萨哈罗夫参谋总长于该日回答海军大臣："我认为期待进一步强化我海军在太平洋的状态是理所当然的。"[260]

海军大臣能够派遣的是在法国土伦建造、1901年下水的战列舰"切萨列维奇"号和巡洋舰"巴扬"两艘舰艇。两舰在两个月后的9月驶向了远东。

开战论在日本高涨

在日本，新闻就像雪崩一般变成了开战论。7月影响力最大的，是7月29日黑岩泪香在《万朝报》发表的评论《警告俄国》。这是该报最初发表的开战论：

> 彼俄国之亡状既如斯。我日本自应先直迫俄国，促其

---

[258] Flug to Sakharov, 11 July 1903, RGVIA, F. 400, Op. 4, D. 481, L. 438-438ob.
[259] Desino to Sakharov, 11 July 1903, Ibid., L. 439.
[260] Sakharov to Avelan, 11 July 1903, Ibid., L. 432.

> 履行满洲撤兵之约，同时应警告俄国，倘其新增派一兵于满洲，着手战备之事，我将以之为敌对行为，视为对我开战之宣言。[261]

内村鉴三、幸德秋水、堺利彦等人都是这家报纸的成员，7月7日该报还曾以"一兵卒"的笔名发表了《告战争论者》这篇非战论的评论。该报的变化可以说是翻天覆地的。

《东京朝日新闻》已经站在了主战论的立场上，7月31日，它发表了更加严厉的评论《日俄开战之风评》：

> 吾人再言：在欧洲，日俄开战之说不过是风声鹤唳。然若俄国之行动一如今日，到头来，无根之风评终为事实亦未可知。只要俄国不自满洲撤兵，日本之决心何时也不应改变。俄国之机关报纸曾言，若日本挑战，俄国有应对之准备。吾人反言之，俄国之行动愈发显示不逊之倾向，其结果当俄国自负。

对外强硬派马上开始了行动。7月23日召开了联合委员会，骨干是进步党系的神鞭知常、柴四朗等人，旧国民同盟会的头山满、恒屋盛服（盛殷），爱国党的大野龟三郎，其他还有中正俱乐部议员集会所等等也加入其中。这个委员会决定召开"对外强硬同志大会"。[262]

"对外强硬同志大会"于8月9日下午1时在神田锦辉馆召开。翌日，《东京朝日新闻》在头版的上半部做了大幅报道。与会

---

[261]《万朝报》1903年7月29日。
[262]《东京朝日新闻》1903年7月24日。

人数"五百名以上，呈无立锥余地之盛况"。旧国民同盟会的中西正树做了开会致辞，表示因俄罗斯超过撤兵期限4个月却还没有履行承诺，为了表明国民的决心，故有此次集会。大会首先通过了宣言书。

宣言书提出，"我国忍俄国"多达五次，分别为：第一，因三国干涉归还辽东；第二，俄罗斯"强借"辽东半岛；第三，东清铁路的铺设和与旅顺、大连的联络；第四，日俄缔结关于韩国的协约；第五，接受从"满洲"撤兵的约定。但是，最后不仅约定成了一纸空文，俄罗斯反而"增遣陆兵军舰……尽其所为汲汲战备……"，另一方面，还胁迫恫吓清国和我国。"呜呼此果应忍乎，是可忍孰不可忍也。"宣言书认定俄罗斯的南侵方针是不会动摇的。"俄国图南之志非一日，……特拳匪之变以来，其欲搅乱东亚和平，奄有满洲之行动，直凌侮我国天职，不可不谓触犯我国国策。"宣言书主张，作为日本国家，如果不行"天职""国策"，就无法达成"维新更始之雄图""明治中兴之伟业"。"故我政府应速下最后判断，根本性地解决满洲问题。""卧薪尝胆既久，军备扩张亦既成，吾人于兹声明信念，督促我政府之决心。"

之后，会议通过了决议："促俄国履行撤兵条约，使清国断然开放满洲，以确保东亚永远之和平，乃帝国天职。吾人切望我政府不敢懈怠，速执行之。"

之后，有几人做了演讲，旧国民同盟会的中井喜太郎请求采纳"认定俄国于龙岩浦之经营为蹂躏日俄协定"的决议。最后，大竹贯一登台朗读了归还辽东的诏敕，与会者全体起立静听。大会指定了10名执行委员后闭幕。[263] 相关人员在会后聚集，就结

---

[263]《东京朝日新闻》1903年8月10日。

成"对俄同志会"达成了一致。[264]

8月11日，对俄同志会的执行委员访问了桂首相并请愿。桂对他们放出烟幕弹，说龙岩浦事件的新闻报道没有事实根据。因为尽管这种民间的强硬论对桂来讲很值得庆幸，但让人看出政府对此持同一腔调大概不是上策吧。同志会方面碰了一鼻子灰，很困惑。但是，对俄同志会于8月13日在神鞭知常委员长的主持下召开会议，确定了方针，其内容为：举办演讲会，开设同志会事务所，"为促使当局采取强压手段"请求再次与当局会面。[265]

《万朝报》在8月推翻了非战论者的主张。自9日至11日，连续三天刊登了评论《恐俄病》。25日，内村鉴三写下《解决满洲问题的精神》。但是28日却又发表《抛弃乎？吞并乎？》，抛出没有必要扶植朝鲜独立这种露骨的帝国主义主张，立场很是混乱。

《东京朝日新闻》8月14日发表了社论《请俄国人熟虑》，对《新时报》的论调进行反驳。"只要俄国不从满洲撤退，只要俄国不废止侵略性政策，日本在道义上、实际上，无论何时都保有果断干涉制止之权利。以现状而论，发动战争可昨日，可今日，亦可明日。姑且以博爱之心悯俄国之困难，待其反省。"

沙皇访问萨洛夫修道院

然而，俄罗斯皇帝依旧超然物外。7月27日（14日），返回首都的别佐勃拉佐夫和沃加克、阿巴扎一同谒见皇帝，报告了旅顺会议的结果。[266]这些迟早都会以文书的形式详细地报告。

---

[264]《东京朝日新闻》1903年8月11日。
[265] 同上，1903年8月15日。
[266] Nikolai II's Diary, GARF, F. 601, Op. 1, D. 246, p. 40.

第六章　新路线登场

翌日，库罗帕特金到达首都，直接前往皇帝所在的克拉斯诺耶。那里正在庆祝弗拉季米尔大公的"命名日"。翌日，库罗帕特金在和皇帝同乘列车返回首都的途中做了报告。他说，我和阿列克塞耶夫希望皇帝陛下明确是选择我们还是选择别佐勃拉佐夫。他将别佐勃拉佐夫比作果戈里《钦差大臣》中的主人公赫列斯达可夫。这是他讲给办公厅厅长列季格尔的话，他对皇帝说的时候可能会更委婉一些吧。不过，库罗帕特金确实将访问日本的日记交给了皇帝。[267]

然而，皇帝的心思却不在这里，他一心扑在了别的事情上，萨洛夫的圣者谢拉菲姆的封圣仪式近在眼前了。

谢拉菲姆1759年生于库尔斯克。18岁时进入位于坦波夫州和下诺夫哥罗德州交界处的萨洛夫森林，在那里的修道院修行。8年后成为教会执事，又8年后离开修道院，开始在森林中隐遁生活。50岁后又返回修道院，到了64岁，再次返回森林生活。这期间，他逐渐成为传奇般的圣者，为人们所崇拜。他于1833年74岁时去世。[268]

一心想生皇太子的皇后亚历山德拉·费奥多罗夫娜对这位圣者投去了关心，她向皇帝尼古拉请求将其封圣。尽管宗务院总督波别多诺斯采夫反对此事，但皇帝做出了决定，宗务院还是从年初起就启动了封圣的程序。经过半年的准备，眼看就到了在萨洛夫举行封圣仪式和谢拉菲姆遗骸开龛的时候了。

7月29日（16日），皇帝和皇后、女儿们一同去往萨洛夫修道院。翌日11时，他们到达阿尔扎马斯（译者注：俄国下诺夫哥罗德州南部城市。）车站，下诺夫哥罗德州州民代表前来迎接。皇帝一行从那里坐上了马车，沿途随处都有农民站在道路两旁欢迎。到达坦波夫州境时，该州的州民代表前来迎接。午后6时，皇帝一行到达

---

[267] Aleksandr Rediger, *Istoriia moei zhizni. Vospominaniia voennogo ministra*, Vol. 1, p. 367.
[268] 关于这个人，参照伊利纳·格拉依诺夫（爱德华·布佐斯托夫斯基译）《萨洛夫的圣谢拉菲姆》，明灯书房，1985年。

了萨洛夫修道院。"进入乌斯宾斯基教堂以及左西莫·萨瓦基耶夫教会时,我体味到了某种特别的感情。在教会,我得到了亲吻圣教父谢拉菲姆遗骸的许可。"之后皇太后也抵达了。[269]

31日(18日),皇帝等人出席了早晨5点半的早朝祈祷。祈祷持续到7点。从11点半起,是对圣·谢拉菲姆最后的追悼祈祷。下午6点半,开始了彻夜祈祷。"十字架行进时,为了从圣左西莫·萨瓦基耶夫教会移出遗骸,我们用担架搬运圣棺。看到民众,特别是病人、残疾人、不幸的人对待十字架行进的态度,我很感动。尤其是赞美和亲吻遗骸的时刻,真是特别庄严的瞬间。"[270]

8月1日也有十字架行进的活动。"昨天和今天都听说有很多病人康复了。在教堂中,扶着圣谢拉菲姆的遗骸在祭坛周围绕行的时候,也有病人康复了。"皇帝在日记中写下了对神的祈祷。[271]

8月2日,皇帝一家离开萨洛夫修道院,前往访问基维耶夫斯基女子修道院。在这里,皇帝和皇后会见了一位名叫普拉斯科维娅·伊万诺夫娜的女性疯癫修行者。傍晚7时,皇帝一家到达阿尔扎马斯[272],8月3日(7月21日)返回首都。

别佐勃拉佐夫和库罗帕特金的论争

在皇帝巡礼、参诣萨洛夫修道院期间,别佐勃拉佐夫在首都写就了关于旅顺会议的报告。皇帝返回首都后,他提交了日期标为8月2日(7月20日)的文书。他将自己在旅顺会议上发表的关于

---

[269] Nikolai II's Diary, GARF, F. 601, Op. 1, D. 246, pp. 42-43.
[270] Ibid., p. 44.
[271] Ibid., p. 47.
[272] Ibid., pp. 47-49.

第六章　新路线登场

在远东应采取的行动模式的意见，以文书宣言的形式写了出来，并报告了其内容。别佐勃拉佐夫写道：一，军事问题。"我们在远东处于薄弱、危机的状态。"由于军队部署的重点在"北满洲"，如果发生战争，第一期就会失去"南满洲"，旅顺也会陷落。与其在战时从后方调动军队，不如事先就加强"满洲"的兵力。二，外交政策。由于战斗态势没有整备好，俄罗斯在外交上是软弱无力的。假如俄罗斯的实力强大，日本意识到无法进行突然袭击的话，就会改变政策。清国、朝鲜、日本、俄罗斯等远东国家间最理想的是缔结协定，这个事情应该由俄罗斯发起，但如果俄罗斯在当地不能展现出现实的实力，这是不可能的。关于朝鲜，他认为这是个"无力的国家"，只不过是暂时调整俄罗斯和日本关系的手段而已，"现在我们应该保持行动的自由，等到将来我们夺回了支配性的地位后，必须将其纳为我们的保护国。我们暂时的行动模式应是，不妨害日本继续它在南部朝鲜的企图，不让日本人进入对我们来讲是屏障的北部。"三，在经济层面的活动。经济层面的成功取决于我国的权威和确保状况的手段。财政部制定的方案不错，但政治和军事层面的软弱是个问题。如果能够填补这方面的空白，再引入民间的活力，就可以开创第二个务实的实业期。〔273〕

这是别佐勃拉佐夫根据自己的主张所总结的旅顺会议结果。皇帝得到了这份报告，命令别佐勃拉佐夫将他的意思传达给阿列克塞耶夫。

别佐勃拉佐夫进而于8月5日（7月23日）向皇帝提交了关于远东总督制的意见书。其中写道，在帝国边境的管理史上，一直是由获得"排他性全权委任"、位高权重的高官进行管理而取得成果的。因为"基于君主的个人信赖和君主的直接指导"，能够发

---

〔273〕 Bezobrazov to Nikolai II, 20 July 1903, RGIA, F. 560, Op. 28, D. 213, L. 216-220.

挥"很大的弹性"。远东的困难可以因任命总督而得到消解。"在军事政治层面，远东仍然处于为确立我国在那里的国家性而集中斗争的时期。"为了"创造出我们在远东的霸权"，无论是和黄色人种，还是与欧洲的竞争者，都需要搞好关系。因此，"应该将我国的军事政治权力统合到一个负责人手中"。别佐勃拉佐夫写道，"我们主要的敌人是海洋帝国（日本）"，我们的两个据点是"海上要塞"，在远东作战将会是海军和陆军的共同行动，从这点来讲，总督在个人经历上与海军有所相关较为适合。而且重要的是，我们最终不仅要从远东收回投下的资金，还要使之发展成稳定的收入源，为此，吸引外国资本是不可欠缺的。别佐勃拉佐夫提议设置特别委员会，作为联系皇帝和总督的机构。[274]

列姆涅夫在他的书中指出，以这个意见书为底本，总督制在这天"被最终确定了"。[275]虽然导入总督制在5月份就已决定，但这个意见书提出了更为具体的意象，包括暗示阿列克塞耶夫海军中将为总督候选人。皇帝做了批准。

在两天后的8月7日（7月25日），别佐勃拉佐夫提交了具体关于对日政策的意见书《从整体状况而言的出路》。指出因日英同盟的存在，英国会妨碍日俄协定，而且日本当前在事实上支配着南部朝鲜，正蓄谋不久将北部朝鲜也夺取过去，从这两点来看，与日本缔结协定很困难。即使俄罗斯在朝鲜问题上让步，日本大概也不会觉得应该感激，从而产生签订日俄协定的念头吧。因此，当前的出路是，第一，"强化我国在太平洋沿岸的军事政治力量"，第二，使日本孤立于英国以外的其他国家。如果只有英国，事实上也无法帮助日本。如果这样的政策取得了效果，日本国内的想

---

[274] Bezobrazov to Nikolai II, 23 July 1903, RIaV, pp. 152-153.
[275] A. V. Remnev, *Rossiia Dal'nego Vostoka,* Omsk, 2004, p. 372.

第六章 新路线登场

法或许会改变，会推进与俄罗斯协调的路线。[276]

另一方面，库罗帕特金也不甘落后。8月6日（7月24日），他向皇帝上奏了关于对日作战的军事措施的长篇意见书。[277]他首先提及1901年参谋本部编写的《对日行动的一般性原则》。这份文书将对日作战分为日本只试图占领朝鲜（这个概率最高）以及不满足于此，还要进攻"满洲"及俄罗斯领土这两种情况，进行了讨论。对于后一种情况，该文书认为由于初期日本军占优势，应该采取"防御性"的行动，避免决战。这份文书于1901年8月14日获得皇帝批准，在过去的两年中，铁路运输能力得到大幅改善，符拉迪沃斯托克（海参崴）和旅顺的防卫也得到了强化，东清铁路防卫兵力也得以增强，海军实力也得到强化。但同时日本军也增强了实力。而且因我们占领"满洲"而心怀不满的列强也有可能援助日本，如果发生战争，阿富汗、西方、南方都有可能受到攻击。"所到之处聚集了太多的可燃物"，作为陆军部必须"在所有的方面"强化战斗准备。其结论是"现在也和两年前一样，我们必须对日本坚持防御性的行动模式"。我们应该在开战时不考虑彻底守卫"南满洲"，做好旅顺会被长期孤立的精神准备，等待增援兵力到来再转为进攻。但是"由于我海军实力强于日本海军，增援会极其迅速地到达，因此我们完全可以对战争的结果放心"。[278]

库罗帕特金立足于这种乐观的分析，逐个讨论了别佐勃拉佐夫提交的意见书并进行了反驳。首先，他列举了1901年7月19日（6日）的意见书《局势评估》，批判了向北部朝鲜派遣5000骑

---

[276] Bezobrazov to Nikolai II, 25 July 1903, RGIA, f. 1282, Op. 1, D. 759, L. 188-188ob. DKPIa, pp. 15-16中的日期为7月28日。

[277] Zapiska Kuropatkina to Nikolai II, 24 July 1903, GARF, F. 543, Op.1, D. 183, L. 95-117ob.; RGVIA, F. 165, Op. 1, D. 879, L. 1-17ob.

[278] GARF, F. 543, Op.1, D. 183, L.97ob.-98.

兵和山炮队、展开游击战的构想，顺带批判了科尔夫男爵主张鸭绿江利权意义的报告书《1898年秋北部朝鲜派遣队一员的主要结论》，进而批判了1903年初别佐勃拉佐夫向鸭绿江派遣武装部队的构想。他写道，如果没有阿列克塞耶夫"贤明的慎重"，现在这时候我们已经在与日本作战了。[279]

接着，库罗帕特金批判了4月8日（3月26日）协商会上阿巴扎提交的意见书中所展开的"屏障（zaslon）论"。首先，现在就连大海也无法成为"屏障"。第二，如果掌控了整个朝鲜和对马，可以成为"有效的屏障"，但"必须承认这超出了俄罗斯现有的能力"。第三个可能的"屏障"是占领北部朝鲜，但这也需要"巨大支出"，"会损害眼下俄罗斯的利益"。第四个"屏障"是鸭绿江，但即使从地形上来讲，它也不适合做"屏障"，而且这"也需要常驻军事力量和相当的支出"。需要铺设与东清铁路相连的线路，占领"南满洲"将不可避免。"需要极其巨大的支出，却没有相应的利益。"因此，俄罗斯应该采取的措施是，从朝鲜收手，与日本缔结协定，保障日本的军事力量不出现在朝鲜北部。既没有被日本也没有被俄罗斯占领的朝鲜，能够起到与阿富汗斯坦同样的作用。[280]后来的北部朝鲜中立地带化方案就是从这里萌发的。

接下来库罗帕特金列举了别佐勃拉佐夫在旅顺交给他的《为阐明远东战略形势的军事力量计算》作为第三份意见书。这份意见书主张将兵力集结到"南满洲"，为了能够进攻，远东兵力至少要增加5万人。别佐勃拉佐夫主张，"在考虑已经存在于远东的战斗力和手段时，不要算上我海军和第一、第二西伯利亚军团"，要在序战中开展进攻作战。然后他将日本的兵力算为实际实力的二

---

[279] GARF, F. 543, Op.1, D. 183, L. 103.
[280] Ibid., L. 104ob.-107.

第六章　新路线登场

倍，俄罗斯的兵力算为二分之一。其结果，他高呼兵力差距的危险，主张有必要增强3个师团。别佐勃拉佐夫建议在不看海军和第一、第二西伯利亚军团的基础上谋划增强远东的战斗力，在开战后的一个月内要将登陆的日本军打入海里。库罗帕特金以"将委任给军队最高领导者的一切广泛事业中最重要的国防事业，与毫无准备的、不相称的人协商完全不合适"〔281〕为由，断言别佐勃拉佐夫的意见不值一提。

库罗帕特金赞美了远东的兵力。现在沿阿穆尔军区有51个大队、23个骑兵中队、16个炮兵中队，"关东州"有11个大队、12个骑兵中队、4个炮兵中队。加上国境警备军的55个中队（14个大队），远东的步兵有76个大队，再加上战时预备的16个大队、哥萨克4个大队，步兵多达96个大队。"远东军队的总数在过去10年间几乎增强为原来的四倍。再加上我太平洋舰队也在这期间强大（groznyi）起来，由此可知俄罗斯为了取得这种在其他边境地带至今无法见到的成果，做出了多大的牺牲。"虽然我们有必要做好开战初期旅顺被包围、在相当长的时期内被隔离的精神准备，但主力能够坚持到援军赶来，转为攻势，从而毁灭日本军之时。"现在远东俄罗斯边境的防卫变得更加强固。我们完全可以对沿阿穆尔地区的命运安心，即使对旅顺的命运也可以安心。"〔282〕

旅顺会议上提出了5年间需要2330万卢布的兵力增强方案，与其他计划加在一起，5年需要3880万卢布。再加上其他花费，共需要6210万卢布。"将这样庞大的支出编入有限的预算必然会动摇我国在西方的战斗准备，若不停止经陛下反复确认不可迁延而着手开始的诸种措施，是不可能的。""我们在西方已经显著落

----

〔281〕　GARF, F. 543, Op.1, D. 183, L. 111ob.-112.
〔282〕　Ibid., L. 112ob.-113.

后于邻国的战斗准备","这种落后,会使不安逐年增加。""这就是我希望陛下作为专制君主指明应该选择的道路的缘故,给我们的疑虑画上终止符,以使陆军部能够最好地履行今后数年所要承担的国防任务,无论是在远东,还是在其他边境。"[283]

接着,8月12日(7月30日),别佐勃拉佐夫向皇帝提交了对库罗帕特金8月6日(7月24日)上奏的反驳。[284]他严厉批评陆相的讨论是同义反复,错上加错。他在旅顺会议上已经驳倒了陆相的讨论。虽然本不该使陛下烦恼,但没有办法,他打算再次论述一下事情的本质:一,1901年制定的对日战争计划是"将我们置于绝望状态"的计划。日本方面已经掌握了这点,认为俄罗斯军不足为惧。阿列克塞耶夫等人预感到旅顺将要成为"光荣的塞瓦斯托波尔"的命运。1901年计划到现在还有效力是"积极的虚伪(nepravda)"。旅顺在陛下的命令下,得到了显著强化,与陆相无关。这个要塞的早期陷落是致命的。二,库罗帕特金所列举的远东军事力量的成功"没有任何实际意义,敌人也在进步,他提议的做法'是最合适敌人袭击我们的方式'"。如果我们希望将远东的事态导向战争,那么继续库罗帕特金推荐的"行动模式"即可。三,就库罗帕特金对我的意见书的态度而言,他几乎无视远东,不理解鸭绿江的战略意义。他所说的使这个地区中立化是新的"自我欺骗"。

之后别佐勃拉佐夫在结论中指出,虽然库罗帕特金主张放弃整个"南满洲",在北部的森林地带构筑阵地,但"这样一来,已经支出的财物就会打水漂,……如果发生战争,我们事实上大概无法在这样的阵地上坚持下去"。

---

[283] GARF, F. 543, Op.1, D. 183, L. 115-117ob.
[284] Bezobrazov to Nikolai II, 30 July 1903, RIaV, pp. 154-156.

对此，库罗帕特金一方做了进一步反驳，他重视别佐勃拉佐夫的意见书《为阐明远东战略形势的军事力量计算》，用对照表的形式做了反驳，于8月14日（1日）提交给了皇帝。

首先，关于一般的兵力对比，别佐勃拉佐夫认为日本能够派出33万兵，1134门炮，而俄罗斯倾尽全力也只能派出14万兵，240门炮。对此，库罗帕特金指出俄罗斯军队的总能力为300万，别佐勃拉佐夫所列举的只是在朝鲜、"满洲"、阿穆尔州的兵力。另一方面，日本的常备军为士兵193,000人，军官7500人，这里必须要减去20个要塞大队，以一中队200人来计算，必须要减去14,000人，首都警备必须留下一个师团，因此无论如何也到不了33万人。别佐勃拉佐夫认为以俄罗斯的兵力无法阻止日本军在符拉迪沃斯托克（海参崴）、旅顺登陆。库罗帕特金回击，在符拉迪沃斯托克（海参崴），俄军的力量更胜一筹，只不过在旅顺日军有若干优势而已。别佐勃拉佐夫认为，用铁路从伊尔库茨克向旅顺和符拉迪沃斯托克（海参崴）运送兵力分别需要44天、43天，而库罗帕特金却主张这两个地方都只需要13天。别佐勃拉佐夫认为，由于兵力对比不利，因此能够采取的战斗计划是"先不进入战斗，尽可能多地分派兵力确保自己的后方，直到集结所有力量为止"。这是出于应该在松花江的中游地区集结兵力，不得已要放弃"南满洲"所做的判断。对此库罗帕特金认为，由于俄罗斯拥有占据优势的骑兵力量和优秀的部队，即使兵力逊色，也能够阻止日本军的进攻，让其体验严重的失败。他的结论是，日本军不会进攻到松花江。

两人决定性的不同体现在对海军力量的评价上。别佐勃拉佐夫认为，由于太平洋舰队被分散在旅顺和符拉迪沃斯托克（海参崴），俄罗斯无法从日本海军那里夺取制海权，因此，日本海军会掌握先发权。对此，库罗帕特金写道："我们在太平洋保有优秀的海军，我海军拥有与日本海军大致均衡的实力，且大概不久就会凌驾其上。"我们为海军编制了巨额预算,汇集了最优人才,改善了舰船和舰炮,那种认为海军力量分散在黄海和日本海的想法不过是恣意的估量,"我海军首脑层难道会犯那样的错误吗?""鉴于我海军与日本的力量对比关系,只要我海兵拿出勇气来,对日本海军作战时就会取得辉煌的胜利吧。战争无疑会始于两国舰队的战斗。即使日本海军被打败,日本军也许仍然会坚决实施登陆作战,但将处于我舰队不断的威胁之中,只能在南部朝鲜登陆。相反,即使我舰队被打败,藏身于旅顺,根据阿列克塞耶夫大将的意见,对日本军来讲,仍然是能够不允许他们向鸭绿江、营口登陆的危险存在。"

别佐勃拉佐夫对于战争的展开给出了悲观的看法。"我们不能适时地向薄弱的部分——旅顺的埠头、守备队送去增援。因此,我们或者放弃旅顺,或者事先就做好陷落的精神准备,在开战的同时,首先要减少符拉迪沃斯托克的野战军,接着在决定会战地点之际(要考虑),必须要努力强化旅顺守备队。"对此,库罗帕特金写道:"旅顺来自海上的防卫是强有力的,可以从沿岸的众多炮台炮击接近陆军战线的道路。虽说陆上的防卫还没有完成,但包围战中必要的正面攻击无法攻下旅顺。"〔285〕

别佐勃拉佐夫认为,俄军与日本军相比处于劣势,需要从根本上进行加强,只有这样才能防止开战。这不是他一人的判断,笔者推测应该是基于沃加克的见解吧。我们反而可以认为是沃加克的判断被以别佐勃拉佐夫的名义提出来了。而库罗帕特金的观点是,俄军实力略胜于对方,即使发生战争也不用担心。当然也不要挑衅日本,如果不挑衅日本,大概也就不会发展成战争。

这两种对现状的认识和两套对策之间,没有妥协的余地。就连俄罗斯参谋本部的正式战史也指出,从旅顺会议归来的陆相"认

─────────

〔285〕 Kuropatkin to Nikolai II, 1 August 1903, RGVIA, F. 165, Op. 1, D. 900, pp. 2-15.

为我国在远东的军事态势完全良好"。但别佐勃拉佐夫完全不那么看,"比较两份意见书,就会明白陆相和枢密参赞别佐勃拉佐夫的见解差别相当大。"战史进而判定,"虽然有陆相的意见,但不言而明,当时我们应该将注意力从西部国境转向太平洋沿岸。"[286]

大概别佐勃拉佐夫的意见书通过沃加克代言了萨哈罗夫的参谋本部、阿列克塞耶夫的远东军的意见吧。如果库罗帕特金陆相不认可这种意见,就有必要想办法换掉库罗帕特金。很明显,别佐勃拉佐夫考虑到了这点,并去做了。但是,至此为止一直与别佐勃拉佐夫同一步调的皇帝,对此事却很抵触。这不是理论问题,而是个人的好恶问题。

施行远东总督制

8月上旬(7月末),就在公布远东总督制的前夕,发生了严重的问题。皇帝和别佐勃拉佐夫等人认定的唯一的总督候选人阿列克塞耶夫海军大将8月4日(7月23日)给别佐勃拉佐夫发来电报,以自己不仅没有做好就任这个职务的准备,而且四年来作为"关东州"长官工作,已经筋疲力尽为由,推辞就任总督。[287] 别佐勃拉佐夫数次劝说阿列克塞耶夫。沃加克也于8月8日(7月26日)给阿列克塞耶夫寄信劝说,他是皇帝认定的唯一的候选人,只有他才能够完全地实现沙皇的意志。[288] 但是,阿列克塞耶夫直

---

[286] VIK *Russo-Iaponskaia voina*, Vol. 1, pp. 329-332.
[287] Alekseev to Bezobrazov, 22 July 1903, RGAVMF, F. 32, Op. 1, D. 6, L. 1.
[288] Bezobrazov to Alekseev, 22 July 1903, Ibid., L. 2-2ob. Ibid., 23 July 1903, Ibid., L. 3-3ob. Ibid., 29 July 1903, Ibid., L. 5. Alekseev to Bezobrazov, 30 July 1903, Ibid., L. 6. Vogak to Alekseev, 26 July 1903, Ibid., L. 7-8. Alekseev to Vogak, 31 July 1903, Ibid., L.9.

至最后，都在坚决推辞就任总督之职。8月10日（7月28日），别佐勃拉佐夫和阿巴扎谒见皇帝很久[289]，大概在那时候做出了最后的决断吧。

8月12日（7月30日）颁布了远东总督制设置令，宣布由阿穆尔总督府和"关东州"设置特别总督府。将该地区的民政最高权力从财政部的管辖中剥离出去，交给远东总督。另外，给予远东总督管理东清铁路沿线地域秩序和安全的最高权力。隶属总督者，只能通过总督与各部厅进行交涉。总督集中掌握相邻国家与该地区问题相关的外交交涉权，并被委以太平洋舰队和该地区的军队指挥权。为调节总督的命令和各部厅的活动，设置由皇帝主导的特别委员会，责令被任命为总督的阿列克塞耶夫制定远东各州管理法案。[290]这样一来，财政部的"满洲"铁路王国迎来了终结。

颁布这道敕令一事丝毫没有告知陆相、财相、外相等人，也没有和他们商量，是由皇帝专断实行的，而且也没有得到被任命为总督的阿列克塞耶夫的同意，就强制推行了。8月18日，阿列克塞耶夫在符拉迪沃斯托克（海参崴）才首次得知这道敕令，也就是在那时，他才首次表明会遵从皇帝的意志。[291]

另一方面，皇帝的大臣们也通过《官报》得知了这道敕令。维特深受打击，他拿起《官报》，匆忙赶往库罗帕特金处。库罗帕特金受到的打击比维特更大，因为他把这样的决定视为对他缺乏信任的表现，表示不得不请求辞职。库罗帕特金在这天还见到了内务大臣普列韦，得到了他的宽慰和劝解：

> 表现出对大臣不信任的征兆，没有通过他们就颁布重要

---

[289] Nikolai II's Diary, GARF, F. 601, Op. 1, D. 246, L. 55.
[290] PSZ, Sob. 3-e, Vol. XXIII, otd.2, Sankt-Peterburg, 1905, No. 23319.
[291] Alekseev to Nikolai II, 5 August 1903, RGAVMF, F. 32, Op. 1, D. 6, L. 10.

第六章　新路线登场

敕令，这是自亚历山大一世以来所有皇帝陛下共通的地方。这与专制的基本原则相关。专制君主表面上倾听自己大臣的意见。……但是，往往有第三者轻易地潜入他们的内心，给陛下……植入对他的大臣的不信任。[292]

普列韦说，就连亚历山大三世那样意志坚定的君主，也在批准以弗拉季米尔大公为议长的协商会上讨论"实质上的宪法"的同时，颁布了"强化专制的诏书"。当纳博科夫司法相宣读完诏书后，虽然阿巴扎财相（别佐勃拉佐夫的盟友阿巴扎的伯父）和洛里斯－梅利柯夫深感激愤，立即辞去了职务，但米柳京却没有那么做。你也应该学习米柳京陆相。普列韦说，那个诏书是由波别多诺斯采夫撰写的。在 22 年前的 1881 年 5 月 11 日（4 月 29 日），普列韦也作为新任内务部警保局长出席了这个宣读诏书的会议。因此，他是以亲身经历说出这番话的。

　　对总督制设置令最感震惊的大概要数外相拉姆斯道夫了。因为远东的外交交涉权集中在总督那里的话，是否意味着眼下正要开始的日俄交涉就不需要外相了呢。

　　8 月 20 日（7 日），鲁辛从日本发来报告。设置以阿列克塞耶夫为首的远东总督制给日本国内留下了"强烈而深刻的印象"。鲁辛认为，日本将此举看作俄罗斯政府决意的表达，效果颇为理想。鲁辛表明了期待日俄交涉的态度。[293]

---

[292] *Dnevnik A. N. Kuropatkina*, pp. 52-54.
[293] Rusin to Virenius, 7 August 1903, DMAIaR, p. 71.

第七章
日俄交涉

交涉开始

有着开始日俄交涉想法的，是地位受到别佐勃拉佐夫威胁的俄罗斯外相拉姆斯道夫。他的想法是，由自己来进行日俄交涉，就可以保住外相的地位了。

就在库罗帕特金陆相即将结束访日之时，罗森公使提出了与日本缔结协定，将朝鲜，至少将南部朝鲜让与日本，作为俄罗斯获取"满洲"的补偿方案。6月26日（13日）和28日（15日），罗森将写有这个宗旨的电报发给了阿列克塞耶夫，大概也发给了拉姆斯道夫。[1]曾于5月末下令试探对日交涉的外相，一下子扑到了罗森的方案上，就打探对日交涉一事取得了皇帝的支持。6月29日（16日），他给罗森发去电报，指示他向小村外相传达俄罗斯准备与日本政府就朝鲜问题和"满洲"问题交换意见。拉姆斯道夫认为日本在不久的将来有可能会向朝鲜出兵，占领南部朝鲜，现在是与日本政府进行意见交换的好时机。他指示，尽管无论过去还是现在，俄罗斯都没有让过步，也没有让步的打算，但可以用罗森提案的宗旨试探日本方面的态度。电报上还写道，"满洲"问题超出了罗森的管辖范围，在"满洲"

---

[1] Rozen to Alekseev, 17 June 1903, RGAVMF, F. 32, Op. 1, D.156, L. 7.

第七章　日俄交涉

问题上，要遵从阿列克塞耶夫传达的陛下的指示。[2]此时，拉姆斯道夫似乎还没有获知皇帝将要设置远东总督制的新决定。

然而阿列克塞耶夫对此表示反对。6月30日（17日），他给罗森发去电报："与日本缔结分割朝鲜的协定，将半岛的南半部作为获取满洲的代价让与日本对我们没有好处"，较好的方式是让日本随意占领，俄罗斯进行抗议。那样，"我们可以保持抗议的权利，留下随时根据自己的判断自由行动的可能性。"出于这种考虑，阿列克塞耶夫提出了逆向方案：继续占领"满洲"，"不与日本缔结协定，只坚决表明对朝鲜没有任何侵略意图"，这种做法怎么样？[3]

罗森与阿列克塞耶夫联系，因受中央政府委任，他将要进行"关于俄罗斯给予日本在朝鲜自由行动之事"的交涉。反对交涉的阿列克塞耶夫于7月18日（5日）给外相[4]、翌日给皇帝发去了电报，[5]申辩道，在旅顺会议上达成的共识是，对朝鲜政策保持克制，即使日本做出侵略行为，也不以武力对抗，而只停留于抗议，也就是说，"我方事先不对日方行动给以任何协议"，而现在这样的交涉违反了共识，颇为"危险"。本书前面已经讲过（575页），朝鲜皇帝曾在此前后询问阿列克塞耶夫日俄是否缔结了关于朝鲜的协定，阿列克塞耶夫做出了否定的回答，此事他曾两次报告给拉姆斯道夫。阿列克塞耶夫的想法大概是，即使考虑到和朝鲜的关系，也不应该缔结承认日本可以在朝鲜自由行动的协定吧。

---

[2] Lamsdorf to Rozen, 16 June 1903, Ibid., F. 32, Op. 1, D. 484, L.2-2ob. Lukoianov, Poslednie russko-iaponskie peregovory, p. 17 将这份电报和拉姆斯道夫5月的提案联系在一起，是不正确的。
[3] Alekseev to Rozen, 17 June 1903, Ibid., F. 32, Op. 1, D.156, L. 7. Lukoianov, op. cit., p. 17.
[4] Alekseev to Lamsdorf, 5 July 1903, GARF, F. 568, Op. 1, D. 179, L. 60-61.
[5] Alekseev to Nikolai II, 6 July 1903, RGAVMF, F. 32, Op. 1, D.134, L. 13. Lukoianov, op. cit., p. 17. 卢科亚诺夫说罗森是反对的，此说法有误。

笔者推测阿列克塞耶夫的意见抑制住了拉姆斯道夫的提案。皇帝再一次动摇了。罗森没有向日本方面提出交涉。[6] 日本方面的资料也没有发现这个时候俄罗斯方面的交涉提案。

众所周知，日俄交涉是由日本方面提议而开始的。7月28日（15日），小村外相给栗野公使发去电报，指示他着手与俄罗斯协商谈判，日俄交涉由此开始。7月31日，栗野公使访问拉姆斯道夫外相，传达了普通照会。从拉姆斯道夫那里得到了积极的回应，8月3日，小村给栗野公使送去了协商基础方案。8月5日，拉姆斯道夫答复栗野公使，皇帝允许开始进行交涉。小村发出电报，令将协商方案递交俄罗斯方面。[7]

7月29日（16日），俄罗斯驻日海军武官鲁辛给军令部发去电报，告知小村给栗野发出训令，提议进行交涉。[8] 由于正处于担忧开战的状况中，鲁辛在接下来发送的电报说明中，流露出了某种安心和期待。"这样一来，日本从其待机的、观察者的立场走出来了。……一切……都根据条件或者提案的情况。毫无疑问，我们在远东所做的准备越强力、完备，这次交涉就会越顺利、越有利于我方。大概日本外交的这一步，是被我陆海军在远东的准备和强化而唤起的。……我热切期待日本提出的条件是理性的，不走极端，让帝国从尊严和国家利益出发有可能接受，也让远东有可能走出现在不确定的政治局势。毕竟俄罗斯在满洲已经投入了太多的金钱和劳力。"[9]

---

[6] 卢科亚诺夫没有把握到这个经过。

[7] 小村给栗野的信，1903年7月28日；栗野给小村的信，7月31日；小村给栗野的信，8月3日；栗野给小村的信，8月5日；小村给栗野的信，8月6日。《日本外交文书》第36卷第1册，8—9、10—11、11—13、13、14页。

[8] Rusin to Rozhestvenskii, 17 July 1903, RGAVMF, F. 417, Op. 1, D. 2486, L. 153.

[9] Rusin to Virenius, 17 July 1903, Ibid., L. 155-155ob. 康斯坦丁·萨尔科索夫（铃木康雄译）《另一个日俄战争》，朝日新闻出版，2009年，51—52页引用了这份电报，但没有传达出这份电报的微妙之处。

第七章 日俄交涉

日方的第一次提案

1903年（明治三十六年）8月12日（7月30日），栗野公使亲手将日本方面的提案递交给了拉姆斯道夫，提案内容如下[10]：

第一条，相互约定尊重清、韩两帝国的独立及领土完整，并保持各国在两国商工业上拥有均等机会。

第二条，俄国承认日本在韩国的优越利益，日本承认俄国在满洲经营铁路的特殊利益，并……相互承认两国为保护各自利益，日本于韩国、俄国于满洲有采取必要措施的权利。

第三条，相互约定不阻碍日本于韩国以及俄国于满洲的商业及工业活动的发展，此外，俄国约定，今后韩国铁路延长至满洲南部，不阻碍其与东清铁路……接续。

第四条，相互约定为保护本协约第二条所提及的利益，并且为平定会引起国际纷争的暴动或骚乱，有必要从日本向韩国，或从俄国向满洲派遣军队时，无论何种情况，所派遣军队均不得超过实际需要人数，且上述军队完成任务后应立即召回。

第五条，俄国承认，在韩国，为促进改革及实施善政的建议及援助（包含必要的军事援助）属于日本的专权。

第六条，本协约取代以往日俄两国间缔结的有关韩国的所有协定。

这个方案的前提是尊重清、韩两国的独立和领土完整，对

---

[10]《日本外交文书》第36卷第1册，12页。

象是朝鲜和"满洲"。但是，日本要求俄罗斯承认日本在韩国拥有特别利益，而日本只不过承认俄罗斯在"满洲"关于铁路的利益而已。这算不上是"满韩交换论"。"满洲"的铁路是俄罗斯根据与清国的协定修建的，即使日本承认了这点，俄罗斯也什么都没有得到。日本还要求将韩国的铁路连接到这条铁路上。又要求俄罗斯将"满洲"派兵人数限制在必要情况下的最小限度内，并且要迅速撤走。与此相对的是，日本要求俄罗斯承认日本有给予韩国建议、援助的"专权"，即独占权，并且还要求承认独占的派遣军队的权利。与1901年的伊藤提案、1902年的栗野私案相比较，我们可以看出，这份提案对上述方案中的禁止战略上的利用、禁止妨碍沿岸自由航行的军事措施等限制予以拒绝，并要求俄罗斯承认日本无限制地统治韩国。真可谓是一边对俄罗斯在"满洲"的地位加以限制，一边要求俄罗斯承认将韩国作为日本的保护国。[11]这是使日本利益极大化，而将俄罗斯利益限定在最低程度的方案。

此外，小村决定在进行这个日俄交涉期间，先搁置义州开放问题。7月24日，他指示林权助公使"森林一事乃解决时局大问题之附带，待与俄协议后再予考虑"，"搁置大问题，单就森林问题起冲突，甚为不好"，"当前应先搁置"。[12]小村没有把韩国看作游戏中的一员，他没有想过日俄韩三国来交涉森林问题、义州开放问题才合乎道理。小村的眼中没有韩国政府。

日本和俄罗斯的交涉从一开始就完全没有公开。日本国内也没有新闻报道。之后，9月4日的《东京朝日新闻》只刊载了"据

---

〔11〕参考了阿列克塞耶夫的外交报告上的理解。Alekseev, Vsepoddanneishii otchet po diplomaticheskoi chasti 1903-1904 gg., GARF, F. 543, Op. 1, D. 186, L. 8ob.
〔12〕小村给林的信，1903年7月24日，《日本外交文书》第36卷第1册，623页。

当局者的明确说法，眼下，帝国政府和俄国政府正在就满洲问题进行直接交涉"。

俄方的情况

当日方将提案递交给俄方时，俄政府内部正处于混乱状态。8月12日（7月30日），别佐勃拉佐夫一派所推进的设置远东总督制得以断然实施，旧派对此表现出了强烈的抵抗。

未参加旅顺会议的维特请求进行大臣协商，得到了尼古拉的同意，定于8月14日（1日）举行财相、陆相、外相的协商会，然而由于设置远东总督制的命令猝不及防地颁布，作为被皇帝完全无视的这三位大臣，也只能在这场大臣协商会上发泄一下自己的愤怒而已。别佐勃拉佐夫起初也预定出席协商会，但他借口要去皇帝处，时间不够，抵制了这场协商会。[13]战争已经在两派之间展开了。

根据这场协商会的议事录[14]，三大臣首先就"满洲"问题发问：俄罗斯是否应该合并"满洲"整体或其中一部分，三人达成的共识是就连其中一部分都不应该合并。接着在撤兵问题上得出了与旅顺会议相同的结论，认为原封不动地遵守1902年条约撤兵有困难，撤兵时确保俄罗斯利益的对策是必要的。不过，关于应该从清国获得的补偿，则修改了旅顺会议的十项，认为确保以下五项是必要的：一，清国不能将被归还的"满洲"让与外国人；二，在松花江和阿穆尔河（黑龙江）右岸保留军事据点；三，在连接齐齐哈尔和布拉戈维申斯克（海兰泡）的道路上保留据点；四，清国北部不

---

[13] Bezobrazov to Alekseev, 26 August 1903, RGAVMF, F. 32, Op. 1, D. 123, L. 48.
[14] Zhurnal sostoiashchegosia po Vysochaishemu poveleniiu soveshchaniia, 1 August 1903, RGVIA, F. 165, Op. 1, D. 915, L. 6ob.-18ob.

能由外国人经营；五，保护东清铁路商业上的利益。

它保留了旅顺会议第一、二、三、六、九项的内容。其他诸项，或是因为若俄罗斯事实上掌握着"满洲"，就没有必要提出，或是因为会招致其他列强的强烈反对，或是因为不太重要等理由而删除了。三大臣认为，如果这五项条件得到承认，就可立即从营口、凤凰城、沙河镇、辽阳撤兵，四个月内从吉林省的大部分，一年内从吉林省剩余部分和黑龙江省撤走。

会议关于朝鲜问题的讨论结果与旅顺会议的决定相同，三位大臣达成一致，"为了和平、稳妥地解决对俄罗斯而言非常重要的满洲问题，在朝鲜问题上有必要无条件地避免一切有可能招致与日本发生危险冲突的积极政策。"库罗帕特金说，鸭绿江公司所追求的在"满韩"国境建立"屏障"的目标，"不具有防止与日本发生冲突的特别重要性，反而会成为这种冲突的原因，在朝鲜将我们带入疲惫的武装和平状态。"他断言这会损害俄罗斯在西方的战斗准备态势。维特财相也说，这个公司会成为"远东和平的恒常威胁"，国家将不堪其日益增多的费用。外相则主张，该公司的政治目的会刺激日本的舆论，妨碍与日本的协定。三大臣就"为了国家利害，有必要无条件地中止该公司的积极活动"达成了一致。考虑到木材利权的重要性，因此应该"使其立足于完全不同的、纯商业的基础上"，三大臣的结论是，国家可以给予该公司与其他在外国活动的俄罗斯企业同等程度的支援。这是中止鸭绿江公司活动的意见，是三大臣对别佐勃拉佐夫一派的挑战。

俄罗斯学者卢科亚诺夫写道，这简直就像是在圣彼得堡发生了"政变"，大臣们似乎掌握了实权[15]，但三大臣协商的所有结论不可能得到与别佐勃拉佐夫携手站在一起的皇帝的尊重。9月8日

---

[15] Lukoianov, op. cit., p. 14.

（8月26日），别佐勃拉佐夫在给阿列克塞耶夫发去的电报上写到三大臣协商的"议事录在陛下眼里没有意义，事情实际上掌握在你的手里"。虽然，外相谋划着要夺回远东政治问题的指导权，但我"已经毫无保留地将想法上奏，采取了措施"，正在等待陛下的回复。我认为陛下首先会让我和大臣们辩论。那样的话，"就有可能一举击溃首都各大部门对陛下已经决定好的、不能后退的远东新路线的反抗。"[16]

大臣们此时莫说气焰嚣张了，甚至都不得不担心自己的职位能否保住。

不过，关于"满洲"问题，三大臣协商的结论被采纳了。那是俄罗斯约定的最终撤兵期限10月8日（9月25日）迫在眼前，驻清国公使雷萨尔请求决定的缘故。8月14日协商会的议事录于19日（6日）呈交给了皇帝。[17]皇帝命令询问总督的意见，8月24日（11日），外相给阿列克塞耶夫发去了这一旨意的电报。尽管拉姆斯道夫要求迅速回复，但阿列克塞耶夫却迟迟没有动静，终于在9月5日（8月23日），阿列克塞耶夫才给皇帝发去回复的电报。阿列克塞耶夫主张，旅顺会议的第四、五项可以删除，但第七、八、十项应该保留。接着他写道，像鸭绿江森林利权这样的企业"值得加以一切保护"，在旅顺会议上确认了凤凰城和沙河镇的守备队有必要暂不撤退，直到清朝政府承认这一利权为止。因为如果公司变弱了，利权就有可能落入日本手中。[18]但是，拉姆斯道夫外相不待这个回答，就于9月2日（8月20日）向北京

---

[16] Bezobrazov to Alekseev, 26 August 1903, RGAVMF, F. 32, Op. 1, D. 123, L. 48ob.-49ob.
[17] 以下的经过见 Simanskii, op. cit., Vol. III, pp. 140-142。
[18] Alekseev to Nikolai II, 23 August 1903, RGAVMF, F. 32, Op. 1, D. 123, L. 46-46ob. 阿列克塞耶夫回到首都后态度立即变了，对库罗帕特金怀有强烈的批判心情。Vogak to Bezobrazov, 22 October 1903, RGIA, F. 1282, Op. 1, D. 761, L. 155ob.

公使做出指示，令以三大臣协商的五项与清朝政府进行交涉。9月6日（8月24日），阿列克塞耶夫向外相传达，虽然他知道不应该推迟"满洲"问题的决定，但他认为"放宽在旅顺会议上确定的要求等于没有任何补偿就履行3月26日协定"，他始终表示反对。

三大臣更迭的危机

别佐勃拉佐夫理所当然地开始设法罢黜三大臣了。第一个目标如前文所述，是库罗帕特金。库罗帕特金在手记《满洲悲剧的序曲》中写道，得知设置远东总督制的敕令后，他在最初上奏的时候就请求辞职，并再三请求。[19]但是，根据他的日记，情况并不是这样。8月中旬（上旬），皇帝观摩了普什科夫附近举行的夏季陆军演习。8月15日（2日），侍奉皇帝的库罗帕特金与皇帝谈论了总督制的敕令。

库罗帕特金问到，事前是否向阿列克塞耶夫传达了敕令的内容，对于连沿阿穆尔总督府和军区都要听从他的指挥，他有什么样的反应。这些问题直指要害。皇帝自然无法回答第一个问题。对于第二个问题，皇帝回答说，从其他地方听说阿列克塞耶夫表示，连沿阿穆尔总督府都归他指挥实在无法胜任，但皇帝认为他这是"谦逊"。库罗帕特金说，正因为有"陛下的信任"，自己才能担任陆军大臣。作为陆军大臣有权期望在所管事项发生变化时，被征求意见。没有被征求意见是"不再信任的证据"。尼古拉回答说，之前询问过库罗帕特金的意见，这件事一年半之前就已经决定了。这与事实不符，不可能一年半前就决定了此事。

---

[19] Kuropatkin, Prolog man'chzhurskoi tragedii, RIaV, p. 34.

第七章　日俄交涉

这里，库罗帕特金提到了别佐勃拉佐夫的问题，这是让他难以继续留任陆军大臣的原因。库罗帕特金说，别佐勃拉佐夫经常对军队的秘密多嘴，对西部国境战略道路的建设总提反对意见，吹嘘是他让华沙的演习取消了，就连从欧陆俄罗斯向远东调去两个旅团也说是他推动的。对我的日本之行也表示反对，看到不能阻止后，又"提出给我配上沃加克这样一个监护人"。库罗帕特金吐露着怨愤和艰辛，哽咽着央求皇帝，"如果陛下已不再信任我了，我能请求陛下将我从这个职位上罢免吗？"库罗帕特金是用将来时说的。尼古拉反复说了三次"没有人可以取代你"。最后，库罗帕特金说，自己并不是要抗议，只希望可以休假两个月，那之后就知道该怎么做了。皇帝批准了他的休假。[20]

皇帝很喜欢库罗帕特金。无论别佐勃拉佐夫的远东兵力增强方案具有怎样的现实性，他都没有考虑过将自己喜欢的陆军大臣解职。

8月18日（5日）和22日（9日），库罗帕特金两次向皇帝上奏。[21] 8月31日（18日），库罗帕特金在汇报完远东访问的情况后，与皇帝谈了话。他在日记中这样写道：

> 我说了有关别佐勃拉佐夫的事，给陛下指了我在日记中是如何看待他的。我不认为他不能带来一定的利益。是的——陛下插话道——他唤起了我们对很多事情的注意。陛下此时这样说道，"二年前别佐勃拉佐夫说我们在远东选择了错误的道路时，我们听到那些能愉快吗？但是，我承认他是正确的。当然，听他总是批评所有的大臣、所有的事情、所

---

[20] *Dnevnik A. N. Kuropatkina*. pp. 55-59.
[21] Nikolai II's Diary, 5, 9 August 1903, GARF, F. 601, Op. 1, D. 246. pp. 60, 65.

有的人,这并不让人高兴。批评很容易,特别是对没有责任的人来讲。"于是我说,他是个狂热的活动家。他有益的作用已经完成了。在陛下的手中,梦想指导沙皇政治的别佐勃拉佐夫不过是个单纯的道具而已。陛下将这个道具握在手中,用他来严厉地鞭策我们这些大臣们。别佐勃拉佐夫就像是陛下手中的膏药,认为有必要进行一定的治疗时,无论是人还是事业都可以贴上去。现在目的达成,别佐勃拉佐夫就像用完的膏药一样,有必要揭下来扔掉了。陛下的脸上浮现出开朗的笑容,打断了我。"我知道,必须要将他扔出去了。""的确是这样,陛下。是时候将别佐勃拉佐夫从窗户扔出去了。因为陛下,如果膏药一直贴着的话,不仅不会变好,还会变得更糟糕,会肿起来的。所以说别佐勃拉佐夫也不能一直待在陛下身边。"〔22〕

库罗帕特金日记中的这段记述,成为后来尼古拉摈退别佐勃拉佐夫这一神话的基础。〔23〕由于皇帝没有让库罗帕特金辞职的打算,因此这番话是顺着他的意思说的。基本上,皇帝是想按别佐勃拉佐夫的建议改变远东政策的,也就是说,皇帝打算让库罗帕特金和别佐勃拉佐夫这两驾马车并驾齐驱。笔者认为,库罗帕特金这样将皇帝随口说的话记在日记中,可谓是伪造了皇帝对他的信任。

结果,皇帝在这三位大臣中,将他内心最反感的财相维特解职了。8月24日(11日),皇帝和阿列克谢大公、普列韦内相共

---

〔22〕 *Dnevnik A. N. Kuropatkina*, p. 69.
〔23〕 Malozemoff, op. cit., p.222. David MacLaren MacDonald, *United Government and Foreign Policy in Russia 1900-1914*, Havard University Press, 1992, pp. 68, 74. Nish, op. cit., p. 175. Schimmelpenninck, op. cit., p. 189. Lukoianov, op. cit., p. 15.

进早餐。他大概从普列韦那里也听取了关于维特的意见吧。28日（15日），皇帝召来维特，对他说希望他就任大臣委员会主席，也就是解除财相之职。接着，皇帝召来帝国银行行长普列斯克，任命他为代理财相。皇帝在日记中写道："做完这两项说明后，我的心情轻松多了。"[24]

对于维特来讲，这无异于晴天霹雳，他诅咒了皇帝、普列韦和别佐勃拉佐夫。将维特解任显示出了别佐勃拉佐夫一派的实力。

普列斯克的父亲是波罗的海德意志人，曾任联队长。普列斯克毕业于皇村中学，1872年进入财政部，1889年成为特别信用局次长，1892年升任局长，从1894年起就任帝国银行行长。后来，他与库罗帕特金一同坐火车时，对库罗帕特金说，他在宫中没有一个熟人，虽然居住在首都，但"过着封闭的，如同土拨鼠一般的生活"。他很恐惧与大公们以及宫中的人交往，想尽可能躲开。作为财政大臣，他没有"打破"迄今为止的政策、改弦更张的打算。"很稳妥的官僚，神态和举止带着浓厚的德国式的优雅。"这是库罗帕特金个人的观察。[25]

然而，别佐勃拉佐夫早早就察觉到普列斯克不会像他希望的那样行事。8月17日（4日），他给皇帝写信，普列斯克"绝不会真心地与我联合到一起"。[26] 大概他认为普列斯克是完全没有政治原则、只会对皇帝唯唯诺诺的人吧。对别佐勃拉佐夫一派来说，无论是更换库罗帕特金，还是更换拉姆斯道夫都没能成功，那么瓦解财政部，以新路线推进远东经济开发之事，与完善远东总督制的组织结构一同成为了他们的课题。

---

[24] Nikolai II's Diary, 11 and 15 August 1903, GARF, F. 601, Op. 1, D. 246, pp. 71-72.
[25] *Dnevnik A. N. Kuropatkina*, pp.72-73.
[26] Bezobrazov to Nikolai II, 4 August 1903, RIaV, p. 159.

库罗帕特金随侍皇帝

9月2日（8月20日），皇帝从首都出发前往利巴瓦，即现在拉脱维亚的港口城市利耶帕亚。库罗帕特金随侍皇帝视察了利巴瓦要塞。要塞是1889年库罗帕特金主导修建的。库罗帕特金想起沃加克也在当时的委员会中。他的目标是设法使汇集到这个港口的物资不落入敌人之手，而海军却执着于将利巴瓦建为军港，并获得了皇帝的批准。但是，现在人们都对利巴瓦军港很不满意，说"将舰队弄成了袋中的老鼠"。库罗帕特金在日记中写道："现在波罗的海上没有舰队，军舰全都去了远东。与10至15年前相比，我们在主要的海战舞台波罗的海的实力变得非常薄弱（与德国相比）。"[27]

视察乘坐的是皇帝的游艇"斯丹达特"。在皇太后的游艇中吃午餐的时候，库罗帕特金和邻座的皇后亚历山德拉之间有一段很有意思的对话。库罗帕特金一如既往地诉说道："利巴瓦在军事上特别薄弱，由于没有钱，连舰队都没有。现在一切都被远东拿走了，这里很危险。"然而，皇后表现得很严厉，她以平静的语气坚决地反驳道，"现在一切资金和力量都必须投向远东，因为主要的危险在那里。也许那里马上就会爆发战争。必须增强我国在那里的力量，尤其是海军。如果未来四年，那里完全做好准备了，再将注意力转向西方即可。"仅听这番对话，真有点让人搞不清到底谁是陆军大臣了。

库罗帕特金坚持说："我们在西方的主要威胁正在日益成熟、壮大，如果我们比邻国落后的话，就会被打败，即使所有二级战场上的胜利都无法弥补这点。"皇后淡淡地说："不会发生欧洲战

---

[27] *Dnevnik A. N. Kuropatkina*, pp. 77-78.

第七章　日俄交涉

争的，现在令人恐怖的是黄色人种来袭，因此有必要进行反击。"一直听着他们谈话的皇帝对陆相耳语道："你输了。"[28]

之后，皇帝和库罗帕特金从利巴瓦乘坐火车前往华沙军区检阅军队演习。皇帝在途中顺道去了别洛韦日的猎场。在结束弗沃达瓦三天的演习后，皇帝又返回了别洛韦日，在那里狩猎十余日。9月下旬，他前往皇后、皇女们等候的达姆施塔特，开始了漫长的暑假。[29] 库罗帕特金也前往自己位于普什科夫州的领地度暑假。[30]

俄清交涉中止

在此期间，俄清进行了交涉，但早早就结束了。

驻北京公使雷萨尔得到外相指示后，9月4日向清国外务部提出五项补偿要求。9月8日，清国方面将内容告知了日本公使、英国公使。[31] 清国的外交负责人庆亲王对内田公使说："此次俄公使就归还满洲提出新的五项要求方案，与前案有异，甚为稳妥，未侵犯我方主权。"日本方面表现出了忧虑。9月9日，小村外相立即给内田公使发去训令，让他通告清国方面，日本经过慎重研究，感到实在无法满意。与清国方面的认识相反，日本认为"俄罗斯方面的要求明显侵害了清国的主权，毋庸置疑无视了其他列强条约上的权利"。日本政府"正式表示严重抗议"，如果无视这一抗

---

[28] *Dnevnik A. N. Kuropatkina*, pp. 79-80.
[29] Nikolai II's Diary, 25 August - 12 September 1903, Ibid., pp. 82-100.
[30] *Dnevnik A. N. Kuropatkina*, p.92.
[31] Uchida to Komura, 8 and 9 September 1903,《日本外交文书》第36卷第1册，354—356页。Satow to Lansdowne, 9 September 1903, Correspondence respecting the Russian Occupation of Manchuria and Newchwang, London, 1904, pp. 86-87.

议,"对清国来讲,或许会招致最为严重的后果。"〔32〕

得到这样强硬的警告,清国方面招架不住了。推迟数日后,于9月29日(16日)以文书的形式给雷萨尔送交了否决的答复,对在松花江、通往布拉戈维申斯克(海兰泡)的道路上保留据点,在清国北部禁止外国人参与管理以及工商业企业等问题表示拒绝。阿列克塞耶夫在25日(12日)就给皇帝发去电报。"现在在北京进行的交涉,清朝政府拒绝了我们所有的重要要求,它得到日本以及其他列强的支持,十分明显地表现出了想让我们得不到任何补偿就从满洲撤出的意图。""日本的协定案明白地显示出日本的活动将向南满洲推进这一意图。""这种情况下,我认为在占领三年后放弃满洲必然会降低我国在远东的政治地位,因此斗胆呈报,……由于在北京进行的交涉无法取得成功,我提议现在中止为好。"〔33〕

10月1日(9月18日),皇帝批准了这个提案。就这样,因日本的压力,俄清达成协议之事受阻,"俄罗斯得以在事实上继续占领满洲。"(希曼斯基)对于这个决定,拉姆斯道夫外相是反对的。〔34〕

俄方准备答复

这个时期,俄罗斯在准备答复日本政府。

想想远东总督制在没有三大臣参与的情况下就被推行了,那么日俄交涉也很有可能由别佐勃拉佐夫辅佐皇帝来推进。被别佐勃拉佐夫死死压制、不久前还请求辞职的外相拉姆斯道夫,大概始终都在琢磨该怎样做才能由自己来辅佐皇帝吧。鉴于远东总督

---

〔32〕 Komura to Uchida, 9 September 1903,《日本外交文书》第36卷第1册,366—367页。
〔33〕 DKPIa, No. 6, pp. 19-20.
〔34〕 Simanskii, op. cit., Vol. III, p. 145.

制已经开始施行，拉姆斯道夫提出应由总督阿列克塞耶夫负责推进业已开始的日俄交涉，笔者推测他想制造出自己插进阿列克塞耶夫和皇帝之间的局面。而且如果将罗森公使安插给阿列克塞耶夫的话，也可以从这方面进行控制。

8月23日（10日），外相请来栗野公使，提出因有必要听取阿列克塞耶夫总督的意见，希望在东京进行交涉。[35] 而日本方面则希望在圣彼得堡进行，小村于8月26日、29日，9月2日三次给栗野发去电报让他提出照会。[36] 虽然每次栗野都与拉姆斯道夫进行了交涉，但俄罗斯方面的态度没有改变，最终，小村在9月7日的电报中表示，不得不接受在东京交涉。[37] 乍一看，这个举措似乎使拉姆斯道夫放弃了自己的交涉权，将其交给了阿列克塞耶夫，实际上它阻止了别佐勃拉佐夫介入交涉。可以说，拉姆斯道夫的还击成功了。

8月13日（7月31日），外相将日本方面的提案送交阿列克塞耶夫。[38] 8月26日，外相向阿列克塞耶夫传达，已遵照皇帝命令通告日本公使，探讨研究日方提案一事委派给了阿列克塞耶夫；令阿列克塞耶夫和罗森公使一同制订俄罗斯方面的对应方案，在皇帝批准其内容后于东京进行交涉。[39]

拉姆斯道夫本人认为终究无法接受日本的提案。他于8月28日（15日）给罗森和阿列克塞耶夫发去电报：

现在日本的提案令人实在难以容忍，因此，将1901年伊藤侯爵提出的方案作为交涉的出发点更为理想。如果能够

───────

[35] 栗野给小村的信，1903年8月24日，《日本外交文书》第36卷第1册，15—16页。
[36] 小村给栗野的信，1903年8月26、29日，9月2日，同上书，16—20页。
[37] 小村给栗野的信，1903年9月7日，同上书，21页。
[38] Lamsdorf to Alekseev, 31 July 1903, RGAVMF, F. 32, Op. 1, D. 484, L. 3-4.
[39] Ibid., 13 August 1903, Ibid., L. 5.

像期待的那样，在近期最终明确地确定我们在满洲的地位，与日本的交涉毫无疑问会变得简单、容易。[40]

罗森认为，如果在东京与日本进行交涉，理所当然地应该重视作为专家的他的意见。因此，罗森对外相的电报主动提出建议，以1901年伊藤博文和拉姆斯道夫的交涉作为"出发点"，俄罗斯只要将此对应方案递交给日方即可。[41]赘言一下，该方案的内容为：一，尊重朝鲜的独立；二，日本不以军事战略目的利用朝鲜；三，不在朝鲜海峡沿岸修建阻碍航行自由的军事设施；四，俄罗斯承认日本在朝鲜拥有工商业方面的行动自由，根据与俄罗斯的协定，拥有向朝鲜提供建议和援助的优先权，也包括军事援助；五，日本可以在必要范围内派遣士兵，但军队不得进入俄朝国境附近规定的地带；六，日本承认俄罗斯在与其接壤的清国领地拥有优越权，不妨碍其行动自由；七，本协定取代以往协定。

9月6日（8月24日），拉姆斯道夫慌忙给罗森发去电报，建议将1901年的方案作为"给现在的交涉创造条件的资料"使用，而不是作为对应方案提交给日本。他指出，即使内容很合适，也必须参考日方提案，给出"完全不同形式"的方案。[42]他的意思是，不要拿出1901年的方案，让日本方面感觉俄罗斯打算将新的提案拒之门外。

当然别佐勃拉佐夫等人也制订了方案。别佐勃拉佐夫在维特财相被解任的翌日——8月29日（16日），向皇帝提交了答复方案。

---

[40] Lamsdorf to Alekseev and Rozen, 15 August 1903, RGAVMF, F. 32, Op. 1, D. 484, L. 6. 卢科亚诺夫漏看了这份电报，不知道1901年方案一度成为话题。

[41] Rozen to Lamsdorf, 21 August 1903, RGAVMF, F. 32, Op. 1, D. 485, L. 136-136ob.

[42] Lamsdorf to Rozen, 24 August 1903, Ibid., L. 7ob-8.

第七章　日俄交涉

答复方案的前言中写到，由于日本受到日英同盟的束缚，俄罗斯也必须遵守现行条约，尽管俄罗斯希望与日本缔结协定，但日本必须为此恢复行动自由。其内容为以下五项：

一，尊重清国和朝鲜的独立与领土完整。

二，两国承认日本在朝鲜，俄罗斯在"满洲"现存的同类利益。

三，不妨碍俄罗斯和日本的工商业企业活动。

四，俄罗斯承认日本拥有为使朝鲜贯彻改革和确立善政，向其提供支持和建议的权利。

五，再次确认以往两国间存在的一切协定。[43]

俄罗斯承认日本向朝鲜提供建议的权利，但认为维持以往条约规定的模糊的日俄共同管理体制是必要的。别佐勃拉佐夫的意见是最明确拒绝日本方面提案的。[44]不清楚皇帝看到这一方案时是如何处理的。后来，这个方案被收入阿巴扎所编制的远东委员会资料集时，拉姆斯道夫的外交部表示不知道这份文书的存在。[45]这意味着皇帝没有给外相看。也就是说，别佐勃拉佐夫被从日俄交涉的道路上摒弃了。这是拉姆斯道夫策略的胜利。

然而，远东方面也有问题。因为阿列克塞耶夫和罗森合不来，罗森认为进行日俄交涉是自己的工作，有轻慢阿列克塞耶夫之处。他似乎于9月3日（8月21日）和4日（8月22日）也向阿列克塞耶夫送交了他给外相的、以1901年方案为基础制订的对

---

[43] 这份文书在提交给皇帝的文书档案中。Bezobrazov to Nikolai II, 16 August 1903, GARF, F. 543, Op. 1, D. 183, L. 8-9. 另外 RIaV, No. 5, pp. 17-18. 卢科亚诺夫没有触及这份别佐勃拉佐夫方案。

[44] 希曼斯基在1925年的回忆录中写道，这份别佐勃拉佐夫方案"是日本完全有可能接受的方案"，如果没有后来拙劣的交涉，战争可能就不会发生。这是不正确的。Simanskii, *Dnevnik generala Kuropatkina*, *Na chuzhoi storone*, XI, Praha, 1925, p. 72.

[45] Ministerstvo inostrannykh del, *Zapiska po povodu izdannogo Osovym Komitetom Dal'nego Vostoka Sbornika dokumentov po peregovoram s Iaponiei 1903-1904 gg.*, Sankt-Peterburg, 1905, p. 7.

应方案。阿列克塞耶夫于9月12、13日（8月30、31日）给罗森发去回电，表明了他的想法。俄罗斯在占领旅顺的同时，停止了与日本在朝鲜的竞争，最终并没有实施俄日行动上的平行性协定。这样的态度助长了日本的气焰，以至于造成"现在这个国家隶属（于日本）"这种局面。鸭绿江公司虽然引起了骚动，但由于有合法的活动根据，日本也无可奈何，俄罗斯政府也撤去了现役军官，使其成为了商业性公司。因此，俄罗斯还没有到被日本甩出最后通牒的地步。"我们似乎应该正确地认识到，日本现在的无耻要求，是我们主动地……系统地放弃属于我们的一切权利的结果。"如果明言"满洲"问题不承认外国干涉的方针不变的话，那么"我们就应该以最明确的方式驳回日本的提案。如果因过去的让步，我们要承担其后果，同时又必须回避战争风险，为了不发生战争，我认为有必要承认日本在满洲具有一定商业上的权益，这个问题可以在今后的交涉中讨论"。[46]

罗森在9月10日（8月28日）询问阿列克塞耶夫，是将俄罗斯的答复方案送过去，还是等待阿列克塞耶夫将案文送来。[47]阿列克塞耶夫9月15日（2日）发去电报，希望罗森到旅顺商量。罗森没有去旅顺，取而代之，他送去了自己的方案，并说由于不能离开日本，虽然非常想见面，却无法前往。[48]

罗森的答复方案内容如下：

一，尊重韩国的独立和领土完整。

二，不将韩国领土的任何部分用于战略目的。

---

[46] Alekseev to Rozen, 30 and 31 August 1903, RGAVMF, F. 32, Op. 1, D. 156, L. 9-10. Lukoianov, op. cit., pp. 18-19. 卢科亚诺夫将这份电报与制订方案的两人的交涉分开来看待，他没能正确理解。

[47] Rozen to Alekseev, 28 August 1903, RGAVMF, F. 32, Op. 1, D. 485, L. 148.

[48] Ibid., 3 September 1903, Ibid., L. 152.

三，承认日本为韩国改革给予支持和建议的权利。

四，日本拥有根据与俄罗斯的事前协定，向韩国派遣军队的权利。但是，其规模不得超过为达成目的所必要的程度，且被赋予的任务实施后应立即召还。日本军无论在任何场合都不得进入包括鸭绿江流域在内的被规定的北纬度线以北的地区。

五，日本承认"满洲"在自己的利害圈外。

六，本协定缔结后，取代以往的协定。[49]

阿列克塞耶夫大概很不高兴吧。他在接下来的信中写道，对罗森不能过来感到遗憾，现送去自己制订的对应方案。阿列克塞耶夫文书集中收录了《1903年阿列克塞耶夫案》，虽然没有日期，但笔者推测它应该就是这时被送过去的阿列克塞耶夫方案。其内容如下：

一，将尊重韩帝国的独立和领土完整作为相互的义务。

二，俄罗斯承认日本在韩国优越的利益，承认日本为使韩国民政更加公正而给予其建议的权利。但是，一切以不损害第一项为前提。

三，俄罗斯负有不妨害日本在韩国为发展工商业活动并保护其利益而采取对策的义务。但不得损害第一项。

四，俄罗斯承认日本为达成同样的目的，在知照俄罗斯的基础上，向韩国派遣军队的权利。但是，日本负有其规模不得超过现实所需，且视任务完成情况，召回军队的义务。

五，相互有义务不将韩国任何部分用于战略目的，不在韩国沿岸区域采取任何有可能威胁朝鲜海峡自由航行的军事措施。

六，相互有义务将鸭绿江及其沿岸宽50俄里的地区作为军事上的中立地带，不能用军队占领这一地带，不能修建要塞设施。

---

[49] Rozen to Alekseev, 2 September 1903, RGAVMF, F. 32, Op. 1, D. 485, L. 151-151ob.

七，日本承认俄罗斯在"满洲"完全的行动自由。俄罗斯负有尊重日本在该国工商业方面的正当利害的义务。

八，本协定取代以往两国间存在的一切协定。[50]

这两个提案都是1901年拉姆斯道夫方案的改进版，内容大致相同。阿列克塞耶夫的中立地带提案比照搬1901年方案的罗森方案有所进步。有意思的是，这个方案与后来日本作为逆向提案所提出的方案相当相似。阿列克塞耶夫9月15日（2日）给罗森发去电报："我认为，如果不能在北部朝鲜维持优势的影响力的话，至少将鸭绿江流域转化为非军事的中立地带较为理想。"[51]

阿列克塞耶夫在外交报告中写道，除第八项外，都"是我提出的答复方案"。[52]

9月17日（4日），罗森接到了皇帝斥责的电报："如果阿列克塞耶夫召唤你，你应该去旅顺。"于是，罗森给阿列克塞耶夫发去电报，表示将遵照陛下的命令，放下手头的事情前去拜见。9月22日（9日），罗森去往旅顺。[53]他在回忆录中写道，在那次和阿列克塞耶夫的会谈里，他劝说道："我们能做的唯一合理的事情，大概就是固守满洲，尽快逃离朝鲜吧。"他感觉阿列克塞耶夫似乎"倾向于同意"他的看法。[54]但实际上是罗森原封不动地接受了阿列克塞耶夫的方案，只对第七项，要求日本承认俄罗斯在"满洲"的行动自由提出了异议，他认为这条违反了俄罗斯应该自主决定在"满洲"的行动这个原则。然后，他提议将第七项改为"日本

---

[50] Alekseev's draft, 1903, RGAVMF, F. 32, Op. 1, D. 134, L. 11.

[51] Simanskii, op. cit., Vol. III, p. 158. Alekseev to Rozen, 2/15 September 1903.

[52] E. I. Alekseev, Vsepoddanneishii otchet po diplomaticheskoi chasti 1903-1904 gg., GARF, F. 543, Op. 1, D. 186, L. 9.

[53] Rozen to Alekseev, 4, 6 and 7 September 1903, RGAVMF, F. 32, Op. 1, D. 485, L. 154, 156, 158.

[54] Rosen, op. cit., Vol. 1, p. 227.

承认满洲及其沿岸在日本利害圈外"。阿列克塞耶夫对此没有异议,采纳这个意见后,制订了答复方案。[55]

别佐勃拉佐夫的动向

别佐勃拉佐夫在罢黜库罗帕特金这件事上碰壁后,将精力集中到完善远东总督制和通过远东公司开发远东经济的工作中。

别佐勃拉佐夫在9月8日(8月26日)起草了远东委员会方案。皇帝担任远东委员会主席,成员为内务、外交、财政、陆海军各大臣以及皇帝特别任命的个人,委员会设置事务局长、副事务局长。委员会负责审议与远东相关的所有事务,由总督执行其决议。也就是在皇帝和被皇帝授予全权的远东总督之间设立远东委员会,推行统一的远东政策。[56] 别佐勃拉佐夫将这个方案拿给内相普列韦,征询了他的意见。

9月22日(9日),别佐勃拉佐夫给阿列克塞耶夫写信:

> 遵照陛下的命令,同信附寄了我于各个时期提交给陛下的精心准备的构想。所有的问题正等待你返回首都圣彼得堡做出系统性的决定。就我所见,近年成为大问题的各部门的抵抗正在逐渐减少。……在远东,你所领导的组织将会引导事业走向成功吧。陛下在所有的方面都全力支持着你,而且我

---

[55] Alekseev, Vsepoddanneishii otchet po diplomaticheskoi chasti, L. 9ob. -10. 希曼斯基认为几乎所有的条款和整体的形式都是罗森的意见,这是不正确的。Simanskii, op. cit., Vol. III, p. 158. 相反,卢科亚诺夫漏看了罗森和阿列克塞耶夫交锋的史料,认为阿列克塞耶夫过于不愿妥协,这是不恰当的。Lukoianov, op. cit., p. 19.

[56] 有标注为该日日期的案文。RGIA, F. 560, Op. 28, D. 213, L. 239-240ob.

们也都努力竭尽一切力量和能力援助这项事业。我个人在这个过渡期完成陛下交给我的任务后,不打算直接参与此事业。关于木材公司及其业务,最近,在维特退任后,新的代理财相还没有足够时间找到自己的方法。……无论如何,对这项事业而言,万事顺利。在各个机构被组织起来后,事业会自己沿着轨道前进吧。内相大概将于9月21日(10月4日)左右返回首都圣彼得堡,……远东问题委员会法将最终定稿。那时,陛下大概会召集协商会,并在这个委员会设置令上签名吧。那样将产生首个应对远东所有问题的中央组织。[57]

翌日,别佐勃拉佐夫又给阿列克塞耶夫寄信传达了皇帝的意向:"朕的远东总督是该地区的全陆海军总司令官","是领土的主人,是外交、行政、政治、经济问题上的庇护者,是朕的意志的执行者。"[58]

另一方面,远东公司一直在设法吸引外国资本、美国资本。与此相关的是,沃加克于9月9日(8月27日)起草了意见书《关于俄罗斯在远东的企业吸引美国资本的问题》。沃加克提出了如下观点:

> 我国现在采取的强化远东军事态势的策略无疑可以让我们对未来安心,沿着选定的方向稳步前进。我们不用去在意那种普遍认为日俄战争不可避免的谣言。但是,从吸引外国资本的可能性的角度来看,则必须重视这个谣言。因为战争将要临近这种担忧所传播的范围通常比想象的要远远广泛得多。

---

[57] Bezobrazov to Alekseev, 9 September 1903, RGAMVF, F.417, Op.1, D. 2865, L. 6-7.
[58] Bezobrazov to Alekseev, 10 September 1903, Ibid., L. 31.

沃加克认为，为了彻底解决这个问题，只有两种办法：与日本战争，或与日本缔结协定。关于后者，"日本在朝鲜问题上极度贪婪"是个问题。有必要理解，日本"在朝鲜问题上，没有与俄罗斯的协定将无法进行下去"，而只要日英同盟继续存在，协定就是不可能的。日本对自己的军事力量过于自信。为了阻止日本在朝鲜无限制地扩大势力，必须向它展示俄罗斯的力量。虽然伴有危险，但随着俄罗斯在"满洲"的地位确立，同时通过"强化我们的战斗准备"，迫使日本放弃日英同盟，接受"我们的协定条件"以及"符合俄罗斯尊严的协定形式"是很重要的。[59]

韩国政府谋求中立

韩国日益感受到日俄之间的战争将要临近。8月1日，《皇城新闻》发表社论《日不得不战》称，如果允许俄罗斯侵略，不仅"对韩日清三国唇齿相依之势造成严重问题"，而且也会危及日本的生存之道，东洋的全体黄种人将至被歼灭的境地，日本除了与俄罗斯交战外，别无他路。由此可见，民间舆论是反俄的。

在这种状况下，暗中得知日本向俄罗斯提出交涉之事的韩国皇帝对事态忧心忡忡，因为他预见到了交涉将会走向战争。高宗立即行动起来，于光武七年（1903年）八月十五日给俄罗斯皇帝写了秘信：

> 贵国军队集合于满洲。此事在东洋政界引起无限恐慌的情绪，形势急迫为前所未有。最近，日本媒体猛烈煽动舆论，

---

[59] Vogak, Po voprosu o privlechenii amerikanskikh kapitalov k russkim predpriiatiiam na Dal'nem Vostoke, 27 August 1903, RGIA, F. 560, op. 28, D. 213, L. 229-234.

日本宫廷最终恐无法免于决意开战。可以预见,此事迟早会成为贵国和日本决裂的端由。如果战争开启,朕担心我国不免成为战场。若如此,贵国军队无疑将会获得胜利。朕谨预先表示庆贺。朕的意向如何,将明报贵国军队的将军。帮助贵国军队势力,号召我人民在敌人到来时移藏钱粮,隐身山野,使用清野之策(焦土作战)。请求陛下(尼古拉二世)理解我国的困难状况,给予祈祷并祝福。这封书信在有事之际,足以成为朕对陛下深厚友谊的凭据。对于迄今为止陛下对朕的诸多好意,朕常怀感谢之念。[60]

141　　在这封信中,高宗向俄罗斯提出战时合作,并表明精神上将站在俄罗斯一侧。然而这样的约定原本就没有实行的保证,只不过表达了高宗的个人愿望而已。

　　写了这封信后,高宗让外部大臣李道宰给驻日、俄两国公使发去训令,向日本和俄罗斯两国寻求将韩国作为中立国的承诺。训令中写道,由于日俄已经开始的关于"满洲"问题的对话,有可能演变成"两国友好关系决裂"的事态,韩国处于对立的两者之间,"我们必须事先宣布打算严格保持中立。""因此,我们要求日本和俄罗斯将我国视为中立国。如果将来发生战争,希望不要在我国境内展开任何作战,也不允许任何军队通过我国领土。要寻求明确的回答作为保全我国国境的保障。"[61]这是现实的主张。

　　8月21日,懂法语的宫内官玄尚健带着给俄罗斯皇帝的密信

---

[60] 韩国的学者团队从俄罗斯外务省档案馆找到了这封书信,1995年4月26日发表在韩国国内的报纸上。李泰镇《高宗时代的再照明》(韩文),太学社,2000年,129—130、411页。承蒙李泰镇氏好意,笔者得到了这封书信的全文和韩文翻译。

[61] 林公使从英国公使处得到了这份训令,报告给本国。Yi Do Chai's instructions, 18 August 1903,《日本外交文书》第36卷第1册,721—722页。

和给公使的训令经旅顺去往俄罗斯。25日，礼式院参书官高义诚带着给公使的训令出发去了日本。[62]

如此，高宗在向日俄双方寻求战时中立的承诺的同时，秘密地向俄罗斯表达了无限通力协作的意思。

得到训令的驻日大使高永喜于9月3日将信函送交日本外相小村寿太郎，照会希望在日俄发生战争时，保障韩国的中立。[63]理所当然地，日本政府对此很不高兴，迟迟没有做出答复。

而玄尚健则先去了法国，随后又去了荷兰、德国。他从柏林进入俄罗斯的时间实际上是这年的11月14日。[64]搞不清他为什么做这样的行程安排。

在韩国，龙岩浦租借的动向成为民间的话题，警惕俄罗斯侵略的气氛越发凝重了。《皇城新闻》9月10日发表评论《破满韩交换之谣言》，认为"满韩交换论"是俄罗斯使出的"敏谲手段"，是巧妙的诈术。韩国乃"东洋一独立帝国"，非"日俄之保护属邦"。岂可随意交换，对此很气愤。9月14日，该报报道了日俄交涉正式开始。内容为，日本提出如果俄罗斯不妨害日本在韩国获得铁路铺设权，而且承认迄今为止获得的既得权益的话，日本就承认俄罗斯在"满洲"获得的权利。

对于韩国政府提出的希望保障战时中立的照会，9月26日，小村将日本政府的回复送交韩国驻日公使："我帝国政府沿袭历来之政纲，努力维持和平、增进修睦，复无他余念，于今谈兵戎，语中立，岂止不祥，又颇不合时宜。以上趣旨望能谅解。同时望充分理解帝国政府为贵国乃至东亚全局尽瘁之微意。"这个答复的意思

---

[62] 林给小村的信，1903年8月26日，《日本外交文书》第36卷第1册，720页。
[63] 小村给林的信，1903年9月3日，同上书，723—724页。
[64] Kim En-Su, Koreiskii poslannnik Li Bom-Dzhin i Russko-Iaponskaia voina, *Russko-Iaponskaia voina 1904-1905. Vzgliad cherez stoletie,* Moscow, 2004, p. 220.

是，日本正在为不发生战争而努力，不愿意谈论战时中立等事。

进而小村还在口头上做了添加："日本从来于他国交战之际，宣告局外中立"，但若出现交战国蹂躏此宣告的情况，日本亦"自有断然抵制之决意"。若韩国"欲为中立国，则自身需要有保持这点的决心与实力，并合二为一。今日韩国最大之急务在于充实国力，图谋国家之富强"。为此有必要"安固皇室""革新财政""改革兵制"。日本"拥护现韩国皇室之永久存续"，对此有"确定不移之决心"，其余两项改革如果希望援助的话，日本也会响应。处理韩国在日流亡者的问题虽然很困难，但会根据皇帝陛下的愿望尽力而为，希望将此敬告皇帝陛下。[65]不得不说，这是巧妙的威胁和虚伪的约定，还夹杂着小小的诱饵。

话虽如此，小村还是从韩国政府的这个动向中感觉到了危险。三天后的9月29日，他给林权助公使发去另外一份训令。"此际吸引韩国皇帝至我方，于帝国政策极为紧要……日俄间和平眼看即将破裂，韩国皇帝之向背于全局利害关系尤深自不待言……日韩间应缔结某种密约。"[66]训令指示接触对日本怀有好意的大臣，努力促成秘密条约的缔结。

虽然韩国提出想保持中立，日本却不承认此事。日本打算如果开战的话，立即将韩国置于自己的指挥之下。

《皇城新闻》10月7日发表社论，题为《日俄开战的关系如何》。如果开战，虽说"我韩国唯有成为中立国，丝毫不与其间发生关系"，但其实关系很大。社论主张政府"应十倍振奋精神，采

---

[65] 小村给林的信，1903年9月29日及10月6日，《日本外交文书》第36卷第1册，725—726页。Pak Chon Khio, op. cit., pp. 148-149 中从外务省文书引用了传到俄罗斯方面的这一口头说明，但却引用为"日本曾经宣告韩国应该遵守中立"等，文意传达得完全不正确。

[66] 影印版《驻韩日本公使馆记录》19，国史编纂委员会，1991年，533页。海野福寿《韩国合并史研究》，岩波书店，2000年，100页。

取自国防卫之方针"。这是正确的主张。

10月14日，林公使发电报写道，如果有"果断解决事局，且于其解决后，全然如我意处理韩国之决心"，秘密条约反而会成为一种束缚。若还是要缔结这种条约，有必要"用韩帝最忌之流亡者问题，对韩帝加以某种牵制"，提供巨额借款、给予宫廷内有势力者"相当的活动经费"，将汉城守备队的士兵"增加一倍"。[67] 到了10月30日，林感慨韩国宫中和政府"毫无统一"，"以其现状，如欲吸引韩帝于我，可谓甚是绝望。"[68]

在俄罗斯首都的栗野公使于10月21日会见了外务次官奥博连斯基，想就此事进行商谈。但次官以战争不可能发生为由，拒绝谈论此事。[69]

驻日武官的警告

日本国内的激奋愈加高涨。民众指责政府的政策优柔寡断，应该更加强势地进行交涉，还提出应该向朝鲜出兵的强烈意愿。

9月初，日本出现了认为维特失势显示出俄罗斯政府内部军人地位得到强化这种观点。[70] 该月，对俄同志会的活动在全国如火如荼地展开。9月7日，《东京朝日新闻》刊载了委员长神鞭知常的访谈，文中写道："现在除却我对俄同志会外，即便政府的意志也变得更为强硬，故对俄谈判也有了意外的进展，首先……可以充分预见能够取得比满韩交换更好的结果。"神鞭信心十足。

---

〔67〕影印版《驻韩日本公使馆记录》19，534—535页。海野，《韩国合并史研究》，100页。
〔68〕影印版《驻韩日本公使馆记录》19，536—539页。海野，上述书，100页。
〔69〕栗野给小村的信，1903年10月23日，《日本外交文书》第36卷第1册，726页。
〔70〕《俄国的一个政变》，《东京朝日新闻》1903年9月2日。

9月10日，对俄同志会在福冈召开九州大会，通过决议："断不忍坐视"俄罗斯的行为，"警告政府须严责俄国，迫其执行撤兵条约，……捍卫帝国名誉与利权……从速决断实行。"[71]

14日，同志会的三名代表访问桂首相并递交警告书，"我政府当局者此际当以最后之决心促俄国政府最后之明确答复。"[72]17日，对俄同志会在仙台召开东北（译者注：东北地区，日本的地区之一，位于本州东北部，也称"奥羽地方"。虽然法律上没有明确规定其范围，但一般指青森县、岩手县、宫城县、秋田县、山形县、福岛县这六县。仙台是宫城县政府所在地，是东北地区最大的城市。）大会，聚集了3500人，决议变得更加激进：

> 俄国近日之行动乃对我帝国无言之宣战。帝国若仍容忍承认之，则是不忠于东洋之和平，且不顾帝国自身之利益及名誉。当局者宜从速断然实行最后之手段。[73]

这已然是开战前夕的气氛。俄罗斯驻日武官对此深感不安。他们从9月初起就敲响了日本军可能出兵朝鲜北部的警钟。海军武官鲁辛9月2日（8月20日）发送的报告，大概是最详细的分析了。[74]鲁辛在报告开头写道，已经开始的日俄交涉"根本没有达成一致的态势"。

> 日本人自我意识异常膨胀，他们得到英美的精神支持，不会允许桂内阁采纳对俄罗斯国家利益来讲勉强能够容忍的

---

[71]《东京朝日新闻》1903年9月11日。
[72] 同上，1903年9月14日。
[73] 同上，1903年9月18日。
[74] Rusin to Virenius, 20 August 1903, RGAVMF, F. 417, Op. 1, D. 2486, L. 156-159. DMAIaR, pp. 73-75.

第七章　日俄交涉

分割远东势力圈的条件。在过去几年里，由日本政治家和报刊新闻推动的敌对的反俄运动几乎从来没有间断过，……为俄罗斯与日本缔结牢固的协定设置了重大障碍。我方无论做出多大的让步，比如承认朝鲜与日本的关系为从属国，在满洲给予日本诸多权利，也无法长期保障远东的和平。因为日本很快就会不满足于这些条件，又开始要求新的让步了。[75]

只有来自我方的坚决反击，以俄罗斯在远东的军事实力为基础的反击，才能让日本恢复正常的精神状态。哪怕是暂时的，我们也必须具备充分的军事力量，让日本人对自己在战场能否胜利有所怀疑。日本人知道我方军事力量在远东的情况和配置，因而强化了期待，确信自己的军队会在战争初期取得胜利。他们梦想着通过首战的胜利，巩固自己政治上、军事上的威信，然后凭借这些，尽早缔结对自己有利的、光荣的和约。[76]

鲁辛看透了日本军部的战争计划。他认为，虽然日本国民各阶层自命不凡的自我评价膨胀到了近乎病态的地步，但日本陆海军省并没有受此影响。"他们不会贸然在没有做好准备的时候就发起战争，他们会以日本国民性中特有的周密和组织计划性谋求万全之策。"鲁辛进而还注意到陆海军"以示威性的、过于公然的方式"进行战争准备，不得不承认这是以鸣响武器的方式来威吓俄罗斯。但是他认为，由于国内舆论变得无法控制，无法与俄罗斯达成一致的桂内阁陷于窘境，必须要寻找出路。

有人认为日本会随便找些借口，就向朝鲜发出最后通牒，

---

〔75〕Rusin to Virenius, 20 August 1903, RGAVMF, F. 417, Op. 1, D. 2486, L. 156-156ob.
〔76〕Ibid., L. 157.

将军队送到鸭绿江。另一方面,也有人不否定日本与俄罗斯直接冲突的可能性。不过,随着我们越来越有能力从欧陆俄罗斯向远东快速派送更多的军队,后者的可能性会降低。为检验铁路运输能力,我们从欧陆俄罗斯向外贝加尔州运送几个师团之事,制造出对我方来讲极度有利的印象,由此可以印证这种推测。即使日本也非常明白,在我军队和舰艇已经开往远东的情况下……越晚对俄罗斯越有利。[77]

鲁辛认为,增强俄罗斯在远东的陆海军力量可以抑制日本的行动。这的确是具有现实性的结论。

虽然鲁辛于9月上旬视察了大阪、吴港、宇品,但没能判断出日本军正在做着意料外的运输登陆的准备。日本舰队正在佐世保装载煤炭。鲁辛从那里去了长崎。[78]

然而,到了9月20日(7日),鲁辛给符拉迪沃斯托克(海参崴)发去了电报:

有传闻说,日本正准备10天后向朝鲜北部派遣一个混成旅团。请发电报告知海军军令部长。[79]

这个情报也在旅顺和汉城传开。9月22日(9日),阿列克塞耶夫告知汉城的巴甫洛夫公使,驻日武官萨莫伊洛夫传来消息,说日本将于翌月向朝鲜派遣选拔出的旅团。[80]翌日,巴甫洛夫回

---

[77] Rusin to Virenius, 20 August 1903, RGAVMF, F. 417, Op. 1, D. 2486, L. 159-159ob.
[78] Rusin to Alekseev, Stark, Rozen, 30 August/12 September 1903, RGAVMF, F. 417, Op. 1, D. 2486, L. 164ob.-165.
[79] Stark to Rozhestvenskii, 7 September 1903, RGAVMF, F. 417, Op. 1, D. 2823, L. 1.
[80] Alekseev to Pavlov, 9 September 1903, RGAVMF, F. 32, Op. 1, D. 182, L. 8.

第七章　日俄交涉

电，韩国皇帝也通过李容翊传来了同样的信息，虽然需要警惕，但巴甫洛夫本人认为日本还没有做出这样的决断。[81]到29日（16日），阿列克塞耶夫向巴甫洛夫提出要求，由于驻日武官们告知传闻仍在持续，如遇到情况要立即联络。[82]这是危机警报的开端。

此时，俄罗斯皇帝正在悠闲地狩猎度假。他于9月7日（8月25日）到达了别洛韦日，[83]这里位于俄罗斯和波兰交界处，涅曼河、西布格河、普里皮亚季河穿流而过，是绵延的森林地带，有皇家狩猎场。9月9日（8月27日），皇帝观摩了华沙军区部队的演习，12日（8月30日）又返回别洛韦日，在与弗拉季米尔大公、尼古拉大公等人会合后，开始了连日的狩猎。9月23日（10日）是皇帝在此地逗留的最后一日，他记下了这次狩猎的成果：野牛12只，驼鹿6只，鹿69只，（字迹辨认不清者）36只，羊201只，野猪83只，狐狸41只，总计448只。[84]皇帝当日离开这里，去了更西边。9月25日（12日），到达皇后的家乡达姆施塔特。翌日，拉姆斯道夫来到这里，27日（14日），皇帝接受了拉姆斯道夫的上奏。可以推想，无论是日俄交涉的情况，还是驻在武官的警告，拉姆斯道夫都大略做了汇报，但皇帝的日记中没有记录他的反应。[85]

俄方的第一次答复

9月28日（15日），阿列克塞耶夫将与罗森一同制订的俄罗

---

[81] Pavlov to Alekseev, 10 September 1903, RGAVMF, F. 32, Op, 1, D. 167, L. 46-47.
[82] Alekseev to Pavlov, 16 September, 1903, Ibid., D. 182, L. 9.
[83] Nikolai II's Diary, GARF, F. 601, Op. 1, D. 246, L. 82.
[84] Ibid., L. 98.
[85] Ibid., L. 100.

斯答复方案上报给了皇帝。皇帝大概是同拉姆斯道夫一道接受的吧。阿列克塞耶夫还添写了如下一段话：

> 制订这个方案的困难之处在于，日本的方案夺去了以其为基础、与日本达成协议的一切可能性，表现出令人完全难以容忍的贪婪。对我们来讲，唯一有可能成为协定基础的是，日本承认满洲完全在自己的利害圈外，作为补偿，我们可以在朝鲜做出一定的让步。这一界限在我们的方案中做了陈述。但是，只有在事先决定继续占领满洲的情况下，才能着手以这个方案进行交涉。

阿列克塞耶夫主张，占领"满洲"符合俄罗斯在远东的地位，在交涉时，必须允许罗森公使表明，哪怕使用武力，俄罗斯也打算维护自己在"满洲"的利益。[86]

准备好的答复方案立即得到了皇帝的批准。笔者推测，此时原方案的中立地带一项被修改了。虽然没有证据，但可以推测到应该是根据皇帝的意见修改的。10月1日（9月18日），外相将这一答复案传给了阿列克塞耶夫。[87] 同时还传达了皇帝同意中止与清国交涉的消息。10月3日（9月20日），罗森返回日本，当天就将答复方案送交日本方面。其内容如下[88]：

第一条改为"尊重韩帝国之独立与领土完整"，去掉清帝国，采取不让日本言及清国的态度。第二条改为俄罗斯"承认日本于韩国之优越利益"，承认"不违反第一条之规定，给予改良韩国民政的建议及援助"是"日本之权利"，删除了日本提案中的"军事

---

〔86〕 DKPIa, No. 7, p. 20.
〔87〕 Alekseev, Vsepoddanneishii otchet po diplomaticheskoi chasti, L. 10.
〔88〕 小村给栗野的信，1903年10月5日，《日本外交文书》第36卷第1册，22—23页。

上之援助",而且坚决拒绝"给予建议"是日本"专权"的主张。第三条表明不妨害日本在韩国的工商业活动,不反对采取保护措施,接受了日本的主张。第四条虽然承认日本向韩国派遣军队,但以"在知照俄国的基础上"为条件。以上四条与阿列克塞耶夫的方案相同。

进而,俄罗斯方面根据1901年的拉姆斯道夫方案,在第五条中试图对日本统治朝鲜加以限制。"相互约定不将韩国领土的任何部分用于战略目的,并不在韩国沿岸设置有可能妨害朝鲜海峡自由航行之军用工事。"第六条虽然包含了中立地带要求,但采用了与阿列克塞耶夫方案不同的表达方式。

阿列克塞耶夫方案是将自鸭绿江以南50俄里作为中立地带,而在正式答复方案中变为:"将韩国领土北纬39度线以北部分视为中立地带,两缔约国相互约定皆不向此派入军队。"如果按照50俄里计算,虽然西至宣川,但东部的清津没有包含在内,地域相当狭窄,但如果是北纬39度以北,那么平壤、元山就都包括在内了,地域相当广阔。这是根据皇帝尼古拉二世的提议所做的修改。

进而根据罗森方案加上了第七条,"日本承认满洲及其沿岸全然在日本利益范围外",要求日本约定不向"满洲"伸手。第八条同意废除"日俄两国间缔结的所有协定",与日本方案相同。

1896年的莫斯科协定、山县—洛巴诺夫协定中都有中立区域,但那时规定日俄两国均可向朝鲜派兵。这次,俄罗斯放弃了派兵的权利,取而代之要求设立中立地带。俄罗斯承认日本对韩国三分之二领土的有限统治权,作为回报,要求日本承认"满洲"为俄罗斯独占的势力圈。[89]

---

[89]《小村外交史》335页的评价大致妥当。

秋季的危机

就在阿列克塞耶夫和罗森制订出对日答复方案之后不久，危机正式出现了。海军武官鲁辛9月29日（16日）发电报：传言仍在持续，报纸报道了第12师团的动向，将以小仓为出发港，租用了五艘民船。同日，鲁辛又发电报："日本舰队出航前往马山浦。"10月3日（9月20日），鲁辛发出语气更加强烈的警告电报，第12师团正在召集预备役，并让运输船保持准备完毕的状态。[90]除鲁辛外，驻日武官萨莫伊洛夫也发送了日本出兵朝鲜的警告。

鲁辛等人的电报让阿列克塞耶夫很恐慌。10月3日（9月20日），他给身在达姆施塔特的皇帝发去电报，首先报告，接到中止在北京的交涉和将对日答复方案交给日本方面的命令后，已立即执行。接着写道：

> 考虑到今后在东京的交涉，我向陛下报告，鉴于日本目前的气氛，不能排除日本派遣军队占领北部朝鲜的可能性。这一点可从现在收到的驻日武官的报告中得到确认。我认为我们现在有必要明确，如果日本方面采取这类措施将上述意图付诸实施，为了维护自身的利益并尽最后的可能回避军事冲突，我们应该采取什么样的行动模式以应对他们的挑战。

阿列克塞耶夫认为，问题在于日军以什么样的规模在朝鲜的什么地点登陆。需要重视的是从黄海一侧的西部海岸登陆，日军

---

[90] Vitgeft to Rozhestvenskii, 16 and 20 September 1903, RGAVMF, F. 417, Op. 1, D. 2823, L. 4, 6, 16.

第七章　日俄交涉

在距"满洲"及"关东州"咫尺之遥的地方登陆是不能漠视的。那样的话，"就不能停留在以违反1896年条约为由向日本抗议的程度了。妥当的做法是在抗议的基础上，还要警告日本政府，概不允许向朝鲜进一步派兵，我方会为了维护自身合法、公正的利益而采取军事对策。"

阿列克塞耶夫提议的对策如下：一，日军在仁川、镇南浦或鸭绿江河口登陆时，我方以海军力量阻止其后续部队的登陆。二，即时动员"关东州"和"满洲"的军队，令其集结于奉天，在全"满洲"颁布戒严令。三，在外贝加尔、西伯利亚、莫斯科、喀山军区召集预备役。[91]

10月7日（9月24日），阿列克塞耶夫进一步请求，加急为旅顺运送10万吨、为符拉迪沃斯托克（海参崴）运送65,000吨煤炭并补足空缺人员，应补充的士官包括：炮术士官15人，水雷士官17人，普通士官40人，技师30人，专家型下士533人。[92]

的确，10月初日本媒体的论调愈发过激。导火索之一是有传闻说，俄罗斯进入龙岩浦后，正在可以俯视当地的龙岩山顶修建炮台。9月30日，日本驻韩公使首次向外务省报告了此事，当时的报告说是"类似炮台之建筑"，而翌日的电报中变成了"察为炮垒"。[93]10月4日，林公使根据日野大尉的现场报告，传达了"炮台建筑属实"。[94]

这一消息扩散到了普通新闻中，舆论为之激昂。《大阪朝日新闻》10月2日的社论《促国民之决心》中写道："诸如解决满洲

---

[91] DKPIa, No. 8, pp. 21-22.
[92] Alekseev to Avelan, 24 September 1903, RGAVMF, F. 417, Op. 1, D. 2823, L. 31-31ob.
[93] 林给小村的信，1903年9月30日，10月1日，《日本外交文书》第37卷第1册，560、561页。
[94] 林给小村的信，1903年10月4日，同上书，563页。

问题，若不全然驱逐俄国可谓不充分……于此不得已一战不俟言矣。"[95]《东京朝日新闻》在10月6日头版头条刊登了特派员的新闻稿《龙岩浦炮台建筑实况》，报道与日野大尉一同去实地查看，发现山上确有炮台，"现虽未备大炮，然已有三个炮门。"翌日，该报发表社论《俄国的炮台筑设》，认为此举对韩国而言是"以暴力吞食友国领土"，"构成了事实上的宣战"，对日本则是"侵入我利益圈范围"，"迫害帝国在韩国的地位"。俄罗斯在"满洲"问题上做出"暴戾不逊之举"，又占领龙岩浦，看到日本不回应这些挑衅，终于做出"筑设炮台，安据大炮，派兵登陆的举动"。由于此举"违反日俄协约"，应让其撤退，首先必须以10月8日为限，从"满洲"撤退。社论的结论是，"望政府先提出此先决问题，视其同意与否，再做一刀两断之决意。"

10月5日，对俄同志会在东京歌舞伎座召开全国大会，通过了宣告书和决议。决议内容如下："第三期撤兵期限仅余三日，而俄国屡屡食言，毫无履行之意，正倾注全力于战备。""故吾人确信，我天职及我国是绝无与俄国远东经营相容之余地。"

决议接着写道："吾人观察今日事态，认为已到采取最后手段之时机。决不许当局者苟且逡巡。"

工藤行干提议选出委员，作为后援督励政府，在不得已时，"采取帝国臣民权能上最大限度之手段，鞭挞政府"，还应向天皇上奏。大会选举出包括头山满、柴四朗等人在内的33名委员。最后，大会介绍了卧病在床的近卫笃麿和板垣退助的致辞。板垣说："东洋和平遭遇一触即发之危机，我帝国存亡日益窘迫。"结尾讲道："今日之事，只在决断，而时机已至眼前。……上下四千万同

---

[95] 伊藤，《立宪国家与日俄战争》，213页。

胞尚有何惑，对俄同志大会务必致力于此。"[96]

6月时主张对俄开战的七位博士也在俄罗斯第三次撤兵期限——10月8日之前，出版了《日俄开战论纂》一书。该书刊发了七人的新主张，并收录了6月份的建议书。户水在书中写道："我认为日本取代俄罗斯，掌握满洲主权，各国人不至挟有异议"，"日本为自卫，有必要发动战争"，"日本在战争中取得胜利后，必须将西伯利亚东部，尤其是乌苏里地区收归日本。"[97]

到这时，曾在报纸上交替出现开战论与非战论这一奇妙景象的《万朝报》，也终于转变为彻底的主战论。该报继10月8日刊载《最终日期》之后，9日刊载了署名"天山"的《最后一断（理由业已充分）》：

> 彼俄国，既于满洲凌辱我几至其极，又于韩国毁伤其主权与独立，并蹂躏日俄协商之正文，胆敢无礼如斯，若忍之，天下孰事不可忍？休矣，口上警告，纸面抗议，空空千万言，究竟何效？

10月9日，反战的内村鉴三、幸德秋水、堺利彦三人从《万朝报》辞职。12日，该报刊载了内村鉴三的《退社之际赠泪香兄之书》和幸德秋水、堺利彦的《退社之辞》。内村写道："确信同意日俄开战即意味着同意日本国灭亡"，"鉴于举国之民皆决意开战，小生于情不忍反对。"幸德等人写道，虽然"自平生研究社会主义之见地，视国际战争为贵族、军人的私斗，国民多数成为其牺牲品"，既然《万朝报》也站在"认为战争终不可避，若不可

---

[96]《东京朝日新闻》1903年10月6日。

[97]《日俄开战论纂》，旭商会，1903年，18—19页。这本书在10月得以再版。关于此书的出版，见户水，《回顾录》，321页。

避,当举国一致以助当局前进"的立场,"予等在朝报社,不得不立于保守沉默之立场"。[98]

这是凸显日本言论界完全被举国一致的开战论所笼罩的事件。但实际上,政府正处在与俄罗斯开始交涉的阶段,还没到发起军事行动的时候。因此,陆军内部有人认为政府、军队首脑过于慎重,变得越来越焦躁。参谋本部总务部长井口省吾大佐10月8日的日记就表现出对尚未做出出兵韩国决定的焦虑。

> 虽本日为第三期满洲撤兵期限,然俄国无撤兵之状,且俄国以护卫公使馆之名,欲送骑兵百骑至韩国汉城,复欲从陆路向义州方向进兵,……陆续传来于仁川买入可乘百五十人之艀舟30艘等情报。又在汉城及义州对在韩邦人极度无礼。时机已滞后,若今日内阁不以一大决心出兵韩国,则无法为邦家、为东洋和平抑制俄国之横暴。因外交谈判亦生不利之结果,请求福岛次长代理敦促山县元帅及桂总理大臣下此决心。然桂总理大臣之决心不确。优柔寡断,贻误国家大事。噫!川上大将(明治)三十二年(1899年)五月已逝,前日田村少将亦追随大将而逝。大山参谋总长又无战意。加之陆海军有欠协和,两大臣中,山本大臣无见机之明,决无启战之意。帝国大事将去,呼呜![99]

参谋次长田村怡与造于10月1日去世,由于继任者一时没有定下来,井口们的情绪变得更加阴郁。不过,到了10月12日,曾任台湾总督、内相的军方大佬儿玉源太郎就任之后,参谋本部又

---

[98]《万朝报》1903年10月8、9、12日。
[99] 井口省吾日记,《日俄战争和井口省吾》,257—258页。

第七章　日俄交涉

恢复了元气。10月20日，在儿玉次长和部长们的会议上，终于制订了作战计划。如果不能获取制海权，就让一个师团（第12师团）在马山登陆，向汉城进军，如果获取了制海权，就让三个师团（近卫、第2或第10、第12师团）在镇南浦登陆，向平壤进军。在翌日的会议上，由于海州湾在冬季有流冰的信息得到确认，故将登陆地改为了仁川。[100]然而，行动的决定仍然给人前途辽远的感觉。

154

日俄海军力量比较

那么这个时期日俄的海军力量是怎样的呢？《东京朝日新闻》9月26日刊载了纪事《日俄海军势力比较》。据此可知，俄罗斯"东洋舰队"的主力舰在1月时有战列舰"塞瓦斯托波尔"（1895年下水，10,960吨），"佩列斯维特"（1898年下水，12,674吨），"彼得罗巴甫洛夫斯克"（1894年下水，10,960吨），"波尔塔瓦"（1895年下水，10,960吨）；装甲巡洋舰"格罗姆鲍伊"（1899年下水，12,359吨），"俄罗斯"（1896年下水，12,195吨），"留里克"（1892年下水，11,920吨）；轻巡洋舰"瓦良格"（1899年下水）8艘。然而在3月轻巡洋舰"阿斯科尔德"（1900年下水），5月战列舰"列特维赞"（1900年下水，12,902吨）、轻巡洋舰"戴安娜""帕拉达"（均为1899年下水），"诺维克"（1900年下水），6月轻巡洋舰"博加特里号""包亚林"（均为1901年下水），7月战列舰"胜利"（1900年下水，12,674吨）到达后，就成了16艘，总吨位达145,000吨。日本的巡洋舰、战列舰为17

---

[100] 谷寿夫《机密日俄战史》，原书房，1966年，94页，千叶，《旧外交的形成》，124—125页。

665

艘，总吨位 170,000 吨，因此差距不过只有 25,000 吨。[101] 俄罗斯有战列舰 6 艘、装甲巡洋舰 3 艘、轻巡洋舰 6 艘，而日本海军有战列舰"三笠"（1900 年下水，15,140 吨）等 6 艘，装甲巡洋舰 6 艘，轻巡洋舰则是 1897 年之后建造的新锐舰 5 艘。

然而，尽管战列舰的数量相同，但俄罗斯的旗舰"彼得罗巴甫洛夫斯克"等 3 舰建造于 1894、1895 年，较为陈旧，而且吨位也只有新锐舰的三分之二左右，明显处于劣势。俄罗斯和日本各有 1900 年前夕建造的新锐舰 3 艘，但日本舰在吨位上压倒了俄罗斯舰。日本装甲巡洋舰的数量是俄罗斯的一倍，而且全部是略小于 1 万吨、速度快的新锐舰。而俄罗斯的新锐舰只有 1 艘。俄罗斯在这方面处于实力悬殊的劣位。轻巡洋舰方面，在所列举的新锐舰中，俄罗斯占一些优势，但日本还有 7 艘旧型舰，如果加上这些，则日本方面更为有利。

当然，日本方面为了使这种优势更具决定性，还在努力获得新造舰。而俄罗斯方面也正打算将新造舰送往远东，进而还准备从欧洲派遣增援舰队。在 7 月的时候，罗热斯特文斯基决定向远东派去增援舰队，任命海军军务局长威列纽斯少将为司令长官。[102] 威列纽斯曾在英国怀特黑德公司进修，是一名水雷专家，他于 19 世纪 80 年代担任驻德国武官，其后历任"亚速纪念"号、战列舰"胜利"等的舰长，自 1901 年起担任军务局长，1902 年成为了少将。[103] 据说，他为人温和沉稳，但颇引人注目。无论如何，罗热斯特文斯基将现任军务局长任命为派遣舰队的司令长官，

---

[101] 各舰的数据根据以下资料：S. Gurov, V. Tiul'kin, *Bronenostsy Baltiiskogo flota. Voennye floty i morskaia spravochnaia knizhka na 1901 god*, Sankt-Peterburg, 1901. IKMGSh, *Russko-Iaponskaia voina*, Vol. 1, pp. 2-5。

[102] Gribovskii, Poznakhirev, op. cit., p. 139.

[103] *Morskoi biograficheskii slovar'*, Sankt-Peterburg, 1995, pp. 97-98.

第七章　日俄交涉

将负责作战的军务局委任给助理施滕格尔上校，采取这样的做法，大概是出于认为战争不会真的发生的缘故吧。

威列纽斯于8月初到达巴黎，从那里去往土伦。因为在土伦建造的战列舰"切萨列维奇"（13,000吨）将是舰队的核心。同样在土伦建造的巡洋舰"巴扬"虽然已交付给波罗的海舰队，但最终也加入了增援舰队中。此外，在新海军工厂用了很长时间才造成、于1898年下水的战列舰"奥斯利雅比亚"，在新海军工厂建造、于1900年下水的巡洋舰"阿芙乐尔"，还有1883年下水的老朽巡洋舰"德米特里·顿斯科伊"，以及原本作为远东总督游艇建造，后被紧急改装为轻巡洋舰的"阿尔玛兹"等，都确定要加入增援舰队。此外，还决定加上11艘水雷艇。[104]

8月，战列舰"奥斯利雅比亚"穿过直布罗陀海峡时，损坏了舰底，需要时间修理，威列纽斯舰队因此推迟了出发时间。于是决定由格里戈洛维奇上校率领战列舰"切萨列维奇"和巡洋舰"巴扬"先行出发。9月9日（8月27日），两舰起航。[105]由于两舰到达符拉迪沃斯托克（海参崴）的时间是12月，因此危机发生之时，它们还在外洋航海中。

这些情况都是战争恐怖骚动的背景。

俄罗斯政府的应对

9月25日（12日），皇帝尼古拉二世到达达姆施塔特，两天后去往维也纳。10月2日（9月19日），皇帝在米尔茨施泰格（译

---

[104] Gribovskii, Poznakhirev,op. cit., pp. 140-142. IKMGSh, *Russko-Iaponskaia voina*, Vol. 1, p. 142.

[105] Gribovskii, Poznakhirev,op. cit., p.142.

者注：即米尔茨施泰格阿尔卑斯山脉，是奥地利北莱姆斯通阿尔卑斯山脉的一部分，横跨施蒂利亚州和下奥地利州。）与 73 岁的奥地利皇帝弗朗茨·约瑟夫进行了会谈。[106] 日本以为在这个时候，俄罗斯皇帝从奥地利皇帝那里获得了奥地利帝国在俄罗斯进行远东战争时保持中立的约定。但实际上完全不存在那样的事情。尼古拉返回达姆施塔特，于 10 月 5 日（9 月 22 日）给皇太后写信，谈到了他访问奥地利的印象。

> 我们爬山、在山间漫步，我很满意。让所有人都惊讶的是 73 岁的老皇帝，他几乎不用休息，两小时一直不间断地爬山，一点也不喘气，简直令人不敢相信。除却皇帝，一直与我们同行的是皇太子弗朗茨·斐迪南。皇帝父子对我表现出的亲爱之情令我很感动。[107]

虽然并不清楚事情的顺序，但皇帝尼古拉返回达姆施塔特，看到阿列克塞耶夫的电报后很惊愕，陷入了恐慌。他急忙命令前来上奏的拉姆斯道夫"必须立即给阿列克塞耶夫发电报，告诉他我不希望发生战争，赶紧起草电文"。拉姆斯道夫写好电文草案后，皇帝将"草"字删除，命令直接发送出去。[108] 这封发送于 10 月 5 日（9 月 22 日）的电报内容如下：

> 日本军正在准备登陆朝鲜的传闻从多方面得到了确认。很明显，对于俄罗斯超过与清国约定的期限继续占领满洲之事，东京政府想以这个措施进行抗议。尽管如此，朕极其期待以阁

---

[106] Nikolai II's Diary, GARF, F. 601, Op. 1, D. 246, pp. 100-101.

[107] Andrei Meilunas and Sergei Mironenko, *Nikolai i Aleksandra. Liubov'i zhizn'*, Moscow, 1998, p. 235.

[108] *Dnevnik A. N. Kuropatkina*, p.93.

下和罗森所制订的方案路线，与日本达成现实的协定。实际上，日本侵入朝鲜半岛南部，进而侵入中部的做法可能会逐渐削弱他们的力量。如果日本军占领了从汉城到鸭绿江的整个地域，虽然从根本上讲令人非常不愉快，但是，面对这种情况我们也不要冲动、失去理智，必须回避一切有可能引起冲突的事情。朕确信，阁下会履行朕的殷切期望，将俄罗斯从现在的状况、会给我们带来深刻灾厄的战争恐怖中拯救出来。[109]

这是在命令不要攻击日本军。尼古拉进而还叮嘱道："虽然北京的交涉中止了，很令人遗憾，但希望阁下不要忘记有必要根据清国和我们在关系上的共识，尽全力去做调整。"[110]

这封充满紧张感的电报与给皇太后的温情脉脉的信在同一天发出，或许也显示出这位皇帝在根本上并没有认为事态很严重。

阿列克塞耶夫得到皇帝的电报后，立即于10月8日（9月25日）发了回电。

电报中首先写道，虽然我们期待与清国签订完全的协定，但以清国的现状，这是不可能的，"确保我们利益的唯一手段只有继续占领这个国家。"然后指出，如果日本不接受我们的答复方案，向占领朝鲜的方向迈进的话，它占领北部朝鲜会成为"对我们在远东地位的真正威胁"，"不能允许"。在此基础上，阿列克塞耶夫这样回复了皇帝的要求：

> 履行陛下的"消除军事冲突的借口"这个意志，是我最神圣的职责，是我一直以来在一切行动上都坚持不懈的追

---

[109] Nikolai II to Alekseev, 22 September 1903, RGAVMF, F. 32, Op. 1, D. 170, L. 10.
[110] Ibid., L. 10-10ob.

求。但是我深信,只有在还不算太晚的时候采取坚定的措施,迫使日本克制实现其极度鲁莽的意图,才是达成目的的最佳方法。[111]

很明显,阿列克塞耶夫对皇帝的电报不满,才故意不明言遵从命令,而是提出了异议。就在这样的紧张较量正在进行的时候,陆军大臣库罗帕特金却在休假。临时代理陆相萨哈罗夫接到阿列克塞耶夫的电报后,在将其转送给库罗帕特金的同时,向西伯利亚、莫斯科、基辅军区司令官下令,立即检查计划派遣到远东的部队的动员准备工作。[112]身在位于普斯科夫州的领地舍舒里诺的库罗帕特金于10月6日(9月23日)得知阿列克塞耶夫的电报后,决定提前一个月结束休假,在10月15日(2日)之前返回首都。[113]

圣彼得堡的海军部接到这个情报,于9月30日(17日)给身在巴黎的海军元帅阿列克谢大公转送了阿列克塞耶夫的电报,同时,还通知了外交部的奥博连斯基-涅列金斯基次官。[114]10月3日(9月20日)阿列克塞耶夫发的电报也到了,电报的要点告知了皇帝。[115]军令部长罗热斯特文斯基通告塞瓦斯托波尔(译者注:俄罗斯海军基地,黑海舰队司令部所在地。)、喀琅施塔得(译者注:俄罗斯军港,在芬兰湾东端。)等各舰队司令长官"总督来电告知冲突临近",要

---

[111] Alekseev to Nikolai II, 25 September 1903, DKPIa, No. 9, pp. 22-23.
[112] VIK, *Russko-iaponskaia voina*, Vol. I, p. 333. 正史中记载库罗帕特金接到电报后立即返回首都,但这种说法掩饰了现实。
[113] *Dnevnik A. N. Kuropatkina*, pp. 92-93.
[114] Rozhestvenskii to Grand Duke Alexei and Obolenskii-Neledinskii-Meletskii, 17 September 1903, RGAVMF, F. 417, Op. 1, D. 2823, L. 12, 13.
[115] Alekseev to Avelan, 20 September 1903, Ibid., L. 19.

加紧向旅顺派遣支援人员。[116]但令人吃惊的是，海相阿韦兰10月8日（9月25日）居然向外交次官咨询：总督提议的"所有这些措施，在海军部的正规预算内无法满足"。当然，在战时超预算的支出是必要的。这里他想询问一下，"以外交部的意见，是否认为远东形势严峻且具有威胁性达到了需要满足远东总督陈情的程度。"[117]

有自己部门派驻武官的报告，还有身为海军中将的总督具陈的意见，却要向外交部咨询是否应该批准这笔超预算的请求。此举暴露出大臣阿韦兰、军令部长罗热斯特文斯基等海军部首脑的无能和无魄力。

大臣们这般不靠谱，皇帝也半斤八两。皇帝禁止阿列克塞耶夫进行战争，却一如既往地过着悠闲的生活。这年秋天，皇帝一家首次添置了汽车，他们乘车到处兜风，正处于狂热状态。10月13日（9月30日），皇帝一家乘三辆车去了沃尔夫花园（Wolfsgarten）（译者注：以前黑森—达姆施塔特王室一处打猎时的行宫，位于今德国黑森州，在法兰克福南大约15公里处）。四年前，他们曾在这里逗留。[118]翌日，一家又乘汽车去往法兰克福，"没人知道我们的事情"，皇帝在日记中写道。[119]在这个幸福的秋天，皇后怀孕了，这是第五次[120]，皇后与皇帝都相信这次或许会是儿子。

《新时报》的社长苏沃林也在避暑地，他得知阿列克塞耶夫给皇帝发电报，请求允许阻止日本军的行动，还听说外相发去了皇帝"希望和平"的回电，苏沃林在日记中这样写道：

---

[116] Rozhestvenskii to Commander of Sevastopol', RGAVMF, F. 417, Op. 1, D. 2823, L. 20.
[117] Avelan to Obolenskii-Neledinskii-Meletskii, 25 September 1903, Ibid., L.33-33ob.
[118] Nikolai II's Diary, GARF, F. 601, Op. 1, D. 246, p. 120.
[119] Ibid., p. 121.
[120] 皇后于翌年1904年7月30日（8月12日）生产了皇太子阿列克谢。由此推算，可知怀孕是事实。

日本人在他是皇太子的时候，用佩刀砍伤了他的脑袋。虽然现在日本人还在继续砍他的脑袋，但这只脑袋实在太不清楚该做什么，能做什么。他在等待皇太子的出生，在那个"喜悦"来临前，他什么都不想做。[121]

10月25日（12日），拉姆斯道夫前来上奏。[122] 11月2日，他又从巴黎赶来上奏。[123] 这样的国家体制无论怎样都无法与日本进行战争。

在龙岩浦炮台问题上，虽然10月12日，英国武官德友卡托认为"不是要塞，是信号所"的话传到了东京[124]，但同一天，义州的日野大尉却向韩国的日本公使馆传去了夸张的消息："危险光景迫在眼前，侨民开始撤退。"[125] 林公使注意到日野和在义州的公使馆员新庄的意见不一致。10月14日，东京的小村以日俄正在交涉，不想因这种"区区事件"而发生冲突为由，要求萩原守一书记官进行现场调查。[126] 10月23日，萩原书记官将第一份视察报告发给东京，他会见了德友卡托，"该上校所见与本官自远方的观察相一致，其为炮台无疑，土工已成，只待大炮到来。"后来，萩原取得俄方同意，于10月30日到山上做了实地调查，他报告说，根据相关人员的说明，因为担心马贼袭击，"虽多少曾有于山上修建防御设施之计划，然今……打算将山上建为妇人之散步场，已开始施工。""无论从哪个角度看，现在都非炮台设备，表面看似运动场之计划"，"本官看中央炼瓦柱及龙岩山之地势，疑为设置

---

[121] *Dnevnik Alekseia Sergeevicha Suvorina,* 2nd ed., Moscow, 2000, p. 454.
[122] Nikolai II's Diary, GARF, F. 601, Op. 1, D. 246, p. 116.
[123] Ibid., p. 137.
[124] Mizuno to Komura, 12 October 1903,《日本外交文书》第36卷第1册，568页。
[125] 林给小村的信，1903年10月12日，同上书，625—626页。
[126] 小村给林的信，1903年10月14日，同上书，627—628页。

无线电信。"[127]就这一问题，韩国外部大臣代理李夏荣也于10月20日向俄罗斯公使送去抗议文书，巴甫洛夫10月31日（10月18日）做出否定回复，一切"都是虚构，没有任何根据"。[128]总之，设置炮台的话题就这样消失了。

无论如何，我们不得不承认希曼斯基的观点是正确的：很明显，鸭绿江问题是"被日本主战派掌握在手中的、使国家舆论和国民大众对俄罗斯保持敌对情绪的手段；也是当事态趋于平静，国民大众开始变得冷静时，用来煽动这种情绪，使之保持在一定热度的手段"。[129]

就这样，当陆相结束休假、返回岗位，于11月6日（10月24日）向皇帝报告这期间采取的措施时，危机已经趋于平静。[130]

日方的第二次提案

日本政府完全不知道俄罗斯方面9月至10月间处于极度紧张的状态。小村接到俄方的答复，或许认为这样的答复在意料之中吧。日本方面提出的无限制统治韩国的要求被拒绝了。但即便如此，这个时候还必须继续交涉。因为无论是出于有必要给国际舆论留下日本为和平解决问题做了努力的印象，还是出于与同盟国英国关心的"满洲"问题密切相关的考虑，交涉都是符合目的的。根据广野好彦对英国外交文书的研究，小村似乎对英国公使麦克

---

[127] 林给小村的信，1903年10月23日，11月1日，《日本外交文书》第36卷第1册，629、639—640页。
[128] 李夏荣给巴甫洛夫的信，1903年10月20日，Pavlov to Lee Ha Yung, 18 October 1903，《旧韩国外交文书》第18卷（俄案2），高丽大学亚细亚问题研究所，1969年，717—718, 723页。
[129] Simanskii, op. cit., Vol. III, pp. 77-78.
[130] VIK, *Russko-iaponskaia voina*, Vol. I, p. 333.

唐纳说过，最大的问题是关于"满洲"的第七条款，除此之外只要进行适当修改就可以解决。[131] 当然这只是口头说说，日本是不会接受俄方关于朝鲜问题的答复的。

10月6日，小村召见罗森，开始交涉。8日，双方也进行了交涉。小村提出保持清国独立和领土完整、保障日本在"满洲"商业上的利益等内容，双方展开激烈交锋。罗森表示，虽然俄罗斯在韩国问题上做了大幅让步，但在"满洲"问题上，是不能接受附加条件的。[132]

10月14日，小村迅速提出了修正案。其中尤其值得注意的是，加入了以下三条以取代俄方的第七条：首先，第七条加入"关于满洲问题，尊重清国的主权及领土完整"，"与俄国约定，不得妨害日本在满洲的商业自由"；第八条加入"日本承认俄国在满洲的特殊利益，且限于不违反前条的规定"，"承认俄国有权采取必要措施"。也就是说，日本承认俄罗斯在"满洲"的特殊利益，但条件是不侵害清国主权，并且要求日本的商业自由。第九条是关于连接韩国铁路和东清铁路的约定。另外，关于韩国，修正案在第四条中加入了在国境两侧50公里设中立地带的条款，以取代俄方的第六条。[133]

罗森回复，虽然他个人对中立地带方案没有异议，但需要和本国政府商量。而他坚决拒绝小村用三项条款取代俄方第七条的提案。[134]

---

[131] 广野好彦《日俄交涉（1903—1904）再考》，《大阪学院大学国际学论集》第3卷第2期，1992年12月，11页。MacDonald to Lansdowne, 16 October 1903, FO. *Correspondence respecting Corea and Manchuria*, Part II, London, 1905. Microfilm 405/139, p. 69.

[132] 《小村外交史》，335—338页。

[133] 小村给栗野的信，1903年10月16日，《日本外交文书》第36卷第1册，25—26页。

[134] 《小村外交史》，339页。

第七章 日俄交涉

10月24日，日方召开元老会议，讨论下一步该如何做。[135]这次会议大概是因元老的介入而召开的吧。《山本权兵卫和海军》中收录了推测是为这次会议准备的文书。该文书从内容来看，大概是小村准备的。文中写道，虽然"反复数次会见罗森男爵"，但遗憾的是对方没有让步。文中指出可以考虑以下三种对策：

第一，认可俄国的主张，承认"满洲"全然在我利益范围之外。

第二，我方承认"满洲"全然在我利益范围之外，同时让俄国承认韩国全然在其利益范围之外。

第三，始终努力贯彻我方修正案之宗旨。

第一策不能采用。因为清国的独立与领土完整是日英协约的根本主张，而采用第一策就成了"承认俄国完全自由行动"。第二策也不能采用。理由是，因俄罗斯一直宣告尊重清韩两国的独立与领土完整，而第二策却让俄罗斯放弃这一宣言，意味着迫使俄罗斯承认其在"满洲"完全自由的行动。于是结论是，只能以第三策去努力，除此别无他法。[136]

从山县、伊藤的"满韩交换论"来看，应该是第二策较好。反而是来自元老们的压力变大，小村等与之对抗，拥护了第三策。笔者推测，该会议最终没有得出结论。

一般见解认为，日方的第二次提案带有让步性质是元老们卷土重来的缘故[137]，但笔者认为，与此相比，小村等人必须更加重

---

[135] 这次会议通常被无视。关于这次会议，见谷寿夫，《机密日俄战史》，只有112页的日志写道："一〇•二四，元老会议（无任何决定）。"如后文所讲，这次会议曾出现在罗森的报告中，笔者认为无疑是召开过的。

[136] 《山本权兵卫和海军》，原书房，1966年，171—175页。此文书既没有作者名，也没有日期。千叶功判断这份文书是日方提出修正案之后的产物，因此在12月16日的元老会议中讨论过。此说有误。千叶功《日俄交涉——日俄开战原因的再探讨》，近代日本研究会编《年报近代日本研究18》，山川出版社，1996年，304、319页。《旧外交的形成——日本外交 1900—1919》，127页。

[137] Nish, op. cit., p. 186.

视的是同盟国英国的意见。

小村将修正案传达给英公使麦克唐纳，征求兰斯敦外相的意见。由此，日本开始与英国就"满洲"条款中该提出怎样的修改要求交换意见。10月22日，麦克唐纳联系了兰斯敦外相；26日，兰斯敦表示大致赞成日本的修正案，只是在"满洲"问题上有些建议。他的意见是，考虑到俄罗斯已有的誓约，是否没有必要设置独立的第七条，将尊重清国主权以及领土完整、尊重他国商业自由等内容以"限于不破坏现有誓约"的限定句加入第八条中即可。〔138〕英国提议弱化日本的修正案。小村对英国公使说，从俄罗斯的主张来看，英国的这个提案俄罗斯大概也不会接受吧。

在10月26日的小村·罗森会谈中，罗森强调"以往俄国在韩国拥有与日本对等的地位，现在予以放弃，作为补偿，只要求了第七条"，重申了拒绝的态度。对此，小村说道："或许俄国有将满洲和韩国置于全然同等地位的考虑，若是如此，我方或许亦可考量俄国对应方案的第七条。"对此，罗森表示由于超出训令范围，他无法讲述意见，但作为个人观点，他认为禁止战略上的使用，禁止阻碍自由航行的工事，"有此二条件，则有考量之余地。"〔139〕

这一期间，罗森在10月14日、19日、25日（1日、6日、12日）的电报中都向阿列克塞耶夫通报了日方的情形，此外，还传达了24日（11日）举行元老列席的政府首脑会议这一消息。罗森分析日本的动摇"一方面来自我方在朝鲜的让步很大，引起了日方的兴趣，另一方面来自，日本在满洲问题上舍弃一直以来所采取

---

〔138〕 Lansdowne to MacDonald, 26 October 1903. *British Documents*, Vol. II, pp. 218-219. 广野，《日俄交涉（1903—1904）再考》，12页。

〔139〕《小村外交史》，339—340页。

的过于无耻的立场意味着奇耻大辱，因此很难下这样的决心"。[140]确实，罗森在此时似乎也感觉到日本有让步的倾向了。

对小村来讲，问题在于日英协议。小村10月28日会见了麦克唐纳公使，讲到对交涉的展望。麦克唐纳公使在给兰斯敦外相的报告中写道：

> 日本政府没有考虑会发展成为战争，认为俄罗斯没有做好准备，打不起来。日本政府想让俄罗斯政府最终立下尊重清国主权和保全清国在满洲领土完整的誓约。这样做即使不能动摇俄罗斯现在拥有的统治权，至少也能够防止它合并满洲省吧。（小村男爵承认，他认为要将俄罗斯从满洲驱逐出去，大概需要战争。他认为俄罗斯在满洲的地位正在逐渐确立。）日本无法使俄罗斯放弃这项事业。但如果交涉能够成功地得出结论（小村男爵对此似乎没有丝毫的怀疑），将会允许日本确立自己在朝鲜的地位。为了这个目标，他们打算使出浑身解数。[141]

无法想象小村是从心底这么想的。因为很明显，俄罗斯没有承认日本在韩国完全的自由裁量权的打算。

该日，伦敦的兰斯敦外相欲促使日本做出进一步的让步，建议从日本的第八条后半段删除"尊重主权及领土完整"，只加入"像那样的措施，只要与日本在满洲的条约上的权利或商业上的自

---

[140] Alekseev, Vsepoddanneishii otchet po diplomaticheskoi chasti, L. 12.
[141] MacDonald to Lansdowne, 29 October 1903, *British Documents*, Vol. II, p. 220. 广野，《日俄交涉（1903—1904）再考》，14页。广野就小村的发言写道："难以判断他作为外相，是考虑到英国希望与俄罗斯妥协、不希望发生武力冲突的意向所做出的发言呢，还是受到了元老希望与俄罗斯妥协意向的束缚。"笔者对此判断持保留态度。

由不冲突"。[142]归根结底,英国还是希望日本做出让步。

日本必须回应英国提出的这种要求。笔者推测,小村很勉强地提出了妥协性的新七条。

10月30日(17日),小村外相交给罗森公使如下的修正案。第一条"相互约定尊重清韩两帝国的独立及领土完整"不变,反对俄罗斯方案中只说尊重韩国的独立、领土完整。在第七条中,一概放弃第一次方案中提及的俄罗斯在"满洲"铁路的特殊利益,接受俄罗斯方案"日本承认满洲在日本特殊利益范围之外",接着写明"俄国承认韩国在俄国特殊利益范围之外"。这一点超出了兰斯敦的提案,采用了10月24日的第二策。但在第八条,日本抽象地承认俄罗斯在"满洲"采取"必要措施"是"俄国的权利"。另一方面,设置第九条,承认日本在"满洲"、俄罗斯在韩国各自根据条约拥有"商业权、居住权及豁免权"。

另一方面,关于日本在韩国的统治,首先在第二条中要求"俄国承认日本在韩国的优越利益",日本向"韩帝国提供改良行政的建议及援助(但包含军事上的援助)"是"日本的权利"。这部分内容由第一次方案中的第二条和第五条概括而成,恢复了俄罗斯答复中删除的"军事上的援助"。不过,撤销了第一次方案中"日本的专权"这个表述,改为"日本的权利"。但这不过是表达方式上的不同而已。第三条舍弃了日方的方案,将俄方第三条关于日本在朝鲜的商工业活动的权利内容照搬过来。但是在第四条中要求承认,为保护工商业利益,镇压暴动骚乱,"日本有权向韩国派遣军队",去掉了第一次方案中附加的规模限制和尽早撤兵的约定,要求无条件承认日本派兵的权利。

---

[142] MacDonald to Lansdowne, 28 October 1903. *British Documents*, Vol. II, p. 219. 广野,《日俄交涉(1903—1904)再考》,14—15页。

第七章　日俄交涉

然后，俄罗斯提出限定统治朝鲜的第五条中，只接受"日本约定不在韩国沿岸设置妨碍朝鲜海峡自由航行的军用工事"，但拒绝不能以战略目的利用朝鲜的要求。在第六条，日本拒绝俄方的中立地带方案，逆向提出"于韩国与满洲边境两侧各50公里处设定中立地带"的方案，若没有相互认可则不得向那里派去军队。在第十条，日本要求俄罗斯不得妨碍韩国铁路与"满洲"东清铁路的连接。[143]

日本方面始终要求俄罗斯完全承认日本统治朝鲜。虽然有很多观点将新七条视为"满韩交换论"，认为这是日本断然向俄方做出让步的方案[144]，但笔者认为这是出于战略考虑而提出的让步方案。日本预见到俄罗斯不会接受这个方案，为了不让英国认为日本对"满洲"有野心，而故意提出"日本承认满洲在日本的特殊利益范围之外"这一条款的吧。

《东京朝日新闻》要求交涉决裂

在10月下旬这一时段，《东京朝日新闻》登载了三篇重要的社论。第一篇是10月23日发表的《俄国的战意》。文中写道，俄罗斯政府内的非战论者维特虽然下台了，但其势力还谈不上被一扫而空。阿列克塞耶夫及其幕僚无疑是主战论者，但"彼等实际是否有与我国决战博取胜利之成算，仍是疑问"。"相对于配备有20万海军，12师团陆兵，运输兵员、粮食所需船舶亦绰绰有余的日本帝国，俄国即使欲逞强抵敌，也应知胜败之数。"无论阿列克塞耶夫等人对自己的实力抱有怎样的自信，大概也不会忘记这种

---

[143] 小村给栗野的信，1903年10月30日，《日本外交文书》第36卷第1册，27—28页。
[144] 横手，《日俄战争史》，101—102页。千叶，《旧外交的形成》，122—123页。

明显的兵力差距吧。如果外交交涉终结,要采取最后手段,"我国无疑有百战百胜之成算"。但是,"鉴于远东俄国军人的作为,也不得不做一示威性动作,示之以挑战的态度。"

社论作者在这里思维突然跳跃起来,"综合看此等事实",可以得出结论,足可确信远东的俄国军人怀有"欲迫使本国政府下定一大决心"之意图。因此不能仅计算出兵力差距就安下心来。

第二篇是24日发表的《协商之余地几何》。"吾人自最初就不相信满洲问题存在协商之余地","时至今日,朝鲜之事恐怕亦不存在协商之余地。"然而政府仍然在交涉。"今日之和平已成为不安之和平。不安之和平,于国民经济之害,有时甚于战争。……国民犹假装平静,忍耐痛苦。然而,无期地忍受此痛苦,不如有期地忍受战争之痛苦。"这是在劝说开战。

社论作者抓住小村—罗森会谈自14日后停止之事,写道:"让人不得不推测从最初就没有余地的协商,已经面临终结了。""当此时,我政府绝不可委曲我主张。"

第三篇是28日登载的《日俄交涉之经过》。"俄国将魔爪伸向韩半岛之日,即日本不堪忍耐而决裂之时,此乃欧美舆论自满洲问题之初就期待之处。而吾国事实上竟忍耐至此。……了解日本国民性质之列国,实不解如此忍耐对日本意味着怎样的苦痛。"文中想象着欧美列国的支持,并得出结论:"至今日,……帝国自身决定和战之时机已成熟。万无彼不决,我即不可决之理。切切。"

报纸要求政府断绝交涉,立行开战。

阿列克塞耶夫占领奉天

就在日本拟定第二次方案的同一时期,10月28日(15日),俄罗斯军队再次占领了奉天。事情的起因是驻奉天的军事全权委员克韦钦斯基上校逼迫奉天将军自9月27日（14日）起，在三周内执行总督的要求。到了10月18日（5日）的截止期限，将军却没有执行。于是，克韦钦斯基于10月21日（8日）再次向将军提出八项要求，限定五日内执行。主要内容为：第一，处死杀人犯；第二，免去辅佐将军的道台职务并对其进行驱逐；第三，交出16,000名清国士兵的名册，并解散超过这一数目的部队等等。克韦钦斯基威胁说，如果不执行上述要求就要占领奉天。克韦钦斯基向阿列克塞耶夫请求，希望让部队28日早晨之前到达奉天。24日（11日），阿列克塞耶夫向亚科舍夫上校率领的2个中队下达了出动命令。阿列克塞耶夫原本只想让将军看到这支部队的身影，从而做出让步，然而28日，400人左右的部队到达奉天车站后，直接进入市内，占领了奉天。[145]

希曼斯基评价道："从关东州俄罗斯军部的计划来讲，占领奉天本来是对付不听话的将军的手段，但很明显，实施这一威胁行动本身就是某种误解的结果。"[146]

即便如此，占领奉天与俄军中止撤退纠缠在一起，致使日本的反俄情绪更加高涨了。

虽然日俄交涉才刚刚开始，但双方的行动已经唤起对方强烈的恐惧和反弹，而对抗措施又进一步促使恐惧和反弹升级，形成一种恶性循环。

日俄军人们的意见

这其中，军人扮演了重要的角色。日本海军由于山本海相一

---

［145］ Simanskii, op. cit., Vol. III, pp. 166-171.
［146］ Ibid., p. 171.

直压制的缘故，内部的主战论者无法随意行事。9月，山本以韩国是独立国，反对山县向其派遣2个师团的意见。[147]10月中，海军更换了常备舰队司令长官日高壮之丞，任命舞鹤镇守府司令长官东乡平八郎继位。这项人事变动于10月19日公布。[148]

陆军的儿玉次长将日本方面的答复内容传达给了参谋本部。参谋本部认为，"日俄交涉似正倾向于和平"，俄罗斯会接受鸭绿江南北两侧50公里的中立地带方案。作为补偿，大概会提出禁止朝鲜沿岸成为要塞的要求。参谋本部的意见是，这样的要求会"为帝国的将来贻留祸根"。[149]

10月31日起，陆军省召开了关于韩国出兵计划的协商会。石本、宇佐川少将、井口、松川部长等人出席了会议。翌日，陆军省的总务长官、军务局长、医务局长、经理局长等也出席了会议，制订了"作战计划，丙丁号，二师团仁川及海州登陆"方案，并立即报告给了儿玉次长。[150]

11月12日起，陆军在兵库县举行了大规模演习，直至15日结束。在此前后，参谋本部第一部长松川大佐向参谋总长提交了文书《关于俄国10月以后的行动情况判断》。松川总结了俄罗斯陆军增强远东兵力的动向，认为"俄国在战略上，今犹处于甚为不利的位置，困难状态今日仍在持续"。他判断俄罗斯"于和平解决时局问题后"，"无疑欲占领满洲及咸镜北道地方"，现在俄罗斯拖延"与我方的谈判"，"不可不知此乃为等待战略上于己有利之日"，对此须警惕。松川由此得出结论：

---

[147]《山本权兵卫和海军》，145—146页。
[148] 同上书，187页。
[149]《秘密日俄战史》第1卷，51页。
[150] 井口省吾日记，《日俄战争和井口省吾》，262页。

第七章　日俄交涉

> 我认为，关于时局问题，乘战略上彼之不利，求政略上于我有利之解决的好时机，错过今日，再得则难。[151]

另一方面，在俄罗斯军部，大部分人都没有认真考虑过战争的危机。他们在危机过去后再度安下心来。不过，还是有少数人一贯加强了对日本动向的警惕。10月17日（4日），海军军令部的布鲁西洛夫中校向罗热斯特文斯基部长提交了敲响与日本战争警钟的意见书。其中写道，按现在彼我的力量关系，我们处于不利状态，无法与日本作战。因此，即使做出大幅让步也必须回避战争。等到两年后，随着我方的兵力增强，处于优势地位时，就可以发出宣战公告了。然而，罗热斯特文斯基并没有重视这份意见书中的警告。他批示道："我们没有必要在海上拥有对日本压倒性的优势。仅需对等的力量，凭此不让日本获得制海权即可。将他们从朝鲜驱逐出去，只要能够容易地集结陆军就足够。"这是没有根据的判断。他进而写道："现在，我们对日本的战争准备比任何时候都更充分。但是，我们仍然不希望发生战争。因为新的战争有可能产生对国家有害的新的紧张关系。"军令部长没有任何根据，就断言战争准备没有问题。[152]

另外，陆军方面，阿穆尔军区司令官苏鲍季奇在10月给陆相提交了"满洲全面撤退论""放弃南满洲论"的意见书。"我们有必要尽可能早地、完全且细致地清算在满洲的事业。"一个国家如果想要统治其他国家、其他国民，那么本国民众的力量、文化上的优越性、军事以及政治上的国家的组织能力是必要的，然而在清国化的"满洲"、日本化的朝鲜，俄罗斯在哪个方面的力量都无

---

[151]《秘密日俄战史》第1卷，51—55页。
[152]　VIK, *Russko-Iaponskaia voina*, Vol. I, pp. 105-106. Brusilov's report, 4 October 1903, RGAVMF, F. 417, Op. 1, D. 2831, L. 1-6.

法企及。"无论对满洲还是朝鲜而言，我们都不是他们所必需的。同样，在这点上，无论是朝鲜还是南满洲对我们来讲也都不是必需的。承认这点，事情就会变得容易。"苏鲍季奇主张为了东清铁路的安全，俄罗斯应该征用"北满洲"，他提议应该与清国本着"和平、真诚、有良心的商业交易原则"去达成协议。由于在放弃"南满洲"时需要将"南满洲"铁路、旅顺要塞、大连港交还清国，可将这些作为获得"北满洲"的代价。最后，他主张应该将远东总督府从旅顺迁到哈巴罗夫斯克（伯力）。[153] 这份提案作为构想是很彻底的，但在战争迫在眉睫之时，它的现实性几乎为零。这份意见书极大地鼓舞了库罗帕特金。大概就是在看过这份意见书后[154]，10月28日（15日），库罗帕特金向身在达姆施塔特的皇帝提交了自己的长篇意见书《关于满洲问题》。[155]

从1901年起，库罗帕特金陆相就认为"北满洲"和东清铁路沿线对俄罗斯非常重要。他在意见书中写道："由于我们向满洲投入了数亿卢布，又不得已投入如此巨大的兵力占领满洲，因而从一开始我们就决定了满洲的未来和命运，那就是必须将满洲合并入俄罗斯。"这是库罗帕特金认识的前提。问题是，如何实现这个目标呢？库罗帕特金详细论述了"北满洲"对俄罗斯的意义，主张趁着俄罗斯人能够自由地向这里移民的时候，立即将其合并是可能的。而合并"南满洲"因在防卫上存在困难，且奉天地区是清朝的圣地，如果夺取了这里，则会恶化与清国的关系。另外由于此区域邻接朝鲜国境，可能还会与日本发生冲突和战争。问题

---

[153] 这份意见书收录在下列文件中，D. I. Subotich, *Amurskaia zheleznaia doroga i nasha politika na Dal'nem Vostoke,* Sankt-Peterburg, 1908, pp. 19-32。

[154] 关于苏鲍季奇意见书和库罗帕特金意见书的关系，罗曼诺夫认为后者借用了前者的"南满洲放弃论"（Romanov, *Rossiia v Man'chzhurii,* p. 38.），不过库罗帕特金这时的意见书中尚没有"南满洲全面放弃论"。

[155] Kuropatkin's memorandum, 15 October 1903, RGAVMF, F. 32, Op. 1, D. 204, L. 1-23ob.

第七章　日俄交涉

在于，"关东州"与俄罗斯在领土上是分离的，不过俄罗斯在那里部署有三个狙击兵旅团，三个炮兵中队，一个哥萨克联队，且旅顺的防备也即将完成，"即使日本军出动大部分军力袭击旅顺，我们也不用担心。我们作战时哪怕一人对抗敌方五人、十人，仍有彻底守卫旅顺的能力和手段。"

两天后，库罗帕特金将这份意见书也送给了阿列克塞耶夫。在最后一节，他特别引用了这句话作为结尾："比较我们占领南满洲的得失，不得不得出结论，在目前的历史时期，我们有必要只限定于将北满洲并入俄罗斯。"[156]这一提案不可能说服执着于旅顺安全保障的阿列克塞耶夫。

另一方面，库罗帕特金得到了维特的支持。11月9日（10月27日），维特在国家评议会上表示赞成库罗帕特金的意见。库罗帕特金在翌日的日记中写道："我非常高兴。""维特过去三年一直不同意我的有必要将北满洲合并进俄罗斯的意见，他终于屈服了。……虽然加上了种种限制，但他读了我提交给陛下的满洲问题意见书，承认我们现在……除却将北满洲并入俄罗斯之外，别无他途。"[157]

根据卢科亚诺夫的研究，皇帝对这份意见书的反应是做了如下批示："满洲"尚未恢复平静，我们正在系统性地阻碍此事。[158]他并没有表现出认可的态度。

设置远东特别委员会和林业公司问题

让别佐勃拉佐夫一直纠心的设置远东委员会在10月终于有了

---

[156] Kuropatkin to Alekseev, 17 October 1903, RGAVMF, F. 32, Op. 1, D. 171, L. 7ob.-9ob.
[157] Dnevnik A. N. Kuropatkina, p. 95.
[158] Lukoianov, op. cit., p. 20.

进展。10月10日（9月27日），经普列韦内相同意，远东特别委员会设置令的案文提交给了身在达姆施塔特的皇帝。[159]10月13日（9月30日）皇帝签署了名字，设置令获得批准。[160]

远东特别委员会由皇帝任主席，成员由内务、财政、外交、陆军、海军各大臣以及皇帝特别任命的个人组成（第一条）。远东总督作为委员会委员，在首都逗留期间有义务出席会议（第二条）。委员中的一人就任事务局长（第三条）。皇帝不出席会议时，由皇帝指定的委员担任主席（第四条）。委员会管辖范围为：远东统治的财政、远东的工商业、总督的法制修正提案、总督的关于中央政府决定的法律适用的提案、解决超越总督权限的问题（第七条）。当远东总督的提案与西伯利亚铁路、西伯利亚移民问题等相关时，与西伯利亚委员会共同探讨研究（第十条）。规定提交给委员会的提案全部需要通过事务局长（第十一条）。10月23日（10日），皇帝向别佐勃拉佐夫和阿巴扎下达了担任个人委员的命令[161]，阿巴扎就任事务局长。马丘宁加入了事务局，笔者推测沃加克大概也在事务局中工作过。作为皇帝代理的副主席拟定为内相普列韦。

皇帝位于权力核心、普列韦担任代理、别佐勃拉佐夫和阿巴扎主导的远东特别委员会统合各部的意见，指导远东总督，总督全权进行统一的远东统治以及远东军事防卫和外交——这样的机构就此诞生了。

10月27日（14日），别佐勃拉佐夫给皇帝呈送信函，感谢任命他为远东特别委员会委员，表明他现在有和新任代理财政大臣

---

〔159〕 Bezobrazov to Alekseev, 3 October 1903, RGAVMF, F. 417, Op. 1, D. 2865, L. 39.
〔160〕 PSZ, Sob. 3-e, Vol. XXIII, otd. 3, pp. 930-931.
〔161〕 FO, *Correspondence respecting Corea and Manchuria,* Part II, Microfilm 405/139, p. 17 中有这两份敕令的英译。

普列斯克共同提出《调整后的远东事业的经济纲领》的想法。他主张推进"劳动和资本的民营化",以取代维特所推行的以官营为中心的"国家社会主义原则"。他表达了期待任命普列韦为副主席的愿望。[162]

10月29日(16日),皇帝责令别佐勃拉佐夫"与代理财政大臣一同,制作、提交关于远东财政、政治经济状况的判断"。尼古拉要求计算过去、现在、将来的收支,从财政层面阐明状况。别佐勃拉佐夫在给阿列克塞耶夫的信中写道:"陛下知道所有的官营开发事业是何等地欠缺收益。因此,作为更好地将事业发展壮大的手段,原则上,这些官营事业只允许交付给可以信赖的民间企业。到时候,政治经济计划要尽可能促使这些民间活动繁荣,使其能够成为有实力的课税对象、课税主体,……归结于税制和土地租借的条款。清朝政府的行动模式使我们不得不继续占领满洲,强化我们的军事防卫能力。"由于从辽河和鸭绿江收取的通行税达到了600万卢布,远东问题应该不会成为帝国的财政负担。[163]

然而,鸭绿江公司却在经济上破产了。公司事业停滞不前。由于没有制材工厂,采伐的木材无法卖出去。鸭绿江公司的当地负责人巴拉舍夫9月19日(6日)写信给别佐勃拉佐夫,说如果不再注入600万卢布的资金,事业就不会产生收益。巴拉舍夫请求先给鸭绿江公司汇一些款项,无论数额多少,而别佐勃拉佐夫却无法回应。他在这一时期手写的支出记录保留了下来(日期为俄历,单位为卢布)。[164]

1月4日,给马德里托夫 50,000

1月24日,在奉天给其 25,000

---

[162] Bezobrazov to Nikolai II, 14 October 1903, RIaV, No. 19, pp. 160-162.
[163] Bezobrazov to Alekseev, 22 October 1903, RGAVMF, F. 417, Op. 1, D. 2865, L. 40,41-42.
[164] Ibid., L. 47.

1月29日，给其 30,000

2月1日，给其 60,000

同日，给克韦钦斯基 20,000

2月4日，给阿尔捷米耶夫中校 35,000

2月5日，给日沃托夫斯基 100,000

3月12日，给马德里托夫 350,000

4月7日，给金茨布尔格男爵 10,000

4月22日，给巴拉舍夫 500,000

6月27日，给其 125,000

6月30日，给其 100,000

7月2日，给恰基洛夫 20,000

7月24日，给巴拉舍夫 150,000

9月17日，给其 100,000

别佐勃拉佐夫10月24日（11日）写信给巴拉舍夫：

  由于木材事业在组织上的薄弱和经理们欠缺信赖，为了组建新的组织，当前有必要停止工作。因此，第一，要尽可能圆满地结束已经开始的交易，并明确不再进行新的交易。第二，你现在主要的任务是，在总督到达圣彼得堡前，敦促清国当局给予公司林业利权。为此，你应该以追究清国致使公司蒙受损害的责任相威胁。……第三，22日（11月4日）沃加克中将为调研和制订将来的行动计划，将会去你那里，希望协助他得到人们的援助。第四，我得到了很多挪用、盗用公款之类不愉快的消息，犯人会受到惩罚吧，希望将来我们可以不受这些犯罪的连累。[165]

---

[165] Bezobrazov to Balashev, 11 October 1903, RGAVMF, F. 417, Op. 1, D. 2865, L. 48.

第七章 日俄交涉

两天后,别佐勃拉佐夫重新振作起来,又给巴拉舍夫写信谈论鸭绿江公司所能发挥的作用:

> 虽然执行上有些不愉快的事情,但这里需要再次确认公司的基本任务没有改变,即防止日本在我国国防上重要的地区扎根,从大陆一侧展开行动,以创造出对该地区最有效的影响方法。长期以来,圣彼得堡相关部门不理解远东这一生死攸关的问题,致使敌人乘隙反击,而这恰好印证了这项国家计划的正确性。我们在鸭绿江流域的合法权益是由民间的巨大努力创造出来的。之所以这么说,是因为不得不在相关部门的全面抵制下行事。这当然会影响到企业汇集具有合适资质和知识的人才。基于我们现在在鸭绿江所占据的地位,我们应该尽早获得相应的支配性角色。……事情的本质不在于满洲的林业利权,而在于切实地阻止清国官吏掠夺性的做法致使朝鲜林业利权事业无可争议地蒙受损害。只有将一切税赋的控制权交给公司,才可能在鸭绿江建立起应有的秩序。总督根据自己的行政命令,能够无条件地直接做到这一点。总督如果向清朝政府明言这一意图,清国方面会被迫立即将所有的职能部门无偿交付给公司。而取得林业税的征收权,就给了我们在鸭绿江合法地设立河流监视队、陆上监视队,安置相应船舶、职员、警备队的借口。在此基础上,我们还可以自由地为公司招募民间企业从事林业。以这样的形式,这家民间公司就能够顺利运营,轻易地垄断鸭绿江的木材交易了。而以迄今为止的那种形式继续林业是不太合适的。但是,我们有必要完全地保持我们的权益,以此为依托,达成期望的结果。这样我们就能够收回所有的投资,并获得更加丰厚的物质利益了。不用说也就达成了国家的目的。

176　别佐勃拉佐夫希望巴拉舍夫将这封信的抄本送给阿列克塞耶夫。[166]

10月27日（14日），别佐勃拉佐夫给皇帝去信。他写道：代理财相普列斯克"由于前任财相的影响，只依靠他自己的力量无法做出决断中止以前的事业"，"没有这些决断，就无法从官营——这一没有出路的状态中拯救事业。"别佐勃拉佐夫写道，由于普列斯克与他的意见相对立，他期待委员会副主席普列韦可作为第三者进行调解。作为"调整后的经济计划"的核心，他讲述了设立"征税组织"的构想，强调应该培育作为课税对象的民间企业。为此可以考虑在远东发行对应一定资产的有价证券，将其委托给民间人士，让民间人士成为资产的租赁人。"这样一来，就可以取代维特不管是有意还是无意地，在所有方面推行的国家社会主义原则，创造出劳动和资本的民营化（individualizatsii truda i kapitala）体制来。"[167]

11月上旬（10月下旬），沃加克再次前往远东。11月5日（10月23日），他向阿巴扎报告了他在旅顺与阿列克塞耶夫会谈的结果。阿列克塞耶夫认为，尽管有外相的意见，但还是坚持不采取让步政策为好。

> 总督对于该如何治理满洲还没有明确的构想。但我可以理解为，他认为单纯的军事占领是不充分的。他也不明白营口的问题。但是总督无疑坚定地抱有必须将包括营口在内的整个满洲掌握在我们手中的想法。他的这一观点很明确。问题在于该如何实现。……我提出，即便如此，也可以认为如果我们确立了恰当的政治经济计划，他所担心的问题自然就

---

[166] Bezobrazov to Balashev, 13 October 1903, RGAVMF, F. 417, Op. 1, D. 2865, L. 49-50.
[167] Bezobrazov to Nikolai II, 14 October 1903, RIaV, pp. 161-162.

迎刃而解了。这种说法非常合总督的意。他说他自己也赋予了经济问题完全特别的意义,想和我谈谈这方面的事情。[168]

这段话显示出一种经济主义的观点。即如果推进经济开发,那么与日本的对立也可以用对俄罗斯有利的方法来解决。

还有一个问题是林业公司的经营,"由于林业组织业务薄弱和经理们不可信赖,有必要暂时停止事业,更换为新组织。"沃加克接着写了他与巴拉舍夫会谈的结果:

> 我与伊万·彼得罗维奇一起度过了整个上午。会谈并没有得出最终结论。所有的事情都过于混乱,为了理清这些,需要相当多的时间。尽管事业是可以救济的,但为此以下条件是必需的。一,将事业的指导权委托给当地有能力的、完全独立的人。二,赋予该人选择……执行人员的全权。三,极度限制圣彼得堡向该人发出指示。四,将该人……从与事业的政治性面向的关联中完全解放出来。[169]

笔者不得不判断巴拉舍夫管理的这个政治公司在经济上破产了。据说 11 月时公司的金库里完全没有钱了。[170]

沃加克将在圣彼得堡商讨的远东管理法案交给了阿列克塞耶夫,阿列克塞耶夫将讨论的结果托付给了沃加克。[171]

别佐勃拉佐夫虽然有心制订新计划拯救公司,却没有成功,

---

[168] Vogak to Abaza, 23 October 1903, RGIA, F. 1282, Op. 1, D. 761, L. 155ob., 157ob.

[169] Ibid., L. 158-158ob.

[170] Obzor snoshenii Rossii s Kitaiskim i Iaponskim pravitel'stvami, predshestvovavshikh vooruzhennomu stolknoveniiu s Iaponiei, RGAVMF, F. 32, Op. 1, D. 27, L.29ob.-30.; Romanov, op. cit., pp. 450-453.

[171] Bezobrazov to Alekseev, 16 November 1903, RGAVMF, F. 417, Op. 1, D. 2865, L. 15.

他已经筋疲力尽。沃加克劝他去休假。据说别佐勃拉佐夫于11月去了瑞士[172]，不过此事并不明确。

别佐勃拉佐夫一派虽然想要追求与维特不同的经济主义，然而构成计划核心的这个公司却陷入了困境。由此别佐勃拉佐夫一派的方针也随之陷入僵局。

被殴打的水兵和被猎杀的动物

进入秋天，韩国频频发生在韩日本人袭击俄罗斯外交官与军人的事件。这体现出日本人反俄情绪的高涨。

首先，11月1日（10月19日），仁川发生了日本人袭击俄罗斯炮舰"海狸"号登陆船员的事件。巴甫洛夫公使在报告中写道，醉酒的日本劳工用石头和棍子袭击船员，日本警官也加入其中。水兵们击退了袭击之后，这群人又投掷石块。有9名水兵受轻伤，4人重伤。炮舰舰长很肯定地说水兵们没有过错。[173]

接着巴甫洛夫报告，11月26日（13日），副领事吉尔斯在釜山城中遭到了日本劳工的袭击。在6天后的12月2日吉尔斯再次经过该地时，又被投掷石块，并遭到"杀了你"的威胁。[174]

然而，在这个命运攸关之年，俄罗斯皇帝的旅行却格外漫长，他花费了很多时间去狩猎，猎杀了众多动物。

11月4日（10月22日），皇帝前往威斯巴登会见德国皇帝。日方猜测这次会面与上月会见奥地利皇帝相同，是为了确认当远东有事时，德国将保持中立。不过，这一猜测似乎与事实不符。

---

[172] Romanov, op. cit., p. 460.
[173] Pavlov to Alekseev, 21 October 1903, RGAVMF, F. 32, Op. 1, D.167, L. 81.
[174] Ibid., 28 November 1903, Ibid., L. 102.

第七章　日俄交涉

11月20日，威廉二世给尼古拉写信道："与你共同度过的两日充满魅力，那种印象至今还没有消失，它会成为美好的记忆留存下来。"[175]

11月7日（10月25日），皇帝从沃尔夫花园出发，踏上归途。[176]翌日，他到达斯凯尔涅维采，会见了弗拉季米尔大公。之后的一个月时间，他都奉献给了狩猎。

11月9日（10月27日），一行人"总共猎杀了1378只动物"。皇帝猎杀了1只山鹬鹑，79只雉鸡，15只草兔，共计95只。10日也是狩猎，"总共猎杀了975只动物。"皇帝猎杀了24只雉鸡，12只山鹬鹑，42只草兔，共计78只。这日普列韦内相来见，皇帝听了上奏。[177]11日虽然早晨下了雨，但太阳出来后，又去狩猎。这天猎到了大猎物，有3只鹿，3只中东黇鹿，48头野猪，共计54只。皇帝猎杀了5头野猪。12日再去狩猎。"总共猎杀了459只动物"。皇帝猎杀了2只山鹬鹑，18只草兔。13日虽然远足去了湖边，但在途中也打猎了，"总共猎杀了33只动物。"皇帝猎杀了1头野猪。[178]14日，弗拉季米尔大公夫妻去了英国。这日依旧狩猎。"总共猎杀了756只动物。"皇帝猎杀了50只雉鸡，12只山鹬鹑，5只穴兔，19只兔，共计86只。15日依然是狩猎，"总共猎杀了451只动物。"皇帝猎杀了1只雉鸡，16只山鹬鹑，21只兔，共计38只。[179]

黑森－达姆施塔特大公恩斯特·路德维西的女儿于15日患病，16日猝死（译者注：指路德维西长女伊丽莎白·玛丽·爱丽丝·维多利亚，于1903年11月16日其八岁时死于伤寒。）。兄长的女儿、年幼侄女的猝死，给

---

[175] Meilunas and Mironenko, op. cit., p. 236.
[176] Nikolai II's Diary, GARF, F. 601, Op. 1, D. 246, p. 142.
[177] Ibid., pp. 143-145.
[178] Ibid., pp. 145-147.
[179] Ibid., pp. 148-149.

693

皇后亚历山德拉的精神和肉体造成了冲击。"阿利克斯的头非常痛。"这一天，皇帝让孩子们去了皇村。17日，"阿利克斯因中耳炎引起的发烧和头痛无法起床。"皇帝从华沙叫来了耳科医生，据医生的诊断，是连续数日的旅行太过劳累的缘故。[180]

18日，谢尔盖大公和妻子伊丽莎白，即阿利克斯的姐姐（译者注：指伊丽莎白·亚历山德拉·路易丝·爱丽丝，她是俄国亚历山大二世皇帝第五个儿子谢尔盖·亚历山德罗维奇大公之妻。）从莫斯科赶来。在将去世女孩的棺材运到车站后，他们乘火车离开。到了19日，皇后的状态已经好了很多，不过之后数天里，她的耳朵到晚上就会痛，并没有完全恢复。[181]

尼古拉有些无聊，他于21日再度开始狩猎，25日到28日，他每天都在狩猎中度过。30日也在外狩猎。"我在森林的帐篷中进早餐。总计猎杀了159只动物。其中，我猎杀了4只雉鸡，39只兔，共计43只。"[182]

到了下个月，12月1日（11月18日）的生活依然相同。"早晨阅读了文件。总共猎杀了167只动物。其中我猎杀了1只山鹬鹆和36只灰兔。"2日，皇帝去往斯巴拉狩猎。[183]

尼古拉在3日的日记中，总结了这段漫长的狩猎期的成果。"在斯凯尔涅维采和斯巴拉的战果为5874只。我猎杀了14只鹿，5头野猪，375只灰兔，5只穴兔，163只雉鸡，58只山鹬鹆，共计620只。"[184]

就在皇帝每日孜孜不倦地猎杀无辜小动物的时候，战争——真正的杀戮正在逼近。我们从皇帝对狩猎的投入和一丝不苟中，可以感受到某种异常的顽固。然而他却是一个很容易受他人影响

---

[180] Nikolai II's Diary, GARF, F. 601, Op. 1, D. 246, pp. 149-153.
[181] Ibid., pp. 153-154.
[182] Ibid., pp. 155-162.
[183] Ibid., p. 163.
[184] Ibid., p. 165.

的人。皇族的一员、康斯坦丁·康斯坦丁诺维奇大公在日记中记载了他和另外一位皇族成员、尼古拉·米哈伊洛维奇大公的对话：

> 我不得不同意他的话，我们烦恼的根源在于陛下的软弱。陛下总是不断地无意识地被他人的意见左右。向他报告的人中，最后一人的意见总是正确的。[185]

12月4日（11月21日），皇帝一家从斯凯尔涅维采出发，两天后，终于返回皇村。[186]自9月2日离开圣彼得堡以来，他们时隔3月返回了首都。

俄方的第二次答复

11月7日（10月25日），拉姆斯道夫从马格德堡要求阿列克塞耶夫制订针对日本第二次提案的答复方案。"陛下命令我向你传达，他认为有必要继续交涉，决不能放弃我们的基本要求，他极其期待为协定确立协调的原则。"[187]

11月中期（11月2日和3日），阿列克塞耶夫将与罗森商讨的结果送给了外相，他在文中写道，兹送上"修改后变得对日本有利的第二次方案"，"我们认为在此之上的修改无论如何也不可能了。"[188]

具体内容为：第一条，拒绝日本方案中的尊重"清韩两帝国

---

〔185〕 1903年9月5日（18日）的日记。Meilunas and Mironenko, op. cit., p. 235.
〔186〕 Nikolai II's Diary, GARF, F. 601, Op. 1, D. 246, p. 166.
〔187〕 Lamsdorf to Alekseev, 25 October 1903, RGAVMF, F. 32, Op. 1, D. 180, L. 10. Lukoianov, op. cit., p. 21.
〔188〕 Alekseev to Lamsdorf, 2 November 1903, RGAVMF, F. 32, Op. 1, D. 134, L. 23. Lukoianov, op. cit., p. 22.

的独立和领土完整",坚持第一次答复案中仅为"韩帝国"的表述。第二条,承认日本"在韩国的优越利益",删除"不违反第一条的规定"这一但书,但是拒绝日方方案中的"包括军事上的援助"。第四条,承认日本向韩国派遣军队的权利,删除"在知照俄国的基础上"这一但书。第五条,增加不修筑日本认定的军用工事这项规定,重申原有的不将韩国用于战略目的的规定。第六条,拒绝日方关于中立地带的逆向提案,寻求北纬39度以北方案或自国境50俄里方案中的某项。第七条,拒绝日方提出的"满韩交换论",重申与第一次答复相同的表达方式——"满洲"在日本的利害圈外。[189]

阿列克塞耶夫预见到交涉无法取得成功。

> 我觉得实在无法再做这之上的修改了,因此,我认为现在就有必要探讨当日本拒绝接受我们的提案时,可能会发生的结果。考虑到日本在英国和美国外交代表的赞同和支持下,正在北京、汉城大力开展反俄活动,并且日本一直在不间断地推进强化其战斗准备的工作,那么,当其一旦拒绝接受我们的方案时,就不是我们以前设想的只占领朝鲜了,它有可能在和清国达成一致的基础上就满洲问题向我们提出要求。鉴于可能出现这种情况,为了争取时间以实施遵照陛下指示开始的强化远东军事态势的对策,我认为推迟交付我们的方案是更为谨慎的做法。反过来,此举大概会对日本的贪婪施以应有的影响吧。[190]

这期间,为了审议远东总督制的机构,阿列克塞耶夫一度被要求返回圣彼得堡,但11月21日(8日),他回答说因要与日本交

---

[189] Alekseev to Lamsdorf, 3 November 1903, RGAVMF, F. 32, Op. 1, D. 134, L. 24.-24ob.
[190] Ibid., 2 November 1903, Ibid., L. 23.

涉，无法回去。皇帝让阿巴扎告诉他，同意其不必返回首都。[191]

11月21日（8日），拉姆斯道夫给皇帝写信，告知日本方面大概不会接受阿列克塞耶夫的方案。[192]虽然不知道皇帝的意见是否和阿列克塞耶夫相同，但他也想拖延。皇帝给外相回信，"希望以友好的方式继续与日本的交涉"。那么该怎么做呢？外相不安起来，11月30日（17日），他将皇帝的话告知了阿列克塞耶夫。[193]

虽然阿列克塞耶夫希望争取时间以增强兵力，但进展很缓慢。11月29日（16日），皇帝下达命令实施6月旅顺会议所确定的对策。接着，12月4日（11月21日），在由索利斯基主持的特别协商会上通过了支出常规预算之外的特别预算1200万卢布的决定，作为编制第七、第九狙击兵旅团的费用。所有这些都延迟了半年的时间。[194]

鲁辛在11月初预测危机大概会于1904年春发生。[195]但12月2日（11月19日），他向阿列克塞耶夫做了这样的报告：尽管日本国内的舆论达到了兴奋的最高点，但"现在无法想象傲慢的日本人会迈出危险的步伐。可以肯定的是，在今后的一个月中，尽管日本的陆海军已经做好了准备，但不会采取积极的行动"。[196]鲁辛再次修改了时间，之后一个月不会发生战争。

在旅顺，格里戈洛维奇舰长的战列舰"切萨列维奇"和巡洋舰"巴扬"于12月2日（11月19日）从法国驶达。因这艘最新

---

［191］ Abaza to Alekseev, 16 and 24 November 1903, RGAVMF, F. 417, Op. 1, D. 2865, L. 5-16ob.

［192］ Lukoianov, op. cit., p. 22. Lamsdorf to Nikolai II, 8 November 1903, RGIA.

［193］ Lamsdorf to Alekseev, 17 November 1903, RGAVMF, F. 32, Op. 1, D. 484, L. 11.

［194］ VIK, *Russko-Iaponskaia voina*, Vol. I, pp. 339-340.

［195］ "现在日本似乎普遍预计到来年春天，将会首次直接动用自己军事力量的必要性，为此，正在努力达到彼时最大可能限度的军事强度以及集结和向战场运输的速度。" Rusin to Virenius, 25 October 1903, RGAVMF, F. 417, Op. 1, D. 2486, L. 172ob.-173. DMAIaR, No. 11, p. 77.

［196］ Rusin to Alekseev, 19 November 1903, DMAIaR, No. 12, p. 80.

锐战列舰的到来，太平洋舰队拥有了7艘战列舰，超过了日本舰队的6艘战列舰。阿列克塞耶夫对这方面力量得以增强感到非常高兴，于是，他在12月31日（18日）召集会议，讨论是否有必要修改以往的作战计划。[197]

阿列克塞耶夫在这次会议上说，由于增加了两只舰艇，俄罗斯舰队的力量已经能够与日本抗衡。虽然也想攻击佐世保，但因旅顺和符拉迪沃斯托克（海参崴）是分开的，日本方面依然占优势，因为他们的海军力量能够集中在一点上。会议的结论是，不对以往的计划进行修改，等地中海的增援舰队到达，俄方力量达到与日本海军不相伯仲的程度时再重新考虑作战计划。[198]

12月6日（11月23日），返回首都的皇帝终于对阿列克塞耶夫和罗森制订的俄方第二次答复方案表达了意见，当日就由拉姆斯道夫传达给了阿列克塞耶夫。"陛下命令，当日本不接受我们的方案时，要镇定，但要继续顽强地、不挠地交涉。"具体而言，陛下命令删除讲述"满洲"和日本关系的第七条，这算是让步吧。至于关乎中立地带的第六条，则"委托给你自己斟酌"。[199]

或许，删除第七条是拉姆斯道夫的建议。阿列克塞耶夫是反对删除第七条的。12月8日（11月25日），阿列克塞耶夫给拉姆斯道夫发去电报，表达了他的不满，"与现行条约相比，我们给予了日本在朝鲜极大的行动自由，而与之交换，我们向日本要求的，只是不介入满洲问题的义务而已。"[200]

---

［197］　IKMGSh, *Russko-Iaponskaia voina*, Vol. 1, p. 82.《千九百四五年俄日海战史》第1卷，114页。

［198］　Ibid., pp. 83-84. 同上书，114—118页。

［199］　Lamsdorf to Alekseev, 23 November 1903, No. 1-2; 25 November 1903, No. 1-2, RGAVMF, F. 32, Op. 1, D. 484, L. 12-14. Lukoianov, op. cit., p. 23 只使用了12月6日（11月23日）拉姆斯道夫的电报（L.12），但完全误解了其内容。

［200］　Alekseev to Lamsdorf, 25 November 1903, Ibid., D. 134, L. 26.

第七章　日俄交涉

另一方面，这份电报也转交给了罗森。12月9日（11月26日），罗森给拉姆斯道夫和阿列克塞耶夫发去电报，他主张完全改变表述方式，岂止是删除第七条。罗森写到，日本不接受第七条，而且也无法想象它会改变态度。如果删除第七条，就是承认我们在"满洲"事实上获得的地位与作为对日本的补偿——承认它在朝鲜的行动自由是等价的。这与占领旅顺和大连之后所做的事情相同。"如果签订没有这项条款的协定，虽然不能保证将来日本不会再次向我们提出满洲问题，但至少现在能够导向暂时的和解。"作为他心中构想的另外的替代方案，罗森搬出了迄今为止曾数次提议的只有三条的协定案：俄罗斯承认朝鲜在自己的利害圈外；日本承认"满洲"在自己的利害圈外；但是不得在朝鲜沿岸修建妨害朝鲜海峡自由航行的军事设施。罗森认为双方应该交换这种一般性的约定。这样一来，由于对朝鲜原则上独立的问题没有任何决定性的说法，会有以下好处：能够防止日本提出"满洲"问题，而且"从这个方案否定的、不确定的性格来讲，相比积极地承认日本的特定权限，对朝鲜来讲也不是那么屈辱"[201]。虽然与以往的协定相反，这个方案给予了日本在朝鲜完全的自由，但在和平手段被用尽，而目前无论如何也必须回避战争的危机瞬间，这个方案值得探讨。

拉姆斯道夫于该日给阿列克塞耶夫发去第三份电报：陛下命令告知你，不得改变删除第七条的决定。[202] 阿列克塞耶夫不得不屈服。

12月11日（11月28日），俄罗斯方面将第二次答复方案送

---

[201] Rozen to Alekseev, 26 November 1903, GARF, F.568, Op.1, D.180, L.67ob.-68. 卢科亚诺夫认为，罗森最初将这种想法告知阿列克塞耶夫的时间是10月27日（14日）。Lukoianov, op. cit., p. 21. Rozen to Alekseev, 14 October 1903, GARF, F. 568, Op. 1, D. 180, L.16. 笔者没有讨论这份史料。

[202] Lamsdorf to Alekseev, 26 November 1903, Ibid., L. 65. Lukoianov, op. cit., p. 22.

交日本。

第一条，两国相互约定尊重韩帝国的独立与领土完整。

第二条，俄国承认日本于韩国的优越利益，并承认为改良其民政，日本有权给韩国提供建议与援助。

第三条，俄国约定，不反对日本在韩国发展工商业活动，且不反对日本为保护此等利益采取的措施。

第四条，俄国承认，日本有权因前条所示目的，或为平定会引发国际纷争的暴动或骚乱向韩国送遣军队。

第五条，两国相互约定，韩国领土任何部分都不可用于军事战略目的，并不在韩国沿岸设置可妨害朝鲜海峡自由航行的兵用工事。

第六条，两国相互约定，将韩国领土北纬39度以北部分视作中立地带，两缔约国皆不得派军队前往此处。[203]

这时，韩国皇帝的特使正逗留在圣彼得堡。12月7日（11月24日），库罗帕特金去拜访外相时，韩国使者正准备离开。韩帝特使玄尚健于8月离开韩国，11月14日左右到达圣彼得堡。他和公使李范晋商量后，去拜访了拉姆斯道夫外相。拉姆斯道夫告诉库罗帕特金，特使受韩国皇帝委任，想知道如果日俄发生战争，我们希望朝鲜人如何行动，如果抵抗日本军的话，能否期待我们的支援。拉姆斯道夫说，韩国使者夸口说如果有我们的支援，就有决心将日本军驱逐出去。库罗帕特金写道："我对这种表达的真诚度有所怀疑，而且猜想他们是不是对日本人也说了同样的话。"[204] 对库罗帕特金而言，朝鲜人的意愿无关紧要。

然而，玄尚健继续逗留在圣彼得堡，最终成功获得了尼古拉二世表示尊重韩国中立的亲笔信之后，返回韩国。

---

[203] 小村给栗野的信，1903年12月12日，《日本外交文书》第36卷第1册，36页。
[204] *Dnevnik A. N. Kuropatkina*, p. 102. Kim En-Su, op. cit., p. 220.

另外，别佐勃拉佐夫在时隔很久之后，于12月11日（11月28日）谒见了皇帝。"读书至7点。别佐勃拉佐夫谒见了我。我们二人一起度过了夜晚。"12月16日（3日），阿巴扎和别佐勃拉佐夫也谒见了皇帝[205]，就清算远东木材公司一事做出了最终决定。

日本舆论要求开战

对俄同志会向一直被认为反对对俄开战的伊藤博文展开了攻势。首先在11月5日，对俄同志会代表访问桂首相和伊藤博文并递交了警告书。当时没有公布警告书的内容，但后来以与伊藤对立、为避免误解为由，于11月8日公布了警告书。

对俄同志会表示，尽管当局者即桂内阁的方针，与对俄同志会的方针"大体相同"，但现在却处于不知日俄谈判结果会如何这种令人遗憾的状态，这是伊藤等人"参与对俄问题的阁议而产生掣肘"的缘故，故对伊藤做出如下警告：

> 若万一侯爵等多少恃至尊之特殊宠遇，妄自置喙其间，参与议论，阻妨国是之断行，如有因此贻误国家百年大计之事，其罪决不容赦。吾人认为有必要以国民之公愤警告伊藤侯，此亦对伊藤侯之深切情义。[206]

这样一来，桂首相只得于10日早晨将同志会的代表佐佐友房、神鞭知常、头山满三人邀至其私宅，言明"虽有传闻元老、

---

[205] Nikolai II's Diary, GARF, F. 601, Op. 1, D. 246, pp. 171, 174.
[206]《东京朝日新闻》1903年11月9日。

阁臣间欠缺一致者，然从来断无此等事实，完全一致进行中"。

终于，财经界也行动了起来。同样在 10 日这天，帝国酒店聚集二百余人召开了时局问题联合大联谊会。进步党、政友会、中立系的议员都参加了。报社也有人参加。值得关注的是，还有很多实业家参与进来，领衔的有涩泽荣一、三井财阀的益田孝等人。经田口卯吾提名，立宪改进党议员箕浦胜人被推举为会长。每日新闻社社长岛田三郎说明了会议的宗旨，岛田在 1901 年曾出版颇具理性的警醒书《日本与俄罗斯》。他的这一行为象征着《每日新闻》从以往一贯坚持的非战论立场转变成了主战论。就在上个月，岛田在家中遭到了壮士的袭击。会上，大冈育造提出的决议案获得了通过。"吾人相信，若时局一如今日之推移，绝非东洋永远之利益。故期望此际举国一致敦促政府速做断然处置。"〔207〕

对俄同志会还将行动指向了山本权兵卫海相。11 月 24 日，他们给山本海相也送去了警告书。"我等认为在对俄问题中，占据特别要职的海军大臣山本男爵为阁员中重苟且论者，特于兹警告山本男爵反省、引责。"〔208〕

虽然各大报刊都是清一色的开战论，但上月从《万朝报》辞职的幸德秋水和堺利彦在这个月成立了平民社，自 11 月 15 日起开始刊行周刊《平民新闻》。第一期介绍了 10 月 20 日在本乡西片町的中央会堂举行的集会，幸德、堺、西川光二郎、安部矶雄、木下尚江等人登台做了关于非战论的演讲。"举世皆陶醉于战争狂热中，此地却聚集了六百余名热爱和平的人道主义者前来听我等

---

〔207〕《东京朝日新闻》1903 年 11 月 11 日。关于岛田的转变，见黑岩比佐子《日俄战争——胜利之后的误算》，文春新书，2005 年，180 页。高桥昌郎《岛田三郎传》，まほろば书房，1988 年，151 页。1903 年 10 月 15 日，岛田眼看就要被来自家访问的打手用短刀刺杀，千钧一发之际，他的学生制止了打手，岛田从而获救。《万朝报》1903 年 10 月 16 日。不清楚这一事件是否与岛田的转变有关系。

〔208〕《东京朝日新闻》1903 年 11 月 25 日。

之说，颇令人意外。"[209]

少数派的集会却也聚集了600人，是相当了不起的。

俄罗斯方面超期不复一个月后，11月28日，对俄同志会召开执行委员会，做出决议提交给了政府。"以吾人之见，不得不认为俄国无和平协商之诚意。事已至兹，当局者宜废止协商，断然采取自由行动。"[210]

对俄同志会的声音现在已经成为了普遍的诉求。12月1日，《东京朝日新闻》在社论《日俄交涉的迁延》中写道，日本政府有权向俄罗斯政府要求对日本的提案做出同意与否的答复，要迫使政府行使这个权利。"《时事新报》及《国民新闻》等有力同行近来对此事持续讨论之处，吾人完全同意。"文章指出，工商业者现在"即使最终孤注一掷于其最忌讳的战争，犹且希望解决今日之时局"。就连工商业界也不堪忍受这种不明朗的状态了。

由于12月10日将要召开帝国议会，月初，各个政党纷纷举行了大会。这些大会也成为了批判政府、要求断绝对俄交涉的场所。12月2日，在野的进步党召开了议员、前议员、评议员、代议员、支部干事的联合会，会上通过决议，以"现内阁屡误外交机宜，致使如今东洋形势日濒危殆，帝国将受空前屈辱"开篇，要求"敦促俄国从满洲撤兵之同时，开放满洲要地，且保全帝国于清韩两国经营之事业"。[211]

3日，进步党召开大会。党首大隈重信在演说中表示，俄罗斯"在迁延交涉期间，或占领龙岩浦，或伸张满洲兵力，进一步

---

[209] 周刊《平民新闻》使用了复刻版 [《明治社会主义史料集》别册（3），明治文献资料刊行会，1962年]。没有特别附上注记。
[210]《东京朝日新闻》1903年11月30日。
[211] 同上，1903年12月3日。

施加压力于我，日本对之似殆无所为"，他指出有必要采纳决议。于是，前日联合会的决议成为了大会的决议。

同一天，帝国党也召开了大会。佐佐友房在演讲中说道，"我对彼方提案颇为强硬，绝非如报纸所传"，俄罗斯如果让步，就会和平，然而"今日形势似正倾向决不让步之方针"。大会最终通过了"期待依据帝国大政，速解决时局问题，以保全帝国体面和利权"等四项决议。

接着，第一大党政友会也召开了大会。接任伊藤成为总裁的西园寺公望在演讲中介绍了与东京、京都、名古屋、仙台各地党组织的聚会，指出"所到之处，若问决议为何，主旨皆为督促政府速解决此外交问题"，他表达了要在议会中严厉质询这一平稳的方针。[212]

12月10日，众议院开会。政友会129席，进步党85席，帝国党12席，此外，中正俱乐部27席，交友俱乐部24席，同志俱乐部18席，无党派68席。[213]这届议会因对敕语的奉答文争执不下，11日即遭解散。

12月12日上午11点，对俄同志会召集神鞭、大竹、工藤、和泉、星、佐佐、远藤、国友等人，确定了提交给天皇的关于对俄政策的上奏文。此事之前已讨论过数次，终于采取了这个决定性的办法。笔者不知此举是否与12月11日俄罗斯方面做出答复有关。上奏文于12月15日提交宫内省，该日的报纸进行了报道，大意为："俄国决无以和平为目标、与帝国协商之诚意"，"虽帝国绝非好兵欲战"，"哪怕不得已诉诸干戈，也不可不行使我天职。我政府过于慎重，流于苟且，屡失时机，贻误大事。故以忧心遗留国家百年祸患之余虑，披沥国民敌忾之衷诚，谨仰圣鉴。"[214]

---

[212]《东京朝日新闻》1903年12月4日。
[213] 同上，1903年12月8日。
[214] 同上，1903年12月15日。

第七章　日俄交涉

空想小说《日俄战争之羽川六郎》

这年秋季，日本出版了一部空想日俄战争的小说，即出版于11月的《日俄战争之羽川六郎》[215]，作者柴四朗是杀害闵妃的三浦梧楼公使的心腹、对俄同志会的干部，在当年春季的议会选举中落选。不用说，署名东海散士的作者就是他，这部作品可以说是《佳人之奇遇》的续编。开本为变形的横长版，共450页。

这部小说是以会津藩士之子羽川六郎的传记形式写的，首先讲述了羽川家三代人和桦太（库页岛）的因缘。在文化年间（1804—1818）俄罗斯攻击桦太（库页岛）的兵营后，祖父被派遣到那里，在当地病逝。父亲在俄罗斯军舰占据对马时到对马，为让俄罗斯撤退而活动。明治维新时，父亲返回藩内，跟随榎本武扬去往箱馆（即函馆），从那里渡海前往桦太（库页岛），从事开发活动。在此过程中，他被俄罗斯方面抓捕，最后去世。母亲成为寡妇后与一位名叫藤川夏雄的外交官再婚，藤川是亲俄派、日俄同盟派，战争开始后，他被当作"俄探"逮捕。

这是故事的背景。父亲留下遗言，"俄国人对东方的侵略没有底线"，"唐太也终将归俄人所有"，希望儿子与俄罗斯作战。母亲的教导是"俄国实为终天之仇"，"汝成长后报此怨，即对父祖之孝养也"。而一直令母亲痛苦不堪的继父藤川却说这些都是胡言乱语，是日本先对列扎诺夫表现出了无礼的态度，赫沃斯托夫的行

---

[215] 出版社为有朋馆。关于这部小说有如下研究：柳田泉《〈佳人之奇遇〉和东海散士》，《政治小说研究》上，春秋社，1967年。长山靖生《日俄战争——另一个〈物语〉》，新潮新书，2004年。吉村道男《假想的日俄战争和现实的日俄战争——〈佳人之奇遇〉和〈日俄战争之羽川六郎〉之间》，东亚近代史学会编《日俄战争和东亚世界》，ゆまに书房，2008年。

为也有可以辩解的余地；无论是祖父的死还是父亲的死，俄罗斯都没有责任。

小说的主人公羽川六郎中途从东京帝国大学退学，去英国留学，归国后成为海军工程师，参与了潜水艇的开发。他虽然去清国做了种种策划，但在日清战争时回国，后来成为议员。到此为止，这部分情节完全与柴四朗本人的经历重合。

小说站在对外强硬的立场上，叙述了从归还辽东到日俄开战时的日俄关系史，描写了三浦梧楼的行动、国民同盟会、对俄同志会等。在谈及俄罗斯国内情形时，引用了很多新闻报道。小说强调了俄罗斯的侵略性：在俄罗斯政界有以改良内治为目标的"文治派"和以扩张领土为目标的"武功派"两大派别，"文治派"领袖宇逸提（译者注：日语发音接近"维特"。）虽然视察了"满洲"，却没能推动俄罗斯撤兵；"武功派"领袖黑鸠（译者注：日语发音接近"库罗帕特金"。）将军访问日本，显现出回避战争的姿态。小说描写了旅顺会议，在会上，库罗帕特金认为"今日非与日本作战之时机"，而"关东"总督荒鬼（译者注：日语发音接近"阿列克塞耶夫"。）将军与之形成对立，提出炮击日本沿岸、在"满洲"黑龙地区进行地面作战"非无胜算"。"俄帝密使"、侍从武官别佐布拉索（译者注：日语发音接近别佐勃拉佐夫。）少将则提倡征服日本论，极力主张"一小帝国焉足挂齿"。会议后，引人注目的是"荒鬼将军"即阿列克塞耶夫被任命为"东方大总督"，相当于"俄国副王"，"俄政府现满廷主战论者之景"。〔216〕

小说没有明确描写战争发生的时机。战争开始于俄方轮船经过停泊在〇〇湾的日本舰队旁时，突然施以水雷攻击，致使日本的水雷母舰沉没。这是俄罗斯偷袭。

---

〔216〕东海散士《日俄战争之羽川六郎》，有朋馆，1903年，157—162页。

第七章　日俄交涉

此消息一传到国内,人心之激奋无可比拟。海陆军立即发出动员令,……颁布宣战诏敕,召开临时议会,即日两院(参议院、众议院)全会一致决议通过五亿万日元军费……将是我神州自建国以来未曾有之大事,国家盛衰兴废全在今后之胜败。[217]

日本海军把握到了俄罗斯增援舰队穿过台湾海峡北上的行踪,俘获1艘战列舰、1艘装甲巡洋舰,击沉1艘装甲巡洋舰、3艘驱逐舰。这个消息令国民"几乎欢喜若狂"。清国很狼狈,而"韩廷……举动最为暧昧,暗自决定,若日胜则归附日,俄胜则与俄结盟,对两国做反复无常之表白,伪装局外中立,徐待事局之结果"。[218]

俄罗斯的一个支队自凤凰城方面渡过鸭绿江前往平壤,进而有上千人越过图们江进入咸镜道。日军从仁川和釜山登陆,人数达15,000人,俄军无法前进,日军控制了平壤。其后,日军进军义州,"朝鲜大势于此定矣"。

之后,俄罗斯舰队炮击了富山、石川两县,而日本的两个师团则在俄罗斯领土登陆。这支部队向符拉迪沃斯托克(海参崴)挺进,与海军合力展开进攻作战,在第二次总攻击时,"我陆军终于占领浦港(译者注:指符拉迪沃斯托克。)"。其后,日军虽然遭到了俄军来自哈巴罗夫斯克(伯力)方面的攻击,但向北挺进,在激战过后占领了尼古拉耶夫斯克(庙街)。

另一方面,俄罗斯舰队离开符拉迪沃斯托克(海参崴),集结在旅顺、大连。就在德国将成为俄罗斯盟友的谣言满天飞的时候,

---

[217]《日俄战争之羽川六郎》,312—313页。
[218] 同上书,317页。

日俄两舰队在巨文岛洋面展开了一场大规模海战。日本以"朝日"号为旗舰,有战列舰6艘、装甲巡洋舰6艘、驱逐舰10艘、水雷艇40艘,俄罗斯以"列特维赞"号为旗舰,有战列舰6艘、装甲巡洋舰4艘、驱逐舰15艘。这场海战"日本军取得八分胜"。

之后,日军进入辽东半岛,向旅顺进攻。虽然展开了总攻,却未能攻下旅顺。这时,羽川六郎使用他发明的、还在实验的飞机从空中投下炸弹,成功占领了大连。俄罗斯舰队逃至胶州湾,然而德国政府却改变了立场,宣布中立,要求俄舰队退至湾外。俄罗斯舰队不得已退至湾外后,与日本舰队展开交锋,俄方舰队全军覆没。

小说还写道,在日本国内,俄罗斯间谍的暗中活动很猖獗。一对间谍父子被逮捕,然而儿子的妻子、俄罗斯女性卡塔娜从封闭的俄罗斯公使馆挖地道,企图炸毁帝国议会、炸死大臣议员。这个情节大概借鉴了俄国虚无党员为暗杀亚历山大二世,从涅瓦大街上的奶酪店下挖地道的故事吧。卡塔娜和德国同伴一同遭到举报,最后用手枪自杀。[219]

在俄罗斯国内,高加索的沙米尔后裔奋起反抗,波兰人公然集会要求独立,芬兰人也"秘密整备武器,主张恢复旧宪法。俄国内的改革派乘机议论若不设立宪法,不足以拯救危急。改革派与守旧派的倾轧几乎到达顶点"。经济破产,失业急增,农民起义蔓延。"由30种语言构成的大帝国,今将濒临失却统一之权力。"[220] 这些描写相当精准地预测到日俄开战后,俄罗斯国内的情形。

至此,旅顺即将陷落。日本军对旅顺进行了两次总攻,死伤

---

[219]《日俄战争之羽川六郎》,366—367页。
[220] 同上书,383页。

第七章 日俄交涉

者达五千余人。羽川六郎向陆军推荐使用飞机轰炸旅顺,却被以"非我日本男儿光明磊落之所为"的理由遭到拒绝。羽川受命负责空中的军事通信,他将从空中观察到的情况通报给军队,发挥了很大作用,旅顺攻击以日军胜利而告终。最后,羽川获得了天皇的感谢电报。"予感动至极,不禁涕泣。"

之后,日军继续前进,与俄军在辽阳展开会战,15,000日军对阵50,000俄军。日军虽然得到了清军的支援,但在会战前清军却撤走了。即便如此,日军也取得了会战的胜利,战争结束。

媾和会议在东京举行,为日、英、美、德、法、意、俄、清八国的列国会议。日本提出如下要求:俄罗斯完全放弃对"满洲"的权利;清国在"满洲"进行改革期间,由日、美、英派遣顾问,允许日本军在七年内驻屯两个师团;将桦太(库页岛)让与日本;将沿海州作为独立自治州;俄罗斯赔偿日本战争费用五亿万日元并出让东清铁路;俄罗斯不向东洋派遣十艘以上的军舰;将威海卫、旅顺、大连、胶州湾归还清国;日本租借厦门、福州。这些要求得到了承认。[221]值得注意的是,这里没有关于朝鲜的规定。大概作者认为日本可以按自己所希望的方式对待朝鲜,不需要得到俄罗斯或列国的承认吧。

与此同时,签署了日韩修正条约,内容如下:由于韩国没有局外中立的实力,日本在朝鲜驻屯两个师团以内的兵力;重大国际事件未与日本协商,不得与列国交涉;邮政电信业务由日本承担;从日本招聘最高顾问,进行行政司法改革;日本士官对陆军进行改革、训练;日本每年赠与朝鲜皇室费用百万日元。[222]也就是说,朝鲜成为了日本的保护国。

---

[221]《日俄战争之羽川六郎》,398—400页。
[222] 同上书,401—402页。

其后，由日、美、英三国倡导，举行了万国和平会议。会议决定用三年时间将各国的军备减半。这是打算抢夺尼古拉倡导海牙和平会议的功劳。

笔者不清楚这部小说是如何被当时的读者所接受的。但是，在用正义的战争这种神话将日本人推向与俄罗斯战争的道路上，它或许发挥了相当大的力量。

日方的第三次提案

12月14日，小村立即将俄方的第二次答复方案传达给了麦克唐纳公使。小村表示："我仍然希望能够避免交涉决裂。"他还列举了一些根据：俄方的第七条宣告"满洲在日本的关心之外"被删除了，第四条和第七条变得与日本方案相同。[223]然而这只是伪装。小村认为决裂必至。

12月16日，日本方面在首相官邸召开了阁僚与元老的会议，讨论俄罗斯的第二次答复方案。根据伊藤之雄的考证，山县表明的想法是，先尝试以"满韩交换论"进行最后的交涉，如果俄罗斯不接受，再迈出战争这一步。而桂和小村对此并不赞成，主张"满洲问题可尝试以外交手段尽可能谈判"，"至于朝鲜问题，则要充分陈述我方希望修正的意见，若彼不听，则贯以最后手段（即为战争）"，并强行予以通过。[224]也就是主张以朝鲜问题为开战之由。

---

[223] MacDonald to Lansdowne, 14 December 1903. *British Documents*, Vol. II, pp. 224-225. 广野，《日俄交涉（1903—1904）再考》，19页。

[224] 伊藤，《立宪国家与日俄战争》，222—223页。关于山县的立场，伊藤批判了角田的看法，笔者认为他的批判是恰当的。

第七章 日俄交涉

当天的会议还讨论了外务省制订的《对俄交涉决裂之际日本应采取的对清韩方针》[225]，认为让清国在交战之际保持中立是上策。对韩国，《方针》则提出：

> 至于韩国，无论面临何种情形，皆必须凭借实力将其置于我权势之下。但尽可能选择正当名义为上策。若能如往年日清战役时，缔结攻守同盟或其他保护协约，最为合适。……然其必然成功固不可预期。且纵令其奏效，到底难以期待韩国皇帝始终一贯遵守此条约，最后之成效还是归结于实力如何自不待言。

在外相一开始的方案中，接下来还有"于此关系，若能先于俄国送遣有力军队至汉城，为极上策。韩国上下无人有思念国家之真诚，所虑唯自家之安全与利益，附势媚强乃其通性，因此如先在汉城拥有优势兵力，即有如收宫廷及政府于我手中"，这一部分因山本海相的反对被删除后，方案提交给元老会议。[226]

在元老会议上，山县做了相当于恢复方案被删除部分的发言。他提出日本应抢先于俄罗斯，向汉城及附近派遣大约两个师团。对此，山本海相再次表示反对。理由有二，第一，"纵令韩国与我国有特殊关系，且为弱势之国，但终究是一独立国。向此独立国派遣我军队，列国会做何感想？"第二，"鉴于我陆海军的实际状况，我认为不可如此。我想我军备整体尚未完善出师准备。"山县

---

[225] 千叶功推断《山本权兵卫和海军》143—155页收录的1903年9月的资料与12月的元老会议相关。千叶，《日俄交涉——日俄开战原因的再探讨》，305—306、319页。《旧外交的形成》，129—130、489—490页。笔者赞成这点。

[226] 《山本权兵卫和海军》，155页。后来正式采用的文本参见《日本外交文书》第36卷第1册，45页。

再次指出韩国国民的"趋炎附势",追问"如果韩帝逃至俄、法、德等公使馆"该如何应对。山县几乎替小村说出了原案中被删除的部分。山本回应道,"现在不应考虑此等事。"由于山县突然有事退席,这件事没有得出结论。[227]

关于第一个对俄回复的决定在18日经阁议后上奏给了天皇。[228]在这个阶段,交涉已经明确地成为了面向战争的一道程序、一种礼仪了。

小村在17日向麦克唐纳坦言,他开始失去对俄罗斯和平意图的信任,赞成麦克唐纳的意见——俄罗斯在有意拖延交涉。[229]小村不可能在三日内就改变了看法,很明显,他在演戏。

12月21日(8日),日方将第三次提案送给了罗森公使。23日(10日),栗野公使在俄罗斯首都以口头备忘录的形式送交外相。

其内容如下:第二条,要求俄罗斯承认日本有给与韩国"建议及援助"的权利。援助包括"军事上的援助"。不过在根本上,继续拒绝俄方第一次提案、第二次提案中要求的禁止以战略目的使用朝鲜领土和在北部朝鲜39度线以北设定中立地带的条款。在"满洲"问题上,由于俄罗斯撤回了特殊利益论,日本也撤回了"满韩交换论"。日本始终要求俄罗斯承认日本将韩国作为事实上的保护国,而其回报只是不在韩国沿岸设防。[230]

12月26日(13日),阿列克塞耶夫将针对日方新提案的意见上奏皇帝。

---

[227]《山本权兵卫和海军》,145—147页。
[228] 伊藤,《立宪国家与日俄战争》,222—223页。
[229] MacDonald to Lansdowne, 17 December 1903. FO *Correspondence respecting Corea and Manchuria*, Part II, Microfilm 405/139, p. 114. 广野,《日俄交涉(1903—1904)再考》,21页。
[230] 小村给栗野的信,1903年12月21日,《日本外交文书》第36卷第1册,36—38页。

第七章　日俄交涉

"日本的新提案等于要求俄罗斯政府正式承认日本对朝鲜的保护国制。""即便如此，我们即使做出那样的让步，仍然不能达到消除现存的不确定状态这个主要目的。"

"这些要求太过贪婪，以我深刻的信念，我毫不犹豫地认为这个提案不能接受。""我想在日本无视陛下的和平主义和睿虑，提出超过所有合理界限的要求的现在，让东京内阁在没有俄罗斯承认的情况下实现自己关于朝鲜的政治意图，从所有方面来看都是较为理想的吧。"

"现在所有对日本的进一步让步，都会以很大的概率决裂，把我们推向巨大的灾难。""为了从这种状态中找到出路，……我认为有必要将我们在朝鲜的利害与满洲问题、其他的远东问题联系在一起，进行全面的审议。"[231]

阿列克塞耶夫请求，他已经明确表达了意见，之后的事情希望在圣彼得堡的特别协商会上决定。话虽如此，阿列克塞耶夫的心情却依然无法轻松。他时刻都听到韩国局势越来越紧张的消息。

12月27日（14日），阿列克塞耶夫给拉姆斯道夫也发去了电报。拉姆斯道夫看了这份电报，翌日（15日）对皇帝说，如果采取阿列克塞耶夫的办法，就会发展为战争：

> 鉴于以上情况，我还是斗胆认为，对俄罗斯而言，为了回避极端毁灭性的军事冲突，更为理想的是，继续与日本交涉，谋求既不损害俄罗斯的第一级利益，同时又能满足日本渴望的协定形式。与日本之间存在协定，在一定程度上会束缚日本在朝鲜的行动自由，保障俄罗斯船舶在朝鲜海峡的航行安全。如果让日本径自着手以自国军队占领朝鲜半岛的话，

―――――――――
〔231〕DKPIa, No. 12, pp. 25-26.

我们就无法达成那样的目的了。[232]

罗森公使更加深了对日俄交涉的疑虑。12月30日（17日），他发电报给拉姆斯道夫，告知天皇发出敕令，批准了五千万日元的临时军费支出。此举"显示日本决意用大约一个师团占领朝鲜京釜沿线地带，以获取与我方占据满洲相似的地位。我毫不怀疑，如果日本政府最终明白，无论是武力威胁，还是依靠英美的同情而表现出的高压态势，都不能迫使我们在满洲问题上从所采取的原则立场上后退，他们迟早会着手实施这个计划。因此我们要像第二号旅顺会议议事录中所讲的那样，完全沉着地应对日本的行动，同时做好将来在朝鲜克制采取一切积极行动的准备，自然可以从现在因日本的责任而产生的危机中找到出路。进而完全没有必要为了这条出路，缔结会使双方都遭遇困难的文书协定"。[233]

罗森于翌日——31日（18日）给尼古拉发了电报，虽然笔者并没有找到这份电报，但推测其内容应该是相同的宗旨吧。1904年1月3日（12月21日），罗森继30日后再次给拉姆斯道夫发去电报，指出能否回避因朝鲜问题与日本产生军事冲突的危险取决于我们。"满洲"问题不可能成为与日本开战的理由。我们对日本的态度是"严密防卫性的"，无论日本采取怎样的行动，都具有"无根据的侵略性"。顺便需要指出的是，日本也没有显示出想要军事介入"满洲"问题的意图。但它有为了实现在朝鲜的课题，"下定决心不辞发起战争的一切征兆"。[234]

罗森的想法是，无论是朝鲜的事情，还是"满洲"的事情，都没有必要与日本缔结协定。在朝鲜问题上，让日本按照想做的

---

[232] Lamsdorf to Nikolai II, 15 December 1903, GARF, F. 568, Op. 1, D. 179, L. 64-64ob.
[233] Rozen to Lamsdorf, 17 December 1903, RGAVMF, F. 32, Op. 1, D. 485, L. 202ob.-203.
[234] Rozen to Lamsdorf, 21 December 1903, Ibid., L. 204-204ob.

方式去做即可。他的想法接近于阿列克塞耶夫。

关于日本军出兵朝鲜的情报

日本在这时向着备战一往直前了。参谋本部的井口省吾于12月19日向儿玉次长呈送了自己的意见。

> 只要我帝国没有放弃韩国之意，在帝国自卫的意义上，应在对俄国行为中尽快停止口舌之争，向韩国派出部分军队，同时，动员一、二师团及枢要处之要塞，示以十分决心，以威力为谈判后援。若俄国仍不肯放手韩国，我方应有一大决战之觉悟。[235]

在12月16日的元老会议上，虽然山县主张派遣两个师团，但政府内部有不同意见，没有就此问题得出结论。伊藤出面进行了调整。据说政府在21日向陆海军发出了"做好准备、确保随时皆可出兵的通牒"。该日，陆军省、海军省的当局者按照参谋次长的命令协商了出兵韩国的相关事宜。23日继续进行了协商。24日，陆军省召开了关于编制韩国临时派遣队的会议，26日，该会议继续召开。[236]

海军方面也行动起来。12月24日，山本权兵卫海军大臣向东乡平八郎、上村彦之丞、片冈七郎三舰队司令长官通告了交涉经过，告知"在不得已的情况下，即使诉诸最后手段，亦不可不防止俄国对韩国之侵蚀"，"根据最后的决议情形，帝国海军将制订

---

[235]《秘密日俄战史》第1卷，56页。
[236] 同上书，57页。井口省吾日记，《日俄战争和井口省吾》，272—273页。

计划以参与策划",命令舰队编制也要"不做公开说明地转为战时编制"。[237]

在这种背景下,到12月下旬,日本军将要出兵占领朝鲜的传言再次流传开来,驻在武官们接连不断地将这类信息从东京报告给圣彼得堡。

12月18日(5日),驻日陆军武官萨莫伊洛夫告知阿列克塞耶夫,"报刊和民众间又流传起海军示威和出兵朝鲜临近的传言。甚至还有人说海军省已经采取了若干措施,不过这些传言都还没有得到确认。"他还加以分析:如果海军进行示威,"目的是威胁我们,迫使我们做出进一步让步;另一方面,也是为了满足国民的爱国主义情感吧。"[238]

12月20日,驻日海军武官鲁辛向海军部做了更为详细的报告,虽然日本不接受俄罗斯的提案,但大概仍会继续交涉。"同时,为了满足国民的本能,将以准备重大作战为目的向朝鲜派去一两个旅团",另有传言说交涉或于来年二月决裂,随即将开战。[239]

五天后,鲁辛又发出了报告:最近,陆海军省正在采取措施,补足从春季起推行的"以最快速度将日本军调整至战时体制或军事作战计划的准备"。"一部分公开的信息和无数的传言",给人感觉完全就像"日本政府故意不隐瞒自己的措施"。我认为其目的是为了满足民众的排外本能,以现在甚至不惜一战来威胁俄罗斯。"我预测日本狂热的示威性骚动将会导致在不远的将来(近两三周或更早)向朝鲜出兵。"日本会让约8000人的混成旅团从釜山、一部分从仁川登陆。为此将租赁八至十艘轮船,由海军护卫。"日

---

[237] 《山本权兵卫和海军》,188—189页。
[238] Samoilov to Alekseev, 5 December 1903, OPIGIM, F. 444, D.104, L. 104.
[239] Rusin to Virenius, 7 December 1903, RGAVMF, F. 417, Op. 1, D. 2486, L. 176ob.-177. DMAIaR, No. 13, pp. 81-82.

本正式的报刊都在执拗地论证，为了确保日本在朝鲜半岛的利益、抵抗俄罗斯的影响，有必要向朝鲜出兵。"[240]

这些报告直到1月才被送到首都。最后的报告上有1月22日（9日）罗热斯特文斯基阅后的批语。不过，同样内容的报告应该在数日内就送到了旅顺。而且阿列克塞耶夫处还收到了驻韩公使巴甫洛夫发来的、情况更为严峻的信。12月19日（6日），巴甫洛夫这样写道：

> 最近汉城的气氛再次变得有些令人不安。三天前，我从宫中听说，英国和美国公使暗中通过可靠的人告诫皇帝，日俄交涉完全没有达成和平结局的机会，军事行动大概会在最近展开。这一耸人听闻的消息使皇帝及其亲信陷入了恐慌中。[241]

两日后，巴甫洛夫写道："韩国政府和外国人的气氛极度紧张。根据秘密情报，宫廷立即提出了将皇宫从汉城转移到平壤这个问题。最近，平壤的宫殿建成了。"[242]

在西京（平壤）营造离宫一事是1902年3月决定的。当年12月，太极殿和重华殿建成，据说连皇帝、皇太子的肖像都悬挂起来了。此举被认为高宗希望，日俄一旦开战，就逃到北部朝鲜，以获取俄罗斯的庇护这种想法。[243]

阿列克塞耶夫的危机意识大概也越来越强了吧。然而，增强

---

[240] Rusin to Virenius, 12/25 December 1903, RGAVMF, F. 417, Op. 1, D. 2486, L. 178-179ob.
[241] Pavlov to Alekseev, 6 December 1903, RGAVMF, F. 32, Op. 1, D. 167, L. 109ob-110. Boris Pak, *Rossiia i Koreia*, 2nd ed., Moscow, 2004, p. 357中写道，12月3日高宗向巴甫洛夫请求到俄罗斯公使馆避难。此说有误。
[242] Pavlov to Alekseev, 8 December 1903, Ibid., L. 114.
[243] 李泰镇，《高宗时代的再照明》，129页。

兵力的步伐却十分缓慢。12月18日（5日），皇帝下令在1904年5月14日（1日）之前编制完成第九东西伯利亚狙击兵旅团。然而，由于这样操作有很大问题，阿列克塞耶夫与陆军大臣商量，将第八旅团由8个大队改编为12个大队更为合理。但这一设想也未能实现。[244]

另一方面，皇帝却毫无根据地乐观。根据卢科亚诺夫的研究，皇帝对罗森通报日本军可能会在朝鲜登陆的电报做出如下批语："日本军登陆朝鲜应该不会对俄罗斯构成挑战吧。依朕所见，他们不可能进攻旅顺、符拉迪沃斯托克。"[245]

12月29日（16日），阿列克塞耶夫将日本方面的第三次提案也告知了汉城的巴甫洛夫。

> 我认为像这样蛮横无理的要求超越了一切理性的界限，我政府应该拒绝。对于这些要求，我的意见是，无论是从俄罗斯的利益出发，还是从俄罗斯的名誉出发，都不能允许日本在我们的同意下征服韩国，剥夺韩国的独立。……我虽然不明白我国整体的政治状况，但我确信，眼下这一时点比任何时候都需要直面一切战争的阴影，在对这种灾厄不可避免的风险做好心理准备的同时，必须保护我们自己的地位和尊严。[246]

阿列克塞耶夫认为，日本很可能做出占领韩国的举措，他要求巴甫洛夫尽快通报。

12月30日（17日），巴甫洛夫传来了韩国皇帝更为紧迫的

---

[244] VIK, *Russko-Iaponskaia voina*, Vol. I, pp. 342-343.
[245] Lukoianov, op. cit., p. 25. AVPRI, F. 150, Op. 493, D. 189, L.113.
[246] Alekseev to Pavlov, 16 December 1903, RGAVMF, F. 32, Op. 1, D. 182, L. 21ob.

心情。"本日，皇帝只通过一名可靠的贴身宦官向我传达了如下事项：皇帝已不再怀疑无法避免日本军占领韩国之事，每天都在担心驻在汉城的日本军是否会封锁宫殿，被日本方面收买的宫廷警备队是否会杀掉他本人。因而想征求我们的意见，他该采取什么样的行动，能否期待我们在危险的时刻允许他到俄罗斯使馆避难，进而在我们的帮助下逃到俄罗斯境内。"[247]

阿列克塞耶夫面对这样的询问，不得不做出回答。1904年1月1日（12月19日），他给巴甫洛夫发去电报，首先声明是个人意见："如果皇帝请求到俄罗斯使馆避难，恐怕我们无法拒绝吧。不过，对于想到俄罗斯境内的意愿，我想无论是对皇帝陛下本人，还是对韩国命运而言，都是一个会带来非常重大后果的问题，若没有经过全面商讨，恐怕无法决定。"[248]

俄罗斯12月的特别协商会

俄罗斯政府的大臣们也都感觉到了日俄之间的紧张在加剧。显然，"新路线"无法抑制日本的攻势。

怯懦的陆相最终提出了近乎投降的方案。库罗帕特金修改了10月意见书，12月7日（11月24日）向皇帝上奏，提议将包括旅顺在内的"关东州"归还清国，将"南满洲铁路"出售给清国，作为交换，将"北满洲"并入俄罗斯。[249] 不用说，这是为防止与日本战争

---

[247] Pavlov to Alekseev, 17 December 1903, RGAVMF, F. 32, Op. 1, D. 167, L. 125.
[248] Alekseev to Pavlov, 19 December 1903, Ibid., D. 182, L. 23. 海野根据日本方面的资料写道：12月末，巴甫洛夫威胁韩国皇帝，是否正在就成为日本的保护国进行交涉，倘若如此，俄罗斯也要有所准备（海野，《韩国合并史研究》，103页）。这种观点完全不正确。
[249] Kuropatkin's Memorandum, 24 November 1903, RGVIA, F. 165, Op. 1, D. 944, L. 1-27.

而构想出来的方案。库罗帕特金认为,虽然连"关东州"都放弃了,失去了俄罗斯在远东的威信,但对自己的曾孙那一代来讲是有益的,有必要让活着的一代承担保卫"关东州"和"南满洲"的牺牲吗?虽然失去不冻港是个重大问题,但在其他方面得到的也很巨大。由于旅顺将来有可能成为日本之物,因而在归还时,需向清国提出条件,令其保有旅顺。"南满洲"铁路使得外国商品在"北满洲"和西伯利亚泛滥,给俄罗斯工业造成了损失。库罗帕特金像评论家一般罗列了一堆诸如此类的理由。然而,我们又该如何评价这位在无法避免与日本发生战争的局面中,居然提出放弃本该誓死巩固、保卫的最前线要塞的陆军大臣呢?

算起来,在这决定性的1903年里,库罗帕特金有将近一半的时间没有待在圣彼得堡的陆军部办公室。从4月28日(15日)起,他去往远东、日本旅行,7月28日(15日)回国,之后又陪同皇帝视察利巴瓦要塞,去华沙军管区观摩演习。返回后,他立即开始休假,直到10月中旬一直在乡村度过。[250] 他连和财政部博弈、努力争取获得预算的时间都没有。他也几乎没有督促军队做战争准备,到最后他提出的就是这样一个类似外交评论家式的放弃旅顺、大连、"南满洲"的论调。

在日期标为前一日(译者注:即12月6日。)的附信上,库罗帕特金回忆起在1896年他被派遣到德黑兰时,因直率地表达意见而受到欢迎之事。他写道:"除了为俄罗斯的大义不止一次地流血,在保卫圣驾和祖国的战斗中,始终怀有一颗哪怕现在也不惜一死的赤诚之心的老兵外,还有谁能够对尊崇的俄罗斯军的最高统帅呈述相应的真实呢?"库罗帕特金到底还是有些不安,谦虚地表示他的这份文书有"片面性",因此在审议决定远东问题之际,还请

---

[250] Rediger, op. cit., Vol. I, pp. 366-367.

第七章　日俄交涉

陛下同时关注"其他的资料"。[251]

即使对库罗帕特金来说，这个方案也比 10 月意见书做了更进一步的让步，皇帝对 10 月意见书都没有予以支持，无论如何也难以想象他会轻易赞成这个方案。[252] 结果，皇帝对这个放弃旅顺的提案完全没有反应。

维特和拉姆斯道夫也看过库罗帕特金这份放弃旅顺—大连的意见书。维特在 12 月 16 日（3 日）的日记中写到，到现在，除了这个放弃"南满洲""关东州"，确保"北满洲"的方案外，没有其他能够摆脱现状的出路了。他赞成此方案。[253] 维特也变得相当不负责了，这大概是事实吧。

12 月 22 日（9 日），库罗帕特金陆相将这期间整理编制的 1904—1909 年的五年军备计划上奏，得到了皇帝的批准。作为陆军部常规预算外的特别预算，这五年获批了 1 亿 3 千万卢布，然而其中只有 700 万卢布用于远东军的支出。库罗帕特金在当天的日记中这样写道："成功地将我们主要的注意力从远东转向了欧陆

---

[251] Kuropatkin to Nikolai II, 23 November 1903, GARF, F. 543, Op. 1, D. 183, L. 119-119ob.

[252] 在库罗帕特金的日记中，实际上在将意见书送交皇帝的 12 月 10 日（11 月 27 日）的附注之处，粘贴着 10 月意见书的结论（*Dnevnik A. N. Kuropatkina*, pp. 105-107）。或许是想弱化第二意见书的印象吧。而且，在他关于日俄战争开战的手记《满洲悲剧的序曲》中，将这套愚蠢方案和被认为是沃加克的意见书《远东的一般形势（满洲和朝鲜）》做了对比。库罗帕特金说，沃加克方案和自己的方案是"几乎同时"提交给尼古拉二世的（Kuropatkin, Prolog manchzhurskoi tragedii, RIaV, pp. 35-40）。然而，虽然这份意见书也出现在库罗帕特金文书中（RGVIA, F. 165, Op. 1, D. 923, L. 1-7ob.），但既没有署名也没有日期，只用铅笔写着《Записка, представленная Г. м. Вогак в сентябре 1903 г.》，这既可以解读为"1903 年由沃加克提交的意见书"，又可以解读为"提交给沃加克的意见书"。内容首先是关于"满洲"的强硬反对撤退论；其次，围绕韩国，以相当同情的语气谈了，"俄罗斯因 1898 年撤离之事，失去了朝鲜人的信赖，只有通过大胆的、不屈不挠的措施，才能恢复威信，与当地人一起同日本的宣传攻势作战。"笔者并不认为这是沃加克的观点。

[253] *Dnevnik A. N. Kuropatkina*, p. 109.

俄罗斯。"[254]无论是皇帝还是陆相都没有想到，战争正在逼近。

然而，到了12月24日（11日），库罗帕特金收到了驻清国武官戴西诺发来的标着头天日期的重要电报，其中写道，日本的大臣决定对俄罗斯宣战，日本海军已经出航。笔者推测陆相或许认为这是误报，他收到电报后首先做的事情是访问外交大臣，探讨情报的真伪。外相说，交涉仍在继续，栗野公使送来了日本方面的答复，让库罗帕特金放心。外相接着说道，他"愉快地（snaslazhdeniem）"读了库罗帕特金论述放弃"南满洲"、确保"北满洲"的意见书，"如果这个计划被采用，我将非常高兴。"这也不是认真负责的态度——作为外交大臣，拉姆斯道夫应该十二分清楚，这一意见不会被采用。

之后，库罗帕特金在日记中写了下面这段令人匪夷所思的话：

> 以拉姆斯道夫的意见，虽然陛下从逗留达姆施塔特时起，对远东问题就不像以前那么热心了，不过别佐勃拉佐夫、阿巴扎一伙人的影响力可能还会存在吧。拉姆斯道夫对普列韦在整体事态中扮演的角色尤为不安。他有根据认为，对普列韦来讲，与日本发生战争并不那么令人厌恶。普列韦期待战争能够将民众的注意力从政治的问题上转移开。拉姆斯道夫还对陛下的意见——认为他能够让事态不发展到战争那一步——感到不安。阿列克谢·亚历山大罗维奇大公也是同样的意见。陛下对拉姆斯道夫说，我国在远东的强势举动是有利的，这会成为不发生战争的最佳保证。但是，拉姆斯道夫向陛下指出，战争与和平问题也许会变得非陛下所能掌控，我们也许会被卷入战争之中。"那样的话，就将别佐勃

---

[254] *Dnevnik A. N. Kuropatkina*, p. 111.

第七章　日俄交涉

拉佐夫送上绞首架",陛下打断了他的话。拉姆斯道夫认为将陛下推向战争的还有德国。威廉(德国皇帝)经常问："别佐勃拉佐夫还健在吗?"为什么呢,因为这个人物是他们所信赖的同盟者。[255]

接着库罗帕特金记述了与普列韦的谈话。这个记述让人感觉普列韦似乎在期待战争。这些都像是事后讨论战争的责任归属。因此这样的内容或许为后来添加也未可知。

12月27日(14日),阿巴扎和"从中国归来的沃加克"谒见了皇帝。[256]虽然笔者不清楚沃加克此行的使命是什么,但从此后不久,尼古拉于1904年1月1日(1903年12月19日)给予东亚木材公司20万卢布资金来看[257],可以推测沃加克是为了救济、整顿公司事业而前往远东的。

最终12月29日(16日)上午11时,在皇村召开了远东问题特别协商会,皇帝主持,阿列克谢大公、陆相、外相以及阿巴扎出席了会议。这个会议的情形只能从库罗帕特金的日记中窥探出来。[258]

皇帝说,回想八年前日清战争刚结束的时候,俄罗斯对日本斩钉截铁地说"回到从前",日本遵从了。"而现在,日本变得越来越贪婪,仍旧是野蛮国。我们该怎么做呢?是冒战争的危险,还是继续让步?"库罗帕特金评价皇帝讲话"特别沉着,经过了深思熟虑"。

---

[255] *Dnevnik A. N. Kuropatkina*, pp. 112-113.
[256] Nikolai II's Diary, 14 December 1903, GARF, F. 601, Op. 1, D.246, p.182.
[257] Romanov, op. cit., p. 452.
[258] *Dnevnik A. N. Kuropatkina*, pp. 114-116. 库罗帕特金将其作为12月15日(28日)的事做了记载。

最先发言的是外相。外相一直铆足了劲要将交涉权从阿列克塞耶夫那里夺回来。他说不应该中止交涉,不能发出最后通牒。中止交涉的时机还没有到来。应该听取日本的愿望,在协定中加入"满洲"条款。在确定第二次答复方案时,依照皇帝的意见,去掉了"满洲"条款。尽管拉姆斯道夫使用了柔和的表达方式,却不屈不挠地主张,我们必须确定在"满洲"想要什么。

皇帝回答说,这次可以在协定中加上"满洲"条款。"无条件地不能让战争发生,时间是俄罗斯最好的盟友,我们每年都在变强大。"因此,现在应该让步。

阿列克谢大公赞成拉姆斯道夫继续交涉的方案。他说:"即使稍做让步,也应该获得协定。在满洲问题上,我们扮演着干草上的狗的角色,虽然自己不吃,却也不愿意让给别人。"大公的言下之意是,没有用处的"满洲"利权又能如何呢。

库罗帕特金也主张继续交涉。在朝鲜问题上,于39度线处设置中立地带的条款相当重要,必须争取。日方的在"满洲"国境两侧50俄里处设置中立地带的方案无法满足我们。不将朝鲜海峡要塞化的条款也很重要。剩下的都是次要的。以我们合并"北满洲"、日本合并南部朝鲜这种形式去争取是可能的。北部朝鲜和"南满洲"可以作为中立地带。如果让日本占领整个朝鲜,我们占领整个"满洲",日俄间的战争将不可避免。最好的情况大概也会是形势严峻的武装和平吧。假如我们当初按照约定,遵守条约从"南满洲"撤兵,……就不会有现在严峻的对立了吧。如果我们能在"北满洲"确立地位的话,不会有国家要与我们作战。

库罗帕特金将责任推给了别佐勃拉佐夫派。一切根源在于"不幸的谋划"(zlopoluchnoe predpriiatie)。由于不从"南满洲"撤兵,在鸭绿江积极开展活动,在凤凰城部属部队,部队留在营口,还二度占领奉天,才引起了日本的骚动。"现在我们或许已经不能阻止战争了。"但是，应该在维护俄罗斯尊严的同时，用尽一切手段回避战争。必须明确我方在"满洲"问题上的诉求。为"北满洲"而战有意义，但为"南满洲"和朝鲜而战则没有价值。库罗帕特金最后强调，铁路运输方面还没有做好与日本作战的准备，以一日三趟列车的频率无法做到在适当的时候集结30万军队，因此争取时间是必要的，如果在远东发生战争的话，难以预测最后会成什么样。

阿巴扎说，日本占领朝鲜的意欲坚定，"如果今天不解决这一问题，无论是明天还是后天，直到日本实现自己隐秘的愿望为止，任何时候都可能出现"。因此，不要期待通过继续交涉，这个问题就会消失，现在是做出结论的时候了。[259] 阿巴扎的立场是，虽然赞成外相的应该明确关于"满洲"政策的意见，但他对"满洲"问题不发表意见，只限于讨论朝鲜问题。这时，他以总督阿列克塞耶夫12月26日（13日）电报中的构想为前提，说道：

> 日本方面的要求是，俄罗斯承认日本将朝鲜作为保护国。"日本将朝鲜作为保护国一事，如果日本的要求就此打住，一点儿也不会损害俄罗斯的利益。但是，我们不能接受这个要求。第一，如果俄罗斯对日本的行动予以承认，有可能在国际上处于非常困难的立场；第二，日本有可能要求进一步让步。日本会想，'迄今为止俄罗斯都很容易驾驭，这显示俄罗斯不愿发生战争。按东洋人的理解，这是俄罗斯害怕战争，因而意味着，俄罗斯为了回避战争，可以做任何让步。因此我们日本人什么都可以要求，而且俄罗斯都会让步。'正是由于日本的这种意志表明，对俄罗斯而言，继续与日本交涉变

---

[259] 阿巴扎的演说，见 DKPIa, No. 13, pp. 27-31。

得不可能。我们在满洲的利害实在太重要了。"

阿巴扎说，虽然俄罗斯方面的提案是极具让步性的、和平的，但日本并没有理解这一点，因此给了俄罗斯自由定夺的理由。

俄罗斯可以说已经到了通情达理的极限，无法再前进了，然后自由地中止交涉。……这会有什么后果呢？是与日本发生战争吗？日本政府将会意识到，与俄罗斯的交战会成为极度严重的战争，其最终结果甚至会危及日本的存在本身。我确信俄罗斯实际上不希望战争。日本迄今为止巧妙地利用了俄罗斯的和平主义，从而提出了越来越粗暴的要求。

在我们最后的提案文本中，实际上已经将朝鲜给了他们。但是，他们期待更多的东西。如果俄罗斯停止交涉，其结果，日本或是单独地——也没有资金地——在冬季发出宣战布告；或是变得老实起来，开始换一种语调说话；或是——这是最有可能的——日本政府为了满足因长期交涉而燃烧起来的国民的狂热，在没有获得俄罗斯承认的情况下占领朝鲜。如我前面所讲，日本把朝鲜作为保护国，可以说对俄罗斯无害。……没有获得俄罗斯承认的日本的保护国，对我们来讲是有益的。

阿巴扎认为，日本的财政千疮百孔，"占领朝鲜，会因当地居民的敌意而举步维艰，代价很高昂，可能会成为永远吸取国家资金的黑洞"，日本会因此变弱，从而改变作风吧。由于占领朝鲜违反了现行条约，属于"非法"行为，还会遭到国际社会的谴责。日本无法从朝鲜获得利益。阿巴扎评价道，在日本，"商人"（akindo）是个贬义词，是否定性地评价做不了大买卖的人的意思。而且如果日本进

第七章 日俄交涉

入大陆，从三面与俄罗斯接壤的话，也无法一味地与俄罗斯对立。

阿巴扎在结论中说道："总督的意见完全正确，应该停止交涉。""当日本军在朝鲜登陆的时候，俄罗斯只停留于抗议"，"为了消除任何一点与日本发生战争的风险，应该马上将远东的兵力增强到陛下所决定的数量。""为了维护东方的和平，……不行使武力，但有必要展示武力。"

库罗帕特金在日记中记述阿巴扎的发言时写道："他坚信，只要俄罗斯不希望开战，日本害怕战争，就不会发生与日本的战争。"[260]这明显歪曲了原意。

最后，库罗帕特金再次主张"北满洲合并案"，但皇帝明确反对，说应该将统治居民的权力留给清国方面。阿巴扎的意见也遭到了驳斥，尼古拉二世做出了继续交涉的决定。尼古拉二世询问是否要将阿列克塞耶夫叫到首都来才可放心，并补充说要在交涉中包括"满洲"问题。最终，皇帝吩咐按照拉姆斯道夫的想法拟定俄方的第三次答复方案。

12月31日（18日），亚历山大·米哈伊洛维奇大公谒见皇帝。尼古拉在日记中写道："亚历山大在我这里坐了很长时间，还汇报了塞瓦斯托波尔的防卫。"[261]大公的回忆录中写道，他在将要出发去欧洲旅行前与皇帝面谈时，就日俄关系交换了意见。当大公询问"是打算一如既往地无论如何也要回避战争吗？"，皇帝马上以烦躁的口气反复说道，"说战争是没有根据的"，"日本人不会向我们宣战"，"不会硬要那么做"，"我保证，不管是与日本，还是与其他国家都不会发生战争。"大公写道，皇后怀孕了。[262]

---

[260] *Dnevnik A. N. Kuropatkina*, p. 116.
[261] Nikolai II's Diary, GARF, F. 601, Op.1, D. 246, p. 184.
[262] *Velikii kniaz' Aleksandr Mikhailovich, Kniga vospominanii*, Paris, 1980, p. 215.

日本确定对俄作战计划

日本陆军参谋本部终于在 1903 年 12 月大致确定了对俄作战计划。

> 若时局推移，不幸至日俄开战，必先确保占领韩国，以固我立脚之地。依海军军令部判断，俄国舰队应集合于旅顺避开决战，故见海战之结果需在长时日之后。然徒待海战之结果，迁延时日之际，彼……自北方进入韩国，逞侵略，为此我形势将与时共穷迫。故应预先讲求诸种手段，不依赖海战之结果，应派遣部分陆兵至汉城，以在韩国内领有先制之形势。

第一期是"鸭绿江以南的作战"，送去先遣征发队、临时派遣队（步兵五个大队），接着派出后续部队，完成"军事占领韩国"。其后为第二期，进行"鸭绿江以北、满洲的作战"。[263]这一计划正可谓通过陆军占领韩国推向对俄开战。不过，此计划并没有考虑海军，只是作为陆军的单独行动而构想的。

海军方面也在准备。由于必须从海上向韩国运送部队，海军打算在开战之际承担主要的责任。12 月 28 日，日本编制了由第一舰队和第二舰队构成的战时编制的联合舰队，任命东乡平八郎为联合舰队司令长官。[264]30 日，陆军参谋本部和海军军令部召开共同会议。在激烈讨论之后，决定"向汉城派遣军队，因海军大作

---

[263]《秘密日俄战史》第 1 卷，92 页。
[264] 相泽淳《是"奇袭断行"还是"威力侦察"？——围绕旅顺口奇袭作战的对立》，《日俄战争（2）》，锦正社，2005 年，71 页。

战而不可,故中止"。[265]并决定在海军做好准备时开始战争。也就是说,陆海军达成一致,只待命令一下,第一、第二舰队就谋划对旅顺的敌舰发起决战。从佐世保出发,第三日到达旅顺,第三舰队主力集结于镇海湾,而陆军的临时派遣队不在海军行动之前出动,最早也是与海军同时行动。[266]

另外,当日的阁议还正式确定了"对俄交涉决裂之际,日本应采取的对清韩方针"。由于山县想要恢复的先遣两个师团至韩国的方案遭到驳斥,因此提交给16日元老会议的方案得到了全案批准。对于韩国,决定不"以实力置于我权势之下",而以"缔结攻守同盟或其他保护条约"为目标。[267]

进入新的一年,明治三十七年。1904年1月3日,陆海军再度举行了共同会议。海军方面的计划仍然没有明确。陆军向第十二师团长下令,准备临时派遣队。1月7日,因海军大臣在阁议中报告1月20日之前无法完成出兵准备,陆军参谋本部"不得已,决意不受海军援助,单独向韩国派遣军队"。[268]

在同一时期,海军军令部制定了对俄作战计划。海军判断,由于俄罗斯海军分散在符拉迪沃斯托克(海参崴)和旅顺,故战争的时机在欧洲方面的增援舰队尚未到达之时。"帝国能否切实达成战争终局之目的,实取决于开战之初能否占得先机。"作战计划由四部分构成,当然第一部分最为重要:"对内外应用尽一切手段确保我军队行动的秘密,联合舰队自佐世保出发,急击旅顺方面的敌舰队。""之后,以第三舰队扼朝鲜海峡,对峙浦盐(即符拉迪沃斯托克)方面之敌,保卫海峡。……于镇海湾设置临时根据

---

[265] 千叶,《旧外交的形成——日本外交1900—1919》,130页。根据为《财部日记》。
[266] 《秘密日俄战史》第1卷,58页。
[267] 阁议决定,《日本外交文书》第36卷第1册,41—45页。
[268] 同上书,97页。

地。"[269]海军计划通过突袭旅顺的俄罗斯海军来开启战争。

这个突袭是不做宣战公告的意思。联合舰队司令长官东乡平八郎以往设想的基本作战方案是，在发布开战公告之后，引诱敌舰队至旅顺港外作战。但在12月15日给海军军令部长伊东祐亨的私信中，东乡写道，"以突袭旅顺港外和大连的敌舰船，代替开战公告"为"上策"。[270]日本方面眼看就要正式开战了。

12月29日，伦敦的林董公使按照本国指示，向英国外相兰斯敦亲手递交了普通照会。其主旨为，日本的第三次答复方案是"可以接受的最小限度的方案"，"如果俄罗斯政府拒绝再讨论他们最后的逆向提案，日本政府无疑打算诉诸更为积极的对策。日本政府希望知道能否得到英国的支持，如果能，可以在哪些方面得到支持。"兰斯敦询问，我们虽然约定要尽日英同盟的义务，但什么是"更为积极的对策"，日本政府希望得到什么样的"支持"。林董回答说，关于这点，他还没有得到训令，但应该是希望英国保持"友好的中立"。他还提到为日本舰队提供煤炭，允许利用英国的殖民地转送通信，以及借钱。兰斯敦回答，这些事情相当困难。他询问日本政府是否希望外交上的支持或者斡旋。林回答，我们"现在正因近乎战争的准备（warlike preparations）忙得不可开交"。[271]

林董将这个会谈结果报告给东京后，小村于12月31日回电，感谢兰斯敦所言之事，表示在这之上"无任何请求和期待之处"，也不会损害"英国的严正中立"，然后表明了如下的决意：

---

[269]《日本外交文书》第36卷第1册，114—115页。相泽，上述论文，72—73页。
[270] 相泽，上述论文，73—74页。
[271] Lansdowne to MacDonald, 30 December 1903, *British Documents*, Vol. II, pp. 227-228. 广野，上述论文，在26页也只引用了最后一句，没有探讨这封重要信函整体。

第七章 日俄交涉

> 日俄抗争终不可避,帝国政府确信,无论陆海,帝国皆有充分之势力和准备。

小村还表示,由于战争费用方面存在问题,如果能够在开战前得到财政上的援助,将很庆幸。[272]

对韩国方针

日本政府在12月30日的阁议上确定了"对俄交涉决裂之际,日本所应采取的对清韩方针",将以"缔结攻守同盟或其他保护条约"为目标,实际上,这点在9月29日小村给林权助公使发去的试探可能性的训令中已经出现了。林权助于10月14日提出,为了达成这个目标,在流亡者问题上采取让韩帝满意的措施、给予"巨额贷款"、给韩廷有实力的人"相当的活动经费"、倍增汉城守备兵等对策是必要的。由于高宗身边的政府实权派李容翊和李根泽是中立主义的支持者,策反他们很难,工作完全没有进展。11月,小村利用韩国政府聘用了"深得皇帝信任,与李容翊关系亲密的关西财界人士"大三轮长兵卫为顾问一事,想赋予大三轮使命,将其送入汉城,打算让他劝说高宗等接受"攻守同盟"或"保护条约"。[273]

小村进而想到,还可以利用11月发生的事件。11月25日,禹范善——曾在杀害闵妃事件中担任韩国训练队大队长,与日本方面合作过,之后逃亡到日本——在广岛县吴市被韩国人高永根和鲁允明杀害。高永根在9月也曾试图暗杀禹范善,受到了警察

---

[272] 小村给林的信,1903年12月31日,《日本外交文书》第36卷第1册,46页。
[273] 海野,《韩国合并史研究》,100—101页。

的调查。当时他供述暗杀的动机是因为听说禹范善"泄漏昔年弑王妃为己意"。在保释期间,高永根终于成功杀死了禹范善。调查结果表明,这起暗杀事件是韩国政府要人李根泽"唆使"的。与此同时,11月30日,闵泳焕等人受韩国皇帝差遣访问了林公使,传达了皇帝希望免除高永根死刑的愿望。[274]

虽然小村说不可能介入司法之事,但到12月27日时,他给林公使发去电报,表示如果高永根的死刑确定了的话,"为表示对韩国的好意,将考虑上奏,请求特赦,减罪一等,挽救其生命,请将这种意思秘密陈奏于皇帝陛下。"

同日,小村还发去电报,表示对于皇帝所关心的处置韩国流亡者问题,虽然无法引渡,但会处以流刑,"限制自由",因此希望韩方给出名单。这里他写道,"时局愈发紧迫,……极有必要将韩国皇帝争取到我方","为达此目的,要进一步尽力运用手段。"他还加上了同意"赠予相当金额"。[275]林公使得到这一训令,翌日发电报表示一定会努力,但在"帝国政府将坚定的决心变为事实之前,欲使韩廷在一定程度上信赖我方,甚为困难",他请求有必要采取"先依靠兵力,于汉城树立我方威力之方针"。[276]

林权助已经起草了日韩议定书的初稿,即如下的简单文案:

一,郑重处置日韩两国国际上之障碍,完全疏通两国情谊。

一,关于东亚和平大局,当万一时变之际,日韩两国以真诚之情谊互相提携,永久维持安宁秩序。

一,未备细目由外部大臣和日本代表随机商定。[277]

---

[274] 小村给林的信,1903年9月25日,11月25日,《日本外交文书》第36卷第1册,750、751—752页。广岛县知事给警保局长的信,1903年11月25日,同上书,751页。

[275] 小村给林的信,1903年12月4、27日,同上书,755、756页。

[276] 林给小村的信,1903年12月28日,同上书,757页。

[277] 日韩议定书公使初案,同上书,776—777页。

这可以理解为日本以占领韩国为前提构想的仅具形式的简单协定。日本统治韩国之时已迫在眼前了。

在此时旅居汉城的波兰人谢罗舍夫斯基留下了观察记录。他曾经作为俄罗斯帝国的政治犯被流放到西伯利亚。他加入皇家地理学会的调查团,从日本来到朝鲜,并和王宫内工作的一名官吏成为了朋友,听到了这名官吏内心的想法。王宫经常停电,因为皇帝、政府交不起美国电力公司的电费。"没有钱啊,虽然最近国库入账八万美元,但现在已经一分不剩了。""皇帝为人非常好,他的意志就是法,整个国家、国库还有我们都是陛下的个人财产。"[278]

"我看不到拯救的办法。……虽然有必要学习、开办学校、派遣学生到外国留学,但我们没有钱。钱被官吏们盗窃了。官吏之所以盗窃,是因为俸禄太过微薄,原因在于国库里没有钱。……你问外国人的事。……说真的,他们只想着怎么掠夺我们。"

"日本人怎么样?"谢罗舍夫斯基小心地问道。

"日本人嘛,"……这个朝鲜人恨恨地说:"那群家伙最恶劣,他们正掐着我们的脖子,要活活地勒死我们。开设银行,借钱给我们。然后,我们所有人很快就成了他们的奴隶。你知道吗?汉城的土地已有三分之一成了日本人的。他们用土地做抵押品,还有人用作二重抵押。"

谢罗舍夫斯基是波兰人,是俄罗斯帝国的敌人,因而对日本怀有好意。他有点不甘心,故意问道:"不过,只有日本人真心努力在贵国实施好的改革,想要改善统治,提高教育水平,废除奴

---

[278] Vatslav Seroshevskii, *Koreia*.Sankt-Peterburg, 1909, p. 455. 谢罗舍夫斯基(金珍英等译)《韩国1903年秋》(韩文),盖马高原(개마고원),2006年,376—377页。延世大学教授金珍英将这本被人遗忘的书发掘出来,并全文翻译,在韩国进行了介绍。因译者的好意,我得以见到原著。

隶制，整顿经济，不是吗？"

这位朝鲜人回答道："的确如此，但是，他们只是在表面上满足我们，只想改变我们的表面而已。他们想要破坏我们的内里，绞杀我们的灵魂，给我们留下空壳。"[279]

这里记录了日俄战争前夕，朝鲜知识分子绝望的心声。

日俄的相互认识

到了这种局面，日本和俄罗斯各自对对方有着怎样程度的认识呢？俄罗斯1903年大约出版了三本新的论述日本的书籍。其中一本《日出之国》值得关注，作者为戴-维尔兰，他是彼得时代来到俄罗斯的荷兰海军士官的后裔，长期担任驻日本外交官，最初自1887年到1892年担任驻函馆领事，1895年到1896年为东京公使馆一等书记官。这部厚达503页的书大部分是在日本的游记。开始的100页左右为历史性的概论，最后150页左右分配给了文化、国家制度、经济财政。在该书的结论部分，作者这样评价道：

> 日本在较短时间内实现的巨大变革和取得的成功使很多人感到惊异。他们说，30年前，一个隔绝于全世界的亚洲国家，突然之间就由封建体制改造成了具有欧洲式制度的立宪国家。然而，表现出这种惊异的人完全忘了，我们面对的是拥有千年古老文化的国民。他们的文化是独特的，并且从外表上来看，它能够接受欧洲文明的原则。我之所以说"从外表来看"，不是指日本人现在所借用的东西只停留在表面，而

---

[279] *Koreia*, pp. 501-502. 谢罗舍夫斯基，《韩国1903年秋》，420、422—423页。

第七章　日俄交涉

是指他们借用的东西没有触及对立于欧洲主义的、日本国民的精神实质本身。

戴－维尔兰认为，日本的特征在于"缺乏个人性"。日本的领导人认识到难以抵抗欧洲人，转而"为了维护自国的独立和独自性，力争在尽可能短的时间内吸取欧洲文明所有好的方面"，努力使自己的国家不成为贪婪的欧洲人的饵食。"一旦决定必须要行动时，他们会齐心协力地投入工作。"[280]

该作者认为，日本人凭借欧洲文化，"以更符合目的的方式更有效地守护了自身的独自性。""每个男人都认为自己对国家的第一义务是，为使国家变得强大、富裕而奉献身心。"士兵们都有为天皇牺牲自我的精神，他们看到血染的军旗，会想到人虽逝，但名誉留存。"这是新型的武士气质，是战士勇敢、不畏死亡、为尽责而牺牲自我的觉悟。"戴－维尔兰指出，问题在于这种精神会指向哪里。"日本的功名心在于成为亚洲的火炬，将自己的影响力扩大到整个远东。""日本人的乐观主义因获得的成功而增强了。的确，直到最近为止，日本人的运气都很好。"[281]戴－维尔兰追问日本今后会成为怎样的国家，并就此搁笔。可以说，他对日本的分析有相当的水准。

当年年底，《新时报》的社长兼主笔苏沃林在他著名的专栏中，四次写到了日俄对立。12月1日（11月18日），他写了如下文字：

不用说，被打败的俄罗斯不是俄罗斯的终结。但是，那

---

[280] G. de-Vollan, *V strane voskhodiashchego solntsa*, Sankt-Peterburg, 1903, pp. 501-503.
[281] Ibid., pp. 501-503.

将是俄罗斯衰亡的开始,是对伟大的、不曾言败的国民的国家精神、自我意识的打击。不管满洲对我们而言是否必要,我们已经向满洲投入了数亿在铁路上,在这种情况下,我们不能白白地将它交还。我是在日清战争之际,说我们不需要满洲的人之一,然而大国的悲剧在于,无法不损伤自己的威信而后退。

俄罗斯的新闻界未曾呼吁过战争,也不希望发生战争。然而,俄罗斯的新闻界代言着舆论。它一如普法战争前德国新闻界的表现——尽管法国人高喊"打到柏林",德国却没有高喊"打到巴黎"。整个俄罗斯都在安静地关注着日俄的纷争,不相信战争,也不希望发生战争。但是,如果日本开启战争的话,俄罗斯将会迎头反击,就像我们光荣的父祖那样战斗吧。〔282〕

综合杂志《俄罗斯财富》的国际问题评论家尤沙柯夫在第11期的政治专栏中,关注了远东问题。"人们预想到了日本与俄罗斯之间的战争,危机愈发尖锐。"尤沙柯夫试着将日俄军事力量做了对比。俄罗斯目前能够投向远东的兵力是18万,即使倍增兵力,也只能到32万,而日本则有40万,因此,"很明显,即便是陆军力量,也是俄罗斯的敌人占据优势。"而在起决定性作用的海军力量上,日本的海军力量超过了太平洋舰队。俄罗斯的战列舰有7艘,总吨位77,000吨,日本的战列舰也有7艘,但总吨位达92,400吨。巡洋舰方面,日本远占优势。"当然,如果战争长期持续,在欧洲问题不变得困难的情况下,俄罗斯应该能够制服日本。但是现在,日本拥有很大的机会获得成功。"不管怎么说,对

---

〔282〕 Aleksei Suvorin, *V ozhidanii veka XX: Malen'kie pis'ma 1889-1903*, Moscow, 2005, p. 989.

第七章　日俄交涉

俄罗斯和日本来讲，战争都"只有在至关重要的利益濒临危机时，才能正当化"。所谓至关重要的利益，大概是确保殖民空间、出海口、泛亚铁路这三点吧。尤沙柯夫认为，朝鲜不可能成为俄罗斯殖民的对象，大连逊于符拉迪沃斯托克（海参崴），"北满洲"才是俄罗斯的利害之地，他接着写道："无论是报纸《俄罗斯报道》还是杂志《欧洲通讯》都得出了几乎相同的结论。很明显，条条大路通罗马，这个罗马就是确保北满洲，让出南满洲并且不向朝鲜伸手。日本的利益，美、英的利益都不在北满洲，特别是清国在北满洲的利益也很少。而西伯利亚铁路的安全构成了世界性的利益，特别是日本和英国的利益。"[283]

尤沙柯夫的结论与库罗帕特金的提案一致。

对此，苏沃林进行了反驳。

> 或许我是拙劣的外交家、政治家吧。但这并不妨碍我确信，理性的计算如果不是基于坚强的俄罗斯人的感情和伟大的国民尊严的话，无论什么样的事业都不可能永久地持续。恺撒曾言："我来了，我看了，我征服了。"我们没有这样说，相反，我们的态度非常慎重。但即使是如此慎重的我们，也厌恶读到劝说国人遵从"我来了，我嗅了，我离开了"这种格言的文章。[284]

库罗帕特金的提案没有现实性。

在俄罗斯，关于日本的书很少，而在日本，关于俄罗斯的书则更少。其中的例外是出版于1903年12月、叶山万次郎的《俄

---

[283] *Russkoe bogatstvo*, 1903, No. 11, pp. 134-141.
[284] Suvorin, op. cit., p. 1005.

罗斯》，它是作为富山房的《世界大观》的第一册出版的。"今日举世之人皆热衷于满洲问题，疾呼日俄开战，至于俄国之况，通晓之人极为罕有。"

叶山仿效法国人勒华-博立约的著作，尝试用"矛盾"这一范畴解读俄罗斯。他列举出"土地单调与季节变化""人种复杂与国民统一""政治专制与宗教共和""人民服从与虚无党""实验主义与神秘主义"五大矛盾的集合体，对俄罗斯进行剖析。他写道："余起草此篇之际，努力回避政治议论，不敢讲对俄之策，因其非余之本分。且有其他诸多专门家，余不欲阿投时好，鹦鹉学舌。余不敢大言壮语，唯欲以俄国之真相传我邦人，冷静挥笔，不惮非议。"[285]

在卷末，叶山对西伯利亚铁路进行说明后，又写道："说及该铁路将来之目的如何，势不可不踏入军事及政治上之紧急问题，然本书之目的，不在试图诉诸舆论解决时事问题，而在于尽力公平地传达俄国事情。"[286]

在举国要求与俄罗斯交战的舆论风暴中，敢于刊行这样的俄罗斯论，叶山的真意很明显是提倡冷静的俄罗斯观，回避与俄罗斯的战争。但这实在是孤独的声音。

驻日武官的警告电报

进入新年后，俄罗斯驻日本的武官们越来越担忧事态的进展。日本国内，开战论不断高涨。1904年1月2日（1903年12月20日），海军驻日武官鲁辛报告：桂内阁于12月11日解散了众议院，

---

[285] 叶山万次郎《俄罗斯》，富山房，1903年，2、9页。
[286] 同上书，311—312页。

第七章　日俄交涉

结果以巧妙的方法突破了出现的财政困难。桂为使备战支出成为可能，请求天皇发布敕令。现在政府"获得了足以应对无限制的军事支出的权限"。鲁辛引用了《Japan Times》12月30日的报道。[287]

这份报告大概是在2月初送达圣彼得堡的。它成了罗热斯特文斯基在开战前所读到的鲁辛最后的报告。从此以后，他所收到的都是电报。1月5日（12月23日），鲁辛给旅顺发去电报：

> 鉴于现在日本各种师团正在进行的准备，不得不考虑日本会在数日内向朝鲜派去三个混成旅团。[288]

此前一天，陆军驻日武官萨莫伊洛夫也给旅顺发去电报，提醒必须要注意日本近期将会向朝鲜派去二到三个旅团。由此可知，俄罗斯方面掌握了日本陆军正在积极地准备向韩国派去临时派遣队，但是完全没有捕捉到海军的动向。

俄方的第三次答复

俄罗斯在12月29日（16日）的协商会之后也没有制订出明确的方针。皇帝既反对阿列克塞耶夫的意见，也反对罗森的意见，只是紧紧抓住无论如何也应该继续交涉这个意见不放。皇帝与外相谈话，让他回复罗森。12月31日（18日），拉姆斯道夫起草了给阿列克塞耶夫的电报。皇帝打算让阿列克塞耶夫将他的想法传达给罗森。事实上，这是对阿列克塞耶夫和罗森二人意见的反驳。与日

---

[287] Rusin to Virenius, 20 December 1903/2 January 1904, RGAVMF, F. 417, Op. 1, D. 2486, L. 184ob.

[288] Rusin to Rozhestvenskii, 23 December 1903/5 January 1904, Ibid., L. 186.

本的交涉在性质上"不是交换最后通牒",继续商讨对双方有益的条约方案是理所当然的。"在现有的政治条件下,突然地、最终地停止与东京内阁的交涉,会致使俄罗斯与日本的关系彻底尖锐化,日本军占领朝鲜,使得迄今为止一直制约日本自由行动的、日本与我国间的现行条约废止。那样的状况会对俄罗斯在世界,特别是在远东的影响力造成重大打击。在那种情况下,我们对日本行动方式的抗议也失去了从前的意义。因为日本大概会紧急说明,自己的决定是迫不得已对俄罗斯无限期延长占领满洲的抗议。"日本即使占领了朝鲜,通过条约对朝鲜独立、海峡自由航行权等进行一定限制也是有意义的。在这方面继续交涉是可能的。[289]

虽然外相草拟了这样的电报,但没有发出去。似乎皇帝和外相围绕罗森公使有过少许争论。1月2日(12月20日),拉姆斯道夫补充了应该在俄罗斯新提案中加入的事项,完成了这封电报:

一,维持当初方案中第五条的规定,不将朝鲜土地用于战略目的,不在朝鲜沿岸设置军用工事。

二,维持第六条关于中立地带的条款。

三,如果日方接受这些条款,俄方准备就"满洲"问题加入以下条款。"日本承认满洲及其沿岸全然在日本的利益范围之外。同时,俄罗斯在满洲区域内不妨害日本或其他列国享有通过与清国签订的现行条约而获得的权利和特权(但设定居留地除外)。"[290]

拉姆斯道夫将电报和信一起呈送皇帝。皇帝指示,给阿列克塞耶夫的电报中所谈的想法只传达给阿列克塞耶夫,无须传达给罗森,只需要告知俄方新方案的主旨部分即可,但皇帝认为还是应该明确地批判罗森的想法。"我的意见是,有必要让公使认识

---

[289] Lamsdorf to Alekseev, 18 December 1903, RGAVMF, F. 417, Op. 1, D. 484, L. 18-19. Lukoianov, op. cit., p. 27.

[290] Lamsdorf to Alekseev, 20 December 1903, RGVIA, F. 165, Op. 1, D. 969, L. 1-2.

到他对政治形势整体的见解从根本上是错误的。这也是尽管他如此努力，却导致与东京交涉失败这一完全否定性结果的部分原因。罗森男爵囿于无论如何，满洲都有必要合并入俄罗斯这种纯理论的考量，很明显，他认为为了达成这个目的，将朝鲜完全交与日本之手是理想的。他没有考虑到，他选择的对日工作方法，只会导致与东京政府断绝一切交涉。这样的结局使远东局势愈发紧张，……恐怕不可能防止军事冲突了。"

说罗森希望合并"满洲"，几乎就是感情上的中伤。外相很兴奋。他给皇帝写信道："陛下，现在是极度不安之时。只要陛下还让我留在外相这一责任重大的职位上，我就不能隐瞒自己对于目前所管理的远东局势的见解。"[291]

尼古拉二世得到这封信后回复说，他的意见没有改变，也就是说，即使批判罗森也无可奈何，但"要让他清楚地知道，继续交涉是俄罗斯的和平志向和愿望，虽然日本疯狂了，但俄罗斯仍然希望与它达成某种协定"。[292]

1月4日（12月22日），拉姆斯道夫对罗森前一日的电报做出反应，再次给皇帝写信，劲头十足地指出罗森对远东局势"不正确的评价"。外相指出，我们在"满洲"问题上的态度不明确，因而引起了日本和其他列国的"担忧和不满"，日本在列国的暗中鼓动下占领朝鲜后，因对"满洲"问题不满，有可能采取措施诱使俄罗斯与其交战。[293]

外相依照皇帝的指示给阿列克塞耶夫发去了电报。收到电报时，阿列克塞耶夫正处于紧张状态。电报指示，既不能采纳他的意见，也驳斥了罗森的意见，而要继续进行交涉，并提示了应该

---

[291] Lamsdorf to Nikolai II, 20 December 1903, GARF, F. 568, Op.1, D. 180, L. 95-96.
[292] Ibid., L. 95.
[293] Ibid., L. 99-100. Lukoianov, op. cit., p. 28.

向罗森传达的答复方案的内容。[294]

阿列克塞耶夫接着收到了日期注为1月3日（12月21日）的阿巴扎的电报，说皇帝让他电报告知，阿列克塞耶夫没必要返回首都圣彼得堡。"无论是为了审议远东管理法，还是为了确定今后俄罗斯在整个东方的行动计划，都非常希望你留在当地。"[295]

阿列克塞耶夫肯定在猜测圣彼得堡究竟在想什么。翌日，他立即发去回电，告知已接到外相传来的陛下将回复方案交给日本的命令。"考虑到政治局势极度紧张，日本已经完全做好部队登陆朝鲜的准备，我想在当下，回京之事已不可能。"[296]

这种反应理所当然。只能说，皇帝想将阿列克塞耶夫从远东召回首都的做法太过恣意。1月4日（12月23日），阿巴扎又打着皇帝命令的旗号通告外相，由于远东委员会开始运行，今后总督要向陛下或身为远东委员会事务局长的他直接联络，通过这里与各部交涉。[297] 由于似乎没有给阿列克塞耶夫下达这一宗旨的命令，此举大概只有牵制外相势力这种程度的意义吧。

1月6日（12月24日），阿列克塞耶夫将外相发来的答复案原封不动地发给了东京。[298] 当天，罗森就将俄罗斯方面的第三次提案递交小村外相，其内容如下：

第一条，相互约定尊重韩帝国独立与领土完整。

第二条，俄国承认日本在韩国的优越利益，并承认给韩帝国提供改良行政的建议及援助是日本的权利。

第三条，俄国约定，不反对日本在韩国的工业及商业活动，

---

[294] Lamsdorf to Alekseev, 20 December 1903, RGVIA, F. 165, Op. 1, D. 969, L. 1.-1ob.
[295] Abaza to Alekseev, 21 December, 1903, RGAVMF, F. 417, Op. 1, D. 2865, L. 17-17ob.
[296] Alekseev to Abaza, 22 December, 1903, Ibid., L. 18-18ob.
[297] Abaza to Lamsdorf, 22 December 1903, GARF, F. 568, Op. 1, D. 180, L. 102. Lukoianov, op. cit., pp. 27-28.
[298] Alekseev, Vsepoddanneishii otchet po diplomaticheskoi chasti, L. 18ob.-19.

第七章　日俄交涉

且不反对为保护此等利益采取措施。

第四条，俄国承认，以前条所揭示之目的，或以镇压引起国际纷争的暴动或骚乱之目的向韩国派遣军队，是日本的权利。

第五条，相互约定，韩国领土的任何部分都不用于战略目的，以及不在韩国沿岸设置妨害朝鲜海峡自由航行的军用工事。

第六条，将韩国领土北纬三十九度线以北部分视为中立地带，两缔约国相互约定皆不向此区域派入军队。

第七条，相互约定，今后韩国铁路及东清铁路延长至鸭绿江，不阻碍两铁路的连接。

第八条，本协约取代日俄两国以往缔结的所有关于韩国的协定。

如果同意上述条件，俄国政府承诺，可将如下旨趣的规约插入本案协约。即：

日本承认"满洲"及其沿岸全然在日本利益范围之外，同时俄国在"满洲"区域内，不阻碍日本或其他国家享有通过与清国签订的现行条约获得的权利及特权（但设置居留地除外）。[299]

---

[299] 由《日本外交文书》第37卷第1册，13—14页的文书复原。

第八章
前　夜

旅顺紧张

阿列克塞耶夫接连不断地收到告知日军出兵朝鲜的电报，紧张起来。1904年1月6日（1903年12月24日），他将这些消息以电报的形式发给了身在首都的远东特别委员会事务局长阿巴扎。其后，巡洋舰"瓦良格"自仁川驶至旅顺，舰长鲁德涅夫送来了巴甫洛夫公使的信，信写于1月1日和2日（12月19日和20日）。[1]

第一封信传达出巴甫洛夫对日本的交涉态度彻底不信任：

"如果日本没有做出任何牺牲，就在我们的同意下确保了对韩国的完全的保护国制，他们大概会对我们轻易做出让步感到惬意，不会就此止步吧。""我可以预言，在这种情况下，我们将会在不久的将来围绕满洲和清国问题，急剧地与日本激化出新的矛盾来。"到时候，日本一定会提出触及俄罗斯帝国根本利害的要求。"那时，我们将再次面临与现在相同的二选一问题。"即：是立即放弃自1896年以来所做的事情，"做

---

[1] Pavlov to Alekseev, 19 and 20 December 1903, RGAVMF, F. 32, Op. 1, D. 167, L. 128-133ob.

第八章 前 夜

出与我们的尊严不相符的、新的、已经是最后的让步呢", 还是"冒比现在更为危险的战争风险呢"?而现在那些"纯粹在精神上"支持日本的列强,到那时大概会积极支持日本吧。"因此,如果我们现在确定了无法阻碍日本在事实上对韩国实施军事占领和确立对韩国的保护国机制,那么最好让日本自行去行动。"[2]

巴甫洛夫感叹道:"我无从用语言表达这样的想法使我何等心烦意乱、抑郁消沉,而我又是以何等不安的心情在等待着圣彼得堡的决定。""所有资料都显示,日本以大兵力登陆韩国,准确地讲登陆仁川迫在眉睫,这点丝毫不用怀疑。"[3]

不管怎样,在登陆前,日本大概会导演一场韩国的宫廷闹剧。为此,使用日本驻汉城的守备队足矣。在这场闹剧中,皇帝虽然不至于有性命之虞,但日本打算扮演"皇帝的拯救者",实际上将皇帝当作"俘虏"。英美公使馆也预想到了这个剧情,因而让陆战队登陆了。巴甫洛夫写道:"现在,皇帝自身实质上已经处于完全孤立的状态。他担心遭遇背叛,不信任自己的任何一位大臣。"他唯一信赖的是一名宦官。[4]

巴甫洛夫1月2日(12月20日)的信更加迫切。到了这天,被日本控制的电信局终于以线路故障为由,拒绝受理发往圣彼得堡和旅顺的电报。巴甫洛夫写道:"现在我最为担心的是韩国皇帝可能逃入我公使馆。我得到情报,皇帝昨日搬到了距我们地界最近的宫殿。皇帝的继母明宪太后去世了。这样一来,从现在到将遗体搬离寝宫的一周内,皇帝大概不会出逃吧。但是,如果皇帝真的逃入

---

[2] Pavlov to Alekseev, 19 December 1903, RGAVMF, F. 32, Op. 1, D. 167, L. 128ob, 129, 129ob.
[3] Ibid., L. 131.
[4] Ibid., L. 132-132ob.

俄罗斯公使馆，我们的处境会变得极其困难。日本方面很可能会把此事当借口，在民众间引起骚乱。如果交涉失败的话，俄罗斯公使馆的处境将十分堪忧。因此我现在正试图说服韩国皇帝，在没有万无一失的征兆时，逃亡到俄罗斯公使馆为时尚早。"[5]

高宗还想过投靠美国公使。根据艾伦的报告，由于皇太后在新年伊始去世，"极其迷信"的皇帝处于"极度亢奋状态"。这种亢奋似乎有一部分来源于"皇帝原本对俄罗斯人所保证的不会发生战争、皇帝不会有麻烦深信不疑"，但现在却变了。皇帝"似乎很是惊愕"。"数日来我受到了试探，被问询如果战争爆发，能否将皇帝作为客人接进我公使馆，我干脆地、不容置疑地回绝了。"[6]

高宗皇帝的举动当然是日本公使关心的焦点。1月4日午后，林权助报告："风闻韩帝或迁都，或逃至他国公使馆。"晚上9点30分，林权助报告了李容翊告知的消息，李根泽似乎正在"劝诱宫中，在时局迫切时，诸如播迁至俄国公使馆等为上策"。[7]仅因这个消息，林公使就想增加汉城守备队，以加强对高宗的压力。

阿列克塞耶夫读了驻日本武官发来的电报以及驻韩国公使的信后，于1月6日（12月24日）向尼古拉二世提出采取决定性措施：

> 基于不久前从仁川驶来的巡洋舰所带来的情报，日本欲占领韩国、强制韩国政府同意确立保护国制的意图已经不容置疑。驻日武官们发送来的种种情报，……显示日本恐怕已经决定今后不再与俄罗斯交涉，要独自行动了。这种挑战性

---

[5] Pavlov to Alekseev, 20 December 1903, RGAVMF, F. 32, Op. 1, D. 167, L. 134-137ob. 日本公使的报告为，死亡的是"先先帝宪宗之妃"。（译者注：高宗之前为哲宗，哲宗之前为宪宗，故称宪宗为"先先帝"。）林给小村的信，1904年1月2日，《日本外交文书》第37卷第1册，437页。

[6] Allen to Hay, 2 January, 1904, *Korean-American Relations*, Vol. III, p. 107.

[7] 林给小村的信，1904年1月4日，《日本外交文书》第37卷第1册，439—440页。

第八章 前 夜

的行动方式使得我有义务请求陛下重新审阅我在9月20日（10月3日）的电报中所呈报的判断——我方有必要采取防范措施。

预计日本大概会用15,000或20,000兵力来占领韩国，但如果日本海军完全进入战斗状态，陆军兵力也跟进的话，那么它在军事上就会变得非常危险。日本有可能挺进鸭绿江、威胁俄军，或对东清铁道施加压力。那样一来，俄罗斯在"南满洲"集中兵力的计划就会落空。阿列克塞耶夫提出了新的方针：

> 日本占领军的兵力不受限制地占领韩国，会将我方置于战略上极其不利的位置，因此，我认为，为了不引起军事冲突，确保完全必要的自卫，我方有义务采取相应措施，恢复因日本占领韩国而遭到破坏的平衡。

阿列克塞耶夫提出两种方案：一，在远东诸州和西伯利亚诸州宣布动员，在"满洲"发布戒严令，占领鸭绿江下游；二，为增援远东军，开始运送已计划好的第10、17军团到伊尔库茨克，同时准备动员其他增援部队，在"满洲"发布戒严令，向旅顺和符拉迪沃斯托克（海参崴）要塞发布戒严令，巩固防备。他自己认为应该采取第一种方案。[8]

皇帝和陆相逡巡不决

1月6日这天按俄罗斯历算是12月24日，是圣诞节。皇帝

---

[8] Alekseev to Nikolai II, 24 December 1903, DKPIa, No. 17, pp. 33-35.

整天都忙于圣诞活动。他上午批阅了一会儿文件，11点半起参加祈祷会，下午2点到4点准备礼物，5点访问了在加特契纳的母亲、皇太后玛丽亚·费奥多罗夫娜，陪着她做祈祷，出席圣诞会，然后共进晚餐，于10点半返回皇村。处于孕期的皇后感冒了，身体不适，没有陪同皇帝。翌日，圣诞活动仍在继续。[9]

1月8日（12月26日）下午，皇帝"用毕下午茶后召见了阿巴扎"。[10]这个时候，他们大概讨论了如何答复阿列克塞耶夫的电报吧。在阿巴扎编辑的《对日交涉资料》，即所谓"红书"中，该日条目下收录了皇帝批准在远东诸州宣布动员、在"满洲"发布戒严令，在旅顺、符拉迪沃斯托克（海参崴）要塞发布戒严令的电报。这些内容说明皇帝批准了阿列克塞耶夫的第一方案和一部分第二方案，只有占领鸭绿江下游一项写着："我认为现在不理想。最后再批准这一措施。"[11]

皇帝没有和陆相商量就做出这样的决定是很反常的。参谋本部的战史也记载着发了这份电报，[12]但阿列克塞耶夫本人在1906年2月编写的备忘录中说，总督没有收到这样的命令。[13]笔者推测，真实情况大概是电报没有发出吧。

根据梅宁的论文，陆相1月11日（12月29日）紧急向参谋本部第八局询问了关于日清战争时日本的行动。一，日本在发布宣战公告前动员军队了吗？二，日本在发布宣战公告前袭击清国舰队了吗？三，两国交涉的主题是什么。发布宣战公告前集结军队了吗？库罗帕特金要求晚上9点前做出回答。对此，负责战史

---

[9] Nikolai II's Diary, 24 and 25 December 1903, GARF, F. 601, Op. 1, D. 246, pp. 188-189.

[10] Nikolai II's Diary, 26 December 1903, Ibid., p. 190.

[11] Nikolai II to Alekseev, 26 December 1903, DKPIa, No. 19, pp. 35-36.

[12] VIK, *Russko-Iaponskaia voina*, Vol. I, pp. 268-269 也收入了海军军令部的战史。IKMGSh, *Russko-Iaponskaia voina*, Vol. 1, p. 139.

[13] Alekseev to V. P. Cherevanskii, February 1906, RGAVMF, F. 32, Op. 1, D. 28, L. 1ob.-2.

第八章　前　夜

的第八局回答，日清战争时，在宣战公告发布之前，日本军八个师团中有三个师团已经进入了战时状态，在交涉过程中、发布宣战公告之前，日本的三艘军舰击沉了清国的运兵船；发布宣战公告前，日本军占领了汉城，并在牙山打败了清国军。[14]尽管库罗帕特金得到了这样的答复，但他还是认定现在的状况与日清战争爆发时有所不同，他仍然担心俄罗斯发起行动会刺激日本。1月12日（12月30日），库罗帕特金针对阿列克塞耶夫1月6日的电报向皇帝上奏，获得了批准，他于同日给阿列克塞耶夫发电报传达皇帝的命令。"陛下令我电报告知，当日本军登陆朝鲜时，在你所计划的对策中，应采取以下对策"：戒严令只允许在旅顺和符拉迪沃斯托克（海参崴）要塞内发布，总督指挥下的远东诸州全军只做动员准备，批准阿列克塞耶夫请求的300万卢布支出，向朝鲜国境派遣部队仅做准备。其中特别提到严格禁止进入朝鲜领内。"即使是单个士兵，也要禁止其进入朝鲜领内，否则将严厉追究部队领导的责任。有必要在国境处采取万全的对策，防止任何微小的冲突发生，因为这样的冲突也许会不可避免地导致战争。"[15]

无论是皇帝还是库罗帕特金，都异常恐惧因俄罗斯采取对抗措施而导致战争。阿巴扎在这天将皇帝的大致想法发给了阿列克塞耶夫。一，"对俄罗斯来讲，和平时期的每一年都是巨大的利益，因此，有必要尽万全之策，避免战争发生。"二，采用"强力的，但形式上谦和的政策"。三，"不承认满洲问题可以协商，无论是与日本人还是与其他人。"四，"日本占领朝鲜不是 casus belli

---

[14] Bruce W. Menning, Miscalculating One's Enemies: Russian Intelligence Prepares for War, RJWGP, Vol. II, Brill, Leiden, 2007, pp. 78-79. 史料 RGVIA, F. 400, op. 4, D. 500, L. 239-40。

[15] Kuropatkin to Alekseev, 30 December 1903, RGAVMF, F. 32, Op. 1, D. 28, L. 5. 另外 *Dnevnik A. N. Kuropatkina,* pp. 119-120。尼什写道，1月13日，阿列克塞耶夫得到命令，未经报告皇帝，不得采取任何军事行动（Nish, op. cit., p. 208），但并不存在这一命令。

（开战理由），相反，甚至可以说对俄罗斯有益。因为如果日本在俄罗斯的抗议下仍然采取这一行动，那么它就成了施行不法行为的国家。"[16]

总之，圣彼得堡没有支持阿列克塞耶夫的提案。这个时期，阿列克塞耶夫被视为了危险人物。宫廷警备司令官格塞中将对在火车上遇到的库罗帕特金说："陛下沉着应对了阿列克塞耶夫好战的企图，制止了阿巴扎，太棒了。"[17]罗热斯特文斯基海军军令部长也在冬宫的新年聚会上碰到不那么亲密的陆军大臣时，极力贬斥了阿列克塞耶夫。"他完全是个伪善的人，个人名利心优先于工作和其他的一切。"罗热斯特文斯基之所以这样愤怒，大概是因为阿列克塞耶夫接二连三地发电报说会发生战争，很是烦人的缘故吧。海军军令部长本人还把旅顺舰队的情况一贬到底，他说锅炉的状况很糟糕，舰队也没有做过充分演习，修理工作进行得也不顺利，炮弹也不充足。后来，太平洋舰队司令长官斯塔尔克痛批罗热斯特文斯基是"头脑迟钝的波罗的海混蛋，根本没有能力指挥舰队"。面对陆军的最高领导，海军的二号人物却像批评与自己无关的事情一般批评最前线的舰队，也算是极尽丑态了。[18]

旧年，新年

公历 1 月 13 日相当于俄历的 12 月 31 日。对俄罗斯来讲，充满不安的 1903 年结束了，命中注定的战争之年——1904 年马上就要来临。尼古拉二世在这一天的日记中写道：

---

[16] Abaza to Alekseev, 30 December 1903, DKPIa, No. 21, pp. 36-37.
[17] Dnevnik A. N. Kuropatkina, p. 120.
[18] Ibid., p. 121.

第八章 前　夜

　　起得很晚。精神上颇为动摇不安，难以安睡。因为鼻子不通气，我很小心，没有去户外。早朝之后，草原总督区总督苏霍姆林和托木斯克州知事斯塔尔尼凯维奇谒见了我。早餐是和孩子们一起吃的。下午3点半，妈妈在去圣彼得堡的途中顺道来了我们这里。克谢尼娅（妹妹）和米沙（弟弟米哈伊尔大公）也一起来了。阿利克斯（皇后）终于下床了，……移到了躺椅上。7点半，我做了祈祷，门开着，她能听到祈祷的声音。晚饭是在寝室吃的。早早地上了床。

　　神啊，希望在新年为俄罗斯带来和平、稳定、安宁与喜悦。我们无限依赖主对万物的慈悲，安心地注视着未来。我们会履行好职责，尽管微不足道，也希望能够报答耶稣基督的无上恩惠……

　　此时皇帝一定会祈求怀孕的妻子生下皇子。但是，他更想祈求的是和平。[19]

　　翌日是俄罗斯的元旦。皇帝一人去了冬宫，与皇太后一同参加了上午11点开始的"出拜"仪式。他在接受各国公使的新年祝贺时，与日本公使栗野谈了很长时间，不过他在日记中丝毫没有提及此事。[20]根据栗野发给东京的电报，栗野向皇帝断言"日本政府的意愿是和平的"，对于遇到"极大困难"的日俄交涉，他希望"依照陛下的好意与宽容，速见这一难局的解决"，他说，"日俄两国利益密切相关，在远东，巩固两国深入交往为最优政策。"对此，尼古拉回复道："朕亦与卿所见相同。有必要与日本维持和平与友好关系。"不过，他同时也逞强地说"俄国是大国"，"忍耐

---

[19] Nikolai II's Diary, 31 December 1903, GARF, F. 601, Op. 1, D. 246, pp.194-195.
[20] *DnevnikiImperatoraNikolaia II,* Moscow, 1991, p. 189.

亦有限度"。皇太后也说"战争恐怖,必须维持和平"。[21]

购入意大利军舰

日本方面正有条不紊地推进着战争准备工作。为了增强海军实力,购买阿根廷向意大利的造船厂预订的巡洋舰"里瓦达维亚"与"莫雷诺"一事的交涉已进入了最后阶段。这两舰都是1903年刚刚下水的最新锐舰艇,排水量为7750吨。

12月28日(15日),俄罗斯驻奥地利和意大利的海军武官卡普尼斯特伯爵将这件事报告给了海军军令部,告知俄罗斯出于对抗,是有可能购入这两舰的。但是,罗热斯特文斯基军令部长根本不关心此事,甚至没有答复。到了1月1日(12月19日),代理军务局长施滕格尔回复道,俄罗斯没有购入军舰的计划,不要再提这件事。

然而此时,日本方面已于两天前以76万英镑的价格成功购入了这两舰,并将其命名为"日进"和"春日",自此两舰驶向了日本。[22]待到两舰汇入日本海军后,战争就可以开始了。

栗野公使和别佐勃拉佐夫

即使到了这个阶段,日俄同盟论者栗野公使仍然希望日俄间最终达成协议。年末,他一方面从英国公使那里听说俄罗斯皇帝"目前关于满洲问题已有断然之决心",另一方面又听说维特等重

---

[21] 栗野给小村的信,1904年1月14日,《日本外交文书》第37卷第1册,43页。
[22] V. Iu. Gribovskii and V. R. Poznakhirev, *Vitse-admiral Z. R. Rozhestvenskii*, Sankt-Peterburg, 1999, p. 145.

第八章　前　夜

臣以"在远东战争与俄国舆论最相背驰，对此的非难将集中于皇帝之身"为由，向皇帝进谏应采取"更具调和性的态度"。栗野对此寄予了希望，1904年元旦（12月19日），他将此事报告给了小村外相。[23]这一天，他会见了拉姆斯道夫外相。外相说，俄罗斯政府充分审议了答复案，打算向罗森公使发出训令，让他以"友好和谐的精神"继续交涉，"不得迟滞"。他还说，日俄两国没有任何理由达不成协定。栗野也将这些信息报告给了东京。[24]

而小村外相一方在根本上就持有不同的见解。1月2日（12月20日），外相给栗野回复：驻东京的英国公使说了同样宗旨的话，他个人认为，"眼下俄国皇帝似乎全然处于主战派势力下。目前主战派完全得势，时局尽在该派掌控之中。"因此，尽管拉姆斯道夫外相等重臣很有诚意，但"彼等虽尽力使皇帝倾向于稳和之说，然基本上难以期待其奏效"。[25]这里的"主战派"很明显指别佐勃拉佐夫派。小村解释说，只要皇帝与别佐勃拉佐夫派一同站在主战论的立场上，那么交涉就是浪费时间。虽然小村对俄罗斯的认识是错误的，但对于持主战论的他来说，这种认识是必要的。

栗野公使的问题在于，直到这时，他都没有准确把握俄罗斯政府内部的动向，也没有得到关于12月特别协商会的情报。这并不是他个人无能。美国驻俄公使说，数日前皇帝出席了"特别委员会议"，但什么都没有决定下来。法国公使也说，除皇帝之外，阿列克谢大公、外相、海相都出席了，全都表达了以"和平"为目标的意见。[26]到了1月5日，栗野报告说得到了那个秘密会议的情报，维特也出席了会议，由于他主张在"满洲"对日本做出

---

[23] 栗野给小村的信，1904年1月1日，《日本外交文书》第37卷第1册，1页。
[24] 《日本外交文书》第37卷第1册，1—2页。
[25] 小村给栗野的信，1904年1月2日，同上书，3—4页。
[26] 栗野给小村的信，1904年1月2日，同上书，5页。

让步，皇帝很不高兴。[27] 维特出席会议的情报完全是虚报。总而言之，公使们全都没有捕捉到正确的情报。

栗野很长时间以来都对1903年的主角——别佐勃拉佐夫缺乏正确的认识。早在10月，驻德国的井上胜之助公使就将德国相对准确的新闻报道送交了外务省，栗野反而比他落后。[28] 到12月末，栗野才好不容易掌握了关于别佐勃拉佐夫的重要情报。

1903年12月25日，栗野将田野丰翻译官从近卫骑兵联队相关者那里获得的情报送交外务省。他在前言中写道，"关于'别佐勃拉佐夫'氏有种种传闻。有云其为持金潜逃外国者，又有云不知何故，其数年前曾入癫狂病院，等等，不一而足，虽然诸如出奔等传闻自非事实，然而无疑普遍认为其声誉不佳。"[29]

对于像这样全是负面传闻的人物，栗野公使所掌握的新情报值得关注：别佐勃拉佐夫得到亚历山大·米哈伊洛维奇大公的庇护，一直在推进鸭绿江畔的森林公司，"眼下该氏势力呈朝暾之势，苟有反抗该氏者，其地位危殆"，据说，反对别佐勃拉佐夫意见的库罗帕特金陆相"不久将被停止大臣一职"，左迁为高加索总督。继任者的人事安排方案为"作为该氏臂膀工作的"沃加克少将将出任参谋总长，现任总长萨哈罗夫任陆相，但由于沃加克正忙于处理远东问题，故这一方案还没有实施。而远东总督阿列克塞耶夫也是在别佐勃拉佐夫的"尽力"下得以任命的，可以说他完全是别佐勃拉佐夫的"道具"。[30]

这是关于别佐勃拉佐夫力量最强的秋初时的状况的情报，把握的准确程度令人吃惊。笔者认为，罢免库罗帕特金是别佐勃拉

---

[27] 栗野给小村的信，1904年1月5日，《日本外交文书》第37卷第1册，9页。
[28] 井上给小村的信，1903年10月15日，《日本外交文书》第36卷第1册，797—798页。
[29] 栗野给小村的信，1903年12月25日，同上书，803页。
[30] 同上书，804页。

第八章　前　夜

佐夫暗中谋划的方案，只有栗野的这封电报传达了这一信息。可以推测，很显然，这是别佐勃拉佐夫为谋求与日本公使接触，进行自我介绍时所提供的信息。由此使得栗野对别佐勃拉佐夫突然关心起来，也就是顺理成章的事情了。

不过，栗野以前就认识实业家翁利亚尔利亚尔斯基。翁利亚尔利亚尔斯基此时从日本访问归来，前来拜访栗野。他说，自己实际上是别佐勃拉佐夫的友人，希望栗野见见别佐勃拉佐夫。翁利亚尔利亚尔斯基说，别佐勃拉佐夫"在日本颇被误解，认为他是排日党，或认为他是开战论的主要提倡者，其实，他赞成与日本完善彼此协作"。栗野表示很愿意会见他。不过，因栗野腰痛卧床，会见不得不推迟了。其间，12月30日，栗野让田野翻译官探访了别佐勃拉佐夫，两人谈了大约两小时，别佐勃拉佐夫说了很多令人震惊的话。[31]

由于栗野不知道该如何判断这些话，12月31日，他将这些话告诉了前来探望他的英国公使查尔斯·斯科特，询问他的意见。[32] 斯科特当日就给外相兰斯敦发去了简单的报告，外相又将这份报告转给林董公使，林公使立即以当日的日期——12月31日，从伦敦向东京做了简单的报告。

根据这份报告，别佐勃拉佐夫说"他本人是最热切希望和平解决时局问题的人，对日本抱有最友好的感情"。他接着说，在前些日的秘密会议中，他担任主席，拉姆斯道夫外相的意见"不重要"，沃加克少将势力"凌驾于"库罗帕特金陆相之上，维特的"观念完

---

[31] 栗野给小村的信，1904年1月1日，《驻韩日本公使馆记录》22，国史编纂委员会，1997年，447—448页。这份电报于1月3日送达东京。小村于1月6日将英文原文送给了汉城的林。同上书，21，188—190页。《日本外交文书》第37卷中没有收录这份电报。

[32] Scott to Lansdowne, 6 January 1904, *Correspondence respecting Corea and Manchuria*, Part III, Microfilm 405/146, p. 17.

全过时"。进而他说"在满洲问题上，无论如何不能做丝毫的让步"，但"在韩国问题上，……或可极大地满足日本的希望"。[33]

栗野本人则于1月1日给东京发去了长篇报告，这里不妨再介绍一下栗野报告中所记录的别佐勃拉佐夫的话。

别佐勃拉佐夫表示，日本把他看作日本之敌和主战论巨擘，对此他感到很遗憾。他反而相信日俄两国敦睦乃最佳之政策，他评论日英协约不过一虚幻物，抨击该协约根本的主义。他说："俄国皇帝是国际和平的有力主导者。吾等之尽力亦不过为实现陛下之意而已。"他对日本想要在"满洲"获得商业自由的保障一事感到遗憾。因为虽然俄罗斯丝毫没有"吞并满洲的意思"，但投入了"莫大的资金"用于开发和建设铁道，因此想为"俄国人自身的利益"收获其成果，而在"满洲"与日本人竞争，是"强者向弱者收取红利"。（译者注：根据和田先生的解说，此句话的意思是：俄罗斯不愿意在"满洲"参与自由竞争，认为自己投入了资金，有权利要求特别的优待。"强者"指日本，"弱者"指俄罗斯。）在韩国问题上，他"本人不仅有原封不动地接受日本提案之意，而且若日俄两国能够达成稳固的协作关系，那么掌管韩国沿岸之事亦肯全然委托日本"。奈何"海军当局不接受他的意见"，他本人也"不得不多少斟酌"阿列克塞耶夫大将的意见。

他对日俄交涉持否定态度，认为不合时机。他指出，"满足于纸上空文"是不慎重的，尤其令人"遗憾"的是没有保守交涉过程的秘密。作为结论，他这样强调道，"我可以切实地保证，无论如何，俄国不希望发生战争，日俄战争很明显对两国来讲都是惨祸，其结果只不过有利于他国。故此，我最为迫切地希望与日本巩固协作关系，不，如果可能的话，最好订立同盟关系。此点我已考虑了很久，奈何至今尚未找到能够实行的方法。"

---

[33] 林给小村的信，1903年12月31日，《日本外交文书》第36卷第1册，49页。

第八章　前　夜

别佐勃拉佐夫尖刻地评论拉姆斯道夫"是无足轻重的人物",库罗帕特金"缺乏政治家的气度"。[34]

栗野明显对别佐勃拉佐夫的话很兴奋。他在这位一直被认为是主战派的人物身上发现了与自己相近的日俄协作论调,对此感到很震惊。但是,东京的小村在1月3日得到了这封电报,却没有做出任何反应。

斯科特公使也于1月6日给兰斯敦外相发去了长篇报告。由于他已经在31日的电报中讲述了别佐勃拉佐夫所说的话,这份报告只写了别佐勃拉佐夫对库罗帕特金的评点:"他只是靠怜悯保住了陆相的职位,但这也只是到在别的地方给他找到合适空缺为止的事情。关于远东,沃加克将军对这个地方的状况和必要性拥有透彻的知识,他的见解在委员会中远远更有分量。"别佐勃拉佐夫对拉姆斯道夫的评价令栗野很震惊,在这点上斯科特公使也同样如此。像别佐勃拉佐夫这样享有大臣待遇的高官,居然公然对外国公使说本国外相的意见"不足取"(of no account),使得栗野认为"俄罗斯帝国的协商会接近于无政府状态"。而斯科特则冷静地写下了他的见解,别佐勃拉佐夫的所作所为是"企图超越拉姆斯道夫伯爵",夸示他自己和沃加克的影响力,大概是在"掩饰他们不安的情绪"。斯科特接着还写道,从俄罗斯方面听说,这几天别佐勃拉佐夫的地位变得危险起来,传闻他被政府高官出入的俱乐部除名了。接下来甚至还写了别佐勃拉佐夫将要去瑞士的家人处。栗野很想确认别佐勃拉佐夫所说的话在多大程度上是切实的,而斯科特则很明显是以否定的态度对待别佐勃拉佐夫的话的。[35]

---

[34] 栗野给小村的信,1904年1月1日,《驻韩日本公使馆记录》22,448—449页。《日本外交文书》第37卷没有收录这份电报。
[35] Scott to Lansdowne, 6 January 1904, *Correspondence respecting Corea and Manchuria*, Part III, Microfilm 405/147, pp. 17-18.

栗野虽然不安，但还是将注意力投向了别佐勃拉佐夫。1月2日（12月20日），他掌握了因病长时间闭门不出的别佐勃拉佐夫于该日谒见皇帝的情报，并报告给了东京。这件事无法在皇帝的日记中得到确认，大概是别佐勃拉佐夫为了夸示与皇帝的亲近而有意流传出来的情报吧。不过，值得注意的是，栗野在报告中写道，很明显，皇帝"坚定的决心"不是"开战的决心"，而是"避免开战"的意志，同时，他强调了皇帝与别佐勃拉佐夫特别亲近的关系。[36]栗野正确地传达了皇帝的想法。

接着，在5日后的1月7日，别佐勃拉佐夫再次拜见了田野翻译官，询问日本正在准备出兵朝鲜的传闻是否属实。在那一天，他终于直接见到了栗野公使。别佐勃拉佐夫也向公使询问了同样的问题。他说即使假设日本只是采取示威行动，由于阿列克塞耶夫总督已经申请了动员许可，那么就会演变为战争，"可谓万事皆休矣"。他说这是他的表兄弟"阿布扎"得到阿列克塞耶夫的电报后转告他的。[37]"阿布扎"即阿巴扎。

两天后，1月9日（12月27日），别佐勃拉佐夫拜见了田野翻译官，他说俄罗斯外交部似乎注意到了他与日本公使馆的联络，他担心日本的电信密码可能被破译了，认为有必要"加以特别注意"。[38]

即使在1月3日到10日之间屡屡得到这样的报告，小村外相也完全没有对曾经被认为是主战派的别佐勃拉佐夫，实际判明是回避开战派的人显示出关心来。因为对于决意战争的小村而言，俄罗斯的愿望是什么已经无所谓了。他得到栗野的报告后，考虑的只是设法反向利用与别佐勃拉佐夫的关系这条渠道而已。1月9日，他

---

[36] 栗野给小村的信，1904年1月2日，《日本外交文书》第37卷第1册，5—6页。
[37] 栗野给小村的信，1904年1月7日，同上书，14页。
[38] 栗野给小村的信，1904年1月9日，同上书，24页。

第八章 前 夜

指示栗野向别佐勃拉佐夫证实，有未经确认的情报说，俄罗斯为保护领事馆，将伪装成步兵的两个中队的海兵派遣到了仁川。小村还在电文中命令栗野对别佐勃拉佐夫说，公使的个人意见是，"鉴于目前状况紧张，让这么多士兵登陆对和平具有破坏性。"[39]

栗野急忙会见了别佐勃拉佐夫，与他谈话。别佐勃拉佐夫说，上次见面之后，他立即给阿列克塞耶夫发了电报，建议只要日本方面不挑衅，俄方就要注意不去采取主导性的行动。然后，别佐勃拉佐夫说派遣两个中队是相当"危险"的，他答应立即给阿列克塞耶夫发电报。翌日，栗野将这一结果报告给了小村。[40]

栗野开始信任别佐勃拉佐夫，他已经不再对斯科特公使讲他与别佐勃拉佐夫的接触了。

别佐勃拉佐夫的俄日同盟方案

别佐勃拉佐夫这个时候无疑深深地担忧着与日本的战争。他大概早已承认了自己推进的"新路线"对于回避与日本的战争而言是失败的。事态向着战争的方向急速前进。于是，他做出大幅转变，想尽一切努力回避战争。他想到的是俄日同盟方案。可以推测，沃加克也参与了做出判断和制订方案。1月10日（12月28日），别佐勃拉佐夫写了关于俄日同盟的意见书。[41]

别佐勃拉佐夫曾经写过这样的意见书一事，迄今为止，只有

---

[39] 小村给栗野的信，1904年1月9日，《日本外交文书》第37卷第1册，24—25页。
[40] 栗野给小村的信，1904年1月10日，同上书，28页。
[41] Bezobrazov's memorandum, 28 December 1903, RGIA, F. 1282, Op. 1, D. 761, L. 208-214. 这是送给普列韦的，另外还有送给皇帝的。Bezobrazov's memorandum, 28 December 1903, GARF, F. 543, Op. 1, D. 183, L. 57-64ob.

在日本通过《日本外交文书》后来收录的日期标注为1月14日的栗野的电报才能得知。但是,这件事几乎没有受到重视。无论是在俄罗斯本国还是在欧美,这一事实本身完全不为人所知。笔者从内务部办公厅档案中发现了这份意见书的全文,于2005年庆应义塾大学的研讨会上首次发表。[42]

这个方案在呈送给皇帝的同时,还提交给了普列韦内相。此外,还给阿列克谢·伊格纳季耶夫侍从将军过目了。[43]当然,也给阿巴扎看了。

别佐勃拉佐夫首先论述了"俄罗斯的利害"。"俄罗斯有必要确保与其太平洋岸版图的联络线",因此,目标指向了旅顺。然而,此举破坏了我们强化与清国友好关系的期待,清国"敌视我们,我们的联络线变得危险起来"。但即便如此,能够推进到黄海也是很好的。"现在,我们得到了所有必要的东西,因为最近的不冻港和辽东半岛事实上在我们手中。不过这样一来,我们直接的、非常重要的国家利害到此也就应该止步了。越过辽东,无论是向朝鲜半岛还是向中国内部扩展,对我们来讲非但完全不必要,而且大概还会削弱我们的实力吧。实际上,为强化我们在辽东半岛的地位,最短、最有力、最适宜的防卫线横穿朝鲜北部国境和满洲南部。因此,(获得)朝鲜半岛只是显著延长了我们的沿岸防备,对于作为陆上强国的我国而言是绝对不利的。"但是,我

---

[42] 在日本,只有千叶功《日俄交涉——日俄开战原因再探讨》(近代日本研究会编《近代日本研究年报18》,山川出版社,1996年,308页)介绍了别佐勃拉佐夫的《日俄关系调整的私案》。笔者于2005年发表的论文,于2007年公开出版。Wada Haruki, Study Your Enemy, RJWGP, Vol. II, Brill, Leiden, 2007, p. 31. 卢科亚诺夫在研讨会上听了我的报告,回去后发现了交给皇帝的文本,他在2006年的论文中对该文本进行了介绍。Lukoianov, Poslednierussko-iaponskieperegovory, p. 28. 不过卢科亚诺夫没有涉及别佐勃拉佐夫向栗野提出方案一事。
[43] Bezobrazov to Pleve, 27 December 1903, RGIA, F. 1282, Op. 1, D. 761, L. 207. 这里写着也告知了伊格纳季耶夫。

第八章 前 夜

们反对敌对势力在朝鲜确立地位。"如果友好的国家,特别是同盟国扩大在朝鲜的势力,我们则完全欢迎,愿意提供协助。""同样,也反对将满洲并入我国版图,有这种重大考虑。""我们在满洲的一切关注点都只归结于确保我帝国与太平洋沿岸联络线的安全。""除此之外,我们在满洲和朝鲜没有任何利害。"

接着,别佐勃拉佐夫论述了"日本的利害"。日本有必要发展工商业,其活动的舞台是东亚沿海地区和整个太平洋。"从这个角度出发,日本的国家课题,首当其冲的是中国,是在南进的方向上。"而北部全是森林地带,现在日本却在北进的方向上与俄罗斯争夺对"满洲"的影响力,这是由英美的利害促使的。

由此别佐勃拉佐夫论述了"英美的利害":英美为了工商业,想要控制中国、东南亚和太平洋,与日本形成竞争。因此,英美想促使日本向北进发。别佐勃拉佐夫列举了很多英美的阴谋事例进行说明。

别佐勃拉佐夫得出结论:"和平,只有以真正调整好了的利害为基础,通过俄罗斯和日本完全真诚的同盟,才能够创造出来。"他列举了同盟的三条件:

一,同盟不是为了侵略性的目的、获得领土、与特定的外国对抗,而是为了成为当地状况的主人,在远东……确立恒久的和平而缔结的。

二,俄罗斯不合并"满洲",朝鲜维持独立国。俄罗斯将日本在朝鲜的行动作为友人、同盟国的行动来对待。保护朝鲜免遭外国的暴力侵略是俄罗斯和日本联合军的职责。

三,俄罗斯和日本分别在"满洲"和朝鲜成立国策开发公司,俄罗斯在"满洲",日本在朝鲜各自开发天然资源。

如果本意见书论述的思想能够得到理解事态、掌握权力的人认可，为了使事情成功，立即缔结这一同盟至关重要。这样做的目的是，不给我们的敌人和嫉妒我们的人们机会解读出我们想要做的事情的真意，从而对这唯一能够在远东确立永久稳固的和平的手段采取对抗策略。

将别佐勃拉佐夫的俄日同盟案和库罗帕特金的旅顺放弃案进行对比，无论哪个方案都无助于回避日俄战争，但在这种危机局面中，可以说别佐勃拉佐夫的方案作为和平的姿态有一定的意义。

1月11日（12月29日），别佐勃拉佐夫立即拜见了日本公使馆的田野翻译官，告知他已经写好了和栗野公使约定的备忘录，还翻译成了法语，但因发生不测，政府内部知道了他和栗野的联络。阿巴扎告诫"不要递交任何文书，因为有可能被反对派用作武器。"别佐勃拉佐夫说，阿巴扎与他的意见相同，赞成俄日同盟案。然后，他给田野看了意见书。

田野看过意见书后，传达给栗野。这份同盟案的内容为：同盟是"防御性质的"，是"增进两国繁荣的""经济同盟"，"俄国不吞并满洲，并且日俄两国相互约定尊重韩国独立，日本承认俄国在满洲的特殊利益，俄国承认日本在韩国的特殊利益，且相互承认为保护上述特殊利益，有采取必要措施的权利。"

别佐勃拉佐夫托田野向栗野公使转达，如果日本方面接受这个构想，由天皇切实地向俄罗斯皇帝发去表明"希望维持和平与紧密协作"的电报，那么他自己将"为达成最后目的，倾全力和平解决"。据说，他还表示一定能够说动俄罗斯皇帝。[44]

很明显，栗野从别佐勃拉佐夫的提案中看到了希望。实际上，就在田野会见别佐勃拉佐夫的11日，栗野公使会见了拉姆斯道夫

---

[44] 栗野给小村的信，1904年1月14日，《日本外交文书》第37卷第1册，39—40页。

第八章 前 夜

外相。拉姆斯道夫问栗野,你见过别佐勃拉佐夫了吧,他说了什么?怎么评价我的?然后说,你以为我们不能破解日本公使馆的密码电报吗?很露骨地施加了压力。栗野回击说,我见过别佐勃拉佐夫了,会见像他那样的人物是自己的职务使然,希望你能理解。于是外相很肯定地说,别佐勃拉佐夫是"一个狂人,与之为伍更无益处"。

的确,别佐勃拉佐夫的想法是脑洞大开的。拉姆斯道夫破解密码,知道了别佐勃拉佐夫的提案,也许认为他简直是疯了。说到底,拉姆斯道夫是一个官僚式的、胆怯的人。正因如此,他才和皇帝一样,没有意识到迫在眼前、不可收拾的局面,而是继续着平常的游戏。

当日,栗野还会见了一个人,维特。维特说,外相和他在"政略执行上""失败"了,但是,他可以断言"皇帝希望和平","为了和平",什么都可以做。不过,他接下来说的话颇有些奇妙。

> 然眼下形势,日俄两国相互不断扩张其海陆军,祸因实存于兹。盖于此军备竞争中,领先一方可使他方屈从于己之所欲条件。而予之所见,制此先机者乃俄国。……若日本占领或出兵韩国,则不能避免不断与俄国冲突之危险。故欲和平,日本大可依海自守。

在日俄间的军事冲突中,俄罗斯将会占优势。如果日本占领了朝鲜,就无法避免与俄罗斯的军事冲突。因此,不要越过大海向大陆伸手是为了日本考虑。这大概是打算以高压态势威胁日本,使其打消战争的念头吧。

栗野说,日本不可能放手其在韩国拥有的优越利益,因而才寻求日俄协定。维特重申"唯有遵守现存条约",日本不去采取侵

略性行动，才可能维持和平，他断言："俄国不希望战争，然而现今之情势颇为困难，纸上之约……无效。"〔45〕

栗野综合考量了别佐勃拉佐夫、拉姆斯道夫、维特的意见，他在别佐勃拉佐夫的方案中看到了希望。自己一直认定的主战派势力原来希望回避战争，而一直认为是和平派的势力却是些缺乏责任心、没有能力的人。

栗野12日给小村写了题为《关于俄国政治家对日本态度之见解》的文书。〔46〕这份文书展现了对俄罗斯政府内部状况最深入的认识。栗野将维特和别佐勃拉佐夫放在了对立的位置上。

维特的观点是，"日本为了切实地排除日俄间的误解，希望进行日俄协商，然而其要求顽固，不可变通。就连关于满洲的要求，俄国若不忍让几分，日本也不会满足，最终不惜诉诸干戈。"维特"虽然尽力促使两国和谐以达成协议，消除将来的误解，但该氏的主张未得到充分贯彻，反被反对派排挤掉了大臣的地位"，近来，他反而被视为了"反对派"。拉姆斯道夫、库罗帕特金的处境也一样。这三人都考虑到了万一发生不测时的情形，特别是库罗帕特金，正试图完善远东的军队部署计划。

与之相对，别佐勃拉佐夫当初的观点是"日本决不会诉诸干戈抵抗俄国，故协商应充分贯彻俄国之希望"。阿列克塞耶夫、阿巴扎、海相阿韦兰、参谋总长萨哈罗夫以及成为皇帝侍从官的沃加克等人都赞成这一观点。别佐勃拉佐夫原来一直主张"应抵抗、拒绝"日本关于"满洲"的要求，关于朝鲜的要求也要"尽可能依俄国情况进行增减"，他提倡"假借日本若以干戈抵抗，俄国也应以干戈回应的名义"，向远东"派遣军舰和军队"。然而现在，他的

---

〔45〕 栗野给小村的信，1904年1月14日，《日本外交文书》第37卷第1册，41—42页。
〔46〕 栗野慎一郎《关于俄国政治家对日本态度之见解》，1904年1月12日，《驻韩日本公使馆记录》22，445—447页。《日本外交文书》第37卷没有收录这份文书。

第八章 前　夜

想法变了。"彼今日对日本之态度与昔时完全相反",他担忧日本会像维特等人设想的那样,"或有充分之决心,自日本开启战端。"

这里,别佐勃拉佐夫想到的办法是"导演奇剧以惊天下之耳目,一方面深获陛下之宠信,一方面乘机掌握政权,同时一举解决两国间的协商问题",那就是俄日同盟方案。别佐勃拉佐夫认为这"是俄国真实需要的",然而"要让皇帝首肯这个办法","从最初起就有必要让日本切实表明态度",从而策划了"日俄两国皇帝陛下交换友谊的电报"这样的对策。"他对陛下会赞同他的办法深信不疑。若一朝交换电报之事成立,并公之于世,他即能自陛下处得到日俄协商的全权,从而使自最初起就对他持有异见的所谓反对派诸辈全部陷入窘境",届时他将立即召唤阿列克塞耶夫,"让其朝着与日本同盟的目标,在当下的协商中尽可能让步,使事情告一着落。"[247]

别佐勃拉佐夫因他的计划被反对派知道了,所以没有将意见书交给日本方面。之后他以去日内瓦养病的名义,获得了三周的赐假,但他推迟了休假,定于12日出发,"若有来自日本同意的通知",希望让沃加克发电报,他将立即归国,获取陛下的同意。

不过栗野还写了他的看法:"本使虽深信别佐勃拉佐夫不喜与日本开启战端,但他还维持着最初的主张,难保不经意……煽动军人,且斯人乃为奸雄式人物。"

栗野的观点是,原本主张为了回避与日本的战争,必须增强军事力量的别佐勃拉佐夫、沃加克等人,作为回避战争的最后手段,提出了俄日同盟方案。栗野大概认为这是重要的提案,是阻止战争的最后机会吧。但他同时也是半信半疑的,这点确凿无疑。

从资料中无从得知栗野的这份长篇分析是如何发送出去的。不过,它也许和后来的电报一样,为避免俄罗斯方面获悉内容,而经由德国发送的。14日,栗野将别佐勃拉佐夫的提案和他与拉姆斯道夫、维特会见的内容分别写成了电报。栗野在维特的会见内容后，还写了对维特和别佐勃拉佐夫的比较。二人"互为敌人"，都是"政治上非常有野心的人"，相互"持续以权术阴谋相斗"是确实的。但维特在宫廷内没有力量，而别佐勃拉佐夫方面则有总督阿列克塞耶夫、阿巴扎、沃加克以及多数大公的支持。栗野写道，沃加克"被任命为皇帝的特别侍从武官"。[47]也就是说，栗野想指出，维特那种强硬自大的对决论，在政权内部不过是少数意见，别佐勃拉佐夫的俄日同盟论更有可能性。这里显示出了栗野的判断力。

这份 14 日的电报被发送的情形是比较清楚的。栗野对从圣彼得堡发送密码电报有所顾虑，因而他派密使将电报送到柏林，由柏林的井上公使发出，15 日送达东京。

之后，栗野会见了圣彼得堡的英国公使馆一等书记官斯普林·赖斯，请他将自己和维特的会见内容传达给斯科特公使，而别佐勃拉佐夫的话则没有告诉英国。大概栗野对维特很气愤吧。斯普林·赖斯写的备忘录保留了下来。以英国人的逻辑理解力，这份备忘录写得很容易明白。维特强调，"书面、口头的保证，条约等"没有意义。也就是说，他认为日俄交涉没有太大的意义。"因为情况在变，俄罗斯的政策也在变。"日本将在军事上变得无法与俄罗斯竞争。"等待游戏对俄罗斯更为有利。"待将来俄罗斯的力量变得强大，就要推行自己的主张。因此，日本最好不要执着于朝鲜。

栗野对此不能赞同，他发表了如下感想："也许会变成那样，不过我一直坚定地认为，一旦交涉决裂，日本攻击俄罗斯的阵地是不明智的。"他试图再一次、最后一次劝说俄罗斯。如果以失败

---

[47] 栗野给小村的信，1904 年 1 月 14 日，《日本外交文书》第 37 卷第 1 册，42 页。

第八章　前　夜

告终，日本将向列国声明，一直提议承认俄罗斯在清国的某部分拥有特别权益的日本，将尊重现状和国际法的原则。如果出现对此做出伤害行为的国家，日本保留以最佳的方法保卫本国利益的权利。[48]

电报1月14日从德国发出，15日凌晨1点到5点之间送达了东京。与以往一样，小村对别佐勃拉佐夫的提案不屑一顾。他更看重传达了与维特会谈的电报，并将其送给驻东京的美国公使格里斯科姆看了。格里斯科姆向华盛顿报告，俄罗斯皇帝似乎确实希望和平，由于别佐勃拉佐夫等"战争党"（the war party）稍稍失去了影响力，维特等"较和平党"（the more peaceful party）如果夺回了对皇帝的影响力，危机有可能以外交方式解决，根据日本驻俄公使的电报，眼下两派斗争很激烈。[49]小村隐瞒了别佐勃拉佐夫的提案，巧妙地使用了维特意见，让人看不清俄罗斯的内部情况。

俄都的英国公使也于1月20日，通过密使将栗野会见维特的谈话从圣彼得堡送了出去。这份通信于25日送达伦敦。[50]

迄今为止，俄罗斯的学者们也对维特的发言表现出了兴趣。罗曼诺夫认为："一言概之，维特自身就没有考虑过将朝鲜让给日本之事，他认为无论战争反对派是谁，都要断然压制"，而"英美日三驾马车围绕挑起战争所做的狂热的政治游戏"利用了这一点。年轻的卢科亚诺夫则更进一步，推测维特期待挑起战争，以便在混乱局面中有机会再次登上政治舞台。[51]不过，这种观点大概有

---

[48] Memorandum respecting Interview between Mr. Kurino and M. de Witte, 12 January 1904, *British Documents*, Vol. II, pp. 237-238.
[49] Griscom to Hay, 21 January 1904, Payson J. Treat, *Diplomatic Relations between the United States.and Japan, 1895-1905*, Stanford University Press, 1938, pp. 193-194.
[50] Scott to Lansdowne, 20 January 1904, *British Documents*, Vol. II, p. 237.
[51] B. A. Romanov, *Ocherkidiplomaticheskoiistorii Russko-iaponskoivoiny*, Moscow-Leningrad, 1955, p. 259. Lukoianov, op. cit., p. 27.

点过度诠释了。维特从根本上就认定日本不会进攻,他说这些话大概就是觉得只要威胁一下,日本就不会发起战争了吧。这是基于完全错误判断的错误印象。

那么,对于别佐勃拉佐夫孤注一掷的俄日同盟案,皇帝做出了怎样的反应呢?在保存于皇村宫殿文书中的这份意见书上,没有任何批语。从皇帝的日记中也探察不出什么。估计皇帝大概没有给予支持吧。别佐勃拉佐夫对栗野说将于12日出发,但为了等待皇帝的答复,他推迟了行程。由于皇帝没有积极地回应,别佐勃拉佐夫绝望了,他在提出意见书的3天后,于1月14日(1日)出发去日内瓦的家人处。

别佐勃拉佐夫在出发前会见了日本公使馆的田野翻译官。当时他说了些什么,已不得而知。栗野于1月15日(2日)向东京报告了别佐勃拉佐夫出发一事:

> 1月14日,别佐勃拉佐夫因休假出发去日内瓦的家人处。预计本月末回国。他对田野说,他得到消息,在日本的电报中,发现了代指他名字的密码。[52]

栗野心中因别佐勃拉佐夫的俄日同盟论而点燃的希望瞬间消逝,这是最后的希望。

然而,别佐勃拉佐夫离开之后,普列韦内相开始做栗野的工作。栗野向小村报告,1月20日,他回访普列韦时,普列韦对他说了这样的话:"皇帝决心以和平的方式解决问题,这点毋庸置疑。有些人固执地认为,像俄罗斯这样的大帝国,不能被日本这样的小国侮辱。但我自己清楚地知道,两国冲突除了大灾难,

---

[52] Kurino to Komura, 15 January 1904,《日本外交文书》第37卷第1册,40—41页。

第八章　前　夜

不会带来任何益处，因此，我们必须为防止这一结果而竭尽全力。"……普列韦认可日本因人口增长的缘故，有必要向朝鲜移民。他补充到："俄罗斯大概会接受日本最后的提案吧。"〔53〕

普列韦看过别佐勃拉佐夫的意见书。小村也知道他不是战争党。但是，对于小村来说，这些没有任何意义。

日本政府确定包含开战在内的最终答复方案

就在别佐勃拉佐夫的俄日同盟方案被送来的时候，日本政府正要确定最终答复方案。1904年1月8日，小村拿着答复方案以及意见书去桂首相的私邸，并请来山本权兵卫海相、寺内正毅陆相一起协商，所有人都赞成小村的原方案。11日，五元老、三大臣、儿玉参谋次长、伊东军令部长、伊集院军令次长聚集到总理大臣官邸。桂首相因流感缺席，山本海相作为代理首相主持了会议。小村的原方案在会上获得通过。12日上午，山本海相进宫谒见天皇并上奏，午后召开了御前会议。除却五元老、三大臣、陆海军参谋部三位负责人之外，清浦奎吾农商务相、曾祢荒助藏相、波多野敬直司法相、大浦兼武递信相、久保田让文相等也出席了会议。这一天，桂首相仍然缺席。会上，伊藤博文说，这一问题关乎"国家存亡"，"望慎重宸虑，谨下圣断"，而山县发言只涉及了谈判中止后的出兵。全场无人反对，会议通过了小村的原方案。〔54〕

小村的最终答复方案就这样确定下来了，其内容为："关于

---

〔53〕 Komura to Hayashi, 22 January 1904,《驻韩日本公使馆记录》21，226页。这是转送栗野电报的电文。
〔54〕《明治天皇纪》第10，吉川弘文馆，1974年，575—577页。

韩国,毫无退让余地,坚持我之主张,删除朝鲜领土不用作战略性目的及设定中立地带的条款",而对于俄罗斯关于"满洲"的提案,增加尊重领土完整一条;此外,还加上关于"满洲"、韩国的规定适用于双方,删除限制设定居留地的内容。

但是,问题已经不在交涉本身了。小村的意见书论述道:"根据以往的交涉经过,我认为即使提出上述方案,俄国恐怕也很难满足我方之希望,此事终究无法期待。另外,我相信对时局解决采取迁延之策于我方颇为不利。因此若俄政府迁延答复,或不能给出令人满意的答复,……不得不中断谈判,同时通告俄国政府,为保卫帝国免遭侵迫,并维护帝国既得权利及正当利益,日本保留采取认为最佳的独立行动的权利,且将立即采取必要手段自卫。"[55]

可以说,小村谋划的是,这里做出的是最终的答复,无论俄罗斯方面是否回复,都要使交涉决裂,开始战争。这一方案得到了御前会议的批准。

1月13日(12月31日),日本方面的最终提案[56]传达给了俄罗斯方面。删除了俄方第二次方案中第五条的前半部分,改为"相互约定不在韩国沿岸设置可妨碍朝鲜海峡自由航行的军事工事",删除第六条。对于俄方的"满洲"提案,如果做出以下修正,方可接受:

> 日本承认满洲及其沿岸在日本利益范围之外,但俄国约定尊重满洲领土完整。俄国于满洲范围内不得阻碍日本及他国享有与清国在现行条约下获得的权利及特权。俄国承认韩国及其沿岸在俄国利益范围之外。

---

[55]《日本外交文书》第37卷第1册,30—31页。
[56] 同上书,31—32页。

第八章　前　夜

　　进而还可以增加一条："日本承认俄国在满洲的特殊利益，并承认俄国有权利为保护此等利益采取必要措施。"

　　日本拒绝了俄方所要求的不以战略目的利用朝鲜领土的条款，还拒绝了关于中立地带的条款。在"满洲"问题上，虽然可以承认它在"日本的利益范围之外"，但要求俄罗斯保证"满洲"领土完整。关于朝鲜，要求俄罗斯承认朝鲜在其利益范围之外，这是将第二次的方案又老调重弹一次。总而言之，日方的着眼点在于彻底拒绝俄方主张的制约日本对韩国的统治。

　　日本的这一方案于1月15日（2日）送达旅顺。远东总督的外交事务负责人普兰松如此解读日方的答复：由于俄方的提案没有包含日方所要求的让步，因此，日方认为这是"一种嘲弄"。于是，"日本人开始报复，提出了俄罗斯明显不会答应的，远比之前更为过分的要求。"〔57〕

　　然而，首都拉姆斯道夫外相的看法却十分乐观。1月15日（2日），他这样向皇帝上奏：日本方面是"合作的态度"，但不能同意我们的最终修正方案。他们拒绝了禁止以战略目的使用朝鲜领土，对此我们可以反问，难道不需要遵守"朝鲜独立和领土完整"这个原则吗？现在对我们而言，"即使并非完全不可能，但也远远更为困难的是……保护有关'中立地带'的第六条。"

　　拉姆斯道夫断言，俄方在鸭绿江沿岸过早暴露战略上的任务，招致了日本的对立，"完全不能期待日本会同意在三十九度线设置中立地带。"他委婉地提议："现在自然而然地产生了这样一个问题，彻底打消设置不能响应我们利益的中立地带的念头，是不是对我们更加有利。"对于日方关于"满洲"的提案，拉姆斯道夫主

---

〔57〕　V shtabeadm. E. I. Alekseeva, KA, 1930, kn. 4-5, p. 156.

张，应该拒绝将其与朝鲜问题纠缠在一起。[58]

外相请求皇帝裁决，是否将日本的最终方案和俄罗斯方面的观点告知法国政府。他私下里给陆相看了这份上奏，并征求了陆相的意见。[59]

驻在武官的报告和增援舰队

在日本政府决定开战方针的阶段，日本的报刊已经不那么大肆渲染了。1月17日，周刊《平民新闻》迎来第10期，它组织了创刊以来首次的反战专辑。卷首写道："吾人始终不赞成战争。"第一页的下半部刊登了专栏"俄国和日本"。

"俄国侵略满洲，实为他人之领土。日本所取得之台湾，果非他人领土乎？掠夺、虐杀，俄人实为之。日本果未为之乎？""俄国之平民，日本之平民，皆是人类，是同胞，不可不相爱，不可不相救。为了世界人类同胞，为了和平，为了自由，不可不握手联盟团结。"这一期刊登了《布罗霍的战争论》，介绍了布罗霍的言论，写道："俄帝曩日倡导和平会议，全赖此书之感化。"然而《平民新闻》的声音并没有传达到国民的耳中。

日本政府此刻正一心投入在战争的准备中。驻日本的俄罗斯武官虽然没能洞察日本政府已确定开战，但掌握了正在进一步推进战争准备的情况。海军武官鲁辛于1月13日（12月31日）报告：日本政府租赁的民间船舶达到了40艘，能够运送两个师团。

---

[58] Lamsdorf to Nikolai II, 2 January 1904, RGVIA, F. 165, Op. 1, D. 969, L. 50-52. 尼什将拉姆斯道夫的立场定义为"misinformation, misjudgement and wishful thinking"，是准确的。Nish, op. cit., p. 208.

[59] Lamsdorf to Kuropatkin, 2 January 1904, Ibid., L. 49.

第八章 前　夜

由于海外航路被封锁，或将进一步征用民间船只，再运送两个师团也是可能的。日本正在进行开战准备。"它可能会直接与我方决裂，进入短兵相接的敌对行动，它最初的图谋大概会是为解决制海权问题，寻求与我舰队展开遭遇战。"

鲁辛在报告的同时进行分析：日本有可能不发布宣战公告就出兵朝鲜，在那种情况下，推测主要登陆地点将是釜山，其次是镇南浦。至于他在上一封电报中很肯定地预言出兵朝鲜之事为何没有发生，他说虽然不知道原因，但有一个猜测，即日本获知了俄罗斯的巡洋舰离开符拉迪沃斯托克（海参崴）、"格罗姆鲍伊"号进入了元山这个情报，此举被日本解读为俄罗斯为妨碍日本出兵朝鲜所做的示威。而日本租赁了这么多船只，或许也有以运输船的名义租进大量船舶，引起骚动，从而对俄罗斯进行敌对示威这种想法在内。此外，鲁辛还写道，他认为俄罗斯即使不接受日本的提案，也不会轻易地决裂，如果决裂，只可能是因为"日本粗野的侵略意图"。[60]

不过，罗热斯特文斯基收到这份报告已是2月12日（1月30日），即开战6天之后了。

1月16日，大山参谋总长、寺内陆相联名向天皇提交了如下方案：以步兵第12师团的四个大队编制组成前往韩国的临时派遣队，任命第23旅团长木越安纲为司令官，等待命令。方案得到了批准。[61]这一情报间接传给了俄罗斯的驻日武官。

鲁辛连日发送电报。1月16日（3日）电报称："昨日在佐世保管区内，部分预备海兵被召集起来进行为期30日的训练。舰队在佐世保。租了约40艘民间船只。可以运送两个师团以上。通往澳大利亚、孟买、欧美的航路被封锁了。"1月19日（6日），电

---

[60] Rusin to Rozhestvenskii, 31 December/13 January 1903, RGAVMF, F. 417, Op. 1, D. 2486, L. 187-192ob.
[61]《明治天皇纪》第10，582页。

报又称："总计租了45艘船，还预留了更多的船只。第12师团以训练的名义召集了所有预备役兵和一部分后备兵。"[62]

鲁辛的"日方租了45艘船只"的情报由罗森公使发送给了圣彼得堡的外交部和旅顺的总督。1月20日（7日）的电报写道，日本政府"意图在最近着手实施自己在朝鲜的计划。为了一举排除俄罗斯的介入、与俄罗斯发生军事冲突的可能性，他们准备了充足的兵力。我认为，日本在采取向朝鲜出兵这个决定性的措施时，将会以全军总动员来支持"。[63]罗森也和鲁辛一样，认为日本会迈出出兵朝鲜这一步，但不认为日本已决意与俄罗斯开战。

阿列克塞耶夫接二连三地收到这种情报，忍无可忍，于1月17日（4日）给皇帝发去电报，指出自收到库罗帕特金陆相的电报（1月12日）以来，形势持续恶化。新的情报传达出日本军正在朝鲜修建作战基地，已有超过6000名士兵进入朝鲜，处于随时都能进攻鸭绿江的状态。与之形成对比的是，我军在"关东州"只有薄弱的守备队，到达鸭绿江需要四周的时间。因此，应该立即无动员令地将第3狙击兵旅团、外贝加尔·哥萨克旅团转入战

---

[62] Rusin to Vitgeft, 3/16 and 6/19 January 1904, RGAVMF, F. 417, Op. 1, D. 2486, L. 197-197ob.

[63] Rozen to Alekseev, 7 January 1904, RGAVMF., F. 32, Op. 1, D. 209, L. 10. 尼什根据英国的外交文书，认为罗森这时生病了。尼什写道，开战之前的三四周，罗森因腹部膨胀未出公使馆，也没有见人。（Nish, op. cit., p. 209.）日本的报刊中，《东京朝日新闻》12月15日最初做了"因轻微耳病近日卧床"的报道，22日登载了因病没有外出的消息。但在1月6日报道了4日与德国公使面谈等工作的情形。罗森大概是焦躁于无法打开局面而导致了身体的不适吧。他在回忆录中没有提及生病一事。他写道，在外交关系破裂的两周前，他曾给外相写信，尝试对有关朝鲜的部分做出全面让步以回避战争，但没有得到回复。（Rozen, op. cit., Vol. 1, pp. 230-231.）尼什对这一段的记述有一定的保留。迄今为止，尚未在俄罗斯档案馆发现罗森这一部分通信。阿列克塞耶夫文书209文档收录了这一时期巴甫洛夫、罗森两公使的通信。1月20日（7日）之后，有27日（14日）、29日（16日）、2月1日（1月19日）的通信，都只是关于日本战争准备的报告而已。Rozen to Alekseev, 14, 16, 19 January 1904, RGAVMF., F. 32, Op. 1, D. 209, L. 20, 23-23ob., 25-25ob.

第八章　前　夜

斗状态，让其进入岫岩、大弧山、凤凰城。[64]

1月20日（7日），皇帝将这份电报交给了库罗帕特金。[65] 陆相虽然在1月22日（9日）同意将这两个旅团转入战斗状态，但1月31日（18日），他最终发出命令时，只让第3旅团沿"南满洲"铁道线的旅顺方向前往辽阳、海城、熊岳城，于12天内完成这次进军。也就是说，向距离朝鲜更远的地点进军。[66]

这时，由战列舰"奥斯利雅比亚"，巡洋舰"阿芙乐尔""德米特里·顿斯科伊"组成的威列纽斯的增援舰队于1月14日抵达了塞得港。因为带着不适合外洋航海的水雷艇，舰队的速度极其缓慢。阿列克塞耶夫请求可以让战列舰"奥斯利雅比亚"先行，但罗热斯特文斯基以派遣水雷艇很重要为由，下令要求带着水雷艇航行印度洋。威列纽斯舰队在印度洋进退两难。[67]

大韩帝国宣告中立

韩国皇帝高宗感觉事态进入了最终阶段。1月11日，自去年8月以来一直在欧洲活动的皇帝特使玄尚健乘坐俄罗斯军舰"瓦良格"从仁川登陆回国。[68] 玄尚健于13日向皇帝汇报了访问俄罗斯的成果，呈交了尼古拉二世的亲笔信。皇帝因这封亲笔信的内容，以及玄尚健传达的拉姆斯道夫外相和阿列克塞耶夫的话"受到极大鼓舞"，表示"现在朕不会再屈服于日本方面的任何威胁，决心

---

[64] Alekseev to Nikolai II, 4 January 1904, RGAVMF., F. 32, Op. 1, D. 170, L. 14-15. VIK, *Russko-Iaponskaia voina*, Vol. I, pp. 269-271.
[65] *Dnevnik A. N. Kuropatkina*, p. 123.
[66] VIK, *Russko-Iaponskaia voina*, Vol. I, p. 271.
[67] Gribovskii, Poznakhirev, op. cit., pp. 145-148, 153.
[68] 加藤仁川领事给小村的信，1904年1月11日，《日本外交文书》第37卷1册，310页。

无论发生什么,都不在被强加的协定上署名了"。因为此前日本方面向韩国出示了一份协定,内容包括确立日本对朝鲜的保护国制,以及日俄决裂时,韩国也要与俄罗斯决裂,与日本共同行动等。而日本方面得知玄尚健回国的消息后,开始在他那里做各种工作,不断拉拢他。这个时候,皇帝判断强行宣告中立的时机到了。[69]

这天午后,玄尚健拜访了巴甫洛夫公使,对他说明了皇帝的决心,公使立即对此表示赞成。[70]第二天,14日(1日),玄尚健再次访问了巴甫洛夫公使,请求为发表中立宣言提供援助。二人商量了计划。[71]而日本方面为了封锁韩国政府的行动,施加了具体的压力。1月15日(2日),汉城的日本军在郊外举行了小规模的演习,邀请韩国政府的大臣们参观。根据巴甫洛夫的记述,此举"很明显是为了最终威胁朝鲜的大臣们"。演习有"八百名步兵、五十名骑兵、六门速射炮、六挺机关枪"登场。[72]

这时,日本的林权助公使与外部大臣代理李址镕、军部大臣闵泳喆等亲日派大臣谋划,为推进"笼络韩帝近侍"的工作,拿出了一万日元的活动经费。[73]他们工作的结果是,策反了以往一直强烈反对日本的陆军副将李根泽,让他推进日韩密约。1月11日,林权助向小村报告了与李址镕的谈话:"韩帝意向近来似大有变化,此际正努力维持与日本的亲密交谊,播迁俄法两馆等等全系风闻,可以确认皆非圣意。"[74]1月16日,林向小村外相报告:"关于拉拢韩廷之策,本使继续让李址镕、闵泳喆两人劝诱之结果,陛下已有全

---

[69] Pavlov to Alekseev, 31 December 1903, RGAVMF, F. 32, Op. 1, D. 167, L.161-162.
[70] Ibid., L.162.
[71] Pak Chon Khio, op. cit., pp. 149-150. 朴钟涍,上述书,429—430页介绍了1月14日(1日)巴甫洛夫给外相的电报。朴认为该日系最初的商谈,这种看法是错误的。
[72] Pavlov to Alekseev, 5 January 1904, RGAVMF, F. 32, Op. 1, D. 209, L. 6ob-7.
[73] 海野福寿《韩国合并史研究》,岩波书店,2000年,104页。
[74] 林给小村的信,1904年1月11日,《日本外交文书》第37卷第1册,334—335页。

第八章　前　夜

然信赖日本之意向，本使经李址镕之手绝密上奏之密约案，不日即可获签署。"[75]林权助向皇帝请求委任这三人缔结密约。

就这样，韩国皇帝一边欺瞒亲日派大臣，让他们蒙在鼓里；一边开始了发表中立宣言的行动。1月18日（5日），巴甫洛夫公使给外相发电报："朝鲜决定通过芝罘的法国领事发出电报，表明在俄日冲突之际保持中立。"使者将带着电报原文和训令于本日乘坐朝鲜的轮船去往芝罘。电报为法语，将发给美、英、意、俄、法、奥、日诸国。

对于皇帝高宗采取的这个措施，巴甫洛夫写到，他无比期待通过这一措施，切断日本绑架朝鲜政府、强迫其签署协定成为日本的保护国与同盟的道路。[76]

不过，这件事情还有内幕。巴甫洛夫这天从韩国皇帝方面得到重要文书，秘密送给了旅顺的远东总督阿列克塞耶夫。这天早上，俄罗斯巡洋舰"瓦良格"舰长鲁德涅夫招待入港仁川的德国巡洋舰"汉萨"舰长共进早餐，席间，德国舰长询问是否需要给旅顺送信。虽然巴甫洛夫由于身体不适，缺席了这次早餐会，但他听到鲁德涅夫的问询后，立即决定借此机会发出韩国中立宣言。他在这个文书包裹外还附上了给阿列克塞耶夫的信，指出由于日本方面正在胁迫高宗，不知何时高宗就有可能改变主意，有必要迅速采取行动。[77]巴甫洛夫相信这份中立宣言的意义重大：

> 无论如何，我相信从道义上来讲，朝鲜皇帝的这一措施对我们极其有利。因为这样一来，现在日本在朝鲜半岛的一切暴力行为就愈发缺乏正当性，更不用说军事行动。至少从

---

[75]　林给小村的信，1904年1月16日，《日本外交文书》第37卷第1册，335页。
[76]　Pavlov to Lamsdorf, 5 January 1904, RGAVMF, F. 32, Op. 1, D.209, L. 4.
[77]　Ibid., L. 5-6.

理论上来讲，具有了直接侵犯国际法基本原则的性质。[78]

1月19日，李址镕、闵泳喆、李根泽等亲日三大臣从皇帝那里得到了全权委任状，出示给林公使。林将准备好的密约出示给他们。密约规定了三点：两国"常真诚沟通相互意愿，且于缓急之际互相扶掖"，日本保障大韩帝国的"皇室安宁及领土独立、完整"，两国不能与第三国缔结违反本协约的协定。此外还附上了关于处置流亡者的个别公文案，约定迅速处置乙未流亡者、损害韩国皇室安全以及领土完整的犯人。韩国方面于20日早晨送来了逆向提案，表示想将此密约降格为公使和外交大臣的议定书，只做抽象内容的协定：两国"郑重处理国际性的障碍，完全疏通情谊"，"当时变之际，日韩两国……互相提携，永久维持安宁秩序"。"郑重处理国际性的障碍"指的是解决流亡者问题。当夜，小村发去了日本方面的修正案，接受将此降格为公使和外相的协定，内容大致接近林的方案。[79]

这样的交涉大概可以说是亲日派的独角戏吧。皇帝的全权委任状是否为真都令人怀疑。

1月21日（8日），在芝罘的法国领事的安排下，世界主要国家都收到了大韩帝国的中立宣言。

> 鉴于俄罗斯与日本之间发生的纷争，以及交涉当事者为实现和平的结果而直面的困难，韩国政府遵照皇帝陛下的命令，在此宣告，现在，无论上述二强国实际的谈判结果如何，

---

[78] Pavlov to Lamsdorf, 5 January 1904, RGAVMF, F. 32, Op. 1, D.209, L. 6ob.
[79] 林给小村的信，1904年1月19日、20日，《驻韩日本公使馆记录》23，136—138页。影印版《驻韩日本公使馆记录》19卷，462—463页。海野，上述书，104—108页。

第八章　前　夜

韩国都决意保持最严正的中立。[80]

发表者署名为"韩国外交大臣李址镕"，但李址镕并不知晓此事，也没有参与。

俄罗斯政府的讨论

1月16日（3日），阿列克塞耶夫给皇帝和外相发去电报，对于日本方面的最终方案，他认为"无论从其本质来看，还是从日本通知的语气来看，都比以往更贪婪、更自信过剩"，他指出"在此方向上继续交涉……不仅不能达成当初的目的，反而会逐渐使关系尖锐化，恐怕会导致决裂吧"。因此，他提议在决定对日本的答复时，"我认为有必要将朝鲜问题与远东全盘的政治形势联系到一起进行全面审议。"[81]翌日，他给阿巴扎发去电报，再次强调为了答复日本，有必要进行"最慎重的全面审议"。"在这样重大的瞬间表现出让步的姿态，有可能极大地损害俄罗斯的威信，极度地抬高日本在整个东洋的地位。因此，在答复日本之前，有必要将朝鲜问题与全盘的政治形势联系起来讨论。"尽管他本人原本也应该参加这个审议，但现在去圣彼得堡之事恐怕难以办到。[82]

阿列克塞耶夫要求召开特别协商会，并且他本人无法出席，成为了日俄交涉最终由远东当地返回圣彼得堡的契机。拉姆斯道夫外相抓住阿列克塞耶夫的提案，逐步夺回了主动权。

---

[80]《日本外交文书》第37卷第1册，311页。《日韩外交资料集成》5卷，岩南堂书店，28页。

[81] Alekseev to Nikolai II, 3 January 1904, DKPIa, No. 22, pp. 37-38. 同日，他给外相发去了同一主旨的电报。Alekseev to Lamsdorf, 3 January 1904, GARF, F. 568, Op. 1, D. 180, L. 154.Lukoianov, op. cit., pp. 32-33.

[82] Alekseev to Abaza, 4 January 1904, DKPIa, No. 23, p. 38.

库罗帕特金看过外相的上奏后，同样于1月16日（3日）对日本方面的最终方案提出了和阿列克塞耶夫相反的妥协性意见，送给了外相。库罗帕特金接受日本拒绝俄方第六条设立中立地带的要求，但认为，为此有必要将俄方提案的第五条"不将韩国领土的任何部分用于战略目的"改为"不将三十九度线以北的韩国领土的任何部分用于战略目的"。他表示最好加入"不在韩国沿岸设置妨碍朝鲜海峡自由航行的兵要工事"这一条。他认为，日本承认"满洲"在其利害圈外是"为调整问题的很大一个进步"，俄罗斯也承认朝鲜在自己的利害圈外，他主张这两点"必须是我们与日本协定的基础"。但是，他要求删除在"满洲"尊重清国领土完整这个义务。这是从合并"北满洲"的立场出发的。[83]

很明显，拉姆斯道夫与库罗帕特金的侧重点不同。法国德尔卡塞外相来信，指出设立中立地带或许很困难，对此，拉姆斯道夫积极地做出了回应。1月19日（6日），他给巴黎的涅利多夫公使发去信函，感谢法国政府的建议，写道：

"至于中立地带正确的边境划分和行政条件，这是一个相当有难度、需要进一步研究的课题。或许完全打消设定这一地带的想法更好。"拉姆斯道夫认为，可以放弃中立地带条款，但必须要坚持第五条。因为如果承认以战略目的利用朝鲜领土，"就等于放弃了遵守朝鲜'独立'的原则。"[84]

翌日，外相给陆相回信：根据来自法国政府的情报，设立中立地带很难得到日本的认同，不管怎么说，将三十九度线作为这一地带的界线之事很难办到。为了达成共识，有必要缩小中立地带，并确定那里的行政制度。[85]库罗帕特金即使收到了这封信，

〔83〕 Kuropatkin to Lamsdorf, 3 January 1904, RGVIA, F. 165, Op. 1, D.969, L. 13-14.
〔84〕 Lamsdorf to Nelidov, 6 January 1904, Ibid., L. 10.
〔85〕 Lamsdorf to Kuropatkin, 7 January 1904, Ibid., L. 12.

第八章　前　夜

仍然做出了与 16 日同样的回复。他主张虽然可以同意删除关于中立地带的第六条，但条件是将第五条改为"不将三十九度线以北韩国领土的任何部分用于战略目的"。[86]

拉姆斯道夫外相接着征求了海军大臣的意见。阿韦兰海相于 1 月 23 日（10 日）回答：能让日本承认北部朝鲜属于俄罗斯的势力圈是最好的。如果无法办到，就要承认其为中立地带，但这样做会给将来制造极大的困难。如果连这点也不能办到的话，"就相当于我们在旅顺的侧面有了强劲的敌人。它能够切断南乌苏里地区和关东州的联络，波及满洲的统治，大概用不了多久我们就有可能会失去旅顺了。"[87] 这虽然是反对拉姆斯道夫的让步案的意见，却颇有道理。

1 月 26 日（13 日），拉姆斯道夫又给阿列克塞耶夫发去电报询问，分条罗列了问题。其中第一、第二、第三和最后的第六条很重要。

> 一，如果坚持不修改我们的要求，那么现在俄罗斯与日本之间的意见分歧是否严重到将会发生军事冲突的程度。
>
> 二，如果第一问的回答是"YES"，那么为和平解决现在的危机，我们是否仍然应该继续交涉，直到用尽一切办法。
>
> 三，如果此事不可能，从日本方面决裂了的话，这样一来，日本就成了远东的带有侵略性质的和平破坏者，这对俄罗斯来讲是否有利？……
>
> 六，与明显不能无限开放的满洲问题相关，我想明确以下问题：如果日本中止交涉，擅自占领了朝鲜，那么我们在

---

[86] Kuropatkin to Lamsdorf,［8 or 9］January 1904, RGVIA, F. 165, Op. 1, D.969, L. 11.
[87] Avelan to Lamsdorf, 10 January 1904, RGAVMF, F. 417, Op. 1, D. 2823, L. 90ob.

满洲所占据的地位会因此在与日本、中国的关系方面有本质的变化吗？[88]

第四问和第五问是关于和列强关系的问题。

26日（13日）当天，外相向皇帝提交了上奏意见书。外相从批判阿列克塞耶夫重新讨论远东局势的提案开始，展开了对远东总督所主导的整个对日交涉过程的批判。他指出，阿列克塞耶夫提议的讨论已经进行了很多次，去年的旅顺会议和8月的三大臣协商会最为详细且全面，已经得出了最明晰的结论。无论谁的结论都是"推迟朝鲜问题，预先结束满洲问题较为理想"。虽然建议应该让驻清国公使去交涉，但由于导入了远东总督制，与清国的交涉被中止了，我国在继续占领"满洲"的情况下，开始与日本进行交涉。外相批判道，"如果总督在满洲采取了果断的措施，可以想象会使日本更克制、稳重"，然而，他却没有这样做。日本越来越强化了战斗准备。到了11月18日（5日），阿列克塞耶夫为了强化在远东的军事立场，"推迟"了交涉。他说，如果能够增强兵力，将可以抑制日本的主张。然而，虽然交涉推迟了两个月，日本却在不断强化其主张。现在"俄日关系极度紧张，东京政府焦虑不安，正在急切地等待我们对他们的最新提案的答复。应该说，重新将朝鲜问题和整体的政治形势联系起来进行审议，进一步推迟答复，这种做法大概并不慎重吧"。[89]

外相的意见是，即使按照阿列克塞耶夫的提议进行"全盘的政治形势"的协商，也只是在浪费时间，应该迅速制订出答复方案。然而，皇帝并不赞成外相的意见，他命令于两天后，1月28

---

[88] Lamsdorf to Alekseev, 13 January 1904, DKPIa, No. 24, pp. 39-40. 第6项是库罗帕特金的方案。*Dnevnik A. N. Kuropatkina*, p. 123.

[89] Lamsdorf to Nikolai II, 13 January 1904, GARF, F. 568, Op. 1, D. 568, L. 168-169ob.

第八章 前 夜

日（15日）举行大臣协商会，结合"全盘的政治形势"，商讨答复方案。尼古拉难以决定一切，召开协商会也只是为了拖延。

库罗帕特金在26日（13日）的日记中记录了皇帝的心境。"毋庸置疑，陛下一直相信冲突会和平地解决，继续保持着爱好和平之心。但是，同样毋庸置疑的是，陛下心中对日本的敌对感情正在不断高涨。……对英国的敌忾心也越来越强。陛下对英国人在西藏有可能被教训很高兴。"[90]

自去年起，英国的印度政厅向西藏派去武装使节团，与西藏方面的关系紧张起来。27日（14日），尼古拉接见了将要被派往西藏的两名顿河流域的卡尔梅克人。一人是哥萨克的乌兰诺夫，另一人是喇嘛僧乌里扬诺夫。赋予他们的使命是侦察西藏人的反英斗争。[91]这本是按库罗帕特金陆相的指示派遣的，不过库罗帕特金很谨慎，他建议尼古拉跟二人郑重地谈一下。不管怎么说，在远东战争危机迫在眉睫之际，还想着派人去西藏探察向英国施加压力的可能性，操心得未免太多了。

就在接见两名卡尔梅克人的1月27日（14日），皇帝给阿列克塞耶夫发去了"仅供阁下个人参考"的电报：

"如果日本军在南部朝鲜登陆，换言之，从纬度上来讲，自汉城以南的朝鲜东部海岸登陆，俄罗斯要装作没有看见。不把这件事情当作战争的理由。""可以允许日本占领直至形成鸭绿江和图们江盆地的分水岭的山脉为止的朝鲜。"[92]

这又是听从了阿巴扎意见的指示。对此，阿列克塞耶夫立即于28日（15日）给阿巴扎回电，称接到了陛下的指示，但希望"更加明确地指示"。仁川及其以南的西部海岸整体是否都是禁止

---

[90] *Dnevnik A. N. Kuropatkina*, p. 123.
[91] *Dnevniki Imperatora Nikolaia II*, p. 191.
[92] Nikolai II to Alekseev, 14 January 1904, DKPIa, No. 25, p. 40.

日本军登陆的区域？希望更明确地规定允许日本占领朝鲜北部的"界线"。[93]这是理所当然的反应。

寻求仲裁调停

这时，拉姆斯道夫开始寻求法国、英国的调停。美国政府一度也表现出调停的意愿。1月10日，小村外相指示驻美国的高平小五郎公使向美国务卿海约翰说明，日本政府认为调停"没有效力，其结果独利于俄国"。[94]12日，高平公使回复，美国务卿已保证，即使其他国家提出此类方案，美国也不会参与其中。[95]14日，拉姆斯道夫会见英国的斯科特公使，表达了希望调停之意。[96]15日，拉姆斯道夫再次向斯科特请求调停。[97]斯科特公使明显动心了。东京的麦克唐纳公使从兰斯敦外相那里得知此事后，于18日访问了小村外相，试探日本政府对于调停的态度。小村说，由于俄罗斯有"两个党派"在斗争，即使拉姆斯道夫启动了调停的手续，恐怕"主战派"也会使"和平派"的努力化为泡影，因此希望英国政府置身局外。[98]

法国政府的德尔卡塞外相则开始了调停行动。13日，德尔卡塞向日本驻法国的本野一郎公使表示，日俄两国的战争大概不会为双方"带来利益"，他认为交涉的争执点"绝无赌上一场大战的

---

[93] Alekseev to Abaza, 15 January 1904, DKPIa, No. 26, pp. 40-41.
[94] 小村给高平的信，1904年1月10日，《日本外交文书》第37卷第1册，27页。
[95] 高平给小村的信，1904年1月12日，同上书，29页。
[96] Scott to Lansdowne, 15 January 1904, *Correspondence respecting Corea and Manchuria*, Part III,Microfilm 405/146, p. 51. 广野，《日俄交涉（1903—1904）再考》，28页。
[97] Lansdowne to MacDonald, 17 January 2004, *British Documents*, Vol. II, p. 236.
[98] 小村给林的信，1904年1月19日，《日本外交文书》第37卷第1册，60页。

第八章 前　夜

价值"，他个人打算尽自己的职责为和平而努力。[99] 16日，驻英国的林董公使访问兰斯敦外相，告知德尔卡塞正在考虑调停，林董强调这样一来就会拖延问题，只有利于俄罗斯。[100] 18日，法国的驻英公使访问了兰斯敦外相，表示德尔卡塞认为俄罗斯的答复（1月8日）"可以令人满意"，应该能够达成妥协，询问英国是否会向日本施加压力。兰斯敦回答这很困难，不过他表示正在向俄罗斯方面确认其本意，没有明确拒绝。[101] 20日，驻法国的本野公使访问了德尔卡塞外相，询问调停一事。德尔卡塞说，没有打算调停日俄间的关系，但是，他认为"为了和平"，有义务将自己的意见讲述给俄罗斯外相。[102] 翌日，本野公使又听到了关于调停的消息，他报告了他所推测的德尔卡塞调停方案：关于中立地带，或接受日本方案，或"以鸭绿江为中心设定"。[103] 21日，斯科特公使向兰斯敦外相做了报告。他写道："整体来讲，不得不说，俄日间达成满意的妥协较数日前更有希望。"他甚至主张，应该考虑"失败的军国主义分子"会不会通过公然的反英宣传来报复。[104]

随后，兰斯敦外相也有所动摇，他向前迈出了一步。1月29日，他对林董公使说："虽然我不想谈调停一事，但我听到了列强的一些声音，即应该努力找到能使双方不失尊严又都能接受的解决办法。""很多人感到日本通过其成功的外交，实质上已获得了它在朝鲜所期望的一切。我国大概也会出现这样的感觉。可以说，在这种情形下，为了回避战争的灾难，列强有责任做出某种努力。我个人很想知道，在为时未晚之际，日本在这点上的感情是怎样

---

[99]《日本外交文书》第37卷第1册，37页。
[100] 同上书，60页。
[101] Lansdowne to Scott, 19 January 2004, *British Documents*, Vol. II, p. 237.
[102]《日本外交文书》第37卷第1册，61—62页。
[103] 同上书，62页。
[104] Scott to Lansdowne, 21 January 1904, *British Documents*, Vol. II, pp. 238-239.

的。"对此,林公使重申了日本的立场。兰斯敦写信告知麦克唐纳:"林子爵讲话颇为干脆。他留给我的印象是,如果俄罗斯不完全接受日本的提案,就无法避免战争。"[105]

　　林公使将兰斯敦外相的这席话报告给了本省。[106]小村大概着实思考了一番吧。但是,日本已经破釜沉舟,无法后退了。而且英国应该不会转变为反对日本对俄战争的决定性的一方吧。因为日俄交涉从一开始就是与英国商量推进的,英国站在无法反对的位置上。

日本严密管控韩国

　　韩国的中立宣言在日本国内传开。《东京朝日新闻》于1月24日刊载了新闻稿《朝鲜中立的真相》,指出这一举措源自前几年韦贝尔访问韩国时提出的建议,"似乎朝鲜政府内部的亲俄党愈加决心听从此劝告","总之,此次的中立宣言完全是亲俄派秉俄国之旨做出的。"接着,《东京朝日新闻》于25日发表了社论《朝鲜的中立宣言》,认为日本政府不能承认这一宣言:"今俄兵已入汉城,日本驻屯该地之兵何时会招致攻击,无从揣测,……况且,俄兵现在于鸭绿江及图们江边境出入朝鲜土地,已成为公开秘密。如不扶植朝鲜独立,则日本独立也有陷于危殆之虞。要确保朝鲜独立,我兵或不得不进入朝鲜,一如日清战役之时。"文章诡辩称,争取中立的朝鲜人是俄罗斯的走狗,日本出兵朝鲜是为了保护朝鲜的独立。

　　1月25日,韩国驻日临时代理公使玄普运向日本政府递交了

----
[105] Lansdowne to MacDonald, 29 January 1904, *British Documents*, Vol. II, p. 241.
[106] 林给小村的信,1904年1月29日(2封),《日本外交文书》第37卷第1册,78—80页。

第八章　前　夜

中立声明。[107] 日本政府决定无视这一声明。

小村得知韩国发表中立宣言的消息后，立即于21日夜晚给林权助公使发去电报，命令他在"签署上次悬而未决的密约基础上"，向李址镕确认其是不是中立宣言电报的发送人，并用电报告知真相。[108] 林得到指示后，继续谋划。他以日韩密约和中立宣言不矛盾为由，劝说韩国方面签署密约。这一动向被俄罗斯获知。1月25日（12日），巴甫洛夫公使向圣彼得堡和旅顺做了报告。巴甫洛夫写道，日本通过三位完全服从日本的大臣，向皇帝提出了新的方案。由于韩国发表了中立宣言，协议大幅放低姿态，同时还增加了皇帝可能会喜欢的诱饵。协议如下："韩国在任何情况下，都负有不对日本采取敌对立场的义务。""作为交换，日本同意立即引渡所有避身于日本的韩国政治犯，完全由韩国皇帝处置。"不过，皇帝坚决驳斥了这份新提案，并称前来劝说的三位大臣为"国家的敌人"。[109]

25日，林公使在发给东京的报告中以略显不同的方式描述了同一情形。他写道，高宗面对强迫他接受密约的三位大臣说："关于韩国之独立，韩国若坚守中立即可安心。今日之情形，与日密约将招俄国怒，反害韩国独立，故而三人为保颜面，可去现职。"[110]

问题在于，这份报告是否正确传达了高宗的话。高宗不可能彻底相信中立宣言。但无论如何，高宗确实对三名亲日派大臣说了："你们如果不高兴，就辞职吧"。

这样一来，东京的小村也只得反对密约和中立宣言的双重缔结。26日，他发去训令："当前暂且如此，等待适当时机。"[111] 林

---

〔107〕玄普运给小村的信，1904年1月24日，《日本外交文书》第37卷第1册，316页。
〔108〕小村给林的信，1904年1月21日，同上书，312页。
〔109〕Pavlov to Lamsdorf, 12 January 1904, RGAVMF, F. 32, Op. 1, D.209, L. 16-17.
〔110〕林给小村的信，1904年1月25日，《日韩外交资料集成》第5卷，29页。
〔111〕海野，《韩国合并史研究》，108页。小村给林的信，1904年1月26日，《日本外交文书》第37卷第1册，338页。

也于28日回电:"以韩帝为首,李容翊一派目前对中立问题尤为热衷",即使派策划好的民间人士大三轮长兵卫面见皇帝,劝说日韩结成同盟,因"无可使韩帝倾听之理由,反有让其不快之虞",决定先中止劝说之事。[112]

1月28日(15日),高宗皇帝给巴甫洛夫公使看了韩国驻俄公使发回的电报,上面写道,他尚未下定决心将中立宣言亲手交给俄罗斯外相,因为玄尚健带去圣彼得堡的韩国皇帝的亲笔信表明,日俄开战之际,韩国将站在俄罗斯一方,而中立宣言违反了这个约定,故担心俄罗斯政府会对此不满。高宗对巴甫洛夫说:"之所以发布中立宣言,完全是为了面对日本及其支持者的压力和威胁而保全自身。朕已下定决心,日俄关系实际决裂之际,朕将以日本现已明显侵害了韩国中立为由,公然宣布韩国是俄罗斯的同盟国。"高宗说,英国、美国、德国、丹麦、意大利五国已对韩国的中立宣言做出了善意的反应,由于有传闻说,俄罗斯对中立宣言持否定态度,因此务必想知道俄罗斯正式的反应。[113]

实际上,对于中立宣言的通告,英国政府只是通过驻韩公使回答了"acknowledge"而已。虽然高宗令公使传达了感谢之意,[114]但这个词语的意思只是"告知已收到"。美国政府对这份通告也只回答了"acknowledge",同样采取了无视的态度。[115]

1月29日(16日),拉姆斯道夫外相给巴甫洛夫公使发去电报,告知俄罗斯对韩国中立宣言的答复。"允许阁下对韩国皇帝传

---

[112] 林给小村的信,1904年1月28日,《驻韩日本公使馆记录》22,385页。
[113] Pavlov to Lamsdorf, 15 January 1904, RGAVMF, F. 32, Op. 1, D.209, L. 21-21ob. 美国公使艾伦在1月30日的电报中写道:"俄罗斯政府反对中立宣言。"Kim Ki-Jung, The War and US-Korean Relations, RJWGP, Vol. II, pp. 473-474. 史料,Allen to Hay, 30 January 1904.
[114] Ku Daeyeol, A Damocles Sword?: Korean Hopes Betrayed, Ibid., p. 446.
[115] Kim Ki-Jung, op. cit., p. 473.

第八章　前　夜

达，对于韩国表明在俄日冲突之际韩国保持中立一事，俄罗斯帝国政府以完全的共鸣给予欢迎（vstrechenosochuvstvenno）。政府会欣然留意此事（prinialo k svedeniiu）。"[116]

以往的观点似乎认为俄罗斯不承认韩国的中立宣言，[117]这是不正确的。很明显，俄罗斯政府给予了实质性的承认。

实际上，这个时候，高宗进行了人事调整，他解除了亲日派大臣的职务。首先他在 1 月 21 日解任了军部大臣闵泳喆，任命李容翊为继任者，兼内藏院卿。闵泳喆于 28 日被派任驻清公使。25 日，高宗任命朴齐纯为外交大臣。不过，李址镕继续任外交大臣代理。[118]

此外，1 月 25 日，林公使向小村报告了清安君李载纯秘密通报的巴甫洛夫公使的话。据传巴甫洛夫说："万一事变之际，为陛下安全考量，播迁至俄法两公使馆为上策"，"且韩国之实力，终究不足以严守中立，事变之际，不如遁于俄公使馆，可与俄国共同提携。"[119] 这大概是不加分析就向东京报告了捏造的、日本方面喜欢的反俄的错误情报吧。从俄罗斯方面的资料来看，巴甫洛夫不可能说出这样的话。

最后的大臣协商会

1904 年 1 月 28 日（15 日），召开了由阿列克塞耶夫提议的特

---

[116] Lamsdorf to Pavlov, 16 January 1904, RGVIA, F.165, Op. 1, D. 1070, L. 2.
[117] 森山茂德《近代日韩关系史研究——朝鲜殖民地化和国际关系》，东京大学出版会，1987 年，144 页。海野，《韩国合并史研究》，108 页。
[118]《高宗时代史》第 6 卷，9—12 页。海野，上述书，109 页。
[119] 林给小村的信，1904 年 1 月 25 日，《日韩外交资料集成》第 5 卷，31 页。木村干《高宗和闵妃》，ミネルヴァ书房，2007 年，321 页，将此事当真。

别协商会。[120]尽管皇帝就在首都，而且当天上午还接受了三次上奏，但不知何故没有出席。协商会由阿列克谢大公主持，与会者包括库罗帕特金陆相、拉姆斯道夫外相、阿韦兰海相、阿巴扎远东特别委员会事务局长。

阿列克谢大公在会议一开始提出了皇帝所指示的协商主题："考虑到现在日本舆论处于极度兴奋的状态，以及我们希望回避与日本发生武力冲突的愿望，我们有必要最终明确，是否应该从大的和平主义出发，同意做出进一步的让步，也就是说，我们是否应该同意将整个朝鲜让与日本；或者，我们是否应该止步于某个完全明确的程度，在这之上，无论任何情况都不做让步。"

日本方面始终反对俄罗斯所提方案的第五条前半部分，即，不将朝鲜领土用于战略目的，以及关于中立地带的第六条。但是，这些条款对俄罗斯"最重要"。日本统治朝鲜也必须有界限。

大公说完后，随即提到海军部已经陈述过的意见：从海军的观点来说，设定中立地带很重要，北部朝鲜"对俄罗斯具有重大的战略意义"，"如果不能获取这一地区的中立，无疑我们就会在旅顺的侧面拥有强劲的敌人。"[121]

外相发言道，在日本反对的两项条款中，期待日本接受第六条的可能性微乎其微，因为他们担心我方在鸭绿江的战略计划。大概无法让他们相信我们不会在朝鲜国内建立强力的战略地位吧。与之相比，由于双方都承认朝鲜的独立和领土完整，因此说服日本同意第五条前半部分是可能的。外相接着汇报：经皇帝许可，他事先征求了海军部和陆军部的意见，海军部强烈主张保留中立地带的要求，而陆军部则表示，如果日本接受第五条的修正，那

---

[120] 记录收于 Zhurnal sostoiavshegosia po Vysochaishemu poveleniiu Osobogo Soveshchaniia 15 ianvaria 1904 goda, RGAVMF, F. 417, Op. 1, D. 2823, L. 106-113ob。

[121] Ibid., L. 106ob.-108.

第八章 前 夜

么可以删除中立地带条款。[122]

阿列克谢大公听了外相的这番话后要求发言，他强烈反对刚才介绍的陆相的意见，主张如果做出类似这样的"最终让步"，那么"一直到北方我国的国境为止，日本都能够完全自由地到达了"。这样一来，拉姆斯道夫只得搪塞说，这部分讨论是外交部权限之外的问题，希望陆相和海相一起商量出意见，再做决定。陆相表示，他在讲述自己的意见之前想先听听阿巴扎的意见。

阿巴扎开门见山地说，他赞成外相提出的日本不可能同意中立地带条款的意见。以北纬三十九度来划分，只不过是观念性的界线。与之相比，采用图们江和鸭绿江流域紧南边与东边的山顶和分水岭更好。如果日本接受以此为界线，那么中立地带问题就没有必要了。另一方面，阿巴扎也认为第五条"对俄罗斯来讲具有本质性的意义"，他主张重要的是不让日本在朝鲜沿岸修建要塞，而在朝鲜内陆修建要塞则不用担心。他认为，"由于日本为备战支出了巨额资金，国库匮乏，他们能否在内陆修建战略阵地值得怀疑。"而且，朝鲜也会进行抵抗，日本应该困难重重吧。[123] 阿巴扎认为有可能与日本达成妥协。

陆相库罗帕特金说，阿巴扎去年6月12日意见书中讲述的内容不能成为现在讨论的对象，远东总督提出的限制日本优势的条件方案，比阿巴扎的意见书更好。也就是说，库罗帕特金反对分水岭方案，主张以三十九度线作为日本前进的界线。这是主张坚持中立地带条款。他进而反对允许将朝鲜铁道和东清铁道连接。他说，一旦提出了北部朝鲜中立化这个条件，还能将其收回，提出新的条件吗？如此，交涉会即时决裂，没有好处。"因此，我认

---

[122] Zhurnal sostoiavshegosia po Vysochaishemu poveleniiu Osobogo Soveshchaniia 15 ianvaria 1904 goda, RGAVMF, F. 417, Op. 1, D. 2823, L. 107-107ob.

[123] Ibid., L. 108-109ob.

为，我们今天应该只讨论皇帝陛下指示的事情，从我们与日本之间产生的意见分歧中找到出路。"

但是，库罗帕特金表现出了他本来的妥协性性格。在发言的后半部分，他问道，日本大概不会答应俄罗斯的要求吧，那么收回中立地带的要求，完全坚持第五条是否可行呢？中立地带在经济层面没有意义，因为经济上已经全部让给了日本。在战略层面，不能允许日本进入北部朝鲜。因此，将第五条和第六条统合起来，改为"不将北纬三十九度线以北朝鲜领土的任何部分用于战略目的"怎么样？虽然本来的第五条较为理想，但如果日本不接受的话，有必要以这样的修正案去争取。〔124〕

阿列克谢大公对此评论道，让日本军进入北部朝鲜后果不堪设想。库罗帕特金说，北部几乎都是荒地，居民很少，日本如果占领那片区域会很辛苦，因此如果能够获取修正第五条的话，我们对北部朝鲜可以放心。

阿韦兰海相赞成陆相的意见，强调"本质上有必要"保留三十九度线以北的中立地带。日本军如进入北部朝鲜，必须事先和俄罗斯协商。〔125〕

对此，陆相指出，像那样的条件不可能实现，如果提出新的方案，交涉就会决裂。这时，阿列克谢大公发言，认为如果不能保护俄罗斯在朝鲜的利益，交涉就没有价值，那么去掉第五条、第六条和第七条，"以爱好和平的理由让日本进入朝鲜成为正当行为，将整个朝鲜让给日本好了。"拉姆斯道夫外相则表示，"如果希望回避战争"，应该尝试再度妥协。他主张应该只坚持俄罗斯方案的第五条，提议暗中撤回要求中立地带的第六条。

---

〔124〕 Zhurnal sostoiavshegosia po Vysochaishemu poveleniiu Osobogo Soveshchaniia 15 ianvaria 1904 goda, RGAVMF, F. 417, Op. 1, D. 2823, L. 109ob.-111.

〔125〕 Ibid., L. 111-111ob.

第八章　前　夜

阿巴扎这时认为，日本进入北部朝鲜意味着危险。首先，有必要让日本承担在出兵时先与俄罗斯进行交涉的义务；其次，能够获得三十九度线的中立地带较好，如果这点做不到，就必须坚持在分水岭构筑屏障。拉姆斯道夫外相接话，无论哪条日本都不会接受。陆相则继续主张放弃中立地带方案的立场。他说："从深层意识来讲，因朝鲜而发生战争对俄罗斯极其不利。"没有理由向日本提出它不会接受的条件。四个月或者一年之后，俄罗斯在军事上会远远更为有利。而"满洲"是另外的问题，不能允许日本介入。[126]

最后，拉姆斯道夫说："为了争取时间，有必要缔结和平协定。"他将准备好的俄罗斯的答复方案发给了众人。

其内容为：一，考虑到划定中立地带和在那里确立行政的困难，同意删除关于中立地带的第六条。二，承认日本方案第四条日本派遣军队的权利，但维持俄罗斯方案第五条的前半部分，即不以战略目的使用朝鲜领土这个规定，这是依据尊重朝鲜独立和领土完整原则。三，对"满洲"属于日本利害圈之外不做提及，不承认朝鲜在俄罗斯利害圈之外，只提俄罗斯尊重日本在"满洲"拥有的条约上的权利。[127]

会议围绕这一答复方案进行了讨论，最后，阿列克谢大公汇总众人意见，将外相方案和协商会总结的关于第五条和第六条的第二方案一同上报皇帝。[128]

第二方案如下：

第五条　相互有义务不在整个朝鲜沿岸地带修建军事设

---

[126] Zhurnal sostoiavshegosia po Vysochaishemu poveleniiu Osobogo Soveshchaniia 15 ianvaria 1904 goda, RGAVMF, F. 417, Op. 1, D. 2823, L. 112-112ob.
[127] Ibid., L. 103-103ob.
[128] Ibid., L. 113-113ob.

施。保障海峡的航行自由。

第六条 相互有义务承认北纬三十九度线以北的朝鲜领土为中立地带。在这个区域内，日本只有根据与俄罗斯的协议，为了维持治安，才能够派遣本国军队。[129]

这份方案去掉了禁止用于战略目的的使用原则，反而保留了设定中立地带的部分，大概是海相和陆相恋恋不舍吧。阿巴扎主张先试着提出第五条、第六条，如果行不通，就应该争取以分水岭划分界线。[130]

即使是拉姆斯道夫尽最大努力制订的方案，日本也不可能接受，因为日本始终拒绝不以战略目的利用朝鲜这项规定。卢科亚诺夫评价这场协议会："在上层官僚中，无论是国家理性还是政治意志，都产生了独特的崩溃。"尽管拉姆斯道夫是"与会者中拥有最健全思维的人"，但他的主张也没有通过的可能性。[131]不过，拉姆斯道夫配不上这样的评价。我们可以看出来，包括他在内，俄罗斯政府的大臣们很明显都不具备应对这场危机的能力。

日本方面的开战准备

日本方面在以猛烈的势头推进着开战准备工作。参谋本部很早就坚定了向朝鲜派送临时派遣队的想法，敦促海军军令部协助。由于海军方面答复将于1月20日准备就绪，原本计划让临时派遣队在这天出发，但是，后又因海军传来1月26日之前无法准备就

---

[129] Zhurnal sostoiavshegosia po Vysochaishemu poveleniiu Osobogo Soveshchaniia 15 ianvaria 1904 goda, RGAVMF, F. 417, Op. 1, D. 2823, L. 104.
[130] Ibid., L. 113ob.
[131] Lukoianov, op. cit., p. 32.

绪的消息，行动只好再度推迟。[132] 海军推迟行动，是因为要等待购入的"日进""春日"两舰到达。

或许是判断已经没有必要防范俄罗斯了，1月22日（9日），日本官方逮捕了鲁辛的翻译高桥门三九。[133] 鲁辛将这次逮捕视为日本表明了开战决心。1月28日（15日），他发出了决定性的电报。

> 日方总计租赁了60艘船只，而且预留了更多的船。舰队在佐世保，那里有从厦门运去的大量舰艇用的煤炭。佐世保周边铺设了水雷。宇品、下关等港口有大量通过铁道运输来的军事物资，火车运行也被打乱了。数千名工人被送往朝鲜进行铁道建设。推测将会有总动员。准备的规模达到了五千万日元，显示出日本计划之庞大。日本社会极其亢奋。我的翻译以交给我重要军事机密的嫌疑被逮捕。没有证据。[134]

没有迹象表明罗热斯特文斯基和海军部曾对这份决定性的电报予以关注。在阿韦兰海相的资料中，有从外相处转来的日期标为2月1日（1月19日）的罗森公使的电报。[135] 这份电报传达了鲁辛的情报，但结论一如既往。

> 这些情况给了我们做出以下推测的线索：日本为了能够让军队在北部朝鲜的西海岸登陆，正在追求确保直隶湾制海权这一目标。[136]

---

〔132〕《秘密日俄战史》第1卷，102页。
〔133〕《东京朝日新闻》1904年1月25日。
〔134〕Rusin to Rozhestvenskii, 15 January 1904, RGAVMF, F. 417, Op. 1, D. 2486, L. 197ob. 彼得洛夫发表了这份电报（DMAIaR, p. 86），但遗漏了"推测将会有总动员"这句话。
〔135〕Lamsdorf to Avelan, 20 January 1904, and Rozen to Lamsdorf, 19 January 1904, RGAVMF, F. 417, Op. 1, D. 2823, L. 95-95ob., 96-96ob.
〔136〕Ibid., L. 96ob.

协商会之后的拉姆斯道夫

对协商会结论不满的阿巴扎于 1 月 29 日（16 日）给皇帝去信，汇报了会议内容。同时送去了回复阿列克塞耶夫询问的方案。第一种变通方案是，允许日本在仁川以南的西部海岸登陆。占领的北部界线是鸭绿江和图们江流域的南分水岭。[137]第二种变通方案是，不允许日本军在北纬三十九度线以北的西部海岸登陆。占领的北部界线仍是鸭绿江和图们江流域的南分水岭。[138]阿巴扎将自己的分水岭方案揉进其中。该文书上写着，皇帝批准了第一种方案。

但是皇帝很迷茫。1 月 29 日（16 日），他给阿巴扎送去便条，上面写道："到仁川为止，可以对日本军的登陆视而不见。"但必须要让他们知道哪里是占领的界线，希望那里"尽可能远离北方"。[139]而另一方面，皇帝在阿列克塞耶夫 1 月 29 日（16 日）的电报上，写下了这句话："对朕来讲，远东的危机在日本军登陆南部朝鲜时就变得不那么尖锐了。"[140]

皇帝认为日本在朝鲜南部登陆后，事态就平息了。显然，他没有设想到俄罗斯会遭受攻击，因此才没有对阿列克塞耶夫的电报做出回复。[141]

---

[137] Abaza to Alekseev, 16 January 1904, DKPIa, No. 28, pp. 42-43. 此为案文。
[138] Ibid.,No.29, p. 43. 此为案文。
[139] Nikolai II's note, 16 January 1904, Ibid., No. 30, p. 43.
[140] Nikolai's resolution on Alekseev's telegram, 16 January 1904, GARF, F. 568, Op. 1, D. 180, L. 190.Lukoianov, op. cit., p. 33.
[141] 参谋本部的战史认为，阿巴扎的第一方案送给了阿列克塞耶夫（VIK, Russko-Iaponskaia voina, Vol. I, p. 272），其根据与我的研究所用的材料相同，但这不能认定在此之后阿列克塞耶夫发了电报。阅读后来 2 月 7 日（1 月 25 日）阿巴扎给阿列克塞耶夫的电报案文可以明显看出，在 1 月 27 日（14 日）的电报发出之后，皇帝没有给他回复电报。

第八章 前 夜

而阿列克塞耶夫对拉姆斯道夫外相的询问做了如下答复:

关于第一问,我认为在决意接受日本的交涉提案后,我们追求的主要目标是通过在朝鲜问题上的让步,获得在满洲完全的行动自由。但我们在交涉过程中立即明白,日本在执拗地要求俄罗斯承认日本对朝鲜完全的保护权的同时,丝毫没有打消参与解决满洲问题的念头。而且日本在进行交涉的同时,还在强化自身的战斗准备,甚至开始着手在朝鲜修建基地。

所有这些举动都是为了威胁俄罗斯,以满足自己的要求。他们很清楚,帝国政府不容许有战争这种想法,正在为和平解决问题而竭尽全力。以我的见解,这样一来,俄罗斯和日本之间本质性的意见分歧在现在的交涉中完全明确地表现了出来,尽管如第二个问题所指出的,和平解决问题的意义变得越来越重要,然而我不知道对此可以在哪些方面做进一步的审议,在哪些项目上能够达成相互的让步。因为日本最后的提案十分强硬、自信过剩。[142]

关于第三个问题,阿列克塞耶夫写道:"我完全赞成,决裂由日本方面做出,让日本成为远东和平的破坏者——实际上也的确是这样——这个意见。"

关于第六个问题,由于日本占领朝鲜会使我们在满洲的地位发生变化,我们应该立即采取的措施是,宣布按照国际

---

〔142〕 Alekseev to Lamsdorf, 15 January 1904, Alekseev, Vsepoddanneishii otchet po diplomaticheskoi chasti, GARF, F. 543, Op. 1, D. 186, L. 21-21ob. Simanskii, op. cit., Vol. III, pp. 199-200.

法,俄罗斯全面地军事占领满洲全域。之后如果有必要,可以给清国提供寻求与俄罗斯达成和平协定的权利。[143]

阿列克塞耶夫的观点是,不可能与日本达成妥协。应该说,这种认识是正确的。

结论是,如果要列举出对俄罗斯的尊严生死攸关的重大问题,那么我们必须关注,在现在正在经历的危机中,从更深层次导致我们与日本不和、关系尖锐化的根源。我深信,是日本试图在远东占据优势、处于统治地位的野心导致了这种不和。对于日本来讲,朝鲜问题和满洲问题不过是为达成这种野心的手段而已。因此,在这个基础上,虽然与日本的军事冲突对俄罗斯来讲是巨大的灾难,但不得不承认这是不可避免的。这个问题可以拖延,但无法根除。这是从俄罗斯在太平洋岸肩负的伟大历史性使命和日本的野心不能并存这种理论推导出来的。[144]

阿列克塞耶夫对形势的判断是正确的。然而,拉姆斯道夫没有遵从这一判断,他始终想着通过让步回避与日本的战争,打算劝说皇帝接受自己的妥协方案。

不用说,鲁辛的电报已经送达海军部。1月29日(16日),电报称"春日"和"日进"已离开科伦坡,驶向新加坡。原本以为它们将于30日(17日)到达新加坡,但2月4日(1月22日)

---

[143] Alekseev to Lamsdorf, 15 January 1904, Alekseev, Vsepoddanneishii otchet po diplomaticheskoi chasti, GARF, F. 543, Op. 1, D. 186, L. 22. Simanskii, op. cit., Vol. III, pp. 200-201.

[144] 康斯坦丁·萨尔科索夫(铃木康雄译)《另一个日俄战争》(朝日新闻出版,2009年)67页中将这段话解释为表现了对日战争的必要性。对此,笔者不能赞成。

第八章 前 夜

的电报又告知"春日""日进"刚驶离新加坡的消息。[145]

1月30日（17日）早晨，阿巴扎会见栗野公使，"说明到沿岸线的哪个地点为止，俄方可以承认日本在朝鲜的登陆"。据说栗野公使于31日（18日）两次派去书记官，长时间传达了日方的要求。[146] 2月2日（1月20日），阿巴扎为了转达栗野的要求，谒见了皇帝。[147] 阿巴扎与栗野的这次会谈一概没有向东京报告。

1月30日（17日），小村外相给栗野发电报，指示向拉姆斯道夫外相要求明示俄罗斯的答复日期。[148] 翌日，栗野公使会见了外相。外相说，由于皇帝还没有做出决定，尚无法送去答复。是让步的方向，但有界限。栗野公使交给拉姆斯道夫一封信：[149]

> 由于对现实事态的发展感到非常不安，我作为阁下真诚的友人，以个人身份冒昧赘言数语。坦率地说，如果俄罗斯对日本最后提案的答复不能令我政府满意，我不知道我政府会做出什么样的决定。……但是我确信，以现在的状况，如果俄罗斯政府方面所做的让步没有重大到有望达成令人满意的协约，那么东京内阁不会认为在这之外还能做什么有意义的事情，大概会不得已停止继续交涉吧。

栗野在寻求让步。他接着写道："我想再次对阁下说，我保证

---

[145] Rusin to Vitgeft, 16 January 1904 and 22 January 1904, RGAVMF, F. 417, Op. 1, D. 2486, L. 198, 198ob.
[146] Abaza to Nikolai II, 18 January 1904, DKPIa, No. 31, p. 44.
[147] *Dnevniki Imparatora Nikolaia II*, p. 192.
[148] 小村给栗野的信，1904年1月30日，《日本外交文书》第37卷第1册，81—82页。
[149] Kurino to Lamsdorf, 18/31 January 1904, *Obzor snoshenii s Iaponiei po Koreiskimdelam s 1895 goda*. Sankt-Peterburg, 1906, p. 81. GARF, F. 568, Op. 1, D. 211.Simanskii, op. cit., Vol. III, p. 221.

我政府一贯希望通过友好的解决方式走出现状。"

这段话给了拉姆斯道夫幻想的空间。

大臣们最终对1月28日（15日）协商会记录达成一致，2月1日（1月19日），阿列克谢大公将其上报皇帝。这份记录是外相准备的。外相将日期标为前一日的上奏意见书[150]送交皇帝，从正面批判了阿列克塞耶夫。总督确立了"通过在朝鲜的让步，达成在满洲完全的行动自由"这样一种目标而与日本交涉，是错误的。应该在俄罗斯对"满洲"的态度最终地、不可逆转地确立之后，再与日本进行交涉。"面对俄罗斯的军事占领和军备增强，日本加强了自身的战斗准备。""结果造成现在极度紧张的状态，致使通过'相互让步'从中找到出路，在现实中变得非常困难。"[151]

外相写道，尽管如此，他还是赞成阿列克塞耶夫的想法：如果决裂，要让日方发起，为此他主张，现在唯一的道路是，"以最协作的精神镇定地继续交涉"。

认为俄日迟早会发生武力冲突的想法是理所当然的，正因为考虑到了这种结局，才"为了在所有方面做好准备，不得不努力用尽各种对策向后拖延这种结局"。[152]

> 虽然与日本的战争理应以俄罗斯的胜利而告终，但从我国的历史前例来看，俄罗斯军的胜利将会招来支持日本的其他列强介入这样一种后果。最终，俄罗斯将会面临进退维谷的局面：或与国家联合体作战，或退却。……在现在的状况下，战争的负担极其沉重，要付出难以置信的巨大牺牲。正因如此，我们有必要用尽万全之策使我们的祖

---

[150] Lamsdorf to Nikolai II, 18 January 1904, GARF. F. 568, Op. 1, D. 180, L. 194-197.
[151] Ibid., L. 194ob.
[152] Ibid., L. 195ob.

第八章　前　夜

国免于这场恐怖的灾难，或者用一切可能的协调手段，将其尽量地向后拖延。[153]

外相从上述立场出发，坚持自己的方案，认为以协商会制订的第五条和第六条与日本交涉无法取得进展。

阿列克塞耶夫和拉姆斯道夫的立场可谓截然相反。阿列克塞耶夫对状况的判断具有现实性。而在拉姆斯道夫那里，我们看不到现实。他所做的事情是自我欺骗。但是，圣彼得堡的皇帝以及大臣们却全都和外相的想法相同。皇帝大概是在 2 月 1 日批准了拉姆斯道夫的方案。

2 月 1 日（1 月 19 日），栗野公使将拉姆斯道夫外相的话传达给了东京，同时，还报告了有新闻记者说俄罗斯决定不做答复的消息。[154]

这一天是宫中举办例行的新年大舞会的日子。皇帝感觉"人前所未有地多"。他转遍了所有的大厅。"幸运的是，我最珍视的阿利克斯参加了整场舞会。"皇帝夫妇返回寝宫已是凌晨 1 点之后。[155] 舞会上，栗野就先前的新闻记者的消息询问了拉姆斯道夫外相，外相矢口否认，说那是"毫无根据的谣言"。他说，皇帝还没有批准答复电文，如果要给阿列克塞耶夫和罗森发电报，他会立即通知栗野。[156]

2 月 2 日（1 月 20 日），拉姆斯道夫向皇帝提交了给阿列克塞耶夫的电报文稿，其中包含给日本的答复方案。[157]

─────────

〔153〕Lamsdorf to Nikolai II, 18 January 1904, GARF. F. 568, Op. 1, D. 180, L. 196.
〔154〕Kurino to Komura, 1 February 1904（2 telegrams),《日本外交文书》第 37 卷第 1 册，86—87 页。
〔155〕*Dnevniki Imperatora Nikolaia II*, p. 191.
〔156〕Kurino to Komura, 2 February 1904,《日本外交文书》第 37 卷第 1 册，87 页。
〔157〕Lamsdorf to Nikolai II, 20 January 1904, GARF. F. 568, Op. 1, D. 180, L. 206.

关于1月3日（16日）阁下的电报，皇帝陛下批准你应指示罗森男爵将我们如下的答复方案，亲手交给东京政府。

"帝国政府对东京内阁的最终提案投入了全方位的关注，做了最为细致、认真的讨论。

帝国政府同时知道，天皇的政府想要和平地解决提上日程的诸问题这种明晰的愿望——这与俄罗斯的意愿完全吻合，故帝国政府认为，对日方提出的协定进行如下订正和变更是可能的。

一、鉴于划定符合双方利害的中立地带，以及在这一区域内建立适当行政机构有障碍，帝国政府同意删除协定案中关于中立地带的第六条。

二、鉴于协定案第四条给予了日本为镇压起义或骚乱出兵朝鲜的权利，有必要无条件地原封不动地保留俄罗斯对应提案的第五条前半部分。即，保留'不将朝鲜领土的任何部分用于战略目的'这段文字。如此限定，在其意义和精神上，完全符合将要缔结协定的双方所坚持的基本原则，故愈发不应该对其表示反对。因为协定案第一条规定了双方有义务尊重大韩帝国独立和领土完整，这点在大韩帝国与其他列国的条约中也得到了保证。

三、最后，对于东京政府针对满洲条款所提出的修改，首先必须指出，日本在满洲的利害完全不比其他诸国的利害更为重大，帝国政府同样地给所有列国提供了应有的保障。因此在特殊的关于朝鲜问题的本协定中，纳入东京政府提出的追加规定没有充分的根据。

尽管如此，因希望消除在想要缔结协定的双方间产生某种纷争的所有导火索，作为这种由衷的愿望的证据，帝国政府做了在协定案中加入包括以下内容的条款的准备：

第八章　前　夜

俄罗斯尊重日本与其他列国同等的、通过与清国缔结的条约所获得的一切权利和恩典。此时，日本有义务承认满洲及其沿岸部分在自己利害圈之外。"[158]

以上是第一号电报，第二号电报附上了协定案全文，如下：[159]

一，相互有义务尊重大韩帝国的独立和领土完整。

二，俄罗斯承认日本在朝鲜的优越利益，以及为使大韩帝国统治合理化而给与建议与援助的权利。

三，俄罗斯有义务不妨碍日本在朝鲜发展工商业活动并采取保护以上利益的措施。

四，俄罗斯承认，日本有权为前一项目或为镇压有可能引起国际性问题的暴动或骚乱，向朝鲜派送军队。

五，相互有义务不将朝鲜领土的任何部分用于战略目的，不在朝鲜沿岸谋划任何有可能威胁朝鲜海峡航行自由的军事对策。

六，俄罗斯尊重日本与其他列国同等的、通过与清国缔结的条约所获得的一切权利和恩典。与此同时，日本有义务承认满洲及其沿岸部分在自己利害圈之外。

七，当朝鲜的铁道和东清铁道延长至鸭绿江时，相互有义务不妨碍其连接。

八，废除俄日间以往关于朝鲜的协定。

这份方案的核心在于放弃了中立地带的要求。拉姆斯道夫

---

[158] 外相2月2日（1月20日）的信函中没有附上电文。依据外相发给海军大臣的信。RGAVMF, F. 417, Op. 1, D. 2823. L. 101-102.
[159] Ibid., L. 105-105ob.

803

以为传达了这部分信息，日本就会做出某种有意义的反应。该方案涉及"满洲"的部分所做的让步比较小。外相在信的结尾写道："我认为陛下命令事先征询一下总督对这一方案的看法或许较好。"[160] 他以为还有这种时间上的余裕，始终表现得不慌不忙。

这天，拉姆斯道夫将"经皇帝批准而制订的"对日答复方案送给了陆相、海相、阿巴扎，给三位的内容大概是同样的吧。给海相的如下：

> 谨将给侍从将军阿列克塞耶夫的秘密电报案文呈送阁下过目，此案文根据陛下命令制订，包括我方对日本最终提案的答复方案在内。切望阁下在尽可能短的时间内，将对此内容的结论告知在下。[161]

为了给持慎重论的海军施加压力，拉姆斯道夫在2日将东京罗森公使2月1日（1月19日）的电报抄本也送给了海相。电报传达了日本军租赁了60艘船只的信息，并分析此举是日本海军想要确保直隶湾的制海权，以便在北部朝鲜的西岸登陆。电报上有罗热斯特文斯基批写的"已阅"。[162]

这一天，皇帝接见了阿巴扎，[163] 无从得知他们谈了些什么。

据说在这期间，阿列克塞耶夫于2月2日（1月20日）给皇帝发去电报，说有必要向远东和西伯利亚发出动员令。此事虽然有阿列克塞耶夫在战后审判会上的陈述，军令部的正式战史也予以承认，[164] 但从文书中无法确认。无论如何，没有对此的回复。

---

[160] RGAVMF, F. 417, Op. 1, D. 2823, L. 206.
[161] Ibid., L. 94.
[162] Rozen to Lamsdorf, 19 January 1904, RGAVMF, F. 417, Op. 1, D. 2823, L. 96-96ob.
[163] *Dnevnik Imperatora Nikolaia II*, p. 192.
[164] IKMGSh, *Russko-Iaponskaia voina*, Vol. 1, p. 161.

第八章 前 夜

日本内阁会议决定断绝邦交

此时，日本已经处于等待开战的紧张气氛中。1月26日，爱国妇人会在会长岩仓久子（岩仓具视夫人）的带领下，大山舍松（大山岩夫人）等有志者联名发出倡议书《急告日本全国姐妹们》。"今将有自开辟以来未曾有之大事。须以举国一致之力，扶翼皇运"，男子流血战斗，"女子应慰解将士后顾之忧，努力振兴士气。"28日，军事记者俱乐部在座谈会上做出决议。"战机已成熟，然当局者逡巡不决，将贻误国家。"〔165〕

《东京朝日新闻》1月29日刊登了《俄国内情》。"俄国……之所以表现出一派想尽力回避战争的气氛，是因对政府不满之徒弥漫国内，革命机运渐熟。若一朝与外国启衅，以此为信号，革命党所在蜂起，内忧外患同期而至之势无从避免。"给人以俄罗斯不足惧的感觉。"内情如斯，纵有军队，当有事之日，果堪几许之用？……其可谓虚张声势，唯恐开战。"〔166〕

2月1日，大山岩参谋总长向明治天皇做了如下报告，提出应该做出开战的决断：根据参谋本部的谍报，俄罗斯参谋总长和陆相上奏了作战计划，得到俄国皇帝的批准，全权委任远东总督，不过总督在拖延开战，以等待红海增援舰队到达旅顺、西伯利亚第三军团编制工作结束以及旅顺船坞完工。大山岩断言，俄罗斯"以外交谈判迁延时日，其间大举扩充战备，待其完备之时，即翻然蹶起，诉诸武力以遂行其欲望"。"今日当下定决心，非战争无望解决时局，若我政府尚荏苒无所决，……徒陷彼之计谋，将至无法挽回之势。"

---

〔165〕《东京朝日新闻》1904年1月27日。
〔166〕《东京朝日新闻》1904年1月29日。

这份报告还附上了文书《对于俄军的情况判断》。其中最重视的是海军力量的对比，比较当前舰队的吨位数等，"优势明显在我"。但是，再过五六周，俄方的增援舰队，一艘战列舰、三艘巡洋舰、七艘驱逐舰、四艘水雷艇就能到达远东。而日本新购的两艘巡洋舰"春日"和"日进"将于二三周后与主力舰队汇合。这些增援舰队合流后，俄罗斯一侧的吨位数将"凌驾"日本方面。因此"对照以上两国海军情况明显可知，尽快掌握先制之机，其利归我"。关于陆军，"据可靠报告，如今关东州一部分步兵及炮兵开始向鸭绿江移动，此外，西伯利军队开始动员；又据义州报，俄国少将米尔列尔氏率亚总督（阿列克塞耶夫总督）之幕僚若干，于1月28日自安东县入韩国，似视察鸭绿江左岸之地"，文章结尾写道："为求解决时局，唯有于今日决心一战，务必专于战略上有利之时发动。"

俄罗斯海军增援舰的消息是事实。但这份文书中所写的关于陆军的情况无法从俄罗斯方面的史料得到确认，笔者推测是夸张的情报。这个姑且不说，总之，根据儿玉参谋次长编写的这份"情况判断"，大山总长提出了开战。这份上奏报告立即被转交给内阁。[167]

桂首相得到大山的意见书后，2月3日召集伊藤、山县、大山、松方、井上五位元老与外务、陆军、海军三大臣在总理大臣官邸开会，决定对俄罗斯发出最后通牒，开始自由行动。会后，桂和小村谒见天皇，请求于翌日下午1点召开决定开战的御前会议。[168] 3日下午4点半，小村外相联系栗野公使，告知已没有必要

---

[167]《秘密日俄战史》第1卷，103—108页。最后的话根据角田，《满洲问题与国防方针》，第229页的引用做了修改。
[168]《明治天皇纪》第10、593页。《公爵桂太郎传》坤卷，199页。

第八章　前　夜

敦促俄罗斯方面答复了。[169]

恰好在这天，2月3日（1月21日），斯塔尔克中将自凌晨5时率领以巡洋舰"阿斯科尔德"为先锋，除战列舰"塞瓦斯托波尔"之外的全部六艘战列舰、六艘巡洋舰陆续从旅顺港出航，方向为山东半岛。这是总督的命令，目的是"兵员训练""演习"。[170] 关于这场演习，尽管卢科亚诺夫认为有可能是阿列克塞耶夫的挑衅策略，是诱使日本军进攻的"绝望的、非理性的行动"，[171]但是阿列克塞耶夫并没有做出这种行动的理由，卢科亚诺夫也没有列举出根据。然而，无论是日本方面的战史还是欧美的史著，多认为似乎是此事致使日本"直接召开元老会议"，从而迈向了开战。[172]但是，芝罘的日本武官观察到旅顺舰队出航的行动并报告给东京海军省是在3日下午7点。[173]此时已经决定于4日召开御前会议了。[174]不过，由于俄罗斯舰队"目的地不明"，日本海军也随之紧张起来，这倒是事实。军令部于4日下午8时发出命令，联合舰队集结佐世保，做好准备以防佐世保遭受突然袭击。不过，海军省认为俄罗斯发起战争对其是不利的，且没有前例，舰队在行动之前应该获取更加确切的情报。还是很冷静的。[175]

2月4日上午10时30分，内阁会议召开，决定开战。"俄国

---

[169]《日本外交文书》第37卷第1册，91—92页。

[170] IKMGSh, *Russko-Iaponskaia voina*, Vol. 1, pp. 162-163.

[171] Lukoianov, op. cit., p. 35.

[172]《秘密日俄战史》第1卷，108页。Nish, op. cit., p.212写到参加这次演习的军官，谁也没有想到这次演习会成为"开战的口实"本身。D. V. Nikitin (Fokagitov), *Kaknachalas' voina s Iaponiei. Port-Artur.Vospominaniia uchatnikov,* New York, 1955. Lukoianov, op. cit., p. 35 将这篇文章用作演习成为"开战的口实"的论据。

[173]《山本权兵卫和海军》，202页。

[174] 有关此事，大江志乃夫《作为世界史的日俄战争》（立风书房，2001年）389—390页也指出了这一情况。

[175] 相泽淳《是"奇袭断行"还是"威力侦察"？——关于旅顺口奇袭作战的对立》，《日俄战争（二）》，锦正社，2005年，68页。依据是《极秘明治三十七八年海战史》。

政府左右托辞，不仅未与任何答复"，而且"表面伪装和平之态度，暗中于满洲严整兵备"。"俄国无诚心与我邦妥协之意"，拖延回复。如此下去，"我邦外交军事将共陷无可恢复之不利处境，此点不容置疑"，"事至兹，实乃不得已，帝国政府以为继续谈判以达妥协已无望，故决意断绝之，将通告俄国政府，我政府认为，有必要为自卫和维护帝国既得权利及正当利益采取独立行动，且认为急需采取军事行动"。至于通告日期，因与军事计划相关，要慎重讨论。

另外，会议还决定了通告文。文中写道，日本政府认为"韩国独立及领土完整之于日本康宁与安全重要且不可欠缺"，因此，"不论何种行为，若使韩国地位不安……则不能旁观。"实际上，将要采取行动损害韩国独立和领土完整的恰恰就是日本。通告继续写道，"目前谈判已属徒劳，除断绝之外，无可选之途"，"为巩固及保卫帝国地位免遭侵迫，并维护帝国既得权利及正当利益，日本保留采取自认为最佳独立行动的权利。"在开战决定的正文中是"采取独立行动"，而在通告中则变成了"保留采取独立行动的权利"。[176]这样的表达方式也给俄罗斯方面带来了混乱。

接着，是日下午2时25分召开了御前会议，"相信今日之形势下，已无其他应采取的方式"，内阁上奏的方针获得批准。就这样，日本决定对俄开战，[177]决定发出与俄断绝邦交的通告并开始军事行动。会议于下午4时35分结束。

御前会议之后，日本政府向陆军第一军发出动员令，命令近卫师团、第2师团、第12师团集结广岛。第12师团被授予先遣队的任务。[178]

---

〔176〕《日本外交文书》第37卷第1册，92—93页。
〔177〕同上书，93页。
〔178〕谷，《机密日俄战史》，107页。

第八章　前　夜

明治天皇于当天上午召见伊藤博文，询问他的意见，但在御前会议之后的傍晚时分，他对侍从说："此次之战非朕之志，然事既至兹，如之何。"他进而说："万一事生蹉跌，朕将何以谢祖宗，对臣民。"据说，他流下了眼泪。[179]发起对俄罗斯战争之事，给陆海军的最高统帅施加了难以言说的精神压力。

这一天，在圣彼得堡，阿巴扎对栗野公使说，他接到了日本方面准备出动的情报，旅顺诸舰"由于须防备非常情况，现已驶到港外"。此举相当于将军事上的机密泄露给日本，但对阿巴扎来讲，他大概仍然希望回避战争才这么做的吧。这一消息被报告给东京，东京的接收时间是2月5日凌晨1点50分。[180]

俄罗斯外相最后的举措

此时在俄罗斯，外相仍然在煞费苦心地打磨对日答复方案。大臣们接到外相的询问后纷纷告知自己的意见。海相感觉到危机迫在眼前，直接在拉姆斯道夫的信上写下答复："紧急告知你，我对对日答复方案没有任何评论。……因为这个方案对应的是由海军元帅主持的协商会的决定之一。"[181]外相大概是于2月3日（1月21日）收到这份答复的吧。[182]陆相库罗帕特金也于这一天回答外相"无评论"。[183]外相将二人的回复呈交皇帝，并告知，阿巴扎尚未做答。[184]

阿巴扎回复得有些迟。他写道，"删除中立地带条款，没有

---

[179]《明治天皇纪》，10、598页。
[180] 栗野给小村的信，1904年2月4日，《日本外交文书》第37卷第1册，94—95页。
[181] RGAVMF, F. 417, Op. 1, D. 2823, L. 94.
[182] GARF, F. 568, Op. 1, D. 180, L. 209.
[183] Ibid., L. 208. *Dnevnik A. N. Kuropatkina*, p. 128.
[184] Lamsdorf to Nikolai II, [21] January 1904, GARF, F. 568, Op. 1, D. 180, L. 197.

任何界限地容许日本在整个朝鲜占据优势"是对日本让步的极限。而日本可能会将此举视为俄罗斯懦弱的表现，进而要求删除禁止将朝鲜半岛用于战略目的的条款。那样的话，俄罗斯就不得不走向军事行动的道路。或者日本虽然接受这些条文，却在行为上不予遵守，那么大概天天都会发生纷争吧。"基于所有这些情况，我认为回避战争的最佳手段是满足日本的愿望，不加入第五条的前半部分，只限于让其承担起不将沿岸要塞化这样的义务。进而，由于日本无论对三十九度线，还是对中立地带都表示抗议，加入承认日本的经营是经济层面这一新条款，在军事层面则以分水岭划分边界。"〔185〕

阿巴扎的意见比拉姆斯道夫的方案所做的让步还要大。因为日本最大的坚持就是拒绝禁止将朝鲜半岛用于战略目的。

然而，在最后时刻，皇帝又随兴地提出了意见。尽管尼古拉一度允许拉姆斯道夫删除中立地带的条款，但他又改变了主意，2月3日（1月21日），他给拉姆斯道夫写了如下的信：

> 今天早晨，朕产生了这样的想法。我们不能放弃中立地带，而日本一定不会同意这一点，所以我们应该尝试最后的办法。也就是说，我们仍向日本提出中立地带的要求，但是，采取秘密条款的形式。通过这种方法，既可以满足他们的自尊心和政府对国家的责任，也可以维护我们的利益。你要以这个宗旨和栗野交涉，另外，最好再加上，俄罗斯将日本军登陆北部朝鲜视为极其不友好的行为。如果有什么疑问，希望你本日下午6点来朕处面谈。〔186〕

---

〔185〕 Abaza to Lamsdorf, 21 January 1904, GARF, F. 568, Op. 1, D. 180, L. 210-211.
〔186〕 Nikolai II to Lamsdorf, 21 January 1904, GARF, F. 568, Op. 1, D. 661, L. 76-77. 卢科亚诺夫发现了这一史料。Lukoianov, op. cit., p. 85.

第八章　前　夜

这完全是皇帝不负责任的想当然。他想出来的办法不过是，要维护中立地带条款，但为了让日本能够更容易地接受它，可以以秘密条款的形式做出让步。这不可能成为替代方案。如果这一方案遭到日本拒绝，该怎么办呢？在这种局面中，像这种想当然的外交是行不通的。对此，就连拉姆斯道夫都感到了为难。

当天下午茶后，拉姆斯道夫谒见了皇帝。皇帝在日记中写道，"因商量和日本的协定"，"二人一起吃了饭。"[187]

外相在前面的第一号和第二号电报的基础上，又起草了第三号电报。可以推测，他在这时给皇帝看了电报内容。

> 皇帝陛下命令阁下委任罗森男爵，尝试让日本政府签署在朝鲜北部设定同样中立地带的特别秘密条款，以取代从方案中删除的关于中立地带的第六条。罗森男爵务必要让小村理解，这一提案的出发点在于希望两帝国确立最友好的关系。[188]

拉姆斯道夫保留了以前两份电报的内容，他想以三封电报分列方式，使皇帝关于中立地带的秘密条款方案看上去不那么扎眼，这是姑息之策。皇帝批准了电文，但他坚持秘密条款方案。

拉姆斯道夫返回外交部后，将第一号至第三号电报发给了阿列克塞耶夫。之后，他给皇帝写了信。

---

[187] *Dnevniki Imperatora Nikolaia II*, p. 192.
[188] 加纳格从库罗帕特金的档案中发现并翻译、发表了该日发给阿列克塞耶夫的四封电报，包括这封在内。这是他的功绩。加纳格《与俄罗斯帝国通往日俄战争的道路——以1903年起至开战前夜为中心》，我继加纳格之后，从拉姆斯道夫档案中得到了这四封电报。

遵照陛下的命令，我给总督发去了三封电报，其中含括了给罗森男爵的训令。但是由于这些训令所涉及的问题极其重大，陛下是否能够命令阿列克塞耶夫侍从将军根据当地的情况，如果认为有必要对上述电报内容提出一些意见，希望他能尽快将这些意见反馈回来。与此同时，为了避免某种误解，我认为罗森男爵在通告东京内阁放弃第六条之前（predvaritel'no），让日本人接受中立地带的条件更符合我们的目的。[189]

也就是说，在答复放弃关于中立地带的第六条之前，让罗森先去交涉以秘密条款的形式设定中立地带。拉姆斯道夫也许想的是，如果他不这样做，就会失去皇帝的信任。但这样一来，他就完全走上了绝路。而且到了这种时候，还想着听取当地的意见，也是放弃了作为外交大臣的责任。

当晚，皇帝去观看了柴可夫斯基的芭蕾舞《睡美人》，[190]零点过后才返回皇宫。他在拉姆斯道夫的信上批复"完全同意"并交还时已是2月4日（1月22日）。[191]拉姆斯道夫收到这封信后，给阿列克塞耶夫总督发去了第四封电报，其核心部分如下：

　　与此同时，陛下希望，若阁下根据当地的情况，认为此训令有需要修改的地方，要将修改意见尽快反馈回来。又，为了避免误解，阁下在向罗森男爵传达训令的时候，让罗森注意这一点极其重要：在通告东京政府我方放弃第六条之前（predvaritel'no），有必要以某种手段努力说服他们接受以秘

---

[189] Lamsdorf to Nikolai II, 21 January 1904, GARF, F. 568, Op. 1, D. 180, L. 213-213ob.
[190] *Dnevnik Imperatora Nikolaia II*, p. 192.
[191] GARF, F. 568, Op. 1, D. 180, L. 213.

第八章 前　夜

密条款的形式在朝鲜北部设定中立地带的妥协条件。[192]

后来的俄罗斯外交部白皮书《与日本交涉朝鲜问题概览》（1906年）中只写道，虽然第一号和第二号电报于2月3日（1月21日）被发往东京和旅顺，但直到2月7日（1月25日）才送达东京公使处。[193] 而发送第三号乃至第四号电报之事被抹消了。

拉姆斯道夫为会见日本公使做了准备。他制作了法语的非正式文件，这份文件也于2月4日（1月22日）送交皇帝并获得批准。皇帝在案文上批示："写得好，无须修改，可直接交给栗野。"[194] 皇帝和外相完全是同心同德。

当晚8点，拉姆斯道夫请来了栗野公使。他首先说：对日答复方案已经发至阿列克塞耶夫总督处，应该会转给罗森公使。虽然阿列克塞耶夫"可能结合当地的情况做若干修正，不过大概不会有大的变更吧"。接着，拉姆斯道夫说明了他个人对答复方案的意见：俄罗斯希望朝鲜独立和完整，希望海峡通行自由，难以同意将朝鲜用于战略目的，希望在两国的活动区域之间设置缓冲地带（buffer region）。

拉姆斯道夫难以对栗野启齿以秘密条款的形式希望保留中立地带条款的话，于是新提了"缓冲地带"的说法。显然他这是想蒙混过关。拉姆斯道夫在会谈的最后将非正式文件交给了栗野，那上面也清楚地写着"une région servant pour ainsi dire de tampon"（起缓冲作用的地域）。[195]

---

[192] Lamsdorf to Alekseev, 21 January 1904 (No. 4), GARF, F. 568, Op. 1, D. 180, L. 216; RGVIA, F. 165, Op. 1, D. 969, L. 26. 加纳格对"predvaritel'no"一词的翻译有误。

[193] Ministerstvo Inostrannykh Del, *Obzor snoshenii s Iaponiei po Koreiskim delam s 1895 goda,* pp. 32-33, 84-87.

[194] Lamsdorf to Nikolai II, 22 January 1904, GARF, F. 568, Op. 1, D. 180, L. 217.

[195] Lamsdorf to Kurino, 22 January 1904, Ibid., L. 218-220. 这句话出现在 L.219. Kurino to Komura, 5 February 1904,《日本外交文书》第37卷第1册，96页。

拉姆斯道夫不能提出撤回中立地带的要求，因而使用"缓冲地带"取代"中立地带"，试图制造出微妙的变化。这样一来，栗野认为俄罗斯方面的答复与以往一样也是理所当然的。而且即使去掉中立地带条款，只要不删除禁止战略利用条款，日本也打算发起战争，因此，这期间为妥协所做的努力归根结底不过是一场空而已。

但是，比这更为严重的是，俄罗斯的这种努力可以说下手太迟了。栗野将2月4日拉姆斯道夫的意见发给东京的时间是圣彼得堡时间2月5日凌晨5点5分，东京接到的时间是同日下午5点15分。而日本政府已经在前一天的阁议中做出决定，断绝日俄交涉，为维护本国利益采取独立行动。5日下午2点，为了将这一决定传达给俄罗斯政府，小村外相给栗野发去四份训电，命令将这些决定交给俄罗斯政府之后，公使就撤离圣彼得堡。也就是说，不管是俄罗斯的第三次答复，还是拉姆斯道夫的微妙差别，都对日本政府没有任何影响了。

2月5日（1月23日），拉姆斯道夫将对日答复方案发给了巴黎和伦敦的公使。内容去掉了中立地带条款，大概也没有传达秘密条款交涉的指令。希曼斯基写了这样一件事：英国外相兰斯敦收到这份答复方案后，认为俄罗斯的让步可以接受，并对驻英公使林董表达了这个意思。林对此很警惕，给东京发电报说，应该在俄罗斯的答复送到东京之前得出结论。[196]这件事情出自法国人梅维尔的书，[197]难以令人置信，笔者推测大概是梅维尔的创作。从兰斯敦外相五六日的活动来看，这件事并不可能发生。[198]

---

[196] Simanskii, op. cit., Vol. III, p. 222.
[197] Andre Mevil, *De la paix de Francfort a la conference d'Algesiras,* Paris, 1909, pp. 107-108. 加纳格告诉我，该书收藏在早稻田大学图书馆。
[198] *British Documents,* Vol .II, pp. 243-246.

第八章 前 夜

希曼斯基在正文中提到与两位公使联系的时间是2月3日（1月21日），但在注中则为2月5日（1月23日）。由于拉姆斯道夫与栗野谈话的时间是2月4日晚，因此他与两位公使正确的联系时间应该是在此之后。

狼狈的阿列克塞耶夫

拉姆斯道夫的四封电报于2月5日（1月23日）传到了旅顺。这个时候，阿列克塞耶夫陷入了精神上的恐慌状态。他始终认为战争必至，一直主张进入战备状态，但谁也不支持他。山穷水尽之际，他变得神经衰弱起来。就在前一日，他刚刚向皇帝发去了请求辞职的电报。

> 最近东方当地局势的展开，在陆军力量发展层面完全改变了我们的状态。随之而来的是，最高司令部和军队的指挥权问题变得很困难。在发生这种变化的情况下，我想，为了将来可能出现的军事行动能够取得成功，海军大将的权威是不充分的。我对陛下予以我的崇高信任一直深怀无限的感激之念，唯有以惶恐之心请求陛下，以其他完全做好准备的人取代我履行在军事面如此重要、对陛下的责任如此重大的义务。[199]

就在战争迫在眉睫的这个瞬间，预定就任当地最高司令官之职的人物居然提出了辞职申请，表明这个人作为军人的不自觉、不负责以及狼狈之状。皇帝收到电报不知所措。阿巴扎一边竭力

---

[199] Alekseev to Nikolai II, 22 January 1904, RGAVMF, F. 32, D. 219, L. 3-3ob.

宽慰皇帝，一边于 2 月 5 日（1 月 23 日）给阿列克塞耶夫发去电报，要求他自制。"陛下将你在如此困难的瞬间迈出的这一步，视作是你特有的深刻的巨大的自我责任感的意识呈现。"〔200〕皇帝对阿列克塞耶夫的电报置之不理。

在这种狼狈的氛围中，阿列克塞耶夫接到了拉姆斯道夫的四封电报。他与外交顾问普兰松的谈话，被普兰松写在了日记中。〔201〕

普兰松诱导阿列克塞耶夫谈谈对这一方案的意见。阿列克塞耶夫愤愤地说："我早就讲过我的意见了，不打算做更多重复。随便那群家伙，就按他们的想法去做。他们虽然重新制订了协定案，但敷衍了这边，那边又会出问题，就是这么一种情况。我为什么要像小丑似的不停地在这头那头鞠躬呢？三天前，我给陛下发去了一封很长的、关于军事部门的电报，讲述了我的意见。我说，即使是为了让日本人理性起来，消除战争隐患，我们也必须进行备战。"

阿列克塞耶夫或许是为了掩饰狼狈、显示坚强吧。普兰松进而写道："电报全部转给了罗森，附上了有必要保留中立地带条款的指示。感觉外相内心似乎觉得，实在不行放弃这条也无妨似的。"这点与四封电报里的内容不一致。普兰松以文学的方式记述了阿列克塞耶夫虽有不满，但还是接受了去掉中立地带条款的协定案，并推进想以秘密条款设定中立地带的交涉。

在阿列克塞耶夫的外交活动报告上写着："1 月 23 日（2 月 5 日），我收到四封来自外相的电报，日期均标注为 1 月 21 日，编号相连。……由于我在 23 日得到了这些极其重要的指示，对内容没有任何异议，并且认为关键的是去做最后的和平解决危机的尝试，一分钟也不能耽误，因此，我当日就将四封电报全部转发给

---

〔200〕 Remnev, *Rossiia Dal'nego Vostoka*, pp. 392-393.
〔201〕 V shtabeadm. E. I. Alekseeva, p. 161.

了东京的罗森男爵,并立即通知了拉姆斯道夫伯爵。"阿列克塞耶夫没有发表任何评论。[202]

普兰松写道,阿列克塞耶夫因为这份答复方案,情绪变得非常阴郁。这是不正确的。因为在这份答复方案送到之前,阿列克塞耶夫已经提出了辞去最高司令官的申请。

阿列克塞耶夫发出的电报是何时送达东京的罗森手中的呢?即使他在2月5日(1月23日)发出,经由日本方面投送也会更晚一些吧。

阿列克塞耶夫2月7日(1月25日)还给阿巴扎发去请求换人的电报。[203]无论怎么看,他的精神都算不上正常。

日本通告断交

决意开战的日本政府,决定不宣战,取而代之的是通告断绝国交。2月5日(1月23日)下午2时,小村外相给栗野公使发去四封电报,通告断绝交涉、断绝国交。第一封到第三封的内容是2月4日决议的通告文,将其分成了三部分,第三封上写了结论,通知中止交涉,主张保留"独立行动"的权利。[204]

这一天是俄罗斯皇帝的"命名日",预定在艾尔米塔什剧院举行招待外交官的音乐会。栗野公使在出发前不久,接到了小村外相发来的前两封电报,他没有看内容就直接揣进怀里出发了。[205]

---

[202] Alekseev, Vsepoddanneishii otchet po diplomaticheskoi chasti, GARF, F. 543, D. 183, L. 23, 25-25ob.
[203] Remnev, op. cit., p. 393.
[204] 小村给栗野的信,1904年2月5日,《日本外交文书》第37卷第1册,96—97页。Kurino to Komura, 5 Feburuary 1904, 同上书, 97—101页。
[205] 《子爵栗野慎一郎传》,兴文社,1942年,319页。

罗曼诺夫家族于晚9时聚集在罗曼诺夫美术馆，庆祝"命名日"，之后去听音乐会，因此可以推测，音乐会大概开始于10时左右。[206]

当晚的演出剧目是博伊托的歌剧《梅菲斯托费勒斯》，夏里亚宾、梅杰娅·菲格纳、索比诺夫等当代顶级歌唱家纷纷登台献艺。栗野怀揣电报，心潮澎湃，难以平静。他知道，那是"甩给俄罗斯的最后通牒"。俄罗斯的高官们看上去也不平静，清国公使、法国公使都来询问是否发生了什么"重大事件"。栗野晚年在自述中写道，当时他想俄罗斯方面是不是已经破译了他怀中电报的内容，感到极度不安。实际上并没有这样的事，只不过是他由于过度紧张产生出的幻觉而已。

音乐会结束后，各国外交官谒见了皇帝。皇帝和其他国家的外交官谈话时间大约为5分钟，却与栗野谈了20分钟左右，是为了想要回避战争。12时过后，栗野返回公使馆，这时第三封、第四封电报也已送达，公使馆员们彻夜奋战，进行密码翻译。[207]第三封电报讲述了通告文的结论。第四封电报是小村添加的，通知断绝外交关系。

日本军迈向开战

2月4日（1月22日）夜，日本的陆海军首脑召开了军事会议，确定了开战的军事战略。会议决定，在断绝国交的同时，发布宣战公告之前，联合舰队就对旅顺展开攻击。翌日早晨，山本权兵卫海军大臣、伊东祐亨军令部长、伊集院军令部次长进宫谒见了天

---

[206] *Dnevnik Imperatora Nikolaia II*, p. 192.
[207]《子爵栗野慎一郎传》，320—321页。

第八章 前 夜

皇。山本上奏，"今日乃开战之好时机。"他呈交的命令方案获得了批准。[208] 于是，山本当天发出封缄命令，派遣使者送往佐世保。

一，令联合舰队司令长官并第三舰队司令长官谋划全歼东洋之俄国舰队。

二，令联合舰队司令长官迅速进发，首先击破黄海方面之俄国舰队。

三，令第三舰队司令长官迅速占领镇海湾，警戒朝鲜海峡。[209]

山本日后写道，他在做这个决定时，2月3日俄国舰队自旅顺出动的情报"给了我一个动机"，命令发出后，俄国舰队返回旅顺的情报传来。和这件事联系在一起，他考虑的是"如何利用此时机，以利于策动我海军，便于其掌握先机"。[210] 的确，俄罗斯舰队于4日午后返回旅顺，但这一情报传到海军省已是2月5日下午3时30分。[211]

当晚，陆军省向临时韩国派遣队、第12师团所属第23旅团2240名士兵下达了登船命令。给旅团长木越安纲送去封缄训令：在仁川登陆，"登陆后，速入汉城，务必确保切实占领该地。"[212] 陆军最初的目标是占领汉城。

使者在2月5日（1月23日）傍晚到达佐世保，封缄被开启，命令进入执行阶段。俄罗斯海军武官鲁辛虽然于当日发电报称"海军的所有专家和部分战列预备役被召集起来。所有的师团都在召集部分预备役"。[213] 然而，他却无从获知日本方面已经下达了开始战斗行动的命令。

---

[208] 相泽淳，《是"奇袭断行"还是"威力侦察"？——围绕旅顺口奇袭作战的对立》，77页。
[209] 《山本权兵卫和海军》，209—210页。
[210] 同上书，208—209页。
[211] 相泽淳，上述论文，77页。
[212] 《秘密日俄战史》第一，99—100页。
[213] Rusin to Vitgeft, 23 January 1904, RGAVMF, F. 417, Op. 1, D. 2486, L. 197-198ob.

"俄罗斯不希望战争"

《新时报》的社长兼主笔苏沃林在2月5日（1月23日）的专栏中所写的文章，很好地反映了俄罗斯的气氛。

在我国，人们反复数百次地诉说俄罗斯不希望战争。就连外国的报纸都认为，俄罗斯做出了尽可能的让步，如果这样日本仍然不满足的话，那么日本就是为了战争而战争，对此，我们很高兴。日本这个国家是个变态的家伙。

就结论而言，我认为无论俄罗斯怎样高呼热衷和平，都是没有用的。……无论俄罗斯是否希望发生战争，一旦战争爆发，尽管我们很厌恶战争，很厌恶敌国，但我们必须要战斗。而且，我们必须不惜生命地投入战斗，不论是敌人的生命，还是我们自己的生命。

这是悲剧，是充斥着恐怖和鲜血、充满了特别的力量的高扬和特别的狂热的悲剧。

敌国得知我们不希望战争，即认为我们害怕战争，很是高兴。以《泰晤士报》为首的英国所有报纸杂志得知这点都很高兴。英国的报刊正使出浑身解数让日本斗志昂扬。种种断言不绝于耳：俄罗斯软弱，俄罗斯因内部动乱千疮百孔，俄罗斯没有做好准备，俄罗斯是野蛮的国度。世界所有报刊中最轻率的是日本的报刊，我们不要忘记它们对挑逗爱国心的暗示完全没有抵抗力。虽然日本的报刊报道了诸多愚蠢荒唐的事情，但由于它们还揣有更多的愚蠢荒唐，因此每当俄罗斯做出让步，日本的报界人士就又一次得到新的机会宣扬日本比俄罗斯优越。

我们在那个地方——远东寻找什么呢？我们的目的是什

第八章 前　夜

么，那些目的具有多大程度生死攸关的重要性呢？这是我们必须认真回答的问题。不管是名誉心，还是国民的自豪感，或者是智者、愚者抛向我们的侮辱，这些都会迅速消失，无聊的事情绝不能成为我们的指针。冷静考量一切的理性以及斗争的目的——只有这些才能决定战争与和平的问题。如果目的是伟大的，如果是值得为之战斗的事情，如果敌人被自信和优越感冲昏了头脑，我们应该做什么呢？

悲剧终究是悲剧。[214]

---

[214] A. S. Suvorin, *Russko-iaponskaia voina i russkaia revoliutsiia. Malen'kie pis'ma 1904-1908 gg.*, Moscow, 2005, pp. 33-35.

第九章
开 战

本章按时间的推进，逐日再现开战的过程，以日本和朝鲜的时间推移为基准。

1904年（明治三十七年）2月6日（1月24日），星期六

东京

各家报纸当天报道了"禁止外国密码电报"，主旨是，禁止从日本和韩国釜山、仁川、汉城发送密码电报。报纸还报道了各大臣相继入宫谒见天皇，海军省、参谋本部紧急召开会议的消息。《东京朝日新闻》刊登了"各国在东洋的军舰所在地"，特别列出了俄罗斯在所有港口的军舰，其中仁川有"瓦良格""高丽人"两舰。该报前一天的社论谈及了2月4日的御前会议，其中写道，虽然国人主张对"强盗"俄罗斯采取"强制性干涉手段"，但政府长时间以来一直在"继续协商"。但终于"于昨日之御前会议决议采取摆脱危险的其他方法"。当日社论已经开始担忧开战后股价会

第九章 开 战

下跌。[1]

当日，俄罗斯海军驻日武官鲁辛在第一时间，用仅有三个俄语单词的电报将日本政府开战之事，发给了旅顺。

总　动　员　鲁辛（Obshchaia mobilizatsia Rusin）[2]

这是俄罗斯驻日武官发出的最后的电报。

对马竹敷港

细谷资少将率领第三舰队第七战队（战列舰"扶桑"、炮舰"平远"、海防舰"济远""鸟海""磐城""海门""摩耶"）停泊在对马的竹敷港和尾崎湾。战队于1月19日到达该地，2月3日，第三舰队司令长官片冈七郎中将命令制订占领巨济岛的计划。2月6日凌晨4时，片冈长官下达命令，"迅速占领镇海湾"。凌晨5时，"济远"接到"如有俄国船舶，即捕获带走"的特别命令，出发前往蔚山方面，6时30分，第七战队余下的部分自竹敷港出击，分两路驶向镇海湾。[3]

佐世保

上午9时，东乡平八郎司令长官率领联合舰队的第三战队从佐世保港出击。上午11时，第二战队出击，正午，第一战队继

---

[1]《东京朝日新闻》1904年2月5日。
[2] Rusin to Vitgeft, 24 January/6 February 1904, RGAVMF, F. 417, Op. 1, D. 2486, L. 198.
[3] 海军军令部《明治三十七八年海战史》（极秘）（以下，略作《极秘海战史》），第1部卷10，2、5、6、23、25—26页。外山三郎《日俄海战史研究》上，教育出版中心，1985年，365页的概要不正确。

续。联合舰队司令长官接到的命令是："迅速进发，首先击溃黄海方面的俄国舰队。"目的地是旅顺。最后，瓜生外吉少将率领第四战队于下午2时驶向仁川，有三艘搭载陆军士兵的运输船同行。[4]这些舰队是在新闻报道被完全管制的状态下出击的。

釜山

当日清晨，第三舰队第七战队的"扶桑""平远"两舰从竹敷港出发，于12时30分到达釜山港外，与停泊在釜山的炮舰"筑紫"汇合。港内停有俄罗斯商船"谋克敦"号。细谷司令官下令将其俘获。下午1时30分，"平远"执行此令，没收了船上装载的100箱蜜橘等货物，并强行将该船带回竹敷。接着，司令官派士官登陆，打算与陆军的釜山守备队商量占领釜山的韩国电信局，但获知守备队已于当天早晨占领了该处。4时30分，"扶桑"与"筑紫"一同驶向镇海湾。此外，驶向蔚山方面的"济远"在洋面上发现了俄罗斯商船"叶卡捷琳诺斯拉夫"号，将其虏获并带回竹敷。[5]

捕拿"谋克敦"号一事立即由釜山总领事汇报给了汉城的日本公使，然而，林权助公使完全隐瞒了这一消息，同时，他命令汉城邮政电信局的日本人局长，除日本公使馆的电报外，停止发送电报二三日。[6]两天后，驻釜山的俄罗斯领事以"中立国领海内之船舶，虽为敌国所属，亦不可捕获"为由，对此事表示抗议，但日本领事以"日俄外交关系断绝之今日……已非与俄国领事交

---

[4] 海军军令部《明治三十七八年海战史》第1卷，春阳堂，1909年，50—51页。《山本权兵卫和海军》，209页。

[5] 《极秘海战史》第1部卷10，22、26页。《日本外交文书》第37·38卷别册《日俄战争Ⅰ》，290页。

[6] 林权助《讲述我的七十年》，第一书房，1936年，182—184页。

第九章 开　战

涉之位置"，掷还抗议文。[7]

东京

下午4时（圣彼得堡时间上午9时），小村外相将罗森公使召到外务省，通告日俄断绝外交关系。小村说，栗野公使将会立即撤回，而阁下由于没有合适的航船班次，可以推迟数日出发，我方会保证阁下的安全。罗森回答，交涉没有取得成效，日本政府决定开战，对此，我深感遗憾。罗森公使返回公使馆时，海军武官鲁辛正在等待他。鲁辛向他报告，当天早晨6时，日本舰队出航，其中一支舰队搭载两个步兵师团，似乎要去朝鲜的西海岸，另一舰队似乎要去攻击俄罗斯海军。由于日本方面不允许发送电报，他无法和旅顺联络。[8]驻日的公使和武官并没有误解当天日本政府通告的含义，两人清楚地认识到，战争已经开始了。

镇海湾

镇海湾是位于釜山西侧的海湾。日本海军长期以来一直关注着这里。海军作战计划中，第一计划确定为"以第三舰队控制朝鲜海峡，应对浦潮（符拉迪沃斯托克）方面之敌，警卫海峡"，"于镇海湾设置临时根据地"。但书中还写道："镇海湾对于切实掌控朝鲜海峡，维持日韩两国间的交通可谓必要，无论彼我情况如何，必须首先占领该地。"[9]镇海湾最深处有马山港，海湾入口处有巨济岛，海湾宽阔，是绝好的海军根据地。

停泊在镇海湾执行警戒任务的第三舰队第七战队的炮舰"爱

---

[7] 釜山领事给小村的信，1904年2月8日，《日本外交文书》第37·38卷别册《日俄战争Ⅰ》，290页。
[8] Rosen, op. cit., Vol. 1, pp. 231-232.《小村外交史》，362—363页。
[9] 命令收于《秘密日俄战史》第1卷，115—116页。《山本权兵卫和海军》，209—210页。

宕"于下午4时驶入马山港。"爱宕"舰长与驻马山的三浦领事协商后，直接占领了韩国的电信局。下午7时20分，第七战队的战列舰"扶桑"与炮舰"筑紫"一同驶入镇海湾。"海门""磐城""摩耶"此前已经到达这里。第七舰队占领了韩国镇海湾。随后立即开始铺设仿真水雷，设置临时信号台、航路浮标等。[10]

马山领事2月7日将占领马山电信局一事报告给了小村外相。[11] 俄罗斯方面的巴甫洛夫公使也大致掌握了这个情况。2月8日，他在发往旅顺的电报中写道：

> 据朝鲜电报，1月24日（2月6日）傍晚，日本军大部队从马山浦登陆，占据了朝鲜电信局。之后不久，与釜山、马山的电信联络中断了。[12]

就这样，战争开始了，新的朝鲜战争开始了。占领镇海湾和控制釜山、马山电信局是这场被称为日俄战争的最初的军事行动，此举从本质上来讲是对韩国主权和领土的侵略行为。以往的战史几乎完全忽视了这一事实。[13]

---

[10]《秘密海战史》第1部卷10，26页。
[11] 三浦马山领事给小村外相的信，1904年2月7日，《日韩外交资料集成》第5卷，41页。
[12] Pavlov to Alekseev, 24 January 1904, RGAVMF, F. 32, Op. 1, D. 209, L. 28.
[13]《明治三十七八年海战史》第1卷中没有涉及第三舰队，第2卷231—232页只写到第三舰队"2月6日入竹敷要港"，完全隐匿了占领镇海湾一事。最初谈及此事的，大概是1966年刊行的《山本权兵卫和海军》210页收录的《山本伯爵实历谈》，山本海相说道："我舰队……2月5日接到第一道军令，……7日部分第三舰队即完成了镇海湾占领。"韩国釜山工业专门学校教授金义焕率先在其著作《围绕朝鲜的近代俄日关系研究》（韩文）（汉城，通文馆，1972年）144页中指出，日本海军于2月6日在镇海湾集结，在262页的年表中也写到，6日"日本军舰入港釜山和马山浦，军队登陆"，但认为接收马山电信局发生在2月9日。这是根据居住在马山的日本人——诹访史郎1926年刊行的《马山港志》68页中不正确的记述所写。最先利用《极秘海战史》，写到2月6日入港马山浦、占领韩国电信局的是外山三郎。但是，他只在《第三舰队监视朝鲜海峡》这一节中谈及此事，没有准确传达《极秘海战史》中的记述。本书基于《极秘海战史》，首次阐明了最初的作战。

第九章 开 战

此外，片冈司令长官率领第三舰队的第五战队、第六战队于当天下午4时驶入对马的竹敷港，在对马和马山、镇海湾形成夹击朝鲜海峡的态势。之后，日本海军铺设了始于对马、途经巨济岛通往马山浦的电信线，以巩固镇海湾的临时根据地并确保韩国各地与日本的通信联络。

仁川

停泊于仁川的巡洋舰"瓦良格"舰长鲁德涅夫得到了从英、法、意的军舰舰长那里听说的日俄断绝外交关系的消息。鲁德涅夫给汉城的巴甫洛夫公使发去电报询问，巴甫洛夫回复道，有这种传言，"但还没有足以相信的确凿证据"，会再联系。鲁德涅夫给旅顺的维特格夫特发去电报，但没有收到回复。[14] 同样停泊于仁川的僚舰、炮舰"高丽人"的舰长大概也知道这消息吧。日本海军在港内只有一艘三等巡洋舰"千代田"。

圣彼得堡

圣彼得堡时间下午4时，日本时间晚11时，栗野公使访问了拉姆斯道夫外相，亲手将断绝日俄交涉、主张独立行动权利的通告以及断绝外交关系、撤回外交代表的通告这两份文书交给了他。[15]

第一份通告写道，"故除断绝目前已属徒劳之谈判之外，别无他途"，"为巩固且防卫帝国之地位免遭侵迫，并维护帝国既得权

---

[14] IKMGSh, *Russko-Iaponskaia voina*, Vol. 1, pp. 294-295.
[15]《日本外交文书》第37卷第1册，97页。

利及正当利益，日本保留采取自认为最佳的独立行动之权利"。[16]即通告断绝交涉和保留独立行动的权利。

第二份通告写道，"虽日本帝国政府为消除可能导致未来纠纷的各种因素，用尽一切协作手段，然未见其效"，"日本帝国政府为远东巩固且恒久的和平，所提出的正当建议和稳妥无私的提案，这些理应接受的考量，俄国俱不接受，因此日本帝国政府判断，至此，与俄国政府的外交关系已无价值，决定与其断绝外交关系"，自栗野公使以下的公使馆员将从圣彼得堡撤回日本。[17]即通告断绝邦交。

两份文书不仅通告将断绝交涉，而且还要断绝邦交，因此，为"保卫"日本的地位，为"维护帝国既得权利及正当利益"，"保留采取自认为最佳的独立行动之权利"。这些措辞当然意味着也会攻击俄罗斯。但是将通告分为两份，在断绝交涉并保留独立行动的权利之外，又断绝邦交，这种方式使俄罗斯方面陷入混乱。虽然无法确定此举是否为争取自通告到开始攻击的时间而有意为之，但确实收到了这样的效果。

当晚，栗野公使还私下致函拉姆斯道夫外相，不清楚此信是随通告同时还是随后送出。全文如下：

> 在因阁下所知的情况离开圣彼得堡之前，我谨对在停留贵都期间与阁下建立的关系中，阁下给予我的真挚的友情和亲睦的共鸣之情，衷心地表示感谢。为使两帝国关系永久立于坚固和平基础上而进行的交涉没能达成幸福的结

---

[16] Kurino' note to Lamsdorf, 24 January/6 February 1904, *Obzor snoshenii s Iaponiei po koreiskim delam*, pp. 87-88. 文本为法语。《日本外交文书》第 37 卷第 1 册，97—100 页。

[17] Kurino' note to Lamsdorf, 24 January/6 February 1904, Ibid., p. 89.《日本外交文书》第 37 卷第 1 册，100—101 页。日本的档案中没有撤回的日期。

局，在现在这种状况中，我奉命离开贵国，对此我感到何等遗憾，想必阁下能够理解吧。我强烈期待这种外交关系中断（interruption）的时间尽可能短暂（là plus courte durée possible），同时衷心希望伯爵阁下在接受我所有遗憾表述的同时，再次确认我对阁下最郑重的感情和最崇高的敬意。[18]

栗野对这个结局真心感到遗憾。他写这样的信，是情不自禁地期望虽然日俄已经开战，但战争结束后，会迎来真正的和平吧。然而，拉姆斯道夫似乎却将这封私信解读为国交断绝可能会在短期结束，有可能不发展成战争。[19] 这件事或许也是导致拉姆斯道夫忽视正式通告中日本将采取"独立行动"的一个契机。在临近战争期间，让日俄同盟论者出任驻俄罗斯公使，小村的这着棋，在这个意义上可以说取得了巨大的成功。

无从得知栗野传达的断绝外交关系的通告，在经过多长时间后报告给了皇帝。皇帝在当天的日记中只写道，"傍晚，得到了与日本交涉中止和日方公使撤离的报告"，[20] 没有特别记录下感想。他没有想到日本已通告断绝邦交，而且"保留采取独立行动的权利"这段话本身也没有报告给皇帝。

拉姆斯道夫外相立即将日本的通告发电报告知了在外的公使。他给东京的罗森、旅顺的阿列克塞耶夫也发去电报。他在电文中只写道，日本公使前来通告"日本决定中止进一步的交涉，从圣

---

[18] Kurino's private letter to Lamsdorf, 24 January 1904, *Obzor snoshenii s Iaponiei po koreiskim delam*, p. 90. 这封信在日本方面没有公布，这里是首次披露。
[19] 法国作家安德烈·梅威尔在1909年的书中写道，这个时候，栗野附上了他个人给拉姆斯道夫外相的信，表示"仍然有回避战争的希望"。Mevil, op. cit., p. 113. 希曼斯基不加批判地采用了这一说法。Simanskii, op. cit., Vol. III, p. 229. 很明显，栗野的私信使拉姆斯道夫抱有期望，从而流传出了这种说法。
[20] *Dnevnik Imperatora Nikolaia II*, p. 192.

彼得堡召回公使和全部公使馆员"；陛下命令东京的俄罗斯公使和公使馆员归国；日本不待俄罗斯方面的答复，就做出这样的通告，"对两帝国间因外交交涉中断（pereryv）而可能产生的后果负有全部责任。"[21] 拉姆斯道夫在这封电报中没有告知日本通告了"保留采取独立行动的权利"一事。这是拉姆斯道夫最大的罪过。

2月7日（1月25日），星期日

东京

各家报刊完全没有报道小村外相向俄罗斯方面通告断绝交涉、断绝外交关系的消息。虽然《东京朝日新闻》刊登了社论《协商断绝》，不过是援引北京来电（这是虚假消息），写俄罗斯通告日本，俄方乃据俄清合同处理"满洲"行政，无意与日本交涉，"俄国政府的挑衅态度今如火明"。这是相反的宣传，与该报报道的"俄国公使馆准备撤退"，罗森公使准备从东京撤离异曲同工。

值得关注的是，该报报道了朝鲜的特别电文："韩廷密使"、前驻俄公使馆参事官郭高义携带密信前往旅顺。

当天早晨7时，拉姆斯道夫外相2月4日（1月22日）发出的电报与5日阿列克塞耶夫总督发的三封电报同时送达罗森处。

罗森当日（2月7日）通过法国公使向俄罗斯外交部做了如下报告："今日早7时我才收到阁下星期四（2月4日）发的电报和总督星期五（2月5日）发的三封电报。因此，昨日午后2时日

---

[21] Lamsdorf's circular to ambassadors, 24 January 1904, *Obzor snoshenii s Iaponiei po koreiskim delam*, p. 91.

本外相向我通告时，我无法实施电报中的指示。"[22]

山本海军大臣认为捕获俄罗斯商船并不妥当，他给第三舰队司令长官发去电报："在实施交战行为之前，不得捕获俄国商船。"他认为占领韩国电信局同样不妥当，进而给"爱宕"舰长发去电报："8日上午8时之前，须解除对马山、釜山之韩国电信局的占领。此外，应注意不要发生诸如迫害外国人、在韩国陆上随意使用兵力之行为。将此旨意传达司令官。"[23]

旅顺

即使到了这时，远东总督阿列克塞耶夫仍然想着辞职。当天一大早，他给阿巴扎发去电报："希望由陆军中兼具才能和功绩的权威"人物接替最高司令官——总督之职，由于义和团事件时，陆军对他的指挥不满，现在他在采取与陆军相关的措施时，感觉到了怀疑和抵触。正如俄罗斯历史学家列姆涅夫指出的，阿列克塞耶夫感受到了"火药的味道，一直处于恐慌状态中"。[24]

这封电报发出后不久，阿列克塞耶夫收到一封重要电报。上午9时，首都的外相拉姆斯道夫发来电报，令其向东京的罗森传达皇帝让他撤到旅顺的命令。这封电报突如其来，让人摸不着头脑，阿列克塞耶夫愈发紧张起来。五个小时后，下午2时，外相发来第二封电报，告知与日本断绝交涉的消息和俄日两国撤回外交使节的命令。[25]拉姆斯道夫就连对阿列克塞耶夫都没有告知日

---

[22] Simanskii, op. cit., Vol. III, p. 226. 于午后2时通告的说法有误。
[23] 《极秘海战史》第1部卷10，22、28页。
[24] Remnev, op. cit., p. 393. 根据见 Alekseev to Abaza, 25 January 1904, RGIA, F. 1337, Op. 1, D. 20. L. 15。
[25] Alekseev, Vsepoddanneishii otchet po diplomaticheskoi chasti, L. 25ob. Chernovikpis'ma Alekseeva, 25 January 1904, RGAVMF, F. 32, Op. 1, D. 209,L. 27.

本通告中最重要的部分——"保留采取独立行动的权利"。阿列克塞耶夫立即将电报内容发给东京。同时,他也给汉城的巴甫洛夫公使发去电报,令停泊在仁川的巡洋舰"瓦良格"和炮舰"高丽人"立即回航旅顺。但是这些电报已经发送不过去了。[26]

根据其外交顾问普兰松的日记,阿列克塞耶夫接到断绝邦交的通告后召来了普兰松,对他说:"好了,战争要开始了。这就是他们的外交、糊涂政策的结果。好吧好吧,希望能狠狠地把那帮家伙打倒在地。这总比没完没了地做无聊的事情要强。"[27]不过,普兰松的日记恐怕是后来以日记形式写的回忆吧,这样的记述不能轻信。阿列克塞耶夫本人在后来的旅顺投降审判预审委员会上做了如下供述:他"没有将交涉中断(pereryv snoshenii)的事实视为宣战布告,没有想到有权利立即做出展开军事行动这种重大的国事上的决定"。由于受到去年10月5日(9月22日)电报所表明的皇帝回避战争的意志所引导,因此对2月7日(1月25日)外相的通知采取了特别慎重的态度,认为在政府仍然努力与日本和平解决问题的时候,不应该从自己这边引发冲突。"我一直承认与日本发生战争的可能性,但我发誓,我始终不认为战争不可避免。"[28]

想到战争迫在眉睫,恐慌的阿列克塞耶夫请求辞去总督,当请求被拒绝后,他在这种断绝交涉、撤回外交使节的举措中,反而发现了回避战争的可能性,产生了依赖心理。

阿列克塞耶夫在用早餐前接见了来自汉城的、持有内部大臣书信的使者郭高义。阿列克塞耶夫对郭高义说:"我们遵守韩国中立的要求,但日本人恐怕不会这样。韩国皇帝的处境会变得特别

---

[26] Alekseev, Vsepoddanneishii otchet po diplomaticheskoi chasti, L. 26.
[27] V shtabe ad. E. I. Alekseeva, p. 162.
[28] IKMGSh, *Russko-Iaponskaia voina*, Vol. 1, p. 173.

困难。但无论如何，若没有与巴甫洛夫公使商量，就什么都不要做。"[29] 他以为还有时间。

阿列克塞耶夫召来普兰松，陪"关东州"军参谋长弗鲁格、太平洋舰队军令部长莫拉斯一起用早餐。不用说，这时他大概告诉了这二人断绝外交之事吧。

汉城

"瓦良格"舰长鲁德涅夫乘坐早晨的火车去往汉城。他先访问了公使馆。巴甫洛夫公使说，由于日本方面的妨碍，已经有一星期没有接到电报了。尽管圣彼得堡、旅顺应该能够采取一些措施，但什么也没有做。巴甫洛夫提议派"高丽人"去旅顺进行联络。[30]

林公使当天给驻釜山、马山、仁川、元山等各港、市的领事发去训令，让他们告知韩国臣民："我政府之方针公正无偏，韩国臣民可安居乐业，若因日本臣民之故而遭受身体、财产上的损害，应直接向日本官吏申诉。"[31] 这俨然是占领者的口吻。

圣彼得堡

这天早晨，各家报刊仍然没有报道断绝邦交的通告。《新时报》报道了符拉迪沃斯托克（海参崴）的日本居民根据"日本政府的秘密指令"，突然开始出逃。[32] 该报社长兼主笔苏沃林在当天的专栏中写道："我们是完全处于战争的前夜呢？还是走在虽然不

---

[29] V shtabe ad. E. I. Alekseeva, p. 162.
[30] IKMGSh, *Russko-Iaponskaia voina*, Vol. 1, pp. 294-295.
[31] 《日韩外交资料集成》第5卷，41—42、50页。
[32] *Novoe vremia*, 25 January/7 February 1904, p. 2.

那么平坦，有深谷、有危险，但仍然通往和平的道路上呢？""日本不了解俄罗斯，俄罗斯也不了解日本。这两个国家的顽强的国民是两个未知数，双方都在摩拳擦掌。""或者，近在眼前的悲剧会促使日本和俄罗斯相互认识，相互评价，从而辜负欧洲的一切期待。"〔33〕苏沃林仍然认为有回避战争的可能性。

拉姆斯道夫外相当天给库罗帕特金陆相写了信：

"将日本公使自圣彼得堡召回和将俄罗斯公使自东京召回仍然不代表俄日间的战争不可避免。但是，准确地预测日本为了维护自己在朝鲜和满洲的利益将会做出什么，以及完全实施我们已经预想到的所有事情将会在什么时候，很困难。""虽然陛下大概不会发动丝毫不符合俄罗斯利益的战争，但我特别担心我们远东的英雄们……会不会突然热衷于某些容易转化为真正战争的军事性事件。"〔34〕

外相也没想到战争已经开始。库罗帕特金方面对断绝外交关系也没有做出任何反应。他的日记自2月4日（1月22日）到这天为止完全都是白纸，或许是后来销毁了。

但是，《新时报》在这天出版了号外，报道2月6日（1月24日）拉姆斯道夫外相通知日本决定断绝交涉并撤回外交官。附加的解说严厉谴责了日本。"他们谴责我方是为了准备战争而拖延交涉。"但是，"现在很明显，交换备忘录完全是一出滑稽戏，有必要准备战争的不是俄罗斯，而是日本。焦急地等待从意大利购买的两艘巡洋舰进入清国领海的不是俄罗斯，而是日本。"虽然"断

---

〔33〕 Suvorin, *Malen'kiepis'ma 1904-1908*, 2005, pp. 35-36.
〔34〕 Simanskii, op. cit., Vol. III, p. 230. 另外 IKMGSh, *Russko-Iaponskaia voina*, Vol. 1, p. 174。

第九章　开　战

绝外交关系"还不能说就是战争，还留有余地，但现在我们面临的选项，只有开始"战争"，或由第三国"调停"，或"纷争长期化"，日本大概不会接受调停吧，因此，结局将会是"国民间的、国家间的 ultima ratio（最后的手段）"。[35]这大概是忌讳说"战争"这种直接的表达方式吧。

圣彼得堡大学教授皮连科在回忆录中写道，这份号外的原稿是他写的。他在写完原稿后，访问了他的亲戚阿韦兰海相，海相非常激动，强调说：

你难道不知道吗，陛下不希望战争。战争要有对手，无论如何，我们都不会让事态发展到完全决裂的地步。

皮连科进而谈了他自己的分析，阿韦兰更为激动，他的眼中浮现出恐怖的神色，咆哮道：

不对，你根本不知道你在说什么。与日本的战争不可想象，不可想象！

海相抱住了头。那一刻，他那精心修剪过的、卷曲的侍从将军胡髭烙印在了皮连科的脑海中。

这真可怕。[36]

---

[35]　*Novoe vremia*, Pribavlenie k No. 10019, 25 January 1904.
[36]　A. Pilenko, Iz literaturnykh vospominanii, Hoover Institution, Boris Nikolaevskii collection, Box 642, F. 18, pp. 2-8. 这一资料受教于 Lukoianov, Poslednie russko-iaponskie peregovory, p. 34。

大概到了下午，皇帝给拉姆斯道夫、库罗帕特金送去了一封信：[37]

> 明日1月26日（2月8日）11时，来朕处讨论一下我们该做什么，是继续对日本军登陆朝鲜视而不见，还是用武力阻碍他们。希望你们来。

皇帝深信迫在眼前的日本的行动是占领朝鲜。他在当天的日记中写道，"没有来自远东的任何消息"，[38] 他在等待日本军登陆朝鲜的报告。

阿巴扎的想法不同。他把断绝外交关系解读得很严重，想到会发生战争。如果这样，一定不能让阿列克塞耶夫惊慌失措。他提醒皇帝，阿列克塞耶夫还没有接到取消皇帝1月27日（14日）电报的指令，他提议发电报给阿列克塞耶夫，如果认为有必要，可以采取行动，阻碍日本军登陆朝鲜。[39] 也就是说，阿巴扎提议告知阿列克塞耶夫，不是说到南部朝鲜为止可以允许日本军登陆，而是日本军在朝鲜的任何地方登陆俄罗斯都可以进行攻击。即他主张如果日本采取行动，俄罗斯也应该行动。阿巴扎还附上了电报的案文。当然皇帝不可能在御前会议之前将电报发给阿列克塞耶夫。

库罗帕特金要求参谋总长萨哈罗夫为御前会议撰写形势判断报告。

---

[37] Nikolai II to Lamsdorf, 25 January 1904, GARF, F. 568, Op. 1, D. 661, L. 78.*Dnevnik A. N. Kuropatkina*, p. 128.
[38] *Dnevnik Imperatora Nikolaia II*, p. 192.
[39] Nikolai II to Alekseev（draft）, DKPIa, No. 37, 38, pp. 49-50.

第九章 开 战

莫斯科

《莫斯科报道》原主笔、右翼评论家吉霍米罗夫在这一天的日记中,粘贴了报道断绝邦交的报纸剪报,他写道:"这一天特别重要,或许是历史性的一日。"他很冷静。

> 我们的答复已于星期六送给罗森了,然而在同一天,日本不待我方答复就召回了公使。此举意味着军事行动的开始,更加准确地讲,可以视为登陆朝鲜的开始。但是,还可以从别的方面考虑。或许是居间调停者操纵的。也许是美国,也许是其他的骗子。那样的话,我们大概又要做愚蠢的游戏了。就战争而言,毫无疑问,我们没有做好准备。无论是军队还是弹药,虽然都已经调往了那边,但还没有抵达。……然而,无论我们的准备多么不充分,与调停相比,战争或许更好一些。因为战争还有胜利的可能,而调停则不可避免地会失败。[40]

吉霍米罗夫同样预测日本的行动是占领朝鲜半岛。而且,他认为如果发生战争,大国俄罗斯有可能取得最后胜利。

旅顺

阿列克塞耶夫这一天只将日俄断绝交涉、撤回外交使节的事情告诉了很少的旅顺军队上层,没有告知陆军要塞司令官斯特塞尔。[41]

这天晚上,最新锐战列舰"皇太子"号舰长格里戈洛维奇见

---

[40] Iz dnevnikova L. Tikhomirova, 25 January 1904, KA, 1930, kn. 1, pp. 28-29.
[41] IKMGSh, *Russko-Iaponskaia voina*, Vol. 1, p. 175.

到了炮舰"海狸"舰长布勃诺夫。格里戈洛维奇说,他舰上的电报员截获了"发出宣战公告"的电报。布勃诺夫说:"要是那样的话,会告诉我们吧。"格里戈洛维奇告知还听说召回了公使。布勃诺夫说,那就向副司令长官打听一下有什么紧急情报吧。副司令长官的回答是:"没有任何情报。明天下午1时出航到外部停泊地。"[42]他什么都没有告知舰长们。

即便如此,阿列克塞耶夫在这天向大概航行至吉布提的增援舰队司令官威列纽斯发去命令,要以最快速度驶向旅顺,哪怕只是战列舰"奥斯利雅比亚"也好。然而,威列纽斯按照圣彼得堡的命令,拖着水雷艇从吉布提出发,在将要进入红海的地方受阻。[43]这支小舰队前进失败,于2月13日(1月31日)返回吉布提。

竹敷

第三舰队的片冈司令长官这天得到了通报舰"宫古"(译者注:宫古号属第一舰队第一战队序列。)舰长枥内中佐的报告:"5日夜晚,我方切断了自韩国通往俄国及满洲的陆上通信;自韩国通往我邦的电缆在我通信省掌握中;在近期,现在的行动没有被旅顺、浦盐斯德(符拉迪沃斯托克)及欧美等知晓之虞。"[44]由此可知,占领电信局在军事上是不可欠缺的行动。

汉城

林公使下午5时向东京报告了韩国宫廷的状况。"宫中知我陆

---

[42] M. Bubnov, *Port-Artur*. Sankt-Peterburg, 1907, p. 18.
[43] Gribovskii, Poznakhirev, op. cit., p. 153. IKMGSh, *Russko-Iaponskaia voina*, Vol. 1, p. 148.
[44]《极秘海战史》第1部卷10,29—30页。

海军开始行动……大为不安。"皇帝高宗疏远军务局总长闵泳喆、警卫院总监李根泽，信任李容翊以及吉泳洙。政府内亲日派势力强大，皇帝无法抵抗。林公使报告说，他听了闵泳喆、李根泽所说的情况，担心皇帝也许会播迁到宫城外。[45]

当天深夜，林公使得到两条通知。一条来自清安君李载纯，告知"宫中人心不稳，皇帝有播迁俄、法公馆之意。系李容翊、玄尚健等人所出计划"。另一条来自李根泽，告知"今日日本军在马山、釜山方面登陆的消息传来，宫中与法公馆来往频繁，其使为玄尚健"。[46] 日本进攻镇海湾、马山、釜山的消息传来，韩国政府陷入非常紧张的状态。

仁川

停泊在仁川港的巡洋舰"千代田"趁着夜色逃到了港外。

日本海上

东乡提督的联合舰队主力全速朝旅顺方向行进。

2月8日（1月26日），星期一

东京

虽然当天各家报纸都报道了罗森公使以及栗野公使各自撤

---

[45]《日韩外交资料集成》第5卷，41页。
[46] 林给小村的信,1904年2月8日（第104号），《日本外交文书》第37卷第1册,448页。

回的消息，但仍旧隐瞒了日本已通告断绝外交关系的事实。《东京朝日新闻》以《撕破和平的假面》为题报道了路透社关于俄罗斯的电文：俄罗斯的答复方案于本日送达东京，圣彼得堡期待日本政府"无条件"同意这份方案。还刊登了纪事《俄廷近况》：虽然以总督为首，阿巴扎、别佐勃拉佐夫、亚历山大·米哈伊洛维奇大公等人一直"鼓吹"主战论，但观大公与别佐勃拉佐夫同时去国外旅行之举，或许"主战派"内部发生了分裂。而尼古拉二世"并非只是绝对信用主战派"，由于维特一派进言妥协论，皇帝也有"犹豫不决"的理由。然而，一直努力"寻找妥协折中点"的罗森、拉姆斯道夫的"苦心最终还是没有成功的余地"，"俄帝也被主战论绑架了"。阿列克塞耶夫是否会指示罗森递交答复方案是个"疑问"，"相信答复方案在旅顺即会遭到破坏"。

报纸在第二版刊登了《俄国内幕》一文，介绍了哲学家索洛维约夫的黄祸论、"黄色患"，同时还涉及了虚无党的活动，"日俄战争终结之时，俄罗斯必有大革命。虽非预言家，无洞察未来之能力，然大革命或起于战争中亦未可知"，"虚无党或尝试乘外患突飞猛进"。也就是说，认为俄罗斯不足为惧。

仁川

这天早晨，两天前从佐世保出发的联合舰队的一支——瓜生战队到达了仁川港外。战队由二等巡洋舰"浪速""高千穗"，三等巡洋舰"明石""新高"，以及一等巡洋舰"浅间"组成。陆军登陆部队的第12师团3000名先遣队员乘坐运输船同行。他们听了趁着夜色逃出港内的"千代田"带来的情报后，所有舰艇摆开阵势等待俄罗斯军舰。

第九章 开 战

汉城

林公使虽然对昨夜清安君传来的高宗播迁法国公使馆的情报稍有怀疑，但考虑到"此际殊有必要给韩国皇帝强烈警告"，于是在早晨立即请英、美两国公使向高宗秘密上奏，播迁会给"韩国独立和汉城安全"带来恶劣后果，得到应允。两公使已经知道了日军在釜山和马山的行动，林对他们说，"推测我政府最近将会采取自由行动"。[47]

旅顺

总督阿列克塞耶夫自2月1日（1月19日）收到巴甫洛夫的电报之后，一周以来再没有收到任何消息。然而8日（1月26日），巴甫洛夫公使的电报突然发了过来，推测电信暂时恢复了联络。

> 根据朝鲜电报，1月24日（2月6日）傍晚，日本大军自马山浦登陆，占据了朝鲜电信局。其后不久，釜山和马山的电信联络中断。到了晚上，日本人又切断了与北部朝鲜相连的两条电缆。昨日，朝鲜方面只成功恢复了数小时与义州的电信。傍晚，电缆又在别的地点被切断，虽然今日得以恢复，但估计不会持续多久吧。外交关系断绝、日本公使撤离圣彼得堡、日本舰队将被派往鸭绿江河口、1月29日（2月11日）日本军将在仁川登陆等等传闻接连不断。昨夜，日本军舰"千代田"趁着夜色熄灭灯火，偷偷驶出了仁川。本日下午2时，我将派炮舰"高丽人"去往旅顺。[48]

---

〔47〕林给小村的信，1904年2月8日（第105号），《日本外交文书》第37卷第1册，319—320页。
〔48〕Pavlov to Alekseev, 26 January 1904, RGAVMF, F. 32, Op. 1, D. 209, L. 27.

日本军登陆马山的情报反映出日本海军第三舰队控制了镇海湾，这是俄罗斯方面掌握的日本军开始作战行动的最初情报。在日本舰队逼近仁川之时，由于"千代田"逃到港外，港内的两艘俄舰顿时成了瓮中之鳖。这个电报应该使阿列克塞耶夫真切地感受到日本已经开始行动了。

这天，旅顺舰队司令长官斯塔尔克也向阿列克塞耶夫提交了担忧事态的报告。报告中建议，派遣两艘巡洋舰监视驶向仁川的日本海军舰艇、运输船，派遣一艘巡洋舰防备驶向旅顺的日本海军。进而需要下达指示，要求泊于旅顺外部停泊地的所有舰艇注意不要遭到日本海军夜间的水雷袭击。斯塔尔克写道，如果设置防御网，紧急时调动舰艇会面临困难，因为网有可能缠住螺旋桨，因而反对这样做。阿列克塞耶夫对此做出指示，派遣出的巡洋舰限定为一艘，有必要设置防御网。于是，旗舰"彼得罗巴甫洛夫斯克"以手旗信号向各舰传达了准备设置防御网的指令，不过当日最终并没有发出设置防御网的指令。[49]斯塔尔克后来谈到没有越过阿列克塞耶夫的指示、采取警戒措施时辩解，是因为阿列克塞耶夫说"断绝交涉并不意味着战争，他说有理由相信战争不会发生"。[50]布勃诺夫写道，虽然发出了防备鱼雷攻击的命令，但阿列克塞耶夫命令解除若干军舰的防御网，当时他说，"不要搅起不安"，这话传开，防备鱼雷攻击被大家认为是在训练。[51]

另一方面，这天早晨，就连旅顺的报纸《新边疆报》终于也捕捉到了断绝邦交、日本公使归国的消息。代理总编原本打算将此消息刊发为号外，但考虑之后，决定先取得总督的许可。他与

---

[49] IKMGSh, *Russko-Iaponskaia voina*, Vol. 1, pp. 180-183.
[50] Ibid., p. 184.
[51] Bubnov, op. cit., p. 19.

第九章 开 战

总督府联系后，得到的回答是，不要刊发这条消息的号外，希望在翌日的报纸上配上解说，一同刊发，并在解说中指出，断绝外交关系不是宣战公告，仍然有和平解决的希望。编辑部重新写了文章交给总督府。不过，得到阿列克塞耶夫首肯的稿件最终没有被发表在报纸上。[52]

另一方面，自2月6日起开始的日本人撤离旅顺的行动在这天达到了最高潮。日本人的商店全都抛售商品，关闭店铺。《新边疆报》记者将这一情况电话告知总督府，但只得到"已经知道了"的回复。上午，芝罘的日本领事水野幸吉来到这里，组织所有在旅顺的日本人撤离。而俄罗斯方面因日本领事到来，反而强化了日本断绝邦交并非要发起战争的印象，阿列克塞耶夫命令部下协助水野领事。[53]下午4时左右，领事带着所有剩下的日本人与有关旅顺的最新情报，乘坐英国船离开了旅顺。[54]

要塞司令官斯特塞尔在3月发给格拉佐夫中将的信中写道："直到26日（2月8日），我们还完全没有谈论过马上就要发生战争这样的话题，虽然大家原本都确信战争将会发生。"[55]

圣彼得堡

各报报道了日本决定断绝日俄交涉、召回外交官之事。《新时报》将昨日的号外原封不动地刊登在了头版头条。社论指出，英国和美国回避战争的气氛高涨。而在圣彼得堡，"不用说，当然没有发生任何可被称为排外主义的事情。"[56]

---

[52] IKMGSh, *Russko-Iaponskaia voina*, Vol. 1, pp. 187-188.
[53] Ibid., p. 189.
[54] GARF, F. 543, Op. 1, D. 186, L. 26.
[55] Stessel' to Glazov, KA, 1926, kn. 3, p. 219.
[56] *Novoe vremia*, 26 January/8 February 1904, p. 2.

843

参谋总长萨哈罗夫于本日早 10 时向陆相提交了意见书。萨哈罗夫认为，如果日本占领朝鲜，将会构成"对我们最初的敌对行动"，对此，俄罗斯应该采取相应的军事行动。他主张，"在这种情况下，回避军事冲突会被理解成我们软弱，有可能进一步燃烧起日本人对战争的血性和自信。"如果俄罗斯方面采取行动，就可以延缓日本的行动，这对俄罗斯来讲，就争取到了必要的时间。他进而论述了日本攻击俄罗斯舰队的可能性：

> 一直执拗地要与我们交战的日本，在开始向朝鲜运送本国军队的同时，为了确保运送工作的安全，会在我舰队目前所在地攻击我舰队，因而有可能导致我海军对眼下有决定性意义的地点有所麻痹。我认为即使从这样的考虑出发，我舰队也最好自主地开始积极行动，移动到日本最初作战的地域活动。[57]

但是，与皇帝一样，库罗帕特金陆相也没有倾听参谋总长的意见。

这天上午，在尼古拉二世御前举行了协商会。[58]出席的人有阿列克谢大公和阿韦兰海相、库罗帕特金陆相、拉姆斯道夫外相，阿巴扎负责记录。库罗帕特金在日记中写道："阿巴扎没有做任何发言。他被委任撰写陛下给阿列克塞耶夫的电报（基于会议精神）。"[59]

---

[57] VIK, *Russko-Iaponskaia voina*, Vol. I, pp. 273-274. IKMGSh, *Russko-Iaponskaia voina*, Vol. 1, p. 175. 参谋本部的战史认为，萨哈罗夫和阿巴扎的意见表达了"同样的思想"。美国军事史学家梅宁最先关注到了这两种叙述。Menning, op.cit., p. 79.

[58] 此次协商会记录参见陆相的日记 *Dnevnik A. N. Kuropatkina*, pp. 130-132。

[59] Ibid., p. 129.

第九章 开　战

尼古拉二世首先征求了库罗帕特金的意见，日记后面所写的皇帝的提问，大概是会议刚开始就提出的。这样推测应该是妥当的。

皇帝说，我们应该坚持什么样的行动方式，我想听听直率的意见。我们是否应该以武力阻止日本军登陆朝鲜，如果采取行动，在哪里合适？是像之前指示阿列克塞耶夫的那样，如果日本军在仁川以南登陆，就装作没有看见呢，还是应该采取不同的应对方案？如果在仁川以北登陆，我们是否应该进攻？皇帝所预想的日本军的行动，是占领朝鲜，他对此深信不疑。

库罗帕特金尽量简要地概述了地方当局针对日本发出宣战公告时，海军和陆军采取共同行动的意见。9月，我军在制订"南满洲"的战略展开计划时，阿列克塞耶夫主张，我海军没有理由失败，因此日军在仁川以北登陆是不可能的。如此，日军在"南满洲"接近东清铁路线大概要在开战三个月之后了。只要有这么充裕的时间，足够俄军在当地组织反击。但是，阿列克塞耶夫10月3日（9月20日）的电报请求以武力阻止日军在仁川、镇南浦、鸭绿江河口登陆。2月3日（1月21日），阿列克塞耶夫再次请求允许海军果断行动。从地面部队的角度来看，我自己也承认，理论上讲，这些行动是极其必要的。因为如果不这样，日军会过早进军鸭绿江，在我们准备完善之前，就进入"满洲"了。

库罗帕特金虽然讲了这些话，但他又指出，日本在日清战争之际，也是在歼灭清国海军之后，才进行鸭绿江登陆作战的，行动颇为慎重。他说："这次他们也会慎重行事吧。"日本面临两条路，一条是只占领朝鲜，回避与俄罗斯的战争；另一条是向俄罗斯宣战，将战争扩大到"满洲"。如果是第一种情况，由我方发起进攻没有益处。如果是第二种情况，有必要充分利用我海军力量。日军在元山登陆，我们无法阻止，在仁川登陆，我们也不确定能否阻止，那里防守易、进攻难。但是，在仁川以北的地点登陆，无论如何我们都必须阻止。

不过，库罗帕特金似乎还谈到有必要做最后的努力，回避战争。之所以这么说，是因为他日记中写道，接下来发言的拉姆斯道夫外相对他的意见表示赞成，认为即使有一点回避战争的可能性，都应该利用它。拉姆斯道夫说，日本行动轻率，欧美对日本持批判态度等，总之是主张回避战争，不由俄方展开进攻。

海军元帅阿列克谢大公表示赞同库罗帕特金的意见，一定不能让日本军在仁川以北登陆。大公说，日本的目标不仅仅是朝鲜，它还在窥伺"满洲"，不过他认为日本不会去打海战。库罗帕特金写道，阿列克谢大公的发言是对他意见的反驳，但逻辑上讲不通。

拉姆斯道夫再次论述了努力回避战争的必要性，皇帝回应道："当然。"但当外相提及寻求列强调停时，皇帝说："为时已晚。"海相阿韦兰说，我们无法阻止日本军在朝鲜东部登陆。阿巴扎提议给阿列克塞耶夫发去电报，给予他完全的行动自由，但这个提案没有获得支持。而当库罗帕特金提出阿列克塞耶夫应该亲自指挥舰队时，阿巴扎马上说，阿列克塞耶夫有意转移到对马，在那里指挥舰队。库罗帕特金的写法似乎有怀疑阿列克塞耶夫之意。库罗帕特金提议，将他和阿列克谢大公的意见用电报发给阿列克塞耶夫。皇帝接受了这个建议，决定发电报。库罗帕特金的日记是这样结尾的：

> 在会议结束时，陛下说，如果我舰队打败了日本舰队，通过这个教训，大概就不会有战争了吧。因为日军登陆的可能性就没有了。[60]

---

[60] *Dnevnik A. N. Kuropatkina*, p. 132.

第九章 开　战

协商会后，给阿列克塞耶夫发去了皇帝的密码电报。

希望不是由我们，而是由日本方面点燃军事行动的导火索。因此，如果他们不对我国展开行动，阁下不要阻止他们在南部朝鲜的登陆和在东海岸到元山为止的登陆。但是，如果他们在朝鲜西海岸登陆，无论他们的舰队是与登陆部队一起还是分别行动，当越过三十八度线北上时，阁下可以攻击他们，不需要等待他们打响第一枪。期待阁下，上帝保佑。[61]

这是极度暧昧的指令。

库罗帕特金在日记中还写下了备选的电报草案："即使日本方面的舰队或登陆部队不主动开始军事行动，阿列克塞耶夫也不得允许日本军在北纬三十八度线以北的朝鲜西海岸登陆。允许在南部朝鲜和仁川登陆，也允许在东海岸登陆。即使日本军进入北部朝鲜，也不要将此行为视为军事行动的开始，要允许此事。"[62]

这段文字露骨地传达出库罗帕特金深藏的意图。这封电报的目的在于，如果日本军在三十八度线以南登陆，即使占领西海岸也可以予以承认。这个意图，是库罗帕特金与皇帝共有的吗？即使到了这个时候，决定依旧含糊不清。皇帝本人在当天的日记中写道：

早晨在我这里召开了关于日本问题的会议。决定不从我方开始行动。……全天心情很烦乱。[63]

---

[61] 阿列克塞耶夫文书中有这封电报。RGAVMF, F. 32, Op. 1, D. 219, L. 4.
[62] Dnevnik A. N. Kuropatkina, p. 132.
[63] Dnevnik Imperatora Nikolaia II, pp. 192-193.

不用说，担忧事态的还有军人。喀琅施塔得军港司令长官马卡洛夫中将这天向海军大臣阿韦兰提交了建议书。

> 最近，我和从远东归来的人聊天得知，我们正在考虑将舰队停置于外部停泊地，而不是旅顺内港。……将舰队停置于外部停泊地，给了敌人夜间攻击的可能性。……这样的攻击对我方来讲后果应是极其严重的。因为防御网不是覆盖全舷侧的，而且我方的很多舰艇完全没有配备防御网。……如果日本海军没有封闭的埠头，不得不将全部舰艇停置于外海沿岸的话，我们的战术是，必须在断交当晚立即对其舰队展开最猛烈的夜间攻击。日本方面不会放弃像这样的打击我们的绝好机会。……如果我们现在不将舰队调入内港，在受到最初的夜间攻击，为错误付出高昂的代价之后，也不得不这样做吧。[64]

马卡洛夫曾经在1896年作为地中海舰队司令长官赴远东时所写的报告中警告："日本人是英国人的学生，就像英国人所示范的那样，他们不会犹豫在发布宣战公告之前就开始敌对行动。"[65]此时他的话虽然没有说得这样明白，但警告的内容并没有变。但是，无论是海军大臣还是军令部长都没有倾听他的意见，而且他的警告本身也来得有些迟。

仁川

下午3时40分，炮舰"高丽人"打算去往旅顺，起锚后驶到

---

[64] Simanskii, op. cit., Vol. III, p. 234.
[65] Ibid., p. 233.

了仁川港外。洋面上，日本的瓜生舰队正严阵以待。"高丽人"的进路被阻断了。尽管日本方面主张"高丽人"在这时先进行了炮击，[66]但"高丽人"舰长甚至都未被告知断绝邦交的事实，没有理由率先开炮。根据俄罗斯方面的战史，由于日本的驱逐舰发射了三枚鱼雷，"高丽人"不得不还击了两枚37毫米炮后，逃回港内，时间是下午5时左右。[67]这是日俄海军战斗的开端。

"高丽人"逃入港内后，下午5时许，"明石""高千穗""千代田"三艘巡洋舰、三艘运输船以及四艘水雷艇就尾随"高丽人"进入仁川港。下午7时20分起，陆军士兵开始公然登陆朝鲜。水雷艇夹在两侧，监视着"瓦良格"。陆军在舰队的威压之下登陆朝鲜，是对宣告中立的大韩帝国的侵略行径。登陆彻夜进行，于9日（1月27日）凌晨4时结束。之后，进入港内的日本舰艇在上午9时半前全部驶离。[68]

汉城

日本军开始登陆前后，林公使请来了代理外部大臣李址镕和军部大臣李容翊，告知他们日本军登陆仁川，其规模为2500人左右，并说明"我军队绝不会对皇室等采取任何不稳妥举动"。对此，李址镕也许不会感到有什么问题，但中立派的李容翊原本应该对日本军侵害中立提出抗议，然而，他却没有这么做。林向东京报告，二人保证："日本军队入城，只要不施以某种威压手段，

---

[66] 瓜生司令官给海军大臣的报告，1904年2月9日，《日本外交文书》第37·38卷别册《日俄战争Ⅰ》，97页。《日俄交战纪念录》上，东江堂，1905年，50页。江藤淳《大海复苏》第2部，文艺春秋，1976年，348页。司马辽太郎没有谈及这件事。
[67] IKMGSh, *Russko-Iaponskaia voina*, Vol. 1, pp. 295–297.
[68] Ibid., pp. 297, 298–299. 参谋本部编《明治三十七八年日俄战史》第1卷，偕行社，1912年。根据166页，运输船于下午6时入港，8时开始登陆，9日凌晨1时结束。

陛下绝对不会做出播迁其他使馆之事。"[69] 日清战争之际汉城的占领军为 8000 人，这次可算是小规模的了。

东京

下午 8 时，小村外相在大臣官邸召集新闻记者并宣布，"帝国迫不得已正面临着一赌存亡的生死关头"，他发表了"日俄交涉破裂始末"。这是该日拟就的送给首相及各大臣的同名报告书[70]的摘选。文章重复了对俄通告书的开头部分，接着写道，俄罗斯"依然占领满洲，进而敢于韩国领域实施侵略行动。若满洲被俄国并吞，韩国独立亦无法维持"，于是日俄开始了交涉。小村说明了双方对抗的焦点：日本要求保持清国独立和领土完整，即要求"满洲"的完整，而俄罗斯拒绝；俄罗斯要求对"日本在韩国的自由行动权附加种种限制"，而日本拒绝。我们回顾一下不难发现，至此为止，在日俄交涉中，双方的争执点是什么完全没有公布过。结论是这样的：

> 要之，帝国政府始终以稳健公平为政纲，对俄政府毫无责难，只要求该政府承认其累次自发声明之主张。该政府至今严厉拒绝，且屡次不当迁延回复，又于一方充实水陆之军备，其大兵已压韩国边境。帝国政府实衷心切念和平，故隐忍至今日。俄国之行动使帝国政府最终不得不打消妥协之望，断绝谈判。[71]

---

[69] 林给小村的信，1904 年 2 月 8 日，《日本外交文书》第 37 卷第 1 册，448—449 页。
[70] 《日本外交文书》第 37·38 卷别册《日俄战争Ⅰ》，8—17 页。
[71] 《东京朝日新闻》1904 年 2 月 9 日，第 3 版。

第九章 开 战

这时机,这内容,都是经过深思熟虑的表演。

汉城

尽管林公使请求谒见皇帝,但傍晚时分,高宗通过参政沈相薰传达,将尽可能迅速安排谒见之事,事实上拒绝了林的请求。林在焦急之中写下一段话,盖上印章后交给了沈相薰。内容如下:

> 大日本政府之宗旨在于保护大韩国大皇帝陛下之皇室与国土,永久维持其独立,此次乃出于义举,万一陛下信重杂流之言,播迁他馆,将难以保全宗社皇室,请务必不信外臣之保证而轻率动摇……兹保证日兵入城不害人民,不犯官阙。

林于晚上11时半给东京发去电报,请求批准事前未经许可就发出了这份通告。[72]

旅顺

东乡司令长官率领日本联合舰队主力,于2月8日下午5时到达了旅顺港外东部44海里处的圆岛附近。第一、第二、第三驱逐队的驱逐舰立即从那里向旅顺进发。第四驱逐队驶向了大连。

这时,旅顺港所属的所有俄罗斯舰艇都停泊在旅顺港外的外部停泊地。七艘战列舰、六艘巡洋舰排成四列抛锚,这些军舰几乎都没有张开防御鱼雷的网。有一个广为人知的传闻,说这夜为了庆祝舰队司令长官斯塔尔克夫人玛丽亚的"命名日",士官们举

---

[72] 林给小村的信,1904年2月8日(第109号),《日韩外交资料集成》第5卷,46—47页。

办了宴会和舞会，[73]不过这并不是事实。后来于3月初来到旅顺的军官科斯坚科在回忆录中写道，他从相关者那里听到的情况是，"命名日"的庆祝活动是在白天的正餐时举行的，到下午4时就结束了。[74]驱逐舰舰长布勃诺夫写道，下午4时，普兰松在聚会上耳语告诉他，"公使们被召回了"。[75]到了傍晚，士官们差不多都返回了舰上。舰队司令长官斯塔尔克于晚8时从总督邸返回旗舰。参谋长维特格夫特到来，召集各舰舰长开会，宣读了斯塔尔克的报告和总督的决定。会议对布设防御网的步骤达成一致。晚11时会议结束，之后，舰长们返回各自的舰上。据说，在舰长们离开时，维特格夫特还说"战争不会发生吧"。[76]

这时，日本的十艘驱逐舰已经到达了旅顺港外。到达的时间是晚10时半（当地时间9时半）左右，但没有马上进入攻击，而是用了大约两个小时把握情况。因俄方两艘担任巡逻任务的驱逐舰接近了日本舰队，日方陷入极度混乱。但布勃诺夫对执行哨戒任务的驱逐舰下达了"不要开炮，看到可疑迹象即返回"的命令，因此它们看到日本的驱逐舰后立即返回了。[77]但军令部的战史中却写道，虽然俄方的驱逐舰将照明灯打向了海上，但什么也没有看到，因此才改变方向，开始返回。

终于，2月8日晚11时30分（日本时间9日0时30分），日本的驱逐舰开始对旅顺港外部停泊地的俄罗斯舰艇展开鱼雷攻

---

[73] 司马辽太郎《坂上的云》3，1970年，文艺春秋，34页。文春文库（新装版），3，1999年，233页。江藤淳《大海复苏》第2部，356—357页。这个说法源于1904年2月9日美国报纸刊登的杜撰故事。D. V. Nikitin, Kaknachalas' voina s Iaponiei, *Port-Artur. Vospominaiia uchastnikov*, New York, 1955, p. 43.

[74] M. I. Kostenko, *Osada i sdacha kreposti Port-Artur. Moi vpechatleniia*, Kiev, 1906, p. 31-32.

[75] Bubnov, op. cit., p. 18.

[76] IKMGSh, *Russko-Iaponskaia voina*, Vol. 1, pp. 191-192.

[77] Bubnov, op. cit., p. 19.

第九章 开 战

击。战列舰"列特维赞"舰首左侧首先被鱼雷命中,受到严重损伤。它想逃入港内,但在港口的浅滩处触礁,该舰死亡 5 人。大约在同一时间,战列舰"皇太子"号舰尾左侧的炮塔后部也被鱼雷命中,同样在港口的浅滩触礁,死亡 1 人。有 7 发鱼雷射向巡洋舰"帕拉达",其中一发命中了舰的左侧。这艘舰在西岸触礁,死亡 7 人。[78]

日本的驱逐舰展开了第二轮、第三轮攻击,但被俄罗斯方面的炮击击退。午夜 0 时 10 分,攻击结束。

圣彼得堡

由于圣彼得堡和旅顺之间有 7 小时的时差,[79]旅顺攻击开始时,圣彼得堡时间是 8 日下午 4 时 30 分。不用说,在这一瞬间,俄罗斯首都没有一人知道旅顺发生的事情。当晚 8 时,皇帝观看了达尔戈梅日斯基的歌剧《鲁萨尔卡》(译者注:即《水仙女》),这是夏里亚宾得意的演出剧目,当晚,夏里亚宾也登台表演。"太精彩了!"皇帝心满意足,大概将近 11 时才返回冬宫。这时,旅顺阿列克塞耶夫发的紧急电报已经送到冬宫,内容为,因日本海军攻击,旅顺的三艘军舰严重受损。皇帝被当头浇了一桶冷水。"没有发布宣战公告,战争竟然就开始了!主啊,请拯救我们吧。"[80]此时,自日本军攻击旅顺已经过去了六小时或六个半小时。皇帝因电报内容受到强烈打击,他亲自抄写了这份电报,没有加任何批语,就送给了外相。

从总督处得到了如下电报。"1 月 26 日(2 月 8 日)到

---

[78] IKMGSh, *Russko-Iaponskaia voina*, Vol. 1, pp. 200-213.Bubnov, op. cit., p. 20.
[79] Suvorin, op. cit., p. 37.
[80] *Dnevnik Imperatora Nikolaia II*, p. 193.

853

27日（2月9日）0时前后，日本驱逐舰对停泊于旅顺要塞港外下锚地的舰队突然施以水雷袭击。战列舰'列特维赞''皇太子'，巡洋舰'帕拉达'遭到贯通式打击。严重程度尚不明确。详细情况也传达给了大公殿下。阿列克塞耶夫"，明日刊发这封电报。尼古拉。[81]

库罗帕特金陆相晚10时30分左右，在审计院主席罗普科将军处见到了维特，从他那里得知，根据财政部当地专员的报告，日本海军对旅顺港的俄罗斯舰队施以突然袭击，击沉了两艘战列舰和一艘巡洋舰。陆相慌忙去了海军大臣处。然而，等到12时，阿韦兰海相处也没有收到任何情报。[82]开战的首报发到了皇帝和财政部那里，却没有发到陆军部和海军部。这样的状态实在难以进行作战。

当晚，首都的报社也收到电报，获知了日本海军攻击旅顺的消息。《新时报》得到首报时，皮连科正在主笔苏沃林的房间。苏沃林读了电报后，发出异样的叫声，仿佛呼吸困难般地解开了领带，脸色发青，手在空中挥舞了一下后，瘫倒在床上，引发了脑贫血。等到意识恢复后，苏沃林叫道："俄罗斯完了，俄罗斯完了。"[83]

2月9日（1月27日），星期二

东京

在日本，彻底的新闻管制仍在继续。这天早晨，各家报纸终

---

[81] Nikolai II to Lamsdorf, 26 January 1904, GARF, F. 568, Op. 1, D. 661, L. 79.
[82] Dnevnik A. N. Kuropatkina, p. 132.
[83] Pilenko, op. cit., pp. 9-10.

第九章　开　战

于在事情发生三天后报道了日本的《对俄绝交通告》，还报道将在一两日内发布戒严令，大本营已经完成准备工作，并且登载了昨日小村会见记者时发布的《日俄交涉始末》全文。

《东京朝日新闻》头版头条的报道是《狼狈的朝鲜政府》，文中写道："韩廷自驻日代理公使处得到日俄断绝交涉的电报，甚为恐慌狼狈，各部大臣及元帅等一直待在王宫，至夜半都没有离开。"在宫廷内很有势力的吉永洙这个人物，原来是"裸负商的头领"，兼任镇卫大队长。他劝谏皇帝暂时避身"某国公使馆"为上策，皇帝也颇为困惑，把平壤镇卫兵当作了依靠。这则报道露骨地表现了对韩国皇帝和韩国政府的轻蔑意识。

而在这天早间，报纸出版了号外《开战》，援引朝鲜特电报道了仁川海战的情形。该文中原本有"俄舰出港后不久，八尾岛冲响起炮声，至今未绝，震动居留地"这段文字，但因新闻审查被删除。

旅顺

几乎找不到确切的资料能够帮助我们探知旅顺受到攻击后阿列克塞耶夫的心情。虽然外交顾问普兰松的《日记》可信度较低，但这天早晨他从阿列克塞耶夫那里听到的话，仍让人感觉具有一定程度的真实性。

> 就像看到的，在这方面存在多大的误解啊，至少现在陛下也应该意识到他被欺骗了吧。我一直不停地说，应该正视战争的可能性，不能安心地期待和平的出路。如果从最初就确立了这种认识，就不会发生战争了吧。奈何。[84]

―――――

[84] V shtabe ad. E. I. Alekseev, p. 165.

上午8时，日本的联合舰队接近了旅顺。俄罗斯舰队仍然在外部停泊地下锚。日方第一战队的四艘巡洋舰首先前来侦察情况。俄方巡洋舰"阿斯科尔德"和"巴扬"发现后，主动出击，日方立即撤退。眼看战斗就要开始，总督阿列克塞耶夫突然以需要情况报告为由，将舰队司令斯塔尔克召到陆上。这一举动实在太过愚蠢。大约一小时后，斯塔尔克在日军炮弹激起的水雾中返回了旗舰。日方接着派出了第二战队的五艘巡洋舰。俄罗斯舰队随之起锚，进入战斗状态。昨日严重受损的战列舰"列特维赞"和"皇太子"号也加入了炮击行列，11时半起，要塞炮台开始发炮。接着，日方继续派出第三战队。俄方的巡洋舰果敢参战。冯·埃森舰长的"诺维克"号在吃水线下中弹，死亡1人。维伦舰长的"巴扬"中了10发炮弹，死亡4人，濒死重伤2人，35名水兵负伤。格拉马奇科夫舰长的"阿斯科尔德"中弹6发，死亡4人，负伤10人。日本方面，旗舰"三笠"也遭到弹袭，整个舰队死亡5人，负伤28人。[85]

仁川

2月9日（1月27日），登陆仁川的日军部队占据了仁川车站，开始通过铁路向汉城转移。瓜生司令官这天早晨给停泊在仁川的各国舰艇的舰长送去通知书，告知鉴于日俄间的敌对关系，如果港内的俄罗斯舰艇在本日正午之前不出港，就不得不对其进行攻击，希望各国舰艇避让，以防牵连。战斗不会在下午4时前开始。"瓦良格"舰长获知此事后于上午9时与法国、英国、意大利的舰长一同，在英舰"猎犬"号上开会讨论，一致认为日本的

---

[85] IKMGSh, *Russko-Iaponskaia voina*, Vol. 1, pp. 246-283.

第九章 开　战

通告不正当，决定提出共同的抗议文书。9时半，瓜生司令官将通告送给了"瓦良格"舰长。鲁德涅夫舰长返回舰船后，召集士官们协商，决定驶出港外，谋划突围。

上午11时30分，巡洋舰"瓦良格"和炮舰"高丽人"终于起锚驶出港外。瓜生战队的所有舰艇——旗舰"浪速"之下的六艘巡洋舰等早已严阵以待。瓜生司令官发出要求投降的信号，但遭到俄方拒绝。11时45分，"浅间"开始炮击，进入了战斗状态。俄方二舰接二连三地中弹，受到致命损伤，又逃入港内，炮击随即停止。这时是12时45分。"瓦良格"死亡30人，重伤85人，轻伤100人。"高丽人"没有人员伤亡，但是判明舰体严重受损，已经不堪再战。

"瓦良格"舰长鲁德涅夫、"高丽人"舰长别利亚耶夫召集士官协商后，决定自爆其舰。不过，应同意接收两舰船员的英舰舰长的要求，"瓦良格"没有自爆，最终于下午6时10分自沉。在此之前，"高丽人"已于下午4时自爆。[86]

汉城

日军部队接连不断地到达汉城，开始控制市内各处。上午，仁川海战的炮声也传到了汉城。俄罗斯公使馆内的教堂里，修道院长赫里桑夫主持仪式，巴甫洛夫公使以下所有在汉城的俄罗斯人聚集在一起，举行了祈祷会。警备公使馆的海军士兵们在泪水中做了祈祷。赫里桑夫说："兄弟们啊，战争的骰子就这样被掷过来了。大家都听到了大炮的轰鸣声吧。在那边，我们的兄弟们正在遭受炮

---

[86] IKMGSh, *Russko-Iaponskaia voina*, Vol. 1, pp. 299–315.《明治三十七八年日俄战史》第1卷，166页。

击。我们敬爱的君主为维持和平倾尽了全力，但很明显，我们的敌人并不期待和平，他们野蛮、残暴地攻击了我们的舰艇。让我们向主神祈祷吧。神啊，……请守护我们勇敢的将士，请赐予我们胜利，让这些盲目傲慢之辈屈服在我们伟大君主的足下吧。"[87]

这个时候，林公使和驻在武官伊地知幸介少将拜谒了高宗。二人"讲述了日俄间至断绝外交关系的经过，且日本帝国政府为克复遭受俄国侵迫的韩国的地位，不得已出兵韩国，并反复奏明不会对韩国皇室和臣民采取任何行动"。接着，林镇静地问高宗："风闻陛下有播迁他馆之意？"对于这个无礼的质问，高宗回答："朕充分了解日本帝国政府不得已采取今日行动的缘由，而且今日情形与二十九年之情形又有所异，丝毫没有播迁他馆等考虑。"于是，林最后就"日韩缔结同盟"询问了高宗的意向。高宗答："朕自身亦有此望，但眼下之际，尚有必要表面上示以各国无偏颇交际，同盟缔约之事可再熟虑。"

谒见之后，林认为有缔结同盟的可能性，给外务省发去了颇为乐观的报告，[88]不过伊地知则认为高宗的话不过是外交辞令，呈报道："察韩主之言语态度，并无衷心信赖日本之意，或有必要准备完全废除王室，将韩国纳入我领土，至少举保护之实，掌握其军事、外交、财政三项。"[89]

伊地知对高宗心意的揣摩较林更为准确。高宗虽然在语言上顺着林的意见，但内心暗藏着对日本的愤怒，伊地知感受到了这一点。

---

[87]《明治三十七八年日俄战史》第1卷，166页。*Koreia glazami rossiian*（*1895-1945*），Moscow, 2008, p. 175. 原著 EpiskopKhrisanf, *Iz pisem koreiskogo missionera*, Kazan', 1904, pp. 35-40.
[88] 林给小村的信，1904年2月9日，《驻韩日本公使馆记录》23，159—160页。影印版，19，492—493页。海野，《韩国合并史研究》，111页。
[89] 谷，《机密日俄战史》，71页。

第九章　开　战

圣彼得堡

日本海军在旅顺港外发起攻击的新闻没有赶上各家报纸的出版，当日没有对这一事件的任何报道。《新时报》的外电栏中刊载了旅顺发来的报道："数日前，韩国政府向列国通告，日俄战争时将严格保持中立。列国肯定了韩国政府的做法。由于日本无故破坏韩国的中立，可以预计，其派往汉城的12门炮和数个中队步兵必将被召回。"并且发表了社论《朝鲜的独立》，指出朝鲜独立是不可忘却的基本问题。日本人"在如此长的时间，如此系统性地将这个本质上单纯的问题复杂化了"。俄罗斯一直承认日本在朝鲜的特权性地位，但"前提是，设想朝鲜在所有方面都是独立国家。朝鲜独立是一切交涉的基本前提"。虽然经济上的从属必然会影响政治独立，但是日本在工商业征服的基础上，再在半岛沿岸全域修建要塞的话，"独立"就无从谈起了。"汉城的国王就会变成无用的日本属州的知事了。"[90]

《官报》刊载了政府关于日俄交涉经过的"公告"，其内容如下：自去年8月开始的俄日间的交涉，"虽然保持了友好的性质，但日本的社会团体、内外言论机关使用一切手段唤起日本人的好战性格，逼迫政府与俄罗斯发生军事战争。在这种气氛的影响下，东京内阁在交涉时变得越来越贪婪，同时采取多种策略使国家处于战争态势。"

俄罗斯在交涉中承认日本在朝鲜半岛工商业上的优越地位，也认可在出现骚乱时，日本有权利以军事力量保护其地位。但是，朝鲜独立和领土完整是基本原则，我们要求日本不以战略目的使用朝鲜的任何部分，保障朝鲜海峡的航行自由。然而，日本拒绝

---

[90] *Novoe vremia*, 27 January/9 February 1904, p. 3.

俄罗斯方案中的这部分内容，"拒绝接受保障朝鲜独立的条件"，进而要求将"满洲"问题纳入协定。"俄方不可能接受那样的要求。""满洲"问题是清国的问题，是所有列强的问题，不应该加入关于朝鲜问题的俄日协定中。俄罗斯虽然占领了"满洲"，但既没有拒绝承认清朝政府的"最高权力"，也没有拒绝承认列强获得的利权。

日本政府不待俄罗斯的答复，就决定断绝交涉、断绝外交关系，责任在日本政府。"帝国政府在静观事态的发展，如有必要，或将会立即为保护自身在远东的权利采取最毅然决然的措施。"[91]

这份公告反驳了小村于 8 日傍晚会见记者时的言论。

上午 9 时，阿列克塞耶夫那份通告旅顺发生了战争的电报被印成号外，在街头散发。[92]

尼古拉二世上午接到了旅顺发来的续报，上面写道，"波尔塔瓦""戴安娜""阿斯科尔德""诺维克"都受到损伤，但很轻微。[93]

事情到了这一步，已无是非可言。尼古拉二世于 2 月 9 日（1 月 27 日）这天终于下定决心对日作战。库罗帕特金在日记中写道：

> 27 日（2 月 9 日）上奏时，陛下虽然面色铁青，但颇为镇静。萨哈罗夫也在场。我上奏了西南方面军的情况。我的提案全部获得批准。萨哈罗夫退出后，陛下将他得到的情报详细地告诉了我。我们对日本的行为很是愤激。[94]

---

[91] *Pravitel'stvennyi vestnik*, 27 January/9 February 1904, p. 1.
[92] Na ulitse, *Novoe vremia*, 28 January/10 February 1904, p. 4.
[93] *Dnevnik Imperatora Nikolaia II*, p. 193.
[94] *Dnevnik A. N. Kuropatkina*, p. 132.

第九章 开 战

在遭到日本突然袭击的当日，皇帝没有为决断战争而召集陆海军大臣、参谋总长、军令部长协商。由于俄罗斯不存在内阁，因而也没有进行阁议。陆军大臣库罗帕特金还像什么都没发生一般上奏有关奥地利国境西南方面军的问题。接着，库罗帕特金提交了11名"满洲"军司令官候选人名单，以利涅维奇为首，他自己也在其中。至于宣战诏书之事，皇帝没有和库罗帕特金提起。宣战公告是皇帝和外交大臣拉姆斯道夫商量，令其准备的。

下午4时，皇帝去冬宫内的教堂祈愿战争胜利。在他将要离开教堂，返回寝宫时，响起了"乌拉"的声音。皇帝在当天日记中写道："无论走到哪里人们的心情都是一样的，都可以发现精神高扬和对日本暴行的愤激。"[95] 维特在回忆录中写道："这天的祈祷弥漫着某种阴郁的气氛，让人感到相当悲痛。"在皇帝返回寝宫的途中，有位将军大喊"乌拉"，但附和的人屈指可数。[96] 这里的叙述明显有些夸张。

外交部起草了宣战诏书。外相当日写信将宣战诏书草案呈送给皇帝。皇帝批示"同意"后，交还外相。[97]

2月10日（1月28日），星期三

东京

各报仍旧只报道了仁川海战的消息。《东京朝日新闻》的社论为《举国一致的赫怒》，其中写道：接受小村外相的日俄交涉经过公告，

---

[95] *Dnevnik Imperatora Nikolaia II*, p. 193.
[96] S. Iu. Vitte, Vospominaniia, Vol. 2, Moscow, 1960, pp. 290-291.
[97] Lamsdorf to Nikolai II, 27 January 1904, Glushkov and Cherevko, op. cit., p. 152.

支持政府的谈判,"以和平的、友谊的、文明的、圣人的方式,与俄国达成妥协的期望,至此已消失。"议论几乎全部围绕"满洲"而展开。

《韩国中立无效》这篇文章写得相当露骨:"没有足以保持中立的实力,即使宣布中立,到底也没有任何效力"是必然的,因为"若不能防止交战国一方的军队进入其领土,其国之中立即为无效",该文宣称"韩国现在就是这种情况"。更何况韩国"自身为日俄争议的目标",因此,韩国的选项是依附日本或依附俄罗斯的"二选一"。"今后的发展,可谓势必与日本结成同盟,以抵挡俄国。"这是明目张胆的强盗逻辑。

当天刊发了《旅顺海战大捷》的号外。各个社会团体纷纷50人、100人地组团去海军省、外务省表示祝贺。在海军省,山本海相出来做了致辞。银座的商店点亮了装饰彩灯,街上一派喜庆的气氛。傍晚,庆应义塾的两千多名学生举行了火炬游行。他们配备有乐队,从上野公园经过海军省门前,进入日比谷公园。在横滨也有1000人举行了火炬游行,他们在县厅和英国领事馆前高呼万岁。在横须贺,2500名水兵在海军军乐队的带领下,唱着军歌,在市内游行。[98]

在这场庆祝对俄战争胜利的狂潮中,感到无处安身的是俄罗斯公使馆员和正教会的人们。这天,驻日武官鲁辛和萨莫伊洛夫来向尼古拉主教告别。尼古拉主教在日记中写道,萨莫伊洛夫闷闷不乐地说:"就是因为不听我的意见!发展到现在,还不知道我们能不能获胜。"他们共同的话题是曾经帮助过俄罗斯驻日海军武官的翻译高桥门三九被逮捕。[99]高桥于1月22日被捕。葛利高

---

[98]《东京朝日新闻》1904年2月11日。

[99] *Dnevnik sviatogo Nikolaia Iaponskogo*. Hokkaido University Press, 1994, p. 371. 另有 Ibid., pp. 362-363. 笔者还参照了中村健之介等编译《传教士尼古拉日记抄》,北海道大学图书刊行会,2000年,277—278页。

里·高桥（译者注：即高桥门三九。）被当作间谍、俄探而遭到逮捕之事，使日本的正教会整体陷入了不安。罗森公使强烈建议尼古拉主教回国，但主教表示为了日本的正教徒，他要留在日本。然而，身处对与俄罗斯战争怒不可遏的日本舆论中，他的前路并不平坦。

汉城

被日军两个大队占领的汉城，推进了驱逐俄罗斯外交使节的工作。日本政府在8日就给林权助公使发去训令，指示待日军进京后，就要求俄罗斯公使和卫兵撤退。[100] 林公使原本打算请英国公使帮忙转达这一要求，并与英国公使进行了交涉。然而，在10日，法国公使受巴甫洛夫公使委托拜访了林公使。法国公使说，巴甫洛夫明日就会撤走，打算乘法国军舰去往芝罘。[101] 也就是说，俄罗斯公使在日本方面的要求被传达之前，就考虑撤离汉城了。10日傍晚，法国公使前来传达，巴甫洛夫同意接受日本的要求，离开韩国。[102]

圣彼得堡

《官报》在头版头条隆重刊载了宣战诏书。诏书原原本本地讲述了事情的经过。

朕，尼古拉二世作为全俄罗斯的皇帝、独裁君主，向朕

---

[100] 小村给林的信，1904年2月8日，《日本外交文书》第37·38卷别册《日俄战争Ⅰ》，25页。
[101] 林给小村的信，1904年2月9、10日，同上书，27—28页。
[102] Fontenay to Hayashi, 1 March 1904, 同上书，72—73页。

所有忠良的臣民宣布：

朕殄念维持和平的重要性，为巩固远东的安宁倾尽全力。出于爱好和平的目的，朕同意日本政府所提议的协商修改两帝国间有关韩国问题的现存协约。但未及交涉终了，日本甚至不待受理朕政府最后的答复，便照会中止交涉并断绝与俄罗斯的外交关系。

日本政府没有通告中断交涉即意味着军事行动的开始，就令本国水雷艇突然袭击朕停泊于旅顺要塞外侧的舰队。

朕接到远东总督关于此事的报告后，立即命令以军事力量回应日本的挑战。朕在宣布此决定之际，毫不动摇地相信神的助力，期待朕所有忠良的臣民做好与朕一同为保卫祖国而奋起的准备，朕祈求神加护我勇敢的陆海军。

西元 1904 年、治世 10 年 1 月 27 日，圣彼得堡

尼古拉〔103〕

不过，一般的报纸还没有刊载宣战公告。各报在头版头条刊登了阿列克塞耶夫的电报，接着是前一天的"政府公告"。[104]

《新时报》刊载了苏沃林的专栏。苏沃林开篇写道："该如何形容这恐怖的一天啊，我在自己的人生中从没有经历过这样的日子。战争终于打响了，与真正亚洲人的、与异教徒的无慈悲的、阴暗的、鲜血淋漓的战争。""他们有不同的伦理、不同的准则、不同的外交方式。对他们来讲，欧洲史创造的成果等等都是狗屁，所有的高尚，等待宣战公告都是狗屁。在发布宣战公告之前，他们就施以决定性的一击。……一切都做好了准备，占领阵

---

〔103〕 *Pravitel'stvennyi vestnik*, 28 January/10 February 1904, p. 1.
〔104〕 *Novoe vremia*, 28 January/10 February 1904, p. 1.

第九章 开 战

地，从圣彼得堡召回代表，就像从阴暗处出其不意地用匕首捅人一刀。"[105]

白天，各个地方都在宣读宣战诏书，在莫斯科市议会的临时会议上，在乌斯宾斯基（圣母升天）教堂的祈祷会上。[106]

对日本做出"背叛性的攻击"十分愤激的右翼评论家吉霍米罗夫在日记中尖刻地评论道，宣战诏书"没有魄力，没有生命气息，也没有感情、尊严的火花"，[107]但保持了完全的平静。

库罗帕特金呈交西伯利亚军区和喀山军区的五郡动员令，得到了皇帝的批准。皇帝发出敕令，任命阿列克塞耶夫为总司令官，利涅维奇暂时为陆军司令官。"皇帝对此事相当举棋不定，他询问柳博维茨基这个决定是否合适，柳博维茨基开始支支吾吾起来。"库罗帕特金自这时起，在日记中记下了各方希望他取代阿列克塞耶夫担任总司令官的声音。[108]

这天，日本公使栗野慎一郎和公使馆员撤离了俄罗斯。他们从华沙车站坐火车去往柏林。俄罗斯方面似乎没有人送行。人们对日本公使馆员不关心。报刊也没有对他们的撤离进行报道。[109]公使馆员中有一位名叫明石元二郎的驻在武官颇为兴奋，在开战之际，他写了下面这首汉诗表达心境：[110]

城中夜半闻鸡鸣，蹴枕窗前对月明。
思结鸭江营里梦，分明一剑斩长鲸。

---

[105] Suvorin, op. cit., pp. 36-37.
[106] *Khronika moskovskoi zhizni, 1901-1910*, Moscow, 2001, p. 175.
[107] Iz dnevnikov L. Tikhomirova, KA, 1930, kn. 1, pp. 29,30,31.
[108] *Dnevnik A. N. Kuropatkina*, p. 133.
[109] 《子爵栗野慎一郎传》，322页。《日本外交文书》第37·38卷别册《日俄战争Ⅰ》，22—23页。
[110] 小森德治《明石元二郎》上，原书房，1968年，150页。

旅顺

阿列克塞耶夫向皇帝请求允许骑兵进入朝鲜领土。

> 谨报告,由于联络中断,军事行动开始,我方完全缺乏来自朝鲜的情报,日军已经登陆朝鲜,在事实上侵犯了这个国家的中立性,这点不容置疑。因此,我认为完全有必要让骑兵部队尽可能深入鸭绿江左岸(朝鲜方面)进行侦察,并且在图们江右岸的北部朝鲜进行侦察。[111]

就连这样的事情都必须得到皇帝的批准,这是致命的。皇帝大概迅速批准了此事。这是侦察行动的命令,而不是为了作战行动的进军。

东京

这天傍晚,日本政府也发布了宣战诏敕。《官报》连夜印成号外,在市内散发。

> 朕兹对俄国宣战。朕之陆海军须倾全力从事对俄国交战,朕之百僚有司宜各率其职,发挥权能,努力达成国家之目的。
>
> 帝国之重在于保全韩国,此非一日之故。不仅因两国累世之关系,实韩国之存亡关系帝国安危。然俄国不顾其与清国明约以及对列国累次宣言,依然占据满洲,且益加巩固其地位,终欲吞并之。若满洲归俄国领有,则无由支持保全

---

[111] Alekseev to Nikolai II, 28 January 1904, VIK, *Russko-Iaponskaia voina*, Vol. II, p. 74.

第九章 开　战

韩国，远东之和平亦根本无望。故朕值此机，殷切期望通过妥协解决时局问题，以维持恒久和平，我有司向俄国提议达半岁之久，屡次交涉，然俄国丝毫不以互让精神应对。旷日持久，徒然迁延时局之解决，表面倡导和平，暗中扩张海陆军备，欲使我屈从。足见俄国自始毫无爱好和平之诚意。俄国既不容帝国之提议，韩国之安全方濒危急，帝国之国利将遭侵迫。事既至兹，帝国原本欲依和平交涉求得将来之保障，今日唯有求诸旗鼓之间，此外别无他途。朕期待倚靠汝有众之忠实勇武，尽速永远克复和平，以保全帝国之光荣。[112]

　　这段话使用了三次"保全韩国""安全"这样的词语，再加上"韩国之存亡"，共使用了四次，强调日本是为了韩国、为了保全韩国而与俄罗斯发生战争的。然而这份诏敕隐瞒了日本真实的意图。已经开始的这场战争，是为了让俄罗斯承认，将宣布中立、皇帝请求俄罗斯帮助的韩国作为日本的保护国而发起的，是为了"帝国之国利"而威胁"韩国之保全""韩国之存亡"，从而最终将韩国作为日本的保护国。在这个意义上，不得不说，这份宣战诏敕完全矫饰了日本战争的目的。

　　日本将这份诏敕翻译成英语，送交各国政府，包括清朝政府。[113] 至于韩国政府，日本甚至认为没有必要出示宣战公告，因而没有送交。[114]

---

[112] 文本根据《东京朝日新闻》1904年2月11日。另外也收于《日本外交文书》第37·38卷别册《日俄战争Ⅰ》，143页。
[113] 同上书，142页。
[114] 林给小村的信，1904年2月11日，同上书，148页。

2月11日（1月29日），星期四

东京

各报报道了宣战诏敕。同时，所有版面都被"旅顺大海战实况""旅顺海战公报""俄国的战败公报""仁川海战公报"等报道淹没了。《东京朝日新闻》在第一版、第二版都刊登了《君之代》（译者注：日本国歌。）的歌词。

这一天是纪元节（译者注：建国纪念日。），上午11时50分，皇居丰明殿举行御宴，招待伊藤、山县、大山等元老，桂、小村等大臣，野津、黑木、奥、儿玉、乃木等将军，以及皇族、华族、各国公使共521人。天皇朗读了敕语，其中包含"今不幸不得已与一邻邦断绝交际，殊甚遗憾"之语。桂首相在奉答中也重复了同样的话。[115]

这天，自罗森公使以下的俄罗斯公使馆员全部撤离日本。上午，友人访问罗森公使并送来了伊藤博文的信，信中写道，我作为有公职在身的人，出于立场，不能前来拜访送别，深感遗憾，希望你知道，我一直在为和平而努力，直到最后一瞬。期待在不久的将来，我们的友谊会再度复苏。此外，家住东京郊外的原驻俄罗斯公使榎本武扬前来告别。晚9时前，罗森与家人一同从位于霞关的公使馆出发，自新桥站乘火车前往横滨。在新桥站，各国公使、田中宫内相夫妻、珍田外务次官、石本陆军次官等前来送别。罗森一行从横滨乘坐法国轮船，去往上海。[116]

---

[115]《东京朝日新闻》1904年2月12日号外。
[116] 同上。Rosen, op. cit., Vol. 1, pp. 232-234.

第九章 开 战

汉城

《皇城新闻》自 1 月 26 日起因财政困难停刊，但在这一天复刊了。对于这期间的新闻，该报报道了 2 月 9 日林公使、伊地知少将谒见皇帝高宗，进而以《日俄战报》为题，报道了仁川的交战情形。

这天，农商工部顾问官加藤增雄与大三轮长兵卫分别拜谒了高宗。加藤专门讲解了"日俄至开战始末"，说"中立宣言对时局无足轻重"，断言中立宣言与事态没有任何关系。大三轮则讲了关于内政改良之事，最后指出有必要"缔结日韩同盟"，批判了中立宣言。对此，高宗说："朕曾深信只要将中立通牒送予各国，日俄开战时即可预防两国之兵入韩，却毫无效果。"同席的李容翊频频拥护中立论，说大三轮几年前不也提倡过中立论吗？为此还与大三轮争论起来，致使大三轮认定，李容翊"是中立论的主动提倡者及拥护者"，是误导高宗的人物。[117]

林公使向外务省发去电报，因要将宣战诏敕翻译成韩语，希望发来日文版。[118]

圣彼得堡

各家报纸报道了宣战诏书。《新时报》在社论中写道："日本攻击停泊于旅顺外锚地的我方舰队，是在没有发布宣战公告的情况下进行的。因此，从国际礼节来说，这一行为完全是不恰当的。"[119] 接下来是"俄罗斯舰船的损伤""朝鲜"等纪事。当日，

---

〔117〕 林给小村的信，1904 年 2 月 12 日（131 号），《日本外交文书》第 37 卷第 1 册，320—321 页。
〔118〕 林给小村的信，1904 年 2 月 11 日，《驻韩日本公使馆记录》23，162 页。应林的请求，日本送去了英文诏敕，13 日，林又再次发电报请求送来日文诏敕。同上书，167 页。
〔119〕 *Novoe vremia*, 29 January/11 February 1904, p. 3.

皇帝任命阿列克塞耶夫为远东陆海军最高司令官。[120]

津轻海峡

以符拉迪沃斯托克（海参崴）港为根据地的四艘俄罗斯巡洋舰（"博加特里""留里克""格罗姆鲍伊""俄罗斯"）进入了津轻海峡，下午1时，四艘舰艇在青森县舻作冲遇到自酒田驶向小樽的商船全胜丸、奈古浦丸，对这两艘船施以炮击。奈古浦丸船体沉没，船员和乘客被收容到了俄罗斯舰。全胜丸虽也遭到弹击，但成功逃脱，于下午8时进入渡岛国福岛港。[121]

大连湾

在大连湾铺设水雷的水雷运输舰"叶尼塞"触发自己铺设的水雷而沉没。尼古拉二世在日记中写道："舰长斯德潘诺夫中校、3名士官、92名水兵死亡。恐怖的事件。"[122]

2月12日（1月30日），星期五

汉城

《皇城新闻》发表了社论《从我韩立场论日俄关系》，文中写

---

[120] *Novoe vremia*, 30 January/12 February 1904, p. 1.
[121] 《东京朝日新闻》1904年2月13日。瓦迪姆·阿格波夫《俄日战争中符拉迪沃斯托克巡洋舰分队的作战》，《日俄战争（2）》，99—100页。
[122] *Port-Artur. Deistviia flota v 1904 godu*, Sankt-Peterburg, 2003, p. 18. *Dnevnik Imperatora Nikolaia II*, p. 193.

第九章 开　战

道，虽然日俄"同为我友邦"，却到了"以干戈相向"的地步，这不仅是"两邦之不幸"，也是"友邦之不幸"。但是，它们交战的原因与我国相关。如果有能力的话，我国应该在日本之前与俄罗斯开战。"首倡满韩交换之说的是俄罗斯，强行提出韩国分割论的是俄罗斯。我大韩乃堂堂独立帝国。无论是交换，还是分割，这样的提法都是何等地失礼侮辱。"韩国"只有与日清两邦联合同盟，并力齐肩，鼓勇前进，破其西伯利亚铁道，逐其至乌拉尔对面，才能保全我东洋大局"。然而国内却有投靠俄罗斯的动向，这无异于"苦于蚊虫，自投虎狼之口"。现在日俄已经开战，在这种情况下，不能再继续"因循观望，徘徊顾盼"，应该站在日本一侧与俄罗斯战斗。

对日本的幻想和对俄罗斯的反感束缚了这名新闻评论员的认识。然而，即便如此，这篇文章也暴露出在日军占领下的韩国人极其悲剧性的认识混乱。[123]

这天，巴甫洛夫公使撤离了汉城。在即将出发时，他向韩国政府递交了照会，声称迫于形势而"暂时出国"，已将维护俄罗斯利益之事委托给法国公使。[124]巴甫洛夫于上午9时25分与公使馆员、警备公使馆的陆战队员一同，乘坐临时列车从汉城出发。很多报道都提道，这个时候，陪伴在巴甫洛夫身边的年轻夫人一直面带冷笑。她与巴甫洛夫在美国结婚，刚刚来到汉城不久。实际上，她是巴甫洛夫驻清时期的上司喀希尼的侄女。对这位年轻妻子嘲弄性的描写，是为了衬托在韩国宫廷颇有影响的俄罗斯公

---

[123] 梶村秀树评价这篇社论道："具有独特性，值得介绍。"梶村秀树《从朝鲜看日俄战争》，《梶村秀树著作集》第2卷，明石书店，1993年，264页。说到底还是应该正视对日本抱有很深的幻想之事。在这点上，我支持赵景达提出的观点：朝鲜人在开战初期的日本观中，对日本抱有期待。赵景达《日俄战争与朝鲜》，安田浩等编《战争的时代和社会》，青木书店，2005年，97—99页。

[124] 《旧韩国外交文书》第19卷，749页。

使黯然离去时的悲惨情形。此时，韩国政要没有一人能够前来送行。皇帝的代表也没有来。巴甫洛夫是在日本兵的严厉监视中出发的。前来送行的某外国公使对英国记者麦肯齐窃窃私语："这分明是葬礼啊，只是缺少灵车而已。"[125]

一行人去往仁川，在仁川与驻仁川领事波利亚诺夫斯基以下的馆员会合。林公使在汉城送别，日本公使馆的伊地知少将陪同去往仁川。一行于当天乘坐法国船"帕斯卡尔"号离开了韩国。"帕斯卡尔"直达西贡，巴甫洛夫从那里前往清国，等待圣彼得堡的指示。之后，拉姆斯道夫外相于2月21日（8日）告知巴甫洛夫，其俄罗斯驻韩公使的身份不变，暂时驻留上海。巴甫洛夫在上海安定下来，日俄战争期间，他创立了上海机关，活跃于收集日本和朝鲜的情报。[126]

2月13日（1月31日），星期六

东京

《东京朝日新闻》发表了社论《帝国海军的战绩》和《敌之暴虐》。前文写道："看已送达的旅顺海战公报，一次决战之后，我主战舰队的战斗力寸毫无损，恰如我日本刀之锋利，极少令吾人失望。""可以断定全面掌握日本海制海权之日为时不远。"后文写了俄罗斯四艘巡洋舰击沉日本商船一事，谴责道："追逐一商船并

---

[125]《东京朝日新闻》1904年2月13日号外。F. A. McKenzie, *From Tiflis to Tokyo: Uncensored Letters from the War*, London, 1905, p. 58. 巴甫洛夫和夫人该日的相片，见：*A Photographic Record of the Russo-Japanese War*, edited and arranged by James H. Hare, New York, 1905, P.37.

[126] Pavlov, op. cit., pp. 285-288.

第九章 开 战

击沉之，成何体统？不知文明世界之公法乎？""罪行大过侵略。"文章煽情地写道："俄人料理煮食婴儿乎？彼食人种族乎？"报纸用了一整版刊登《敌舰寇掠福山》。"由四艘巡洋舰组成的敌舰队自昨日上午十时许"袭击了"北海道的一角——福山"，"最终，一支部队登陆，向民家纵火，恣意横行，施展其特有之暴行。"但是，第三版的报道中写道，因没有关于俄罗斯军舰攻击福山的公报，询问后，从函馆（译者注：日本北海道西南部重要港市。）得到的回答为"没有听说福山炮击一事"，暗示这是虚假报道。

另外，该报还刊登了《邦交断绝公文》。这是2月5日栗野递交给拉姆斯道夫的。这大概是为了说明日本方面做了最低限度的通告吧。报纸还报道了"俄探高桥门三九的预审决定"。

汉城

当日，《皇城新闻》以《日俄交涉始末大要》为题，报道了8日小村外相的交涉经过说明。没有配发评论，大概不知道该如何评论才好吧。

这天，署理外部大臣李址镕访问林公使，说道："韩国上下现今全然归服日本，对日韩两国之协作已无持异论者，故此际申请交换先前推迟之密约。"[127]为了迎合日本，亲日派早早地就开始行动了。

对此，林公使出示了新的议定书草案，如下：

第一条，日韩两帝国间保持恒久不易之亲密交往，为确

---

[127] 林给小村的信，1904年2月13日，《驻韩日本公使馆记录》23，167—168页。影印版，19，493—494页。海野，《韩国合并史研究》，111页。

873

立东洋和平，大韩帝国政府完全信赖大日本帝国政府，专门接受大日本帝国政府的建议，图谋改良内治外交。

第二条，大日本帝国政府真诚地保证大韩帝国皇室安全康宁。

第三条，大日本帝国政府切实保证大韩帝国的独立及领土完整。

第四条，如有第三国侵害或内乱，大韩帝国皇室安宁或领土完整出现危险，大日本帝国政府应临机迅速采取必要措施，而大韩帝国政府为使上述大日本帝国政府行动便利，须尽力提供方便。

第五条，今后两国政府未经相互承认，不得与第三国签订违反本协约宗旨的协约。

第六条，与本协约相关未尽之细目将由大日本帝国代表者与大韩帝国外部大臣临机商定。[128]

海野福寿认为，与开战前的方案相比，这个方案虽然在"明示韩国对日本的从属地位这点上"有"程度上的差异"，却是将韩国作为日本保护国的方案。[129]

圣彼得堡

上午，小学生支持战争的游行队伍来到冬宫。晚上，皇帝又一次听到了令人心痛的消息。轻巡洋舰"包亚林"在从旅顺向大连航行的过程中触碰到水雷而沉没，轮机手9人死亡。尼古拉在

---

[128] 林给小村的信，1904年2月13日，《驻韩日本公使馆记录》23，168页。影印版，19，494页。
[129] 海野，《韩国合并史研究》，112页。

日记中写道："心痛，难过。"[130]

2月14日（1日），星期日

东京

《东京朝日新闻》发表了社论《俄国的宣战诏敕》，对两点进行了批判。第一点，说日俄交涉是关于"韩国事态"的说法很可笑，它本应是"为在相当于两国利害接触点的满韩两地，友好地调整相互利益的交涉"。第二点，说只通告了断绝外交关系就袭击旅顺，也很可笑。"至今犹为此言，若非卑怯，即还有留恋"，日本在通告的结尾不是言明"保留采取独立行动的权利"了吗？"是非曲直，环视之列国皆心知肚明。"

第三版的报道援引朝鲜特电，刊登了昨日傍晚林公使与伊地知武官一同拜谒高宗皇帝时，偶然听到的敕语：

> 昔年播迁俄馆乃因内乱，而此次日本是为东洋和平而战，须安心信赖日本军队，绝不应有其他举动。

这大概指的是2月9日的拜谒吧，高宗的敕语被歪曲了。

小村外相这天对林公使的议定书草案报告做出指示。他指出第一条中，不仅是"建议"，还应加入"援助"一词，要加强介入的程度，并且指示第四条中应加上"可占有战略上必要之地点"

---

[130] *Dnevnik Imperatora Nikolaia II*, p. 193.

一语。[131]

下午 2 时，在经济界和言论界的倡导下，在帝国酒店举行了议员、政党有影响力人士、实业界、新闻界等 250 人的聚会。岛田三郎做了开会致辞："本来此事非关政府安危，乃关国民永远之安危，而今政府态度决然，毕竟是我等督促政府至此，故不可不云我等作为日本国民有重大责任。"岛田感谢了出征的士兵，谈到以大国俄罗斯为对手作战，"为使彼充分屈服"，必须有"长期作战之觉悟"，他号召大家响应军事国债的募集。

聚会决议帮助募集军事国债，决定给东乡联合舰队司令长官、瓜生第四舰队司令长官送去感谢状。在感谢状联名的执行委员包括：池边吉太郎（《东京朝日新闻》）、德富猪一郎（《国民新闻》）、黑岩周六（《万朝报》）、陆羯南（《日本》）、岛田三郎（《每日新闻》）、田口卯吉等十四人。[132]

这一天，幸德秋水等人主办的周刊《平民新闻》第 14 期上发表了评论《战争来了》。这完全是孤立的声音。文章开篇写道："战争终于来了，来搅乱和平了，罪恶横行来了！"虽然两国政府都在指责对方应承担责任，但该文断言："搅乱和平的责任，两国政府或其一国政府最终必须承担。……不可加之于吾等平民也。"尽管举国似乎都在竞相盼望、支持战争的时候，这种认识确实脆弱无力，但是，"于是乎，吾人平民必须彻底否定战争。……只要吾人有口，吾人有笔，有纸，即应大声疾呼反对战争。而且相信在俄国，吾人的平民同胞必定也持同一态度。"这是超越时代的声音。

---

[131]　海野，《韩国合并史研究》，111—112 页。
[132]　《东京朝日新闻》1904 年 2 月 15 日。

第九章 开 战

汉城

小村再度出示修正案后,韩国方面举行内阁会议,拒绝了第一条的"援助",改为"忠告";第四条修改为"可临机使用战略上必要之地点"。[133] 这表现出了即使是亲日派,也不愿意失去独立国的体面这种心态。

这一天,林公使向韩政府传达了翻译成韩语的宣战诏敕。[134]

圣彼得堡

皇帝在 14 日的日记中写道:"仍然处于昨天的悲伤情绪中。因海军的状态,以及国内针对海军的意见而气愤、心痛。"这天,皇帝与自暹罗返回俄罗斯的恰库拉布恩王子共进早餐,席上大概谈论了日俄战争、朝鲜的命运等话题吧。他还接受了罗热斯特文斯基海军军令部长、阿巴扎远东特别委员会事务局长的谒见。[135]

2月15日(2日),星期一

圣彼得堡

《新时报》发表了社论《中立》,文中写道,世上有各种各样的中立,其中就有"未被理解的中立"。即使英美的报刊保持沉默,俄罗斯的报刊也应该对此发出声音。"世上存在这种中立。如果日俄战争没有转化为野兽般的、否定法律规范的日本疯狂的话,

---

[133] 海野,《韩国合并史研究》,112—113 页。
[134] 林给李址镕的信,1904 年 2 月 14 日,《驻韩日本公使馆记录》24, 3 页。
[135] *Dnevnik Imperatora Nikolaia II*, pp. 193-194.

它就必须存在。我们脑海中想到的是朝鲜。"我们必须质问英美的国际法教师们："你们有勇气说日本在朝鲜的行动违反了国际法的基本原则吗？"社论提到 1894 年，日本从汉城驱逐清军，8 月 26 日，还缔结了日韩"同盟"条约，但现在的情况完全不同。"俄罗斯兵没有踏足朝鲜。没有需要从那里驱逐的人。日本自身在各种场合表示，主要是担忧朝鲜和满洲的领土完整和独立。如果是那样，为什么日本人觉得自己就可以将中立国转化为军事作战的战场呢？"〔136〕

旅顺

阿列克塞耶夫得到了皇帝肯定的回复，因此他向米西琴科下令，为了搜集情报，派第一赤塔·哥萨克联队和第一额尔古纳·哥萨克联队的几个中队进入朝鲜，并指示由于这个国家目前是中立国，要温和对待当地居民，不得侮辱他们。〔137〕

2 月 16 日（3 日），星期二

仁川

日本陆军第 12 师团主力 17,000 人，兵站部员 7000 人自这天起开始登陆仁川。渐次于汉城集合。〔138〕

---

〔136〕 Neitralitety, *Novoe vremia*, 2/15 February 1904, p. 3.
〔137〕 VIK, *Russko-Iaponskaia voina*, Vol. II, p. 74.
〔138〕 沼田多稼藏《日俄陆战新史》，岩波新书，1940 年，25 页。

第九章 开　战

圣彼得堡

尼古拉二世召见库罗帕特金，表达了任命他为"满洲"军总司令官的旨意。[139]

2月17日（4日），星期三

东京

小村外相给林公使发去电报，指示韩国政府的修正案"大体尚可"，希望将第一条的末尾改为"采用大日本帝国政府之忠告及援助"，第四条改为"可临机收用战略上必要地点"。[140] 林将这一方案传达给了韩国政府。

汉城

为了进驻汉城的第12师团主力，日本公使馆照会欲"借用"一个宫城。这天，韩国政府答复"敕许"其使用昌德宫。[141]

圣彼得堡

上午11时，尼古拉二世在冬宫的中庭检阅了第一东西伯利亚狙击兵联队第三大队。皇帝用圣谢拉菲姆的圣像祝福了大队。之

---

[139] *Dnevnik Imperatora Nikolaia II*, p. 194.
[140] 影印版《驻韩日本公使馆记录》19，500页。
[141] 林给小村的信，1904年2月17日，《驻韩日本公使馆记录》23，172页。影印版，19，500页。

后，他召见了取代斯塔尔克被任命为太平洋舰队司令长官的马卡洛夫。[142]

2月18日（5日），星期四

汉城

日本决定向平壤派遣第46联队的一个中队，这天，该中队从仁川港乘船前往平壤。这是先遣队。留在仁川的两个大队的临时派遣队也于同日进入汉城。[143]

李署理外部大臣访问了林公使，并答复，在第一条中加入"援助"一词，"因政府内部出现于国体甚为有损之议论，有因悲观而崩溃者，政府终究难以通过"，希望删除"援助"，改为"用忠告"。第四条中，对将"使用"改为"收用"没有异议。林给东京发电报，要么接受这个提案，要么固执于"援助"而更迭李署理大臣，只能在其中选一。[144]

圣彼得堡

《官报》开始连载《朝鲜与俄日冲突》的长文。从神功皇后最初的征服（译者注：神功皇后乃日本第十四代天皇仲哀天皇的皇后，第十五代天皇应神天皇之母。神功元年至神功六十九年摄政。她是所谓"三韩征伐"的核心人物。），继

---

[142] *Dnevnik Imperatora Nikolaia II*, p. 194.
[143] 《明治三十七八年日俄战史》第1卷，168页。
[144] 林给小村的信，1904年2月18日，《驻韩日本公使馆记录》23，174页。影印版，19，500—501页。海野，《韩国合并史研究》，113页。

体天皇（译者注：日本第二十六代天皇，507？—531？年在位。）的任那（译者注：古代朝鲜南部的一个地区。）支援讲起，说到了蒙古侵袭、倭寇，一直到丰臣秀吉的朝鲜侵略为止。[145]

2月19日（6日），星期五

圣彼得堡

尼古拉任命科科夫佐夫为代理财政大臣。[146]

汉城

第12师团长井上光中将进入汉城。临时派遣队取消，现在大韩帝国首都处于日本军第12师团的占领下。井上中将是占领军司令官。[147]

李容翊、玄尚健等与高宗商量，尝试进行最后的抵抗。因为俄罗斯方面有可能在陆上交战中胜出，如果现在就站在日本一方，那么在俄罗斯取得胜利的拂晓，韩国有被吞并的风险。另外，俄罗斯军在平壤方面的积极态势也对他们造成了影响。高宗直到最后都耿耿于怀的是，他厌恶日本的"用忠告"这种表达方式，要求改为"容忠告"。[148]

---

[145] *Pravitel'stvennyi vestnik*, 5/18 February 1904, p. 2.
[146] *Dnevnik Imperatora Nikolaia II*, p. 194.
[147]《明治三十七八年日俄战史》第1卷，168页。
[148] 海野，《韩国合并史研究》，113页。

2月20日（7日），星期六

圣彼得堡

这天的《官报》刊登了关于日俄交涉的详细纪事，批判日本开启战争。日方的最终提案是1月16日（3日）送达的，俄罗斯真诚地准备了答复。然而，日方不待俄方答复就断绝了外交关系。而且，日本在2月11日发出宣战公告之前，于2月8日夜晚就攻击了俄罗斯的军舰。该文指出，这是"极端不法的攻击"，是"违背国际法原则的行为"。[149]

库罗帕特金拜谒皇帝，讨论了敕令的写法。皇帝犹豫任命库罗帕特金为"满洲"军总司令官时是否要保留陆军大臣的称号。如果几个月后再任命他为陆军大臣，那现在就相当于降级了。尼古拉想起库罗帕特金以前的愿望，说"等你载誉而归时，任命你为基辅军区司令官吧"。他在为战后如何安置库罗帕特金而苦恼。尼古拉这时说，他正在考虑让罗普科继任陆相，至于萨哈罗夫参谋总长，说他"不适合做大臣"。库罗帕特金在这一天被正式任命为"满洲"军总司令官。[150]

汉城

《皇城新闻》当天刊登了日本和俄罗斯的宣战诏敕。由于日本诏敕提出的宗旨是为保护韩国而战，因此，新闻看起来似乎对日

---

[149] *Pravitel'stvennyi vestnik*, 7/20 February 1904, p. 1. 该文的日语概要可见井上公使给小村的信，1904年2月29日，《日本外交文书》第37·38卷别册《日俄战争Ⅰ》，56—57页。

[150] *Dnevnik A. N. Kuropatkina*, p. 134.

本的诏敕抱有好感。

高宗会见了美国公使艾伦，对于日本方面的提案，他说："作为保护韩国的回报，日本想要控制政府的政策。"艾伦向华盛顿报告："韩国政府元首热切期待获得合众国的援助。我没有承诺什么，只是安慰了他，婉拒了紧急避难（asylum）的请求。"[151]

第12师团全部进入汉城。[152]

当晚，日本公使馆举行了宴会，韩方大臣几乎全员出席。林公使极力述说"有必要签署明确日韩两国协作之议定书"。只有李容翊表达了仍有字句需要修正的意见，其他人表示"完全同意"。[153]

2月21日（8日），星期日

东京

《东京朝日新闻》报道了前一天"俄探高桥门三九的公审"。充满敌意地描述高桥："其人色苍黑，相貌贱劣，自现其心性，左颊有肿痕，蓄有八字髭，身着米泽琉球碎白点重叠窄袖便服及同款外褂，举止粗俗，唯言语明晰。"

汉城

林公使将日韩议定书最终方案送给东京，请求批准。小村于

---

[151] Allen to Hay, February 21, 1904, *Korean-American Relations*. Vol. III, p. 117.
[152] VIK, *Russko-Iaponskaia voina*, Vol. II, p. 39.
[153] 林给小村的信，1904年2月21日，《驻韩日本公使馆记录》，23，176页。

翌日批准了最终方案，下令签署。[154]

平壤

上午 10 时，23 名平壤兵站司令部要员进入平壤。[155]

2月22日（9日），星期一

圣彼得堡

拉姆斯道夫外相在这天给各国政府发去了批判开战时日本行动的通牒。路透社对其进行了报道，告知了全世界。2 月 25 日，这份通牒传到了日本政府。

在这份通牒中，俄罗斯政府首先呼吁人们注意日本向朝鲜施行的"暴力行为"（acts of violence）。韩国的独立和领土完整一直受到各国承认，并被《马关条约》《日英同盟协约》《俄法宣言》所确认。韩国皇帝于 1 月发表了中立宣言，各国政府和俄罗斯政府都承认这一点。但是，日本政府"无视所有事实，违反国际法的基本原则"，做出了以下行为：一，在展开敌对行动之前，日本军就在宣布中立的韩国登陆。二，在发表宣战公告的三日前，日本舰队就在仁川攻击了俄罗斯的两艘军舰。三，在敌对行动开始前，日本就在韩国港口拘捕了俄罗斯的数艘商船。四，通过驻汉城的日本公使向韩国皇帝宣布，今后韩国将置于日本的行政之下，警告如果不遵从，日本军队就会占领皇宫。五，日本要求俄罗斯

---

[154]《驻韩日本公使馆记录》，23，176—177 页。海野，《韩国合并史研究》，113 页。
[155]《明治三十七八年日俄战史》第 1 卷，174 页。

第九章 开 战

公使撤离韩国。[156]

俄罗斯政府的这些主张,至少除第四点之外,都有事实依据,因此,日本政府也心虚起来。日本国内完全没有报道此事。

汉城

下午4时,署理外部大臣李址镕向林公使提出,希望将议定书第一条的"用忠告"之语改为"容忠告"。林给小村发去电报,表示他认为接受修改没有问题,只要加紧签署。[157]然而,这样仍然不行,高宗希望将原定于这天签署议定书之事延后。林公使认为,高宗得到俄罗斯军正在平壤、定州方面行动的情报,想回避签署议定书。李容翊威胁署理外部大臣李址镕,"陛下提出议定书尚有问题,若签署该议定书,将处置大罪人李址镕。"李址镕害怕秋后算账,于是拒绝签署议定书,想逃到市外去。[158]

这天早晨,《皇城新闻》刊登了社论《辩传闻之妄》,写道:"现在听说我政府欲与日本秘密缔结条约。"林公使与本国联络,希望控制日本的新闻报道。[159]

北部朝鲜

俄罗斯的骑兵侦察队顺着平壤大道一直南下,经过定州、博州,在这一天到达了肃州。他们一路上没有遇到日军,也没有从

---

〔156〕英语文本载于《日本外交文书》第37卷第1册,460—462页。日语翻译可见《日本外交文书》第37·38卷别册《日俄战争Ⅰ》,45—47页。俄语文本收录于 *Novoe vremia*, 11/24 February 1904, p. 2.
〔157〕林给小村的信,1904年2月22日,《驻韩日本公使馆记录》23,179页。
〔158〕林给小村的信,1904年2月23日,《日本外交文书》第37卷第1册,339页。
〔159〕《日韩外交资料集成》第5卷,75页。

居民那里得到情报。日军还没有进入平壤。[160]

利涅维奇于这天发出正式命令，命米西琴科渡过鸭绿江，在义州设阵，待与额尔古纳联队的部队会合后，进行平壤方面的侦察。到时候，即使遇到日本的骑兵部队，也不要歼灭。如果日军力量强大，就后退，撤回到鸭绿江的清国沿岸。[161]

俄罗斯兵出现在北部朝鲜，大概确实引起了这一地区居民的恐慌。美国记者麦肯齐后来在平壤见到了从义州逃来的难民，他们喊着"俄罗斯人来了"。[162] 不过，俄罗斯骑兵的数量很少，民众受到的损害，可能心理上的因素更大一些吧。

2月23日（10日），星期二

平壤

井上第12师团长命令组建派遣平壤的一支队，第12旅团长佐佐木直少将担任支队长，将步兵第14联队以及骑兵、工兵分为5个梯团。第一、二梯团定于本月23日，从开城前往平壤。"当时汉城与平壤之间道路甚为泥泞，即使是步兵行军，走一里仍需两小时，各队因途中无休连续行进，大为疲劳，出现许多病患。"[163]

汉城

这天早晨，林公使派公使馆员去李署理外部大臣家"制止其

---

[160] VIK, *Russko-Iaponskaia voina*, Vol. II, p. 75.
[161] Ibid., p. 76. 朴钟浂引用了同一命令，但他认为该命令是说，如果遭遇到日本骑兵就要将其歼灭（Pak Chon Khio, op. cit., p. 191）。这完全是创作。
[162] McKenzie, op. cit., p. 97.
[163] 《明治三十七八年日俄战史》第1卷，174、177页。

逃走之念",正午,公使馆员见到了李本人。李址镕最终听从了林的劝说。午后,林公使与李署理外部大臣签署了日韩议定书。

日韩议定书
前文(略)
第一条,日韩两帝国保持恒久不易之亲密交往,为确保东洋和平,大韩帝国政府切实信任大日本帝国政府,关于改善施政,容其忠告。
第二条,大日本帝国政府以确实之亲谊保证大韩帝国皇室安全康宁。
第三条,大日本帝国政府切实保证大韩帝国之独立及领土完整。
第四条,如因第三国侵害或内乱,大韩帝国皇室之安宁或领土完整出现危险时,大日本帝国政府应临机迅速采取必要措施。而大韩帝国政府为使大日本帝国政府之行动便利,须尽力提供方便。大日本帝国政府为实现上述目的,可临机收用战略上必要之地点。
第五条,今后两国政府未经相互承认,不得与第三国之间签订违反本协约宗旨之协约。
第六条,本协约相关未尽细目,由大日本帝国代表者与大韩帝国外部大臣临机协定。[164]

日本侵入宣布中立的韩国,占领镇海湾和汉城、仁川地带,进而占领平壤。在占领军的威压下,迫使大韩帝国政府屈服,签署了走向日本保护国之路的议定书。这是依靠军事力量强制缔结

---

[164]《日本外交文书》第37卷第1册,345—346页。

的协约。可以说，韩国从此走上了日本保护国之路。

林公使在这天的午后3时，与井上第12师团长一同谒见了高宗。林向高宗要求派李容翊去日本，高宗无奈只得同意。在占领者的强迫下完全屈服的皇帝，其心情可想而知。

这天，内藏院卿李容翊被免去一切现职、兼职，按陆军参将的资格，以"奉命游览日本"的名义拿到了护照。[165] 李容翊被护送去了仁川。林公使晚上给小村发电报，报告抵抗势力的核心人物李容翊"无论何事都有于我不利方向动摇陛下心理之虞……今后当于我方手中改良韩国内政……其甚为妨碍之根源"，有必要让他离开韩国去日本。[166]

美国公使艾伦这天给国务卿发去电报："昨夜，皇帝签署了确立日本的韩国保护国制（protectorate）条款。"[167]

圣彼得堡

尼古拉二世受理了被任命为陆军大臣的萨哈罗夫的上奏。库罗帕特金也来道别。[168]

2月24日（11日），星期三

旅顺港外

从23日夜晚起，日本方面断然进行了第一次封闭旅顺港作

---

[165] 林给小村的信，1904年2月24日，《驻韩日本公使馆记录》23，183页。
[166] 《日本外交文书》第37卷第1册，339、341页。
[167] Allen to Secretary of State, 24 February 1904, *Korean-American Relations*, Vol. Ⅲ, p. 125.
[168] *Dnevnik Imperatora Nikolaia II*, p. 195.

战，企图在旅顺港口沉没5艘轮船，封堵港口。其中一船由原俄罗斯公使馆武官广濑武夫指挥。24日午夜0时，5艘轮船在4艘水雷艇护卫下靠近旅顺港。然而，旅顺的探照灯注意到了这5艘船，开始从炮台进行炮击。5艘船未能到达目的地，全部触礁自爆了。虽然这次作战以失败告终，但全体船员基本上都逃了出来。[169]

东京

《东京朝日新闻》全文刊载了昨日做出的"俄探高桥门三九的判决"，为有期徒刑8年。根据判决文，高桥委托横须贺海军工厂的绘图员长谷川正提供横须贺军港的图纸以及军舰的新旧武装、舣装改造及修理等资料，军舰动向、海军演习结果等报告、图纸。他还请求舞鹤镇守府军法会议海军警察濑野赴夫提供关于舞鹤军港的同类报告、图纸。"以上两人均考虑到事关帝国的利害，仅提供了不涉秘密事项的报告，高桥未能收集到涉及军事秘密的情报。"

推测事情大概是这样的：鲁辛、高桥的行动一直被日本方面严密监视，与他们接触过的人会立即受到调查，这些人反而被当局诱导，将当局想给俄方的情报、图纸交给鲁辛、高桥。

据说高桥在公审时辩解："通过日本警察官吏图谋帝国利益的事件，毫无恶意。"但很明显，他是忠于俄罗斯的。因此，一直严密监视鲁辛、高桥的日本方面很可能会故意泄露错误的情报进行操纵。

高桥在刑期结束出狱后，于1912年被聘为俄罗斯神户领事馆

---

[169]《明治三十七八年海战史》第1卷，111—130页。

的翻译。[170]

平壤

日本军的先遣队——第 46 联队第 7 中队于这天的 10 时 20 分渡过大同江，从大同门进入了平壤城。当地的日本侨民 300 人手舞国旗前来迎接。[171] 平壤当年因日清战争，居民逃散，街道遭到破坏，曾经号称有六七万的人口锐减到了 15,000 人，它是从这种地步重建起来的。在美国牧师莫菲特的努力下，市内有 4 个新教教会招募信徒。笔者推测，当时居民的相当一部分成了基督教信徒。[172] 此刻，日本军正打算占领这个城市。

汉城

林权助公使在这一天给小村发电报，继李容翊之后，打算让闵泳喆出任北京公使，将让他先出发去日本，对李根泽也将采取同样的做法。至于吉永洙、李学均、玄尚健三人，将"与井上师团长协商后，采取适宜措施"。除去这些反日派，"是出于便于整顿韩国的考虑"。[173]

伦敦

《泰晤士报》刊登了 2 月 22 日俄罗斯政府批判日本的文章，

---

[170] 中村健之介·中村悦子《尼古拉堂的女性们》，教文馆，2003 年，431 页。
[171] 《明治三十七八年日俄战史》第 1 卷，174 页。
[172] 伊莎贝拉·伯德·毕晓普（Bird, Isabella Lucy）（时冈敬子译）《朝鲜纪行》，图书出版社，1995 年，367 页。《朝鲜耶稣教长老会史记》（韩文），上，新门内教会堂，1928 年。
[173] 林给小村的信，1904 年 2 月 24 日，《驻韩日本公使馆记录》23，183 页。

没有附加评论。[174] 林董公使在这天将这则报道报告给日本政府时写道，《泰晤士报》添加了如下评论：该文与俄罗斯以前的主张相同，"叙述中，向日本问罪的证据比较薄弱"，"抱怨日本侵害韩国独立及领土完整的话，从直接导致战争的主要根源——始终拒绝自满洲撤退的俄国口中吐露出来，略为奇怪"，这点究竟是没有影响到拉姆斯道夫呢，还是他忘了"满洲是清国一部分，而清国的独立及完整，受到各国（含俄国）充分承认"。虽然在事实关系上有不明之处，但林董传达出了英国的气氛。[175]

2月25日（12日），星期四

北部朝鲜

米西琴科的骑兵部队从义州出发，目的地是安州和平壤。他们还配有炮兵，考虑如果遇到日本军，就展开攻击。[176]

仁川

李容翊在加藤增雄的陪同下，于这天早晨乘日本船去往东京。[177]

伦敦

针对俄罗斯政府批判日本的文章，英国外交次官坎贝尔对林

---

[174] *Times*, 24 February 1904.
[175] 林给小村的信，1904年2月24日，《日本外交文书》第37·38卷别册《日俄战争 I》，47页。
[176] VIK, *Russko-Iaponskaia voina*, Vol. II, p. 76.
[177] 海野，《韩国合并史研究》，114页。

董公使说，不能理解俄罗斯政府发表这篇文章的目的，他说："因为战争横扫条约，在敌对行动开始后，条约没有任何拘束力。"[178]

华盛顿

针对俄罗斯公使提出日本在仁川攻击俄罗斯舰艇违反国际法一事，美国国务卿海约翰对高平小五郎公使这样说道，俄罗斯的说辞和日本提出的本国主张一样，"美国都只视为诉诸友好国的道义上的感情而已。""美国政府将行动限定于承认注意到了这样的表态，其他什么也不会做。"[179]

2月26日（13日），星期五

旅顺

前一天，库罗帕特金发出电报。"前进的米西琴科骑兵部队是极度不安的因素。我的意见是，有必要在侦察结束、被敌人的优势力量逼退之前就向后撤。"利涅维奇接到这一电报，于当天命令米西琴科撤回义州。[180] 库罗帕特金已经害怕起日本军来。

伦敦

针对俄罗斯对日本政府的批判，《泰晤士报》这天又刊登了

---

[178] 林给小村的信，《日本外交文书》第37·38卷别册《日俄战争Ⅰ》，47—48页。
[179] 高平给小村的信，同上书，48页。
[180] VIK, *Russko-Iaponskaia voina*, Vol. II, p. 77.

第九章　开　战

纽约电讯：无论哪方先开战，很明显，最初的"战争行为"是"2月6日傍晚，在日本攻击旅顺的数小时前，俄罗斯炮舰'高丽人'炮击日本运输船及其护卫舰"。该文用虚假的辩解反驳了俄罗斯的主张。[181]

2月27日（14日），星期六

东京

这天《官报》公布了日韩议定书。[182]

北部朝鲜

米西琴科率领的哥萨克部队中，一个中队在平壤北12公里处，两个中队在安州，主力的第一梯团在定州，第二梯团在郭山。由于当地居民的态度是既不信任也不关心，因此他们什么也不愿意说。笔者推测，他们确实不了解日本军的情况，即使了解，也不愿意说。当地的官员全都逃走了。

这天，别尔菲利耶夫上尉的中队接近平壤，开始进行侦察。日本军的侦察兵出现，在确认是俄军之后，从城墙上开始炮击。哥萨克中队撤退了。[183] 这是日俄地面部队最初的接触。

这天下午6时，利涅维奇将军的撤退命令送达定州。米西琴

---

[181] *Times*, 26 February 1904.
[182] 《日本外交文书》第37卷第1册，345页。
[183] VIK, *Russko-Iaponskaia voina*, Vol. II, p. 76-77.

科发出电报，令部队在 29 日之前全部撤退。[184]

2月28日（15日），星期日

北部朝鲜

根据日本参谋本部《明治三十七八年日俄战史》第一卷，日军和俄军的接触战是在 28 日。这天拂晓，日军为了探察俄罗斯骑兵部队的情况，派遣骑兵侦察兵去往坎北院，在并山岘附近发现十四五名俄罗斯骑兵。俄罗斯骑兵来到箕子陵北方高地时，遭到来自七星哨所的射击，退回了北方。[185]

东京

《东京朝日新闻》在第一版最上段的中央位置以《韩廷确定国是》为题，对"韩廷御前会议确定如下之国是方针"做了报道。

　　一，为确保东洋和平，韩国将永远与日本保持交往，一意依赖日本，力求改善内政。
　　二，保持韩国皇室神圣。
　　三，韩国以亲密友谊依赖日本，谋求独立及领土完整。
　　四（省略）、五（省略）

---

[184] VIK, *Russko–Iaponskaia voina*, p. 78.
[185]《明治三十七八年日俄战史》第 1 卷，175 页。

第九章 开　战

六，韩国不与他国签订违背日本友谊之类的协约。

这则报道说韩国方面以日韩议定书为基础，制定了国策，这是虚假的信息。报道省略了有问题的条款，以混淆视听。报纸在第二版刊登了日韩议定书全文，前面配有社论《日韩新关系》，开篇为："签订日韩议定书，虽说是新关系，其实只是旧关系的结果。"这次发布宣战公告也是为了韩国的独立、领土完整。这个事情在议定书第三条也特别写了出来。"夫唯韩国弱小，有独立之名而无其实"，"被有野心之强国侵害其独立及领土"，而且"其政治紊乱，秩序废颓，内乱时时勃发，……屡屡危害吾国于韩国之利益。在这种情况下，日本采取临机必要之措施，一方面为拥护韩国皇室政府国民之安宁和独立，同时，为永远维持吾国之利益及远东之和平，实为不得已"。以第一条为首，"议定书各项条款，实为保全韩国独立和领土完整绝对必要之条件。"日本与俄罗斯交涉时要求的也是这些条件，由于俄罗斯拒不接受，最终"不得已至开战"，"韩国政府若不肯承认此等吾之理所当然的要求，吾国或不得不以实力进行强制亦未可知。"此次韩国政府"主动签署此议定书。吾人不由得衷心为两国关系之纯熟而欣喜"。

作者确信这份议定书会被列强所接受。他认为小村外相发表的《日俄交涉始末》中，日本的要求"光明正大"，"尤其是日本有关朝鲜的要求，理所应当。""议定书内容不过是综合了对俄要求，明显亦当为列国所谅解。"对于俄罗斯一直批判自开战以来日本的主张，该作者只淡淡地说是"有意思的事"，很是心安理得。他写道，可以预见俄罗斯的主张"不为世界所认可，一如照镜"。

圣彼得堡

《新时报》在外电栏以《日本将韩国变成保护国》为题刊登了数则外电。伦敦电文写道:"朝鲜问题进入了新局面,引起世人普遍关心。根据从汉城经由纽约传来的消息,韩国政府命令本国军队与日本军会合,即将参加战争。皇帝最信赖的顾问官被放逐,准确地说被强制送往日本。内阁由日本及现在公然与日本一同行动的美国的追随者构成。"可以确认美国政府已经偏离中立立场,站到了日本一侧。这样的主张与法国完全相反。法国"不承认日本将韩国变成保护国,认为违反了日英同盟条约"。东京电文则正确地报道了日韩议定书。[186]

《官报》刊登了连载文章《朝鲜与俄日冲突》的最后一回——第四回。在叙述了三国干涉、义和团事件之后,文章提及了日俄交涉。该文指出,俄罗斯明言有尊重日本在朝鲜的"商业上的—经济上的地位"的准备,不过会"坚持朝鲜的独立和领土完整",但是"这点恰恰与日本政府的计划相背离"。[187]

2月29日(16日),星期一

东京

这天,《东京朝日新闻》以《陆上第一回冲突》为题,报道了28日上午9时,平壤北700米处出现了"敌人的骑兵","因我方射击而退却"。第七版刊登了《马卡洛夫中将的战术论》,文中写

---

[186] *Novoe vremia*, 15/28 February 1904, pp. 2-3.
[187] *Pravitel'stvennyi vestnik*, 15/28 February 1904, p. 2.

道:"此人不仅有领袖气质,而且有组织头脑,是俄国罕见的战术家,他对残破水雷艇、驱逐舰的利用也颇有可观之处,我海军不久将喜逢此好敌手。此人所著海军战术论在我邦已有翻译,其精神颇有与日本相通之处。"文后还附上了俄罗斯太平洋舰队新任司令长官马卡洛夫的战术论摘要。

汉城

《皇城新闻》刊登了日韩议定书全文,其内容果然给了有心的韩国人当头一棒,韩国社会出现了不稳定的气氛。

第12师团主力自这天起从汉城出发,前去占领平壤。参谋本部《明治三十七八年日俄战史》第一卷记载了这个时候的状况:

> 日韩两国2月24日缔结盟约……虽签署,但当时韩国官民多有反对此同盟者,汉城状况甚不稳定,韩国内阁不免动摇,若第12师团前往平壤,汉城守备薄弱,如韩国政府意志急变,难保不发生骚乱……[188]

于是,日本方面加快了编制韩国驻扎军的步伐。

定州

米西琴科部队主力不顾命令,留在郭山和定州。米西琴科这天向利涅维奇提出,在鸭绿江构筑强有力的阵地,尽可能延缓日

---

[188]《明治三十七八年日俄战史》第1卷,178—179、183页。"24日"原文即如此。

军渡河难道不是必要的吗？暗中对撤退命令提出异议。最终到3月6日为止他们一直停留在义州。[189]

平安北道的义州、宣川、定州、博川、安州等地，在大约两周的时间内几近处于俄罗斯哥萨克部队的占领下。随同日本军到北部朝鲜采访的英国记者麦肯齐在实地报道《从东京到第比利斯》中，写下了他从定州的美国传教士那里听到的俄军作风。

"只出现过一次事故，俄罗斯部队向横穿他们战斗队列的朝鲜女性开了枪，原因是害怕招来不幸。到达这里的俄罗斯军人都特别有礼貌。""犯事的士兵被逮捕起来，判了八年的监禁。据说这是由于军官们得到命令，要严格处理违反纪律的士兵，因而照此执行的。""俄罗斯军官与日本军官不同，他们可以特别自由地说出自己的行动和目的。俄罗斯军队训练得不够好，射击水平很拙劣，但是很勇敢。他们给人感觉好像吃不太饱饭。"[190]

圣彼得堡

皇帝在日记中写道："旅顺没有出现任何新的情况。"[191]

---

[189] VIK, *Russko-Iaponskaia voina*, Vol. II, p. 79.

[190] McKenzie, op. cit., pp. 121-123. 这与后来麦肯齐批判日本的名著中所写的部分有分歧："北部的居民对俄罗斯人没有好感。因为俄罗斯人欠缺纪律和自制力。特别是俄罗斯士兵和韩国女性屡屡发生冲突，尤为不和睦。在战争初期，我一直主要在北部地方旅行，在最初的数周内，无论我走到哪里，都能从韩国国民那里听到对日本军友好的话题。"麦肯齐（渡部学译）《朝鲜的悲剧》，平凡社，1972年，107页。关于这点，我认为需要重新探讨赵景达《日俄战争与朝鲜》100页的记述。

[191] *Dnevnik Imperatora Nikolaia II*, p. 196.

第九章 开 战

3月1日（2月17日），星期二

东京

《东京朝日新闻》以《平壤方面的情报》为题，报道进入顺安附近的"80名敌方骑兵"于2月29日夜撤退到安州方面。

汉城

《皇城新闻》发表社论《论韩日协商条约》。文章如是批判第一条"关于改善施政，容其忠告"："这是怎样一种失策啊"，"表面上说是忠告，其实暗含某种干涉的态度。"对第四条"内乱……大韩帝国皇室之安宁或领土完整出现危险时……临机迅速采取必要措施"批判道："即使我疆土内有匪徒之变，我兵卒足以镇压内乱。为何要待外兵之措施？"对于土地的"随意收用"，文章强烈抵触："名义上号称独立，其实就是保护国的实例。其独立完整之本意何在？"进而抓住协定"无期限"这点，批判道："就算日俄休战之后，也要永久遵行。"那么，此条约"岂非将我独立之主权让予外人掌握，终无返还之日乎。"作者这样结尾道：

> 切实缔结此等条约，与自刃头颈何异，笔者实不胜慨恨之切，于此略述数言，以寓愤叹之情。[192]

终于，韩国有识之士开始充分认识到日本军占领韩国的意图。

---

[192] 根据梶村秀树，《从朝鲜看日俄战争》，265—267页的译文。梶村认为，这篇论文可以说"总括了《皇城新闻》自前一年开始持续从'自强'观点展开的宣传活动"，但这一评价并不正确。

3月2日（2月18日），星期三

广岛

这天，黑木为桢司令官率领的第一军得到命令，在镇南浦登陆。该部队实际从广岛出发的日期是3月8日。[193]

战争的第一阶段——朝鲜战争仍在继续。待到春天来临、积雪融化之时，战争将发展为日俄之间的"满洲"战争。

---

[193]《明治三十七八年日俄战史》第1卷，187页。

第十章
日俄战争就这样发生了

日俄战争首先从朝鲜战争开始。日本军侵入宣布战时中立的大韩帝国境内，占领了镇海湾、釜山、马山、仁川、汉城、平壤，强迫大韩帝国皇帝签署议定书，在事实上承认韩国为日本的保护国。并且，日本同时在仁川和旅顺对俄罗斯舰艇发动了攻击，不管怎样，这些攻击起到了向大韩帝国皇帝宣告俄罗斯无法为其提供保护的作用。日本在掌握朝鲜之后，又越过鸭绿江，将战火燃烧到"满洲"，进入真正的日俄战争阶段。日本在宣战公告中宣称是为"保全韩国"而与俄罗斯开战，但实际上，日本在将朝鲜纳为保护国、置于自己的统治之下后，为了迫使俄罗斯承认此事，进一步推进了战争。

而俄罗斯方面的情况是，在遭到日本海军的突然袭击后，才不得已发出了抗议性的宣战公告，非常被动。俄罗斯不希望战争发生，这点是确实的。

日本的目的

不得不说，这场战争的根源在于日本对朝鲜的野心。明治维新获得成功的日本人，梦想着在文明开化、富国强兵的基础上，扩大领土。

对于幕府末年变革时期的活动家们而言,改造国家的范本是俄罗斯彼得大帝的改革。佐久间象山这样写道:

"近有鲁西亚之主彼得大帝,慨叹其国乏大船,不习水军,疏于航海,自阿兰陀(译者注:即荷兰。)延请擅长诸艺者,教国人习是,……以上诸艺顿开,遂成欧罗巴洲中光荣之国。""上有豪杰之主领导,鲁西亚终成不亚他国之雄强。"[1]

如果说彼得大帝的范本是由强力的君主统率,自上而下果断实行近代化革命,谋求打破旧弊、改革社会、富国强兵的话,那么彼得大帝的最终功绩——开疆拓土也自然而然地成为了效仿的对象。渡边华山写道:

有英主彼得忽然雄起,一代之内,西起苏亦齐亚(译者注:即瑞典。)一部,东至我虾夷(译者注:即北海道。)堺迄,其地凡七千余里,一举蚕食,遂成世界第一之大国。[2]

实现富国强兵后,就要扩大领土、发扬国威。这样的蓝图几乎成为了不容置疑的国家目标,镌刻在日本人的脑海中。

日本如果要扩大领土,其对象就是日本周边的地区。于是,北边的桦太(库页岛),西边的朝鲜半岛,西南的琉球、中国台湾就进入了人们的视野,浮现在脑海中。这确实是地理学的问题。但是,侵略他国之举,终究属于异常之事,自然不应该成为

---

[1]《渡边华山·高野长英·佐久间象山·横井小楠·桥本左内》(日本思想大系55),岩波书店,1971年,278页。
[2] 同上书,46页。

国家国民的目标。在以上这些地区中，明治政府最早派去军队的是1874年向中国台湾派兵。[3] 1879年，日本推翻了琉球王权，将琉球完全并入日本。另一方面，1875年，日本在朝鲜的江华岛周边发起军事行动，在与俄罗斯缔结条约放弃桦太（库页岛）之后，1876年，日本强制朝鲜签署不平等条约，迫使其打开了国门。

在这个过程中，日本逐渐形成了以获取朝鲜为目标的理念。出于和俄罗斯对抗、认为俄罗斯侵略正在逼近的意识，日本从最初起就强调有必要积极地介入朝鲜，保护朝鲜，同时也是保护自己这样一种安全保障观。尽管俄罗斯侵略朝鲜这种事情并非现实的可能性，但它还是反复地被人们议论着，或许这样一来，就使得日本想要统治邻国的这种野心有了能够正当化的大义名分吧。

19世纪80年代，朝鲜发生了壬午军乱和甲申政变，日本起初遭到了保守的朝鲜人的攻击，随后它主动转向支持朝鲜改革派的行动，在这个过程中，日本认识到了朝鲜的宗主国——清国的力量。然而这个时候，日本即使想向清国抛出自己的主张，也要顾及俄罗斯侵略的可能性。由此就产生了这样的提案：由包括日本、清国在内的五国来保障实现朝鲜的中立，保护其免遭俄罗斯侵略。山县一系的井上毅的提案等即是其例。

朝鲜与俄罗斯

朝鲜在被日本强力逼迫下打开国门后，并没有确定国家前进的道路。国王高宗与明治天皇同岁。他在被由亲生父亲大院君所

---

[3] 毛利敏彦《台湾出兵——大日本帝国的开幕剧》，中公新书，1996年。

笼络的保守派和亲日改革派交相发起的政变的撼动中,接受了外国顾问穆麟德的建议,既拒绝了自古以来的宗主国清国,也拒绝了逼迫而来的日本,转而去探索通过北方俄罗斯帝国的保护确立自己统治的道路。他最初的行动传到日本后,激怒了外务卿井上馨。井上于1885年6月5日对清国公使徐承祖所说的话值得我们再次引用:"朝鲜国王君臣之间,其政治之体,所为殆有类小儿者。"此时高宗大约三十四五岁,"此年龄处事如此,可知纵令送他贤良之人,谆谆劝谕,亦不能进善去恶。"因此,若清国与日本"不谋防阻之法,祸及贵我两国即在旦夕","故须稍加拘束朝鲜王之临政,使其外交无妄为"。[4]

这是朝鲜国王和日本发展成不可调和的关系的起点。也是从那个时候起到1910年日本合并朝鲜为止的四分之一世纪漫长斗争的开端。

另一方面,俄罗斯的态度从最初起就是消极的。俄罗斯拥有广袤的国土,已经难以应付。因此日本迫使朝鲜开国的时候,俄罗斯并不认为是问题,也没有打算与朝鲜建立外交关系。俄罗斯的想法是,沿海州接纳大量从朝鲜逃难而来的农民,让他们从事农业,有益于促进新领土的开发,因此回避与朝鲜建立正式外交关系较好。俄罗斯与朝鲜建交是在1884年,俄罗斯的宿敌英国与朝鲜建交之后。虽然首任公使韦贝尔对朝鲜国王抱有同情之心,但俄罗斯本国的"观望政策"依然没有改变。对俄罗斯来讲,无论朝鲜还是日本都只是遥远的国度。

俄罗斯强烈意识到日本的存在,是通过1891年皇太子尼古拉访问日本时发生的大津事件。皇太子自身始终都被充满异域风情的美丽的日本所打动。因此,当他被精神有问题的巡警

---

[4]《日本外交文书》明治年间追补第1册,354页。

袭击后，虽然感到了强烈的疼痛和愤怒，但对日本的美好印象并没有改变。在他对日本印象的最深处，深深地烙下了温和的日本人的身影：他们在袭击发生时慌张逃窜，随后又返回现场跪地、双手合十，表达遗憾之情。对尼古拉来讲，凶猛的、具有攻击性的、充满武士精神的日本与他无缘。即便是俄罗斯政府，也认为未能将袭击尼古拉的警官处死的日本政府本身就代表"软弱的国家"。

另一方面，对日本全体国民而言，大津事件的冲击力极其巨大。因恐惧大国俄罗斯的愤怒，上至明治天皇，下至自尽的畠山勇子，所有日本人似乎都要被压垮了。在这种恐惧之中，西伯利亚铁路开工建设的消息又搅起了更深一层的不安。

日清战争及其影响

1894年，日本政府迈出了朝鲜战争的一步。导火索是朝鲜发生的东学农民叛乱。日本得知朝鲜向清国请求出兵镇压叛乱后，虽然自身没有接到请求，但也产生了应该出兵的想法。陆奥宗光外相和川上操六参谋次长推进了此事。在出兵之后，伊藤内阁确立了将朝鲜从清国的宗属关系中解放出来，使其成为日本保护国的目标。日本军占领汉城后，最终于7月23日占领王宫，解除朝鲜军武装，擒获了国王和王妃。在此基础上，日本以应朝方请求让牙山的清军撤退为由，开始攻击清军，同时还在海上击沉了运送清兵的船只。所有这一切都发生在发布宣战公告之前。

明治维新缔造的新型国家日本，它的陆海军实力确实很强劲。俄罗斯驻在武官沃加克对其赞叹不已。日本陆军在平壤战役中大获全胜,随后越过鸭绿江,攻入"满洲"。朝鲜战争全面转化为日清战争,日军战胜了清军。作为胜利的果实,日本不仅取得了朝鲜的独立,即朝鲜对日本的从属,还在获得赔款和割让台湾的基础上,进一步要求割让辽东半岛、"南满洲"。即使以帝国主义的标准来看,这些要求也未免过于贪婪。

俄罗斯对此有了反弹,出于自身利益,俄罗斯不允许日本进入"满洲",此举得到了德国、法国的响应,发展为三国干涉。最终,日本不得不屈服,被迫归还辽东地区。这一挫折原本有可能成为改变日本走向的契机,但日本国民的反应却是"卧薪尝胆"。

从侵略的受害方朝鲜和清国的角度来讲,因帝国主义列强间的对立,日本的野心得到了抑制,这种结果是可喜可贺的。无论清国还是朝鲜都迅速提高了对俄罗斯的期待。朝鲜国王高宗和闵妃转向投靠俄罗斯,以抵制日本的干涉。而受到打击的日本对外强硬派的活动家们和军部始终主张通过战争获得对朝鲜的统治权,以致发生了由三浦梧楼公使主导的杀害闵妃的政变。这实在是不可宽恕的暴行,使日本完全丧失了在国际上的体面。在朝鲜,揭发这一暴行的是俄罗斯公使韦贝尔。日本不仅杀害了王妃,而且逼迫国王高宗下诏斥责王妃,将其废为庶民,高宗对此很愤怒,于是上演了逃入俄罗斯公使馆的逆向政变。一如为收拾事态而去到朝鲜的小村寿太郎所言,日本陷入了"天子被夺,万事皆休"[5]的窘境。

此时,日本所面临的课题是,想方设法与在朝鲜实力日益增大的俄罗斯交涉,尽可能地确保自己对朝鲜的影响力。其最初的尝试是小村·韦贝尔备忘录。在此基础上,构想出来的是山县有

---

[5]《小村外交史》,92页。

朋的日俄势力圈分割案，它得到了伊藤首相的支持。1896年6月，山县带着这个方案参加了尼古拉二世的加冕仪式。

然而，加冕仪式外交的主角是李鸿章。他在6月3日与维特签订了俄清秘密同盟条约，基于这一条约，俄罗斯获得了建设横贯"满洲"的东清铁路的利权。在同一时间，山县将其在朝鲜以南北划分日俄势力圈的构想告诉了洛巴诺夫－罗斯托夫斯基外相。协定案的第五条为："日俄两国政府在签订协议后，……认为除已驻屯该国的军队外，有必要进一步派遣军队援助该国官府时，为避免两国军队冲突，日俄两国应划分各自军队的派遣地，一方派遣军队至南部，一方派遣至北部，出于预防，两国军队间应保持相当距离。"[6] 6月6日，山县答复，划分南北的界线定为大同江一带，即平壤附近。这个方案是以朝鲜独立为前提，将朝鲜分为南北两部分，日本和俄罗斯分别行使各自影响力。

如果当时日本和俄罗斯缔结了关于共同援助朝鲜独立的协定的话，朝鲜的独立暂时就不会受到威胁，或许就为朝鲜开辟了通过国际保障成为中立国的可能性。当然，也可以设想，日本不满足于此，不久又会为了将俄罗斯的影响从北部朝鲜驱赶出去而转向战争这样的事情。但即便如此，沃加克后来在1903年回顾这一时期时，还是指出，在朝鲜问题上，此时是罕见的与日本缔结正式协定的机会。

然而，洛巴诺夫－罗斯托夫斯基外相听了山县的提案后，没有认真对待这一方案。结果导致6月9日缔结的山县－洛巴诺夫协定流于形式。1896年时，俄罗斯在朝鲜的立场明显比日本有利。彼时，高宗仍然是俄罗斯公使馆的客人，在寻求俄罗斯的保

---

[6]《日本外交文书》第29卷，812—813页。

护。继山县之后，朝鲜使节闵泳焕也向俄外相提出交涉请求，寻求依靠俄罗斯的力量保护朝鲜，结成俄朝同盟。当然，除朝鲜之外，俄罗斯还有其他必须要考虑的事情，这是事实。但重要的是，俄罗斯对于今后该怎样对待与朝鲜的关系、怎样对待与日本的关系没有一套深思熟虑的方针。

俄罗斯外相与皇帝商议后，拒绝了山县的提案。日本驻俄公使西德二郎对此进行分析，做出了重要的判断。他在1896年7月提交外务省的报告中写道，无论是与日本共同还是单独，俄罗斯都"无意"将朝鲜纳为保护国，因此"于现今之状态，俄无意与日本共同分割朝鲜南北"。"俄现今于朝鲜之所望，不过保其现状而已，未有主动攫取或使其成为保护国之念。"[7]西德二郎由此得出结论，如果日本强势推进，有可能在不发生冲突的情况下，就将朝鲜纳入囊中。

俄罗斯进入"满洲"

日清战争刺激了列强。德国于1897年占领了胶州湾。这一事件进而刺激了俄罗斯皇帝尼古拉。野心勃勃的新任外交大臣穆拉维约夫体察到皇帝的心意，积极推进了一项冒险政策：获取俄罗斯海军连想都未曾想过的不冻港——旅顺、大连。虽然维特起初强烈反对这项政策，但当其成为既定方针后，他反而最热心地利用起来。维特规划修建了东清铁路的南部支线，将大连纳为他的"满洲"铁路王国的终点。

到了1898年，朝鲜的反俄势力——独立协会发起了极具影响

---

[7]《日本外交文书》第31卷第1册，114—115页。

力的运动，致使俄罗斯不得不完全撤回军事教官和财政顾问。俄罗斯失去了在朝鲜的影响力，在这种状况下，它在辽东半岛拥有租借地，从安全保障的角度来讲是极度不安定的。因为旅顺、大连与俄罗斯本国只有一条铁路连接。

因此，当俄军凭借义和团事件和与其相关的俄清战争全面占领"满洲"后，对撤兵之事很犹豫，可以说这是必然的发展趋势。至少，从驻扎旅顺的"关东州"长官阿列克塞耶夫的角度来讲，他是不愿轻易从"满洲"撤兵的。

日本对于俄罗斯租借辽东半岛之事，起初的态度也是很慎重的。直到这时候西外相才首次提出了"满韩交换论"，指出如果俄罗斯取得"南满洲"，那么就将朝鲜全面交给日本，但当俄罗斯对这一提案表示拒绝后，日本轻易就撤回了，改为缔结《西·罗森议定书》，只要求俄方承认日本在朝鲜发展工商业。然而，到了俄罗斯全面占领"满洲"之时，日本终于正面提出了"满韩交换论"，这是出于认为明确主张如果俄罗斯控制"满洲"，那么要求俄罗斯承认韩国是日本之物也无不可这样一种想法。另一方面，日本的民间舆论开始齐声谴责俄罗斯进军"满洲"。军部也加入其中。

韩国皇帝这时首次推出了希望成为中立国的路线，向日本政府寻求交涉。1900年8月，赵秉式出任驻日本公使。俄罗斯的驻日公使伊兹沃利斯基强烈支持此方案，在他的劝说下，俄罗斯外交部持赞成意见。汉城的巴甫洛夫公使也放弃了自己的判断，表示赞同。然而1901年1月，日本政府、加藤外相听取了驻清公使小村的意见后，坚决拒绝了这一方案。小村已经不再持单纯的"满韩交换论"，他的想法开始发生变化，显现出一种倾向，要确保韩国作为牵制俄罗斯统治"满洲"的据点。如此一来，日俄关于朝鲜的主张完全错位。可以说，就是从这一时刻起，日俄之间的对立走上了不归路。

桂－小村内阁的成立

俄罗斯历任驻日外交官都对伊藤博文寄予了厚望。的确，伊藤对俄罗斯的态度是慎重的。但在日清战争时，伊藤任总理大臣，对开战负有责任。在马关和谈时，他任全权代表，提出了那些强硬的要求，并且也是他决定接受三国干涉。在1900年至1901年，韩国谋求成为中立国，俄罗斯对此表示支持时，伊藤又是总理大臣。俄罗斯公使将交涉的希望寄托在伊藤身上，担心如果他的势力变弱了，日本和俄罗斯就会走近战争。但是，伊藤居首相之位时，却没有为改善日本与俄罗斯的关系做出任何事情。

1901年6月，伊藤终于将首相之位让与了桂太郎。桂任命小村寿太郎为外相。小村外相的登场，使日本朝着日俄战争的方向迈进了。以朝鲜为首，历任了美国、俄罗斯、清国等该地域所有国家公使的小村，是日本外务省的王牌。他具有杰出的政治能力和战略构想力。这位身材消瘦的男人极具胆略。他的思考指向如何制订并实施战略，以实现将朝鲜完全收归日本，并且进入"南满洲"。

在外务省内部，对抗小村路线的只有栗野慎一郎一人。栗野的日俄同盟论、有限制的"满韩交换论"全面否定了小村路线。栗野与伊藤一样，想回避与俄罗斯的战争。然而，当他将自己的想法向小村说明后，小村表示，如果你认为那样好，就那样去做。可以说，在栗野相信了小村的话，接受俄罗斯公使之职的那个时间点，他的外交官生涯已经形于结束。

就在栗野从日本出发到俄罗斯赴任期间，以俄罗斯为假想敌的日英同盟的交涉被一举推进。同样被无视的，还有前首相伊藤。尽管伊藤出国是为探索日俄同盟的可能性，但他也是在巴黎才得知日英同盟交涉的。

第十章　日俄战争就这样发生了

日俄交涉

小村开展的日俄交涉是在为战争做准备，不是为了通过谈判解决争议从而避免战争。1903年6月，日本政府决定进行对俄交涉时，大山岩和小村寿太郎分别向政权中枢提交了意见书。这两份意见书表述了同样的判断：如果俄罗斯继续占领"满洲"，掌握"满洲"的实权，那么它迟早会将朝鲜置于其势力之下。因此，现在要在外交交涉中要求俄罗斯承认朝鲜属于日本，是日本的保护国。如果俄罗斯拒绝这一要求，就要开战；而要发动战争，现在西伯利亚铁路尚未完工，是最后的机会。从俄罗斯已经表明的立场来看，毋庸置疑，它会拒绝日本的要求。那么，只有发动战争，取得首战的胜利，进入议和阶段，迫使俄罗斯在媾和条约中承认日本的要求。也就是说，日本的想法是，交涉是为了创造面向开战的条件而进行的。同时，这样做本身也是为了在国内说服对开战持消极态度的人们；在国际上，让同盟国英国认可日本已通过交涉做了十分的努力，从而赞同开战。

高宗认识到日俄开始交涉即意味着战争临近，他从1903年8月开始谋划战时中立。在此过程中，高宗给俄罗斯送去密信，表明当俄罗斯与日本发生战争时，朝鲜将支援俄罗斯的决心，他甚至还在信中提到了"清野之策（焦土作战）"。这封密信虽然是名副其实的一纸空文，但它很好地表达了高宗的心情。

列国外交官普遍对高宗的评价极度糟糕，恐怕只有韦贝尔一人对他抱有充满人情味的同情心吧。但是，从19世纪80年代中期到1919年去世，高宗一直在抵抗日本对他的国家的干涉、控制、侵略。虽然他的抵抗方式遭到了各种各样的诟病，但他一直以来都在进行抵抗，这一事实是重要的历史要素，倘若对此缺乏认识，就无法理解这个时代的东北亚历史。

俄罗斯的新路线

在 1903 年初,日俄立场的不可调和日渐明晰、战争危机露出端倪的时候,对俄罗斯而言,有什么样的道路可以走呢?接受日本的要求,交涉是否就能得出圆满的结果呢?作为俄罗斯,是不能缔结承认日本将韩国完全变成保护国之类的条约或协定的。无论是从俄罗斯作为大国的尊严来讲,还是从它一直对韩国皇帝的援助请求做出积极回应的立场来讲,都不能这么做。另一方面,如果不获得相应的补偿,俄罗斯也无法从"满洲"撤兵。然而关于补偿,只要俄清间即将达成某种妥协,日本和英国就威胁清国,协定随之就会流产。

如此一来,俄罗斯就必须强化远东军备,以警告日本,如果日本展开攻击,俄罗斯就会进行反击,给以沉重的打击。为此俄罗斯创立了将远东政策一体化,与中央保持直接联系的体制。同时,增强远东的兵力,试图通过这些措施来回避战争。这是唯一的道路,不用说也是危险的道路。因为俄罗斯增强远东军备,有可能被日本解读为正在准备发动侵略。

这一路线是被称为"新路线"的核心,它是由别佐勃拉佐夫和沃加克的风云际会而产生出来的。沃加克于日清战争前夕就来到了清国、日本,在八年的漫长岁月中,他作为驻在武官,一直观察着远东局势。别佐勃拉佐夫接受了沃加克的分析、判断与建议,放弃了以往投机式的想法,开始推动沃加克提出的更具现实性的选项。俄罗斯专制的悲剧在于,有时候一些对国家而言必要的政策,不得不由诸如别佐勃拉佐夫这样的被视为某种异端分子、投机家的人物来推动。

皇帝尼古拉看似接受了新路线,他任命了远东总督。但是,当别佐勃拉佐夫试图挑战库罗帕特金陆相时,没有得到皇帝的支

第十章　日俄战争就这样发生了

持，皇帝不同意解除库罗帕特金的职务，因为库罗帕特金是他的宠臣。其结果，库罗帕特金继续担任这个危机时期的陆军最高领导人，只要是这样，别佐勃拉佐夫的新路线事实上也就被击退了。皇帝直到最后都是不负责任的。

陆相库罗帕特金是个奇特的人。他喜欢写文章，他的日记作为读物来阅读是十分有趣的。与其说他是军人，不如说更倾向于作家。库罗帕特金作为陆相，在面对别佐勃拉佐夫的批判时，坚持认为远东兵力充足，海军力量完备，真是不负责至极。另一方面，他一直主张放弃"南满洲"，合并"北满洲"，在战争迫在眉睫的1903年12月，他居然提出放弃本应誓死守卫的、与日本交战的最前线要塞旅顺。可以说他的罪过更加深重了。

至于担任远东总督的阿列克塞耶夫，无论是日本还是欧美都将他视为穷凶极恶的侵略主义者、战争派，这大概是受《泰晤士报》记者等一知半解的评论的影响吧。[8] 阿列克塞耶夫是个懦弱的人，原本不想担任远东总督。他之所以执着于将兵力留在"满洲"，是因为他是旅顺地区的负责人。

身为远东总督的阿列克塞耶夫得到来自韩国皇帝的控诉和请求，他做了回应，甚至包括答应高宗皇帝再度"播迁"到俄罗斯公使馆。阿列克塞耶夫认为，日俄交涉是日本军事行动的掩护，必须准备与日本的战争，要采取行动。但是，他的这些主张不断遭到库罗帕特金和皇帝的否决。最终他陷入某种神经衰弱的状态，以致在开战前夕上演了连日向圣彼得堡发去辞职申请的荒唐剧。

别佐勃拉佐夫的新路线没能成功地排挤走库罗帕特金，半途而废，其结果反而促使日本加快了战争的步伐。

---

[8] 尼什引用了伦敦《泰晤士报》记者瓦伦琴·奇洛尔的话："沙皇自身完全被阿列克塞耶夫所操纵，阿列克塞耶夫是战争党的领袖，一直处在正前方，今日也是如此，对此我没有丝毫怀疑的余地。"Nish, op.cit., p. 247.

最后的瞬间

开战迫近之时，拉姆斯道夫仍然在努力制订俄方的最后提案。俄罗斯青年学者卢科亚诺夫对拉姆斯道夫做出了善意的评价，认为他是俄罗斯政治家中"最理性的"，对他的让步案没能及时送达日本感到遗憾。[9]但是，这位外相的理性判断力致命地低下，同时他也不是能够在危机时期做出政治决断的人。他没能理解在最后的瞬间栗野递交的日本政府通告中"保留采取独立行动的权利"的意义，贻误了所有的大臣和阿列克塞耶夫，这一点是致命的。他最后的去掉中立地带要求的答复方案，因皇帝任性地欲以秘密协定的方式获取这一条款的命令而变得没有意义。而且，就算俄方原封不动地将拉姆斯道夫方案送交日本政府，也不会被接受。尽管希曼斯基在进行细致的研究后感慨，如果最后递交了答复方案……但这一假设完全不成立。

与之相比，反而是别佐勃拉佐夫接近栗野公使后提出的俄日同盟案更有价值。别佐勃拉佐夫在开战前夕提出，以"满洲"和朝鲜的独立和领土完整为前提，共同推进俄罗斯在"满洲"、日本在朝鲜的经济开发，双方通过缔结这样一种同盟关系来回避战争。他提议由明治天皇和尼古拉二世直接联系，以推动这一方案。栗野动心了，他最初向东京汇报别佐勃拉佐夫正在探索日俄同盟的时间是1904年1月1日，送去完整的意见书内容是1月12日和14日。而日本政府于1月12日的御前会议中决议通过了小村提交的最终答复，其中包含开战。小村看到栗野电报后，将其发给了汉城的林公使用于参考。日本政府于2月4日做出开战的决定。小村事先得到了情报，知道能够影响俄罗斯皇帝的战争党核心人

---

[9] Lukoianov, Poslednie russko-iaponskie peregovory, p. 32.

物是真心希望回避战争的，甚至还对此进行了确认。因此，如果小村想回避战争，他有充分的余裕停下脚步。然而，对小村而言，别佐勃拉佐夫必须是彻底的战争党。

民心被引向战争

在日本，民间的在野团体、国民同盟会、对俄同志会的活动很积极。对外强硬的活动家中，曾参与1895年杀害闵妃事件的柴四朗、国友重章等人1901年、1903年都在开展活动。柴四朗以东海散士的笔名创作了战争空想小说《日俄战争之羽川六郎》，非常精彩。内田甲于1901年撰写了《俄罗斯亡国论》，对俄罗斯国内形势做了敏锐的分析。二人都准确地预见到，如果发生战争，俄罗斯就会爆发革命，因此不必恐惧。

1903年中，日本的报刊无一例外都要求对俄开战。这一时期报纸所有的版面中最多的是关于朝鲜的报道，接着是关于清国、俄罗斯的报道。因此，民众是在知道朝鲜正在发生什么的情况下，指责政府软弱，主张尽早做出开战决断的。这大概是由于虽然关于朝鲜的报道很多，却既没有关注朝鲜人的外表，也没有关注其内心的缘故吧。在这个意义上，司马辽太郎的《坂上之云》中，高宗和朝鲜政治家全部未出场这点，并没有偏离日俄战争时期日本人的认识。

无论是军人、官员还是知识分子，无一不在等待着政府的决定。人们坚定决心，只要国家做出决定，作为国民，就会遵从这个决定，无论是战场，还是何方都会勇往直前。那心情好像在等待参加脱离后进国身份的毕业考试或进入列强行列的入学考试一般。

不过并不能因此就说，所有的日本人都在屏气凝神地静待开战之时的到来。大多数国民完全不知道交涉的内容,他们的生活与这件事没有任何关系,战争开始后,他们只是在惊讶的同时,被动地接受这一事实。在到此为止的整个时期,既担任过驻韩公使,也做过大臣,还曾是最大政党——政友会领导干部的原敬于开战前2月5日的日记中写下了这段很有名的话:

> 时局发展过程中,政府政略过度保密的弊端在于,国民不知时局的真相。而且政府最初关于满洲问题向俄国要求的理由也在逐渐变化,现今似乎不过是争夺在朝鲜中立地带的广狭。如果开战,国民当然应该一致对外,然而今日之情况,虽多数国民心盼和平,却口不能言,即如元老皆然。除少数人外,皆内心厌恶战争,而战争却实际日日迫近。时至今日,和战仍未决定,此事利俄而不利我甚明。[10]

原敬不是普通的市井小民,他是议员,是有势力的政治家。在写下这段文字之前的一年内,他的日记中几乎没有出现担忧日俄开战形势的文字,只建议过伊藤博文拒绝小村请求,向访日的库罗帕特金陆相提出日俄协商(6月12日),以及调侃在桂首相邸举行的对俄问题协商会(10月17日)。12月25日,他写道:"日俄关系颇为危险,坊间传说纷纭。"到了1月,终于对战争有所提及,但即便如此,也不过一个月三次而已。

更何况普通国民,不是说喜不喜欢战争,而是他们与正在逼近的战争完全没有关系。虽然报纸整年都在不断地说要开战,国民却只是忙碌于自己的生活,与此并不相干。然后,战争开始了,全体国民被卷入其中。这场战争,每家要有一人参战。

---

[10]《原敬日记》第2卷续,乾元社,1951年,142页。

第十章　日俄战争就这样发生了

战争扩大

被称为日俄战争的这场战争始于朝鲜战争。日本在宣战诏敕中宣称战争的目的是"韩国之保全""安全""存亡",到底没有说韩国独立。接下来,战争就向着迫使俄罗斯承认韩国是日本的保护国的方向迈进了。

战争在"满洲"展开。日本在"南满洲"击退了俄罗斯军。原定的战争目的顺理成章地就被扩大了。1904年7月,小村外相向桂首相提交意见书时指出:"虽然在战争之前,帝国满足于以韩国为我势力范围,在满洲只维持既得权利,……及至开启战端,基于其结果,帝国对满韩政策与前日相比,自然须前进一步。"

一旦进入战争阶段,目标自然就不会只停留于朝鲜了。这是预定的路线。小村写道:

> 即事实上将韩国作为我主权范围,按照既定方针及计划,确立保护的实权,谋求进一步发展我利权,而满洲则须使其在某种程度上成为我利益范围,以期维护和扩张我利权。[11]

战争之后

在这场战争中,日本的确在若干战役中取得了胜利,比如攻陷旅顺、在奉天获胜以及在日本海海战中取得胜利等。就像柴四朗、内田甲预言的那样,俄罗斯国内以1905年1月的"血色星期日"为导火索,爆发了革命。随后,在美国总统西奥多·罗斯福

---

[11]《日本外交文书》第37·38卷别册《日俄战争Ⅴ》,60页。

的斡旋下，两国举行了媾和会议。

在朴茨茅斯举行的媾和会议，日方的全权委员是小村寿太郎，副委员是驻美公使高平小五郎，成员是佐藤爱麿、安达峰一郎、落合谦太郎。俄方全权委员是维特，副委员是驻美公使罗森，成员是普兰松、科罗斯托韦茨、外交部的纳博科夫以及国际法学家马滕斯、驻清公使波科季洛夫、财政部的希波夫、驻英武官叶尔莫洛夫，原驻日武官鲁辛和萨莫伊洛夫也参加了会议。[12]

日方全权委员带去了6月30日经阁议确定的训令，列出了以下三项"绝对必要条件"：

一，俄国承诺韩国全然归日本自由处置。

二，俄国军队须于一定期限内自满洲撤退……

三，俄国将辽东半岛租借权及哈尔滨至旅顺间铁路让与日本。[13]

俄方的训令制定于6月28日，分为"绝对不能接受"的要求和"可以达成某种共识"的要求两部分。"绝对不能接受"的要求包括：一，割让俄罗斯领土。二，支付赔款。三，解除符拉迪沃斯托克（海参崴）的武装，剥夺俄罗斯在太平洋维持海军力量的权利。四，转让通往符拉迪沃斯托克（海参崴）的铁路线。"可以达成某种共识"的要求为：一，旅顺和大连；二，调整两国在"满洲"的相互关系。三，朝鲜。[14]关于朝鲜的部分如下：

---

[12] Pak Chon Khio, *Russko-iaponskaia voina 1904-1905 gg. i Koreia*, Moscow, 1997, p. 233.

[13] 《日本外交文书》第37·38卷别册《日俄战争Ⅴ》，106页。

[14] B. A. Romanov, *Ocherki diplomaticheskoi istorii Russko-Iaponskoi voiny 1895-1907*, Moscow-Leningrad, 1955, pp. 508-509.

第十章　日俄战争就这样发生了

在确定关于朝鲜的条约上的条件时，我们首先应该铭记，日本军恣意占领朝鲜，违反了国际法的一切规定，同时，这一行为是对朝鲜国家的独立和不可侵犯性的严重侵害。在这种情况下，我们不能承认日本代表以所谓东京政府和朝鲜政府之间缔结的、赋予日本在朝鲜完全行动自由的协定作为依据。因为我们拥有日本人无法否认的、夺取朝鲜权力是违反朝鲜皇帝意愿的文书资料。

无论如何，俄罗斯认为，有必要在媾和条约中包含日本承认朝鲜完全独立这一条件，进而包含尽可能迅速从朝鲜撤退的义务。

俄罗斯准备承认日本在朝鲜拥有优越地位的权利，但为了消除可能引发纷争的一切借口，必须要让日本承担起义务，不让本国军队进驻与我沿海地区接壤的北部朝鲜诸道，不在这些地方修建要塞。同时，为维持朝鲜海峡的航行自由，必须尽力使这份条约中包含日本不在朝鲜南岸建设要塞的义务。[15]

俄罗斯没有考虑到失败，想重复开战前日俄交涉时的主张。然而，这终究是行不通的。

媾和会议自8月9日起于朴茨茅斯举行。会议一开始，小村就宣布了12项媾和条件。第一项为："俄罗斯约定，承认日本国在韩国拥有政治、军事及经济上之卓绝利益，并约定不妨碍、不干涉日本国在韩国采取自认为必要的指导、保护及监理措施。"[16] 12日，维特提出了关于各项内容的答复书。第一项写道，关于处置韩国的自由，"不存任何异议"，承认日本在韩国拥有

---

[15] Pak Chon Khio, op. cit., p. 234. AVPRI, F. 150, Op. 493, D. 623.
[16]《日本外交文书》第37·38卷别册《日俄战争Ⅴ》，400页。

"优越利益","有决心约定不妨碍、不干涉日本采取指导、保护及监理措施"。然而,按照训令,加上了"日本国实行上述措施时,应铭记不可侵害韩国皇帝的主权",进而保留了不得采取"可侵迫邻接韩国的俄国领土的安全措置"。[17]

当日下午,双方对此展开了激烈的争论。小村认为俄罗斯"承认日本于韩国取得充分自由行动一事相当重要",主张俄罗斯应"同意削除韩国皇帝的主权等字句"。"断然不能同意"维特所说"继续全然保持韩国主权的主意"。"……况且韩国主权即使在今日亦不完整。日本已与韩国订立协约,该国已将一部分主权委托给日本,现在该国处于外交上无日本之承诺,不能与他国缔结条约之地位。"表述极其露骨。[18]罗森说,虽然俄罗斯没有"保留干涉日本自由行动权利的意思",但"倘若缔结带有侵害他国主权意味的条约,对外观感甚不好"。然而小村不接受。最终维特屈服于小村的主张,说"可以理解"日本的立场,"此次战争即因此而起",今后"日本于韩国之行动一任日本",和俄罗斯无关。最后,维特提出了新的方案作为依据,欲在其中加入"今后处置对韩国主权有影响的事项,须经韩国同意"这一宗旨。[19]小村提出将这句话留在会议议事录中,而维特想将这一条加入条约正文,两人之间发生了争执,最后维特做出让步,决定在议事录中加入如下文字。

日本国全权委员于此声明,日本国将来在韩国采取认为必要的措施会侵害该国主权时,应在与韩国政府取得共识的基础上执行。[20]

---

[17]《日本外交文书》第37·38卷别册《日俄战争Ⅴ》,404—405页。
[18] 同上书,410—411页。
[19] 同上书,411—412页。
[20] 同上书,412—413页。

第十章　日俄战争就这样发生了

维特打算通过这种方式维护朝鲜的独立。维特回国后，10月4日举行了外相、财相、陆相三大臣的协商会，会议得出结论："朝鲜的独立没有因条约而废止，与以往一样，受到帝国政府的承认。"[21]但是，从小村的角度来看，在凭借和韩国政府签署的协定夺去其主权的基础上，留下这样的文字是完全无害的。

9月5日，小村全权委员和维特全权委员签署了媾和条约。[22]第一条颂扬了两国的和平，之后的第二条列出了日本发动战争的第一目的：

> 第二条，俄罗斯帝国政府约定，承认日本国在韩国拥有政治、军事及经济上的卓绝利益，不妨碍、不干涉日本帝国政府在韩国采取自认为必要的指导、保护及监理措施。

终于，日本通过交涉没能让俄罗斯接受的韩国保护国化条款，通过战场上的胜利，在媾和条约中迫使其接受了。

第三条，在规定日俄从"满洲"撤兵的基础上，俄罗斯声明在"满洲"不拥有任何"领土上的利益"。第五条，俄罗斯"以清国政府之承诺"，将旅顺－大连的租借权转让给日本。第六条，俄罗斯"以清国政府之承诺"，将"南满洲"铁路的一切权利转让给日本。第九条规定俄罗斯出让萨哈林岛（库页岛）南部的主权。

基于这一成果，日本立即展开了行动。伊藤博文进入汉城，对高宗和韩国政府阁僚加以威胁，于1905年11月17日缔结了第二次日韩协约——乙巳条约。

---

[21] Boris. D. Pak, *Rossiia i Koreia*. 2nd edition, Moscow, 2004, p. 377. 在这一点上，我与认为此事没有意义的朴钟洜进行过论战。

[22]《日本外交文书》第37·38卷别册《日俄战争Ⅴ》，535页。

日本国政府及韩国政府欲巩固联合两帝国的利害共通主义，因此约定以下条款，直至韩国实现富强。

第一条，日本国政府应由在东京的外务省监理指挥今后韩国的对外关系及事务，日本国的外交代表者及领事应保护韩国在外国的臣民及利益。

第二条，日本国政府完全负责实施韩国与他国之间的现存条约，韩国政府约定，今后不经由日本国政府中介，不对外缔结任何具有国际性质的条约或约定。

第三条，日本国政府在韩国皇帝陛下的阙下设置一名统监作为日本国政府的代表。统监专管有关外交事项，驻在汉城，拥有亲自内谒（译者注：即让大臣们退席，单独谒见。）韩国皇帝陛下的权利。……

第四条，日本国与韩国之间现存条约及约定，在与本协约不抵触的限度内，全部继续有其效力。

第五条，日本国政府保证维护韩国皇室的安宁与尊严。[23]

就这样，大韩帝国完全成为了日本的保护国。伊藤博文任首任统监。然而，韩国皇帝高宗没有停止抵抗。他屡屡暗中派密使前往列国申诉这一协约无效。他最后所做的努力是于1907年向海牙国际和平会议派遣了三名特使。然而，这些特使遭到了会议主办方的拒绝。伊藤统监追究这一行动的责任，致使高宗被迫退位。1907年7月19日，高宗退位，皇太子即位，为纯宗。7月24日，日韩两国缔结了第三次日韩协约，约定统监可指导韩国政府的全部内政。韩国成为日本保护国的进程至此结束。从这时起到合并韩国，只剩下三年时间了。

---

[23]《日本外交文书》第38卷第1册，507页。

后　记

写完本书，我作为一名日本的俄罗斯史学家，感觉尽到了毕生的责任并为此感到喜悦。我一直竭力想阐明一个疑问，即对于日本和俄罗斯的命运，以及处于其间的朝鲜的命运而言，起着决定性作用的日俄战争为什么发生？我想，我姑且做到了这一点。若能够为今后的研究和讨论打下一些基础，我将深感荣幸。在合并韩国100周年到来之际，我想将本书献给这个国家的人们去研究和讨论。

写作本书时，我得到了很多人的帮助。

首先，我想表达对俄罗斯帝国军人历史学家潘捷列伊蒙·希曼斯基少将伟大研究的赞美。本书多处借鉴了八十余年来一直深藏不露、不为人知的希曼斯基的三卷本。本书下卷叙述了开战前一年——1903年的历史，这一部分基于希曼斯基的第三卷"最后一年"而写成。

当代俄罗斯的朝鲜裔历史学家鲍里斯·朴和贝拉·朴父女关于俄罗斯和朝鲜关系史的四册著作给了我颇多启示。如果不依据二人的成果，大概无法完成本书吧。

当代俄罗斯历史学家卢科亚诺夫精力充沛的档案发掘工作给我提供了极多刺激。可以说，与这位年轻有为的同行竞争的劲头支撑着我。感谢他无论何时都对我的问题做出准确的回答。

韩国历史学家李泰镇先生给我提供了高宗写给尼古拉皇帝的信函原文。我从先生的著作中也学习颇多。

在查找资料时，我也得到了很多帮助。这里，我想对俄罗斯国立海军档案馆前馆长索鲍列夫、俄罗斯联邦国立档案馆副馆长罗格瓦亚、东京大学史料编纂所教授保谷彻、北海道大学斯拉夫研究中心特别研究员青岛阳子等先生表达感谢之意。

我还想起了我的韩国学生、尚智大学教授徐东晚君。在我写作之际，他得知罹患癌症、正在与病魔做斗争，但为了本书，他仍然为我导览了仁川港和仁川市。徐东晚君是韩国代表性的北朝鲜史研究者。在我将要完成本书的2009年6月，他不幸离世，时年53岁。他的妻子、延世大学教授金珍英氏在悲痛之中将自己发现的波兰人谢罗舍夫斯基的朝鲜访问记的复印件提供给我。在此，我要对这对夫妻表达深深的感谢。

最后，感谢岩波书店的马场公彦与承担了编辑工作的奈良林爱两位先生，是他们推动了本书的出版。

2009 年 12 月 18 日
作者

文献目录

未刊档案

ロシア国立歴史文書館（ペテルブルク）РГИА (RGIA)
　大蔵省大臣官房アジア局文書　Ф. 560, Оп. 28, Д. 100, 213, 275, 282.
　内務省大臣官房文書　Ф. 1282, Оп. 1, Д. 759, 761.

ロシア海軍歴史文書館（ペテルブルク）РГАВМФ (RGAVMF)
　アレクセーエフ文書　Ф. 32, Оп. 1, Д. 1, 6, 8, 27, 28, 57, 123, 133, 134, 156, 167, 168, 170, 171, 172, 173, 176, 178, 179, 180, 181, 182, 183, 201, 204, 209, 212, 219, 484, 485.
　海軍軍人職務履歴書ファイル　Ф. 406, Оп. 9, Д. 3.
　海軍軍令部文書　Ф. 417, Оп. 1, Д. 174, 2128, 2309, 2486, 2823, 2831, 2865.
　ルーシン文書　Ф. 1335, Оп. 1, Д. 5, 7, 19, 39, 69.

ロシア連邦国立文書館（モスクワ）ГАРФ (GARF)
　ニコライ2世文書　Ф. 601, Оп.1, Д. 225, 238, 243, 245, 246, 445, 529, 717, 718.
　ツアールスコエ・セロー宮殿文書　Ф. 543, Оп. 1, Д. 183.
　ラムスドルフ文書　Ф. 568, Оп. 1, Д. 145, 174, 175, 176, 177, 179, 180, 211, 221, 661, 667.

ロシア国立陸軍歴史文書館（モスクワ）РГВИА (RGVIA)

クロパトキン文書　Ф. 165, Оп. 1, Д. 756, 872, 879, 900, 915, 920, 923, 926, 944, 957, 969, 1037, 1043, 1045, 1068, 1069, 1070, 1851, 1859, 1863, 1871, 5312.

陸軍参謀本部アジア局文書　Ф. 400, Оп. 4, Д. 481, 500.

陸軍軍人職務履歴書ファイル　Ф. 403, Д. 150-504; Ф. 409, Оп. 1, Д. 183718.

国立歴史博物館文書部（モスクワ）ОПИ ГИМ (OPI GIM)

シマンスキー文書　Ф. 444, Д. 103, 104, 115.

ロシア帝国外交文書館（モスクワ）　АВПРИ (AVPRI)

外務省官房駐日公使館通信文書　Ф. 133, Оп. 470, 1891 г., Д. 94; 1894 г., Д. 96; 1895 г., Д. 108; 1896 г., Д. 167; 1897 г., Д. 112; 1898 г., Д. 107; 1899 г., Д. 106; 1900 г., Д. 102.（北海道大学スラブ研究センター蔵）

外務省日本課文書　Ф. 150, Оп. 493, Д. 906（1901 г.）.（北海道大学スラブ研究センター蔵レンセン・コレクション）

日本公使館文書　Ф. 195, Миссия в Токио, Оп. 529, 1891 г., Д. 42, 397.（東京大学史料編纂所保田孝一資料）

日本外務省外交史料館

「本邦人身分並に挙動取調雑件（軍事探偵嫌疑者ノ部）」、5・10・11

「韓国宮内府侍従玄映運来朝一件」、6・4・4・24

未刊手稿

Дневник Николая Второго, 1891	ГАРФ, Ф. 601, Оп. 1
Январь –май 1891 г.	Д. 225.
Май –сентябрь 1891 г.	Д. 226.
Октябрь 1897 г. – октябрь 1898 г.	Д. 238.

Май—декабрь 1901 г.　　　　　　Д. 243.

　　Декабрь 1902 г. – декабрь 1903 г.　　Д. 245.

Извлечение из донесения военного агента в Китае Генерального Штаба Полковника Вогака, ГАРФ, Ф. 601, Оп. 1, Д. 717.

Обзор сношений с Японией по корейским делам с 1895 по 1904 г. СПб., 1906. ГАРФ, Ф 568, Оп. 1, Д. 211.

Обзор сношений России с Китайским и Японским правительствами, предшествовавших вооруженному столкновению России с Японией. РГАВМФ, Ф. 32, Оп. 1, Д. 27.

А. М. Абаза. Русские предприятия в Корее в связи с нашей политикой на Дальнем Востоке 1898-1904. Декабрь 1905　ГАРФ, Ф. 601, Оп. 1, Д. 529. (145с.)

[Е. И. Алексеев] Всеподданнейший отчет Наместника ЕГО ИМПЕРАТОРСКОГО ВЕЛИЧЕСТВА　на Дальнем Востоке по дипломатической части 1903-1904 гг. Апрель 1905. ГАРФ, Ф. 543, Оп. 1, Д. 186. (142 с.)

А. Пиленко. Из литературных воспоминаний. Hoover Institution, Boris Nikolaevskii collection, Box 642, F. 18, pp. 2-8.

『明治二十七八年日清戦史第二冊決定草案』、福島県立図書館佐藤文庫藏
参謀本部「千九百十年日露戦史第一卷」手稿本、福島県立図書館佐藤文庫藏
海軍軍令部『明治三十七八年海戦史』（極秘）、防衛省防衛研究所図書館藏
『稲佐卜露西亜人』、長崎県立図書館藏。

已刊资料・资料集

『伊藤博文関係文書』第 6 卷，塙書房，1978 年
『伊藤博文文書』第 12 卷，ゆまに書房，2007 年
『大津事件関係史料集』上下，山梨学院大学社会科学研究所，1995 年

『大日本古文書』幕末外国関係文書、第 48 巻

『日本外交文書』第 3 巻、第 7 巻、第 8 巻、第 18 巻、第 23 巻、第 24 巻、第 27 巻第 1 冊、第 2 冊、第 28 巻第 1 冊、第 28 巻第 2 冊、第 29 巻、第 30 巻、第 31 巻第 1 冊、第 33 巻別巻 2、第 34 巻、第 35 巻、第 36 巻第 1 冊、第 37 巻第 1 冊、第 37 巻・38 巻別冊「日露戦争 I、V」

『日本外交文書』明治年間追補第 1 冊、1963 年

『駐韓日本公使館記録』第 5、7、12、13、14、16、21、22、23 巻、国史編纂委員会、1990—1997 年

影印版『駐韓日本公使館記録』19 巻、国史編纂委員会、1991 年

『旧韓国外交文書』第 17、18、19 巻、(俄案 1、2、法案 1)、高麗大学校亜細亜問題研究所、1969 年

『日韓外交資料集成』第 5 巻、第 8 巻、巌南堂書店、1967 年、1964 年

『山縣有朋意見書』、原書房、1966 年

《义和团档案史料》上卷、北京、中华书局、1979 年

Документы касающиеся переговоров с Японией в 1903-1904 годах и хранящиеся в канцелярии Особого Комитета Дальнего Востока. [СПб.], 1905

Извлечения из донесений Генерального Штаба Полковника Вогака. // Сборник географических, топографических и статистических материалов по Азии. Вып. LX, LXI, СПб., 1895

Из предыстории Русско-японской войны: Донесения морского агента в Японии А. И. Русина (1902-1904 гг.). Вводная статья, подготовка текста и комментарии В. А. Петрова. //Русское прошлое, 6, 1996

Источник 揭载资料

 Путем секретной переписки... О царской дипломатии в начале XX века. // Источник, 1999, No. 2, стр. 28-41

Красный архив(КА) 揭载资料

Боксерское восстание // КА, 1926, кн. 1, стрю 1-49

Письмо ген. А. М. Стесселя ген. В. Г. Глазову о начале русско-японской войны // КА, 1926, кн. 3, стр. 218-220

Безобразовский кружок летом 1904 г. //КА, 1926, кн. 4, стр. 70-80

Царская дипломатия о задачах России на Востоке в 1900 г. //КА, 1926, кн. 5, стр. 3-29

Письма С. Ю. Витте к Д. С. Сипягину (19000-1901 г.г.) // КА, 1926, кн. 5, стр. 30-48

Переписка С. Ю. Витте и А. Н. Куропаткина в 1904-1905 г.г. //КА, 1926, кн. 6, стр. 64-82

В штабу адм. Е. И. Алексеева (Из дневника Е. А. Плансона) //КА, 1930, кн. 4-5, стр. 148-204

Из эпохи японо-китайской войны 1894-1895 г.г. //КА, 1932, кн. 1-2, стр. 3-63

К истории первой Гаагской конференции 1899 г. //КА, 1932, кн. 1-2, стр. 64-96

Первые шаги русского империализма на Дальнем Востоке (1888-1903 гг.) // КА, 1932, кн. 3, стр. 34-124

Новые материалы о Гаагской мирной конфенции 1899 г. //КА, 1932, кн. 5-6, стр. 49-79

Накануне русско-японской войны (Декабрь 1900 г.—январь 1902 г.) //КА, 1934, кн. 2, стр. 3-54

Маньчжурия и Корея. Английская синяя и японская белая книги. 1901-1904. Издание канцелярии Особого Комитета Дальнего Востока. СПб., 1904

Политика капиталистических держав и национально-освободительное движение в Юго-Восточной Азии (1871-1917), Документы и материалы. Часть II, М., 1967

Россия и Корея: Некоторые страницы историии (конец XIX века), М., 2004

Порт-Артур. Том 1, Сборник документов. М., 2008

Die Grosse Politik der europaeischen Kabinetten (hereafter GP), Band 14, *British Documents on the Origins of the War 1898-1914,* Vol. II, London, 1927

Correspondence respecting the Russian Occupation of Manchuria and Newchwang. Presented to both Houses of Parliament by Command of His Majesty. February 1904. London, 1904

FO. *Correspondence respecting Corea and Manchuria,* Part II, London, 1905. Microfilm 405/139

Correspondence respecting Corea and Manchuria, Part III, Microfilm 405/146,

Further Correspondence respecting the Affairs of Corea. January to June 1903. London, April 1904 Microfilm 405/137

Korean-American Relations: Documents Pertaining to the Far Eastern Diplomacy of the United States, Vol. III, University of Hawaii Press, 1989

百科全书・目录・影集

Мартиролог русской военно-морской эмиграции по изданиям 1920-2000 гг. Москва-Феодосия, 2001

Морской биографический словарь. СПб., 1995

Отечественная история с древнейших времен до 1917 года. Энциклопедия. Том 1, М., 1994

Российский императорский флот 1696-1917. Военно-исторический справочник. М., 1993

Советская историческая энциклопедия. Том 1-16, М., 1961-1976

В. И. Федорченко. Свита Российских Императоров. Том 1-2, Красноярск, 2005

Шилов Д. Н. Государственные деятели Российской Империи 1802-1917. Биобиблиографический справочник. СПб., 2001

Энциклопедический словарь «Брокгауз и Эфрон», Том 1-82, СПб., 1890-1904

Lensen, George A. *Japanese Representatives in Russia*, Tokyo, Voyagers' Press, 1968

Lensen, George A. *Russian Representatives in East Asia*, Tokyo, Voyagers' Press, 1968

A Photograpic Record of the Russo-Japanese War, edited and arranged by James H. Hare, New York, P. F. Collier and Son, 1905

『佐藤文庫目録』,福島県立図書館,1965年

『ロシア外交史料館日本関連文書目録』(稲葉千晴編) I (1850 — 1917),ナウカ,1997年

报纸

『皇城新聞』復刻版

『東京朝日新聞』復刻版

『万朝報』復刻版

『週刊平民新聞』,『明治社会主義史料集』別冊（3），明治文献資料刊行会，1962年

Новое время, 1900, 1904

日记

Дневник Императора Николая II. Берлин, 1923. 2-е изд. Париж, 1980

Дневник Императора Николая II. М., 1991 (1894-96, 1904-07, 1913-18)

Дневник А. А. Половцева. КА, 1923, кн. 3, стр. 75-172

Дневник государственного секретаря А. А. Половцова. Том 2, М., 1966

Дневник А. Н. Куропаткина. КА, 1922, кн. 1, стр. 3-117

Дневник А. Н. Куропаткина. Б. м., 1923

Японские дневники А. Н. Куропаткина. «Российский архив», VI, стр. 393-444

Дневники святого Николая Японского. Hokkaido University Press, 1994

Дневник Алексея Сергеевича Суворина. 2-е изд. М., 2000

Дневник В. Н. Ламсдорфа (1886-1890). М., 1926

Ламсдорф В. Н. Дневник 1891-1892. М.-Л., 1934

―― Дневник 1894・1896. М., 1991

25 лет назад. Из дневникова Л. Тихомирова. КА, 1930, кн. 1, стр. 20-69

Гарин-Михайловский. По Корее, Маньчжурии и Лядунскому полуострову. Собрание сочинений. Том 5, М., 1958

Смельский В. Н. Священная дружина (из дневника ее члена) //Голос минувшего, 1916, No. 1, стр. 222-256, No. 1, стр. 135-163, No. 3, стр. 155-176, No. 4, стр.

95-105.

『文学者の日記3　池辺三山（3）』、博文館新社、2003 年

『近衛篤麿日記』第 3 巻、第 4 巻、第 5 巻、近衛篤麿日記刊行会、1968―69 年

中村健之介ほか訳『宣教師ニコライの日記抄』、北海道大学図書刊行会、2000 年

『日露戦争と井口省吾』、原書房、1994 年

『原敬日記』第 2 巻正続、乾元社、1951 年

『ベルツの日記』（菅沼竜太郎訳）上下、岩波文庫、1979 年

回忆录

Великий князь Александр Михаилович. Книга воспоминании. 1933. Париж, Лев, 1980

Бубнов М. Порт-Артур. СПб., 1907

Витте С. Ю. Воспоминания. Том 1-3, М., 1960

―― Из архива С. Ю. Витте. Воспоминания. Том 1. Рассказы в стенографической записи. Часть 1-2, СПб., 2003; Том 2. Рукописные заметки. СПб., 2003

Вонлярлярский В. Мои воспоминания 1852-1939 гг. Берлин, [н. г.]

[Головнин В. М.], Записки флота капитана Головнина о приключениях его в плену и японцев в 1811, 1812 и 1813 гг. Часть 1-9, СПб., 1816 . 邦訳：井上満訳『日本幽囚記』、岩波文庫、上中下、1943-46 年

Гончаров И. А. Фрегат Паллада. Очерки путешествий Ивана Горчарова. Том 1-2, СПб., 1858

邦訳：井上満訳『日本渡航記』、岩波文庫、1941 年、高野明、島田陽訳、雄松堂書店、1969 年

Граф Г. К. На службе Императорскому Дому России. 1917-1941. Воспоминания. СПб., 2004

Гурко В. И. Черты и силуэты прошлого. Правительство и общественность в царствование Николая II в изображении современника. М., 2000

Гусев Борис. Мой дед Жансаран Бадмаев. Из семейного архива //Новый мир, 1989, No. 11, стр. 199-206

Дейч Лев. 16 лет в Сибири. М., 1924

Игнатьев А. А. Пятьдесят лет в строю. Том I-II, Новосибирск, 1959

Извольский А. П. Воспоминания. М., 1989 (Петроград, 1924)

Коростовец И. Я. Россия на Дальнем Востоке. Пекин, 1922

Костенко М. И. Осада и сдача крепости П.-Артур. Мои впечатления. Киев, 1906

«Как я стал офицером» (Из воспоминаний генерала А. Н. Куропаткина «70 лет моей жизни»). // Отечественные архивы, 1996, № 2, стр. 67-93

Никитин (Фокагитов) Д. В. Как началась война с Японией //Порт-Артур. Воспоминания участников. Нью-Йорк, 1955

Поливанов А. А. Из дневников и воспоминаний по должности военного министра и его помощника 1907-1916 г. М., 1924

Редигер Александр. История моей жизни. Воспоминания военного министра. Том 2, М., 1999

Серошевский Вацлав, Корея. СПб., 1909 (ハングル訳：金珍英ほか訳『コレヤ1903年秋』ソウル，2006年)

Симанский П. Дневник генерала Куропаткина (Из моих воспоминаний) // На чужой стороне, XI, Прага, 1925б стр. 61-99

Соловьев Ю. Я. Воспоминания дипломата 1893-1922. М., 1959

Фон Нидермиллер Д. Г. От Севастополя до Цусимы. Воспоминания. Рига, 1930

Штенгер В. А. Подготовка II эскадры к плаванию //С эскадрой адмирала Рожественского. Сборник статей. СПб., 1994 (Прага, 1930)

Янчевский Д. 1900. Русские штумуют Пекин. М. 2008

Allen, Horace N. Things Korean. A Collection of Sketches and Anecdotes Missionary and Diplomatic, New York, 1908

Rosen, Roman. *Forty Years of Diplomacy,* Vol. 1, London, 1922

[Vonliarliarskii, V. M.] «Why Russia Went to War With Japan: the Story of the Yalu Concessions», *Fortnightly Review,* Vol. 87, No. DXXI, New series, May 2, 1910, pp. 816-831, 1030-1044

『青木周蔵自伝』, 平凡社, 1970年

石井菊次郎『外交余録』, 岩波書店, 1930年

石光真清『曠野の花』, 龍星閣, 1958年

大杉栄『自叙伝・日本脱出記』, 岩波文庫, 1971年

久米邦武『米欧回覧実記 (4)』, 岩波文庫, 1980年

『児島惟謙 大津事件手記』, 関西大学出版部, 2003年

杉村濬『明治廿七八年在韓苦心録』, 1932年

田山花袋『東京の三十年』, 岩波文庫, 1981年

林権助『わが七十年を語る』, 第一書房, 1935年

林董『後は昔の記他』, 平凡社, 1970年

福田英子『妾の半生涯』, 岩波文庫, 1958年

二葉亭四迷「予が半生の懺悔」,『二葉亭四迷全集』第10巻, 岩波書店, 1953年

三浦梧楼『観樹将軍回顧録』, 政教社, 1925年

陸奥宗光『蹇蹇録』, 岩波文庫, 1941年

著作・论文

俄罗斯文

Аблова Н. Е. КВЖД и российская эмиграция в Китае. Международные и политические аспекты истории (первая половина XX века). М., 2005

Аварин В. Я. Империализм и Манчжурия. Том 1, М., 1931

Авдеев В. А. «Секреты» Русско-японской войны (Организация изучения истории русско-японской войны 1904-1905 гг. Генеральным штабом России) // Военно-исторический журнал, 1993, No. 9

Айрапетов О. Р. Забытая карьера «Русского Мольтке»: Николай Николаевич Обручев (1830-1904). СПб., 1998

Айрапетов О. Р. (ред.). Русско-японская война 1904-1905. Взгляд через столетие. Международный исторический сборник. М., 2004

Ананьич Б. В., Ганелин Р. Ш. Сергей Юльевич Витте и его время. СПб., 1999

Аносов С. Корейцы в Уссурийском крае. Хабаровск, 1928

Белякова Зоя. Великий князь Алексей Александрович. За и против. СПб., 2004

Бескровный Л. Г. Русская армия и флот в XIXX веке. Военно-экономический потенциал России. М., 1973

Блиох И. Будущая война, ее экономические причины и последствия // Русский вестник, 1893, февраль, стр. 1-39, 186-217; март, стр. 208-291; апрель, стр. ; май, стр. 214-305; июня, стр. 223-314; август, стр. 241-343

Блиох И. С. Будущая война в техническом, экономическом и политическом отношениях, Том 1-6, СПб., 1898

Боханов А. Император Николай II. М., 1998

Бородин А. В. Флот России на Тихом океане. Из истории российского Тихоокеанского военно- морского флота. Владивосток, 2006

Будзиловский И. Японский флот. СПб., 1890

Бурцев В. И. Царь и внешняя политика: виновники Русско-японской войны по тайным документам. Записки гр. Ламсдорфа и Малиновой книги. Берлин, 1910

В. Благовещенская «утопия» //Вестник Европы, Том XLV, No. 7, июля 1910, стр. 231-241

Венюков М. Очерк Японии. СПб., 1869

Витте С. Ю. Собрание сочинений. Том 1, книга 2, часть 1, М., 2004

—— Вынужденные разъясниния графа Витте по поводу отчета ген.-адъют. Куропаткина о войне с Японией. СПб., 1909

Военные флоты и морская справочная книжка на 1904 г. СПб., 1904

Война на Дальнем Востоке. Очерк стратегических занятий 1900 г. на курсе Военно-морских наук //Известия по минному делу, Вып. 37, СПб., 1900

Война России с Японией в 1905 году. Отчет о практических занятиях по стратегии в Николаевской Моркой Академии в продолжении зимы 1902-1903 года. СПб., 1904

Волков Н. Е. Двор русских императоров в его прошлом и настоящем. М., 2001

Волохова А. А. Проблема нейтралитета Кореи: прошлое и настоящее // Восток-Россия-Запад. Исторические и культурологические исследования. К 70-летию академика Владимира Степановича Мясникова. М., 2001, стр. 529-536

Глинский Б. Б. Пролог Русско-японской войны (Архиные материалы) // Исторический журнал, 1914, No. 1-12

—— Пролог Русско-японской войны: Материалы из архива графа С. Ю. Витте с предисловием и под редакцией Б. Б. Глинского. Пгд., 1916.

Глушков В. В., Черевко К. Е. Русско-японская война 1904-1905 гг. в документах внешне- политического ведомства России. Факты и комментарии. М., 2006

Грибовский В. Ю., Познахирев В. Р. Вице-адмирал З. Р. Рожественский. СПб., 1999

Гуров С., Тюлькин В. Броненосцы Балтийского флота. Калининград. 2003.

Дацышен В. Г. Боксерская война. Военная кампания русской армии и флота в Китае в 1900-1901 гг. Красноярск, 2001

Де-Воллан Г. В стране восходящего солнца. СПб., 1903

Дело о сдаче крепости Порт-Артур японским войскам в 1904 г. Отчет.

Составил под ред. В. А. Апушкина. СПб., 1908

Добычина Е. В. Русская агентурная разветка на Дальнем Востоке в 1895-1897 годах.//Отечественная история, 2000, No. 4

Доможилов (ред.). Сборник материалов по военно-морским вопросам. Том 1. Японско- китайская война. СПб., 1896

За кулисами царизма (Архив тибетского врача Бадмаева). Ленинград, 1925

Золотарев В. А., Козлов И. А. Русско-японская война 1904-1905 гг. Борьба на море. М., 1990

Золотарев В. А. (ред.). Россия и Япония на заре XX столения. Аналитические материалы отечественной военной ориенталистики. Арбизо, М., 1994

Игнатьев А. В. С. Ю. Витте-дипломат. М., 1989

Император Александр Ш и Императорица Мария Феодоровна. Переписка. М., 2001

История внешней политики России (конец XV века—начало XX века). М., 1997

Каширин В. Б. «Русский Мольтке» смотрит на восток //Русско-японская война 1904-1905. Взгляд через столетие. М., 2004, стр. 150-182

Ким Ен-Су. Корейский посланник Ли Бом-Джин и Русско-Японская война // Русско-японская война 1904-1905. Взгляд через столетие. М., 2004, стр. 214-231

Киняпина Н. С. Балканы и Проливы во внешней политике России в конце XIX века. М., 1994

Кладо Н. Военные действия на море во время Японо-китайской войны. СПб., 1896

Княжев Ю. Н. Военно-политическая деятельность Николая II в период 1904-1914 гг. Курган, 2000

Кондратенко Р. В. Российские морские агенты об усилении японского флота в конце XIX – начале XX века //Русско-японская война 1904-1905.

Взгляд через столетие. М., 2004, стр. 62-110

Корея глазами россиян (1895-1945). М., 2008

Корф Н. А., Звегинцев А. И. Военный обзор Северной Кореи. СПб., 1904.

Костенко М. И. Осада и сдача крепости Порт-Артур (Мои воспоминания). Киев, 1906

Костылев В. Я. Очерк истории Японии. СПб., 1888

Куропаткин А. Н. Пролог манчжурской трагедии // Русско-Японская война. Из дневников А. Н. Куропаткина и Н. П. Линевича. Ленинград, 1925, стр. 3-53. 邦訳：クロパトキン「満州悲劇の序曲」，大竹博吉監輯『独帝と露帝の往復書翰』，ロシア問題研究所，1929年，287—390頁

Куропаткин А. Н. Русско-японская война 1904-1905 гг. Итоги войны. СПб., 2002

Лукоянов И. В. Безобразовцы: путь России к русско-японской войне 1904-1905 гг. Paper presented to the symposium "Russia, East Asia, and Japan at the Dawn of 20th Century: The Russo-Japanese War Reexamined", 29-31 January 2003

—— «Не отстать от держав...»: Россия на Дальнем Востоке в конце Х1Х- начале ХХ вв. СПб., 2008

—— Последние русско-японские переговоры перед войной 1904-1905 гг. (взгляд из России). //Acta Slavica Iaponica, Tomus XXIII, 2006, pp. 1-36

——Сибирская железная дорога. С. Ю. Витте // Собрание сочинений. Том 1, кн. 2, часть 1, М., 2004

Львов Ф. А. Лиходей бюрократического самовластья как непосредственные виновники Первой Русско-Японской войны. СПб., 1906

Манфред А. З. Образование Русско-Французского союза. М., 1975

Мартынов Е. И. Из печального опыта Русско-Японской войны. СПб., 1906

Министерство Иностранных Дел. Записка по поводу изданного Особым Комитетом Дальнего Востока Сборника документов по переговорам с Японией 1903-1904 гг. СПб., 1905

Мейлунас, Андрей и Мироненко, Сергей. Николай и Александра: Любовь и жизнь. М., Прогресс, 1998

Мечников Л. Эра просвещения Японии (Мей-Дзи) //Дело, 1876, No. 1-2. 邦訳：メーチニコフ（渡辺雅司訳）『亡命ロシア人の見た明治維新』，講談社学術文庫，1982 年

Молодяков Василий. Образ Японии в Европе и России второй половины XIX—начала XX века. Москва-Токио, 1996

Мороз И. Т. Из истории русско-китайских отношений в 1901-1902 гг. (по материалам российских архивов) //Восток- Россия- Запад. Исторические и культурологические исследования. К 70-летию академика Владимира Степановича Мясникова. М., 2001

Нарочницкий А. Л. Колониальная политика капиталистических держав на Дальнем Востоке 1860-1895. М., 1956

Николай иеромонах. Япония с точки зрения христянских миссии //Русский вестник, 1869, No. 9. 邦訳：ニコライ（中村健之介訳）『ニコライの見た幕末日本』，講談社学術文庫，1979 年

Обзор результатов перлюстрации писем по важнейшим событиям и явлениям государственной и общественной жизни России в 1903 году // Былое, 1918, No. 2, стр. 190-222

Павлов Д. Русско-Японская война 1904-1905 гг. Секретные операции на суше и на море. М., 2004

Пак Белла Б. Российская дипломатия и Корея. Кн. 1. 1860-1888. М., 1998. Кн. П. 1888-1897. М., 2004

Пак Борис Д. Россия и Корея. М., 1979. 2-е дополненное изд. М., 2004.

Пак Чон Хе. Русско-японская война 1904-1905 гг. и Корея. М., 1997

——К. И. Вебер—первый посланник Российской дипломатической миссии в Корее. //Проблемы Дальнего Востока, 1993, No. 6

Панеях В. М. Творчество и судьба историка: Борис Александрович Романов. СПб., 2000

Пеликан А. Прогрессирующая Япония. СПб., 1895

Переписка Вильгельма П с Николаем П 1894-1917. М., 2007

Петров П. Н. История родов русского дворянства. Книга П, М., 1991

Петров В. Русские военно-морские агенты в Японии (1858-1917) // Познакомьтесь—Япония, 19, 1998

Порт-Артур. Действия флота в 1904 году. СПб., 2003

Ремнев А. В. Россия Дальнего Востока: Имперская география власти XIX- начала XX веков. Омск, 2004

Ржевуский И. Японско-китайская война 1894-1895 гг. СПб., 1896

Романов Б. Витте и концессия на р. Ялу //Сборник статей по русской истории, посвященных С. Ф. Платонову. Петербург, 1922

—— Витте накануне русско-японской войны //Россия и запад. Исторический сборник под ред. А. И. Зайончковского. 1. СПб., 1923

——Очерки дипломатической истории Русско-Японской войны. 1895-1907, М., - Л., 1955

——Россия в Маньчжурии (1892-1906), Ленинград, 1928. 邦訳：山下義雄訳『満州に於ける露国の利権外交史』、鴨右堂書店、1935年。復刻、原書房、1973年

Российская дипломатия в портретах. М., 1992

Россия: международное положение и военный потенциал в середине XIX века. М., 2003

Ростунов И. И. (ред.), История Русско-японской войны. 1904-1905 gg. М., 1977. 邦訳：及川朝雄訳『ソ連から見た日露戦争』、原書房、1980年

Русско-Японская война 1904-1905 ггю. Работа Исторической комиссии по описанию действии флота в войну 1904-1905 гг. при Морском генеральном Штабе. Том. 1-4, 6-7, СПб., 1912- 1917. 邦訳：露国海軍軍令部編纂『千九百四五年露日海戦史』第1巻上下、2—4、6、7巻、海軍軍令部、1915年。復刻、上下、芙蓉書房出版、2004年

Русско-Японская война 1904-1905 гг. Работа Военно-исторической комиссии по описанию Русско-Японской войны Генерального Штаба. Том I-IX, СПб., 1910

Рыбаченок И. С. Россия и Первая конференция мира 1899 года в Гааге. М., 2005

Сибирские переселения. Вып. 2. Комитет Сибирской железной дороги как организатор переселений. Сборник документов. Новосибирск, 2006

Свечин А. А. Предрассудки и боевая действительность. М., 2003

―――Русско-Японская война 1904-1905 гг. По документным данным труда Военно-исторической комиссии и другим источникам. Ораниенбаум, 1910

Симанский П. Война 1877-1878 гг. Падение Плевны. СПб., 1903

―――Дневник генерала Куропаткина (Из моих воспоминаний), «На чужой стороне», XI, Прага , 1925, стр. 61-99

――― События на Дальнем Востоке, предшествовавшие Русско-Японской войне (1891-1903 г.г.) Том I. Борьба России с Японией в Корее. Том II. Борьба России с Японией в Китае. Том III. Последний год. СПб., 1910

―――Суворов. Краткий очерк жизни и деятельности этого знаменитого вождя русских войск. Лекции. М., 1899

―――(сост.) Японско-китайская война 1894-1895. Перевод с немецкого. Составил Симанский. СПб., 1896

Соловьева А. М. Железнодорожный транспорт России во второй половине XIX в. М., 1975

Субботин Ю. Ф. А. Н. Куропаткин и Дальневосточный конфликт. «Дела на Дальнем Востоке могут привести нас к конфликту с Японией» // Россия: международное положение и военный потенциал в середине XIX – начале XX века, стр. 123-168

Суботич Д. И. Амурская железная дорога и наша политика на Дальнем Востоке. СПб., 1908

Суворин Алексей. В ожидании века XX. Маленькие письма 1889-1903 гг. М., 2005

―――Русско-японская война и русская революция. Маленькие письма 1904-

1908 гг. М., 2005

Успенский К. Н. Очерк царствования Николая П. Николай П. Материалы харастеристики личности и царствования. М., 1917

Фон-Шварц А., Романовский Ю. Оборона Порт-Артура. Часть I, СПб., 1910.

Хроника московской жизни. 1901-1910. М., 2001

Чагин И. И. Очерк развития японского флота //Морской сборник, 1898, No. 7.

Чагодаев-Саконский А. П. На «Алмазе» (От Либавы через Цусиму—во Владивосток).СПб., 2004

Черевкова А. А. Очески современной Японии. СПб., 1898

Чой Доккю. Морское министерство и политика России на Дальнем Востоке (1895-1903). Английская набережная 4. Ежегодник РГИА. СПб., 1999, стр. 149-176

——Россия и Корея, 1893-1905. СПб., 1997

Шацилло В. К. и Шацилло Л. А. Русско-японская война. 1904-1905. Факты. Документы. М., 2004

Шепелев Л. Е. Чиновный мир России XVIII—начала XIX в. СПб., 1999

Ю Хе Джон. Европейский город в Азии Владивосток //Россия и АТР, No. 1(27), март 2000, стр. 44-57

Южаков С. Н. Доброволец Петербург дважды вокруг Азии. Путевые впечатления. СПб., 1894, стр. 123-148

——Мимоходом в Японии. Из путевых впечатлений //Русское богатство, 1893, No. 9, стр. 88-110

——Социологические этюды. Том 2, СПб., 1896

—— 1894 год. Из современной хроники //Русское богатство, 1895, No.1, стр. 186-213

英文

Fumoto Shinichi, Japan's East Asia Policies During the Early Meiji Era: Changes in Relations with Korea. a paper presented to the First Asian Conference for Slavic Eurasian Studies, February 5, 2009 at Hokkaido University

Kennan, George F. The Decline of Bismarck's European Order: Franco-Russian Relations, 1875-1890, Princeton University Press, 1979

Kim Ki-Jung, The War and US-Korean Relations, *The Russo-Japanese War in Global Perspective: World War Zero*, Vol. II, Brill, Leiden, 2007, pp. 467-490

Kim Yun-hee. Direction of Public Opinion during the Taehan Empire and the People's Perception of Their Era during the Period of Russo-Japanese Conflict—with a Special Focus on the Hwagsong sinmun. *International Journal of Korean History,* Vol. 7, February 2005, pp. 53-84

Ku Daeyeol, A Damocles Sword?: Korean Hopes Betrayed, *The Russo-Japanese War in Global Perspective: World War Zero*, Vol. II, Brill, Leiden, 2007, pp. 435-466

Judge, Edward H. *Plehve: Repression and Reform in Imperial Russia 1902-1904*, Syracuse University Press, 1983

Lensen, George A. *Balance of Intrigue: International Rivalry in Korea and Manchuria 1884-99*. 2 vols, Tallahassee, 1982

——*The Russo-Chinese War*, Tallahassee, 1967

Leroy-Beaulieu, Anatole. *L'empire des tsars et les russes*, Tome I-III, Paris, 1897

Lieven, Dominic. *Nicholas II:Emperor of all the Russias*. London, 1993　邦訳：小泉摩耶訳『ニコライⅡ世——帝政ロシア崩壊の真実』、日本経済新聞社，1993年

Lukoianov, I. V. The Bezobrazovtsy, John W. Steinberg and others (ed.), *The Russo-Japanese War in Global Perspective: World War Zero*, Leiden, 2005, pp. 65-86. 抄訳，ルコヤーノフ「ベゾブラーゾフ一派——ロシアの日露戦争への道」、日露戦争研究会編『日露戦争研究の新視点』、成文社，2005年，63—72頁

——The First Russo-Chinese Allied Treaty of 1896, *International Journal of Korean History*, Vol. 11, December 2007, pp. 151-178

Malozemoff, Andrew. *Russian Far Eastern Policy, 1881-1904: With Special Emphasis on the Causes of the Russo-Japanese War*. Berkeley, 1958. Reprint New York, 1977

McDonald, David MacLaren. *United Govenment and Foreign Policy in Russia 1900-1914*, Havard University Press, 1992

McKenzie, F. A. *From Tiflis to Tokyo: Uncensored Letters from the War*, London, 1905

Menning, Bruce W. Miscalculating One's Enemies: Russian Intelligence Prepares for War, *The Russo-Japanese War in Global Perspective: World War Zero*, Vol. II, pp. 45-80

Mevil, Andre. *De la paix de Francfort a la conference d'Algesiras*, Paris, 1909

Nish, Ian. *The Origins of the Russo-Japanese War*, London, 1985

Paine, S.C. M. *Imperial Rivals: China, Russia, and Their Disputed Frontier*, M. E. Sharpe, 1996

Park Bella. Russia's Policy Towards Korea during the Russo-Japanese War, *International Journal of Korean History*, Vol. 7, February 2005, pp. 29-52

The Russo-Japanese War in Global Perspective: World War Zero, Edited by John W. Steinberg, Bruce W. Menning, David Schimmelpenninck van der Oye, David Wolff and Yokote Shinji , Brill, Leiden and Boston, 2005

The Russo-Japanese War in Global Perspective: World War Zero, Vol. II, edited by David Wolff, Steven G. Marks, Bruce W. Menning, David Schimmelpenninck van der Oye, John W. Steinberg, and Yokote Shinji, Brill, Leiden and Boston, 2007

Schimmelpenninck van der Oye, David. *Toward the Rising Sun: Russian Ideologies of Empire and the Path to War with Japan*, Northern Illinois University Press, 2001

Seo Min-kyo, Korea and Japan During the Russo-Japanese War—With a Special Focus on the Japanese Occupation Forces in Korea, *International Journal of Korean History*, Vol. 7, February 2005, pp. 85-108

Synn, S. K. *The Russo-Japanese Rivalry Over Korea, 1876-1904,* Seoul, 1981.

Treat, Payson J. *Diplomatic Relations between the United States and Japan 1895-1905*, Stanford Univ, Press, 1938

Verner, Andrew M. *The Crisis of Russian Autocracy: Nichokas II and the 1905 Revolution*. Princeton University, 1990

Von Laue, Theodore H. *Sergei Witte and the Industrialization of Russia*, Columbia University Press, 1963. 邦訳：菅原崇光訳『セルゲイ・ウィッテとロシアの工業化』，勁草書房，1977年

——The Fate of Capitalism in Russia: Narodnik Version, *American Slavic and East European Review,* Vol. XII, No. 1 (February 1954)

Wada Haruki, Study Your Enemy: Russian Military and Naval Attaches in Japan, *The Russo-Japanese War in Global Perspective: World War Zero*, Vol. II, Brill, Leiden, 2007, pp. 13-43

White, John Albert. *The Diplomacy of the Russo-Japanese War,* Princeton University Press, 1964

Wolff, David to the Kharbin Station: The Liberal Alternative in Russian Manchuria. 1898-1914, Stanford University Press, 1999

Yokote Shinji, Between Two Japano-Russian Wars: Strategic Learning Reappraised, *The Russo-Japanese War in Global Perspective: World War Zero,* Vol. II, Brill, Leiden, 2007, pp. 105-133

韩文

『高宗時代史』第2、3、4、6巻，国史編纂委員会，1970年

강성학편『용과 사무라이의 결투—중(청)일전쟁의 국제정치와 군사전략』(カン・ソンハク編『龍と侍の決闘——中(清)日戦争の国際政治と軍事戦略』) 리북, 2006年

姜昌一『근대 일본의 조선침략과 대아시아주의—우익 낭인의 행동과 사상을 중심으로(近代日本の朝鮮侵略と大アジア主義——右翼浪人の行動と思想を中心にして)』서울、역사비평사，2002年

金栄洙「러시아군사교관 단장 뿌짜따와 조선군대(ロシア軍事教官団長 プチャータと朝鮮軍隊)」『軍史』, 韓国国防部軍事編纂研究所, 61号(2006年12号), 91—120頁

金義煥『朝鮮을 둘러싼 近代露日関係研究』서울, 通文館, 1972年

김진영「조선 왕조 사절단의 1896년 러시아 여행과 옥시덴탈리즘」(金ジンヨン「朝鮮王朝使節団の1896年ロシア旅行とオクシデンタリズム」,『東方學志』第131集, 延世大学校国学研究院, 2005年9月, 323—356頁

『馬山市史』, 馬山市史編纂委員会, 1985年

朴鍾孝編訳『ロシア国立文書保管所所蔵韓国関聯文書要約集』, 韓国国際交流財団, 2002年

바츨라프 세로셰프스키(김진영외 옮김)『코레야 1930년 가을』(バツラフ・セロシェフスキ『コレア1903年秋』) 개마고원, 서울, 2006年

李泰鎮『고종시대의 재조명』서울、太学社, 2000年

『朝鮮예수教長老会史記』上, 서울, 新門内教会堂, 1928年

鄭昌烈「露日戦争에 대한 韓国人의 대응」, 歴史学会編『露日戦争前後 日本의 韓国侵略』서울, 一潮閣, 1986年, 206—240頁

崔徳圭『제정러시아ㅇ의 한반도정책, 1891-1907(帝政ロシアの韓半政策, 一八九一一一九〇七)』서울, 景仁文化社, 2008年

玄光浩『대한제국과 러시아 그리고 일본(韓帝国とロシア、そして日本)』서울, 先人社, 2007年

日文

相沢淳「『奇襲断行』か『威力偵察』か?――旅順口奇襲作戦をめぐる対立」, 軍事史学会編『日露戦争(2)』, 錦正社, 2005年

ワディム・アガーポフ「露日戦争におけるウラジオ巡洋艦戦隊の作戦」,『日露戦争(2)』, 錦正社, 2005年

秋月俊幸『日露関係とサハリン島――幕末明治初年の領土問題』, 筑摩書

房，1994年
井口和起『日露戦争の時代』，吉川弘文館，1998年
伊藤之雄『立憲国家と日露戦争』，木鐸社，2000年
『伊藤博文伝』下巻，原書房，1970年（原本1940年）
稲垣満次郎『西比利亜鉄道論　完』，哲学書院，1891年8月。『再版 西比
　　利亜鉄道論』，1891年12月
稲垣満次郎『東方策』第1篇，哲学書院，1891年
稲葉千晴『暴かれた開戦の真実——日露戦争』，東洋書店，2002年
ヴィン・シン（杉原志啓訳）『評伝　徳富蘇峰』，岩波書店，1994年
内田甲『露西亜論』，黒龍会本部，1901年
海野福寿『韓国併合史の研究』，岩波書店，2000年
江藤淳『海は甦る』第2部，文藝春秋，1976年
大江志乃夫『世界史としての日露戦争』，立風書房，2001年
大江志乃夫『日露戦争の軍事史的研究』，岩波書店，1976年
岡本隆司『属国と自主のあいだ——近代清韓関係と東アジアの命運』，名
　　古屋大学出版会，2004年
岡本隆司『世界のなかの日清韓関係史——交隣と属国、自主と独立』，講
　　談社選書メチエ，2008年
『公爵桂太郎伝』坤巻，1917年
海軍軍令部編『明治三十七八年海戦史』第1巻，春陽堂，1909年
外務省編『小村外交史』復刻，原書房，1966年
梶村秀樹「朝鮮からみた日露戦争」,（『史潮』新7—8号，1980年）『梶村
　　秀樹著作集』第2巻，明石書店，1993年
加納格「ロシア帝国と日露戦争への道——1903年から開戦前夜を中心
　　に」,『法政大学文学部紀要』第53号，2006年10月
加茂儀一『榎本武揚』，中央公論社，1960年
姜在彦『近代朝鮮の思想』，紀伊国屋新書，1971年
康成銀『1905年韓国保護条約と植民地支配責任——歴史学と国際法学と
　　の対話』，創史社，2005年

木村幹『高宗・閔妃』，ミネルヴァ書房，2007年
金文子『朝鮮王妃殺害と日本人』，高文研，2009年
倉持俊一・田中陽児・和田春樹編『ロシア史2』，山川出版社，1994年
『子爵栗野慎一郎伝』，興文社，1942年
黒岩比佐子『日露戦争——勝利のあとの誤算』，文春新書，2005年
軍事史学会編『日露戦争（1）——国際的文脈』，錦正社，2004年
軍事史学会編『日露戦争（2）——戦いの諸相と遺産』，錦正社，2005年
煙山専太郎『近世無政府主義』，東京専門学校出版部，1902年
黒龍倶楽部編『国士内田良平伝』，原書房，1967年
小森陽一・成田龍一編『日露戦争スタディーズ』，紀伊国屋書店，2004年
イリナ・ゴライノフ（Ｉドワード・ブジョフトフスキ訳）『サーロフの聖セラフィーム』，あかし書房，1985年
小森徳治『明石元二郎』上，原書房，1968年
斉藤聖二『北清事変と日本軍』，芙蓉書房出版，2006年
斉藤聖二「日露開戦直前の参謀本部と陸軍省」，東アジア近代史学会編『日露戦争と東アジア世界』，ゆまに書房，2008年
佐藤公彦『義和団の起源とその運動——中国民衆ナショナリズムの誕生』，研文出版，1999年
佐々木照央「自由主義的ナロードニキの日本観——S. N. ユジャコーフの場合」，『埼玉大学紀要』（外国語学文学篇）第20巻，1986年11月
佐々木揚「イギリス極東政策と日清開戦」，『佐賀大学教育学部研究論文集』第29集1号，1981年
佐々木揚「イギリス・ロシアからみた日清戦争」，『黒船と日清戦争』，未来社，1996年
佐々木揚「1880年代における露朝関係——1885年の『第一次露朝密約』を中心として」，『韓』106号，1987年
佐々木揚「日清戦争前の朝鮮をめぐる露清関係——1886年の露清天津交渉を中心として」，『佐賀大学教育学部研究論文集』第28集第1号，1980年

佐々木揚「ロシア極東政策と日清開戦」,『佐賀大学教育学部研究論文集』第 30 集第 1 号, 1982 年

コンスタンチン・サルキソフ(鈴木康雄訳)『もうひとつの日露戦争——新発見・バルチック艦隊提督の手紙から』, 朝日新聞出版, 2009 年

沢田和彦「志賀親朋略伝」,『共同研究 日本とロシア』第 1 集, 1987 年

参謀本部編『明治三十七八年日露戦史』第 1 巻, 偕行社, 1912 年

参謀本部編『明治三十七八年秘密日露戦史』, 巌南堂書店, 1977 年

司馬遼太郎『坂の上の雲』1—6, 文藝春秋, 1969 年—1972 年;文春文庫(新装版) 1—9, 1999 年

芝原拓自「対外観とナショナリズム」,『対外観(近代日本思想大系 12)』, 岩波書店, 1988 年

島田謹二『ロシアにおける広瀬武夫』, 朝日新聞社, 1970 年

島田三郎『日本と露西亜』増補再版, 警醒社, 1900 年

鈴木淳「『雲揚』艦長井上良馨の明治 8 年 9 月 29 日付けの江華島事件報告書」,『史学雑誌』第 111 編第 12 号, 2002 年 12 月

諏訪史郎『馬山港誌』, 朝鮮史談会, 1926 年

石和静「ロシアの韓国中立化政策——ウィッテの対満州政策との関連で」,『スラブ研究』第 46 号, 1999 年

外山三郎『日露海戦史の研究』上, 教育出版センター, 1985 年

『対外観(日本近代思想大系 12)』, 岩波書店, 1988 年

高橋秀直『日清戦争への道』, 東京創元社, 1995 年

高橋昌郎『島田三郎伝』, まほろば書房, 1988 年

『谷干城遺稿』下, 靖献社, 1912 年

谷寿夫『機密日露戦史』, 原書房, 1966 年

田保橋潔『近代日鮮関係の研究』上下, 朝鮮総督府, 1940 年。復刻, 上下, 原書房, 1973 年

崔文衡『日露戦争の世界史』, 藤原書店, 2004 年

崔文衡(金成浩・斉藤勇夫訳)『閔妃は誰に殺されたのか——見えざる日露戦争の序曲』, 彩流社, 2004 年

崔文衡（斉藤勇夫訳）『韓国をめぐる列強の角逐——19世紀末の国際関係』，彩流社，2008年

チェーホフ（原卓也訳）「サハリン島」，『チェーホフ全集』13，中央公論社，1977年

千葉功『旧外交の形成——日本外交1900—1919』，勁草書房，2008年

千葉功「日露交渉——日露開戦原因の再検討」，近代日本研究会編『年報近代日本研究18』，山川出版社，1996年

千葉功「満韓不可分論＝満韓交換論の形成と多角的同盟・協商網の模索」，『史学雑誌』第105編第7号，1996年7月

ゲ・デ・チャガイ編（井上紘一訳）『朝鮮旅行記』，平凡社，1992年

趙景達『異端の民衆反乱——東学と甲午農民戦争』，岩波書店，1998年

趙景達「日露戦争と朝鮮」，安田浩ら編『戦争の時代と社会』，青木書店，2005年

鄭在貞（三橋広夫訳）『帝国日本の植民地支配と韓国鉄道　1892—1945』，明石書房，2008年（原著はソウル大学出版，1999年）

『伯爵珍田捨巳伝』，ゆまに書房，2002年

月脚達彦『朝鮮開化思想とナショナリズム——近代朝鮮の形成』，東京大学出版会，2009年

角田順『満州問題と国防方針』，原書房，1967年

角田房子『閔妃暗殺』，新潮文庫，1993年

東海散士『日露戦争羽川六郎』，有朋館，1903年

『東南アジア史Ⅰ』，山川出版社，1999年

等松春夫「日露戦争と『総力戦』概念——ブロッホ『未来の戦争』を手がかりに」，『日露戦争（2）』，錦正社，2005年

戸水寛人『回顧録』，非売品，1904年

中塚明『現代日本の歴史認識』，高文研，2007年

中塚明「『日清戦史』から消えた朝鮮王宮占領事件——参謀本部の『戦史草案』が見つかる」，『みすず』第399号，1994年6月

中塚明『日清戦争の研究』，青木書店，1968年

中塚明『歴史の偽造をただす』，高文研，1997年
中村健之介、中村悦子『ニコライ堂の女性たち』，教文館，2003年
中山裕史「『ムッシュー・フィリップ』と『パピュス』——20世紀初頭ロマノフ宮廷と2人のフランス人」，『桐朋学園大学短期大学部紀要』第15号，1997年
長山靖生『日露戦争——もうひとつの「物語」』，新潮新書，2004年
『日清戦争実記』，第4編，博文館，1895年
日本ロシア文学会編『日本人とロシア語』，ナウカ，2000年
『日露開戦論纂』，旭商会，1903年
『日露交戦紀念録』上下，東江堂，1905年
沼田多稼蔵『日露陸戦新史』，岩波新書，1940年
長谷川直子「壬午軍乱後の日本の朝鮮中立化構想」，『朝鮮史研究会論文集』第32集，1994年10月
波多野勝『井口省吾伝』，現代史料出版，2002年
葉山万次郎『露西亜』，富山房，1903年
原剛「"ヤンジュールの意見書"」，『軍事史学』112号（第28巻第4号），1993年3月
原暉之『ウラジオストク物語』，三省堂，1998年
原田敬一『日清戦争』，吉川弘文館，2008年
原田敬一『日清・日露戦争』，岩波新書，2007年
坂野潤治『明治・思想の実像』，創文社，1977年
東アジア近代史学会編『日露戦争と東アジア世界』，ゆまに書房，2008年
イザベラ・ビショップ（時岡敬子訳）『朝鮮紀行』，図書出版社，1995年
檜山幸夫「7・23京城事件と日韓外交」，『韓』第115号，1990年6月
平井友義「ロシア極東政策とベゾブラーゾフ：1903年——鴨緑江森林利権を中心に」，『広島市立大学国際学部　広島国際研究』第1巻，2002年7月
広瀬貞三「李容翊の政治活動（1904—1907年）——その外交活動を中心に」，『朝鮮史研究会論文集』第25集，1988年3月

広野好彦「日露交渉（1903—1904）再考」,『大阪学院大学国際学論集』
　　第3第2号, 1992年12月
『福沢諭吉選集』第7巻, 岩波書店, 1981年
藤村道生『日清戦争——東アジア近代史の転換点』, 岩波新書, 1973年
「官報局時代の仕事」,『二葉亭四迷全集』第10巻, 岩波書店, 1953年
藤原浩『シベリア鉄道』, 東洋書店, 2008年
麓慎一「ポサドニック号事件について」,『東京大学史料編纂所研究紀要』
　　第15号, 2005年3月
朴羊信『陸羯南——政治認識と対外論』, 岩波書店, 2008年
マッケンジー（渡部学訳）『朝鮮の悲劇』, 平凡社, 1972年
真鍋重忠『日露関係史　1697—1875』, 吉川弘文館, 1978年
宮地正人「明治維新の変革性」, 第7回韓・日歴史家会議報告書, 2007年
『明治天皇紀』第10, 吉川弘文館, 1974年
メーチニコフ（渡辺雅司訳）『亡命ロシア人の見た明治維新』, 講談社学
　　術文庫, 1982年
毛利敏彦『台湾出兵——大日本帝国の開幕劇』, 中公新書, 1996年
森山茂徳『近代日韓関係史研究——朝鮮植民地化と国際関係』, 東京大学
　　出版会, 1987年
森山茂徳『日韓併合』, 吉川弘文館, 1992年
保田孝一「大津事件と被害者ニコライ」,『危機としての大津事件』, 関西
　　大学法学研究所, 1992年
保田孝一『最後のロシア皇帝ニコライ二世の日記』増補, 朝日新聞社,
　　1990年, 講談社文庫, 2009年
保田孝一編著『文久元年の対露外交とシーボルト』, 岡山大学, 1995年
安田浩・趙景達編『戦争の時代と社会』, 青木書店, 2005年
柳田泉「『佳人之奇遇』と東海散士」,『政治小説研究』上, 春秋社, 1967年
『公爵山縣有朋伝』下, 1933年
山室信一『日露戦争の世紀——連鎖視点から見る日本と世界』, 岩波新
　　書, 2005年

『山本権兵衛と海軍』，原書房，1966年

『伯爵山本権兵衛伝』上，原書房，1968年

山本利喜雄『露西亜史』，博文館，1901年

ユ・ヒョジョン「利用と排除の構図――19世紀末、極東ロシアにおける『黄色人種問題』の展開」，原田勝正編『「国民」形成における統合と隔離』，日本経済評論社，2002年

横手慎二『日露戦争史』，中公新書，2005年

吉野誠『明治維新と征韓論――吉田松陰から西郷隆盛へ』，明石書店，2002年

吉村昭『ポーツマスの旗――外相・小村寿太郎』，新潮社，1979年

吉村道男「仮想の日露戦争と現実の日露戦争――『佳人之奇遇』と『日露戦争羽川六郎』との間」，東アジア近代史学会編『日露戦争と東アジア世界』，ゆまに書房，2008年

李泰鎮（鳥海豊訳）『東大生に語った韓国史』，明石書店，2006年

アナトール・レルア・ボリュー（林毅陸訳）『露西亜帝国』，博文館，1901年

露国海軍軍令部編纂『千九百四五年露日海戦史』第1巻上下，2―4，6、7巻，海軍軍令部，1915年。復刻，上下，芙蓉書房，2004年

和田春樹「エス・ユ・ヴィッテ」，『歴史学研究』第253号，1961年5月

和田春樹『開国――日露国境交渉』，日本放送出版協会，1991年

和田春樹「自由民権運動とナロードニキ」，『歴史公論』1976年1月

和田春樹『テロルと改革――アレクサンドル二世暗殺前後』，山川出版社，2005年

和田春樹『ニコライ・ラッセル――国境を越えるナロードニキ』上下，中央公論社，1973年

和田春樹「日露戦争――開戦にいたるロシアの動き」，『ロシア史研究』第78号，2006年

和田春樹「日本人のロシア観――先生・敵・ともに苦しむ者」，藤原彰編『ロシアと日本』，彩流社，1985年

和田春樹「日本人は日露戦争をどう見たか」，『山梨学院創立60周年記念

誌　日露戦争とポーツマス講和』，山梨学院大学，2006年

和田春樹『北方領土問題——歴史と未来』，朝日新聞社，1999年

和田春樹「ロシアにとっての満州」，『満州とは何だったのか』，藤原書店，2004年

和田春樹「ロシア領極東の朝鮮人　1863 — 1937」，『社会科学研究』40巻6号，1989年3月

『渡辺華山・高野長英・佐久間象山・横井小楠・橋本左内（日本思想大系55）』，岩波書店，1971年

略称一览

机构名称

AVPRI　Arkhiv vneshnei politiki Rossiiskoi imperii［俄罗斯帝国对外政策档案馆（莫斯科）］

俄语原文：Архиввнешнейполитики Российскойимперии

AVPR, MID SSSR　Arkhiv vneshnei politiki Rossii, Ministerstvo inostrannykh del SSSR［俄罗斯联邦对外政策档案馆，原苏联外交部档案馆（莫斯科）］

俄语原文：Архиввнешнейполитики Российской Федерации (сокр. АВП РФ, бывшийАрхив МИД СССР)

GARF　Gosudarstvennyi arkhiv Rossiiskoi Federatsii［俄罗斯联邦国立档案馆（莫斯科）］

俄语原文：Государственныйархив Российской Федерации

IKMGSh　Istoricheskaia komissiia po opisaniiu deistvii flota v voinu 1904-1905 gg. Pri Morskom General'nom Shtabe［海军总司令部1904—1905年战争海军行动纪事历史委员会］

俄语原文：Историческойкомиссиипоописаниюдействий флота в войну1904-1905гг. при Морском Генеральномштабе.

OPIGIM　Otdel pis'mennykh istochnikov Gosudarstvennogo istoricheskogo muzeia［国家历史博物馆文书部（莫斯科）］

俄语原文：Отдел письменных источников государственного исторического музея

RGAVMF　Rossiiskii gosudarstvennyi arkhiv voenno-morskogo flota［俄罗斯

	国立海军档案馆（圣彼得堡）]
俄语原文：	Российский государственный архив военно-морского флота
RGVIA	Rossiiskii gosudarstvennyi voenno-istoricheskii arkhiv［俄罗斯国立军事历史档案馆（莫斯科）]
俄语原文：	Российский государственный военно-исторический архив
RGIA	Rossiiskii gosudarstvennyi istoricheskii arkhiv［俄罗斯国立历史档案馆（圣彼得堡）]
俄语原文：	Российский государственный исторический архив
TsGIAM	Tsentral'nyi gosudarstvennyi istoricheskii arkhiv Moskvy［中央莫斯科国立历史档案馆]
俄语原文：	Центральный государственный исторический архив Москвы
VIK	Voenno-istoricheskaia komissiia po opisaniiu Russko-Iaponskoi voiny General'nogo Shtaba［参谋总部日俄战争纪事战史委员会]
俄语原文：	Военно-историческая комиссия по описанию русско-японской войны генерального штаба

书名

DKPIa *Dokumenty kasaiushchiesia peregovorov s Iaponiei v 1903-1904 godakh, khraniashchiesia v kantseliarii Osobogo Komiteta Dal'nego Vostoka*,［Sankt-Peterburg］, 1905

DMAIaR *Doneseniia morskogo agenta v Iaponii A. I. Rusina (1902-1904 gg.), Russkoe proshloe*, 6, 1996

KA *Krasnyi arkhiv*

RIaV *Russko-Iaponskaia voina. Iz dnevnikov A. N. Kuropatkina i N. P. Linevicha,* Leningrad, 1925

RJWGP *The Russo-Japanese War in Global Perspective: World War Zero*

SGTSMA *Sbornik geograficheskikh, topograficheskikh i statisticheskikh materialov po Azii*

SMVMV Domozhilov(ed.), *Sbornik materialov po voenno-morskim voprosam. Vol. I. Iaponsko-kitaiskaia voina*, Sankt-Peterburg, 1896

部分专有名词对照表

中文	日文	原文或/和拉丁文转写
阿巴盖图伊	アバガイトゥイ	Абагайтуй, Abagaitui
阿尔及利亚	アルジェリア	Algeria
阿尔扎马斯	アルザマス	Арзамас, Arzamas
阿富汗	アフガン	Afghan
阿富汗斯坦	アフガニスタン	Afghanistan
阿根廷	アルゼンチン	Argentina
阿穆尔河	アムール川	Амýр, Amur
阿什哈巴德	アシハバード	Ashkhabad
阿伊努	アイヌ	Ainu
艾尔米塔什剧院	エルミタージュ劇場	Эрмитажный театр, Hermitage Theater
爱琴海	エーゲ海	Aegean Sea
安菲利特海峡（即第四千岛海峡）	アンフェリト海峡	Пролив Анфельт
敖德萨	オデッサ	Одесса
奥涅克坦岛（温祢古丹岛）	オネコタン島	Онекотан
奥匈帝国	オーストリア＝ハンガリー	Austria=Hungary Empire
巴登-符腾堡公国	バーデンとヴュルテンベルク公国	Land Baden-Württemberg
巴尔干	バルカン	Balkan

续表

中文	日文	原文或/和拉丁文转写
巴伐利亚	バイエルン	Bayern
巴库	バクー	Baku
巴黎·荷兰银行	パリ・オランダ銀行	Banque de Paris et les pays bas
保加利亚	ブルガリア	Bulgaria
贝尔格莱德	ベオグラード	Beograd
贝加尔湖	バイカル湖	озеро Байкал
贝加尔湖	バイカル湖	озеро Байкал, ozero Baikal
比萨拉比亚	ベッサラビア	Basarabia
彼得戈夫宫	ペチェルゴーフ宮殿	Петергоф
别洛韦日	ベロヴェージ/ベロベージ	Беловеж, Belavezha
波尔塔瓦州	ポルタヴァ県	Полтавская губерния
波罗的海	バルト海	Балтийское море, Baltic Sea
波罗的海德意志人	バルト・ドイツ人	Балтийские немцы, Deutsch-Balten
波罗的海造船厂	バルト工場	Балтийский завод
波斯	ペルシア	Persia
波斯尼亚和黑塞哥维那（波黑）	ボスニア=ヘルツェゴヴィナ	Bosnia and Herzegovina
博尔京湾（永兴湾）	ボルチン湾	Boltin
博斯普鲁斯海峡	ボスポロス海峡	Bosporus
布顿岛	ブトン島	Бутон Buton Island
布尔战争	ボーア戦争	Boer War
布哈拉	ブハラ	Bukhara
布拉戈维申斯克	ブラゴヴェシチェンスク	Благовещенск, Blagoveshshensk
布劳顿海峡（朝鲜海峡）	ブロウトン海峡	Броутон, Brouton Strait
布雷斯劳	ブレスラウ	Breslau
布鲁塞尔	ブリュッセル	Brussels

续表

中文	日文	原文或/和拉丁文转写
布奇洛夫工厂	プチーロフ工場	Путиловский завод
财团	シンジケート	syndicate
草原总督区	ステップ地方	Степь Stepp
车里雅宾斯克	チェリャービンスク	Челябинск, Chelyabinsk
赤塔	チタ	Чита, Chita
村长	アタマン	Ataman, Атаман
达达尼尔海峡	ダーダネルス海峡	Dardanelles
达姆施塔特	ダルムシュタット	Darmstadt
德黑兰	テヘラン	Tehran
地方自治局	ゼムストヴォ	Земство, Zemstvo
第比利斯	チフリス	Тифлис, Tiflis
杜布尼亚克	ドゥブニャーク	Дубняк, Dubniak
顿河	ドン	Дон, Don
多棱宫	グラノヴィータや殿	Грановитая палата, Granovitaia palata
俄里	ヴェルスタ	верста, versta
额尔古纳·哥萨克	アルグン・カザーク	Аргун Казáки́, Argun Cossack
鄂毕河	オビ川	Обь, ob'
法兰克福	フランクフルト	Frankfurt
泛蒙古主义	パンモンゴリズム	Панмонголизм, Pan-Mongolism
泛日耳曼主义	パンゲルマニズム	Pan-Germanism
泛斯拉夫主义	パンスラヴィズム	Pan-Slavism
泛希腊主义	パンヘレニズム	Pan-Hellenism
泛亚铁路	トランス・アジア鉄道	Trans-Asian Railway
泛伊斯兰主义	パンイスラミズム	Pan-Islamism
梵蒂冈	ヴァチカン	Vatican
飞剪式帆船	クリッパー艦	Clipper
费城	フィラデルフィア	Philadelphia

续表

中文	日文	原文或 / 和拉丁文转写
费尔马	フェルマ	Ferma, Ферма
弗里德里希·李斯特	フリードリヒ·リスト	Freidrich Liszt
弗沃达瓦	ヴロダーヴァ	Vlodava
符拉迪沃斯托克	ヴラジヴォストーク	Владивостóк, Vladivostok
复活节	パスハ	Пасха, Pascha
高加索	カフカース	Кавказ, Caucasas
戈尔巴乔夫改革	ペレストロイカ	Перестройка, Perestroika
戈什克维奇湾(造山湾)	ゴシケーヴィチ湾	Гошкевич, Goshkevich Bay
哥本哈根	コペンハーゲン	Copenhagen
哥萨克	カザーク	Казáки, Cossack
格拉夫斯卡亚	グラフスカヤ	Главская, Glavskaia
寡占的支配层	オリガルヒヤ	Oligarchy
哈巴罗夫斯克	ハバロフスク	Хабаровск
哈尔科夫州	ハリコフ県	Хáрьковская губéрния
哈佛大学	ハーヴァード大学	Harvard University
海德堡大学	ハイデルベルク大学	Heidelberg university
海牙	ハーグ	Hague
汉密尔顿港	ハミルトン港	Порт Гамильтона, Port Hamilton
黑山	モンテネグロ	Montenegro
红色档案	クラースヌイ·アルヒーフ	Красный архив, Krasnyi arkhiv
护卫舰	フリゲート艦	Фрегат Frigate
华沙	ワルシャワ	Warsaw
怀特黑德	ホワイトヘッド社	Whitehead
皇村	ツアールスコエ·セロー	Царское Село, Tsarskoe Selo
皇村中学	リツェイ	Лицей
火星报	イスクラ	Искра, Iskra

续表

中文	日文	原文或/和拉丁文转写
霍登卡平原	ホドゥインカ原	Ходынское поле, Khodynka Field
基辅	キーエフ	Kiev
基辅罗斯	キーエフ・ルーシ	Киевская Русь, Kievskaia Rus'
基维耶夫斯基	ジヴェーエフスキー	
基希讷乌	キシニョフ	Кишинёв
吉萨	ギザ	Giza
加利福尼亚大学伯克利分校	カリフォルニア大学バークレー校	University of California
加特契纳	ガッチナ	Гатчина, Gatchina
结雅河	ゼーヤ川	Зея, Zeya
喀琅施塔得	クロンシタット	Kronstadt
喀山	カザン	Казань, Kazan
卡尔高德岛（巨济岛）	カルゴド島	Kargod
卡尔梅克	カルムイク	Калмык, kalmyk
堪察加	カムチャトカ	Полуостров Камчатка, Kamchatka
科尔萨科夫	コルサコフ	Корсаков, Korsakov
科夫诺州	コゴノ県	Kovno Ковно
科隆日报	ケルン新聞	Koelnische Zeitung
克拉斯诺伏斯克	クラスノヴォーツク	Krasnovodsk, Красноводск
克拉斯诺耶	クラースノエ	Красное, Krasnoe
克兰普公司	クランプ社	Eagle Clamp Co.,Ltd
克里米亚	クリミア	Крым, Crimea,
克里特岛	クレタ島	Crete
克里姆林宫	クレムリン	Кремль, Kreml'
库尔兰州	クルリャンド県	Kurliand Курлянд
库尔斯克	クルスク	Курск, Kursk

续表

中文	日文	原文或/和拉丁文转写
拉彼鲁兹海峡（宗谷海峡）	ラ・ペルーズ海峡	Лаперуза, La Pérouse Strait
拉脱维亚	ラトヴィア	Latvia
拉扎烈夫港（元山）	ラザレフ港	Lazarev
里昂信贷·霍丁盖尔	クレディ・リヨネ	Credit Lyonnais
里瓦达维亚	リヴァダヴィア	
利巴瓦	リバウ	Либава Libava
利瓦吉亚宫（在雅尔塔）	リヴァジャ宮殿	Ливадийский дворец в Ялте
利耶帕亚	リエパヤ	Liepāja
梁赞州	リャザン県	Рязань, Riazan'
列涅尔列	レネルレ	Ренелле, Renelle
烈韦里	レーヴェリ	Ревель
卢森堡	ルクセンブルク	Luxembourg
鲁萨尔卡	ルサールカ	Русалка, Rusalka
路德派	ルター派	Lutheranism
罗夫诺	ロヴノ	Ловно, Lovno
罗马尼亚	ルーマニア	Romania
马格德堡	マグデブルク	Magdeburg
马赛	マルセーユ	Marseille
梅菲斯托费勒斯	メフィストフェレス	Mephistopheles
梅索瓦亚	ムイソーヴァヤ	Мысовая, Mysovaia,
门罗主义	モンロー主義	Monroe Doctrine
孟买	ボンベイ	Bombay
米尔茨施泰格	ミュルツシュテーク	Мюрцштег, Muerzsteg
缅甸	ビルマ	Burma
民粹派、民粹主义者	ナロードニキ	Народники, narodniki
摩尔达维亚	モルダヴィア	Moldavia
莫尔津	モルジン	Молдин, Moldin

续表

中文	日文	原文或/和拉丁文转写
莫雷诺	モレノ	
莫斯科大剧院	ボリショイ劇場	Большой театр, Bolshoi Theatre
穆拉维约夫·阿穆尔斯基	ムラヴィヨフ＝アムールスキー	Муравьев Амурский
纳雷夫	ナレフ	Narew Нарев
纳乌卡	ナウカ	Наука
尼古拉耶夫斯克（庙街）	ニコラエフスク＝ナ＝アムーレ	Николаевск-на-Амуре Nikolayevsk-on-Amur
尼罗河	ナイル	the Nile
涅瓦大街	ネフスキー	Невский проспект, Nevskii Prospekt
涅曼河	ネマン川	Неман
诺沃楚鲁海图伊	ノヴォツルハイトォイ	
欧陆俄罗斯	ヨーロッパ・ロシア	Европейская часть России, European Russia
帕拉姆什尔岛（幌筵岛）	パラムシル島	Парамушир
帕彭贝格岛（高鉾岛）	パペンベルク島	Papenberg Island
佩列瓦亚·列奇卡	ペールヴァヤ・レーチカ	Первая・Речка, Pervaia rechka
皮雷	ピレーイ	Pilei Пилей
朴茨茅斯	ポーツマス	Portsmouth
普里皮亚季河	プリピャチ川	Pripyat River
普列文	プレヴナ	Plevena
普鲁士	プロイセン	Prussia
普斯科夫州	プスコフ県	Псков, Pskov
千岛群岛	クリル諸島	Курильские острова, Kuril Islands
全权委员	コミッサール	Комиссар
日本渡航记	フレガート・パルラーダ	Фрегат «Паллада»
日内瓦	ジュネーヴ	Geneva
容克	ユンケル	Юнкер, Iunker

续表

中文	日文	原文或/和拉丁文转写
萨哈林	サハリン	Сахалин, Sakhalin
萨洛夫	サーロフ	Саро́в, Sarov
萨马拉	サマラ	Самара, Samara
塞得港	ポートサイド	Port Said
塞尔维亚	セルビア	Serbia
塞瓦斯托波尔	セヴァストーポリ	Sevastopol Севастополь
桑加尔斯基海峡（津轻海峡）	サンガルスキー海峡	Сангарский пролив, Sangarskii Strait
沙米尔	シャミーリ	Шамиль, Shamil
舍舒里诺	シェシューリノ	Шешурино, Sheshurino
社会革命党	エスエル	Партия социалистов-революционеров
圣左西莫·萨瓦基耶夫教会	聖ゾシマ=サッヴァチイ教会	
石勒喀河	シルカ川	Шилка
舒姆舒岛（占守岛）	シュムシュ	Шумшу
曙光	ザリャー	Zaria Заря
斯巴拉	スパーラ	Spała
斯凯尔涅维采	スケルネヴィツィ	Скерневицы Skernevitsy
斯拉夫	スラブ	Slav
斯列坚斯克	スレチェンスク	Сретенск, Sretensk
苏伊士运河	スエズ運河	Suez Canal
泰晤士报	タイムズ	The Times
坦波夫州	タムボフ県	Тамбов, Tambov
特维尔州	トヴェーリ県	Тверь, Tvyer'
天主教	カトリック	Ecclesia, Catholica
帖木儿时代	ティムール時代	Timur
土耳其斯坦	トゥルケスタン	Turkestan

续表

中文	日文	原文或/和拉丁文转写
土伦	トゥーロン	Toulon
托木斯克	トムスク	Томск, Tomsk
外阿穆尔	ザアムール	Заамурский округ Zaamur
外贝加尔·哥萨克	ザバイカリエ・カザーク	
外贝加尔州	ザバイカル州/ザバイカリエ	Забайка́льская о́бласть
外里海州	ザカスピ海州	Закаспийская область
威斯巴登	ヴィースバーデン	Wiesbaden
威斯康星大学	ウィスコンシン大学	The University of Wisconsin
威斯特法伦	ヴェストファーレン	Westfalen
上布拉戈维申斯克村（维尔夫涅-布拉戈维申斯克村）	ヴェルフネ＝ブラゴヴェシチェンスク村	Верхне-Благовещенск
维里诺	ヴィリノ	Вильно, Vilno
维也纳	ウイーン	Vienna
翁可夫斯基湾	ウンコフスキー	Залив Унковский, Unkovskii
沃尔夫花园	ヴォルフスガルテン	Wolfsgarten
乌兰斯基	ウランスキー	Уланский
乌鲁普岛（得抚岛）	ウルップ	Остров Уру́п, Urup Island
乌斯宾斯基教堂	ウスペンスキー聖堂	Успенский собор Uspenskin Katedraali
乌苏里	ウスリー	река Уссурий
乌苏里斯克（尼科里斯克-乌苏里斯克）	ニコリスク＝ウスリースキー	Никольск Уссурийск
西伯利亚	シベリア	Сибирь, Siberia
西布格河	西ブグ川	Bug River
锡兰	セイロン	Ceylon
袭击犹太人	ポグロム	Погром

965

续表

中文	日文	原文或/和拉丁文转写
下诺夫哥罗德州	ニジニー＝ノヴゴロド県，ニジェゴロド県	Нижний Новгород Nizhnij Novgorod, Нижегород Nizhegorod
夏威夷大学	ハワイ大学	University of Hawaii
暹罗	シャム	Siam
谢斯塔科夫港（新浦）	シェスタコフ港	Shestakov
新边疆	ダリョーキー・クライ	Далекий край, Dalekii krai
新边疆报	ノーヴィ・クライ	Новый край, Novyi krai
新基辅卡	ノヴォキエフスク	Novokievsk Новокиевск
新教徒	プロテスタント	Protestant
新时报	ノーヴォエ・ヴレーミャ	Новое время, Novaia vremia
新时代	ノイエ・ツアイト	Neue Zeit
兴安岭	ヒンガン峠	Хинган
雅尔塔	ヤルタ	Ялта, yalta
雅库茨克	ヤクーック	Якутск, Yakutsk
亚美尼亚	アルメニア	Armenia
亚庭湾	アニワ湾	Зали́в Ани́ва
耶鲁大学	エール大学	Yale University
伊尔库茨克	イルクーック	Иркутск, Irkutsk
伊利因斯科耶	イリインスコエ	Ильинское, Il'inskoe
伊土鲁朴岛（择捉岛）	エトルフ	Остров Итуруп, Iturup Island
印度支那	インドシナ	Indochina
兹纳缅卡	ズナメンカ	Знаменка, Znamenka
总代制	スターロスタ制	starosta

舰船名称对照表

中文	日文	俄文原文	拉丁文转写	类型
奥廖尔号（也作鹰号）	オリョール	Орел	Orel	战列舰
奥斯利雅比亚	オスリャービヤ	Ослябя	Osliabia	战列舰
彼得罗巴甫洛夫斯克	ペトロパヴロフスク	Петропавловск	Petropavlovsk	战列舰
波尔塔瓦	ポルタヴァ	Полтава	Poltava	战列舰
博罗季诺	ボロジノ	Бородино	Borodino	战列舰
列特维赞	レトヴィザン	Ретвизан	Retvizan	战列舰
纳瓦林	ナヴァーリン	Наварин	Navarin	战列舰
尼古拉一世	皇帝ニコライ一世	Император Николай I	Imperator Nikolai I	战列舰
佩列斯维特	ペレスヴェート	Пересвет	Peresvet	战列舰
切萨列维奇（也作皇太子号）	ツェサレーヴィチ	Цесаревич	Tsesarevich	战列舰
塞瓦斯托波尔	セヴァストーポリ	Севастополь	Sevastopol'	战列舰
胜利号	パベーダ	Победа	Pobeda	战列舰
斯拉瓦（也作光荣号）	スラーヴァ	Слава	Slava	战列舰
苏沃洛夫公爵	スヴォーロフ	Князь Суворов	Kniaz' Suvorov	战列舰

续表

中文	日文	俄文原文	拉丁文转写	类型
伟大的西索伊	大圣者シソイ（シソイ・ヴェリーキー）	Сисой Великий	Sisoi Velikiii	战列舰
亚历山大三世	アレクサンドル三世	Император Александр III	Imperator Aleksandr III	战列舰
阿尔玛兹（也作钻石号）	アルマース	Алмаз	Almaz	轻巡洋舰
阿芙乐尔（也作黎明女神号或曙光女神号）	アヴローラ	Аврора	Aurora	巡洋舰
阿芙利卡（也作非洲号）	アフリカ	Африка	Africa	巡洋舰
阿斯科尔德	アスコリド	Аскольд	Askol'd	轻巡洋舰
巴扬	バヤン	Баян	Baian	装甲巡洋舰
包亚林	バヤーリン	Боярин	Boiarin	轻巡洋舰
博加特里（也作壮士号）	ボガトウイリ	Богатырь	Bogatyr'	轻巡洋舰
戴安娜（也作猎神号）	ジアーナ	Диана	Diana	轻巡洋舰
德米特里·顿斯科伊	ドミトリー・ドンスコイ	Дмитрий Донской	Dmitrii Doskoi	一等巡洋舰
俄罗斯	ロシア	Россия	Rossiya	一等巡洋舰
弗拉季米尔·莫诺马赫	ヴラジーミル・モノマフ号	Владимир Мономах	Vladmir Monomakh	一等巡洋舰
格罗姆鲍伊（也作雷神号）	グロモボイ	Громобой	Gromoboi	装甲巡洋舰
科尔尼洛夫海军上将	コルニーロフ提督	Адмирал Корнилов	Admiral Kornilov	二等巡洋舰
拉兹伯尼克	ラズボイニク	Разбойник	Razboinik	巡洋舰
留里克	リューリク	Рюрик	Riurik	一等巡洋舰
纳西莫夫海军上将号	ナヒモフ提督号	Адмирал Нахимов	Admiral Nakhimov	巡洋舰

续表

中文	日文	俄文原文	拉丁文转写	类型
诺维克	ノーヴィク	Новик	Novik	轻巡洋舰
帕拉达（也作智神号）	パルラーダ	Паллада	Pallada	轻巡洋舰
睿恩达（也作侍卫号）	ルインダ	Рында	Rynda	巡洋舰
斯维特兰那	スヴェトラーナ	Светлана	Svetlana	一等巡洋舰
瓦良格（也作维京人号）	ヴァリャーグ	Варяг	Valiag	轻巡洋舰
亚速纪念号	アゾフ記念	Память Азова	Pamiat' Azova	巡洋舰
亚细亚	アジア	Азия	Asia	巡洋舰
扎比亚克（也作莽汉号）	ザビヤーク	Забияк	Zabiiak	二等巡洋舰
波萨多尼克	ポザドニク	Посадник	Posadnik	护卫舰
海狸号	ボーブル	Бобр	Bobr	炮舰
海狮号	シヴーチ	Сивуч (Дмитрий Донской)	Sivuch	炮舰
古雷米亚西奇	グレミャシチー	Гремящий	Gremiashchii	炮舰
高丽人号（也作朝鲜人号）	コレーエッツ	Кореец	Koreets	炮舰
叶尼塞	エニセイ	Енисей	Yenisei	机雷运输舰
满洲里号	マンジュリア号	Маньчжурия	Man'chzhuria	军舰
斯丹达特（也作标准号）	シタンダルト	Стандарт	Standart	游艇
米哈伊尔	ミハイル	Михаил	Mikhail	轮船
色楞格	セレンガ	Селенга	Selenga	轮船
叶卡捷琳诺斯拉夫（也作叶卡捷琳娜荣耀号）	エカチェリノスラフ号	Екатеринослав	Ekaterinoslav	商船

续表

中文	日文	俄文原文	拉丁文转写	类型
谋克敦	ムクデン号	Мукден	Mukden	商船
维斯塔	ヴェスタ	Веста	Vesta	商船
普里鲍依	プリボイ	Прибой	Priboi	舰载短艇
里昂	リヨン		Lyon	法国军舰
帕斯卡尔	パスカル		Pascal	法国船
猎犬	タルボット		Talbott	英舰
汉萨	ハンザ		Hansa	德国巡洋舰
阿莫依	アモイ		Amoi	德国轮船
纳埃兹多尼克	ナエズドニク	Наездник	Naezdnik	

西文人名对照表

中译名	日译名	西文原名
阿巴扎（阿·米·阿巴扎）	アバザー、アレクセイ	Алексей Михаилович Абаза
阿巴扎（亚·阿·阿巴扎）	アバザー、アレクサンドル	Александр Аггеевич Абаза
阿尔贝特（阿·奥·阿尔贝特）	アリベルト	М. О. Альберт
阿尔捷米耶夫	アルチェミエフ	Артемьев
阿加佩耶夫（亚·彼·阿加佩耶夫）	アガペーエフ	Александр ПетровичАгапеев
阿列克塞耶夫（基·亚·阿列克谢耶夫）	アレクセーエフ	Кирил А.Алексеев
阿列克塞耶夫（叶·伊·阿列克谢耶夫）	アレクセーエフ	Евгений ИвановичАлексеев
阿列克谢大公（阿列克谢·亚历山大罗维奇大公）	アレクセイ大公	Алексей Александрович, вел. кн.
阿纳斯塔西娅（阿·尼古拉耶夫娜）	アナスターシヤ	Анастасия Николаевна
阿尼西莫夫	アニーシモフ	Анисимов
阿斯兰别格夫（阿·波·阿斯兰别格夫）	アスランベゴフ	Аврамий Богданович Асланбегов
阿韦兰（费·卡·阿韦兰）	アヴェーラン	Федор Карлович Авелан
埃森（尼·奥·冯·埃森）	フォン·エッセン	Николай Оттович Фон Эссен
艾库斯托夫（尼·阿·艾库斯托夫）	アイグストフ	Николай Алексеевич Айгустов

续表

中译名	日译名	西文原名
艾伦	アレン	Allen, Horace Newton
奥博连斯基-涅列金斯基-梅列茨基（瓦·谢·奥博连斯基）	オボレンスキー＝ネレジンスキー＝メレツキー	Валериан Сергеевич Оболенский-Нелединский-Мелецкий
奥布鲁切夫（尼·尼·奥布鲁切夫）	オーブルチェフ	Николай Николаевич Обручев
奥尔洛夫（尼·亚·奥尔洛夫）	オルロフ	Николай Александрович Орлов
奥丽加（奥·尼古拉耶芙娜）	オリガ	Ольга Николаевна
奥斯特罗韦尔霍夫（奥斯特罗韦尔霍夫·季姆琴科）	オストロヴェルホフ	Островерхов-Тимченко
奥斯滕-萨肯（尼·德·奥斯滕-萨肯）	オスチェン＝サケン	Николай Дмитриевич Остен-Сакен
巴德马耶夫（扎木萨拉·巴德马耶夫）	バドマーエフ	Жамсаран Бадмаев
巴甫洛夫（亚·伊·巴甫洛夫）	パヴロフ	Александр Иванович Павлов
巴济列夫斯基（彼·叶·巴济列夫斯基）	バジレフスキー	П. Е.Базилевский,
巴克	バック	Buck
巴拉舍夫（伊·彼·巴拉舍夫）	バラショフ	Иван Петрович Балашев
巴特勒	バトラー	Butler
巴夏礼	パークス	Parkes, Harry Smith
保罗大公（保罗·亚历山大罗维奇大公）	パーヴェル·アレクサンドロヴィチ大公	Павел Александрович, вел. кн.
鲍斯福司	ポンスフォース	Ponsforth, Julian
本格（尼·赫·本格）	ブンゲ	Николай Христианович Бунге
比利列夫（阿·阿·比利列夫）	ビリリョフ	Алексей Алексеевич Бирилев
比利列夫（尼·阿·比利列夫）	ビリリョフ	Николай Алексеевич Бирилев

西文人名对照表

续表

中译名	日译名	西文原名
彼得大帝	ピョートル大帝	Петр Великий
彼得大公（彼得·尼古拉耶维奇大公）	ピョートル·ニコラエヴィチ大公	Петр Николаевич, вел.кн.
别尔菲利耶夫	ペルフィーリエフ	Перфильев
别利亚耶夫（格·巴·别利亚耶夫）	ベリャーエフ	Григорий Павлович Беляев
别涅夫斯基	ベネフスキー	Беневский
别佐勃拉佐夫（弗·米·别佐勃拉佐夫）	ベゾブラーゾフ、ヴラジーミル	Безобразов, Владимир Михайлович
别佐勃拉佐夫（米·亚·别佐勃拉佐夫）	ベゾブラーゾフ、ミハイル	Михаил Александрович Безобразов
别佐勃拉佐夫（亚·米·别佐勃拉佐夫）	ベゾブラーゾフ	Александр Михайлович Безобразов
波别多诺斯采夫（康·彼·波别多诺斯采夫）	ポベドノスツェフ	Константин Петрович Победоносцев
波科季洛夫（德·德·波科季洛夫）	ポコチーロフ	Дмитрий Дмитриевич Покотилов
波克列夫斯基-克塞尔（斯·阿·波克列夫斯基-克塞尔）	ポクレフスキー=コーゼル	Станислав Альфонсович Покревский-Козелл
波克罗夫斯基（亚·尼·波克罗夫斯基）	ポクロフスキー	Михаил Николаевич Покровский
波利亚诺夫斯基（济·米·波利亚诺夫斯基）	ポリャノフスキー	Зиновий Михайлович Поляновский
波洛夫采夫（亚·亚·波洛夫采夫）	ポロフツォフ	Александр Александрович Половцов
波索纳德	ボアソナード	Boissonade, Gustave Emile
波西耶特（康·尼·波西耶特）	ポシエット	Константин Николаевич Посьет
博布里科夫（尼·伊·博布里科夫）	ボブリコフ	Н. И. Бобриков
博戈列波夫（尼·帕·博戈列波夫）	ボゴレーポフ	Николай Павлович Боголепов
卜克斯	ブルックス	Brooks

续表

中译名	日译名	西文原名
布阿西埃尔	ブアシェール	Boissiere, Jacque
布勃诺夫（米·利·布勃诺夫）	ブブノフ	Михаил Владимирович Бубнов
布尔采夫（弗·利·布尔采夫）	ブールツェフ	Владимир Львович Бурцев
布尔治	ブルジョア	Bourgeois, Leon Victor Auguste
布季洛夫斯基（伊·瓦·布季洛夫斯基）	ブジロフスキー	И. В. Будиловский
布朗	ブラウン	Brown, J. Mcleavy
布里涅尔（尤·伊·布里涅尔）	ブリネル	Юлий Иванович Бриннер
布利奥赫（伊·斯·布利奥赫）	ブリオフ（ブロッホ）	Иван Станиславович Блиох (Bloch, Ernest)
布鲁西洛夫（列·阿·布鲁西洛夫）	ブルシーロフ	Лев Алексеевич Брусилов
柴可夫斯基（彼·伊·柴可夫斯基）	チャイコフスキー	Петр Ильич Чайковский
茨里阿克斯	ツィリアクス	Zilliacus, Konnie
达尔戈梅日斯基（亚·谢·达尔戈梅日斯基）	ダルゴムイシュスキー	Александр Сергеевич Даргомыжский
达尼洛维奇（格·格·达尼洛维奇）	ダニーロヴィチ	Данилович Григорий Григориевич
达齐申（弗·格·达齐申）	ダツィシェン	Владимир Григориевич Дацышен
达维多夫（亚·彼·达维多夫）	ダヴィドフ	Александр Петрович Давыдов
戴-维尔兰（格·亚·戴-维尔兰）	デ＝ヴォラン	Григорий Александрович Де Воллан
戴西诺（康·尼·戴西诺）	デシーノ	Константин Николаевич Десино
戴伊	ダイ	Dye, William McE.
德尔卡塞	デルカッセ	Delcasse, Theophile
德里仁科	ドリジェンコ	Дриженко
德米特里耶夫-马莫诺夫（亚·伊·德米特里耶夫-马莫诺夫）	ドミトリエフ＝マモーノフ	А. И. Дмитриев-Мамонов

续表

中译名	日译名	西文原名
德米特里耶夫斯基（巴·安·德米特里耶夫斯基）	ドミトレフスキー	Павел Андреевич Дмитревский
德友卡托	ドュカット	Ducat
蒂德曼（彼·亨利·蒂德曼）	チージェマン	Петр Генрихович Тидеман
东布罗夫斯基（彼·康·东布罗夫斯基）	ドムブロフスキー	П. К. Домбровский
杜巴索夫（费·瓦·杜巴索夫）	ドゥバーソフ	Федор Васильевич Дубасов
杜尔诺沃（彼·尼·杜尔诺沃）	ドゥルノヴォー	Петр Николаевич Дурново
多布罗特沃尔斯基	ドブロトヴォルスキー	Добротворский
多莫日罗夫（亚·米·多莫日罗夫）	ドモジーロフ	Александр Михайлович Доможиров
菲格纳（梅·伊·菲格纳）	フィグネル、メデヤ	Медея Ивановна Фигнер
菲利普	フィリップ	Nizier-Vachod, Philippe
费奥多罗夫娜（玛丽亚·费奥多罗夫娜）	マリヤ・フォードロヴナ	Мария Федоровна
费奥多罗夫娜（亚历山德拉·费奥多罗夫娜、阿利克斯）	アレクサンドラ・フォードロヴナ（アリックス）	Александра Федоровна(Аликс)
费多尔琴科（瓦·伊·费多尔琴科）	フェドルチェンコ	Валерий Иванович Федорченко
费多罗夫娜（伊丽莎白·费多罗夫娜）	エリザベータ	Елизавета Федоровна
费尔克扎姆（德·古·冯·费尔克扎姆）	フェルケルザム	Дмитрий Густавович фон Фелькерзам
弗拉季米尔大公（弗拉季米尔·亚历山德罗维奇大公）	ヴラジーミル大公	Владимир Александрович, вел. кн
弗雷德里克斯（弗·鲍·弗雷德里克斯）	フレジェリクス	Владимир Борисович Фредерикс
弗雷西内	フレシネー	Freycinet, Charles Louis de Saulces de

续表

中译名	日译名	西文原名
弗鲁格（瓦·叶·弗鲁格）	フルーク	Василий Егорович Флуг
戈尔恰科夫（亚·米·戈尔恰科夫）	ゴルチャコフ	Александр Михайлович Горчаков
戈利采夫（维·亚·戈利采夫）	ゴリツェフ	Виктор Александрович Гольцев
博伊托	ボーイト	Boito, Arrigo
戈洛夫宁（亚·瓦·戈洛夫宁）	ゴロヴニン	Александр Васильевич Головнин
格奥尔基（格奥尔基·亚历山德罗维奇大公）	ゲオルギー	Георгий Александрович
格奥尔基奥斯（乔治）	ゲオルギオス（ジョルジ）	Георгиос(Жорж)
格拉夫（格·卡·格拉夫）	グラーフ	Георгий Карлович Граф
格拉马奇科夫（康·亚·格拉马奇科夫）	グラマッチコフ	Грамматчиков, Константин Александрович
格拉佐夫（维·格·格拉佐夫）	グラゾフ	В. Г.Глазов
格里布斯基（康·尼·格里布斯基）	グリプスキー	Константин Николаевич Грибский
格里戈罗维奇（伊·康·格里戈罗维奇）	グリゴローヴィチ	Иван Константинович Григорович
格里斯科姆	グリスコム	Griscom, Lloyd Carpenter
格利博耶多夫（亚·谢·格利博耶多夫）	グリボエードフ	Александр Сергеевич Грибоедов
格林卡（米·伊·格林卡）	グリンカ	Михаил Иванович Глинка
格林斯基（鲍·鲍·格林斯基）	グリンスキー	Борис Борисович Глинский
格卢什科夫（瓦·瓦·格卢什科夫）	グルシコフ	Валерий Васильевич Глушков
格罗杰科夫（尼·伊·格罗杰科夫）	グロジェコフ	Николай Иванович Гродеков
格塞（彼·伊·格塞）	ゲッセ	Петр Иванович Гессе
根德里科夫（瓦·亚·根德里科夫）	ゲンドリコフ	Василий Александрович Гендриков

续表

中译名	日译名	西文原名
古雷特豪斯	グレイトハウス	Greathouse C. R.
果戈里（尼·瓦·果戈里）	ゴーゴリ	Николай Васильевич Гоголь
海约翰（约翰·米尔顿·海伊）	ヘイ	Hay, John Milton
汉特	ハント	Hunt, Leigh S. J.
博伊托	フリサンフ	Хрисанф
赫沃斯托夫（尼·亚·赫沃斯托夫）	フヴォストフ	Николай Александрович Хвостов
怀特（安德鲁·怀特）	ホワイト、アンドルー	White, Andrew Dickson
怀特（约翰·怀特）	ホワイト、ジョン	White, John Albert
霍鲁仁科夫（亚·亚·霍鲁仁科夫）	ホルンジェンコフ	Александр Александрович Хорунженков
霍普	ホープ	Hope, James
基尔希曼（费·奥·基尔希曼）	ギルシマン	Феофан Осипович Гиршман
吉尔斯	ギールス	Гирс
吉尔斯（米·尼·吉尔斯）	ギールス、ミハイル	Михаил Николаевич Гирс
吉尔斯（尼·卡·吉尔斯）	ギールス、ニコライ	Николай Карлович Гирс
季霍米罗夫（列·亚·季霍米罗夫）	チホミーロフ	Лев Александрович ихомиров
季诺维耶夫（伊·阿·季诺维耶夫）	ジノヴィエフ	Иван Алексеевич Зиновьев
加尔特维格（尼·亨利·加尔特维格）	ガルトヴィグ	Николай Генрихович Гартвиг
加林-米哈伊洛夫斯基（尼·叶·加林-米哈伊洛夫斯基）	ガーリン＝ミハイロフスキー	Николай Егорович Гарин-Михайловский
杰尔查文（加·罗·杰尔查文）	デルジャーヴィン	Гаврила Романович Державин
杰伊奇（列·格·杰伊奇）	ジェイチ	Лев Григорьевич Дейч

续表

中译名	日译名	西文原名
金茨布尔格（加·格·金茨布尔格）	ギンズブルグ	Г. Г.Гинцбург
喀希尼（阿·巴·喀希尼）	カッシーニ	Артур Павлович Кассини
卡普尼斯特（阿·巴·卡普尼斯特）	カプニスト	Алексей Павлович Капнист
卡普尼斯特（德·阿·卡普尼斯特）	カプニスト	Дмитрий Алексеевич Капнист
卡希林（瓦·鲍·卡希林）	カシーリン	Василий Борисович Каширин
坎贝尔	キャンベル	Campbell, F. A.
康斯坦丁大公（康斯坦丁·康斯坦丁诺维奇大公）	コンスタンチン・コンスタンチノヴィチ大公	Константин Константинович, вел. кн
康斯坦丁大公（康斯坦丁·尼古拉耶维奇大公）	コンスタンチン・ニコラエヴィチ大公	Константин Николаевич, вел. кн
科尔夫（巴·列·科尔夫）	コルフ	Павел Леопольдович Корф
科尔夫（尼·亚·科尔夫）	コルフ	Н. А. Корф
科尔涅耶夫（弗·科尔涅耶夫）	コルネーエフ	Корнеев В.
科科夫佐夫（弗·尼·科科夫佐夫）	ココフツォフ	Владимир Николаевич Коковцов
科罗斯托韦茨（伊·亚·科罗斯托韦茨）	コロストヴェッツ	Иван Яковлевич Коростовец
科诺诺维奇-戈尔巴茨基（彼·维·科诺诺维奇·戈尔巴茨基）	コノノヴィチ＝ゴルバツキー	Петр Викентьевич Кононович-Горбацкий
科斯坚科（米·伊·科斯坚科）	コスチェンコ	М. И.Костенко
科斯特列夫（瓦·亚·科斯特列夫）	コストゥイリョーフ	Василий Яковлевич Костылев
科瓦列夫斯基（弗·科瓦列夫斯基）	コヴァレフスキー	Владимир Ковалевский
克伯尔格（巴·亨利·克伯尔格）	ケルベルク	Павел Генрихович Керберг
克尔贝特	コルベット	Corbett, Julian

续表

中译名	日译名	西文原名
克莱默尔（奥·卡·克莱默尔）	クレーメル	Оскар Карлович Кремер
克鲁泽（费·米·冯·克鲁泽）	フォン・クルーゼ	Ф. М.Фон Крузе
克罗翁	クロウン	Кроун
克韦钦斯基（米·费·克韦钦斯基）	クヴェツィンスキー	Михаил Федорович Квецинский
克谢尼娅（克谢尼娅·亚历山德洛芙娜）	クセニヤ	Ксения Александровна
库拉德（尼·拉·库拉德）	クラド	Николай Лаврентьевич Кладо
库罗帕特金（阿·尼·库罗帕特金）	クロパトキン	Алексей Николаевич Куропаткин
库洛姆津（阿·尼·库洛姆津）	クロムジン	Анатолий Николаевич Куломзин
拉德任斯基（尼·费·拉德任斯基）	ラドゥイジェンスキー	Н. Ф.Ладыженский
拉克斯曼（亚当·埃·拉克斯曼）	ラックスマン	Адам Эрикович(Кириллович) Лаксман
拉姆斯道夫（弗·尼·拉姆斯道夫）	ラムスドルフ	Владимир Николаевич Ламсдорф
阿尔弗列道·兰保	ランボー	Rambaud, Alfred Nicolas
兰斯敦	ランズダウン	Lansdowne, Henry Charles Keith Petty-Fitzmaurice
勒华-博立约（安纳多尔·勒华-博立约）	ルロワ=ボリュー	Leroy-Beaulieu, Anatole
勒热武斯基（伊·勒热武斯基）	ルジェヴースキー	И.Ржевуский
雷巴切诺克（伊·谢·雷巴切诺克）	ルイバチョーノク	Ирина Сергеевна Рыбаченок
雷萨尔（巴·米·雷萨尔）	レッサール	Павел Михайлович Лессар
李斯特	リスト	List, Friedrich
李仙德	ル・ジャンドル	Le Gendre, Charles William
里科尔德（彼·伊·里科尔德）	リコルド	Петр Иванович Рикорд

续表

中译名	日译名	西文原名
利哈乔夫（伊·费·利哈乔夫）	リハチョフ	Иван Федорович Лихачев
利涅维奇（尼·彼·利涅维奇）	リネーヴィチ	Николай Петрович Линевич
列季格尔（亚·费·列季格尔）	レジーゲル	Александр Федорович Редигер
列姆涅夫（阿·维·列姆涅夫）	レムニョーフ	Анатолий Викторович Ремнев
列宁（弗·伊·列宁）	レーニン	Владимир Ильич Ленин
列森	レンセン	Lensen, George Alexander
列乌诺夫	レウノフ	Реунов
列扎诺夫（尼·彼·列扎诺夫）	レザノフ	Николай Петрович Резанов
柳博维茨基	リュボヴィツキー	Любовицкий
卢贝	ルベー	Loubet, Emile
卢卡绍夫	ルカショーフ	Лукашёв
卢科亚诺夫（伊·卢科亚诺夫）	ルコヤーノフ	Игорь В. Лукоянов
鲁德涅夫（符·费·鲁德涅夫）	ルドネフ	Всеволод Федорович Руднев
鲁辛（亚·伊·鲁辛）	ルーシン	Александр Иванович Русин
路德维希（黑森-达姆施塔特大公恩斯特·路德维希）	ヘッセン＝ダルムシュタット公エルンスト・ルートヴィヒ	Ernst Ludwig, Hessen Darmstadt
路德维希（黑森-达姆施塔特大公路德维希四世）	ヘッセン＝ダルムシュタット公ルートヴィヒ	Ludwig Hessen Darmstadt
伦南坎普夫（巴·卡·伦南坎普夫）	レンネンカンプフ	Павел-Георг Карлович Ренненкампф
罗曼诺夫（鲍·亚·罗曼诺夫）	ロマノフ	Борис Александрович Романов
罗门（尼·尼·罗门）	ローメン	Николай Николаевич Ломен

续表

中译名	日译名	西文原名
罗普科（鲍·利·罗普科）	ロプコ	Павел Львович Лобко
罗热斯特文斯基（济·彼·罗热斯特文斯基）	ロジェストヴェンスキー	Зиновий Петрович Рожественский
罗森（罗·罗·罗森）	ローゼン	Роман Романович Розен
罗斯波波夫（尼·亚·罗斯波波夫）	ロスポーポフ	Николай Александрович Роспопов
罗斯图洛夫（伊·伊·罗斯图洛夫）	ロストゥノーフ	Иван Иванович Ростунов
罗素（尼·康·苏济洛夫斯基＝罗素）	ラッセル	Russel, Nicholas (Судзиловский, Николай Константинович)
罗特施泰因（阿·尤·罗特施泰因）	ロートシチェイン	Адольф Юльевич Ротштейн
洛巴诺夫－罗斯托夫斯基（阿·鲍·洛巴诺夫－罗斯托夫斯基）	ロバノフ＝ロストフスキー	Алексей Борисович Лобанов-Ростовский
洛基契夫（费·伊·洛基契夫）	ロジチェフ	Федор Измайлович Родичев
洛里斯－梅利科夫（米·塔·洛里斯－梅利科夫）	ロリス＝メリコフ	Михаил Тариелович Лорис-Меликов
洛梅克－戈尔科（瓦·约·洛梅克－戈尔科）	ロメイコ＝グルコ	Василий Иосифович Ромейко-Гурко
马德里托夫（亚·谢·马德里托夫）	マドリートフ	А. С. Мадритов
马丁诺夫（叶·伊·马丁诺夫）	マルトゥイノフ	Евгений Иванович Мартынов
马尔托夫（尤·奥·马尔托夫）	マルトフ	Юлий Осипович Мартов
马卡洛夫（斯·奥·马卡洛夫）	マカーロフ	Степан Осипович Макаров
马洛泽莫夫	マロゼモフ	Malozemoff, Andrew
马丘宁（尼·加·马丘宁）	マチューニン	Николай Гаврилович Матюнин
马滕斯（费·费·马滕斯）	マルチェンス	Федор Федорович Мартенс
麦克唐纳	マクドナルド	MacDonald, Claude Maxwell
麦克唐纳	マクドナルド	MacDonald, Bavid MacLaren

续表

中译名	日译名	西文原名
麦肯齐	マッケンジー	McKenzie, Frederick Arthur
梅宁	メニング	Menning, Bruce W.
梅契尼科夫（列·伊·梅契尼科夫）	メチニコフ	Лев Ильич Мечников
梅维尔	メヴィル	Mevil, Andre
蒙塔佩罗	モンテベッロ	Montebello, Gustav
孟士达	ミュンスター	Munster, Georg Herbert von
米尔列尔	ミルレル	
米哈伊尔大公（米哈伊尔·尼古拉耶奇大公）	ミハイル·ニコラエヴィチ大公	Михаил Николаевич, вел. кн.
米哈伊尔大公（米哈伊尔·亚历山大罗维奇大公）	ミハイル·アレクサンドロヴィチ大公	Михаил Александрович, вел. кн.
米赫涅维奇（尼·彼·米赫涅维奇）	ミフネヴィチ	Н. П. Михневич
米利察·尼古拉耶夫娜	ミリーツア	Милица Николаевна
米柳京（德·阿·米柳京）	ミリューチン	Дмитрий Алексеевич Милютин
米先科（巴·伊·米先科）	ミシチェンコ	Павел Иванович Мищенко
缪拉（冯·缪拉）	フォン·ミュラー	Von Muller
莫菲特	モフェット	Moffet, Samuel A.
莫拉斯（米·巴·莫拉斯）	モーラス	Михаил Павлович Молас
莫里森	モリソン	Morrison, George Ernest
莫列恩盖姆（阿·巴·莫列恩盖姆）	モレンゲイム	Артур Павлович Моренгейм
莫洛加科夫（瓦·埃·莫洛加科夫）	モロジャコフ	Василий Элинархович Молодяков
穆拉维约夫（米·尼·穆拉维约夫）	ムラヴィヨフ、ミハイル	Михаил Николаевич Муравьев
穆麟德	メルレンドルフ	Moellendorf, Paul George von
纳博科夫	ナボコフ	Набоков
纳博科夫（德·尼·纳博科夫）	ナボコフ	Дмитрий Николаевич Набоков

续表

中译名	日译名	西文原名
纳雷什金	ナルイシキン	Нарышкин
纳罗奇尼茨基（阿·列·纳罗奇尼茨基）	ナロチニツキー	Алексей Леонтьевич Нарочницкий
尼德尔米列尔（阿·叶·尼德尔米列尔）	ニーデルミルレル	А. Е. фон-Нидермиллер
尼古拉大公（尼古拉·米哈伊洛维奇大公）	ニコライ・ミハイロヴィチ大公	Николай Михайлович, вел. кн.
尼古拉大公（尼古拉·尼古拉耶维奇大公，大尼古拉）	ニコライ・ニコラエヴィチ大公シニア	Николай Николаевич старший, вел. кн.
尼古拉大公（尼古拉·尼古拉耶维奇大公，小尼古拉）	ニコライ・ニコラエヴィチ大公ジュニア	Николай Николаевич младший, вел. кн.
尼古拉二世（皇太子时代尼古拉·亚历山大罗维奇）	ニコライ二世（皇太子時代はニコライ・アレクサンドロヴィチ）	Николай II
尼古拉耶夫娜（玛丽亚·尼古拉耶夫娜）	マリヤ	Мария Николаевна
尼古拉耶夫娜（塔季扬娜·尼古拉耶夫娜）	タチヤーナ	Татьяна Николаевна
尼古拉一世	ニコライ一世	Николай I
尼古拉主教	ニコライ主教	Николай
尼什	ニッシュ	Nish, Ian Hill
涅波罗日涅夫（尼·伊·涅波罗日涅夫）	ネポロジネフ	Николай Иванович Непорожнев
涅拉托夫（德·亚·涅拉托夫）	ネラートフ	Д. А. Нератов
涅利多夫（亚·伊·涅利多夫）	ネリドフ	Александр Иванович Нелидов
涅塞尔罗德（卡·瓦·内塞尔罗德）	ネッセリローデ	Карл Васильевич Нессельроде
涅韦尔斯科伊（格·伊·涅韦尔斯科伊）	ネヴェリスコイ	Геннадий Иванович Невельской
佩里	ペリー	Perry, Matthew Calbraith

续表

中译名	日译名	西文原名
佩利坎（亚历山大·佩利坎）	ペリカン	Александр Пеликан
佩列列什金（巴·亚·佩列列什金）	ペレレーシキン	Павел Александрович Перелешкин
佩罗夫斯卡娅（索·利·佩罗夫斯卡娅）	ペロフスカヤ	Софья Львовна Перовская
皮连科（亚·皮连科）	ピレンコ	Ал. Пиленко
朴（鲍里斯·朴）	パク、ボリス	Борис Дмитриевич Пак
朴（贝拉·朴）	パク、ベッラ	Белла Борисович Пак
普佳塔（德·瓦·普佳塔）	プチャータ	Дмитрий Васильевив Путята
普嘉琴（叶·瓦·普嘉琴）	プチャーチン	Ефим Васильевич Путятин
普兰松（格·亚·普兰松）	プランソン	Г. А.Плансон
普列汉诺夫（格·瓦·普列汉诺夫）	プレハーノフ	Георгий Валентинович Плеханов
普列斯克（爱·德·普列斯克）	ブレスケ	Эдуард Дмитриевич Плеске
普列韦（维·康·普列韦）	プレーヴェ	фон Вячеслав Константинович Плеве
普罗塔西耶夫（伊·尼·普罗塔西耶夫）	プロタシエフ	И. Н.Протасьев
奇哈乔夫（尼·马·奇哈乔夫）	チハチョフ	Николай Матвеевич Чихачёв
奇恰戈夫（尼·米·奇恰戈夫）	チチャゴーフ	Николай Михайлович Чичагов
契诃夫（安·巴·契诃夫）	チェーホフ	Антон Павлович Чехов
恰基洛夫	チャキーロフ	Чакиров
恰金（伊·伊·恰金）	チャーギン	Иван Иванович Чагин
恰库拉布恩	チャクラボン	
乔丹	ジョーダン	Jordan, John Newell
乔治	ジャッジ	Judge, Edward H.
丘别涅特（阿·亚·丘别涅特）	ギュベネット	Адольф Яковлевич Гюббенет

续表

中译名	日译名	西文原名
丘赫宁（格·彼·丘赫宁）	チュフニン	Г. П. Чухнин
日沃托夫斯基	ジヴォトフスキー	Животовский
茹科夫斯卡娅（亚·瓦·茹科夫斯卡娅）	ジュコフスカヤ	Александра Васильевна Жуковская
萨道义	サトウ	Satow, Ernest Mason
萨哈罗夫（维·维·萨哈罗夫）	サハロフ	Виктор Викторович Сахаров
萨莫伊洛夫（弗·康·萨莫伊洛夫）	サモイロフ	Владимир Константинович Самойлов
瑟罗米亚特尼科夫（谢·尼·瑟罗米亚特尼科夫）	スイロミャトニコフ	Сергей Николаевич Сыромятников
施泰因（叶·费·施泰因）	シチェイン	Евгений Федорович Штейн
施滕格尔（弗·亚·施滕格尔）	シチェンゲル	Штенгер В. А.
施万克（阿·费·施万克）	シヴァンク	Шванк Аллан Федорович
士贝耶（阿·尼·士贝耶）	シペイエル	Алексей Николаевич Шпейер
司徒卢威（巴·贝·司徒卢威）	ストルーヴェ	Павел Бернгардович Струве
斯大林（约·维·斯大林）	スターリン	Иосиф Виссарионович Сталин
斯捷岑科（瓦·亚·斯捷岑科）	スチェツエンコ	Василий Александрович Стеценко
斯捷潘诺夫	スチェパーノフ	Степанов
斯科特	スコット	Scott, Charles
斯克雷多洛夫（尼·伊·斯克雷多洛夫）	スクルイドロフ	Николай Илларионович Скрыдлов
斯普林-赖斯	スプリング＝ライス	Spring-Rice, Cecil
斯塔尔克（奥·维·斯塔尔克）	スタルク	Оскар Викторович Старк
斯塔尔克（玛丽亚·斯塔尔克）	スタルク、マリヤ	Мария Старк
斯塔尔尼凯维奇	スタルニケーヴィチ	Старникевич

续表

中译名	日译名	西文原名
斯塔克尔贝格（埃·安·斯塔克尔贝格）	シターケリベルク	Эвальд Антонович Штакельберг
斯塔利（叶·叶·斯塔利）	スターリ	Егор Егорович Стааль
斯特鲁韦（基·瓦·斯特鲁韦）	ストルーヴェ	Кирил Васильевич Струве
斯特塞尔（安·米·斯特塞尔）	ステッセル	Анатолий Михайлович Стессель
斯韦钦（亚·安·斯韦钦）	スヴェーチン	Александр Андреевич Свечин
苏博季奇（杰·伊·苏博季奇）	スボーチチ	Деан Иванович Суботич
苏霍姆林	スホムリン	Сухомлин
苏沃林（阿·谢·苏沃林）	スヴォーリン	Алексей Сергеевич Суворин
索比诺夫（列·维·索比诺夫）	ソービノフ	Леонид Витальевич Собинов
索利斯基（德·马·索利斯基）	ソリスキー	Дмитрий Мартынович Сольский
索洛古布（瓦·乌·索洛古布）	ソログープ	Василий Устинович Соллогуб
索洛维约夫（弗·谢·索洛维约夫）	ソロヴィヨフ、ヴラジーミル	Соловьев Владимир Сергеевич
索洛维约夫（尤·雅·索洛维约夫）	ソロヴィヨフ	Юрий Яковлевич Соловьев
特尔托夫（巴·彼·特尔托夫）	トゥイルトフ	Павел Петрович Тыртов
托尔斯泰（列·尼·托尔斯泰）	トルストイ、レフ	Лев Николаевич Толстой
托列姆列	トレムレ	Tremoulet
托洛茨基（列·达·托洛茨基）	トロツキー	Лев Давидович Троцкий
瓦德西	ヴァルダーゼー	Waldersee, Alfred
瓦列斯	ワーレス	Wallace, Donald Mackenzie

续表

中译名	日译名	西文原名
瓦诺夫斯基（彼·谢·瓦诺夫斯基）	ヴァノフスキー、ピョートル	Петр Семенович Ванновский
瓦诺夫斯基（格·米·瓦诺夫斯基）	ヴァノフスキー、グレープ	Глеб Михаилович Ванновский
威廉（弗里德里希·威廉）	フリードリッヒ・ヴィルヘルム	Friedrich Wilhelm
威廉（格奥尔基沃斯一世）	ヴィルヘルム（ゲオルギオス一世）	Wilhelm(Georgios I)
威廉二世（弗里德里希·威廉二世）	ヴィルヘルム二世	Friedrich Wilhelm II
韦贝尔（卡·伊·韦贝尔）	ヴェーベル	Карл Иванович Вебер
韦纽科夫（米·伊·韦纽科夫）	ヴェニューコーフ	Михаил Иванович Венюков
韦谢拉格（米·格·韦谢拉格）	ヴェショラーゴ	М. Г.Веселаго
维多利亚女王	ヴィクトリア女王	Victoria
维尔赛尔斯哈伊姆	ヴェルゼルスハイム	Welsersheim Rudolf von
维列尼乌斯（安·安·维列尼乌斯）	ヴィレニウス	Андрей Андреевич Вирениус
维列奇科（康·伊·维列奇科）	ヴェリチコ	Константин Иванович Величко
维伦（罗·尼·维伦）	ヴィーレン	Роберт Николаевич Вирен
维特（谢·尤·维特）	ウィッテ	Сергей Юльевич Витте
维特格夫特（维·卡·维特格夫特）	ヴィトゲフト	Вильгельм Карлович Витгефт
翁利亚尔利亚尔斯基（弗·米·翁利亚尔利亚尔斯基）	ヴォンリャルリャルスキー	Владимир Михаилович Вонлярлярский
沃加克（康·伊·沃加克）	ヴォーガク	Константин Ипполитович Вогак
沃加克（伊·康·沃加克）	ヴォーガク	Ипполит Константинович Вогак

续表

中译名	日译名	西文原名
沃龙佐夫－达什科夫（伊·伊·沃龙佐夫－达什科夫）	ヴォロンツォフ＝ダシコーフ	Илларион Иванович Воронцов-Дашков
乌赫托姆斯基（埃·埃·乌赫托姆斯基）	ウフトムスキー	Эспер Эсперович Ухтомский
乌兰诺夫	ウラーノフ	Уланов
乌里扬诺夫	ウリヤーノフ	Ульянов
西摩尔	シーモア	Seymour, Edward Hobart
西皮亚金（德·谢·西皮亚金）	シピャーギン	Дмитрий Сергеевич Сипягин
希波夫	シーポフ	Шипов
希尔	シル	Sill, John M. B.
希里阿	ヒリヤー	Hillier, Walter Caine
希洛夫（杰·尼·希洛夫）	シーロフ	Денис Николаевич Шилов
希曼斯基（潘·尼·希曼斯基）	シマンスキー	Пантелеймон Николаевич Симанский
希涅乌尔	シネーウル	Шинеур
希施金（尼·巴·希施金）	シシキン	Николай Павлович Шишкин
希特罗渥（米·亚·希特罗渥）	ヒトロヴォー	Михаил Александрович Хитрово
夏里亚宾（费·伊·夏里亚宾）	シャリャーピン	Федор Иванович Шаляпин
谢尔盖大公（谢尔盖·亚历山德洛维奇大公）	セルゲイ大公	Сергей Александрович, вел. кн.
谢拉菲姆	セラフィーム	Серафим
谢列布里亚科夫	セレブリャコフ	Серебряков
谢列金－萨巴京（阿·谢列金－萨巴京）	セレジーン＝サバーチン	А. Середин-Сабатин
谢罗舍夫斯基（瓦·谢罗舍夫斯基）	セロシェフスキ	Вацлав Серошевский
谢斯塔科夫（伊·阿·谢斯塔科夫）	シェスタコフ	Иван Алексеевич Шестаков
谢维奇（德·叶·谢维奇）	シェーヴィチ	Дмитрий Егорович Шевич

续表

中译名	日译名	西文原名
亚基莫维奇（亚·亚·亚基莫维奇）	ヤキモーヴィチ	А. А. Якимович
亚库舍夫	ヤクーシェフ	Якушев
亚历山大大公（亚历山大·米哈伊洛维奇大公）	アレクサンドル・ミハイロヴィチ大公	Александр Михайлович, вел. кн.
亚历山大二世	アレクサンドル二世	Александр II
亚历山大三世	アレクサンドル三世	Александр III
亚历山德罗夫娜（亚历山德拉·亚历山德罗夫娜）	アレクサンドラ	Александра Александровна
扬茹尔（尼·伊·扬茹尔）	ヤンジュール	Николай Иванович Янжул
叶尔莫洛夫（尼·谢·叶尔莫洛夫）	エルモーロフ	Николай Сергеевич Ермолов
伊格纳季耶夫（阿·巴·伊格纳季耶夫）	イグナチエフ	Алексей Павлович Игнатьев
伊格纳齐乌斯（谢·弗·伊格纳齐乌斯）	イグナツィウス	Сергей Владимирович Игнациус
伊万诺夫	イヴァーノフ	Иванов
伊万诺夫娜（普拉斯科维娅·伊万诺夫娜）	プラスコーヴィヤ・イヴァーノヴナ	Прасковья Ивановна
伊兹沃利斯基（亚·彼·伊兹沃利斯基）	イズヴォリスキー	Александр Петрович Извольский
尤戈维奇（阿·伊·尤戈维奇）	ユーゴヴィチ	А. И. Югович
尤沙柯夫（谢·尼·尤沙柯夫）	ユジャコーフ	Сергей Николаевич Южаков
尤苏波夫（费·费·尤苏波夫）	ユスーポフ	Феликс Феликсович Юсупов
元尤杜	アンダーウッド	Underwood, Horace Grant
约瑟夫一世（弗朗茨·约瑟夫一世）	フランツ・ヨゼフ一世	Franz Joseph I

续表

中译名	日译名	西文原名
扎哈罗娃（拉·格·扎哈罗娃）	ザハーロヴァ	Лариса Георгиевна Захарова
扎苏利奇	ザスーリチ	Засулич
朱拉隆功（拉玛五世）	チュラーロンコーン（ラーマ）5世	Chulalongkorn
兹韦金采夫（阿·伊·兹韦金采夫）	スヴェギンツェフ	А. И.Звегинцев
祖巴托夫（谢·瓦·祖巴托夫）	ズバートフ	Сергей Васильевич Зубатов
佐洛塔廖夫（弗·安·佐洛塔廖夫）	ゾロタリョフ	Владимир Антонович Золотарев

人名索引

（按汉语拼音排序。页码为本书边码，上卷出现的人名直接标注页码，下卷出现的人名在⑦后标注页码）

Brinner Yul（1920-85） 305
Schimmelpenninck van der Oye, David 29

A

阿巴扎（阿·米·阿巴扎）（1853-1915） 11, 12, 32, 307, 312, 313, 444 ⑦25-27, 29-33, 46, 48, 50, 53, 58, 61, 62, 66, 83, 84, 87, 93, 103, 108, 114, 115, 134, 172, 176, 182, 185, 204, 205, 207-209, 223, 227, 230-232, 240, 241, 243, 246, 247, 259, 263, 269, 270, 272-275, 277, 281, 282, 285-287, 291, 293, 307, 311, 314, 318, 320, 348

阿巴扎（亚·阿·阿巴扎）（1821-1895） 313

阿部准辅 ⑦65

阿尔贝特 311, 402

阿尔捷米耶夫 ⑦174

阿加佩耶夫（？-1904） 392, 393

阿列克塞耶夫（基·亚·阿列克谢耶夫） 254, 279

阿列克塞耶夫（叶·伊·阿列克谢耶夫）（1843-1918） 7, 10, 36, 82, 164, 249, 297-300, 325, 327, 328, 330-332, 342, 343, 345, 346, 351, 364-366, 369, 388, 444 ⑦12, 13, 18, 20, 21, 24-28, 33, 46, 50-52, 54, 57, 62, 65, 69, 83, 84, 87-92, 95-98, 100, 104, 106, 107, 110, 112-115, 119, 120, 125, 126, 131-133, 135-139, 146-150, 156-159, 163, 166-168, 171, 173, 176, 177, 180-184, 190, 191, 196-202, 220-223, 227, 229-232, 236, 238, 240, 246, 255, 256, 258-263, 269, 274-276, 278, 279, 282-284, 288, 289, 291-293, 305-308, 311, 312, 315-317, 319, 321, 326, 328, 329, 332, 336-338,

341, 349, 378, 380, 384, 385

阿列克谢大公（1850-1908） 147, 156, 157, 160-164, 200, 240, 241, 261, 275, 276, 298, 313 ⓉⒹ31, 32, 53, 84, 128, 158, 204-206, 235, 269-272, 277, 318, 320

阿纳斯塔西娅（1901-1918） 398

阿尼西莫夫 327

阿斯兰别格夫（1822-1900） 313

阿韦兰（1839-1916） 276 Ⓓ11, 12, 53, 100, 158, 159, 246, 261, 269, 271, 274, 310, 318, 320, 321, 327

埃森（尼·奥·冯·埃森）（1860-1915） Ⓓ329

艾库斯托夫（1841-?） 333

艾伦（1858-1932） 188, 198, 253, 361, 436, 437 Ⓓ228, 353, 358, 72

安驷寿（?-1900） 129, 187, 245, 272

安倍井磐根（1832-1916） 384

安部矶雄（1865-1949） Ⓓ187

安达峰一郎（1869-1934） Ⓓ389

安达谦藏（1864-1948） 183, 184

安藤（检事正） 192

奥保巩（1847-1930） Ⓓ340

奥博连斯基-涅列金斯基-梅列茨基（1848-1907） Ⓓ15, 143, 158

奥布鲁切夫（1830-1904） 160-163, 201, 239, 242-244, 265, 266

奥尔加（1895-1918） 368

奥尔洛夫（1855-1915） 333, 341

奥斯特罗韦尔霍夫 342

奥斯滕-萨肯（1831-1912） 262, 369

B

八代六郎（1860-1930） 305 Ⓓ44

巴德马耶夫（1851-1920） 98, 99

巴甫洛夫（1860-?） 258, 261, 262, 265, 275, 286, 295, 296, 347, 350, 351, 354, 361, 371-373, 375, 434-439 Ⓓ15, 84, 89, 90, 92, 93, 96, 146, 160, 178, 200-202, 227, 228, 257, 258, 267-269, 302, 303, 307-309, 315, 330, 335, 342, 343, 380

巴济列夫斯基（1856-?） Ⓓ95

巴克（?-1902） 438

巴拉舍夫（1842-1924） Ⓓ93, 94, 173-175, 177

巴特勒 330

巴夏礼（1828-1885） 46

白神源次郎（1868-1894） 130

板垣退助（1837-1919） 49 Ⓓ152

保罗大公（保罗·亚历山大罗维奇大公）（1860-1919） 147

保全（?-1900） 341

保田孝一（1929-2006） 36, 84, 91

鲍斯福司（1828-1902） 291

本多熊太郎（1874-1948） 391 Ⓓ44

人名索引

本格（1823—1895） 98

本野一郎（1862—1918） 123　下264，265

比利列夫（阿·阿·比利列夫）（1844—1915） 318

比利列夫（尼·阿·比利列夫）（1829—1882） 43

彼得大帝（1672—1725） 41，44，76，199，206，404　下70，373，374

彼得大公（彼得·尼古拉耶维奇大公）（1864—1931） 398，399

别尔菲利耶夫　下363

别利亚耶夫（1857—1907）　下330

别涅夫斯基　62

别佐勃拉佐夫（弗·米·别佐勃拉佐夫）（1857—1932） 307

别佐勃拉佐夫（米·亚·别佐勃拉佐夫） 306

别佐勃拉佐夫（亚·米·别佐勃拉佐夫）（1855—1931） 7，10，11，13—15，19，22，23，26—29，35，36，48，282，306—309，310，311—313，400，401，444，445　下17—32，45，46，48—51，53—58，61，62，66，83，84，87—90，92—98，103—114，119，123，125—129，132，134，138，139，172—177，185，190，204—206，235—250，314，384—386

波别多诺斯采夫（1827—1907） 53，146，245　下4，104，115

波多野敬直（1850—1922）　下251

波科季洛夫（？—1908） 197，239，240，254，264　下19，20，22，29，389

波克列夫斯基-克塞尔　375

波克罗夫斯基（1868—1932） 22，23

波利亚诺夫斯基　下343

波洛夫采夫（1832—1909） 149，247，340　下3，4

波索纳德（1825—1910） 56

波西耶特（1819—1899） 80

博布里科夫（1839—1904） 403

博戈列波夫（1846—1901） 402

博伊托（1842—1918）　下293

卜克斯　325

布阿西埃尔　下13

布勃诺夫（1859—？）　下312，317，325

布尔治（1851—1925） 291

布季洛夫斯基　303，304

布朗　188，254

布里涅尔　240，305—309，311　下30

布利奥赫（布罗霍）（1836—1901） 289，290　下254

布鲁西洛夫（1857—1909）　下6，169

C

柴可夫斯基（1840—1893）　下288

993

柴四朗（东海散士）(1852–1922)
　　177–179, 181–185　下101, 151,
　　189, 190, 386, 389
柴五郎（1860–1945）181
陈树棠　67, 70
池边三山（吉太郎）(1864–1912)
　　下36, 39, 40, 82, 347
池田正介（1855–1914）141
川村纯义（1836–1904）50
川上操六（1848–1899）101, 109,
　　137, 141, 143, 153, 179, 181, 199
　　下153, 375
川上俊彦（1861–1935）10
纯宗（1874–1926）下391
茨里阿克斯（1855–1924）34, 207
崔德圭　30
村田惇（1854–1917）305, 429

D

达尔戈梅日斯基（1813–1869）下326
达尼洛维奇（1825–1906）81
达维多夫　60, 63
大岛健一（1858–1947）下72
大岛义昌（1850–1926）123, 124
大冈育造（1856–1928）下187
大黑屋光太夫（1751–1828）45
大江志乃夫（1928–2009）21
大井宪太郎（1843–1922）57

大久保利通（1830–1878）49
大内畅三（1874–1944）355
大鸟圭介（1832–1911）111, 115–
　　118, 120–126, 128, 129, 132, 134,
　　135
大迫尚敏（1844–1927）139
大浦兼武（1850–1918）下251
大三轮长卫（1835–1908）下267,
　　340, 341
大山舍松（1860–1919）下282
大山岩（1842–1916）20, 44, 142　下
　　43, 70, 72, 76, 78–81, 153, 255,
　　282, 283, 340, 382
大杉荣（1855–1923）167
大隈重信（1838–1922）52, 82, 177,
　　251, 252, 263, 348, 383, 387　下
　　188
大野龟三郎　下101
大院君（1820–1898）54, 57, 58, 69,
　　123, 124, 126–129, 134, 144, 169,
　　183–185, 187–190, 271　下373
大泽界雄（1859–1929）下72
大竹贯一（1860–1944）下102, 189
戴-维尔兰（1847–1916）下215,
　　216
戴西诺（1857–？）318　下100,
　　204
戴伊　186, 188, 198
岛川毅三郎（1867–？）下82

人名索引

岛津忠义（1840-1897） 88
岛田谨二（1901-1993） 305
岛田三郎（1852-1923） 348, 349
　　下 186, 187, 346, 347
稻叶千晴（1957-） 33
稻垣满次郎（1861-1908） 99
德尔卡塞（1852-1923） 410, 429
　　下 260, 264, 265
德富苏峰（猪一郎）（1863-1957）
　　167 下 347
德里仁科 下 6
德米特里耶夫-马莫诺夫 下 18,
　　26
德米特里耶夫斯基 296
德友卡托 下 159
蒂德曼 365
佃信夫（1866-？） 385
丁汝昌（1836-1895） 140
东布罗夫斯基 333
东海散士→柴四朗 下 189
东乡平八郎（1847-1934） 351 下
　　14, 168, 199, 210, 211, 300, 314,
　　325, 347
都筑馨六（1861-1923） 223, 375,
　　410, 413
杜巴索夫（1845-1912） 257, 261,
　　262, 277, 294, 295, 297
杜尔诺夫（1834-1903） 147
渡边华山（1793-1841） 44 下 374

多布罗特沃尔斯基（1856-1915）
　　下 6
多莫日罗夫（1850-1902） 202, 304

E

儿岛惟谦（1837-1908） 94
儿玉源太郎（1852-1906） 383 下
　　99, 153, 168, 169, 198, 251, 283, 340
二叶亭四迷（1864-1909） 47, 76

F

芳川显正（1842-1920） 171
菲格纳（1859-1952） 下 293
菲利普（1849-1905） 398, 399, 401
**费奥多罗夫娜（玛丽亚·费奥多罗夫
　　娜）**（1847-1928） 246 下 230
**费奥多罗夫娜（亚历山德拉·费奥
　　多罗夫娜，阿利克斯）**（1872-
　　1918） 146, 147, 232, 255, 368,
　　398, 399 下 3, 104, 130, 179, 233,
　　279
费多尔琴科 299
费尔克扎姆（1846-1905） 318
丰臣秀吉（1537-1598） 下 351
弗拉季米尔大公（1847-1909） 147,
　　245, 299 下 103, 115, 146, 178, 179
弗雷德里克斯（1838-1927） 368

弗雷西内（1828—1923） 102

弗鲁格（1852—1955） ⓓ 95, 100, 308

伏见宫贞爱（1858—1923） 220, 230, 232

福岛安正（1852—1919） 123, 287 ⓓ 42, 72, 153

福泽谕吉（1835—1901） 57

副岛种臣（1828—1905） 44, 46

富冈定恭（1854—1917） ⓓ 44

富井政章（1858—1935） 357 ⓓ 72

G

冈本柳之助（1852—1912） 123, 183, 184, 190, 192

高平小五郎（1854—1926） ⓓ 264, 362, 389

高桥门三九（1869—？） 304 ⓓ 274, 335, 344, 354, 359, 360

高桥五子（1866—1929） 304

高桥秀直（1954—2006） 31, 32, 56

高桥作卫（1867—1920） ⓓ 72

高田屋嘉兵卫（1769—1827） 34, 42

高义诚 ⓓ 141

高永根 285 ⓓ 213

高永喜（1849—？） ⓓ 141

高宗（1852—1919） 7, 54, 58, 59, 61, 62, 64—66, 69—73, 125—128, 134, 143—146, 154, 169, 172—175, 178, 180, 182, 183, 185—188, 193—195, 198, 214—217, 223, 239, 240, 246—248, 252—254, 271, 278, 283—286, 305, 347, 351, 352, 354, 358, 360, 439 ⓓ 64, 140, 141, 200, 212, 213, 228, 229, 256, 258, 267, 268, 313, 315, 324, 330, 331, 340, 341, 346, 352, 353, 355, 358, 373, 375, 377—379, 383, 387, 392, 393

戈尔恰科夫（1798—1883） 43, 51, 53, 148, 340

戈利采夫（1850—1906） 79, 86, 209

格奥尔基（1871—1899） 82, 368

格奥尔基奥斯（乔治）(1869—？) 81, 82, 88, 90, 91

格拉夫（1885—1966） 299

格拉马奇科夫（1856—？） 8, 10, 318 ⓓ 329

格拉佐夫 ⓓ 317

格里布斯基 334, 335, 337, 338

格里戈罗维奇（1853—1930） ⓓ 156, 182, 312

格里斯科姆（1872—1959） ⓓ 248

格利博耶多夫（1795—1829） ⓓ 56

格林卡（1804—1857） 232

格林斯基（1860—1917） 14, 15, 22, 440

格罗杰科夫（1843—1913） 331, 334, 343, 345, 346, 365

格塞（1846—1905） ⓓ 93, 232

人名索引

葛罗宁（1821-1886） 42
葛生玄晫（能久）(1874-1958) 385
根德里科夫（1857-1912） 312 下93
根津一（1860-1927） 353, 384
工藤行干（1842-1904） 下151, 189
宫本竹太郎 183, 185
古雷特豪斯 188
古屋哲夫（1931-2006） 30
谷干城（1837-1911） 177, 178
谷寿夫（1882-1947） 9
瓜生外吉（1857-1937） 下300, 329, 330, 347
广濑武夫（1868-1904） 305 下359
广野好彦（1961-） 下161
桂太郎（1847-1913） 31, 32, 101, 390-392, 409, 412, 418 下14, 34-36, 39, 72, 75, 80, 98-100, 103, 144, 153, 186, 194, 219, 250, 251, 283, 284, 340, 381, 388
桧山幸夫（1949-） 126
郭高义 下306
国分象太郎 216
国友重章（1861-1909） 183, 185, 352, 353, 383 下189, 386
果戈里（1809-1852） 下28, 104

H

海野福寿（1931-） 32, 358

海约翰（1838-1905） 下264, 358, 362
汉特 下30, 88
和泉邦彦 下189
赫里桑夫 下330
赫沃斯托夫（1776-1809） 下190
黑木为祯（1844-1923） 下340, 369
黑田清隆（1840-1900） 46, 51, 78
黑岩泪香（周六）(1862-1920) 下101, 347
恒屋盛服（盛殷）(1855-1909) 下101
横手慎二（1950-） 21, 33, 35
洪启薰（？-1895） 180, 185
洪钟宇 110
后藤象二郎（1838-1897） 101
户水宽人（1861-1935） 357, 358 下34, 72, 74, 152
花房义质（1842-1917） 54, 181
桦山资纪（1837-1922） 下13
怀特（安德鲁·怀特）(1832-1918) 291
怀特（约翰·怀特） 28
霍鲁仁科夫（1847-？） 333
霍普（1808-1881） 43, 44

J

基尔希曼 下23, 27

997

箕浦胜人（1854-1929）下186
吉尔斯 下178
吉尔斯（米·尼·吉尔斯）（1856-1932）325-327, 345, 395
吉尔斯（尼·卡·吉尔斯）（1820-1895）53, 55, 60, 62, 64, 70, 73, 74, 80, 95, 102, 114, 117, 119, 135, 136, 148-150, 156, 340
吉霍米罗夫（1852-1923）下311, 312, 337
吉泳洙 下313, 328, 360
季诺维耶夫（1835-1917）73, 74
继体天皇 下351
加尔特维格（1855-1914）下15
加林-米哈伊洛夫斯基（1852-1906）309
加纳格（1948-）37
加藤高明（1860-1926）358, 369-371, 373-377, 379-383, 386, 387, 389, 411, 428 下381
加藤宽治（1870-1939）305
加藤增雄（1853-1922）115, 116, 248, 253, 254, 272, 284-286 下340, 361
榎本武扬（1836-1908）xviii, 46, 47, 50, 51, 58, 67, 68, 95 下190
角田房子（1914-）184
角田顺（1910-1990）30-33, 348 下35, 37, 80

杰尔查文（1743-1816）下4
杰伊奇（1855-1941）335, 337
堺利彦（1870-1933）下101, 152, 187
金炳始（1832-1898）215
金茨布尔格 下30, 174
金鹤羽（?-1894）129, 135, 169
金弘集（1842-1896）57, 63, 67, 129, 134, 142, 144, 146, 155, 169, 181, 187, 193, 195, 216
金宏集，同金弘集
金鸿陆（?-1898）272, 283
金嘉镇（1846-1922）129
金井延（1865-1933）357 下72
金仁洙 下69
金文子（1951-）170-172, 179, 185, 194
金义焕 下34
金玉均（1851-1894）55, 57, 110, 113, 178
金允植（1835-1922）63, 65, 67, 129, 134, 143, 146, 169, 187
金宗汉（1844-1932）129, 180, 188
津田三藏（1855-1891）91-95
近藤真锄（1840-1892）66
近卫笃麿（1863-1904）353-355, 357-361, 383 下152
近卫文麿（1891-1945）353
井口和起（1940-）32

井口省吾（1855-1925）㊦ 42-44, 70-72, 79, 153, 169, 198

井上光（1851-1908）㊦ 352, 356, 358

井上良馨（1845-1929）50

井上胜之助（1861-1929）㊦ 236, 248

井上馨（1835-1915）55-57, 61, 66-68, 100, 135, 143-146, 153-155, 168-172, 177-179, 182, 190, 192, 194-196, 375, 391, 408, 410, 413, 419, 420 ㊦ 80, 283, 373

井上毅（1843-1895）55, 56, 65, 220 ㊦ 375

景山英子（福田英子）（1865-1927）57

久保田让（1847-1936）㊦ 251

菊池谦让 183, 355, 359, 360

K

喀希尼（1835-1919）111, 113, 117, 119, 122, 138, 141, 227, 286, 434, 439 ㊦ 343

卡普尼斯特（德·阿·卡普尼斯特）（1837-1904）136, 156, 157, 232,

卡普尼斯特（阿·巴·卡普尼斯特）（1871-1918）㊦ 234

坎贝尔 ㊦ 361

康斯坦丁大公（康斯坦丁·康斯坦丁诺维奇大公）（1858-1915）㊦ 180

康斯坦丁大公（康斯坦丁·尼古拉耶维奇大公）（1827-1892）43, 298

科尔夫（巴·列·科尔夫）（1837-1913）62, 63, 73, 74

科尔夫（尼·亚·科尔夫）309 ㊦ 108

科尔涅耶夫 214-216, 239

科科夫佐夫（1853-1943）㊦ 351

科罗斯托韦茨（1862-1932）299, 300, 325, 326, 330, 365, 366 ㊦ 389

科诺诺维奇-戈尔巴茨基（1842-?）300

科斯坚科 ㊦ 325

科斯特列夫 48, 180

科瓦列夫斯基 305

克伯尔格 127, 128

克尔贝特 21

克莱默尔（1829-1904）299

克鲁泽（费·米·冯·克鲁泽）402

克罗翁 59, 60

克韦钦斯基（1866-?）㊦ 167, 174

克谢尼娅（1875-1960）147 ㊦ 233

堀口九万一（1865-1945） 183, 184
库拉德（1862-1919） 203, 318　下6
库罗帕特金（1848-1925） 8, 10, 12-16, 19, 22, 23, 28, 36, 37, 202, 260, 265-269, 276, 281, 287, 288, 290, 293, 300, 302, 303, 316, 317, 329, 332, 338, 339, 342-345, 362, 365, 388-390, 392, 394, 396, 397, 422, 426, 429, 430, 442, 444, 445　下5, 15-17, 21, 25-29, 32, 45, 46, 51, 53, 56, 57, 60, 61, 66-69, 74-78, 84-96, 98, 103, 104, 107-114, 119, 124, 126-130, 138, 158, 170, 171, 185, 190, 202-207, 209, 218, 231, 232, 236, 237, 238, 243, 246, 255, 256, 260, 261, 263, 269-271, 286, 309-311, 318-321, 327, 333, 337, 349, 352, 353, 358, 362, 384, 385, 387
库洛姆津（1838-1923） 98

L

拉德任斯基 72
拉克斯曼（1766-？） 42
拉姆斯道夫（1844-1907） 8, 10, 12, 15, 36, 102, 197, 229, 230, 234, 243, 290, 328, 332, 339, 340, 343, 344, 346, 350, 351, 361, 366, 368, 371, 372, 375-377, 379, 380, 382, 386, 389, 390, 394, 396, 397, 414-417, 420, 421-422, 424, 426, 428, 429, 431, 432, 440, 444　下15, 25, 27, 41, 53, 56, 58-60, 62, 65, 115, 119-121, 125, 129, 132-134, 137, 147, 148, 156, 159, 180, 182-185, 197, 198, 203-206, 209, 220-222, 235, 237-239, 244-247, 252, 253, 256, 260, 261, 264, 268-270, 272, 273, 275-279, 281, 286-292, 303-307, 309-311, 314, 318, 320, 333, 343, 344, 354, 361, 385
濑野起夫　下359
兰保（1854-1891） 404
兰斯敦（1845-1927） 380, 411　下64, 99, 162-164, 211, 212, 237, 238, 264, 265, 290
勒华-博立约（安纳多尔·勒华-博立约）（1842-1912） 405　下219
勒热武斯基 202
雷巴切诺克（1947-） 27
雷萨尔（1851-1905）　下15, 17, 41, 63, 84, 90, 92, 93, 96, 125, 131
李道宰（1848-1909） 198　下141
李范晋（1852-1911） 187, 214　下185

人名索引

李根泽（1865-1919） ⓓ 212, 213, 229, 257, 258, 313, 360

李耕植（？-1895） 185

李鸿章（1823-1901） 58, 63-65, 67-69, 72, 75, 110, 111, 113, 114, 117, 122, 136, 157-159, 165, 196, 227-230, 232, 257, 265, 275, 343, 346, 381, 382, 395, 426 ⓓ 378

李埈镕（1870-1917） 72, 169

李容翊（1854-1907） 54 ⓓ 146, 212, 229, 267, 268, 313, 323, 341, 352, 353, 355, 358, 360, 361

李盛铎 386

李斯特（1789-1846） 79

李泰镇（1943-）58 ⓓ 15

李完用（1858-1926） 187, 198, 226, 245

李夏荣（1858-1919） ⓓ 160

李仙德（1830-1899） 127, 180, 188, 198,

李学均 ⓓ 360

李逸植 110

李允用（1854-？） 129, 188, 198, 215

李载纯（1851-？） 215 ⓓ 268, 313

李载冕（1845-1912） 72, 188

李昭应 199

李址镕（1870-？） ⓓ 257-259, 266, 268, 323, 344, 351, 355, 357

李周会（？-1895） 172, 199

里科尔德（1776-1855） 34, 42

立见尚文（1845-1907） 139

利哈乔夫（1826-1907） 43, 44

利涅维奇（1838-1908） 330, 342, 345 ⓓ 333, 337, 356, 362, 363, 367

枥内曾次郎（1866-1932） ⓓ 313

栗野慎一郎（1851-1937） 408-410, 413, 419, 420, 424, 429-433 ⓓ 120, 121, 132, 143, 195, 204, 233-241, 243-245, 247-250, 277, 278, 284, 285, 289-291, 293, 294, 301, 303-305, 314, 337, 344, 381, 382, 385, 386

镰田荣吉（1857-1934） 405

列季格尔（1853-1920） 13, 268, 329

列姆涅夫（1955-） 27 ⓓ 107, 307

列宁（1870-1924） 22, 403

列森（1923-1979） 334

列乌诺夫 261, 262

列扎诺夫（1764-1807） 42 ⓓ 190

林董（1850-1913） 109, 269, 270, 279, 280, 291, 292, 405, 410-413, 420 ⓓ 99, 211, 212, 214, 237, 264, 265, 290, 360, 361

林权助（1860-1939） 286, 296, 347, 350, 353-355, 358, 359, 361 ⓓ 42,

1001

64, 65, 123, 142, 143, 150, 159, 229, 257, 258, 259, 266, 267, 268, 301, 309, 313, 315, 323, 324, 330, 331, 335, 339, 340, 341, 343, 344, 350, 351, 353—358, 360, 386

林毅陆（1872-1950） 405

铃木顺见（1868-？） 123, 184

铃木重元（1853-？） 123

柳博维茨基 ⑤337

卢贝（1838-1929） 410

卢卡绍夫 ⑤95

卢科亚诺夫（1965-） 26, 27, 34, 36, 227, 307, 311, 443 ⑤18, 19, 125, 171, 201, 249, 273, 284, 385

鲁德涅夫（1855-1913） ⑤227, 258, 303, 308, 329, 330

鲁辛（1861-1956） 36, 304, 305, 387, 389 ⑤13, 39, 99, 100, 115, 121, 144—146, 149, 182, 199, 219, 220, 254, 255, 274, 277, 295, 299, 301, 335, 359, 389

鲁允朋 ⑤213

陆奥宗光（1844-1897） 101, 109, 112—122, 129, 132, 133, 150, 151, 154, 155, 157, 158, 165, 166, 168, 169, 171, 391 ⑤377

陆羯南（1857-1907） 357 ⑤347

路德维希（黑森-达姆施塔特大公恩斯特·路德维希）（1868—1937） ⑤179

路德维希（黑森-达姆施塔特大公路德维希四世）（1837-1892） 146

伦南坎普夫（1854-1918） 338, 341, 346

罗曼诺夫（1889-1957） 22, 23, 25—28, 36, 238, 265, 307 ⑤19, 23, 249

罗门（1843-？） 165

罗普科（1838-1905） 265 ⑤327, 353

罗热斯特文斯基（1848-1909） 15, 19, 164, 318 ⑤6, 11—13, 15, 155, 158, 159, 169, 200, 220, 232, 234, 254, 256, 274, 281, 348

罗森（1847-1922） 47, 48, 249—252, 263, 270, 273, 274, 280, 281, 340, 348, 349, 373, 376, 377, 433, 434, 436, 438 ⑤15, 16, 30, 31, 41, 42, 59, 77, 82, 84, 119, 120, 132, 133, 135, 137, 147—149, 161—164, 167, 180, 183, 184, 195, 197, 198, 201, 220—222, 235, 255, 274, 279, 281, 287—289, 292, 293, 301, 305, 306, 311, 314, 340, 380, 389, 391

罗斯波波夫 180 ⑤41, 86

罗斯托洛夫（1919-1993） 26

罗素（1850-1930） 24, 34

罗特施泰因（1858-1904）197, 229
洛巴诺夫－罗斯托夫斯基（1824-1896）148, 149, 158-160, 163, 168, 176, 197, 218, 219, 227-231, 233, 235, 237, 238, 241, 246, 247, 266　下 60, 82, 149, 378, 379
洛基契夫（1854-1933）147
洛里斯－梅利科夫（1825-1888）53, 78, 298　下 4, 115
洛梅克－戈尔科（1864-1937）18, 19
落合丰三郎（1861-1934）下 72
落合谦太郎（1870-1926）下 44, 389

M

马德里托夫（1868-？）445　下 20, 26, 27, 42, 46, 56, 93, 173, 174
马丁诺夫（1864-1932）16, 17, 19
马尔托夫（1873-1923）403
马卡洛夫（1848-1904）164　下 321, 322, 350, 366
马洛泽莫夫（1910-1952）28, 443
马丘宁（1850-1907）48, 54, 59, 282-286, 306, 311, 312　下 30, 32, 93, 172
马滕斯（1845-1909）290, 291　下 389

马屋原务本（1848-1907）183
玛丽亚（1899-1918）368
麦克唐纳 28
麦克唐纳（1852-1915）33, 411　下 37, 161-163, 194, 195, 211, 264
麦肯齐（1869-1931）下 343, 356, 367
梅宁　29　下 231
梅契尼科夫（1838-1889）44, 45
梅维尔　下 290
蒙塔佩罗（1838-1907）159, 232
孟士达（1820-1902）291
米尔列尔　下 283
米哈伊尔大公（米哈伊尔·尼古拉耶维奇大公）(1832-1909)149, 368
米哈伊尔大公（米哈伊尔·亚历山大罗维奇大公）(1878-1918)368　下 233
米赫涅维奇（1849-1927）下 6
米利莎（1866-1951）398
米柳京（1816-1912）下 115
米西琴科（1853-1918）342　下 349, 356, 361-363, 367
闵妃（1851-1895）7, 54, 57, 58, 69, 125, 129, 134, 144, 146, 154, 171, 173, 174, 177, 178, 182-185, 187, 188, 191, 195, 198, 199, 217, 226, 253, 353, 355, 391　下 213, 377,

1003

386

闵台镐 57

闵泳焕（1861-1905） 223, 232, 237, 238, 252 下213, 379

闵泳骏（1852-1935） 129

闵泳穆（1826-1884） 57

闵泳绮（1858-1927） 285

闵泳翊（1860-1914） 71, 72

闵泳喆（1864- ？） 下257, 258, 268, 313, 360

明成皇后→闵妃

明石元二郎（1864-1919） 34 下337

明宪太后（？ -1896） 下228

明治天皇（1852-1912） 92, 93, 95, 141, 301 下46, 75, 282, 285, 375, 376, 386

缪拉（冯·缪拉） 18, 201

莫菲特（1864-1937） 下360

莫拉斯（？ -1904） 下6, 308

莫里森（1862-1920） 370, 53

莫列恩盖姆（1824-1907） 197

木户孝允（1833-1877） 44

木下尚江（1869-1937） 下186

木越安纲（1854-1932） 下255, 295

穆拉维约夫（1845-1900） 13, 241, 246-248, 250, 254, 256-262, 265-267, 269, 270, 272, 275, 279-281, 286-288, 290, 293, 294, 306, 314, 327, 328, 332, 340 下379

穆麟德（1848-1901） 55, 59-61, 63-66, 69 下375

N

纳博科夫（1872-1927） 下389

纳博科夫（德·尼·纳博科夫）（1826-1924） 下115

纳雷什金 下4

纳罗奇尼茨基（1907-1989） 25

乃木希典（1849-1912） 下340

南小四郎 143

楠濑幸彦（1858-1927） 181, 183, 192, 213

内村鉴三（1861-1930） 下101, 103, 152

内塞尔罗德（1780-1862） 148

内田定槌（1865-1942） 182-185, 187, 194

内田甲（良平）（1874-1937） 385, 406, 407 下386, 389

内田康哉（1865-1936） 下34, 38, 82, 131

内韦尔斯科伊（1813-1876） 96

尼德尔米列尔（1851-1937） 下6, 13

尼古拉大公（尼古拉·米哈伊洛维奇大公）（1859-1919） 下180

人名索引

尼古拉大公（尼古拉·尼古拉耶维奇大公，大尼古拉）(1831-1881) 306

尼古拉大公（尼古拉·尼古拉耶维奇大公，小尼古拉）(1856-1929) 147 ⑤ 146

尼古拉二世（皇太子时代尼古拉·亚历山大罗维奇）(1868-1918) 7, 12, 15, 19, 23, 36, 80-82, 87-93, 95, 96, 98, 146-148, 158, 159, 163, 175, 200, 205, 220, 223, 227, 230, 232, 235, 238, 241, 243, 254-258, 260, 262, 267, 268, 277, 285, 287, 288, 290, 291, 293, 299, 308, 312, 315, 342, 368, 399, 402, 414, 421, 443 ⑤ 3, 12, 46, 50, 53-56, 78, 83, 104, 123, 126-128, 140, 148, 156, 157, 173, 179, 185, 193, 197, 205, 209, 222, 229, 232, 246, 256, 263, 287, 314, 318, 327, 333, 336, 341, 345, 349-351, 353, 358, 376, 378, 379, 384, 386

尼古拉一世（1796-1855) 148, 339, 404

尼古拉主教（1836-1912) 45, 76, 107 ⑤ 335

尼什（1926-) 29, 286 ⑤ 51, 67, 69

涅波罗日涅夫 309, 311

涅拉托夫 311

涅利多夫（1835-1910) 243-245 ⑤ 260

P

佩里（1794-1858) 42

佩利坎 207, 208, 302

佩列列什金 88

佩罗夫斯卡娅（1853-1881) 52

皮连科（1873-1926) ⑤ 310, 327

片冈七郎（1854-1920) ⑤ 199, 300, 302, 313

平山岩彦（1867-？) 183

迫间房太郎（1860-？) 295, 296

朴（鲍里斯·朴）(1931-) 26, 27, 36

朴（贝拉·朴）(1961-) 26, 27, 36, 71, 75, 214

朴定阳（1841-1904) 73, 74, 129, 146, 169, 172, 181, 215, 284, 286

朴齐纯（1858-1916) 283, 296, 359, 360 ⑤ 268

朴铣（？ -1895) 199

朴泳孝（1861-1939) 57, 113, 146, 154, 155, 169, 171-175, 177, 178, 284

朴钟渖 26, 29

普佳塔（1855-？) 239, 240, 246-

1005

249, 253

普嘉琴（1804—1883） 41—43

普兰松（1859—？） ⑦ 17, 37, 41, 63, 252, 292, 307, 325, 328, 389

普列汉诺夫（1856—1918） 403

普列斯克（1852—1904） ⑦ 128, 129, 173, 176

普列韦（1846—1904） 15, 431 ⑦ 3, 4, 32, 57, 65, 114, 115, 128, 138, 172, 173, 179, 204, 205, 241, 250

普罗塔西耶夫 ⑦ 18, 27

Q

斋藤修一郎（1855—1910） 155, 174

奇哈乔夫（1830—1917） 136, 137, 156, 162, 163, 200, 240, 241

奇恰戈夫 333 ⑦ 95, 96

契诃夫（1860—1904） 47

恰基洛夫 ⑦ 174

恰金（1860—1912） 303, 304 ⑦ 6

恰库拉布恩 ⑦ 348

千叶功（1969— ） 32, 33, 348, 358 ⑦ 35, 36

浅山显藏（1849—？） 172, 173

浅野总一郎（1848—1930） 301

乔丹（1852—1925） ⑦ 64

青木周藏（1844—1914） 82—86, 94, 95, 101, 295, 347, 348, 350, 351,

355, 356, 359, 369, 371, 391 ⑦ 36

清浦奎吾（1850—1942） ⑦ 82, 252

庆亲王（1836—1916） 381, 398, 426 ⑦ 37, 38, 39, 41, 63, 90, 131

丘别涅特（1830—1901） 80

丘赫宁（1848—1906） ⑦ 6

秋山好古（1859—1930） 4 ⑦ 43

秋山真之（1868—1918） 4, 76, 87 ⑦ 44

荻原守一（1868—1911） ⑦ 159, 160

荻原秀次郎（1866—？） 123, 184, 185

权泳镇 198

全琫准（1856—1895） 7, 142, 143

R

日高壮之丞（1848—1932） ⑦ 168

日沃托夫斯基 ⑦ 174

日野强（1865—1920） ⑦ 42, 150, 159

日置益（1861—1926） 284

茹科夫斯卡娅 298

S

萨道义（1843—1929） 380

萨哈罗夫（1848—1905） 268, 276, 329,

333, 388, 392-394, 397 （下）53, 56, 60, 61, 100, 113, 158, 236, 246, 311, 318, 333, 353, 358

萨莫伊洛夫（1866-？） 439 （下）100, 146, 149, 199, 220, 335, 389

三浦弥五郎 （下）302

三浦梧楼（1846-1926） 177-179, 181-184, 187-192, 194, 213, 217 （下）189, 190, 375

涩泽荣一（1840-1931） （下）186

瑟罗米亚特尼科夫（1864-1933） 309

森山茂（1842-1919） 49, 50

森山茂德（1949-） 31

森有礼（1847-1889） 82

山本利喜雄 404

山本权兵卫（1852-1933） 199, 291, 383, 388 （下）14, 79, 80, 153, 162, 168, 187, 195, 199, 250, 251, 294, 306, 334

山边健太郎（1905-1977） 30

山口圭藏（1861-1932） 125

山室信一（1951-） 33

山下源太郎（1863-1931） （下）44

山县有朋（1838-1922） 33, 55, 56, 100, 101, 135, 166, 171, 179, 199, 200, 220-223, 226, 229-235, 237, 247, 296, 297, 311, 351-353, 357, 369, 388, 391, 412 （下）

35, 36, 47, 60, 72, 76, 80, 82, 98-100, 149, 153, 162, 168, 194, 195, 198, 210, 251, 283, 340, 375, 378, 379

山座圆次郎（1866-1914） 192, 391 （下）44, 82

杉村濬（1848－1906） 109, 116, 123, 124, 126, 129, 171-175, 178, 181-184, 187, 192, 353

上村彦之丞（1849-1916） （下）199

神鞭知常（1848-1905） 357, 384 （下）101, 186, 189

神功皇后 （下）351

沈相学 73, 74

沈相薰（1854-？） （下）324

胜海舟（1823-1899） 226

盛宣怀（1844-1916） 386

施泰因 296

施滕格尔（？-1933） （下）12, 155, 234

施万克（1863-？） 137, 202, 303

石本新六（1854-1912） （下）169, 340

石井菊次郎（1866-1945） 391 （下）44

石森吉犹 183

士贝耶 60, 61, 64, 65, 68, 180, 213-216, 219, 220, 222, 224, 237, 247, 248, 251-254, 257, 262, 267, 272, 278, 282, 305

寿山（1858-1900） 333, 334, 341

水野幸吉（1873-1914） 下 317

司马辽太郎（1923-1996） 3-6, 8-11, 21, 24, 31, 34, 35　下 387

司徒卢威（1870-1944） 403

斯大林（1879-1953） 24, 25

斯捷岑科　318

斯捷潘诺夫（1858-1904）　下 342

斯科特　下 237-240, 248, 264, 265

斯克雷多洛夫（1844-1918） 318

斯普林-赖斯　下 248

斯塔尔克（奥·维·斯塔尔克）（1846-1928）　下 232, 284, 316, 325, 329, 350

斯塔尔克（玛丽亚·斯塔尔克）　下 325

斯塔尔尼凯维奇　下 233

斯塔克尔贝格（1847-？）　下 52

斯塔利（1824-1907） 291

斯特鲁韦　46-48

斯特塞尔（1848-1915） 10, 15, 328　下 95, 312, 317

斯韦钦（1878-1938） 17, 19, 24

寺岛宗则（1832-1893） 50

寺内正毅（1852-1919）　下 76, 80, 250, 255

寺尾亨（1858-1925） 357　下 72

松川敏胤（1859-1928）　下 42-44, 72, 169

松方正义（1835-1924） 94, 391　下 80, 98, 99, 283

松崎藏之助（1866-1919） 357

苏博季奇　346, 365　下 170

苏霍姆林　下 233

苏沃林（1834-1912） 203, 208　下 159, 217, 218, 295, 309, 327, 336

穗积寅九郎　123

索比诺夫（1872-1934）　下 293

索利斯基（1833-1910） 243　下 182

索洛古布（1848-？）　下 75

索洛维约夫（弗·谢·索洛维约夫）（1853-1900） 79, 203, 204　下 314

索洛维约夫（尤·雅·索洛维约夫） 286

T

塔季扬娜（1897-1918） 368

特尔托夫（1836-1903） 164, 241, 244, 255, 259, 267, 275, 276, 294, 315, 422　下 6, 11, 15, 53

藤村道生（1929-1999） 31

田保桥洁（1897-1945） 30, 31

田村怡与造（1854-1903） 192, 287　下 42, 43, 72, 78-80, 153

田口卯吉（1855-1905）　下 186, 347

人名索引

田野丰 ⓣ 236, 237, 239, 240, 243, 244, 249, 250

田中光显（1843-1939）ⓣ 340

田中义一（1864-1929）305

畠山勇子（1865-1891）93 ⓣ 376

头山满（1855-1944）357 ⓣ 101, 151, 186

托尔斯泰（1828-1910）208, 403

托列姆列 354

托洛茨基（1879-1940）24

W

瓦德西（1832-1904）342

瓦列斯（1841-1919）405

瓦诺夫斯基（彼·谢·瓦诺夫斯基）（1822-1904）118, 136, 137, 147, 156, 157, 160-163, 202, 244, 247, 259, 265-268, 403

瓦诺夫斯基（格·米·瓦诺夫斯基）（1862-?）8, 10, 302, 303, 318, 320, 387, 430, 439 ⓣ 76, 77

威廉（弗里德里希·威廉）ⓣ 5

威廉（格奥尔基沃斯一世）（1845-1913）82

威廉二世（1859-1941）241, 255, 256, 262 ⓣ 178, 205

韦贝尔（1841-?）53-55, 59, 68-72, 74, 111, 122, 127, 173, 175, 176, 180, 182, 185, 188, 189, 193-195, 198, 213-215, 222-226, 237, 240, 247-249, 251, 252, 278, 305, 439 ⓣ 266, 376, 378, 383

韦纽科夫（1832-1901）45

韦谢拉格 326

维多利亚女王（1819-1901）146, 241, 255

维尔赛尔斯哈伊姆（1842-?）291

维列尼乌斯（1850-1919）318 ⓣ 155, 256, 312

维列奇科（1856-1927）300 ⓣ 6

维伦（1856-1917）ⓣ 329

维特（1849-1915）8, 9, 11-15, 22, 23, 27, 30, 79, 80, 96-99, 136, 147, 149, 157, 161-163, 197, 200, 205, 226-228, 240, 244-247, 254, 259, 260, 264-267, 274, 275, 289, 290, 300, 311, 312, 315, 328, 331, 332, 339, 340, 343, 344, 361-364, 368, 390, 394, 396, 400-402, 415-417, 421, 426, 431, 438-444 ⓣ 3, 4, 16, 18, 19, 21, 22, 27-29, 32, 41, 53-57, 59, 61, 86, 114, 123, 124, 128, 134, 138, 144, 166, 171, 173, 176, 190, 203, 234, 235, 237, 244, 245, 247-249, 314, 327, 333, 378, 380, 389-392

1009

维特格夫特（1847—1904）305　下303, 325

翁利亚尔利亚尔斯基（1852—1940）282, 306, 307, 309, 311, 312　下93, 236, 237

沃加克（康·伊·沃加克，1859—？）10, 19, 35, 36, 107—112, 118, 121, 127, 128, 137—142, 151, 152, 157, 201, 233, 277, 301, 303, 326, 327, 330　下19, 20, 23, 27, 29, 31, 43, 45—48, 50, 51, 53, 56—60, 65, 66, 68, 75, 77, 87—89, 95, 103, 112, 113, 127, 129, 139, 174, 176, 177, 205, 236, 237, 239, 241, 246, 247, 377, 379, 384

沃加克（伊·康·沃加克）107

沃龙佐夫-达什科夫（1837—1916）306, 307, 312, 314

乌赫托姆斯基（1861—？）87, 197, 227, 229

乌兰诺夫　下263

乌里扬诺夫　下263

武市库太　384

武田秀山（1853—1902）124, 125

X

西川光二郎（1876—1940）　下187

西德二郎（1847—1912）150, 166, 168, 192, 196, 218, 230, 231, 236, 237, 263, 269, 270, 280, 281, 348, 373, 376, 377, 428　下82, 379, 378

西摩尔（1840—1929）327

西皮亚金（1853—1902）332, 343, 344, 361, 401, 431　下4

西太后（1835—1908）329, 343

西乡从道（1843—1902）166, 199, 200, 388　下14

西乡隆盛（1827—1877）49, 89, 92

西园寺公望（1849—1940）170, 173, 176, 182, 190—192, 194—196, 213, 218, 219, 222　下99, 188

希波夫　下389

希尔　173, 193, 194, 216

希里阿（1849—1927）193

希曼斯基（1866—？）18—20, 22, 23, 26—29, 36, 37, 201, 307, 354, 433, 445　下17, 19, 48, 54, 97, 132, 160, 168, 290, 291, 385

希涅乌尔　59, 60

希施金（1830—1902）136, 156, 243, 244

希特罗渥（1837—1896）113, 114, 117, 119, 150, 151, 154, 176, 204, 213, 218, 219, 222, 230, 232, 237

细谷资（1857—1944）　下300

夏里亚宾（1873—1938）　下293, 326

小村寿太郎（1855—1911）9, 31—33,

191–194, 199, 213, 216–219, 223–226, 236, 237, 248, 348, 351, 362–364, 376, 380–382, 391, 395, 408, 409, 411–413, 418–420, 424, 431, 439 ⑦ 34–38, 42, 44, 64, 65, 72, 77, 80–82, 99, 119–121, 123, 131, 132, 141, 142, 160–164, 167, 194, 212, 213, 223, 235, 240, 245, 248–251, 257, 259, 264–267, 277, 284, 288, 290, 293, 294, 301, 302, 305, 306, 323, 328, 332, 334, 340, 344, 346, 347, 350, 354, 355, 358, 360, 365, 378, 381, 382, 386–392

小笠原长生（1867—1958）　21
小林樟雄　57
小松宫彰仁（1846—1903）　388
小田切万寿之助（1868—1934）　380, 381
小野塚喜平次（1870—1944）　⑦ 72
小早川秀雄（1870—1920）　183, 184
谢尔盖大公（1857—1905）　5　147, 235　⑦ 179
谢拉菲姆（1760—1833）　⑦ 4, 104, 105, 350
谢列布里亚科夫　312　⑦ 93
谢列金－萨巴京　186—188
谢罗舍夫斯基（1858—1945）　⑦ 214, 215
谢斯塔科夫（1820—1888）　60, 70, 73
谢维奇（1838—1906）　78, 82—86, 90—92, 94, 95

辛承权　29
新庄顺贞　⑦ 159
信夫淳平（1871—1962）　9
星亨（1850—1901）　155, 174
星松三郎　⑦ 189
幸德秋水（1871—1911）　406　⑦ 101, 152, 187, 347
徐承祖　66　⑦ 375
徐光范（1859—？）　146, 154, 172, 188
徐载弼（1864—1951）　245, 272, 284
玄光浩　30
玄晋运　⑦ 266
玄尚健　⑦ 141, 185, 256, 257, 267, 313, 352, 360
玄映运　352, 353, 358, 359

Y

亚基莫维奇　⑦ 6
亚科舍夫　⑦ 168
亚历山大大公（亚历山大·米哈伊洛维奇大公）（1866—1933）　147, 200, 240, 308, 310, 311, 313, 318, 400, 443　⑦ 5, 6, 209, 236, 314
亚历山大二世（1818—1881）　43, 51–53, 78, 146, 148, 243, 298, 299, 313, 404　⑦ 192
亚历山大三世（1845—1894）　53, 61,

62, 64, 78, 80, 81, 83, 92, 98, 99, 102, 138, 146–149, 243　下115

亚历山德拉（1842—1849）　299

烟山专太郎（1877—1954）　406

岩仓久子（1862—1943）　下282

岩仓具视（1825—1883）　44　下282

盐川一太郎　129

扬茹尔　282, 301, 302

杨儒　379, 380, 382

野村靖（1842—1909）　181

野津道贯（1841—1908）　139　下340

野津镇武　下42

叶尔莫洛夫（1853—？）　下389

叶山万次郎（1877—？）　下218, 219

叶志超　139

伊地知幸介（1854—1917）　下330, 331, 340, 343, 346

伊东祐亨（1843—1914）　51　下13, 14, 78, 211, 251, 294

伊格纳季耶夫（1842—1906）　306　下93, 241

伊格纳齐乌斯　下29

伊集院五郎（1852—1921）　20, 192　下251, 294

伊丽莎白（1864—1918）　下179

伊藤博文（1841—1909）　33, 53, 55, 56, 58, 63, 77, 112, 117, 132, 133, 135, 150, 166, 168–170, 177–179, 195, 220, 222, 279, 280, 297, 351, 353, 358, 369, 372, 373, 375, 379, 383, 385, 386, 388–391, 408, 410, 412–424, 428, 431–433　下30, 31, 34–36, 39, 77, 78, 80, 98–100, 133, 162, 186, 188, 198, 251, 283, 285, 340, 375, 378, 381, 382, 387, 392, 393

伊藤之雄（1952— ）　32, 33　下194

伊万诺夫　430

伊万诺夫娜　下105

伊兹沃利斯基（1856—1919）　19, 349–353, 356, 361, 371–375, 377, 378, 385–389, 392, 393, 395, 410, 427, 429, 432–434, 436, 438, 439　下15, 380

益田孝（1848—1938）　下186

尹锡禹（？—1895）　199

尹用求（1853—1936）　215

尹致昊（1865—1945）　223, 245

尤戈维奇　301, 331　下26, 29

尤沙柯夫（1849—1910）　205, 206, 209　下217, 218

尤苏波夫（1856—1928）　312

有贺长雄（1860—1921）　405, 406

有栖川威仁（1862—1913）　88, 90, 91

鱼允中（1848—1896）　67, 129, 146, 169, 174

俞吉濬（1856—1914）　65, 129, 188, 199, 216

宇佐川一正（1849—1927）　下169

禹范善（？-1903） 183, 215 ⑦ 213

元尤杜（1859-1916） 198

袁世凯（1859-1916） 70-72, 75, 110-112 ⑦ 23

原敬（1856-1921） 226 ⑦ 385

原田敬一（1948-） 32, 126, 130

原田重吉 139, 140

远藤善夫 ⑦ 189

约瑟夫一世（弗朗茨·约瑟夫一世）（1830-1916） 241 ⑦ 156

Z

曾祢荒助（1849-1910） 391, 411 ⑦ 251

增祺 346

扎哈罗娃（1933-） 298

扎苏利奇（1849-1919） 52

张博 216

长冈外史（1858-1933） 287

长谷川正 ⑦ 359

长顺（1839-1904） 346

赵秉稷（1833-1901） 114, 129, 215

赵秉式（1832-1907） 284, 355, 356, 358-361, 372 ⑦ 380

赵宁夏（1845-1884） 57

赵义渊（1856-1915） 129, 146, 169, 188, 194, 198, 215, 216

珍田舍巳（1857-1929） 376-378, 382, 386, 391, 408 ⑦ 340

正冈子规（1867－1902） 3, 4, 76, 87, 140

郑秉夏（？-1896） 188, 216

志贺亲朋（浦太郎）（1842-1916） 48

中村进午（1870-1939） 357 ⑦ 72

中村巍（？-1923） 295

中江笃介（兆民）（1847-1901） 384

中井喜太郎（1864-1924） ⑦ 102

中塚明（1929-） 31, 123, 124

中西正树（1857-1923） ⑦ 102

朱拉隆功（拉玛五世）（1853-1910） 291

竹添进一郎（1842-1917） 57

兹韦金采夫（1869-1915） 309

诹访史郎 ⑦ 76

祖巴托夫（1864-1917） ⑦ 45

左宝贵（？-1894） 139

佐久间象山（1811-1864） 44 ⑦ 373

佐洛塔廖夫 27

佐藤爱麿（1857-1934） ⑦ 387

佐田白茅（1833-1907） 49

佐佐木留藏 174

佐佐木扬（1948-） 31

佐佐木直（1852-1928） ⑦ 356

佐佐友房（1854-1906） 178 ⑦ 186, 188, 189

译后记

真没想到这项马拉松般耗费心力与时日的译事已接近了尾声,现在竟然要着手写后记了。三年来,我已经习惯了这种生活,此时我最大的感触就是怅然若失。也许这本书的内容本身很冷峻、很严酷,但这项工作对我而言却充满着光明、希望和浓浓的爱意。

首先她让我有了自信,让我感到了自身的潜能,隐约看到了未来的方向。

其次她让我更深地体味了夫妻间的濡沫情意。如果没有夫君张剑的全力扶持,完成本书的翻译将是无法想象之事;但是夫妻携手,却使不可能成为了可能。如今,那些剪烛西窗、疑义共析甚至针锋相对的昔日场景,都成为了心中一段美好的时光。

当然,翻译能最终完成,最应该感谢的是作者和田春树先生的诸般帮助。先生提供了原书大量的外文注释、参考文献的电子文本,没有这些,录入和排版将变得很困难。不止于此,对所有日语翻译者来说都是一大难点的片假名的翻译,如果不是先生提供其外来语的原文,我将束手无策。如本书《专有名词对照表》等所示,洋洋洒洒十几页,我想即使是先生,要把这些词的原文拼写出来大概也非易事,因为其中很多词并不常见,而且很多也不是俄文。因先生已近80岁高龄,这样的义举既让我感动,又让我不安。

另外，因本书大量使用了日文之外的文书档案，还有一些近代文献，我经常要通过电子邮件向先生请教，先生每次都认真、详细地作答，而且回复得很快。为了更好地与先生沟通，去年我专程到日本东京拜访了先生。先生虽然很忙，但专门抽出时间接待我，耐心地给我答疑解惑。他还引荐我拜访了岩波书店的诸位先生，并特意带我去看了周总理常去的拉面店，以及总理就读的明治大学。先生得知我喜欢路边开放的紫阳花后，每当看到这种花都会指给我看，让我恍惚间感到父亲一般的慈爱。

译事的最终完成，还要特别感谢校订者张婧，她几乎逐字逐句地对译文进行了修改、润色、把关，包括标点、格式，甚至连注释中的外文字母和标点都没有忽略，部分译者注也是她做的。虽然至今尚未谋面，但她的工作让我感到安心和温暖，并对译文质量增加更多信心。

翻译此书是蒋寅先生绍介的。中国社会科学院外国文学研究所吴晓都先生、语言研究所王伟先生、信息情报院李俊升先生和北京第二外国语学院许传华先生帮助解决了若干翻译中的疑难之处，特别是李俊升先生，书中大量的俄国人名都是他帮助校订的，在此对他们表示深深的感谢。

本书牵涉到日、俄、韩、中四国近代史上大量的史实，因才疏学浅，我虽竭尽所能并获多方帮助，但翻译中的舛误硬伤恐难完全避免，在此恳请方家和读者朋友海涵，并不吝批评指正。

易爱华
2017 年 4 月 26 日